DIREITO DO CONSUMIDOR

ESQUEMATIZADO®

Histórico da Obra

- **1.ª edição:** fev. 2013
- **2.ª edição:** fev. 2014; 2.ª tir., jun./2014; 3.ª tir., out./2014
- **3.ª edição:** fev. 2015
- **4.ª edição:** ago. 2016
- **5.ª edição:** fev. 2017; 2.ª tir., jul./2017
- **6.ª edição:** abr. 2018

Fabrício Bolzan de Almeida
Doutorando e Mestre em Direito Constitucional

DIREITO DO CONSUMIDOR

ESQUEMATIZADO®

Coordenador
Pedro Lenza

6ª edição
2018

saraiva jur

ISBN 978-85-472-2948-1

DADOS INTERNACIONAIS DE CATALOGAÇÃO NA PUBLICAÇÃO (CIP)
ANGÉLICA ILACQUA CRB-8/7057

Bolzan de Almeida, Fabrício

Direito do consumidor esquematizado® / Fabrício Bolzan de Almeida ; coordenação de Pedro Lenza. – 6. ed. – São Paulo : Saraiva Educação, 2018. (Coleção esquematizado®)

1. Consumidores – Leis e legislação 2. Consumidores – Proteção I. Título. II. Lenza, Pedro.

18-0228 CDU 34:381.6(81)

Índices para catálogo sistemático:

1. Brasil : Consumidores : Direitos 34:381.6(81)
2. Direito do consumidor : Brasil 34:381.6(81)

SOMOS EDUCAÇÃO | saraiva jur

Av. das Nações Unidas, 7.221, 1º andar, Setor B
Pinheiros – São Paulo – SP – CEP 05425-902

SAC 0800-0117875
De 2ª a 6ª, das 8h às 18h
www.editorasaraiva.com.br/contato

Vice-presidente Claudio Lensing
Diretora editorial Flávia Alves Bravin

Conselho editorial
Consultor acadêmico Murilo Angeli Dias dos Santos

Gerência
Planejamento e novos projetos Renata Pascual Müller
Editorial Roberto Navarro

Edição Liana Ganiko Brito Catenacci
Patricia Quero

Produção editorial Maria Izabel B. B. Bressan (coord.)
Carolina Massanhi

Arte e digital Mônica Landi (coord.)
Claudirene de Moura Santos Silva
Guilherme H. M. Salvador
Tiago Dela Rosa
Verônica Pivisan Reis

Planejamento e processos Clarissa Boraschi Maria (coord.)
Juliana Bojczuk Fermino
Kelli Priscila Pinto
Marília Cordeiro

Fernando Penteado
Tatiana dos Santos Romão

Novos projetos Laura Paraíso Buldrini Filogônio

Diagramação Edson Colobone
Revisão Bernardete de Souza Maurício

Comunicação e MKT Carolina Bastos
Elaine Cristina da Silva

Capa Aero Comunicação

Produção gráfica Marli Rampim
Sergio Luiz Pereira Lopes

Impressão e acabamento Edições Loyola

Data de fechamento da edição: 5-3-2018

Dúvidas? Acesse www.editorasaraiva.com.br/direito

CL 604680 CAE 624933

Ao meu avô, Domingos Bolzan Filho (*in memoriam*),
porto seguro da minha formação, quando me ensinou com
atitudes sobre a importância do trabalho na vida de um Homem
e sobre quão longe poderemos chegar com nossa determinação.

AGRADECIMENTOS

À minha esposa, Cristiane, por todo o amor, pela cumplicidade, amizade e companheirismo de todas as horas. Pela mãe dedicada e amorosa que se tem mostrado, a você todo o meu amor.

Aos meus filhos, Henrique, Augusto e Théo, por me proporcionarem o sabor do amor incondicional.

À minha mãe, Cecília Bolzan, exemplo de amor e dedicação na arte de cuidar do próximo. Agradeço por estar ao meu lado em todos os momentos, em especial por me amparar nos mais difíceis.

À minha avó, Hermínia Bolzan (*in memoriam*), por todo o amor dispensado em minha criação, que se fez presente até o dia de sua partida em meus braços.

Ao meu pai, Zequinha, pela certeza de cuidar de nós aí do plano espiritual.

Ao meu irmão, Júnior, pelo talento e determinação na busca de seu sonho.

À minha sogra, d. Jô, por ser exemplo de mãe e por ter me presenteado com a melhor esposa do mundo, sua filha.

Aos meus padrinhos, José Carlos e Vânia, e primos, Melissa, Fernanda, Brenno, Enzo, Igor, Laura, Fabrízio, Rodrigo e Fernanda Gasparin, pela oportunidade de ter vivido momentos felizes e inesquecíveis em minha infância, bem como na infância das nossas crianças.

À minha tia, Teresa, irmã de meu pai, por trazer um pouquinho dele nessa breve passagem pelo Brasil e pela felicidade em reencontrá-la após tantos anos.

À minha afilhada Cristally, pela alegria de ter uma menininha linda em nossas vidas. O padrinho ama você.

À minha afilhada, Virgini, pois a distância não minimizou em nada meu amor por você.

Aos membros vitalícios da Diretoria Dez, drs. Marcos de Matos, Felipe Massola e Rodrigo Sanfurgo, pela amizade de quase duas décadas.

Ao casal Carol e Carlos, verdadeiros amigos, leais ao extremo, que não hesitaram em estar ao meu lado em momentos difíceis.

Aos amigos Márcio, Christiane e Frabrízio David, pela amizade e prontidão em nos receber em todas as horas.

Às dras. Mônica R. Mauro e Márcia Zalcman Setton, por acreditarem na minha essência e ajudarem a me reconstruir como um ser humano digno que sempre fui.

À Ignez Tavares, exemplo maior de pessoa de alto astral, pelas palavras de conforto em todos os momentos.

Ao sr. Abílio Rodrigues Braga, por tantos ensinamentos e por ser exemplo de vida na divulgação dos ensinamentos do Cristo.

Aos drs. e amigos Eduardo e Marcia Purceli, pela amizade e por salvarem a minha vida na cura do câncer.

Aos amigos e padrinhos Fabiano e Karim, pela certeza de que passaremos muitos momentos felizes em família.

À dona Nete, pela amizade e dedicação para com todos.

À Célia, por tão bem cuidar dos meus filhos.

Ao dr. José Geraldo Brito Filomeno, cuja história se confunde com a tutela do consumidor em nosso país, por nos honrar com o prefácio deste livro.

Ao dr. Vidal Serrano Nunes Júnior, pela honra em ser seu orientando no Doutorado da PUCSP.

Ao dr. André Ramos Tavares, pela oportunidade de ter trabalhado e aprendido muito com o maior publicista contemporâneo.

Ao Pedro Lenza, por me confiar a oportunidade de participar da coleção jurídica de maior sucesso de toda a história.

Ao dr. Luiz Flávio Gomes, por ter aberto as portas de seu curso em 2005 para eu desempenhar a atividade que mais prazer me proporciona: lecionar.

À dra. Alice Bianchini, por ter confiado a coordenação da Pós-Graduação de Direito Público da Anhanguera/Uniderp/LFG à minha pessoa.

Ao dr. Pedro Buck e ao dr. Diogo Rais, pelo prazer de ter trabalhado ao lado de dois grandes Amigos.

Ao dr. Emiliano Galvão, hoje Juiz de Direito do querido estado de Pernambuco, pela amizade, dedicação e generosidade em realizar trabalhos importantes ao meu lado. Me orgulho de sua trajetória, Amigo.

À dra. Fernanda Marinela, por compartilhar a amizade e os horizontes do Direito Administrativo.

Ao dr. Luis Manuel Fonseca Pires, por ter-me dado a oportunidade de ter sido seu assistente na graduação da PUCSP.

Ao dr. Gustavo Nori, coração e alma da Pós-Graduação de Direito Público do curso LFG, além da amizade verdadeira e duradoura.

À dra. Ana Carolina Minutti, pela amizade e pela certeza de que irá cuidar muito bem do meu irmão Gustavo Nori.

Ao dr. Mike Costa, testemunha da primeira aula de minha vida, que, por sinal, foi no curso LFG, pela amizade e troca de experiências pessoais e profissionais.

Ao dr. Gustavo Henrique Pinheiro de Amorim, pela amizade e por todo o auxílio no início da carreira de professor de cursinho.

Ao dr. Cassio Scarpinella Bueno, referência na oratória e na dedicação à docência, pela amizade e oportunidade de conhecer o ser humano fantástico que é.

Ao dr. Antônio Carlos Mendes, exemplo de maior expressão na docência acadêmica.

À dra. Regina Vera Villas Boas, pela alegria demonstrada na arte de ensinar.

Ao dr. Paulo Adib Casseb, por acreditar em meu potencial desde a época da graduação.

À dra. Maria Garcia, pela vitalidade no exercício da docência com excelência ímpar.

À minha sócia, dra. Juliana Franzim Hüneke, fundadora, ao meu lado, do "Bolzan de Almeida e Franzim Hüneke – Advogados", pela honra em trabalhar com uma irmã querida, além de excelente profissional, bem como aos amigos Rubens Hüneke e Gabriela Franzim Hüneke, pelos momentos maravilhosos vividos junto de todos vocês, pessoas tão especiais.

Aos colegas de coleção Eugênio Montoto, Agnaldo Martino e Roberto Caparroz, pela amizade e pelas boas referências passadas ao nosso Coordenador.

Aos amigos Andréa Camargo, Francisco Fontenele, Alexandre Gialluca, João Aguirre, Nestor Távora, que muito enriqueceram a coordenação pedagógica do curso LFG quando lá nos honraram com a presença.

Aos amigos Vanessa Pancioni, Bruno Alves Gomes, Larissa Serrano, Daniela Ferreira, Thais Tosseto, Silvia Bizatto e Carlos Pagani, representantes maiores de toda a equipe maravilhosa do pedagógico e da Diretoria do curso LFG.

À rádio Eldorado (www.territorioeldorado.limao.com.br) e suas *playlists*, que fizeram a trilha sonora deste livro, bem como ao Spotify, que me acompanhou musicalmente nesta nova edição.

Aos alunos de todo o Brasil, meus agradecimentos finais por aprender diariamente com vocês.

METODOLOGIA ESQUEMATIZADO®

Durante o ano de 1999, pensando, naquele primeiro momento, nos alunos que prestariam o exame da OAB, resolvemos criar uma **metodologia** de estudo que tivesse linguagem "fácil" e, ao mesmo tempo, oferecesse o conteúdo necessário à preparação para provas e concursos.

O trabalho foi batizado como ***Direito constitucional esquematizado®***. Em nosso sentir, surgia ali uma metodologia **pioneira**, idealizada com base em nossa experiência no magistério e buscando, sempre, otimizar a preparação dos alunos.

A metodologia se materializou nos seguintes "pilares":

- **esquematizado®:** a parte teórica é apresentada de forma objetiva, dividida em vários itens e subitens e em parágrafos curtos. Essa estrutura revolucionária rapidamente ganhou a preferência dos concurseiros;
- **superatualizado:** doutrina, legislação e jurisprudência em sintonia com as grandes tendências da atualidade e na linha dos concursos públicos de todo o País;
- **linguagem clara:** a exposição fácil e direta, a leitura dinâmica e estimulante trazem a sensação de que o autor está "conversando" com o leitor;
- **palavras-chave** (*keywords*): os destaques na cor azul possibilitam a leitura "panorâmica" da página, facilitando a fixação dos principais conceitos. O realce colorido recai sobre os termos que o leitor certamente grifaria com a sua caneta marca-texto;
- **recursos gráficos:** esquemas, tabelas e gráficos favorecem a assimilação e a memorização dos principais temas;
- **questões resolvidas:** ao final de cada capítulo, o assunto é ilustrado com questões de concursos ou elaboradas pelos próprios autores, o que permite conhecer as matérias mais cobradas e também checar o aprendizado.

Depois de muitos anos de **aprimoramento**, o trabalho passou a atingir tanto os candidatos ao **Exame de Ordem** quanto todos aqueles que enfrentam os concursos em geral, sejam das **áreas jurídica** ou **não jurídica**, de **nível superior** ou mesmo os de **nível médio**, assim como os **alunos de graduação** e demais **profissionais**.

Ada Pellegrini Grinover, sem dúvida, anteviu, naquele tempo, a evolução do *Esquematizado*®. Segundo a Professora escreveu em 1999, "a obra destina-se, declaradamente, aos candidatos às provas de concursos públicos e aos alunos de graduação, e, por isso mesmo, após cada capítulo, o autor insere questões para aplicação da parte teórica. Mas será útil também aos operadores do direito mais experientes, como fonte de consulta rápida e imediata, por oferecer grande número de informações buscadas em diversos autores, apontando as posições predominantes na doutrina, sem eximir-se de criticar algumas delas e de trazer sua própria contribuição. Da leitura amena surge um livro 'fácil', sem ser reducionista, mas que revela, ao contrário, um grande poder de síntese, difícil de encontrar mesmo em obras de autores mais maduros, sobretudo no campo do direito".

Atendendo ao apelo de "concurseiros" de todo o País, sempre com o apoio incondicional da Editora Saraiva, convidamos professores das principais matérias exigidas nos concursos públicos das *áreas jurídica* e *não jurídica* para compor a **Coleção Esquematizado®**.

Metodologia pioneira, vitoriosa, consagrada, testada e aprovada. **Professores** com larga experiência na área dos concursos públicos. Estrutura, apoio, profissionalismo e *know-how* da **Editora Saraiva**. Sem dúvida, ingredientes indispensáveis para o sucesso da nossa empreitada!

Para o **direito do consumidor**, tivemos a honra de contar com o primoroso trabalho de **Fabrício Bolzan**, que soube, com maestria, aplicar a **metodologia esquematizado®** à sua vasta e reconhecida experiência profissional.

Como muito bem destacou o prof. **Filomeno**, no prefácio, o trabalho de Bolzan "...está muito longe de se tratar, pura e simplesmente, de um apanhado superficial e sintético do Direito do Consumidor, destinado especificamente aos estudos de quem se interesse em prestar um concurso público; não só para o ingresso em carreiras jurídicas, como também em outras em que se torna imprescindível essa novel disciplina. Cuida-se, isto sim, de obra não apenas pragmática, para aqueles fins, como também de cuidadosa e aprofundada análise doutrinária e jurisprudencial de temas candentes, polêmicos, e que estão conectados à própria epistemologia do Direito Consumerista".

Palestrante exclusivo da *Rede de Ensino Telepresencial Luiz Flávio Gomes — LFG*, ministrando aulas desde 2005 em Direito do Consumidor e Direito Administrativo nos mais diversos cursos preparatórios para concursos públicos, **Bolzan** é também Coordenador da *Pós-Graduação Premium em Direito Público Anhanguera/Uniderp/LFG*.

Mestrando em Direito Constitucional na PUCSP, sob orientação do Prof. Dr. André Ramos Tavares, autor de diversas obras e artigos jurídicos, Ex-Procurador efetivo do Município de Mauá-SP, o autor é reconhecido advogado e parecerista nas áreas de Direito do Consumidor e Direito Público.

Por tudo isso, não temos dúvida de que este livro contribuirá para "encurtar" o caminho do ilustre e "guerreiro" concurseiro na busca do "sonho dourado"!

Esperamos que a **Coleção Esquematizado®** cumpra o seu papel. Em constante parceria, estamos juntos e aguardamos as suas críticas e sugestões.

Sucesso a todos!

Pedro Lenza

Mestre e Doutor pela USP

pedrolenza@terra.com.br

https://twitter.com/pedrolenza

http://instagram.com/pedrolenza

http://www.periscope.tv/pedrolenza

https://www.facebook.com/pedrolenza

https://www.youtube.com/pedrolenza

saraiva jur http://www.saraivajur.com.br/esquematizado

NOTA DO AUTOR À 6ª EDIÇÃO

Prezados amigos e colegas de profissão, é com grande satisfação que apresento as novidades da sexta edição do livro *Direito do Consumidor Esquematizado®* presentes nas novas páginas inseridas.

Na presente edição, incluímos diversos julgados publicados no ano de 2017 pelo Supremo Tribunal Federal e pelo Superior Tribunal de Justiça, em especial os julgados em regime de recurso repetitivo ou de repercussão geral, como ocorreu na lamentável decisão do Pretório Excelso que privilegiou a aplicação da Convenção de Varsóvia em detrimento do Diploma Consumerista nas ações de reparação de danos oriundos do transporte aéreo internacional. Súmulas do STJ também foram inseridas, com destaque para as de números 601, 602 e 603 do ano de 2018, bem como a de número 597, que trata da abusividade em planos de saúde. Aliás, foram vários julgados inseridos nos capítulos referentes à prática abusiva e às cláusulas abusivas envolvendo contratos de planos de saúde. Trata-se de cuidado essencial, tendo em vista a relevância da Lei Consumerista, integrando cada vez mais a pauta do dia da jurisprudência dos nossos Tribunais.

Destacamos as novidades trazidas ao CDC pelas Leis n. 13.425 e 13.486, ambas do ano de 2017, bem como os comentários pertinentes sobre os assuntos que são de grande relevo, uma vez afetos à proteção da segurança dos consumidores e ao novel exemplo de prática abusiva. Incluímos ainda um novo item no Capítulo 3 – Serviço público e incidência do CDC – para tratar da Lei n. 13.460, de 2017, que dispõe sobre o Código de Defesa dos usuários dos serviços públicos.

O anexo traz dois projetos de Lei, os de números 281 e 283, aprovados no Senado Federal no final de 2015 e encaminhados à Câmara dos Deputados. O primeiro PL trata do comércio eletrônico e o segundo da prevenção a respeito do superendividamento.

Incluímos ainda novas questões de concursos públicos, ocorridos no ano de 2017, comentadas, alternativa por alternativa, como de costume, por este autor, caracterizando verdadeiro livro "2 em 1" (teoria e questões de concursos públicos comentadas em uma única obra).

Agradeço mais um ano ao Coordenador, Pedro Lenza, e à Editora Saraiva pela confiança, bem como aos alunos e operadores do Direito de todo o Brasil por fazerem deste livro um sucesso de vendas.

Esperançoso em contribuir de alguma forma com o nosso trabalho para o aprimoramento de todos e agradecido pelo aprendizado que venho adquirindo anualmente com as discussões jurídicas travadas em fóruns e salas de aula, deixo a vocês um forte abraço.

São Paulo, 12 de janeiro de 2018.

Fabrício Bolzan de Almeida
Mestre pela PUCSP
http://www.bafh.com.br
fabricio@bafh.com.br
http://instagram.com/bolzanfa
https://www.facebook.com/fabriciobolzan
saraiva jur http://www.saraivajur.com.br/esquematizado

PREFÁCIO

Inicialmente não posso deixar de manifestar minha satisfação como também surpresa por ter sido ainda lembrado por um ex-aluno, Fabrício Bolzan de Almeida, isto no já longínquo ano de 2000.

Não apenas isso, todavia, mas também em face da circunstância de se ter ele revelado um verdadeiro apaixonado pelo Direito Consumerista que cultuo há quase trinta anos e que lhe ministrei, ainda que brevemente.

A maior recompensa que um velho professor pode ter é ser lembrado por seus alunos e, o que é ainda mais gratificante, terem alguns deles trilhado caminho semelhante ao seu. Obrigado, portanto, Fabrício.

O despretensioso título de seu trabalho, *Direito do Consumidor Esquematizado®*, não condiz, em absoluto, com o seu excelente e profundo conteúdo.

Ou seja, está muito longe de se tratar, pura e simplesmente, de um apanhado superficial e sintético do Direito do Consumidor, destinado especificamente aos estudos de quem se interesse em prestar um concurso público; não só para o ingresso em carreiras jurídicas, como também em outras em que se torna imprescindível essa novel disciplina. Cuida-se, isto sim, de obra não apenas pragmática, para aqueles fins, como também de cuidadosa e aprofundada análise doutrinária e jurisprudencial de temas candentes, polêmicos, e que estão conectados à própria epistemologia do Direito Consumerista.

É com grande satisfação, portanto, que o vejo perfilhar praticamente quase todas as preocupações que venho manifestando ao longo desses longos anos, primeiramente nos opúsculos *Curadorias de Proteção ao Consumidor* (1984) e *Promotorias de Proteção ao Consumidor* (em duas edições, de 1987 e 1989), mandados imprimir pela Associação Paulista do Ministério Público e destinados aos seus membros, e, posteriormente, no *Manual de Direitos do Consumidor,* em onze edições (Atlas, S. Paulo).

E, com efeito, o autor manifesta sua análise aprofundada em quinze capítulos, a saber: **1. O Direito do Consumidor**, partindo de suas raízes históricas e sua institucionalização entre nós; **2. Relação Jurídica de Consumo**, enfrentando, dentre outras questões, a sem dúvida tormentosa caracterização da pessoa jurídica como consumidora; **3. Serviço Público e Incidência do CDC**; **4. Princípios e Direitos no CDC**, em admirável análise epistemológica da ciência consumerista, além de detalhado estudo dos chamados *direitos básicos do consumidor*; **5. Responsabilidade do Fornecedor no CDC**, dentro da ampla temática dos vícios e fatos de produtos e serviços; **6. Garantias e Prazos Decadenciais e Prescricional no CDC**, em cotejo com o vigente

Código Civil de 2002; **7. Desconsideração da Personalidade Jurídica no CDC**, outra matéria sem dúvida polêmica; **8. Oferta no CDC**, com suas nuanças, problemática e possibilidade de retratação; **9. Publicidade no CDC**, com seus princípios, características, bem como suas chamadas "patologias" (*i.e.*, as publicidades enganosa, abusiva, desleal) e modalidades especiais (*merchandising*, *teaser*, e outras); **10. Práticas Abusivas no CDC**, mediante a análise do art. 39 do Código do Consumidor e sua tipologia aberta e enumerativa, ao lado de sua importância na tutela civil do consumidor; **11. Cobrança de Dívidas no CDC**, analisando várias hipóteses dos abusos que delas podem advir; **12. Banco de Dados e Cadastros de Inadimplentes no CDC**, em sequência ao tema anterior, focando os cuidados na recepção, armazenamento e administração de dados, sobretudo negativos, que afetam os consumidores; **13. Proteção Contratual no CDC**, a partir dos princípios tradicionais liberais do direito obrigacional e sua revolução operada com o advento do Código do Consumidor; **14. Cláusulas Abusivas no CDC**, em consonância com o capítulo anterior, o autor foca as variadas formas de "patologia" na área contratual, em enumeração meramente exemplificativa do art. 51 do Código, e as tutelas colocadas à disposição dos consumidores; **15. Proteção Administrativa do Consumidor**, com percuciente pesquisa dos fundamentos que regem a atividade administrativa do Poder Público e sua aplicação no Direito Consumerista, a partir do art. 55 do Código e do Decreto n. 2.181/97.

E o faz obedecendo a original metodologia, ou seja, primeiramente abordando os aspectos doutrinários e jurisprudenciais de cada um desses grandes temas; e, sempre que necessário, lembrando os fundamentos filosóficos sobre a razão de ser de cada um deles. Em seguida, ou em permeio ao desenvolvimento desses mesmos temas, produz claríssimos gráficos, esquemas, tabelas e quadros sinóticos, destarte demonstrando elogiável preocupação pedagógica e didática.

E, por fim, ao final de cada capítulo, oferece ao leitor questões que foram objetos de provas em concursos públicos país afora, designadamente no âmbito da Magistratura, do Ministério Público, da Polícia Civil, da Defensoria Pública, exames da Ordem dos Advogados do Brasil, bem como outros fora do campo jurídico como, por exemplo, em concurso para fiscal agropecuário.

Em face dessas características, portanto, estou perfeitamente à vontade para recomendar ao mercado de livros jurídicos, em geral, e aos estudantes, de modo especial, sobretudo aqueles voltados aos concursos referidos, esta meritória obra de meu ex-aluno, Fabrício Bolzan de Almeida.

São Paulo, setembro de 2012.

José Geraldo Brito Filomeno

Advogado, consultor jurídico, professor especialista-doutor em Direito do Consumidor pela Faculdade de Direito da USP (1991), membro da Academia Paulista de Direito e da Comissão Geral de Ética do Governo do Estado de São Paulo. Foi Procurador-Geral de Justiça (2000-2002), o primeiro Promotor de Justiça do país a exercer as funções de Curadoria de Proteção ao Consumidor (1983), instituidor das Promotorias do Consumidor do Estado e de seu Centro de Apoio Operacional. Foi, ainda, vice-presidente da comissão que elaborou o anteprojeto do vigente Código de Defesa do Consumidor.

SUMÁRIO

1

O DIREITO DO CONSUMIDOR

■ 1.1. EVOLUÇÃO HISTÓRICA DO DIREITO DO CONSUMIDOR

■ 1.1.1. A importância das revoluções industrial e tecnológica

O advento da **Revolução Industrial do aço e do carvão**, que se iniciou na Inglaterra entre os séculos XVIII e XIX, gerou grande migração da população residente na área rural para os centros urbanos. Esse novo contingente populacional começou, ao longo dos tempos, a manifestar **ávido interesse pelo consumo de novos produtos e serviços** capazes de satisfazer suas necessidades materiais.

Diante do modelo de sociedade que se formava, os fabricantes e produtores, além dos prestadores de serviços, começaram a se preocupar com o **atendimento da demanda**, que houvera aumentado em seu **aspecto quantitativo**, mas deixaram para um segundo plano o caráter qualitativo.

Ademais, a novel **sociedade de consumo** substituiu a característica da bilateralidade de produção — em que as partes contratantes discutiam cláusulas contratuais e eventual matéria-prima que seria utilizada na confecção de determinado produto — pela **unilateralidade da produção** — na qual uma das partes, o fornecedor, seria o responsável exclusivo por ditar os caminhos da relação de consumo, sem a participação efetiva, e, em regra, do consumidor.

SOCIEDADE DE CONSUMO	
ANTES	**DEPOIS**
■ bilateralidade na produção	■ unilateralidade na produção

Assim, à parte mais fraca da relação apresentada, o vulnerável, caberia apenas:

■ **aderir ao contrato** previamente elaborado pelo fornecedor — **contrato de adesão**; ou

■ **adquirir produto** confeccionado com material de origem e qualidade desconhecidas na maioria das vezes.

Com essa nova filosofia de mercado, **problemas começaram a surgir**. Evidentemente, quando o fornecedor passa a prezar pela quantidade em detrimento da qualidade, o consumidor depara-se com produtos e serviços viciados ou portadores de defeitos que lhe causarão prejuízos de ordem econômica ou física, respectivamente. Infelizmente, o Direito existente à época não estava preparado para solucionar os conflitos oriundos de tais problemas, conforme analisaremos a seguir.

Com efeito, o modelo de sociedade de consumo ora apresentado ganhou força com a **Revolução Tecnológica** decorrente do período Pós-Segunda Guerra Mundial. Realmente, os avanços na tecnologia couberam na medida ao novel panorama de modelo produtivo que se consolidava na história. Tendo por objetivo principal o atendimento da enorme demanda no aspecto quantitativo, o moderno maquinário industrial facilitou a produção em escala e atendeu a este tipo de expectativa.

1.1.2. A quebra com o paradigma do direito civil clássico

Se vícios e defeitos começaram a se tornar recorrentes no novo modelo de sociedade apresentado, cumpre destacar inicialmente que o **Direito da época não estava "apto" a proteger** a parte mais fraca da relação jurídica de consumo, pois, no Brasil, por exemplo, a legislação aplicável na ocasião era o Código Civil de 1916, que foi elaborado para disciplinar relações individualizadas, e não para tutelar aquelas oriundas da demanda coletiva, como ocorre nas relações consumeristas.

RELAÇÕES INDIVIDUALIZADAS	RELAÇÕES DE CONSUMO
■ Código Civil	■ Diploma Jurídico inexistente

Assim, o **direito privado** de então **não tardaria a sucumbir** no tocante à tutela da nova sociedade de consumo que se formava, pois estava marcadamente influenciado por princípios e dogmas romanistas,[1] tais como:

- *pacta sunt servanda*;
- autonomia da vontade; e
- responsabilidade fundada na culpa.

De fato, a **obrigatoriedade dos termos pactuados**, analisada como um postulado praticamente absoluto, é manifestamente **incompatível com as relações de consumo**, pois, conforme analisaremos ainda neste capítulo, o Direito do Consumidor traz em seu conteúdo normas de ordem pública e de interesse social

[1] CAVALIERI FILHO, Sergio. *Programa de direito do consumidor*. 3. ed. São Paulo: Atlas, 2011, p. 3.

que possuem, como uma de suas principais repercussões, a impossibilidade de as partes derrogarem os direitos dos vulneráveis.

Desta forma, **não há falar em autonomia de vontade** se o contrato de consumo possuir cláusula abusiva, por serem estas nulas de pleno direito, podendo, inclusive, ser assim reconhecidas de ofício pelo Juiz de Direito, numa das manifestações da intervenção estatal.

No tocante à responsabilidade, ressalta-se aí outra diferença em relação ao Direito Civil clássico. Enquanto neste modelo prevalecia a responsabilidade subjetiva — pautada na comprovação de dolo ou culpa —, no **Código de Defesa do Consumidor a responsabilidade é**, em regra, quase que absoluta, **objetiva** — que independe da comprovação dos aspectos subjetivos, conforme será estudado no Capítulo 5 deste livro.

DIREITO CIVIL CLÁSSICO	DIREITO DO CONSUMIDOR
■ Autonomia de vontades	■ Normas de ordem pública e de interesse social
■ *Pacta sunt servanda*	■ Intervenção estatal
■ Responsabilidade subjetiva	■ Responsabilidade objetiva

Nesse sentido é a posição consolidada no Superior Tribunal de Justiça a respeito da quebra com o paradigma do Direito Civil clássico ao entender que: "A jurisprudência do STJ se posiciona firme no sentido que a **revisão das cláusulas contratuais pelo Poder Judiciário é permitida**, mormente diante dos princípios da boa-fé objetiva, da função social dos contratos e do **dirigismo contratual, devendo ser mitigada a força exorbitante que se atribuía ao princípio do *pacta sunt servanda***" (AgRg no Ag 1.383.974/SC, Rel. Ministro Luis Felipe Salomão, 4ª T., *DJe* 1º-2-2012).

■ 1.1.3. A intervenção estatal

Constatado, então, que o Direito da época não era suficiente para disciplinar as relações jurídicas de consumo, fez-se necessária a **intervenção estatal** para a elaboração e implementação de **legislações específicas, políticas públicas e jurisdição especializada de defesa do consumidor** em todo o mundo. Foi a interferência do:

Estado-Legislador, elaborando as leis de tutela do consumidor.

Estado-Administrador, implementando tais leis de forma direta ou indireta.

Estado-Juiz, dirimindo conflitos de interesses oriundos das relações jurídicas de consumo.

A intervenção estatal mostrou-se fundamental para diminuir a desigualdade existente entre o todo-poderoso fornecedor e o vulnerável da relação, o consumidor.

1.1.4. Citações históricas do direito do consumidor

Sobre as **origens do Direito do Consumidor**, a doutrina lembra:

SERGIO CAVALIERI FILHO	"Em Nova York, por exemplo, Josephine Lowell criou a **New York Consumers League**, uma **associação de consumidores** que tinha por objetivo a luta pela melhoria das condições de trabalho locais e contra a exploração do trabalho feminino em fábricas e comércio. Essa associação elaborava **"Listas Brancas"**, contendo o nome dos produtos que os consumidores deveriam escolher preferencialmente, pois as empresas que os produziam e comercializavam respeitavam os direitos dos trabalhadores, como salário mínimo, horários de trabalho razoáveis e condições de higiene condignas. Era uma forma de influenciar a conduta das empresas pelo poder de compra dos consumidores. (...) Já no **século XX (1906), Upton Sinclair publica o romance socialista *The jungle* (A selva)**, no qual descreve, de maneira bastante realista, as **condições de fabricação dos embutidos de carne** e o trabalho dos operários dos matadouros de Chicago, bem assim os perigos e as precárias condições de higiene que afetavam tanto os trabalhadores como o produto final."[2]
CLAUDIA LIMA MARQUES	"Considera-se que foi um **discurso de John F. Kennedy, no ano de 1962**, em que este presidente norte-americano **enumerou os direitos do consumidor e os considerou como novo desafio necessário para o mercado**, o início da reflexão jurídica mais profunda sobre este tema. O novo aqui foi considerar que 'todos somos consumidores', em algum momento de nossas vidas temos este *status*, este papel social e econômico, estes direitos ou interesses legítimos, que são individuais, mas também são os mesmos no grupo identificável (coletivo) ou não (difuso), que ocupa aquela posição de consumidor. (...) **A ONU (Organização das Nações Unidas), em 1985, estabeleceu diretrizes** para esta legislação e consolidou a ideia de que se trata de um **direito humano de nova geração** (ou dimensão), **um direito social e econômico, um direito de igualdade material do mais fraco**, do leigo, do cidadão civil nas suas relações privadas frente aos profissionais, os empresários, as empresas, os fornecedores de produtos e serviços, que nesta posição são *experts*, parceiros considerados 'fortes' ou em posição de poder *(Machtposition)*."[3]
BRUNO MIRAGEM	"Em 1972 realizou-se, em Estocolmo, a Conferência Mundial do Consumidor. No ano seguinte, a Comissão das Nações Unidas sobre os Direitos do Homem deliberou que o Ser Humano, considerado enquanto consumidor, deveria gozar de quatro direitos fundamentais (os mesmos enunciados por Kennedy, anos antes): o *direito à segurança*; o *direito à informação* sobre produtos, serviços e suas condições de venda; o *direito à escolha* de bens alternativos de qualidade satisfatória a preços razoáveis; e o *direito de ser ouvido* nos processos de decisão governamental. Neste mesmo ano, a Assembleia Consultiva da Comunidade Europeia aprovou a Resolução 543, que deu origem à *Carta Europeia de Proteção ao Consumidor*."[4]

2 CAVALIERI FILHO, Sergio. *Programa de direito do consumidor*, p. 4-5.

3 BENJAMIN, Antônio Herman de V.; MARQUES, Claudia Lima; BESSA, Leonardo Roscoe. *Manual de direito do consumidor*. 3. ed. rev., atual. e ampl. São Paulo: Revista dos Tribunais, 2010, p. 30.

4 MIRAGEM, Bruno. *Curso de direito do consumidor*. 2. ed. rev., atual. e ampl. São Paulo: Revista dos Tribunais, 2010, p. 28.

No tocante aos **precedentes legislativos mundiais** que de forma direta ou indireta inspiraram a elaboração do Código de Defesa do Consumidor no Brasil — pioneiro na codificação do assunto[5] —, podemos citar:

> "(...) **leis francesas**: (a) Lei de 22-12-1972 que permitia aos consumidores um período de sete dias para refletir sobre a compra; (b) Lei de 27-12-1973 — *Loi Royer,* que em seu art. 44 dispunha sobre a proteção do consumidor contra a publicidade enganosa; (c) Leis ns. 78, 22 e 23 (*Loi Scrivener*), de 10/1/1978, que protegiam os consumidores contra os perigos do crédito e cláusulas abusivas".[6]
>
> "***Projet de Code de la Consommation***, redigido sob a presidência do professor Jean Calais-Auloy. Também importantes no processo de elaboração foram as leis gerais da Espanha (*Ley General para la Defensa de los Consumidores y Usuarios,* Lei n. 26/1984), de Portugal (*Lei n.* 29/81, de 22 de agosto), do México (*Lei Federal de Protección al Consumidor,* de 5 de fevereiro de 1976) e de Quebec (*Loi sur la Protection du Cosomateur*, promulgada em 1979). Visto agora pelo prisma mais específico de algumas de suas matérias, o Código buscou inspiração, fundamentalmente, no Direito comunitário europeu: as Diretivas ns. 84/450 (publicidade) e 85/374 (responsabilidade civil pelos acidentes de consumo). Foram utilizadas, igualmente, na formulação do traçado legal para o controle das cláusulas gerais de contratação, as legislações de Portugal (Decreto-lei n. 446, de 25 de outubro de 1985) e Alemanha (Gesetz zur Regelung des Rechts der Allgemeinen Geschaftsbedingungen — AGB Gesetz, de 9 de dezembro de 1976)."[7]

■ 1.1.5. A importância da revolução da informática e da globalização

Com efeito, além dos marcos históricos da Revolução Industrial do aço e do carvão e da Revolução Tecnológica do período Pós-Segunda Guerra Mundial, outro importante momento balizador do surgimento de um Direito específico de tutela do consumidor foi a **Revolução da Informática e da Globalização** que vivemos no mundo contemporâneo.

---

[5] GRINOVER, Ada Pellegrini; BENJAMIN, Antônio Herman de V.; FINK, Daniel Roberto; FILOMENO, José Geraldo Brito; NERY JR., Nelson; DENARI, Zelmo. *Código Brasileiro de Defesa do Consumidor*: comentado pelos autores do anteprojeto. Ed. revista, atualizada e reformulada. Rio de Janeiro: Forense, 2011. v. I: Direito material (arts. 1º a 80 e 105 a 108), p. 5.

[6] CAVALIERI FILHO, Sergio. *Programa de direito do consumidor*, p. 6-7.

[7] GRINOVER, Ada Pellegrini; BENJAMIN, Antônio Herman de V.; FINK, Daniel Roberto; FILOMENO, José Geraldo Brito; NERY JR., Nelson; DENARI, Zelmo. *Código Brasileiro de Defesa do Consumidor*, p. 7-8.

As relações de consumo via internet estão cada vez mais presentes na vida do consumidor nacional e, enquanto não for inserido o capítulo do comércio eletrônico no Diploma Consumerista, conforme expresso no anexo deste livro, imprescindível a aplicação na íntegra do Código de Defesa do Consumidor vigente.[8]

Por fim, cumpre registrar ainda a título de introdução histórica que o dia 15 de março representa a data escolhida para a comemoração do "Dia Mundial dos Direitos dos Consumidores".

■ 1.1.6. Maneiras de introduzir o direito do consumidor

Existem diversas maneiras de se introduzir determinado ramo do Direito, a depender da perspectiva que lhe for dada. No tocante à disciplina tutelar das relações de consumo, concordamos com Claudia Lima Marques ao ensinar que existem **três maneiras de introduzir o Direito do Consumidor**. Por meio da:

[8] Verificar nossos comentários nos itens 2.4.2, 5.8.2 e 13.4.1 — uma análise da Lei n. 12.965, de 2014 (Marco Civil da Internet), do Decreto n. 8.771, de 2016, e do Decreto n. 7.962, de 2013, que dispõem sobre a contratação no comércio eletrônico —, bem como o Anexo deste livro e as referências expressas às relações via internet nos projetos de alteração do CDC.

"**Origem constitucional**, que poderíamos chamar de ***introdução sistemática*** através do sistema de valores (e direitos fundamentais) que a **Constituição Federal** de 1988 impôs no Brasil.

Filosofia de proteção dos mais fracos ou do princípio tutelar ***favor debilis***, que orienta o direito dogmaticamente, em especial as normas do direito que se aplicam a esta relação de consumo. Esta segunda maneira de introduzir o direito do consumidor poderíamos chamar de ***dogmático-filosófica***.

Sociologia do direito, ao estudar as sociedades de consumo de massa atuais, a visão econômica dos mercados de produção, de distribuição e de consumo, que destaca a importância do consumo e de sua regulação especial. Essa terceira maneira poderíamos denominar de ***introdução socioeconômica*** ao direito do consumidor".[9]

A **primeira maneira** de introduzir o Direito do Consumidor deve ser vista sob o **enfoque constitucional**, na medida em que a defesa do vulnerável das relações de consumo é um direito fundamental (art. 5º, XXXII, da CF). A importância do tema é tamanha que será analisada no próximo tópico.

Em relação à **introdução filosófica de proteção ao mais fraco**, cumpre destacar que fundamenta os inúmeros princípios e direitos básicos elencados no CDC, na medida em que tais institutos buscam conferir direitos ao vulnerável da relação — o consumidor — e impor deveres à parte mais forte — o fornecedor —, como forma de reequilibrar uma relação que nasce desigual.

Já a **introdução socioeconômica** do Direito do Consumidor leva em consideração não apenas aspectos históricos como a quebra de ideologias, por exemplo

---

9 BENJAMIN, Antônio Herman de V.; MARQUES, Claudia Lima; BESSA, Leonardo Roscoe. *Manual de direito do consumidor*, p. 30.

a de Adam Smith de que o consumidor seria o rei do mercado, mas também questões do mundo contemporâneo, como as recorrentes práticas abusivas de alguns setores do mercado econômico.

O decorrer dos tempos nos ensinou que o consumidor não foi capaz de ditar as regras do jogo com seu "poder" de compra, num mercado facilmente manipulado pelo fornecedor. Ao contrário, se tornou o vulnerável da relação jurídica de consumo e vítima de abusividade na conduta de maus fornecedores que utilizam, por exemplo, práticas agressivas de *marketing* para reduzir a zero a liberdade de escolha do consumidor.

Em resumo, o consumidor recebe diariamente uma avalanche de informações sobre a falsa necessidade de adquirir novos produtos ou de contratar novos serviços para, ao final, consumir, consumir e consumir, mesmo sem a necessidade de.

■ 1.2. FUNDAMENTO CONSTITUCIONAL DO DIREITO DO CONSUMIDOR

■ 1.2.1. Mandamentos constitucionais de defesa do consumidor

No Brasil, o Direito do Consumidor tem amparo na Constituição Federal de 1988, que, aliás, trouxe dois mandamentos em seu corpo principal (arts. 5º, XXXII, e 170, V) e um no Ato das Disposições Constitucionais Transitórias (art. 48):

- CF/88: "**Art. 5º** Todos são iguais perante a lei, sem distinção de qualquer natureza, garantindo-se aos brasileiros e aos estrangeiros residentes no País a inviolabilidade do direito à vida, à liberdade, à igualdade, à segurança e à propriedade, nos termos seguintes: (...) **XXXII** — o Estado promoverá, na forma da lei, a defesa do consumidor".
- CF/88: "**Art. 170.** A ordem econômica, fundada na valorização do trabalho humano e na livre iniciativa, tem por fim assegurar a todos existência digna, conforme os ditames da justiça social, observados os seguintes princípios: (...) **V** — defesa do consumidor".
- ADCT: "**Art. 48.** O Congresso Nacional, dentro de cento e vinte dias da promulgação da Constituição, elaborará código de defesa do consumidor".

■ 1.2.2. O direito do consumidor como direito fundamental

A **relação jurídica de consumo** nasce **desigual**, conforme amplamente destacado nesse início de livro. Assim, encontramos o consumidor-vulnerável, de um lado, e o fornecedor detentor do monopólio dos meios de produção, do outro, e, nesse contexto, nada melhor que ser alçado o **Direito do Consumidor** ao patamar de **Direito Fundamental**.

A **constitucionalização ou publicização do direito privado** tem consequências importantes na proteção do consumidor e, segundo palavras de Claudia Lima Marques, "certos estão aqueles que consideram a Constituição Federal de 1988 como o centro irradiador e o marco de reconstrução de um **direito privado** brasileiro **mais social** e preocupado com os vulneráveis de nossa sociedade, um **direito privado solidário**. Em outras palavras, a Constituição seria *a garantia* (de existência e de proibição de retrocesso) e o *limite* (limite-guia e limite-função) de um direito privado construído sob seu sistema de valores e incluindo a defesa do consumidor como princípio geral".[10]

Sobre o tema, vale lembrar de Konrad Hesse e a força normativa da Constituição. Pedro Lenza observa que dentro "da ideia de **força normativa** (Konrad Hesse), pode-se afirmar que a norma constitucional tem *status* de norma jurídica, sendo dotada de **imperatividade**, com as consequências de seu descumprimento (assim como acontece com as normas jurídicas), permitindo o seu cumprimento forçado".[11]

Logo, o amparo constitucional que possui o Direito do Consumidor traz uma conotação imperativa no mandamento de ser do Estado a responsabilidade de promover a defesa do vulnerável da relação jurídica de consumo.

Ademais, ao longo do tempo muito se falou em **eficácia vertical dos Direitos Fundamentais** — respeito pela Administração dos Direitos Fundamentais de seus administrados. Nas relações entre Administração e administrado é evidente a supremacia daquela em razão da natureza do interesse tutelado, qual seja: o interesse público.

Como o advento do Direito do Consumidor foi alçado ao patamar constitucional, é possível tratar na atualidade da **eficácia horizontal dos direitos** ora em estudo, ou seja, mesmo sem a existência de hierarquia entre as partes envolvidas na relação, como ocorre entre fornecedor e consumidor, o respeito aos Direitos Fundamentais também se faz necessário.

---

10 BENJAMIN, Antônio Herman de V.; MARQUES, Claudia Lima; BESSA, Leonardo Roscoe. *Manual de direito do consumidor*, p. 33-34.

11 LENZA, Pedro. *Direito constitucional esquematizado*. 16. ed. São Paulo: Saraiva, 2012, p. 66.

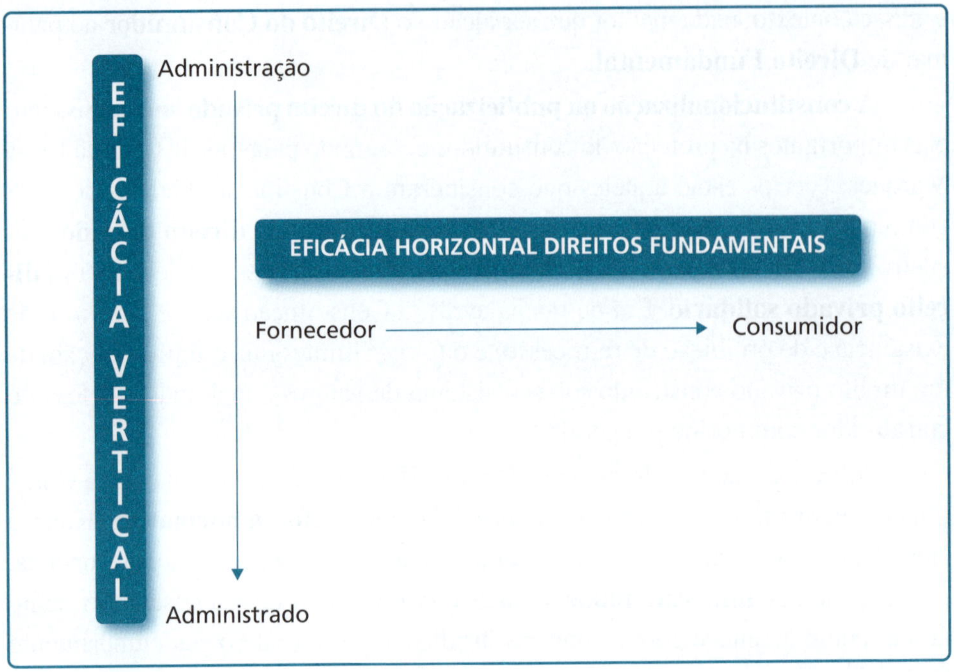

Contudo, não poderemos generalizar a constitucionalização do Direito Privado, sob pena de corrermos o risco de tornarmos secundário este ramo do Direito.

Assiste razão a André Ramos Tavares quando trata da eficácia horizontal dos direitos fundamentais ao acentuar que "com a eficácia direta e imediata corre-se o **grave risco**, especialmente no Brasil, **de constitucionalizar todo o Direito e todas as relações particulares**, relegando o Direito privado a segundo plano no tratamento de tais matérias. Como produto dessa tese ter-se-ia, ademais, **a transformação do STF em verdadeira Corte de Revisão**, porque todas as relações sociais passariam imediatamente a ser relações de índole constitucional, o que não é desejável. Mas, de outra parte, não se pode negar, em situações de absoluta missão do legislador, que **os direitos 'apenas' constitucionalmente fundados sejam suporte para solução imediata de relação privada**".[12]

Em última análise, os benefícios da elevação do Direito do Consumidor ao *status* constitucional são evidentes e de suma importância na busca do reequilíbrio entre as partes na relação jurídica de consumo.

12 TAVARES, André Ramos. *Curso de direito constitucional*. 8. ed. São Paulo: Saraiva, 2010, p. 527.

1.2.3. O direito do consumidor como princípio da ordem econômica

Conforme visto, o art. 170, inciso V, da Constituição Federal prevê como **um dos princípios da ordem econômica a defesa do consumidor**. Interessante ressaltar que o **inciso IV** do aludido dispositivo constitucional estabelece também como **princípio a livre concorrência**.

> Art. 170. A ordem econômica, fundada na valorização do trabalho humano e na livre iniciativa, tem por fim assegurar a todos existência digna, conforme os ditames da justiça social, observados os seguintes princípios:
>
> I — soberania nacional;
>
> II — propriedade privada;
>
> III — função social da propriedade;
>
> **IV — livre concorrência**;
>
> **V — defesa do consumidor**;
>
> VI — defesa do meio ambiente, inclusive mediante tratamento diferenciado conforme o impacto ambiental dos produtos e serviços e de seus processos de elaboração e prestação; *(Redação dada pela Emenda Constitucional n. 42, de 19-12-2003)*
>
> VII — redução das desigualdades regionais e sociais;
>
> VIII — busca do pleno emprego;
>
> IX — tratamento favorecido para as empresas de pequeno porte constituídas sob as leis brasileiras e que tenham sua sede e administração no País. (*Redação dada pela Emenda Constitucional n. 6, de 1995*)
>
> Parágrafo único. É assegurado a todos o livre exercício de qualquer atividade econômica, independentemente de autorização de órgãos públicos, salvo nos casos previstos em lei.

Da interpretação dos incisos IV e V, a conclusão a que se chega é a de ser plenamente livre explorar a atividade econômica em nosso país, desde que de forma lícita — em respeito, por exemplo, aos demais princípios da ordem econômica —, e que, para **ganhar da concorrência, não poderá** colocar um produto ou prestar um serviço no mercado de consumo com **violação dos direitos dos consumidores**.

Sobre o tema, concordamos com Claudia Lima Marques ao ensinar que a "opção da Constituição Federal de 1988 de tutela especial aos consumidores, considerados agentes econômicos mais vulneráveis no mercado globalizado, foi uma demonstração de como a ordem econômica de direção devia preparar o Brasil para a economia e a sociedade do século XXI".[13]

[13] BENJAMIN, Antônio Herman de V.; MARQUES, Claudia Lima; BESSA, Leonardo Roscoe. *Manual de direito do consumidor*, p. 111.

A respeito de o princípio da defesa do consumidor estender-se a todo o capítulo constitucional da atividade econômica, já decidiu o **Supremo Tribunal Federal:**

> EMENTA: RECURSO EXTRAORDINÁRIO. DANOS MORAIS DECORRENTES DE ATRASO OCORRIDO EM VOO INTERNACIONAL. APLICAÇÃO DO CÓDIGO DE DEFESA DO CONSUMIDOR. MATÉRIA INFRACONSTITUCIONAL. NÃO CONHECIMENTO. 1. **O princípio da defesa do consumidor se aplica a todo o capítulo constitucional da atividade econômica.** 2. Afastam-se as normas especiais do Código Brasileiro da Aeronáutica e da Convenção de Varsóvia quando implicarem retrocesso social ou vilipêndio aos direitos assegurados pelo Código de Defesa do Consumidor. 3. Não cabe discutir, na instância extraordinária, sobre a correta aplicação do Código de Defesa do Consumidor ou sobre a incidência, no caso concreto, de específicas normas de consumo veiculadas em legislação especial sobre o transporte aéreo internacional. Ofensa indireta à Constituição de República. 4. Recurso não conhecido (RE 351.750/RJ, Rel. p/ Acórdão Ministro Carlos Britto, 1ª T., *DJe* 25-9-2009).

Em nossa visão, a proteção dos direitos do consumidor é a contrapartida à livre concorrência. Dessa forma, o fornecedor poderá inserir no mercado de consumo produtos com preços mais baratos, desde que respeitados os demais princípios da ordem econômica. No entanto, os bens de consumo fornecidos, não poderão ter qualidade inferior àquela aceitável pelas entidades de regulamentação do setor.

O Direito do Consumidor é a contrapartida da livre concorrência

1.2.4. O ADCT e a codificação do direito do consumidor

O art. 48 do Ato das Disposições Constitucionais Transitórias conferiu um **prazo de cento e vinte** dias da promulgação da Constituição Federal para o Congresso Nacional elaborar o Código de Defesa do Consumidor. Demorou um tempo maior, mas temos uma referência de Diploma Consumerista na ordem mundial, com destaque especial na América do Sul.

O **legislador constituinte optou pela elaboração codificada do Direito do Consumidor**, e não pela edição de leis específicas, cada uma disciplinadora de assuntos afetos às relações jurídicas de consumo. Apesar de existirem outras leis especiais dentro do sistema de proteção do consumidor, no momento da elaboração do Diploma de defesa do consumidor a opção pela codificação foi a mais acertada.

Sobre os benefícios da opção pelo Código, ensinam Ada Pellegrini Grinover e Antônio Herman de Vasconcellos e Benjamin que **permite a reforma do Direito vigente** e apresenta, ainda, **outras vantagens:**

> "Primeiramente, **dá coerência e homogeneidade** a um determinado ramo do Direito, possibilitando sua **autonomia**.
>
> De outro, **simplifica e clarifica o regramento legal** da matéria, favorecendo, de uma maneira geral, os destinatários e os aplicadores da norma".[14]

Por fim, o Direito do Consumidor está assim representado na Constituição Federal:

DIREITO FUNDAMENTAL	PRINCÍPIO DA ORDEM ECONÔMICA	PRAZO DE 120 DIAS PARA CODIFICAR
■ Art. 5º, XXXII, da CF	■ Art. 170, V, da CF	■ Art. 48 do ADCT

■ 1.3. CARACTERÍSTICAS DO CÓDIGO DE DEFESA DO CONSUMIDOR

O Código de Defesa do Consumidor, Lei n. 8.078/90, possui três características principais:

- ■ **lei principiológica;**
- ■ **normas de ordem pública e interesse social;**
- ■ **microssistema multidisciplinar.**

■ 1.3.1. O CDC como lei principiológica

O Código de Defesa do Consumidor é considerado uma lei principiológica, isto é, está **constituído de uma série de princípios** que possuem como objetivo maior **conferir direitos aos consumidores**, que são os vulneráveis da relação, e **impor deveres aos fornecedores**.

Analisaremos no Capítulo 4 deste livro que os princípios — quer na conotação de norma com grau de generalidade relativamente alto ou de mandamento nuclear, quer no sentido de alicerce do sistema jurídico e de disposição fundamental — estão disciplinados no CDC da seguinte forma:

- ■ **princípios gerais** do CDC — previstos em seu art. 4º;
- ■ **direitos básicos** do consumidor — estipulados no art. 6º da Lei n. 8.078/90;
- ■ **princípios específicos** do CDC — em especial aqueles referentes à publicidade e aos contratos de consumo; e

[14] GRINOVER, Ada Pellegrini; BENJAMIN, Antônio Herman de V.; FINK, Daniel Roberto; FILOMENO, José Geraldo Brito; NERY JR., Nelson; DENARI, Zelmo. *Código Brasileiro de Defesa do Consumidor*, p. 6-7.

- **princípios complementares** do CDC — com destaque para os princípios constitucionais afetos às relações de consumo.

A eleição de certos **princípios** pelo legislador ordinário buscou, em última análise, o **reequilíbrio** de uma **relação jurídica** que é muito **desigual**. Busca-se, então, a concretização da **igualdade material** entre o fornecedor e o vulnerável consumidor.

Sobre o assunto, ensina Claudia Lima Marques que o "*favor debilis* é, pois, a superação da ideia — comum no direito civil do século XIX — de que basta a igualdade formal para que todos sejam iguais na sociedade, é o reconhecimento (presunção de vulnerabilidade — veja art. 4º, I, do CDC) de que alguns são mais fortes ou detêm posição jurídica mais forte (em alemão, *Machtposition*), detêm mais informações, são *experts* ou profissionais, transferem mais facilmente seus riscos e custos profissionais para os outros, reconhecimento de que os 'outros' geralmente são leigos, não detêm informações sobre os produtos e serviços oferecidos no mercado, não conhecem as técnicas da contratação de massa ou os materiais que compõem os produtos ou a maneira de usar os serviços, são pois mais vulneráveis e vítimas fáceis de abusos".[15]

O próprio **Superior Tribunal de Justiça** pacificou posicionamento no sentido de coibir práticas abusivas de fornecedores no mercado de consumo quando violadoras de princípios do CDC, conforme entendimento assentado pela Segunda Seção desta Corte no sentido de que "**a pretensão da seguradora de modificar abruptamente as condições do seguro,** não renovando o ajuste anterior, **ofende os princípios da boa-fé objetiva, da cooperação, da confiança**

[15] BENJAMIN, Antônio Herman de V.; MARQUES, Claudia Lima; BESSA, Leonardo Roscoe. *Manual de direito do consumidor*, p. 38.

e da lealdade que deve orientar a interpretação dos contratos que regulam relações de consumo" (REsp 1.073.595/MG, Rel. Ministra Nancy Andrighi, *DJe* 29-4-2011).

CDC = Lei Principiológica = reequilíbrio nas relações de consumo

1.3.2. O CDC como norma de ordem pública e interesse social

O **Código de Defesa do Consumidor** prevê em seu art. 1º: "O presente código **estabelece normas de proteção e defesa do consumidor, de ordem pública e interesse social**, nos termos dos arts. 5º, inciso XXXII, 170, inciso V, da Constituição Federal e art. 48 de suas Disposições Transitórias".

Além do triplo mandamento constitucional já estudado neste capítulo, o dispositivo citado deixa claro que o CDC traz em seu conteúdo normas de ordem pública e de interesse social.

Mas qual seria a abrangência da expressão? Três são, basicamente, as consequências que a característica de ser o CDC uma norma de ordem pública e de interesse social pode trazer no tocante à sua abrangência:

- as **decisões** decorrentes das relações de consumo **não se limitam às partes** envolvidas em litígio;
- as **partes não poderão derrogar os direitos** do consumidor;
- **juiz pode reconhecer de ofício direitos** do consumidor.

É evidente que as decisões proferidas em litígios decorrentes das relações de consumo não se limitam às partes envolvidas. Muitas delas **repercutem perante mais de uma pessoa, como ocorre na tutela dos interesses difusos, coletivos ou individuais homogêneos**, além de servirem de caráter educativo para **toda a sociedade** e de alerta para os **demais fornecedores** não continuarem com práticas ilícitas nas relações de consumo.

Ademais, **as partes** da aludida relação jurídica **não poderão derrogar direitos do consumidor**. Segundo pontuado anteriormente, a autonomia da vontade e a *pacta sunt servanda*, institutos muito presentes no Direito Civil clássico, foram mitigadas no CDC em razão da necessidade do intervencionismo estatal que buscou atingir, em última análise, o reequilíbrio da relação de consumo que é muito desigual.

Desta forma, **sendo abusiva uma cláusula** contratual, ela **será anulada**, não cabendo a alegação de que o consumidor estava consciente e de que gozava da plenitude de sua capacidade mental.

Por fim, não podemos deixar de lembrar que o juiz pode reconhecer de ofício direito do consumidor, inclusive declarar a nulidade de cláusula abusiva, exatamente em razão do caráter ora em estudo. Apesar da pacificação do tema na doutrina,[16] cumpre relembrar que o **Superior Tribunal de Justiça não admite** o **reconhecimento de ofício de nulidade de cláusula contratual pelo juiz**, tratando-se de **contratos bancários**.

O assunto foi sumulado no ano de 2009 pelo Enunciado 381 da Segunda Seção do STJ, *in verbis:* "Nos contratos bancários, é vedado ao julgador conhecer, de ofício, da abusividade das cláusulas".

Discordamos da posição expressa no verbete acima mencionado, *data maxima venia*, e não encontramos até o momento fundamentação jurídica para tal entendimento.

A viabilidade jurídica do teor da aludida súmula somente seria possível se levássemos em consideração alguns precedentes do STJ no sentido de não admitir que o Tribunal conheça de ofício cláusula abusiva, caso o tema não tenha sido discutido em primeira instância. Seria a aplicação do princípio do *tantum devolutum quantum apellatum*: "PROCESSO CIVIL. EMBARGOS DE DIVERGÊNCIA. A jurisprudência da Segunda Seção consolidou-se no sentido de que fere o princípio do *tantum devolutum quantum appellatum* a revisão, de ofício, pelo juiz, de cláusulas contratuais que não foram objeto de recurso (REsp 541.153/RS, Rel. Ministro Cesar Asfor Rocha, *DJ* 14-9-2005). Agravo regimental não provido" (AgRg nos EREsp 801.421/RS, Rel. Ministro Ari Pargendler, 2ª Seção, *DJe* 16-4-2007).

Por mais que não se coadune com o posicionamento apresentado no julgado supracitado, existe amparo legal para tal entendimento, inclusive no novo Código de Processo Civil:

> Art. 1.013. A apelação devolverá ao tribunal o conhecimento da matéria impugnada.
>
> § 1º Serão, porém, objeto de apreciação e julgamento pelo tribunal todas as questões suscitadas e discutidas no processo, ainda que não tenham sido solucionadas, desde que relativas ao capítulo impugnado.

[16] Segundo Sergio Cavalieri Filho, normas de ordem pública são normas cogentes, imperativas, pelo que indispensáveis e de observância necessária. As partes não podem alterar o conteúdo do dever nelas estabelecido e o juiz deve aplicá-las *ex officio*, isto é, independentemente da provocação do consumidor. Normas de interesse social são aquelas que disciplinam um campo de relações sociais marcado pela desigualdade, razão pela qual têm por finalidade interesse que transcende o interesse meramente particular; são normas que interessam mais diretamente à sociedade que aos particulares. CAVALIERI FILHO, Sergio. *Programa de direito do consumidor*, p. 13.

Porém, defendemos a viabilidade do juiz de primeiro grau ou do Tribunal anular, sim, de ofício cláusula nula de qualquer contrato de consumo, inclusive os de natureza bancária, por ser o Direito do Consumidor uma norma de ordem pública.

Para fins de concurso público, no entanto, não prevalece ainda nossa posição, mas sim o entendimento esposado no teor da Súmula 381 do STJ e reiterado em julgados como: "1. É pacífica a compreensão jurisprudencial no âmbito da eg. Segunda Seção desta Corte Superior de Justiça, consolidada no julgamento do Recurso Especial n. 1.061.530/RS, nos termos do procedimento dos recursos representativos da controvérsia (Código de Processo Civil, art. 543-C e Resolução n. 8/2008 do STJ), de que, embora aplicável o Código de Defesa do Consumidor nos contratos bancários, não é possível, de ofício, o reconhecimento da nulidade e, por conseguinte, a revisão de cláusulas contratuais consideradas abusivas, sob pena de ofensa ao princípio do *tantum devolutum quantum apellatum*" (AgRg nos EDcl no REsp 1.206.203/RS, Rel. Ministro Raul Araújo, 4ª T., *DJe* 25-6-2013).

■ 1.3.3. O CDC como microssistema multidisciplinar

O Código de Defesa do Consumidor é considerado um microssistema multidisciplinar porque **alberga em seu conteúdo as mais diversas disciplinas jurídicas** com o objetivo maior de tutelar o consumidor, que é a parte mais fraca — o vulnerável — da relação jurídica de consumo. Com efeito, encontraremos no CDC normas de:

- **Direito Constitucional** — ex.: princípio da dignidade da pessoa humana.
- **Direito Civil** — ex.: responsabilidade do fornecedor.
- **Processo Civil** — ex.: ônus da prova.
- **Processo Civil Coletivo** — ex.: tutela coletiva do consumidor.
- **Direito Administrativo** — ex.: proteção administrativa do consumidor.
- **Direito Penal** — ex.: infrações e sanções penais pela violação do CDC.

Sobre o tema, lembramos a doutrina de Sergio Cavalieri Filho ao ensinar que microssistema: "é uma **expressão** cunhada pelo Prof. Natalino Irti, da Universidade de Roma, nos anos 1970, **para indicar a transformação ocorrida no âmbito do direito privado**".[17] Explica o autor em apertada síntese que, do **monossistema** característico no Código Civil, **mudou-se para o polissistema**, próprio da sociedade pluralista contemporânea.

---

17 CAVALIERI FILHO, Sergio. *Programa de direito do consumidor*, p. 13.

Desta forma, a relação do CDC com outras fontes poderá ser exemplificada no seguinte quadro:

DIREITO CONSTITUCIONAL	■ CDC — "Art. 4º A Política Nacional das Relações de Consumo tem por **objetivo** o atendimento das necessidades dos **consumidores, o respeito à sua dignidade**, saúde e segurança, a proteção de seus interesses econômicos, a melhoria da sua qualidade de vida, bem como a transparência e harmonia das relações de consumo, atendidos os seguintes princípios:"
DIREITO CIVIL	■ CDC — "Art. 12. **O fabricante, o produtor, o construtor, nacional ou estrangeiro, e o importador respondem, independentemente da existência de culpa**, pela **reparação dos danos** causados aos consumidores por defeitos decorrentes de projeto, fabricação, construção, montagem, fórmulas, manipulação, apresentação ou acondicionamento de seus produtos, bem como por informações insuficientes ou inadequadas sobre sua utilização e riscos."
PROCESSO CIVIL	■ CDC — "Art. 6º São direitos básicos do consumidor: (...) VIII — a facilitação da defesa de seus direitos, inclusive com a **inversão do ônus da prova**, a seu favor, no processo civil, quando, a critério do juiz, for verossímil a alegação ou quando for ele hipossuficiente, segundo as regras ordinárias de experiências;"
PROCESSO CIVIL COLETIVO	■ CDC — "Art. 81. **A defesa** dos interesses e direitos **dos consumidores** e das vítimas **poderá ser** exercida em juízo individualmente, ou **a título coletivo**. Parágrafo único. A defesa coletiva será exercida quando se tratar de: I — **interesses ou direitos difusos**, assim entendidos, para efeitos deste código, os transindividuais, de natureza indivisível, de que sejam titulares pessoas indeterminadas e ligadas por circunstâncias de fato; II — **interesses ou direitos coletivos**, assim entendidos, para efeitos deste código, os transindividuais, de natureza indivisível de que seja titular grupo, categoria ou classe de pessoas ligadas entre si ou com a parte contrária por uma relação jurídica base; III — **interesses ou direitos individuais homogêneos**, assim entendidos os decorrentes de origem comum."
DIREITO ADMINISTRATIVO	■ CDC — "Art. 56. As **infrações** das normas de defesa do consumidor ficam sujeitas, conforme o caso, às seguintes **sanções administrativas**, sem prejuízo das de natureza civil, penal e das definidas em normas específicas: I — multa; II — apreensão do produto; III — inutilização do produto; IV — cassação do registro do produto junto ao órgão competente; V — proibição de fabricação do produto; VI — suspensão de fornecimento de produtos ou serviço; VII — suspensão temporária de atividade; VIII — revogação de concessão ou permissão de uso; IX — cassação de licença do estabelecimento ou de atividade; X — interdição, total ou parcial, de estabelecimento, de obra ou de atividade; XI — intervenção administrativa; XII — imposição de contrapropaganda. Parágrafo único. As sanções previstas neste artigo serão aplicadas pela autoridade administrativa, no âmbito de sua atribuição, podendo ser aplicadas cumulativamente, inclusive por medida cautelar, antecedente ou incidente de procedimento administrativo."
DIREITO PENAL	■ CDC — "Art. 61. Constituem **crimes contra as relações de consumo** previstas neste código, sem prejuízo do disposto no Código Penal e leis especiais, as condutas tipificadas nos artigos seguintes" e "Art. 63. Omitir dizeres ou sinais ostensivos sobre a nocividade ou periculosidade de produtos, nas embalagens, nos invólucros, recipientes ou publicidade: **Pena — Detenção de seis meses a dois anos e multa**."

■ 1.4. DIÁLOGO DAS FONTES

■ 1.4.1. Rompimento com os critérios clássicos de resolução de conflito aparente de normas

Ante a existência de um **conflito aparente de normas**, ou seja, em razão da possibilidade de se aplicar mais de uma lei perante um mesmo caso, os critérios clássicos de resolução desse conflito sempre prezaram pela exclusão de uma das leis, e não pela conformação de todas as existentes na busca de tutelar da melhor forma possível o sujeito de direitos.

Assim, as **técnicas utilizadas classicamente** sempre foram pautadas no:

- **critério hierárquico** — lei de hierarquia superior prevalece em relação à lei de hierarquia inferior;
- **critério da especialidade** — lei especial prevalece sobre a lei geral, ainda que não seja capaz de revogar esta;
- **critério cronológico** — lei mais recente prevalece sobre a lei mais antiga.

Sobre o tema, estabelece a Lei de Introdução às Normas do Direito Brasileiro, Decreto-lei n. 4.657/42, com redação dada pela Lei n. 12.376, de 2010, em seu art. 2º, *in verbis*:

> Art. 2º Não se destinando à vigência temporária, a lei terá vigor até que outra a modifique ou revogue.
>
> § 1º A lei posterior revoga a anterior quando expressamente o declare, quando seja com ela incompatível ou quando regule inteiramente a matéria de que tratava a lei anterior.
>
> **§ 2º A lei nova, que estabeleça disposições gerais ou especiais a par das já existentes, não revoga nem modifica a lei anterior.**
>
> § 3º Salvo disposição em contrário, a lei revogada não se restaura por ter a lei revogadora perdido a vigência.

Percebam que o § 2º do citado dispositivo deixa bem clara a **visão de sistema jurídico** e, consequentemente, a **necessidade de o Direito ser analisado como um todo**.

■ 1.4.2. A visão da doutrina alemã

Nesse contexto, a **doutrina alemã** apresentou no **ano de 1995** uma solução alternativa para a resolução de conflito aparente entre normas com o objetivo de conformar a aplicação de todos os Diplomas vigentes na busca de proteger de maneira mais apropriada o sujeito de direitos, realizando verdadeiro **diálogo** entre as **fontes** existentes.

A maior expoente no direito pátrio que muito bem estudou o assunto de coexistência e aplicação simultânea e coerente do Código de Defesa do Consumidor com outras normas, como o Código Civil e demais legislações especiais, é Claudia Lima Marques.

Segundo ensina a aludida autora, o mundo contemporâneo exigiu a necessidade de se "introduzir um conceito diferente (o de conflito de leis no tempo), um conceito de aplicação simultânea e coerente de muitas leis ou fontes de direito privado, sob a luz (ou com os valores-guia) da Constituição Federal de 1988. É o chamado **'diálogo das fontes'** (di + a = dois ou mais; logos = lógica ou modo de pensar), **expressão criada por Erik Jayme**, em seu **curso de Haia** (JAYME, *Recueil des Cours,* 251, p. 259), significando a atual aplicação simultânea, coerente e coordenada das plúrimas fontes legislativas, leis especiais (como o CDC, a lei de seguro-saúde) e gerais (como o CC/2002), com campos de aplicação convergentes, mas não mais iguais".[18]

A expressão "diálogo" decorre exatamente da **relação de influências recíprocas** que se estabelece entre normas como critério de melhor solucionar eventuais conflitos e com o objetivo de proteger o vulnerável da relação jurídica de consumo.

Estando respaldado o Direito do Consumidor por um Direito Fundamental Constitucional, com maior razão é necessário buscar a conformação da aplicação de todas as leis existentes, sem a exclusão de qualquer delas.

■ 1.4.3. Os tipos de "diálogo" existentes

Mas a grande questão que se levanta no momento é: como concretizar esta conformação de leis por meio do diálogo das fontes? Claudia Lima Marques nos dá a resposta ao trazer sua visão sobre os **três tipos de "diálogo"** possíveis **entre CDC e Código Civil:**

> "**1) na aplicação simultânea das duas leis**, uma lei pode servir de base conceitual para a outra ***(diálogo sistemático* de *coerência)***, especialmente se uma lei é geral e a outra especial, se uma é a lei central do sistema e a outra um microssistema específico, não completo materialmente, apenas com completude subjetiva de tutela de um grupo da sociedade;[19]
>
> **2) na aplicação coordenada das duas leis**, uma lei pode complementar a aplicação da outra, a depender de seu campo de aplicação no caso concreto (***diálogo sistemático de complementaridade* e *subsidiariedade*** em antinomias aparentes

[18] BENJAMIN, Antônio Herman de V.; MARQUES, Claudia Lima; BESSA, Leonardo Roscoe. *Manual de direito do consumidor,* p. 108.

[19] O Código Civil serve de base conceitual para o CDC.

ou reais), a indicar a aplicação complementar tanto de suas normas, quanto de seus princípios, no que couber, no que for necessário ou subsidiariamente;[20]

3) ainda há o ***diálogo das influências recíprocas sistemáticas***, como no caso de uma possível redefinição do campo de aplicação de uma lei (assim, por exemplo, as definições de consumidor *stricto sensu* e de consumidor equiparado podem sofrer influências finalísticas do Código Civil, uma vez que esta lei vem justamente para regular as relações entre iguais, dois iguais-consumidores ou dois iguais-fornecedores entre si — no caso de dois fornecedores, trata-se de relações empresariais típicas, em que o destinatário final fático da coisa ou do fazer comercial é um outro empresário ou comerciante —, ou, como no caso da possível transposição das conquistas do *Richterrecht* (direito dos juízes), alçadas de uma lei para a outra. **É a influência do sistema especial no geral e do geral no especial**, um diálogo de *double sens (diálogo de coordenação* e *adaptação sistemática)*".[21]

Com efeito, é importante destacar ainda que o **diálogo das fontes** poderá estabelecer-se não apenas entre o Código Civil e o Código de Defesa do Consumidor, mas, ainda, **entre o Diploma Consumerista e outras leis especiais**, tais como:

- CDC e Lei dos planos e seguros de assistência à saúde — Lei n. 9.656, de 1998.
- CDC e Lei das mensalidades escolares — Lei n. 9.870, de 1999.
- CDC e Lei dos consórcios — Lei n. 11.795, de 2008 (alterada pela Lei n. 13.506, de 2017).

1.4.4. O diálogo das fontes e a jurisprudência superior

O diálogo das fontes também vem sendo aplicado expressamente em alguns julgados do **Superior Tribunal de Justiça**, conforme posicionamento insculpido no julgamento do Recurso Especial 1.216.673/SP: "**Deve ser utilizada a técnica do 'diálogo das fontes' para harmonizar a aplicação concomitante de dois diplomas legais ao mesmo negócio jurídico**; no caso, as normas específicas que regulam os títulos de capitalização e o CDC, que assegura aos investidores a transparência e as informações necessárias ao perfeito conhecimento do produto" (Rel. Ministro João Otávio de Noronha, 4ª T., *DJe* 9-6-2011).

---

[20] É o que ocorre com a utilização dos prazos prescricionais do Código Civil quando a pretensão oriunda da relação jurídica de consumo envolver tema diverso da responsabilidade pelo fato do produto ou do serviço — acidente de consumo. Isto porque, conforme analisaremos no Capítulo 6 deste livro, o art. 27 do CDC, quando trata do prazo prescricional, refere-se apenas àquele de 5 anos para a pretensão de reparação de danos decorrentes de acidente de consumo. Nesse sentido, o STJ editou a Súmula 412 com o seguinte teor: "A ação de repetição de indébito de tarifas de água e esgoto sujeita-se ao prazo prescricional estabelecido no Código Civil".

[21] BENJAMIN, Antônio Herman de V.; MARQUES, Claudia Lima; BESSA, Leonardo Roscoe. *Manual de direito do consumidor*, p. 113-114.

Segundo visto ao final do subitem anterior, os contratos de planos e seguros de assistência à saúde estão disciplinados por legislação específica, Lei n. 9.656, de 1998, mas nem por isso estará excluída a incidência do CDC. Sobre o tema, o **STJ** editou a **Súmula 469** com o seguinte teor: **"Aplica-se o Código de Defesa do Consumidor aos contratos de plano de saúde".**

Também em relação às instituições de ensino superior, quando o STJ tratou do tema na Súmula 595 com o seguinte teor: "**As instituições de ensino superior respondem objetivamente pelos danos suportados pelo aluno/consumidor pela realização de curso não reconhecido pelo Ministério da Educação**, sobre o qual não lhe tenha sido dada prévia e adequada informação" (Segunda Seção, aprovada em 25-10-2017, *DJe* 6-11-2017).

O próprio **Supremo Tribunal Federal** teve no voto do Ministro Joaquim Barbosa a fundamentação do diálogo das fontes para julgar improcedente a Ação Direta de Inconstitucionalidade n. 2.591 e entender pela incidência do CDC às atividades bancárias.[22]

■ 1.5. QUESTÕES

1. (FCC — 2012 — TJ-GO — Juiz) O Código de Defesa do Consumidor:

a) estabelece normas de defesa e de proteção dos consumidores e fornecedores de produtos e serviços, de ordem pública e de interesse social.
b) estabelece normas de defesa e de proteção do consumidor, de ordem pública e de interesse social, regulamentando normas constitucionais a respeito.
c) prevê normas de interesse geral, dispositivas e de regulamentação constitucional.
d) prevê normas de defesa e de proteção ao consumidor, dispositivas e de interesse individual, sem vinculação constitucional.
e) estabelece normas de interesse coletivo geral, de ordem pública e interesse social, sem vinculação com normas constitucionais.

2. (CESPE — 2011 — IFB — Professor) Acerca dos princípios e direitos do consumidor, julgue os itens seguintes. Doravante, considere que a sigla CDC, sempre que utilizada, refere-se ao Código de Defesa do Consumidor.

O CDC é uma lei de ordem pública econômica e de interesse social.

( ) certo ( ) errado

3. (VUNESP — 2008 — TJ-SP — Juiz) O Código de Defesa do Consumidor

a) estabelece a responsabilidade objetiva do fornecedor pelos defeitos causados por riscos que legitimamente se espera do produto.
b) isenta a responsabilidade do fornecedor direto por vício de produto *in natura*, caso seu produtor seja claramente identificado.
c) é lei de ordem pública e exclui outros dispositivos legais que tratem de direitos e deveres do consumidor.
d) estabelece a responsabilidade objetiva dos fornecedores de serviços, ainda que liberais.

---

[22] O tema será melhor explorado no Capítulo 2 deste livro no subitem "2.5.3 Os serviços bancários como objeto da relação de consumo".

4. (CESPE — 2009 — ADAGRI-CE — Agente Estadual Agropecuário) Julgue os itens de 43 a 48 acerca do Código de Defesa do Consumidor (CDC).

Os direitos previstos no CDC excluem expressamente os decorrentes de tratados ou convenções internacionais de que o Brasil seja signatário.

( ) certo ( ) errado

5. (CESPE — 2008 — PC-TO — Delegado de Polícia) De acordo com a legislação especial pertinente, julgue os itens de 81 a 91.

A defesa do consumidor encontra supedâneo na Constituição Federal ao estabelecer que o Estado, na forma da lei, promoverá a defesa dos direitos do consumidor. Por sua vez, o Código de Defesa do Consumidor preconiza que as normas de proteção e defesa são de ordem pública e interesse social. Sendo assim, as referidas normas têm de ser observadas mesmo que contrariem a vontade das partes.

( ) certo ( ) errado

6. (CEPERJ — 2012 — PROCON-RJ — Agente de Proteção e Defesa do Consumidor) A defesa do consumidor tem base constitucional que indica a necessidade de edição do seguinte Código:

a) Civil.
b) de Defesa do Consumidor.
c) Comercial.
d) Tributário.
e) Desportivo.

7. Dentre as assertivas abaixo, assinale quais guardam plena consonância com as disposições do Código de Defesa do Consumidor (questão elaborada pelo Autor):

I. *Pacta sunt servanda.*
II. Autonomia de Vontades.
III. Regime de responsabilidade civil unicamente objetivo.
IV. Norma de ordem pública e interesse social.

É(são) correta(s):

a) I.
b) IV.
c) III e IV.
d) I e II.
e) Não há alternativa correta.

8. No início da década de 1970 foi realizado um encontro a fim de repensar o papel do consumidor e seus direitos, tais como segurança, proteção, informação, escolha e direito de voz. Como fruto de tal encontro tivemos a edição de um diploma que inaugurou a proteção do consumidor. Este diploma mencionado é (questão elaborada pelo Autor):

a) Convenção de Viena.
b) *Loi Royer.*
c) *Code de la Consommation.*
d) Conferência de Estocolmo.
e) Carta Europeia de Proteção ao Consumidor.

9. A técnica de interpretação denominada "diálogo das fontes" decorre exatamente da relação de influências recíprocas que se estabelece entre normas como critério de melhor solucionar eventuais conflitos e com o objetivo de proteger o vulnerável da relação jurídica de

consumo. Assinale abaixo a assertiva correta que corresponde a tal técnica e suas espécies (questão elaborada pelo Autor):

a) Tem aplicação o Diálogo Sistemático de Coerência sempre que há aplicação de duas leis simultaneamente, uma complementando a outra em seu campo específico de atuação.
b) A aplicação do Critério da Subsidiariedade ou influências recíprocas consiste na aplicação simultânea das duas leis, uma servindo de base e fonte conceitual para a outra, ocorrendo na maioria dos casos quando se trata de norma especial e geral.
c) Na espécie diálogo sistemático de Complementariedade, duas leis são aplicadas a depender de seu campo de atuação concreto, uma poderá complementar a outra, podendo se aplicar tanto a regras quanto a princípios.
d) A influência do sistema especial no geral, em via de mão única, revela a espécie de diálogo das fontes na sua modalidade de recíprocas e sistemáticas.

10. (MPE-MG — 2012 — MPE-MG — Promotor de Justiça) A formação dos Estados Democráticos, para além da conformação do monismo normativo, transformou a vida das pessoas no reconhecimento dos novos valores sociais e na convivência com as diferenças, propiciando novo corte na hermenêutica do Direito no que respeita ao pluralismo jurídico. Sobre a técnica de coordenação das diferentes fontes jurídicas, revelada na aproximação do CDC com o Código Civil de 2002, é CORRETO dizer:

a) Pela dimensão da complementaridade, compreende- se que determinada lei sirva de base à outra, de forma que os conceitos básicos de uma codificação sejam utilizados por codificação congênere.
b) Pela dimensão da subsidiariedade revela-se a adoção de *topoi* em determinada legislação que estende seu conceito à legislação afim.
c) Pela dimensão da coerência, para evitar contradições, os princípios de determinada norma são utilizados em caráter complementar por outra.
d) Pela dimensão coordenação, há a possibilidade de transposição da reflexão doutrinária e jurisprudencial de uma codificação para outra codificação mais recente.

11. (FCC — 2014 — DPE-PB — Defensor Público) Quanto à legislação aplicável às relações de consumo, é correto afirmar:

a) Pelo princípio da especialidade, a regra geral é a adoção do Código de Defesa do Consumidor — CDC, aplicando-se subsidiariamente o Código Civil ou outra legislação específica apenas quando omisso o CDC e no que com ele não conflitar.
b) Pelo princípio da especialidade, nas ações coletivas que têm por objeto relações de consumo, aplica-se preferencialmente o Código de Defesa do Consumidor e, apenas em caso de omissão, subsidiariamente deve ser aplicado o Código de Processo Civil e a Lei de Ação Civil Pública.
c) No âmbito penal, configurada a relação jurídica de consumo, apenas as condutas tipificadas no Código de Defesa do Consumidor são puníveis, restando a aplicação do Código Penal apenas quanto à sua parte geral.
d) Ante o exaustivo regime contratual estabelecido pelo Código de Defesa do Consumidor, entende-se que não se aplicam às relações de consumo os defeitos do negócio jurídico previstos no Código Civil.
e) Pela teoria do diálogo das fontes, deve-se buscar a aplicação, tanto quanto possível, de todas as normas que tratam do tema, gerais ou especiais, de modo a garantir a tutela mais efetiva ao grupo vulnerável protegido pela lei, o que pode levar, por exemplo, à aplicação do Código Civil em detrimento do Código de Defesa do Consumidor quando o primeiro for mais favorável.

12. (FCC — 2015 — DPE-MA — Defensor Público) Um cidadão brasileiro viaja para o exterior e compra um aparelho eletrônico de uma marca mundialmente conhecida. A fabricante é empresa multinacional que mantém atividades regulares no Brasil há décadas. Quando retorna de sua viagem, o turista percebe que o aparelho não funciona. Nessa situação,

a) é possível o ajuizamento de eventual ação no Brasil contra a multinacional, representada no processo pela sua filial brasileira, embora a execução tenha que se dar no país da contratação.
b) como a aquisição do produto deu-se no exterior, a legislação aplicável é a do país onde foi entabulado o contrato, só podendo lá serem pleiteados os eventuais direitos a que faz jus o consumidor.
c) como o fornecedor é empresa multinacional com atividades no Brasil, excepcionalmente é possível ao consumidor demandar seus direitos frente à representação brasileira da empresa, com base nas normas de proteção do CDC.
d) é permitido ao consumidor pleitear seus direitos contra a representação brasileira da multinacional, perante o Judiciário brasileiro, fundado na legislação do local onde firmado o contrato.
e) como o produto não foi colocado no mercado brasileiro, impossível pleitear os direitos relacionados à garantia legal contra a representação brasileira da multinacional.

13. (VUNESP — 2016 — Prefeitura de Alumínio-SP — Procurador Jurídico) No que diz respeito à Lei Federal n. 8.078/90, é correto afirmar que:

a) os direitos nela previstos em favor do consumidor não excluem outros decorrentes de tratados ou convenções internacionais de que o Brasil seja signatário.
b) tendo mais de um autor a ofensa contra o consumidor, o agente principal do ato danoso responde objetivamente, e os demais responderão subsidiariamente pela reparação dos danos.
c) estabelece normas de proteção e defesa do consumidor, de ordem privada, porém de interesse social.
d) consumidor é toda pessoa física ou jurídica que adquire ou utiliza produto ou serviço como destinatário final ou intermediário.
e) a Política Nacional das Relações de Consumo tem por objetivo o atendimento das necessidades dos consumidores e fornecedores no mercado de consumo.

■ GABARITO ■

1. "b". Nosso CDC traz, de acordo com a preocupação de nosso constituinte, não apenas normas atinentes à regulação das relações de consumo, mas sim normas-regras e normas-princípios destinadas à proteção do polo mais vulnerável na relação de consumo, qual seja, o consumidor; isso exatamente no sentido de equiparar partes tão desiguais. Assim, já nas normas de introito do Código, fez por bem estipular, no art. 1º, sua natureza de norma de ordem pública e voltada ao interesse social. A assertiva "a" parece verdadeira em leitura desatenta, mas erra ao dizer que o CDC visa, dentro de sua gama de proteção, a dos fornecedores de produtos e serviços, contrariando exatamente sua *suma ratio* e finalidade. A "c" é inverídica, uma vez que nosso CDC elenca normas de ordem pública, devendo tais normas ser seguidas independentemente da vontade das partes ou de estipulação expressa. A "d" comete o mesmo erro da assertiva anterior, contrariando a normatividade pública do CDC, além de errar ao dizer que não possui fundamento constitucional tal proteção. Por último, a "e" contradiz também a existência de fundamentação constitucional do CDC, o que vem expresso no artigo introdutório do CDC.

2. "certo". O Código de Defesa do Consumidor é destinado a proteger o consumidor diante das inúmeras ofensas a direitos, sofridas nas relações de consumo. Para atingir tal anseio, o CDC se desdobra como norma de ordem pública e interesse social (art. 1º, CDC), vistas a amplitude de relações que visa atingir e a necessidade imperiosa de sua aplicação, sendo ao mesmo tempo inegável que tais relações não possuam caráter econômico. Ademais, vale lembrar que a defesa do consumidor é princípio da ordem econômica.

3. "b". O Código de Defesa do Consumidor estabelece, como regra, que quando se tratar de vendas de produtos *in natura*, isto é, aqueles que chegam ao consumidor sem terem passado por um processo de industrialização anteriormente, por exemplo os hortifrutigranjeiros, fica estabelecida a responsabilidade do fornecedor imediato do produto. Todavia, quando puder ser identificado o produtor de tal produto, afasta-se a responsabilidade do fornecedor imediato para responsabilizar o produtor (art. 18, § 3º, CDC). A assertiva "a" erra quando insere no campo da responsabilidade os riscos já esperados do produto, riscos inerentes ao produto, sendo que tal responsabilidade vale em verdade para os riscos adquiridos e não esperados pelo consumidor. A "c" é inverídica ao dispor que o CDC afastará outras normas sobre direitos e deveres do consumidor, por exemplo tratados, convenções etc. Por fim, a "d" viola a regra da responsabilidade subjetiva dos profissionais liberais (art. 14, § 4º, CDC).

4. "errado". O CDC visa dar a mais ampla proteção ao consumidor vulnerável, mesmo que para atingir tal fim necessite aplicar outras normas garantidoras de direitos ao consumidor, fruto de tratado ou convenção internacional do qual seja parte nosso país (art. 7º do CDC), podendo inclusive se valer dos direitos que resultem de princípios gerais do direito, analogia, costume e equidade.

5. "certo". O art. 1º do CDC deixa clara a fundamentação constitucional da proteção especial conferida ao consumidor, partindo de seu baldrame constitucional (art. 5º, XXXII, c.c. art. 170, V, ambos da CF e art. 48 do ADCT) até alcançar as normas infraconstitucionais protetivas. Assim, além de ter fundamento na Constituição Federal, o CDC derroga a vontade das partes toda vez que estas tentarem afastar suas normas, tendo então cunho imperativo, e não volitivo.

6. "b". Como sabido, a proteção do consumidor possui fundamento constitucional, sendo direito fundamental previsto no art. 5º, inciso XXXII, da CF, além de ser ao mesmo tempo um norte a Livre Iniciativa, atuando como princípio da Ordem Econômica, art. 170, V, CF, o que resultou em especial atenção do Constituinte, estipulando o prazo de cento e vinte (120) dias ao Congresso Nacional para a elaboração do CDC (art. 48 do ADCT). A assertiva "a" erra, uma vez que o Código Civil não disciplina de forma direta a proteção do consumidor, sendo, todavia, passível de aplicação indireta, por meio do diálogo das fontes, como visto no decorrer deste capítulo. A assertiva "c" revela erroneamente o Código Comercial, sendo este destinado a regular, atualmente, apenas as relações atinentes ao comércio marítimo, uma vez que sua parte "Das Quebras" já foi revogada pela antiga lei de concordata e também revogada pelo atual Código Civil de 2002 na parte "Do Comércio em Geral". Na "d", não se trata de diploma que se destina a trazer proteção ao consumidor, mas sim de regular as relações entre o contribuinte e o Fisco. Por fim, a "e" traz a possibilidade de código desportivo, sendo o diploma responsável por reger as relações pertinentes à Justiça Desportiva.

7. "b". Somente a assertiva IV encontra-se verídica, uma vez que o Código de Defesa do Consumidor é norma de ordem pública e de interesse social, como se observa da redação do seu art. 1º. A assertiva "I" é errada, já que, como sabido, o CDC e seu regime derrogam a vinculação obrigatória das partes ao contrato firmado, podendo inclusive tal compromisso ser revisto ou modificado em razão da proteção do consumidor. Esta também é a posição do Superior Tribunal de Justiça: "A jurisprudência do STJ se posiciona firme no sentido que a revisão das cláusulas contratuais pelo Poder Judiciário é permitida, mormente diante dos princípios da boa-fé objetiva, da função social dos contratos e do dirigismo contratual, devendo ser mitigada a força exorbitante que se atribuía ao princípio do *pacta sunt servanda*" (AgRg no Ag 1.383.974/SC. Rel. Ministro Luis Felipe Salomão, 4ª T., *DJe* 1º-2-2012). A assertiva "II" erra ao dispor sobre autonomia das partes, uma vez que nas relações de consumo há nítida intervenção do Estado, vista a necessidade de proteção da parte mais vulnerável. A assertiva "III" restringe o regime de responsabilidade do consumidor unicamente à responsabilidade civil objetiva, que, apesar de preponderante, não é a única, vista, por exemplo, a responsabilidade dos profissionais liberais prevista no art. 14, § 4º, do CDC.

8. "e". Como sabido, em 1972 foi realizada a Conferência de Estocolmo, na Suécia, a fim de versar sobre vários temas, dentre eles a importância da valorização dos direitos do consumidor. Essa conferência resultou na criação de uma Assembleia da Comunidade Europeia, a qual teve por iniciativa a aprovação da Resolução 543, dando origem à Carta Europeia de Proteção do Consumidor. Esse diploma influenciou diretamente nossa assembleia Constituinte, a qual acabou por reservar na Constituição Federal de 1988 proteção especial ao consumidor. A assertiva "a" erra, uma vez que a Convenção de Viena versa sobre relações diplomáticas e direito geral dos tratados internacionais, nada disciplinando especificamente sobre direito do consumidor. Importante não confundi-la com a Convenção de Varsóvia, que regulamenta o transporte aéreo internacional, o qual tem total relação com a defesa do consumidor. A alternativa "b" traz diploma de proteção do consumidor, mais especificamente de origem francesa, de 1973, que influenciou a criação de nosso CDC atual. A "c" é errônea, já que o *Code de la Consommation*, redigido sob a presidência do professor Jean Calais-Auloy, foi importante no processo de elaboração das leis gerais da Espanha (*Ley General para la Defensa de los Consumidores y Usuarios*, Lei n. 26/84), de Portugal (Lei n. 29/81, de 22 de agosto), do México (*Lei Federal de Protección al Consumidor*, de 5 de fevereiro de 1976) e de Quebec (*Loi sur la Protection du Cosomateur*, promulgada em 1979). A "d" erra, uma vez que a Conferência de Estocolmo foi o evento dedicado ao encontro dos líderes mundiais a fim de discutirem os temas apresentados, não o diploma resultante, que foi a Carta Europeia de Proteção ao Consumidor.

9. "c". A modalidade Complementar de diálogo das fontes, como bem explica a prof. Claudia Lima Marques, a qual é sinônima de Subsidiariedade, visa a aplicação de duas leis, uma complementando a outra, aplicando em relação a princípios ou regras. A "a" erra, já que a modalidade de diálogo sistemático de coerência ocorre quando uma lei serve de base conceitual para a outra, especialmente a lei geral perante a especial. A assertiva "b" erra ao trazer como diálogo de subsidiariedade o conceito da modalidade de coerência, confundindo as duas espécies. A "d", por fim, é equivocada, já que na modalidade de influências recíprocas as trocas se dão em mão dupla, não em único sentido, como o especial no geral e este naquele, por exemplo. Vale ainda lembrar que o diálogo das fontes também vem sendo aplicado expressamente em alguns julgados do Superior Tribunal de Justiça, conforme posicionamento insculpido no julgamento do Recurso Especial n. 1.216.673/SP: "Deve ser utilizada a técnica do 'diálogo das fontes' para harmonizar a aplicação concomitante de dois diplomas legais ao mesmo negócio jurídico; no caso, as normas específicas que regulam os títulos de capitalização e o CDC, que assegura aos investidores a transparência e as informações necessárias ao perfeito conhecimento do produto" (Rel. Ministro João Otávio de Noronha, 4ª T., *DJe* 9-6-2011).

10. "d". A alternativa "d" foi considerada correta por ser aquela que mais se aproxima dos ensinamentos da Profa. Cláudia Lima Marques a respeito do Diálogo das Fontes. A alternativa "a" equivoca-se, na medida em que a modalidade Complementar de diálogo das fontes é sinônima de Subsidiariedade e visa a aplicação de duas leis, uma complementando a outra, em relação a princípios ou regras. A letra "b" também está errada, nos termos da fundamentação do equívoco da alternativa "a". Por fim, a assertiva "c" erra, pois a dimensão de coerência consiste no fato de uma lei servir de base conceitual para a outra.

11. "e". O Diálogo das Fontes busca a exata conformação entre todos os Diplomas existentes para encontrar a melhor forma de tutelar o vulnerável da relação jurídica de consumo, o consumidor. A alternativa "a" está errada, pois, pelo critério da especialidade, lei especial deve prevalecer sobre lei geral. A letra "b" também equivoca-se pelo mesmo motivo. A alternativa "c" está errada, na medida em que, no âmbito Penal, a incidência do CDC não exclui a incidência do Código Penal, seja da parte geral, seja da especial. Por fim, a letra "d" equivoca-se ao identificar como exaustivo o regime contratual do CDC, uma vez que incidem sim outros Diplomas, entre eles o Código Civil.

12. "c". Dentre as alternativas, a letra "c" é a mais condizente com a jurisprudência superior.

13. "a". Nos termos do art. 7° do CDC, que determina: "Os direitos previstos neste código não excluem outros decorrentes de tratados ou convenções internacionais de que o Brasil seja signatário, da legislação interna ordinária, de regulamentos expedidos pelas autoridades administrativas competentes, bem como dos que derivem dos princípios gerais do direito, analogia, costumes e equidade". A letra "b" está errada, pois a regra é a responsabilidade objetiva e solidária de todos os fornecedores, segundo determina o art. 7°, parágrafo único, do CDC: "Tendo mais de um autor a ofensa, todos responderão solidariamente pela reparação dos danos previstos nas normas de consumo". A letra "c" erra, pois o CDC traz normas de ordem pública e não privada, além de ser de interesse social, segundo o art. 1°, *caput*, do CDC. A alternativa "d" está errada, pois consumidor, nos termos do art. 2°, *caput*, é apenas o destinatário final: "Consumidor é toda pessoa física ou jurídica que adquire ou utiliza produto ou serviço como destinatário final". A letra "e" está errada, na medida em que o art. 4°, *caput*, do CDC determina que a Política Nacional das Relações de Consumo tem por objetivo atender as necessidades dos consumidores, que são os vulneráveis dessa relação.

2

RELAÇÃO JURÍDICA DE CONSUMO

2.1. VISÃO GERAL SOBRE A RELAÇÃO JURÍDICA E O CÓDIGO DE DEFESA DO CONSUMIDOR

Antes de apreciarmos a definição de **relação jurídica de consumo**, necessário relembrar inicialmente a diferença básica entre relação social e relação jurídica.

Ato contínuo, concluiremos pela impossibilidade de se dissociarem do conceito de relação de consumo os seus **elementos subjetivos, objetivos e teleológico**.

Por fim, destacaremos a influência deste tipo de relação jurídica para o sepultamento da bipartição clássica entre responsabilidade contratual e extracontratual.

2.1.1. Relação social *vs.* relação jurídica

Ponto de partida para os aprofundamentos devidos a respeito da definição de relação de consumo, bem como da importância dos seus elementos constitutivos, consiste em saber **qual o conceito de relação jurídica** e, consequentemente, se a relação firmada entre consumidor e fornecedor pode ser qualificada como tal.

Ademais, imprescindível destacarmos o outro elo existente, qual seja: a **relevância das relações sociais** para a definição de relação jurídica e as dúvidas decorrentes desta conexão.

Questionamentos sobre o assunto são inúmeros, dentre os quais destacamos:

- Quando uma relação social se transforma em relação jurídica?
- Toda relação jurídica é social?
- E o inverso — toda relação social é jurídica — prevalece?

Conforme é cediço, uma relação social torna-se jurídica quando repercute no mundo do Direito.

Entretanto, em que pese a aparente simplicidade, traz-se à colação a abordagem de Sergio Cavalieri Filho sobre o que se deve entender por **relação jurídica:** "Para sua conceituação, parte-se da atividade social do homem. Vivendo em sociedade, necessariamente nos relacionamos com os nossos semelhantes, ensejando **relações sociais**. Muitas dessas relações são de natureza afetiva, cultural, religiosa, recreativa, vale dizer, sem relevância jurídica; outras, entretanto, têm natureza econômica, familiar, funcional, pública etc., exigindo, pela sua relevância social, disciplina jurídica. As relações sociais reguladas pelo Direito tornam-se relações jurídicas. (...) Podemos, então, conceituar **relação jurídica** como **toda relação social disciplinada pelo Direito**. Preferem outros defini-la como **toda relação da vida social que produz consequências jurídicas**".[1]

Assim, a resposta ao primeiro questionamento está na própria definição de relação jurídica, ou seja, **uma relação social se transformará em jurídica quando gerar repercussões jurídicas**. E a solução das demais indagações pode ser resumida na assertiva de que **toda relação jurídica é social, mas nem toda relação social é jurídica**, pois a configuração desta dependerá da demonstração de sua relevância para a disciplina do Direito.

Última dúvida afeta ao tema consiste em saber qual disciplina impõe o Direito à relação social para transformá-la em relação jurídica. Mais uma vez, Cavalieri Filho responde: "A norma jurídica estabelece um vínculo, um liame, um laço ou ligação entre aqueles que participam da relação social (e se é um vínculo criado pelo Direito então é vínculo jurídico), atribuindo a um dos sujeitos poder e a outro dever ou subordinação. O vínculo é emanação do Direito, um atributo da norma jurídica".[2]

■ 2.1.2. Definição de relação jurídica de consumo

Efetivadas as balizas norteadoras da relação jurídica em geral, imprescindível adentrar ao tema principal desse item, a **relação jurídica de consumo**, que poderá ser definida como aquela **relação** firmada **entre consumidor e fornecedor**, a qual possui como **objeto** a **aquisição de um produto** ou a **contratação de um serviço**.

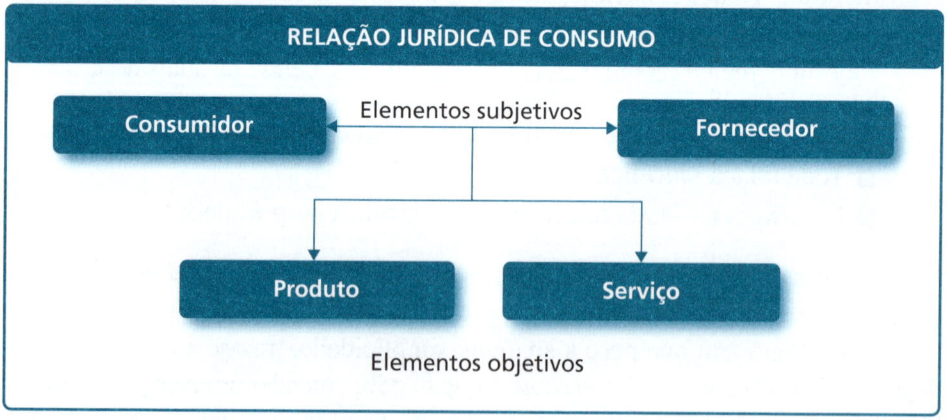

[1] CAVALIERI FILHO, Sergio. *Programa de direito do consumidor*, p. 57.

[2] CAVALIERI FILHO, Sergio. *Programa de direito do consumidor*, p. 57.

Sobre o tema, sobreleva notar que a opção adotada pelo legislador pátrio foi no sentido de não definir relação jurídica de consumo no Código de Defesa do Consumidor, mas de conceituar os elementos dessa relação, ou seja, trouxe apenas as definições de consumidor e de fornecedor (sujeitos da relação), assim como de produto e de serviço (objetos da relação).

Com efeito, importante a observação de Bruno Miragem[3] no sentido de que **consumidor** e **fornecedor**, além de **produto** ou **serviço**, são **"conceitos relacionais e dependentes"**, ou seja, "só existirá um *consumidor* se também existir um *fornecedor,* bem como um *produto* ou *serviço*".

De fato, os conceitos em apreço não se sustentam por si mesmos, nem podem ser considerados isoladamente. As definições estão atreladas umas nas outras, necessitando da presença de ambas para ensejar a aplicação do Diploma Consumerista.

Nesse sentido, destacar-se-á, na sequência, a relevância dos elementos subjetivos e objetivos para a definição da relação jurídica em comento.

■ 2.1.3. Elementos subjetivos e objetivos da relação jurídica de consumo

Os **elementos** da relação jurídica de consumo são de **duas ordens:**

- **subjetiva**;
- **objetiva**.

Os **elementos subjetivos** consistem nos **sujeitos** da relação de consumo:

- **consumidor**; e
- **fornecedor**.

Já os **elementos objetivos** são os **objetos** perante os quais recaem os interesses dos fornecedores em aliená-los e dos consumidores em adquiri-los ou contratá-los. São eles:

- **produtos**; e
- **serviços**.

A esse respeito a **doutrina converge em suas manifestações**. Vejamos os ensinamentos de alguns dos principais doutrinadores consumeristas:

- **Sergio Cavalieri Filho:** "Didaticamente, os elementos da relação de consumo podem ser classificados em: a) subjetivos: relacionados aos sujeitos dessa relação jurídica; b) objetivos: relacionados ao objeto das prestações

[3] MIRAGEM, Bruno. *Curso de direito do consumidor*, p. 84.

ali surgidas. No primeiro grupo, encontram-se os consumidores e os fornecedores; no segundo, os produtos e os serviços”.[4]

- **Luiz Antonio Rizzatto Nunes:** “o CDC incide em toda relação que puder ser caracterizada como de consumo. Insta, portanto, que estabeleçamos em que hipóteses a relação jurídica pode ser assim definida. (...) haverá relação jurídica de consumo sempre que se puder identificar num dos polos da relação o consumidor, no outro, o fornecedor, ambos transacionando produtos e serviços”.[5]
- **Zelmo Denari:** “No polo ativo da relação jurídica de consumo figura o *fornecedor,* assim entendido o operador econômico, pessoa física ou jurídica, que participa do ciclo produtivo-distributivo, desenvolvendo atividade de produção, montagem, criação, construção, transformação, importação, exportação, distribuição ou comercialização de produtos ou prestação de serviços (cf. art. 3º). No polo passivo da mesma relação se encontra o *consumidor,* pessoa física ou jurídica que adquire ou utiliza produto ou serviço como destinatário (cf. art. 2º)”.[6]

Foi evidente a preocupação do legislador infraconstitucional quando da elaboração do Diploma Consumerista em definir os principais conceitos dos elementos que compõem a relação jurídica de consumo, como forma de minimizar os eventuais conflitos a existirem nesse novo modelo de sociedade e, assim, contribuir para uma maior efetivação da proteção da parte mais fraca dessa relação jurídica, o consumidor-vulnerável.

Ainda que louvável o esforço do legislador, muitas divergências surgiram na doutrina e na jurisprudência do nosso país, em especial no que se refere ao conceito legal de consumidor, pois alguns pretendem alargá-lo e outros restringi-lo, justamente em razão de se tentar descobrir qual seria a abrangência do conceito de consumidor destinatário final da relação jurídica de consumo, merecedor da proteção jurídica nos termos do art. 2º, *caput,* do CDC.

Conforme aprofundaremos em breve, **inúmeros** foram os **conflitos** surgidos ao longo da história do Código de Defesa do Consumidor nacional, não apenas os **decorrentes das definições de consumidor** (em sentido estrito ou por equiparação), mas também oriundos dos conceitos **de fornecedor, de produto e de serviço**, dentre os quais destacamos:

---

4 CAVALIERI FILHO, Sergio. *Programa de direito do consumidor*, p. 59.

5 NUNES, Luiz Antonio Rizzatto. *Curso de direito do consumidor* (com exercícios). 4. ed. São Paulo: Saraiva, 2009, p. 71.

6 GRINOVER, Ada Pellegrini; BENJAMIN, Antônio Herman de V.; FINK, Daniel Roberto; FILOMENO, José Geraldo Brito; NERY JR., Nelson; DENARI, Zelmo. *Código Brasileiro de Defesa do Consumidor,* p. 189-190.

CONCEITO	EXEMPLOS DE CONFLITOS SURGIDOS AO LONGO DA HISTÓRIA DO CDC
CONSUMIDOR	■ Qual a abrangência do seu conceito? ■ Quando a pessoa jurídica é considerada consumidora? ■ Qual a diferença entre as teorias finalista e maximalista?
FORNECEDOR	■ O profissionalismo é requisito indispensável para a sua definição? ■ O condomínio é fornecedor? ■ O que é fornecedor por equiparação?
PRODUTO	■ A amostra grátis gera a tutela do CDC? ■ Quando o produto usado gera a proteção contratual? ■ Conceito legal *vs.* conceito doutrinário.
SERVIÇO	■ Qual a abrangência de serviço remunerado? ■ O serviço bancário como objeto da relação de consumo. ■ O serviço público e a incidência do CDC.

2.1.4. Elemento teleológico da relação jurídica de consumo

No tocante à **relação jurídica de consumo**, destaca-se o posicionamento de Nelson Nery Jr., que identifica um **terceiro elemento** nuclear para a sua composição: o elemento **teleológico**.

O aludido autor nos ensina que os elementos da relação jurídica de consumo são três:

- os sujeitos;
- o objeto;
- o **elemento teleológico**.[7]

O elemento teleológico da relação de consumo nada mais é do que **a finalidade com a qual o consumidor adquire produtos ou contrata serviço**, qual seja: **a de destinatário final**.

Nery Jr. prossegue em seu raciocínio, ressaltando que se "a aquisição for apenas meio para que o adquirente possa exercer outra atividade, não terá adquirido como destinatário final e, consequentemente, não terá havido relação de consumo. A chave para a identificação de uma relação jurídica como sendo de consumo é, portanto, o elemento teleológico: *destinação final,* ao consumidor, do produto ou serviço".[8]

---

7 GRINOVER, Ada Pellegrini; BENJAMIN, Antônio Herman de V.; FINK, Daniel Roberto; FILOMENO, José Geraldo Brito; NERY JR., Nelson; DENARI, Zelmo. *Código Brasileiro de Defesa do Consumidor,* p. 555.

8 GRINOVER, Ada Pellegrini; BENJAMIN, Antônio Herman de V.; FINK, Daniel Roberto; FILOMENO, José Geraldo Brito; NERY JR., Nelson; DENARI, Zelmo. *Código Brasileiro de Defesa do Consumidor,* p. 555.

De fato, para os seguidores dessa corrente, o quadro ilustrativo da relação jurídica de consumo ficaria da seguinte forma com a inserção do elemento teleológico ou finalístico.

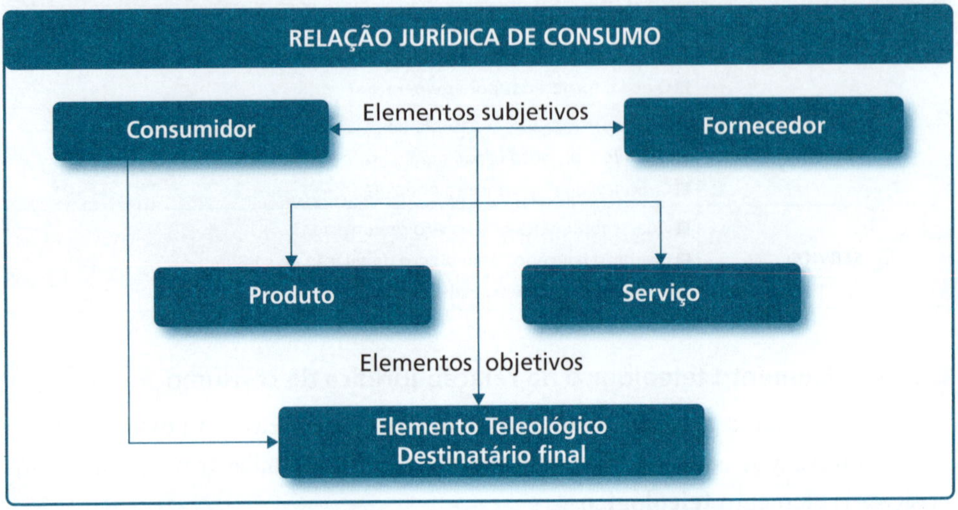

Entretanto, **a questão é polêmica**. Analisaremos quando da abordagem sobre o conceito de consumidor em sentido estrito que a compreensão de "destinatário final" deu origem ao **surgimento de duas teorias — a maximalista e a finalista**.

E, a depender da tese adotada, constataremos que a utilização do bem de consumo como meio para o desempenho de sua atividade profissional não necessariamente afastará da relação jurídica o qualificativo de relação de consumo, em especial quando tomamos por base o posicionamento consolidado pelo Superior Tribunal de Justiça sobre o tema.

2.1.5. Elementos conformadores da relação de consumo à luz do consumidor-vulnerável

O tema ora em apreço refere-se à relação jurídica de consumo. Mas, conforme exposto, o estudo desta relação jurídica não pode se dissociar dos seus elementos. Assim, levando em consideração que o Código de Defesa do Consumidor tem por objeto principal a proteção do consumidor-vulnerável, como seria a conformação da relação de consumo neste contexto tutelar da parte mais fraca da relação?

Quem abordou o tema com excelência foi o Prof. José Geraldo Brito Filomeno, ao ensinar que não

> "há como fugir, todavia, à definição de consumidor como um dos partícipes das ***relações de consumo***, que nada mais são do que *relações jurídicas por excelência*, mas que **devem ser obtemperadas precisamente pela** situação de **manifesta**

inferioridade frente ao fornecedor de bens e serviços. Conclui-se, pois, que ***toda relação de consumo:*** **envolve basicamente duas partes** bem definidas: de um lado o adquirente de um produto ou serviço ***(consumidor);*** de outro o fornecedor ou vendedor de um serviço ou produto ***(produtor/fornecedor);*** destina-se à **satisfação de uma necessidade privada do consumidor**; **o consumidor**, não dispondo, por si só, de controle sobre a produção de bens de consumo ou prestação de serviços que lhe são destinados, **arrisca-se a submeter-se ao poder e condições dos produtores** daqueles mesmos bens e serviços".[9]

Trata-se de observação oportuna, pois o princípio do *favor debilis* — da proteção ao mais fraco — dará o norte e a tônica de todo o teor protetivo do Código de Defesa do Consumidor. Este panorama se fará presente ao longo de todos os capítulos deste livro, em especial quando analisarmos os princípios do CDC e os direitos básicos do consumidor.

2.1.6. Dimensão coletiva das relações de consumo

Muitas das **demandas individuais** oriundas da relação de consumo coincidem com o **mesmo fundamento** para a propositura de **ações coletivas**. Há quem defenda até que não existem lides puramente individuais no tocante às relações de consumo. Até as aparentemente individuais encontrar-se-iam influenciadas por uma problemática mais abrangente, a coletiva.

José Augusto Garcia identifica a existência de um princípio afeto ao tema, o Princípio da **dimensão coletiva das relações de consumo**. Segundo a linha de raciocínio do autor, a dimensão coletiva confunde-se com a essência de qualquer matéria afeta aos direitos do consumidor. Vejamos a síntese do pensamento de Garcia:[10]

INSTITUTOS DO CDC	DIMENSÃO COLETIVA
1º) CONCEITO DE CONSUMIDOR POR EQUIPARAÇÃO	Na demarcação da figura de consumidor: "Equipara-se a consumidor a coletividade de pessoas, ainda que indetermináveis, que haja intervindo nas relações de consumo" (art. 2º, parágrafo único). No campo da responsabilidade pelo fato do produto e do serviço: "(...) equiparam-se aos consumidores todas as vítimas do evento" (art. 17).

[9] FILOMENO, José Geraldo Brito. *Manual de direitos do consumidor*. 10. ed. São Paulo: Atlas, 2010, p. 23.

[10] GARCIA, José Augusto. *O princípio da dimensão coletiva das relações de consumo*. São Paulo: RT, 2011. v. 6: (Coleção doutrinas essenciais. Direito do consumidor: tutela das relações de consumo. Organizadores: Claudia Lima Marques e Bruno Miragem), p. 727-731.

	No terreno das práticas e da proteção contratual, "(...) equiparam-se aos consumidores todas as pessoas determináveis ou não, expostas às práticas nele previstas" (art. 29).
2º) PRÁTICAS COMERCIAIS E PROTEÇÃO CONTRATUAL	"(...) as patologias encontradiças nesses recantos jamais atingirão somente um ou alguns consumidores, mas sim um universo bastante amplo, muitas vezes difuso. Ex.: publicidade."
3º) REGIME DAS INVALIDADES	"Enquanto as anulabilidades atendem basicamente a interesses de caráter privado e natureza individualista, o regime das nulidades vai afinar-se com os imperativos da ordem pública e do interesse coletivo. Ex.: possibilidade de reconhecimento de ofício."
4º) RESPONSABILIDADE DO FORNECEDOR	"De fato, o que não representa a teoria do risco profissional, adotada pelo Código, senão a socialização dos riscos do mercado de consumo?"
5º) CRIMES DE CONSUMO	"Daí que se trata de 'crimes contra as relações de consumo' (art. 61 do CDC), tendo por sujeito passivo a coletividade de consumidores."
6º) AÇÕES COLETIVAS	Arts. 81 e ss., do CDC.

Percebam que a análise dos direitos do consumidor no enfoque ora apresentado legitima a tutela coletiva não apenas quando o Código de Defesa do Consumidor expressamente determina, como o fez no tocante à tutela judicial, conforme disposto nos arts. 81 e seguintes.

A Lei n. 8.078/90 traz em seu conteúdo uma evidente preocupação com a dimensão coletiva das relações de consumo, daí a importância do respectivo princípio.

2.1.7. A relação jurídica de consumo e o fim da dicotomia entre responsabilidade contratual e extracontratual

Em que pese a existência nesta obra de um capítulo inteiramente dedicado à responsabilidade do fornecedor, cumpre destacar neste momento que a **relação jurídica de consumo** teve **importante papel para colocar fim à dicotomia entre responsabilidade contratual e extracontratual**, isto porque o fundamento da responsabilidade do fornecedor deixa de ser apenas um desses motivos clássicos e passa a ser qualquer um dos dois com amparo na própria relação de consumo.

A esse respeito a doutrina ensina que, no tocante à responsabilidade na visão do Direito Civil tradicional, poderá ser decorrente do inadimplemento de obrigação contratual (responsabilidade contratual) ou da violação de direitos protegidos pela ordem jurídica (responsabilidade extracontratual).

Sobre o tema, destacamos o pensamento de Antônio Herman de Vasconcellos e Benjamin ao ressaltar que o tratamento dado pelo CDC a esta matéria teve a finalidade de superar, em definitivo, a clássica divisão entre responsabilidade contratual e responsabilidade extracontratual. "Isso porque **o fundamento**

da responsabilidade civil do fornecedor deixa de ser a relação contratual (responsabilidade contratual) ou o fato ilícito (responsabilidade aquiliana) para **se materializar em função da existência de um outro tipo de vínculo: a relação jurídica de consumo, contratual ou não.**"[11]

Em resumo, o simples fato de colocar produto ou fornecer serviço no mercado de consumo já gera o dever de indenizar o consumidor pelos eventuais prejuízos sofridos quer em razão de um inadimplemento contratual, quer em decorrência da prática de um ilícito.

Assim, a responsabilidade prevista no Diploma Consumerista unificou as duas modalidades de responsabilidades existentes — contratual e extracontratual — e criou uma nova: a responsabilidade pelo fato e pelo vício do produto ou do serviço. Nesse contexto, o fornecedor será responsabilizado em razão de participar única e exclusivamente da relação jurídica de consumo.

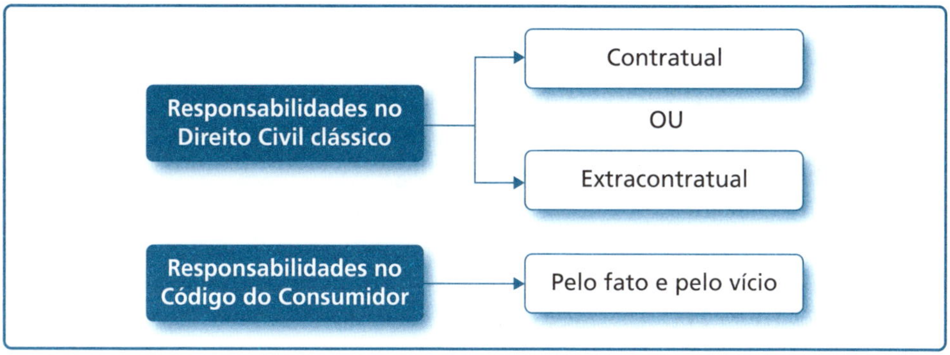

Trata-se da chamada **teoria unitária da responsabilidade civil** do fornecedor no Código de Defesa do Consumidor.

■ 2.1.8. Internacionalização das relações de consumo

O Brasil vive atualmente o seu principal momento de destaque no cenário internacional, principalmente em razão do fortalecimento de nossa economia, cada vez mais evidente com o passar dos anos. Crises econômicas assolam o mundo, mas apenas pequenos reflexos são sentidos em nosso país.

A atual conjuntura leva-nos, portanto, a consumir em grande quantidade no mercado externo — **"consumidor ativo internacional"** — ou a consumir no mercado interno o produto ou serviço estrangeiro — **"consumidor passivo internacional"**.

[11] BENJAMIN, Antônio Herman de V.; MARQUES, Claudia Lima; BESSA, Leonardo Roscoe. *Manual de direito do consumidor,* p. 138.

A utilização das denominações "consumidor ativo internacional" e "consumidor passivo internacional" foram bem colocadas por Claudia Lima Marques ao retratar a importância de voltarmos nossa atenção para as relações de consumo internacionais.

Observa a aludida autora que com "a **abertura dos mercados** a produtos e serviços estrangeiros, com a crescente integração econômica, a regionalização do comércio, as facilidades de transporte, o **turismo em massa**, o crescimento das telecomunicações, da conexão em rede de computadores, do **comércio eletrônico**, não há como negar que **o consumo já extrapola as fronteiras nacionais**".[12]

No entanto, a grande indagação a ser feita neste caso consiste em saber se o nosso Direito está preparado para a internacionalização das relações de consumo. E, a seguir, refletir sobre o enfrentamento da problemática pela jurisprudência superior.

■ 2.1.8.1. A visão do STJ sobre a relação de consumo internacional

O Superior Tribunal de Justiça enfrentou a questão de saber se **seria possível a filiada nacional responder pelos reparos de bem de consumo adquirido no exterior**. O assunto foi apreciado no julgamento do REsp 63.981/SP, cuja ementa foi publicada com o seguinte teor:

> DIREITO DO CONSUMIDOR. **FILMADORA ADQUIRIDA NO EXTERIOR. DEFEITO** DA MERCADORIA. **RESPONSABILIDADE DA EMPRESA NACIONAL** DA MESMA MARCA ("PANASONIC"). **ECONOMIA GLOBALIZADA.** PROPAGANDA. PROTEÇÃO AO CONSUMIDOR. PECULIARIDADES DA ESPÉCIE. SITUAÇÕES A PONDERAR NOS CASOS CONCRETOS. NULIDADE DO ACÓRDÃO ESTADUAL REJEITADA, PORQUE SUFICIENTEMENTE FUNDAMENTADO. RECURSO CONHECIDO E PROVIDO NO MÉRITO, POR MAIORIA.
>
> I — **Se a economia globalizada não mais tem fronteiras rígidas e estimula e favorece a livre concorrência, imprescindível que as leis de proteção ao consumidor ganhem maior expressão em sua exegese**, na busca do equilíbrio que deve reger as relações jurídicas, dimensionando-se, inclusive, o fator risco, inerente à competitividade do comércio e dos negócios mercantis, sobretudo quando em escala internacional, em que presentes empresas poderosas, multinacionais, com filiais em vários países, sem falar nas vendas hoje efetuadas pelo processo tecnológico da informática e no forte mercado consumidor que representa o nosso País.

[12] MARQUES, Claudia Lima. *A insuficiente proteção do consumidor nas normas de direito internacional privado.* São Paulo: RT, 2011. v. 2 (Coleção doutrinas essenciais. Direito do consumidor: tutela das relações de consumo. Organizadores: Claudia Lima Marques e Bruno Miragem), p. 1099-1100.

> II — O mercado consumidor, não há como negar, vê-se hoje "bombardeado" diuturnamente por intensa e hábil propaganda, a induzir a aquisição de produtos, notadamente os sofisticados de procedência estrangeira, levando em linha de conta diversos fatores, dentre os quais, e com relevo, a respeitabilidade da marca.
>
> III — **Se empresas nacionais se beneficiam de marcas mundialmente conhecidas, incumbe-lhes responder também pelas deficiências dos produtos que anunciam e comercializam**, não sendo razoável destinar-se ao consumidor as consequências negativas dos negócios envolvendo objetos defeituosos.
>
> IV — Impõe-se, no entanto, nos casos concretos, ponderar as situações existentes.
>
> V — Rejeita-se a nulidade arguida quando sem lastro na lei ou nos autos.
>
> (REsp 63.981/SP, Rel. p/ Acórdão Ministro Sálvio de Figueiredo Teixeira, j. 11-4-2000, *DJ* 20-11-2000).

Conforme bem pontuado por Elaine Cardoso de Matos Novais, "**a globalização** e a facilitação do comércio seja nacional seja internacional, nesse processo, principalmente com a sedimentação de empresas multinacionais, **faz com que tais empresas se apresentem com uma 'feição' única perante o consumidor**. Aquele que adquire o produto da X Americana, não o faz porque tal empresa o produz nos EUA, mas principalmente porque se trata de uma marca conhecida mundialmente e que, portanto, merece maior credibilidade do que outra pequena empresa local".[13]

Infelizmente, a jurisprudência superior não é farta em decisões emblemáticas como a acima citada, situação que poderia corroborar com a tese de que o produto "importado" diretamente pelo consumidor somente aceitaria reclamação perante o fornecedor estrangeiro.

Assim, se a filial nacional não se compromete em garantir a qualidade de um produto adquirido no exterior, dificilmente o consumidor conseguiria receber em seu país de origem os reparos necessários do bem adquirido.

Na prática, o Código de Defesa do Consumidor somente seria aplicável em face do importador nacional que importou e revendeu produto no mercado de consumo.

Trata-se, em nossa opinião, de omissão lamentável do Superior Tribunal de Justiça, que poderia ter aproveitado o momento em que foi julgado o REsp 63.981 — acima citado — para consolidar a responsabilidade da filial nacional, ao invés de se omitir e colocar à deriva a proteção do vulnerável da relação de consumo que está cada vez mais globalizada, em especial por meio do comércio eletrônico.

---

[13] NOVAIS, Elaine Cardoso de Matos. *Mercadoria adquirida no exterior.* São Paulo: RT, 2011. v. 2 (Coleção doutrinas essenciais. Direito do consumidor: tutela das relações de consumo. Organizadores: Claudia Lima Marques e Bruno Miragem), p. 1183.

■ 2.2. CONSUMIDOR COMO SUJEITO DA RELAÇÃO DE CONSUMO

Conforme visto, a **relação jurídica de consumo** é composta de **elementos subjetivos** (consumidor e fornecedor) e **objetivos** (produtos e serviços). Assim, é chegado o momento de aprofundarmos nossos estudos a respeito dos sujeitos da relação de consumo, iniciando pelos conceitos de consumidor insertos na Lei n. 8.078/90.

■ 2.2.1. Conceito de consumidor em sentido estrito

O **Diploma Consumerista trouxe quatro definições de consumidor**, sendo que três delas retratam o denominado consumidor por equiparação. Iniciaremos os trabalhos sobre o tema com a análise de **consumidor em sentido estrito**, ou seja, aquele que efetivamente adquire ou contrata um produto ou serviço, conforme disposto no **art. 2º do CDC**, *in verbis:* "**Consumidor é** toda pessoa física ou jurídica que adquire ou utiliza produto ou serviço como **destinatário final**".

Numa análise inicial e despretensiosa da **definição legal**, podemos concluir rapidamente que:

- **consumidores são as pessoas naturais ou jurídicas**;
- **consumidor** é aquele que **adquire** produto ou **contrata** serviço;
- **consumidor** é também aquele que **utiliza** produto ou serviço;
- **consumidor é o destinatário final** do produto ou do serviço adquirido/contratado no mercado de consumo.

De fato e numa primeira análise, **o dispositivo não demonstra a complexidade** que está por trás desta definição, isto é, muitos são os **questionamentos** a respeito da abrangência do art. 2º do CDC, tais como:

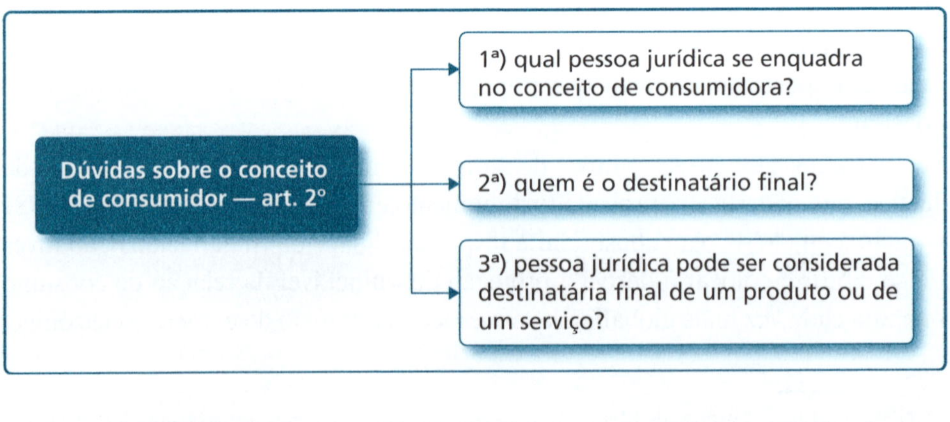

Para enfrentarmos todas as complicações que envolvem o conceito de consumidor insculpido no *caput* do art. 2º da Lei n. 8.078/90, traremos à colação o pensamento da melhor doutrina sobre o tema, além do posicionamento dominante na Jurisprudência Superior.

■ *2.2.1.1. O conceito econômico de consumidor adotado pelo CDC*

Muito se questionou a respeito do sentido do conceito de consumidor adotado pelo art. 2º do CDC. Teria o Diploma Consumerista adotado um conceito de caráter econômico, sociológico, psicológico, filosófico ou uma mescla de todos estes?

Doutrinador que enfrentou o tema com propriedade foi o Prof. José Geraldo Brito Filomeno ao ensinar que "o **conceito** de consumidor **adotado pelo Código foi** exclusivamente **de caráter *econômico*,** ou seja, **levando-se em consideração tão somente o personagem que** no mercado de consumo **adquire bens ou** então **contrata a prestação de serviços, como destinatário final**, pressupondo-se que assim age com vistas ao atendimento de uma necessidade própria e não para o desenvolvimento de uma outra atividade negocial".[14]

Segundo o autor, excluíram-se de tal conceituação componentes de natureza sociológica, psicológica ou filosófica. Dos ensinamentos de Filomeno, ressaltamos:[15]

CONCEITO DE CONSUMIDOR	SIGNIFICADO
SENTIDO ECONÔMICO (ART. 2º, *CAPUT,* DO CDC)	"**o personagem que** no mercado de consumo **adquire bens ou** então **contrata a prestação de serviços, como destinatário final**, pressupondo-se que assim age com vistas ao atendimento de uma necessidade própria e não para o desenvolvimento de uma outra atividade negocial";
SENTIDO SOCIOLÓGICO	"é qualquer indivíduo que frui ou se utiliza de bens e serviços e pertence a uma determinada categoria ou classe social";
SENTIDO PSICOLÓGICO	"indivíduo sobre o qual se estudam as reações a fim de se individualizarem os critérios para a produção e as motivações internas que o levam ao consumo";
SENTIDO FILOSÓFICO	"consoante o magistério de Guido Alpa 'consumir' nesse aspecto ('homem consumidor') significa ceder sempre às sugestões veiculadas pela publicidade; significa — em última análise — estar sempre de acordo, a fim de que não se rompa o próprio consenso imposto, bem como alienar-se ante a apologia da sociedade de consumo".[16]

[14] GRINOVER, Ada Pellegrini; BENJAMIN, Antônio Herman de V.; FINK, Daniel Roberto; FILOMENO, José Geraldo Brito; NERY JR., Nelson; DENARI, Zelmo. *Código Brasileiro de Defesa do Consumidor,* p. 23.

[15] GRINOVER, Ada Pellegrini; BENJAMIN, Antônio Herman de V.; FINK, Daniel Roberto; FILOMENO, José Geraldo Brito; NERY JR., Nelson; DENARI, Zelmo. *Código Brasileiro de Defesa do Consumidor,* p. 23.

[16] ALPA, Guido. *Tutela del consumatore e controlli sull'impresa*. Bologna: Società Editrice Il Mulino, 1977.

Dentre os quatro sentidos mencionados, entendemos que o conceito econômico de consumidor expresso no *caput* do art. 2º do CDC é aquele que melhor retrata a finalidade do sujeito de direitos que adquire ou contrata no mercado de consumo, qual seja: o atendimento de uma necessidade própria do destinatário final.

■ *2.2.1.2. Consumidor destinatário final*

O tema mais controverso do capítulo em apreço é sem sombra de dúvidas saber como deve ser interpretada a **qualificação** de **"destinatário final"** atribuída ao consumidor na sua identificação prevista pelo *caput* do art. 2º do CDC. Consumidor em sentido estrito nos termos da Lei n. 8.078/90 é, portanto, o destinatário final.

Desta forma, representa verdadeiro desafio resolver este entrave em razão das **distintas acepções** que a expressão nos fornece. Segundo Bruno Miragem, a respeito da qualificação "destinatário final" poderemos identificar:

> "O ***destinatário fático,*** ou seja, **aquele que** ao realizar o ato de consumo (adquirir ou utilizar) **retira o produto ou serviço do mercado de consumo**, usufruindo de modo definitivo sua utilidade.
>
> O ***destinatário fático e econômico*** do produto ou serviço em questão. Neste último caso, é destinatário final por ter praticado ato de consumo e não pela aquisição de insumos que posteriormente reempregará na atividade no mercado, transformando-os em outros produtos ou aproveitando-os no oferecimento de algum outro serviço."[17]

DESTINATÁRIO FÁTICO retira o produto ou serviço do mercado de consumo	*vs.*	DESTINATÁRIO FÁTICO E ECONÔMICO retira e consome o produto ou serviço

Da citação colacionada, identificamos, *ab initio,* que a interpretação da **expressão "destinatário final" irá interferir diretamente no tema pessoa jurídica-consumidora** a ponto de saber se esta poderá valer-se ou não dos direitos e prerrogativas inerentes na lei tutelar do vulnerável na relação jurídica de consumo.

Tal assertiva busca amparo no fato de que, se considerarmos o consumidor como o destinatário fático do produto ou do serviço, isto é, aquele que retira o produto ou serviço do mercado de consumo, a pessoa jurídica se enquadraria perfeitamente no conceito de consumidor.

[17] MIRAGEM, Bruno. *Curso de direito do consumidor*, p. 85.

Em contexto diametralmente oposto, a pessoa jurídica não seria considerada destinatária final se a abrangência deste qualificativo exigisse, além da destinação fática, o consumo efetivo do produto e do serviço (destinação econômica). Isto porque uma empresa geralmente adquire um produto ou contrata um serviço para integrar a cadeia produtiva, ou seja, para produzir novos bens ou serviços.

Nesse sentido, sustenta Bruno Miragem "que o **conceito de consumidor** deve ser interpretado a partir de dois elementos:

a) a aplicação do **princípio da vulnerabilidade** e;

b) a **destinação econômica não profissional** do produto ou do serviço.

Ou seja, em linha de princípio e tendo em vista a teleologia da legislação protetiva deve-se identificar o *consumidor como* o *destinatário final fático e econômico do produto ou serviço"*.[18]

Fundamenta o autor que não é possível reempregar produto ou serviço no mercado de consumo com objetivo de lucro, salvo excepcionalmente para algumas empresas de pequeno porte, quando comprovadamente forem as vulneráveis da relação, podendo ser consideradas consumidores para a incidência das normas do CDC.

Percebam a necessidade de agregarmos mais um **elemento na definição de consumidor destinatário final, a vulnerabilidade**. Na mesma linha de raciocínio, entende José Geraldo Brito Filomeno que o "traço marcante da conceituação de 'consumidor', no nosso entender, está na *perspectiva* que se deve adotar, ou seja, no sentido de se o considerar como *vulnerável*".[19]

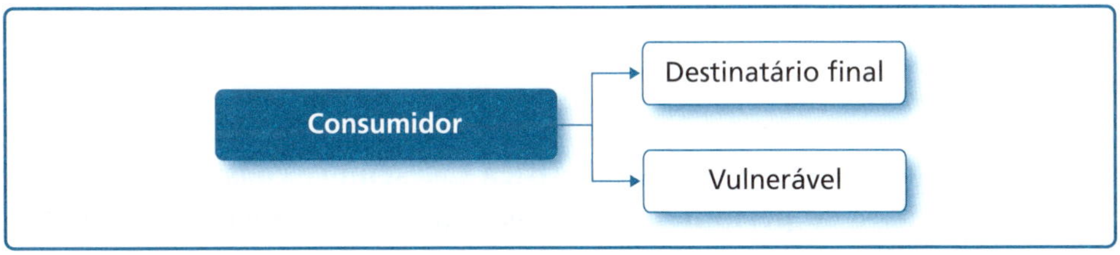

Trata-se de uma interpretação teleológica do Código de Defesa do Consumidor que surgiu num momento histórico de renovação em relação à lei privada vigente à época — Código Civil de 1916 —, que em sua maioria estava em total desacordo com as relações oriundas da nova sociedade de consumo de massa.

[18] MIRAGEM, Bruno. *Curso de direito do consumidor*, p. 85-86.

[19] GRINOVER, Ada Pellegrini; BENJAMIN, Antônio Herman de V.; FINK, Daniel Roberto; FILOMENO, José Geraldo Brito; NERY JR., Nelson; DENARI, Zelmo. *Código Brasileiro de Defesa do Consumidor*, p. 26.

Entretanto, os avanços introduzidos no Código Civil de 2002, muitos inspirados no CDC e agora aplicáveis a uma relação jurídica individualizada, típica do Direito Civil clássico, impediram, para boa parte da doutrina, a ampliação do conceito de destinatário final para nele inserir a pessoa jurídica.

Defendem que doravante não haja mais a necessidade de aplicação do Código do Consumidor às relações em que não se encontrem consumidor de um lado e fornecedor do outro. Isto porque estão as partes em posição presumível de igualdade, bem como em razão da inserção no Código Civil de 2002 de princípios que buscaram inspiração nas relações de consumo, tais como:

- função social do contrato (art. 421);
- probidade e da boa-fé (art. 422);
- interpretação mais favorável ao aderente (art. 423).

Parte da doutrina chega ao ponto de defender que apenas as pessoas jurídicas sem fins lucrativos poderiam ser albergadas no conceito de consumidor.

Este é o raciocínio desenvolvido por José Geraldo Brito Filomeno, que entende como "mais racional que sejam consideradas aqui as pessoas jurídicas *equiparadas aos consumidores vulneráveis,* ou seja, as que não tenham fins lucrativos, mesmo porque, insista-se, a conceituação é indissociável do aspecto da mencionada fragilidade. E, por outro lado, complementando essa pedra de toque do 'consumerismo', diríamos que a 'destinação final' de produtos e serviços, ou seja, sem fim negocial, ou 'uso não profissional', encerra esse conceito fundamental".[20]

O raciocínio parece simples: se a presunção de vulnerabilidade, de fragilidade, é inerente à pessoa física e, por outro lado, a presunção em relação a uma empresa é exatamente a oposta, ou seja, de preparo para contratar e defender-se, não seria possível incluí-la no conceito de consumidor destinatário final do art. 2º do CDC.

O mesmo pensamento é compartilhado por Claudia Lima Marques ao ensinar que "**se presume** que a **pessoa física** seja **sempre consumidora** frente a um fornecedor e **se permite que a pessoa jurídica vulnerável prove sua vulnerabilidade**".[21]

CONSUMIDOR PESSOA FÍSICA	CONSUMIDOR PESSOA JURÍDICA
■ Vulnerabilidade presumida	■ Vulnerabilidade a ser comprovada

[20] GRINOVER, Ada Pellegrini; BENJAMIN, Antônio Herman de V.; FINK, Daniel Roberto; FILOMENO, José Geraldo Brito; NERY JR., Nelson; DENARI, Zelmo. *Código Brasileiro de Defesa do Consumidor,* p. 26.

[21] BENJAMIN, Antônio Herman de V.; MARQUES, Claudia Lima; BESSA, Leonardo Roscoe. *Manual de direito do consumidor,* p. 85.

No entanto, o tema é mais complexo do que aparenta, tanto que surgiram duas teorias para esclarecer o conceito de consumidor destinatário final — a teoria finalista e a maximalista — e existe uma posição intermediária dominante na jurisprudência do Superior Tribunal de Justiça — teoria finalista atenuada.

■ 2.2.1.3. *O conceito de consumidor na interpretação da teoria finalista*

As **teorias** nascidas para explicar o conceito de consumidor destinatário final foram a **finalista** e a **maximalista**. Doutrina que bem estudou a existência destas duas teorias foi a de Claudia Lima Marques, mais precisamente desde 1992 em seu livro *Contratos no Código de Defesa do Consumidor.*[22]

Os seguidores da **corrente finalista**, também conhecida como **subjetiva**, entendem que o **consumidor** de um produto ou serviço nos termos da definição trazida no art. 2º do CDC é o **destinatário fático e econômico**, ou seja, não basta retirar o bem do mercado de consumo, havendo a **necessidade de o produto ou serviço ser efetivamente consumido pelo adquirente ou por sua família**.

Desta forma, **numa visão mais extremada desta corrente estariam excluídas do conceito de consumidor todas as pessoas jurídicas e todos os profissionais**, na medida em que jamais poderiam ser considerados destinatários finais, pois o bem adquirido no mercado de alguma forma integraria a cadeia produtiva na elaboração de novos produtos ou na prestação de outros serviços.

A exclusão da própria pessoa jurídica do conceito de consumidora foi bem lembrada por Bruno Miragem, que destacou como exemplos o direito alemão, após a reforma do BGB de 2002, e o direito italiano em seu *Codice del Consumo,* de 2005. Mas o doutrinador ressaltou que "esta interpretação mais radical não se coaduna com o preceito normativo do artigo 2º do CDC brasileiro, que prevê expressamente a pessoa jurídica como consumidora".[23]

Então, como enquadrar uma empresa na definição de consumidor ante a previsão legal? Seria possível tal enquadramento para a teoria finalista?

Uma das principais seguidoras da corrente finalista é Claudia Lima Marques, para quem a definição de consumidor é o centro que sustenta a tutela especial prevista no CDC e esta tutela só existe porque o consumidor é a parte mais fraca da relação, o vulnerável.

Assim, para os seguidores dessa corrente, **deveria ocorrer uma limitação do conceito de consumidor**, cabendo ao operador do Direito interpretar a expressão "destinatário final" de maneira restrita, como exigem os arts. 4º e 6º da Lei n.

---

22 BENJAMIN, Antônio Herman de V.; MARQUES, Claudia Lima; BESSA, Leonardo Roscoe. *Manual de direito do consumidor,* p. 85.

23 MIRAGEM, Bruno. *Curso de direito do consumidor,* p. 92.

8.078/90 ao disciplinarem os princípios da política nacional das relações de consumo e os direitos básicos do consumidor.

Conforme exposto, sobreleva notar que para Lima Marques "**destinatário final seria aquele *destinatário fático e econômico*** do bem ou serviço, seja ele pessoa jurídica ou física. Logo, segundo esta interpretação *teleológica,* **não basta ser destinatário fático do produto**, retirá-lo da cadeia de produção, levá-lo para o escritório ou residência — **é necessário ser destinatário final econômico do bem**, não adquiri-lo para revenda, não adquiri-lo para uso profissional, pois o bem seria novamente um instrumento de produção cujo preço será incluído no preço final do profissional que o adquiriu".[24]

Para a aludida autora, **não haveria, neste caso, "destinação final"** do produto ou do serviço, mas sim **consumo intermediário**, ainda dentro das cadeias de produção e de distribuição. Estaríamos diante, portanto, de uma interpretação restritiva de consumidor.

Entretanto, a própria doutrinadora finalista se rendeu ao **reconhecimento da existência de exceções**, isto é, de que **algumas pessoas jurídicas poderão ser enquadradas no conceito de consumidor**.

Destaca ainda que tal interpretação exige uma visão teleológica do Diploma Consumerista, além de cada caso dever ser analisado pelo Judiciário e, "reconhecendo a vulnerabilidade de uma pequena empresa ou profissional que adquiriu, uma vez que a vulnerabilidade pode ser fática, econômica, jurídica e informacional, por exemplo, um produto fora de seu campo de especialidade (uma farmácia); interpretar o art. 2º de acordo com o *fim da norma,* isto é, proteção ao mais fraco na relação de consumo, e conceder a aplicação das normas especiais do CDC analogicamente também a estes profissionais".[25]

Ademais, interessante destacarmos que para alguns autores é importante analisar também a finalidade para a qual foi adquirido o bem no mercado de consumo, se como bem de capital ou não, para enquadrar a pessoa jurídica no conceito de consumidor.

Este é o pensamento, por exemplo, de José Geraldo Brito Filomeno,[26] que leciona ser essencial para enquadrar ou não a pessoa jurídica como consumidora a verificação de duas situações:

---

[24] BENJAMIN, Antônio Herman de V.; MARQUES, Claudia Lima; BESSA, Leonardo Roscoe. *Manual de direito do consumidor,* p. 84-85.

[25] BENJAMIN, Antônio Herman de V.; MARQUES, Claudia Lima; BESSA, Leonardo Roscoe. *Manual de direito do consumidor,* p. 85.

[26] GRINOVER, Ada Pellegrini; BENJAMIN, Antônio Herman de V.; FINK, Daniel Roberto; FILOMENO, José Geraldo Brito; NERY JR., Nelson; DENARI, Zelmo. *Código Brasileiro de Defesa do Consumidor,* p. 31.

- se o consumidor-fornecedor na hipótese concreta adquiriu bem de capital ou não;
- se contratou serviço para satisfazer uma necessidade ou que lhe é imposta por lei ou natureza de seu negócio, principalmente por órgãos públicos.

A conclusão a que se chega sobre o tema é a necessidade de se analisar cada caso em separado, até porque, sendo o objetivo principal do Código Consumerista tutelar a parte mais fraca nas relações de consumo, verdade seja dita que a pessoa jurídica pode ser considerada como tal e, portanto, beneficiária dos Direitos conferidos ao consumidor.

Em suma, consumidor destinatário final para a corrente finalista/subjetiva traz uma **conotação restritiva de seu conceito**.

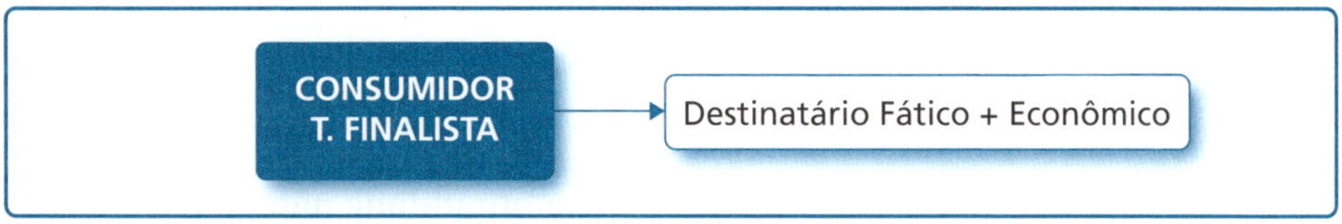

■ 2.2.1.4. *O conceito de consumidor na interpretação da teoria maximalista*

Os seguidores da corrente **maximalista,** como o próprio nome sugere, trazem uma **definição mais ampla de consumidor**, nele incluindo a pessoa jurídica e o profissional, qualquer que seja a finalidade para a qual retirou o produto ou serviço do mercado de consumo.

Aliás, a teoria em apreço **exige apenas a retirada do bem do mercado de consumo** para reconhecer a figura do consumidor, ou seja, **basta ser o destinatário fático** do produto ou do serviço.

Mais uma vez, a precursora no estudo deste tema merece ser citada. Para Claudia Lima Marques, "os *maximalistas* viam nas normas do CDC o novo regulamento do mercado de consumo brasileiro, e não normas orientadas para proteger somente o consumidor não profissional. O CDC seria um código geral sobre o consumo, um código para a sociedade de consumo, que institui normas e princípios para todos os agentes do mercado, os quais podem assumir os papéis ora de fornecedores, ora de consumidores. **A definição do art. 2º deve ser interpretada o mais extensamente possível**, segundo esta corrente, para que as normas do CDC possam ser aplicadas a um número cada vez maior de relações no mercado".[27]

[27] BENJAMIN, Antônio Herman de V.; MARQUES, Claudia Lima; BESSA, Leonardo Roscoe. *Manual de direito do consumidor*, p. 85.

Os seguidores dessa corrente consideram a definição do art. 2º no enfoque exclusivamente objetivo, independentemente de a pessoa jurídica ou de o profissional terem finalidade de lucro quando adquirem um produto ou utilizam um serviço. Sendo o destinatário final simplesmente o destinatário fático do bem de consumo, bastará retirá-lo do mercado para ser considerado consumidor na visão maximalista.

Igualmente, a corrente **maximalista não enxerga o CDC como uma lei tutelar do mais fraco** numa relação jurídica tão desigual — a relação de consumo —, mas, segundo visto, entende ser o Diploma Consumerista o **novo regulamento do mercado de consumo brasileiro**, o qual albergaria sem maiores problemas a pessoa jurídica na definição de consumidor.

Se o questionamento levantado no estudo da teoria finalista foi a respeito da necessidade de se enquadrar a pessoa jurídica no conceito de consumidor, na medida em que a lei assim exige; aqui, a dúvida consiste em saber se o Código de Defesa do Consumidor seria o Diploma adequado para tutelar toda e qualquer relação de mercado, independentemente do sujeito que a desenvolve, pessoa física ou não.

Com a devida vênia aos maximalistas, **na atualidade não há por que defender tal posicionamento**, pois o próprio Código Civil vigente evoluiu muito na identificação e defesa da empresa mais frágil nas relações firmadas entre fornecedores. Conforme visto acima, o **Código Civil de 2002** trouxe em seu conteúdo institutos como:

- **função social do contrato**;
- **princípios de probidade e boa-fé**;
- **interpretação mais favorável ao aderente**.

Nessa linha de raciocínio, ensina Bruno Miragem que as razões do florescimento de interpretação tão extensiva devem-se a dois aspectos principais:

> "**Primeiro, a notada deficiência do Código Civil de 1916** e demais normas de direito civil para regularem o tema do contrato e sua complexidade, nos primeiros dez anos de vigência do CDC (até a promulgação do Código Civil de 2002).
> **Segundo, a ausência de normas de correção do desequilíbrio** contratual e proteção do contratante mais fraco fora do regime do CDC".[28]

Contudo, o Código Civil de 2002 trouxe em seu conteúdo muitas inovações tutelares inspiradas no Código de Defesa do Consumidor. Inovações estas que, para muitos doutrinadores, sepultariam qualquer tipo de sobrevida da teoria maximalista:

[28] MIRAGEM, Bruno. *Curso de direito do consumidor*, p. 92.

- Claudia Lima Marques defende que o "**problema desta visão é que transforma o direito do consumidor em direito privado geral**, pois retira do Código Civil quase todos os contratos comerciais, uma vez que comerciantes e profissionais consomem de forma intermediária insumos para a sua atividade-fim, de produção e de distribuição".[29]
- José Geraldo Brito Filomeno foi contundente ao lecionar, como querem os maximalistas, que **se aplica o Código, sem qualquer distinção, às pessoas jurídicas**, ainda que fornecedoras de bens e serviços, seria negar-se a própria epistemologia do microssistema jurídico de que se reveste.[30]

Como forma de encerramento do item, alguns exemplos trazidos pela doutrina do que seria **consumidor para a visão maximalista**, com o intuito de tornar mais cristalino o aprendizado:

- as empresas que adquirem automóveis ou computadores para a realização de suas atividades;
- o agricultor que adquire adubo para o preparo do plantio;
- a empresa que contrata serviço de transporte de pedras preciosas ou de cartão de crédito;
- o Estado pode ser considerado consumidor quando adquire produtos para uso próprio em suas atividades administrativas;[31]
- a aquisição de um computador ou *software* para o exercício profissional da advocacia, pouco importa se por um advogado principiante ou por grande banca de advocacia, qualifica o adquirente como consumidor;
- o uso da eletricidade na fabricação de produtos por uma grande indústria ou o açúcar adquirido por uma doceira não são circunstâncias hábeis a elidir a relação de consumo, desde que o produto adquirido ou desaparece, ou sofre mutação substancial no processo produtivo. Portanto, sendo a grande indústria e a doceira destinatários finais, podem perfeitamente ser considerados consumidores, para efeito destas aquisições, não assim quando vendam os produtos fabricados ou os doces, relações em que serão considerados como fornecedores.[32]

---

29 BENJAMIN, Antônio Herman de V.; MARQUES, Claudia Lima; BESSA, Leonardo Roscoe. *Manual de direito do consumidor,* p. 86.

30 GRINOVER, Ada Pellegrini; BENJAMIN, Antônio Herman de V.; FINK, Daniel Roberto; FILOMENO, José Geraldo Brito; NERY JR., Nelson; DENARI, Zelmo. *Código Brasileiro de Defesa do Consumidor,* p. 31.

31 MIRAGEM, Bruno. *Curso de direito do consumidor*, p. 93-94.

32 Apud Duciran Van Marsen Farena, Notas sobre o consumo e o conceito de consumidor: desenvolvimentos recentes, *Boletim Científico,* Escola Superior do Ministério Público da União, n. 2, Brasília, jan./mar. 2002, p. 42-43. In: CAVALIERI FILHO, Sergio. *Programa de direito do consumidor*, p. 60-61.

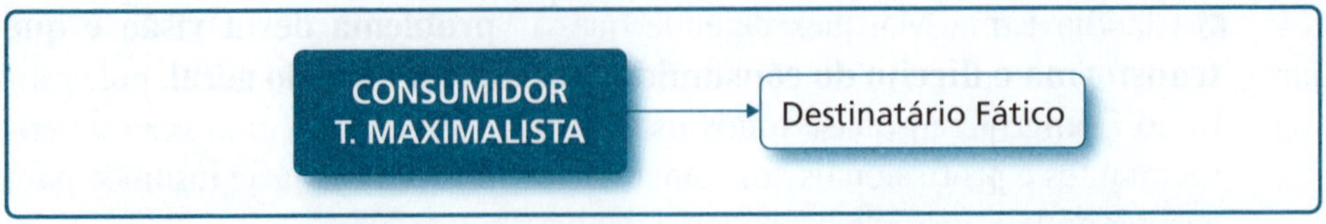

2.2.1.5. *A pessoa jurídica como consumidora na jurisprudência do Superior Tribunal de Justiça — teoria finalista atenuada/mitigada/aprofundada*

Após a entrada em vigor do Código Civil de 2002, foi inegável a perda de força da corrente maximalista, pois o novel Diploma civilista preocupou-se em inserir em seu conteúdo disposições capazes de proteger o mais fraco numa relação entre "iguais", como o reconhecimento, por exemplo, da boa-fé objetiva, segundo exaustivamente tratado nos subitens anteriores.

Ao mesmo tempo, uma nova teoria se firmava nos tribunais, tendo o **Superior Tribunal de Justiça** como principal expoente. Eis que surge a **corrente finalista mitigada ou atenuada**, pautada na ideia de se **enquadrar a pessoa jurídica como consumidora** desde que comprovada a sua **vulnerabilidade**, ou seja, tal posicionamento realiza o exame *in concreto* do conceito de consumidor.

Ademais, apresenta-se como uma corrente intermediária quando cotejada com as teorias tradicionais finalista e maximalista, pois, apesar de o STJ ter adotado a teoria finalista, passou a interpretá-la de tal forma a enquadrar no conceito de consumidor destinatário final a pessoa jurídica, desde que a vulnerabilidade desta esteja presente no caso concreto.

Claudia Lima Marques leciona tratar-se do denominado **finalismo aprofundado** e explica tal teoria como "uma interpretação finalista mais aprofundada e madura, que deve ser saudada. Em casos difíceis envolvendo pequenas empresas que utilizam insumos para a sua produção, mas não em sua área de expertise ou com uma utilização mista, principalmente na área dos serviços, provada a vulnerabilidade, concluiu-se pela destinação final de consumo prevalente".[33]

Bruno Miragem[34] também ressalta a existência do finalismo aprofundado e identifica **dois critérios básicos na sua apresentação:**

- **primeiro**, de que a extensão do conceito de consumidor por equiparação é medida excepcional no regime do CDC;
- **segundo**, que é requisito essencial para esta extensão conceitual, e por intermédio da equiparação legal (art. 29), o reconhecimento da vulnerabilidade da parte que pretende ser considerada consumidora equiparada.

---

[33] BENJAMIN, Antônio Herman de V.; MARQUES, Claudia Lima; BESSA, Leonardo Roscoe. *Manual de direito do consumidor*, p. 87.

[34] MIRAGEM, Bruno. *Curso de direito do consumidor*, p. 94.

Percebam que aqui o enfoque dado pelo autor seria o de enquadrar a pessoa jurídica no conceito de consumidor por equiparação expresso no art. 29 do Diploma Consumerista, que envolve a tutela das pessoas expostas às práticas comerciais e contratuais abusivas.

Desta forma, sendo uma empresa a vulnerável da relação de consumo e demonstrada sua exposição a uma das práticas citadas, passível seria a incidência do CDC.[35]

Segundo posicionamento consolidado no **Superior Tribunal de Justiça**, a **comprovação da vulnerabilidade[36] da pessoa jurídica é pressuposto *sine qua* para o enquadramento desta no conceito de consumidor previsto no CDC**.

Trata-se da adoção pela jurisprudência da Teoria Finalista, porém de forma **atenuada, mitigada ou aprofundada** que admite a pessoa jurídica como consumidora, desde que comprovada sua fragilidade no caso concreto. Tal contexto é muito recorrente às relações envolvendo **microempresas, empresas de pequeno porte, profissionais liberais, profissionais autônomos**, dentre outros.

No mesmo sentido de reforçar a excepcionalidade e necessidade da presença de vulnerabilidade, destaca-se o posicionamento do STJ:

> CONSUMIDOR. DEFINIÇÃO. ALCANCE. TEORIA FINALISTA. REGRA. MITIGAÇÃO. FINALISMO APROFUNDADO. CONSUMIDOR POR EQUIPARAÇÃO. VULNERABILIDADE. **1. A jurisprudência do STJ se encontra consolidada no sentido de que a determinação da qualidade de consumidor deve, em regra, ser feita mediante aplicação da teoria finalista, que, numa exegese restritiva do art. 2º do CDC, considera destinatário final tão somente o destinatário fático e econômico do bem ou serviço, seja ele pessoa física ou jurídica. 2. Pela teoria finalista, fica excluído da proteção do CDC o consumo intermediário, assim entendido como aquele cujo produto retorna para as cadeias de produção e distribuição, compondo o custo (e, portanto, o preço final) de um novo bem ou serviço. Vale dizer, só pode ser considerado consumidor, para fins de tutela pela Lei n. 8.078/90, aquele que exaure a função econômica do bem ou serviço, excluindo-o de forma definitiva do mercado de consumo. 3. A jurisprudência do STJ, tomando por base o conceito de consumidor por equiparação previsto no art. 29 do CDC, tem evoluído para uma aplicação temperada da teoria finalista frente às pessoas jurídicas, num processo que a doutrina vem denominando finalismo aprofundado, consistente em se admitir que, em determinadas hipóteses, a pessoa jurídica adquirente de um produto ou serviço pode ser equiparada à condição de consumidora,**

---

35 *Vide* subitem: "2.2.1.6. Aplicação analógica do art. 29, do CDC: uma crítica ao finalismo atenuado".

36 Tecnicamente, melhor seria dizer hipossuficiência, conforme analisaremos em breve quando tratarmos no subitem da inversão do ônus da prova a diferença deste instituto com o da vulnerabilidade.

por apresentar frente ao fornecedor alguma vulnerabilidade, que constitui o princípio-motor da política nacional das relações de consumo, premissa expressamente fixada no art. 4º, I, do CDC, que legitima toda a proteção conferida ao consumidor. 4. A doutrina tradicionalmente aponta a existência de três modalidades de vulnerabilidade: técnica (ausência de conhecimento específico acerca do produto ou serviço objeto de consumo), jurídica (falta de conhecimento jurídico, contábil ou econômico e de seus reflexos na relação de consumo) e fática (situações em que a insuficiência econômica, física ou até mesmo psicológica do consumidor o coloca em pé de desigualdade frente ao fornecedor). Mais recentemente, tem se incluído também a vulnerabilidade informacional (dados insuficientes sobre o produto ou serviço capazes de influenciar no processo decisório de compra). 5. A despeito da identificação *in abstracto* dessas espécies de vulnerabilidade, a casuística poderá apresentar novas formas de vulnerabilidade aptas a atrair a incidência do CDC à relação de consumo. Numa relação interempresarial, para além das hipóteses de vulnerabilidade já consagradas pela doutrina e pela jurisprudência, a relação de dependência de uma das partes frente à outra pode, conforme o caso, caracterizar uma vulnerabilidade legitimadora da aplicação da Lei n. 8.078/90, mitigando os rigores da teoria finalista e autorizando a equiparação da pessoa jurídica compradora à condição de consumidora. 6. Hipótese em que revendedora de veículos reclama indenização por danos materiais derivados de defeito em suas linhas telefônicas, tornando inócuo o investimento em anúncios publicitários, dada a impossibilidade de atender ligações de potenciais clientes. A contratação do serviço de telefonia não caracteriza relação de consumo tutelável pelo CDC, pois o referido serviço compõe a cadeia produtiva da empresa, sendo essencial à consecução do seu negócio. Também não se verifica nenhuma vulnerabilidade apta a equipar a empresa à condição de consumidora frente à prestadora do serviço de telefonia. Ainda assim, mediante aplicação do direito à espécie, nos termos do art. 257 do RISTJ, fica mantida a condenação imposta a título de danos materiais, à luz dos arts. 186 e 927 do CC/02 e tendo em vista a conclusão das instâncias ordinárias quanto à existência de culpa da fornecedora pelo defeito apresentado nas linhas telefônicas e a relação direta deste defeito com os prejuízos suportados pela revendedora de veículos. 7. Recurso especial a que se nega provimento (REsp 1.195.642/RJ, Rel. Ministra Nancy Andrighi, 3ª T., *DJe* 21-11-2012).

Com o objetivo de identificar quando a pessoa jurídica estaria enquadrada no conceito de consumidor, Adalberto Pasqualotto dividiu as decisões do STJ em três grandes grupos:[37]

---

[37] PASQUALOTTO, Adalberto. *O destinatário final e o "consumidor intermediário"*. São Paulo: RT, 2011. v. 1 (Coleção doutrinas essenciais. Direito do consumidor: tutela das relações de consumo. Organizadores: Claudia Lima Marques e Bruno Miragem), p. 925-929.

■ Grupo I — relações envolvendo pessoas jurídicas e contratos bancários ou de cartão de crédito:[38]

Não incidência do CDC na relação envolvendo pessoa jurídica e banco na celebração de contrato bancário para fins de **aplicação em sua atividade produtiva**, por se tratar de **consumo intermediário** na visão do STJ: "I. Cuidando-se de contrato bancário celebrado com **pessoa jurídica para fins de aplicação em sua atividade produtiva, não incide na espécie o CDC**, com o intuito da inversão do ônus probatório, porquanto **não discutida a hipossuficiência** da recorrente nos autos. Precedentes. II. Nessa hipótese, não se configura relação de consumo, mas **atividade de consumo intermediária**, que não goza dos privilégios da legislação consumerista" (REsp 716.386/SP, Rel. Ministro Aldir Passarinho Júnior, 4ª T., *DJe* 15-9-2008).

Não incidência do CDC na relação envolvendo pessoa jurídica e banco na celebração de **contrato de mútuo bancário** para fins de incrementar capital de giro da empresa, por se tratar também de **consumo intermediário** na visão do STJ:

> AGRAVO REGIMENTAL NO AGRAVO DE INSTRUMENTO. **CONTRATO DE MÚTUO BANCÁRIO. CRÉDITO DESTINADO AO CAPITAL DE GIRO DA EMPRESA. CONCEITO DE DESTINATÁRIO FINAL AFASTADO. RELAÇÃO DE CONSUMO INEXISTENTE.** INAPLICABILIDADE DO CÓDIGO DE DEFESA DO CONSUMIDOR. PRECEDENTES DESTA CORTE. INCIDÊNCIA DA SÚMULA 83 DO STJ. AGRAVO REGIMENTAL IMPROVIDO (AgRg no Ag 900.563/PR, Rel. Ministro Luis Felipe Salomão, 4ª T., *DJe* 3-5-2010).[39]

Não incidência do CDC e o consequente reconhecimento da legalidade do foro de eleição na relação envolvendo pessoa jurídica e a contratação de **serviço**

[38] PASQUALOTTO, Adalberto. *O destinatário final e o "consumidor intermediário"*, p. 925-927.

[39] No mesmo sentido: "PROCESSUAL CIVIL. CONTRATO BANCÁRIO. PEDIDO DE RECONSIDERAÇÃO RECEBIDO COMO AGRAVO REGIMENTAL NO AGRAVO EM RECURSO ESPECIAL. EXCESSO DE EXECUÇÃO. REEXAME DE FATOS E PROVAS. IMPOSSIBILIDADE. SÚMULA N. 7/STJ. MÚTUO BANCÁRIO PARA OBTENÇÃO DE CAPITAL DE GIRO. INAPLICABILIDADE DO CDC. DECISÃO MANTIDA. 1. O recurso especial não comporta o exame de questões que impliquem revolvimento do contexto fático-probatório dos autos, a teor do que dispõe a Súmula n. 7/STJ. 2. No caso, o Tribunal de origem concluiu que o bem oferecido em penhora era de difícil alienação e, por isso, entendeu por justificada a recusa do credor. Alterar tal entendimento é inviável em recurso especial, pois demandaria o reexame da prova dos autos. **3. A empresa que celebra contrato de mútuo bancário com a finalidade de obtenção de capital de giro não se enquadra no conceito de consumidor final previsto no art. 2º do CDC. Precedente.** 4. Pedido de reconsideração recebido como agravo regimental, a que se nega provimento" (AgRg no AREsp 71.538/SP, Rel. Ministro Antonio Carlos Ferreira, 4ª T., *DJe* 4-6-2013).

de crédito junto a instituição financeira para fins de **aplicação em sua atividade produtiva**, por se tratar de **consumo intermediário** na visão do STJ: **"o serviço de crédito tomado pela pessoa jurídica junto à instituição financeira de certo foi utilizado para o fomento da atividade empresarial, no desenvolvimento da atividade lucrativa, de forma que a sua circulação econômica não se encerra nas mãos da pessoa jurídica, sociedade empresária, motivo pelo qual não resta caracterizada, *in casu*, relação de consumo entre as partes"** (CC 92.519/SP, Rel. Ministro Fernando Gonçalves, Segunda Seção, *DJe* 4-3-2009).

Incidência do CDC na relação envolvendo pessoa jurídica e banco de fomento comercial (Banco Regional de Desenvolvimento do Extremo Sul — BRDE), por ser considerada a empresa **destinatária final** na visão do STJ:

> EMBARGOS DE DECLARAÇÃO RECEBIDOS COMO AGRAVO REGIMENTAL DADO O NÍTIDO CARÁTER INFRINGENTE. INEXISTÊNCIA DE ELEMENTOS QUE POSSAM INFIRMAR A DECISÃO AGRAVADA QUE MERECE SER MANTIDA POR SEUS PRÓPRIOS FUNDAMENTOS. NEGATIVA DE PRESTAÇÃO JURISDICIONAL NÃO VERIFICADA. AUSÊNCIA DE PREQUESTIONAMENTO DOS ARTIGOS 2º E 43, § 1º E § 4º DA LEI N. 8.078/90; 1º, § ÚNICO E 4º, § 2º DA LEI N. 9.507/95. INCIDÊNCIA DA SÚMULA 211/STJ. DISSÍDIO JURISPRUDENCIAL NÃO DEMONSTRADO. **QUALIFICAÇÃO DA PESSOA JURÍDICA COMO CONSUMIDORA. DESTINATÁRIA FINAL DO PRODUTO OU SERVIÇO. POSSIBILIDADE. RELAÇÃO DE CONSUMO CONFIGURADA.** AGRAVO REGIMENTAL IMPROVIDO (EDcl no Ag 770.346/RS, Rel. Ministro Luis Felipe Salomão, 4ª T., *DJe* 8-2-2010).

■ Grupo II — casos pertinentes a profissionais ou contratos interempresariais (contratos nos quais o débil é uma empresa ou tem *expertise* no objeto do contrato):[40]

Não incidência do CDC na relação envolvendo pessoa jurídica na aquisição de **equipamentos médicos de vultoso valor** para fins de **incrementar a atividade profissional lucrativa**, por se tratar de **consumo intermediário** e pela **ausência de comprovação da hipossuficiência**[41] na visão do STJ: **"o hospital adquirente do equipamento médico não se utiliza do mesmo como destinatário final, mas para desenvolvimento de sua própria atividade negocial; não se caracteriza, tampouco, como hipossuficiente na relação contratual travada, pelo que, ausente a presença do consumidor, não se há falar em relação**

[40] PASQUALOTTO, Adalberto. *O destinatário final e o "consumidor intermediário"*, p. 927-928.

[41] Merece destaque a decisão ao utilizar a hipossuficiência, pois tecnicamente é esta que pode ser comprovada no caso concreto, e não a vulnerabilidade.

merecedora de tutela legal especial. Em outros termos, ausente a relação de consumo, afasta-se a incidência do CDC, não se havendo falar em abusividade de cláusula de eleição de foro livremente pactuada pelas partes, em atenção ao princípio da autonomia volitiva dos contratantes" (CC 46.747/SP, Rel. Ministro Jorge Scartezzini, *DJe* 20-3-2006).[42]

Não incidência do CDC na relação envolvendo **permuta de sacas de arroz por insumo agrícola** para fins de **incrementar a atividade negocial**, por se tratar de **consumo intermediário** na visão do STJ. A Segunda Seção disciplinou que "A aquisição de bens ou a utilização de serviços, por pessoa natural ou jurídica, com o **escopo de implementar ou incrementar a sua atividade negocial**, não se reputa como relação de consumo e, sim, como uma **atividade de consumo intermediária**" (REsp 541.867/BA, Rel. p/ Acórdão Ministro Barros Monteiro, *DJU* 16-5-2005).

Não incidência do CDC na relação envolvendo **aquisição de insumo agrícola** para fins de **investir na atividade produtiva**, por se tratar de **consumo intermediário** na visão do STJ: "A **aquisição de insumos agrícolas para investimento em atividade produtiva, não como destinatário final**, importa, de acordo com o entendimento sufragado nesta Corte, na **inaplicação do CDC** à espécie" (REsp 541.867/BA, Rel. p/ Acórdão Ministro Barros Monteiro, *DJU* 16-5-2005).

Não incidência do CDC na relação envolvendo **franqueador e franqueado**, pelo fato de este **não ser considerado consumidor** e pela **não comprovação da hipossuficiência** na visão do STJ:

> "I. O contrato de franquia, por sua natureza, não está sujeito ao âmbito de incidência da Lei n. 8.078/1990, eis que **o franqueado não é consumidor de produtos ou serviços da franqueadora, mas aquele que os comercializa junto a terceiros, estes sim, os destinatários finais**.
>
> II. Situação, ademais, em que **não restou comprovada a hipossuficiência das autoras**, que buscavam que a ação em que pretendem a rescisão do contrato e indenização tramitasse na comarca da sede de algumas delas, em detrimento do foro contratual, situado em outro Estado" (REsp 632.958/AL, Rel. Ministro Aldir Passarinho Junior, 4ª T., *DJe* 29-3-2010).

Não incidência do CDC na relação envolvendo **cooperativa e cooperado**, pelo fato de este **não ser considerado consumidor** na visão do STJ:

[42] No mesmo sentido, foi a posição do STJ no julgamento do REsp 1.162.649/SP: "As normas do CDC não são aplicáveis à aquisição e à importação de aparelho de raio X por entidade hospitalar, não hipossuficiente nem vulnerável, no intuito de incrementar sua atividade, ampliar a gama de serviços e aumentar os lucros" (Rel. Ministro Luis Felipe Salomão, Rel. p/ Acórdão Ministro Antônio Carlos Ferreira, 4ª T., *DJe* 18-8-2014).

EXECUÇÃO. COOPERATIVA. CONFISSÃO DE DÍVIDA E NOTA PROMISSÓRIA. ENCARGOS PACTUADOS. ALEGAÇÃO DE ONEROSIDADE EXCESSIVA — Fundamentos expendidos pelas instâncias ordinárias que não são objeto de impugnação por parte do cooperado. — **Inaplicabilidade ao caso do disposto no art. 51, IV, do Código de Defesa do Consumidor, não só por ostentar o recorrente a qualidade de mero cooperado**, mas também porque a taxa cobrada dos encargos diz respeito também a serviços de utilização comum postos à disposição dos associados. Recurso especial não conhecido (REsp 93.291/PR, Rel. Ministro Barros Monteiro, 4ª T., *DJe* 19-9-2005).

Não incidência do CDC na relação envolvendo **banco e empresa de vigilância contratada**, pelo fato de **não estar comprovada a vulnerabilidade** na visão do STJ: "A jurisprudência do STJ tem evoluído no sentido de **somente admitir a aplicação do CDC** à pessoa jurídica empresária excepcionalmente, **quando evidenciada a sua vulnerabilidade no caso concreto**; ou por equiparação, nas situações previstas pelos arts. 17 e 29 do CDC" (AgRg no REsp 687.239/RJ, Rel. Nancy Andrighi, 3ª T., *DJe* 2-5-2006).

Incidência do CDC na relação envolvendo **proprietário de caminhão e montadora**, pelo fato de **estar comprovada a vulnerabilidade** na visão do STJ: "Excepcionalmente, **o profissional freteiro**, adquirente de caminhão zero-quilômetro, que assevera conter defeito, também **poderá ser considerado consumidor**, quando a **vulnerabilidade estiver caracterizada** por alguma hipossuficiência quer fática, técnica ou econômica. — Nesta hipótese está justificada a aplicação das regras de proteção ao consumidor, notadamente a concessão do benefício processual da inversão do ônus da prova" (REsp 1.080.719/MG, Rel. Ministra Nancy Andrighi, 3ª T., *DJe* 17-8-2009).[43]

Também haverá relação de consumo na aquisição de aeronave por empresa administradora de imóveis, quando o produto for "adquirido para atender a uma necessidade própria da pessoa jurídica, não se incorporando ao serviço prestado aos clientes. Existência de relação de consumo, à luz da teoria finalista mitigada" (AgRg no REsp 1.321.083/PR, Rel. Ministro Paulo de Tarso Sanseverino, *DJe* 25-9-2014). Percebam que não é apenas a condição de fragilidade econômica de uma das empresas que configurará a existência da relação de consumo, mas também o fato de o bem adquirido não ser incorporado ao serviço prestado. Neste caso, o avião é utilizado para facilitar o deslocamento dos sócios da empresa.[44]

---

[43] O mesmo raciocínio vale para o taxista (REsp 611.872/RJ, Rel. Ministro Antonio Carlos Ferreira, 4ª T., *DJe* 23-10-2012).

[44] No mesmo sentido, STJ no julgamento do REsp 1.352.419/SP: RECURSO ESPECIAL. CIVIL. SEGURO EMPRESARIAL. VIOLAÇÃO DO ART. 535 DO CPC. INEXISTÊNCIA. PROTEÇÃO DO PATRIMÔNIO DA PRÓPRIA PESSOA JURÍDICA. DESTINATÁRIA FINAL DOS SERVI-

■ Grupo III — viabilidade da eleição contratual de foro:[45]

Não incidência do CDC na relação envolvendo **empresa com capacidade financeira, técnica é jurídica para contratar**, pelo fato de **não estar comprovada a hipossuficiência** na visão do STJ:

> PROCESSO CIVIL — RECURSO ESPECIAL — EXCEÇÃO DE INCOMPETÊNCIA — INEXISTÊNCIA, NA ESPÉCIE, DE CONTRATO DE ADESÃO — **PARTES COM CAPACIDADE FINANCEIRA, TÉCNICA E JURÍDICA PARA CONTRATAR** — COMPETÊNCIA TERRITORIAL — DOMICÍLIO DO RÉU — CRITÉRIO RELATIVO — DERROGAÇÃO PELAS PARTES — **PREVALECENTE O FORO DE ELEIÇÃO**. RECURSO ESPECIAL PROVIDO (REsp 415.150/PE, Rel. Ministro Massami Uyeda, 4ª T., *DJe* 27-8-2007).

Não incidência do CDC na relação envolvendo **empresa de grande porte**, pelo fato de **não estar comprovada a hipossuficiência** na visão do STJ: "1 — Contratos firmados entre montadora e concessionária de veículos constituem **contratos empresariais pactuados entre empresas de porte, financeiramente**

ÇOS SECURITÁRIOS. RELAÇÃO DE CONSUMO. CARACTERIZAÇÃO. INCIDÊNCIA DO CDC. COBERTURA CONTRATUAL CONTRA ROUBO/FURTO QUALIFICADO. OCORRÊNCIA DE FURTO SIMPLES. INDENIZAÇÃO DEVIDA. CLÁUSULA CONTRATUAL ABUSIVA. FALHA NO DEVER GERAL DE INFORMAÇÃO AO CONSUMIDOR. 1. Não há falar em negativa de prestação jurisdicional se o tribunal de origem motiva adequadamente sua decisão, solucionando a controvérsia com a aplicação do direito que entende cabível à hipótese, apenas não no sentido pretendido pela parte. 2. Consumidor é toda pessoa física ou jurídica que adquire ou utiliza, como destinatário final, produto ou serviço oriundo de um fornecedor. Por sua vez, destinatário final, segundo a teoria subjetiva ou finalista, adotada pela Segunda Seção desta Corte Superior, é aquele que ultima a atividade econômica, ou seja, que retira de circulação do mercado o bem ou o serviço para consumi-lo, suprindo uma necessidade ou satisfação própria, não havendo, portanto, a reutilização ou o reingresso dele no processo produtivo. Logo, **a relação de consumo (consumidor final) não pode ser confundida com relação de insumo (consumidor intermediário)**. 3. **Há relação de consumo no seguro empresarial se a pessoa jurídica o firmar visando a proteção do próprio patrimônio (destinação pessoal), sem o integrar nos produtos ou serviços que oferece, mesmo que seja para resguardar insumos utilizados em sua atividade comercial, pois será a destinatária final dos serviços securitários**. **Situação diversa seria se o seguro empresarial fosse contratado para cobrir riscos dos clientes**, ocasião em que faria parte dos serviços prestados pela pessoa jurídica, o que configuraria consumo intermediário, não protegido pelo CDC. 4. A cláusula securitária a qual garante a proteção do patrimônio do segurado apenas contra o furto qualificado, sem esclarecer o significado e o alcance do termo "qualificado", bem como a situação concernente ao furto simples, está eivada de abusividade por falha no dever geral de informação da seguradora e por sonegar ao consumidor o conhecimento suficiente acerca do objeto contratado. Não pode ser exigido do consumidor o conhecimento de termos técnico-jurídicos específicos, ainda mais a diferença entre tipos penais de mesmo gênero. 5. Recurso especial provido (Rel. Ministro Ricardo Villas Bôas Cueva, 3ª T, *DJe* 8-9-2014).

[45] PASQUALOTTO, Adalberto. *O destinatário final e o "consumidor intermediário"*, p. 928-929.

capazes de demandar no foro de eleição contratual" (REsp 827.318/RS, Rel. Ministro Jorge Scartezzini, 4ª T., *DJe* 9-10-2006).

Em resumo, no entendimento majoritário do STJ, a pessoa jurídica para se enquadrar no conceito de consumidor deverá:

- comprovar a sua vulnerabilidade (tecnicamente, a hipossuficiência) no caso concreto;
- não ser consumidor intermediário.[46]

2.2.1.6. Aplicação analógica do art. 29 do CDC: uma crítica ao finalismo atenuado

Apesar de estar consolidado entendimento na jurisprudência superior da adoção da teoria finalista de forma atenuada para enquadrar a pessoa jurídica no conceito de consumidor destinatário final expresso no *caput* do art. 2º do CDC, não é toda a doutrina que concorda com tal posicionamento.

Na visão de Adalberto Pasqualotto, o atual entendimento do Superior Tribunal de Justiça "não se trata de abrandamento da teoria finalista, mas de adequada aplicação do art. 29 do CDC",[47] conforme aprofundaremos no subitem 2.2.5. deste livro ao tratarmos da figura do consumidor por equiparação como sendo as pessoas expostas às práticas comerciais e contratuais.

Segundo o doutrinador, o "**art. 29 é o portal dos vulneráveis não consumidores**. É por ali que o Código de Defesa do Consumidor agasalha os que, não sendo destinatários finais, enfrentam no mercado as mesmas ou semelhantes dificuldades dos consumidores".[48]

Mais uma vez o elemento vulnerabilidade está presente e, em razão de sua força conceitual, é capaz de deixar clara a incidência do Código de Defesa do Consumidor não apenas para proteger os consumidores destinatários finais, mas também para tutelar aqueles que não se enquadram em tal definição, porém dele necessitam em razão da condição de inferioridade em que se encontram nas relações firmadas com o fornecedor.

---

[46] Sobre o tema, traz-se à colação trecho de decisão do STJ a respeito da figura do consumidor intermediário: "2. O art. 2º do Código de Defesa do Consumidor abarca expressamente a possibilidade de as pessoas jurídicas figurarem como consumidores, sendo relevante saber se a pessoa — física ou jurídica — é 'destinatária final' do produto ou serviço. Nesse passo, somente se desnatura a relação consumerista se o bem ou serviço passa a integrar a cadeia produtiva do adquirente, ou seja, torna-se objeto de revenda ou de transformação por meio de beneficiamento ou montagem, ou, ainda, quando demonstrada sua vulnerabilidade técnica, jurídica ou econômica frente à outra parte. (...)" (REsp 932.557/SP, Rel. Ministro Luis Felipe Salomão, 4ª T., *DJe* 23-2-2012).

[47] PASQUALOTTO, Adalberto. *O destinatário final e o "consumidor intermediário"*, p. 924.

[48] PASQUALOTTO, Adalberto. *O destinatário final e o "consumidor intermediário"*, p. 930.

Sobre o tema, destaca-se que a vulnerabilidade não é atributo exclusivo do consumidor pessoa física, mas atinge também pessoas jurídicas, oportunidade em que poderão ser consideradas consumidoras por equiparação nos termos do art. 29 do CDC.

Assim, nas oportunidades em que uma empresa for exposta a uma prática comercial ou contratual abusiva e desde que demonstrada sua hipossuficiência no caso concreto, será considerada consumidora por equiparação para os defensores da tese ora apresentada.

Ademais, Pasqualotto conclui seu raciocínio defendendo que "essa situação pode ser representada por dois círculos concêntricos: o círculo externo é o da vulnerabilidade em sentido amplo e o interno é o das relações jurídicas de consumo. Neste a vulnerabilidade é presumida (art. 4º, I, do CDC) e é onde se situam os consumidores propriamente ditos (art. 2º, *caput,* do CDC). O círculo externo é o da equiparação abrigando os sujeitos previstos no art. 29 do CDC. A correta hermenêutica do dispositivo é a proteção dos não consumidores em situação de vulnerabilidade".[49]

Segue o entendimento de Adalberto Pasqualotto esquematizado:

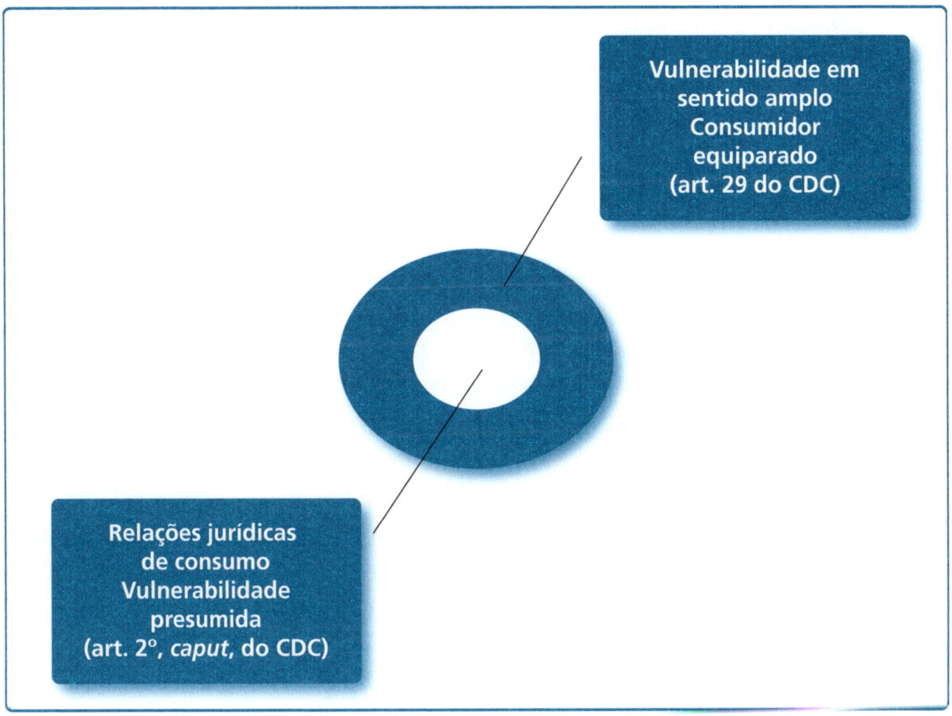

[49] PASQUALOTTO, Adalberto. *O destinatário final e o "consumidor intermediário"*, p. 931.

Conforme o exposto, o **princípio da vulnerabilidade** passa a figurar como **critério determinante do conceito de consumidor e da incidência** das normas do **CDC**.

Este é o pensamento de Bruno Miragem, para quem o "reconhecimento ou não da vulnerabilidade passa a servir, então, tanto para situações excepcionais, em que a pessoa jurídica empresária, embora não sendo destinatária final fática e econômica, é classificada como consumidora, quanto para excluir, em circunstâncias excepcionais, a aplicação das normas de proteção ao consumidor quando presentes condições particulares do adquirente ou usuário, que o coloquem em situação de superioridade em relação ao vendedor ou prestador de serviços".[50]

Estudaremos no momento oportuno que a vulnerabilidade admite uma interpretação ampla de seu conceito, na medida em que ela poderá ser técnica, jurídico-científica, fático-econômica ou informacional.

Desta forma, **não é qualquer dependência de uma das partes numa relação interempresarial que levará a efeito a aplicação das normas do CDC**. Nesta linha de raciocínio, ressalta Bruno Miragem, há a necessidade de se responder a duas questões específicas para saber se incidirá ou não o Diploma Consumerista nas relações envolvendo pessoas jurídicas:

> "***primeiro,*** se o reconhecimento da vulnerabilidade e a aplicação das normas do CDC afastam a aplicação das leis próprias da relação entre empresários (Código Civil) ou de proteção da concorrência (Lei n. *8.884/1994*);
> ***segundo,*** se há de se considerar, para identificação da vulnerabilidade, um grau de intensidade na desigualdade de posições jurídicas e consequente fraqueza da parte a ser qualificada como consumidora".[51]

Exemplo característico desta linha de pensamento traduz-se no caso de um pequeno escritório de advocacia que decide informatizar o seu sistema de arquivamento das demandas judiciais propostas por seus advogados e contrata uma renomada empresa de informática para realizar este trabalho.

No aspecto econômico, não há dúvidas em se constatar a fragilidade do escritório de advocacia em relação à grande empresa de informática. **Mas, se o problema** que levou o caso à apreciação do Poder Judiciário **estiver relacionado com a análise contratual no tocante a aspectos jurídicos, a vulnerabilidade inexistirá** neste caso em razão da **impossibilidade de se considerar um escritório de advocacia a parte mais fraca numa relação em que os advogados possuem (ou deveriam possuir) a *expertise*** para a compreensão de cláusulas contratuais.

---

50 MIRAGEM, Bruno. *Curso de direito do consumidor*, p. 95-96.

51 MIRAGEM, Bruno. *Curso de direito do consumidor*, p. 97. Sobre o tema, cumpre ressaltar que a Lei n. 8.884/94 foi revogada pela Lei n. 12.529/2011.

Em última análise, quer se considere a pessoa jurídica consumidora destinatária final nos termos do *caput* do art. 2º do CDC, quer se considere consumidora por equiparação conforme art. 29 do Código do Consumidor, a comprovação da vulnerabilidade (tecnicamente, a hipossuficiência) será imprescindível, e a constatação da posição de fragilidade deverá levar em consideração:

- os conhecimentos técnicos da empresa-consumidora, se o que se pretende comprovar for a hipossuficiência técnica;
- os conhecimentos jurídicos ou científicos da empresa-consumidora, se o que se pretende comprovar for a hipossuficiência jurídico-científica;
- as condições fáticas e econômicas da empresa-consumidora, se o que se pretende comprovar for a hipossuficiência fático-econômica;
- as informações deficientes passadas à empresa-consumidora a respeito do produto ou do serviço, se o que se pretende comprovar for a hipossuficiência informacional.

Após o estudo de todos os tópicos acima mencionados, destacaremos os pontos mais marcantes a respeito do conceito de consumidor em sentido estrito, previsto no art. 2º, *caput,* do Código de Defesa do Consumidor:

RESUMO DOS PONTOS MAIS RELEVANTES DO CONCEITO DE CONSUMIDOR EM SENTIDO ESTRITO	
PESSOA FÍSICA OU JURÍDICA COMO DESTINATÁRIO FINAL	■ Consumidor pessoa física = a vulnerabilidade é presumida. ■ Consumidor pessoa jurídica = a vulnerabilidade (hipossuficiência) deverá ser comprovada.
TEORIAS FINALISTA E MAXIMALISTA	■ Teoria finalista traz um conceito restrito de consumidor que é o destinatário fático e econômico do produto ou do serviço (pessoa jurídica não pode ser consumidora). ■ Teoria maximalista traz um conceito amplo de consumidor que passa a ser o destinatário fático do produto ou do serviço (pessoa jurídica pode ser consumidora).
POSIÇÃO DO STJ	■ Teoria finalista atenuada (mitigada ou aprofundada), que admite a pessoa jurídica como consumidora desde que comprovada sua vulnerabilidade (hipossuficiência) no caso concreto e desde que não utilize o bem como consumo intermediário.
VULNERABILIDADE	■ Quer se considere a pessoa jurídica consumidora destinatária final nos termos do *caput* do art. 2º do CDC, quer se considere consumidora por equiparação conforme art. 29 do Código do Consumidor, a comprovação da vulnerabilidade (tecnicamente, a hipossuficiência) será imprescindível.

■ 2.2.1.7. *Bens de consumo vs. bens de produção*

Apesar de constatarmos que a posição dominante no Superior Tribunal de Justiça considera como consumidor, além da pessoa física, cuja vulnerabilidade é presumida, o profissional ou a pessoa jurídica, desde que comprovada a vulnerabilidade, interessante trazer à colação a doutrina de Rizzatto Nunes que leva em conta mais um elemento na identificação da incidência ou não do CDC a dada relação jurídica, qual seja: a diferenciação entre bens de consumo (adquiridos para o consumo final) e bens de produção (adquiridos para integrar a cadeia produtiva).

Tal reflexão decorre basicamente do fato de o Código de Defesa do Consumidor, em seu art. 2º, *caput*, não fazer distinção entre qual tipo de pessoa jurídica se enquadraria no conceito de consumidor e, se a norma não fez diferença, não caberia ao intérprete fazê-la, podendo dar a noção equivocada de que qualquer empresa poderia se enquadrar no conceito de consumidor, até mesmo uma multinacional.

Entretanto, é cediço que o Diploma Consumerista não foi editado para proteger tais pessoas, ao menos em regra, razão pela qual defende Rizzatto ser importante diferenciar as citadas modalidades de bens para saber, em última análise, se existe ou não relação jurídica de consumo.

Com efeito, como o CDC não tratou dos bens de produção ou de consumo, e limitou-se a especificar os sujeitos da sua relação como o consumidor destinatário final de um lado e o fornecedor do outro, destaca o referido autor que nos casos em que "se negociam e adquirem bens típicos de produção, o CDC não pode ser aplicado por **dois motivos óbvios:**

- **primeiro**, porque não está dentro de seus princípios ou finalidades;
- **segundo**, porque, dado o alto grau de protecionismo e restrições para contratar e garantir, o CDC seria um entrave nas relações comerciais desse tipo, e que muitas vezes são de grande porte".[52]

Para Rizzatto, o "Código de Defesa do Consumidor regula situações em que produtos e serviços são oferecidos ao mercado de consumo para que qualquer pessoa os adquira como destinatária final. Há, por isso, uma clara preocupação com bens típicos de consumo, fabricados em série, levados ao mercado numa rede de distribuição, com ofertas sendo feitas por meio de dezenas de veículos de comunicação para que alguém em certo momento os adquira".[53]

Outrossim, lembra o doutrinador, a Lei n. 8.078/90 pretende controlar os produtos e serviços distribuídos e vendidos com regularidade no mercado de consumo, independentemente do uso que se vá deles fazer.

---

[52] NUNES, Luiz Antonio Rizzatto. *Curso de direito do consumidor*, p. 76.

[53] NUNES, Luiz Antonio Rizzatto. *Curso de direito do consumidor*, p. 77.

E cita como caso exemplar a aquisição de uma caneta por um aluno e por um professor, ressaltando que: "quer se use o produto (ou o serviço) para fins de consumo (a caneta do aluno), quer para fins de produção (a caneta idêntica do professor), a relação estabelecida na compra foi de consumo, aplicando-se integralmente ao caso as regras do CDC".[54]

O raciocínio apresentado pode ser concluído no sentido de que, toda vez que a aquisição de produtos e/ou a contratação de serviços puderem ser utilizadas para o consumo próprio, incide o CDC. "Vale para a caneta do exemplo *supra*, mas vale também para a água e a eletricidade que se fornece e para o dinheiro que é emprestado por um banco porque tais bens são utilizados tanto por consumidores como por fornecedores."[55]

Em resumo, para Rizzatto Nunes, o Código de Defesa do Consumidor incidirá:

- "nas situações em que haja **'destinatário final'** que adquire produto ou serviço para uso próprio **sem finalidade de produção** de outros produtos ou serviços;
- nas situações em que haja **'destinatário final'** que adquire produto ou serviço **com finalidade de produção** de outros produtos ou serviços, desde que estes, uma vez adquiridos, sejam oferecidos regularmente no mercado de consumo, independentemente do uso e destino que o adquirente lhes vai dar;
- em situações nas quais, apesar de se poder identificar um 'destinatário final', o **produto ou serviço** é entregue com a finalidade específica de servir de **'bem de produção'** para outro produto ou serviço e via de regra não está colocado no mercado de consumo como bem de consumo, mas como de produção, o consumidor comum não o adquire. Por via de exceção, contudo, haverá caso em que a **aquisição** do produto ou serviço típico de produção será **feita pelo consumidor**, e nessa relação incidirão as regras do CDC".[56]

De fato, apesar da grandiosidade dos fundamentos apresentados, bem como da precisão na argumentação, **a tese aduzida nesse subitem não prevalece na posição majoritária do Superior Tribunal de Justiça**.

Vimos exaustivamente que a atividade bancária de concessão de crédito é fornecida regularmente no mercado de consumo, mas o **STJ não admite a incidência do Código de Defesa do Consumidor** nas relações em que uma empresa contrata o mútuo bancário como forma de dinamizar a sua atividade econômica, por estar configurado nesse caso o **consumo intermediário**.

54 NUNES, Luiz Antonio Rizzatto. *Curso de direito do consumidor*, p. 79.
55 NUNES, Luiz Antonio Rizzatto. *Curso de direito do consumidor*, p. 79.
56 NUNES, Luiz Antonio Rizzatto. *Curso de direito do consumidor*, p. 83.

A esse respeito, cumpre ressaltar ainda as lições de Antônio Carlos Morato, que destaca uma proposta interessante do ponto de vista jurídico: "verificação da causa como requisito da relação de consumo, tendo relevância a motivação do sujeito na aquisição ou na utilização do bem de consumo e sendo, portanto, visualizada por um prisma subjetivo".[57]

Trata-se de tese surgida para criticar a teoria econômica do bem de insumo, pois o advogado que adquire um computador para elaborar suas petições é consumidor pela teoria da causa, mas não o seria pela do bem de insumo.

■ 2.2.1.8. O conceito em sentido estrito de consumidor no direito comparado

Chegamos ao ponto de buscarmos o conceito de consumidor no direito comparado para cotejarmos com a definição existente no Código de Defesa do Consumidor pátrio.

Na **França e na Alemanha**, a definição de **consumidor** está restrita à **pessoa física**, estando excluídas, portanto, as pessoas jurídicas. Assim como no **direito italiano**, a tendência é considerar **consumidor o não profissional**.[58]

Lembra Bruno Miragem que, no direito francês, esta orientação só é afastada em relação aos pequenos empresários ou profissionais liberais, desde que se apresentem em situação de vulnerabilidade, da mesma forma que ocorre a posição majoritária do STJ no Brasil.[59]

O conceito nacional de consumidor não se distancia também quando verificamos o **direito sueco**. A respectiva lei define consumidor como "a pessoa privada que compra de um comerciante uma mercadoria, principalmente **destinada ao seu uso privado** e que é vendida no âmbito da atividade profissional do comerciante".[60] Percebe-se aqui a delimitação não só do conceito de consumidor, mas da relação de consumo como um todo, visto restringir propositadamente quem é o fornecedor.

Por fim, destaca-se a lei **mexicana** vigente em seu ordenamento desde 1976, que traz no art. 3º a definição segundo a qual "consumidor é quem contrata, para sua utilização, a aquisição, uso ou desfrute, de bens ou a prestação de um serviço".[61]

Em suma, independentemente das peculiaridades presentes nos ordenamentos alienígenas, o conceito de consumidor pátrio não sofre substancial alteração quando comparado com a definição de outros países, deixando a impressão de que a maioria das nações se atentou para a real importância de se proteger a parte mais vulnerável da relação de consumo, estando o Brasil incluído neste grupo.

---

[57] MORATO, Antônio Carlos. *Pessoa jurídica consumidora*, p. 167-168.

[58] BENJAMIN, Antônio Herman de V.; MARQUES, Claudia Lima; BESSA, Leonardo Roscoe. *Manual de direito do consumidor*, p. 84.

[59] MIRAGEM, Bruno. *Curso de direito do consumidor*, p. 86, citando Claudia Lima Marques.

[60] FILOMENO, José Geraldo Brito. *Manual de direitos do consumidor*, p. 20.

[61] FILOMENO, José Geraldo Brito. *Manual de direitos do consumidor*, p. 23.

■ 2.2.1.9. *Administração pública como consumidora final*

Questão que suscita dúvidas na doutrina e na jurisprudência consiste em saber se a Administração Pública pode se enquadrar no conceito de consumidor destinatário final. A problemática resulta basicamente do fato de nos depararmos:

- de um lado, com o art. 2º, *caput,* do CDC, que define consumidor como toda pessoa física ou jurídica que adquire ou utiliza produto ou serviço como destinatário final, sem fazer qualquer restrição quanto ao alcance dos seus elementos conceituais subjetivos — enquadrando-se, portanto, a Administração neste conceito de consumidor por ser também uma pessoa jurídica; e
- no outro polo, com o regime jurídico diferenciado sob a égide do qual atua boa parte das entidades administrativas — o regime de Direito Público, também conhecido como regime jurídico de Direito Administrativo.

Igualmente, **compõem o conceito de Administração Pública** tanto as entidades da **Administração Direta** como as integrantes da **Administração Indireta**. O primeiro grupo, conforme é cediço, é composto pela União, pelos Estados-membros, pelo Distrito Federal e pelos Municípios, todas estas entidades com personalidade jurídica de direito público.

Integram a Administração Indireta as Autarquias (com personalidade jurídica de direito público), as Fundações (com personalidade de direito público ou de direito privado), as Empresas Públicas (com personalidade jurídica de direito privado) e as Sociedades de Economia Mista (também com personalidade de direito privado).

De fato, conclui-se inicialmente que as **entidades administrativas com personalidade de direito público** seguirão o **regime jurídico de direito público** que é composto do binômio: **prerrogativas e sujeições**.

Significa dizer que tais pessoas jurídicas ora atuarão com vantagens conferidas pelo Direito (prerrogativas) em razão do Princípio da Supremacia do Interesse Público sobre o privado,[62] ora estarão submetidas a certas restrições (sujeições) com fundamento no Princípio da Indisponibilidade do Interesse Público.

O clássico **exemplo de prerrogativa** conferida à Administração está presente nos contratos administrativos cujas cláusulas e o objeto são definidos exclusivamente pela entidade administrativa, cabendo ao particular interessado em contratar com o Poder Público aderir ou não a um contrato previamente elaborado. Trata-se de contrato de adesão, uma das características do contrato administrativo.

---

[62] O Princípio da Supremacia do Interesse Público sobre o privado vem recebendo uma nova interpretação da doutrina contemporânea no sentido de supremacia dos Direitos Fundamentais, que aceita em algumas situações, e em razão de tal fundamento, o prevalecimento de um direito individual sobre o coletivo. Sobre o tema, nosso artigo realizado em coautoria com André Ramos Tavares: *Poder de polícia:* da supremacia do interesse público à primazia dos direitos fundamentais. In: MARTINS, Ives Gandra (Coord.). *Tratado de direito administrativo.* São Paulo: Saraiva, 2013.

Nessa mesma área, estão as **cláusulas exorbitantes**, assim entendidas aquelas que extrapolam as regras do direito privado comum e seriam consideradas nulas de pleno direito num contrato celebrado entre particulares, mas que são plenamente admitidas nos contratos administrativos, que possuem como finalidade maior satisfazer o interesse público primário, como regra.

Ante o contexto apresentado, indaga-se: seriam necessárias as regras do Código de Defesa do Consumidor para proteger tais entidades que já possuem em seu regime jurídico "privilégios" suficientes para a tutela de seus interesses (primários e secundários — quando estes forem admitidos pelo Direito por estarem em consonância com aqueles)?

Também é de conhecimento notório que as entidades administrativas com personalidade jurídica de direito público atuam, ainda que de forma excepcional, pelo regime privado. Tal atuação se faz presente quando celebram os denominados contratos privados da Administração, como no caso de contrato de locação, de *leasing*, de seguro, dentre outros.

E, nestes casos, quando o Poder Público atuar pelo regime dos particulares, seria viável a incidência do CDC?

Antes de responder aos questionamentos supracitados, algumas observações a respeito da Administração Indireta se fazem necessárias.

Conforme visto, algumas entidades integrantes da Administração Indireta possuem personalidade de direito público e outras de direito privado. Quanto a estas — como ocorre nos casos das empresas públicas e sociedades de economia mista —, vale lembrar que ora são exploradoras da atividade econômica, ora são prestadoras de serviços públicos.

Assim, pergunta-se: incide o CDC sobre todas as entidades da Administração Indireta com personalidade de direito privado, ou somente perante aquelas que exploram a atividade econômica?

Tal indagação tem razão para existir, pois para estas entidades é menor a incidência do regime de direito público se comparada com a incidência existente perante as empresas estatais prestadoras de serviços públicos.

Em outras palavras, se, por exemplo, a empresa pública for explorar a atividade econômica, atuará praticamente pelo regime das empresas privadas, segundo previsão constitucional expressa no art. 173, § 1º, inciso II, situação bem diferente se comparada com uma empresa prestadora de um serviço público, em que o regime de direito público se faz mais presente.[63]

Introduzido o tema, constataremos a seguir a ausência de um posicionamento uníssono quer na doutrina, quer na jurisprudência, a respeito do enquadra-

[63] Basta lembrarmos da posição do Supremo Tribunal Federal que entende pela impenhorabilidade dos bens dos Correios, conforme RE 393.032 AgR/MG. Disponível em: <http://redir.stf.jus.br/paginadorpub/paginador.jsp?docTP=AC&docID=606916>. Acesso em: 3 dez. 2016.

mento ou não da Administração Pública no conceito de consumidor destinatário final e da consequente incidência do Código de Defesa do Consumidor nas suas relações jurídicas.

Com efeito, **parcela da doutrina entende que o CDC não é aplicável** às relações envolvendo **Administração Pública**, basicamente por dois fundamentos:

- **não é** possível enquadrar o Poder Público no conceito de **vulnerável**, em razão de existirem servidores especializados em cada área de atuação que envolve eventual contratação no mercado de consumo, ou, quando inexistente o *expert* em seus quadros funcionais, sempre haverá a possibilidade de se contratar um assistente técnico ou jurídico, por exemplo, para auxiliar a Administração Pública em suas demandas, em decorrência do notório porte financeiro que a maioria dessas entidades possui;
- pelo **regime jurídico de direito público** norteador das contratações administrativas, como a possibilidade de definir o objeto e as condições da contratação.

Nesse sentido, podemos citar Marçal Justen Filho e Pedro Paulo Cristofaro.[64]

Em posição diametralmente oposta, ou seja, entendendo pela **aplicação do Diploma Consumerista** às contratações realizadas pela **Administração**, trazem-se à colação alguns fundamentos doutrinários:

- **o conceito de consumidor** destinatário final inserto no *caput* **do art. 2º do CDC não restringe o alcance da pessoa jurídica** que estaria albergada em tal definição, razão pela qual não caberia ao intérprete fazê-lo a ponto de excluir o Estado deste conceito de consumidor;
- a **previsão** expressa na **Lei Geral de Licitações e Contratos** da **incidência** aos contratos administrativos dos princípios da teoria geral dos contratos e as **disposições de direito privado**, ainda que supletivamente;[65]
- a **presença** ao menos de uma das versões da **vulnerabilidade**, qual seja: a técnica dos servidores públicos.

São defensores dessa tese Leon Frejda Szklarowsky, Toshio Mukai e Jorge Ulisses Jacoby Fernandes.[66]

---

[64] Apud O Estado como consumidor, de Flávio Amaral Garcia. *Revista de Direito,* v. 60, Doutrina da Procuradoria Geral do Estado do Rio de Janeiro, p. 52-53. Disponível em: <http://www.rj.gov.br/web/pge/exibeConteudo?article-id=754709>. Acesso em: 3 dez. 2016.

[65] Lei n. 8.666/93 — art. 54: "Os contratos administrativos de que trata esta Lei regulam-se pelas suas cláusulas e pelos preceitos de direito público, aplicando-se-lhes, supletivamente, os princípios da teoria geral dos contratos e as disposições de direito privado".

[66] Apud SZKLAROWSKY, Leon Frejda. O Código de Proteção e Defesa do Consumidor e os contratos administrativos. *Jus Navigandi,* Teresina, ano 4, n. 30, 1º-4-1999. Disponível em: <http://jus.com.br/revista/texto/470>. Acesso em: 3 dez. 2016.

A **jurisprudência do Superior Tribunal de Justiça é vacilante** a respeito do tema, ora entendendo pela inaplicabilidade do CDC, ora pela sua incidência.

Inicialmente, trazemos à colação um julgado que entendeu pela **não aplicabilidade do Código do Consumidor** a uma relação que tinha uma empresa pública como destinatária final de um serviço contratado no mercado de consumo: "**À luz do art. 37, XXI, da Constituição Federal, a natureza do vínculo jurídico entre a ECT e as empresas recorrentes, é de Direito Administrativo**, sendo certo que a questão *sub judice* **não envolve Direito Privado, tampouco de relação de consumo**. Aliás, apenas os consumidores, usuários do serviço dos correios é que têm relação jurídica de consumo com a ECT" (REsp 527.137/PR, Rel. Ministro Luiz Fux, 1ª T., j. 11-5-2004).

Em outra oportunidade, encontramos o **STJ considerando a Administração Pública na condição de consumidora** e impedindo a interrupção de um serviço público quando puder afetar unidades públicas essenciais:

> SUSPENSÃO DOS EFEITOS DE MEDIDA LIMINAR. CORTE DO FORNECIMENTO DE ÁGUA A ÓRGÃOS DE PREFEITURA MUNICIPAL, POR FALTA DE PAGAMENTO. **Mesmo quando o consumidor é órgão público**, o corte do fornecimento de água está autorizado por lei sempre que resultar da falta injustificada de pagamento, e desde que não afete a prestação de serviços públicos essenciais, *v.g.*, hospitais, postos de saúde, creches, escolas; caso em que só os órgãos burocráticos foram afetados pela medida. Agravo regimental provido (AgRg na SS 1.764/PB, CE — Corte Especial, j. 27-11-2008).

O **Tribunal Superior do Trabalho**, no julgamento do Recurso de Revista n. 453-21.2010.5.03.0071, em 29 de fevereiro de 2012, sob a Relatoria do Ministro Márcio Eurico Vitral Amaro, **entendeu que entidade da Administração Direta não se enquadra no conceito de consumidor**, com forte argumentação jurídica, da qual destacamos o seguinte trecho: "Cumpre mencionar que não se trata da hipótese de relação de consumo, conforme argumenta o Reclamado, haja vista que **o Estado-membro não reúne os requisitos suficientes para que seja considerado hipossuficiente**, nos moldes do Código de Defesa do Consumidor, cuja análise é concebida sob o prisma dos princípios da vulnerabilidade e da proteção. O hipossuficiente, amplamente amparado nas relações de consumo, há de ser o prestador, e não o tomador dos serviços, sob pena de subversão da ordem jurídica pela qual se pauta a defesa do consumidor".

Encontramos na doutrina de Flávio Amaral Garcia[67] a defesa da incidência do CDC, nas seguintes hipóteses:

---

[67] GARCIA, Flávio Amaral. O Estado como consumidor. *Revista de Direito*, v. 60, Doutrina da Procuradoria Geral do Estado do Rio de Janeiro, p. 50-58. Disponível em: <http://www.rj.gov.br/web/pge/exibeConteudo?article-id=754709>. Acesso em: 3 dez. 2016.

- nos contratos privados da Administração;
- nas relações envolvendo entidades da Administração Indireta, quando exploradoras da atividade econômica, pois não celebram contratos administrativos; e,
- para qualquer entidade administrativa, ainda que com personalidade de direito público ou pactuantes em contrato administrativo, em razão da vulnerabilidade técnica do servidor público.

O aludido autor chega a tal conclusão, sob o fundamento de que extrapolaria os limites do razoável acreditar que um órgão ou entidade pública, por mais bem aparelhado que seja, tenha em seu corpo funcional servidores e técnicos detentores de conhecimentos profundos em todos os campos de atuação que envolvem objetos adquiridos no mercado de consumo.

Mas o próprio Flávio Garcia admite que o regime de direito público resolve na maioria das vezes os problemas enfrentados pelo Poder Público quando adquire ou contrata bens de consumo, alegando que "numa perspectiva prática, o que se vê é que **a Administração Pública, como regra, não tem necessitado recorrer ao Código de Defesa do Consumidor**. Isto porque as ferramentas postas a sua disposição e previstas na Lei n. 8.666/93 têm se demonstrado satisfatórias".[68]

E cita como exemplos artigos da aludida Lei de Licitações e Contratos, tais como:

- art. 78, que traz os motivos que podem levar à rescisão unilateral do contrato pela Administração;
- art. 76, que prevê a possibilidade de se rejeitar, no todo ou em parte, obra, serviço ou fornecimento executado em desacordo com o contrato;
- art. 67, que trata do poder-dever de fiscalização do contrato administrativo.

No entanto, ressalta que, se da análise do caso concreto o **regime de direito público**, aqui representado pela Lei n. 8.666/93, **não for suficiente para tutelar o interesse público** na aquisição de bens ou contratação de serviços no mercado de consumo, **será possível a aplicação do Código de Defesa do Consumidor**, em especial quando se deparar com a ocorrência de vícios do produto ou do serviço.

Entretanto, finaliza Garcia defendendo que "considerando que se trata de tema que comporta mais de uma interpretação razoável, o que se recomenda, por precaução e por cautela, é que eventual acolhimento da tese que entenda **aplicável o Código de Defesa do Consumidor** aos entes públicos conste expressamente do edital e do contrato (ou ainda do processo administrativo que origina a contratação direta). A **expressa previsão nos instrumentos convocatório e**

[68] GARCIA, Flávio Amaral. O Estado como consumidor, p. 56.

contratual assegura aos licitantes o direito de questionar a interpretação acolhida, atendendo-se ao princípio da segurança jurídica".[69]

Nesse ponto assiste razão ao autor, na medida em que o instrumento convocatório da licitação — em regra, o edital — não está limitado à reprodução dos dispositivos da Lei de Licitações e Contratos, podendo tratar de assuntos diversos afetos ao tema contratação administrativa, como a incidência ou não do CDC.

A nossa visão sobre o tema é semelhante à seguida por Flávio Amaral Garcia, mas alguns cuidados deverão ser tomados para se considerar a Administração consumidora quando adquirir bens ou contratar serviços no mercado de consumo.

A **Administração é pessoa jurídica** e, como tal, caberá seu enquadramento no conceito de consumidora da mesma forma que o **STJ entende** cabível em relação às demais empresas da iniciativa privada, de acordo com a adoção da **Teoria Finalista Mitigada**, ou seja, desde que **comprovada sua vulnerabilidade** em relação ao fornecedor.

Entretanto, **não é possível comparar a vulnerabilidade de uma entidade administrativa com a de uma empresa privada**, pois o Poder Público possui (ou deveria possuir) um quadro funcional composto por servidores especializados nas mais diversas áreas, selecionados por meio de concurso público, fato que refutaria, a princípio, a sua vulnerabilidade técnica e jurídica.

Ademais, ante a ausência de servidor especializado sobre determinado assunto, boa parte das entidades da Administração possui dotação orçamentária suficiente para a contratação de um especialista, até por meio da inexigibilidade de licitação do art. 25, inciso II, da Lei n. 8.666/93, situação muito comum na contratação de um renomado Consultor Jurídico para emitir parecer a respeito da viabilidade ou não de se realizar uma Parceria Público-Privada que envolve no mínimo 20 milhões de reais.

Queremos com tais preliminares deixar claro que não é possível considerar a Administração como consumidora de forma absoluta e abstrata. Mesmo que teoricamente seja possível considerá-la vulnerável numa dada relação jurídica, na prática, pelas razões acima expostas, tal enquadramento não é fácil.

Então se pergunta: quando a **Administração** será considerada **consumidora** a ponto de poder usufruir os direitos enumerados no CDC? Quando preencher cumulativamente os seguintes requisitos:

- **comprovação da vulnerabilidade** no caso concreto (que em regra é uma situação excepcional);
- **regime jurídico de direito público** (que traz inúmeras prerrogativas às entidades administrativas, em especial no tocante à contratação) **não for**

[69] GARCIA, Flávio Amaral. O Estado como consumidor, p. 58.

suficiente para dar-lhe guarida nas relações envolvendo aquisição de bens e contratação de serviços.

Um exemplo de situação excepcional na qual é possível constatar a vulnerabilidade administrativa decorre do caso de um servidor que ficou encarregado de comprar material de expediente sem procedimento licitatório, por meio de suprimento de fundos, situação muito comum no dia a dia de quem atua na Administração.

O contexto fático nos leva a crer que, em situações como esta, em que não haja processo de licitação com a instrução de pareceres dos respectivos departamentos técnicos competentes, é possível constatar a vulnerabilidade da Administração (por meio de seu servidor que não é necessariamente um *expert*) perante o fornecedor.

Outra situação de vulnerabilidade que podemos destacar direciona o foco da questão para os beneficiários da atuação administrativa: a coletividade de pessoas. Desta forma, podemos identificar como vulneráveis os membros da coletividade que usufruem, por exemplo, dos serviços de saúde e de educação públicas.

Nessa linha de raciocínio, quando um Município se torna inadimplente perante a concessionária de energia elétrica, não é possível a interrupção do serviço de energia de um hospital público, nem de uma escola pública, não porque o ente municipal seja o vulnerável da relação, mas porque podemos identificar a característica da fragilidade nos beneficiários dos citados serviços públicos.[70]

No tocante ao requisito do regime jurídico de direito público, cumpre ressaltar que, em relação aos temas licitação e contratos, a sua incidência será a regra perante todas as entidades da Administração Direta e Indireta, com a ressalva das empresas estatais — empresa pública e sociedade de economia mista — em relação às atividades-fim.

Significa dizer em última análise que, salvo nas hipóteses em que a Administração celebrar contratos privados, além da necessidade de comprovação da vulnerabilidade, o regime jurídico administrativo tem que se mostrar ineficaz no caso concreto para legitimar a incidência do Código de Defesa do Consumidor.

■ 2.2.2. Conceito de consumidor por equiparação: abordagem introdutória

A opção expressa no Código de Defesa do Consumidor de **proteger não apenas o consumidor destinatário final** surgiu da necessidade identificada pelo legislador de serem tuteladas outras pessoas, físicas ou jurídicas, de forma

[70] No STJ prevalece o posicionamento de não admitir a interrupção do serviço público quando a Administração for inadimplente e puder afetar unidades públicas essenciais como hospitais e escolas públicas. É o caso do julgado AgRg na SS 1.764, acima mencionado.

individual ou coletiva, além daquelas já protegidas segundo o disposto no art. 2º, *caput,* do aludido Diploma, que tratou, conforme estudado, da conceituação de consumidor em sentido estrito, o consumidor *standard.*

Trata-se de uma consequência lógica à constatação de que não somente o adquirente direto de um produto ou serviço é a parte mais fraca de uma relação jurídica frente a um fornecedor que é o detentor do monopólio dos meios de produção.

Outras pessoas ou grupo de pessoas poderão enquadrar-se no **perfil da vulnerabilidade** e, consequentemente, valer-se da **proteção** insculpida no **Código de Defesa do Consumidor**, mesmo não se encaixando no conceito de consumidor em sentido estrito.

Esta é a visão de Claudia Lima Marques, para quem "pessoas, grupos e mesmo profissionais podem intervir nas relações de consumo de outra forma, a ocupar uma posição de vulnerabilidade. Mesmo não preenchendo as características de um consumidor *stricto sensu,* **a posição preponderante *(Machtposition)* do fornecedor e a posição de vulnerabilidade dessas pessoas sensibilizaram o legislador e, agora, os aplicadores da lei**".[71]

Daí a importância da figura do **consumidor por equiparação**, que, nos termos do CDC, alberga as seguintes definições:

- a coletividade de pessoas, ainda que indetermináveis, que haja intervindo nas relações de consumo (art. 2º, parágrafo único);
- as vítimas do evento danoso (art. 17);
- as pessoas, determináveis ou não, expostas às práticas comerciais e contratuais abusivas (art. 29).

Com efeito, vale reforçar a ideia de que não precisa ser consumidor em sentido estrito — aquele que adquire produto ou contrata serviço como destinatário final — para se valer da proteção inserta no Diploma Consumerista, pois, nos casos de consumidor equiparado, "o que se percebe é a **desnecessidade da existência de um ato de consumo** (aquisição ou utilização direta), bastando para incidência da norma, que esteja o sujeito exposto às situações previstas no Código, seja na condição de integrante de uma coletividade de pessoas (artigo 2º, parágrafo único), como vítima de um acidente de consumo (artigo 17), ou como destinatário de práticas comerciais, e de formação e execução do contrato (artigo 29)".[72]

---

[71] BENJAMIN, Antônio Herman de V.; MARQUES, Claudia Lima; BESSA, Leonardo Roscoe. *Manual de direito do consumidor,* p. 97.

[72] MIRAGEM, Bruno. *Curso de direito do consumidor,* p. 87.

Logo, podemos resumir o tema da seguinte forma:

A seguir, analisaremos as peculiaridades de cada uma das definições de consumidor equiparado.

■ 2.2.3. A coletividade de pessoas como consumidora por equiparação

O parágrafo único do art. 2º do CDC equipara a consumidor **a coletividade de pessoas, ainda que indetermináveis, que haja intervindo nas relações de consumo**.

De fato, trata-se de norma de extensão geral com a importância de norma com conotação genérica, interpretadora, incidente, para alguns, a todos os capítulos e seções do Código de Defesa do Consumidor.[73] Estudaremos em breve que o disposto no aludido dispositivo **é o fundamento da tutela coletiva de consumidor**.

A extensão do dispositivo é tamanha, que envolve, além da relação efetiva e concreta, a relação potencial, e tem por finalidade evitar a ocorrência de um dano em face dessa coletividade de consumidores ou de repará-lo.

Desta forma, leciona Filomeno no sentido de que o alvo do parágrafo único do art. 2º do Código do Consumidor "**é a *universalidade, conjunto* de consumidores de produtos e serviços, ou mesmo grupo, classe ou categoria deles**, e desde que relacionados a um determinado produto ou serviço, perspectiva essa extremamente relevante e realista, porquanto é natural que se *previna,* por exemplo, o consumo de produtos ou serviços perigosos ou então nocivos, beneficiando-se, assim, abstratamente as referidas universalidades e categorias de *potenciais* consumidores".[74]

---

[73] BENJAMIN, Antônio Herman de V.; MARQUES, Claudia Lima; BESSA, Leonardo Roscoe. *Manual de direito do consumidor,* p. 97.

[74] FILOMENO, José Geraldo Brito. *Manual de direitos do consumidor,* p. 47.

A presente **definição** de consumidor equiparado é composta dos seguintes **elementos:**

- coletividade de pessoas;
- determináveis ou indetermináveis;
- intervenção nas relações de consumo.

Neste tocante, sobreleva notar que o Código de Defesa do Consumidor, ao determinar que está protegida a coletividade de pessoas "ainda que indetermináveis", fê-lo no sentido de proteger tanto a coletividade de pessoas passível de ser identificada como aquela cuja identificação, por algum motivo, não foi plausível. Em suma, protegidas estão tanto a **coletividade de pessoas determinável** como a **indeterminável**.

Ademais, a divisão do tema em três elementos é de suma importância, pois, numa leitura mais apressada, poderia surtir **dúvidas** no intérprete, tais como:

- Qual a abrangência da expressão "haja intervindo nas relações de consumo"?
- A citada coletividade de pessoas é composta apenas por pessoas físicas ou a pessoa jurídica também estaria albergada nesse conceito?

Analisaremos em subitens específicos cada um dos questionamentos levantados.

2.2.3.1. *Abrangência da expressão "haja intervindo nas relações de consumo"*

O questionamento pertinente a respeito do disposto no parágrafo único do art. 2º do CDC consiste em saber o alcance da expressão "haja intervindo nas relações de consumo".

Seria necessário um **consumo efetivo** de determinado produto ou contratação direta de serviço no mercado de consumo, **ou bastaria a participação potencial da coletividade** de pessoas na relação de consumo para caracterizar a incidência dessa figura de consumidor por equiparação?

A título exemplificativo, a coletividade de pessoas deve consumir um medicamento nocivo para a saúde de todos ou basta a potencialidade de consumo de tal produto para configurar a intervenção nessa relação jurídica?

Compartilhamos com a doutrina de Bruno Miragem no sentido de ser prescindível o consumo efetivo, sendo **suficiente a mera exposição** da coletividade para identificar o alcance da "intervenção", conforme previsão legal.

Sustenta o referido autor que "se deve considerar como **coletividade** de pessoas que haja intervindo nas relações de consumo, **não apenas os que tenham**

realizado atos de consumo (adquirido ou utilizado produto ou serviço), **mas sim a todos que estejam expostos às práticas** dos fornecedores no mercado de consumo".[75]

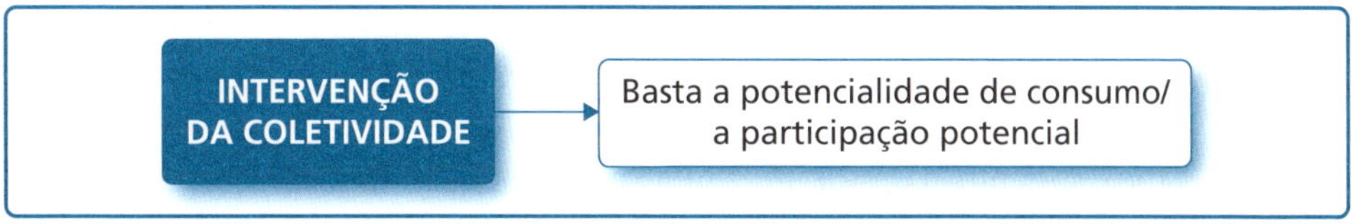

■ 2.2.3.2. *O profissional como integrante do conceito de coletividade de pessoas*

Outro questionamento que merece destaque consiste em saber se a **coletividade de pessoas** integrante do conceito de consumidor por equiparação do art. 2º do CDC se resume ao conjunto de pessoas físicas ou **abrange também as pessoas jurídicas**.

Conforme visto no item "2.2.1. Conceito de consumidor em sentido estrito", o *caput* do art. 2º do CDC incluiu a pessoa jurídica em sua definição. Mas enorme foi a discussão em relação a saber se a pessoa jurídica poderia ou não se enquadrar no qualificativo de destinatário final, uma vez que a aquisição ou contratação no mercado de consumo serve, na maioria das vezes, para reempregar o bem ou o serviço em sua cadeia produtiva, ou seja, para a elaboração de novos bens de consumo ou prestação de outros serviços.

Concluímos o tema com a **posição dominante no Superior Tribunal de Justiça** no sentido de que a comprovação da vulnerabilidade da pessoa jurídica seria essencial para o seu enquadramento no conceito de consumidor destinatário final **(Teoria Finalista Atenuada/Mitigada/Aprofundada)**.

E em relação à inclusão da pessoa jurídica no conceito de coletividade de pessoas que haja intervindo na relação de consumo, haveria algum óbice?

Sergio Cavalieri Filho, por exemplo, não encontra qualquer problema nesta inclusão, mesmo porque "**não fez a lei qualquer ressalva quanto ao fato da profissionalidade ou não desses terceiros equiparados a consumidores**. Os critérios são, a nosso sentir, estritamente objetivos e, novamente, o traço marcante continua a ser a *vulnerabilidade,* em todos os seus múltiplos aspectos".[76]

Mais uma vez a presença da vulnerabilidade é requisito *sine qua* para a inclusão da pessoa jurídica no conceito de consumidor, também por equiparação.

No mesmo diapasão, Rizzatto Nunes vai além e enquadra no conceito de coletividade de pessoas as **entidades despidas de personalidade jurídica:** "a

[75] MIRAGEM, Bruno. *Curso de direito do consumidor*, p. 87-88.

[76] CAVALIERI FILHO, Sergio. *Programa de direito do consumidor*, p. 70.

regra do parágrafo único permite o enquadramento de universalidade ou conjunto de pessoas, mesmo que não se constituam em pessoa jurídica. Por exemplo, a **massa falida** pode figurar na relação de consumo como **consumidora** ao adquirir produtos, ou, então, **o condomínio**, quando contrata serviços".[77]

Por fim, reiteramos as observações realizadas no subitem "2.2.1.6. Aplicação analógica do art. 29, do CDC: uma crítica ao finalismo atenuado", oportunidade em que aprofundamos os conhecimentos a respeito do tema e trouxemos à colação os ensinamentos de Adalberto Pasqualotto, que entende ser **o art. 29 do Código de Defesa do Consumidor o portal dos vulneráveis que não se encaixam no conceito de consumidor em sentido estrito**. Trata-se de dispositivo que "agasalha os que, não sendo destinatários finais, enfrentam no mercado as mesmas ou semelhantes dificuldades dos consumidores".[78]

■ 2.2.3.3. *Fundamento da tutela coletiva do consumidor*

Conforme é cediço, uma das características do Código de Defesa do Consumidor é que se trata de um **microssistema multidisciplinar**, na medida em que encontramos em seu conteúdo diversas disciplinas jurídicas, tais como:

- direito civil (ex.: responsabilidade do fornecedor);
- processo civil (ex.: inversão do ônus da prova);
- direito penal (existem tipos penais no CDC); e
- direito administrativo (ex.: infrações e sanções administrativas).

As ações judiciais que protegem o consumidor coletivamente também integram o conceito de microssistema multidisciplinar do Diploma Consumerista, representando este um verdadeiro marco norteador da tutela coletiva ao lado da Lei de Ação Civil Pública.

O processo coletivo é de suma importância para a defesa do consumidor, pois a tutela individual, em muitos casos, em razão da insignificância do vício de um produto ou de danos causados, leva, na maioria das vezes, o vulnerável a permanecer inerte e não reclamar os prejuízos sofridos.

Mesmo porque, o tempo e o dinheiro que se gastaria na contratação de um advogado para propor uma ação de indenização num país onde não existe a cultura judicial de condenar os fornecedores ao pagamento de indenizações em valores consideráveis, desestimula qualquer ser humano com um mínimo de bom senso de reclamar seus direitos individualmente.

No entanto, a proteção coletiva visa solucionar este problema na medida em que entidades de defesa do consumidor e o próprio Ministério Público possuem legitimidade para tutelar, em uma única ação, direitos coletivos em sentido amplo.

---

77 NUNES, Luiz Antonio Rizzatto. *Curso de direito do consumidor*, p. 84.

78 PASQUALOTTO, Adalberto. *O destinatário final e o "consumidor intermediário"*, p. 930.

Nesse contexto, "o Código analisado permite é que, **ao invés da pulverização de demandas individuais**, *seja ajuizada uma* ***única ação,*** passando-se depois da condenação obtida à liquidação conforme a extensão de cada dano individualizado".[79]

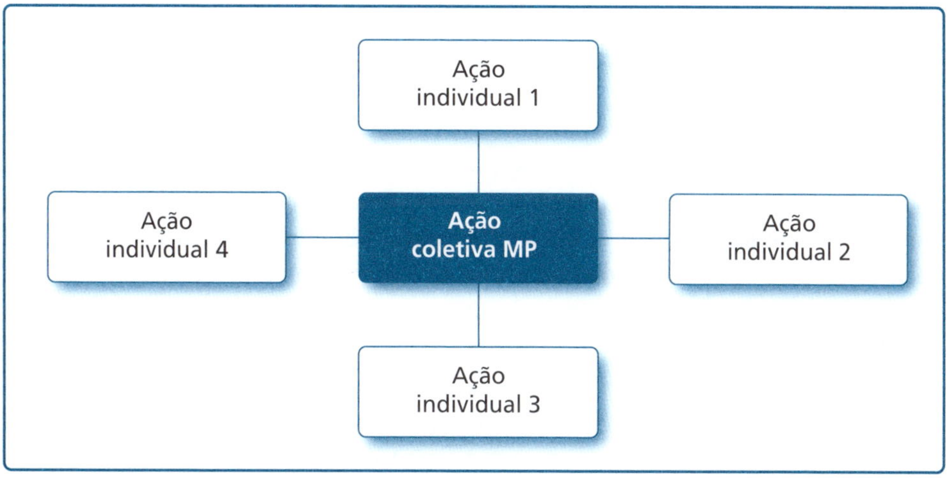

Em última análise, **a finalidade** da equiparação da coletividade de pessoas ao conceito de consumidor **é instrumental**. "No caso, serve para fundamentar a tutela coletiva dos direitos e interesses difusos, coletivos e individuais homogêneos estabelecidos nos arts. 81 e ss. do CDC."[80] Trata o art. 29 do Código de Defesa do Consumidor de verdadeiro fundamento da tutela coletiva das ações envolvendo a relação jurídica de consumo.

Sobre o tema, vale lembrar o teor da Súmula 601 do STJ ao entender: **"O Ministério Público tem legitimidade ativa para atuar na defesa de direitos difusos, coletivos e individuais homogêneos dos consumidores, ainda que decorrentes da prestação de serviço público"** (2ª Seção, julgado em 7-2-2018, *DJe* 14-2-2018).

■ 2.2.4. As vítimas do evento danoso como consumidoras por equiparação

A responsabilidade do fornecedor de produtos e de serviços nos termos do CDC terá um capítulo próprio neste livro, no entanto imprescindível uma breve contextualização do tema para melhor compreendermos a presente definição de consumidor por equiparação.

---

[79] GRINOVER, Ada Pellegrini; BENJAMIN, Antônio Herman de V.; FINK, Daniel Roberto; FILOMENO, José Geraldo Brito; NERY JR., Nelson; DENARI, Zelmo. *Código Brasileiro de Defesa do Consumidor,* p. 46.

[80] MIRAGEM, Bruno. *Curso de direito do consumidor*, p. 87.

O Código de Defesa do Consumidor estabelece basicamente dois tipos de responsabilidade:

RESPONSABILIDADE PELO FATO DO PRODUTO OU DO SERVIÇO	RESPONSABILIDADE PELO VÍCIO DO PRODUTO OU DO SERVIÇO
■ Acidente de consumo decorrente de produto ou serviço defeituosos.	■ Inadequação do produto ou serviço para os fins a que se destinam.

De fato, a definição de consumidor por equiparação expressa no **art. 17** do Diploma Consumerista refere-se à seção onde está inserida a responsabilidade civil pelo fato do produto ou do serviço, isto é, oriunda de um acidente de consumo. Assim, **consideram-se consumidores equiparados as vítimas do evento danoso — de um acidente de consumo** —, independentemente da efetiva aquisição de um produto ou da contratação de um serviço.

Para ostentar a presente condição de consumidor por equiparação basta sofrer danos em razão de um produto ou de um serviço defeituosos. Imaginem uma pessoa que ganhou uma TV de LED como presente de aniversário, portanto não comprou o bem, ou seja, não é consumidora em sentido estrito, mas o produto explodiu no rosto do aniversariante. Temos aí um exemplo de consumidor por equiparação, na medida em que foi vítima de um acidente de consumo em razão do defeito no produto.

O STJ considerou **vítima do evento danoso consumidor que teve cheque falsificado** para pagamento de estadia em hotel, **provocando a inscrição** do consumidor **em serviços de proteção ao crédito** e a consequente ocorrência de **danos morais**: "**Configura**-se, em tese, **acidente de consumo** em virtude da suposta **falta de segurança na prestação do serviço** por parte do estabelecimento hoteleiro que, alegadamente, poderia ter identificado a fraude mediante simples conferência de assinatura na cédula de identidade do portador do cheque. Equiparam-se aos consumidores todas as vítimas do acidente de consumo (CDC, art. 17). Conflito conhecido para declarar competente o foro do domicílio do consumidor" (CC 128.079/MT, Rel. Ministro Raul Araújo, Segunda Seção, *DJe* 9-4-2014).

■ *2.2.4.1. O* bystander *da doutrina norte-americana*

Conforme visto, **a vítima** do evento danoso (exemplo: pessoa que fica paraplégica em razão da explosão de um *shopping center*) não precisa ter consumido nada efetivamente, ou seja, ela **será equiparada a consumidora não pelo fato de ser** destinatária final de um produto ou serviço, **mas pela condição de estar** no local dos fatos quando da ocorrência do acidente de consumo.

Trata-se do instituto que "a teoria da responsabilidade civil norte-americana chama de extensão aos ***bystanders***, ou seja, **circunstantes ou terceiros**".[81] Vale

[81] FILOMENO, José Geraldo Brito. *Manual de direitos do consumidor*, p. 40.

dizer, são **pessoas estranhas à relação jurídica de consumo**, mas que sofreram danos em razão dos defeitos do produto ou serviço que podem ser de ordem intrínseca ou extrínseca.

■ 2.2.4.2. *Pressuposto da equiparação: garantia vinculada ao produto/serviço*

O pressuposto da equiparação da vítima do evento danoso a consumidor está relacionado com a garantia do produto e do serviço. Também abordaremos no momento oportuno o tema garantias nas relações de consumo, mas vale destacar agora a garantia de que os "produtos e serviços colocados no mercado de consumo não acarretarão riscos à saúde ou segurança dos consumidores, exceto os considerados normais e previsíveis em decorrência de sua natureza e fruição, obrigando-se os fornecedores, em qualquer hipótese, a dar as informações necessárias e adequadas a seu respeito" (art. 8º do CDC).

Ante a disposição legal, ressalta-se que a aludida garantia está diretamente atrelada ao produto e ao serviço, isto é, a garantia é concedida ao consumidor não em razão de ser ele o adquirente/contratante, mas pelo fato de o produto/serviço colocado no mercado de consumo não poder acarretar danos além dos normais e previsíveis.

Assim, pouco importa saber qual foi a pessoa que adquiriu o produto ou o serviço no mercado de consumo. Existindo vítima do evento danoso, esta será equiparada a consumidor e far-se-á necessária a incidência do CDC.

Portanto, **a "regra da equiparação do CDC parte do pressuposto que a garantia de qualidade do fornecedor vincula-se ao produto ou serviço oferecido**. Neste sentido, prescinde do contrato, de modo que o terceiro, consumidor equiparado, deve apenas realizar a prova de que o dano sofrido decorre de um defeito do produto".[82]

É o que ocorre, por exemplo, com uma pessoa que cai, no momento de entrar em um supermercado, em razão de minutos antes ter-se estourado uma garrafa de refrigerante e molhado todo o piso. Percebam que não houve tempo de ser celebrada a compra ou o contrato, mas a simples comprovação do dano é suficiente para fundamentar a ação de reparação civil.

Igualmente, a garantia deverá ser exigida de maneira ampla, quer perante o consumidor em sentido estrito, quer em relação à vítima do acidente de consumo.

A visão da doutrina caminha no sentido de que a finalidade do art. 17 do CDC é a de conferir a maior abrangência possível à responsabilidade do fornecedor pelo fato do produto e do serviço.

Esse é o raciocínio de Sergio Cavalieri Filho ao destacar que "**não faz qualquer sentido** exigir que o fornecedor disponibilize no mercado de consumo **produtos ou serviços seguros apenas para o consumidor**, não se importando com terceiros que possam vir a sofrer danos pelo fato do produto ou do serviço, razão pela

[82] MIRAGEM, Bruno. *Curso de direito do consumidor*, p. 89.

qual **deu a estas vítimas um tratamento diferenciado**, que se justifica, repita-se, **pela relevância social** que atinge a prevenção e a reparação de tais danos".[83]

No mesmo sentido está a **jurisprudência do Superior Tribunal de Justiça** ao reconhecer, por exemplo, que, na queda de um avião em área residencial, todos os passageiros (consumidores em sentido estrito de destinatários finais do serviço) e as pessoas que tiverem suas casas destruídas pelo acidente aéreo (vítimas do evento danoso equiparadas ao consumidor) receberão todas as garantias legais instituídas no CDC: "(...) **pela aplicação conjugada com o artigo 17 do mesmo diploma legal, cabível, por equiparação, o enquadramento do autor, atingido em terra, no conceito de consumidor**. Logo, em tese, admissível a inversão do ônus da prova em seu favor" (REsp 540.235, Rel. Ministro Castro Filho, 3ª T., *DJ* 6-3-2006).

O STJ já se posicionou no sentido de que até o comerciante poderá se enquadrar na figura do *bustander,* caso venha a ser vítima de um acidente de consumo:

> RECURSO ESPECIAL. CIVIL E PROCESSO CIVIL. RESPONSABILIDADE CIVIL. ACIDENTE DE CONSUMO. EXPLOSÃO DE GARRAFA PERFURANDO O OLHO ESQUERDO DO CONSUMIDOR. NEXO CAUSAL. **DEFEITO DO PRODUTO. ÔNUS DA PROVA.** PROCEDÊNCIA DO PEDIDO. RESTABELECIMENTO DA SENTENÇA. RECURSO ESPECIAL PROVIDO.
>
> **1 — Comerciante atingido em seu olho esquerdo pelos estilhaços de uma garrafa de cerveja, que estourou em suas mãos quando a colocava em um freezer, causando graves lesões.**
>
> **2 — Enquadramento do comerciante, que é vítima de um acidente de consumo, no conceito ampliado de consumidor estabelecido pela regra do art. 17 do CDC ("bystander").**
>
> 3 — Reconhecimento do nexo causal entre as lesões sofridas pelo consumidor e o estouro da garrafa de cerveja.
>
> 4 — Ônus da prova da inexistência de defeito do produto atribuído pelo legislador ao fabricante.
>
> 5 — Caracterização da violação à regra do inciso II do § 3º do art. 12 do CDC.
>
> 6 — Recurso especial provido, julgando-se procedente a demanda nos termos da sentença de primeiro grau (REsp 1.288.008/MG, Rel. Ministro Paulo de Tarso Sanseverino, 3ª T., julgado em 4-4-2013, *DJe* 11-4-2013).

2.2.5. As pessoas expostas às práticas comerciais e contratuais como consumidoras por equiparação

O CDC em seu art. 29 dispõe sobre o último conceito de consumidor por equiparação, *in verbis*: "Para os fins deste Capítulo e do seguinte, equiparam-se

[83] CAVALIERI FILHO, Sergio. *Programa de direito do consumidor*, p. 70-71.

aos consumidores todas as pessoas, determináveis ou não, expostas às práticas nele previstas".

Os citados capítulos referem-se respectivamente às práticas comerciais e contratuais, **equiparando-se a consumidor**, portanto, **todas as pessoas, determináveis ou não, expostas às práticas comerciais e contratuais, em especial as abusivas**. Aqui também a interpretação do dispositivo deverá ser extensiva, albergando da maior forma possível as disposições do CDC relativas às fases:

- pré-contratual;
- contratual; e
- pós-contratual.

O conceito ora apresentado tem evidentes semelhanças com a definição de consumidor equiparado presente no parágrafo único do art. 2º do CDC, qual seja: a coletividade de pessoas, ainda que indetermináveis, que haja intervindo nas relações de consumo.

Segundo ensinamentos de Herman Benjamin, **"o conceito do art. 29 integrava, a princípio, o corpo do art. 2º"**.[84] No entanto, em razão do *lobby* empresarial que queria eliminá-lo por completo, foi transportado, por sugestão do aludido autor do anteprojeto do Código do Consumidor, para o Capítulo V. A esse respeito, concluiu Benjamin que não houve qualquer prejuízo, uma vez que foi mantido o conteúdo principal, não obstante a fragmentação do conceito.

■ 2.2.5.1. *A mera exposição como requisito suficiente*

Se alguma dúvida poderia ser levantada no tocante à expressão "que haja intervindo na relação de consumo", presente na redação do parágrafo único do art. 2º do CDC, que equiparou a consumidor a coletividade de pessoas (questionamento levantado apenas a título de argumentação, pois concluímos no subitem 2.2.3.1 que basta a potencialidade de participação), tal problema inexiste no art. 29 do mesmo Diploma, na medida em que a redação deste dispositivo determina expressamente que **todas as pessoas "expostas" às práticas comerciais e contratuais serão equiparadas a consumidor**.

Prescindível neste caso, portanto, **a efetiva participação na relação de consumo**, isto é, não precisam as pessoas efetivamente ser induzidas a erro por uma publicidade enganosa, pois a mera exposição à mensagem publicitária será suficiente para equipará-las a consumidoras.

Fazendo um paralelo entre essa figura de consumidor por equiparação e a do destinatário final, traz-se à colação o pensamento de Antônio Herman de

---

[84] GRINOVER, Ada Pellegrini; BENJAMIN, Antônio Herman de V.; FINK, Daniel Roberto; FILOMENO, José Geraldo Brito; NERY JR., Nelson; DENARI, Zelmo. *Código Brasileiro de Defesa do Consumidor*, p. 271.

Vasconcellos e Benjamin, para quem o "consumidor é, então, não apenas aquele que 'adquire ou utiliza produto ou serviço' (art. 2º), mas igualmente as pessoas 'expostas às práticas' previstas no Código (art. 29). Vale dizer: pode ser visto *concretamente* (art. 2º), ou *abstratamente* (art. 29). No primeiro caso, impõe-se que haja ou que esteja por haver aquisição ou utilização. Diversamente, no segundo, o que se exige é a *simples exposição* à prática, mesmo que não se consiga apontar, concretamente, um consumidor que esteja em vias de adquirir ou utilizar o produto ou serviço".[85]

Desta forma, **o requisito da mera exposição** da pessoa às práticas comerciais ou contratuais **adquire importância ímpar no cenário da tutela preventiva e abstrata do consumidor**, na medida em que não se deve esperar o dano efetivo ou a boa vontade dos membros do Ministério Público, dos órgãos e associações de defesa do consumidor ou do próprio Poder Judiciário para só então implementar a tutela do vulnerável.

A visão de Rizzatto Nunes sobre o tema segue o caminho de que "não se trata de equiparação eventual a consumidor das pessoas que foram expostas às práticas. É mais do que isso. O que a lei diz é que, uma vez existindo qualquer prática comercial, *toda* a coletividade de pessoas já está exposta a ela, ainda que em nenhum momento se possa identificar um único consumidor real que pretenda insurgir-se contra tal prática".[86]

Nessa linha de raciocínio e retomando o exemplo da publicidade enganosa, ainda que ninguém reclame formalmente dela, não significa que o anúncio não foi enganoso, mesmo porque estudaremos em capítulo próprio que basta a potencialidade de enganar para a mensagem publicitária ser considerada enganosa.

Consequentemente, as entidades de defesa do consumidor, bem como o Ministério Público, na qualidade de legitimados que são para a propositura de ações coletivas nos termos do Código de Defesa do Consumidor e da Lei de Ação Pública, podem postular a medida judicial que entenderem necessária para obstar a veiculação do anúncio enganoso ou abusivo, independentemente do surgimento de alguma pessoa que tenha se sentido enganada no caso concreto.

As conclusões tomadas por Rizzatto Nunes nesse tocante são:[87]

- trata-se praticamente de uma **espécie de conceito difuso de consumidor**, tendo em vista que desde já e desde sempre **todas as pessoas são consumidoras por estarem potencialmente expostas** a toda e qualquer prática comercial;

---

[85] GRINOVER, Ada Pellegrini; BENJAMIN, Antônio Herman de V.; FINK, Daniel Roberto; FILOMENO, José Geraldo Brito; NERY JR., Nelson; DENARI, Zelmo. *Código Brasileiro de Defesa do Consumidor*, p. 271.

[86] NUNES, Luiz Antonio Rizzatto. *Curso de direito do consumidor*, p. 85.

[87] NUNES, Luiz Antonio Rizzatto. *Curso de direito do consumidor*, p. 85.

■ **o consumidor** protegido pela norma **do art. 29 é uma potencialidade**, nem sequer precisa existir.

■ 2.2.5.2. *A empresa consumidora e a importância do art. 29 do CDC*

Conforme estudado num pretérito não tão longínquo, quando ainda tratávamos do conceito de consumidor em sentido estrito, mais precisamente da viabilidade ou não de a pessoa jurídica enquadrar-se no conceito de consumidor, trouxemos, no subitem 2.2.1.6, a visão crítica de Adalberto Pasqualotto sobre a posição do Superior Tribunal de Justiça a respeito deste enquadramento. Para o autor, não seria o abrandamento da teoria finalista, mas da aplicação adequada do art. 29 do CDC.

Pasqualotto entende que o "**art. 29 é o portal dos vulneráveis não consumidores**. É por ali que o Código de Defesa do Consumidor agasalha os que, não sendo destinatários finais, enfrentam no mercado as mesmas ou semelhantes dificuldades dos consumidores".[88]

Assim, a doutrina reconhece, em sua maioria, que **o alcance do teor do art. 29** do CDC realmente **é amplo** e, por este motivo, seria o **legitimador** para albergar **no conceito de consumidor a pessoa jurídica**. Vejamos:

DOUTRINA	PENSAMENTO
BRUNO MIRAGEM	"A extensão semântica da regra permite, em tese, que a qualquer contratante seja possível a aplicação das normas dos artigos 30 a 54 do CDC. Todavia, a aplicação jurisprudencial da norma é que deve concentrar-se na finalidade básica do Código, que é a proteção do vulnerável."[89]
CLAUDIA LIMA MARQUES	"O art. 29 supera, portanto, os estritos limites da definição jurídica de consumidor para imprimir uma definição de política legislativa! Para harmonizar os interesses presentes no mercado de consumo, para reprimir eficazmente os abusos do poder econômico, para proteger os interesses econômicos dos consumidores finais, o legislador colocou um poderoso instrumento nas mãos daquelas pessoas (mesmo agentes econômicos) *expostas às práticas abusivas*. Estas, mesmo não sendo 'consumidores *stricto sensu*', poderão utilizar as normas especiais do CDC, seus princípios, sua ética de responsabilidade social no mercado, sua nova ordem pública, para combater as práticas comerciais abusivas."[90]
SERGIO CAVALIERI FILHO	"Juntamente com o supramencionado artigo 17, apresenta-se como regra excepcionadora da abrangência original do Código de Defesa do Consumidor, objetivando alargar a incidência da legislação consumerista para além dos estritos limites da relação de consumo, originada da restrita aplicação dos conceitos de consumidor e fornecedor, estampadas no *caput* do art. 2º e no *caput* do art. 3º, respectivamente."[91]

88 PASQUALOTTO, Adalberto. *O destinatário final e o "consumidor intermediário"*, p. 930.

89 MIRAGEM, Bruno. *Curso de direito do consumidor*, p. 89.

90 BENJAMIN, Antônio Herman de V.; MARQUES, Claudia Lima; BESSA, Leonardo Roscoe. *Manual de direito do consumidor*, p. 98.

91 CAVALIERI FILHO, Sergio. *Programa de direito do consumidor*, p. 72.

JAMES MARINS	"considerado o ditame do art. 29 à luz da interpretação lógica e gramatical, é forçoso reconhecer-se que a extensão pretendida, ao equiparar a consumidores todas as pessoas, determináveis ou não, está disciplinando relações jurídicas de toda ordem, mesmo que não sejam relações de consumo, e consumidor não se trate. Se a norma não estabelece limitações ou *discrimens* à equiparação, não cabe ao intérprete fazê-lo, especialmente se não existe qualquer antinomia normativa a ser expurgada, não existindo também qualquer conflito com o sistema seja se considerado o microssistema das relações de consumo ou nosso sistema jurídico como um todo."[92]

Entretanto, vale lembrar que **a amplitude na aplicação do conceito** de consumidor equiparado **do art. 29 não pode** chegar ao ponto de **permitir a conversão do Diploma Consumerista em modelo de controle para todos os contratos de direito privado**.

Muito pelo contrário, a **única interpretação possível** e adequada do instituto deverá ser **aquela em consonância com a principiologia** que norteia a incidência do CDC, **em especial** de acordo com o princípio da **vulnerabilidade**.

No mesmo sentido, Marco Antonio Zanelatto entende que o art. 29 não pode ser interpretado isoladamente, mas sistematicamente, de acordo com o "espírito do Código de Defesa do Consumidor, presente, por excelência, num de seus princípios basilares, que deve conformar a interpretação de todas as normas do Código, qual seja, o *princípio da vulnerabilidade do consumidor,* positivado no art. 4º, I, do CDC".[93]

A jurisprudência dominante do **Superior Tribunal de Justiça**, conforme exposto no subitem 2.2.1.5, entende que a pessoa jurídica ou o profissional serão considerados consumidores desde que comprovada a sua vulnerabilidade.

É, portanto, a adoção da **Teoria Finalista**, porém de forma **atenuada/mitigada**. Ou, nas palavras de Claudia Lima Marques, do **finalismo aprofundado**. Na visão desta autora, com essa nova linha de finalismo, o Superior Tribunal de Justiça iniciou a distinção entre pessoas jurídicas vulneráveis, ou seja, se consumidores finais do art. 2º do CDC ou se apenas equiparados, nos termos do art. 29 do mesmo Diploma.

Para Marques, a "entrada em vigor do Código Civil de 2002 pode ter levado a este desenvolvimento do finalismo aprofundado. O Código Civil regula muitos contratos interempresariais, estabelecendo linhas gerais de boa-fé específicas para relações entre iguais e *experts* profissionais em sua atividade, como é o caso dos agentes e representantes autônomos, que podem ser vulneráveis e mesmo

[92] MARINS, James. Proteção contratual do CDC a contratos interempresariais, inclusive bancários. *Revista de Direito do Consumidor,* São Paulo: RT, v. 18, p. 99.

[93] ZANELATTO, Marco Antonio. *Considerações jurídicas sobre o conceito de consumidor.* São Paulo: RT, 2011. v. 2 (Coleção doutrinas essenciais. Direito do consumidor: tutela das relações de consumo. Organizadores: Claudia Lima Marques e Bruno Miragem), p. 1035.

encontrarem-se em situação de dependência, mas são profissionais visando lucro, como ensinou o STJ: 'A relação jurídica que se estabelece entre o representante comercial autônomo e a sociedade representada é regulada por disciplina jurídica própria, não se aplicando as regras protetivas do Código de Defesa do Consumidor' (REsp 761.557/RS, j. 24-11-2009, Rel. Ministro Sidnei Beneti). A verdade é que os empresários geralmente são fornecedores frente ao CDC".[94]

Decisão do STJ que bem demonstra a inclusão da pessoa jurídica no conceito de consumidor por equiparação nos termos do art. 29 do CDC está presente no AgRg no REsp 687.239: "**A jurisprudência do STJ** tem evoluído no sentido de somente **admitir a aplicação do CDC à pessoa jurídica empresária** excepcionalmente, quando evidenciada a sua **vulnerabilidade** no caso concreto; ou **por equiparação, nas situações previstas pelos arts. 17 e 29 do CDC**. Negado provimento ao agravo".

No mesmo sentido, o teor do julgamento do Recurso Especial 1.196.951, que demonstra a tendência do STJ em considerar as empresas não apenas como consumidoras finais, mas sim por equiparação nos termos do art. 29, do CDC: "(...) Embora consagre o critério finalista para interpretação do conceito de consumidor, **a jurisprudência do STJ também reconhece a necessidade de, em situações específicas, abrandar o rigor desse critério para admitir a aplicabilidade do CDC nas relações entre fornecedores e sociedades-empresárias** em que fique evidenciada a relação de consumo. **Afastada a aplicação do CDC, visto que não ficou caracterizada a superioridade técnica, jurídica, fática ou econômica da instituição financeira**, a revelar a excepcionalidade do caso a fim de abrandar o rigor do critério subjetivo do conceito de consumidor" (REsp 1.196.951/PI, Rel. Ministro Luis Felipe Salomão, 4ª T., *DJe* 9-4-2012).

■ 2.3. FORNECEDOR COMO SUJEITO DA RELAÇÃO DE CONSUMO

A **definição legal** de fornecedor está prevista no **art. 3º do CDC**, que prevê: "Fornecedor é toda pessoa física ou jurídica, pública ou privada, nacional ou estrangeira, bem como os entes despersonalizados, que desenvolvem atividade de produção, montagem, criação, construção, transformação, importação, exportação, distribuição ou comercialização de produtos ou prestação de serviços".

Ab initio, destaca-se a **amplitude do conceito** quer no elenco das pessoas que se enquadram na definição de fornecedor, quer no tocante às atividades desenvolvidas. Em suma, desta extensão conceitual podemos concluir que **fornecedor é todo aquele que coloca produto ou presta serviço no mercado de consumo**.

Sobre o tema, ressalta a melhor doutrina:

---

[94] BENJAMIN, Antônio Herman de V.; MARQUES, Claudia Lima; BESSA, Leonardo Roscoe. *Manual de direito do consumidor,* p. 99.

- Bruno Miragem: "com relação ao elemento dinâmico da definição (desenvolvimento de atividade), o CDC buscou relacionar ampla gama de ações, com relação ao fornecimento de produtos e à prestação de serviços. Neste sentido, é correto indicar que são fornecedores, para os efeitos do CDC, **todos os membros da cadeia de fornecimento**, o que será relevante ao definir-se a extensão de seus deveres jurídicos, sobretudo em matéria de responsabilidade civil".[95]
- Cavalieri Filho: "**fornecedor é gênero** — quer no que respeita ao sujeito em si (pessoa física ou jurídica; pública ou privada; nacional ou estrangeira), quer no que se refere às atividades que desenvolve — e não por acaso".[96]
- Claudia Lima Marques: o art. 3º do CDC "bem especifica que o sistema de proteção do consumidor considera como **fornecedores todos os que participam da cadeia de fornecimento** de produtos e da cadeia de fornecimento de serviços (...), não importando sua relação direta ou indireta, contratual ou extracontratual, com o consumidor".[97]

Contudo, constataremos nos próximos subitens que tal amplitude não é absoluta, em razão das peculiaridades que cada sujeito deverá atender para seu enquadramento no conceito de fornecedor, bem como em decorrência da indissociabilidade da sua definição com os conceitos de produto e serviço, objetos da relação de consumo.

Um exemplo disso refere-se à necessidade da remuneração, ainda que indireta, para que o serviço possa ser considerado objeto de dada relação de consumo, fato que irá influenciar a definição de fornecedor, indicando o fim econômico da atividade de fornecimento.[98]

2.3.1. Pessoa física fornecedora

Primeiro sujeito considerado fornecedor que merece comentário é a pessoa física. Basicamente, a dúvida é: quais **requisitos** devemos identificar na pessoa física para enquadrá-la na definição de fornecedor?

José Geraldo Brito Filomeno entende que "fornecedor é qualquer *pessoa física*, ou seja, qualquer um que, a título singular, mediante desempenho de atividade mercantil ou civil e de forma habitual, ofereça no mercado produtos ou

---

95 MIRAGEM, Bruno. *Curso de direito do consumidor*, p. 98.

96 CAVALIERI FILHO, Sergio. *Programa de direito do consumidor*, p. 73.

97 BENJAMIN, Antônio Herman de V.; MARQUES, Claudia Lima; BESSA, Leonardo Roscoe. *Manual de direito do consumidor*, p. 103.

98 MIRAGEM, Bruno. *Curso de direito do consumidor*, p. 98.

serviços".[99] Percebam aqui o requisito da **habitualidade** aparecendo em posição de destaque na definição de fornecedor.

Há autores, como Rizzatto Nunes, que defendem a viabilidade do enquadramento da pessoa física no conceito de fornecedor mesmo diante de uma **atividade eventual**, como no caso do estudante que vende joias a colegas para pagar a mensalidade escolar, desde que haja **finalidade de lucro** na atividade desenvolvida.[100]

Neste caso, destaca o doutrinador, "poder-se-ia objetar que o caso é de 'ente despersonalizado', uma vez que se trata de 'comerciantes de fato'. Do ponto de vista prático, a objeção não traz nenhum resultado, porque em ambos os casos identifica-se o fornecedor, e isso é o que realmente interessa. Porém, diga-se que a pessoa física que vende produtos, especialmente aquela que o faz de forma eventual, não é exatamente comerciante de fato e muito menos sociedade de fato. Um 'camelô' constitui-se como verdadeira 'sociedade de fato'. Tem local ('sede') de atendimento, horário de funcionamento, até empregados etc. O aluno que vende joias não passa de pessoa física que desenvolve, de maneira rústica e eventual, uma atividade comercial, visando auferir certo lucro. Situa-se, então, entre a pessoa física que nada vende e a sociedade de fato. Mas, para fins de aplicação do CDC, essa pessoa física é fornecedora".[101]

Por fim, é possível albergar o **profissional liberal** como pessoa física fornecedora. Veremos que tal profissional foi incluído nas disposições do Código de Defesa do Consumidor, ganhando apenas um tratamento diferenciado no tocante à responsabilidade civil que será subjetiva em regra (cuidado em relação ao Advogado na visão da jurisprudência do STJ — estudaremos o tema em breve).

Além desta categoria de profissional, destaca-se ainda que poderão ser enquadradas no conceito de fornecedora outras **pessoas físicas que prestam serviços** com habitualidade, tais como **o eletricista, o encanador** etc.

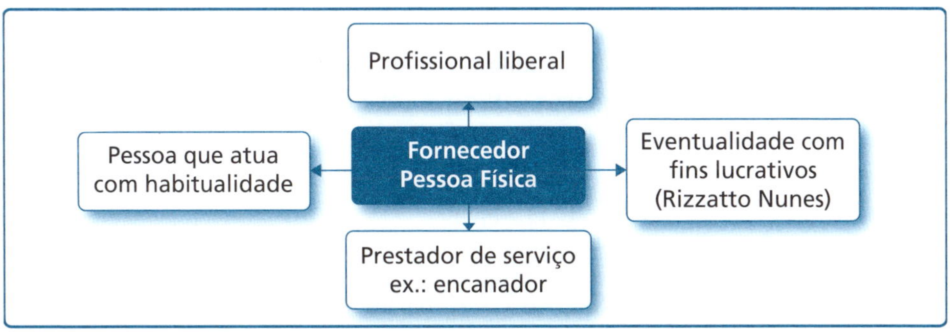

[99] GRINOVER, Ada Pellegrini; BENJAMIN, Antônio Herman de V.; FINK, Daniel Roberto; FILOMENO, José Geraldo Brito; NERY JR., Nelson; DENARI, Zelmo. *Código Brasileiro de Defesa do Consumidor*, p. 48.

[100] NUNES, Luiz Antonio Rizzatto. *Curso de direito do consumidor*, p. 89.

[101] NUNES, Luiz Antonio Rizzatto. *Curso de direito do consumidor*, p. 89.

2.3.2. Pessoa jurídica fornecedora

O Código de Defesa do Consumidor especificou como pessoa jurídica fornecedora do mercado de consumo:

- pessoa jurídica privada;
- pessoa jurídica pública;
- pessoa jurídica nacional;
- pessoa jurídica estrangeira;
- entes despersonalizados.

Em nosso entendimento, a habitualidade também deverá estar presente na atividade desempenhada pela associação mercantil ou civil. Conforme pontuado acima, estudaremos em subitem específico deste livro se há identidade ou não nas definições de habitualidade e de profissionalismo.

De fato, o **art. 3º do CDC incluiu** no conceito de fornecedor **o próprio Estado**, quer atuando diretamente (de forma centralizada) por meio de seus órgãos e agentes administrativos, quer indiretamente (de forma descentralizada) por intermédio de suas autarquias, fundações, empresas públicas e sociedades de economia mista, ou até por meio de seus agentes delegados, como as concessionárias e permissionárias de serviços públicos.

No entanto, em capítulo próprio constataremos que nem sempre o Estado será fornecedor de um serviço objeto da relação jurídica de consumo. É mais uma vez a constatação de que o conceito de fornecedor está atrelado aos conceitos de produtos e serviços colocados no mercado de consumo, ou seja, o Estado só será considerado fornecedor, por exemplo, se o serviço público por ele prestado (direta ou indiretamente) se enquadrar no conceito de serviço objeto da relação jurídica de consumo.

Destaca-se por último que o aludido dispositivo alberga ainda os **fornecedores nacionais** e **os estrangeiros** exportadores de produtos ou serviços para o Brasil. Nestes casos, a responsabilidade por eventuais danos ou reparos será do importador, que poderá, posteriormente, ingressar com ação de regresso contra os demais fornecedores da cadeia de produção.

2.3.3. Entes despersonalizados como fornecedores

Os entes despersonalizados são aqueles que não possuem personalidade jurídica (no âmbito mercantil, nem no civil), mas que o Diploma Consumerista considerou sujeitos de obrigações na qualidade de fornecedor, quando exercerem atividades produtivas no mercado de consumo.

Como **exemplo** podemos citar a "gigantesca **Itaipu Binacional**, em verdade um consórcio entre os governos brasileiro e paraguaio para a produção de energia hidrelétrica, e que tem regime jurídico *sui generis*. Outro exemplo significativo de *ente despersonalizado* é o de uma **massa falida** que é autorizada a continuar as atividades comerciais da empresa sob regime de quebra, para que se realizem ativos mais celeremente, fazendo frente ao concurso de credores. Ou, ainda, o **espólio de um comerciante**, em nome individual, cuja sucessão é representada pelo inventariante".[102]

Também é possível extrair do conceito de ente despersonalizado as **pessoas jurídicas de fato**, também denominadas **sociedades em comum ou irregular**, justamente em razão de sua constituição estar à margem das regras de direito. Estamos nos referindo àquelas pessoas "que, sem constituir uma pessoa jurídica, desenvolvem, de fato, atividade industrial, comercial, de prestação de serviços etc. A figura do **'camelô'** está aí inserida. O CDC não poderia deixar de incluir tais 'pessoas' pelo simples fato de que elas formam um bom número de fornecedores, que suprem de maneira relevante o mercado de consumo".[103]

■ 2.3.4. Habitualidade *vs.* profissionalismo no conceito de fornecedor

Questão tormentosa consiste em saber se há necessidade de **profissionalismo** no desempenho de uma atividade no mercado de consumo para a caracterização do conceito de fornecedor.

O **Código de Defesa do Consumidor não exige expressamente** que o **fornecedor** de produtos e serviços seja um **profissional**. "O requisito de profissionalidade, expressamente referido em diversas leis estrangeiras, não constitui elemento da definição presente no artigo 3º do CDC."[104]

Por outro lado e conforme visto anteriormente, quando tratamos do enquadramento da pessoa física e da pessoa jurídica na definição de fornecedor, citamos em ambos os casos o requisito da **habitualidade**.

Também vimos o posicionamento de Rizzatto Nunes em relação à pessoa física consumidora e novamente a habitualidade estava presente (lembrando que para este autor a pessoa física que desempenha atividade eventual com finalidade de lucro também se enquadraria no conceito de fornecedor).

Diante do contexto apresentado, pergunta-se:

- Habitualidade e profissionalismo são conceitos sinônimos?
- Caso negativa a resposta, a habitualidade na atividade desenvolvida é suficiente para o enquadramento no conceito de fornecedor?

---

[102] Essa é a visão de José Geraldo Brito Filomeno em: GRINOVER, Ada Pellegrini; BENJAMIN, Antônio Herman de V.; FINK, Daniel Roberto; FILOMENO, José Geraldo Brito, NERY JR., Nelson; DENARI, Zelmo. *Código Brasileiro de Defesa do Consumidor*, p. 48.

[103] NUNES, Luiz Antonio Rizzatto. *Curso de direito do consumidor*, p. 89.

[104] MIRAGEM, Bruno. *Curso de direito do consumidor*, p. 98.

Na visão de Bruno Miragem, a "atividade do fornecedor é *habitual* porque ela é *profissional*".[105] E continua o autor em seu raciocínio defendendo: "ainda que não esteja expresso em lei, ao indicar à atividade do fornecedor certa habitualidade, assim como a remuneração, o legislador remete ao critério de desenvolvimento profissional desta atividade. Daí por que a profissionalidade configura um requisito do conceito de fornecedor".[106]

No entanto, à luz de todo o raciocínio desenvolvido no item "2.3.1. Pessoa física fornecedora", entendemos que **o profissionalismo seria um *plus* em relação à habitualidade** e que esta seria suficiente para identificar o fornecedor como sujeito da relação jurídica de consumo.

Assim, se o profissionalismo fosse exigido para configurar o conceito de fornecedor, dificilmente enquadraríamos a pessoa física nesta definição. E tal interpretação contrariaria toda a principiologia do CDC, bem como a amplitude conceitual existente em seu art. 3º, *caput*.

O **Superior Tribunal de Justiça também exige a habitualidade** como requisito imprescindível **na definição de fornecedor**, segundo consta do excerto extraído do Agravo em Recurso Especial 1.963, de relatoria do Ministro Mauro Campbell Marques, publicado em 4 de abril de 2011, no qual se discutiu a aplicabilidade ou não do CDC num caso envolvendo a venda de loteamento irregular: "Destaca-se que **para serem fornecedoras as recorrentes teriam que desenvolver habitualmente como sua atividade a comercialização de lotes**, situação esta que como vimos acima não ocorreu, pois conforme se depreende dos documentos acostados com a exordial, elas somente cederam alguns lotes por imposição da situação já explanada".

No tocante à **pessoa jurídica como fornecedora**, entendemos que a **habitualidade** deverá estar presente **na atividade-fim**. Assim, se um pequeno mercado que desempenha com habitualidade a comercialização de frutas e verduras resolve vender o computador que está subutilizado para um de seus clientes, não há falar neste caso em relação jurídica de consumo, sendo, portanto, inaplicável o CDC em caso de eventual vício no bem alienado. Tal conclusão decorre da ausência de habitualidade na atividade-fim do comerciante, ou seja, se a atividade principal neste caso é comercializar frutas e verduras, inaplicável o Diploma Consumerista na venda do computador.

Claro que o adquirente da situação hipotética não ficaria desamparado, pois estaria protegido pelas regras do Código Civil, em especial as que regulamentam o vício redibitório (no momento oportuno analisaremos as diferenças entre este e os vícios do CDC).

[105] MIRAGEM, Bruno. *Curso de direito do consumidor*, p. 99.

[106] MIRAGEM, Bruno. *Curso de direito do consumidor*, p. 99.

2.3.5. O mercado de consumo como elemento conceitual de fornecedor

Bruno Miragem entende que o **mercado de consumo** é **elemento conceitual de fornecedor**, com fundamento no art. 3º, § 2º, que, "ao definir serviço, refere que se trata de *qualquer atividade fornecida no mercado de consumo*".[107]

Para o autor, "*mercado de consumo* é o espaço ideal e não institucional, onde se desenvolvem as atividades de troca de produtos e serviços avaliáveis economicamente, mediante oferta irrestrita aos interessados e visando, por um lado, a obtenção de vantagens econômicas (por parte dos fornecedores), e por outro a satisfação de necessidades pela aquisição ou utilização destes produtos e serviços (por parte dos consumidores)".[108]

A observação do doutrinador é de suma importância e será melhor explorada quando tratarmos das **hipóteses em que não houver relação jurídica de consumo**, sendo alguns casos representados **por situações nas quais os serviços não se consideram oferecidos neste mercado**, circunstância capaz de afastar a incidência do CDC.

Por ora, para melhor entendermos a definição de mercado de consumo nesse contexto, poderíamos cotejar a relação jurídica de consumo com um grande espetáculo teatral, no qual o palco principal estaria representado pelo mercado de consumo, os protagonistas seriam consumidor e fornecedor, e o cenário estaria plasmado nos produtos e serviços de consumo.

2.3.6. O fornecedor "equiparado"

Teoria interessante é a do fornecedor equiparado criada por Leonardo Roscoe Bessa. O autor ampliou o campo de incidência do Código de Defesa do Consumidor, por meio de uma visão mais abrangente do conceito de fornecedor.

Para Bessa, o "CDC ao lado do *conceito genérico* de fornecedor (*caput*, art. 3º), indica e detalha, em outras passagens, *atividades* que estão sujeitas ao CDC. Talvez, o melhor exemplo seja o relativo aos bancos de dados e cadastros de consumidores (art. 43, CDC)".[109] A esse respeito, entende o doutrinador que, "até a edição da Lei n. 8.078/90, as atividades desenvolvidas pelos bancos de dados de proteção ao crédito (SPC, SERASA, CCF), não possuíam qualquer disciplina legal. A regulamentação integral de tais atividades surgiu justamente com o Código de Defesa do Consumidor, considerando sua vinculação direta com a crescente

[107] MIRAGEM, Bruno. *Curso de direito do consumidor*, p. 100.

[108] MIRAGEM, Bruno. *Curso de direito do consumidor*, p. 100.

[109] BESSA, Leonardo Roscoe. *Fornecedor equiparado*. São Paulo: RT, 2011. v. 2 (Coleção doutrinas essenciais. Direito do consumidor: tutela das relações de consumo. Organizadores: Claudia Lima Marques e Bruno Miragem), p. 1024.

oferta e concessão de crédito no mercado. Portanto, não há como sustentar, ainda que se verifique que a entidade arquivista não atenda a todos os pressupostos do conceito de fornecedor do *caput* do art. 3º, que não se aplica o CDC".[110]

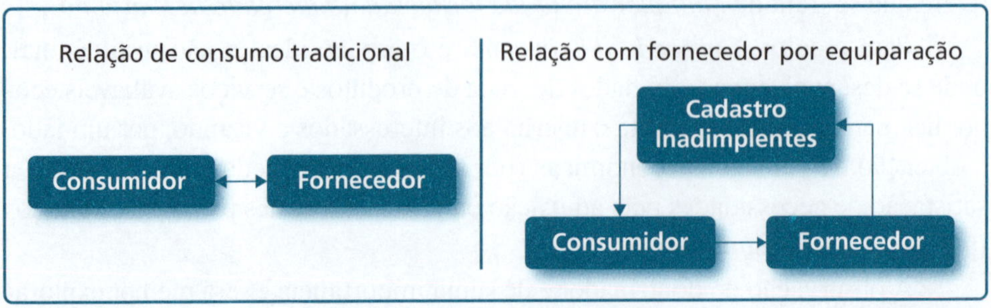

O Superior Tribunal de Justiça, ainda que de forma indireta, corroborou, neste tema, com a tese apresentada ao editar a **Súmula 359**, que prevê: "Cabe ao órgão mantenedor do Cadastro de Proteção ao Crédito a notificação do devedor antes de proceder à inscrição". Constata-se, desta forma, que ao mantenedor do cadastro de inadimplentes foi imposta uma obrigação típica daquelas direcionadas ao fornecedor no mercado de consumo.

Claudia Lima Marques bem resumiu a teoria do fornecedor equiparado, definindo-o como "aquele terceiro na relação de consumo, um terceiro apenas intermediário ou ajudante da relação de consumo principal, mas que atua frente a um consumidor (aquele que tem seus dados cadastrados como mau pagador e não efetuou sequer uma compra) ou a um grupo de consumidores (por exemplo, um grupo formado por uma relação de consumo principal, como a de seguro de vida em grupo organizado pelo empregador e pago por este), como se fornecedor fosse (comunica o registro no banco de dados, comunica que é estipulante no seguro de vida em grupo etc.)".[111]

Leonardo Roscoe Bessa entende possível estender a teoria do fornecedor equiparado para outras situações relacionadas com a atividade de consumo, como ocorre com a publicidade, ou seja, todos que a promovem direta ou indiretamente seriam equiparados a fornecedor. "O anunciante no caso é um *fornecedor equiparado* e está sujeito, portanto, à disciplina do CDC."[112]

Entretanto, o STJ nesse ponto discorda sobre o tema. O veículo de comunicação que veicula publicidade enganosa ou abusiva e, nos termos da teoria em

---

[110] BESSA, Leonardo Roscoe. *Fornecedor equiparado*, p. 1024.

[111] BENJAMIN, Antônio Herman de V.; MARQUES, Claudia Lima; BESSA, Leonardo Roscoe. *Manual de direito do consumidor*, p. 104.

[112] BESSA, Leonardo Roscoe. *Fornecedor equiparado*, p. 1026.

comento, seria um exemplo de fornecedor equiparado, não vem sendo responsabilizado, conforme entendimento expresso no REsp 1.157.228: "A responsabilidade pela qualidade do produto ou serviço anunciado ao consumidor é do fornecedor respectivo, assim conceituado nos termos do art. 3º da Lei n. 8.078/1990, não se estendendo à empresa de comunicação que veicula a propaganda por meio de apresentador durante programa de televisão, denominada 'publicidade de palco'" (REsp 1.157.228, Rel. Ministro Aldir Passarinho Junior, 4ª T., *DJe* 27-4-2011).

Sobre sua teoria, conclui Bessa que o "fornecedor é visto como quem exerce a atividade especificamente regulada e não mais de modo genérico como aquele que atua profissionalmente (mediante remuneração) no mercado de consumo. Daí fica fácil perceber que a ideia da relação de consumo, baseando-se nos conceitos dos arts. 2º e 3º do CDC, não é o melhor método para identificar todas as situações de aplicação do Código de Defesa do Consumidor".[113]

Para Lima Marques, a "figura do *fornecedor equiparado,* aquele que não é fornecedor do contrato principal de consumo, mas é intermediário, antigo terceiro, ou estipulante, hoje é o 'dono' da relação conexa (e principal) de consumo, por deter uma posição de poder na relação outra com o consumidor. É realmente uma interessante teoria, que será muito usada no futuro, ampliando — e com justiça — o campo de aplicação do CDC".[114]

■ *2.3.6.1. Fornecedor equiparado no Estatuto do Torcedor*

A figura do fornecedor por equiparação também está prevista expressamente em lei. Trata-se do Estatuto do Torcedor, Lei n. 10.671/2003, que dispõe em seu art. 3º: "Para todos os efeitos legais, equiparam-se a fornecedor, nos termos da Lei n. 8.078, de 11 de setembro de 1990, a entidade responsável pela organização da competição, bem como a entidade de prática desportiva detentora do mando de jogo".

O referido estatuto foi declarado constitucional pelo Supremo Tribunal Federal, que, dentre outras questões, decidiu:

> **"Ato contínuo, relativamente à responsabilização objetiva, prevista em seu art. 19, apontou-se que decorreria da expressa equiparação das entidades desportivas, consoante o art. 3º da mesma lei, à figura do fornecedor do CDC.**
> **A equiparação não seria apenas obra dela, mas conclusão necessária da relação jurídica que enlaçaria os eventos desportivos profissionais e os torcedores.**
> Consignou-se que não haveria falar, igualmente, em indevida imposição de sanção dupla, desproporcional ou irrazoável, haja vista que as penalidades do art.

[113] BESSA, Leonardo Roscoe. *Fornecedor equiparado*, p. 1029.

[114] BENJAMIN, Antônio Herman de V.; MARQUES, Claudia Lima; BESSA, Leonardo Roscoe. *Manual de direito do consumidor,* p. 105.

37 seriam textualmente aplicáveis a hipóteses diversas, à vista da gravidade das condutas, segundo consideração do legislador.

O inciso I do art. 37 preveria destituição por violação das regras dos Capítulos II (transparência na organização), IV (segurança do torcedor) e V (ingressos), enquanto o inciso II diria respeito aos demais dispositivos do diploma que pudessem ser violados.

Por sua vez, o afastamento prévio e compulsório dos dirigentes e de outras pessoas que, de forma direta ou indireta, pudessem comprometer ou prejudicar a completa elucidação dos fatos, encontraria sua *ratio iuris* na necessidade de assegurar resultado útil ao processo de investigação e somente determinado pelo órgão competente, donde não constituiria sanção, mas autêntica medida cautelar que, compatível com a Constituição, seria regulada em várias áreas do direito.

Aduziu-se não haver, nesse instituto, contrariedade alguma à chamada presunção constitucional de inocência, da mesma maneira que as hipóteses de prisão cautelar não ofenderiam esse princípio. Mensurou-se que, conforme advertira a AGU, ao indicar punições por desrespeito às normas de direito público, inafastáveis por interesses particulares, os preceitos guardariam plena e equilibrada relação de causa e efeito, mediante apuração em devido processo legal, perante juiz de direito.

Do ponto de vista extrajurídico, observou-se que a legislação, além de tutelar diretamente o torcedor, favoreceria indiretamente — mesmo porque não estabeleceria normas tendentes a alterar o funcionamento e a organização administrativa das entidades — o aperfeiçoamento das instituições, ao incentivar-lhes a profissionalização e a busca da eficiência na gestão esportiva, com benefício a toda a sociedade.

Por fim, elucidou-se que o art. 8º, I, do estatuto, garantiria às entidades de prática desportiva a participação em competições durante pelo menos dez meses do ano, sem obrigá-las. Não haveria nisso ofensa ao texto constitucional" (ADI 2.937/DF, Rel. Ministro Cezar Peluso, j. 23-2-2012, *Informativo de Jurisprudência* do STF n. 655).

■ 2.4. PRODUTO COMO OBJETO DA RELAÇÃO DE CONSUMO

A relação jurídica de consumo — nunca é demais lembrar — é composta de elementos subjetivos (consumidor e fornecedor), bem como de elementos objetivos (produto e serviço). O Código de Defesa do Consumidor estabelece em seu art. 3º, § 1º, que: "**Produto** é qualquer **bem, móvel ou imóvel, material ou imaterial**".

A definição legal de produto e o seu enquadramento como objeto da relação de consumo foram alvo de algumas críticas doutrinárias. Destacamos inicialmente o posicionamento de Sergio Cavalieri Filho, para quem "o *objeto* da *relação jurídica* de *consumo* é a *prestação* à *qual tem direito* o *consumidor* e à *qual está obrigado* o *fornecedor,* em razão do vínculo jurídico que os une. (...) O *objeto desta prestação,* este sim, será um produto ou um serviço".[115]

No tocante à definição legal do objeto da relação jurídica em comento, José Geraldo Brito Filomeno não poupou críticas em face da opção do legislador pelo termo "produto" em detrimento de "bens". Para o autor, melhor "seria falar-se em *'bens'* e não *'produtos',* mesmo porque, como notório, o primeiro termo é bem *mais abrangente* do que o segundo, aconselhando tal nomenclatura, aliás, a boa técnica jurídica, bem como a economia política".[116]

Apesar de o conceito de produto previsto no CDC ter sido sucinto e objetivo, a doutrina entende pela necessidade de o **dispositivo ser interpretado da maneira mais ampla possível**, no sentido de albergar qualquer objeto colocado à venda no mercado de consumo. Vejamos:

- **Na visão de Filomeno**, "*produto* (entenda-se *'bens') é qualquer objeto de interesse em dada relação de consumo, e destinado a satisfazer uma necessidade do adquirente, como destinatário final*".[117]
- **Para Cavalieri Filho**, "*produto* é utilizado em seu sentido econômico e universal, isto é, aquilo que resulta do processo de produção ou fabricação".[118]
- **Claudia Lima Marques** define produto como "qualquer bem, consumível fisicamente ou não, móvel ou imóvel, novo ou usado, material ou imaterial, fungível ou infungível, principal ou acessório".[119]

Destaca-se ainda a possibilidade de ser protegido o consumidor que adquire um produto usado no mercado de consumo, desde que os demais elementos dessa relação jurídica estejam presentes, isto é, desde que o vendedor se enquadre no conceito de fornecedor, por exemplo. É o caso da compra de um carro usado numa concessionária de veículos.

Tratando-se de bem usado e da categoria dos duráveis, analisaremos em capítulo próprio que o consumidor terá 90 dias para reclamar dos vícios existentes, levando-se em consideração o critério da vida útil do bem.

Em resumo, apesar de o Código do Consumidor ter disciplinado a definição de produto de forma bem reduzida, isso não é impeditivo para uma interpretação doutrinária extensiva que, em última análise, visa buscar a proteção do vulnerável perante a aquisição de qualquer bem colocado à disposição no mercado de consumo.

---

[115] CAVALIERI FILHO, Sergio. *Programa de direito do consumidor*, p. 74.

[116] FILOMENO, José Geraldo Brito. *Manual de direitos do consumidor*, p. 51.

[117] FILOMENO, José Geraldo Brito. *Manual de direitos do consumidor*, p. 52.

[118] CAVALIERI FILHO, Sergio. *Programa de direito do consumidor*, p. 74.

[119] BENJAMIN, Antônio Herman de V.; MARQUES, Claudia Lima; BESSA, Leonardo Roscoe. *Manual de direito do consumidor*, p. 100.

Desta forma, a conceituação legal e a doutrinária de produtos podem ser vistas da seguinte forma:

PRODUTO — DEFINIÇÃO LEGAL	PRODUTO — DEFINIÇÃO DOUTRINÁRIA
■ Bem móvel ■ Bem imóvel ■ Bem material ■ Bem imaterial	■ Bem móvel ■ Bem imóvel ■ Bem material ■ Bem imaterial ■ Bem consumível fisicamente ■ Bem não consumível fisicamente ■ Bem fungível ■ Bem infungível ■ Bem principal ■ Bem acessório ■ Bem novo ■ Bem usado ■ Bem durável ■ Bem não durável ■ Amostra grátis

Assim, munidos dessa introdução legislativa e doutrinária sobre a definição de produto, enfrentaremos as questões mais relevantes a respeito deste objeto da relação jurídica de consumo.

■ 2.4.1. Bens móveis e imóveis

A lei brasileira, ao englobar na definição de produto, além dos bens móveis, também os imóveis, tornou nítida a intenção do legislador em reconhecer a total viabilidade da **aplicação das normas do CDC aos contratos imobiliários**, bem como em relação àqueles que de alguma forma estejam ligados a estes como nas hipóteses dos **contratos de empréstimo, financiamento e seguro** para a realização deste, quando o consumidor for adquirir a casa própria.[120]

Compartilha do mesmo posicionamento o Superior Tribunal de Justiça, que no Recurso Especial 804.202 assim entendeu:

> SFH. SEGURO HABITACIONAL. CONTRATAÇÃO FRENTE AO PRÓPRIO MUTUANTE OU SEGURADORA POR ELE INDICADA. DESNECESSIDADE. INEXISTÊNCIA DE PREVISÃO LEGAL. VENDA CASADA.
>
> — Discute-se neste processo se, na celebração de contrato de mútuo para aquisição de moradia, o mutuário está obrigado a contratar o seguro habitacional diretamente com o agente financeiro ou com seguradora por este indicada, ou se lhe é facultado buscar no mercado a cobertura que melhor lhe aprouver.

[120] Nesse sentido: MIRAGEM, Bruno. *Curso de direito do consumidor*, p. 103.

> — O seguro habitacional foi um dos meios encontrados pelo legislador para garantir as operações originárias do SFH, visando a atender a política habitacional e a incentivar a aquisição da casa própria. A apólice colabora para com a viabilização dos empréstimos, reduzindo os riscos inerentes ao repasse de recursos aos mutuários.
>
> — Diante dessa exigência da lei, tornou-se habitual que, na celebração do contrato de financiamento habitacional, as instituições financeiras imponham ao mutuário um seguro administrado por elas próprias ou por empresa pertencente ao seu grupo econômico.
>
> — **A despeito da aquisição do seguro ser fator determinante para o financiamento habitacional, a lei não determina que a apólice deva ser necessariamente contratada frente ao próprio mutuante ou seguradora por ele indicada.**
>
> — Ademais, **tal procedimento caracteriza a denominada "venda casada"**, expressamente vedada pelo **art. 39, I, do CDC**, que condena qualquer tentativa do fornecedor de se beneficiar de sua superioridade econômica ou técnica para estipular condições negociais desfavoráveis ao consumidor, cerceando-lhe a liberdade de escolha.
>
> Recurso especial não conhecido (REsp 804.202/MG, Rel. Ministra Nancy Andrighi, 3ª T., j. 19-8-2008).

O tema é tão relevante que virou enunciado da **Súmula 473 do STJ:** "O mutuário do SFH não pode ser compelido a contratar o seguro habitacional obrigatório com a instituição financeira mutuante ou com a seguradora por ela indicada".

■ 2.4.2. Bens materiais e imateriais — as relações envolvendo a internet — uma análise da Lei n. 12.965, de 2014 (Marco Civil da Internet), do Decreto n. 8.771, de 2016, e do Decreto n. 7.962, de 2013, que dispõem sobre a contratação no comércio eletrônico

O grau de facilidade existente para buscar exemplos de bens materiais se depara, em contrapartida, com as dificuldades em vislumbrar relações de consumo que tenham por objeto bens imateriais. Mesmo porque encontrar **exemplos** de algo que não é passível de ser tocado é realmente dificultoso.

Rizzatto Nunes identifica nas atividades bancárias algumas relações marcadas por bens imateriais, tais como: **o mútuo bancário, a aplicação em renda fixa, a caução de títulos** etc.[121]

Igualmente, cumpre destacar que o CDC, ao estabelecer o produto objeto da relação de consumo como também aquele com característica de bem imaterial, albergou ainda que de forma inconsciente nesse conceito as relações oriundas de

[121] NUNES, Luiz Antonio Rizzatto. *Curso de direito do consumidor*, p. 92.

meios eletrônicos, como da **internet**.[122] Tal assertiva nos leva a crer pela incidência das disposições do Diploma Consumerista às atividades prestadas por este meio.

O tema foi enfrentado com muita propriedade por Bruno Miragem, que, ao analisar a abrangência do conceito de produto também para bens imateriais, ressaltou que "a importância desta definição é ainda maior quando se observa o crescimento da importância econômica da informática e dos bens e serviços produzidos exclusivamente por este meio. No caso da Internet, e das relações estabelecidas exclusivamente por seu intermédio, não significa que os conceitos criados pela ciência jurídica, tradicionalmente afetos à realidade do mundo físico, não tenham de ser, muitos deles, interpretados e adaptados ao fenômeno informático. Uma das marcas distintivas das relações estabelecidas através da internet é a *ubiquidade,* característica dos tempos atuais, e que, em última análise, revela a dificuldade de precisar a localização territorial de uma relação jurídica estabelecida através de meio eletrônico. Por tal razão, a doutrina especializada aponta, como elemento distintivo das relações estabelecidas por meio eletrônico, a *desterritorialização*".[123]

Em tempos anteriores à chegada do marco regulatório da internet, a doutrina lançava quais seriam os desafios de hoje sobre o assunto:[124]

- à definição de como legislar sobre o tema;
- ao estabelecimento de um nível adequado de efetividade às normas específicas produzidas para regular as relações pelo meio eletrônico;
- à interpretação das normas já existentes com vista a esta mesma finalidade.

Sobre o tema, cumpre destacar o Decreto n. 7.962, de 15 de março de 2013, que regulamenta o CDC e dispõe sobre a contratação no comércio eletrônico, abrangendo os seguintes aspectos:

- informações claras a respeito do produto, serviço e do fornecedor;
- atendimento facilitado ao consumidor; e
- respeito ao direito de arrependimento.

O art. 2º do aludido Decreto prevê que os sítios eletrônicos ou demais meios eletrônicos utilizados para oferta ou conclusão de contrato de consumo devem disponibilizar, em local de destaque e de fácil visualização, as seguintes informações:

- nome empresarial e número de inscrição do fornecedor, quando houver, no Cadastro Nacional de Pessoas Físicas ou no Cadastro Nacional de Pessoas Jurídicas do Ministério da Fazenda;

---

122 Conforme facilmente constatado no Anexo deste livro, o projeto de reforma do CDC traz expressamente a disciplina das relações de consumo via internet.

123 MIRAGEM, Bruno. *Curso de direito do consumidor*, p. 104-105.

124 MIRAGEM, Bruno. *Curso de direito do consumidor*, p. 104.

- endereço físico e eletrônico, e demais informações necessárias para sua localização e contato;
- características essenciais do produto ou do serviço, incluídos os riscos à saúde e à segurança dos consumidores;
- discriminação, no preço, de quaisquer despesas adicionais ou acessórias, tais como as de entrega ou seguros;
- condições integrais da oferta, incluídas modalidades de pagamento, disponibilidade, forma e prazo da execução do serviço ou da entrega ou disponibilização do produto; e
- informações claras e ostensivas a respeito de quaisquer restrições à fruição da oferta.

Para garantir o atendimento facilitado ao consumidor no comércio eletrônico, prevê o art. 4º do Decreto n. 7.962/2013 que o fornecedor deverá:

- apresentar sumário do contrato antes da contratação, com as informações necessárias ao pleno exercício do direito de escolha do consumidor, enfatizadas as cláusulas que limitem direitos;
- fornecer ferramentas eficazes ao consumidor para identificação e correção imediata de erros ocorridos nas etapas anteriores à finalização da contratação;
- confirmar imediatamente o recebimento da aceitação da oferta;
- disponibilizar o contrato ao consumidor em meio que permita sua conservação e reprodução, imediatamente após a contratação;
- manter serviço adequado e eficaz de atendimento em meio eletrônico, que possibilite ao consumidor a resolução de demandas referentes a informação, dúvida, reclamação, suspensão ou cancelamento do contrato, cuja respectiva manifestação do fornecedor será encaminhada ao vulnerável dentro do prazo de cinco dias;
- confirmar imediatamente o recebimento das demandas do consumidor referidas no inciso, pelo mesmo meio empregado pelo consumidor; e
- utilizar mecanismos de segurança eficazes para pagamento e para tratamento de dados do consumidor.

As contratações no comércio eletrônico deverão observar o cumprimento das condições da oferta, com a entrega dos produtos e serviços contratados, observados prazos, quantidade, qualidade e adequação, sob pena de incidência das sanções administrativas previstas no art. 56 do CDC.[125]

[125] Verificar nossos comentários nos itens 5.8.2 e 13.4.1 — uma análise da Lei n. 12.965, de 2014 (Marco Civil da Internet), do Decreto n. 8.771, de 2016, e do Decreto n. 7.962, de 2013, que dispõem sobre a contratação no comércio eletrônico —, bem como o Anexo deste livro e as referências expressas às relações via internet nos projetos de alteração do CDC.

No ano de 2014, foi finalmente editado o tão esperado Marco Civil da Internet, Lei n. 12.965, que deixou muito a desejar, pois não enfrentou pontos importantes e esperados pelos operadores do Direito.

Em seu art. 1º ficaram estabelecidos os propósitos da citada lei, quais sejam: princípios, garantias, direitos e deveres para o uso da internet no Brasil; e as diretrizes para atuação da União, dos Estados, do Distrito Federal e dos Municípios em relação à matéria.

São fundamentos do uso da internet no Brasil o respeito à liberdade de expressão, bem como: I — o reconhecimento da escala mundial da rede; II — os direitos humanos, o desenvolvimento da personalidade e o exercício da cidadania em meios digitais; III — a pluralidade e a diversidade; IV — a abertura e a colaboração; V — a livre-iniciativa, a livre concorrência e a defesa do consumidor; e VI — a finalidade social da rede (art. 2º).

O art. 3º da Lei n. 12.965 trata dos princípios da utilização da internet nos seguintes termos: "Art. 3º A disciplina do uso da internet no Brasil tem os seguintes princípios: I — garantia da liberdade de expressão, comunicação e manifestação de pensamento, nos termos da Constituição Federal; II — proteção da privacidade; III — proteção dos dados pessoais, na forma da lei; IV — preservação e garantia da neutralidade de rede; V — preservação da estabilidade, segurança e funcionalidade da rede, por meio de medidas técnicas compatíveis com os padrões internacionais e pelo estímulo ao uso de boas práticas; VI — responsabilização dos agentes de acordo com suas atividades, nos termos da lei; VII — preservação da natureza participativa da rede; VIII — liberdade dos modelos de negócios promovidos na internet, desde que não conflitem com os demais princípios estabelecidos nesta Lei. Parágrafo único. Os princípios expressos nesta Lei não excluem outros previstos no ordenamento jurídico pátrio relacionados à matéria ou nos tratados internacionais em que a República Federativa do Brasil seja parte".

No tocante aos objetivos do Marco Civil da Internet, cumpre destacar: I — promoção do direito de acesso à internet a todos; II — do acesso à informação, ao conhecimento e à participação na vida cultural e na condução dos assuntos públicos; III — da inovação e do fomento à ampla difusão de novas tecnologias e modelos de uso e acesso; e IV — da adesão a padrões tecnológicos abertos que permitam a comunicação, a acessibilidade e a interoperabilidade entre aplicações e bases de dados (art. 4º).

Um ponto polêmico diz respeito à responsabilidade do provedor de internet pelo conteúdo veiculado por terceiros. O art. 18 assim estabelece: "O provedor de conexão à internet não será responsabilizado civilmente por danos decorrentes de conteúdo gerado por terceiros".

Com o intuito de assegurar a liberdade de expressão e impedir a censura, o provedor de aplicações de internet somente poderá ser responsabilizado civilmente por danos decorrentes de conteúdo gerado por terceiros se, após ordem judicial específica, não tomar as providências para, no âmbito e nos limites técnicos do seu serviço e dentro do prazo assinalado, tornar indisponível o conteúdo apontado como infringente, ressalvadas as disposições legais em contrário (art. 19). A citada ordem judicial deverá conter identificação clara e específica do conteúdo apontado como infringente, que permita a localização inequívoca do material.

Percebam que num primeiro momento o provedor somente estaria obrigado a cumprir uma ordem judicial, como todo e qualquer cidadão ou empresário no gozo de suas capacidades mentais. Porém, o art. 21 estabelece que: "O provedor de aplicações de internet que disponibilize conteúdo gerado por terceiros será responsabilizado subsidiariamente pela violação da intimidade decorrente da divulgação, sem autorização de seus participantes, de imagens, de vídeos ou de outros materiais contendo cenas de nudez ou de atos sexuais de caráter privado quando, após o recebimento de notificação pelo participante ou seu representante legal, deixar de promover, de forma diligente, no âmbito e nos limites técnicos do seu serviço, a indisponibilização desse conteúdo". Mais uma vez a aludida notificação deverá conter, sob pena de nulidade, elementos que permitam a identificação específica do material apontado como violador da intimidade do participante e a verificação da legitimidade para apresentação do pedido.

Fazemos coro àqueles que se decepcionaram com o Marco Civil da Internet, pois não atendeu à tutela de todos os principais pontos que mereceriam proteção nas relações efetivadas pelos meios eletrônicos.

Como a tentativa de tentar minimizar essa má impressão, no ano de 2016 foi editado o Decreto n. 8.771, que regulamentou a Lei n. 12.965 e tratou das hipóteses admitidas de discriminação de pacotes de dados na internet e de degradação de tráfego, indicando procedimentos para guarda e proteção de dados por provedores de conexão e de aplicações, apontando medidas de transparência na requisição de dados cadastrais pela administração pública e estabelecendo parâmetros para fiscalização e apuração de infrações contidas no Marco Civil da Internet.

Um dos pontos interessantes do citado Decreto refere-se às diretrizes sobre os padrões de segurança na internet. Sobre o assunto, prevê o art. 13: "Os provedores de conexão e de aplicações devem, na guarda, armazenamento e tratamento de dados pessoais e comunicações privadas, observar as seguintes diretrizes sobre padrões de segurança: I — o estabelecimento de controle estrito sobre o acesso aos dados mediante a definição de responsabilidades das pessoas que terão possibilidade de acesso e de privilégios de acesso exclusivo para determinados usuários; II — a previsão de mecanismos de autenticação de acesso aos registros, usando, por exemplo, sistemas de autenticação dupla para assegurar a individualização do responsável pelo tratamento dos registros; III — a criação de inventário detalhado dos acessos aos registros de conexão e de acesso a aplicações, contendo o momento, a duração, a identidade do funcionário ou do responsável pelo acesso designado pela empresa e o arquivo acessado, inclusive para cumprimento do disposto no art. 11, § 3º, da Lei n. 12.965, de 2014; e IV — o uso de soluções de gestão dos registros por meio de técnicas que garantam a inviolabilidade dos dados, como encriptação ou medidas de proteção equivalentes".

Por fim, remetemos o leitor ao Anexo deste livro, que traz o Projeto de Lei n. 281, o qual insere no CDC uma Seção sobre o Comércio Eletrônico.

■ 2.4.3. Bens duráveis e não duráveis

Por mais que nenhum bem de consumo possa ser considerado eterno, podemos classificá-los em bens duráveis e não duráveis, de acordo com o maior ou menor grau de exaurimento em razão do uso.

No entendimento de Sergio Cavalieri Filho, os **bens "duráveis são os bens tangíveis que não se extinguem após o seu uso regular**. Foram feitos para durar, para serem utilizados várias vezes".[126] De fato, podemos citar como exemplos os veículos automotores, as peças de vestuário, os eletrodomésticos e os eletroeletrônicos, dentre outros.

No entanto, em razão de não durarem para sempre, mais cedo ou mais tarde sofrerão desgastes naturais que não poderão ser confundidos com vícios. De fato, o tempo faz com que as finalidades originais de produtos e de serviços deixem de ser as mesmas, e tal contexto não implicará necessariamente em inadequação do bem de consumo, mas em redução natural de sua eficiência ou até de seu desempenho funcional.

Por isso, quando analisarmos os prazos decadenciais do art. 26 do CDC que definem o lapso temporal para a reclamação de vícios nos produtos ou nos serviços, trabalharemos, conforme acima citado, com o **critério da vida útil** do bem de consumo.

No caso dos **bens não duráveis, são aqueles cujas finalidades para as quais se destinam desaparecem com o seu uso regular** em período curto de tempo. "A extinção pode ser imediata (alimentos, remédios, bebidas) ou paulatina (caneta, sabonete)", mas sempre será em prazo menor se comparado com os bens duráveis.[127] Esta distinção é tão relevante que os próprios prazos para reclamação

---

[126] CAVALIERI FILHO, Sergio. *Programa de direito do consumidor*, p. 74.

[127] CAVALIERI FILHO, Sergio. *Programa de direito do consumidor*, p. 74.

dos vícios também são diferentes, nos termos dos incisos I e II do art. 26 do Código de Defesa do Consumidor (prazos de 30 e de 90 dias, respectivamente).

2.4.4. Amostra grátis

Questão relevante muito comum de ser levantada quando do estudo de produtos como objeto da relação jurídica de consumo é saber se o bem entregue sem exigir contraprestação pecuniária do consumidor, mais conhecido como amostra grátis, está submetido a toda principiologia e exigências do Diploma Consumerista.

Pensemos no caso de uma mulher convidada para ser madrinha de um casamento que, na saída do *shopping center* onde comprou o par de sapatos a ser usado na cerimônia, deparou-se com um quiosque no qual pessoas distribuíam gratuitamente amostras de um xampu importado. Imediatamente, a amostra grátis foi recebida e utilizada pela agora "ex-madrinha", que nem foi ao casamento, pois, ao utilizar o produto em seus cabelos, teve a infeliz surpresa de se ver sem suas madeixas à frente do espelho.

Neste caso, em que o produto foi adquirido de forma gratuita e causou danos a esta consumidora, podemos aplicar as regras do CDC? **Entendemos que sim**, que a Lei n. 8.078/90 incide sobre as relações que possuem amostras grátis como objeto, basicamente pelos seguintes motivos:

- Primeiro, em razão de o **Código de Defesa do Consumidor**, ao definir produto no § 1º do art. 3º, **não exigir** que a forma de **aquisição** fosse **remunerada**, como o fez em relação à definição de serviço disposta no § 2º do mesmo dispositivo legal.
- Segundo, porque, diferentemente dos serviços, não conseguimos vislumbrar uma hipótese em que a entrega de produtos gratuitamente no mercado de consumo não tenha uma **finalidade lucrativa**. Trata-se de prática de ***marketing*** — a entrega de **amostra grátis** em local público — com o **objetivo de conquistar o consumidor** que, ao conhecer determinado produto e gostar dele, terá chances reais de optar por ele na próxima compra do mês, por exemplo.
- Por fim, em razão da **teoria do risco** que fundamenta a **responsabilidade objetiva** que é a regra do CDC. Estudaremos no momento oportuno que todo aquele que colocar produto ou serviço no mercado de consumo deverá arcar com os riscos da atividade desenvolvida. Assim, se o produto gratuito que visa conquistar o consumidor lhe causar algum dano, o respectivo fornecedor deverá responder pelo seu ressarcimento independentemente de comprovação de dolo ou de culpa.

A doutrina consumerista também reconhece o produto gratuito como objeto da relação jurídica de consumo. Destacamos o entendimento de Rizzatto Nunes, para quem "o produto entregue como amostra grátis está submetido a todas as exigências legais de qualidade, garantia, durabilidade, proteção contra vícios, defeitos etc.".[128]

2.4.5. Definição de produto no direito comparado

Doutrinador que bem abordou o tema sobre a definição dos objetos da relação jurídica de consumo no Direito estrangeiro foi Bruno Miragem.[129] Esquematizando seus ensinamentos, deparamo-nos com a seguinte visão alienígena sobre o assunto, em especial no que toca à definição de produto:

DIREITO BELGA	"optou por definir produto simplesmente como sendo os 'bens móveis corpóreos' (art. 1º, item 1, da lei Belga)";
DIREITO CANADENSE	"o Código Civil do Quebec refere-se aos contratos de consumo como sendo os relativos a 'bens e serviços' (art. 1.384 do Código Civil do Quebec), distinguindo-os dos demais contratos com respeito apenas à sua destinação";
DIREITO ALEMÃO	"a definição de consumidor prescindiu do conceito de produto, considerando que preferiu indicá-lo apenas genericamente como quem 'conclui um negócio', vinculando-o à finalidade não profissional e não comercial (§ 13 do BGB)";
DIREITO ITALIANO	"o recente Código de Consumo de 2005, refere produto como aquele disponível a título oneroso ou gratuito no âmbito de uma atividade comercial, independente do fato de que seja novo ou usado, excluindo apenas as peças de antiquário ou reutilizados para outro fim (art. 3, e)".

2.5. SERVIÇO COMO OBJETO DA RELAÇÃO DE CONSUMO

O Código de Defesa do Consumidor define serviço em seu art. 3º, § 2º, como: "qualquer atividade fornecida no mercado de consumo, mediante remuneração, inclusive as de natureza bancária, financeira, de crédito e securitária, salvo as decorrentes das relações de caráter trabalhista".

Conforme visto anteriormente, o serviço, para ser objeto da relação jurídica de consumo, deverá ser prestado por alguém que se enquadre no conceito de fornecedor e contratado, em contrapartida, pelo denominado consumidor (destinatário final ou por equiparação).

Assim, o CDC entrelaça mais uma vez o conceito de um elemento subjetivo à configuração dos sujeitos da relação de consumo. "Aqui o Código de Defesa do Consumidor abrange todo e qualquer tipo de serviço, entendido como uma

[128] NUNES, Luiz Antonio Rizzatto. *Curso de direito do consumidor*, p. 95.

[129] MIRAGEM, Bruno. *Curso de direito do consumidor*, p. 103.

utilidade usufruída pelo consumidor, e prestada por um fornecedor determinado, *num facere* (fazer)."[130]

A definição legal de serviço nos chama a atenção ainda sobre três aspectos que serão devidamente analisados nos subitens a seguir:

- exigência de remuneração;
- exclusão das relações trabalhistas;
- rol exemplificativo de serviços, com destaque para a inclusão dos serviços bancários.

2.5.1. Exigência de remuneração

A doutrina já consagrou a tese de que tanto a **remuneração direta como a indireta** são suficientes para configurar a remuneração exigida pelo Código de Defesa do Consumidor ao caracterizar o serviço como objeto da relação de consumo.

Por remuneração direta entende-se a contraprestação imediata feita pelo consumidor ao utilizar um serviço no mercado de consumo. Cita-se, como exemplo, o pagamento em pecúnia efetuado pelo consumidor imediatamente após utilizar o estacionamento de um *shopping center*.

Entretanto, constatou-se que além desta forma de remunerar um serviço existiam outras, ou seja, muitos serviços considerados "gratuitos" num primeiro momento continham remuneração embutida a ponto de não se enquadrarem no conceito de meras benesses. Eis que surge a identificação da **remuneração indireta**, que tem como exemplo clássico o **estacionamento "gratuito" do *shopping center***, que não deixa de ser remunerado, uma vez que o valor deste serviço está embutido nos diversos produtos vendidos nesses centros de compras.

O **Superior Tribunal de Justiça** também **acolheu a tese** da remuneração indireta como requisito suficiente para caracterizar o serviço objeto da relação de consumo, conforme posicionamento inserto no Recurso Especial 566.468, no qual entendeu que "para a caracterização da relação de consumo, o serviço pode ser prestado pelo fornecedor mediante remuneração obtida de forma indireta" (Ministro Relator Jorge Scartezzini, 4ª T., *DJ* 17-12-2004).

Em tempos em que quase todas as compras são efetuadas por meio de cartões de crédito com o objetivo de o consumidor acumular "milhas" e beneficiar-se, por exemplo, de serviços como o de transportes aéreos "gratuitos", importantíssima a observação de que tais atividades nada possuem de cortesia e benesse,

[130] FILOMENO, José Geraldo Brito. *Manual de direitos do consumidor*, p. 47.

muito pelo contrário, são práticas que visam fidelizar o consumidor a ponto de adquirirem e contratarem cada vez mais pelos seus serviços, caracterizando verdadeira forma de remuneração indireta.

No tocante à cobrança indireta, destaca-se a posição de Rizzatto Nunes no sentido de que "ela pode nem estar ligada ao consumidor beneficiário da suposta 'gratuidade'".[131] Exemplifica com o caso do estacionamento grátis no *shopping,* em que "o beneficiário pode não adquirir qualquer produto e ainda assim tem-se de falar em custo. Nesse caso é outro consumidor que paga, ou melhor, são todos os outros consumidores que pagam".[132]

Assim, levando-se em conta que o Código de Defesa do Consumidor substituiu a classificação de negócios onerosos e gratuitos pela de remunerados e não remunerados, importante ressaltarmos os ensinamentos de Lima Marques, que enxerga três possibilidades sobre o tema:[133]

- ou o **serviço é remunerado diretamente** pelo consumidor;
- ou o **serviço não é oneroso** para o consumidor, **mas remunerado indiretamente**, não havendo enriquecimento ilícito do fornecedor, pois o seu enriquecimento tem causa no contrato de fornecimento de serviço, causa esta que é justamente a remuneração indireta do fornecedor;
- ou o **serviço não é oneroso de maneira nenhuma** (serviço gratuito totalmente) nem o fornecedor remunerado de nenhuma maneira, pois, se este fosse "remunerado" indiretamente, haveria enriquecimento sem causa de uma das partes.

E a conclusão da autora é a de que a "gratuidade não deixa de ser uma falácia".[134] Tal assertiva busca amparo no fato de que "no mercado de consumo, em quase todos os casos, há remuneração do fornecedor, direta ou indireta, há 'enriquecimento' dos fornecedores pelos serviços ditos 'gratuitos', que é justamente sua remuneração".[135]

Em suma, são três as situações envolvendo remuneração ou não do serviço no mercado de consumo:

---

[131] NUNES, Luiz Antonio Rizzatto. *Curso de direito do consumidor*, p. 102.

[132] NUNES, Luiz Antonio Rizzatto. *Curso de direito do consumidor*, p. 102.

[133] BENJAMIN, Antônio Herman de V.; MARQUES, Claudia Lima; BESSA, Leonardo Roscoe. *Manual de direito do consumidor,* p. 103.

[134] BENJAMIN, Antônio Herman de V.; MARQUES, Claudia Lima; BESSA, Leonardo Roscoe. *Manual de direito do consumidor,* p. 102-103.

[135] BENJAMIN, Antônio Herman de V.; MARQUES, Claudia Lima; BESSA, Leonardo Roscoe. *Manual de direito do consumidor,* p. 103.

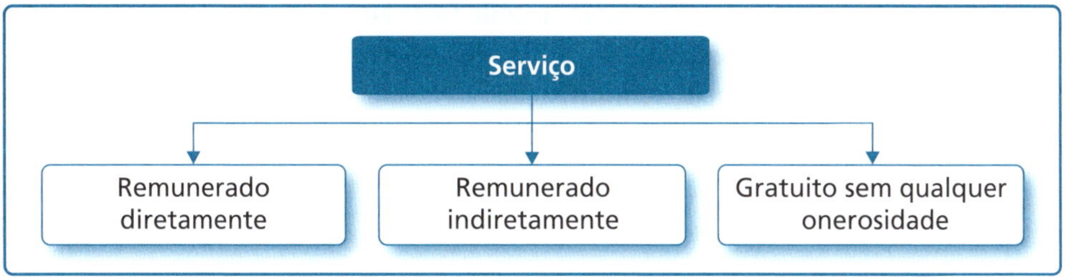

Por outro lado, **serviço totalmente gratuito**, que estaria fora do conceito de objeto da relação de consumo, seria aquele prestado:

- sem qualquer tipo de remuneração (nem direta, nem indireta), isto é, não há ressarcimento dos custos de forma alguma; ou
- em razão da natureza do serviço, o seu prestador não tenha cobrado o preço.

Quem fornece o exemplo de serviço prestado como verdadeira benesse é Rizzatto Nunes, ao destacar o caso do "médico que atenda uma pessoa que está passando mal na rua e nada cobre por isso enquadra-se na hipótese legal de não recebimento de remuneração".[136]

Por fim, ressalta-se que o próximo capítulo tratará exclusivamente dos serviços públicos e a incidência do CDC; entretanto, permitimo-nos adentrar ao tema para discordarmos, *data venia*, da posição do Superior Tribunal de Justiça exarada no Recurso Especial *infra* que entendeu pela não incidência do Diploma Consumerista ao serviço público de saúde por não considerá-lo um serviço remunerado:

> PROCESSUAL CIVIL. RECURSO ESPECIAL. EXCEÇÃO DE COMPETÊNCIA. AÇÃO INDENIZATÓRIA. PRESTAÇÃO DE SERVIÇO PÚBLICO. AUSÊNCIA DE REMUNERAÇÃO. RELAÇÃO DE CONSUMO NÃO CONFIGURADA. DESPROVIMENTO DO RECURSO ESPECIAL.
>
> 1. Hipótese de discussão do foro competente para processar e julgar ação indenizatória proposta contra o Estado, em face de morte causada por prestação de **serviços médicos em hospital público**, sob a alegação de existência de relação de consumo.
>
> 2. O conceito de "serviço" previsto na legislação consumerista exige para a sua configuração, necessariamente, que a atividade seja prestada mediante remuneração (art. 3º, § 2º, do CDC).

[136] NUNES, Luiz Antonio Rizzatto. *Curso de direito do consumidor*, p. 102.

> 3. Portanto, no caso dos autos, **não se pode falar em prestação de serviço subordinada às regras previstas no Código de Defesa do Consumidor, pois inexistente qualquer forma de remuneração** direta referente ao serviço de saúde prestado pelo hospital público, o qual pode ser classificado como uma atividade geral exercida pelo Estado à coletividade em cumprimento de garantia fundamental (art. 196 da CF).
>
> 4. Referido serviço, em face das próprias características, normalmente é prestado pelo Estado de maneira universal, o que impede a sua individualização, bem como a mensuração de remuneração específica, afastando a possibilidade da incidência das regras de competência contidas na legislação específica.
>
> 5. Recurso especial desprovido (REsp 493.181/SP, Ministra Relatora Denise Arruda, 1ª T., *DJ* 1º-2-2006).

Analisaremos no momento oportuno que a não incidência do CDC aos serviços de saúde pública deve-se ao fato de estes serviços serem remunerados, sim, mas por impostos, que têm natureza de espécie tributária, portanto cogente e incompatível com a incidência do Código do Consumidor, que pressupõe a facultatividade da relação.

2.5.2. A exclusão das relações trabalhistas

Basicamente são três os fundamentos da exclusão das relações trabalhistas como objeto da relação jurídica de consumo na visão da doutrina:[137]

- existência de lei específica regulatória das relações empregatícias, a Consolidação das Leis do Trabalho — CLT;
- a posição constitucional em que se encontram os direitos dos trabalhadores (direitos fundamentais sociais, arts. 6º e 7º da Constituição Federal);
- uma justiça especializada para dirimir os conflitos de interesses decorrentes das relações de emprego (a Justiça do Trabalho).

Ademais, imprescindível muito cuidado para não excluirmos relações aparentemente trabalhistas que, em verdade, são relações típicas de consumo.

O autor desta lembrança foi José Geraldo Brito Filomeno, para quem "não poderão ser objeto das disposições do Código de Defesa do Consumidor *as relações de caráter trabalhista,* exceto no que diz respeito à chamada *locação de serviços,* ou, então, as *empreitadas de mão de obra* ou de *empreitada mista* (*i. e.,* mão de obra e materiais), exclusão essa presente nos diplomas legais de todos os

[137] MIRAGEM, Bruno. *Curso de direito do consumidor*, p. 106.

países que dispõem de leis ou códigos de defesa do consumidor, como, por exemplo, de Portugal, Espanha, México, Venezuela e outros".[138]

2.5.3. Os serviços bancários como objeto da relação de consumo

Dentre os **serviços integrantes** do rol exemplificativo do **§ 2º do art. 3º do CDC**, destacam-se os **serviços bancários** em razão de toda a polêmica que esteve presente desde a época da discussão do anteprojeto sobre sua inclusão ou não como objeto da relação de consumo, até os dias atuais, em que sempre aparece um projeto de lei com o intuito de excluir as atividades bancárias do conceito de serviço de consumo.

Segundo Bruno Miragem, a referência expressa dos serviços bancários no Código do Consumidor "tem razão de ser em face de uma discussão original no direito brasileiro, se poderiam os correntistas ou investidores que para tais fins realizassem contratos bancários, serem considerados consumidores. Isto porque, dentre os argumentos contrários à aplicação do CDC aos titulares de contas correntes em bancos, argumentava-se que nesta condição não se encontravam na qualidade de destinatário final, uma vez que realizavam em verdade um depósito, cujos recursos deixados sob a guarda do banco seriam todos devolvidos ao próprio correntista, ou a quem este determinasse".[139]

A questão mais polêmica sobre o tema envolveu o depósito realizado em caderneta de poupança, que, sob o fundamento de tratar-se de serviço não remunerado, não seria passível de regulamentação pela lei do consumidor.

Porém, em 2001, entendeu o STJ no julgamento do Recurso Especial 106.888 que o "Código de Defesa do Consumidor (Lei n. 8.078/90) é aplicável aos contratos firmados entre as instituições financeiras e seus clientes referentes à caderneta de poupança".

Assim, **prevaleceu na doutrina e na jurisprudência do Superior Tribunal de Justiça e do Supremo Tribunal Federal a incidência do CDC aos serviços bancários** em razão de suas atividades se enquadrarem, sim, no conceito de objeto das relações de consumo.

Visão clássica na doutrina sobre o tema vem de Nelson Nery Jr., que trouxe os motivos da inserção das atividades bancárias na definição de serviços sobre os quais recaem as regras da Lei n. 8.078/90:[140]

---

[138] FILOMENO, José Geraldo Brito. *Manual de direitos do consumidor*, p. 60.

[139] MIRAGEM, Bruno. *Curso de direito do consumidor*, p. 107.

[140] Apud GRINOVER, Ada Pellegrini; BENJAMIN, Antônio Herman de V.; FINK, Daniel Roberto; FILOMENO, José Geraldo Brito; NERY JR., Nelson; DENARI, Zelmo. *Código Brasileiro de Defesa do Consumidor*, p. 55-56.

- por serem **remunerados** (e muito bem remunerados, diga-se de passagem);
- por serem **oferecidos de modo amplo e geral**, portanto despersonalizado;
- por serem **vulneráveis os tomadores** de tais serviços, na nomenclatura própria do CDC (não apenas no aspecto econômico, mas também técnico, jurídico-científico e informacional);
- pela **habitualidade e profissionalismo** na sua prestação (percebam que basta a habitualidade para caracterizar o fornecedor na relação de consumo, mas no caso dos serviços bancários o *plus* do profissionalismo faz-se presente).

Mesmo com o assunto consolidado na lei, bem como entre os estudiosos do Direito, o tema foi levado inúmeras vezes à apreciação do **STJ**, que não vacilou e acabou por editar no ano de 2004 a **Súmula 297**, com o seguinte teor: **"O Código de Defesa do Consumidor é aplicável às instituições financeiras"**.[141]

Não satisfeita com a pacificação do assunto na jurisprudência do Superior Tribunal de Justiça, a **CONSIF** (Confederação Nacional do Sistema Financeiro) levou a questão à apreciação do **Supremo Tribunal Federal**. Trata-se da **Ação Direta de Inconstitucionalidade n. 2.591**, que teve, em resumo, a pretensão de "que não fossem consideradas 'relações de consumo' as cadernetas de poupança, os depósitos bancários, os contratos de mútuo, os de utilização de cartões de crédito, os de seguro, os de abertura de crédito e todas as operações bancárias, ativas e passivas, sob a alegação de que o vício de inconstitucionalidade estaria na **ofensa ao art. 192 da Carta Magna**, visto que a **regulação do Sistema Financeiro Nacional seria matéria de lei complementar, e não do Código de Defesa do Consumidor, uma lei ordinária**".[142]

De fato, o art. 192 da Constituição Federal estabelece que o sistema financeiro nacional será regulado por leis complementares e, realmente, o Código de Defesa do Consumidor — Lei n. 8.078/90 — tem natureza de lei ordinária. Mas a questão que se levantou à época foi: o CDC regulamenta o sistema financeiro nacional?

Na sequência, um resumo dos principais votos dos Ministros do STF no julgamento da ADI 2.591:

---

[141] Tal incidência vale ainda para os contratos de aplicação financeira. Nesse sentido, o STJ: "Por estar caracterizada relação de consumo, incidem as regras do CDC aos contratos relativos a aplicações em fundos de investimento celebrados entre instituições financeiras e seus clientes. Enunciado n. 297 da Súmula do STJ" (REsp 656.932/SP, Rel. Ministro Antonio Carlos Ferreira, 4ª T., *DJe* 2-6-2014).

[142] CAVALIERI FILHO, Sergio. *Programa de direito do consumidor*, p. 85.

MINISTRO DO STF	VOTO
CARLOS VELLOSO	■ **Julgou procedente em parte**, admitindo a incidência do CDC às atividades bancárias, mas decidiu pela interpretação conforme à Constituição do § 2º do art. 3º do aludido Diploma para dela afastar a exegese que nela inclua a taxa dos juros das operações bancárias ou sua fixação em 12% ao ano, dado que essa questão diz respeito ao sistema financeiro nacional (art. 192, § 3º, da CF — antes da sua revogação).
SEPÚLVEDA PERTENCE	■ **Julgou improcedente** a ação sob o fundamento de que não há nada no Código de Defesa do Consumidor que estivesse compreendido na disciplina reservada à lei complementar pelo art. 192 da Constituição. Ademais, entendeu por prejudicada a ADI no tocante à limitação dos juros em 12% ao ano em razão da revogação do § 3º do art. 192 da Constituição Federal, pela Emenda 40, de 2003.
NÉRI DA SILVEIRA	■ **Julgou improcedente** a ação, de tal maneira que o Código do Consumidor deverá continuar a ser aplicado às relações envolvendo atividades bancárias e, caso surja algum conflito com o sistema financeiro nacional, a questão será resolvida especificamente.
NELSON JOBIM	■ **Julgou procedente em parte** a ADI no sentido de que a **incidência do CDC somente** seria possível nas relações oriundas dos **serviços bancários e impossível sua aplicação** em face das **operações bancárias**, estas reguladas pelo Sistema Financeiro Nacional. Logo, as operações bancárias seriam controladas pelo BACEN, e os clientes bancários, para essas operações, submetidos a um sistema próprio de proteção. Já os serviços bancários, por serem atividades desatreladas do sistema financeiro — não tendo por objeto dinheiro ou crédito —, estão submetidos à incidência do CDC. Os clientes bancários dessas atividades são equiparados a consumidores e protegidos pelos órgãos oficiais de defesa do consumidor, além do Ministério Público.
EROS GRAU	■ Entendeu **inexistirem dúvidas de que a relação entre banco e cliente é, nitidamente, uma relação de consumo**, protegida constitucionalmente. Entendeu que o Banco Central deve continuar a exercer o controle e revisão de eventual abusividade, onerosidade excessiva e outras distorções na composição contratual da taxa de juros no tocante ao quanto exceda a taxa base.
JOAQUIM BARBOSA	■ **Julgou improcedente** no mesmo sentido do Min. Néri da Silveira, ou seja, não há falar em interpretação conforme, pois inexiste inconstitucionalidade a ser declarada. Na mesma linha, seguiram os Min. Carlos Ayres Britto, Cezar Peluso, Ellen Gracie, Marco Aurélio de Mello e Celso de Mello.

O **resultado** final do julgamento da ADI em apreço foi **por maioria pela improcedência da ação**, deixando bem claro que, também **para o Pretório Excelso, o CDC incide** nas relações de consumo oriundas das **atividades bancárias**. Seguem os principais pontos do Acórdão publicado em 29 de setembro de 2006:

> "**As instituições financeiras estão, todas elas, alcançadas pela incidência das normas veiculadas pelo Código de Defesa do Consumidor.**
>
> 'Consumidor', para os efeitos do Código de Defesa do Consumidor, é toda pessoa física ou jurídica que utiliza, como destinatário final, atividade bancária, financeira e de crédito.
>
> O preceito veiculado pelo art. 3º, § 2º, do Código de Defesa do Consumidor deve ser interpretado em coerência com a Constituição, o que importa em que o custo das operações ativas e a remuneração das operações passivas praticadas por instituições financeiras na exploração da intermediação de dinheiro na economia estejam excluídas da sua abrangência.

> **Ao Conselho Monetário Nacional incumbe a fixação, desde a perspectiva macroeconômica, da taxa base de juros praticável no mercado financeiro.**
>
> O Banco Central do Brasil está vinculado pelo dever-poder de fiscalizar as instituições financeiras, em especial na estipulação contratual das taxas de juros por elas praticadas no desempenho da intermediação de dinheiro na economia.
>
> **Ação direta julgada improcedente**, afastando-se a exegese que submete às normas do Código de Defesa do Consumidor [Lei n. 8.078/90] a definição do custo das operações ativas e da remuneração das operações passivas praticadas por instituições financeiras no desempenho da intermediação de dinheiro na economia, sem prejuízo do controle, pelo Banco Central do Brasil, e do controle e revisão, pelo Poder Judiciário, nos termos do disposto no Código Civil, em cada caso, de eventual abusividade, onerosidade excessiva ou outras distorções na composição contratual da taxa de juros. Art. 192, da CB/88. Norma-objetivo. Exigência de lei complementar exclusivamente para a regulamentação do sistema financeiro.
>
> O preceito veiculado pelo art. 192 da Constituição do Brasil consubstancia norma-objetivo que estabelece os fins a serem perseguidos pelo sistema financeiro nacional, a promoção do desenvolvimento equilibrado do País e a realização dos interesses da coletividade.
>
> **A exigência de lei complementar veiculada pelo art. 192 da Constituição abrange exclusivamente a regulamentação da estrutura do sistema financeiro.** Conselho Monetário Nacional. Art. 4º, VIII, da Lei n. 4.595/64.[143] Capacidade normativa atinente à constituição, funcionamento e fiscalização das instituições financeiras. Ilegalidade de resoluções que excedem essa matéria.
>
> O Conselho Monetário Nacional é titular de capacidade normativa — a chamada capacidade normativa de conjuntura — no exercício da qual lhe incumbe regular, além da constituição e fiscalização, o funcionamento das instituições financeiras, isto é, o desempenho de suas atividades no plano do sistema financeiro.
>
> Tudo o quanto exceda esse desempenho não pode ser objeto de regulação por ato normativo produzido pelo Conselho Monetário Nacional.
>
> A produção de atos normativos pelo Conselho Monetário Nacional, quando não respeitem ao funcionamento das instituições financeiras, é abusiva, consubstanciando afronta à legalidade".

Em posterior julgamento dos Embargos de Declaração propostos pelas entidades de defesa do consumidor BRASILCON e IDEC, posicionou-se de forma coerente o STF ao entender que: "Embargos de declaração providos para reduzir o teor da ementa referente ao julgamento da Ação Direta de Inconstitucionalidade n. 2.591, que passa a ter o seguinte conteúdo, dela excluídos enunciados em rela-

[143] A citada Lei foi amplamente alterada no ano de 2017 pela Lei n. 13.506.

ção aos quais não há consenso: '1. **As instituições financeiras estão, todas elas, alcançadas pela incidência das normas veiculadas pelo Código de Defesa do Consumidor**. 2. 'Consumidor', para os efeitos do Código de Defesa do Consumidor, é toda pessoa física ou jurídica que utiliza, como destinatário final, atividade bancária, financeira e de crédito. 3. Ação direta julgada improcedente'".

A respeito do julgamento da aludida ação direta de inconstitucionalidade, restou claro o posicionamento do **Supremo Tribunal Federal** no sentido de **não admitir a interferência do Poder Judiciário na fixação dos juros bancários**, sendo esta uma **atribuição do Conselho Monetário Nacional**. Ademais, é competência do **Banco Central do Brasil** fiscalizar as instituições financeiras, em especial na estipulação contratual das taxas de juros por elas praticadas no desempenho da intermediação de dinheiro na economia.

O tema é relevante, pois, enquanto o julgamento da ADI 2.591 não havia sido concluído, sobreveio a Emenda Constitucional n. 40, de 2003, que alterou a redação do art. 192 da Constituição e revogou incisos, alíneas e parágrafos, dentre os quais o § 3º, que previa o limite de juros reais em 12% ao ano.

Assim, conjugando a decisão do STF *supra* com a nova redação dada ao art. 192 da CF, editou o **Superior Tribunal de Justiça** a Súmula 382, que dispõe: **"A estipulação de juros remuneratórios superiores a 12% ao ano, por si só, não indica abusividade"**. Desde que dentro de uma média de mercado, não são abusivos os juros remuneratórios superiores a 12% ao ano.

Tal posicionamento não retrocedeu no tocante à incidência do CDC em relação aos contratos bancários em que, por exemplo, os juros remuneratórios são estipulados. Assim, caso o contrato bancário não estipule percentual algum dos juros a serem cobrados, deixando ao arbítrio da instituição financeira a fixação deste percentual, caberá a aplicação do Código do Consumidor para coibir tal prática abusiva.[144]

Por outro lado, não podemos confundir os juros remuneratórios (devidos como forma de compensar ou remunerar o capital) com os juros moratórios (decorrentes do atraso no pagamento). Neste último caso, prevalece o entendimento de que não poderão ser superiores a 12% ao ano. O STJ sumulou a questão no Enunciado de n. 379: "Nos contratos bancários não regidos por legislação específica, **os juros moratórios poderão ser convencionados até o limite de 1% ao mês**".

Os posicionamentos consagrados no STF e no STJ, no sentido de que o Poder Judiciário não tem competência para intervir na fixação dos juros remuneratórios, não excluem a possibilidade de o juiz, uma vez provocado, reconhecer da abusivi-

[144] Nesse sentido, REsp 715.894.

dade de um contrato bancário que não fixa qualquer percentual de juros no instrumento de adesão e deixa ao arbítrio da instituição financeira cobrar quanto ela quiser do consumidor. Sobre o tema, cumpre destacar o teor da Súmula 530 do STJ que estabelece: "Nos contratos bancários, na impossibilidade de comprovar a taxa de juros efetivamente contratada — por ausência de pactuação ou pela falta de juntada do instrumento aos autos —, aplica-se a taxa média de mercado, divulgada pelo Bacen, praticada nas operações da mesma espécie, salvo se a taxa cobrada for mais vantajosa para o devedor" (2ª Seção, aprovada em 13-5-2015, *DJe* 18-5-2015).

Julgado interessante foi o proferido pelo Superior Tribunal de Justiça no REsp 1.510.310/RS, em 3 de outubro de 2017, quando firmou posicionamento de que, em se tratando de conta corrente conjunta solidária, na ausência de comprovação dos valores que integram o patrimônio de cada um, presume-se a divisão do saldo em partes iguais, de forma que os atos praticados por quaisquer dos titulares em suas relações com terceiros não afetam os demais correntistas:

> CIVIL, PROCESSO CIVIL E **BANCÁRIO**. RECURSO ESPECIAL. OMISSÃO, CONTRADIÇÃO E OBSCURIDADE. AUSÊNCIA. EMBARGOS DE TERCEIRO. **BLOQUEIO DE VALOR DEPOSITADO EM CONTA CORRENTE CONJUNTA. NÃO OCORRÊNCIA DE SOLIDARIEDADE PASSIVA EM RELAÇÃO A TERCEIROS. NÃO COMPROVAÇÃO DA TITULARIDADE INTEGRAL. PENHORA. APENAS DA METADE PERTENCENTE AO EXECUTADO**. (...) 4. **Há duas espécies de conta corrente bancária: (i) individual (ou unipessoal); e (ii) coletiva (ou conjunta). A conta corrente bancária coletiva pode ser (i) fracionária ou (ii) solidária**. A fracionária é aquela que é movimentada por intermédio de todos os titulares, isto é, sempre com a assinatura de todos. Na conta solidária, cada um dos titulares pode movimentar a integralidade dos fundos disponíveis. 5. **Na conta corrente conjunta solidária, existe solidariedade ativa e passiva entre os correntistas apenas em relação à instituição financeira mantenedora da conta corrente, de forma que os atos praticados por qualquer dos titulares não afeta os demais correntistas em suas relações com terceiros**. Precedentes. 6. **Aos titulares da conta corrente conjunta é permitida a comprovação dos valores que integram o patrimônio de cada um, sendo certo que, na ausência de provas nesse sentido, presume-se a divisão do saldo em partes iguais**. Precedentes do STJ. 7. Na hipótese dos autos, segundo o Tribunal de origem, não houve provas que demonstrassem a titularidade exclusiva da recorrente dos valores depositados em conta corrente conjunta. 8. Mesmo diante da ausência de comprovação da propriedade, a constrição não pode atingir a integralidade dos valores contidos em conta corrente conjunta, mas apenas a cota-parte de cada titular. 9. Na controvérsia em julgamento, a constrição poderá recair somente sobre a metade pertencente ao executado, filho da recorrente. 10. Recurso especial conhecido e provido (REsp 1.510.310/RS, Rel. Ministra Nancy Andrighi, 3ª T., *DJe* 13-10-2017).

Outras súmulas relevantes e afetas a disciplinar os serviços bancários são:

Súmula 322 do STJ: "Para a devolução de indébito, nos contratos de abertura de crédito em conta corrente, não se exige a prova do erro".

Súmula 381 do STJ: "Nos contratos bancários, é vedado ao julgador conhecer, de ofício, da abusividade das cláusulas".

Súmula 388 do STJ: "A simples devolução indevida de cheque caracteriza dano moral".

Súmula 479 do STJ: "As instituições financeiras respondem objetivamente pelos danos gerados por fortuito interno relativo a fraudes e delitos praticados por terceiros no âmbito de operações bancárias".

Súmula 541 do STJ: "A previsão no contrato bancário de taxa de juros anual superior ao duodécuplo da mensal é suficiente para permitir a cobrança da taxa efetiva anual contratada" (2ª Seção, julgado em 10-6-2015, *DJe* 15-6-2015).

Súmula 566 do STJ: "Nos contratos bancários posteriores ao início da vigência da Resolução-CMN n. 3.518/2007, em 30-4-2008, pode ser cobrada a tarifa de cadastro no início do relacionamento entre o consumidor e a instituição financeira" (2ª Seção, julgado em 24-2-2016, *DJe* 29-2-2016).

Súmula 565 do STJ: "A pactuação das tarifas de abertura de crédito (TAC) e de emissão de carnê (TEC), ou outra denominação para o mesmo fato gerador, é válida apenas nos contratos bancários anteriores ao início da vigência da Resolução-CMN n. 3.518/2007, em 30-4-2008" (2ª Seção, julgado em 24-2-2016, *DJe* 29-2-2016).

Súmula 603 do STJ: "É vedado ao banco mutuante reter, em qualquer extensão, os salários, vencimentos e/ou proventos de correntista para adimplir o mútuo (comum) contraído, ainda que haja cláusula contratual autorizativa, excluído o empréstimo garantido por margem salarial consignável, com desconto em folha de pagamento, que possui regramento legal específico e admite a retenção de percentual" (2ª Seção, julgado em 22-2-2018, *DJe* 26-2-2018).

■ 2.6. RELAÇÃO JURÍDICA DE CONSUMO — CASOS ESPECIAIS

A evolução histórica da vigência da Lei n. 8.078/90 nos mostrou a existência de relações que nos deixaram em dúvida a respeito da incidência ou não do Código de Defesa do Consumidor. Neste item, trabalharemos com casos especiais em que a jurisprudência do Superior Tribunal de Justiça reconheceu a existência da relação jurídica de consumo e, em outras situações, em que tal relação não restou configurada.

■ 2.6.1. Da existência de relação jurídica de consumo em casos especiais

■ *2.6.1.1. Relação entre entidade de previdência privada e seus participantes*

O art. 3º, § 2º, do Código de Defesa do Consumidor, ao definir serviço como objeto da relação jurídica de consumo, incluiu, dentre outras atividades, a securitária. Esta atividade abrange, sem qualquer dúvida, as relações oriundas da atividade de **entidade de previdência privada e seus participantes.**

Nesse sentido, destaca-se a Súmula 321 do STJ, que dispõe: **"O Código de Defesa do Consumidor é aplicável à relação jurídica entre a entidade de previdência privada e seus participantes"**. Sobre o tema, cumpre ressaltar que a 2ª Seção do STJ, na sessão de 24-2-2016, ao apreciar o Projeto de Súmula n. 627 e o julgado no REsp 1.536.786/MG, determinou o CANCELAMENTO da Súmula 321 do STJ (*DJe* 29-2-2016).

Muito cuidado nesse ponto, portanto, pois a incidência do CDC somente será cabível em se tratando de entidade de previdência complementar aberta. Por outro lado, em sendo entidade fechada, a incidência do CDC não será permitida. Esta é a nova posição do STJ, nos termos da **Súmula 563: "O Código de Defesa do Consumidor é aplicável às entidades abertas de previdência complementar, não incidindo nos contratos previdenciários celebrados com entidades fechadas"** (2ª Seção, julgado em 24-2-2016, *DJe* 29-2-2016).

O Superior Tribunal de Justiça identificou as principais diferenças entre as entidades de previdência privada abertas e fechadas e o porquê da incidência do CDC para aquelas e impossibilidade para estas: "(...) conforme disposto no art. 36 da Lei Complementar n. 109/2001, as entidades abertas de previdência complementar, equiparadas por lei às instituições financeiras, são constituídas unicamente sob a forma de sociedade anônima. Elas, salvo as instituídas antes da mencionada lei, têm, pois, necessariamente, finalidade lucrativa e são formadas por instituições financeiras e seguradoras, autorizadas e fiscalizadas pela Superintendência de Seguros Privados — Susep, vinculada ao Ministério da Fazenda, tendo por órgão regulador o Conselho Nacional de Seguros Privados — CNSP. (...) 5. No tocante às entidades fechadas, o artigo 34, I, da Lei Complementar n. 109/2001 deixa límpido que 'apenas' administram os planos, havendo, conforme dispõe o art. 35 da Lei Complementar n. 109/2001, gestão compartilhada entre representantes dos participantes e assistidos e dos patrocinadores nos conselhos deliberativo (órgão máximo da estrutura organizacional) e fiscal (órgão de controle interno). Ademais, os valores alocados ao fundo comum obtido, na verdade, pertencem aos participantes e beneficiários do plano, existindo explícito mecanismo de solidariedade, de modo que todo excedente do fundo de pensão é aproveitado em favor de seus próprios integrantes" (REsp 1.536.786/MG, Rel. Ministro Luis Felipe Salomão, 2ª Seção, *DJe* 20-10-2015).

■ 2.6.1.2. *Relação entre bancos de sangue e doador*

Questão relevante consiste em saber se incide o CDC a uma relação estabelecida entre banco de sangue e doador quando, por exemplo, postula-se indenização por erro no diagnóstico de alguma doença.

A resposta foi afirmativa na visão do STJ ao julgar o Recurso Especial 540.922 no ano de 2009, afirmando que: "A **coleta de sangue** de doador, exercida pelo hemocentro como parte de sua atividade comercial, **configura-se como serviço** para fins de enquadramento **no Código de Defesa do Consumidor**, de sorte que a regra de foro privilegiado prevista no art. 101, I, se impõe para efeito de firmar a competência do foro do domicílio da autora para julgar **ação indenizatória por dano moral em razão de alegado erro** no fornecimento de informação sobre **doença inexistente** e registro negativo em bancos de sangue do país".

■ 2.6.1.3. *Relação entre emissora de TV e telespectador*

É vacilante a jurisprudência do Superior Tribunal de Justiça a respeito da incidência ou não do Código do Consumidor nas relações existentes entre emissora de TV e telespectador. No tocante à veiculação de eventual publicidade abusiva ou enganosa, o STJ já entendeu pela não responsabilidade do veículo de comunicação, pois, nos termos do parágrafo único do art. 36 do CDC, bem como do art. 38 do mesmo Diploma, é ônus do fornecedor comprovar os dados fáticos, técnicos e científicos que dão sustentação à mensagem publicitária.[145]

Entretanto, vão existir situações em que a emissora de TV não será uma simples intermediária que veicula uma publicidade enganosa ou abusiva, ou seja, ocorrerão hipóteses em que o canal de televisão prestará um serviço diretamente, como a realização de um jogo — como ocorreu com o **Show do Milhão** — e, existindo qualquer tipo de abusividade na relação estabelecida, cabível a incidência do Diploma Consumerista.[146]

Nesse sentido, foi a decisão do STJ ao apreciar o REsp 436.135, entendendo que: "**A emissora de televisão presta um serviço e como tal se subordina às regras do Código de Defesa do Consumidor**. Divulgação de concurso com promessa de recompensa segundo critérios que podem prejudicar o participante. Manutenção da liminar para suspender a prática. Recurso não conhecido".

Diante do caso apreciado, a grande pergunta que se faz é: poderíamos utilizar o mesmo raciocínio do aludido julgado para responsabilizarmos nos termos do CDC a emissora de TV que figurar como administradora de um *reality show* quando cometer práticas abusivas perante os seus participantes, bem como em face da coletividade de telespectadores? Entendemos que sim.

---

[145] Nesse sentido, foi o posicionamento do STJ ao julgar o REsp 1.157.228 em 3-2-2011.

[146] Nesse sentido, foi o posicionamento do STJ ao julgar o REsp 1.383.437 em 27-8-2013: "RECURSO ESPECIAL. AÇÃO INDENIZATÓRIA. PROGRAMA TELEVISIVO DE PERGUNTAS E RESPOSTAS — BOA-FÉ OBJETIVA DO PARTICIPANTE — CONTRATO QUE ESTABELECIA OBRA-BASE COMPOSTA DE DUAS PARTES, UMA REAL E OUTRA FICTÍCIA — CONTRATO QUE NÃO OBRIGAVA A RESPONDER ERRADO DE ACORDO COM PARTE FICTÍCIA DA OBRA-BASE — PERDA DE UMA CHANCE — PECULIARIDADES DO CASO — PREQUESTIONAMENTO INEXISTENTE — APLICAÇÃO DAS SÚMULAS 5, 7, 282 E 356 DO STF".

■ 2.6.1.4. *Relação entre cooperativa de assistência à saúde e filiados*

Outro tema polêmico envolve saber se o fato de o prestador de serviço à saúde estar constituído em cooperativa seria suficiente para a exclusão da incidência do Código de Defesa do Consumidor.

O fundamento principal da referida tentativa de imunidade em relação ao CDC consistiria na inexistência de vínculo empregatício entre a cooperativa e o médico associado. Sobre o tema, entende o STJ desde 2002 que: "A **inexistência de vínculo empregatício** entre a cooperativa de trabalho médico e o profissional a ela associado **não é fator impeditivo** do reconhecimento da sua responsabilidade civil, com base nas disposições da lei substantiva e do **Código de Defesa do Consumidor**, em relação aos atos praticados em decorrência de serviços prestados em plano de saúde".[147]

O mesmo raciocínio vale quando se tratar de cooperativa habitacional. O STJ sumulou o tema no enunciado 602 ao entender: **"O Código de Defesa do Consumidor é aplicável aos empreendimentos habitacionais promovidos pelas sociedades cooperativas"** (2ª Seção, julgado em 22-2-2018, *DJe* 26-2-2018).

Cuidado se o conflito envolver contrato de plano de saúde administrado por entidade de autogestão. Neste caso, o STJ entende pela não incidência do CDC, nos mesmos moldes do acima estudado sobre as entidades de previdência privada fechadas. Vejamos:

> RECURSO ESPECIAL. ASSISTÊNCIA PRIVADA À SAÚDE. PLANOS DE SAÚDE DE AUTOGESTÃO. FORMA PECULIAR DE CONSTITUIÇÃO E ADMINISTRAÇÃO. PRODUTO NÃO OFERECIDO AO MERCADO DE CONSUMO. INEXISTÊNCIA DE FINALIDADE LUCRATIVA. RELAÇÃO DE CONSUMO NÃO CONFIGURADA. NÃO INCIDÊNCIA DO CDC.
>
> 1. A operadora de planos privados de assistência à saúde, na modalidade de autogestão, é pessoa jurídica de direito privado sem finalidades lucrativas que, vinculada ou não à entidade pública ou privada, opera plano de assistência à saúde com exclusividade para um público determinado de beneficiários.
>
> 2. A constituição dos planos sob a modalidade de autogestão diferencia, sensivelmente, essas pessoas jurídicas quanto à administração, forma de associação, obtenção e repartição de receitas, diverso dos contratos firmados com empresas que exploram essa atividade no mercado e visam ao lucro.
>
> **3. Não se aplica o Código de Defesa do Consumidor ao contrato de plano de saúde administrado por entidade de autogestão, por inexistência de relação de consumo.**
>
> 4. Recurso especial não provido. (REsp 1.285.483/PB, Rel. Ministro Luis Felipe Salomão, 2ª Seção, *DJe* 16-8-2016)

[147] EDcl no REsp 309.760, julgado em 18-4-2002.

2.6.1.5. Relação entre agente financeiro do Sistema de Habitação — SFH — e mutuário

Numa primeira análise, **não há qualquer óbice no tocante à incidência do CDC** nas relações decorrentes do agente financeiro do SFH e do mutuário. Tal assertiva tem amparo, por exemplo, no reconhecimento da venda casada quando o mutuário é obrigado a contratar seguro habitacional diretamente com o agente financeiro do SFH ou com seguradora por este indicada.[148]

Aliás, o Superior Tribunal de Justiça já reconheceu a **responsabilidade solidária do agente financeiro por vícios na construção do imóvel** cuja obra foi financiada com recursos do SFH, sob o fundamento de que "a legitimidade passiva da instituição financeira não **decorreria** da mera circunstância de haver financiado a obra e nem de se tratar de mútuo contraído no âmbito do SFH, mas **do fato de ter a CEF provido o empreendimento, elaborado o projeto com todas as especificações, escolhido a construtora e o negociado diretamente, dentro de programa de habitação popular**" (REsp 738.071/SC, 4ª T., j. 9-8-2011).

O mesmo raciocínio vale para a incidência do CDC quando o empreendimento habitacional for promovido por entidade cooperativa. Nesse sentido, sumulou o STJ no enunciado de n. 602: **"O Código de Defesa do Consumidor é aplicável aos empreendimentos habitacionais promovidos pelas sociedades cooperativas"** (2ª Seção, julgado em 22-2-2018, *DJe* 26-2-2018).

No entanto, nem sempre será cabível o CDC nas relações envolvendo SFH. Assim, é preciso lembrar que a Primeira Seção do STJ, no julgamento do REsp 489.701, firmou entendimento quanto à **inaplicabilidade do Código de Defesa do Consumidor aos contratos de mútuo habitacional firmados no âmbito do SFH com cobertura do Fundo de Compensação de Variações Salariais — FCVS**, pois nestes casos existe uma garantia ofertada pelo Governo Federal de quitar o saldo residual do contrato com recursos do aludido Fundo, caracterizando, desta forma, **cláusula protetiva do mutuário e do SFH**.

Mantendo tal posicionamento, julgou a Segunda Turma do Superior Tribunal de Justiça o AgRg no REsp 1.234.858, entendendo que a "jurisprudência do STJ firmou-se no sentido de que, aos contratos do Sistema Financeiro de Habitação, com cobertura do FCVS, como a hipótese dos autos, não se aplicam as regras do Código de Defesa do Consumidor".

---

148 Nesse sentido, foi o posicionamento do STJ ao julgar o REsp 969.129 em 9-12-2009. Também a Súmula do STJ 473, publicada no *DJe* em 19-6-2012 com o seguinte teor: "O mutuário do SFH não pode ser compelido a contratar o seguro habitacional obrigatório com a instituição financeira mutuante ou com a seguradora por ela indicada".

2.6.1.6. *Relação entre sociedade civil sem fins lucrativos e associados*

O Superior Tribunal de Justiça já decidiu no REsp 519.310 que **sociedade civil sem fins lucrativos**, de caráter beneficente, que presta serviços médicos, hospitalares, odontológicos e jurídicos a seus associados, **enquadra-se no conceito de fornecedor** da relação jurídica de consumo, sob a fundamentação de que **para: "o fim de aplicação do Código de Defesa do Consumidor**, o reconhecimento de uma pessoa física ou jurídica ou de um ente despersonalizado como fornecedor de serviços atende aos critérios puramente objetivos, sendo **irrelevantes a sua natureza jurídica**, a espécie dos serviços que prestam e até mesmo o fato de se tratar de uma sociedade civil, sem fins lucrativos, de caráter beneficente e filantrópico, bastando que desempenhem determinada atividade no mercado de consumo mediante remuneração".

No entanto, devemos tomar cuidado, nos dias atuais, pois se tornou muito comum a Administração Pública celebrar contratos de gestão com Organizações Sociais — entidades do Terceiro Setor — para esta prestar serviço de saúde pública em algumas localidades.

Sem a pretensão de exaurir o tema, em especial no tocante à constitucionalidade ou não de tal pactuação, a verdade é que veremos no próximo capítulo — serviço público e incidência do CDC — que o serviço de saúde pública é remunerado por imposto e, sendo este uma das espécies tributárias existentes, não seria passível de incidência do Código de Defesa do Consumidor.

2.6.1.7. *Relação entre empresa de corretagem de valores e títulos mobiliários e seus clientes*

O Superior Tribunal de Justiça entende que deve ser reconhecida a relação de consumo existente entre a pessoa natural, que visa a atender necessidades próprias, e as sociedades que prestam de forma habitual e profissional o serviço de corretagem de valores e títulos mobiliários:

> CONSUMIDOR E PROCESSUAL CIVIL. RECURSO ESPECIAL. **CORRETAGEM DE VALORES E TÍTULOS MOBILIÁRIOS**. OMISSÃO, CONTRADIÇÃO OU OBSCURIDADE. NÃO OCORRÊNCIA. RELAÇÃO DE CONSUMO. INCIDÊNCIA DO CDC. – Recurso especial interposto em 16/12/2015 e distribuído a este gabinete em 25/08/2016. – Cinge-se a controvérsia à incidência do CDC aos contratos de corretagem de valores e títulos mobiliários. – Na ausência de contradição, omissão ou obscuridade, não existe violação ao art. 535, II, do CPC/73. – **O valor operação comercial envolvida em um determinado contrato é incapaz de retirar do cidadão a natureza de consumidor a ele conferida pela legislação consumerista. – É incabível retirar a condição de consumidor de uma determinada pessoa em razão da presunção de seu nível de discernimento comparado ao da média dos consumidores. – Impõe-se reconhecer a relação de consumo existente entre o contratante que visa a atender necessidades**

> **próprias e as sociedades que prestam de forma habitual e profissional o serviço de corretagem de valores e títulos mobiliários.** – Recurso especial conhecido e provido (REsp 1.599.535, Rel. Ministra Nancy Andrighi, *DJ* 21-3-2017).

2.6.2. Da inexistência de relação jurídica de consumo em casos especiais

2.6.2.1. Relação entre associações desportivas e condomínios com os respectivos associados e condôminos

Questão interessante consiste em saber se as relações existentes entre um clube e seus associados, assim como entre um condomínio e seus condôminos, podem ser consideradas como de consumo e, consequentemente, fazerem-se incidir as regras do Código de Defesa do Consumidor.

Prevalece a não incidência do CDC às relações citadas, pois tais universalidades **não se enquadram no conceito de fornecedor**.

Esta é a posição doutrinária de José Geraldo Brito Filomeno, que fundamenta sua tese argumentando: "quer no que diz respeito às entidades associativas, quer no que concerne aos condomínios em edificações, *seu fim ou objetivo social é deliberado pelos próprios interessados, em última análise, sejam representados ou não por intermédio de conselhos deliberativos, ou então* mediante participação direta em assembleias-gerais que, como se sabe, são os órgãos deliberativos soberanos nas chamadas 'sociedades contingentes'".[149]

Assim, se **o objeto social é deliberado pelos próprios interessados, não há falar em relação jurídica de consumo**.

O **Superior Tribunal de Justiça** também entende assim, no tocante às associações desportivas e condomínios, **"dada a natureza comunitária entre os filiados, sem caráter lucrativo"**.[150]

Mas não podemos esquecer de uma **exceção a esta regra** prevista no **Estatuto do Torcedor**, Lei n. 10.671/2003, que dispõe em seu art. 3º: "Para todos os efeitos legais, equiparam-se a fornecedor, nos termos da Lei n. 8.078, de 11 de setembro de 1990, a entidade responsável pela organização da competição, bem como a entidade de prática desportiva detentora do mando de jogo". Assim, em relação às práticas desportivas haverá incidência do CDC, não sendo cabível este Diploma nas relações sociais entre clube e associados.

---

149 GRINOVER, Ada Pellegrini; BENJAMIN, Antônio Herman de V.; FINK, Daniel Roberto; FILOMENO, José Geraldo Brito; NERY JR., Nelson; DENARI, Zelmo. *Código Brasileiro de Defesa do Consumidor,* p. 49-50.

150 Nesse sentido foi o posicionamento do STJ ao julgar o REsp 310.953 em 10-4-2007.

Neste caso, diante da figura do **fornecedor equiparado**, nos termos da referida lei, o CDC incide sem qualquer discussão, conforme observado no item 2.3.6.1 *supra*.

Ainda em relação ao condomínio, o STJ já deixou bem clara a exclusão do CDC para regular as relações com seus respectivos condôminos, reconhecendo, em contrapartida, **o enquadramento do condomínio dentro do conceito de consumidor** quando, por exemplo, lhe for cobrada indevidamente tarifa de água e de esgoto. O tema será aprofundado no próximo capítulo, mas se destaca o seguinte julgado do Superior Tribunal de Justiça:

> PROCESSUAL CIVIL E ADMINISTRATIVO — AÇÃO DE REPETIÇÃO DE INDÉBITO — PRAZO PRESCRICIONAL — CÓDIGO CIVIL — SÚMULA 412/STJ — FORNECIMENTO DE ESGOTO — AUSÊNCIA DA PRESTAÇÃO DO SERVIÇO — **RELAÇÃO DE CONSUMO — ART. 42, PARÁGRAFO ÚNICO, DO CDC** — DEVOLUÇÃO EM DOBRO — TARIFA COBRADA INDEVIDAMENTE — PRECEDENTES.
>
> 1. "A ação de repetição de indébito de água e esgoto sujeita-se ao prazo prescricional estabelecido no Código Civil" (Súmula 412/STJ). 2. A jurisprudência do STJ é pacífica no sentido de que, **inexistente rede de esgotamento sanitário, fica caracterizada a cobrança abusiva, sendo devida a repetição de indébito em dobro ao consumidor**.
>
> 3. "Não é razoável falar em engano justificável, pois a agravada, **mesmo sabendo que o condomínio não usufruía do serviço público de esgoto, cobrou a tarifa de modo dissimulado na fatura de água**."
>
> (AgRg no Ag 777.344/RJ, Rel. Ministra Denise Arruda, *DJ* 23-4-2007) Agravo regimental improvido (AgRg no REsp 1.135.528/RJ, Ministro Humberto Martins, 2-9-2010).

2.6.2.2. Relação entre atividade bancária e os beneficiários do crédito educativo

Pontuamos neste livro que a incidência do Código de Defesa do Consumidor às instituições financeiras é tema pacificado na doutrina, jurisprudência do Superior Tribunal de Justiça e do Supremo Tribunal Federal.[151]

No entanto, em relação ao serviço de crédito educativo disponibilizado a estudantes por tais instituições, vem prevalecendo a **não incidência do CDC**. Os fundamentos de tal interpretação são os seguintes:[152]

- trata-se de **programa governamental**;
- em **benefício do aluno** que busca a formação superior;
- **sem conotação de serviço bancário**.

[151] *Vide* item "2.5.3. Os serviços bancários como objeto da relação de consumo".

[152] Nesse sentido, foi o posicionamento do STJ ao julgar o REsp 479.863 em 3-8-2004.

Apesar da existência de pertinentes questionamentos na doutrina sobre tal posição jurisprudencial — como aquele levantado por Filomeno no sentido de saber "qual é a diferença entre um crédito concedido *ao destinatário final para compra de um bem de consumo durável e outro para que outro destinatário final possa concluir seus estudos?*"[153] —, o que **predomina na visão do STJ** é a **não existência da relação jurídica de consumo quando o serviço prestado pela instituição financeira envolver crédito educativo**. Vejamos: "Os contratos de **crédito educativo têm por objetivo subsidiar a educação superior** e são regidos pela Lei n. 8.436/92. **Não se trata de relação de consumo**, descabendo cogitar de aplicação das normas do CDC" (REsp 560.405, Rel. Ministro Castro Meira, 2ª T., *DJ* 29-9-2006).[154]

■ 2.6.2.3. *Relação entre advogado e cliente*

Questão tormentosa consiste em saber se a relação estabelecida entre Advogado e seu cliente representa uma relação de consumo. Os principais fundamentos daqueles que entendem pela não incidência do CDC são:

- a existência de lei específica, Lei n. 8.906/94 — o Estatuto da Advocacia —, a regulamentar tais relações;
- o serviço advocatício não consiste em atividade fornecida no mercado de consumo.

Por outro lado, aqueles que entendem pela existência de relação jurídica de consumo nesses casos — José Geraldo Brito Filomeno, por exemplo — defendem que "o advogado autônomo, liberal, sem vínculo empregatício, obviamente exerce atividade ou serviços especialíssimos, em prol de seu cliente e, por conseguinte, está inserido na categoria 'fornecedor de serviços', com a ressalva de que, em termos de responsabilização por eventuais danos causados aos clientes — consumidores, sem dúvida, de seus serviços —, somente responderá por culpa demonstrada, e não objetivamente, como outros fornecedores, já que exercem 'atividade de risco'".[155]

Outra polêmica sobre o tema aconteceu com o advento da Emenda Constitucional n. 45 — Emenda da reforma do Judiciário —, pois surgiu dúvida no

[153] GRINOVER, Ada Pellegrini; BENJAMIN, Antônio Herman de V.; FINK, Daniel Roberto; FILOMENO, José Geraldo Brito; NERY JR., Nelson; DENARI, Zelmo. *Código Brasileiro de Defesa do Consumidor,* p. 63.

[154] No mesmo sentido, já pacificou o STJ: "(...) 2. Nos termos da iterativa jurisprudência desta Corte, consolidada no julgamento do REsp 1.155.684/RN, submetido ao rito dos recursos repetitivos, não se aplicam as disposições do Código de Defesa do Consumidor aos contratos de financiamento estudantil. (...)" (REsp 1.348.354/RS, Rel. Ministra Eliana Calmon, 2ª T., *DJe* 24-5-2013).

[155] GRINOVER, Ada Pellegrini; BENJAMIN, Antônio Herman de V.; FINK, Daniel Roberto; FILOMENO, José Geraldo Brito; NERY JR., Nelson; DENARI, Zelmo. *Código Brasileiro de Defesa do Consumidor,* p. 69.

sentido de que teria sido transferida para a Justiça de Trabalho a competência para apreciar conflitos envolvendo cobrança de honorários advocatícios, contexto que, se existente, afastaria a aplicação do CDC.

O **Tribunal Superior do Trabalho** já decidiu pela incompetência da Justiça do Trabalho para apreciar questões envolvendo a cobrança de honorários pelo advogado em face de seu cliente, sob o fundamento de se tratar de uma **verdadeira relação de consumo**. Nesse sentido:

> "Em atenção à determinação do STF, que estabeleceu as balizas exegéticas para a interpretação do art. 114, I, da Constituição da República, com vistas a impedir o indevido alargamento da competência material da Justiça do Trabalho, e em observância ao entendimento jurisprudencial segundo o qual o contrato de resultado firmado entre o advogado legalmente constituído e a parte assistida insere-se no âmbito das relações de consumo, foi reconhecida a **incompetência da Justiça do Trabalho para a apreciação de matéria que envolva litígio decorrente de prestação de serviços de advocacia**, no que se refere à relação jurídico-contratual estabelecida entre mandatário e mandante, o que inclui as controvérsias decorrentes da cobrança de honorários advocatícios.
>
> Com efeito, a Súmula 363 do STJ estabelece que **é da Justiça Comum a competência para o julgamento de matéria relativa a ação de cobrança proposta por profissional liberal contra cliente**. Assim, restou assente o entendimento de que a matéria relativa à ação de cobrança proposta por profissional liberal contra cliente encontra óbice intransponível para veiculação perante a Justiça do Trabalho, por tratar de relação contratual de mandato de advogado, afeta às relações de consumo reguladas pelo Código de Defesa do Consumidor, não se configurando, portanto, relação de trabalho" (TST, Processo RR 453-21.2010.5.03.0071, j. 29-2-2012, Rel. Ministro Márcio Eurico Vitral Amaro, 8ª T., *DEJT* 2-3-2012).

Em relação à jurisprudência do **Superior Tribunal de Justiça**, existem decisões para ambos os lados. Algumas entenderam pela incidência do Código do Consumidor, reconhecendo a abusividade de cláusula do contrato de prestação de serviços advocatícios no tocante à fixação do percentual de honorários (REsp 651.278, j. 28-10-2004, e REsp 364.168, j. 20-4-2004).

Entretanto, em **decisões mais recentes**, o STJ vem posicionando-se pela **não incidência do CDC** a estas relações. É o caso do entendimento insculpido no REsp 914.104, julgado em 9-9-2008: **"As normas protetivas dos direitos do consumidor não se prestam a regular as relações derivadas de contrato de prestação de serviços de advocacia, regidas por legislação própria"**.

No ano de 2011, o STJ reafirmou a posição de não incidência do Diploma Consumerista nas relações envolvendo serviços advocatícios, mas revisou percentual de honorários advocatícios sob o fundamento da caracterização do instituto da lesão previsto no Código Civil: "2. **O CDC não se aplica à regulação de contratos de serviços advocatícios**. Precedentes" (REsp 1.155.200/DF, 3ª T., 22-2-2011, Ministra Nancy Andrighi).[156]

Entendemos, em última análise, que os fundamentos apresentados para afastar a incidência do CDC aos serviços advocatícios são insuficientes. Não há por que estabelecer um tratamento diferenciado aos advogados sob a fundamentação de existir uma lei específica regulamentadora dos serviços advocatícios.

Se assim o fosse, também deveríamos excluir do conceito de objeto da relação de consumo outros serviços, como os dos médicos que também possuem regulamentação própria. O tratamento diferenciado já existe na Lei n. 8.078/90 e consiste na responsabilidade pessoal subjetiva de todo e qualquer profissional liberal (art. 14, § 4º). Mais que isso, é interpretação que extrapola os limites do razoável.

Corroborando com nosso posicionamento, a 4ª Turma do STJ entendeu, em 2015, pela não ocorrência de abusividade num contrato advocatício à luz do CDC: "1. Inexiste abuso na exigência, pelo credor, de honorários advocatícios extrajudiciais a serem suportados pelo devedor em mora em caso de cobrança extrajudicial, pois, além de não causar prejuízo indevido para o devedor em atraso, tem previsão expressa nas normas dos arts. 389, 395 e 404 do Código Civil de 2002 (antes, respectivamente, nos arts. 1.056, 956 e 1.061 do CC/1916). 2. Nas relações de consumo, havendo expressa previsão contratual, ainda que em contrato de adesão, não se tem por abusiva a cobrança de honorários advocatícios extrajudiciais em caso de mora ou inadimplemento do consumidor. Igual direito é assegurado ao consumidor, em decorrência de imposição legal, nos termos do art. 51, XII, do CDC, independentemente de previsão contratual" (REsp 1.002.445/DF, Rel. originário Ministro Marco Buzzi, Rel. p/ Acórdão Ministro Raul Araújo, 4ª T., *DJe* 14-12-2015).

■ *2.6.2.4. Relação entre locador e locatário de imóveis*

Já pontuamos neste livro que o Código de Defesa do Consumidor incide nas relações imobiliárias, como ocorre num compromisso ou contrato de compra e venda, mas em relação à locação de imóveis o raciocínio não é o mesmo. Prevalece na jurisprudência do **Superior Tribunal de Justiça** que a relação locatícia, por estar regulada por lei especial (Lei de Locações), não constitui relação de consumo e, consequentemente, não incide o CDC. Segue um julgado do STJ para ilustrar a pacificação do tema:

[156] No mesmo sentido, o STJ no REsp 1.228.104/PR, Rel. Ministro Sidnei Beneti, 3ª T., *DJe* 10-4-2012.

■ **LOCAÇÃO.** MULTA MORATÓRIA. REDUÇÃO. **CÓDIGO DE DEFESA DO CONSUMIDOR. INAPLICABILIDADE.** Consoante iterativos julgados desse Tribunal, as disposições contidas no Código de Defesa do Consumidor não são aplicáveis ao contrato de locação predial urbana, que se regula por legislação própria — Lei n. 8.245/91. Recurso especial conhecido e provido (REsp 399.938/MS, Rel. Ministro Vicente Leal, 6ª T., j. 18-4-2002, *DJ* 13-5-2002).

De fato, não incide o Diploma Consumerista à relação entre locador e locatário, mas tal afirmativa não impede **a incidência do CDC às relações estabelecidas com a imobiliária ou administradora de imóveis** que intermediou, por exemplo, um contrato de locação.

Não se quer defender aqui a incidência da Lei n. 8.078/90 às relações locatícias, mas sim às **relações firmadas entre o locador e a administradora de imóveis ou entre esta e o locatário**, como única forma viável de proteger aqueles que são os vulneráveis da relação.

Sobre o tema, destaca-se a observação de Bruno Miragem no sentido de que, em regra, "as relações de locação sendo intermediadas por um **profissional-imobiliária ou administradora de imóveis tem-se neste polo da relação contratual a expertise**, o conhecimento e a direção da relação contratual que se exige para aplicação do CDC".[157]

Nesse sentido, segue posição do Superior Tribunal de Justiça:

■ RECURSO ESPECIAL. CONTRATO DE ADMINISTRAÇÃO IMOBILIÁRIA. PRESTAÇÃO DE SERVIÇO. DESTINAÇÃO FINAL ECONÔMICA. VULNERABILIDADE. RELAÇÃO DE CONSUMO. INCIDÊNCIA DO CÓDIGO DE DEFESA DO CONSUMIDOR. 1. O contrato de administração imobiliária possui natureza jurídica complexa, em que convivem características de diversas modalidades contratuais típicas — corretagem, agenciamento, administração, mandato —, não se confundindo com um contrato de locação, nem necessariamente dele dependendo. 2. No cenário caracterizado pela presença da administradora na atividade de locação imobiliária se sobressaem pelo menos duas relações jurídicas distintas: a de prestação de serviços, estabelecida entre o proprietário de um ou mais imovéis e essa administradora, e a de locação propriamente dita, em que a imobiliária atua como intermediária de um contrato de locação. 3. Na primeira, o dono do imóvel ocupa a posição de destinatário final econômico daquela serventia, vale dizer, aquele que contrata os serviços de uma administradora de imóvel remunera a *expertise* da contratada, o *know-how* oferecido em benefício próprio, não se tratando propriamente de atividade que agrega valor econô-

[157] MIRAGEM, Bruno. *Curso de direito do consumidor*, p. 104.

> mico ao bem. 4. É relação autônoma que pode se operar com as mais diversas nuances e num espaço de tempo totalmente aleatório, sem que sequer se tenha como objetivo a locação daquela edificação. 5. A atividade da imobiliária, que é normalmente desenvolvida com o escopo de propiciar um outro negócio jurídico, uma nova contratação, envolvendo uma terceira pessoa física ou jurídica, pode também se resumir ao cumprimento de uma agenda de pagamentos (taxas, impostos e emolumentos) ou apenas à conservação do bem, à sua manutenção e até mesmo, em casos extremos, ao simples exercício da posse, presente uma eventual impossibilidade do próprio dono, tudo a evidenciar a sua destinação final econômica em relação ao contratante. 6. Recurso especial não provido (REsp 509.304/PR, Rel. Ministro Ricardo Villas Bôas Cueva, 3ª T., *DJe* 23-5-2013).

Por fim, cumpre destacar que o Superior Tribunal de Justiça vem reconhecendo a ilegitimidade do Ministério Público em razão da não identificação, em regra, de direitos individuais homogêneos a ponto de justificar a iniciativa do *Parquet* na investigação a que se propõe sobre critérios de administração e reajuste de contratos de locação diversificados (REsp 1.057.713).

■ 2.6.2.5. *Relação envolvendo contrato de edificação por condomínio*

Entende o Superior Tribunal de Justiça que na "hipótese de **contrato em que as partes ajustaram a construção conjunta de um edifício** de apartamentos, a cada qual destinadas respectivas unidades autônomas, **não se caracteriza**, na espécie, **relação de consumo**, regendo-se os direitos e obrigações pela Lei n. 4.591/64".[158] Tal raciocínio vale inclusive para a imposição da multa moratória prevista no art. 12 da aludida lei, que prevê um percentual de até 20% sobre o valor do débito.[159]

Entretanto, na visão do Superior Tribunal de Justiça, se o **contrato** for **de incorporação com permuta no local**, o proprietário do terreno assumirá, em regra, "o *status* jurídico de mero condômino, em igualdade de condições com qualquer outro adquirente de unidades da incorporação. A figura do **proprietário do terreno se equipara à do consumidor**, nos termos do art. 2º do CDC, tendo o **incorporador como fornecedor**. O dono do imóvel só difere dos demais adquirentes porque paga sua unidade autônoma com o próprio terreno no qual foi erguido o empreendimento, mas tal circunstância não tem o condão de desvirtuar a relação de consumo".[160]

E conclui o STJ, alegando que a "natureza da **relação entre o proprietário do terreno e os demais adquirentes**, contudo, **não é de consumo**, mas civil, tanto na conclusão regular do empreendimento — quando serão todos condôminos".[161]

---

158 Nesse sentido, STJ no julgamento do AgRg no Ag 1.307.222, publicado em 12-8-2011.

159 Nesse sentido, STJ no julgamento do REsp 407.310, publicado em 30-8-2004.

160 Nesse sentido, STJ no julgamento do REsp 686.198, publicado em 1º-2-2008.

161 Nesse sentido, STJ no julgamento do REsp 686.198, publicado em 1º-2-2008.

■ 2.6.2.6. *Relação entre franqueador e franqueado*

Também **não constitui relação jurídica de consumo** aquela celebrada entre **franqueado e franqueador**, pois, no entendimento do STJ, o "**contrato de franquia, por sua natureza, não está sujeito ao âmbito de incidência da Lei n. 8.078/1990, eis que o franqueado não é consumidor** de produtos ou serviços da franqueadora, mas aquele que os comercializa junto a terceiros, estes sim, os destinatários finais".[162]

■ 2.6.2.7. *Relação entre seguro obrigatório DPVAT e beneficiário*

As normas protetivas do Código de Defesa do Consumidor não se aplicam ao seguro obrigatório – DPVAT – por se tratar este de imposição legal, bem como pela ausência de ingerência das seguradoras componentes do consórcio desse seguro nas regras atinentes à indenização securitária. Essa foi a posição do Superior Tribunal de Justiça no julgamento do REsp 1.635.398/PR:

> ■ "RECURSO ESPECIAL. **AÇÃO DE COBRANÇA DE SEGURO OBRIGATÓRIO (DPVAT). OBRIGAÇÃO IMPOSTA POR LEI. AUSÊNCIA DE QUALQUER MARGEM DE DISCRICIONARIEDADE NO TOCANTE AO OFERECIMENTO E ÀS REGRAS DA INDENIZAÇÃO SECURITÁRIA PELAS RESPECTIVAS SEGURADORAS**, NÃO HAVENDO SEQUER A OPÇÃO DE CONTRATAÇÃO, TAMPOUCO DE ESCOLHA DO FORNECEDOR E/OU DO PRODUTO PELO SEGURADO. **INEXISTÊNCIA DE RELAÇÃO DE CONSUMO**. IMPOSSIBILIDADE DE INVERSÃO DO ÔNUS DA PROVA COM BASE NO CÓDIGO DE DEFESA DO CONSUMIDOR. RECURSO DESPROVIDO. 1. **Diversamente do que se dá no âmbito da contratação de seguro facultativo, as normas protetivas do Código de Defesa do Consumidor não se aplicam ao seguro obrigatório (DPVAT)**. 1.1. Com efeito, em se tratando de **obrigação imposta por lei**, na qual **não há acordo de vontade entre as partes, tampouco qualquer ingerência das seguradoras** componentes do consórcio do seguro DPVAT nas regras atinentes à indenização securitária (**extensão do seguro; hipóteses de cobertura; valores correspondentes**; dentre outras), **além de inexistir sequer a opção de contratação ou escolha do produto** ou fornecedor pelo segurado, revela-se ausente relação consumerista na espécie, ainda que se valha das figuras equiparadas de consumidor dispostas na Lei n. 8.078/90. 2. Recurso especial desprovido (REsp 1.635.398-PR, Rel. Min. Marco Aurélio Bellizze, 3ª T., julgado em 17-10-2017, *DJe* 23-10-2017).

[162] Nesse sentido, STJ no julgamento do REsp 632.958, publicado em 29-3-2010.

RELAÇÃO JURÍDICA DE CONSUMO — CASOS ESPECIAIS	
De existência	**De inexistência**
■ Relação entre entidade de previdência privada e seus participantes.	■ Relação entre associações desportivas e condomínios com os respectivos associados e condôminos (exceção é o Estatuto do Torcedor).
■ Relação entre bancos de sangue e doador.	■ Relação entre atividade bancária e os beneficiários do crédito educativo.
■ Relação entre emissora de TV e telespectador (em alguns casos, como no jogo "Show do Milhão").	■ Relação entre Advogado e cliente (ao menos nas questões contratuais para a maioria no STJ).
■ Relação entre cooperativa de assistência à saúde e filiados.	■ Relação entre locador e locatário de imóveis.
■ Relação entre sociedades cooperativas de empreendimentos habitacionais e compradores.	■ Relação envolvendo contrato de edificação por condomínio.
■ Relação entre agente financeiro do Sistema de Habitação — SFH — e mutuário.	■ Relação entre franqueador e franqueado.
■ Sociedade civil sem fins lucrativos e associados.	■ Relação entre seguro obrigatório DPVAT e beneficiário.

■ 2.7. QUESTÕES

1. (MPE-PR — 2011 — Promotor de Justiça)

I. Considera-se consumidora, a efeitos processuais, uma empresa administradora de estacionamentos que demanda contra a seguradora que contratou, o recebimento de indenização por ter sofrido roubo.
II. Somente se reconhece a aplicação do Código de Defesa do consumidor em contratos bancários, se estes não são empresariais.
III. Não é admitida a aplicação das normas do Código de Defesa do Consumidor a consumidores profissionais, ainda que demonstrada sua vulnerabilidade técnica, jurídica ou econômica.

Considerando as assertivas acima se afirma que:
a) Apenas as assertivas I e II são corretas.
b) Apenas as assertivas II e III são corretas.
c) Apenas as assertivas I e III são corretas.
d) Apenas uma assertiva está correta.
e) Todas as assertivas são corretas.

2. (PUC-PR — 2011 — TJ-RO — Juiz) A Lei 8.078/1990 define os elementos que compõem a relação jurídica de consumo, em seus artigos 2º e 3º, elementos subjetivos, consumidor e fornecedor; elementos objetivos, produtos e serviços.

Dado esse contexto, avalie as proposições a seguir:

I. Fornecedor é toda pessoa física ou jurídica, pública ou privada, nacional ou estrangeira, bem como os entes despersonalizados, que desenvolvem atividade de produção, montagem, criação, construção, transformação, importação, exportação, distribuição ou comercialização de produtos ou prestação de serviços.
II. Serviço é qualquer atividade fornecida no mercado de consumo, mediante remuneração, inclusive as de natureza bancária, financeira, de crédito e securitária e as decorrentes das relações de caráter trabalhista.

III. Consumidor é toda pessoa física ou jurídica que adquire ou utiliza produto ou serviço como destinatário final. Equipara-se a consumidor a coletividade de pessoas, ainda que indetermináveis, que haja intervindo nas relações de consumo.
IV. Produto é qualquer bem, móvel ou imóvel, material ou imaterial.

Está(ão) CORRETA(S):

a) Apenas as proposições I, III e IV.
b) Apenas as proposições II e III.
c) Todas as proposições.
d) Apenas a proposição I.
e) Apenas a proposição III.

3. (Instituto Cidades — 2011 — DPE-AM — Defensor Público) Com relação ao Código de Defesa do Consumidor (Lei n. 8.078, de 11 de setembro de 1990), assinale a alternativa correta:

a) aplica-se à locação de imóvel residencial;
b) aplica-se ao seguro-fiança relacionado à locação de imóvel residencial;
c) aplica-se à locação comercial em *shopping center*;
d) aplica-se ao condomínio residencial;
e) aplica-se à compra e venda de imóvel residencial entre dois particulares.

4. (CESPE — 2011 — TRF — 5ª Região — Juiz) À luz do CDC, assinale a opção correta.

a) Para os efeitos do CDC, não se considera fornecedor a pessoa jurídica pública que desenvolva atividade de produção e comercialização de produtos ou prestação de serviços.
b) Entes despersonalizados, ainda que desenvolvam atividades de produção, montagem, criação ou comercialização de produtos, não podem ser considerados fornecedores.
c) Qualquer pessoa prejudicada por publicidade enganosa pode, em princípio, buscar indenização, mesmo não tendo contratado nenhum serviço.
d) Pessoa jurídica que compre bens para revendê-los é considerada consumidora.
e) Pessoa física que alugue imóvel particular, por meio de contrato, é considerada fornecedora, para efeitos legais.

5. (TRF — 4ª Região — 2010 — Juiz) Assinale a alternativa correta.

a) A pessoa jurídica de direito público não pode ser considerada fornecedor.
b) A pessoa jurídica de direito público não pode ser considerada consumidor final.
c) A ignorância do fornecedor sobre os vícios que venham a ter os produtos o exime da responsabilidade de indenizar.
d) O direito de reclamar pelos vícios aparentes caduca em 30 dias, sejam os bens duráveis ou não.
e) Todas as alternativas anteriores estão incorretas.

6. (IADES — 2011 — PG-DF — Analista Jurídico) O Direito do Consumidor trata de direito de ordem pública e interesse social, o que implica a proteção judiciária do consumidor, ainda que *ex officio*, em qualquer tempo e grau jurisdicional. Assinale a alternativa incorreta acerca do tema.

a) Consumidor é a pessoa física ou jurídica que adquire produto ou utiliza serviço como destinatário final.
b) É aceito como consumidor, aquele que estiver exposto às práticas comerciais tais como publicidade, oferta, cláusulas dos contratos e práticas comerciais abusivas.
c) A bipartição da responsabilidade civil contratual e extracontratual contida no Código Civil, também é aceita pelo Código de Defesa do Consumidor quanto à responsabilidade do fornecedor.

d) Podem ser responsabilizados o fabricante, o produtor, o construtor e o importador, respondendo todos solidariamente e independentemente da existência de culpa, pela reparação dos danos causados aos consumidores.
e) O fornecedor poderá não ser responsabilizado quando comprovar que não colocou o produto no mercado; que embora haja colocado o produto no mercado o defeito inexiste e que houve culpa exclusiva do consumidor ou de terceiros.

7. (CESPE — 2008 — MPE-RO — Promotor de Justiça) Quanto à identificação das partes que compõem a relação de consumo, assinale a opção correta.

a) Serão considerados fornecedores as pessoas físicas ou jurídicas que participem do oferecimento de produtos e serviços ao mercado, exigindo-se ainda que o ofertado seja adquirido ou utilizado apenas por sujeitos que se qualifiquem como destinatários finais.
b) A pessoa jurídica que contrai o dever de preparar e fornecer refeições a seus empregados será considerada fornecedora segundo o CDC, em decorrência do proveito indireto que obtém dessa atividade, conjugado com a condição de tomador final daqueles que receberem o produto.
c) Se o prestador do serviço ou produto oferecido mediante remuneração atua sem fins lucrativos, não poderá ser qualificado como fornecedor, porquanto não realiza essa atividade como empresário.
d) Os órgãos públicos que forneçam produto ou prestem serviço ao mercado de consumo também poderão ser qualificados como fornecedores, excluindo-se os casos em que sejam remunerados por espécie tributária específica, tal como taxa pela coleta ou tratamento de esgoto sanitário.
e) Não será fornecedor aquele que oferece produto ou serviço ao mercado de forma gratuita ao destinatário final, uma vez que essa prestação é realizada sem direito à contraprestação.

8. (CESPE — 2009 — TRF — 2ª Região — Juiz) Assinale a opção correta quanto à disciplina jurídica do CDC.

a) Segundo a doutrina finalista, a interpretação da expressão destinatário final deve ser restrita e somente o consumidor, parte mais vulnerável na relação contratual, merece especial tutela jurídica.
b) Para a corrente maximalista, ou subjetiva, o consumidor apenas é o não profissional, aquele que adquire ou utiliza um produto para uso próprio ou de sua família.
c) A jurisprudência do STJ superou a discussão acerca do alcance da expressão destinatário final e consolidou a teoria maximalista como aquela que indica a melhor interpretação do conceito de consumidor.
d) No sistema do CDC, a vulnerabilidade científica do consumidor, pessoa física ou jurídica, é sempre presumida.
e) A vulnerabilidade fática é aquela em que o comprador não possui conhecimentos específicos acerca do objeto que adquire e pode ser facilmente ludibriado no momento da contratação.

9. (CESPE — 2009 — TRF — 5ª Região — Juiz) Considerando o CDC, assinale a opção correta.

a) A habitualidade insere-se tanto no conceito de fornecedor de serviços quanto no de produtos, para fins de incidência do CDC.
b) A relação jurídica locatícia é regida pelo CDC no que não contrariar a lei específica. Dessa forma, as cláusulas consideradas iníquas e abusivas constantes do contrato de locação podem ser revistas com base na legislação consumerista.
c) O pagamento de contribuição de melhoria, por estar adstrito à realização de obra pública, insere-se no âmbito das relações de consumo.

d) O produto recebido gratuitamente, como brinde, em decorrência da celebração de contrato de consumo, não é abrangido pelo CDC.
e) A abertura de conta poupança, por caracterizar-se como operação tipicamente bancária, não está abrangida pela legislação consumerista.

10. (CESPE — 2011 — IFB — Professor) Para o CDC, consumidor é a coletividade de pessoas, desde que essas pessoas sejam determináveis, que tenha participado nas relações de consumo.

( ) certo ( ) errado

11. (PUC — 2010 — TJ-PR — Juiz — Questão 17) A Lei 8.078/1990 define os elementos que compõem a relação jurídica de consumo, em seus artigos 2° e 3°: elementos subjetivos, consumidor e fornecedor; elementos objetivos, produtos e serviços, respectivamente. Segundo estas definições, podemos afirmar que:

I. Fornecedor é toda pessoa física ou jurídica, pública ou privada, nacional ou estrangeira, bem como os entes despersonalizados, que desenvolvem atividade de produção, montagem, criação, construção, transformação, importação, exportação, distribuição ou comercialização de produtos ou prestação de serviços.
II. Serviço é qualquer atividade fornecida no mercado de consumo, mediante remuneração, inclusive as de natureza bancária, financeira, de crédito e securitária e as decorrentes das relações de caráter trabalhista.
III. Consumidor é toda pessoa física ou jurídica que adquire ou utiliza produto ou serviço como destinatário final. Equipara-se a consumidor a coletividade de pessoas, ainda que indetermináveis, que haja intervindo nas relações de consumo.
IV. Produto é qualquer bem, móvel ou imóvel, material ou imaterial.

Marque a alternativa CORRETA:

a) Apenas as assertivas I, III e IV estão corretas.
b) Apenas as assertivas II e III estão corretas.
c) Apenas as assertivas II e III estão incorretas.
d) Apenas a assertiva I está correta.

12. (CESPE — 2009 — Defensor Público/AL) A respeito dos direitos do consumidor, julgue os itens que se seguem.

Não é considerada relação de consumo, mas atividade de consumo intermediária, a aquisição de bens ou a utilização de serviços por pessoa jurídica para implemento ou incremento de sua atividade empresarial.

( ) certo ( ) errado

13. (CESPE — 2007 — TJ-PI — Juiz de Direito) Joana celebrou contrato com a pessoa jurídica A para prestação do seguinte serviço de bufê em um evento: realização de um jantar, com fornecimento de material (copos, talheres, pratos etc.), pessoal especializado (chefe de cozinha, auxiliares e garçons) e alimentação previamente definida. No dia do evento, os serviços foram prestados adequadamente, sem atrasos, ou quaisquer outras falhas. No dia seguinte, todavia, Joana e inúmeros convidados sofreram intoxicação alimentar e tiveram que se submeter a tratamento ambulatorial de emergência. Contatada, a empresa contratada informou que o fornecimento dos alimentos ficou a cargo da pessoa jurídica B, contratada por A para auxiliá-la na realização do evento.

Considerando a situação hipotética acima, assinale a opção correta, de acordo com o direito das relações de consumo.

a) Havendo a comprovação de que os alimentos foram fornecidos por B, será unicamente sua a responsabilidade pelos danos causados a Joana e seus convidados.
b) Os convidados de Joana não são considerados consumidores para os fins do CDC.
c) Pela terminologia adotada pelo CDC, os alimentos fornecidos pela pessoa jurídica B são considerados impróprios para o consumo.
d) O prazo decadencial para reclamar pelo referido vício é de 90 dias.
e) A contagem do prazo decadencial para a reclamação pelo vício do produto iniciou-se na data de seu fornecimento.

14. (PUC-PR — 2012 — TJ-MS — Juiz) Sobre o conceito de consumidor, marque a alternativa CORRETA:

a) De acordo com o Código de Defesa do Consumidor, as pessoas expostas às práticas comerciais abusivas equiparam-se a consumidores, ainda que indetermináveis.
b) As pessoas vítimas de produto defeituoso podem ser equiparadas a consumidor, todavia não receberão o tratamento do Código de Defesa do Consumidor, que possibilita, entre outras coisas, a inversão do ônus da prova.
c) O conceito de consumidor, consoante a Lei 8.078/90, engloba exclusivamente a pessoa física que adquire ou utiliza produto ou serviço como destinatário final.
d) Equipara-se o consumidor a qualquer pessoa que, não sendo destinatário final, tenha adquirido produto com vício de qualidade.
e) A coletividade de pessoas que intervenha na relação de consumo não é, para os efeitos da Lei 8.078/90, considerada consumidora.

15. (FCC — 2011 — DPE-RS — Defensor Público — Adaptada) Para responder a questão, assinale a alternativa que contém a afirmação correta em relação ao assunto indicado.

Código de Defesa do Consumidor.

a) A violação do princípio da identificação dá causa à publicidade abusiva.
b) Conforme jurisprudência do Superior Tribunal de Justiça, o Código de Defesa do Consumidor adotou a denominada teoria menor da desconsideração da personalidade jurídica.
c) A proibição da prática de condicionar, em qualquer caso, o fornecimento de produtos a limites quantitativos configura proteção legal do consumidor em relação à denominada venda casada.
d) O credor, que no exercício do seu direito expõe o consumidor a constrangimento ou humilhação, deve devolver em dobro os valores que venham a ser pagos.
e) A abertura de ficha em cadastro de consumidores só pode ser feita quando autorizada previamente pelo interessado.

16. (CESPE — 2012 — DPE-RO — Defensor Público) Com relação ao direito do consumidor, assinale a opção correta.

a) Além dos elementos subjetivo e objetivo, comumente descritos pela doutrina para a caracterização da relação de consumo, outros elementos podem ser identificados na aludida relação, tais como a causa, o vínculo acobertado pelo direito, a função do bem e(ou) serviço fornecido e utilizado pelos sujeitos e o mercado de consumo.
b) O CDC não trata do princípio da prevenção de danos materiais e extramateriais em seus enunciados normativos.
c) A revisão dos contratos de consumo por fatos supervenientes a sua conclusão é possível se sobrevier manifesta desproporção, por motivos imprevisíveis ou extraordinários, en-

tre o valor da prestação devida e o valor vigente no momento de sua execução, podendo o juiz corrigir tal prestação, a pedido da parte, para assegurar o valor real da prestação. Esse entendimento pode efetivar deveres contratuais gerais nas relações de consumo, como os da: função social, função ambiental, boa-fé, equivalência material, solidariedade, confiança, informação, equidade/justiça e cooperação.

d) Uma das finalidades do CDC é promover a igualdade formal entre os partícipes da relação de consumo, o que se evidencia pelos enunciados normativos — constitucionais, principiológicos, de interesse social e de ordem privada — a respeito das relações interprivadas.

e) O Código Civil de 2002, que trata da relação jurídica entre iguais, regula, com princípios próprios, os contratos civis, sendo os contratos de consumo regidos exclusivamente pelo CDC, que trata de relação entre desiguais.

17. (UFPR — 2013 — TJ-PR — Juiz Substituto) Na análise de um caso concreto, a identificação da relação de consumo e seus elementos é o critério básico para determinar-se a aplicação ou não do Código de Defesa do Consumidor. Nesta análise:

a) O próprio Código de Defesa do Consumidor traz definição específica sobre o que seja relação de consumo.

b) É preciso identificar a existência de consumidor e fornecedor. Consumidor é toda pessoa física ou jurídica que adquire o produto ou serviço como destinatário final. A expressão "destinatário final" encontra na doutrina e jurisprudência distintas interpretações, surgindo a este respeito as teorias finalista, maximalista e do finalismo aprofundado.

c) A teoria finalista aprofundada considera que a definição do art. 2º do CDC (de consumidor) é puramente objetiva, não importando se a pessoa física ou jurídica tem ou não fim de lucro quando adquire um produto ou utiliza um serviço. Destinatário final seria o destinatário fático do produto.

d) Para a teoria maximalista, destinatário final do artigo 2º do CDC é aquele destinatário fático e econômico do bem ou serviço, seja ele pessoa jurídica ou física. Não basta ser destinatário fático, é necessário ser destinatário econômico do bem.

18. (Tribunal de Justiça de Santa Catarina — 2013 — TJ-SC — Juiz Substituto) Sobre o conceito legal de consumidor é correto afirmar:

a) Consumidor é toda pessoa física ou jurídica que adquire ou utiliza produto ou serviço como destinatário intermediário.

b) Consumidor é toda pessoa física ou jurídica que adquire ou utiliza produto ou serviço como destinatário final, exceto a coletividade de pessoas.

c) Apenas a pessoa física ou a coletividade de pessoas que adquire ou utiliza produto ou serviço como destinatário final pode ser considerada consumidor.

d) Equipara-se a consumidor a coletividade de pessoas, ainda que indetermináveis, que haja intervindo nas relações de consumo.

e) Equipara-se a consumidor a coletividade de pessoas, determinável, que haja intervindo nas relações de consumo.

19. (Tribunal de Justiça de Santa Catarina — 2013 — TJ-SC — Juiz Substituto) Sobre o conceito legal de fornecedor, é correto afirmar:

a) Fornecedor é exclusivamente a pessoa física ou jurídica, privada, nacional ou estrangeira, que desenvolvem atividade de produção, montagem, criação, construção, transformação, exportação, distribuição ou comercialização de produtos ou prestação de serviços.

b) Apenas a pessoa física ou jurídica, privada, nacional ou estrangeira, que desenvolvem atividade de produção, montagem, criação, construção, transformação, importação, exportação e distribuição ou comercialização de produtos ou prestação de serviços é considerada fornecedor no Código de Defesa do Consumidor.

c) As pessoas jurídicas de direito público prestadoras de serviços essenciais não podem ser consideradas fornecedores, segundo o § 2º, do artigo 3º, do Código de Defesa do Consumidor.

d) A empresa distribuidora de medicamentos não se enquadra na condição de fornecedor quando vende produtos para o Poder Público.

e) Pode ser considerado fornecedor todo aquele que, pessoa física ou jurídica, privada ou pública, nacional ou estrangeira, bem como os entes despersonalizados, desenvolve atividade de produção, montagem, criação, construção, transformação, importação, exportação, distribuição ou comercialização de produtos ou prestação de serviços.

20. (Tribunal de Justiça de Santa Catarina — 2013 — TJ-SC — Juiz Substituto) Sobre serviço e o seu conceito legal no Código de Defesa do Consumidor, assinale a alternativa INCORRETA:

a) Qualquer atividade fornecida no mercado de consumo, mediante remuneração, exceto as decorrentes das relações de caráter trabalhista, pode ser considerada como serviço, no âmbito da legislação consumerista.

b) A atividade de natureza bancária é considerada como serviço para efeito do Código de Defesa do Consumidor.

c) As empresas de financiamento prestam serviço sujeito à tutela da legislação de proteção ao consumidor.

d) As empresas seguradoras, em razão da natureza do contrato de seguro, disciplinado pelo Código Civil (arts. 757 a 802), estão regidas apenas por este último, protegidas da incidência das normas do Código de Defesa do Consumidor.

e) O serviço de concessão de crédito está sujeito à incidência da legislação consumerista.

21. (CESPE — 2013 — TJ-MA — Juiz Substituto) De acordo com o CDC, a coletividade está protegida, na condição de consumidor, desde que

a) a matéria se enquadre no conceito de direitos individuais homogêneos, independentemente de a coletividade ter intervindo nas relações de consumo.

b) a coletividade tenha intervindo nas relações de consumo, ainda que não sejam determinadas as pessoas que a compõem.

c) sejam determinadas as pessoas que a compõem, e a matéria se enquadre no conceito de direitos individuais homogêneos.

d) a matéria se enquadre no conceito de direitos difusos, e a coletividade tenha intervindo nas relações de consumo.

22. (CESPE — 2013 — TJ-MA — Juiz Substituto) Assinale a opção correspondente a caso em que se identifica objeto de relação de consumo.

a) A direção de um hospital doa móveis usados para um asilo.

b) Determinado médico presta serviço como empregado a um hospital.

c) A administração de um hospital aluga parte de seu prédio com vistas à instalação de uma clínica.

d) Um hospital presta serviço a cliente credenciado por plano de saúde.

23. (FCC — 2013 — TJ-PE — Juiz Substituto) No tocante às relações de consumo,

a) produto é qualquer bem, desde que material, podendo ser móvel ou imóvel.

b) serviço é qualquer atividade fornecida no mercado de consumo, com ou sem remuneração, inclusive as de natureza bancária, financeira, de crédito e securitária.

c) as normas consumeristas são de natureza dispositiva e de interesse individual dos consumidores.
d) pode-se falar em consumidor por equiparação à coletividade de pessoas, ainda que indetermináveis, que haja intervindo nas relações de consumo.
e) fornecedor é toda pessoa física ou jurídica, neste caso privada, somente, nacional ou estrangeira, bem como os entes despersonalizados, que desenvolvem atividades de produção, montagem, criação, construção, transformação, importação, exportação, distribuição ou comercialização de produtos ou prestação de serviço.

24. (FCC — 2013 — TJ-PE — Juiz Substituto) NÃO se enquadram ao Código de Defesa do Consumidor

a) o exame dos contratos de cartão de crédito, submetidos apenas às resoluções específicas do Banco Central.
b) as relações jurídicas concernentes aos condôminos, nos condomínios edilícios.
c) as relações jurídicas envolvendo o usuário da rodovia e a concessionária do serviço público.
d) as relações jurídicas entre a entidade de previdência privada e seus participantes.
e) as relações jurídicas decorrentes dos contratos de planos de saúde.

25. (FCC — 2014 — DPE-PB — Defensor Público) De acordo com a jurisprudência do STJ sobre direito do consumidor,

a) nos contratos bancários, é possível ao julgador conhecer, de ofício, da abusividade das cláusulas.
b) da anotação irregular em cadastro de proteção ao crédito, cabe indenização por dano moral, ainda quando preexistente legítima inscrição.
c) a Defensoria Pública, na tutela coletiva dos consumidores, só tem legitimidade para atuar quando tratar de direitos individuais homogêneos.
d) não se aplica o Código de Defesa do Consumidor quando o serviço prestado pelo banco tratar de política governamental, desfigurando a relação de consumo, como no caso de financiamento estudantil.
e) as instituições financeiras respondem subjetivamente pelos danos gerados por fortuito interno relativo a fraudes e delitos praticados por terceiros no âmbito de operações bancárias.

26. (UFPR — 2014 — DPE-PR — Defensor Público) Considere as seguintes afirmativas sobre o direito do consumidor:

1. A Teoria Maximalista abrange todos os agentes quando o produto é retirado do mercado, mas não inclui as pessoas jurídicas que inserem os produtos ou serviços adquiridos na sua cadeia de produção.
2. A Teoria Finalista entende que o consumidor é aquele que retira o produto ou o serviço do mercado de consumo, restringindo o conceito de consumidor individual àquele que consome visando à satisfação de necessidades pessoais ou familiares.
3. As pessoas físicas não são consideradas fornecedoras.
4. Conforme a jurisprudência do STJ, a Teoria do Finalismo Aprofundado se aplica a casos específicos (*hard cases*) envolvendo pessoas físicas ou jurídicas que compram insumos para produção comercial fora da sua área de especialidade, tendo como base a vulnerabilidade demonstrada em concreto.

Assinale a alternativa correta.

a) Somente as afirmativas 1 e 3 são verdadeiras.
b) Somente as afirmativas 2, 3 e 4 são verdadeiras.

c) Somente as afirmativas 3 e 4 são verdadeiras.
d) Somente as afirmativas 1, 2 e 3 são verdadeiras.
e) Somente as afirmativas 2 e 4 são verdadeiras.

27. (PUC-PR — 2015 — PGE-PR — Procurador do Estado) Com o objetivo de implementar um programa de fiscalização dos direitos do consumidor, o diretor do órgão de proteção e defesa do consumidor (PROCON) de certo Estado quer saber como enquadrar algumas relações econômicas dentro do regime jurídico consumerista instituído pela Lei federal n. 8.078/90. Considerando a legislação consumerista vigente e a jurisprudência atual do Superior Tribunal de Justiça (STJ), assinale a afirmativa CORRETA a respeito das relações de consumo.

a) A jurisprudência do STJ tem mitigado a teoria finalista para autorizar a incidência do Código de Defesa do Consumidor nas hipóteses em que a parte (pessoa física ou jurídica), embora não seja tecnicamente a destinatária final do produto ou serviço, se apresenta em situação de vulnerabilidade ou hipossuficiência.
b) A relação entre paciente e hospital público, financiado por receitas tributárias e sem remuneração direta do serviço de saúde prestado pelo hospital, é considerada relação de consumo.
c) A relação jurídica entre a entidade de previdência privada e seus participantes não é considerada relação de consumo, pois a ela se aplica marco normativo específico sobre seguridade social.
d) Basta que instituição financeira figure em um dos polos da relação jurídica como fornecedora de empréstimos financeiros para que essa relação seja caracterizada como relação de consumo.
e) A relação entre concessionária de serviço público e usuário final, para o fornecimento de serviços públicos essenciais, tais como energia elétrica, água e esgoto, não pode ser considerada relação de consumo, pois se trata de uma concessão de serviço público, regida por normas específicas de direito administrativo.

28. (FCC — 2015 —TJ-PE — Juiz Substituto) Nos termos do Código de Defesa do Consumidor,

a) as pessoas jurídicas de direito público não podem ser consideradas fornecedoras.
b) somente entes personalizados (isto é, pessoas físicas ou jurídicas) podem ser considerados fornecedores.
c) a pessoa jurídica não pode ser considerada consumidora.
d) é considerada consumidora a pessoa que adquire o produto como destinatária final, mas não a que meramente o utiliza nessa condição.
e) equipara-se a consumidor a coletividade de pessoas, ainda que indetermináveis, que haja intervindo nas relações de consumo.

29. (FGV — 2015 — DPE-MT — Advogado — Adaptada) A respeito do Código de Defesa do Consumidor, analise as afirmativas a seguir.

I. Aplica-se o Código de Defesa do Consumidor nos casos em que a pessoa jurídica adquire produto ou serviço para revenda ou transformação por meio de beneficiamento ou montagem.
II. Serviço é qualquer atividade fornecida no mercado de consumo, mediante remuneração, inclusive as de natureza bancária, financeira, de crédito e securitária, salvo as decorrentes das relações de caráter trabalhista e securitário.
III. Como o Código de Defesa do Consumidor prevê que serviço é qualquer atividade fornecida no mercado de consumo mediante remuneração, é certo dizer que o serviço gratuito prestado ao consumidor por provedor de Internet afasta a aplicação da lei consumerista.

Assinale:

a) se todas as afirmativas estiverem incorretas.
b) se somente as afirmativas II e III estiverem corretas.
c) se somente as afirmativas I e III estiverem corretas.
d) se somente as afirmativas I e II estiverem corretas.
e) se somente a afirmativa II estiver correta.

30. (FCC — 2016 — DPE-BA — Defensor Público) Sebastião juntou dinheiro que arrecadou ao longo de 20 anos trabalhando como caminhoneiro para adquirir um caminhão, zero quilômetros, que passou a utilizar em seu trabalho, realizando fretes no interior do Estado da Bahia. Ainda no prazo de garantia, o veículo apresentou problemas e ficou imobilizado. Sua esposa, Raimunda, microempresária do ramo da costura, adquiriu uma máquina bordadeira de valor elevado de uma grande produtora mundial, que depois de poucas semanas de funcionamento, também parou de funcionar.

Diante desses fatos, é correto afirmar que:

a) ambos podem ser considerados consumidores, desde que se configurem como usuários finais dos produtos adquiridos e comprovem hipossuficiência econômica em relação ao fornecedor, uma vez que, embora o Código de Defesa do Consumidor adote a teoria finalista como regra geral, a lei reconhece expressamente a hipótese de consumo intermediário mediante prova da hipossuficiência econômica e do desequilíbrio na relação.
b) ambos podem ser considerados consumidores, ainda que não se configurem como usuários finais dos produtos adquiridos, uma vez que, embora o Código de Defesa do Consumidor adote a teoria finalista, em casos semelhantes, o Superior Tribunal de Justiça já admitiu a mitigação desta teoria diante da prova da hipossuficiência e do desequilíbrio na relação, caracterizando hipótese de consumo intermediário.
c) nenhum dos dois pode se enquadrar no conceito de consumidor previsto no Código de Defesa do Consumidor, pois não são destinatários finais dos produtos; a lei adotou a teoria finalista, e a jurisprudência pacífica do Superior Tribunal de Justiça não admite a hipótese de consumo intermediário, afastando as disposições consumeristas para os produtos adquiridos para a utilização em cadeia de produção.
d) ambos podem ser considerados consumidores, ainda que não se configurem como usuários finais dos produtos adquiridos, uma vez que a jurisprudência do Superior Tribunal de Justiça entende que o Código de Defesa do Consumidor não adotou a teoria finalista, bastando a prova da hipossuficiência e do desequilíbrio na relação e, portanto, se apresentando como irrelevante que o consumo tenha ocorrido na cadeia de produção.
e) Sebastião pode ser considerado consumidor mesmo que não seja usuário final do produto adquirido, uma vez que, embora o Código de Defesa do Consumidor adote a teoria finalista, a jurisprudência do Superior Tribunal de Justiça admite a mitigação desta teoria diante da prova da hipossuficiência e do desequilíbrio na relação, caracterizando hipótese de consumo intermediário, mas Raimunda não poderá ser considerada consumidora, por se tratar de pessoa jurídica.

31. (CESPE — 2017 — TRF-5ª REGIÃO — Juiz Federal Substituto) Conforme a jurisprudência do STJ, configura relação jurídica de consumo a relação

a) jurídica entre entidade aberta de previdência complementar e seus participantes.
b) jurídica entre locador e locatário, nos contratos regidos pela lei que dispõe sobre locações de imóveis urbanos.

c) jurídica estabelecida entre condomínio edilício e condôminos.
d) jurídica no caso de planos de saúde administrados por contrato de autogestão.
e) contratual entre advogado e cliente.

■ GABARITO ■

1. "a". A assertiva "I" é correta em razão de a pessoa jurídica poder ser considerada consumidora no presente caso, visto ser a destinatária fática e econômica do serviço de seguro, não sendo tal serviço reinserido no mercado pela pessoa jurídica. A assertiva "II" não configura relação jurídica de consumo, visto a destinação do crédito adquirido ser empregada novamente na atividade principal da pessoa jurídica, em que deveria demonstrar a vulnerabilidade no caso concreto, diferentemente do que ocorre com a pessoa física, que tem a seu favor a presunção de vulnerabilidade. Esta também é a visão do STJ, que não admite a incidência do CDC na relação que envolve pessoa jurídica e banco na celebração de contrato de mútuo bancário para fins de incrementar capital de giro da empresa, por se tratar também de consumo intermediário (AgRg no Ag 900.563/PR, Rel. Ministro Luis Felipe Salomão, 4ª T., *DJe* 3-5-2010). Por fim, a assertiva "III" é errada, uma vez que se admite a aplicação do CDC aos profissionais quando presente algum tipo de vulnerabilidade. Nesse sentido, STJ: "Direito do Consumidor. Recurso especial. Conceito de consumidor. Critério subjetivo ou finalista. Mitigação. Pessoa Jurídica. Excepcionalidade. Vulnerabilidade. Constatação na hipótese dos autos. Prática abusiva. Oferta inadequada. Característica, quantidade e composição do produto. Equiparação (art. 29). Decadência. Inexistência. Relação jurídica sob a premissa de tratos sucessivos. Renovação do compromisso. Vício oculto (REsp 476.428/SC, Rel. Nancy Andrighi, j. 19-4-2005, *DJ* 9-5-2005).

2. "a". A assertiva "I" traz o conceito legal de fornecedor (art. 3º, *caput,* do CDC). A afirmação "II" é errada, pois insere no conceito de serviço a relação de caráter trabalhista (art. 3º, § 2º, do CDC). A assertiva "III" traz o conceito-padrão de consumidor, além de trazer consumidor equiparado, de acordo com o art. 2º, *caput* e seu parágrafo único. A assertiva "IV" reproduz o conceito do CDC de produto (art. 3º, § 1º).

3. "b". O CDC é o diploma hábil a reger a relação contratual de seguro-fiança firmada pelo locatário e, via de regra, com instituição financeira. Tal relação contratual ocorre quando o locatário não possui fiador para garantir o contrato de locação, necessitando buscar o seguro-fiança em instituição financeira. O CDC é expresso quando ressalta sua aplicação no art. 3º, § 2º. A alternativa "a" é errada, pois o CDC não se aplica à relação locatícia, segundo a orientação predominante do STJ: "Consoante iterativos julgados desse Tribunal, as disposições contidas no Código de Defesa do Consumidor não são aplicáveis ao contrato de locação predial urbana, que se regula por legislação própria — Lei n. 8.245/91. Recurso especial conhecido e provido" (REsp 399.938/MS, Rel. Ministro Vicente Leal, 6ª T., j. 18-4-2002, *DJ* 135-2002). A relação de consumo existente é apenas aquela estabelecida com eventual imobiliária ou corretora de imóveis, conforme exposto na parte teórica deste capítulo. Na alternativa "c", encontra-se a relação específica de locação comercial, sendo inaplicável o CDC. O condomínio residencial não pode ser considerado fornecedor, logo a assertiva "d" é errônea. Esta é a posição do STJ, que também entende assim no tocante às associações desportivas e condomínios, "dada a natureza comunitária entre os filiados, sem caráter lucrativo" (REsp 310.953, julgado em 10-4-2007). Entretanto, é possível o enquadramento do condomínio dentro do conceito de consumidor quando, por exemplo, for dele cobrada indevidamente tarifa de água e de esgoto (AgRg no REsp 1.135.528/RJ, Ministro Humberto Martins, 2-92010). Por fim, na assertiva "e", não há relação de consumo entre dois particulares comuns, e sim relação a ser regida pelo Código Civil.

4. "c". Art. 29 do CDC considera consumidor por equiparação as pessoas expostas às práticas comerciais e contratuais abusivas. Alternativas "a" e "b" estão erradas, nos termos do art. 3º, *caput,* do CDC, que define fornecedor da seguinte forma: "Fornecedor é toda pessoa física ou jurídica, pública ou privada, nacional ou estrangeira, bem como os entes despersonalizados, que desenvolvem atividade de produção, montagem, criação, construção, transformação, importação, exportação, distribuição ou comercialização de produtos ou prestação de serviços". Alternativa "d" está errada, pois se adquire bens para revenda não será consumidora. Alternativa "e" está errada, pois prevalece no STJ a não incidência do CDC às relações locatícias: "Consoante iterativos julgados

desse Tribunal, as disposições contidas no Código de Defesa do Consumidor não são aplicáveis ao contrato de locação predial urbana, que se regula por legislação própria — Lei n. 8.245/91. Recurso especial conhecido e provido" (REsp 399.938/MS, Rel. Ministro Vicente Leal, 6ª T., julgamento em 18-4-2002, *DJ* de 13-5-2002). A relação de consumo existente é apenas aquela estabelecida com eventual imobiliária ou corretora de imóveis, conforme exposto na parte teórica deste capítulo.

5. "e". As assertivas "a" e "b" estão erradas, pois pessoa de direito público pode, sim, ser considerada fornecedora (art. 3°, *caput,* do CDC) ou consumidora nas situações elencadas na parte teórica, mais precisamente quando preencher cumulativamente os seguintes requisitos: comprovação da vulnerabilidade no caso concreto (que em regra é uma situação excepcional); regime jurídico de direito público (que traz inúmeras prerrogativas às entidades administrativas, em especial no tocante à contratação) não suficiente para dar-lhe guarida nas relações envolvendo aquisição de bens e contratação de serviços. Já a assertiva "c" é contrária ao art. 23 do CDC, que estabelece ser irrelevante a alegação de ignorância do fornecedor. A alternativa "d" contradiz o art. 26 do CDC, que prevê prazo de 90 dias para os bens duráveis.

6. "c". Conforme parte teórica, mais precisamente no sentido de que a aludida bipartição não foi aceita pelo Código de Defesa do Consumidor, pois a responsabilidade prevista no CDC unificou as duas modalidades de responsabilidades existentes — contratual e extracontratual — e criou uma nova: a responsabilidade pelo fato e pelo vício do produto ou do serviço. Nesse contexto, o fornecedor será responsabilizado em razão de participar única e exclusivamente da relação jurídica de consumo. As alternativas "a" e "b" reproduzem os conceitos legais de consumidor em sentido estrito (art. 2°, *caput,* do CDC) e de consumidor por equiparação (art. 29 do CDC). A assertiva "d" corresponde ao art. 12 c.c. art. 25, § 1°, ambos do CDC, que assim prevê: "Havendo mais de um responsável pela causação do dano, todos responderão solidariamente pela reparação prevista nesta e nas seções anteriores". Por fim, a assertiva "e" traz as hipóteses de exclusão de responsabilidade do fornecedor presentes no art. 12, § 3°, do CDC.

7. "d". Serviço de água e de esgoto é remunerado por tarifa, com incidência do CDC. Esta também é a posição do Superior Tribunal de Justiça: "Os serviços prestados por concessionárias são remunerados por tarifa, sendo facultativa a sua utilização, que é regida pelo CDC, o que a diferencia da taxa, esta, remuneração do serviço público próprio" (REsp 793.422/RS, Rel. Ministra Eliana Calmon, 2ª T., *DJ* 17-8-2006). A alternativa "a" é errada, pois restringiu o conceito de fornecedor com base no conceito de consumidor, tentando confundir o candidato com os dois conceitos juntamente. A assertiva "b" se equivoca ao trazer algo que é pertinente à relação de emprego, não se aplicando o CDC a tais relações, mas sim legislação trabalhista própria. Na assertiva "c" há erro, pois o conceito de fornecedor é algo distinto do de empresário do Direito Comercial, sendo independente deste para ser considerado fornecedor. Por fim, na alternativa "e", o conceito de produto pode ser gratuito, configurando relação de consumo, por exemplo, o caso de amostra grátis.

8. "a". Como abordamos na parte teórica desta obra, a teoria finalista pura considera como consumidor o destinatário fático e econômico; assim, apenas o consumidor pessoa física merece a proteção do CDC para os seguidores desta doutrina. Já a assertiva "b" está errada, inicialmente, porque é a teoria finalista que também é denominada subjetiva; ademais, revela o sentido contrário da teoria maximalista, sendo equivocada, uma vez que abrange o profissional como consumidor, bastando ser destinatário fático. A alternativa "c" é errônea, uma vez que a teoria firmada pelo STJ é a finalista atenuada/mitigada/aprofundada: "Direito do Consumidor. Recurso especial. Conceito de consumidor. Critério subjetivo ou finalista. Mitigação. Pessoa Jurídica. Excepcionalidade. Vulnerabilidade. Constatação na hipótese dos autos. Prática abusiva. Oferta inadequada. Característica, quantidade e composição do produto. Equiparação (art. 29). Decadência. Inexistência. Relação jurídica sob a premissa de tratos sucessivos. Renovação do compromisso. Vício oculto" (REsp 476.428/SC, Rel. Nancy Andrighi, j. 19-4-2005, *DJ* 9-5-2005). A assertiva "d" erra ao dizer que a vulnerabilidade é presumida também para a pessoa jurídica, o que só é dado à pessoa física. Na visão do STJ: "o hospital adquirente do equipamento médico não se utiliza do mesmo como destinatário final, mas para desenvolvimento de sua própria atividade negocial; não se caracteriza, tampouco, como hipossuficiente na relação contratual travada, pelo que, ausente a presença do consumidor, não se há falar em relação merecedora de tutela legal especial. Em outros termos, ausente a relação de consumo, afasta-se a incidência do CDC, não se havendo falar em abusividade de cláusula de eleição de foro livremente pactuada pelas partes, em atenção ao princípio da autonomia volitiva dos contratantes" (CC 46.747/SP, Rel. Ministro Jorge Scartezzini, *DJe* 20-3-2006). Por último, a alternativa "e" faz confusão com as espécies de vulnerabilidade, sendo que a vulnerabilidade fática tem o mesmo sentido da socioeconômica, distinta da vulnerabilidade técnica trazida na assertiva.

9. "a". A assertiva "a" traz o requisito da *habitualidade* para que se configure o conceito de fornecedor. O Superior Tribunal de Justiça também exige a habitualidade como requisito imprescindível na definição de fornecedor, segundo consta do excerto extraído do Agravo em Recurso Especial 1.963, de relatoria do Ministro Mauro Campbell Marques, publicado em 4 de abril de 2011, em que se discutiu a aplicabilidade ou não do CDC num caso envolvendo a venda de loteamento irregular: "Destaca-se que para serem fornecedoras as recorrentes teriam que desenvolver habitualmente como sua atividade a comercialização de lotes, situação esta que como vimos acima não ocorreu, pois, conforme se depreende dos documentos acostados com a exordial, elas somente cederam alguns lotes por imposição da situação já explanada". A assertiva "b" é errada, pois a relação locatícia não é regida pelo CDC. A assertiva "c" erra, uma vez que a contribuição de melhoria é tributo, sendo regido pelas normas próprias do Direito Tributário. Segundo o STJ: "1. Os serviços públicos podem ser próprios e gerais, sem possibilidade de identificação dos destinatários. São financiados pelos tributos e prestados pelo próprio Estado, tais como segurança pública, saúde, educação, etc. Podem ser também impróprios e individuais, com destinatários determinados ou determináveis. Neste caso, têm uso específico e mensurável, tais como os serviços de telefone, água e energia elétrica. 2. Os serviços públicos impróprios podem ser prestados por órgãos da administração pública indireta ou, modernamente, por delegação, como previsto na CF (art. 175). São regulados pela Lei 8.987/95, que dispõe sobre a concessão e permissão dos serviços públicos. 3. Os serviços prestados por concessionárias são remunerados por tarifa, sendo facultativa a sua utilização, que é regida pelo CDC, o que a diferencia da taxa, esta, remuneração do serviço público próprio" (REsp 793.422/RS, Rel. Ministra Eliana Calmon, 2ª T., *DJ* 17-8-2006). A alternativa "d" traz situação que sofre a incidência do CDC, por exemplo nos casos de amostra grátis. A alternativa "e" já foi discutida e pacificada pelo STJ e STF, sendo regida pelo CDC (art. 3º, § 2º). A Súmula 297 do STJ dispõe que: "O Código de Defesa do Consumidor é aplicável às instituições financeiras". E o resultado final do julgamento da Ação Direta de Inconstitucionalidade n. 2.591 foi por maioria pela improcedência da ação, deixando bem claro que, também para o Pretório Excelso, o CDC incide nas relações de consumo oriundas das atividades bancárias.

10. "errado". Tal afirmativa é errada, uma vez que está incompleta, deixando de fora pessoas "indetermináveis" que interferem na relação de consumo, as quais também serão consideradas consumidoras (art. 2º, parágrafo único).

11. "a". A assertiva "I" traz o correto conceito de fornecedor, de acordo com o art. 3º, *caput*, do CDC. Por sua vez, a assertiva "II" erra ao inserir no conceito de serviço as relações de caráter trabalhista, uma vez que estas não sofrem incidência do CDC. A assertiva "III" está de acordo com os conceitos de consumidor em sentido estrito (art. 2º, *caput*, do CDC) e consumidor equiparado (art. 2º, parágrafo único, do CDC). A assertiva "IV" é de acordo com o conceito legal de produto (art. 3º, § 1º, CDC).

12. "certo". Encontra-se verdadeira tal afirmação, já que a pessoa jurídica para ser considerada consumidora, além de vulnerável, precisa adquirir produto ou serviço para seu próprio consumo, sem o intuito de reinseri-los no mercado consumidor. Trata-se da posição predominante no STJ. É mais uma vez a menção à teoria finalista atenuada/mitigada/aprofundada: "Direito do Consumidor. Recurso especial. Conceito de consumidor. Critério subjetivo ou finalista. Mitigação. Pessoa Jurídica. Excepcionalidade. Vulnerabilidade. Constatação na hipótese dos autos. Prática abusiva. Oferta inadequada. Característica, quantidade e composição do produto. Equiparação (art. 29). Decadência. Inexistência. Relação jurídica sob a premissa de tratos sucessivos. Renovação do compromisso. Vício oculto" (REsp 476.428/SC, Rel. Nancy Andrighi, j. 19-4-2005, *DJ* 9-5-2005).

13. "c". Como reza o CDC, em seu art. 18, § 6º, são impróprios ao uso e consumo os produtos cujos prazos de validade estejam vencidos e os produtos deteriorados, nocivos à saúde e à vida, caso perfeitamente adequado à situação trazida pela questão. A "a" erra ao excluir a responsabilidade da empresa contratada diretamente pelo consumidor, transferindo a culpa a terceiros, o que se revela como cláusula ou prática abusiva. A assertiva "b" é errônea, uma vez que os convidados são considerados, sim, consumidores por equiparação em razão de evento danoso, como diz o art. 17 do CDC. No mesmo sentido, está a jurisprudência do Superior Tribunal de Justiça ao reconhecer, por exemplo, que na queda de um avião em área residencial todos os passageiros (consumidores em sentido estrito e destinatários finais do serviço) e as pessoas que tiverem suas casas destruídas pelo acidente aéreo (vítimas do evento danoso equiparadas a consumidores) receberão todas as garantias legais instituídas no CDC: "...pela aplicação conjugada com o artigo 17 do mesmo diploma legal, cabível, por equiparação, o enquadramento do autor, atingido em terra, no conceito de consumidor. Logo, em tese, admissível a inversão do ônus da prova em seu favor" (REsp 540.235, Rel. Ministro Castro Filho, 3ª T., *DJ* 6-3-2006). A "d", por sua vez, equivoca-se, já que o prazo para reclamar sobre tais vícios em produtos não duráveis seria de 30 dias. Por fim, a "e" erra ao estipular que o *dies a quo* para contagem do prazo decadencial seria o fornecimento, visto que se trata de vício oculto, e não aparente, sendo então contado da sua evidência.

14. "a". A assertiva correta revela o conceito de consumidor por equiparação expresso no parágrafo único do art. 2º, CDC, sendo que todos aqueles que intervenham na relação de consumo, ainda que indetermináveis, são considerados consumidores por força de equiparação legal. A "b" é contraditória com o sistema de proteção do CDC, contrariando seu art. 17, sendo, sim, considerados consumidores. Conforme visto acima, esta é a visão da jurisprudência do Superior Tribunal de Justiça ao reconhecer, por exemplo, que na queda de um avião em área residencial todos os passageiros (consumidores em sentido estrito e destinatários finais do serviço) e as pessoas que tiverem suas casas destruídas pelo acidente aéreo (vítimas do evento danoso equiparadas a consumidores) receberão todas as garantias legais instituídas no CDC: "...pela aplicação conjugada com o artigo 17 do mesmo diploma legal, cabível, por equiparação, o enquadramento do autor, atingido em terra, no conceito de consumidor. Logo, em tese, admissível a inversão do ônus da prova em seu favor" (REsp 540.235, Rel. Ministro Castro Filho, 3ª T., *DJ* 6-3-2006). A "c" erra ao restringir o conceito de consumidor a pessoa física, sendo contrário ao CDC no seu art. 2º, *caput*, podendo, sim, pessoa jurídica ser considerada consumidora, desde que comprovada a sua vulnerabilidade (tecnicamente, hipossuficiência) na visão do STJ. A "d" tenta confundir o candidato, uma vez que falta o requisito para configurar o conceito de consumidor em sentido estrito, nos termos do *caput* do art. 2º do CDC, qual seja: ser destinatário final do produto ou do serviço adquirido. Por fim, destaca-se que a alternativa "e" está equivocada, pois contraria o enunciado do parágrafo único do art. 2º do CDC.

15. "b". É esta assertiva correta, uma vez que, para a desconsideração da Personalidade Jurídica por ele regulada, o CDC adotou, em seu art. 28, a Teoria Menor, o que traz mais facilidade no momento de ser declarada, bastando a insolvência do fornecedor, diferentemente do Código Civil e sua Teoria Maior que exigem mais requisitos para a desconsideração. A evidente diferença das teorias adotadas pelo Código Civil e pelo CDC também é reconhecida na jurisprudência do Superior Tribunal de Justiça, como ocorreu no julgamento do Recurso Especial n. 279.273/SP, de relatoria do Ministro Ari Pargendler, 3ª Turma, publicado no *DJ* 29-3-2004, do qual destacamos o seguinte trecho: "A teoria maior da desconsideração, regra geral no sistema jurídico brasileiro, não pode ser aplicada com a mera demonstração de estar a pessoa jurídica insolvente para o cumprimento de suas obrigações. Exige-se, aqui, para além da prova de insolvência, ou a demonstração de desvio de finalidade (teoria subjetiva da desconsideração), ou a demonstração de confusão patrimonial (teoria objetiva da desconsideração). A teoria menor da desconsideração, acolhida em nosso ordenamento jurídico excepcionalmente no Direito do Consumidor e no Direito Ambiental, incide com a mera prova de insolvência da pessoa jurídica para o pagamento de suas obrigações, independentemente da existência de desvio de finalidade ou de confusão patrimonial". A alternativa "a" é errônea, já que a violação do Princípio da Identificação dá causa à enganosidade da publicidade, e não à abusividade, na medida em que tal princípio exige a identificação imediata da mensagem como sendo publicitária, sob pena de enganar o consumidor. A "c", por sua vez, é inverídica, pois não haverá em qualquer caso a proibição de condicionar a aquisição de produtos e serviços a outros, uma vez que o condicionamento de limites quantitativos será válido ante a existência de causa justificadora, por exemplo as fortes chuvas que afetam a produção de determinadas hortaliças. A "d" é errada, já que o fornecedor que expõe o consumidor a cobrança vexatória comete infração administrativa a ser punida nos termos do art. 13, IX, do Decreto n. 2.181, de 1997, além do crime do art. 71 do CDC, não devendo ressarcir em dobro neste caso. Por fim, "e" é errada, pois pode o cadastro de consumidor ser feito independente da concordância do vulnerável, bastando a prévia comunicação do cadastro, nos casos de consumidor inadimplente, como corrobora o Enunciado 404 da Súmula do STJ, que tem o seguinte teor: "É dispensável o aviso de recebimento (AR) na carta de comunicação ao consumidor sobre a negativação de seu nome em bancos de dados e cadastros".

16. "a". Sem dúvida, como tratamos no capítulo destinado a essa matéria, a relação de consumo é composta por elementos subjetivos e objetivos. Quanto aos subjetivos, podemos lembrar as partes envolvidas na relação, em especial de um lado o consumidor e de outro o fornecedor de produtos e serviços. Já quanto aos objetivos, temos o bem objeto da relação, o preço ou valor pactuado e as condições e formas do negócio. Mas não podemos duvidar de que outros elementos possam, sim, vir a integrar essa relação, aumentando ainda mais o conteúdo do negócio jurídico celebrado, citando, por exemplo, o vínculo que funda a relação e a causa que deu origem ao negócio jurídico. A assertiva "b" encontra-se equivocada, uma vez que o CDC trata expressamente da prevenção e da reparação de danos materiais e morais ao consumidor, seja coletivo ou individual, como diz seu art. 6º, VI. A assertiva "c" é errônea, pois contradiz a teoria do rompimento da base objetiva do negócio jurídico, a qual foi adotada pelo CDC no art. 6º, V, sendo que a assertiva trouxe, na verdade, a teoria da imprevisão, repudiada pelo CDC. A assertiva "d" erra ao afirmar que a igualdade buscada pelo CDC seja a formal, sendo que esta é a igualdade perante a lei, na qual todos são iguais, sem distinção de etnia, sexo, idade e origem, como reza o *caput* do art. 5º da Carta Republicana; diferente é a igualdade material, buscada pelo CDC, na qual se usa a lei para se atingir uma paridade, partindo do pressuposto de que nem todos são iguais entre si, mas têm peculiaridades e diferenças, tentando assim equipará-los, já que são tão antagônicos. O CDC tenta equilibrar essa relação jurídica desigual por meio de seus princípios, conferindo direitos aos consumidores e impondo deveres aos fornecedores. Por fim, a alternativa "e" é errônea, pois, como já vimos no capítulo próprio, o Código Civil pode, sim, ser aplicado eventualmente em uma relação de consumo, basta que nos valemos da norma que possa mais beneficiar o consumidor, utilizando o diálogo das fontes, proposto por Erick Jaime e encampado no Brasil por Cláudia Lima Marques.

17. "b". Esta deve ser assinalada como correta. O critério determinante para a pontual incidência do CDC numa relação se dá quando presente uma parte como fornecedor e outra na situação de consumidor. As três teorias também foram citadas corretamente, conforme demonstrado no correr do capítulo. A alternativa "a" é equivocada, pois, como todos sabemos, o CDC não traz em seu bojo o conceito de relação de consumo de forma expressa. Se assim o fizesse, poderia criar um grande entrave a aplicação de tal diploma protetivo, logo preferiu insculpir os elementos subjetivos (conceitos de consumidor e fornecedor) e elementos objetivos (conceitos de produto e serviço), devendo analisar caso a caso o enquadramento ou não à relação de consumo. A alternativa "c" está errada, pois confunde o conceito da teoria maximalista com a nomenclatura da teoria finalista aprofundada. A alternativa "d", por sua vez, faz a inversão das teorias, chamando de maximalista o que é, em verdade, o conteúdo da teoria finalista.

18. "d". Além do conceito-padrão de consumidor do art. 2º do CDC, há outras espécies de consumidor equiparado, inclusive a coletividade de pessoas que haja intervindo nas relações de consumo, ainda que indetermináveis. É este o conceito trazido no art. 2º, parágrafo único, do CDC. A alternativa "a" não corresponde ao conceito de consumidor previsto no art. 2º, *caput,* do CDC, visto que na lei consumidor deve ser o destinatário final do produto ou serviço, diferente do trazido pela alternativa, que se refere ao destinatário intermediário. A alternativa "b" começa bem ao enfatizar o conceito de consumidor em sentido estrito, mas erra ao excluir a coletividade, dizendo que esta não poderia ser consumidora, o que está errado, como vimos no conceito de consumidor equiparado previsto no parágrafo único do art. 2º do CDC. A alternativa "c", por sua vez, também está incorreta, porque a pessoa jurídica também poderá ser considerada consumidora quando comprovada sua fragilidade no caso concreto. Por fim, a alternativa "e" erra, pois a coletividade de pessoas pode ser indeterminável, e não determinável, como dito na alternativa.

19."e". É a alternativa a ser marcada. É a que abrange o conceito de fornecedor em consonância com o disposto no art. 3º, *caput,* do CDC. A alternativa "a" erra ao inserir a expressão "exclusivamente", retirando a possibilidade de entes públicos e despersonalizados virem a fazer as vezes de fornecedor, contrariando o CDC. A alternativa "b" também se equivoca ao retirar do conceito de fornecedor o ente público e o ente despersonalizado, sendo possíveis partes na relação de consumo, como previsto pelo CDC em seu art. 3º, *caput.* A alternativa "c" erra, pois é pacífico na doutrina e jurisprudência a possibilidade de o ente público figurar como fornecedor na relação de consumo, fazendo o CDC menção expressa no conceito de consumidor. A letra "d" está errada, na medida em que a empresa de medicamentos é, sim, considerada fornecedor, sendo o Poder Público um mero intermediador desse medicamento, que atenderá, em última análise, a população em geral.

20. "d". Esta deveria ser assinalada como incorreta. O contrato de seguro, bem como toda a relação que envolve o serviço de seguro, sem dúvida, recebe a incidência do Código Civil, em especial no Livro dos contratos especiais, mas isso não exclui a regência pelo CDC, pois este é um diploma que visa a distanciar desigualdades existentes entre as partes, tentando colocá-las num patamar de igualdade, outorgando direitos a uma delas e deveres à outra; logo, o CDC se aplica às empresas seguradoras e suas relações com clientes, sendo expressa a dicção no art. 3º, § 2º, ao incluir a relação securitária. A alternativa "a" é verdadeira, pois o que vale como critério para incidência do CDC, a fim de algo valer como serviço, é o fato de este ser remunerado, não podendo ser gratuito, diferentemente do produto, que pode ser gratuito ou remunerado. A alternativa "b" também é correta, uma vez que a relação bancária está inserida no rol de serviços do art. 3º, § 2º, do CDC, além de se tratar de posicionamento consolidado pelo STJ na Súmula 297. A alternativa "c" é verídica, já que as empresas de financiamento possuem serviços dentro do espectro do CDC (art. 3º, § 2º). A alternativa "e" é verdadeira, o serviço de concessão de crédito também se submete à tutela do CDC, incluindo o legislador o serviço de financiamento entre aqueles especificados no rol do citado art. 3º, § 2º, do CDC.

21. "b". Esta é a alternativa correta, nos termos do art. 2º, parágrafo único, do CDC. O conceito de consumidor não se restringe ao destinatário final fático e econômico, abrangendo também outras figuras equiparadas, como a coletividade de pessoas que haja intervindo nas relações de consumo, ainda que indetermináveis. A alternativa "a" erra ao relacionar a hipótese de tutela coletiva aos direitos individuais homogêneos, além de ser necessária a intervenção desta coletividade, nos termos do art. 2º, parágrafo único, do CDC. A alternativa "c" é errônea, pois coloca como necessária a determinação das pessoas que hajam intervindo na relação de consumo, o que contraria o art. 2º, parágrafo único, do CDC. Por último, a alternativa "d" é falsa, pois, como já dissemos, a coletividade de pessoas pode ser indeterminável e, ainda assim, poderemos enquadrá-la no conceito de consumidor por equiparação.

22. "d". A questão pede qual será, dentre as alternativas dadas, a relação a ser regida pelo CDC. A única relação a ser regida pelo CDC é a prestação de serviço de saúde pelo hospital ao cliente de plano de saúde. O CDC é claro nesses termos, ao prever a sua incidência em todos os serviços prestados mediante remuneração em que se tenha de um lado um fornecedor e do outro um consumidor, em condição de inferioridade; além disso, a lei que regula os planos de saúde, Lei n. 9.656/98, não impede a incidência do CDC nas relações envolvendo plano de saúde e hospital. A alternativa "a" não recebe a aplicação do CDC, pois se trata de uma simples doação feita por um ente jurídico a outra pessoa, sendo regido tal contrato de doação pelas regras do direito civil, em especial pelos arts. 538 a 564 do CC. A alternativa "b" erra ao dizer que a relação trabalhista existente entre empregador e empregado é regida pelo CDC, sendo que este Diploma é claro ao excluir tal natureza relacional de sua incidência, como visto no art. 3º, § 2º. Enfim, a alternativa "c" se equivoca, já que numa relação de aluguel entre duas pessoas jurídicas de igual proporção, a relação deverá ser guiada pela lei de locação, Lei n. 8.245/91, que rege a locação de imóveis urbanos.

23. "d". Esta alternativa é a correta. A coletividade de pessoas pode, sim, ser considerada consumidora, ainda que indetermináveis, nos termos do parágrafo único do art. 2º do CDC. A alternativa "a" peca ao condicionar o bem como algo necessariamente material, o que não é verdade, já que há bens imateriais que se sujeitam ao CDC, como no caso de um consumidor de softwares de computadores ou antivírus. A alternativa "b" erra ao violar o conceito legal de serviço, já que, como sabemos, é requisito indispensável a presença da remuneração, ainda que indireta (art. 3º, § 2º, do CDC). A alternativa "c" é falsa; as normas de direito do consumidor não são de natureza dispositiva, podendo as partes optar por aplicá-las ou não, mas sim de ordem pública e de interesse social, e devem ser seguidas independentemente da vontade dos pactuantes (art. 1º, *caput*, do CDC). A alternativa "e" errou ao excluir do conceito de fornecedor a possibilidade de uma pessoa jurídica de direito público prestar o serviço ou vender o produto, o que é absolutamente normal e aceito pelo CDC, conforme dispõe o seu art. 3º, *caput*.

24. "b" é a resposta correta. As relações existentes entre condôminos e seu respectivo condomínio não recebem a normatização do CDC, suas regras e seus princípios; os condomínios não se moldam ao conceito de fornecedores previsto no CDC, sendo pacífico o entendimento jurisprudencial nessa seara, enfatizando que o próprio condômino possui força de influenciar as decisões do condomínio, não podendo ser considerada uma relação de consumo. A alternativa "a" é falsa, já que o CDC incide, sim, nas relações de cartão de crédito, sendo este uma espécie de serviço protegido pelo Diploma Consumerista (art. 3º, § 2º, do CDC). A alternativa "c" recebe aplicação do CDC, pois a concessionária é considerada fornecedora do serviço de estradas e rodagem para tráfego, sendo seus usuários perfeitamente enquadráveis na definição de consumidor. A alternativa "d" possui, sim, a incidência do CDC. Às entidades abertas de previdência privada e seus participantes aplica-se o Diploma Consumerista; assim é o teor da Súmula 563 do STJ: "O Código de Defesa do Consumidor é aplicável às entidades abertas de previdência complementar, não incidindo nos contratos previdenciários celebrados com entidades fechadas" (2ª Seção, julgado em 24-2-2016, *DJe* 29-2-2016). A relação oriunda da alternativa "e" — relações entre planos de saúde e seus beneficiados — também está tutelada pelo CDC, nos termos da Súmula 469 do STJ.

25. "d". A posição prevalecente no STJ é pela inaplicabilidade do CDC às relações estabelecidas entre banco e beneficiário do crédito estudantil, por se tratar de política governamental (REsp 1.155.684). A letra "a" está errada porque contraria a Súmula 381 do STJ. A alternativa "b" também equivoca-se por violar o teor da Súmula 385 do STJ. A letra "c" está errada na medida em que a legitimidade da Defensoria pública não se limita à tutela dos interesses individuais homogêneos. Por fim, a alternativa "e" também está errada, pois a Súmula 479 do STJ estabelece entendimento de que é objetiva a responsabilidade das instituições financeiras pelos danos gerados por fortuito interno relativo a fraudes e delitos praticados por terceiros no âmbito de operações bancárias.

26. "e". A afirmativa 2 realmente está correta, pois, para a Teoria Finalista, consumidor é aquele que retira o produto ou o serviço do mercado de consumo, visando a satisfação de necessidades pessoais ou familiares. A afirmativa 4 também está certa, na medida em que a jurisprudência do STJ adota a posição da Teoria do Finalismo Aprofundado, tendo como base a vulnerabilidade da pessoa jurídica demonstrada em concreto. A afirmativa 1 equivoca-se ao excluir a pessoa jurídica do conceito de consumidor para a Teoria Maximalista, e a 3 erra ao excluir a pessoa física do conceito de fornecedora, nos termos do art. 3º, *caput*, do CDC.

27. "a". Realmente a posição prevalecente no STJ é a de que a pessoa jurídica mesmo não sendo a destinatária final será considerada consumidora, uma vez comprovada a sua vulnerabilidade que, tecnicamente, é hipossuficiência. A alternativa "b" está errada, uma vez que nem todo serviço público pode ser objeto da relação jurídica de consumo, como no caso dos serviços remunerados por tributos. Só os serviços remunerados por tarifas podem ser objeto dessa relação. A letra "c" erra, pois a previdência privada aberta é, sim, objeto da relação jurídica de consumo e somente a fechada não é, nos termos da Súmula 563 do STJ. A alternativa "d" também está equivocada, uma vez que a instituição financeira poderá emprestar dinheiro para atendimento de crédito estudantil e, nesse caso, vimos que não existe relação de consumo. Por fim, errada está a letra "e", na medida em que o serviço público objeto de delegação a empresa concessionária é o típico exemplo de serviço remunerado por tarifa e objeto da relação de consumo.

28. "e". Trata-se da alternativa correta, nos termos do art. 2º, parágrafo único, do CDC. A alternativa "a" está errada, uma vez que pessoas jurídicas de direito público podem, sim, ser fornecedoras, segundo estabelece o art. 3º, *caput*, do CDC. A letra "b" equivoca-se, pois os entes despersonalizados também podem ser considerados fornecedores, conforme prevê o art. 3º, *caput*, do CDC. A alternativa "c" também está errada, pois a pessoa jurídica pode ser considerada consumidora, nos termos do art. 2º, *caput*, do CDC. A letra "d" está equivocada, uma vez que aquele que utiliza produto ou serviço e venha a sofrer um acidente de consumo será considerado consumidor por equiparação, segundo estabelece o art. 17 do CDC.

29. "a". Todas as afirmativas estão incorretas. Vejamos: no item I, a revenda exclui a identificação do consumidor na relação jurídica. No item II, a atividade securitária está incluída na definição de serviço do art. 3º, § 2º, do CDC. E, no item III, a falha está na não identificação da remuneração indireta nos serviços "gratuitos" pela internet. Nesse caso, a incidência do CDC se faz necessária.

30. "b". Nos termos do posicionamento consolidado no Superior Tribunal de Justiça, como o realizado no REsp 1.195.642.

31. "a". Nos termos da posição do STJ na Súmula 563: "O Código de Defesa do Consumidor é aplicável às entidades abertas de previdência complementar, não incidindo nos contratos previdenciários celebrados com entidades fechadas" (2ª Seção, julgado em 24-2-2016, *DJe* 29-2-2016); "b" errada, nos termos do REsp 399.938/MS, Rel. Ministro Vicente Leal, 6ª T., j. 18-4-2002, *DJ* 13-5-2002; "c" errada segundo posição firmada no REsp 310.953; "d" equivocada, nos termos do REsp 1.285.483/PB, Rel. Ministro Luis Felipe Salomão, 2ª Seção, *DJe* 16-8-2016; "e" errada, segundo REsp 1.228.104/PR, Rel. Ministro Sidnei Beneti, 3ª T., *DJe* 10-4-2012.

3

SERVIÇO PÚBLICO E INCIDÊNCIA DO CDC

3.1. QUESTIONAMENTOS INTRODUTÓRIOS

O tema **Serviço Público** é de grande importância no contexto do **novo modelo de Administração Pública**, em boa parte **descentralizada**, após a reforma administrativa do Estado. Este, em razão da insuficiência de recursos, assume o papel de orientador, deixando até para os particulares a função de executar certas atividades estatais.

Em razão da vastidão dos serviços públicos existentes, faremos um corte metodológico para enfrentarmos as principais controvérsias da teoria geral e abordaremos questões polêmicas envolvendo casos concretos, como aqueles afetos aos serviços de saneamento básico e de transporte coletivo, no que tange à incidência do Código de Defesa do Consumidor.

Com efeito, dentre **questões polêmicas** a serem abordadas, destacamos:

- O serviço público é ou não objeto de relação de consumo?
- Incide ou não o Código de Defesa do Consumidor na disciplina de tais serviços?
- O conceito de consumidor é ou não sinônimo de usuário do serviço público?
- Há a necessidade de lei regulamentadora dos direitos dos usuários do serviço público ou o CDC é suficiente?
- É possível interromper serviço público essencial?
- A interrupção deste serviço viola o princípio da continuidade dos serviços públicos?
- Qual o posicionamento da jurisprudência pátria sobre o assunto?
- Qual a natureza da contraprestação pecuniária dos serviços de saneamento básico à luz da legislação e da jurisprudência pátrias?
- Quais as consequências do enquadramento dessa contraprestação nas modalidades taxa ou tarifa?
- É possível o terceiro não usuário do serviço de transporte coletivo invocar a responsabilidade objetiva em face do concessionário?

De fato, o propósito deste capítulo é o de trazer respostas adequadas aos questionamentos levantados à luz do Direito Administrativo e do Direito do Consumidor, conformando as duas disciplinas e tendo por enfoque principal os serviços públicos delegados.

A última observação introdutória consiste em aclarar nossa proposta de enfrentarmos temas polêmicos nesse contexto de Estado pós-reforma administrativa, deixando de lado as críticas ufanistas para, de forma lúcida, trazer soluções aos beneficiários do serviço público, muitas vezes ineficiente, além de enquadrá-los na relação jurídica de consumo como a única forma eficaz de proteger o vulnerável dessa relação.

3.2. APROXIMAÇÕES E DISTINÇÕES ENTRE AS NOÇÕES DE CONSUMIDOR E DE USUÁRIO DO SERVIÇO PÚBLICO

Muitos foram os administrativistas e consumeristas que estudaram as semelhanças e distinções entre os conceitos de usuário do serviço público e de consumidor. Constatamos em nossas pesquisas que a maior parte dos estudiosos do Direito Público tem uma tendência para ressaltar as diferenças entre os institutos, enquanto os doutrinadores especializados no Direito Privado possuem, em sua maioria, mais capacidade de enxergar a existência de pontos comuns.

Na qualidade de especialista e entusiasta em ambas as disciplinas — direito administrativo e direito do consumidor —, tentaremos passar um posicionamento imparcial e à luz das principais repercussões que envolvem esses ramos do direito. Mas, antes, passemos ao entendimento de alguns doutrinadores sobre a matéria.

Antônio Carlos Cintra do Amaral, no artigo "Distinção entre usuário do serviço público e consumidor", encontra **semelhanças entre as definições de usuário do serviço público e de consumidor apenas no aspecto econômico**, *in verbis:* "(...) parece-me que se está incorrendo em um equívoco generalizado quando se afirma que o usuário de serviço público é um consumidor. Considerar-se o usuário como consumidor do serviço público a ele prestado pela concessionária talvez seja possível sob a ótica econômica. Mas sob a ótica jurídica o usuário de serviço público e o consumidor estão em situações distintas. Uma coisa é a relação jurídica de serviço público. Outra, a de consumo (...)".[1]

Outro argumento utilizado pelo autor para fundamentar a **diferença** existente é que **a Constituição Federal, ao tratar dos dois institutos, valeu-se de dispositivos diferentes:**

[1] CINTRA DO AMARAL, Antônio Carlos. Distinção entre usuário do serviço público e consumidor. *Revista Eletrônica de Direito Administrativo Econômico*, Salvador, Instituto de Direito Público da Bahia, n. 6, maio/jul. 2006, p. 2. Disponível em: <http://www.direitodoestado.com/revista/REDAE-6-MAIO-2006-CARLOS%20CINTRA.pdf>. Acesso em: 3 dez. 2016.

- a proteção ao usuário do serviço público está prevista no art. 175, parágrafo único, inciso II;
- a defesa do consumidor, nos arts. 5º, XXXII, e 170, V.

Ademais, continua Cintra do Amaral, **teria o art. 27 da Emenda Constitucional n. 19/98 determinado ao Congresso Nacional a elaboração de lei de defesa do usuário de serviços públicos**, fato que demonstra o reconhecimento implícito de que a defesa deste usuário é juridicamente diversa da defesa do consumidor, já regulada pela Lei n. 8.078/90.[2]

Diante dessa distinção, fundamenta o citado administrativista pela impossibilidade da incidência do Diploma Consumerista ao serviço público em dois gráficos:

- o primeiro, destacando a visão do Poder Concedente diante da prestação do serviço público

(i)

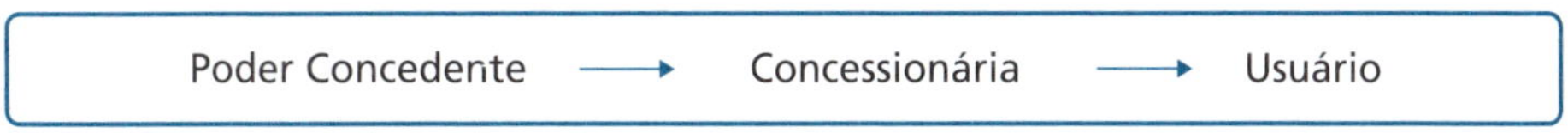

- o segundo, demonstrando como estaria posicionado o Poder Público à luz da relação jurídica de consumo

(ii)

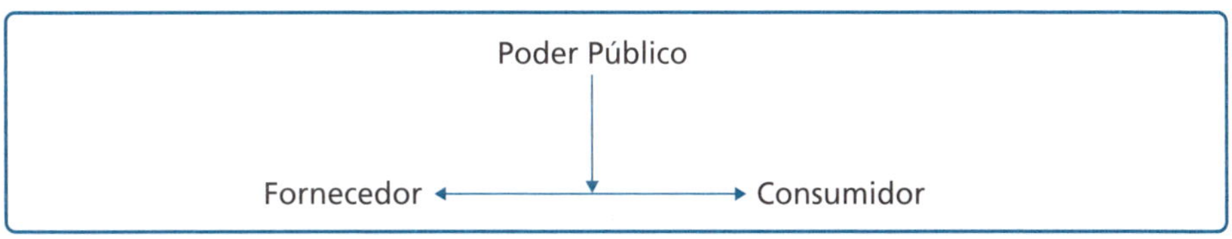

Na situação inicialmente apresentada, conclui Cintra do Amaral que a concessionária é obrigada a prestar o serviço cujo exercício lhe foi atribuído, mas o poder concedente continua com o dever constitucional de prestá-lo, embora escolha a opção de fazê-lo indiretamente sob regime de concessão ou permissão, como lhe é autorizado pelo art. 175 da Constituição.

O inadimplemento pela concessionária gera sua responsabilidade perante o usuário, mas também é responsável, solidariamente,[3] o poder concedente, na medida em que mantém a titularidade do serviço concedido.

---

[2] CINTRA DO AMARAL, Antônio Carlos. Distinção entre usuário do serviço público e consumidor, p. 4.

[3] Prevalece que a responsabilidade do Poder Concedente é subsidiária pelos danos causados pelos concessionários e permissionários aos usuários do serviço público. Isto implica dizer que somente responderá o Poder Concedente quando for comprovado o exaurimento patrimonial do particular prestador do serviço público por delegação.

No segundo gráfico, entende o autor que o fornecedor é a pessoa obrigada a prestar o serviço ao consumidor, cabendo ao Poder Público apenas o dever de regular a relação contratual entre eles, protegendo a parte considerada mais fraca. Dessa forma, o inadimplemento por parte do fornecedor gera sua responsabilidade perante o consumidor, não respondendo o Poder Público pelo cumprimento das obrigações nas relações de consumo.[4]

Com a devida vênia, **por mais que existam particularidades no conceito de usuário de serviço público**, fundadas basicamente na natureza do regime jurídico que alberga essa prestação — o de direito público —, entendemos **não existirem óbices no seu enquadramento no conceito de consumidor**, principalmente quando figurar na posição de destinatário final de um serviço público remunerado por tarifa, conforme pontuaremos a seguir.

Ademais, Antônio Carlos Cintra do Amaral chegou a essa conclusão porque partiu da premissa de que o Poder Público ou seus delegados jamais poderiam figurar na condição de fornecedores da relação de consumo. Entretanto, concluir desta forma significa ignorar as previsões expressas sobre o tema no CDC. E desconsiderar as previsões da Lei n. 8.078/90 consiste em renunciar a um direito constitucional fundamental (art. 5º, XXXII, da Constituição da República).

Nesse contexto, defendemos em outra oportunidade que nos termos da legislação vigente em nosso ordenamento jurídico é perfeitamente possível o seguinte gráfico representativo dos elementos subjetivos da apontada relação jurídica de consumo:[5]

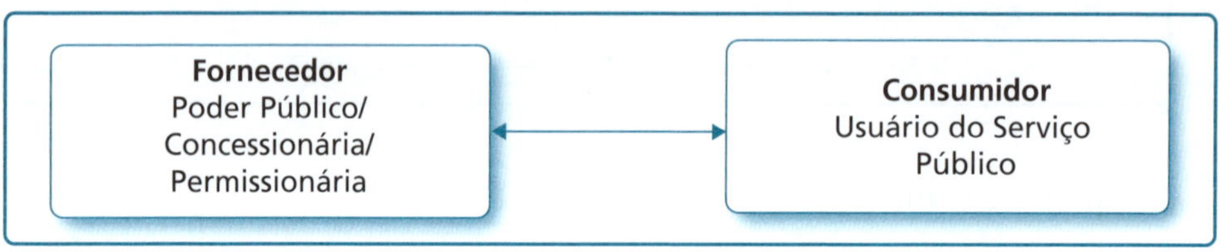

Com efeito, posicionando-se também pela impossibilidade de aplicação da legislação consumerista à prestação dos serviços públicos, encontramos os ensinamentos de Ana Maria Goffi Flaquer Scartezzini: "Quando o prestador do serviço ingressa no mercado, sua finalidade é a obtenção do lucro, através do serviço, cuja remuneração dará a exata medida desse lucro. (...) O Estado pode ser equiparado a fornecedor, muito embora com ele não se identifique, tão somente para fins de

4 CINTRA DO AMARAL, Antônio Carlos. Distinção entre usuário do serviço público e consumidor, p. 3.

5 BOLZAN, Fabrício. Serviço público e a incidência do Código de Defesa do Consumidor. In: MARINELA, Fernanda; BOLZAN, Fabrício (Org.). *Leituras complementares de direito administrativo:* advocacia pública. 2. ed. Salvador: JusPodivm, 2009, p. 239.

responsabilização; a relação jurídica, contudo, instituída com a prestação do serviço não se reveste das características e da natureza de uma relação de consumo".[6]

Realmente, quando o Estado presta um serviço público diretamente, seu objetivo não é o lucro, mas sim concretizar necessidades coletivas. Contudo, o mesmo raciocínio não poderá ser feito quando a prestação do serviço público é delegada a particular.

Em nossa opinião, o lucro não consiste apenas num "componente relevante para o concessionário, para a garantia do equilíbrio de seu contrato",[7] mas sim num elemento a ser considerado no momento da formulação da proposta quando da participação na respectiva licitação. *Data venia,* pensar de modo diverso ou defender que não há lucro na prestação do serviço público, mas sim superávit, é interpretar o instituto com excesso de romantismo, incompatível com a nossa atual realidade.

Em consonância com nosso pensamento, Joana Paula Batista expõe que: "não se pode esquecer que na prestação de serviços públicos por particulares, mediante concessão ou permissão, o elemento lucro é considerado no oferecimento da proposta e garantido ao longo do ajuste pela regra de intangibilidade da equação econômico-financeira inicialmente pactuada, nos termos do art. 37, XXI, da CF. **A tarifa que remunera o concessionário**, portanto, é o resultado da soma de pelo menos **dois elementos**, quais sejam, o **custo da atividade** e a margem de efetivo ganho, **o lucro**".[8]

Assim, fazendo um paralelo com as empresas estatais prestadoras de serviços públicos que devem aplicar na própria prestação do serviço o excedente alcançado, conclui Joana Paula Batista que "os concessionários, por sua vez, podem dispor livremente do lucro auferido na prestação do serviço público, inclusive na aplicação em investimentos totalmente estranhos à atividade que exercem".[9]

Ademais, essa **discussão foi atenuada pelo CDC** quando tratou da definição de serviço objeto da relação de consumo, na medida em que exigiu como requisito para a sua caracterização apenas a remuneração (direta ou indireta), dispensando a obtenção de lucro.

Nessa linha de pesquisa, autor que muito bem estudou as **semelhanças e distinções existentes entre os conceitos de consumidor e de usuário do serviço público** foi Cesar A. Guimarães Pereira, que ressalta a proximidade dos dois conceitos, na medida em que ambos são destinatários de prestações realizadas por outrem no âmbito de uma relação de conteúdo econômico de caráter massificado.[10]

---

[6] SCARTEZZINI, Ana Maria Goffi Flaquer. *O princípio da continuidade do serviço público.* São Paulo: Malheiros, 2006, p. 98.

[7] SCARTEZZINI, Ana Maria Goffi Flaquer. *O princípio da continuidade do serviço público,* p. 98.

[8] BATISTA, Joana Paula. *Remuneração dos serviços públicos.* São Paulo: Malheiros, 2005, p. 76.

[9] BATISTA, Joana Paula. *Remuneração dos serviços públicos*, p. 77.

[10] PEREIRA, César A. Guimarães. *Usuários de serviços públicos:* usuários, consumidores e os aspectos econômicos dos serviços públicos. São Paulo: Saraiva, 2006, p. 134.

Destaca, ainda, que nos casos das prestações executadas por "concessionários de serviço público — e mediante uma contrapartida pecuniária (tarifa), a semelhança é tão intensa que a distinção se torna difícil".[11] Entretanto, conclui o autor que as diferenças existem e sintetiza suas ideias acerca do cotejo entre usuário do serviço público e consumidor da seguinte forma:

> "(a) usuário, ao contrário do consumidor, não é necessariamente o destinatário final do serviço público;
> (b) o usuário, ao contrário do consumidor, não está necessariamente envolvido em uma prestação onerosa do serviço público;
> (c) o usuário, ao contrário do consumidor, detém direitos relativos à organização e à gestão do serviço público, delas podendo participar de modo ativo, independentemente até da efetiva fruição do serviço;
> (d) a vulnerabilidade, que integra o conceito jurídico de consumidor, não é característica essencial do usuário;
> (e) a vulnerabilidade, especialmente a técnica, está frequentemente (ou praticamente sempre) presente nas relações de serviço público e deve ser levada em conta na aplicação das normas de direito público, conduzindo ao reconhecimento do dever do prestador de, sendo o principal detentor das informações pertinentes, comprovar a regularidade de sua conduta em certos casos;
> (f) a relação de serviço público, por envolver o desempenho de função administrativa, é protegida pelo regime jurídico de direito público, que assegura deveres-poderes ao Poder Público e, se houver, ao delegatário da prestação do serviço (embora os *poderes de autoridade* estejam reservados ao Poder Público, atribuindo-se ao prestador privado apenas prerrogativas limitadas e compatíveis com a sua natureza);
> (g) o usuário não é um agente da economia de mercado porquanto o serviço público está, por definição, fora do mercado da economia privada (art. 173 da Constituição); o usuário está ligado a uma atividade econômica apenas em sentido amplo, uma vez que o serviço público submete-se ao regramento especial do art. 175 da Constituição;
> (h) o CDC contém disciplina específica para o serviço público em geral (arts. 22 e 59, § 1º), cuja aplicação independe da parte remanescente do CDC e não pressupõe nem acarreta a caracterização de uma relação de consumo;
> (i) *o modo de pensar* consagrado no CDC é fundamental para a evolução nas relações administrativas atinentes ao serviço público, proporcionando novas perspectivas de interpretação e aplicação do regime de direito público em face da similaridade das situações de *consumidores e usuários;*
> (j) a aplicação do CDC nos espaços de liberdade deixados pela regulação pública, especialmente nos serviços públicos prestados em regime competitivo (por exemplo, alguns serviços de telecomunicações, transportes e operações portuárias), não transforma *usuário* em *consumidor,* pois mesmo nestes campos prevalece a

[11] PEREIRA, César A. Guimarães. *Usuários de serviços públicos,* p. 134.

disciplina de direito público em caso de conflito — o que reafirma a distinção original entre essas figuras".[12]

Em que pese a propriedade com que fundamentou cada um dos argumentos citados, permitimo-nos discordar de alguns pontos da posição em comento, levando em consideração o raciocínio já esposado neste capítulo de que o **conceito de usuário do serviço público pode sim enquadrar-se na definição de consumidor** e de que o **Diploma Consumerista incide sobre os serviços *uti singuli* remunerados por tarifas**, desde que não haja conflito com o regime de direito público. Senão, vejamos.

Entendemos inicialmente que o **usuário** pode ser **destinatário final** de um serviço público, situação corriqueira e facilmente constatada nos serviços de transporte coletivo, de energia elétrica, de telefonia, de saneamento básico, dentre outros, quer na condição de **destinatário fático** do serviço público — ao retirá-lo do mercado de consumo —, na visão da Teoria Maximalista, quer na qualidade ainda de **destinatário econômico**, que utiliza o serviço público diretamente ou por meio de seus familiares, segundo se posicionam os seguidores da Teoria Finalista.

Ademais, a Lei n. 8.078/90 não considera consumidor apenas o destinatário final do produto ou do serviço. O CDC traz ainda mais três definições de **consumidor por equiparação:**

- a coletividade de pessoas que haja intervindo na relação de consumo (art. 2º, parágrafo único);
- as **vítimas do evento danoso** (art. 17); e
- as pessoas expostas às práticas comerciais e contratuais abusivas (art. 29).

Desta forma, ser ou não destinatário final não é requisito imprescindível para a definição de consumidor, podendo, portanto, enquadrar-se em seu alcance a figura do usuário do serviço público.

Igualmente, não nos convence a alegação de que o usuário não está necessariamente envolvido em uma prestação onerosa como critério que o diferencie do consumidor.

Conforme é cediço, o **serviço público é remunerado por tributos ou preços públicos**, sendo que somente na última **modalidade** de remuneração citada — **tarifa**, em razão de seu **caráter negocial**, admite-se a **incidência do CDC**. Nesse sentido, cabe recordar que a remuneração exigida pela lei para caracterizar o serviço na relação de consumo pode ser a direta e a indireta.

Assim, mesmo na hipótese de serviço de transporte coletivo "gratuito" para idosos, cabíveis as regras da Lei n. 8.078/90 ante a evidente remuneração indireta,

12 PEREIRA, César A. Guimarães. *Usuários de serviços públicos*, p. 202-203.

"pelo preço pago por toda a coletividade e pelo benefício da manutenção da concessão pública daquele fornecedor de serviços".[13]

Outrossim, ressalta-se que a **vulnerabilidade** (fragilidade) do consumidor pode ser configurada nos aspectos:

- técnico (fornecedor é o detentor do monopólio dos meios de produção na prestação de um serviço);
- econômico (fornecedor, em regra, é a parte mais forte no quesito financeiro);
- jurídico-científico (consumidor, em regra, é a parte mais frágil na análise de questões jurídicas da contratação ou de qualquer outro ramo da ciência);
- informacional (*expertise* do fornecedor no tocante às informações do serviço prestado), conforme analisaremos no Capítulo 4 deste livro.

Neste contexto, concordamos com a tese de que a **vulnerabilidade não é uma característica essencial do usuário, mas subsiste nas relações de serviços públicos, especialmente na modalidade técnica**, cabendo ao respectivo prestador o dever de comprovar a regularidade de sua conduta em certos casos.

Tal posicionamento reforça nosso entendimento de que o usuário pode enquadrar-se perfeitamente no alcance do conceito de consumidor, mesmo porque a característica maior deste está presente, qual seja: a vulnerabilidade.

Com efeito, corroboramos com o pensamento de Cesar Guimarães Pereira ao levantar a questão do **regime jurídico de direito público** para fundamentar os direitos dos usuários relativos à organização e à gestão do serviço público, bem como os deveres-poderes assegurados ao Poder Público e aos seus delegados quando da sua prestação.

Contudo, dissentimos que tal regime seja capaz de obstar a incidência do CDC. Condicionar sim, impedir jamais. O condicionamento é inevitável em razão da natureza dessa comodidade, além da importância que representa para a coletividade. Portanto, em caso de conflito entre norma de direito administrativo e lei do consumidor, aquela prevalecerá.

Como exemplo do prevalecimento do regime de direito público, citamos a responsabilidade *subsidiária* do Poder Concedente em face da responsabilidade *solidária* prevista, como regra, no CDC (arts. 7º, parágrafo único, e 25, § 1º, por exemplo).

Sobre o tema, coadunamos com o pensamento de Sergio Cavalieri Filho de que as "entidades de Direito Privado, prestadoras de serviços públicos, *respondem em nome próprio, com o seu patrimônio,* e não o Estado por elas e nem com elas",[14] fazendo uma alusão à responsabilidade *subsidiária* do Poder Concedente. O autor fundamenta sua tese em três aspectos a seguir resumidos:

---

[13] MARQUES, Claudia Lima. *Contratos no Código de Defesa do Consumidor:* o novo regime das relações contratuais. 5. ed. São Paulo: RT, 2006, p. 452.

[14] CAVALIERI FILHO, Sergio. *Programa de responsabilidade civil.* 6. ed. São Paulo: Malheiros, 2006, p. 267.

- "trata-se de objetivo da norma constitucional e, quem tem o bônus, deve suportar o ônus;
- as prestadoras de serviços públicos têm personalidade jurídica, patrimônios e capacidade próprios, atuam por sua conta e risco e, consequentemente, devem responder por suas obrigações;
- no caso, não há falar em responsabilidade *solidária*, pois a solidariedade decorre de lei ou de contrato, inexistindo norma legal capaz de fundamentar tal teoria. Ressalta ainda a existência da Lei 8.987/95 que, em seu artigo 25, dispõe exatamente o contrário, pois fixa a responsabilidade direta e pessoal da concessionária por todos os prejuízos causados ao Poder Concedente, aos usuários ou a terceiros".[15]

Constata-se com o exemplo que a regra de Direito Público — responsabilidade *subsidiária* do Poder Concedente — prevalece sobre a regra de Direito Privado — responsabilidade *solidária* prevista no CDC.

Nessa linha de raciocínio, não concordamos com as lições em sentido contrário de Gustavo Tepedino, que, com base no Código do Consumidor, sustenta que a prestação dos serviços públicos atrai para tais hipóteses a solidariedade dos diversos entes públicos e privados que se apresentem como fornecedores dos respectivos serviços, prestados (direta ou indiretamente) pela atividade estatal.[16]

Também discordamos da posição já citada de Cesar Guimarães, que entende formarem os **arts. 22 e 59, § 1º**, da lei do consumidor uma sistematização estanque, independente e autônoma referente aos serviços públicos em relação às demais determinações constantes na **Lei n. 8.078/90**. Tal assertiva busca amparo no fato de o **art. 4º** do referido diploma, ao tratar dos Princípios da Política Nacional das Relações de Consumo, citar no **inciso VII** a racionalização e melhoria dos serviços públicos como um de seus preceitos fundamentais.

No mesmo sentido, o **art. 6º do CDC**, ao disciplinar os direitos básicos dos consumidores, estabeleceu no **inciso X** a adequada e eficaz prestação dos serviços públicos em geral. Também não poderíamos deixar de lembrar o disposto no **art. 3º, *caput*,** do Diploma Consumerista, que ao definir fornecedor nas relações de consumo incluiu expressamente as pessoas jurídicas de direito público.

Diante desse contexto, incabível a alegação de existência de um sistema independente dentro do CDC referente única e exclusivamente à prestação dos serviços públicos, visto que eles também foram disciplinados por outras disposições gerais ligadas à relação jurídica de consumo.

Finalmente, concordamos que a filosofia consagrada na **Lei n. 8.078/90 é fundamental para a evolução das relações administrativas atinentes ao serviço público**, assim também com a necessidade da incidência de suas regras nas lacunas deixadas pela regulação pública.

---

[15] CAVALIERI FILHO, Sergio. *Programa de responsabilidade civil*, p. 267.

[16] CAVALIERI FILHO, Sergio. *Programa de responsabilidade civil*, p. 197.

Nesse sentido, reiteramos o posicionamento de que nem o regramento especial previsto no art. 175, da Constituição da República, nem as peculiaridades inerentes à definição de usuário do serviço público são suficientes para afastar a sua tipificação no conceito de consumidor.

Portanto, enquadrar o usuário na definição de consumidor e o Poder Público e seus agentes delegados no conceito de fornecedor, além de alguns serviços públicos — os remunerados por tarifas — como objeto da relação jurídica de consumo, é imprescindível para legitimar a incidência do CDC.

Tal aplicação é de extrema importância hoje, pois o Código de Defesa dos usuários dos serviços públicos — Lei n. 13.460, de 26 de junho de 2017 — está no período de *vacatio legis*.[17] No entanto, conforme analisaremos nos tópicos do item 3.7 deste livro, o advento do regramento especial não obstou a incidência da lei do consumidor,[18] e estabeleceu a aplicação simultânea de ambos os diplomas, aplicando-se a Teoria do Diálogo das Fontes nos termos analisados no Capítulo 1 deste livro.

Por fim, esquematizando o nosso raciocínio sobre o tema, deparamo-nos com o seguinte quadro:

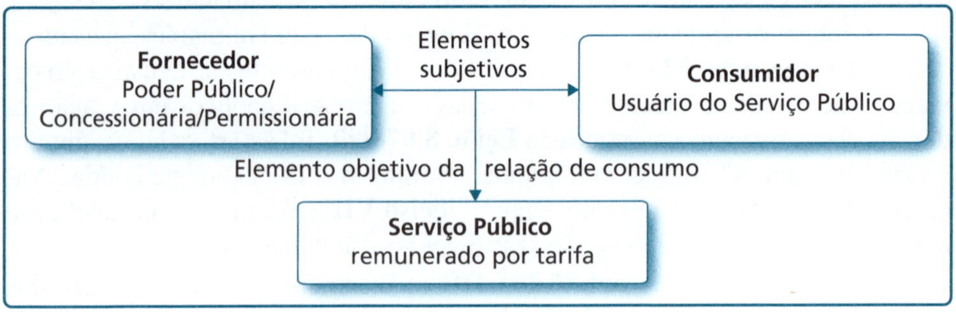

■ 3.3. DIFERENÇAS PRINCIPAIS ENTRE TARIFAS E TAXAS

Numa visão inicial e superficial sobre o tema, constatamos que se a Constituição define como fundamentos jurídicos da **taxa** o exercício do poder de polícia ou a utilização, efetiva ou potencial, de serviços públicos específicos e divisíveis, prestados ao contribuinte ou postos a sua disposição, estamos diante de espécie

[17] Lei n. 13.460 – Art. 25: "Esta Lei entra em vigor, a contar da sua publicação, em: I – trezentos e sessenta dias para a União, os Estados, o Distrito Federal e os Municípios com mais de quinhentos mil habitantes; II – quinhentos e quarenta dias para os Municípios entre cem mil e quinhentos mil habitantes; e III – setecentos e vinte dias para os Municípios com menos de cem mil habitantes".

[18] Lei n. 13.460 – Art. 1º, § 2º: "A aplicação desta Lei não afasta a necessidade de cumprimento do disposto: I – em normas regulamentadoras específicas, quando se tratar de serviço ou atividade sujeitos a regulação ou supervisão; e **II – na Lei n. 8.078, de 11 de setembro de 1990, quando caracterizada relação de consumo**".

tributária que **não se confunde com o imposto** (cujo fato gerador independe de qualquer atividade estatal específica), **nem com a contribuição de melhoria** (que tem por fato gerador a valorização imobiliária em razão de obra pública).

Igualmente, como espécie do gênero tributo, não podemos esquecer que a taxa consiste numa prestação pecuniária compulsória, em moeda ou cujo valor nela se possa exprimir, que não constitua sanção de ato ilícito, instituída em lei e cobrada mediante atividade administrativa plenamente vinculada (art. 3º do CTN).

Após essa contextualização, trabalharemos com as **características** essenciais da **taxa** para os fins deste capítulo:

- **Prestação pecuniária:** A taxa traduz-se numa prestação pecuniária em moeda ou cujo valor nela possa se exprimir. Conforme ensinamentos de Guido Zanobini, o direito moderno aboliu a prestação de bens *in natura* para o Poder Público.[19] A assertiva é muito apropriada, pois, quando o Estado quer adquirir coativamente um bem móvel ou imóvel, vale-se da desapropriação, instituto diferente do tributo.
- **Prestação compulsória:** Sobre esta característica, colacionam-se os ensinamentos de Bernardo Ribeiro de Moraes, para quem a "taxa, como tributo, é devida em razão da obrigação jurídica, instituída unilateralmente pelo Estado, como emanação da sua soberania. O poder tributante, dentro de sua competência tributária, unilateralmente, institui a taxa, obrigando a todos que estejam ligados à situação de fato prevista em lei".[20]
- **Instituída por Lei:** O princípio da legalidade deve nortear toda a atuação fiscal, quer no tocante à instituição do tributo, quer em relação à sua majoração. Nesse sentido, prevê a Constituição da República: "Art. 150. Sem prejuízo de outras garantias asseguradas ao contribuinte, é vedado à União, aos Estados, ao Distrito Federal e aos Municípios: **I — exigir ou aumentar tributo sem lei que o estabeleça**".
- **Cobrada mediante atividade administrativa vinculada:** Isso significa dizer que a arrecadação tributária não se caracteriza como atividade discricionária, ou seja, não cabe ao administrador realizar um juízo de oportunidade e conveniência no tocante à cobrança da taxa. Assim, concretizado o fato gerador previsto em lei, a taxa deverá ser exigida.
- **Atividade específica do Estado:** Conforme visto, a taxa difere do imposto, pois, enquanto este envolve um serviço geral, aquela tem por fato

19 ZANOBINI, Guido. *Corso di diritto amministrativo*. 5. ed. Milano: Giuffrè, 1958. v. 4, p. 352.

20 MORAES, Bernardo Ribeiro de. *Doutrina e prática das taxas*. 2. ed. São Paulo, Quartier Latin, 2007, p. 88.

gerador um serviço específico — exercício do poder de polícia ou utilização efetiva ou potencial de um serviço público divisível — relacionado diretamente com a pessoa do contribuinte.

Concluída a análise das principais características da taxa, passemos à análise da tarifa. Para as finalidades deste capítulo, acrescentamos inicialmente que tarifa significa tábua, catálogo ou pauta, ou seja, trata-se de uma lista em que se fixam quotas.[21]

A **tarifa é espécie de preço público**, ou seja, tem natureza negocial, razão pela qual o vocábulo será utilizado como sinônimo de preço público, a despeito de existir doutrina autorizada que se vale da terminologia para conceituar o preço cobrado pelas empresas concessionárias e permissionárias dos serviços públicos.[22]

Outrossim, duas são as **características** essenciais do preço público — **tarifa** para os fins deste capítulo:

- **Ausência de compulsoriedade:** Na instituição da tarifa, o Estado não se vale do seu poder de império, isto é, da soberania que possui em relação aos particulares. Muito pelo contrário. Na hipótese, o Estado atua como o particular no objetivo de auferir receitas com a exploração de bens ou com a prestação de certos serviços públicos.
- **Natureza negocial:** No preço público, a obrigação de pagar tem natureza contratual, ficando seu adimplemento à vontade do interessado. Neste caso, não há a imposição legal que existe na cobrança da taxa.

Sobre essas características, existe súmula do Supremo Tribunal Federal com o seguinte teor: "Súmula 545 — Preços de serviços públicos e taxas não se confundem, porque estas, diferentemente daqueles, são compulsórias e têm sua cobrança condicionada à prévia autorização orçamentária, em relação à lei que as instituiu".

Assim, a **principal diferença entre taxa e tarifa decorre do caráter facultativo — voluntariedade — presente nesta e ausente na espécie tributária que é compulsória**. Sobre o tema, alguns questionamentos são levantados pela doutrina, por exemplo:

- Qual a abrangência do conceito de voluntariedade?
- Basta uma liberdade formal, existente no momento da formação do vínculo obrigacional, ou há necessidade de uma liberdade material, liberdade efetiva de fruir ou não fruir um serviço?

Nesse tocante, Fabiano Verli entende que: "continuamos apegados a conceitos formais de liberdade de escolha do usuário a respeito de serviços públicos fun-

[21] MORAES, Bernardo Ribeiro de. *Doutrina e prática das taxas*, p. 126.

[22] MORAES, Bernardo Ribeiro de. *Doutrina e prática das taxas*, p. 126.

damentais à própria dignidade humana. Tratando-se de atividades essenciais como os serviços públicos, é necessário um novo conceito de liberdade no Direito brasileiro. Conceito que seja adequado à efetivação dos princípios cardeais da Constituição Federal de 1988, pois ele se mostra cada vez mais necessário ao cidadão em face da modernização da economia e das relações do Estado com a sociedade".[23]

O aludido autor demonstra a preocupação de que tão importante quanto a **voluntariedade** vista sob a ótica **formal — liberdade para dizer sim ou não** — é a pesquisa sobre as reais condições de fruição e de não fruição de qualquer serviço público ou prestação.[24]

Entretanto, em que pese a respeitável argumentação jurídica acima mencionada, **prevalece em nossa jurisprudência** (Súmula 545 do STF) que é suficiente para a configuração do preço público a **livre vontade em sentido formal**, ou seja, a liberdade necessária para a sua caracterização não é a absoluta, mas aquela de dizer sim ou não, ainda que esse não implique a negativa na prestação do serviço público.

Desta forma, se o usuário não paga a contraprestação pecuniária, não terá direito a usufruir do serviço remunerado por tarifa, por mais essencial que seja.

Outros doutrinadores entendiam que, se não fosse oferecido um serviço alternativo ao usuário, caracterizada estaria a compulsoriedade. Atualmente, essa tese parece estar superada, mesmo porque a Lei n. 8.987/95, em seu art. 9º, § 1º, com redação dada pela Lei n. 9.648/98, estabelece que, **somente nos casos expressamente previstos em lei, a cobrança da tarifa poderá ser condicionada à existência de serviço público alternativo e gratuito para o usuário**.

Sobre a divergência a respeito da incidência ou não do CDC aos serviços remunerados por tributos, Leonardo Roscoe Bessa sintetiza seu pensamento, informando sobre a existência de três posições a respeito do tema:

> "1) **interpretação extensiva** (todos os serviços públicos estão sujeitos ao CDC);
>
> 2) a **prestação do serviço deve ser remunerada** (art. 3º, § 2º);
>
> 3) **somente os serviços remunerados por tarifa ou preço público estariam sujeitos ao CDC:** os serviços custeados por tributos não estariam sob a incidência do CDC, pois não há uma remuneração específica".[25]

E conclui o autor no sentido de "que estão sujeitos ao CDC os serviços públicos cuja remuneração, independentemente de sua natureza, seja feita diretamente pelo consumidor".[26]

---

[23] VERLI, Fabiano. *Taxas e preços públicos*. São Paulo: RT, 2005, p. 206-207.

[24] VERLI, Fabiano. *Taxas e preços públicos*, p. 155.

[25] BENJAMIN, Antônio Herman de V.; MARQUES, Claudia Lima; BESSA, Leonardo Roscoe. *Manual de direito do consumidor*, p. 171 e 173.

[26] BENJAMIN, Antônio Herman de V.; MARQUES, Claudia Lima; BESSA, Leonardo Roscoe. *Manual de direito do consumidor*, p. 171 e 173.

Entretanto, por mais que defendamos a incidência do CDC para o **serviço público *uti singuli***, tal aplicação não recairá sobre todos os serviços individualizados, mas somente sobre aqueles cuja **contraprestação pecuniária seja por meio de tarifa**, quer em razão de se tratar de uma remuneração facultativa, quer em razão da natureza contratual em que imperam a manifestação da vontade e a possibilidade da interrupção deste contrato a qualquer tempo pelo consumidor-usuário.

No mesmo sentido, o Superior Tribunal de Justiça no julgamento do Recurso Especial 793.422/RS, *DJ* 17-8-2006, relatado pela Ministra Eliana Calmon:

> ADMINISTRATIVO — SERVIÇO PÚBLICO CONCEDIDO — ENERGIA ELÉTRICA — INADIMPLÊNCIA.
>
> 1. Os serviços públicos podem ser próprios e gerais, sem possibilidade de identificação dos destinatários. São financiados pelos tributos e prestados pelo próprio Estado, tais como segurança pública, saúde, educação, etc. Podem ser também impróprios e individuais, com destinatários determinados ou determináveis. Neste caso, têm uso específico e mensurável, tais como os serviços de telefone, água e energia elétrica.
>
> 2. Os serviços públicos impróprios podem ser prestados por órgãos da administração pública indireta ou, modernamente, por delegação, como previsto na CF (art. 175). São regulados pela Lei 8.987/95, que dispõe sobre a concessão e permissão dos serviços públicos.
>
> 3. **Os serviços prestados por concessionárias são remunerados por tarifa, sendo facultativa a sua utilização, que é regida pelo CDC, o que a diferencia da taxa, esta, remuneração do serviço público próprio.**
>
> 4. Os serviços públicos essenciais, remunerados por tarifa, porque prestados por concessionárias do serviço, podem sofrer interrupção quando há inadimplência, como previsto no art. 6º, § 3º, II, da Lei 8.987/95. Exige-se, entretanto, que a interrupção seja antecedida por aviso, existindo na Lei n. 9.427/97, que criou a ANEEL, idêntica previsão.
>
> 5. A continuidade do serviço, sem o efetivo pagamento, quebra o princípio da igualdade das partes e ocasiona o enriquecimento sem causa, repudiado pelo Direito (arts. 42 e 71 do CDC, em interpretação conjunta).
>
> 6. Hipótese em que não há respaldo legal para a suspensão do serviço, pois tem por objetivo compelir o usuário a pagar multa por suposta fraude no medidor e diferença de consumo apurada unilateralmente pela Cia. de Energia.
>
> 7. Recurso especial improvido (REsp 793.422/RS, Rel. Ministra Eliana Calmon, 2ª T., *DJ* 17-8-2006).[27]

[27] No mesmo sentido, o STJ no julgamento do AgRg no AREsp 84.014/RJ, Rel. Ministro Castro Meira, 2ª T., *DJe* 28-3-2012, ao entender que: **"O Código de Defesa do Consumidor aplica-se na hipótese de serviço público prestado por concessionária, tendo em vista que a relação jurídica tem natureza de Direito Privado e o pagamento é contraprestação feita sob a modalidade de tarifa, que não se classifica como taxa"**.

■ 3.4. PRINCÍPIO DA CONTINUIDADE DO SERVIÇO PÚBLICO

■ 3.4.1. Visão geral sobre o tema

Outro assunto que liga o Direito Administrativo ao Direito do Consumidor é o princípio da continuidade do serviço público.

O referido princípio traz direitos, garantias e consequências para aqueles que desempenham ou são beneficiários da atividade administrativa, tais como:

- legitima a intervenção da Administração para utilizar equipamentos e instalações da empresa, visando assegurar a continuidade do serviço;
- com a mesma finalidade, admite a encampação da concessão;
- restringe a aplicação da exceção do contrato não cumprido;
- condiciona o direito de greve no setor público;
- admite institutos como suplência, delegação e substituição para não deixar vagas as funções públicas.

Em suma, o princípio da continuidade do serviço público no entendimento de Celso Antônio Bandeira de Mello "é um subprincípio, ou, se se quiser, princípio derivado, que decorre da obrigatoriedade do desempenho da atividade administrativa".[28]

Para os fins deste capítulo, concentrar-nos-emos na possibilidade ou não da interrupção de serviço público essencial em razão do inadimplemento do usuário-consumidor em face do princípio da continuidade.

■ 3.4.2. Inadimplemento do usuário e interrupção do serviço — doutrina

Segundo Celso Antônio Bandeira de Mello, o princípio da continuidade compõe, como os demais princípios, o elemento formal caracterizador do serviço público, qual seja, o seu regime jurídico administrativo.[29] No entender do aludido doutrinador, princípio da continuidade do serviço público significa "a impossibilidade de sua interrupção e o pleno direito dos administrados a que não seja suspenso ou interrompido".[30]

Com efeito, a grande questão sobre o assunto envolve o princípio ora em apreço e a possibilidade da interrupção do serviço público em razão do inadimplemento do usuário. A polêmica resulta das disposições expressas em dois diplomas legais, quais sejam, a Lei n. 8.078/90 (Código de Defesa do Consumidor) e a Lei n. 8.987/95 (Lei das Concessões e Permissões do Serviço Público).

O art. 22 do CDC prevê: "Os órgãos públicos, por si ou suas empresas, concessionárias, permissionárias ou sob qualquer outra forma de empreendimento, são obrigados a fornecer serviços adequados, eficientes, seguros e, quanto aos essenciais, contínuos".

---

28 MELLO, Celso Antônio Bandeira de, op. cit., p. 78.

29 MELLO, Celso Antônio Bandeira de, op. cit., p. 661-663.

30 MELLO, Celso Antônio Bandeira de, op. cit., p. 663.

Já o art. 6º, § 3º, inciso II, da Lei n. 8.987/95 determina que:

> "**Não se caracteriza como descontinuidade do serviço a sua interrupção** em situação de emergência ou **após prévio aviso**, quando:
> I — motivada por razões de ordem técnica ou de segurança das instalações; e,
> II — **por inadimplemento do usuário**, considerado o interesse da coletividade".

Os posicionamentos da doutrina a respeito da possibilidade ou não da interrupção do serviço público em razão do inadimplemento do consumidor-usuário se resumem a três correntes:

- 1ª) aqueles que admitem a interrupção;
- 2ª) aqueles que não a admitem;
- 3ª) aqueles que, dependendo da natureza do serviço — compulsório ou não compulsório —, podem ou não admitir a sua interrupção.

A **corrente que admite a interrupção** traz o somatório dos seguintes fundamentos jurídicos:

- **existência de dispositivo legal** legitimando essa prática (Lei n. 8.987/95, art. 6º, § 3º, II);
- **aplicação do princípio da supremacia do interesse público** sobre o privado (a continuidade na prestação dos serviços para usuários inadimplentes comprometeria a sua prestação perante o restante da coletividade);
- **violação do princípio da isonomia** (tratamento igual — manutenção do serviço — aos desiguais — adimplentes e inadimplentes);
- **gratuidade não se presume** (decorre de lei ou de contrato).

Dentre os autores que admitem a suspensão, citamos: Caio Tácito, Luiz Alberto Blanchet e José Geraldo Brito Filomeno.[31]

Representando os defensores desse posicionamento, ensina Zelmo Denari: "Pacifica-se, na doutrina, o entendimento de que a gratuidade não se presume e que as concessionárias de serviço público não podem ser compelidas a prestar serviços ininterruptos se o usuário deixa de satisfazer suas obrigações relativas ao pagamento. Assim como o particular, no contrato *facio ut des,* pode recusar o cumprimento da obrigação de fazer, na ausência do correspectivo, assim também não há negar às concessionárias a mesma faculdade, nos contratos de Direito Público. Do contrário, seria admitir, de um lado, o enriquecimento sem causa do usuário e, de outro, o desvio de recursos públicos por mera inatividade da conces-

[31] Apud GROTTI, Dinorá Adelaide Musetti. *O serviço público e a Constituição Brasileira de 1988.* São Paulo: Malheiros, 2003, p. 267-269.

sionária, sem prejuízo da ofensa ao princípio da igualdade de tratamento entre os destinatários do serviço público".[32]

Por outro lado, existem aqueles que defendem a **impossibilidade da interrupção** do serviço público em razão do inadimplemento do usuário-consumidor, com a coletânea dos seguintes argumentos:

- **viola o princípio constitucional da dignidade da pessoa humana** (cláusula pétrea que garante aos cidadãos a utilização de serviços públicos essenciais para a manutenção da vida);
- **afronta ao princípio da continuidade** inserto no art. 22 do CDC (se serviços essenciais são contínuos, significa que não podem ser interrompidos);
- **extrapola os limites legais de cobrança** (ao violar o art. 42 do CDC, que impede o constrangimento do consumidor na cobrança de dívidas);
- **viola o preceito de que a responsabilidade por dívidas deverá incidir sobre o patrimônio do devedor**, e não sobre a sua pessoa ou sobre sua família.

Não se trata de apologia ao inadimplemento, porém, defendem os seguidores dessa segunda corrente, o direito de crédito do fornecedor, nos casos especiais de prestação de serviço público, deverá ser concretizado por meio dos instrumentos processuais hábeis, tais como a ação de cobrança.

Dentre os doutrinadores que defendem essa tese, traz-se à colação entendimento de Luiz Antonio Rizzatto Nunes: "Infelizmente alguns juristas, de forma equivocada, têm se manifestado no sentido contrário à norma (e mesmo com sua clara letra expressa), admitindo que o prestador do serviço público corte o fornecimento do serviço essencial em caso de inadimplemento. (...) A Carta Constitucional proíbe que terminantemente isso ocorra: a) O meio ambiente no qual vive o cidadão — sua residência, seu local de trabalho, sua cidade etc. — deve ser equilibrado e sadio. (...) c) Se para a manutenção desse meio ambiente e da saúde e vida sadia do indivíduo têm de ser fornecidos serviços públicos essenciais, eles só podem ser ininterruptos".[33]

Em outra passagem, conclui o consumerista: "É plenamente aceitável que seja fornecido ao cidadão um serviço público gratuito. Aliás, em última instância é essa a função do Estado, que deve distribuir serviços de qualidade e gratuitos a partir dos tributos arrecadados".[34]

---

[32] GRINOVER, Ada Pellegrini et al. *Código Brasileiro de Defesa do Consumidor comentado pelos autores do anteprojeto*. 8. ed. Rio de Janeiro: Forense Universitária, 2005, p. 215-216.

[33] NUNES, Luiz Antonio Rizzatto. *Curso de direito do consumidor*, p. 109 e 113.

[34] NUNES, Luiz Antonio Rizzatto. *Curso de direito do consumidor*, p. 111.

Por fim, a **terceira corrente defende a necessidade de diferenciar serviços compulsórios dos facultativos. Somente os últimos poderiam ser interrompidos** em caso de inadimplemento em razão da facultatividade na sua obtenção.

Defendendo este raciocínio, encontramos Marçal Justen Filho e Hely Lopes Meirelles,[35] e, sobre o assunto, trazemos os ensinamentos de José dos Santos Carvalho Filho, que entende pela necessidade de se distinguirem os serviços compulsórios e os facultativos:

> ■ **Se o serviço for facultativo**, o Poder Público **pode suspender-lhe a prestação no caso de não pagamento**, o que guarda coerência com a facultatividade em sua obtenção. É o que sucede, por exemplo, com os serviços prestados por concessionários, cuja suspensão é expressamente autorizada pela Lei n. 8.987/95, que dispõe sobre concessões de serviços públicos (art. 6º, § 3º, II).
>
> ■ **Tratando-se, no entanto, de serviço compulsório, não será permitida a suspensão**, e isso não somente porque o **Estado o impôs coercitivamente**, como também porque, sendo remunerado por taxa, **tem a Fazenda mecanismos privilegiados para a cobrança da dívida**. Tais soluções são as que nos parecem mais compatíveis na relação Estado-usuário.[36]

Inicialmente defendíamos a posição que impede a interrupção do serviço público em razão do inadimplemento do usuário. No entanto, refletindo melhor sobre o tema, constatamos que eventual prevalecimento dessa teoria afastaria as empresas privadas de participarem de licitação para firmarem contrato de concessão de serviço público com a Administração, pois o seu principal poder de forçar o consumidor a pagar as tarifas — a possibilidade de interrupção do serviço — estaria fora de cogitação.

Por outro lado, também não concordamos que a interrupção seja a regra e feita de forma desarrazoada, como vem ocorrendo na grande maioria das vezes em nosso país. Assim, criamos uma proposta de bem interpretar o final do inciso III do § 3º do art. 6º da Lei n. 8.987/95, quando determina a possibilidade de interrupção do serviço em razão do inadimplemento do usuário, "considerado o interesse da coletividade".

Considerar o interesse da coletividade, em nossa visão, significa primeiro analisar se o percentual de inadimplentes no caso concreto chegou a tal ponto capaz de afetar o equilíbrio econômico-financeiro do contrato administrativo de concessão. Comprovada pela Concessionária a quebra do equilíbrio financeiro,

---

35 Apud GROTTI, Dinorá Adelaide Musetti. *O serviço público e a Constituição Brasileira de 1988*, p. 265.

36 CARVALHO FILHO, José dos Santos. *Manual de direito administrativo*. 18. ed. Rio de Janeiro: Lumen Juris, 2007, p. 296-297.

somente a partir de então a interrupção seria legítima, como forma de manter a boa prestação de um serviço público, "considerado o interesse da coletividade". Ou seja, se existem muitos inadimplentes, não haverá dinheiro suficiente para prestar um bom serviço público a todos nós.

Dessa forma, antes de restar cabalmente comprovada a aludida quebra a ponto de não comprometer a boa prestação de um serviço público à coletividade, a interrupção em nossa visão é ilegítima.

Os críticos à nossa tese levantam as dificuldades de se comprovar tal quebra no caso concreto. Respeitamos, porém discordamos. Se não há dificuldade de, por meio de cálculos, demonstrar a necessidade dos constantes aumentos de tarifas de serviços públicos que deixaram a população brasileira tão indignada e estimularam manifestações por todo o país, também não é difícil comprovar, pelos mesmos cálculos, que o número de inadimplentes foi tamanho a ponto de quebrar o equilíbrio econômico-financeiro do contrato de concessão.

Diante desse contexto e ciente da existência de três posicionamentos da doutrina, além da nossa, a respeito da interrupção do serviço público à luz do princípio da continuidade, passemos à análise do entendimento da jurisprudência do Superior Tribunal de Justiça sobre o tema.

■ 3.4.3. Inadimplemento do usuário e interrupção do serviço — jurisprudência do STJ

O Superior Tribunal de Justiça já chegou a se posicionar pela impossibilidade da interrupção do serviço público em razão do inadimplemento do usuário-consumidor, conforme REsp 442.814: "(...) **A energia é**, na atualidade, um **bem essencial à população, constituindo-se serviço público indispensável subordinado ao princípio da continuidade de sua prestação, pelo que se torna impossível a sua interrupção**. (...) O direito do cidadão de se utilizar dos serviços públicos essenciais para a sua vida em sociedade deve ser interpretado com vistas a beneficiar a quem deles se utiliza" (REsp 442.814/RS, Rel. Ministro José Delgado, 1ª T., *DJ* 11-11-2002).

Contudo, tal posicionamento não mais prevalece no **STJ**, isto é, o **entendimento majoritário passou a ser pela legalidade da interrupção**, conforme entendimento consolidado pela Primeira Seção no julgamento do Recurso Especial 363.943, de relatoria do Ministro Humberto Gomes de Barros, Primeira Seção, *DJ* 1º-3-2004: **"É lícito à concessionária interromper o fornecimento de energia elétrica, se, após aviso prévio, o consumidor de energia elétrica permanecer inadimplente no pagamento da respectiva conta (Lei n. 8.987/95, art. 6º, § 3º, II)"**.

Entretanto, o próprio Superior Tribunal faz algumas **ressalvas quanto à possibilidade da interrupção**. Quando essa conduta **afetar unidades públicas essenciais, como hospital, escola e logradouro públicos**, não será admitida a interrupção, em razão de existirem interesses maiores que o direito de crédito do fornecedor, como os direitos a vida, saúde, educação e segurança:

> **A suspensão do serviço de energia elétrica, por empresa concessionária, em razão de inadimplemento de unidades públicas essenciais — hospitais; prontos-socorros; escolas; creches; fontes de abastecimento d'água e iluminação pública; e serviços de segurança pública —, como forma de compelir o usuário ao pagamento de tarifa ou multa, despreza o interesse da coletividade.**
>
> É que resta assente nesta Corte que: "O princípio da continuidade do serviço público assegurado pelo art. 22 do Código de Defesa do Consumidor deve ser obtemperado, ante a exegese do art. 6º, § 3º, II da Lei n. 8.987/95 que prevê a possibilidade de interrupção do fornecimento de energia elétrica quando, após aviso, permanecer inadimplente o usuário, considerado o interesse da coletividade. Precedentes de ambas as Turmas de Direito Público (...)" REsp 845.982/RJ.
>
> Deveras, não se concebe a aplicação da legislação infraconstitucional, *in casu*, art. 6º, § 3º, II, da Lei 8.987/95, sem o crivo dos princípios constitucionais, dentre os quais sobressai o da dignidade da pessoa humana, que é um dos fundamentos da República como previsto na Constituição Federal.
>
> *In casu*, o acórdão recorrido (REsp 845.982/RJ), de relatoria do Ministro Castro Meira, Segunda Turma, decidiu pela impossibilidade de interrupção no fornecimento de energia elétrica das unidades de ensino do Colégio Pedro II, autarquia federal que presta serviço educacional, situado na Cidade do Rio de Janeiro, consoante se infere do voto-condutor: "(...) Entretanto, *in casu*, **a concessionária pretende interromper o fornecimento de energia elétrica das unidades de ensino do Colégio Pedro II, autarquia federal que presta serviço educacional a 'aproximadamente quinze mil alunos'**.
>
> Ainda que a falta de pagamento pelos entes públicos deva ser repudiada, neste caso, a Corte regional que, ao tempo em que proibiu o corte da energia, também determinou que a verba seja afetada para o pagamento do valor devido, se for o caso, pela requisição de complementação orçamentária.
>
> **Nas hipóteses em que o consumidor seja pessoa jurídica de direito público, prevalece nesta Turma a tese de que o corte de energia é possível, desde que não aconteça de forma indiscriminada, preservando-se as unidades públicas essenciais (...) Ressalto que a interrupção de fornecimento de energia elétrica de ente público somente é considerada ilegítima quando atinge necessidades inadiáveis da comunidade, entendidas essas — por analogia à Lei de Greve — como 'aquelas que, não atendidas, coloquem em perigo iminente a sobrevivência, a saúde ou a segurança da população' (art. 11, parágrafo único, da Lei n. 7.783/89), aí incluídos, hospitais, prontos-socorros, centros de saúde, escolas e creches (...)".**

> O acórdão paradigma (REsp 619.610/RS), de relatoria do Ministro Francisco Falcão, Primeira Turma, examinando hipótese análoga, decidiu pela possibilidade de corte no fornecimento de energia elétrica, em razão de inadimplência, em se tratando de Estado-consumidor, mesmo no caso de prestação de serviços públicos essenciais, como a educação, *verbis*: "(...) Com efeito, ainda que se trate o consumidor de ente público, é cabível realizar-se o corte no fornecimento de energia elétrica, mesmo no caso de prestação de serviços públicos essenciais, como a educação, desde que antecedido de comunicação prévia por parte da empresa concessionária, a teor do art. 17 da Lei n. 9.427/96. Tal entendimento se justifica em atendimento aos interesses da coletividade, na medida em que outros usuários sofrerão os efeitos da inadimplência do Poder Público, podendo gerar uma mora continuada, assim como um mau funcionamento do sistema de fornecimento de energia (...)" (EREsp 845.982/RJ, Rel. Ministro Luiz Fux, Primeira Seção, *DJe* 3-8-2009).

Trata-se de posicionamento que busca amparo na **proteção de direitos inadiáveis da coletividade**, e não no fato de ser o Poder Público um consumidor, mesmo porque entendemos que dificilmente este será considerado o vulnerável da relação em qualquer de suas hipóteses (técnica, jurídica/científica, socioeconômica ou informacional).[37]

Também é vedada a interrupção no entendimento do STJ quando comprovada uma situação excepcional, como no caso de **consumidor portador de doença grave, ou em fase terminal**, na dependência de aparelhos para garantir sua sobrevivência, ou até de **miserabilidade** do usuário-consumidor, sempre com base na **dignidade da pessoa humana**.

No julgamento do EDcl no AgRg no Ag 46.612, o STJ concluiu que: **"Esses fatos conduzem a conclusão contrária à possibilidade de corte do fornecimento de serviços essenciais de pessoa física em situação de miserabilidade, em contrapartida ao corte de pessoa jurídica portentosa, que pode pagar e protela a prestação da sua obrigação, aproveitando-se dos meios judiciais cabíveis"**.[38]

---

[37] O assunto foi aprofundado no Capítulo 2 deste livro.

[38] No mesmo sentido está a posição do STJ no seguinte julgado, ao reconhecer a legitimidade do Ministério Público na tutela de pessoa portadora de doença grave, visando impedir a interrupção de serviço público de energia elétrica. Vejamos: "ADMINISTRATIVO. PROCESSUAL CIVIL. AGRAVO REGIMENTAL. AÇÃO CIVIL PÚBLICA. DIREITO À SAÚDE. DIGNIDADE DA PESSOA HUMANA. PROTEÇÃO DE DIREITOS FUNDAMENTAIS E INDISPONÍVEIS. LEGITIMIDADE ATIVA *AD CAUSAM* DO MINISTÉRIO PÚBLICO. PRECEDENTES. 1. O Ministério Público ajuizou ação civil pública visando à condenação da concessionária de energia elétrica à obrigação de não fazer, consistente na proibição de interromper o fornecimento do serviço à pessoa carente de recursos financeiros, diagnosticada com enfermidade grave e que depende, para sobreviver, da utilização doméstica de equipamento médico com alto consumo de energia. 2. Conforme jurisprudência deste Superior Tribunal de Justiça, o Ministério Público detém legitimidade ativa *ad causam* para propor ação civil pública, objetivando a proteção do direito à saúde de pessoa

O Superior Tribunal de Justiça também **não admite a interrupção decorrente da alegação de fraude no medidor apurada de maneira unilateral:** "A jurisprudência desta Corte pacificou o entendimento de que **é ilegítimo o corte no fornecimento de energia elétrica se o débito decorrer de suposta fraude no medidor de consumo de energia elétrica, apurada unilateralmente** pela concessionária de serviço público, uma vez que a **suspensão pressupõe o inadimplemento de conta regular, relativa ao mês de consumo**, devendo a concessionária utilizar-se dos meios ordinários de cobrança. Incidência, na espécie, do enunciado n. 83 da Súmula do STJ" (AgRg no AREsp 101.624/RS, Rel. Ministro Cesar Asfor Rocha, 2ª T., *DJe* 22-3-2012).

O mesmo raciocínio foi aplicado pelo STJ no tocante às **dívidas pretéritas** — AgRg no AgRg no AREsp 59.058/RS: "A jurisprudência desta Corte firmou-se no sentido de que **não é lícito à concessionária interromper o fornecimento de energia elétrica por dívida pretérita**, em face da existência de outros meios legítimos de cobrança de débitos antigos não pagos, considerando 'débitos pretéritos' aqueles consolidados, situados no passado, e que a companhia energética cobra tempos depois da inadimplência do consumidor. Diferentemente, o débito atual é aquele débito presente, efetivo, real, que se realiza na época presente".

No julgamento do AgRg no AREsp 257.749/PE do ano de 2013, o Superior Tribunal concluiu que, **para "tais casos, deve a companhia utilizar-se dos meios ordinários de cobrança, pois não se admite qualquer espécie de constrangimento ou ameaça ao consumidor, nos termos do art. 42 do Código de Defesa do Consumidor".**[39]

---

hipossuficiente, porquanto se trata de direito fundamental e indisponível, cuja relevância interessa a toda a sociedade. 3. Agravo regimental a que se nega provimento" (AgRg no REsp 1.162.946/MG, Rel. Ministro Sérgio Kukina, 1ª T., *DJe* 7-6-2013).

[39] No mesmo sentido, segue posição do STJ: "PROCESSUAL CIVIL. AGRAVO REGIMENTAL NO AGRAVO EM RECURSO ESPECIAL. FORNECIMENTO DE ENERGIA ELÉTRICA. FRAUDE NO MEDIDOR. RESOLUÇÃO 456/00. IMPOSSIBILIDADE DE EXAME EM SEDE DE RECURSO ESPECIAL. INTERRUPÇÃO DO FORNECIMENTO DE ENERGIA ELÉTRICA. RECUPERAÇÃO DE CONSUMO. IMPOSSIBILIDADE. FRAUDE. VERIFICAÇÃO UNILATERAL. INVALIDADE. ACÓRDÃO RECORRIDO EM CONSONÂNCIA COM A ORIENTAÇÃO DO SUPERIOR TRIBUNAL DE JUSTIÇA. SÚMULA 83/STJ. AGRAVO NÃO PROVIDO.

1. Não é lícito à concessionária interromper os serviços de fornecimento de energia elétrica por dívida pretérita, a título de recuperação de consumo, em face da existência de outros meios legítimos de cobrança de débitos antigos não pagos.

2. É ilegítima a suspensão do fornecimento de energia elétrica quando o débito decorrer de suposta fraude no medidor de energia, apurada unilateralmente pela concessionária.

3. É inviável, em sede de recurso especial, a análise de malferimento a resolução, portaria ou instrução normativa.

4. Incidência do verbete sumular 83/STJ.

5. Agravo regimental não provido"

Esquematizando a visão do Superior Tribunal de Justiça sobre a viabilidade da interrupção de serviço público em razão do inadimplemento do usuário consumidor, encontramos o seguinte:

Regra	■ é legítima a interrupção.
Exceções à regra — quando não caberá a interrupção	■ e afetar unidades públicas essenciais; ■ se afetar interesses inadiáveis da coletividade; ■ se referir a fraude no medidor; ■ se referir a dívidas pretéritas; ■ situações excepcionais com fundamento na dignidade da pessoa humana.

Diante de todo o exposto, defendemos a **incidência do CDC** na relação envolvendo a prestação de **serviço público *uti singuli* remunerado por tarifa**, inclusive quanto à aplicação do princípio da continuidade.

Nossa posição sobre o tema sempre foi a da impossibilidade da interrupção do serviço público em razão do inadimplemento do usuário-consumidor, sob os fundamentos:

- violação do princípio constitucional da dignidade da pessoa humana, afronta ao princípio da continuidade inserto no art. 22 do CDC;
- extrapolação dos limites legais de cobrança (art. 42 do CDC); e
- desrespeito ao preceito de que a responsabilidade por dívidas deverá incidir sobre o patrimônio do devedor, e não sobre a sua pessoa ou sobre sua família.

Contudo, não podemos esquecer que boa parte dos serviços públicos tem a respectiva execução delegada a particulares, geralmente por contratos administrativos de concessão e de permissão. E, conforme já demonstrado, o lucro é elemento presente na formulação das propostas oferecidas em licitação pelas concessionárias e permissionárias do serviço público. Diante deste contexto, confessamos que, caso prevalecesse nossa posição, seria grande o desinteresse das empresas privadas em participar de licitação para a prestação do serviço público.

Nesse diapasão, continuamos a defender a impossibilidade da interrupção do serviço público em razão do inadimplemento do usuário pelas razões acima demonstradas, salvo quando o particular prestador desse serviço demonstrar efetivamente, e diante do caso concreto, o desequilíbrio econômico-financeiro no seu contrato.

(AgRg no AREsp 243.389/PE, Rel. Ministro Arnaldo Esteves Lima, 1ª T., j. 11-12-2012, *DJe* 4-2-2013).

Assim, caso o concessionário prove que o número de usuários inadimplentes é suficiente para afetar o equilíbrio econômico-financeiro do contrato, a partir de então seria possível a interrupção.

Trata-se de raciocínio pautado no regime jurídico de direito público e, portanto, escoimado de qualquer incompatibilidade jurídica com o instituto serviço público. Ademais, este critério serviria de importante "divisor de águas" na tão banalizada interrupção do serviço público em razão do inadimplemento do usuário-consumidor, com raríssimas exceções de usuários que tiveram acesso ao Poder Judiciário.

A comprovação do desequilíbrio deverá ser realizada perante o Poder Concedente — nos mesmos moldes quando o contratado pela Administração busca a revisão ou repactuação do valor contratado, demonstrando que um percentual de inadimplemento afetou a proposta oferecida e consagrada vencedora no momento da licitação —, bem como perante um conselho de usuários.

Ademais, a prova do desequilíbrio econômico-financeiro não poderá deixar de levar em consideração a condição particular de cada usuário.

Assim, tratando-se de usuário em situação de miserabilidade ou de proteção de direitos inadiáveis da coletividade (exemplos: direito à vida, à saúde, à educação e à segurança), ainda que houvesse a prova do desequilíbrio, não seria possível a interrupção, cabendo ao concessionário ou permissionário buscar, nestes casos, os instrumentos da revisão ou da repactuação do contrato para reequilibrarem a equação econômico-financeira.

Logo, é imprescindível a aplicação do CDC como forma de melhor proteger o usuário-consumidor, mesmo porque a própria Lei das Concessões e Permissões admite essa possibilidade.[40] No mesmo sentido, prevê o Código de Defesa dos usuários dos serviços públicos – Lei n. 13.460, de 26 de junho de 2017 – em seu art. 1º, § 2º: "**A aplicação desta Lei não afasta a necessidade de cumprimento do disposto:** I – em normas regulamentadoras específicas, quando se tratar de serviço ou atividade sujeitos a regulação ou supervisão; e **II – na Lei n. 8.078, de 11 de setembro de 1990, quando caracterizada relação de consumo**".

Entretanto, não será de forma irrestrita incidência do Código do Consumidor, em razão do regime especial que norteia a prestação do serviço público — regime de Direito Público. O Diploma Consumerista deverá ser aplicado exclusivamente até a entrada em vigor da lei especial de defesa dos seus usuários — Lei

[40] Lei n. 8.987/95, art. 7º: "Sem prejuízo do disposto na Lei n. 8.078, de 11 de setembro de 1990, são direitos e obrigações dos usuários".

n. 13.460, de 26 de junho de 2017.[41] Passado o período de *vacatio legis*, imprescindível conformar as regras do regime de Direito Administrativo com as regras de Defesa do Consumidor, estabelecendo um verdadeiro diálogo entre as fontes.

Por fim, cumpre ressaltar que o STJ — no julgamento do REsp 873.174/RS, *DJ* 17-9-2007 — entendeu em um dos pontos do respectivo Acórdão que: "Destarte, mister analisar que **as empresas concessionárias ressalvam evidentemente um percentual de inadimplemento na sua avaliação de perdas, e os fatos notórios não dependem de prova (*notoria nom egent probationem*), por isso que a empresa recebe mais do que experimenta inadimplementos**".

Por essa razão, a interrupção do serviço sob a alegação do inadimplemento do usuário não poderá ser banalizada pelo fundamento de comprometimento da boa prestação do serviço público perante toda a coletividade.

■ 3.5. A NATUREZA DA CONTRAPRESTAÇÃO PECUNIÁRIA DOS SERVIÇOS DE SANEAMENTO BÁSICO À LUZ DA LEGISLAÇÃO E DA JURISPRUDÊNCIA PÁTRIAS

A Lei n. 11.445, de 2007, revogou a Lei n. 6.528/78 e passou a estabelecer as diretrizes nacionais acerca do saneamento básico. Dentre os seus sessenta artigos, tratou em diversos deles sobre a natureza da contraprestação pecuniária desse tipo de serviço de forma um tanto quanto genérica (art. 11, III, e § 2º, IV; art. 12, §§ 1º, 2º e 4º).

No entanto, no Capítulo IV — Dos Aspectos Econômicos e Sociais, a Lei n. 11.445/2007 definiu com maior precisão a natureza da contraprestação pecuniária em relação a cada um dos serviços que compõem os de saneamento básico:

> Art. 29. Os serviços públicos de saneamento básico terão a sustentabilidade econômico-financeira assegurada, sempre que possível, mediante remuneração pela cobrança dos serviços:
>
> **I — de abastecimento de água e esgotamento sanitário: preferencialmente na forma de tarifas e outros preços públicos**, que poderão ser estabelecidos para cada um dos serviços ou para ambos conjuntamente;
>
> **II — de limpeza urbana e manejo de resíduos sólidos urbanos: taxas ou tarifas e outros preços públicos**, em conformidade com o regime de prestação do serviço ou de suas atividades;

---

41 Lei n. 13.460 – Art. 25: "Esta Lei entra em vigor, a contar da sua publicação, em: I – trezentos e sessenta dias para a União, os Estados, o Distrito Federal e os Municípios com mais de quinhentos mil habitantes; II – quinhentos e quarenta dias para os Municípios entre cem mil e quinhentos mil habitantes; e III – setecentos e vinte dias para os Municípios com menos de cem mil habitantes".

III — de manejo de águas pluviais urbanas: na forma de tributos, inclusive taxas, em conformidade com o regime de prestação do serviço ou de suas atividades.[42]

Colocada a visão do legislador infraconstitucional sobre o tema, analisaremos a partir de agora a adequação da natureza da contraprestação inserta na lei à luz da Jurisprudência do Supremo Tribunal Federal e do Superior Tribunal de Justiça.

Iniciaremos pelos **serviços de abastecimento de água e de esgoto sanitário**. Para esses serviços públicos, a Lei n. 11.445/2007 estabeleceu que a natureza da contraprestação pecuniária será preferencialmente na forma de tarifas e outros preços públicos. Neste dispositivo, a legislação andou em consonância com a jurisprudência do Pretório Excelso que, aliás, entende dessa forma desde o ano de 1963.

Senão, vejamos: "**A contraprestação pela utilização da rede de águas e esgotos corresponde à utilização de um bem e serviço instalado e operado pelo Estado. A renda dessas contraprestações não vem de taxa, mas de um pagamento que, na técnica fiscal e administrativa, se denomina preço público**. Além disso, a cobrança determinada pelo Departamento de Saneamento do Estado estava autorizada pela Lei n. 3.821, de 21-12-60" (RE 54.491, Rel. Ministro Hermes Lima, j. 15-10-1963).

Tal posicionamento persiste no STF até os dias atuais (RE-AgR 201.630 e RE 464.952/MS), fato que forçou a mudança de entendimento do Superior Tribunal de Justiça, que, durante muito tempo, relutou em aceitar a natureza de preço público da contraprestação dos serviços de água e esgoto:

> Processual civil. Recurso especial. Ausência de prequestionamento. Súmula n. 282, do STF. **Contraprestação pelos serviços de água e esgoto. Natureza jurídica. Não tributária. Preço público. Jurisprudência do STJ contrária à do STF. Revisão que se impõe.**
> 1. A natureza jurídica da contraprestação pelos serviços de fornecimento de água e esgoto por concessionária do Poder Público, sobre se caracterizar como tarifa ou taxa, constitui-se a matéria controvertida nos presentes autos.
> 2. **A jurisprudência do E. STJ é no sentido de que a natureza jurídica do valor cobrado pelas concessionárias de serviço público de água e esgoto é tributária**, motivo pelo qual a sua instituição está adstrita ao Princípio da Estrita Legalidade, por isso que somente por meio de "lei em sentido estrito" pode exsurgir a

[42] A Lei n. 13.312, de 12 de julho de 2016, incluiu o § 3º ao citado art. 29 com a seguinte redação: "§ 3º As novas edificações condominiais adotarão padrões de sustentabilidade ambiental que incluam, entre outros procedimentos, a medição individualizada do consumo hídrico por unidade imobiliária". No entanto, a aludida alteração somente entrará em vigor após decorridos cinco anos de sua publicação no diário oficial.

exação e seus consectários. Nesse sentido os seguintes arestos: REsp 848.287/RS, Rel. Min. José Delgado, *DJ* de 14.09.2006; REsp 830.375/MS, Rel. Min. Teori Albino Zavascki, *DJ* de 30.06.2006; REsp 782.270/MS, Rel. Min. Teori Albino Zavascki, *DJ* de 07.11.2005; REsp 818.649/MS, Rel. Min. José Delgado, *DJ* de 02.05.2006; REsp 690.609/RS, Rel. Min. José Delgado, *DJ* de 19.12.2005.

3. **O Colendo STF, não obstante, vem decidindo, reiteradamente, tratar-se de tarifa ou preço público, consubstanciando, assim, contraprestação de caráter não tributário** (Acórdãos: RE-ED 447.536/SC — Relator(a): Min. Carlos Velloso, *DJ* 26.08.2005, EDcl no RE 456.048/SC, Rel. Min. Carlos Velloso, *DJ* de 06.09.2005, e Decisões monocráticas: AG 225.143/SP, Rel. Min. Marco Aurélio, *DJ* de 23.02.1999; RE 207.609/DF, Rel. Min. Néri da Silveira, *DJ* de 19.09.1999, RE 424.664/SC, Rel. Min. Cézar Peluso, *DJ* de 04.10.2004, RE 330.353/RS, Rel. Min. Carlos Brito, *DJ* de 10.05.2004, AG 409.693/SC, Rel. Min. Cézar Peluso, *DJ* de 19.05.2004, AG 480.559/SC, Rel. Min. Cézar Peluso, *DJ* de 19.05.2004, RE 488.200/MS, Rel. Min. Eros Grau, *DJ* de 13.09.2006, RE 484.692/MS, Rel. Min. Eros Grau, *DJ* de 29.05.2006, RE 464.952/MS, Rel. Min. Ellen Gracie, *DJ* de 23.03.2006).

4. **"...não obstante a sua obrigatoriedade, a contraprestação ao serviço de esgotamento sanitário não tem caráter tributário**. Trata-se, na realidade, de tarifa, não dependendo, portanto, da edição de lei específica para sua instituição ou majoração (RE 464.952/MS, Rel. Min. Ellen Gracie, *DJ* de 23.03.2006). É inviável o processamento do Recurso Especial quando ausente o prequestionamento da questão nele versada.

5. **A jurisprudência do E. STF uniformizou-se no sentido de considerar a remuneração paga pelos serviços de água e esgoto como tarifa, afastando, portanto, seu caráter tributário, ainda quando vigente a Constituição anterior** (RE 54.491/PE, Rel. Min. Hermes Lima, *DJ* de 15.10.1963).

6. A interposição do recurso especial impõe que o dispositivo de Lei Federal tido por violado, como meio de se aferir a admissão da impugnação, tenha sido ventilado no acórdão recorrido, sob pena de padecer o recurso da imposição jurisprudencial do prequestionamento, requisito essencial à admissão do mesmo, o que atrai a incidência do enunciado n. 282 da Súmula do STF. Ausência de prequestionamento do art. 13 da Lei n. 8.987/95.

7. **Recurso especial provido, em razão da necessária revisão da jurisprudência desta Corte Superior para adequá-la ao entendimento do E. STF, afastando-se o caráter tributário da contraprestação pelos serviços de água e esgoto, com inversão dos ônus sucumbenciais** (REsp 887.908/MS, Rel. Min. Luiz Fux, j. 14-8-2007).

No tocante à natureza da contraprestação pelos **serviços de limpeza urbana e manejo de resíduos sólidos urbanos**, a lei de saneamento básico define como de taxas ou de tarifas e outros preços públicos. Sobre o tema, a discussão que se levanta diz respeito à possibilidade de estes serviços serem remunerados por taxas.

Seriam eles serviços públicos divisíveis a ponto de se admitir como remuneração o pagamento por meio de taxa? Ou se trata de serviços indivisíveis cuja contraprestação só poderia advir de imposto?

Toshio Mukai já se posicionou sobre o tema, ensinando que "limpeza urbana e manejo de resíduos sólidos só podem ser custeados por recursos hauridos por imposto".[43]

O STF se posicionou sobre o tema "taxa de coleta de lixo" da seguinte forma: **"A taxa de limpeza pública, quando não vinculada a limpeza de ruas e de logradouros públicos, constitui tributo divisível e específico, atendido ao disposto no artigo 145, II, da CB/88**. O fato de um dos elementos utilizados na fixação da base de cálculo do IPTU ser considerado quando da determinação da alíquota da taxa de coleta de lixo não significa que ambos tenham a mesma base de cálculo" (RE-AgR 532.940/PR, Rel. Ministro Eros Grau, j. 24-6-2008, grifos nossos).

Com efeito, o aludido julgado merece dois destaques. O primeiro diz respeito à **constitucionalidade da exigência da taxa de limpeza pública, quando o serviço não estiver vinculado à limpeza de ruas e de logradouros públicos**. Nestas hipóteses, estaremos diante de serviços públicos indivisíveis (*uti universi*), que exigem como contraprestação pecuniária o pagamento de imposto.

Nesse sentido, o AI-AgR 245.539/RJ, de relatoria do Ministro Ilmar Galvão — julgamento em 14-12-1999: "Tributário. Município do Rio de Janeiro. Ilegalidade da taxa de coleta de lixo e limpeza pública. Art. 145, II, da Constituição Federal. **Tributo vinculado não apenas à coleta de lixo domiciliar, mas também à limpeza de logradouros públicos, hipótese em que os serviços são executados em benefício da população em geral (*uti universi*), sem possibilidade de individualização dos respectivos usuários** e, consequentemente, da referibilidade a contribuintes determinados, **não se prestando para custeio mediante taxa**. Impossibilidade, no caso, de separação das duas parcelas".

Referido posicionamento foi consolidado pelo Supremo na Súmula Vinculante 19: **"A taxa cobrada exclusivamente em razão dos serviços públicos de coleta, remoção e tratamento ou destinação de lixo ou resíduos provenientes de imóveis, não viola o artigo 145, II, da Constituição Federal"**.

A outra observação a ser realizada sobre o julgado no RE-AgR 532.940/PR refere-se basicamente ao disposto no § 2º do art. 145 da Constituição Federal: "As taxas não poderão ter base de cálculo própria de impostos".

Para o Supremo, a utilização de um dos elementos da base de cálculo do IPTU na fixação da alíquota da taxa de coleta de lixo não significa que ambos tenham a mesma base de cálculo. Assim, a cobrança da citada taxa com base na

---

43 MUKAI (Coord.). *Saneamento básico*: diretrizes gerais — comentários à Lei 11.445 de 2007, p. 73.

metragem do imóvel (um dos elementos utilizados no IPTU) está em consonância com nosso ordenamento jurídico.

O Superior Tribunal de Justiça também se posicionou sobre o tema: **"A jurisprudência desta Corte, na linha de entendimento do STF, já decidiu que a cobrança da Taxa de Remoção de Lixo com base na metragem do imóvel (um dos elementos da base de cálculo do IPTU) é legal"** (REsp 722.281/SP, Rel. Ministra Eliana Calmon, j. 6-5-2008, grifos nossos).

Tal posicionamento foi igualmente consolidado por meio da Súmula Vinculante 29 do STF: **"É constitucional a adoção, no cálculo do valor de taxa, de um ou mais elementos da base de cálculo própria de determinado imposto, desde que não haja integral identidade entre uma base e outra"**.

Em última análise, cumpre tecermos alguns comentários a respeito da natureza da contraprestação pecuniária dos **serviços de manejo de águas pluviais urbanas**. Nos termos da Lei n. 11.445/2007, a contraprestação destes serviços dar-se-á por meio de tributos, inclusive taxas.

Conforme analisado em outras oportunidades neste capítulo, o fato gerador da taxa consiste em serviço estatal específico e divisível. Desta forma, para o aludido serviço de saneamento, não conseguimos enxergar beneficiários determinados.

Geralmente lembramos desse serviço, ou da falha na sua prestação, quando estudamos a "Responsabilidade Civil Subjetiva do Estado por Omissão". A inundação das vias públicas em razão das fortes chuvas e da má prestação desse serviço de saneamento não afeta apenas as periferias dos grandes centros urbanos. Também as regiões centrais e até áreas nobres são atingidas, tornando, por exemplo, o já caótico trânsito de veículos de São Paulo ainda pior.

Imprescindível esse parêntese para demonstrar que, de fato, o bom **serviço de limpeza das vias de escoamento de águas pluviais urbanas beneficia toda a coletividade**, razão pela qual a única contraprestação cabível é por meio de imposto.

Na mesma linha de raciocínio, trazemos à colação mais uma vez os ensinamentos de Toshio Mukai: "Os serviços de manejo de águas pluviais urbanas só podem ser custeados com recursos hauridos de impostos, por ser genérico".[44]

A referida posição encontra respaldo, ainda, do Supremo Tribunal Federal, que assim entendeu sobre o tema: **"(...) Quanto às demais taxas, esta Corte tem afirmado que a limpeza pública — prestação que envolve, por exemplo, a varrição de ruas, a limpeza de bueiros ou o escoamento de águas pluviais — é serviço de caráter universal e indivisível, ao contrário da coleta domici-**

[44] MUKAI (Coord.). *Saneamento básico*, p. 73.

liar de lixo, este sim, serviço individualizável e, portanto, passível de custeio mediante taxa" (nesse sentido, AI 439.132/SP) (AI 476.364/SP, Rel. Ministra Ellen Gracie, j. 13-10-2004).

Ante o exposto, destaca-se que, salvo na hipótese da remuneração dos serviços de água e esgoto, a Lei n. 11.445/2007 não tratou o tema em conformidade com os posicionamentos majoritários do Supremo Tribunal Federal e do Superior Tribunal de Justiça. Entendemos, então, que o legislador perdeu a oportunidade de colocar um ponto-final em tema tão discutível e contribuiu para a elaboração de mais capítulos na "novela" serviços de saneamento básico e a natureza da respectiva contraprestação.

■ 3.5.1. Consequências da natureza da contraprestação pecuniária dos serviços de água e de esgoto no âmbito do direito do consumidor

Sobre o tema, cumpre ressaltar que o Código de Defesa do Consumidor é aplicável aos serviços de saneamento básico, quando remunerados por tarifas. Isso ocorrerá sem discussão nos serviços de abastecimento de água e esgoto sanitário, em que a própria Lei n. 11.445/2007 entende pela natureza preferencial de tarifa da contraprestação, além da existência de vasta jurisprudência a esse respeito.

Assim, aplicaremos a estes serviços institutos do CDC, tais como:

- a obrigatoriedade da devolução em dobro da quantia cobrada e paga indevidamente;
- a nulidade de cláusulas abusivas;
- o reconhecimento da vítima do evento danoso como consumidor por equiparação;
- a facilitação da defesa do consumidor em juízo, inclusive com a inversão do ônus da prova, entre outros.

A restituição em dobro da quantia paga em excesso e decorrente de cobrança indevida nos serviços de água e de esgoto, nos termos do art. 42, parágrafo único, do CDC, encontra respaldo da jurisprudência do Superior Tribunal de Justiça: **"No que toca à apontada ofensa ao art. 42, parágrafo único, do CDC, esta Corte já apreciou casos análogos, nos quais restou assentada a obrigatoriedade de a CEDAE restituir, em dobro, o valor indevidamente cobrado, uma vez que não configura engano justificável a cobrança de taxa de esgoto em local onde o serviço não é prestado"** (REsp 821.634/RJ, Rel. Ministro Teori Albino Zavascki, j. 11-3-2008).

Percebam, uma vez mais, que a contraprestação pelo serviço de água e esgoto não possui natureza de taxa, pois, se assim fosse, bastaria o serviço ser colocado à disposição do usuário para restar configurado o fato gerador do tributo (art. 145, II, da CF).

O STJ no julgado acima citado deixou bem claro tal posicionamento ao exigir a restituição em dobro do valor cobrado e pago indevidamente, uma vez que não basta a alegação de estar o serviço colocado à disposição para legitimar a cobrança da tarifa.

Nesse tocante, destaca-se a mensagem trazida pela Súmula 412 do Superior Tribunal de Justiça que entende ser de 20 ou de 10 anos o prazo prescricional da pretensão para a repetição do indébito, nos termos do Código Civil de 1916 ou de 2002, respectivamente, a depender do caso concreto, além da incidência ou não das regras de transição, não prevalecendo à situação o prazo quinquenal previsto no art. 27 do CDC.

Tal consolidação da citada posição decorre do fato de inexistir, no caso, acidente de consumo, mas sim cobrança indevida como fundamento da aludida repetição do indébito, somado à circunstância de o Diploma Consumerista silenciar em relação a outro prazo prescricional que não seja referente ao fato do produto ou do serviço. *In verbis*, a Súmula 412 do STJ: **"A ação de repetição de indébito de tarifas de água e esgoto sujeita-se ao prazo prescricional estabelecido no Código Civil"**.[45]

No julgamento do REsp 1.532.514/SP a Primeira Seção do Superior Tribunal de Justiça firmou a seguinte tese no rito do recurso repetitivo: "O prazo prescricional para as ações de repetição de indébito relativo às tarifas de serviços de água e esgoto cobradas indevidamente é de: (a) 20 (vinte) anos, na forma do art. 177 do Código Civil de 1916; ou (b) 10 (dez) anos, tal como previsto no art. 205 do Código Civil de 2002, observando-se a regra de direito intertemporal, estabelecida no art. 2.028 do Código Civil de 2002" (Rel. Ministro Og Fernandes, *DJe* 17-5-2017).

Com efeito, trazemos à baila a discussão envolvendo o tema cobrança da **tarifa mínima** em razão da prestação de determinados serviços públicos. O serviço de abastecimento de água é um bom exemplo desta prática, e a dúvida que se levanta envolve o **condomínio edilício comercial ou residencial** cujo consumo total de água é medido por um **único hidrômetro**.

Nesse caso, o faturamento deverá ser realizado com base na única medição aferida pelo hidrômetro ou com base na multiplicação da tarifa mínima pelo número de unidades autônomas? O Superior Tribunal de Justiça já se posicionou sobre o tema: **"O Superior Tribunal de Justiça firmou já entendimento de não ser lícita a cobrança de tarifa de água no valor do consumo mínimo multiplicado pelo número de economias existentes no imóvel, quando houver único hidrômetro no local"** (REsp 1.166.561/RJ, Rel. Ministro Hamilton Carvalhido, Primeira Seção, *DJe* 5-10-2010).

[45] O tema será aprofundado no Capítulo 6 deste livro.

3.6. REPERCUSSÕES DA RESPONSABILIDADE CIVIL OBJETIVA COMO DIREITO A SER INVOCADO TAMBÉM PELO TERCEIRO NÃO USUÁRIO DO SERVIÇO PÚBLICO

A principal repercussão, em nosso entendimento, a respeito da inclusão do usuário na definição de consumidor para fins de responsabilização do Estado consiste em saber se o direito de invocar a responsabilidade objetiva pode ser considerado uma prerrogativa exclusiva do usuário do serviço público ou se tal direito alcança também o terceiro não usuário.[46]

A polêmica surgiu em 16 de novembro de **2004, quando o Supremo Tribunal Federal entendeu no Recurso Extraordinário 262.651** que a exegese do art. 37, § 6º, da Constituição da República traduz-se no sentido de que a **responsabilidade** civil das pessoas jurídicas de direito privado prestadoras de serviço público é **objetiva relativamente aos usuários do serviço, não se estendendo a pessoas outras que não ostentem a condição de usuários.**[47]

O julgamento resultou de um acidente automobilístico envolvendo um ônibus pertencente a uma concessionária de transporte coletivo e um particular que sofreu prejuízos em razão de ter sido a traseira de seu veículo abalroada pelo prestador do serviço público.

Assim, o lesado ingressou com uma ação de reparação de danos, fundada na responsabilidade objetiva, segundo o disposto no art. 37, § 6º, da CF, na medida em que o causador dos prejuízos era pessoa jurídica de direito privado prestadora de serviço público de transporte coletivo por delegação.

A questão chegou ao STF, que, nos termos do voto do relator Carlos Velloso, entendeu por maioria pela impossibilidade de o terceiro não usuário do serviço público invocar a responsabilidade objetiva, sob o argumento de que **apenas "o usuário é detentor do direito subjetivo de receber um serviço público ideal"**.[48] Segundo o Relator, sua posição decorreu da interpretação que fez à época das lições de Romeu Felipe Bacellar Filho.

Sobre o julgado, anotamos duas observações antes de pontuarmos nosso entendimento e a atual visão do STF sobre o assunto. Inicialmente, destaca-se a carta dirigida pelo Ministro Relator a **Celso Antônio Bandeira de Mello**, solicitando um pronunciamento a respeito do tema. O administrativista, com muita

---

[46] BOLZAN, Fabrício. Aproximações e distinções entre as noções de consumidor e usuário na responsabilidade civil do Estado na prestação de serviços. In: PIRES, Luis Manuel Fonseca (Coord.). *Responsabilidade civil do Estado:* desafios contemporâneos. São Paulo: Quartier Latin, 2010.

[47] STF no julgamento do Recurso Extraordinário 262.651. Disponível em: <http://www.stf.jus.br/portal/jurisprudencia/listarJurisprudencia.asp?s1=%28262651%2ENUME%2E+OU+262651%2EACMS%2E%29&base=baseAcordaos>. Acesso em: 3 dez. 2016.

[48] STF, RE 262.651, p. 10, voto do Relator. Disponível em: <http://redir.stf.jus.br/paginador/paginador.jsp?docTP=AC&docID=258931>. Acesso em: 3 dez. 2016.

propriedade, deixou claro que o art. 37, § 6º, do texto constitucional exige dois requisitos apenas para a configuração da responsabilidade objetiva:

> "que se trate de pessoa prestadora de serviço público;
> que seus agentes (causadores do dano) estejam a atuar na qualidade de prestadores de serviços públicos".[49]

E conclui o administrativista, ensinando que **"nada se exige quanto à qualificação do sujeito passivo do dano; isto é: não se exige que sejam usuários, nesta qualidade atingidos pelo dano"**.[50]

Ressalta-se, ainda, o voto-vista do Ministro Joaquim Barbosa, que relembrou à Corte o fato de o Brasil adotar, desde 1946, um regime de responsabilidade que figura entre os mais liberais, propício a atender aos interesses da vítima em razão de atos praticados pelo Estado ou por seus prepostos, agentes ou colaboradores.[51]

Fundamentou sua tese nos ensinamentos oriundos da escola de Direito Francês, citando expoentes como René Chapus, Maurice Hauriou, Leon Duguit, Georges Vedel e Dominique Phillipp.[52] E finalizou seu raciocínio sob o entendimento de que "introduzir uma distinção adicional entre os usuários e não usuários do serviço significa um perigoso enfraquecimento do princípio da responsabilidade objetiva, cujo alcance o constituinte de 1988 quis o mais amplo possível".[53]

Concordamos com as duas últimas posições apontadas, mesmo porque a **Constituição da República não faz qualquer distinção entre usuários e não usuários como beneficiários do direito de invocar a responsabilidade objetiva do Estado**, bem como em face da pessoa jurídica de direito privado quando prestadora de serviço público. Importante perceber que o legislador constituinte originário valeu-se no § 6º do art. 37 da Constituição da expressão *terceiros* para identificar os lesados por um ato estatal ou de seus delegados.

Assim, inconcebível a posição do Supremo Tribunal Federal no citado julgamento.

Ademais, a lei geral que dispõe sobre o regime de concessões e permissões dos serviços públicos, **Lei n. 8.987/95, em seu art. 25, *caput*, é clara ao definir a responsabilidade objetiva por todos os prejuízos causados ao Poder Concedente, aos usuários ou a *terceiros***, sem que a fiscalização exercida pelo órgão competente exclua ou atenue essa responsabilidade.

---

49 STF, RE 262.651, p. 6, voto do Relator. Disponível em: <http://redir.stf.jus.br/paginador/paginador.jsp?docTP=AC&docID=258931>. Acesso em: 3 dez. 2016.

50 Ibidem.

51 Ibidem.

52 Ibidem, p. 3-8, voto-vista Ministro Joaquim Barbosa.

53 Ibidem, p. 9-10, voto-vista Ministro Joaquim Barbosa.

Diante desse contexto, pergunta-se: a quem se refere a lei como *terceiro,* senão ao particular que teve seu veículo abalroado na traseira por um concessionário do serviço público?

Inegável que a disposição constitucional e a aludida previsão infraconstitucional são fundamentos para considerar os usuários e os terceiros não usuários do serviço público como beneficiários da responsabilidade objetiva. Entretanto, **se dúvidas existissem, sempre defendemos a análise do tema também sob o enfoque do Código de Defesa do Consumidor**. Vejamos.

Posicionamo-nos ao longo deste capítulo pela necessidade da incidência do CDC a alguns serviços públicos, em razão do perfeito enquadramento dos seus elementos (subjetivos = usuário/consumidor e Poder Público ou delegados/fornecedor; objetivo = serviço público *uti singuli*, remunerado por tarifa) na relação jurídica de consumo. Logo, perfeitamente cabível a responsabilidade objetiva prevista no art. 14 da referida lei, que determina a responsabilização do fornecedor, independentemente da existência de culpa, pelos danos causados aos consumidores por defeitos relativos à prestação dos serviços.

Assim, **equiparando-se a consumidor o particular que sofreu prejuízos — vítima do evento danoso — decorrentes da colisão provocada pelo concessionário do serviço de transporte coletivo**, nos termos do **art. 17 da Lei n. 8.078/90**, plenamente viável a invocação da responsabilidade objetiva por esse terceiro não usuário do serviço público.

Destacamos, ainda, a interessante visão de Sergio Cavalieri Filho, ao comentar a polêmica decisão do STF no RE 262.651: "O entendimento é surpreendente, porque a norma constitucional fala expressamente em *terceiros*. E *terceiro* indica alguém estranho ao prestador de serviços públicos, alguém com o qual não tem relação jurídica preexistente. Logo, o § 6º do art. 37 da Constituição só se aplica à responsabilidade extracontratual. Ora, o usuário do serviço de transporte tem contrato com o transportador, pelo que não pode ser considerado *terceiro*. A responsabilidade deste para com aquele é contratual".[54]

O autor finaliza seu raciocínio ensinando que "os prestadores de serviços públicos respondem objetivamente pela mesma razão do Estado — o risco administrativo —, e não pela eficiência do serviço, que é objeto da legislação consumerista. Preocupante, por derradeiro, porque o entendimento que prevaleceu contraria a jurisprudência cristalizada em todos os Tribunais ao longo de quase duas décadas de vigência da Constituição".[55]

O Supremo Tribunal Federal, no dia 8 de março de 2007, quando da apreciação do RE 459.749, manifestou quatro votos (Ministros Joaquim Barbosa — o

[54] CAVALIERI FILHO, Sergio. *Programa de responsabilidade civil,* p. 266-267.

[55] CAVALIERI FILHO, Sergio. *Programa de responsabilidade civil,* p. 266-267.

Relator, Cármen Lúcia, Ricardo Lewandowski e Carlos Britto) pelo reconhecimento da responsabilidade objetiva como um direito do terceiro não usuário, mas o pedido de vista do Ministro Eros Grau interrompeu a decisão na oportunidade.

No entanto, o Supremo não chegou a mudar de posicionamento nesse recurso extraordinário, pois em 31 de outubro de 2007 foi informado o acordo celebrado entre as partes.

Somente no dia **26 de agosto de 2009, o Pretório Excelso**, sob a relatoria do Ministro Ricardo Lewandowski, **mudou por maioria seu entendimento** e **passou a admitir o direito de invocar a responsabilidade objetiva como também prerrogativa dos terceiros não usuários do serviço público, ao julgar o RE 951.874 pelo regime de repercussão geral**. Prevaleceu a tese de que "o nexo de causalidade entre o ato administrativo e o dano causado ao não usuário do serviço público, é condição suficiente para estabelecer a responsabilidade objetiva da pessoa jurídica de direito privado".

Em última análise, em razão de estar no período de *vacatio legis* a legislação específica de defesa dos usuários dos serviços públicos – Lei n. 13.460, de 26 de junho de 2017[56] (tema a ser analisado no item 3.7 deste livro), imperiosa se faz a incidência do Código de Defesa do Consumidor para regulamentar esse tipo de relação jurídica. Tal aplicação decorre, em suma, das semelhanças existentes entre os conceitos de usuário e de consumidor, além do perfeito enquadramento do Poder Público ou de seus delegados na definição de fornecedor no mercado de consumo.

Nesse sentido, mesmo com o advento do regramento especial, entendemos perfeitamente possível a observância de ambos os diplomas, num verdadeiro diálogo entre as fontes.

Entretanto, a incidência do CDC deverá recair apenas nos serviços *uti singuli,* remunerados por tarifas, na medida em que possuem natureza de preço público e, portanto, caráter negocial, bem diferente da coercibilidade inerente às espécies tributárias.

Ademais, a Lei n. 8.078/90 não pode ser aplicada de forma irrestrita, devendo-se respeitar o regime de direito administrativo que regulamenta a prestação dos serviços públicos. Assim, existindo conflito com regra de direito administrativo, esta prevalecerá.

Por fim, demonstramos que a principal repercussão a respeito da inclusão do usuário na definição de consumidor para fins de responsabilização estatal consiste em saber se o direito de invocar a responsabilidade objetiva traduz-se

[56] Lei n. 13.460 – Art. 25: "Esta Lei entra em vigor, a contar da sua publicação, em: I – trezentos e sessenta dias para a União, os Estados, o Distrito Federal e os Municípios com mais de quinhentos mil habitantes; II – quinhentos e quarenta dias para os Municípios entre cem mil e quinhentos mil habitantes; e III - setecentos e vinte dias para os Municípios com menos de cem mil habitantes".

numa prerrogativa exclusiva do usuário do serviço público ou se tal direito é estendido também ao terceiro não usuário.

Portanto, trata-se sim de um direito do terceiro não usuário, quer pela ausência de tratamento discriminatório conferido pela Constituição da República, quer pelo disposto na lei geral de concessões e permissões do serviço público, quer pelo fato de poder ser o terceiro não usuário uma vítima do evento danoso, equiparado a consumidor, nos termos do CDC.

■ 3.7. CÓDIGO DE DEFESA DOS USUÁRIOS DOS SERVIÇOS PÚBLICOS – NOVIDADE INTRODUZIDA PELA LEI N. 13.460, DE 2017

Nos termos do que vimos ao longo deste capítulo, em especial no tocante à incidência do CDC aos serviços públicos remunerados por tarifas, foi editado em 26 de junho de 2017 o **Código de Defesa dos usuários dos serviços públicos, com o advento da Lei n. 13.460**.

O fato de ter surgido uma lei específica de defesa dos usuários do serviço público em nada obsta a incidência do Código de Defesa do Consumidor a tais atividades. Aliás, essa foi a determinação trazida pela Lei de 2017 que, em seu artigo inaugural, § 2º, assim estipulou: "**A aplicação desta Lei não afasta a necessidade de cumprimento do disposto: I – em normas regulamentadoras específicas, quando se tratar de serviço ou atividade sujeitos a regulação ou supervisão; e II – na Lei n. 8.078, de 11 de setembro de 1990, quando caracterizada relação de consumo**".

Desta forma, o advento do Código de Defesa dos usuários dos serviços públicos não só não impediu a incidência do CDC e de outras leis específicas – exemplos: Lei n. 8.987/95 e Lei n. 11.445 – como determinou expressamente o não afastamento desses Diplomas, estabelecendo um verdadeiro diálogo entre as fontes existentes na busca da melhor proteção aos usuários/consumidores dos serviços prestados pelo Poder Público.

Corroborando com tal entendimento está o posicionamento do STJ ao editar a Súmula n. 601 com o seguinte teor: **"O Ministério Público tem legitimidade ativa para atuar na defesa de direitos difusos, coletivos e individuais homogêneos dos consumidores, ainda que decorrentes da prestação de serviço público"** (2ª Seção, julgado em 7-2-2018, *DJe* 14-2-2018).

Ainda a título introdutório do assunto, cumpre ressaltar que **a Lei de 2017 estabelece normas básicas para participação, proteção e defesa dos direitos do usuário dos serviços públicos prestados direta ou indiretamente pela Administração Pública**.

Conforme é cediço a Administração Pública presta seus serviços públicos de forma direta – por meio de seus órgãos e agentes públicos – ou de forma indireta – com o auxílio de um terceiro. Quando esse terceiro for entidade da Administração Pública Indireta, estaremos diante da chamada **descentralização administrativa**

por outorga, também conhecida como descentralização legal, tendo em vista ser a lei o elo entre o ente público descentralizador e o ente público descentralizado.

Por outro lado, quando o terceiro a auxiliar a Administração no desempenho da prestação indireta de um serviço público for um particular, a **descentralização** será **por delegação** ou contratual, uma vez que o vínculo estabelecido entre Poder Concedente e concessionário ou permissionário do serviço público consiste em contrato administrativo precedido de licitação.

Nesse sentido, o art. 1º, § 3º, do Código de Defesa dos usuários dos serviços públicos determina a aplicação subsidiária das suas disposições aos serviços prestados por particular. A regulamentação nesse caso está disciplinada na Lei Geral de Concessões e Permissões dos serviços públicos, nos termos da Lei n. 8.987/95.

Apesar de publicada em 27 de junho de 2017, a lei ora em estudo tem prazos diferenciados para sua entrada em vigor a depender do ente público e do número de habitantes. Essa a redação do art. 25 do Código de Defesa dos usuários dos serviços públicos:

> "Art. 25. Esta Lei entra em vigor, a contar da sua publicação, em:
>
> I – trezentos e sessenta dias para a União, os Estados, o Distrito Federal e os Municípios com mais de quinhentos mil habitantes;
>
> II – quinhentos e quarenta dias para os Municípios entre cem mil e quinhentos mil habitantes; e
>
> III – setecentos e vinte dias para os Municípios com menos de cem mil habitantes".

■ 3.7.1. As definições e os princípios presentes no Código de Defesa dos usuários dos serviços públicos

No tocante às definições, a Lei n. 13.460 estabelece em seu art. 2º:

- **usuário do serviço público:** pessoa física ou jurídica que se beneficia ou utiliza, efetiva ou potencialmente, de serviço público;
- **serviço público:** atividade administrativa ou de prestação direta ou indireta de bens ou serviços à população, exercida por órgão ou entidade da administração pública;
- **administração pública:** órgão ou entidade integrante da administração pública de qualquer dos Poderes da União, dos Estados, do Distrito Federal e dos Municípios, a Advocacia Pública e a Defensoria Pública;
- **agente público:** quem exerce cargo, emprego ou função pública, de natureza civil ou militar, ainda que transitoriamente ou sem remuneração;
- **manifestações:** reclamações, denúncias, sugestões, elogios e demais pronunciamentos de usuários que tenham como objeto a prestação de serviços públicos e a conduta de agentes públicos na prestação e fiscalização de tais serviços.

Em relação aos princípios, o Código de Defesa dos usuários dos serviços públicos praticamente reproduziu os princípios insertos na Lei Geral de Concessões e Permissões de serviços públicos, Lei n. 8.987/95, ao estabelecer em seu art. 4º: "Os serviços públicos e o atendimento do usuário serão realizados de forma adequada, observados os princípios da regularidade, continuidade, efetividade, segurança, atualidade, generalidade, transparência e cortesia". Sobre tais princípios, alguns comentários se fazem pertinentes:

- **Princípio da Regularidade na prestação dos serviços públicos: por esse princípio** é dever do Estado a prestação regular do serviço público, direta ou indiretamente. A ausência do Poder Público na prestação desse serviço poderá causar danos e, consequentemente, dever de indenizar terceiros prejudicados. Exemplo: se o ônibus que passa todos os dias às 6 horas no ponto começa a chegar às 6h30min, depois às 7 horas, e no outro dia não passa, viola o princípio da regularidade.
- **Princípio da Efetividade/Eficiência:** Entendemos que o sentido de efetividade está colocado na lei como sendo sinônimo de eficiência. Assim, serviço efetivo/eficiente é aquele que atinge o resultado pretendido, seja no tocante à qualidade, seja no aspecto da quantidade. A efetividade/eficiência é um *plus* em relação à adequação. Exemplificando: o ônibus é um instrumento adequado para a prestação do transporte coletivo. Entretanto, se o ônibus não atender aos quesitos de qualidade, não será considerado eficiente.
- **Princípio da Segurança:** Por esse princípio, o Estado deverá prestar o serviço público de forma a não colocar em perigo a integridade física e a vida do usuário, nem de terceiros alheios à relação de prestação do serviço. Sobre o tema, importante observar que o princípio da segurança não se confunde com segurança pública. A segurança almejada pela lei deve ter relação direta com o serviço público prestado. Assim, o motorista de um ônibus deverá manter a integridade de seus passageiros, não fazendo curvas em alta velocidade, mas não estará obrigado a enfrentar um bandido que venha assaltar os usuários desse serviço. No mesmo sentido, está a jurisprudência do STJ ao entender que assalto à mão armada no interior de coletivo é causa excludente de responsabilidade do prestador do transporte (AgRg no REsp 1.456.690).
- **Princípio da Atualidade:** A atualidade compreende a modernidade das técnicas, do equipamento e das instalações e a sua conservação, bem como a melhoria e a expansão do serviço (art. 6º, § 2º, da Lei n. 8.987/95).
- **Princípio da Generalidade/Universalidade:** Esse princípio busca a universalidade na prestação do serviço público, isto é, o serviço deve ser prestado a todos os usuários de forma igualitária e impessoal, sem qualquer

espécie de discriminação. Trata-se de uma vertente do princípio da isonomia. Exemplo: o ônibus qua passa na periferia deve ter a mesma qualidade dos que circulam nos centros empresariais.

- **Princípio da Cortesia na Prestação:** O serviço público deve ser prestado por pessoas que tratem os usuários com respeito, educação e cordialidade.

No tocante ao princípio da continuidade, remetemos o leitor ao item 3.4 deste livro, onde o tema foi amplamente discutido. Em relação ao **princípio da transparência**, sugerimos ao leitor os comentários feitos logo mais, ainda neste capítulo, a respeito **dos Direitos dos usuários do serviço público e da Carta de Serviços ao Usuário**, institutos esses que tornarão a prestação do serviço público bastante transparente.

3.7.2. Dos direitos e deveres presentes no Código de Defesa dos usuários dos serviços públicos

A respeito dos direitos dos usuários dos serviços públicos previstos na Lei n. 13.460, importante reiterar a informação acima mencionada de que os direitos que serão apresentados a seguir não excluem outros previstos em legislações específicas, como os elencados pela Lei n. 8.987/95 – Lei Geral de Concessões e Permissões dos Serviços Públicos –, nem mesmo os estipulados pelo Código de Defesa do Consumidor. Conforme também comentado acima, prevalece a aplicação simultânea de todas as leis existentes em concretude à Teoria do Diálogo das Fontes.

O **Código de Defesa dos usuários dos serviços públicos** estabelece em seu art. 6º:

> "Art. 6º **São direitos básicos do usuário:**
>
> I – participação no acompanhamento da prestação e na avaliação dos serviços;
>
> II – obtenção e utilização dos serviços com liberdade de escolha entre os meios oferecidos e sem discriminação;
>
> III – acesso e obtenção de informações relativas à sua pessoa constantes de registros ou bancos de dados, observado o disposto no inciso X do *caput* do art. 5º da Constituição Federal e na Lei n. 12.527, de 18 de novembro de 2011;
>
> IV – proteção de suas informações pessoais, nos termos da Lei n. 12.527, de 18 de novembro de 2011;
>
> V – atuação integrada e sistêmica na expedição de atestados, certidões e documentos comprobatórios de regularidade; e
>
> VI – obtenção de informações precisas e de fácil acesso nos locais de prestação do serviço, assim como sua disponibilização na internet, especialmente sobre: a)

horário de funcionamento das unidades administrativas; b) serviços prestados pelo órgão ou entidade, sua localização exata e a indicação do setor responsável pelo atendimento ao público; c) acesso ao agente público ou ao órgão encarregado de receber manifestações; d) situação da tramitação dos processos administrativos em que figure como interessado; e e) valor das taxas e tarifas cobradas pela prestação dos serviços, contendo informações para a compreensão exata da extensão do serviço prestado".

A citada Lei n. 12.527 é a famosa lei de acesso a informações que veio para regulamentar a publicidade como princípio regra da atuação da Administração Pública, nos termos do art. 5º, XXXIII, da Constituição Federal.

A implementação de tais direitos, bem como da adequada prestação dos serviços públicos, exige o **cumprimento de diretrizes** por parte dos agentes públicos, na prestação direta e na indireta por outorga, e dos particulares, na prestação indireta por delegação. Sobre o tema, prevê o art. 5º da Lei n. 13.460:

> "O usuário de serviço público tem direito à adequada prestação dos serviços, devendo os agentes públicos e prestadores de serviços públicos observar as seguintes diretrizes:
>
> I – urbanidade, respeito, acessibilidade e cortesia no atendimento aos usuários;
>
> II – presunção de boa-fé do usuário;
>
> III – atendimento por ordem de chegada, ressalvados casos de urgência e aqueles em que houver possibilidade de agendamento, asseguradas as prioridades legais às pessoas com deficiência, aos idosos, às gestantes, às lactantes e às pessoas acompanhadas por crianças de colo;[57]
>
> IV – adequação entre meios e fins, vedada a imposição de exigências, obrigações, restrições e sanções não previstas na legislação;
>
> V – igualdade no tratamento aos usuários, vedado qualquer tipo de discriminação;
>
> VI – cumprimento de prazos e normas procedimentais;
>
> VII – definição, publicidade e observância de horários e normas compatíveis com o bom atendimento ao usuário;
>
> VIII – adoção de medidas visando a proteção à saúde e a segurança dos usuários;
>
> IX – autenticação de documentos pelo próprio agente público, à vista dos originais apresentados pelo usuário, vedada a exigência de reconhecimento de firma, salvo em caso de dúvida de autenticidade;
>
> X – manutenção de instalações salubres, seguras, sinalizadas, acessíveis e adequadas ao serviço e ao atendimento;
>
> XI – eliminação de formalidades e de exigências cujo custo econômico ou social seja superior ao risco envolvido;

[57] São os hipervulneráveis.

XII – observância dos códigos de ética[58] ou de conduta aplicáveis às várias categorias de agentes públicos;

XIII – aplicação de soluções tecnológicas que visem a simplificar processos e procedimentos de atendimento ao usuário e a propiciar melhores condições para o compartilhamento das informações;

XIV – utilização de linguagem simples e compreensível, evitando o uso de siglas, jargões e estrangeirismos; e

XV – vedação da exigência de nova prova sobre fato já comprovado em documentação válida apresentada".

Sobre os **deveres**, o Código de Defesa **dos usuários dos serviços públicos** prevê em seu art. 8º: "São deveres do usuário: I – utilizar adequadamente os serviços, procedendo com urbanidade e boa-fé; II – prestar as informações pertinentes ao serviço prestado quando solicitadas; III – colaborar para a adequada prestação do serviço; e IV – preservar as condições dos bens públicos por meio dos quais lhe são prestados os serviços de que trata esta Lei".

■ 3.7.3. Da Carta de Serviços ao Usuário prevista no Código de Defesa dos usuários dos serviços públicos

Em cumprimento ao princípio da transparência acima citado, o art. 7º da Lei n. 13.460 estabelece que os órgãos e entidades da Administração Pública di-

[58] No âmbito federal temos o Código de Ética do serviço público federal presente no anexo do Decreto n. 1.171, que prevê em mais de uma disposição o direito a reclamar dano moral diante da falha na prestação do serviço público: "IX – A cortesia, a boa vontade, o cuidado e o tempo dedicados ao serviço público caracterizam o esforço pela disciplina. Tratar mal uma pessoa que paga seus tributos direta ou indiretamente significa causar-lhe dano moral. Da mesma forma, causar dano a qualquer bem pertencente ao patrimônio público, deteriorando-o, por descuido ou má vontade, não constitui apenas uma ofensa ao equipamento e às instalações ou ao Estado, mas a todos os homens de boa vontade que dedicaram sua inteligência, seu tempo, suas esperanças e seus esforços para construí-los. X – Deixar o servidor público qualquer pessoa à espera de solução que compete ao setor em que exerça suas funções, permitindo a formação de longas filas, ou qualquer outra espécie de atraso na prestação do serviço, não caracteriza apenas atitude contra a ética ou ato de desumanidade, mas principalmente grave dano moral aos usuários dos serviços públicos. (...) XIV – São deveres fundamentais do servidor público: (...) b) exercer suas atribuições com rapidez, perfeição e rendimento, pondo fim ou procurando prioritariamente resolver situações procrastinatórias, principalmente diante de filas ou de qualquer outra espécie de atraso na prestação dos serviços pelo setor em que exerça suas atribuições, com o fim de evitar dano moral ao usuário; (...) g) ser cortês, ter urbanidade, disponibilidade e atenção, respeitando a capacidade e as limitações individuais de todos os usuários do serviço público, sem qualquer espécie de preconceito ou distinção de raça, sexo, nacionalidade, cor, idade, religião, cunho político e posição social, abstendo-se, dessa forma, de causar-lhes dano moral; (...) XV – É vedado ao servidor público: (...) d) usar de artifícios para procrastinar ou dificultar o exercício regular de direito por qualquer pessoa, causando-lhe dano moral ou material".

reta e indireta da União, dos Estados, do Distrito Federal e dos Municípios divulgarão a denominada "Carta de Serviços ao Usuário".

A **Carta de Serviços ao Usuário tem por objetivo informar sobre os serviços prestados** pelo órgão ou entidade, as **formas de acesso** a esses serviços e **seus compromissos e padrões de qualidade** de atendimento ao público. Regulamento específico de cada Poder e esfera de Governo disporá sobre a operacionalização da Carta de Serviços ao Usuário.

A Carta de Serviços ao Usuário deverá trazer informações claras e precisas em relação a cada um dos serviços prestados, **apresentando, no mínimo, informações** relacionadas a:

- serviços oferecidos;
- requisitos, documentos, formas e informações necessárias para acessar o serviço;
- principais etapas para processamento do serviço;
- previsão do prazo máximo para a prestação do serviço;
- forma de prestação do serviço; e
- locais e formas para o usuário apresentar eventual manifestação sobre a prestação do serviço.

Ademais, a Carta de Serviços ao Usuário **deverá detalhar os compromissos e padrões de qualidade** do atendimento relativos, no mínimo, aos seguintes aspectos:

- prioridades de atendimento;
- previsão de tempo de espera para atendimento;
- mecanismos de comunicação com os usuários;
- procedimentos para receber e responder as manifestações dos usuários; e
- mecanismos de consulta, por parte dos usuários, acerca do andamento do serviço solicitado e de eventual manifestação.

Por fim, destacamos que a aludida Carta será atualizada periodicamente, com permanente divulgação em sítio eletrônico do órgão ou entidade na internet respectiva.

3.7.4. Das manifestações dos usuários e ouvidorias previstas no Código de Defesa dos usuários dos serviços públicos

Com o **objetivo de garantir seus direitos**, o usuário poderá apresentar manifestações perante a Administração Pública acerca da prestação de serviços públicos. Deverão os órgãos e entidades públicos colocar à disposição do usuário formulários simplificados e de fácil compreensão para a apresentação do requerimento, facultada sua utilização. Trata-se apenas de um facilitador para a elaboração da manifestação que, conforme veremos logo mais, poderá ser feita de maneira bastante informal.

Apesar de o art. 10 da Lei n. 13.460 exigir a identificação do requerente quando da apresentação de sua manifestação e determinar que essa identificação é informação pessoal protegida com restrição de acesso nos termos da Lei n. 12.527, **entendemos que a denúncia anônima** de qualquer tipo de irregularidade também **implicará o dever da Administração Pública de apurar eventual infração à ordem jurídica**. Isso porque em sede de processo administrativo vige o princípio da verdade material em que o Poder Público tem o dever de saber o que realmente aconteceu independentemente das provas trazidas aos autos pelas partes litigantes, tendo em vista a natureza do interesse tutelado, qual seja: o interesse público.

A princípio, tal **manifestação será dirigida à ouvidoria** do órgão ou entidade responsável. **Inexistindo ouvidoria, o usuário poderá apresentar manifestações diretamente ao órgão ou entidade** responsável pela execução do serviço e ao órgão ou entidade a que se subordinem ou se vinculem.

Mais uma vez invocando princípio do processo administrativo, mais precisamente o princípio do informalismo, também conhecido como informalismo moderado, **a manifestação poderá ser feita por meio eletrônico, ou correspondência convencional, ou verbalmente**, hipótese em que deverá ser reduzida a termo (art. 10, § 4º, da Lei n. 13.460). Os princípios da eficiência e da celeridade também estão previstos na Lei n. 13.460 como norteadores do processo administrativo de manifestação dos usuários dos serviços públicos (art. 12).

Prevê o art. 11 do Código de Defesa dos usuários dos serviços públicos que o recebimento da manifestação não poderá ser recusado em nenhuma hipótese, sob pena de responsabilidade do agente público.

A efetiva resolução das manifestações dos usuários dos serviços públicos compreende:

- recepção da manifestação no canal de atendimento adequado;
- emissão de comprovante de recebimento da manifestação;
- análise e obtenção de informações, quando necessário;
- decisão administrativa final; e
- ciência ao usuário.

No tocante às **ouvidorias**, atos normativos específicos de cada Poder e esfera de Governo disporão sobre a respectiva organização e funcionamento. No entanto, a Lei n. 13.460 estabelece suas **atribuições principais**:

- promover a participação do usuário na Administração Pública, em cooperação com outras entidades de defesa dos usuários;
- acompanhar a prestação dos serviços, visando a garantir a sua efetividade;
- propor aperfeiçoamentos na prestação dos serviços;
- auxiliar na prevenção e correção dos atos e procedimentos incompatíveis com os princípios estabelecidos no Código de Defesa dos usuários dos serviços públicos;
- propor a adoção de medidas para a defesa dos direitos do usuário;
- receber, analisar e encaminhar às autoridades competentes as manifestações, acompanhando o tratamento e a efetiva conclusão das manifestações de usuário perante órgão ou entidade a que se vincula; e
- promover a adoção de mediação e conciliação entre o usuário e o órgão ou a entidade pública, sem prejuízo de outros órgãos competentes.

Com vistas à realização de seus objetivos, as ouvidorias deverão receber, analisar e responder, por meio de mecanismos proativos e reativos, as manifestações encaminhadas por usuários de serviços públicos. Deverão ainda elaborar relatório de gestão anual, apontando falhas e sugerindo melhorias na prestação de serviços públicos.

O relatório de gestão deverá indicar:

- o número de manifestações recebidas no ano anterior;
- os motivos das manifestações;
- a análise dos pontos recorrentes; e
- as providências adotadas pela Administração Pública nas soluções apresentadas.

O aludido relatório será encaminhado à autoridade máxima do órgão a que pertence a unidade de ouvidoria e disponibilizado integralmente na internet, como forma de dar transparência e publicidade na atuação da Administração Pública.

O art. 16 do Código de Defesa dos usuários dos serviços públicos prevê que a "ouvidoria encaminhará a **decisão administrativa final** ao usuário, observado o **prazo de trinta dias, prorrogável de forma justificada uma única vez, por igual período**". Observado esse prazo, a ouvidoria poderá solicitar informações e esclarecimentos diretamente a agentes públicos do órgão ou entidade a que se vincula, e as solicitações devem ser respondidas no prazo de vinte dias, prorrogável de forma justificada uma única vez, por igual período.

3.7.5. Dos Conselhos dos Usuários e da avaliação continuada dos serviços públicos

A **participação dos usuários** no acompanhamento da prestação e na avaliação dos serviços públicos será feita **por meio de conselhos de usuários** (art. 18 da Lei n. 13.460).

A composição dos conselhos deve observar os critérios de representatividade e pluralidade das partes interessadas, com vistas ao equilíbrio em sua representação. A escolha dos representantes será feita em processo aberto ao público e diferenciado por tipo de usuário a ser representado (art. 19 da Lei n. 13.460).

Sobre o tema, prevê o art. 21 da lei em comento: "A participação do usuário no conselho será considerada serviço relevante e sem remuneração".

Regulamento específico de cada Poder e esfera de Governo disporá sobre a organização e funcionamento dos **conselhos de usuários**. No entanto, o Código de Defesa dos usuários dos serviços públicos estabelece que tais conselhos **são órgãos consultivos e dotados das seguintes atribuições:**

- acompanhar a prestação dos serviços;
- participar na avaliação dos serviços;
- propor melhorias na prestação dos serviços;
- contribuir na definição de diretrizes para o adequado atendimento ao usuário;
- acompanhar e avaliar a atuação do ouvidor;
- opinar quanto à indicação do ouvidor.

Em relação à **avaliação continuada**, importante informar que Administração Pública direta e indireta da União, dos Estados, do Distrito Federal e dos Municípios deverá **examinar os serviços prestados, nos seguintes aspectos:**

- satisfação do usuário com o serviço prestado;
- qualidade do atendimento prestado ao usuário;
- cumprimento dos compromissos e prazos definidos para a prestação dos serviços;
- quantidade de manifestações de usuários; e
- medidas adotadas pela Administração Pública para melhoria e aperfeiçoamento da prestação do serviço.

Regulamento específico de cada Poder e esfera de Governo disporá sobre a avaliação da efetividade e dos níveis de satisfação dos usuários. O que o Código de Defesa dos usuários dos serviços públicos define é que a avaliação será realizada por pesquisa de satisfação feita, no mínimo, a cada um ano, ou por qualquer outro meio que garanta significância estatística aos resultados (art. 23, § 1º, da Lei n. 13.460).

O resultado da avaliação deverá ser publicado, na íntegra, anualmente no sítio do órgão ou entidade, incluindo o *ranking* das entidades com maior incidência de reclamação dos usuários.[59] Tal conduta servirá de subsídio para reorientar e ajustar os serviços prestados, em especial quanto ao cumprimento dos compromissos e dos padrões de qualidade de atendimento divulgados na Carta de Serviços ao Usuário.

■ 3.8. QUESTÕES

1. (CESPE — 2008 — DPE-CE — Defensor Público) Acerca das normas de proteção e defesa do consumidor, julgue o próximo item.

Sujeitam-se às normas de proteção e defesa do consumidor os serviços prestados por perito judicial.

( ) certo ( ) errado

2. (CEPERJ — 2012 — PROCON-RJ — Agente de Proteção e Defesa do Consumidor) Esculápio é usuário dos serviços de transporte público do município Y que são realizados por empresa concessionária escolhida pelo procedimento licitatório. A qualidade dos serviços deixa a desejar com constantes atrasos e até cancelamentos de viagens.

À luz do Código de Defesa do Consumidor, é correto afirmar:

a) Os serviços públicos de transporte estão afetos à Administração e infensos ao controle do consumidor.
b) Alguns serviços públicos mas não o de transportes, estão incluídos sob a égide do Código de Defesa do Consumidor.
c) Os serviços públicos de transporte coletivo têm regulamentação específica da União Federal, a quem cabe controlá-los.
d) O mau funcionamento dos serviços públicos implica a aplicação das regras protetivas do Código de Defesa do Consumidor.
e) A base para os serviços públicos é a continuidade que ficaria prejudicada diante das inúmeras ações dos consumidores.

3. Dentre as afirmações abaixo, assinale quais correspondem com a incidência do Código de Defesa do Consumidor aos serviços públicos (questão elaborada pelo Autor):

I. A definição de serviço trazida pelo CDC não se aplica ao conceito de serviço público, uma vez que aquele pode ser objeto na relação de consumo, sendo regida pelo direito privado; já o serviço público é regido pelo ramo do direito público.
II. Considera-se requisito para aplicação do CDC a remuneração pelo serviço, podendo ser direta ou indireta, dispensando a obtenção de lucro.
III. A incidência do CDC aos serviços públicos somente existe quando temos por aplicada a Teoria Maximalista das Relações de Consumo.

---

[59] Previsão semelhante é aquela expressa no art. 44 do CDC que prevê, *in verbis*: "Os órgãos públicos de defesa do consumidor manterão cadastros atualizados de reclamações fundamentadas contra fornecedores de produtos e serviços, devendo divulgá-lo pública e anualmente. A divulgação indicará se a reclamação foi atendida ou não pelo fornecedor".

IV. Os conceitos de consumidor por equiparação do art. 2º, parágrafo único, do CDC, do art. 17 e do art. 29 do mesmo Diploma, se aplicam aos serviços públicos.

Está correto o que se afirma em:

a) I e II.
b) II e III.
c) III e IV.
d) IV e II.
e) apenas I.

4. Sobre o tema serviços públicos e Código de Defesa do Consumidor, assinale a alternativa correta (questão elaborada pelo Autor):

a) a remuneração dos serviços públicos se faz mediante tributos, razão pela qual não pode haver aplicação do CDC e seu regime protetivo aos usuários de tais serviços.
b) A característica da vulnerabilidade é algo intrínseco nas relações de consumo, não se considerando presente na prestação de um serviço público pelo Estado ou por concessionária de serviço público.
c) A Constituição Federal traz expressos em seu art. 175 os casos em que o Estado, excepcionalmente, irá prestar os serviços públicos diretamente ou sob o regime de concessão e permissão, sendo incompatível ao conceito de consumidor elencado no Código de Defesa do Consumidor.
d) os serviços públicos podem ter duas formas de remuneração, seja na modalidade de tributos ou tarifas; porém, é nesta última o campo de aplicação do CDC aos serviços públicos, sendo o usuário também consumidor.

5. O Princípio da Continuidade do Serviço Público é um dos nortes regentes do regramento dos serviços públicos em nosso ordenamento, sendo previsto em normas esparsas a fim de resguardar o usuário de eventuais interrupções imprevistas. De acordo com o acima explanado, assinale a alternativa correta sobre serviço público e sua interrupção (questão elaborada pelo Autor):

a) É predominante o posicionamento do Superior Tribunal de Justiça pela impossibilidade da interrupção do serviço público no caso de inadimplemento do usuário-consumidor, como exemplo no serviço de fornecimento de energia elétrica e sua relevância na atualidade.
b) De acordo com a jurisprudência já sedimentada do STJ, é possível a interrupção do serviço público quando houver alegação de fraude no medidor, mesmo que tenha sido apurada de forma unilateral pela concessionária do serviço.
c) A existência de dívida pretérita do consumidor não autoriza a interrupção do serviço público pela concessionária.
d) É prescindível o prévio aviso ao consumidor antes de interromper o fornecimento de serviço público pela concessionária.

6. (CESPE — 2009 — TRF — 5ª Região — Juiz) Considerando o CDC, assinale a opção correta.

a) A habitualidade insere-se tanto no conceito de fornecedor de serviços quanto no de produtos, para fins de incidência do CDC.
b) A relação jurídica locatícia é regida pelo CDC no que não contrariar a lei específica. Dessa forma, as cláusulas consideradas iníquas e abusivas constantes do contrato de locação podem ser revistas com base na legislação consumerista.
c) O pagamento de contribuição de melhoria, por estar adstrito à realização de obra pública, insere-se no âmbito das relações de consumo.
d) O produto recebido gratuitamente, como brinde, em decorrência da celebração de contrato de consumo, não é abrangido pelo CDC.

e) A abertura de conta poupança, por caracterizar-se como operação tipicamente bancária, não está abrangida pela legislação consumerista.

7. (CESPE — 2008 — MPE-RO — Promotor de Justiça) Quanto à identificação das partes que compõem a relação de consumo, assinale a opção correta.

a) Serão considerados fornecedores as pessoas físicas ou jurídicas que participem do oferecimento de produtos e serviços ao mercado, exigindo-se ainda que o ofertado seja adquirido ou utilizado apenas por sujeitos que se qualifiquem como destinatários finais.
b) A pessoa jurídica que contrai o dever de preparar e fornecer refeições a seus empregados será considerada fornecedora segundo o CDC, em decorrência do proveito indireto que obtém dessa atividade, conjugado com a condição de tomador final daqueles que receberem o produto.
c) Se o prestador do serviço ou produto oferecido mediante remuneração atua sem fins lucrativos, não poderá ser qualificado como fornecedor, porquanto não realiza essa atividade como empresário.
d) Os órgãos públicos que forneçam produto ou prestem serviço ao mercado de consumo também poderão ser qualificados como fornecedores, excluindo-se os casos em que sejam remunerados por espécie tributária específica, tal como taxa pela coleta ou tratamento de esgoto sanitário.
e) Não será fornecedor aquele que oferece produto ou serviço ao mercado de forma gratuita ao destinatário final, uma vez que essa prestação é realizada sem direito à contraprestação.

8. (FGV — 2013 — TJ-AM — Juiz Substituto) A concessionária de energia elétrica, de forma unilateral, apura a existência de dívidas no imóvel de Antônio, decorrentes de inadimplemento e de suposta fraude no medidor. Em razão disso, efetua o corte no fornecimento. Inconformado, Antônio ingressa com ação de obrigação de fazer visando à retomada do fornecimento, por se tratar de serviço essencial. No curso da lide, as partes não manifestaram interesse na produção de provas, pugnando pelo seu julgamento antecipado. Com relação ao caso apresentado, assinale a afirmativa correta.

a) A concessionária não poderia efetuar o corte em nenhuma hipótese, pois o fornecimento de energia elétrica é serviço essencial.
b) A concessionária poderia efetuar o corte em razão do inadimplemento, desde que respeitado o aviso prévio, mas não poderia fazê-lo com relação à suposta fraude no medidor, apurada de forma unilateral.
c) A concessionária não poderia efetuar o corte em razão do inadimplemento, mesmo verificado o aviso prévio, mas poderia fazê-lo com relação à suposta fraude no medidor, que pode ser apurada de forma unilateral, pois o aparelho não pertence ao consumidor, mas à concessionária.
d) A concessionária poderia efetuar o corte no fornecimento de energia elétrica em ambos os casos, sem necessidade de aviso prévio, amparada no princípio da força obrigatória dos contratos e no interesse público de combater instalações elétricas fraudulentas.
e) Diante dos princípios constitucionais do devido processo legal, contraditório e ampla defesa, o corte no fornecimento de energia elétrica não pode ser realizado unilateralmente pela concessionária, sendo indispensável o ajuizamento de medida judicial visando essa finalidade.

9. (UFPR — 2014 — DPE-PR — Defensor Público) Sobre a relação jurídica de consumo e seu objeto, é correto afirmar:

a) O CDC incide sobre os serviços públicos individuais (*uti singuli*), que são aqueles usufruídos por usuários específicos e remunerados por taxa, tarifa ou preço público, mas não abarca em sua esfera de proteção o fornecimento de energia elétrica, o qual é regulado por lei especial.

b) Produto é a mercadoria colocada à venda no comércio por fornecedor, excluídos deste conceito os bens não duráveis.
c) A atividade fornecida no mercado de consumo, para ser considerada serviço, deve ser remunerada, exigindo-se o pagamento direto pelo consumidor.
d) O CDC é aplicável à relação jurídica entre a entidade de previdência privada e seus participantes.
e) Estão excluídas do conceito de serviço as atividades de natureza bancária, financeira, de crédito e securitária.

10. (FEPESE — 2014 — MPE-SC — Promotor de Justiça) Analise o enunciado da questão abaixo e assinale se ele é Certo ou Errado.

A correta prestação dos serviços públicos em geral, embora direito básico dos cidadãos, não possui guarida no Código de Defesa do Consumidor.

( ) certo ( ) errado

11. (MPDFT — 2015 — MPDFT — Promotor de Justiça Adjunto) Considerando o disposto no Código de Defesa do Consumidor (Lei 8.078/90), julgue os itens a seguir:

I. É entendimento sumulado do Superior Tribunal de Justiça que o Código de Defesa do Consumidor aplica-se às instituições financeiras e entidades de previdência privada.
II. Para caracterização de determinada pessoa como fornecedor, o Código de Defesa do Consumidor exige que a atividade desenvolvida no mercado de consumo tenha fins lucrativos.
III. A responsabilidade pessoal dos profissionais liberais, em relação a fato do serviço, é objetiva, sendo configurada independentemente de verificação de culpa.
IV. O serviço público de fornecimento de água não é tutelado pelo Código de Defesa do Consumidor, que não adentra na esfera do Direito Administrativo.
V. A instauração de inquérito civil obsta o prazo decadencial relativo ao direito de reclamar por vício do produto.

A partir do julgamento das afirmações anteriores, escolha a alternativa CORRETA:

a) Estão corretas somente as assertivas I e V.
b) Estão corretas somente as assertivas I e III.
c) Estão corretas somente as assertivas II e IV.
d) Estão corretas somente as assertivas III e V.
e) Estão corretas todas as assertivas.

12. (FCC — 2016 — DPE-BA — Defensor Público) De acordo com as disposições legais e jurisprudência dos Tribunais Superiores, o Código de Defesa do Consumidor se aplica

a) às entidades abertas de previdência complementar e aos serviços públicos *uti universi et singuli*; mas não se aplica às entidades fechadas de previdência complementar.
b) às entidades abertas de previdência complementar e aos serviços públicos remunerados prestados *uti universi*, mas não se aplica às entidades fechadas de previdência complementar e nem aos serviços públicos *uti singuli*.
c) às entidades abertas ou fechadas de previdência complementar e aos serviços públicos *uti universi et singuli*.
d) às entidades abertas ou fechadas de previdência complementar e aos serviços públicos remunerados prestados *uti singuli*, mas não aos contratos de administração imobiliária firmados entre locador (proprietário do imóvel) e a imobiliária e aos serviços públicos *uti universi*.

e) às entidades abertas de previdência complementar e aos serviços remunerados prestados *uti singuli*, mas não se aplica às entidades fechadas de previdência complementar e nem aos serviços públicos *uti universi*.

13. (FMP Concursos — 2017 — MPE-RO — Promotor de Justiça Substituto) Sobre os direitos básicos do consumidor, é CORRETO afirmar:

a) A inversão do ônus da prova é assegurada a todos consumidores vulneráveis.
b) O direito à efetiva reparação de danos não abrange, expressamente, o dano moral coletivo.
c) Admite a revisão do contrato em razão de fatos supervenientes que afetem seu equilíbrio.
d) Não contempla a adequada prestação de serviços públicos.
e) O direito à segurança de produtos e serviços impõe que apenas sejam colocados no mercado aqueles que não ofereçam nenhum risco aos consumidores.

■ GABARITO ■

1. "errado". O perito judicial é alguém que possui *múnus público* em sua função, possuindo conhecimentos específicos em determinada área, a fim de que elabore laudo pericial, no qual as partes e o julgador possam se basear. Tal profissional é nomeado por ato do juiz para que atue em determinada contenda processual esclarecendo dúvidas pertinentes. Assim, de acordo com o que foi dito, não há que se falar em relação jurídica de consumo, uma vez que sequer há possibilidade de escolha entre as partes e tal profissional, sendo sim uma escolha judicial para que exerça tais conhecimentos naquele caso selecionado, ficando afastado da disciplina do CDC.

2. "d". Os serviços públicos *uti singuli* remunerados via tarifa estão submetidos às regras protetivas do Código de Defesa do Consumidor, sendo que, caso ocorra alguma violação a algum direito dos usuários, é possível invocar tal conjunto de normas e fazer valer tal diploma, em especial o art. 4º, VII, c.c. art. 6º, X, ambos do CDC, além do art. 22 do mesmo Diploma. Segundo o STJ: "1. Os serviços públicos podem ser próprios e gerais, sem possibilidade de identificação dos destinatários. São financiados pelos tributos e prestados pelo próprio Estado, tais como segurança pública, saúde, educação, etc. Podem ser também impróprios e individuais, com destinatários determinados ou determináveis. Neste caso, têm uso específico e mensurável, tais como os serviços de telefone, água e energia elétrica. 2. Os serviços públicos impróprios podem ser prestados por órgãos da administração pública indireta ou, modernamente, por delegação, como previsto na CF (art. 175). São regulados pela Lei 8.987/95, que dispõe sobre a concessão e permissão dos serviços públicos. 3. Os serviços prestados por concessionárias são remunerados por tarifa, sendo facultativa a sua utilização, que é regida pelo CDC, o que a diferencia da taxa, esta, remuneração do serviço público próprio" (REsp 793.422/RS, Rel. Ministra Eliana Calmon, 2ª T., *DJ* 17-8-2006). A assertiva "a" não é verdadeira, uma vez que os serviços de transporte público podem ser controlados pelo CDC, não sendo algo hostil ou incompatível a tal diploma normativo, nem com a jurisprudência do STJ, conforme julgado citado. A alternativa "b" erra ao excetuar o serviço público de transporte às normas do CDC, pois tais serviços são remunerados mediante tarifa, configurando relação de consumo. Ademais, segundo visto, existe menção expressa no CDC sobre os serviços públicos, como ocorre em seu art. 4º, VII, c.c. art. 6º, X, e no art. 22. A "c" está equivocada, já que o serviço de transporte coletivo não é de competência exclusiva da União, como podemos abstrair do art. 21 da CF, salvo o de transporte interestadual e internacional. Por fim, a assertiva "e" é errônea, sendo que o Princípio da Continuidade é sim um dos norteadores na prestação dos serviços públicos em nosso ordenamento; todavia, o fato de estarem submetidos ao regramento do CDC em nada o afetaria, sendo também a continuidade do serviço um direito do consumidor, conforme disposto no art. 22 do Diploma Consumerista.

3. "d". As assertivas "IV" e "II" são corretas, pois a "II" coloca como próprio requisito do conceito de serviço a necessidade de remuneração, de acordo com o art. 3º, § 2º, do CDC, seja esta direta ou indireta e mediante tarifa como remuneração; juntamente, a "IV" é correta, pois tais artigos trazem os conceitos de consumidor equiparado, ora pela intervenção na relação de consumo, ora vítima do evento danoso ou prática comercial, todos se aplicando ao serviço público quando remunerado por tarifas e regulado pelo CDC na relação fornecedor e consumidor. A assertiva "I" é inverossímil, já que o conceito de serviço existente no CDC aplica-se ao serviço público remunerado mediante tarifa, diferentemente dos remunerados mediante tributos, em nada interferindo o regime de direito público e suas regras aplicáveis na regência de outras relações. Esta também é a posição do Superior Tribunal de Justiça: "Os serviços prestados por concessionárias são remunerados por tarifa, sendo facultativa a sua utilização, que é regida pelo CDC, o que a diferencia da taxa, esta, remuneração do serviço público próprio" (REsp 793.422/RS, Rel. Ministra Eliana Calmon, 2ª T., *DJ* 17-8-2006). Por fim, a assertiva "III" é equivocada, já que, independentemente da Teoria aplicada, seja Maximalista, Finalista ou Finalista Mitigada, o CDC pode vir a reger as relações de consumo entre consumidor e fornecedor, desde que para isso se enquadre no conceito de serviço do art. 3º, sendo irrelevante a teoria aqui adotada.

4. "d". Como sabido, os serviços públicos podem ser remunerados mediante tributo (seja na modalidade taxa quando específico e divisível — *uti singuli* — ou na modalidade imposto — *uti universi*) ou tarifa paga pelo usuário como contraprestação ao uso; neste último caso haverá a incidência do CDC na prestação de tais serviços públicos, sendo o usuário também considerado consumidor. Segundo o STJ: "1. Os serviços públicos podem ser próprios e gerais, sem possibilidade de identificação dos destinatários. São financiados pelos tributos e prestados pelo próprio Estado, tais como segurança pública, saúde, educação, etc. Podem ser também impróprios e individuais, com destinatários determinados ou determináveis. Neste caso, têm uso específico e mensurável, tais como os serviços de telefone, água e energia elétrica. 2. Os serviços públicos impróprios podem ser prestados por órgãos da administração pública indireta ou, modernamente, por delegação, como previsto na CF (art. 175). São regulados pela Lei 8.987/95, que dispõe sobre a concessão e permissão dos serviços públicos. 3. Os serviços prestados por concessionárias são remunerados por tarifa, sendo facultativa a sua utilização, que é regida pelo CDC, o que a diferencia da taxa, esta, remuneração do serviço público próprio" (REsp 793.422/RS, Rel. Ministra Eliana Calmon, 2ª T., *DJ* 17-8-2006). A "a" é errônea, já que reduz a forma de remuneração dos serviços públicos somente a tributos, esquecendo da possibilidade de tarifas, e a incidência, nesta modalidade, do CDC. A "b" é equivocada, pois a vulnerabilidade é realmente característica intrínseca para aplicação do CDC e para as relações de consumo, mas deve também estar presente quando o serviço público é considerado serviço a ser regido pelo CDC. Por último, a "c" é inverídica, pois embora a Constituição assegure a prestação dos serviços públicos ao Estado propriamente ou mediante a delegação de sua execução por concessão ou permissão, tal delegação não exclui a possibilidade de regência pelo sistema de proteção do CDC.

5. "c". A dívida pretérita não pode ser fundamento para a interrupção no fornecimento do serviço público, uma vez que este apenas autoriza sua interrupção em caso de inadimplemento atual e concomitante; é este o posicionamento do STJ em sua jurisprudência: "A jurisprudência desta Corte firmou-se no sentido de que não é lícito à concessionária interromper o fornecimento de energia elétrica por dívida pretérita, em face da existência de outros meios legítimos de cobrança de débitos antigos não pagos, considerando 'débitos pretéritos' aqueles consolidados, situados no passado, e que a companhia energética cobra tempos depois da inadimplência do consumidor. Diferentemente, o débito atual é aquele débito presente, efetivo, real, que se realiza na época presente" (AgRg no AgRg no AREsp 59.058/RS). A "a" é equivocada, já que tal posicionamento jurisprudencial já foi rechaçado e superado, não sendo mais o que prevalece. O entendimento majoritário no STJ é pela legalidade da interrupção, conforme entendimento consolidado pela Primeira Seção no julgamento do Recurso Especial n. 363.943, de relatoria do Ministro Humberto Gomes de Barros, *DJ* 1-3-2004: "É lícito à concessionária interromper o fornecimento de energia elétrica, se, após aviso prévio, o consumidor de energia elétrica permanecer inadimplente no pagamento da respectiva conta (L. 8.987/95, art. 6º, § 3º, II)". A "b" é equivocada, pois a fraude e sua averiguação não podem se dar de forma unilateral, devendo ser concretizada por meio de procedimento próprio para tal finalidade. O Superior Tribunal de

Justiça também não admite a interrupção decorrente da alegação de fraude no medidor apurada de maneira unilateral: "A jurisprudência desta Corte pacificou o entendimento de que é ilegítimo o corte no fornecimento de energia elétrica se o débito decorrer de suposta fraude no medidor de consumo de energia elétrica, apurada unilateralmente pela concessionária de serviço público, uma vez que a suspensão pressupõe o inadimplemento de conta regular, relativa ao mês de consumo, devendo a concessionária utilizar-se dos meios ordinários de cobrança. Incidência, na espécie, do enunciado n. 83 da Súmula do STJ" (AgRg no AREsp 101.624/RS, Rel. Ministro Cesar Asfor Rocha, 2ª T., *DJe* 22-3-2012). Por fim, a "d" é equivocada, já que o aviso prévio ao consumidor é necessário como regra, somente havendo ressalva no caso de emergência.

6. "a". A assertiva "a" traz o requisito da *habitualidade* para que se configure o conceito de fornecedor. O Superior Tribunal de Justiça também exige a habitualidade como requisito imprescindível na definição de fornecedor, segundo consta do excerto extraído do Agravo em Recurso Especial n. 1.963, de relatoria do Ministro Mauro Campbell Marques, publicado em 4 de abril de 2011, no qual se discutiu a aplicabilidade ou não do CDC num caso envolvendo a venda de loteamento irregular: "Destaca-se que para serem fornecedoras as recorrentes teriam que desenvolver habitualmente como sua atividade a comercialização de lotes, situação esta que como vimos acima não ocorreu, pois, conforme se depreende dos documentos acostados com a exordial, elas somente cederam alguns lotes por imposição da situação já explanada". A assertiva "b" é errada, pois a relação locatícia não é regida pelo CDC. A assertiva "c" erra, uma vez que a contribuição de melhoria é tributo, sendo regido pelas normas próprias do Direito Tributário. Segundo o STJ: "1. Os serviços públicos podem ser próprios e gerais, sem possibilidade de identificação dos destinatários. São financiados pelos tributos e prestados pelo próprio Estado, tais como segurança pública, saúde, educação, etc. Podem ser também impróprios e individuais, com destinatários determinados ou determináveis. Neste caso, têm uso específico e mensurável, tais como os serviços de telefone, água e energia elétrica. 2. Os serviços públicos impróprios podem ser prestados por órgãos da administração pública indireta ou, modernamente, por delegação, como previsto na CF (art. 175). São regulados pela Lei 8.987/95, que dispõe sobre a concessão e permissão dos serviços públicos. 3. Os serviços prestados por concessionárias são remunerados por tarifa, sendo facultativa a sua utilização, que é regida pelo CDC, o que a diferencia da taxa, esta, remuneração do serviço público próprio" (REsp 793.422/RS, Rel. Ministra Eliana Calmon, 2ª T., *DJ* 17-8-2006). A alternativa "d" traz situação que sofre a incidência do CDC, por exemplo nos casos de amostra grátis. A alternativa "e" já foi discutida e pacificada pelo STJ e STF, sendo regida pelo CDC (art. 3º, § 2º). A Súmula 297 do STJ dispõe que: "O Código de Defesa do Consumidor é aplicável às instituições financeiras". E o resultado final da Ação Direta de Inconstitucionalidade n. 2.591 foi por maioria pela improcedência da ação, deixando bem claro que, também para o Pretório Excelso, o CDC incide nas relações de consumo oriundas das atividades bancárias.

7. "d". Serviço de água e de esgoto é remunerado por tarifa, com incidência do CDC. Esta também é a posição do Superior Tribunal de Justiça: "Os serviços prestados por concessionárias são remunerados por tarifa, sendo facultativa a sua utilização, que é regida pelo CDC, o que a diferencia da taxa, esta, remuneração do serviço público próprio" (REsp 793.422/RS, Rel. Ministra Eliana Calmon, 2ª T., *DJ* 17-8-2006). A alternativa "a" é errada, pois restringiu o conceito de fornecedor com base no conceito de consumidor, tentando confundir o candidato com os dois conceitos juntamente. A assertiva "b" se equivoca ao trazer algo que é pertinente à relação de emprego, não se aplicando o CDC a tais relações, mas sim a legislação trabalhista própria. Na assertiva "c" há erro, pois o conceito de fornecedor é algo distinto do de empresário do Direito Comercial, sendo independente deste para ser considerado fornecedor. Por fim, na alternativa "e", o conceito de produto pode ser gratuito, configurando relação de consumo, por exemplo, o caso de amostra grátis.

8. "b". Esta é a alternativa correta. Como sabemos, o serviço de fornecimento de energia elétrica consiste em serviço essencial, regido pelo princípio da continuidade da prestação, sendo em regra prestado por ente público ou ente privado delegado do serviço público. Assim, a Lei n. 8.987/95 incide em tal prestação, e, como rege seu art. 6º, § 3º, é possível a interrupção no serviço em situação de emergência ou após aviso prévio, motivada por razões de ordem técnica ou de segurança das instalações, bem como no caso de inadimplemento do usuário. Logo, é possível, mediante aviso prévio, a interrupção em caso de inadimplemento. Mas, quando se trata de suposta fraude no medidor, esta deve ser apurada com procedimento prévio, mediante oportunidade de contraditório ao beneficiário do serviço, não podendo ser apurada de forma unilateral, segundo posição consolidada do STJ. A alternativa "a" é equivocada, já que a Lei n. 8.987/95 admite a possibilidade de interrupção em algumas situações no fornecimento de energia, conforme acima pontuado. A alternativa "c" é errada, já que confunde exatamente as possibilidades de interrupção do serviço, dizendo o contrário quando era possível e permitindo quando não era lícita. A alternativa "d" é errônea, já que é indispensável o aviso prévio no caso de interrupção fundamentada no inadimplemento do consumidor. Por fim, a alternativa "e" erra ao inserir a possível interrupção como matéria de indispensável apreciação pelo Poder Judiciário, não sendo em verdade matéria atinente a cláusula de reserva de jurisdição.

9. "d". Nos termos da Súmula 563 do STJ: "O Código de Defesa do Consumidor é aplicável às entidades abertas de previdência complementar, não incidindo nos contratos previdenciários celebrados com entidades fechadas" (2ª Seção, julgado em 24-2-2016, *DJe* 29-2-2016). A alternativa "a" está errada, pois, conforme visto na parte teórica deste capítulo, na posição majoritária dentro do STJ o serviço público objeto da relação de consumo é apenas aquele individual (*uti singuli*) e remunerado por tarifa (preço público), como ocorre exatamente com o serviço de energia elétrica. A letra "b" erra ao excluir do conceito de produto os bens não duráveis (art. 3º, § 1º, do CDC). A alternativa "c" equivoca-se, pois o serviço objeto da relação de consumo pode ser aquele remunerado direta ou indiretamente pelo consumidor. Por fim, os serviços de natureza bancária, financeira, de crédito e securitária estão expressamente incluídos no art. 3º, § 2º, do CDC, como exemplos de serviços objeto da relação de consumo, por isso o equívoco da assertiva "e".

10. "errado". A correta prestação dos serviços públicos encontra sim guarida no CDC, entre outros no art. 6º, inciso X, que trata dos Direitos Básicos do consumidor.

11. "c". O item I está correto, nos termos das Súmulas 297 e 563. O item V está correto, segundo prevê o art. 26, § 2º, III, do CDC. O item II está errado, pois a habitualidade é que é exigida para caracterizar a pessoa física como fornecedora. O item III equivoca-se, pois a responsabilidade do profissional liberal é subjetiva, nos termos do art. 14, § 4º, do CDC. Os serviços públicos de água e de esgoto são tutelados pelo CDC, por serem remunerados por tarifa, por isso o erro do item IV.

12. "e". Nos termos da Súmula 563 do STJ, que dispõe: "O Código de Defesa do Consumidor é aplicável às entidades abertas de previdência complementar, não incidindo nos contratos previdenciários celebrados com entidades fechadas". Outro julgado paradigmático fundamentador da resposta da questão ora analisada é o REsp 793.422, que está na parte teórica deste Capítulo 3 desde a primeira edição do nosso livro, mais precisamente no item 3.3.

13. "c" nos termos do art. 6º, V, do CDC: a modificação das cláusulas contratuais que estabeleçam prestações desproporcionais ou sua revisão em razão de fatos supervenientes que as tornem excessivamente onerosas; "a" errada, pois em regra a inversão será *ope judicis*, o que não ocorrerá para todos, nos termos do art. 6º, VIII, do CDC; "b" errada na medida em que o art. 6º, VI, do CDC abrange o dano moral e o coletivo também; "d" errada, pois o art. 6º, X, do CDC diz ser direito básico do consumidor a adequada e eficaz prestação dos serviços públicos em geral; "e" também equivocou-se, pois prevê o art. 8º do CDC: "Os produtos e serviços colocados no mercado de consumo não acarretarão riscos à saúde ou segurança dos consumidores, exceto os considerados normais e previsíveis em decorrência de sua natureza e fruição, obrigando-se os fornecedores, em qualquer hipótese, a dar as informações necessárias e adequadas a seu respeito".

4

PRINCÍPIOS E DIREITOS NO CDC

4.1. INTRODUÇÃO

O Código de Defesa do Consumidor possui **três características principais:**

- consiste num **microssistema multidisciplinar**;
- é uma **lei principiológica**;
- alberga em seu conteúdo **normas de ordem pública e de interesse social**.

O estudo deste capítulo requer um aprofundamento da citada segunda característica, pois, sendo o CDC uma lei principiológica, definidora de uma série de princípios capazes de conferir direitos ao vulnerável e de impor obrigações ao fornecedor, imprescindível pontuarmos e estudarmos cada um deles.

Antes de tudo, é necessário **delimitar o conceito de princípio** a ser adotado nesta obra, além de traçar as diferenças básicas em relação **às regras**.

A noção de **princípio para Ronald Dworkin** é emanada muitas vezes de "maneira genérica, para indicar todo esse conjunto de padrões que não são regras".[1] Nessa linha de raciocínio, o renomado autor denomina "'princípio' um padrão que deve ser observado, não porque vá promover ou assegurar uma situação econômica, política ou social considerada desejável, mas porque é uma exigência de justiça ou equidade ou alguma outra dimensão da moralidade".[2]

Dworkin arremata o tema, ensinando que "os princípios desempenham um papel fundamental nos argumentos que sustentam as decisões a respeito de direitos e obrigações jurídicos particulares".[3]

Apesar de a generalidade ser uma marca característica dos princípios, cumpre ressaltar que estes alçaram no mundo moderno ao *status* de norma jurídica, de forma a superar a mera posição axiológica que possuíam em sua origem. Desta forma, destaca-se que no plano da eficácia os princípios ganharam importância quando cotejados com as pontuações primeiras a respeito do instituto.

---

1 DWORKIN, Ronald. *Levando os direitos a sério*. Tradução de Nelson Boeira. 3. ed. São Paulo: Martins Fontes, 2002, p. 36.

2 DWORKIN, Ronald. *Levando os direitos a sério,* p. 36.

3 DWORKIN, Ronald. *Levando os direitos a sério,* p. 36.

É certo que a generalidade estará presente não apenas na definição de princípios, como também na das regras, na medida em que estas são elaboradas para atingir um número indeterminado de atos e fatos. Entretanto, no tocante aos princípios, o grau de generalidade é maior em razão da "série indefinida de aplicações — tipicidade aberta".[4]

Ao tratar do tema, **Robert Alexy** ensina que há "diversos critérios para distinguir regras de princípios. Provavelmente aquele que é utilizado com mais frequência é o da generalidade. Segundo esse critério, princípios são normas com grau de generalidade relativamente alto, enquanto o grau de generalidade das regras é relativamente baixo. Um exemplo de norma de grau de generalidade relativamente alto é a norma que garante a liberdade de crença. De outro lado, uma norma de grau de generalidade relativamente baixo seria a norma que prevê que todo o preso tem o direito de converter outros presos à sua crença. Segundo o critério da generalidade, seria possível pensar em classificar a primeira norma como princípio, e a segunda como regra".[5]

Na visão do autor, existem ainda outros critérios para diferenciar princípios de regras, tais como:[6]

- a determinabilidade dos casos de aplicação;
- o caráter explícito do seu conteúdo axiológico;
- a referência à ideia de direito ou a uma lei jurídica suprema;
- a importância para a ordem jurídica.

Outra visão conceitual de princípio, diferente daquela compartilhada em termos por Dworkin e Alexy, é a defendida por **Celso Antônio Bandeira de Mello** desde o ano de 1971. Para este renomado administrativista, princípio "é, pois, por definição, mandamento nuclear de um sistema, verdadeiro alicerce dele, disposição fundamental que se irradia sobre diferentes normas, compondo-lhes o espírito e servindo de critério para exata compreensão e inteligência delas, exatamente porque define a lógica e a racionalidade do sistema normativo, conferindo-lhe a tônica que lhe dá sentido harmônico".[7]

Seja na toada de norma com grau de generalidade relativamente alto ou de mandamento nuclear, de alicerce do sistema jurídico e de disposição fundamental, iremos desenvolver o capítulo sobre princípios e direitos no CDC da seguinte forma:

---

[4] CAVALIERI FILHO, Sergio. *Programa de direito do consumidor*, p. 33.

[5] ALEXY, Robert. *Teoria dos direitos fundamentais*. São Paulo: Malheiros, 2008, p. 87-88.

[6] ALEXY, Robert. *Teoria dos direitos fundamentais*, p. 88.

[7] BANDEIRA DE MELLO, Celso Antônio. *Curso de direito administrativo*. 27. ed. São Paulo: Malheiros, 2010, p. 53.

- princípios gerais do CDC previstos em seu art. 4º;
- direitos básicos do consumidor estipulados no art. 6º da Lei n. 8.078/90;
- princípios específicos do CDC — em especial aqueles referentes à publicidade e aos contratos de consumo; e
- princípios complementares do CDC — com destaque para os princípios constitucionais afetos às relações de consumo.

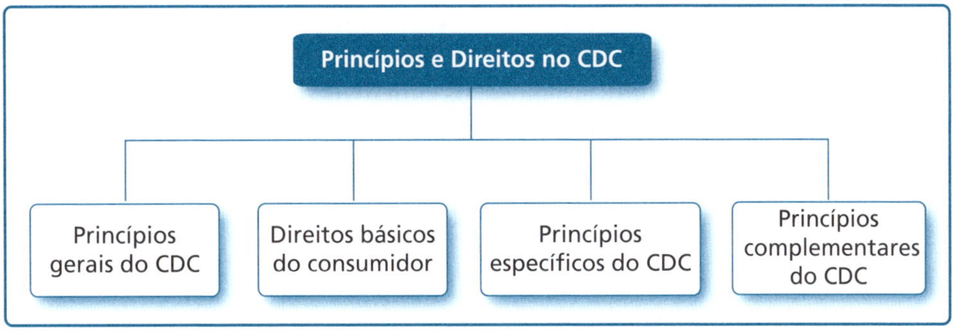

Analisaremos, desta forma, princípios explicitados na Lei n. 8.078/90 e eventuais princípios implícitos que poderão ser identificados no contexto normativo do Diploma Consumerista ou fora dele. Aliás, o *caput* do art. 7º do CDC admite expressamente tal possibilidade ao dispor que: "Os direitos previstos neste código não excluem outros decorrentes de tratados ou convenções internacionais de que o Brasil seja signatário, da legislação interna ordinária, de regulamentos expedidos pelas autoridades administrativas competentes, bem como dos que derivem dos princípios gerais do direito, analogia, costumes e equidade".

■ 4.2. PRINCÍPIOS GERAIS DO CÓDIGO DE DEFESA DO CONSUMIDOR

Os temas princípios gerais do CDC e direitos básicos do consumidor são tratados conjuntamente em diversas oportunidades, sendo determinado instituto — como o direito à informação — ora estudado como princípio, ora como direito dos vulneráveis da relação jurídica de consumo.

Adotaremos nesta obra a divisão topográfica presente no Código de Defesa do Consumidor e trabalharemos inicialmente com os princípios gerais insertos no Diploma Consumerista para, na sequência, voltarmos os holofotes aos direitos básicos do consumidor. Mas reiteramos a informação de que no aspecto semântico cada um dos institutos a seguir analisados poderá perfeitamente enquadrar-se nas definições de princípio ou de direito básico, pois:

- o grau de generalidade de ambos é o mesmo — relativamente alto na visão de Robert Alexy; e

- podem ser considerados vetores do ordenamento jurídico no entendimento de Celso Antônio Bandeira de Mello.

Com efeito, define o **art. 4º** do Código de Defesa do Consumidor os **objetivos da Política Nacional das Relações de Consumo e** prevê os **princípios que devem ser seguidos pelo mercado:** "A Política Nacional das Relações de Consumo tem por objetivo o atendimento das necessidades dos consumidores, o respeito à sua dignidade, saúde e segurança, a proteção de seus interesses econômicos, a melhoria da sua qualidade de vida, bem como a transparência e harmonia das relações de consumo, atendidos os seguintes princípios: (...)".

Desta forma, podemos visualizar **os objetivos da Política Nacional das Relações de Consumo** no seguinte esquema:

Claudia Lima Marques considera o art. 4º do CDC como "uma **norma narrativa**, expressão criada por Erik Jayme para descrever estas **normas renovadoras e abertas, que trazem objetivos e princípios**, e evitar de chamá-las de normas-programa ou normas programáticas, que não tinham eficácia prática e por isso não eram usadas".[8]

As normas narrativas, portanto, exercem o papel de direcionar o intérprete, ao iluminarem todas as outras disposições da lei do consumidor. Daí a importância do artigo em comento para a boa compreensão da tutela do vulnerável da relação.

---

8 BENJAMIN, Antônio Herman de V.; MARQUES, Claudia Lima; BESSA, Leonardo Roscoe. *Manual de direito do consumidor*, p. 65.

Constata-se da leitura do dispositivo supracitado que os objetivos a serem alcançados na regulamentação das relações jurídicas de consumo têm como enfoque principal a tutela da parte mais fraca dessa relação, conferindo direitos a esta e impondo deveres ao fornecedor.

Assim, o princípio da isonomia em seu sentido material é concretizado, pois trata o vulnerável no mercado de consumo de forma desigual com a finalidade única de equipará-lo numa relação jurídica tão díspar.

Nunca é demasiado lembrar que o fornecedor é o detentor do monopólio dos meios de produção. É ele quem dita as regras do mercado, definindo, por exemplo, aquilo que o consumidor irá comprar ou contratar, a forma pela qual se dará esta relação... Ante esse contexto, **merece o vulnerável uma proteção** especificamente voltada para ele, **que poderá ser traduzida:**

- **por meio de uma legislação tutelar** cujo conteúdo está repleto de princípios e direitos básicos;
- **por meio de instrumentos capazes de implementar a aludida proteção**, quer com o auxílio do Estado — direta (exemplo: por meio do PROCON) ou indiretamente (exemplo: incentivando a criação das associações de defesa do consumidor) —, quer pela própria iniciativa do consumidor lesado — individual ou coletivamente.

Em última análise, a proteção do consumidor é ampla e poderá ser efetivada diretamente pelo vulnerável, pelo Estado ou pelas entidades de defesa do consumidor. Tal proteção está bem consubstanciada nos artigos iniciais do CDC, que, na visão de Rizzatto Nunes, seriam suficientes para nortear toda a tutela do vulnerável da relação de consumo.

Para o citado consumerista, "se a Lei n. 8.078/90 se tivesse limitado a seus primeiros sete artigos, ainda assim o consumidor poderia receber uma ampla proteção, pois eles refletem concretamente os princípios constitucionais de proteção ao consumidor e bastaria aos intérpretes compreender seus significados".[9]

Passaremos agora ao estudo dos princípios em espécie.

■ 4.2.1. Princípio da vulnerabilidade

O art. 4º, inciso I, do Código de Defesa do Consumidor identificou como o primeiro princípio da Política Nacional das Relações de Consumo o da Vulnerabilidade, que expressa o "reconhecimento da vulnerabilidade do consumidor no mercado de consumo". O **consumidor** é considerado a **parte mais frágil** da relação jurídica de consumo.

[9] NUNES, Luiz Antonio Rizzatto. *Curso de direito do consumidor*, p. 127.

4.2.1.1. *A justificativa de sua existência*

Coloca-se tal princípio numa posição inaugural da Lei n. 8.078/90, que é considerada uma lei principiológica, e este enquadramento não poderia ser diferente. Com a constatação de que a relação de consumo é extremamente desigual, imprescindível foi buscar instrumentos jurídicos para tentar reequilibrar os negócios firmados entre consumidor e fornecedor, sendo o reconhecimento da presunção de **vulnerabilidade** do consumidor **o princípio norteador da igualdade material entre os sujeitos do mercado de consumo**.

Na tentativa de justificar a existência do princípio da vulnerabilidade no ordenamento jurídico e o tratamento diferenciado que ele propõe, ensina Jorge Miranda que "os direitos são os mesmos para todos; mas, como nem todos se acham em igualdade de condições para os exercer, é preciso que estas condições sejam criadas ou recriadas através da transformação da vida e das estruturas dentro das quais as pessoas se movem (...) mesmo quando a igualdade social se traduz na concessão de certos direitos ou até certas vantagens especificamente a determinadas pessoas — as que se encontram em situações de inferioridade, de carência, de menor proteção — a diferenciação ou a discriminação (positiva) tem em vista alcançar a igualdade e tais direitos ou vantagens configuram-se como instrumentais no rumo para esses fins".[10]

Estamos diante, portanto, de uma norma estruturante que dá a base e o fundamento para todos os demais direitos conferidos aos consumidores-vulneráveis e obrigações impostas aos fornecedores. Sendo, pois, o consumidor a parte mais fraca da relação jurídica, necessita ele de tratamento diferenciado para que possa se relacionar com um mínimo de independência no mercado de consumo — igualdade real, e não apenas perante a lei.

A vulnerabilidade do consumidor pessoa física constitui presunção absoluta no Diploma Consumerista, não necessitando de qualquer comprovação outra para demonstrar o desequilíbrio existente entre consumidor e fornecedor nas relações jurídicas estabelecidas entre si.

No entanto, vale lembrar que no caso de consumidor pessoa jurídica ou profissional — como é o caso, por exemplo, das microempresas e dos profissionais liberais — tal comprovação é pressuposto sem o qual não será possível a utilização das regras tutelares do CDC para alcançar tais pessoas em suas relações de consumo.

4.2.1.2. *Vulnerabilidade vs. hipossuficiência*

Mas se todos os consumidores pessoas físicas são considerados vulneráveis, por que só alguns terão o direito, por exemplo, de gozar da inversão do ônus

[10] MIRANDA, Jorge. *Manual de direito constitucional*. 3. ed. Coimbra: Coimbra Editora, t. IV, p. 225 apud CAVALIERI FILHO, Sergio. *Programa de direito do consumidor*, p. 48.

da prova para facilitar sua defesa em juízo? Porque **vulnerabilidade não é sinônimo de hipossuficiência**.

Apesar de ambos os institutos estarem relacionados com a fraqueza do consumidor perante o fornecedor em suas relações no mercado de consumo, a **vulnerabilidade é fenômeno de direito material — com presunção absoluta — e a hipossuficiência é fenômeno de direito processual — com presunção relativa**.

Desta forma, no plano do direito material, todos os consumidores pessoas físicas são considerados vulneráveis, mas na via processual nem todos são hipossuficientes, devendo a fragilidade ser demonstrada no caso concreto. É o que ocorre com a inversão no ônus da prova.

O art. 6º, inciso VIII, do Código de Defesa do Consumidor, quando se refere à inversão do ônus da prova no processo civil como forma de facilitar a defesa do consumidor em juízo, estabelece que tal benesse ocorrerá quando, a critério do juiz e segundo as regras ordinárias de experiência:

- for verossímil a alegação do consumidor; **ou**
- for este hipossuficiente.

Percebam o instituto da hipossuficiência relacionado com a fragilidade do consumidor a ser demonstrada no caso concreto para só então poder se valer da inversão do ônus da prova. Essa também é a posição que prevalece na melhor doutrina:

BRUNO MIRAGEM	"Neste sentido, é necessário distinguir entre *vulnerabilidade* e *hipossuficiência*, ambas expressões presentes no CDC. No caso da hipossuficiência, presente no art. 6º, VIII, do CDC, a noção aparece como critério de avaliação judicial para a decisão sobre a possibilidade ou não de inversão do ônus da prova em favor do consumidor. (...) A noção de vulnerabilidade no direito associa-se à identificação de fraqueza ou debilidade de um dos sujeitos da relação jurídica em razão de determinadas condições ou qualidades que lhe são inerentes ou, ainda, de uma posição de força que pode ser identificada no outro sujeito da relação jurídica."[11]
ANTÔNIO HERMAN DE VASCONCELLOS E BENJAMIN	"A vulnerabilidade é um traço universal de todos os consumidores, ricos ou pobres, educados ou ignorantes, crédulos ou espertos. Já a hipossuficiência é marca pessoal, limitada a alguns — até mesmo a uma coletividade — mas nunca a todos os consumidores. A utilização, pelo fornecedor, de técnicas mercadológicas que se aproveitem da hipossuficiência do consumidor caracteriza a abusividade da prática. A vulnerabilidade do consumidor justifica a existência do Código. A hipossuficiência, por seu turno, legitima alguns tratamentos diferenciados no interior do próprio Código, como, por exemplo, a previsão de inversão do ônus da prova (art. 6º, VIII)."[12]

[11] MIRAGEM, Bruno. *Curso de direito do consumidor*, p. 66.

[12] GRINOVER, Ada Pellegrini; BENJAMIN, Antônio Herman de V.; FINK, Daniel Roberto; FILOMENO, José Geraldo Brito; NERY JR., Nelson; DENARI, Zelmo. *Código Brasileiro de Defesa do Consumidor*, p. 384.

SERGIO CAVALIERI FILHO	"Hipossuficiência é um agravamento da situação de vulnerabilidade, um *plus*, uma vulnerabilidade qualificada. Além de vulnerável, o consumidor vê-se agravado nessa situação por sua individual condição de carência cultural, material ou ambos. O conceito de hipossuficiência está mais ligado a aspectos processuais. O CDC empregou a expressão *hipossuficiência* só para as hipóteses de inversão do ônus da prova (art. 6º, VIII) a ser determinada pelo juiz em face do caso concreto."[13]

Apesar de a hipossuficiência estar limitada a algumas pessoas, analisaremos, logo mais, que certos grupos, em razão de suas condições consideradas especialíssimas, merecerão um tratamento tutelar de grau máximo por serem considerados os hipervulneráveis. Mas, antes, estudaremos as espécies de vulnerabilidade.

■ *4.2.1.3. Espécies de vulnerabilidade*

A vulnerabilidade do consumidor poderá ser identificada numa das seguintes espécies:

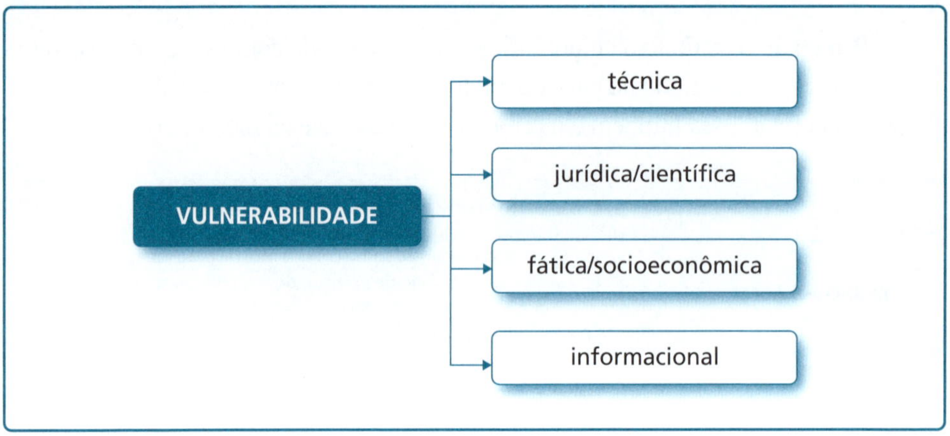

A **vulnerabilidade técnica** consiste na fragilidade do consumidor no tocante à **ausência de conhecimentos técnicos sobre o produto ou o serviço** adquirido/contratado no mercado de consumo. Conforme exaustivamente tratado nos capítulos anteriores, o **fornecedor** é o detentor do monopólio dos meios de produção e é dele o conhecimento a respeito dos bens de consumo produzidos ou vendidos.

Sendo ele o presumido ***expert* da relação**, o conhecedor, por exemplo, da matéria-prima utilizada na confecção de um terno, da espécie de placa-mãe

[13] CAVALIERI FILHO, Sergio. *Programa de direito do consumidor*, p. 47-48.

que integra um computador ou do tipo do agrotóxico utilizado na produção de hortifrutigranjeiros, restou para o outro sujeito — o consumidor — o qualificativo da vulnerabilidade nas questões de ordem técnica. "O que determina a vulnerabilidade, neste caso, é a falta de conhecimentos específicos pelo consumidor e, por outro lado, a presunção ou exigência destes conhecimentos pelo fornecedor."[14]

> **Vulnerabilidade técnica**
> Consumidor é frágil nos conhecimentos técnicos do produto/serviço.

Já a **vulnerabilidade jurídica ou científica** envolve a debilidade do consumidor em relação à **falta do conhecimento sobre a matéria jurídica ou a respeito de outros ramos científicos como da economia ou da contabilidade**. Durante muito tempo esta vulnerabilidade foi classificada de jurídica, como se apenas esta ciência fosse relevante nas transações realizadas no mercado de consumo.

Tal situação se deve à evidente fraqueza do consumidor na apreciação das cláusulas dos contratos de consumo que são, em sua maioria, contratos de adesão, cuja elaboração é realizada exclusivamente pelo fornecedor. A impossibilidade de se discutirem os termos da contratação no contrato-formulário maximiza a vulnerabilidade jurídica do consumidor.

No entanto, é patente a fragilidade do consumidor em outros ramos científicos, como no caso da contratação de crédito bancário e a dificuldade na compreensão das diversas fórmulas utilizadas para a fixação do cálculo dos juros remuneratórios, por exemplo.

Nesse contexto, **tem maior dificuldade em demonstrar a vulnerabilidade jurídica ou científica o consumidor pessoa jurídica ou o profissional**, visto que a presunção nestas hipóteses é exatamente a contrária, ou seja, presume-se que a empresa tenha funcionário com conhecimento científico sobre o produto adquirido ou serviço contratado — é o exemplo do Advogado responsável pelo departamento jurídico —, ou que, ao menos, tenha condições financeiras de contratar um *expert* para auxiliá-la na realização do negócio de consumo.

Tal presunção é relativa e admite prova em contrário, podendo, sim, a pessoa jurídica ou o profissional ser considerados consumidores, conforme visto no subitem "2.2.1.5. A pessoa jurídica como consumidora na jurisprudência do Superior Tribunal de Justiça — teoria finalista atenuada/mitigada/aprofundada".

14 MIRAGEM, Bruno. *Curso de direito do consumidor*, p. 67.

Vulnerabilidade jurídica/científica
Consumidor é frágil nos conhecimentos jurídicos e demais ramos científicos.

Em relação à **vulnerabilidade fática ou socioeconômica**, deparamo-nos geralmente com a fragilidade do consumidor no aspecto econômico. Entretanto, seria esta uma "espécie ampla, que abrange, genericamente, diversas situações concretas de reconhecimento da debilidade do consumidor. A mais comum, neste caso, é a vulnerabilidade econômica do consumidor em relação ao fornecedor".[15]

Trata-se de modalidade aberta de vulnerabilidade capaz de albergar situações outras que no caso concreto identificam a fragilidade de uma das partes, como no caso do consumidor crédulo, o mais humilde, que se deixa levar pela conversa enganosa de um vendedor que afirma ser o melhor presente a joia mais cara daquele estabelecimento.

Nesta hipótese, não necessariamente o preposto da empresa se referiu a questões de ordem técnica afetas ao produto ou jurídica relacionadas ao contrato de consumo, mas ainda assim faticamente o consumidor pode ser considerado a parte mais fraca da relação.

Vulnerabilidade fática/socioeconômica
Consumidor é frágil no aspecto econômico e demais situações fáticas.

Para alguns autores, existe ainda mais um tipo de **vulnerabilidade, a informacional**.[16] Referem-se basicamente à **importância das informações a respeito dos bens de consumo e sobre sua influência cada vez maior no poder de persuadir o consumidor no momento de escolher** o que comprar ou contratar no mercado consumidor.

Outra parcela da doutrina defende que seria uma subespécie da fragilidade fática a vulnerabilidade informacional, na qual a "característica da atual sociedade, conhecida como sociedade da informação, em que o acesso às informações do produto, e a confiança despertada em razão da comunicação e da publicidade, colocam o consumidor em uma posição passiva e sem condições, *a priori,* de atestar a veracidade dos dados, bem como suscetível aos apelos do *marketing* dos fornecedores".[17]

Em nossa visão, quer a vulnerabilidade informacional seja considerada como modalidade autônoma de vulnerabilidade, quer como subespécie da vulne-

[15] MIRAGEM, Bruno. *Curso de direito do consumidor*, p. 68.

[16] MARQUES, Claudia Lima. *Contratos no Código de Defesa do Consumidor:* o novo regime das relações contratuais, p. 330.

[17] MIRAGEM, Bruno. *Curso de direito do consumidor*, p. 68.

rabilidade fática ou até mesmo da técnica, o importante é deixar bem clara a sua relevância no mundo contemporâneo, em que o consumidor é constantemente persuadido em sua liberdade de opinião pelas técnicas agressivas da oferta e por ser o fornecedor o manipulador e conhecedor dessas informações, evidenciando uma relação completamente díspar e merecedora da proteção do mais frágil também no aspecto da informação.

Vulnerabilidade informacional
Consumidor é frágil em relação às informações veiculadas do produto/serviço.

4.2.1.4. *A hipervulnerabilidade*

A doutrina[18] e a jurisprudência[19] pátrias vêm reconhecendo que determinado grupo de consumidor, em razão do alto nível de fragilidade em que se encontra no mercado de consumo, é merecedor de maiores cuidados em relação aos demais consumidores em geral.[20]

Isto é, se já existe uma presunção legal de que os consumidores não profissionais são os vulneráveis da relação jurídica de consumo, foi identificada mais recentemente uma nova categoria de pessoas que se encontram na condição de **hipervulneráveis**, ou seja, aqueles cuja **fragilidade se apresenta em maior grau de relevância ou de forma agravada**.

É o caso dos consumidores personificados nas gestantes, nas crianças, nos idosos, nos enfermos, nos portadores de necessidades especiais, nos analfabetos, dentre outros. Realmente, se pararmos para analisar, existem consumidores mais vulneráveis que outros, tais como:

- **a gestante e os portadores de necessidades especiais** e a impossibilidade física de se dirigirem a um caixa preferencial no segundo andar de uma agência bancária cujo acesso se dá apenas por escadas;

[18] MARQUES, Claudia Lima. *Contratos no Código de Defesa do Consumidor:* o novo regime das relações contratuais, p. 330.

[19] STJ, REsp 586.316/MG, j. 17-4-2007, Ministro Herman Benjamin.

[20] O próprio Estatuto do Idoso, Lei n. 10.741, teve redação alterada em alguns dos seus dispositivos por força da Lei n. 13.466, de 2017, para reconhecer tratamento mais que diferenciado aos idosos com idade acima de 80 anos. Vejamos: Art. 3º, § 2º "Dentre os idosos, é assegurada prioridade especial aos maiores de oitenta anos, atendendo-se suas necessidades sempre preferencialmente em relação aos demais idosos" (Incluído pela Lei n. 13.466, de 2017); (...) Art. 15, § 7º "Em todo atendimento de saúde, os maiores de oitenta anos terão preferência especial sobre os demais idosos, exceto em caso de emergência" (Incluído pela Lei n. 13.466, de 2017); Art. 71, § 5º "Dentre os processos de idosos, dar-se-á prioridade especial aos maiores de oitenta anos" (Incluído pela Lei n. 13.466, de 2017).

- **a criança** e a questão da publicidade voltada para o público infantil que merece maiores cuidados em razão da sua deficiência de julgamento, cuja maturidade intelectual ainda está em formação;
- **o idoso** e os tentadores serviços de crédito consignado em folha de pagamento de aposentadoria ou os aumentos estratosféricos nos valores dos planos de seguro-saúde envolvendo a mudança de faixa etária;
- **os doentes** e as inúmeras práticas abusivas, como a limitação do tempo de internação.

Conforme dito, **a jurisprudência também vem reconhecendo a figura do hipervulnerável** e conferindo maior proteção a todos aqueles que se enquadrarem em tal conceito, em razão da relevante situação de fragilidade em que se encontram. Vejamos:

> DIREITO DO CONSUMIDOR. ADMINISTRATIVO. NORMAS DE PROTEÇÃO E DEFESA DO CONSUMIDOR. ORDEM PÚBLICA E INTERESSE SOCIAL. PRINCÍPIO DA VULNERABILIDADE DO CONSUMIDOR. PRINCÍPIO DA TRANSPARÊNCIA. PRINCÍPIO DA BOA-FÉ OBJETIVA. PRINCÍPIO DA CONFIANÇA. OBRIGAÇÃO DE SEGURANÇA. DIREITO À INFORMAÇÃO. DEVER POSITIVO DO FORNECEDOR DE INFORMAR, ADEQUADA E CLARAMENTE, SOBRE RISCOS DE PRODUTOS E SERVIÇOS. DISTINÇÃO ENTRE INFORMAÇÃO-CONTEÚDO E INFORMAÇÃO-ADVERTÊNCIA. ROTULAGEM. **PROTEÇÃO DE CONSUMIDORES HIPERVULNERÁVEIS.** CAMPO DE APLICAÇÃO DA LEI DO GLÚTEN (LEI 8.543/92 AB-ROGADA PELA LEI 10.674/2003) E EVENTUAL ANTINOMIA COM O ART. 31 DO CÓDIGO DE DEFESA DO CONSUMIDOR. MANDADO DE SEGURANÇA PREVENTIVO. JUSTO RECEIO DA IMPETRANTE DE OFENSA À SUA LIVRE-INICIATIVA E À COMERCIALIZAÇÃO DE SEUS PRODUTOS. SANÇÕES ADMINISTRATIVAS POR DEIXAR DE ADVERTIR SOBRE OS RISCOS DO GLÚTEN AOS DOENTES CELÍACOS. INEXISTÊNCIA DE DIREITO LÍQUIDO E CERTO. DENEGAÇÃO DA SEGURANÇA.
>
> (...)
>
> 17. No campo da saúde e da segurança do consumidor (e com maior razão quanto a alimentos e medicamentos), em que as normas de proteção devem ser interpretadas com maior rigor, por conta dos bens jurídicos em questão, seria um despropósito falar em dever de informar baseado no *homo medius* ou na generalidade dos consumidores, o que levaria a informação a não atingir quem mais dela precisa, pois os que padecem de enfermidades ou de necessidades especiais são frequentemente a minoria no amplo universo dos consumidores. 18. **Ao Estado Social importam não apenas os vulneráveis, mas sobretudo os hipervulneráveis, pois são esses que, exatamente por serem minoritários e amiúde discriminados ou ignorados, mais sofrem com a massificação do consumo e a "pasteurização" das diferenças que caracterizam e enriquecem a sociedade moder-**

na. 19. Ser diferente ou minoria, por doença ou qualquer outra razão, não é ser menos consumidor, nem menos cidadão, tampouco merecer direitos de segunda classe ou proteção apenas retórica do legislador. 20. O fornecedor tem o dever de informar que o produto ou serviço pode causar malefícios a um grupo de pessoas, embora não seja prejudicial à generalidade da população, pois o que o ordenamento pretende resguardar não é somente a vida de muitos, mas também a vida de poucos. 21. Existência de lacuna na Lei 10.674/2003, que tratou apenas da informação-conteúdo, o que leva à aplicação do art. 31 do CDC, em processo de integração jurídica, de forma a obrigar o fornecedor a estabelecer e divulgar, clara e inequivocamente, a conexão entre a presença de glúten e os doentes celíacos. 22. Recurso Especial parcialmente conhecido e, nessa parte, provido (REsp 586.316/MG, Rel. Ministro Herman Benjamin, 2ª T., *DJe* 19-3-2009).[21]

---

[21] Nesse sentido, entendeu o Superior Tribunal de Justiça, no julgamento do EREsp 1.515.895/MS, que o fornecedor de alimentos deve complementar a informação-conteúdo "contém glúten" com a informação-advertência de que o glúten é prejudicial à saúde dos consumidores com doença celíaca:

"PROCESSO CIVIL. PROCESSO COLETIVO. DIREITO DO CONSUMIDOR. AÇÃO COLETIVA. DIREITO À INFORMAÇÃO. DEVER DE INFORMAR. ROTULAGEM DE PRODUTOS ALIMENTÍCIOS. PRESENÇA DE GLÚTEN. PREJUÍZOS À SAÚDE DOS DOENTES CELÍACOS. INSUFICIÊNCIA DA INFORMAÇÃO-CONTEÚDO 'CONTÉM GLÚTEN'. NECESSIDADE DE COMPLEMENTAÇÃO COM A INFORMAÇÃO-ADVERTÊNCIA SOBRE OS RISCOS DO GLÚTEN À SAÚDE DOS DOENTES CELÍACOS. INTEGRAÇÃO ENTRE A LEI DO GLÚTEN (LEI ESPECIAL) E O CÓDIGO DE DEFESA DO CONSUMIDOR (LEI GERAL). **1. Cuida-se de divergência entre dois julgados desta Corte: o acórdão embargado da Terceira Turma que entendeu ser suficiente a informação 'contém glúten' ou 'não contém glúten', para alertar os consumidores celíacos afetados pela referida proteína; e o paradigma da Segunda Turma, que entendeu não ser suficiente a informação 'contém glúten', a qual deve ser complementada com a advertência sobre o prejuízo do glúten à saúde dos doentes celíacos.** 2. O CDC traz, entre os direitos básicos do consumidor, a 'informação adequada e clara sobre os diferentes produtos e serviços, com especificação correta de quantidade, características, composição, qualidade e preço, bem como sobre os riscos que apresentam'' (art. 6º, inciso III). 3. Ainda de acordo com o CDC, 'a oferta e a apresentação de produtos ou serviços devem assegurar informações corretas, claras, precisas, ostensivas e em língua portuguesa sobre suas características, qualidades, quantidade, composição, preço, garantia, prazos de validade e origem, entre outros dados, bem como sobre os riscos que apresentam à saúde e segurança dos consumidores' (art. 31). 4. O art. 1º da Lei n. 10.674/2003 (Lei do Glúten) estabelece que os alimentos industrializados devem trazer em seu rótulo e bula, conforme o caso, a informação 'não contém glúten' ou 'contém glúten', isso é, apenas a informação-conteúdo. Entretanto, a superveniência da Lei n. 10.674/2003 não esvazia o comando do art. 31, *caput*, do CDC (Lei n. 8.078/1990), que determina que o fornecedor de produtos ou serviços deve informar 'sobre os riscos que apresentam à saúde e segurança dos consumidores', ou seja, a informação-advertência. 5. Para que a informação seja correta, clara e precisa, torna-se necessária a integração entre a Lei do Glúten (lei especial) e o CDC (lei geral), pois, no fornecimento de alimentos e medicamentos, ainda mais a consumidores hipervulneráveis, não se pode contentar com o standard mínimo, e sim com o standard mais completo possível. **6. O fornecedor de alimentos deve complementar a informação-conteúdo 'contém glúten' com a informação-advertência de que o glúten é prejudicial à saúde dos consumidores com doença celíaca. Embargos de divergência providos para prevalecer a tese do acórdão paradigma no sentido de que a informação-conteúdo 'con-**

No julgado *infra*, o Superior Tribunal de Justiça reconheceu de forma excepcional[22] a viabilidade do dano moral coletivo num contexto em que uma agência bancária instalou caixa preferencial no segundo andar de seu estabelecimento, cujo acesso somente pode ser realizado por meio de escadas.

Apesar de não ter menção expressa aos hipervulneráveis, foram eles os tutelados com esse paradigma jurisprudencial, pois o fundamento principal do *decisum* foi a ausência de razoabilidade em exigir que pessoas com dificuldade de locomoção sejam obrigadas a subir vinte e três degraus para receber o atendimento "preferencial".

> RECURSO ESPECIAL — DANO MORAL COLETIVO — CABIMENTO — ARTIGO 6º, VI, DO CÓDIGO DE DEFESA DO CONSUMIDOR — REQUISITOS — RAZOÁVEL SIGNIFICÂNCIA E REPULSA SOCIAL — OCORRÊNCIA, NA ESPÉCIE — **CONSUMIDORES COM DIFICULDADE DE LOCOMOÇÃO — EXIGÊNCIA DE SUBIR LANCES DE ESCADAS PARA ATENDIMENTO — MEDIDA DESPROPORCIONAL E DESGASTANTE** — INDENIZAÇÃO — FIXAÇÃO PROPORCIONAL — DIVERGÊNCIA JURISPRUDENCIAL — AUSÊNCIA DE DEMONSTRAÇÃO — RECURSO ESPECIAL IMPROVIDO. I — A dicção do artigo 6º, VI, do Código de Defesa do Consumidor é clara ao possibilitar o cabimento de indenização por danos morais aos consumidores, tanto de ordem individual quanto coletivamente. II — Todavia, não é qualquer atentado aos interesses dos consumidores que pode acarretar dano moral difuso. É preciso que o fato transgressor seja de razoável significância e desborde os limites da tolerabilidade. Ele deve ser grave o suficiente para produzir verdadeiros sofrimentos, intranquilidade social e alterações relevantes na ordem extrapatrimonial coletiva. Ocorrência, na espécie. III — **Não é razoável submeter aqueles que já possuem dificuldades de locomoção, seja pela idade, seja por deficiência física, ou por causa transitória, à situação desgastante de subir lances de escadas, exatos 23 degraus, em agência bancária que possui plena capacidade e condições de propiciar melhor forma de atendimento a**

têm glúten' é, por si só, insuficiente para informar os consumidores sobre o prejuízo que o alimento com glúten acarreta à saúde dos doentes celíacos, tornando-se necessária a integração com a informação-advertência correta, clara, precisa, ostensiva e em vernáculo: 'CONTÉM GLÚTEN: O GLÚTEN É PREJUDICIAL À SAÚDE DOS DOENTES CELÍACOS'" (EREsp 1.515.895/MS, Rel. Ministro Humberto Martins, Corte Especial, *DJe* 27-9-2017).

[22] Realmente, não é costume do STJ o reconhecimento de dano moral coletivo. Nesse sentido, entendeu o Superior Tribunal de Justiça: "Assim, por violação a direitos transindividuais, é cabível, em tese, a condenação por dano moral coletivo como categoria autônoma de dano, a qual não se relaciona necessariamente com aqueles tradicionais atributos da pessoa humana (dor, sofrimento ou abalo psíquico). Porém, na hipótese em julgamento, não se vislumbram danos coletivos, difusos ou sociais. Da ilegalidade constatada nos contratos de consumo não decorreram consequências lesivas além daquelas experimentadas por quem, concretamente, teve o tratamento embaraçado ou por aquele que desembolsou os valores ilicitamente sonegados pelo plano" (REsp 1.293.606/MG, Rel. Ministro Luis Felipe Salomão, 4ª T., *DJe* 26-9-2014).

> **tais consumidores**. IV — Indenização moral coletiva fixada de forma proporcional e razoável ao dano, no importe de R$ 50.000,00 (cinquenta mil reais). V — Impõe-se reconhecer que não se admite recurso especial pela alínea "c" quando ausente a demonstração, pelo recorrente, das circunstâncias que identifiquem os casos confrontados. VI — Recurso especial improvido (REsp 1.221.756/RJ, Rel. Ministro Massami Uyeda, 3ª T., *DJe* 10-2-2012).[23]

De fato, o princípio da vulnerabilidade do consumidor norteará toda a Política Nacional das Relações de Consumo, na medida em que identifica quem é o sujeito mais fraco da relação — o consumidor — e a ele confere um sistema tutelar cujo único propósito é reequilibrar uma relação jurídica tão desigual como é a de consumo.

4.2.2. Princípio da intervenção estatal

No estudo da evolução histórica do Direito do Consumidor realizado neste livro, constatou-se a necessidade da edição de leis específicas para disciplinar o tema, em razão da ineficácia do Direito Civil clássico no tocante à tutela desse novo modelo de relação jurídica — a de consumo. Concluiu-se, na oportunidade, que o **Estado precisaria intervir no mercado consumidor** com o **objetivo de proteger a parte mais vulnerável da respectiva relação jurídica**. Tal intervenção deu-se pelo:

- **Estado-Legislador**, que edita leis de defesa do consumidor.
- **Estado-Julgador**, que dirime conflitos de interesses envolvendo os sujeitos da relação de consumo — consumidor e fornecedor.
- **Estado-Administrador**, que implementa *in concreto*, direta ou indiretamente, a tutela do consumidor vulnerável.

Assim, o "princípio da intervenção do Estado resulta do reconhecimento da necessidade da atuação do Estado na defesa do consumidor. A Constituição

[23] O STJ também reconheceu o dano moral coletivo no seguinte caso: "(...) 11. A prática de venda casada por parte de operadora de telefonia é capaz de romper com os limites da tolerância. No momento em que oferece ao consumidor produto com significativas vantagens — no caso, o comércio de linha telefônica com valores mais interessantes do que a de seus concorrentes — e de outro, impõe-lhe a obrigação de aquisição de um aparelho telefônico por ela comercializado, realiza prática comercial apta a causar sensação de repulsa coletiva a ato intolerável, tanto intolerável que encontra proibição expressa em lei. 12. Afastar, da espécie, o dano moral difuso, é fazer tábula rasa da proibição elencada no art. 39, I, do CDC e, por via reflexa, legitimar práticas comerciais que afrontem os mais basilares direitos do consumidor" (REsp 1.397.870/MG, Rel. Ministro Mauro Campbell Marques, 2ª T., *DJe* 10-12-2014).

brasileira, ao consagrar o direito do consumidor como direito fundamental, o faz impondo ao Estado o dever de defesa deste direito".[24]

Em cumprimento ao mandamento constitucional insculpido no art. 5º, inciso XXXII, a **Lei n. 8.078/90** definiu em seu **art. 4º, inciso II**, como **Princípio** da Política Nacional das Relações de Consumo a **"ação governamental no sentido de proteger efetivamente o consumidor"**. Percebam a necessidade de uma **proteção efetiva do vulnerável** da relação de consumo, segundo muito bem pontuado pelo legislador. E tal efetividade tutelar será alcançada pelo Estado da seguinte forma:

- por iniciativa direta;
- por meio de incentivos à criação e desenvolvimento de associações representativas;
- pela sua presença no mercado de consumo;
- pela garantia de qualidade, segurança, durabilidade e desempenho dos produtos e serviços;
- pelo estudo constante das modificações do mercado de consumo.

■ 4.2.2.1. *Intervenção estatal por iniciativa direta*

O art. 4º, inciso II, alínea *a*, do CDC trata da **intervenção estatal "por iniciativa direta"**. É o que ocorre, por exemplo, com a instituição dos **PROCONs** pelo Brasil. O PROCON, no Estado de São Paulo, passou a ser uma fundação de Direito Público por força da Lei Estadual n. 9.192, de 23-11-1995. As fundações com personalidade de Direito Público são equiparadas às autarquias pelo entendimento do STF, fator que conferiu maior autonomia no desempenho de suas funções de defesa do consumidor.

Portanto, no Estado de São Paulo, a Fundação de Proteção e Defesa do Consumidor — PROCON possui personalidade jurídica de Direito Público e está vinculada à Secretaria de Estado da Justiça e da Defesa da Cidadania.

Igualmente, destaca-se o belo trabalho realizado nos PROCONs de diversos Estados e Municípios da federação, ainda que na condição de órgãos públicos e, portanto, sem personalidade jurídica, demonstrando a efetiva preocupação estatal na defesa direta dos consumidores de todo o país.

■ 4.2.2.2. *Intervenção estatal por meio de incentivos à criação e desenvolvimento de associações representativas*

Dispõe o **art. 4º, inciso II, alínea *b*, da Lei n. 8.078/90** uma forma de **intervenção estatal indireta** por meio de **"incentivos à criação e desenvolvimen-**

[24] MIRAGEM, Bruno. *Curso de direito do consumidor*, p. 80.

to de associações representativas". Podemos citar como exemplos de entidades representativas:

- **a ADECON** (Associação de Defesa do Consumidor), do Rio Grande do Sul;
- **o IDEC** (Instituto Brasileiro de Defesa do Consumidor), sediado em São Paulo; e
- **o BRASILCON** (Instituto Brasileiro de Política e Direito do Consumidor), com sede na capital federal, Brasília/DF.

Destaca-se que o Estado-Legislador por meio do Código de Defesa do Consumidor previu em seu art. 87 uma **boa forma de incentivar** a atuação das **entidades representativas** do consumidor ao estabelecer que: "Nas ações coletivas de que trata este código **não haverá adiantamento de custas, emolumentos, honorários periciais e quaisquer outras despesas, nem condenação da associação autora, salvo comprovada má-fé**, em honorários de advogados, custas e despesas processuais".

4.2.2.3. *Intervenção estatal pela sua presença no mercado de consumo*

Prevê o **art. 4º, inciso II, alínea *c*, do CDC** a forma de **intervenção direta** representada "pela presença do Estado no mercado de consumo".

Observação pertinente sobre o tema foi emanada por José Geraldo Brito Filomeno, para quem a "proclamada **presença do Estado no mercado de consumo** (alínea *c* do inciso II do art. 4º), obviamente, dependerá da ideologia que move a ordem econômica do país. Como **hoje se pratica a desestatização, ou privatização da economia**, ou seja, com a reserva, para o Estado, apenas das atividades que digam respeito ao bem comum (ou seja, no campo político, a manutenção da ordem e segurança internas, pela manutenção das forças policiais, e na ordem externa pelas forças armadas; no campo jurídico, pela busca do Estado de Direito, mediante a criação, execução e aplicação das normas jurídicas; e no campo social, propiciando-se educação, saúde, saneamento básico, lazer etc.)". [25]

E o autor finaliza seu raciocínio observando que "**essa presença, nas relações de consumo, se faz mediante a regulação, disciplina e fiscalização, sobretudo no que tange aos chamados serviços públicos concedidos ou permitidos**, como se viu noutro passo, à luz do art. 175 da Constituição Federal".[26]

---

[25] FILOMENO, José Geraldo Brito. *Manual de direitos do consumidor*, p. 13.

[26] FILOMENO, José Geraldo Brito. *Manual de direitos do consumidor*, p. 13.

Nesse modelo de **Administração Gerencial**, a presença estatal no mercado consumidor acaba se fazendo evidenciada pelo **importante papel das Agências Reguladoras**, que possuem, dentre outros objetivos,[27] o de fiscalizar a prestação de serviços públicos delegados à execução de particular, como ocorre com a ANATEL (Agência Nacional de Telecomunicações), com a ANEEL (Agência Nacional de Energia Elétrica) e com a ANS (Agência Nacional de Saúde).[28]

Por outro lado, nunca é demais lembrar que o próprio texto do art. 173 da **Constituição Federal admite de forma excepcional a exploração direta de atividade econômica pelo Estado**, por intermédio de suas empresas estatais — empresas públicas, sociedades de economia mista e subsidiárias —, quando necessária aos imperativos da segurança nacional ou a relevante interesse coletivo. Trata-se, sem dúvidas, de mais uma forma de intervenção Estatal no mercado de consumo.

Ainda consoante previsão constitucional, mais precisamente nos termos do art. 170 da CF, cabe ao Estado propiciar a livre concorrência sem deixar de lado a defesa do consumidor (incisos IV e V), intervindo no mercado apenas em casos de abuso do poder econômico ou para suprir lacunas da iniciativa privada.

Com efeito, o Governo Federal criou a Secretaria Nacional do Consumidor, órgão do Ministério da Justiça, com competência para coordenar a política do Sistema Nacional de Defesa do Consumidor (art. 3º do Decreto n. 2.181/97, com redação dada pelo Decreto n. 7.738, de 2012).

Sobre o tema, encontramos o Sistema Alternativo de Solução de Conflitos de Consumo criado pelo **Decreto n. 8.573, de 19 de novembro de 2015**, em que a Secretaria Nacional do Consumidor — Senacon do Ministério da Justiça prestará o apoio administrativo e os meios necessários para o funcionamento do Consumidor.gov.br. Dispõe art. 1º do aludido decreto: "Este Decreto dispõe sobre o Consumidor.gov.br, **sistema alternativo de solução de conflitos de consumo, de natureza gratuita e alcance nacional, na forma de sítio na internet, com a finalidade de estimular a autocomposição entre consumidores e fornecedores para solução de demandas de consumo". São objetivos do Consumidor.gov.br: I — ampliar o atendimento ao consumidor; II — prevenir condutas que vio-**

---

27 Sobre o tema Agências Reguladoras, cumpre ressaltar que são autarquias em regime especial e que seus objetivos não se resumem à fiscalização dos serviços públicos prestados por particulares. Existem Agências Reguladoras com outras finalidades institucionais, tais como: (i) regulamentar a exploração de monopólios públicos como a ANP (Agência Nacional do Petróleo); (ii) regulamentar a exploração da atividade econômica privada como a ANVISA (Agência Nacional de Vigilância Sanitária) e a ANS (Agência Nacional de Saúde Suplementar); (iii) regulamentar a exploração de bens públicos, como a ANA (Agência Nacional de Águas).

28 Foi o que ocorreu, por exemplo, quando a ANS proibiu 28 operadoras de vender 225 planos de saúde no início do ano de 2013.

lem os direitos do consumidor; III — promover a transparência nas relações de consumo; IV — contribuir na elaboração e implementação de políticas públicas de defesa do consumidor; V — estimular a harmonização das relações entre consumidores e fornecedores; e VI — incentivar a competitividade por meio da melhoria da qualidade do atendimento ao consumidor (art. 2º).

■ 4.2.2.4. *Intervenção estatal pela garantia de qualidade, segurança, durabilidade e desempenho dos produtos e serviços*

O **art. 4º, inciso II, alínea *d*, do Diploma Consumerista** estabelece a forma de **intervenção Estatal direta** "pela garantia dos produtos e serviços com padrões adequados de qualidade, segurança, durabilidade e desempenho".

Estudaremos no momento oportuno a garantia legal prevista no art. 24 do CDC, porém adiantamos desde logo tratar-se de **garantia de adequação dos produtos e serviços** fornecidos no mercado de consumo **às finalidades esperadas pelos consumidores**.

Assim, criada uma expectativa legítima no público consumidor por meio de uma oferta veiculada em âmbito nacional, por exemplo, imprescindível o produto atender às finalidades anunciadas.

Sobre o tema das garantias de qualidade, segurança, durabilidade e desempenho dos produtos e serviços disponibilizados no mercado de consumo, destacam-se:

- **O SINMETRO** — Sistema Nacional de Metrologia, Normalização e Qualidade Industrial —, com a finalidade de formular e executar a política nacional de metrologia, normalização industrial e certificação de qualidade de produtos industriais (art. 1º da Lei n. 5.966/73).
- **O CONMETRO** — Conselho Nacional de Metrologia, Normalização e Qualidade Industrial — é órgão normativo do Sistema Nacional de Metrologia, Normalização e Qualidade Industrial.
- **O INMETRO** — Instituto Nacional de Metrologia, Qualidade e Tecnologia — é autarquia federal vinculada ao Ministério do Desenvolvimento, Indústria e Comércio Exterior, com personalidade jurídica e patrimônio próprios (art. 4º da Lei n. 5.966/73, com redação dada pela Lei n. 12.545, de 2011).

Destaca a doutrina que a "**missão desse sistema é de fundamental importância**, não apenas no que diz respeito à **segurança e atendimento das necessidades e expectativas dos consumidores**, como também no que tange à **competitividade de nossos produtos no mercado externo**".[29]

[29] GRINOVER, Ada Pellegrini; BENJAMIN, Antônio Herman de V.; FINK, Daniel Roberto; FILOMENO, José Geraldo Brito; NERY JR., Nelson; DENARI, Zelmo. *Código Brasileiro de Defesa do Consumidor,* p. 78-79.

De fato, nunca se ouviu falar tanto no certificado ISO — *International for Standardization Organization* — como na atualidade. Tal contexto demonstra a preocupação dos fornecedores, bem como dos consumidores, na produção e aquisição/contratação, respectivamente, de bens e serviços de qualidade e com segurança.

■ 4.2.2.5. Intervenção estatal por meio do estudo constante das modificações do mercado de consumo

Dispõe o **art. 4º, inciso VIII**, do Código de Defesa do Consumidor a **intervenção Estatal** representada no **"estudo constante das modificações do mercado de consumo"**.

Apesar de o dispositivo não integrar o inciso II, que trata da ação governamental no sentido de proteger efetivamente o consumidor, entendemos ser atribuição do Estado ficar atento às alterações ocorridas no mercado, bem como emitir a resposta respectiva e imediata a tais modificações com o intuito de preservar a marca tutelar das políticas de defesa do consumidor.

Evidente modificação ocorrida no mercado de consumo nos últimos tempos refere-se ao crescimento das operações realizadas pelo meio eletrônico. As compras e contratações celebradas pela internet estão cada vez mais introduzidas no cotidiano das relações de consumo, fato que despertou a atenção do Estado.

Cite-se, ainda, o **"banco de dados positivo"**, regulamentado pela Lei n. 12.414/2011, que disciplinou a formação e a consulta a bancos de dados com informações de adimplemento, de pessoas naturais ou de pessoas jurídicas, para formação de histórico de crédito. Aqui o objetivo Estatal foi criar o polêmico banco de dados dos considerados "bons consumidores", assim entendidos aqueles que cumprem em dia com o pagamento de suas dívidas oriundas das relações de consumo.

■ 4.2.2.6. Instrumentos para o Estado implementar a Política Nacional de Consumo

Prevê o **art. 5º do CDC os instrumentos** para a realização pelo Estado **da Política Nacional das Relações de Consumo** e, consequentemente, para o cumprimento dos seus objetivos e princípios. *In verbis*:

> Art. 5º Para a execução da Política Nacional das Relações de Consumo, contará o poder público com os seguintes instrumentos, entre outros:
>
> I — manutenção de assistência jurídica, integral e gratuita para o consumidor carente;
>
> II — instituição de Promotorias de Justiça de Defesa do Consumidor, no âmbito do Ministério Público;
>
> III — criação de delegacias de polícia especializadas no atendimento de consumidores vítimas de infrações penais de consumo;

> IV — criação de Juizados Especiais de Pequenas Causas e Varas Especializadas para a solução de litígios de consumo;
>
> V — concessão de estímulos à criação e desenvolvimento das Associações de Defesa do Consumidor.[30]

A experiência nos tem mostrado que a **criação de varas judiciais especializadas na disciplina Direito do Consumidor**, assim como já vem ocorrendo com as Promotorias e Defensorias de Defesa do Consumidor, facilita o trabalho dos operadores do Direito que militam nessa área, na medida em que exige dos Magistrados o conhecimento específico dessa sistemática toda que é diferenciada e envolve, em última análise, a tutela do vulnerável da relação jurídica de consumo.

■ 4.2.3. Princípio da harmonia nas relações de consumo

Dispõe o Código do Consumidor em seu **art. 4º, inciso III**, sobre o **princípio da harmonia**, também denominado **princípio da "harmonização** dos interesses dos participantes das relações de consumo e compatibilização da proteção do consumidor com a necessidade de desenvolvimento econômico e tecnológico, de modo a viabilizar os princípios nos quais se funda a ordem econômica (art. 170, da Constituição Federal), sempre com base na boa-fé e equilíbrio nas relações entre consumidores e fornecedores".

O princípio da harmonia/harmonização nos termos do citado dispositivo legal apresenta **dois objetivos** a serem alcançados:

- compatibilização dos interesses dos participantes das relações de consumo;
- compatibilização da proteção do consumidor com a necessidade de desenvolvimento econômico e tecnológico.

---

[30] Sobre o tema, vale lembrar posicionamento do STJ e do STF no sentido de que as associações de defesa do consumidor não possuem legitimidade para defender contribuintes em matéria tributária. Vejamos: "PROCESSUAL CIVIL. TRIBUTÁRIO. ASSOCIAÇÃO DE CONSUMIDORES. AÇÃO CIVIL PÚBLICA. REPETIÇÃO DE INDÉBITO. VIA INADEQUADA. PRECEDENTES. SÚMULA 83/STJ. 1. A jurisprudência do STJ e a do STF firmaram-se no sentido da inviabilidade da Ação Civil Pública em matéria tributária, mesmo nas demandas anteriores à MP n. 2.180-35/2001. 2. Precedentes desta Corte: REsp 840.752/PR, Rel. Min. Herman Benjamin, 2ª Turma, julgado em 28.9.2010, *DJe* 2.2.2011; EREsp 505.303/SC, Rel. Min. Humberto Martins, Primeira Seção, julgado em 11.6.2008, *DJe* 18.8.2008; AgRg no REsp 969.087/ES, Rel. Min. Castro Meira, 2ª Turma, julgado em 18.12.2008, *DJe* 9.2.2009; AgRg no REsp 757.608/DF, Rel. Min. Mauro Campbell Marques, 2ª Turma, julgado em 6.8.2009, *DJe* 19.8.2009. **3. A associação de defesa do consumidor não tem legitimidade para propor ação civil pública na defesa de contribuintes.** Agravo regimental improvido" (AgRg no AREsp 247.753/SP, Rel. Ministro Humberto Martins, 2ª T., *DJe* 17-12-2012).

Objetivos — Princípio da harmonia
- compatibilizar os interesses dos participantes das relações de consumo
- compatibilizar tutela e desenvolvimento econômico/tecnológico

A respeito do segundo objetivo do princípio da harmonia, não podemos aceitar que a defesa do vulnerável da relação de consumo seja capaz de obstar o desenvolvimento tecnológico ou científico.

No entanto, tal progresso deverá ser feito de maneira harmoniosa a ponto de satisfazer ambos os interesses citados. Aliás, essa foi a intenção do legislador ordinário ao inserir no CDC dispositivos que não reconhecem o defeito do bem de consumo quando for colocado no mercado outro produto de melhor qualidade ou quando o serviço for prestado com a adoção de novas técnicas.

Já o **primeiro objetivo** do princípio em comento está relacionado com a **igualdade substancial das partes**, na medida em que suas normas não se limitaram à busca de uma igualdade perante a lei, mas sim de conferir direitos aos mais frágeis da relação, bem como de impor deveres aos fornecedores com o propósito maior de concretizar a isonomia material.

Assim, a conclusão a que se chega é que **o Código de Defesa do Consumidor**, apesar de estabelecer toda uma sistemática voltada à **proteção do vulnerável**, **não** quis se impor como um **Diploma arbitrário**, mas sim "privilegiar" uma das partes da relação com o **objetivo de harmonizar** os interesses envolvidos e reequilibrar uma relação jurídica que é desigual em seu nascedouro.

Na visão de José Geraldo Brito Filomeno, a referida harmonização tem como caminhos **três grandes instrumentos:**

> ■ "**Os chamados SAC's — Serviços de Atendimento ao Consumidor** — se revestem de vital importância para a boa imagem das empresas, além da fidelização de seus consumidores. Como se sabe, a relação consumidor-fornecedor não termina com a entrega do produto comprado ou execução do serviço contratado. Esse relacionamento continua na fase pós-venda ou pós-contratação, sobretudo quando se trata de vícios ou defeitos presentes nos produtos e serviços.
>
> ■ **A 'convenção coletiva de consumo':** assim definidos os pactos estabelecidos entre as 'entidades civis de consumidores' e as 'associações de fornecedores ou sindicatos de categoria econômica' de molde a regularem relações de consumo que tenham por objeto estabelecer condições relativas ao preço, à qualidade, à quantidade, à garantia e características de produtos e serviços, bem como à reclamação e composição de conflito de consumo (art. 107 do Código do Consumidor).

■ **Práticas efetivas de *recall*,** ou seja, a convocação dos consumidores, geralmente de máquinas e veículos, para o reparo de algum vício ou defeito. Impende salientar, nesse aspecto, que referida prática, antes do advento do Código de Defesa do Consumidor, uma mera praxe ou liberalidade do fabricante, é expressamente prevista pelo art. 10 e parágrafos da Lei n. 8.078/90. Além do mais, prevê seu art. 64 como crime contra as relações de consumo o fato de omitir-se o fornecedor quanto à obrigação não apenas de comunicar o defeito às autoridades competentes, bem como aos consumidores".[31]

Em última análise, a realização do **princípio da harmonia/harmonização pressupõe a adição de dois outros princípios** de suma importância nas relações de consumo, quais sejam: **a boa-fé objetiva e o equilíbrio**.

Princípio da Harmonia = Boa-fé Objetiva + Equilíbrio

■ 4.2.4. Princípio da boa-fé objetiva

Para alguns autores, o princípio da boa-fé- representa no plano infraconstitucional tudo aquilo que o princípio da dignidade da pessoa humana significa para a ordem constitucional contemporânea.[32] A boa-fé passa a ser então "**um dos princípios basilares do direito do consumidor**, assim como no direito privado em geral".[33]

O dispositivo no Código de Defesa do Consumidor que prevê o princípio da boa-fé é o **art. 4º, inciso III**, que tratou, conforme visto, do princípio da harmonia nas relações de consumo. Mas, apesar da ausência de previsão expressa, vale lembrar que **a boa-fé prevista na Lei n. 8.078/90 é a objetiva**.

Sempre que adentramos ao tema boa-fé, a questão preliminar a ser levantada consiste em saber se estamos nos referindo à modalidade subjetiva ou objetiva. A **boa-fé subjetiva** tem seus holofotes voltados para **questões internas, psicológicas** dos sujeitos de direito. Na verdade, busca-se saber se o titular de um direito tinha ciência ou não da existência do vício que estava por trás da prática de determinado ato jurídico.

Por outro lado, quando o tema envolve a **boa-fé objetiva**, o enfoque a ser analisado não se preocupa com questões de ordem subjetiva, mas sim com **regras de conduta**, ou seja, analisa-se a relação no **plano dos fatos**, de forma objetiva, para então concluir se os sujeitos da relação atuaram ou não com boa-fé. Vejam,

---

31 GRINOVER, Ada Pellegrini; BENJAMIN, Antônio Herman de V.; FINK, Daniel Roberto; FILOMENO, José Geraldo Brito; NERY JR., Nelson; DENARI, Zelmo. *Código Brasileiro de Defesa do Consumidor*, p. 81-84.

32 CAVALIERI FILHO, Sergio. *Programa de direito do consumidor*, p. 38.

33 MIRAGEM, Bruno. *Curso de direito do consumidor*, p. 75.

"sujeitos" está no plural porque **não só os fornecedores deverão atuar com boa-fé, como também os consumidores.**[34]

Este também é o pensamento da doutrina consumerista, da qual destacamos os ensinamentos de:

- **Rizzatto Nunes**, para quem "a boa-fé objetiva, que é a que está presente no CDC, pode ser definida, *grosso modo,* como sendo uma regra de conduta, isto é, o **dever das partes de agir conforme certos parâmetros de honestidade e lealdade**, a fim de se estabelecer o equilíbrio nas relações de consumo".[35]
- **Bruno Miragem** ensina que "a boa-fé subjetiva não se trata de princípio jurídico, mas tão somente de um *estado psicológico* que se reconhece à pessoa e que constitui requisito presente no suporte fático presente em certas normas jurídicas, para produção de efeitos jurídicos. A **boa-fé subjetiva**, neste sentido, diz respeito, invariavelmente, à **ausência de conhecimento sobre determinado fato**, ou simplesmente a **falta da intenção de prejudicar outrem** (assim, por exemplo, quando se diga que determinada pessoa 'agiu de boa-fé')".[36]

Boa-fé subjetiva análise de aspectos internos psicológicos	*vs.*	**Boa-fé objetiva** análise de aspectos externos regras de conduta

Mas a questão que se levanta no introito do princípio da boa-fé objetiva é a seguinte: como identificar na prática se as partes na relação de consumo atuaram com boa-fé objetiva? E a resposta está em analisar a presença ou não dos denominados deveres anexos.

[34] A amplitude da abrangência de sujeitos relacionados à disciplina da boa-fé objetiva é tamanha que envolve até mesmo a relação entre patrão e empregado e a necessidade daquele de comunicar no prazo de trinta dias sobre a possibilidade de seu ex-subordinado continuar com um plano de saúde após sua retirada da empresa. Esta é a posição do STJ: "Decorre do princípio da boa-fé objetiva o dever de comunicação expressa ao ex-empregado do seu direito de optar pela manutenção da condição de beneficiário do plano de saúde, no prazo razoável de 30 dias a partir do seu desligamento da empresa. A contagem desse prazo somente inicia-se a partir da 'comunicação inequívoca ao ex-empregado sobre a opção de manutenção da condição de beneficiário de que gozava quando da vigência do contrato de trabalho' (parágrafo único do art. 10 da RN 275/2011 da ANS)" (REsp 1.237.054/PR, Rel. Ministro Paulo de Tarso Sanseverino, 3ª T., *DJe* 19-05-2014).

[35] NUNES, Luiz Antonio Rizzatto. *Curso de direito do consumidor*, p. 132.

[36] MIRAGEM, Bruno. *Curso de direito do consumidor*, p. 75-76.

■ 4.2.4.1. A boa-fé objetiva e os deveres anexos/laterais/secundários

Se por um lado nos deparamos com os **deveres principais** da relação de consumo, como os deveres do consumidor **de pagar** o prestador de um serviço e o do fornecedor de **prestá-lo**, existem também os **deveres anexos, laterais ou secundários**, relacionados basicamente aos deveres:

- de informação;
- de cooperação;
- de proteção.

No tocante ao **dever de informar**, cumpre ressaltar que não basta oferecer informações sobre o conteúdo, qualidades, características, modo de utilização do produto ou do serviço, se tais informações não forem inteligíveis. De fato, estamos nos referindo aqui a "um **dever de informar qualificado**, uma vez que não exige simplesmente o cumprimento formal do oferecimento de informações, senão o **dever substancial** de que estas sejam **efetivamente compreendidas pelo consumidor**".[37]

Sobre o tema, cabe trazer à colação o entendimento de Paulo Luiz Netto Lôbo ao defender que o dever de informar estará cumprido quando preencher os **requisitos de adequação, suficiência e veracidade:**[38]

REQUISITOS	EXPLICAÇÃO
ADEQUAÇÃO	"A ***adequação*** diz com os **meios de informação** utilizados e com o **respectivo conteúdo**. Os meios devem ser compatíveis com o produto ou o serviço determinados e com o consumidor destinatário típico. Os signos empregados (imagens, palavras, sons) devem ser claros e precisos, estimulantes do conhecimento e da compreensão. No caso de produtos, a informação deve referir à composição, aos riscos, à periculosidade."
SUFICIÊNCIA	"A ***suficiência*** relaciona-se com a **completude e a integralidade da informação**. Antes do advento do direito do consumidor, era comum a omissão, a precariedade, a lacuna, quase sempre intencionais, relativamente a dados ou referências não vantajosas ao produto ou serviço. A ausência de informação sobre prazo de validade de um produto alimentício, por exemplo, gera a confiança no consumidor de que possa ainda ser consumido, enquanto a informação suficiente permite-lhe escolher aquele que seja de fabricação mais recente. Situação amplamente divulgada pela imprensa mundial foi a das indústrias de tabaco que sonegaram informação, de seu domínio, acerca dos danos à saúde dos consumidores."
VERACIDADE	"A ***veracidade*** é o terceiro dos mais importantes requisitos do dever de informar. **Considera-se veraz a informação correspondente às reais características do produto e do serviço**, além dos dados corretos acerca de composição, conteúdo, preço, prazos, garantias e riscos. A publicidade não verdadeira, ou parcialmente verdadeira, é considerada enganosa e o direito do consumidor destina especial atenção a suas consequências."

[37] MIRAGEM, Bruno. *Curso de direito do consumidor*, p. 77.

[38] LÔBO, Paulo Luiz Netto. *A informação como direito fundamental do consumidor.* Doutrinas Essenciais, v. III, p. 605-608.

O **dever de cooperação** muito bem representa a boa-fé objetiva e, mais do que isso, concretiza a harmonia nas relações jurídicas de consumo. Fornecedor que coopera com o consumidor, por exemplo, no momento do pagamento de um carnê de venda financiada, sem lhe impor óbices como a fixação de local e hora para o seu adimplemento na medida em que a dívida pode ser paga em qualquer estabelecimento bancário, age com a boa-fé esperada pelo Código de Defesa do Consumidor.

Por fim, "no que se refere aos **deveres de proteção e cuidado** com *relação à pessoa* e *ao patrimônio da outra parte,* o CDC igualmente prevê este efeito decorrente do princípio da boa-fé ao consagrar os direitos do consumidor a saúde e segurança, e ao estabelecer, em consequência, o dever do fornecedor de respeitá-los (arts. 8º a 10 do CDC)".[39]

■ *4.2.4.2. Classificação dos deveres anexos*

Ruy Rosado de Aguiar Júnior apresenta duas classificações dos deveres anexos: quanto ao momento de sua constituição e quanto à natureza.

No tocante ao **momento da sua constituição, os deveres anexos** podem ser classificados como:

- "**deveres próprios da etapa de formação do contrato** (de informação, de segredo, de custódia);
- **deveres da etapa da celebração** (equivalência das prestações, clareza, explicitação);
- **deveres da etapa do cumprimento** (dever de recíproca cooperação para garantir a realização dos fins do contrato; satisfação dos interesses do credor);
- **deveres após a execução do contrato** (dever de reserva, dever de segredo, dever de garantia da fruição do resultado do contrato, *culpa post pactum finitum)*".[40]

Em relação à **natureza**, podem ser agrupados em:

- "**deveres de proteção** (a evitar a inflição de danos mútuos);
- **deveres de esclarecimentos** (obrigação de informar-se e de prestar informações);
- **deveres de lealdade** (a impor comportamentos tendentes à realização do objetivo do negócio, proibindo falsidades ou desequilíbrios)".[41]

---

[39] MIRAGEM, Bruno. *Curso de direito do consumidor*, p. 77.

[40] AGUIAR JÚNIOR, Ruy Rosado de. *A boa-fé na relação de consumo.* São Paulo: RT, 2011. v. 1 (Coleção doutrinas essenciais. Direito do consumidor: tutela das relações de consumo. Organizadores: Claudia Lima Marques e Bruno Miragem), p. 386.

[41] AGUIAR JÚNIOR, Ruy Rosado de. *A boa-fé na relação de consumo*, p. 386.

Ambas as classificações servem para ilustrar ainda mais a tese de que, para saber se os sujeitos da relação jurídica de consumo atuaram com boa-fé objetiva, basta analisar os deveres laterais, secundários ou anexos.

■ 4.2.4.3. *Funções da boa-fé objetiva*

Sergio Cavalieri Filho identifica três funções da boa-fé objetiva:[42]

- função integrativa;
- função interpretativa; e
- função de controle.

Segundo o autor, cada uma das funções citadas possui importante papel na definição da cláusula geral de boa-fé objetiva insculpida no art. 4º, inciso III, do Código de Defesa do Consumidor. A seguir, um resumo das ideias mais importantes sobre o tema:

Função Integrativa[43]

"é fonte de novos deveres anexos ou acessórios (função criadora ou integrativa), tais como o dever de informar, de cuidado, de cooperação, de lealdade. Importa dizer que **em toda e qualquer relação jurídica obrigacional de consumo esses deveres estarão presentes**, ainda que não inscritos expressamente no instrumento contratual. Quem contrata não contrata apenas a prestação principal; contrata também cooperação, respeito, lealdade etc. (...) A função integrativa da cláusula geral da boa-fé objetiva está agora expressamente consagrada também no art. 422 do Código Civil de 2002."

Função Interpretativa[44]

"**critério hermenêutico** ou **paradigma interpretativo** destinado ao juiz para ser utilizado na interpretação de todo negócio jurídico que gera relação de consumo. Tal critério, na medida em que privilegia o sentido mais conforme à lealdade e honestidade entre as partes, proíbe a interpretação que dê a uma disposição contratual um sentido malicioso ou de qualquer forma dirigido a iludir, prejudicar ou tirar vantagem sem justa causa. Para aplicação da cláusula da boa-fé, **o juiz parte do princípio de que em todas as relações de consumo as partes devem pautar-se por um padrão ético de confiança e lealdade**, indispensável para o próprio desenvolvimento normal da convivência social."

---

[42] CAVALIERI FILHO, Sergio. *Programa de direito do consumidor*, p. 40.

[43] CAVALIERI FILHO, Sergio. *Programa de direito do consumidor*, p. 40.

[44] CAVALIERI FILHO, Sergio. *Programa de direito do consumidor*, p. 40.

Função de Controle[45]

"o Código de Defesa do Consumidor refere-se a essa função de controle da boa-fé em seu art. 51, IV, ao decretar a nulidade, por abusividade, das cláusulas contratuais que 'estabeleçam obrigações consideradas iníquas, abusivas, que coloquem o consumidor em desvantagem exagerada, ou sejam incompatíveis com a boa-fé ou a equidade'. (...) **Em sua função de controle, a boa-fé representa**, pois, o padrão ético de confiança e lealdade, indispensável para a convivência social; **um limite a ser respeitado no exercício de todo e qualquer direito subjetivo**; uma espécie de cinto de segurança de toda a ordem jurídica; a bitola geral de comportamento no tráfego jurídico."

A função de controle limita o exercício da autonomia da vontade e, consequentemente, da liberdade negocial, norteando o exercício de direitos dos sujeitos da relação jurídica de consumo. Ensina Ruy Rosado de Aguiar Júnior que, na "sua função limitadora da conduta, a boa-fé se manifesta através da teoria dos atos próprios,[46]

- proibindo o ***venire contra factum proprium*** [proíbe o comportamento contraditório, uma vez criada a expectativa legítima na outra parte];[47]
- vedando o uso abusivo da ***exceptio non adimpleti contractus***, quando o inadimplemento da outra parte, no contexto do contrato, não o autorizava;
- impedindo o exercício do direito potestativo de resolução quando houver adimplemento substancial, na linguagem do direito anglo-americano, ou quando o inadimplemento foi de escassa importância, na nomenclatura do Código Civil Italiano **[adimplemento substancial do contrato]**;[48-49]

---

45 CAVALIERI FILHO, Sergio. *Programa de direito do consumidor*, p. 41.

46 AGUIAR JÚNIOR, Ruy Rosado de. *A boa-fé na relação de consumo,* p. 386.

47 Observação nossa inserida nos comentários de Ruy Rosado de Aguiar Júnior.

48 Observação nossa inserida nos comentários de Ruy Rosado de Aguiar Júnior.

49 Sobre o tema, destaca-se julgado do STJ: "DIREITO CIVIL. CONTRATO DE VENDA E COMPRA DE IMÓVEL. OTN COMO INDEXADOR. AUSÊNCIA DE ESTIPULAÇÃO CONTRATUAL QUANTO AO NÚMERO DE PARCELAS A SEREM ADIMPLIDAS. CONTRATO DE ADESÃO. INTERPRETAÇÃO MAIS FAVORÁVEL AO ADERENTE. EXCEÇÃO DO CONTRATO NÃO CUMPRIDO. AFASTADA. INADIMPLEMENTO MÍNIMO VERIFICADO. ADJUDICAÇÃO COMPULSÓRIA CABÍVEL. APLICAÇÃO DA EQUIDADE COM VISTAS A CONSERVAÇÃO NEGOCIAL. APLICAÇÃO DA TEORIA DO ADIMPLEMENTO SUBSTANCIAL. DISSÍDIO NÃO DEMONSTRADO. 1. — Demanda entre promitente vendedor e promitente comprador que se comprometeu a pagar o valor do imóvel em parcelas indexadas pela já extinta OTN. Na ocasião, as partes acordaram que o adquirente arcaria com um valor equivalente a certo número de OTNs estabelecido no contrato. No entanto, no instrumento particular de compra e venda não restou definido o número de prestações a serem pagas. 2. — O Tribunal de origem sopesou o equilíbrio entre o direito do adquirente de ter o bem adjudicado, após pagamento de valor expressivo, e o direito do vendedor de cobrar

■ afastando a exigência de um direito cujo titular permaneceu inerte por tempo considerável incompatível ***(supressio)*** [e em sentido contrário a ***surrectio***, que envolve o surgimento de um direito];[50]

■ desprezando a exigência de cumprimento de preceito, feita por aquele que já o descumprira ***(tu quoque)*** etc.".

■ 4.2.5. Princípio do equilíbrio

O outro princípio que somado à boa-fé realiza a harmonização na relação de consumo é o princípio do equilíbrio expresso no **art. 4º, inciso III**, do Diploma Consumerista: "**harmonização** dos interesses dos participantes das relações de consumo e compatibilização da proteção do consumidor com a necessidade de desenvolvimento econômico e tecnológico, de modo a viabilizar os princípios nos quais se funda a ordem econômica (art. 170, da Constituição Federal), sempre com base na **boa-fé e equilíbrio** nas relações entre consumidores e fornecedores".

Conforme é cediço, a relação jurídica de consumo seria representada por uma balança que penderia para um dos lados em razão da superioridade do fornecedor quando comparado com o consumidor. O peso da fragilidade deste o deixaria no posto inferior da balança.

Sendo o consumidor o vulnerável da relação e o fornecedor o detentor do monopólio dos meios de produção, imprescindível foi o surgimento de **legislação específica** em todo o mundo **capaz de tutelar a parte mais fraca** dessa relação e, desta forma, **materializar uma igualdade** que não pode sobreviver apenas no plano formal. Assim, o princípio do equilíbrio foi uma decorrência

---

eventuais resíduos. Nesse diapasão, não há que se falar em violação do dispositivo mencionado referente à equidade. O artigo 127 do Código de Processo Civil, apontado como violado, não constitui imperativo legal apto a desconstituir o fundamento declinado no acórdão recorrido no sentido de se admitir a ação do autor para garantir o domínio do imóvel próprio, reservando-se ao vendedor o direito de executar eventual saldo remanescente. 3. — Aparente a incompatibilidade entre dois institutos, a exceção do contrato não cumprido e o adimplemento substancial, pois, na verdade, tais institutos coexistem perfeitamente podendo ser identificados e incidirem conjuntamente sem ofensa à segurança jurídica oriunda da autonomia privada. 4. — No adimplemento substancial tem-se a evolução gradativa da noção de tipo de dever contratual descumprido, para a verificação efetiva da gravidade do descumprimento, consideradas as consequências que, da violação do ajuste, decorre para a finalidade do contrato. Nessa linha de pensamento, devem-se observar dois critérios que embasam o acolhimento do adimplemento substancial: a seriedade das consequências que de fato resultaram do descumprimento, e a importância que as partes aparentaram dar à cláusula pretensamente infringida. 5. — Recurso Especial improvido" (REsp 1.215.289/SP, Rel. Ministro Sidnei Beneti, 3ª T., *DJe* 21-2-2013).

Em sentido contrário, o STJ entendeu que não se aplica a teoria do adimplemento substancial aos contratos de alienação fiduciária em garantia regidos pelo Decreto-Lei n. 911/69, no julgamento do REsp 1.622.555/MG, *DJe* 16-3-2017.

[50] Observação nossa inserida nos comentários de Ruy Rosado de Aguiar Júnior.

natural do contexto histórico de desigualdade em que surgiu a necessidade da defesa do consumidor.

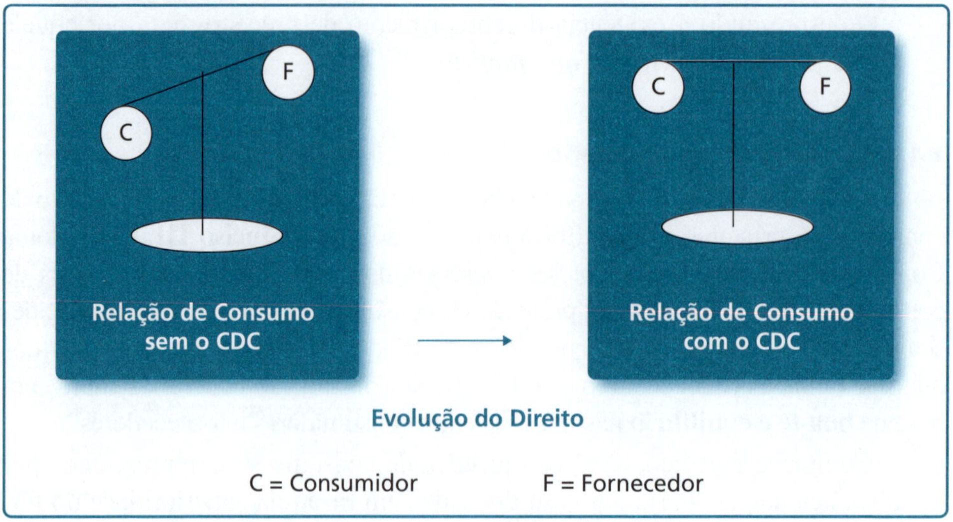

No mesmo sentido, ressalta Bruno Miragem que o "reconhecimento da vulnerabilidade do consumidor, e o caráter desigual com que este se relaciona com o fornecedor, ressaltam a importância do princípio do equilíbrio no direito do consumidor. Este parte, exatamente, do pressuposto da vulnerabilidade do consumidor e, portanto, sustenta a necessidade de reequilíbrio da situação fática de desigualdade por intermédio da tutela jurídica do sujeito vulnerável. Da mesma forma, o princípio do equilíbrio incide sobre as consequências patrimoniais das relações de consumo em geral para o consumidor, protegendo o equilíbrio econômico das prestações do contrato de consumo".[51]

4.2.6. Princípios da educação e da informação

O **art. 4º, inciso IV**, do Código de Defesa do Consumidor, prevê os **princípios da "educação e informação** de fornecedores e consumidores, quanto aos seus direitos e deveres, com vistas à melhoria do mercado de consumo". São princípios de relevante importância numa sociedade tão carente de um sistema educacional adequado e mínimo.

José Geraldo Brito Filomeno ressalta a existência de **dois tipos de educação** a respeito do tema: **a formal e a informal**. No tocante à **educação formal**, destaca o autor a relevância de a **criança ter contato** desde os primeiros passos

[51] MIRAGEM, Bruno. *Curso de direito do consumidor*, p. 78.

com o **Direito do Consumidor**, ainda que seja desnecessária a criação de uma disciplina para tratar do tema.

Na visão do citado consumerista, a materialização de tal ideal seria absolutamente factível como no caso "de professores ao embutirem nos **conteúdos curriculares** de disciplinas como a **matemática**, por exemplo, a **matéria de cálculo de juros e percentuais**; em **ciências**, a preocupação com a **qualidade dos alimentos, prazos de validade, a responsabilidade pelo consumo sustentável** etc.".[52]

Em outra obra, Filomeno enaltece a importância da **educação informal** e o belo trabalho realizado nesse sentido pelos órgãos e entidades de defesa do consumidor, como ocorre com a elaboração de "**cartilhas**, material informativo, e outros instrumentos fornecidos pelos **PROCONs** constituem-se em utilíssimo instrumental para os consumidores inteirarem-se de seus direitos e prerrogativas".[53]

Iniciativa que merece ser destacada foi a edição da **lei que exige um exemplar do Código de Defesa do Consumidor em cada estabelecimento comercial**. Trata-se da **Lei n. 12.291, de 20 de julho de 2010**, que, apesar da conotação compulsória, reputamos ser um instrumento de grande valia na concretização da "educação e informação de fornecedores e consumidores, quanto aos seus direitos e deveres".

■ 4.2.7. Princípio da qualidade e segurança e a novidade introduzida pela Lei n. 13.486, de 2017

O princípio da qualidade e segurança está previsto no **art. 4º, inciso V, do CDC** e disciplina o "incentivo à **criação pelos fornecedores de meios eficientes de controle de qualidade e segurança de produtos e serviços**, assim como de mecanismos alternativos de solução de conflitos de consumo".

De fato, o controle de qualidade e segurança de produtos e serviços está cada vez mais incorporado ao dia a dia dos fornecedores no mercado nacional. Isto porque o Código do Consumidor é claro ao estabelecer que os "**produtos e serviços** colocados no mercado de consumo **não acarretarão riscos à saúde ou segurança dos consumidores**, exceto os considerados normais e previsíveis em decorrência de sua natureza e fruição, obrigando-se os fornecedores, em qualquer hipótese, a dar as informações necessárias e adequadas a seu respeito" (art. 8º, *caput*).

[52] FILOMENO, José Geraldo Brito. *Manual de direitos do consumidor*, p. 15.

[53] GRINOVER, Ada Pellegrini; BENJAMIN, Antônio Herman de V.; FINK, Daniel Roberto; FILOMENO, José Geraldo Brito; NERY JR., Nelson; DENARI, Zelmo. *Código Brasileiro de Defesa do Consumidor*, p. 88.

Em se tratando de produto industrial, ao fabricante cabe prestar as informações a que se refere este artigo, por meio de impressos apropriados que devam acompanhar o produto (art. 8º, § 1º).

Sobre o tema, cumpre ressaltar o **advento da Lei n. 13.486, de 3 de outubro de 2017**, que incluiu o § 2º ao aludido art. 8º do Código do Consumidor, dispondo, *in verbis*: "**O fornecedor deverá higienizar os equipamentos e utensílios utilizados no fornecimento de produtos ou serviços, ou colocados à disposição do consumidor, e informar, de maneira ostensiva e adequada, quando for o caso, sobre o risco de contaminação**".

Trata-se de inovação normativa que teve origem em projeto de lei de autoria do então Senador Marcelo Crivella, sob a justificativa de necessidade de ampliação da norma prevista no art. 8º do Código de Defesa do Consumidor, na medida em que **pesquisas divulgadas na imprensa concluíram que carrinhos de supermercado e *mouses* utilizados em computadores de cybercafés estão entre os objetos mais contaminados por bactérias** dentre os utensílios comumente usados pelos consumidores.

Segundo o parecer final da comissão de constituição e justiça e de cidadania,[54] o autor do PL, que tramitou na Câmara dos Deputados sob o n. 3.411, de 2015, fundamentou seu pleito na interpretação de que a exceção prevista no *caput* do art. 8º do CDC – riscos considerados normais e previsíveis – não alcançaria a falta de higienização dos equipamentos e utensílios colocados à disposição do consumidor na aquisição de produtos ou fruição de serviços. Em outras palavras, **a falta de higienização de tais equipamentos e utensílios não poderá ser considerada jamais um ato normal e previsível**.

Ademais, em se tratando de **produtos e serviços potencialmente nocivos ou perigosos** à saúde ou segurança, a **informação** deverá ser prestada de maneira **ostensiva e adequada**, a respeito da sua nocividade ou periculosidade (art. 9º do CDC).

Por outro lado, se o bem de consumo apresentar **alto grau de nocividade ou periculosidade** à saúde ou segurança, o fornecedor não **poderá colocá-lo no mercado**, segundo determina a Lei n. 8.078/90 em seu art. 10, *caput*.

Por fim, **descoberta a periculosidade** do produto ou do serviço após a sua colocação no mercado de consumo, estão obrigados, fornecedores e Poder Público, a **comunicar o fato imediatamente às autoridades** competentes **e aos consumidores**, mediante anúncios publicitários (art. 10, §§ 1º e 2º).

---

[54] Disponível em: <http://www.camara.gov.br/proposicoesWeb/prop_mostrarintegra;jsessionid=929DA059BEB0D2F01E0FD0C8931E22C9.proposicoesWebExterno2?codteor=1571333&filename=Tramitacao-PL+3411/2015>. Acesso em: 2 jan. 2018.

Em síntese, o princípio da qualidade e segurança está cercado dos seguintes preceitos:

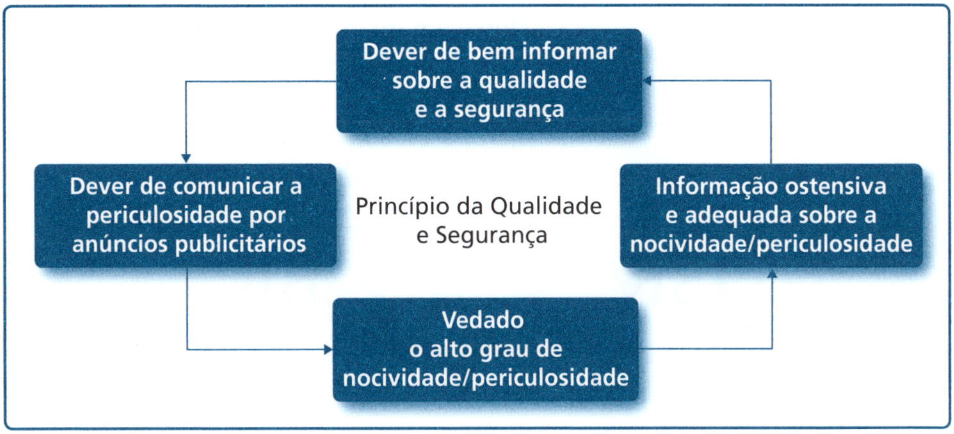

■ 4.2.8. Princípio da coibição e repressão ao abuso

Dispõe o **art. 4º, inciso VI, da Lei n. 8.078/90** o princípio que estabelece a "**coibição e repressão eficientes de todos os abusos praticados no mercado de consumo**, inclusive a concorrência desleal e utilização indevida de inventos e criações industriais das marcas e nomes comerciais e signos distintivos, que possam causar prejuízos aos consumidores".

Identifica-se inicialmente a preocupação do legislador ordinário em tentar coibir primeiramente o abuso e, ante a falha em tal intento, reprimi-lo de maneira eficaz.

Assim, as autoridades competentes devem se esforçar ao máximo para bem fiscalizar e evitar a ocorrência de condutas abusivas no mercado de consumo. Mas, diante da comprovação da configuração de abusividade, não restará alternativa senão reprimi-la. O CDC coíbe em diversas passagens o abuso no mercado de consumo, tais como:

- **nos incisos do art. 39**, ao exemplificar **práticas abusivas** peremptoriamente vedadas;
- **nos termos do art. 51**, ao trazer um rol exemplificativo de **cláusulas abusivas** que são consideradas **nulas de pleno direito**.

Percebe-se ainda que o aludido princípio também se preocupa em **coibir e reprimir o abuso de infrações da ordem econômica**. Tal postura não quis em momento algum estabelecer qualquer ingerência indevida em disciplina na qual não teria atribuição para intervir.

No entanto, o Código do Consumidor também disciplinou o tema, pois, em última análise, **o abuso do poder econômico refletirá no mercado de consumo** e lesará mais uma vez o já tão combalido consumidor-vulnerável. Basta lembrarmos aqui dos prejuízos que podem ser causados pela utilização indevida das marcas e nomes comerciais.

Caso clássico ocorreu com a **clonagem de marcas de postos de gasolina** de distribuidoras consagradas. "Pintados com as cores de distribuidoras tradicionais, como BR, Ipiranga, Esso e Shell, e com logotipos que lembram os dessas marcas, os postos-clones estão tomando o mercado de revendas com bandeiras e, consequentemente, de seus fornecedores, além de iludirem os consumidores."[55-56]

I3R	*vs.*	BR
Marca Clonada		Marca Original

Segundo José Geraldo Brito Filomeno, faz-se necessário todo **o arsenal legislativo** oriundo da Constituição Federal **para coibir os abusos do poder** econômico, da concorrência desleal e da clonagem ou falsificação de marcas, sinais e outros aspectos distintivos protegidos pela propriedade industrial, pois "**o fim mediato** de tudo isso **é**, certamente, **a defesa e proteção do consumidor**, uma vez que este é destinatário final de tudo quanto é colocado no mercado de consumo".[57]

■ 4.2.9. Princípio da racionalização e melhoria dos serviços públicos

Prevê o **art. 4º, inciso VII**, do Diploma Consumerista o **princípio da "racionalização e melhoria dos serviços públicos"**. Trata-se de princípio de suma importância para reforçar a ideia de que o CDC incide sim sobre alguns serviços públicos. Aliás, remetemos o leitor ao estudo do Capítulo 3 deste livro, onde fo-

---

55 *Folha online*, notícia de 21-8-2006. Disponível em: <http://www1.folha.uol.com.br/folha/dinheiro/ult91u110361.shtml>.

56 No mesmo sentido, STJ julgando caso semelhante: "5. A possibilidade de confusão ou associação entre as marcas fica nítida no caso, pois, como é notório e as próprias embalagens dos produtos da marca 'CHEE.TOS' e 'CHEESE.KI.TOS' reproduzidas no corpo do acórdão recorrido demonstram, o público consumidor alvo do produto assinalado pelas marcas titularizadas pelas sociedades empresárias em litígio são as crianças, que têm inegável maior vulnerabilidade, por isso denominadas pela doutrina — o que encontra supedâneo na inteligência do 37, § 2º, do Código de Defesa do Consumidor — como consumidores hipervulneráveis" (REsp 1.188.105/RJ, Rel. Ministro Luis Felipe Salomão, 4ª T., *DJe* 12-4-2013).

57 GRINOVER, Ada Pellegrini; BENJAMIN, Antônio Herman de V.; FINK, Daniel Roberto; FILOMENO, José Geraldo Brito; NERY JR., Nelson; DENARI, Zelmo. *Código Brasileiro de Defesa do Consumidor*, p. 110.

ram desenvolvidos os pontos mais importantes sobre o tema "Serviço Público e a incidência do Código de Defesa do Consumidor".

No tocante ao princípio ora analisado, destaca-se a sua **inevitável relação** com:

- **o direito básico** do consumidor **à adequada e eficaz prestação dos serviços públicos** em geral (art. 6º, X, do CDC);
- **o Princípio da Eficiência**, expressamente previsto na **Constituição Federal** como um dos princípios expressos e norteador de toda a atuação da Administração Pública (art. 37, *caput*).

No entendimento de Rizzatto Nunes, "o legislador constitucional acresceu ao elemento obrigatório da adequação do serviço público o da eficiência. Isso significa que **não basta haver adequação**, nem estar à disposição das pessoas. **O serviço tem de ser *realmente* eficiente**; tem de cumprir sua finalidade na realidade concreta. O significado de **eficiência remete ao resultado: é eficiente aquilo que funciona**. A **eficiência é um *plus*** necessário **da adequação**".[58]

Corroborando com o pensamento do citado consumerista, cumpre ressaltar que a **Lei n. 8.987/95** — Lei Geral de Concessões e Permissões de Serviços Públicos —, **ao definir serviço adequado** em seu art. 6º, § 1º, deixou bem claro que **é aquele que satisfaz**, dentre outras condições, **a da eficiência**.[59]

4.2.10. Princípio da responsabilidade solidária

O princípio da responsabilidade solidária produz implicações práticas relevantes para a tutela do consumidor. Tal assertiva busca amparo no fato de que, sendo **reconhecida a solidariedade** dentro da cadeia de fornecedores, **terá o consumidor a prerrogativa de eleger quem será acionado** ou até mesmo o **direito de acionar todos os sujeitos** que colocaram o produto ou o serviço no mercado de consumo.

Nesse sentido, ensina Rizzatto Nunes, ao explicar que "**o consumidor pode escolher a quem acionar: um ou todos**. Como a solidariedade obriga a todos os responsáveis simultaneamente, todos respondem pelo total dos danos causados".[60] E conclui o tema lembrando que caberá "ao responsável acionado, depois de indenizar o consumidor, caso queira, voltar-se contra os outros responsáveis solidários para se ressarcir ou repartir os gastos, com base na relação jurídica existente entre eles".[61]

---

[58] NUNES, Luiz Antonio Rizzatto. *Curso de direito do consumidor*, p. 150.

[59] Lei n. 8.987/95, art. 6º, § 1º: "Serviço adequado é o que satisfaz as condições de regularidade, continuidade, eficiência, segurança, atualidade, generalidade, cortesia na sua prestação e modicidade das tarifas".

[60] NUNES, Luiz Antonio Rizzatto. *Curso de direito do consumidor*, p. 150-151.

[61] NUNES, Luiz Antonio Rizzatto. *Curso de direito do consumidor*, p. 151.

■ *4.2.10.1. Disposições do Código de Defesa do Consumidor afetas à responsabilidade solidária*

O CDC se refere à responsabilidade solidária dos fornecedores na relação de consumo em diversas passagens. Vejamos:

DISPOSITIVO DO CDC	CONTEÚDO NORMATIVO
ART. 7º, PARÁGRAFO ÚNICO	"Tendo mais de um autor a ofensa, todos responderão solidariamente pela reparação dos danos previstos nas normas de consumo."
ART. 18, *CAPUT*	"Os fornecedores de produtos de consumo duráveis ou não duráveis respondem solidariamente pelos vícios de qualidade ou quantidade que os tornem impróprios ou inadequados ao consumo a que se destinam ou lhes diminuam o valor, assim como por aqueles decorrentes da disparidade, com as indicações constantes do recipiente, da embalagem, rotulagem ou mensagem publicitária, respeitadas as variações decorrentes de sua natureza, podendo o consumidor exigir a substituição das partes viciadas."
ART. 19, *CAPUT*	"Os fornecedores respondem solidariamente pelos vícios de quantidade do produto sempre que, respeitadas as variações decorrentes de sua natureza, seu conteúdo líquido for inferior às indicações constantes do recipiente, da embalagem, rotulagem ou de mensagem publicitária, podendo o consumidor exigir, alternativamente e à sua escolha:"
ART. 25, § 1º	"Havendo mais de um responsável pela causação do dano, todos responderão solidariamente pela reparação prevista nesta e nas seções anteriores."
ART. 25, § 2º	"Sendo o dano causado por componente ou peça incorporada ao produto ou serviço, são responsáveis solidários seu fabricante, construtor ou importador e o que realizou a incorporação."
ART. 28, § 3º	"As sociedades consorciadas são solidariamente responsáveis pelas obrigações decorrentes deste código."
ART. 34	"O fornecedor do produto ou serviço é solidariamente responsável pelos atos de seus prepostos ou representantes autônomos."

Dentre os dispositivos citados, destacam-se os arts. 18 e 19 supracitados ao tratarem da responsabilidade de todos os fornecedores da cadeia de produção pelos vícios do produto e do serviço, respectivamente. Apesar de existir nesta obra capítulo específico sobre o tema responsabilidade do fornecedor no mercado de consumo, o princípio da responsabilidade solidária nos exige algumas pontuações neste momento.

Tanto o **art. 18 como o 19 do CDC preveem** a responsabilidade solidária de todos aqueles que participaram ou se beneficiaram da colocação de um produto ou de um serviço no mercado de consumo — os fornecedores.

Trata-se de conclusão retirada do fato de o legislador ter utilizado o termo "fornecedores" no início de cada dispositivo, além de citar expressamente a existência da responsabilidade solidária entre todos os membros da cadeia de fornecimento. Assim, existe uma presunção legal expressa nos citados dispositivos legais de que **todos os fornecedores da cadeia de produção responderão solidariamente pelos vícios dos produtos ou dos serviços**.

Desta forma, são responsáveis pelo vício de uma TV tanto o comerciante como o fabricante, na medida em que o CDC prevê a responsabilidade solidária de todos os fornecedores.

Por outro lado, **a aludida presunção não está presente expressamente nos artigos que tratam da responsabilidade do fornecedor pelo fato do produto ou do serviço** — responsabilidade por acidente de consumo — em razão da existência de defeito em determinado produto ou serviço. Muito pelo contrário.

Ao analisarmos o disposto nos arts. 12, 13 e 14, concluiremos pela existência de uma especificação dos fornecedores e, consequentemente, a constatação de que cada um responderá, a princípio e individualmente, pelos danos a que der causa. Isto é:

- o fabricante responde pelo que fabricou;
- o produtor, pelo que produziu;
- o construtor, pelo que construiu;
- o importador, pelo que importou;
- o comerciante, nas hipóteses do art. 13 do CDC.

Em suma, **a ausência de presunção legal expressa** nos arts. 12, 13 e 14 de responsabilidade solidária de todos os fornecedores pelo fato do produto ou do serviço **não impede o seu reconhecimento** pelo princípio ora em estudo, ou seja, se for demonstrado no caso concreto que mais de um fornecedor contribuiu para a causação do dano, todos responderão solidariamente.

Um exemplo para tornar cristalina a explicação: a princípio, a montadora de veículos é a responsável pelo carro que montou. Entretanto, se houver dúvida sobre quem inseriu indevidamente determinada peça no veículo adquirido — montadora ou concessionária —, o consumidor que sofreu um acidente de consumo poderá acionar qualquer um dos dois fornecedores dessa cadeia ou até mesmo ambos, sob o fundamento do princípio da responsabilidade solidária.

■ 4.2.10.2. *O princípio da solidariedade e a divisão de riscos no CDC*

Conforme ensina Bruno Miragem, orienta-se "pelo princípio da solidariedade a divisão de riscos estabelecidos pelo CDC. A regra da responsabilidade civil objetiva estendida a toda a cadeia de fornecimento (todos os fornecedores que participam do ciclo econômico do produto ou serviço no mercado) é resultado dos ditames de solidariedade social, uma vez que orienta a adoção de um critério sobre quem deve arcar com os riscos da atividade econômica no mercado de consumo, afastando-se a regra da culpa para imputação da responsabilidade. A responsabilidade civil do fornecedor no CDC, deste modo, apresenta um novo critério de repartição dos riscos sociais, em vista, justamente, dos reflexos da sua atividade econômica frente ao mercado".[62]

No mesmo sentido vem decidindo a jurisprudência do Superior Tribunal de Justiça quando reconhece a responsabilidade solidária da instituição financeira nos contratos de incorporação imobiliária: "Em se tratando de empreendimento de natureza popular, destinado a mutuários de baixa renda, como na hipótese em julgamento, o **agente financeiro é parte legítima para responder, solidariamente, por vícios na construção de imóvel cuja obra foi por ele financiada com recursos do Sistema Financeiro da Habitação**" (REsp 738.071/SC, Rel. Ministro Luis Felipe Salomão, *DJe* 9-12-2011).

O mesmo entendimento já ocorreu em relação ao incorporador: "1. **O incorporador, como impulsionador do empreendimento imobiliário em condomínio, atrai para si a responsabilidade pelos danos que possam resultar da inexecução ou da má execução do contrato de incorporação, incluindo-se aí os danos advindos de construção defeituosa. (...)** 4. Mesmo quando o incorporador não é o executor direto da construção do empreendimento imobiliário, mas contrata construtor, fica, juntamente com este, responsável pela solidez e segurança da edificação (CC/2002, art. 618). **Trata-se de obrigação de garantia assumida solidariamente com o construtor**" (REsp 884.367/DF, Rel. Ministro Raul Araújo, *DJe* 15-3-2012).

4.2.11. Princípio da continuidade do serviço público

O princípio da continuidade do serviço público impede a interrupção de sua prestação, salvo em situações excepcionais admitidas pela ordem jurídica. Trata-se de princípio que visa proteger a coletividade, que não poderá ficar desamparada de um serviço tão essencial para o desempenho das atividades comuns do cotidiano.

O art. 22, do CDC, prevê: "Os órgãos públicos, por si ou suas empresas, concessionárias, permissionárias ou sob qualquer outra forma de empreendimento, são obrigados a fornecer serviços adequados, eficientes, seguros e, quanto aos essenciais, contínuos".

Por outro lado, quando tratamos do tema serviço público, impossível analisar o tema sem a apreciação das regras de Direito Administrativo. De fato, vale lembrar que o art. 6º, § 3º, inciso II, da Lei n. 8.987/95 admite a interrupção do aludido serviço nas seguintes situações:

> "**Não se caracteriza como descontinuidade do serviço a sua interrupção** em situação de emergência ou **após prévio aviso**, quando:
>
> I — motivada por razões de ordem técnica ou de segurança das instalações; e,
>
> II — **por inadimplemento do usuário**, considerado o interesse da coletividade".

---

[62] MIRAGEM, Bruno. *Curso de direito do consumidor*, p. 73.

Em razão das inúmeras polêmicas que circundam o tema, sugerimos ao leitor aprofundar seus conhecimentos no Capítulo 3 deste livro.

4.3. DIREITOS BÁSICOS DO CONSUMIDOR

4.3.1. Introdução

Conforme ressaltado em diversas passagens deste livro, o novo modelo de produção em massa, surgido no período pós-revolução industrial do aço e do carvão, exigiu uma legislação específica capaz de proteger o vulnerável da relação jurídica de consumo. Assim, a **forma** encontrada **para** conseguir **reequilibrar uma relação** tão **desigual foi conferir direitos aos consumidores e impor deveres aos fornecedores**.

Sobre o tema, vale lembrar que a Constituição Federal de 1988 determinou como dever do Estado a proteção do consumidor, nos termos do art. 5º, inciso XXXII. Logo, estamos diante de um direito fundamental e, como tal, imprescindível a concessão de direitos básicos ao consumidor como forma de concretizar o preceito constitucional.

Direitos básicos, nesse contexto, **podem ser definidos como "aqueles interesses mínimos, materiais ou instrumentais, relacionados a direitos fundamentais universalmente consagrados** que, diante de sua relevância social e econômica, pretendeu o legislador ver expressamente tutelados".[63] No mesmo sentido, Carlos Alberto Bittar define os direitos básicos como de duas espécies:

> "**os materiais** — voltados à proteção de componentes de sua estrutura jurídico-patrimonial; e,
> **os instrumentais** — dirigidos à obtenção, quando necessária, da satisfação efetiva desses direitos administrativa e juridicamente (art. 6º)".[64]

Em que pese o **art. 6º do CDC** elencar uma série de **direitos básicos** do consumidor, ressalta-se que **o rol** desses direitos **é bastante amplo**, não se limitando ao dispositivo citado, nem ao próprio texto do Código do Consumidor.

Aliás, esta é a *mens legis* do **art. 7º, *caput*, da Lei n. 8.078/90**, que prevê: "**Os direitos previstos neste código não excluem outros** decorrentes de tratados ou convenções internacionais de que o Brasil seja signatário, da legislação interna ordinária, de regulamentos expedidos pelas autoridades administrativas compe-

[63] CAVALIERI FILHO, Sergio. *Programa de direito do consumidor*, p. 90.

[64] BITTAR, Carlos Alberto. *Direitos do consumidor:* Código de Defesa do Consumidor. 7. ed. rev., atual. e ampl. por Eduardo C. B. Bittar. Rio de Janeiro: Forense, 2011, p. 29.

tentes, bem como dos que derivem dos princípios gerais do direito, analogia, costumes e equidade".[65]

Fonte internacional muito citada pela doutrina é a Resolução n. 39/248, de 1985, da Organização das Nações Unidas. Trata-se da Resolução da ONU que se refere aos direitos fundamentais dos consumidores. José Geraldo Brito Filomeno destaca o item 2 da referida resolução, segundo o qual "os governos devem desenvolver, reforçar ou manter uma política firme de proteção ao consumidor, considerando as normas abaixo discriminadas", acrescentando ainda que, ao fazê-lo, "cada governo deve determinar suas próprias prioridades para a proteção dos consumidores, de acordo com as circunstâncias econômicas e sociais do país e as necessidades de sua população, verificando os custos e benefícios das medidas propostas".[66]

E lembra o aludido doutrinador do item 3 da Resolução n. 39/248 da ONU, que encontra a síntese das normas de proteção do consumidor:[67]

> 3. As normas servirão para atingir as seguintes necessidades:
> - proteger o consumidor quanto a prejuízos à saúde e segurança;
> - fomentar e proteger os interesses econômicos dos consumidores;
> - fornecer aos consumidores informações adequadas para capacitá-los a fazer escolhas acertadas de acordo com as necessidades e desejos individuais;
> - educar o consumidor;
> - criar possibilidade de real ressarcimento ao consumidor;
> - garantir a liberdade para formar grupos de consumidores e outros grupos ou organizações de relevância e oportunidades para que estas organizações possam apresentar seus enfoques nos processos decisórios a ela referentes.

Tenha origem no art. 6º ou em qualquer outro dispositivo do CDC, tenha origem fora dele, a verdade é que a concessão de direitos básicos ao consumidor é pressuposto sem o qual não haveria uma relação jurídica de consumo com harmonia, com equilíbrio.

---

[65] O dispositivo citado tem total correlação com a Teoria do Diálogo das Fontes estudada no Capítulo 1 deste livro, ao qual remetemos o leitor.

[66] GRINOVER, Ada Pellegrini; BENJAMIN, Antônio Herman de V.; FINK, Daniel Roberto; FILOMENO, José Geraldo Brito; NERY JR., Nelson; DENARI, Zelmo. *Código Brasileiro de Defesa do Consumidor,* p. 149-150.

[67] GRINOVER, Ada Pellegrini; BENJAMIN, Antônio Herman de V.; FINK, Daniel Roberto; FILOMENO, José Geraldo Brito; NERY JR., Nelson; DENARI, Zelmo. *Código Brasileiro de Defesa do Consumidor,* p. 150.

■ 4.3.2. Direito à vida, à saúde e à segurança

O **art. 6º** do Código de Defesa do Consumidor dispõe em seu **inciso I**, como direito básico do consumidor, "**a proteção da vida, saúde e segurança** contra os riscos provocados por práticas no fornecimento de produtos e serviços considerados perigosos ou nocivos".

O CDC previu no Capítulo IV — "Da Qualidade de Produtos e Serviços, da Prevenção e da Reparação dos Danos" — uma Seção exclusiva para tratar do tema "Proteção à Saúde e Segurança". Vejamos:

Proteção à saúde e segurança do consumidor

- Art. 8° Os produtos e serviços colocados no mercado de consumo não acarretarão riscos à saúde ou segurança dos consumidores, exceto os considerados normais e previsíveis em decorrência de sua natureza e fruição, obrigando-se os fornecedores, em qualquer hipótese, a dar as informações necessárias e adequadas a seu respeito.
- Art. 8°, parágrafo único. Em se tratando de produto industrial, ao fabricante cabe prestar as informações a que se refere este artigo, através de impressos apropriados que devam acompanhar o produto.
- Art. 9° O fornecedor de produtos e serviços potencialmente nocivos ou perigosos à saúde ou segurança deverá informar, de maneira ostensiva e adequada, a respeito da sua nocividade ou periculosidade, sem prejuízo da adoção de outras medidas cabíveis em cada caso concreto.
- Art. 10. O fornecedor não poderá colocar no mercado de consumo produto ou serviço que sabe ou deveria saber apresentar alto grau de nocividade ou periculosidade à saúde ou segurança.
- Art. 10, § 1° O fornecedor de produtos e serviços que, posteriormente à sua introdução no mercado de consumo, tiver conhecimento da periculosidade que apresentem, deverá comunicar o fato imediatamente às autoridades competentes e aos consumidores, mediante anúncios publicitários.
- Art. 10, § 2° Os anúncios publicitários a que se refere o parágrafo anterior serão veiculados na imprensa, rádio e televisão, às expensas do fornecedor do produto ou serviço.
- Art. 10, § 3° Sempre que tiverem conhecimento de periculosidade de produtos ou serviços à saúde ou segurança dos consumidores, a União, os Estados, o Distrito Federal e os Municípios deverão informá-los a respeito.

Os aludidos direitos estão em plena consonância com os objetivos da Política Nacional das Relações de Consumo, dentre os quais destacamos, mais precisamente, o respeito para com:

- a dignidade do consumidor;
- a vida do consumidor;
- a saúde do consumidor;
- a melhoria da qualidade de vida do consumidor.

Ademais, cumpre ressaltar que o **CDC trouxe instrumentos para concretizar tais direitos**. **No âmbito civil**, podemos citar a **responsabilidade objetiva** do fornecedor — aquela que independe da comprovação do dolo ou da culpa —, que é a regra nas relações de consumo envolvendo a responsabilidade pelo fato do produto ou do serviço e o consequente **dever de indenizar** (arts. 12 a 17).[68]

Na esfera administrativa, o art. 58 do Diploma Consumerista prevê **penas de apreensão, de inutilização** de produtos, de **proibição de fabricação** de produtos, de **suspensão do fornecimento** de produto ou serviço, de **cassação do registro** do produto e revogação da concessão ou permissão de uso por inadequação ou insegurança do produto ou serviço.

No **âmbito penal**, ressaltamos os **arts. 63 a 66 e 68** do Código do Consumidor, que preveem tipos penais como forma de coibir condutas no mercado de consumo capazes de comprometer a vida, a saúde e a segurança dos consumidores.

A jurisprudência do Superior Tribunal de Justiça anda bem atenta na proteção de direitos do consumidor de tão alto grau de relevância, a ponto de reconhecer a relativização do prazo de carência de um contrato de plano de seguro-saúde, quando a vida do consumidor estiver em risco: "**Como se trata de situação-limite em que há nítida possibilidade de violação ao direito fundamental à vida, 'se o juiz não reconhece, no caso concreto, a influência dos direitos fundamentais sobre as relações privadas, então ele não apenas lesa o direito constitucional objetivo, como também afronta direito fundamental considerado como pretensão em face do Estado, ao qual, enquanto órgão estatal, está obrigado a observar**'" (REsp 962.980/SP, Rel. Ministro Luis Felipe Salomão, 4ª T., *DJe* 15-5-2012).

4.3.3. Direito à liberdade de escolha e igualdade nas contratações

Estabelece o **art. 6º, inciso II, do CDC** que são direitos básicos do consumidor "a educação e divulgação sobre o consumo adequado dos produtos e serviços, asseguradas a **liberdade de escolha e a igualdade nas contratações**". A maioria da doutrina trata os citados direitos de maneira estanque, sem identificar qualquer relação entre eles. Nós enxergamos o dispositivo de maneira integrada.

[68] Em capítulo específico, o tema será devidamente aprofundado.

Iniciaremos o estudo na visão majoritária da doutrina. No entendimento de Claudia Lima Marques, por exemplo, estes "direitos estão consolidados em todas as normas de proteção contratual do CDC (art. 46 e ss.), mas com especial atenção naquelas que cuidam da parte pré-contratual e publicidade (art. 30 e ss.) e de práticas comerciais abusivas (art. 39 e ss.), inclusive combatendo a discriminação de consumidores (art. 39, II, IV e IX), as práticas anticoncorrenciais e vendas casadas (art. 4º, VI e 39, I). O Código de Defesa do Consumidor reconhece a importância das novas técnicas de vendas, muitas delas agressivas, do *marketing* e do contrato como forma de informação do consumidor, protegendo o seu direito de escolha e sua autonomia racional, através do reconhecimento de um direito mais forte de informação (arts. 30, 31, 34, 46, 48 e 54) e um direito de reflexão (art. 49)".[69]

Em nossa visão, está muito clara a **conexão existente entre cada um dos direitos pontuados no inciso II do art. 6º** do Código do Consumidor, isto é, a educação e divulgação sobre o consumo adequado dos produtos e serviços assegurarão a liberdade mínima de escolha ao consumidor e, consequentemente, estará concretizada a igualdade nas contratações realizadas no mercado de consumo.

Nesse contexto, vale reforçar a ideia de que apenas a educação e a divulgação sobre o consumo conferirão ao vulnerável da relação a liberdade de, munido das informações necessárias sobre o produto ou o serviço, decidir se vai ou não realizar o negócio no mercado de consumo.

Desta forma, conferida a oportunidade de educação e informação, bem como a manifestação de vontade formal e materialmente livre, caracterizada estará a igualdade material na relação de consumo.

No mesmo sentido, Cavalieri Filho ao entender que "**aumentados os níveis de conhecimento e de informação do consumidor, também se aumente o seu poder de reflexão** e de formulação de um juízo crítico sobre a oportunidade e a conveniência da contratação, a fim de que possa o mesmo, dentre os diversos produtos e/ou serviços colocados no mercado a sua disposição, escolher, em manifestação de vontade formal e materialmente livre, esclarecida e, portanto, consciente, aquele que melhor se ajuste às suas necessidades".[70]

[69] BENJAMIN, Antônio Herman de V.; MARQUES, Claudia Lima; BESSA, Leonardo Roscoe. *Manual de direito do consumidor*, p. 68.

[70] CAVALIERI FILHO, Sergio. *Programa de direito do consumidor*, p. 94.

Ponto de vista interessante que merece destaque é aquele afeto à identificação dos dois aspectos do direito à igualdade:

- igualdade entre consumidores e fornecedores;
- igualdade entre consumidores.

Quem bem tratou do assunto foi Sergio Cavalieri Filho, que ensina:[71]

IGUALDADE CONSUMIDOR/FORNECEDOR	IGUALDADE ENTRE CONSUMIDORES
"o direito à igualdade realça a importância do sinalagma nas relações de consumo, na moderna concepção dos contratos. Nesse contexto, assumem a lei e os seus intérpretes papel de relevo no novo fenômeno da contratação, zeladores que são do equilíbrio e da harmonia nas relações de consumo, e da fidelidade que devem aos princípios da equidade e da boa-fé. Não se pode mais tolerar a submissão da vontade do consumidor à do fornecedor, ao argumento, hoje despropositado, do *pacta sunt servanda*."	"não é mais de se admitir a diferenciação dos consumidores entre si pelos fornecedores, o que igualmente afronta o disposto no art. 52, *caput*, da Constituição. Assim, o fornecedor deverá oferecer as mesmas condições para todos os consumidores, só se justificando um tratamento diferenciado naqueles casos em que a própria lei autorizar, como se dá, a título de ilustração, com os idosos, com as gestantes, com as crianças."

A respeito da igualdade entre os consumidores, nunca é demais lembrar que, apesar da existência da presunção de vulnerabilidade para as pessoas físicas consumidoras, algumas são consideradas mais frágeis do que outras no mercado de consumo e são denominadas hipervulneráveis.[72]

4.3.4. Direito à informação adequada e clara

Previa o **art. 6º, inciso III, do CDC**, em sua redação original, o direito básico à "**informação adequada e clara sobre os diferentes produtos e serviços**, com especificação correta de quantidade, características, composição, qualidade e preço, bem como sobre os riscos que apresentem".

Sobre o tema, importante ressaltar que, por força da Lei n. 12.741, de 8 de dezembro de 2012, a redação do inciso III do art. 6º do Código de Defesa do Consumidor foi alterada para o seguinte teor: "**São direitos básicos do consumidor:** (...) III — **a informação** adequada e clara **sobre os** diferentes produtos e serviços, com especificação correta de quantidade, características, composição, qualidade, **tributos incidentes** e preço, bem como sobre os riscos que apresentem".[73]

Conforme visto no estudo do princípio da boa-fé objetiva, o dever do fornecedor de informar é um dos deveres anexos, laterais ou secundários da relação de consumo. É desse sujeito da relação tal dever, pois se presume ser ele o *expert*, o detentor do monopólio dos meios produtivos.

[71] CAVALIERI FILHO, Sergio. *Programa de direito do consumidor*, p. 95.

[72] *Vide* subitem 4.2.1.4 sobre "A hipervulnerabilidade".

[73] A aludida inovação será melhor comentada no próximo subitem.

Assim, se por um lado é **dever do fornecedor informar**, por outro é **direito básico do consumidor ser informado**, mesmo porque este é sujeito vulnerável da relação jurídica de consumo.

De fato, constata-se da análise do dispositivo citado a existência de duas importantes **características das informações** a serem emanadas no mercado de consumo, quais sejam:

- adequação; e
- clareza.

Na visão da doutrina, a adequação da informação remete à finalidade que se pretende alcançar com ela.[74] Já a característica da clareza da informação refere-se a uma mensagem inteligível, facilmente identificada pelo consumidor.

No entendimento do Superior Tribunal de Justiça, informação adequada é a informação completa, gratuita e útil: "O direito à informação visa a assegurar ao consumidor uma escolha consciente, permitindo que suas expectativas em relação ao produto ou serviço sejam de fato atingidas, manifestando o que vem sendo denominado de consentimento informado ou vontade qualificada. Diante disso, o comando do art. 6º, III, do CDC, somente estará sendo efetivamente cumprido quando a **informação** for prestada ao consumidor de forma **adequada**, assim entendida como **aquela que se apresenta simultaneamente completa, gratuita e útil**, vedada, neste último caso, a diluição da comunicação efetivamente relevante pelo uso de informações soltas, redundantes ou destituídas de qualquer serventia para o consumidor" (REsp 1.144.840/SP, Ministra Nancy Andrighi, 3ª T., *DJe* 11-4-2012).

A maquiagem de produto também se caracteriza como uma prática abusiva, violadora do direito básico à informação. Sobre o tema, destaca-se posição consolidada no STJ coibindo tal conduta:

> **1. No caso, o Procon estadual instaurou processo administrativo contra a recorrente pela prática da infração às relações de consumo conhecida como "maquiagem de produto" e "aumento disfarçado de preços", por alterar quantitativamente o conteúdo dos refrigerantes "Coca-Cola", "Fanta", "Sprite" e "Kuat" de 600 ml para 500 ml, sem informar clara e precisamente aos consumidores, porquanto a informação foi aposta na parte inferior do rótulo e em letras reduzidas. Na ação anulatória ajuizada pela recorrente, o Tribunal de origem, em apelação, confirmou a improcedência do pedido de afastamento da multa administrativa, atualizada para R$ 459.434,97, e majorou os honorários advocatícios para R$ 25.000,00.**
>
> **2. Hipótese, no cível, de responsabilidade objetiva em que o fornecedor (*lato sensu*) responde solidariamente pelo vício de quantidade do produto.**

[74] MIRAGEM, Bruno. *Curso de direito do consumidor*, p. 129.

3. O direito à informação, garantia fundamental da pessoa humana expressa no art. 5°, inciso XIV, da Constituição Federal, é gênero do qual é espécie também previsto no Código de Defesa do Consumidor (REsp 1.364.915/MG, Rel. Ministro Humberto Martins, 2ª T., j. 14-5-2013, *DJe* 24-5-2013).

Com efeito, apesar de a informação estar prevista como um direito básico no art. 6º do CDC, cumpre ressaltar a sua propagação em diversas passagens específicas da Lei n. 8.078/90, dentre as quais destacamos:

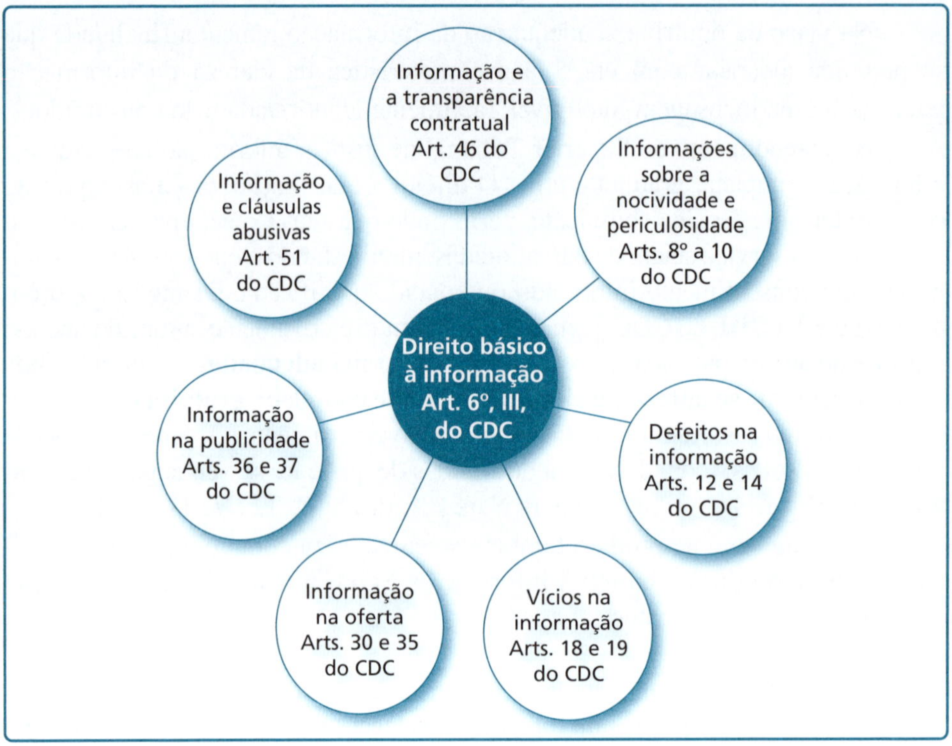

Nos termos do que foi estudado no subitem anterior, podemos concluir que a informação não é um fim em si próprio, na medida em que se trata de elemento importantíssimo para assegurar a liberdade de escolha do consumidor e, desta forma, concretizar a igualdade material na relação de consumo. Igualmente, contribuirá para o equilíbrio entre os sujeitos consumidor e fornecedor e, consequentemente, para uma relação harmoniosa.

Nesse sentido, entendeu o Superior Tribunal de Justiça, no julgamento do EREsp 1.515.895/MS, que o fornecedor de alimentos deve complementar a informação-conteúdo “contém glúten” com a informação-advertência de que o glúten é prejudicial à saúde dos consumidores com doença celíaca:

PROCESSO CIVIL. PROCESSO COLETIVO. DIREITO DO CONSUMIDOR. AÇÃO COLETIVA. DIREITO À INFORMAÇÃO. DEVER DE INFORMAR. **ROTULAGEM DE PRODUTOS ALIMENTÍCIOS. PRESENÇA DE GLÚTEN. PREJUÍZOS À SAÚDE DOS DOENTES CELÍACOS. INSUFICIÊNCIA DA INFORMAÇÃO-CONTEÚDO "CONTÉM GLÚTEN". NECESSIDADE DE COMPLEMENTAÇÃO COM A INFORMAÇÃO-ADVERTÊNCIA SOBRE OS RISCOS DO GLÚTEN À SAÚDE DOS DOENTES CELÍACOS**. INTEGRAÇÃO ENTRE A LEI DO GLÚTEN (LEI ESPECIAL) E O CÓDIGO DE DEFESA DO CONSUMIDOR (LEI GERAL). 1. Cuida-se de divergência entre dois julgados desta Corte: o acórdão embargado da Terceira Turma que entendeu ser suficiente a informação "contém glúten" ou "não contém glúten", para alertar os consumidores celíacos afetados pela referida proteína; e o paradigma da Segunda Turma, que entendeu não ser suficiente a informação "contém glúten", a qual deve ser complementada com a advertência sobre o prejuízo do glúten à saúde dos doentes celíacos. 2. **O CDC traz, entre os direitos básicos do consumidor, a "informação adequada e clara sobre os diferentes produtos e serviços, com especificação correta de quantidade, características, composição, qualidade e preço, bem como sobre os riscos que apresentam" (art. 6º, inciso III)**. 3. Ainda de acordo com o CDC, "a oferta e a apresentação de produtos ou serviços devem assegurar informações corretas, claras, precisas, ostensivas e em língua portuguesa sobre suas características, qualidades, quantidade, composição, preço, garantia, prazos de validade e origem, entre outros dados, bem como sobre os riscos que apresentam à saúde e segurança dos consumidores" (art. 31). 4. O art. 1º da Lei 10.674/2003 (Lei do Glúten) estabelece que os alimentos industrializados devem trazer em seu rótulo e bula, conforme o caso, a informação "não contém glúten" ou "contém glúten", isso é, apenas a informação-conteúdo. Entretanto, a superveniência da Lei 10.674/2003 não esvazia o comando do art. 31, *caput*, do CDC (Lei 8.078/1990), que determina que o fornecedor de produtos ou serviços deve informar "sobre os riscos que apresentam à saúde e segurança dos consumidores", ou seja, a informação-advertência. 5. **Para que a informação seja correta, clara e precisa, torna-se necessária a integração entre a Lei do Glúten (lei especial) e o CDC (lei geral), pois, no fornecimento de alimentos e medicamentos, ainda mais a consumidores hipervulneráveis, não se pode contentar com o *standard* mínimo, e sim com o *standard* mais completo possível. 6. O fornecedor de alimentos deve complementar a informação-conteúdo "contém glúten" com a informação-advertência de que o glúten é prejudicial à saúde dos consumidores com doença celíaca**. Embargos de divergência providos para **prevalecer a tese do acórdão paradigma no sentido de que a informação-conteúdo "contém glúten" é, por si só, insuficiente para informar os consumidores sobre o prejuízo que o alimento com glúten acarreta à saúde dos doentes celíacos, tornando-se necessária a integração com a informação-advertência correta, clara, precisa, ostensiva e em vernáculo:** "CONTÉM GLÚTEN: O GLÚTEN É PREJUDICIAL À SAÚDE DOS DOENTES CELÍACOS" (EREsp 1.515.895/MS, Rel. Ministro Humberto Martins, Corte Especial, *DJe* 27-9-2017).

O **dever de informar**, na visão de Sergio Cavalieri Filho, é de **duas ordens** em relação aos seus destinatários:

- **dever de informar nas relações individualizadas**; e
- **dever de informar nas relações com pessoas indeterminadas.**[75]

Esquematizando as ideias do autor, encontramos os seguintes quadros:

Destinatários individualizados		**Destinatários indeterminados**
• dever de informar como nas tratativas, na oferta e no contrato de compra e venda de mercadorias ou de prestação de serviços, casos em que terá de fornecer todas as informações sobre o preço, objeto do contrato, condições de pagamento, uso e perigosidade.	↔	• dever de informar como na publicidade que atinge a massa de consumidores, caso em que não pode incluir dado falso capaz de induzir em erro o consumidor, nem omitir dado essencial, que, se conhecido, afastaria o consumidor.

■ *4.3.4.1. Direito à informação sobre o valor dos tributos — alteração introduzida pela Lei n. 12.741, de 8 de dezembro de 2012*

A partir de junho de 2013, entrou em vigor um **novo Direito Básico do Consumidor**, por força da novel redação dada ao inciso III do art. 6º do CDC, que passou a ter o seguinte teor por força do advento da Lei n. 12.741, de 8 de dezembro de 2012: "**a informação** adequada e clara **sobre os** diferentes produtos e serviços, com especificação correta de quantidade, características, composição, qualidade, **tributos incidentes** e preço, bem como sobre os riscos que apresentem".

Assim como ocorre em países como Estados Unidos da América e Reino Unido, o consumidor brasileiro terá a possibilidade de conhecer e, principalmente, de distinguir aquilo que é valor real do produto e a respectiva carga tributária.[76]

---

[75] CAVALIERI FILHO, Sergio. *Programa de direito do consumidor*, p. 99.

[76] Segundo notícia veiculada no site do jornal *Folha de S.Paulo:* "Nos EUA, o único discriminado é o imposto sobre consumo de mercadorias e serviços, o VAT (imposto de valor agregado, espécie de ICMS). Ele é estadual. (...) No Reino Unido, as notas fiscais de serviços e produtos também discriminam o valor pago relativo ao VAT. Para compras de até 250 libras, é possível que os estabelecimentos façam uma nota fiscal simplificada". Disponível em: <http://www1.folha.uol.com.br/mercado/1199307-imposto-na-nota-fiscal-e-lei-nos-estados-unidos-e-praxe-no-reino-unido.shtml>. Acesso em: 3 dez. 2016. Segundo o mesmo jornal: "O momento não poderia ser mais propício. Menos de uma semana depois de a Receita Federal divulgar que a carga tributária atingiu 35,3% do PIB em 2011 — ou R$ 1,46 trilhão, um recorde histórico —, o debate sobre impostos pode agora deixar a seara das abstrações de economistas para adentrar o cotidiano dos consumidores. A transparência

Segundo consta do art. 1º da Lei n. 12.741/2012, "por ocasião da venda ao consumidor de mercadorias e serviços, em todo território nacional, deverá constar, dos documentos fiscais ou equivalentes, a informação do valor aproximado correspondente à totalidade dos tributos federais, estaduais e municipais, cuja incidência influi na formação dos respectivos preços de venda".

Os tributos que deverão ser computados são os seguintes:

- Imposto sobre Operações relativas à Circulação de Mercadorias e sobre Prestações de Serviços de Transporte Interestadual e Intermunicipal e de Comunicação **(ICMS)**;
- Imposto sobre Serviços de Qualquer Natureza **(ISS)**;
- Imposto sobre Produtos Industrializados **(IPI)**;
- Imposto sobre Operações de Crédito, Câmbio e Seguro, ou Relativas a Títulos ou Valores Mobiliários **(IOF)**;
- Contribuição Social para o Programa de Integração Social **(PIS)** e para o Programa de Formação do Patrimônio do Servidor Público **(Pasep)** — (PIS/Pasep);
- Contribuição para o Financiamento da Seguridade Social **(Cofins)**;
- Contribuição de Intervenção no Domínio Econômico, incidente sobre a importação e a comercialização de petróleo e seus derivados, gás natural e seus derivados, e álcool etílico combustível **(Cide)**;
- **Imposto de Importação, PIS/Pasep/Importação e Cofins/Importação**, na hipótese de produtos cujos insumos ou componentes sejam oriundos de operações de comércio exterior e representem percentual superior a 20% (vinte por cento) do preço de venda.

---

decerto será pedagógica. O cidadão poderá perceber, em suas decisões diárias de consumo, a multiplicidade e o peso dos tributos recolhidos, que muitas vezes superam 50% do valor final dos produtos, inclusive os mais básicos. Além da carga tributária muito acima do padrão dos países em desenvolvimento, que arrecadam pouco mais que 20% do PIB, em média, a anomalia brasileira está na tributação sobre o consumo e na cumulatividade dos impostos. Enquanto a média internacional de arrecadação na rubrica do consumo é de 10% do PIB, o Brasil coleta 15% do PIB (apenas PIS/Cofins e ICMS, somados, arrecadam 12% do PIB). O quadro dramático se completa com a impossibilidade de empresas abaterem de sua despesa a totalidade do que já foi pago de imposto, nos estágios anteriores da cadeia, por fornecedores. Vêm daí os exageros, como a carga de 35% a 40% nas contas de luz e água e em outros insumos de produção, que oneram as empresas e engordam o custo Brasil". Disponível em: <http://www1.folha.uol.com.br/opiniao/1199779-editoriais-impostos-a-vista.shtml>. Acesso em: 3 dez. 2016.

Na redação do projeto de lei aprovado e encaminhado à sanção presidencial, constava ainda a necessidade de se computar o Imposto sobre a Renda e Proventos de Qualquer Natureza **(IR)** e a Contribuição Social sobre o Lucro Líquido **(CSLL)**. Entretanto, tais dispositivos **foram vetados** sob o argumento de que a "apuração dos tributos que incidem indiretamente na formação do preço é de difícil implementação, e a sanção desses dispositivos induziria a apresentação de valores muito discrepantes daqueles efetivamente recolhidos, em afronta à própria finalidade de trazer informação adequada ao consumidor final".

De fato, o Imposto sobre a Renda e a Contribuição Social sobre o Lucro Líquido incidem apenas posteriormente ao lucro das empresas, sem afetar diretamente o preço dos produtos, numa primeira análise.

O **descumprimento** do disposto na Lei n. 12.741/2012 sujeitará o infrator às sanções previstas no **Capítulo VII do Título I da Lei n. 8.078, de 1990**, que alberga as **penalidades administrativas**, dentre as quais destacamos:

- multa;
- suspensão temporária de atividade;
- cassação de licença do estabelecimento ou de atividade;
- interdição, total ou parcial, de estabelecimento.

4.3.4.2. *Direito à informação acessível à pessoa portadora de deficiência — alteração introduzida pela Lei n. 13.146, de 6 de julho de 2015 (Estatuto da Pessoa com Deficiência)*

No início de janeiro de 2016 entrou em vigor o parágrafo único do art. 6º do CDC a respeito da informação adequada e clara sobre os diferentes produtos e serviços, nos seguintes termos: "A informação de que trata o inciso III do *caput* deste artigo deve ser acessível à pessoa com deficiência, observado o disposto em regulamento".

Excelente a alteração apresentada e incluída pelo Estatuto da Pessoa com Deficiência, ou Estatuto da Acessibilidade, como preferimos denominar. Por esse dispositivo, além do acesso à informação aos consumidores em geral, em sendo este portador de deficiência, o conteúdo informativo deverá ser fornecido de acordo e com respeito à deficiência apresentada pelo vulnerável da relação jurídica.

Conforme o próprio dispositivo determina, ficará para regulamento as formas de especificações de como será levada a informação ao consumidor, a depender da deficiência que possui. No entanto, desde logo conseguimos identificar alguns exemplos do novel dispositivo legal, como contratos impressos em braille para os consumidores cegos e o acesso a informações escritas de determinada oferta para os consumidores surdos.

Mesmo antes da citada alteração legislativa, o STJ assim se posicionou a respeito do tema: "A adoção do método braille nos ajustes bancários com pessoas portadoras de deficiência visual encontra lastro, ainda, indiscutivelmente, na legislação consumerista, que preconiza ser direito básico do consumidor o fornecimento de informação suficientemente adequada e clara do produto ou serviço oferecido, encargo, é certo, a ser observado não apenas por ocasião da celebração do ajuste, mas também durante toda a contratação. No caso do consumidor deficiente visual, a consecução deste direito, no bojo de um contrato bancário de adesão, somente é alcançada (de modo pleno, ressalta-se), por meio da utilização do método braille, a facilitar, e mesmo a viabilizar, a integral compreensão e reflexão acerca das cláusulas contratuais submetidas a sua apreciação, especialmente aquelas que impliquem limitações de direito, assim como dos extratos mensais, dando conta dos serviços prestados, taxas cobradas, etc." (REsp 1.315.822/RJ, Rel. Ministro Marco Aurélio Bellizze, 3ª T., *DJe* 16-4-2015).

■ 4.3.5. Direito à proteção contra as práticas comerciais e contratuais abusivas

Dispõe o **art. 6º, inciso IV, do Código de Defesa do Consumidor**, como Direito Básico do vulnerável, "**a proteção contra a publicidade enganosa e abusiva, métodos comerciais coercitivos ou desleais**, bem como contra **práticas e cláusulas abusivas** ou impostas no fornecimento de produtos e serviços". Apesar de trabalharmos em capítulos específicos com cada um destes temas, cabem neste momento do trabalho algumas considerações iniciais.

Ao longo da história, o **consumidor foi refém de práticas comerciais abusivas**, como a **publicidade**, e **vítima de contratos de consumo** elaborados exclusivamente por uma das partes com **letras tão miúdas** que mal conseguia ler o conteúdo das cláusulas que estava assinando. Diante desse contexto, surge o CDC com a proibição de toda e qualquer prática comercial ou contratual abusiva.

Os doutrinadores relacionam a **coibição da abusividade** ora em análise com a **doutrina do abuso do direito** inserta no Código Civil e que vale para todo o Direito Privado. Nesse sentido, encontramos o pensamento de:

- **Sergio Cavalieri Filho**, que defende "ser considerado abusivo tudo o que afronte a principiologia e a finalidade do sistema protetivo do consumidor, bem assim se relacione à **noção de abuso do direito** (art. 187, Código Civil c/c art. 7º, *caput*, CDC), o que vale tanto para a relação fornecedor-

-consumidor, quanto para a relação dos fornecedores, entre si, como a concorrência desleal, por exemplo".[77]

- **Rizzatto Nunes**, para quem a "ideia da abusividade tem relação com a **doutrina do abuso do direito**. Foi a constatação de que o titular de um direito subjetivo pode dele abusar no seu exercício que acabou por levar o legislador a tipificar certas ações como abusivas".[78] Em outra passagem, o autor defende que se pode definir "o abuso do direito como o resultado do excesso de exercício de um direito, capaz de causar dano a outrem. Ou, em outras palavras, o abuso do direito se caracteriza pelo uso irregular e desviante do direito em seu exercício, por parte do titular".[79]
- **Claudia Lima Marques**, ao ensinar que o "inciso IV do art. 6º do CDC **proíbe o abuso de direito** e impõe transparência e boa-fé nos métodos comerciais, na publicidade e nos contratos. Como vimos, é possível afirmar que a boa-fé é o princípio máximo orientador do CDC; aqui também o princípio da transparência (art. 4º, *caput*) atua como um reflexo da boa-fé exigida aos agentes contratuais. O CDC preocupa-se tanto com os aspectos pré-contratuais como com os de formação e execução dos contratos de consumo".[80]

Qualquer que seja o momento da prática de uma **conduta abusiva** — pré-contratual, contratual ou pós-contratual —, **sua configuração está relacionada à posição de domínio do fornecedor** na relação jurídica de consumo e, consequentemente, **por aproveitar-se desse *status* de superioridade** em relação ao consumidor **para realizar conduta em desconformidade com a boa-fé objetiva** e seus deveres anexos, conforme acima esposados.

Nunca é demais lembrar que **o princípio da livre concorrência**, insculpido no art. 170, inciso IV, da Constituição Federal, **tem uma contrapartida**, qual seja: **a defesa do consumidor**, que, além de ser direito fundamental (art. 5º, XXXII, da CF), está previsto no mesmo art. 170 — agora no inciso V — como também um princípio da ordem econômica.

Com esta assertiva, queremos chamar a atenção para o fato de que o **princípio da livre concorrência não se caracteriza como um salvo-conduto para a prática de qualquer conduta, abusiva** ou não, no mercado consumidor. Muito pelo contrário, o legislador constituinte, ao definir como princípios da ordem

[77] CAVALIERI FILHO, Sergio. *Programa de direito do consumidor*, p. 101.

[78] NUNES, Luiz Antonio Rizzatto. *Curso de direito do consumidor*, p. 138.

[79] NUNES, Luiz Antonio Rizzatto. *Curso de direito do consumidor*, p. 139.

[80] BENJAMIN, Antônio Herman de V.; MARQUES, Claudia Lima; BESSA, Leonardo Roscoe. *Manual de direito do consumidor*, p. 70.

econômica num inciso do art. 170 a livre concorrência e no outro a defesa do consumidor, quis conectar ambos os dispositivos, isto é, teve por objetivo deixar bem clara a ideia de que **a concorrência é livre, desde que realizada de maneira salutar**, sem a investida em práticas abusivas como forma de bem atender ao cumprimento da defesa do vulnerável.

Em última análise, os **objetivos** do Direito Básico da **proteção contra práticas comerciais e contratuais abusivas são de restabelecer o equilíbrio** numa relação jurídica que em seu nascedouro é tão desigual **e de tornar real a expectativa legítima do consumidor** em relação àquilo que se espera da postura de um fornecedor de produto ou serviço no mercado de consumo.

■ 4.3.6. Direito à modificação e revisão como formas de preservação (implícita) do contrato de consumo

Prevê o **art. 6º, inciso V, da Lei n. 8.078/90** que "a **modificação das cláusulas** contratuais que estabeleçam prestações **desproporcionais** ou sua **revisão** em razão de **fatos supervenientes** que as tornem **excessivamente onerosas**" constituem um dos Direitos Básicos do consumidor.

Na medida em que o CDC estabelece a possibilidade de modificar cláusulas desproporcionais e de revisar as excessivamente onerosas, determina, em última instância, a **preservação do contrato de consumo**, ainda que de forma implícita. Em resumo, o Diploma Consumerista traz dois direitos ao consumidor que, implicitamente, visam garantir a preservação do contrato de consumo:

- **modificação** das cláusulas contratuais que estabeleçam **prestações desproporcionais**;
- **revisão** das cláusulas em razão de fatos supervenientes que as tornem **excessivamente onerosas**.

O **princípio da conservação dos contratos** está **mais explicitado no art. 51, § 2º**, do Código de Defesa do Consumidor e será tratado no momento oportuno quando trabalharmos com o tema "princípios específicos dos contratos de consumo".

Por ora, direcionaremos nossa atenção para sabermos quando será possível a modificação de cláusulas contratuais desproporcionais, bem como os requisitos necessários para legitimar a revisão das excessivamente onerosas e, principalmente, analisar se tais institutos previstos no CDC recebem o mesmo tratamento de institutos afins insertos no Código Civil.

■ *4.3.6.1. Direito à modificação no CDC* vs. *Código Civil*

Doutrinador que muito bem pontua as diferenças sobre a modificação de cláusulas desproporcionais no âmbito do CDC em cotejo com o Código Civil é Bruno Miragem.

Para o autor, **enquanto no "direito civil**, em acordo com as normas do CC, **a desproporção originária das prestações** das partes no momento da celebração (afetando o chamado sinalagma genético), **só pode se dar pela alegação de algum dos defeitos do negócio jurídico** (por via direta, a lesão e o estado de perigo; por via indireta, o erro e o dolo), levando à anulação do negócio (salvo na lesão, quando se permite ao beneficiário reduzir o proveito para, reequilibrando o contrato, convalidá-lo, ou no erro, em que a parte beneficiada pode concordar com a realização do negócio de acordo com a vontade real do declarante), **no direito do consumidor**, em razão do que dispõe o artigo 6º, V, do CDC, **o mero fato da desproporção** original das prestações **permite modificação**, com vista ao equilíbrio do contrato".[81]

Sobre o tema, trazemos à colação passagens do Código Civil que tratam dos institutos da lesão, do estado de perigo, do dolo e do erro:

LESÃO (ART. 157 DO CC)	■ Ocorre a lesão quando uma pessoa, sob premente necessidade, ou por inexperiência, se obriga a prestação manifestamente desproporcional ao valor da prestação oposta.
ESTADO DE PERIGO (ART. 156 DO CC)	■ Configura-se o estado de perigo quando alguém, premido da necessidade de salvar-se, ou a pessoa de sua família, de grave dano conhecido pela outra parte, assume obrigação excessivamente onerosa.
DOLO (ART. 145 DO CC)	■ São os negócios jurídicos anuláveis por dolo, quando este for a sua causa.
ERRO (ART. 139, I, DO CC)	■ O erro é substancial quando: I — interessa à natureza do negócio, ao objeto principal da declaração, ou a alguma das qualidades a ele essenciais.

Em todos os casos previstos **no Código Civil, o elemento subjetivo está presente** como requisito caracterizador da quebra do equilíbrio do negócio jurídico.

Tal **requisito** é **dispensável pelo CDC**, e a demonstração da necessidade ou não de se modificar um contrato desproporcional dar-se-á pelo **enfoque** exclusivamente **objetivo** do negócio, ou seja, deparando-se o consumidor com uma cláusula desproporcional, o contrato poderá ser modificado independentemente de se analisarem aspectos internos dos sujeitos de direito, como ocorre na lesão, estado de perigo, dolo ou erro.

[81] MIRAGEM, Bruno. *Curso de direito do consumidor*, p. 132.

Ademais, no Código do Consumidor, a finalidade é preservar o contrato e, consequentemente, o negócio jurídico, diferentemente do Código Civil, em que haverá nulidade ou anulabilidade do negócio.

Desproporção do negócio no CDC pressupõe análise **objetiva**	*vs.*	Desproporção do negócio no CC pressupõe análise **subjetiva**

■ *4.3.6.2. Direito à revisão no CDC vs. Código Civil*

A grande questão a se saber no momento é: o mesmo raciocínio que fizemos em relação à modificação das cláusulas desproporcionais poderá ser realizado no tocante à revisão das cláusulas excessivamente onerosas em razão do advento de fato superveniente? Em outras palavras, **esta revisão tem ou não fundamento na teoria da imprevisão** do Código Civil?

O tema é polêmico na doutrina e na jurisprudência. Rizzatto Nunes entende que não "se trata da cláusula *rebus sic stantibus*, mas, sim, de revisão pura, decorrente de fatos posteriores ao pacto, independentemente de ter havido ou não previsão ou possibilidade de previsão dos acontecimentos".[82]

Por outro lado, José Geraldo Brito Filomeno defende que ficou "definitivamente consagrada entre nós a cláusula *rebus sic stantibus,* implícita em qualquer contrato, sobretudo nos que impuserem ao consumidor obrigações iníquas ou excessivamente onerosas".[83]

A **teoria da imprevisão**, oriunda do Direito francês do início do século XX, **exige a imprevisibilidade do fato superveniente** como requisito *sine qua non* para dar causa à revisão do contrato (*rebus sic stantibus*). Tal exigência permanece vigente até os dias atuais, como ocorre com a disciplina prevista no art. 317 do CC: "Quando, por motivos imprevisíveis, sobrevier desproporção manifesta entre o valor da prestação devida e o do momento de sua execução, poderá o juiz corrigi-lo, a pedido da parte, de modo que assegure, quanto possível, o valor real da prestação".

Prevalece na doutrina que o Código de Defesa do Consumidor não adotou a teoria da imprevisão, na medida em que o art. 6º, inciso V, em nenhum momento exigiu o requisito da imprevisibilidade. Desta forma, **basta a ocorrên-**

[82] NUNES, Luiz Antonio Rizzatto. *Curso de direito do consumidor*, p. 141.

[83] FILOMENO, José Geraldo Brito. *Manual de direitos do consumidor,* p. 156.

cia do fato superveniente para legitimar a revisão do contrato caso este venha a se tornar excessivamente oneroso ao consumidor.

Prevaleceu mais uma vez o enfoque objetivo sobre o assunto, isto é, ocorrido o fato superveniente e gerada a onerosidade excessiva, necessária a revisão contratual.

Então, qual seria a teoria a fundamentar a revisão do contrato de consumo no CDC? Segundo a doutrina majoritária, foi adotada a **teoria da base objetiva do negócio jurídico** com berço no Direito alemão por Karl Larenz. "Segundo Larenz, a base objetiva do negócio seria composta de circunstâncias cuja existência e sua permanência são objetivamente necessárias para que o contrato, tal qual concebido por ambos os contratantes, permaneça válido e útil, como algo dotado de sentido."[84]

De fato, concordamos com a maioria da doutrina, pois a Lei n. 8.078/90 exige uma **análise objetiva** sobre o tema e, **ocorrendo o rompimento da base objetiva** do negócio jurídico — marcado pelo surgimento de fato superveniente capaz de gerar onerosidade excessiva ao consumidor —, **necessária será a revisão** do contrato.

Segundo o STJ, a teoria da base objetiva ou da base do negócio jurídico tem sua aplicação restrita às relações jurídicas de consumo, não sendo aplicável às contratuais puramente civis: "5. A teoria da base objetiva, que teria sido introduzida em nosso ordenamento pelo art. 6º, inciso V, do Código de Defesa do Consumidor — CDC, difere da teoria da imprevisão por prescindir da previsibilidade de fato que determine oneração excessiva de um dos contratantes. Tem por pressuposto a premissa de que a celebração de um contrato ocorre mediante consideração de determinadas circunstâncias, as quais, se modificadas no curso da relação contratual, determinam, por sua vez, consequências diversas daquelas inicialmente estabelecidas, com repercussão direta no equilíbrio das obrigações pactuadas. Nesse contexto, a intervenção judicial se daria nos casos em que o contrato fosse atingido por fatos que comprometessem as circunstâncias intrínsecas à formulação do vínculo contratual, ou seja, sua base objetiva. 6. **Em que pese sua relevante inovação, tal teoria, ao dispensar, em especial, o requisito de imprevisibilidade, foi acolhida em nosso ordenamento apenas para as relações de consumo, que demandam especial proteção.** Não se admite a aplicação da teoria do diálogo das fontes para estender a todo direito das obrigações

[84] LARENZ, Karl. *Base del negocio jurídico y cumplimiento de los contratos*. Tradução de Carlos Fernandez Rodriguez. Madrid: Editorial Revista de Derecho Privado, 1956, p. 41. Apud MIRAGEM, Bruno. *Curso de direito do consumidor*, p. 135.

regra incidente apenas no microssistema do direito do consumidor, mormente com a finalidade de conferir amparo à revisão de contrato livremente pactuado com observância da cotação de moeda estrangeira (REsp 1.321.614/SP, Rel. Ministro Paulo de Tarso Sanseverino, 3ª T., *DJe* 3-3-2015).

Teoria da base do negócio jurídico no CDC pressupõe análise objetiva	*vs.*	**Teoria da imprevisão** no CC pressupõe análise subjetiva

■ *4.3.6.3. Visão do Superior Tribunal de Justiça sobre a revisão do contrato de consumo*

Inicialmente, o STJ adotou a linha defendida pela maioria da doutrina ao **não exigir a necessidade de comprovação da imprevisibilidade** nos contratos de *leasing* firmados em moeda estrangeira — dólar, para viabilizar a revisão dos contratos de consumo. Nesse primeiro momento, a jurisprudência superior condenava o fornecedor a assumir integralmente os riscos do negócio. Vejamos: **"O preceito insculpido no inciso V do artigo 6º do CDC dispensa a prova do caráter imprevisível do fato superveniente, bastando a demonstração objetiva da excessiva onerosidade advinda para o consumidor"** (REsp 268.661/RJ, Rel. Ministra Nancy Andrighi, 3ª T., *DJ* 24-9-2001).

No entanto, **tal posicionamento foi modificado** no âmbito do Superior Tribunal de Justiça, que deixou de fixar o ônus total para o credor, passando a determinar uma espécie de **repartição dos riscos e prejuízos do negócio**. Nesse sentido, destacamos o seguinte julgado:

> CIVIL. ARRENDAMENTO MERCANTIL. CONTRATO COM CLÁUSULA DE REAJUSTE PELA VARIAÇÃO CAMBIAL. VALIDADE. ELEVAÇÃO ACENTUADA DA COTAÇÃO DA MOEDA NORTE-AMERICANA. FATO NOVO. ONEROSIDADE EXCESSIVA AO CONSUMIDOR. REPARTIÇÃO DOS ÔNUS. LEI N. 8.880/94, ART. 6º. CDC, ART. 6º, V.
>
> I. **Não é nula cláusula de contrato** de arrendamento mercantil que prevê reajuste das prestações com base na variação da cotação de moeda estrangeira, eis que expressamente autorizada em norma legal específica (art. 6º da Lei n. 8.880/94).
>
> II. Admissível, contudo, a incidência da Lei n. 8.078/90, nos termos do art. 6º, V, quando verificada, em razão de fato superveniente ao pacto celebrado, consubstanciado, no caso, por aumento repentino e substancialmente elevado do dólar, situação de onerosidade excessiva para o consumidor que tomou o financiamento.

> III. **Índice de reajuste repartido, a partir de 19.01.99 inclusive, equitativamente, pela metade, entre as partes** contratantes, mantida a higidez legal da cláusula, decotado, tão somente, o excesso que tornava insuportável ao devedor o adimplemento da obrigação, **evitando-se**, de outro lado, **a total transferência dos ônus ao credor**, igualmente prejudicado pelo fato econômico ocorrido e também alheio à sua vontade.
> IV. Recurso especial conhecido e parcialmente provido (REsp 472.594/SP, Rel. Ministro Carlos Alberto Menezes Direito, Segunda Seção, *DJ* 4-8-2003).

Em julgado mais recente, o **STJ manteve a nova posição** de repartição dos riscos e prejuízos: "**O Superior Tribunal de Justiça, em julgado da Segunda Seção no REsp n. 472.594/SP, firmou entendimento de que devem ser divididas, entre arrendador e arrendatário, as diferenças resultantes da desvalorização do real ocorrida em janeiro de 1999, quando esse fato seja superveniente ao pacto celebrado**. Portanto, aquele que contratou quando a situação de desvalorização já era acontecimento concretizado assumiu o risco da onerosidade, não podendo se valer desse argumento para auferir revisão de seu contrato" (REsp 897.591/PB, Rel. Ministro Aldir Passarinho Junior, 4ª T., *DJe* 18-2-2010).

Concordamos com Claudia Lima Marques quando ensina que as "mudanças — equitativas — da interpretação do STJ no caso do *leasing* em dólar parecem ter como **fundamento**, (...), **mais uma ideia de tratamento justo pela boa-fé, a evitar a ruína de ambos os contraentes, do que uma nova teoria sobre a imprevisão**, ainda mais se pensarmos que tais decisões não faziam diferença normalmente quanto à profissionalidade do 'consumidor' e seu diferente porte econômico. De outro lado, como gênero, as teorias sobre a imprevisão sempre visaram prioritariamente a liberação do contratante supervenientemente debilitado, sua desobrigação, retirando assim do consumidor — ou, pelo menos, diminuindo em intensidade — seu novo direito de manter o vínculo e ver recriado o equilíbrio contratual original por atuação modificadora do juiz. Essa possibilidade de revisão contratual por fatores objetivos e supervenientes parece-me efetivamente a maior contribuição do art. 6º, V, do CDC e sua exceção ao sistema de nulidades absolutas".[85]

4.3.7. Direito à efetiva prevenção e reparação de danos materiais e morais

Estabelece o **art. 6º, VI, do CDC** que são **Direitos Básicos** do consumidor "a **efetiva prevenção e reparação de danos** patrimoniais e morais, individuais, coletivos e difusos". Percebam a existência de dois direitos:

- efetiva prevenção de danos;

[85] BENJAMIN, Antônio Herman de V.; MARQUES, Claudia Lima; BESSA, Leonardo Roscoe. *Manual de direito do consumidor,* p. 72.

- efetiva reparação de danos.

O grau de abrangência do dispositivo é merecedor de destaque na medida em que a efetiva prevenção e a efetiva reparação albergam:

- danos patrimoniais;
- danos morais;
- danos individuais (incluídos os individuais homogêneos);
- danos coletivos;
- danos difusos.

Sobre o assunto, algumas súmulas do Superior Tribunal de Justiça corroboram com a citada abrangência:

SÚMULA 387	"É lícita a cumulação das indenizações de dano estético e dano moral."
SÚMULA 402	"O contrato de seguro por danos pessoais compreende danos morais, salvo cláusula expressa de exclusão."

A conotação ampla do dispositivo é tamanha que, conforme visto no subitem "4.2.1.4. A hipervulnerabilidade", o Superior Tribunal de Justiça reconheceu de forma excepcional a viabilidade do **dano moral coletivo** no julgamento do Recurso Especial 1.221.756/RJ, de Relatoria do Ministro Massami Uyeda, publicado no *DJe* em 10 de fevereiro de 2012.

Outro aspecto que merece destaque é a ordem com que foram elencados os direitos no Código do Consumidor, qual seja:

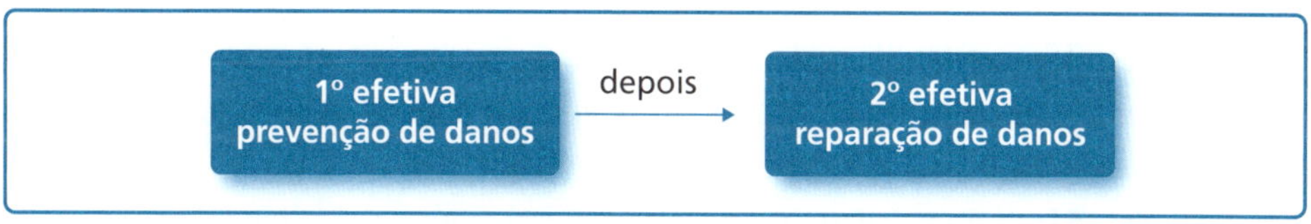

Assim, imprescindível a utilização de todas as regras de boa conduta para que os danos no mercado de consumo sejam evitados. Nunca é demais lembrar que **"prevenir significa eliminar ou reduzir, antecipadamente, causas capazes de produzir um determinado resultado"**.[86]

O **dever** de prevenir danos **recai sobre o fornecedor e** também sobre o **Estado**. O primeiro deve se abster de colocar no mercado produtos ou serviços com alto grau de nocividade ou periculosidade, nos termos do art. 10, *caput*, do

[86] MIRAGEM, Bruno. *Curso de direito do consumidor*, p. 173.

CDC. Quanto aos riscos normais e previsíveis, as informações devem ser adequadas a tal contexto (art. 8º, *caput,* do CDC),[87] e no tocante aos produtos e serviços potencialmente nocivos e perigosos a informação deverá ser ostensiva (art. 9º do CDC).

Ademais, tomando ciência de eventuais riscos após a introdução mercadológica do bem ou serviço, caberá ao fornecedor comunicar imediatamente o fato aos consumidores, bem como às autoridades competentes nos termos do disposto nos §§ 1º a 3º do art. 10 do Diploma Consumerista.

Ao Poder Público, na condição de responsável pela defesa do vulnerável da relação jurídica de consumo, caberá implementar por meio de seus órgãos competentes a efetiva fiscalização pelo seu poder de polícia daquilo que for fornecido ao consumidor.

Não se obtendo êxito no intento de prevenção de danos no mercado de consumo, **imprescindível reparação efetiva dos prejuízos** sofridos pelos consumidores.

Efetiva reparação significa reparação integral, não se admitindo qualquer tipo de tarifação de indenização. Assim, são nulas de pleno direito cláusulas como aquelas existentes em quase todos os estacionamentos de qualquer região do país com dizeres do tipo: "Não nos responsabilizamos pelos objetos deixados no interior do veículo". O fornecedor desse serviço é responsável, sim, sendo a matéria objeto da Súmula 130 do Superior Tribunal de Justiça, editada no ano de 1995: "A empresa responde, perante o cliente, pela reparação de dano ou furto de veículo ocorridos em seu estacionamento".

Igualmente, essa é a tônica do próprio Código de Defesa do Consumidor, que prevê no conteúdo do:

- **Art. 25, *caput*:** "É vedada a estipulação contratual de cláusula que impossibilite, exonere ou atenue a obrigação de indenizar prevista nesta e nas seções anteriores".
- **Art. 51:** "São nulas de pleno direito, entre outras, as cláusulas contratuais relativas ao fornecimento de produtos e serviços que: **I** — impossibilitem, exonerem ou atenuem a responsabilidade do fornecedor por vícios de qualquer natureza dos produtos e serviços ou impliquem renúncia ou dis-

[87] Importante lembrar da novidade introduzida pela Lei n. 13.846, de 2017, ao dispor: "O fornecedor deverá higienizar os equipamentos e utensílios utilizados no fornecimento de produtos ou serviços, ou colocados à disposição do consumidor, e informar, de maneira ostensiva e adequada, quando for o caso, sobre o risco de contaminação". Assim carrinhos de supermercados e *mouses* em cybercafés, por exemplo, deverão ser higienizados e a sua falta não poderá ser considerada como conduta normal e previsível, não se incluindo na exceção prevista no *caput* do art. 8º do CDC.

posição de direitos. Nas relações de consumo entre o fornecedor e o consumidor pessoa jurídica, a indenização poderá ser limitada, em situações justificáveis".

Desta forma, salvo nos casos de consumidor pessoa jurídica e em situações justificáveis, impossível a limitação da indenização, sob pena de violação do Direito Básico ora em estudo.[88]

Este também é o posicionamento consolidado na melhor doutrina. Para Sergio Cavalieri Filho, aplica-se nesses casos "o princípio da *restitutio in integrum*, sendo expressamente **vedado qualquer tipo de tarifação e/ou tabelamento da indenização**".[89]

A respeito de tal princípio, importante destacar julgamento do Superior Tribunal de Justiça em que não se considerou abusiva cláusula contratual que estabeleceu o repasse dos custos administrativos da instituição financeira com as ligações telefônicas dirigidas ao consumidor inadimplente:

> 3. À luz do princípio *restitutio in integrum*, consagrado no art. 395 do Código Civil/2002, imputa-se ao devedor a responsabilidade por todas as despesas a que ele der causa em razão da sua mora ou inadimplemento, estando o consumidor, por conseguinte, obrigado a ressarcir os custos decorrentes da cobrança de obrigação inadimplida. 4. Havendo expressa previsão contratual, não se pode afirmar que a exigibilidade das despesas de cobrança em caso de mora ou inadimplemento, ainda que em contrato de adesão, seja indevida, cabendo à instituição financeira apurar e comprovar os danos e os respectivos valores despendidos de forma absolutamente necessária e razoável, para efeito de ressarcimento (REsp 1.361.699 / MG, Rel. Ministro Ricardo Villas Bôas, 3ª T., j. 12-9-2017, *DJe* 21-9-2017).

Caso relevante que está na pauta do dia refere-se à possibilidade ou não de tarifação da indenização por **danos ocorridos em transporte aéreo** nacional ou internacional, como a perda de bagagens. No âmbito do direito interno, o tema está disciplinado no **Código Brasileiro de Aeronáutica** (Lei n. 7.565/86);[90] e, em relação ao transporte aéreo internacional, na **Convenção de Varsóvia,**[91] **da qual o Brasil é signatário**.

---

[88] O tema envolvendo o art. 51 do CDC será estudado com o aprofundamento devido no Capítulo — Cláusulas Abusivas.

[89] CAVALIERI FILHO, Sergio. *Programa de direito do consumidor*, p. 104.

[90] *In verbis:* "Art. 246. A responsabilidade do transportador (arts. 123, 124 e 222, parágrafo único), por danos ocorridos durante a execução do contrato de transporte (arts. 233, 234, § 1º, 245), está sujeita aos limites estabelecidos neste Título (arts. 257, 260, 262, 269 e 277)".

[91] Modificada pela Convenção de Montreal, conforme consta do Decreto n. 2.860, de 1998, que promulgou os Protocolos Adicionais ns. 1 e 2, assinados em Montreal, em 25 de setembro de 1975, que

A jurisprudência do **Superior Tribunal de Justiça sempre foi majoritária no sentido de refutar qualquer tipo de tarifação da indenização** dos prejuízos decorrentes do transporte aéreo nacional ou internacional, **prevalecendo**, em última análise, o direito à **efetiva reparação de danos** nos termos propostos pelo CDC no art. 6º, inciso VI. Seguem algumas decisões nesse sentido:

- **"A jurisprudência desta Corte Superior perfilha, atualmente, o entendimento de que, estabelecida relação jurídica de consumo entre as partes, a indenização pelo extravio de mercadoria transportada por via aérea deve ser integral, não se aplicando, por conseguinte, a limitação tarifada prevista no Código de Aeronáutica e da Convenção de Varsóvia. Dessa orientação não se dissuade"** (REsp 1.289.629/SP, Rel. Ministro Marco Aurélio Bellizze, 3ª T., *DJe* 3-11-2015).
- **"A responsabilidade civil por atraso de voo internacional deve ser apurada à luz do Código de Defesa do Consumidor, não se restringindo às situações descritas na Convenção de Varsóvia, eis que aquele, traz em seu bojo a orientação constitucional de que o dano moral é amplamente indenizável"** (REsp 299.532/SP, Rel. Ministro Honildo Amaral de Mello Castro, 4ª T., *DJe* 23-11-2009).
- **"Após o advento do Código de Defesa do Consumidor, não mais prevalece, para efeito indenizatório, a tarifação prevista tanto na Convenção de Varsóvia, quanto no Código Brasileiro de Aeronáutica, segundo o entendimento pacificado no âmbito da 2ª Seção do STJ. Precedentes do STJ"** (REsp 740.968/RS, Rel. Ministro Aldir Passarinho Junior, 4ª T., *DJ* 12-11-2007).

A Primeira Turma do Pretório Excelso já se manifestou em julgamentos pelo prevalecimento dos direitos insertos no Código de Defesa do Consumidor. Vejamos:

> EMENTA: RECURSO EXTRAORDINÁRIO. DANOS MORAIS DECORRENTES DE ATRASO OCORRIDO EM VOO INTERNACIONAL. APLICAÇÃO DO CÓDIGO DE DEFESA DO CONSUMIDOR. MATÉRIA INFRACONSTITUCIONAL. NÃO CONHECIMENTO.
>
> 1. O princípio da defesa do consumidor se aplica a todo o capítulo constitucional da atividade econômica.
>
> 2. **Afastam-se as normas especiais do Código Brasileiro da Aeronáutica e da Convenção de Varsóvia quando implicarem retrocesso social ou vilipêndio aos direitos assegurados pelo Código de Defesa do Consumidor.**

---

modificam a Convenção para a Unificação de Certas Regras Relativas ao Transporte Aéreo Internacional, concluída em Varsóvia, em 12 de outubro de 1929, e emendada pelo Protocolo celebrado na Haia, em 28 de setembro de 1955, com a reserva constante do artigo X, do Protocolo n. 2.

3. Não cabe discutir, na instância extraordinária, sobre a correta aplicação do Código de Defesa do Consumidor ou sobre a incidência, no caso concreto, de específicas normas de consumo veiculadas em legislação especial sobre o transporte aéreo internacional. Ofensa indireta à Constituição da República.

4. Recurso não conhecido (RE 351.750/RJ, Rel. Ministro Marco Aurélio, Rel. p/ Acórdão Ministro Carlos Britto, 1ª T., *DJe* 24-9-2009).

INDENIZAÇÃO — DANO MORAL — ATRASO — CONVENÇÃO DE VARSÓVIA — OBSERVAÇÃO MITIGADA — CONSTITUIÇÃO FEDERAL — SUPREMACIA. **O fato de a convenção de Varsóvia revelar, como regra, a indenização tarifada por danos materiais não exclui a relativa aos danos morais. Configurados esses pelo sentimento de desconforto, de constrangimento, aborrecimento e humilhação, cumpre observar a Carta Política da República, no que se sobrepõe a tratados e convenções ratificados pelo Brasil.** AGRAVO — ARTIGO 557, § 2º, DO CÓDIGO DE PROCESSO CIVIL — MULTA. Se o agravo é manifestamente infundado, impõe-se a aplicação da multa prevista no § 2º do artigo 557 do Código de Processo Civil, arcando a parte com o ônus decorrente da litigância de má-fé (RE 391.032 AgR/RJ, Rel. Ministro Marco Aurélio, 1ª T., *DJe* 22-3-2012).

No entanto, o Supremo Tribunal Federal reconheceu a repercussão geral do tema no AI 762.184/RJ, nos seguintes termos: "Extravio de bagagem. Limitação de danos materiais e morais. Convenção de Varsóvia. Código de Defesa do Consumidor. Princípio constitucional da indenizabilidade irrestrita. Norma prevalecente. Relevância da questão. Repercussão geral reconhecida. **Apresenta repercussão geral o recurso extraordinário que verse sobre a possibilidade de limitação, com fundamento na Convenção de Varsóvia, das indenizações de danos morais e materiais, decorrentes de extravio de bagagem**" (Rel. Ministro Cezar Peluso, *DJe* 18-12-2009).

Em 16 de março de 2011 houve a substituição do paradigma em sede de repercussão geral, deixando de ser Agravo de Instrumento n. 762.184 e passando para Recurso Extraordinário n. 636.331. No ano de 2017, mais precisamente no dia 25 de maio, o Plenário do Supremo Tribunal Federal entendeu por maioria de votos pelo prevalecimento da Convenção de Varsóvia, alterada pela Convenção de Montreal, em detrimento do Código de Defesa do Consumidor. Eis a Ementa:

"Recurso extraordinário com repercussão geral. 2. Extravio de bagagem. Dano material. Limitação. Antinomia. Convenção de Varsóvia. Código de Defesa do Consumidor. 3. Julgamento de mérito. É aplicável o limite indenizatório estabelecido na Convenção de Varsóvia e demais acordos internacionais subscritos pelo Brasil, em relação às condenações por dano material decorrente de extravio de

> bagagem, em voos internacionais. 5. Repercussão geral. **Tema 210. Fixação da tese: 'Nos termos do art. 178 da Constituição da República, as normas e os tratados internacionais limitadores da responsabilidade das transportadoras aéreas de passageiros, especialmente as Convenções de Varsóvia e Montreal, têm prevalência em relação ao Código de Defesa do Consumidor'.** 6. Caso concreto. Acórdão que aplicou o Código de Defesa do Consumidor. Indenização superior ao limite previsto no art. 22 da Convenção de Varsóvia, com as modificações efetuadas pelos acordos internacionais posteriores. Decisão recorrida reformada, para reduzir o valor da condenação por danos materiais, limitando-o ao patamar estabelecido na legislação internacional. 7. Recurso a que se dá provimento" (RE 636.331/RJ, Rel. Ministro Gilmar Mendes, Plenário, j. 25-5-2017, *DJe* 13-11-2017).[92]

Por fim, e, em sede de repercussão geral, entendeu o STF pelo prevalecimento da tarifação da indenização prevista na Convenção de Varsóvia em face da indenização irrestrita prevista no Diploma Consumerista. A citada Convenção prevê em seu art. 22:

> "(1) No transporte de pessoas, limita-se a responsabilidade do transportador, à importância de cento e vinte e cinco mil francos, por passageiro. Se a indenização, de conformidade com a lei do tribunal que conhecer da questão, puder ser arbitrada em constituição de renda, não poderá o respectivo capital exceder aquele limite. Entretanto, por acordo especial com o transportador, poderá o viajante fixar em

[92] O mesmo entendimento de prevalecimento da Convenção de Varsóvia/Montreal sobre o CDC foi concluído pelo STF, também em sede de repercussão geral, quando firmou o prazo prescricional de dois anos para ingressar com a ação de responsabilidade civil, nos termos do art. 29 da citada Convenção (Decreto 20.704/1931): "(1) A ação de responsabilidade deverá intentar-se, sob pena de caducidade, dentro do prazo de dois anos, a contar da data de chegada, ou do dia, em que a aeronave devia ter chegado a seu destino, ou do da interrupção do transporte. (2) O prazo será computado de acordo com a lei nacional do tribunal que conhecer da questão". O aludido posicionamento do Supremo se deu no ARE 766.618/SP, com a seguinte Ementa: "Direito do consumidor. Transporte aéreo internacional. Conflito entre lei e tratado. Indenização. **Prazo prescricional previsto em convenção internacional. Aplicabilidade.** 1. Salvo quando versem sobre direitos humanos, os tratados e convenções internacionais ingressam no direito brasileiro com *status* equivalente ao de lei ordinária. Em princípio, portanto, as antinomias entre normas domésticas e convencionais resolvem-se pelos tradicionais critérios da cronologia e da especialidade. 2. Nada obstante, **quanto à ordenação do transporte internacional, o art. 178 da Constituição estabelece regra especial de solução de antinomias, no sentido da prevalência dos tratados sobre a legislação doméstica, seja ela anterior ou posterior àqueles. Essa conclusão também se aplica quando o conflito envolve o Código de Defesa do Consumidor.** 3. Tese afirmada em sede de repercussão geral: 'Nos termos do art. 178 da Constituição da República, as normas e os tratados internacionais limitadores da responsabilidade das transportadoras aéreas de passageiros, especialmente as Convenções de Varsóvia e Montreal, têm prevalência em relação ao Código de Defesa do Consumidor'. 4. Recurso extraordinário provido" (ARE 766.618/SP, Rel. Ministro Roberto Barroso, Plenário, j. 25-5-2017, *DJe* 13-11-2017).

mais o limite de responsabilidade. (2) No transporte de mercadorias, ou de bagagem despachada, limita-se a responsabilidade do transportador à quantia de duzentos e cinquenta francos por quilograma, salvo declaração especial de 'interesse na entrega', feita pelo expedidor no momento de confiar ao transportador os volumes, e mediante o pagamento de uma taxa suplementar eventual. Neste caso, fica o transportador obrigado a pagar até a importância da quantia declarada, salvo se provar ser esta superior ao interesse real que o expedidor tinha entrega. (3) Quanto aos objetos que o viajante conserve sob os guarda, limita-se a cinco mil francos por viajante a responsabilidade do transportador. (4) As quantias acima indicadas consideram-se referentes ao franco francês, constituído de sessenta e cinco e meio miligramas do ouro, ao título de novecentos milésimos de mental fino. Elas se poderão converter, em números redondos na moeda nacional de cada país".

■ 4.3.8. Direito ao acesso à justiça

Prevê o **art. 6º, inciso VII, da Lei n. 8.078/90** que "o **acesso aos órgãos judiciários e administrativos** com vistas à prevenção ou reparação de danos patrimoniais e morais, individuais, coletivos ou difusos, assegurada a proteção Jurídica, administrativa e técnica aos necessitados", **é Direito Básico do consumidor**.

Conforme visto neste livro no subitem "4.2.2. Princípio da intervenção estatal", em dado momento histórico constatou-se a necessidade de uma atuação mais efetiva do Poder Público na defesa da parte mais fraca da então novel relação de consumo, com o propósito específico de reequilibrar uma relação jurídica tão desigual.

O CDC, no dispositivo ora analisado, cumpriu seu papel ao definir como Direito Básico o acesso ao Judiciário e às vias administrativas com a finalidade de prevenir ou reparar danos ocorridos no mercado consumidor.

No tocante ao **acesso** do vulnerável às **vias judiciais**, destacamos novamente o disposto no **art. 5º do CDC**, ao elencar os **instrumentos para a execução da Política Nacional das Relações de Consumo**, dentre os quais citamos:

- manutenção de **assistência jurídica gratuita**;
- **instituição de Promotorias de Justiça de Defesa do Consumidor**;
- **criação de delegacias de polícia** especializadas nas infrações penais de consumo;
- criação de **Juizados Especiais e Varas Especializadas** para a solução de litígios de consumo.

Ponto alto na concretização do acesso à justiça está, em nossa visão, na manutenção de **assistência jurídica gratuita** e no belo trabalho desenvolvido pelas Defensorias Públicas de todo o país.

Sobre o tema, trazemos à colação os ensinamentos de Rizzatto Nunes, para quem a "Lei n. 1.060/50 dá o direito subjetivo à pessoa de, mediante simples afirmação especial, pleitear os benefícios de assistência judiciária gratuita. Exercida essa prerrogativa, ao Juiz só cabe indeferi-la se tiver fundadas razões para tanto (art. 5º). Não tendo, nada pode fazer a não ser deferir o pleito. Daí, caberá à parte contrária — caso queira — impugnar a concessão, sendo dela o ônus da prova da inveracidade da afirmação. Se a parte contrária fizer tal prova, então, o beneficiário será condenado ao pagamento do décuplo das custas judiciais (§ 1º do art. 4º)".[93]

Em relação ao acesso às **vias administrativas**, destaca-se a atuação dos **PROCONs e Agências Reguladoras**, que também estão cada vez mais presentes na consciência dos consumidores e cujo serviço de atendimento vem ganhando especialização como forma de melhor atender e concretizar a prevenção e a reparação de danos nas relações jurídicas de consumo.

4.3.9. Direito à inversão do ônus da prova

O **art. 6º, inciso VIII, do Código de Defesa do Consumidor** considera **Direito Básico** do vulnerável "a facilitação da defesa de seus direitos, inclusive com a **inversão do ônus da prova**, a seu favor, no processo civil, quando, **a critério do juiz**, for **verossímil a alegação ou quando for ele hipossuficiente**, segundo as regras ordinárias de experiências".

Assim, a facilitação da defesa do consumidor em juízo tem como principal manifestação de ordem processual a inversão do ônus probante.

O Código de Processo Civil de 2015 trata do tema no art. 373 ao estabelecer que:

> Art. 373. O ônus da prova incumbe:
>
> I — ao autor, quanto ao fato constitutivo do seu direito;
>
> II — ao réu, quanto à existência de fato impeditivo, modificativo ou extintivo do direito do autor.

Percebam que **no CPC/2015 existe uma distribuição prévia do ônus probatório**, ou seja, cada uma das partes sabe de antemão aquilo que deve ser demonstrado por cada qual.[94]

---

[93] NUNES, Luiz Antonio Rizzatto. *Curso de direito do consumidor*, p. 149.

[94] No entanto, a novidade introduzida pelo novo CPC, que alguns autores consideram como sendo uma forma de inversão do ônus da prova, está expressa no art. 373, § 1º, que prevê: "Nos casos previstos em lei ou diante de peculiaridades da causa relacionadas à impossibilidade ou à excessiva dificuldade de cumprir o encargo nos termos do *caput* ou à maior facilidade de obtenção da prova do fato contrário, poderá o juiz atribuir o ônus da prova de modo diverso, desde que o faça por de-

Com efeito, numa eventual lide envolvendo relação de consumo, permanece, a princípio, a regra do Código de Processo Civil, isto é, caberá ao consumidor-autor comprovar os fatos constitutivos do seu direito. No entanto, como forma de facilitar a sua defesa em juízo, prevê o CDC a possibilidade da inversão do ônus da prova, a critério do juiz, desde que presente um desses dois requisitos:

Verossimilhança das alegações do consumidor — OU — **Hipossuficiência** do consumidor

Trata-se da denominada **inversão *ope judicis*,** pois o ônus probante será invertido **a critério do juiz** segundo suas regras ordinárias de experiência. A **inversão** neste caso **não é automática**, por **não** ser **obrigatória**.

Nesse sentido, segue decisão do Superior Tribunal de Justiça: **"A inversão do ônus da prova prevista no inciso VIII do artigo 6º da Lei n. 8.078/90 não é obrigatória, mas regra de julgamento, *ope judicis*, desde que o consumidor seja hipossuficiente ou seja verossímil sua alegação"** (REsp 241.831/RJ, Rel. Ministro Castro Filho, 3ª T., *DJ* 3-2-2003).

A outra modalidade de **inversão** existente no CDC é a ***ope legis***, decorrente da lei. Esta inversão **é obrigatória** e ocorrerá independentemente de qualquer critério de apreciação judicial.

Sobre o tema, destacamos as observações de Sergio Cavalieri Filho, para quem o "Código de Defesa do Consumidor, destarte, rompendo dogmas e estabelecendo novos paradigmas para as relações entre desiguais, fê-lo, também, no que se refere à carga probatória, ora transferindo o ônus da prova ao fornecedor (inversão *ope legis*), do que nos dão exemplos os arts. 12, § 3º, 14, § 3º e 38, ora admitindo que tal se opere por determinação do julgador (inversão *ope judicis*), conforme art. 6º, VIII".[95]

No mesmo sentido vem entendendo o STJ:

---

cisão fundamentada, caso em que deverá dar à parte a oportunidade de se desincumbir do ônus que lhe foi atribuído". A abrangência não é a mesma da inversão prevista no CDC – conforme veremos nesse subitem –, conclusão que tiramos do disposto no § 2º do mesmo artigo citado da Lei Processual: "A decisão prevista no § 1º deste artigo não pode gerar situação em que a desincumbência do encargo pela parte seja impossível ou excessivamente difícil".

[95] CAVALIERI FILHO, Sergio. *Programa de direito do consumidor*, p. 107.

> RECURSO ESPECIAL. CONSUMIDOR. RESPONSABILIDADE POR VÍCIO NO PRODUTO (ART. 18 DO CDC). ÔNUS DA PROVA. INVERSÃO "OPE JUDICIS" (ART. 6º, VIII, DO CDC). MOMENTO DA INVERSÃO. PREFERENCIALMENTE NA FASE DE SANEAMENTO DO PROCESSO. **A inversão do ônus da prova pode decorrer da lei ("ope legis"), como na responsabilidade pelo fato do produto ou do serviço (arts. 12 e 14 do CDC), ou por determinação judicial ("ope judicis"), como no caso dos autos, versando acerca da responsabilidade por vício no produto (art. 18 do CDC).** Inteligência das regras dos arts. 12, § 3º, II, e 14, § 3º, I, e 6º, VIII, do CDC. (...) (REsp 802.832/MG, Rel. Ministro Paulo de Tarso Sanseverino, Segunda Seção, *DJe* 21-9-2011).[96]

O fechamento deste assunto merece um quadro comparativo entre a inversão do ônus da prova *ope judicis* e a inversão *ope legis*:

INVERSÃO *OPE JUDICIS*	INVERSÃO *OPE LEGIS*
■ Art. 6º, inciso VIII, do CDC	■ Outros artigos do CDC — ex.: art. 38
■ A critério do juiz deferir ou não	■ Inversão é automática — decorre da lei
■ A inversão não é obrigatória	■ A inversão é obrigatória

■ *4.3.9.1. Requisitos para a inversão* ope judicis

Segundo acima exposto, basta ser **verossímil a alegação** do consumidor **OU** ser ele **hipossuficiente** para legitimar a inversão judicial do ônus da prova, conforme disposto pelo art. 6º, inciso VIII, do CDC. A **demonstração de apenas um desses requisitos será suficiente** para fundamentar a inversão ou não do ônus, a critério do juiz.

Por **verossimilhança** compreende-se a **plausibilidade de verdade**, ou seja, a probabilidade de serem verdadeiros os fatos narrados na inicial pelo consumidor.

Como exemplo, cita-se o caso da ação judicial proposta por um consumidor em face da empresa concessionária do serviço de energia elétrica domiciliar que teve seu computador queimado por uma interrupção brusca desse serviço. Ora, a

---

96 Vale lembrar ainda passagem que demonstra a posição do STJ: "(...) **2. Diferentemente do comando contido no art. 6º, inciso VIII, que prevê a inversão do ônus da prova 'a critério do juiz', quando for verossímil a alegação ou hipossuficiente a parte, o § 3º, do art. 12, preestabelece — de forma objetiva e independentemente da manifestação do magistrado —, a distribuição da carga probatória em desfavor do fornecedor, que 'só não será responsabilizado se provar: I — que não colocou o produto no mercado; II — que, embora haja colocado o produto no mercado, o defeito inexiste; III — a culpa exclusiva do consumidor ou de terceiro'. É a diferenciação já clássica na doutrina e na jurisprudência entre a inversão *ope judicis* (art. 6º, inciso VIII, do CDC) e inversão *ope legis* (arts. 12, § 3º, e art. 14, § 3º, do CDC). Precedente da Segunda Seção"** (REsp 1.095.271/RS, Rel. Ministro Luis Felipe Salomão, 4ª T., *DJe* 5-3-2013).

verossimilhança dessa alegação poderá ser demonstrada por uma notícia de jornal destacando a queda da energia na região onde o consumidor está domiciliado.

Diante desse contexto, poderá o juiz inverter o ônus da prova, determinando que a concessionária do serviço de energia daquele local demonstre que a falha no seu serviço não foi a causadora do prejuízo sofrido pelo consumidor.

O **outro requisito** legitimador **da inversão é a hipossuficiência** do consumidor, que também está relacionada com a **fragilidade** deste, mas tal instituto não se confunde com a vulnerabilidade. Conforme visto neste livro, no subitem 4.2.1.2:

- **vulnerabilidade é fenômeno de direito material — com presunção absoluta**; e
- **hipossuficiência é fenômeno de direito processual — com presunção relativa**.

A hipossuficiência geralmente está relacionada com a **fraqueza econômica** do consumidor, mas nada impede que no caso concreto seja constatada pelo juiz sua fragilidade em qualquer outro **aspecto fático ou mesmo técnico**. De fato, não possuindo o consumidor condições econômicas, fáticas, técnicas ou de informação para comprovar o seu direito, poderá o juiz inverter o ônus probante e exigir do fornecedor a demonstração de que não foi o responsável pelos danos alegados pelo autor.

4.3.9.2. *Inversão do ônus da prova e as custas periciais*

Questionamento relevante a respeito do tema **inversão do ônus da prova** implica saber se, uma vez **deferido** tal **pedido** pelo juiz, estaria também **obrigado o fornecedor a arcar** com eventuais **custas de provas periciais**.

O caso chegou ao **Superior Tribunal de Justiça**, que vem entendendo de forma negativa, ou seja, **a inversão do ônus da prova não gera a obrigatoriedade de arcar com as custas da perícia**.

No entanto, diz o STJ, caso o fornecedor não arque com este encargo, **deverá assumir as consequências da não realização da prova pericial** ou comprovar que não é o responsável por outro meio probatório em direito admitido.

Em suma, diante do deferimento da inversão do ônus da prova numa lide em que haja a necessidade da realização de prova pericial, o fornecedor poderá tomar uma das seguintes condutas:

- arcar com as custas periciais, ainda que não esteja obrigado;
- não arcar com as custas da perícia (pois não está obrigado), mas assumir as eventuais consequências da sua não realização;
- demonstrar que não é responsável por outro meio probatório admitido em direito.

Nesse tocante, segue decisão emanada pelo Superior Tribunal de Justiça: **"A inversão do ônus da prova não implica a obrigatoriedade de a parte contrária arcar com as custas da prova requerida pelo adversário; sujeita-se ela, contudo, às eventuais consequências de sua não realização, a serem aferidas quando do julgamento da causa, em face do conjunto probatório trazido aos autos"** (AgRg na MC 17.695/PR, Rel. Ministra Maria Isabel Gallotti, 4ª T., *DJe* 12-5-2011).

■ *4.3.9.3. Momento adequado para a inversão do ônus da prova*

Outra questão, não menos tormentosa, consiste em saber **qual o melhor momento** para a realização **da inversão** do ônus da prova, se no **despacho de citação**, se no **saneamento** ou se na **sentença**.

A **posição minoritária** é a que defende a inversão do ônus da prova no **despacho de citação.**[97] **As críticas fundadas a essa corrente são no sentido de que seria um momento muito prematuro** para o magistrado formar sua convicção e identificar um dos dois requisitos legitimadores da inversão, nos termos do art. 6º, inciso VIII, do Código de Defesa do Consumidor, quais sejam: verossimilhança das alegações ou hipossuficiência do consumidor.

A polêmica está concentrada entre a segunda e a terceira correntes. Os defensores da **inversão na fase de saneamento**[98] **entendem que ônus da prova é regra de procedimento**, sendo esse o momento mais adequado para o reconhecimento do Direito Básico ora analisado.

Já os seguidores da corrente que entende que a **inversão** do ônus da prova deve ocorrer **na sentença**[99] **fundamentam-se na tese de que ônus da prova é regra de julgamento**.

Comentando essa divergência, Cavalieri Filho entende que, conquanto "não se esteja a discutir que, ordinariamente, os dispositivos sobre a produção de provas estão direcionados à formação da convicção do julgador e, assim sendo, constituiriam regras de julgamento, não se pode deixar de observar que as disposições sobre repartição do ônus probatório consubstanciam, de igual modo, parâmetros de comportamento processual para os litigantes, razão pela qual respeitáveis juristas nelas identificam regras de procedimento".[100]

---

[97] Nesse sentido, Tânia Liz Tizzoni Nogueira, apud BARBOSA MOREIRA, Carlos Roberto. *Inversão do ônus da prova em benefício do consumidor*. Doutrinas, v. VI, p. 502.

[98] Nesse sentido, BARBOSA MOREIRA, Carlos Roberto. *Inversão do ônus da prova em benefício do consumidor*, p. 503-504.

[99] Nesse sentido, Ada Pellegrini Grinover, Kazuo Watanabe e Nelson Nery Júnior, apud BARBOSA MOREIRA, Carlos Roberto. *Inversão do ônus da prova em benefício do consumidor*, p. 503.

[100] CAVALIERI FILHO, Sergio. *Programa de direito do consumidor*, p. 107.

Vejam, temos argumentos relevantes tanto para um lado como para o outro. Por isso, o próprio STJ demorou anos para pacificar a questão. Ora posicionou-se pela sentença como o melhor momento para o juiz inverter o ônus da prova, ora pela fase de saneamento. Seguem algumas decisões demonstrando a divergência jurisprudencial instaurada na Corte do Superior Tribunal de Justiça:

- **Inversão na fase de saneamento:** "Mesmo que controverso o tema, **dúvida não há quanto ao cabimento da inversão do ônus da prova ainda na fase instrutória** — momento, aliás, logicamente mais adequado do que na sentença, na medida em que não impõe qualquer surpresa às partes litigantes —, posicionamento que vem sendo adotado por este Superior Tribunal, conforme precedentes" (REsp 662.608/SP, Rel. Ministro Hélio Quaglia Barbosa, 4ª T., *DJ* 5-2-2007).
- **Inversão na sentença:** "Conforme posicionamento dominante da doutrina e da jurisprudência, **a inversão do ônus da prova, prevista no inc. VIII, do art. 6º do CDC é regra de julgamento**. Vencidos os Ministros Castro Filho e Humberto Gomes de Barros, que entenderam que a inversão do ônus da prova deve ocorrer no momento da dilação probatória" (REsp 422.778/SP, Rel. Ministra Nancy Andrighi, 3ª T., *DJ* 27-8-2007).

No final do ano de 2011, a **Segunda Seção do Superior Tribunal de Justiça pacificou o tema** ao julgar o Recurso Especial 802.832, posicionando-se pela **fase de saneamento como o momento** processual mais adequado para ocorrer a inversão do ônus da prova. *In verbis:*

> RECURSO ESPECIAL. CONSUMIDOR. RESPONSABILIDADE POR VÍCIO NO PRODUTO (ART. 18 DO CDC). ÔNUS DA PROVA. INVERSÃO "OPE JUDICIS" (ART. 6º, VIII, DO CDC). MOMENTO DA INVERSÃO. PREFERENCIALMENTE NA FASE DE SANEAMENTO DO PROCESSO.
>
> A inversão do ônus da prova pode decorrer da lei ("ope legis"), como na responsabilidade pelo fato do produto ou do serviço (arts. 12 e 14 do CDC), ou por determinação judicial ("ope judicis"), como no caso dos autos, versando acerca da responsabilidade por vício no produto (art. 18 do CDC). Inteligência das regras dos arts. 12, § 3º, II, e 14, § 3º, I, e 6º, VIII, do CDC.
>
> A distribuição do ônus da prova, além de constituir regra de julgamento dirigida ao juiz (aspecto objetivo), apresenta-se também como norma de conduta para as partes, pautando, conforme o ônus atribuído a cada uma delas, o seu comportamento processual (aspecto subjetivo). Doutrina.
>
> **Se o modo como distribuído o ônus da prova influi no comportamento processual das partes (aspecto subjetivo), não pode a inversão "ope judicis" ocorrer quando do julgamento da causa pelo juiz (sentença) ou pelo tribunal (acórdão). Previsão nesse sentido do art. 262, § 1º, do Projeto de Código de Processo Civil. A inversão "ope judicis" do ônus probatório deve ocorrer preferencialmente**

> **na fase de saneamento do processo ou, pelo menos, assegurando-se à parte a quem não incumbia inicialmente o encargo, a reabertura de oportunidade para apresentação de provas.**
> Divergência jurisprudencial entre a Terceira e a Quarta Turma desta Corte.
> RECURSO ESPECIAL DESPROVIDO (REsp 802.832/MG, Rel. Ministro Paulo de Tarso Sanseverino, Segunda Seção, *DJe* 21-9-2011).

Compartilhamos com o atual posicionamento do Superior Tribunal de Justiça no sentido de ser a **fase de saneamento o momento mais adequado** para o magistrado inverter o ônus da prova, pelos seguintes motivos:

1º) É a fase mais compatível para **assegurar** os direitos constitucionais do **contraditório e da ampla defesa** (inversão na sentença, *data venia,* frustraria o exercício de tais direitos pelo fornecedor).

2º) Não surpreende qualquer das partes (nem o consumidor, que, diante do indeferimento do pedido da inversão, tentará comprovar seu direito por outra via, nem o fornecedor, que terá tempo suficiente para demonstrar a ausência de responsabilidade, caso a inversão ocorra até o saneamento).

3º) É o momento temporal do processo em que estará **presente a maturidade do juiz para decidir** a respeito do **deferimento ou não** do pedido de **inversão** do ônus da prova (não é tão prematuro para formar sua convicção, como seria se a inversão ocorresse no momento do despacho de citação, nem tão tarde como se fosse na sentença).

Esquematizando na linha do tempo processual as três correntes a respeito do melhor momento para inverter o ônus da prova, nos termos do art. 6º, inciso VIII, do CDC, encontramos:

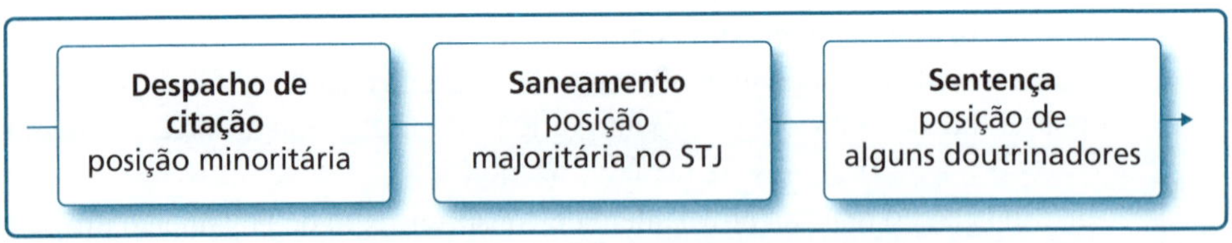

■ 4.3.9.4. *A inversão do ônus da prova a pedido do Ministério Público*

Para finalizar o tema inversão do ônus da prova, não poderíamos deixar de tratar de mais um ponto polêmico. Tal inversão poderia ser deferida em ação civil pública proposta pelo Ministério Público? A pergunta é de extrema pertinência, haja vista ser, hodiernamente, o MP no Brasil um órgão extremamente estruturado, cujo atributo da hipossuficiência jamais lhe poderia ser imputado.

O **Superior Tribunal de Justiça** vem entendendo que sim, **é possível a inversão do ônus da prova em ação proposta pelo *Parquet***, pois, em última análise, **a beneficiada** dessa demanda seria a **coletividade**. Segue julgado sobre o tema: **"Não há óbice a que seja invertido o ônus da prova em ação coletiva — providência que, em realidade, beneficia a coletividade consumidora —, ainda que se cuide de ação civil pública ajuizada pelo Ministério Público"** (REsp 951.785/RS, Rel. Ministro Luis Felipe Salomão, 4ª T., *DJe* 18-2-2011).

■ 4.3.10. Direito ao recebimento de serviços públicos adequados e eficazes

O último Direito Básico do consumidor previsto no art. 6º da Lei n. 8.078/90 está no inciso X, que prevê "a adequada e eficaz prestação dos serviços públicos em geral". Sobre o tema, remetemos o leitor ao Capítulo 3 deste livro, que trata de forma ampla a respeito do assunto "O Serviço Público e a incidência do CDC".

■ 4.4. PRINCÍPIOS ESPECÍFICOS DO CÓDIGO DE DEFESA DO CONSUMIDOR

Além dos Princípios Gerais do CDC e dos Direitos Básicos do consumidor, imprescindível esclarecer a existência de princípios específicos afetos à publicidade e aos contratos de consumo na Lei n. 8.078/90, os quais serão merecedores da nossa atenção neste momento do trabalho.

■ 4.4.1. Princípios específicos da publicidade

Conforme estudaremos em capítulo próprio, a publicidade tem conotação comercial e, como tal, deve ser norteada pelos princípios a seguir elencados.

■ *4.4.1.1. Princípio da identificação fácil e imediata da publicidade*

O Código de Defesa do Consumidor prevê em seu **art. 36, *caput***, que a **"publicidade deve ser veiculada de tal forma que o consumidor, fácil e imediatamente, a identifique como tal"**. Desta forma, a publicidade só estará em consonância com o princípio ora analisado se o consumidor puder identificá-la de forma imediata e facilmente.

Diante desse princípio, **alguns tipos de publicidade** passaram a ter sua **legitimidade questionada**, na medida em que suas mensagens nem sempre são captadas imediatamente pelos consumidores no tocante ao seu conteúdo comercial. Referimo-nos à:

- publicidade dissimulada;
- publicidade subliminar;
- publicidade clandestina — *merchandising*.

Publicidade Dissimulada

É mensagem com **conotação jornalística**, de cunho redacional. Nela geralmente ocorre uma entrevista ou pesquisa em que o ator principal da publicidade se passa por um jornalista, mas o objetivo comercial de promover um produto ou um serviço é o seu enfoque principal.

Sobre o tema, destacamos os ensinamentos de Rizzatto Nunes, segundo os quais uma "boa tática para iludir consumidores é a de plantar publicidade nos veículos de comunicação (especialmente mídia impressa — jornais e revistas —, mas também rádio e TV) travestida de matéria jornalística. É que, como o consumidor tende a acreditar na peça jornalística como que apresentando um evento verdadeiro, toma a ficção como realidade e é enganado".[101]

Na regulamentação privada da publicidade realizada pelo **CONAR** (Conselho Nacional de Autorregulamentação Publicitária), ressalta-se que o próprio **Código de Autorregulamentação Publicitária** define em seu **art. 30** que a "**peça jornalística** sob a forma de reportagem, artigo, nota, texto-legenda ou qualquer outra que se veicule mediante pagamento, **deve ser apropriadamente identificada** para que se distinga das matérias editoriais e não confunda o Consumidor".

Assim, desde que este tipo de **publicidade** venha **acompanhado de avisos**, por exemplo **"informe publicitário"**, a mensagem estará compatível com o princípio da identificação fácil e imediata da publicidade.[102]

Publicidade Subliminar

É a mensagem que **não é percebida pelo consciente**, mas **é captada pelo inconsciente** do consumidor.

A esse respeito, Antônio Herman de Vasconcellos e Benjamin cita o trabalho de "David Gurnick, 'Subliminal advertising: threat to consumer autonomy?', in Beverly Hills Bar Association Journal, vol. 21, n. 1, 1986-87, p. 56-72. **A eficácia da publicidade subliminar foi testada**, experimentalmente, **em 1957**. Em um **cinema dos Estados Unidos**, a audiência foi bombardeada com as seguintes **frases, na velocidade de 1/3000** de segundo: **'Drink Coca-Cola' e 'Hungry? Eat Popcorn'.**[103] **O consumo de tais produtos, durante a apresentação, aumentou bastante.** Não há, contudo, casos registrados de utilização comercial de publicidade subliminar. Por via das dúvidas, como mera cautela preventiva, a

[101] NUNES, Luiz Antonio Rizzatto. *Curso de direito do consumidor*, p. 266.

[102] MIRAGEM, Bruno. *Curso de direito do consumidor*, p. 173.

[103] "Beba Coca-Cola" e "Fome? Coma pipoca".

Federal Trade Commission, em 1974, emitiu uma *public notice,* alertando contra a abusividade da publicidade subliminar".[104]

O Código Brasileiro de Autorregulamentação Publicitária não se ocupa da publicidade subliminar, "por não se tratar de técnica comprovada, jamais detectada de forma juridicamente inconteste. São condenadas, no entanto, quaisquer tentativas destinadas a produzir efeitos 'subliminares' em publicidade ou propaganda" (art. 29).

De fato, esse tipo de mensagem publicitária, quando passível de ser comprovada, será violador do princípio da fácil e imediata identificação da publicidade.

Publicidade Clandestina — *Merchandising*

É a técnica de veiculação indireta de produtos ou serviços por meio da respectiva inserção no cotidiano da vida de personagens de novelas, filmes, programas de rádio ou TV, dentre outros. É o caso do galã da novela que aparece em determinada cena, sentado a uma mesa de bar, tomando certa marca de refrigerante que aparece com seu rótulo no plano central da imagem.

O **Código de Defesa do Consumidor não veda expressamente a veiculação do *merchandising***, mas a doutrina entende pela necessidade de **compatibilizá-lo com o princípio da identificação fácil e imediata da publicidade**.

Segundo Herman Benjamin, a melhor forma de se atingir tal intento seria por meio da "**utilização de 'créditos'**, ou seja, a **veiculação antecipada de uma informação comunicando que**, naquele programa, peça ou filme, **ocorrerá *merchandising*** de tais e tais produtos ou serviços. Não vejo aí violação do requisito da imediatidade. Esta tem por *ratio* evitar a identificação *a posteriori.* Ora, o crédito simplesmente fornece os elementos necessários para que o consumidor, no momento da veiculação do *merchandising,* possa identificá-lo, de imediato, como publicidade. Por cautela, o crédito, nos programas que são fragmentados, deve ser reapresentado tantas vezes quantos sejam os fragmentos".[105]

E conclui o autor que, "para proteger os consumidores que não tenham oportunidade de assistir ao início do programa (ligaram a televisão após a aber-

---

[104] GRINOVER, Ada Pellegrini; BENJAMIN, Antônio Herman de V.; FINK, Daniel Roberto; FILOMENO, José Geraldo Brito; NERY JR., Nelson; DENARI, Zelmo. *Código Brasileiro de Defesa do Consumidor,* p. 337.

[105] GRINOVER, Ada Pellegrini; BENJAMIN, Antônio Herman de V.; FINK, Daniel Roberto; FILOMENO, José Geraldo Brito; NERY JR., Nelson; DENARI, Zelmo. *Código Brasileiro de Defesa do Consumidor,* p. 338-339.

tura da novela, por exemplo), também se deve exigir que os créditos sejam repetidos ao final de cada fragmento".[106]

No âmbito da regulamentação privada, o Código de Autorregulamentação Publicitária "encoraja" em seu art. 29, parágrafo único, "os Veículos de Comunicação a adotarem medidas ao seu alcance destinadas a facilitar a apreensão da natureza publicitária da ação de 'merchandising'". Assim, destaca-se que até o CONAR entende pela necessidade de se deixar bem claro ao consumidor que o *merchandising* é uma peça publicitária.

No tocante à **publicidade clandestina**, cabem ainda algumas observações sobre o ***teaser***, isto é, **o anúncio do anúncio**. Para o CONAR, em seu Código de Autorregulamentação, o *teaser* pode ser entendido como "a mensagem que visa a criar expectativa ou curiosidade no público, poderá prescindir da identificação do anunciante, do produto ou do serviço" (art. 9º, § 2º).

Tratando-se, portanto, de parte do anúncio — que será veiculado por completo num futuro próximo —, compartilhamos com a posição de Bruno Miragem segundo a qual o atendimento ao princípio da identificação da publicidade "deverá ser avaliado a partir da compreensão de toda a peça publicitária, desde seu anúncio prévio, no formato de *teaser,* até a divulgação da peça final, razão pela qual sua utilização parece ser admissível, contanto que não viole normas específicas do CDC, como as relativas à publicidade enganosa e abusiva".[107]

■ 4.4.1.2. *Princípio da vinculação da oferta/publicidade*

O dispositivo no CDC responsável pelo princípio da vinculação é o **art. 30**, ao prever que **toda "informação ou publicidade**, suficientemente precisa, veiculada por qualquer forma ou meio de comunicação com relação a produtos e serviços oferecidos ou apresentados, **obriga o fornecedor que a fizer veicular ou dela se utilizar** e integra o contrato que vier a ser celebrado".

Trata-se de dispositivo que traz as principais características da oferta e, sendo a publicidade a principal manifestação desta, o princípio da vinculação é plenamente aplicável às mensagens publicitárias. Assim, **ofertou, vinculou**. Ou, nas palavras de José Geraldo Brito Filomeno, **"prometeu, tem de cumprir"**.[108]

Sobre o tema, destaca-se a posição do Superior Tribunal de Justiça:

---

[106] GRINOVER, Ada Pellegrini; BENJAMIN, Antônio Herman de V.; FINK, Daniel Roberto; FILOMENO, José Geraldo Brito; NERY JR., Nelson; DENARI, Zelmo. *Código Brasileiro de Defesa do Consumidor,* p. 338-339.

[107] MIRAGEM, Bruno. *Curso de direito do consumidor*, p. 174.

[108] FILOMENO, José Geraldo Brito. *Manual de direitos do consumidor,* p. 202.

DIREITO DO CONSUMIDOR. PUBLICIDADE ENGANOSA. EMPREENDIMENTO DIVULGADO E COMERCIALIZADO COMO HOTEL. MERO RESIDENCIAL COM SERVIÇOS. INTERDIÇÃO PELA MUNICIPALIDADE. OCULTAÇÃO DELIBERADA DE INFORMAÇÃO PELO FORNECEDOR. ANULAÇÃO DO NEGÓCIO JURÍDICO. INDENIZAÇÃO POR LUCROS CESSANTES E POR DANOS MORAIS DEVIDA. 1. O direito à informação, no Código de Defesa do Consumidor, é corolário das normas intervencionistas ligadas à função social e à boa-fé, em razão das quais a liberdade de contratar assume novel feição, impondo a necessidade de transparência em todas as fases da contratação: o momento pré-contratual, o de formação e o de execução do contrato e até mesmo o momento pós-contratual. **2. O princípio da vinculação da publicidade reflete a imposição da transparência e da boa-fé nos métodos comerciais, na publicidade e nos contratos, de modo que o fornecedor de produtos ou serviços obriga-se nos exatos termos da publicidade veiculada, sendo certo que essa vinculação estende-se também às informações prestadas por funcionários ou representantes do fornecedor.** 3. Se a informação se refere a dado essencial capaz de onerar o consumidor ou restringir seus direitos, deve integrar o próprio anúncio, de forma precisa, clara e ostensiva, nos termos do art. 31 do CDC, sob pena de configurar publicidade enganosa por omissão. 4. No caso concreto, desponta estreme de dúvida que o principal atrativo do projeto foi a sua divulgação como um empreendimento hoteleiro — o que se dessume à toda vista da proeminente reputação que a Rede Meliá ostenta nesse ramo —, bem como foi omitida a falta de autorização do Município para que funcionasse empresa dessa envergadura na área, o que, à toda evidência, constitui publicidade enganosa, nos termos do art. 37, *caput* e § 3º, do CDC, rendendo ensejo ao desfazimento do negócio jurídico, à restituição dos valores pagos, bem como à percepção de indenização por lucros cessantes e por dano moral. 5. Recurso especial de Antônio Rogério Saldanha Maia provido. 6. Recursos especiais de Gafisa S/A e Banco BBM S/A não conhecidos. Prejudicadas as demais questões suscitadas (REsp 1.188.442/RJ, Rel. Ministro Luis Felipe Salomão, 4ª T., *DJe* 5-2-2013).

O **art. 35** do Diploma Consumerista determina as **opções** conferidas ao consumidor nos casos de violação deste princípio:

> Art. 35. Se o fornecedor de produtos ou serviços **recusar cumprimento à oferta**, apresentação ou publicidade, o consumidor poderá, alternativamente e à sua livre escolha:
>
> I — exigir o cumprimento forçado da obrigação, nos termos da oferta, apresentação ou publicidade;
>
> II — aceitar outro produto ou prestação de serviço equivalente;
>
> III — rescindir o contrato, com direito à restituição de quantia eventualmente antecipada, monetariamente atualizada, e a perdas e danos.

Sobre a recusa no cumprimento da publicidade, cumpre destacar que a própria Lei n. 8.078/90 prevê em seu **art. 84** quais seriam os **instrumentos** processuais hábeis para exigir o **cumprimento forçado da oferta** como forma de concretizar a efetividade do princípio ora analisado, resumindo o dispositivo da seguinte forma:

- ação de obrigação de fazer (art. 84, *caput*);
- pedido de liminar, tratando-se de relevante fundamento da demanda e havendo justificado receio de ineficácia do provimento final (art. 84, § 3º);
- o juiz poderá impor multa diária independentemente de pedido do autor (art. 84, § 4º);
- o juiz poderá determinar outras medidas necessárias, como a busca e apreensão (art. 84, § 5º).

O aprofundamento devido destes temas, bem como das repercussões do erro na publicidade e a viabilidade ou não do descumprimento do ofertado no mercado de consumo, será objeto de capítulo próprio, quando tratarmos da "Oferta no CDC".

4.4.1.3. *Princípio da proibição da publicidade ilícita*

Nos termos do **art. 37** do Código de Defesa do Consumidor, **é "proibida toda publicidade enganosa ou abusiva"**. É evidente que estas duas espécies de publicidade não são as únicas modalidades de peças publicitárias ilícitas. Outras mensagens são coibidas pela Lei n. 8.078/90, como aquelas que violam, por exemplo, os princípios da identificação fácil e imediata da publicidade ou o da vinculação.

No entanto, em razão da importância de se disciplinarem as duas manifestações ilícitas mais corriqueiras no mundo publicitário, vem o CDC e expressamente proíbe a publicidade enganosa e a abusiva no mercado de consumo.

A **publicidade enganosa** consiste em "qualquer modalidade de informação ou comunicação de caráter publicitário, inteira ou parcialmente falsa, ou, por qualquer outro modo, mesmo por omissão, capaz de induzir em erro o consumidor a respeito da natureza, características, qualidade, quantidade, propriedades, origem, preço e quaisquer outros dados sobre produtos e serviços" **(art. 37, § 1º, do CDC)**.

A **publicidade** será considerada **enganosa por omissão** "quando deixar de informar sobre dado essencial do produto ou serviço" **(art. 37, § 3º, do CDC)**.

Já a **publicidade abusiva** é a antiética, capaz de ferir valores da coletividade, tais como "a publicidade discriminatória de qualquer natureza, a que incite à violência, explore o medo ou a superstição, se aproveite da deficiência de julgamento e experiência da criança, desrespeita valores ambientais, ou que seja capaz de induzir o consumidor a se comportar de forma prejudicial ou perigosa à sua saúde ou segurança" **(art. 37, § 2º, do CDC)**.

Portanto, o princípio da proibição da publicidade ilícita alberga:

■ Princípio da veracidade — segundo o qual a publicidade não poderá induzir em erro o consumidor.

■ Princípio da não abusividade — pelo qual a mensagem publicitária não poderá ferir valores da coletividade.

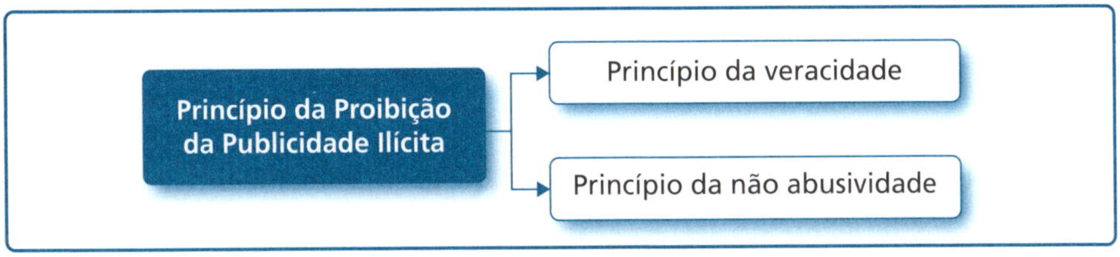

Além da publicidade proibida, Bruno Miragem[109] lembra ainda da publicidade restrita nos termos do art. 220, § 4º, da Constituição Federal, que prevê: "A propaganda comercial de tabaco, bebidas alcoólicas, agrotóxicos, medicamentos e terapias estará sujeita a restrições legais, nos termos do inciso II do parágrafo anterior, e conterá, sempre que necessário, advertência sobre os malefícios decorrentes de seu uso". A lei que regulamenta o aludido dispositivo constitucional é a Lei n. 9.294/96.[110]

■ 4.4.1.4. *Princípio da inversão obrigatória do ônus da prova*

No tocante à publicidade, determina o **art. 38** do CDC uma modalidade de **inversão obrigatória, *ope legis***, do ônus probante, ao estabelecer, *in verbis*: "O **ônus da prova da veracidade e correção** da informação ou comunicação publicitária **cabe a quem as patrocina**".

Com efeito, o ônus de provar que a publicidade não é enganosa nem abusiva será do fornecedor, sendo tal inversão decorrente da lei e, portanto, independentemente do reconhecimento de qualquer requisito pelo magistrado, como ocorre com a inversão do art. 6º, inciso VIII, do CDC — inversão *ope judicis* —, cujo deferimento dar-se-á ante a presença da verossimilhança das alegações do consumidor ou caso seja ele o hipossuficiente da relação, conforme estudado no subitem 4.3.9 deste livro.

A **inversão obrigatória** do ônus da prova **é corolário dos princípios da veracidade e da não abusividade da publicidade**, pois, se ao fornecedor incumbe veicular mensagens que não sejam capazes de induzir o consumidor em erro, bem como que não sejam violadoras de valores da coletividade, caberá também a ele — fornecedor — comprovar a veracidade e a correção de sua peça publicitária.

---

109 MIRAGEM, Bruno. *Curso de direito do consumidor*, p. 182.

110 As definições e repercussões apontadas pela doutrina e jurisprudência a respeito da publicidade enganosa e da publicidade abusiva, além das peças publicitárias sobre bebidas alcoólicas, serão estudadas em capítulo específico.

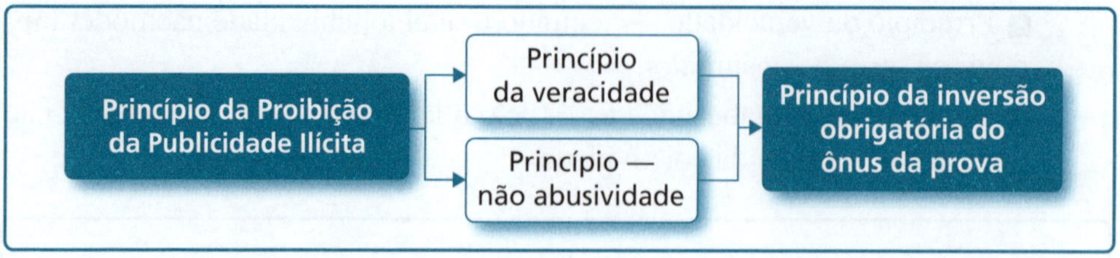

■ *4.4.1.5. Princípio da transparência na fundamentação publicitária*

Dispõe o **art. 36, parágrafo único, do CDC** que o "**fornecedor**, na publicidade de seus produtos ou serviços, **manterá**, em seu poder, para informação dos legítimos interessados, **os dados fáticos, técnicos e científicos que dão sustentação à mensagem**". É o princípio da transparência na fundamentação da publicidade, pois deverá tornar acessíveis aos interessados os dados que fundamentam a mensagem.[111]

Muito se discute se esse dever se limitaria ao fornecedor ou também seria estendido à agência de publicidade e aos veículos de comunicação veiculadores da mensagem. José Geraldo Brito Filomeno entende que se cuida "de princípio eminentemente ético, e tem por base o dever que é imposto tanto aos anunciantes, como aos seus agentes publicitários e veículos, que, ao transmitirem alguma característica especial sobre determinado produto ou serviço, e caso haja dúvidas a respeito, que a justifiquem cientificamente".[112]

No entanto, o Superior Tribunal de Justiça, quando invocado a apreciar eventual responsabilidade dos veículos de comunicação no tocante às publicida-

[111] Sobre o princípio da transparência, já se posicionou o STJ: "5. Por expressa disposição legal, só respeitam o princípio da transparência e da boa-fé objetiva, em sua plenitude, as informações que sejam 'corretas, claras, precisas, ostensivas' e que indiquem, nessas mesmas condições, as 'características, qualidades, quantidade, composição, preço, garantia, prazos de validade e origem, entre outros dados' do produto ou serviço, objeto da relação jurídica de consumo (art. 31 do CDC, grifo acrescentado). 6. Exigidas literalmente pelo art. 31 do CDC, informações sobre preço, condições de pagamento e crédito são das mais relevantes e decisivas na opção de compra do consumidor e, por óbvio, afetam diretamente a integridade e a retidão da relação jurídica de consumo. Logo, em tese, o tipo de fonte e localização de restrições, condicionantes e exceções a esses dados devem observar o mesmo tamanho e padrão de letra, inserção espacial e destaque, sob pena de violação do dever de ostensividade. 7. Rodapé ou lateral de página não são locais adequados para alertar o consumidor, e, tais quais letras diminutas, são incompatíveis com os princípios da transparência e da boa-fé objetiva, tanto mais se a advertência disser respeito à informação central na peça publicitária e a que se deu realce no corpo principal do anúncio, expediente astucioso que caracterizará publicidade enganosa por omissão, nos termos do art. 37, §§ 1º e 3º, do CDC, por subtração sagaz, mas nem por isso menos danosa e condenável, de dado essencial do produto ou serviço. (...)" (AgRg no AgRg no REsp 1.261.824/SP, Rel. Ministro Herman Benjamin, 2ª T., *DJe* 9-5-2013).

[112] FILOMENO, José Geraldo Brito. *Manual de direitos do consumidor,* p. 204.

des enganosa ou abusiva, vem posicionando-se no sentido de não reconhecer a responsabilização: **"A responsabilidade pela qualidade do produto ou serviço anunciado ao consumidor é do fornecedor respectivo, assim conceituado nos termos do art. 3º da Lei n. 8.078/1990, não se estendendo à empresa de comunicação que veicula a propaganda por meio de apresentador durante programa de televisão, denominada 'publicidade de palco'"** (REsp 1.157.228/RS, Rel. Ministro Aldir Passarinho Junior, 4ª T., *DJe* 27-4-2011).

De qualquer forma, dúvida não há de que **o princípio da transparência na fundamentação da publicidade é decorrência do princípio da inversão obrigatória do ônus da prova**, na medida em que, se ao patrocinador da mensagem cabe o ônus de demonstrar a sua veracidade e a sua correção, deverá fazê-lo por meio dos dados fáticos, técnicos e científicos que dão sustentação à peça publicitária. Assim, demonstraremos pelo esquema abaixo a total conexão entre o princípio ora analisado e os dois antecessores:

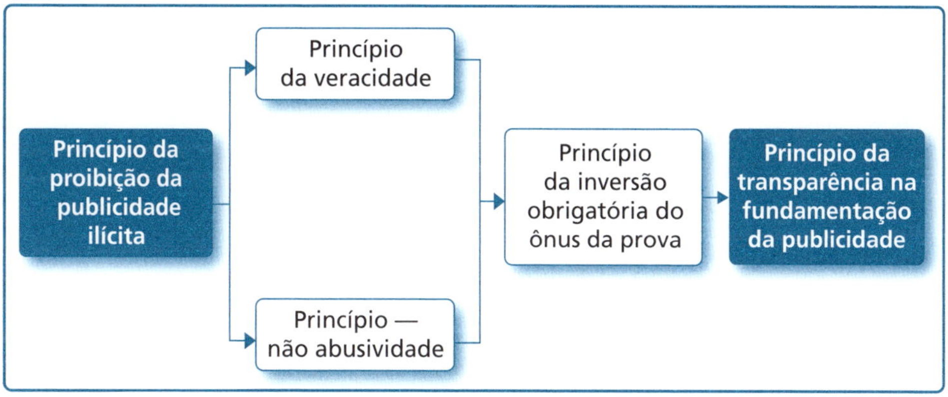

■ 4.4.1.6. *Princípio do dever da contrapropaganda*

Determina o **art. 60, *caput***, do Diploma Consumerista que a **imposição de contrapropaganda** será cominada quando o **fornecedor incorrer na prática de publicidade enganosa ou abusiva**, sempre às expensas do infrator. Veiculada uma publicidade ilícita, qualquer que seja a sua natureza, o mercado de consumo é acometido imediatamente de danos muitas vezes irreparáveis.

Desta forma, para tentar minimizar tais prejuízos, poderá ser imposto em face do fornecedor o dever da contrapropaganda, que possui natureza de **obrigação de fazer**, isto é, de **veicular uma nova mensagem publicitária**, só que, desta vez, **escoimada dos vícios** da enganosidade ou da abusividade.

Prevê ainda o CDC que **a contrapropaganda**, para atingir a eficácia pretendida, **deverá ser veiculada nas mesmas proporções** da mensagem viciada, como a única forma de desfazer ou, ao menos, minimizar os malefícios da publicidade enganosa ou abusiva. Nesse sentido, estabelece o art. 60, § 1º, do CDC que a contrapropaganda será divulgada:

- da mesma forma, frequência e dimensão; e
- preferencialmente no mesmo veículo, local, espaço e horário.

De fato, se a **publicidade enganosa ou abusiva** foi veiculada **no intervalo** de um **jornal** televisivo de âmbito **nacional** com duração de cinco minutos, a respectiva **contrapropaganda** para atingir os efeitos desejados **não poderá ser divulgada altas horas** da madrugada com tempo de trinta segundos, pois não foi da mesma forma, nem dimensão, ainda que possa ter ocorrido no mesmo veículo de comunicação.

É o que frequentemente ocorre com as erratas inseridas na mídia impressa num espaço bem pequenino, no canto de uma folha qualquer do jornal.

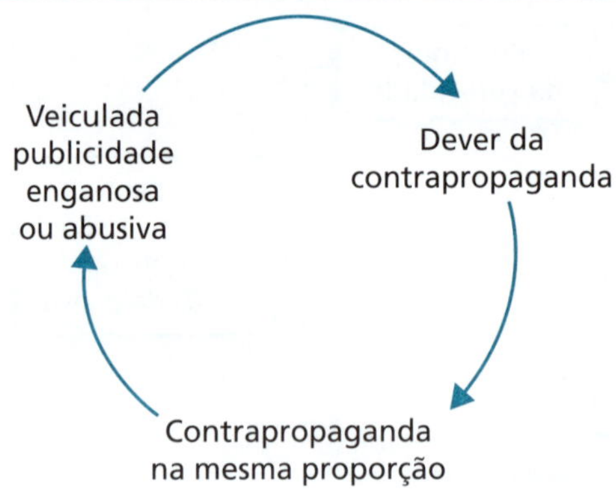

4.4.2. Princípios específicos dos contratos de consumo

Os contratos de consumo também possuem seus princípios específicos e norteadores de toda a relação envolvendo contratação no correspondente mercado. Sobre o tema, analisaremos a seguir esses princípios.

4.4.2.1. Princípio do rompimento com a tradição privatista do Código Civil

Conforme estudado no Capítulo inaugural deste livro, com o surgimento da sociedade de consumo, marcada pela produção em série, constatou-se que o **Código Civil da época não era um Diploma compatível com a tutela desse novo modelo de relação jurídica, a de consumo**.

Tal assertiva tem amparo basicamente no fato de o Direito Civil clássico regulamentar situações individualizadas e a então novel relação de consumo ser marcada justamente pelo fim desta bilateralidade nas relações entre fornecedor e consumidor. A unilateralidade na produção e contratação passou a ser a marca registrada nas relações de consumo, ou seja, apenas uma das partes passaria a ditar as regras do "jogo".

Em suma, os produtos e serviços passaram a ser produzidos e prestados a um número indeterminado de destinatários, e as relações contratuais também deveriam ser regulamentadas por uma nova disciplina jurídica, condizente com sua nova realidade.

Nos dizeres de Sergio Cavalieri Filho, "o ponto de vista atual do contrato é social. A sua principal função é criar uma cooperação social saudável. A sociedade atual luta por liberdade com igualdade (substancial), ou seja, por solidariedade, por justiça social. Estamos deixando a era dos 'direitos declarados', para ingressarmos na dos 'direitos concretizados'. Nesse contexto, as pedras angulares do novo Direito contratual são a equidade e a boa-fé. Daí, o recrudescimento e a valorização do aspecto sinalagmático da relação jurídica. Não mais se conforma a sociedade com a igualdade formal dos contratantes, pura e simplesmente. Ao contrário, deseja muito mais do que isso; pretende o reequilíbrio, o balanceamento total da relação, inclusive e principalmente no que respeita aos seus aspectos éticos".[113]

Conclui-se, então, pela necessidade de se romper com as tradições privatistas do Direito Civil clássico, bem como com os institutos caracterizadores daquele modelo, tais como:

- *Pacta sunt servanda.*
- Oferta como mero convite e não vinculativa.
- Cláusulas contratuais elaboradas por ambas as partes em igualdade de condições.

Quando o tema é **contrato de consumo**, impossível falar em obrigatoriedade do que foi pactuado, pois se existe cláusula abusiva esta será nula de pleno direito, **não cabendo a invocação da *pacta sunt servanda*** nem de que as partes estavam no gozo pleno de suas faculdades mentais quando da assinatura do contrato. Isto porque o **Código de Defesa do Consumidor traz** em seu conteúdo **normas de ordem pública e de interesse social** que não poderão ser derrogadas pela vontade das partes.

Ademais, analisaremos no momento oportuno que a oferta no CDC é diferente da proposta do Direito Civil clássico, bem como do próprio Código Civil de 2002. **No Diploma Consumerista, a oferta vincula** o fornecedor que a fizer

[113] CAVALIERI FILHO, Sergio. *Programa de direito do consumidor*, p. 116.

veicular, além daqueles que dela se beneficiarem. Já **a proposta do Direito Civil** — clássico e contemporâneo — consiste num mero convite à oferta, **passível**, inclusive, **de ser revogada** em algumas circunstâncias.

Conforme visto na análise do princípio da vinculação da publicidade — subitem 4.4.1.2 *supracitado* —, **ofertou, vinculou**, isto é, nos termos do art. 30 da Lei n. 8.078/90, veiculada a oferta, o fornecedor estará obrigado a cumprir o prometido.

Um último exemplo de diferença entre a tradição privatista e a **relação de consumo** é que, nesta, **os contratos são elaborados** por apenas um dos sujeitos da relação jurídica de consumo, **pelo fornecedor**.

Aquele contexto "romântico" de as partes sentarem-se à mesa de um bar para de comum acordo convencionar as cláusulas de eventual contrato de prestação de serviços, por exemplo, inexiste nas relações de consumo.

Aqui, a unilateralidade é característica marcante nos **contratos**, que são, em sua maioria, **de adesão**, em que uma das partes elabora todas as cláusulas, cabendo à outra aderir ou não ao que foi previamente formulado, e em que a participação do consumidor mais se aproxima do preenchimento de um formulário do que de um instrumento contratual clássico. Daí a denominação **contrato-formulário**.

Em resumo, nos ensinamentos de Rizzatto Nunes, a "Lei n. 8.078 rompe de vez com o princípio do *pacta sunt servanda*. Ao reconhecer que em matéria de relação de consumo vige a regra da oferta que vincula e os contratos são elaborados unilateralmente (contratos de adesão) ou nem sequer são apresentados (verbais, comportamento socialmente típico, cláusulas gerais), estabelece que não vige a regra milenar representada no brocardo latino".[114]

■ 4.4.2.2. Princípio da preservação (explícita) dos contratos de consumo

Determina o **art. 51, § 2º**, do CDC que a "**nulidade de uma cláusula contratual abusiva não invalida o contrato**, exceto quando de sua ausência, apesar dos esforços de integração, decorrer ônus excessivo a qualquer das partes". Demonstra o Código do Consumidor a intenção explícita de preservar o contrato ainda que seja necessário o reconhecimento da nulidade de uma cláusula abusiva.

De fato, o disposto no art. 51, § 2º, do CDC traz o princípio da preservação dos contratos de consumo de forma mais explicitada quando cotejado com o previsto no art. 6º, inciso V, do mesmo Diploma, conforme analisado neste livro no subitem "4.3.6. Direito à modificação e revisão como formas de preservação (implícita) do contrato de consumo".

[114] NUNES, Luiz Antonio Rizzatto. *Curso de direito do consumidor*, p. 600-601.

Desta forma, comungamos com o entendimento de Rizzatto Nunes, para quem o "princípio do inciso V do art. 6º volta como norma de declaração de nulidade da cláusula desproporcional no art. 51 (inciso IV e § 1º), mas a nulidade não significa que o contrato será extinto. Como o inciso V garante a modificação, pelo princípio da conservação do contrato, o magistrado que reconhecer a nulidade deve fazer a integração das demais cláusulas e do sentido estabelecido no contrato, em função de seu objeto, no esforço de mantê-lo em vigor. Como dissemos, **o princípio da conservação, que é implícito no princípio do inciso V do art. 6º está explicitado no § 2º do art. 51**".[115]

■ 4.4.2.3. *Princípio da transparência contratual*

A disciplina referente ao princípio da transparência contratual consta do teor do **art. 46** da Lei n. 8.078/90, segundo o qual os "contratos que regulam as relações de consumo não obrigarão os consumidores, se não lhes for dada a **oportunidade de tomar conhecimento prévio de seu conteúdo**, ou se os respectivos instrumentos forem redigidos de modo a dificultar a compreensão de seu sentido e alcance".

Com efeito, **não basta** dar a oportunidade ao consumidor de ter **acesso formal** ao contrato. O princípio em comento exige a **necessidade do acesso material, efetivo e real do objeto contratual**, isto é, que o contrato deve ser redigido de tal forma que o consumidor ao lê-lo será capaz de compreender o seu conteúdo.

Assim, para que o vulnerável da relação de consumo possa ser obrigado a cumprir com a sua parte nos termos pactuados, imprescindível que o contrato tenha sido redigido de modo a facilitar o entendimento do seu sentido e alcance.

O excesso de expressões técnicas no bojo do contrato sem a correspondente explicação torna bem evidente uma das modalidades de vulnerabilidade do consumidor, qual seja: a jurídica/científica.

■ 4.4.2.4. *Princípio da interpretação mais favorável ao consumidor*

Segundo dispõe o Diploma Consumerista, **as "cláusulas contratuais serão interpretadas de maneira mais favorável ao consumidor" (art. 47)**.

Sobre o tema, cumpre destacar que o Código Civil possui disposição semelhante no art. 423, *in verbis*: "Quando houver no contrato de adesão cláusulas ambíguas ou contraditórias, dever-se-á adotar a interpretação mais favorável ao aderente". Apesar da semelhança, os dispositivos legais não se confundem. Vejamos:

[115] NUNES, Luiz Antonio Rizzatto. *Curso de direito do consumidor*, p. 602.

INTERPRETAÇÃO MAIS FAVORÁVEL NO CC	INTERPRETAÇÃO MAIS FAVORÁVEL NO CDC
■ Contrato de adesão	■ Qualquer contrato de consumo
■ Depende de cláusulas ambíguas ou contraditórias	■ Independe de cláusulas ambíguas ou contraditórias

Sobre o tema, destaca-se que o STJ vem determinando o cumprimento do aludido princípio, em especial quando se tratar de contrato de adesão, conforme julgado ora colacionado:

> RECURSO ESPECIAL. DIREITO DO CONSUMIDOR. SEGURO DE SAÚDE. ALEGAÇÃO DE VIOLAÇÃO DE DISPOSITIVOS CONSTITUCIONAIS. INVIABILIDADE. INCLUSÃO DE DEPENDENTE. INAPLICABILIDADE DO § 5º DO ART. 35 DA LEI 9.656/98. OPORTUNIDADE DE ADAPTAÇÃO AO NOVO SISTEMA. NÃO CONCESSÃO. CLÁUSULA CONTRATUAL. POSSIBILIDADE DE INCLUSÃO DE QUALQUER PESSOA COMO DEPENDENTE. EXCLUSÃO DE COBERTURA DE LESÕES DECORRENTES DE MÁ-FORMAÇÃO CONGÊNITA. EXCEÇÃO. FILHO DE SEGURADA NASCIDO NA VIGÊNCIA DO SEGURO. INTERPRETAÇÃO MAIS FAVORÁVEL AO CONSUMIDOR ADERENTE. ABUSIVIDADE DA NEGATIVA DE COBERTURA DE SITUAÇÃO DE URGÊNCIA. 1. A análise de suposta violação de dispositivo constitucional é vedada nesta instância especial, sob pena de usurpação da competência atribuída ao Supremo Tribunal Federal. 2. Inaplicabilidade da regra do § 5º do art. 35 da Lei n. 9.656/98 quando ao consumidor não foi dada a oportunidade de optar pela adaptação de seu contrato de seguro de saúde ao novo sistema. 3. Afastada a restrição legal à inclusão de dependentes, permanece em plena vigência a cláusula contratual que prevê a possibilidade de inclusão de qualquer pessoa como dependente em seguro de saúde. 4. Obrigação contratual da seguradora de oferecer cobertura às lesões decorrentes de má-formação congênita aos filhos das seguradas nascidos na vigência do contrato. **5. Cláusulas contratuais devem ser interpretadas de maneira mais favorável ao consumidor, mormente quando se trata de contrato de adesão. Inteligência do art. 47 do CDC.** 6. Cobertura que não poderia, de qualquer forma, ser negada pela seguradora, por se tratar de situação de urgência, essencial à manutenção da vida do segurado, sob pena de se configurar abusividade contratual. 7. RECURSO ESPECIAL PROVIDO (REsp 1.133.338/SP, Rel. Ministro Paulo de Tarso Sanseverino, 3ª T., *DJe* 9-4-2013).

■ *4.4.2.5. Princípio da vinculação pré-contratual*

Determina o **art. 48 do CDC** que as "declarações de vontade constantes de **escritos particulares, recibos e pré-contratos** relativos às relações de consumo **vinculam o fornecedor**, ensejando inclusive execução específica, nos termos do art. 84 e parágrafos". Desta forma, na Lei n. 8.078/90, não somente a oferta ou a publicidade são vinculantes. Também o serão:

- os escritos particulares;
- os recibos;
- os pré-contratos.

Clássico **exemplo de pré-contrato** capaz de gerar vinculação da obrigação é o **compromisso de compra e venda** e o correspondente direito à adjudicação compulsória, quando comprovada a quitação do pactuado por parte do adquirente, ainda que o instrumento não tenha sido levado a registro.

O tema é objeto, inclusive, da Súmula 239 do STJ: "O direito à adjudicação compulsória não se condiciona ao registro do compromisso de compra e venda no cartório de imóveis".

Ainda sobre a promessa de compra e venda, o STJ consolidou entendimento no julgamento do REsp 1.300.418 pelo regime de recurso repetitivo que: "1. Para efeitos do art. 543-C do CPC: em contratos submetidos ao Código de Defesa do Consumidor, é **abusiva a cláusula** contratual **que determina a restituição dos valores devidos somente ao término da obra ou de forma parcelada**, na hipótese de resolução de **contrato de promessa de compra e venda de imóvel**, por culpa de quaisquer contratantes. Em tais avenças, deve ocorrer a imediata restituição das parcelas pagas pelo promitente comprador — integralmente, em caso de culpa exclusiva do promitente vendedor/construtor, ou parcialmente, caso tenha sido o comprador quem deu causa ao desfazimento" (*DJe* 10-12-2013).

Nesse sentido, foi editada a Súmula 543 do STJ, com o seguinte teor: **"Na hipótese de resolução de contrato de promessa de compra e venda de imóvel submetido ao Código de Defesa do Consumidor, deve ocorrer a imediata restituição das parcelas pagas pelo promitente comprador — integralmente, em caso de culpa exclusiva do promitente vendedor/construtor, ou parcialmente, caso tenha sido o comprador quem deu causa ao desfazimento"** (*DJe* 31-8-2015).

■ 4.5. PRINCÍPIOS COMPLEMENTARES AO CÓDIGO DE DEFESA DO CONSUMIDOR

Os princípios norteadores das relações de consumo não se resumem àqueles expressos no Código de Defesa do Consumidor e acima estudados. Outros, inclusive de âmbito constitucional, também incidirão na relação entre consumidor e fornecedor, sendo o objetivo deste item abordar as disposições mais relevantes e afetas à disciplina do Direito do Consumidor.

Desta forma, compartilhamos com o entendimento de Rizzatto Nunes, pois no "que respeita às normas constitucionais que tratam da questão dos direitos e garantias do consumidor, elas são várias, algumas explícitas, outras implícitas. A rigor, **como a figura do consumidor, em larga medida, equipara-**

-se à do cidadão, todos os princípios e normas constitucionais de salvaguarda dos direitos do cidadão são também, simultaneamente, extensivos ao consumidor pessoa física. Dessarte, por exemplo, os princípios fundamentais instituídos no art. 5º da Constituição Federal são, no que forem compatíveis com a figura do consumidor na relação de consumo, aplicáveis como comando normativo constitucional".[116]

Esquematizando todo o sistema de proteção do consumidor, iremos nos deparar com o seguinte diagrama:

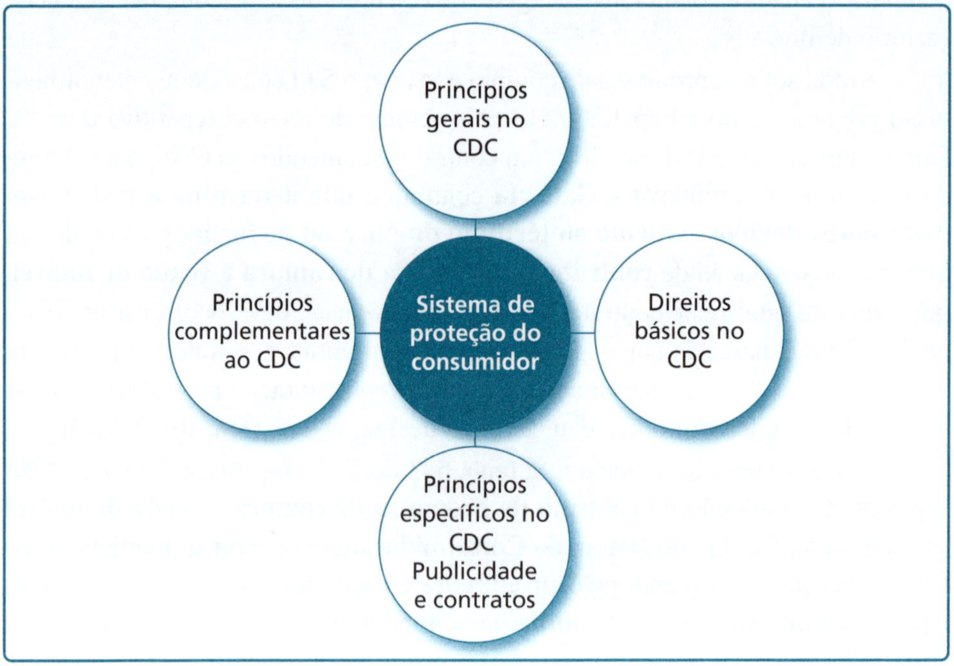

■ 4.5.1. Princípio da dignidade da pessoa humana

A **dignidade da pessoa humana**, que para muitos autores se confundiria com a própria definição de direitos humanos fundamentais,[117] também representa **importante princípio norteador das relações de consumo**.

---

[116] NUNES, Luiz Antonio Rizzatto. *Curso de direito do consumidor*, p. 12.

[117] Sobre o tema, concordamos com André Ramos Tavares, que nos ensina: "Embora inúmeros direitos fundamentais encontrem-se preenchidos, em diversos graus, pelo respeito à dignidade humana como o direito à vida, à liberdade, a um salário capaz de atender às necessidades vitais básicas, e outros, não seria admissível utilizar-se unicamente do método lógico-indutivo para afirmar, intransigentemente, que todo e qualquer direito fundamental ou princípio possui em sua essência uma lasca da dignidade da pessoa humana. Não se pode transformar o princípio em referência em um

Para Rizzatto Nunes, a "dignidade da pessoa humana — e do consumidor — é garantia fundamental que ilumina todos os demais princípios e normas e que, então, a ela devem respeito, dentro do sistema constitucional soberano brasileiro. A dignidade garantida no ***caput* do art. 4º** da Lei n. 8.078/90 está, assim, ligada diretamente àquela maior, estampada no texto constitucional".[118]

Talvez a **questão mais relevante** envolvendo o tema dignidade da pessoa humana e consumidor refira-se à utilização do aludido princípio constitucional para **fundamentar a tese da corrente contrária à interrupção do serviço público** em razão do inadimplemento do usuário, conforme visto no Capítulo 3 deste livro.

■ 4.5.2. Princípios do contraditório e da ampla defesa

Os princípios de origem constitucional do contraditório e da ampla defesa **são aplicáveis aos procedimentos administrativos**, nos termos do art. 5º, inciso LV, da Constituição Federal: "aos litigantes, em processo judicial ou administrativo, e aos acusados em geral são assegurados o contraditório e ampla defesa, com os meios e recursos a ela inerentes".

Trata-se de disposições igualmente **relevantes nas relações de consumo**, em especial quando da **imposição de sanções administrativas** que pressupõem a instauração de processo no âmbito da administração e a consequente efetividade de uma defesa ampla. Analisaremos no último Capítulo deste livro que a ausência da oportunidade ao contraditório e à ampla defesa tem gerado a nulidade de diversas sanções administrativas impostas pelo PROCON, por meio de determinação Judicial.

■ 4.5.3. Princípio da segurança jurídica na modalidade confiança legítima

O **princípio da segurança jurídica**, bastante trabalhado no Direito Administrativo, que busca certeza e estabilidade às relações sociais, possui uma **conotação subjetiva** quando relacionada à **confiança legítima** que muitas vezes é criada no consumidor em razão de uma prática comercial, como ocorre com a publicidade.

Uma consequência desse princípio é a **vinculação da mensagem publicitária** anteriormente estudada, pois se cria uma expectativa legítima no consumidor que se dirige ao estabelecimento comercial do patrocinador do anúncio e depara-se com a recusa no cumprimento da oferta.

Outra decorrência do princípio da confiança relaciona-se com a aplicação da **teoria do rompimento da base objetiva do negócio jurídico** no caso do advento de fato superveniente gerador de onerosidade excessiva ao consumidor, como ocorreu na década de 1990 com os **contratos de *leasing*** firmados em **moeda estrangeira**.

---

axioma jurídico, em uma verdade universal, incontestável e absoluta: em outras palavras, em um mito" (TAVARES, André Ramos. *Curso de direito constitucional*, p. 588).

[118] NUNES, Luiz Antonio Rizzatto. *Curso de direito do consumidor*, p. 127.

Sobre o tema, trazemos à colação a posição de Sergio Cavalieri Filho, com a qual concordamos, no sentido de que "viola também dita cláusula o princípio da confiança na medida em que a súbita elevação do dólar frustrou a legítima expectativa do consumidor de que teria condições de continuar pagando as prestações até o final do financiamento e, assim, adquirir definitivamente o seu veículo. A cláusula de reajuste pela variação do dólar viola, ainda, o princípio da boa-fé objetiva porque o financiador, através dela (cláusula), procurou transferir para o consumidor os riscos do seu negócio, riscos esses que não lhe eram desconhecidos, tanto assim que deles procurou se livrar".[119]

■ 4.5.4. Princípio da precaução nas relações de consumo

O **princípio da precaução**, amplamente difundido no Direito Ambiental, tem **total relação** com o sistema de **proteção do consumidor**. Ademais, não podemos confundir princípio da precaução com o direito básico da prevenção de danos expresso no art. 6º, inciso VI, do CDC e já estudado.

Nos ensinamentos de Mário Frota, "o princípio da precaução é invocável em situações em que os saberes científicos não permitem, no estado em que se acham, afastar a regra que justifique a prevenção, mas supor tão só a subsistência de um risco. O princípio da prevenção, que há muito se reconhece no direito europeu (leia-se na União Europeia), tem um âmbito de aplicação mais amplo que o da precaução".[120]

E continua o Professor da Universidade Lusíada do Porto, em Portugal, discorrendo no sentido de que o **princípio da prevenção** visa reduzir um **risco identificado**. Já "o **princípio da precaução** depende do **caráter incerto da superveniência de um prejuízo**".[121]

De fato, o aludido princípio **impõe ao fornecedor o dever de precaver a ocorrência de danos** no mercado de consumo, mesmo porque a teoria do risco do desenvolvimento não é considerada causa excludente de sua responsabilidade, conforme analisaremos no próximo capítulo deste livro.

Tal argumentação já foi objeto das decisões envolvendo o caso dos portadores da **síndrome da talidomida** — os filhos da primeira geração de mães que consumiram o medicamento para diminuir as náuseas, os quais nasceram com deformações físicas —, e também vale na atualidade para impor o dever de precaução dos fornecedores, bem como das autoridades públicas no tocante aos Organismos Geneticamente Modificados (OGMs), popularmente conhecidos como os **produtos transgênicos**.

---

[119] CAVALIERI FILHO, Sergio. *Programa de direito do consumidor*, p. 46.

[120] FROTA, Mário. *Segurança alimentar* — imperativo e cidadania. São Paulo: RT, 2011. v. 5 (Coleção doutrinas essenciais. Direito do consumidor: tutela das relações de consumo. Organizadores: Claudia Lima Marques e Bruno Miragem), p. 181.

[121] FROTA, Mário. *Segurança alimentar*, p. 181.

Em última análise, todas as medidas possíveis e imagináveis deverão ser tomadas pelo fornecedor para precaver acidentes de consumo, ainda que não haja um consenso sobre os malefícios de determinado produto ou serviço na comunidade científica mundial. Mesmo porque tal princípio poderá ser extraído do próprio texto do Código de Defesa do Consumidor, mais precisamente dos arts. 8º a 10, quando tratou no Capítulo IV — Seção I da "proteção à saúde e segurança" do vulnerável da relação jurídica de consumo.

■ 4.5.5. Princípio do não retrocesso

Conforme é cediço, os princípios e direitos afetos ao sistema de proteção do consumidor representam importante evolução no progresso da tutela de direitos fundamentais, nos termos do mandamento constitucional insculpido no art. 5º, inciso XXXII. Desta forma, não poderá prevalecer frente à Lei n. 8.078/90 qualquer Diploma que represente um retrocesso na tutela dos direitos do consumidor.

Nesse sentido, já decidiu o Supremo Tribunal Federal: "**Afastam-se as normas especiais do Código Brasileiro da Aeronáutica e da Convenção de Varsóvia quando implicarem retrocesso social ou vilipêndio aos direitos assegurados pelo Código de Defesa do Consumidor** (...)" (RE 351.750/RJ, 1ª T., Rel. Ministro Marco Aurélio, Relator(a) p/ Acórdão: Min. Carlos Britto, *DJe* 24-9-2009).

No entanto, o Supremo Tribunal Federal reconheceu a repercussão geral do tema no AI 762.184/RJ. Em 16 de março de 2011 houve a substituição do paradigma em sede de repercussão geral, deixando de ser Agravo de Instrumento n. 762.184 e passando para Recurso Extraordinário n. 636.331. No ano de 2017, mais precisamente no dia 25 de maio, o Plenário do Supremo Tribunal Federal entendeu por maioria de votos pelo prevalecimento da Convenção de Varsóvia, alterada pela Convenção de Montreal, em detrimento do Código de Defesa do Consumidor. *Data venia*, um verdadeiro retrocesso (o tema será melhor desenvolvido no item 4.3.7 deste livro).

■ 4.6. QUESTÕES

1. (CESPE — 2011 — DPE-MA — Defensor Público) Acerca dos direitos e princípios que devem ser aplicados na defesa do consumidor, assinale a opção correta de acordo com os regramentos estabelecidos pelo CDC.

a) Nos contratos de consumo, impõem-se, na fase de formação, mas não na de execução, a transparência e a boa-fé, a fim ser compensada a vulnerabilidade do consumidor.

b) É direito básico unilateral do consumidor a revisão de cláusula contratual excessivamente onerosa decorrente de fatos supervenientes, o que acarreta, como regra, a resolução do contrato celebrado.

c) Pelo princípio da *restitutio in integrum*, o contrato de consumo pode estabelecer limitações ou tarifamento para a indenização por prejuízo moral ou material, desde que razoável e proporcional.

d) Conforme o princípio da coibição e repressão de práticas abusivas, o fornecedor, com o objetivo legítimo de aumentar suas vendas, pode valer-se de marca que se assemelhe a outra marca famosa.

e) O princípio da vulnerabilidade estabelece que todo e qualquer consumidor é a parte mais fraca da relação de consumo, sendo tal presunção absoluta.

2. (FGV — 2011 — OAB — Exame de Ordem Unificado — 1 — Primeira Fase) No âmbito do Código de Defesa do Consumidor, em relação ao princípio da boa-fé objetiva, é correto afirmar que

a) sua aplicação se restringe aos contratos de consumo.
b) para a caracterização de sua violação imprescindível se faz a análise do caráter volitivo das partes.
c) não se aplica à fase pré-contratual.
d) importa em reconhecimento de um direito a cumprir em favor do titular passivo da obrigação.

3. (FGV — 2010 — OAB — Exame de Ordem Unificado — 3) Em relação aos princípios previstos no Código de Defesa do Consumidor, assinale a alternativa correta.

a) O CDC é uma norma tipificadora de condutas, prevendo expressamente o comportamento dos consumidores e dos fornecedores.
b) A boa-fé prevista no CDC é a boa-fé subjetiva.
c) O princípio da vulnerabilidade, que presume ser o consumidor o elo mais fraco da relação de consumo, diz respeito apenas à vulnerabilidade técnica.
d) O princípio da transparência impõe um dever comissivo e um omissivo, ou seja, não pode o fornecedor deixar de apresentar o produto tal como ele se encontra nem pode dizer mais do que ele faz; não pode, portanto, mais existir o *dolus bonus*.

4. (FCC — 2011 — MPE-CE — Promotor de Justiça) A inversão do ônus da prova para facilitação da defesa dos direitos do consumidor no processo civil é

a) obrigatória quando o pedido se fundar em norma de ordem pública, porque o interesse privado do fornecedor neste caso deverá ser sempre afastado.
b) obrigatória, sempre que o Ministério Público for o autor da ação e, nos casos em que, intervindo como fiscal da lei, requerer aquele benefício.
c) inadmissível quando o objeto do processo revestir interesse exclusivamente privado, para não ferir o princípio da isonomia.
d) admissível, a critério do juiz, desde que a parte o requeira, mediante declaração de pobreza firmada de próprio punho, porque ela firma presunção relativa de sua hipossuficiência.
e) admissível quando, a critério do juiz, for verossímil a alegação ou quando for ele hipossuficiente, segundo as regras ordinárias de experiência.

5. (PUC-PR — 2011 — TJ-RO — Juiz) O Código de Defesa do Consumidor estabelece normas de proteção e defesa do consumidor, de ordem pública e interesse social, nos termos dos arts. 5º, inciso XXXII, 170, inciso V, da Constituição Federal, e art. 48 de suas Disposições Transitórias. São direitos básicos do consumidor previstos no artigo 6º da Lei 8.078/1990.

a) A efetiva prevenção e reparação de danos patrimoniais e morais, exclusivamente direitos individuais e coletivos.
b) Os serviços públicos em geral não se enquadram na proteção do consumidor.
c) O consumidor terá direito à revisão contratual somente em caso de constarem em contrato cláusulas abusivas.
d) A facilitação da defesa de seus direitos, inclusive com a inversão do ônus da prova, a seu favor, no processo civil, quando, a critério do juiz, for verossímil a alegação ou quando for ele hipossuficiente, segundo as regras ordinárias de experiências.
e) A proteção contra a publicidade enganosa e abusiva, métodos comerciais coercitivos ou desleais não são considerados direitos do consumidor, recebendo a tutela do Código Civil Brasileiro.

6. (VUNESP — 2011 — TJ-SP — Juiz) Assinale a alternativa correta, de acordo com o Código de Defesa do Consumidor.

a) Nas demandas que versem sobre relação de consumo, é obrigatória a inversão do ônus da prova a favor do consumidor.
b) Tendo mais de um autor a ofensa aos direitos do consumidor, cada um responderá pela reparação dos danos que causou.
c) Os riscos à saúde ou segurança, que sejam considerados normais e previsíveis em decorrência da natureza do produto, não precisam ser informados ao consumidor.
d) Um produto pode ser considerado defeituoso se outro de melhor qualidade for colocado no mercado.
e) Havendo prova de culpa exclusiva de terceiro, o fabricante não será responsabilizado por dano causado ao consumidor.

7. (FCC — 2011 — TJ-PE — Juiz) Dentre os direitos básicos assegurados pela Teoria Geral do Direito abaixo discriminados NÃO se aplica às relações de consumo a regra

a) do *pacta sunt servanda*.
b) da inversão do ônus da prova.
c) da continuidade dos serviços essenciais prestados pelo Poder Público.
d) da verossimilhança das alegações do consumidor.
e) da desconsideração da personalidade jurídica.

8. (COPEVE-UFAL — 2010 — CASAL — Advogado) Em relação à qualidade de produtos e serviços nas relações de consumo, assinale a opção correta.

a) No que tange aos produtos ou serviços que apresentem alto grau de nocividade ou periculosidade, não há permissão de comercialização pela lei consumerista, que veta totalmente a colocação no mercado de produtos com essas atribuições.
b) Os produtos e serviços colocados no mercado de consumo não poderão acarretar riscos à saúde ou segurança dos consumidores, exceto os considerados normais e previsíveis em decorrência de sua natureza e fruição. Porém, os fornecedores não estão obrigados, em algumas hipóteses, a dar informações a seu respeito.
c) O fornecedor de produtos e serviços potencialmente nocivos ou perigosos à saúde ou segurança deverá informar, de maneira ostensiva e adequada, a respeito da sua nocividade ou periculosidade. Não há necessidade de adotar nenhuma outra medida.
d) O fornecedor de produtos e serviços que, posteriormente à sua introdução no mercado de consumo, tiver conhecimento da periculosidade que apresentem, precisa comunicar o fato apenas aos consumidores.
e) Tratando-se de produto industrial, cabe ao fornecedor prestar as informações adequadas por meio de impressos apropriados que devam acompanhar o produto.

9. (TJ-PR — 2010 — Juiz) O Código de Defesa do Consumidor estabelece normas de proteção e defesa do consumidor, de ordem pública e interesse social, nos termos dos arts. 5º, inciso XXXII, e 170, inciso V, da Constituição Federal e art. 48 de suas Disposições Transitórias. São direitos básicos do consumidor previstos no artigo 6º da Lei 8.078/1990:

a) A efetiva prevenção e reparação individual de danos patrimoniais e morais, somente.
b) A facilitação da defesa de seus direitos, inclusive com a inversão do ônus da prova, a seu favor, no processo civil, quando, a critério do juiz, for verossímil a alegação ou quando for ele hipossuficiente, segundo as regras ordinárias de experiências.
c) Os serviços públicos em geral não se enquadram na proteção do consumidor.
d) O consumidor terá direito à revisão contratual somente em caso de constarem em contrato cláusulas abusivas.

10. (CESPE — 2010 — DPE-BA — Defensor Público) Acerca dos princípios básicos que regem o direito do consumidor, da teoria da imprevisão e da responsabilidade de fato sobre o produto e o serviço, julgue o item a seguir.

O *recall*, expressamente previsto no CDC, constitui instrumento por meio do qual o fornecedor busca impedir, ainda que tardiamente, que o consumidor sofra algum dano ou perda em decorrência de vício que o produto ou o serviço tenha apresentado após a sua comercialização.

( ) certo ( ) errado

11. (CESPE — 2010 — DPE-BA — Defensor Público) Acerca dos princípios básicos que regem o direito do consumidor, da teoria da imprevisão e da responsabilidade de fato sobre o produto e o serviço, julgue o item a seguir.

De acordo com a teoria da onerosidade excessiva, também conhecida como teoria da imprevisão, é possível a revisão contratual, desde que, em virtude de acontecimentos extraordinários, supervenientes e imprevisíveis, fique configurado o desequilíbrio entre as partes contratantes, com extrema vantagem para uma das partes e onerosidade excessiva para a outra.

( ) certo ( ) errado

12. (CESPE — 2010 — DPE-BA — Defensor Público) Acerca dos princípios básicos que regem o direito do consumidor, da teoria da imprevisão e da responsabilidade de fato sobre o produto e o serviço, julgue o item a seguir.

A inversão do ônus da prova, direito básico, mas não absoluto, do consumidor, só será a este concedido quando o juiz verificar, de forma cumulativa, a sua hipossuficiência e a verossimilhança de suas alegações.

( ) certo ( ) errado

13. (MPE-MG — 2010 — Promotor de Justiça — 50º Concurso) Nos termos da ordem jurídica de proteção do consumidor, considere as seguintes afirmativas.

I. A facilitação da defesa dos direitos do consumidor, com a inversão do ônus da prova, a seu favor, no processo civil, enquanto direito básico, pode se fundar em critério judicial de verossimilhança e pode ser realizada, inclusive, de ofício pelo Juiz.
II. Em ação de ressarcimento fundada em responsabilidade pelo fato do produto, o ônus da prova da inexistência do defeito incumbe ao fabricante, ao construtor, ao produtor ou ao importador.
III. A responsabilidade civil solidária é imposta tanto em relação aos defeitos de concepção quanto aos defeitos de produção, o que não ocorre nos casos de defeitos de informação ou apresentação de produtos ou serviços.
IV. Para a configuração do crime de exposição ou depósito de mercadoria destinada à venda com prazo de validade vencido, é dispensável a realização de perícia para atestar a efetiva impropriedade do produto para consumo.

Pode-se concluir que estão CORRETAS

a) apenas as afirmativas I, II e IV.
b) apenas as afirmativas II e III.
c) apenas as afirmativas III e IV.
d) todas as afirmativas.

14. (MPE-MG — 2010 — Promotor de Justiça — 50º Concurso) Nos termos do Código de Defesa do Consumidor, considere as seguintes assertivas.

I. O consumidor tem direito à revisão do contrato, no caso de onerosidade excessiva decorrente de fato superveniente ao negócio, não havendo necessidade de que esse fato seja extraordinário e imprevisível.

II. A nulidade das cláusulas abusivas pode ser alegada a qualquer tempo e em qualquer grau de jurisdição e não é atingida pela preclusão.
III. É vedada a inserção, nos contratos de consumo, de cláusulas limitativas de direito do consumidor.
IV. É permitida a cláusula resolutória nos contratos de consumo.
V. O profissional liberal, de nível universitário ou não, responde a título de culpa pelo fato do serviço, sendo possível a inversão do ônus da prova em favor do consumidor.

A esse respeito, pode-se concluir que estão CORRETAS

a) apenas as assertivas I, II, III e V.
b) apenas as assertivas I, II, IV e V.
c) apenas as assertivas II, IV e V.
d) apenas as assertivas III e IV.

15. (TJ-SC — 2010 — Juiz) O Código de Defesa do Consumidor, ao dispor sobre a proteção contratual, estabelece:

I. Os contratos que regulam as relações de consumo não obrigarão os consumidores, se não lhes for dada a oportunidade de tomar conhecimento prévio de seu conteúdo ou se os respectivos instrumentos forem redigidos de modo a dificultar a compreensão de seu sentido e alcance.
II. A incidência do princípio da interpretação mais favorável ao consumidor pressupõe a presença de cláusulas ambíguas ou contraditórias em contrato de consumo e de adesão.
III. O consumidor pode desistir do contrato, no prazo de sete dias a contar de sua assinatura, ou do ato de recebimento do produto ou serviço, sempre que a contratação de fornecimento de produtos e serviços ocorrer fora do estabelecimento comercial, especialmente por telefone ou em domicílio. Se o consumidor exercitar o direito de arrependimento, os valores eventualmente pagos, a qualquer título, durante o prazo de reflexão, serão devolvidos, de imediato, monetariamente atualizados.
IV. A garantia contratual é complementar à legal e será conferida mediante termo escrito. O termo de garantia ou equivalente deve ser padronizado e esclarecer, de maneira adequada, em que consiste a mesma garantia, bem como a forma, o prazo e o lugar em que pode ser exercitada e os ônus a cargo do consumidor, devendo ser-lhe entregue, devidamente preenchido pelo fornecedor, no ato do fornecimento, acompanhado de manual de instrução, de instalação e uso de produto em linguagem didática, com ilustrações.

a) Somente as proposições I, II e IV estão corretas.
b) Somente as proposições I, III e IV estão corretas.
c) Somente as proposições II e III estão corretas.
d) Somente as proposições I e IV estão corretas.
e) Todas as proposições estão corretas.

16. (TJ-SC — 2010 — Juiz) Assinale a alternativa correta:

I. Compete à justiça estadual julgar causas entre consumidor e concessionária de serviços públicos de telefonia quando a Anatel não seja litisconsorte passiva, assistente, nem opoente.
II. Nos contratos bancários, mesmo aqueles submetidos aos ditames do Código de Defesa do Consumidor, é vedado ao juiz conhecer, de ofício, da abusividade das cláusulas.
III. Há diferença fundamental entre a responsabilidade por vício e a responsabilidade por fato do produto: a primeira (vício) trata de perda patrimonial para o consumidor que normalmente não ultrapassa os limites do valor do próprio produto ou serviço em que são observados apenas vícios de qualidade e quantidade a afetar o funcionamento ou

o valor da coisa; a segunda (fato do produto) é normalmente de maior vulto, pois constata-se a potencialidade danosa na qual os defeitos oferecem risco à saúde e segurança do consumidor de modo a ultrapassar o valor dos produtos ou serviços adquiridos.

IV. A execução da Política Nacional de Relações de Consumo é orientada, dentre outros, pelos seguintes instrumentos: manutenção de assistência jurídica integral e gratuita para o consumidor carente; instituição de promotorias de justiça de defesa do consumidor no âmbito do Ministério Público; criação de varas especializadas para a solução de litígios de consumo; prestação de informação adequada e clara sobre os diferentes produtos e serviços, com especificação correta de quantidade, características, composição, qualidade e preço.

a) Somente as proposições II e IV estão corretas.
b) Somente as proposições III e IV estão corretas.
c) Somente as proposições I, II e III estão corretas.
d) Somente as proposições II, III e IV estão corretas.
e) Todas as proposições estão corretas.

17. (CESPE — 2010 — MPE-ES — Promotor de Justiça) No que se refere à legislação na área do direito do consumidor, assinale a opção correta.

a) O CDC, denominado pela doutrina de microcódigo ou microssistema, é formalmente uma lei ordinária, de função social, voltada ao segmento vulnerável da relação consumerista, razão pela qual seu conteúdo é constituído, em sua integralidade, por normas de direito público.
b) A inversão do ônus da prova é direito básico do consumidor, todavia não absoluto, que só será a este concedido quando o juiz verificar, de forma cumulativa, sua hipossuficiência e a verossimilhança de suas alegações.
c) No tocante ao princípio da publicidade, o CDC adotou a obrigatória inversão do ônus da prova, decorrente dos princípios da veracidade e da não abusividade da publicidade.
d) A teoria da onerosidade excessiva, também conhecida como teoria da imprevisão, permite a revisão contratual, desde que, em virtude de acontecimentos extraordinários, supervenientes e imprevisíveis, haja o desequilíbrio entre as partes contratantes, gerando extrema vantagem para uma das partes e onerosidade excessiva para a outra.
e) O CDC, regra geral, não impõe o dever de anunciar, tratando-se de verdadeiro direito exercitável à conta e risco do anunciante, salvo uma exceção, denominada *corrective advertising*.

18. (FCC — 2009 — TJ-MS — Juiz) Considerando as disposições do Código de Defesa do Consumidor no que se refere à qualidade dos produtos e serviços, bem como à preservação da saúde e segurança do consumidor, é correto afirmar que

a) as regras de proteção da saúde e segurança são aplicáveis apenas aos consumidores adquirentes dos produtos ou serviços nocivos.
b) observadas as normas administrativas correspondentes, é permitida a venda de produtos e serviços potencialmente nocivos ou perigosos à saúde dos consumidores, desde que a potencial nocividade ou periculosidade seja clara e adequadamente informada pelo fornecedor.
c) se o conhecimento da periculosidade de um produto for descoberta apenas após sua introdução no mercado de consumo, cabe à União, aos Estados e Municípios, e não ao fornecedor do produto, a veiculação de anúncios publicitários informando sobre a periculosidade.
d) o lançamento de um produto tecnologicamente mais avançado e mais seguro implica a obrigação de recolhimento do produto similar anteriormente colocado no mercado e que não tenha o mesmo grau de segurança.
e) a comercialização de produtos industriais que envolvam riscos normais e previsíveis à saúde e segurança dos consumidores depende de autorização da autoridade sanitária estadual.

19. (FCC — 2010 — Banco do Brasil — Escriturário — Adaptada) A questão abaixo se refere à Lei n. 8.078/90 — Código de Defesa do Consumidor. São direitos básicos do consumidor:

I. A educação e divulgação sobre o consumo adequado dos produtos e serviços, não sendo asseguradas a liberdade de escolha e a igualdade nas contratações.

II. A informação adequada e clara sobre os diferentes produtos e serviços, com especificação correta de quantidade, características, composição, qualidade e preço, bem como sobre os riscos que apresentem.

III. A proteção contra a publicidade enganosa e abusiva, métodos comerciais coercitivos ou desleais, exceto contra práticas e cláusulas abusivas ou impostas no fornecimento de produtos.

IV. A modificação das cláusulas contratuais que estabeleçam prestações desproporcionais ou sua revisão em razão de fatos supervenientes que as tornem excessivamente onerosas.

V. A facilitação da defesa de seus direitos, inclusive com a inversão do ônus da prova, a seu favor, no processo civil, quando, a critério do juiz, for verossímil a alegação ou quando for ele hipossuficiente, segundo as regras ordinárias de experiências.

Está correto o que se afirma APENAS em

a) II, IV e V.
b) III e IV.
c) I, II e III.
d) I e III.
e) I, III e V.

20. (CESPE — 2009 — DPE-AL — Defensor Público) A respeito dos direitos do consumidor, julgue os itens que se seguem.

O preceito do CDC de que constitui direito básico do consumidor a modificação das cláusulas contratuais que estabeleçam prestações desproporcionais ou sua revisão em razão de fatos supervenientes que as tornem excessivamente onerosas dispensa a prova do caráter imprevisível do fato superveniente, bastando a demonstração objetiva da excessiva onerosidade advinda para o consumidor.

( ) certo ( ) errado

21. (MPE-GO — 2009 — Promotor de Justiça) Analise o julgado de cunho consumerista e responda: "Civil. Seguro de assistência médico-hospitalar. Plano de assistência integral (cobertura total), assim nominado no contrato. As expressões 'assistência integral' e 'cobertura total' são expressões que têm significado unívoco na compreensão comum, e não podem ser referidas num contrato de seguro, esvaziadas do seu conteúdo próprio, sem que isso afronte o princípio da boa-fé nos negócios" (STJ, REsp 264.562, Rel. Min. Ari Pargender, j. 12-6-2001, *DJ* 13-8-2001).

a) O julgado está fundado na violação ao princípio da vulnerabilidade do consumidor.
b) O julgado está fundado na violação ao princípio da informação deficiente.
c) O julgado está fundado na violação ao princípio da segurança.
d) Apoia-se o julgado na inobservância do princípio da reparação integral.

22. (TJ-SC — 2009 — Juiz) Assinale a alternativa correta:

I. O princípio da vulnerabilidade do consumidor se configura como vulnerabilidade técnica, fática e jurídica.

II. A publicidade no Código de Defesa do Consumidor orienta-se pelos princípios da identificação, da veracidade, da não enganosidade, da não abusividade e da transparência da fundamentação.

III. Os princípios relacionados às medidas cabíveis para o controle da publicidade previstos no Código de Defesa do Consumidor são: o princípio da inversão do ônus da prova e o princípio da correção do desvio publicitário pela contrapropaganda.

IV. Normas técnicas referidas no Código de Defesa do Consumidor são aquelas emanadas do ente do Estado, como as agências reguladoras, estratificadas em resoluções, portarias e instruções normativas.

V. Os objetivos da Política Nacional de Relações de Consumo abrangem o atendimento das necessidades dos consumidores, o respeito à sua dignidade, à sua saúde e à sua segurança, bem como a proteção de seus interesses econômicos, a melhoria da sua qualidade de vida, a transparência e a harmonia das relações de consumo.

a) Apenas a proposição IV está incorreta.
b) Somente as proposições II e V estão incorretas.
c) Somente as proposições I e III estão incorretas.
d) Nenhuma das proposições está incorreta.
e) Somente as proposições III e IV estão incorretas.

23. (CESPE — TJ/CE — Juiz — 2012) Ao tentar entrar na agência do banco de que é cliente, Ademar foi retido por mais de dez minutos na porta giratória de segurança, que travou em razão do marca-passo implantado em seu coração. Com base na situação hipotética acima apresentada e no entendimento jurisprudencial do STJ acerca de dano moral, assinale a opção correta.

a) O banco é parte ilegítima para figurar no polo passivo de eventual ação por dano moral a ser ajuizada por Ademar, porque a suposta responsabilidade é exclusiva da empresa prestadora de serviços de segurança.
b) O dano moral poderá advir dos desdobramentos que possam suceder ao travamento da porta, assim consideradas as iniciativas que, tomadas pela instituição bancária ou por seus prepostos, possam majorar os efeitos da ocorrência, fazendo que ela assuma contornos de vergonha e humilhação, esses, sim, passíveis de reparação.
c) No caso de fixação de danos morais pelas instâncias ordinárias seria vedado ao STJ, em recurso especial, alterar o valor fixado, mesmo quando ínfimo ou exagerado haja vista o impedimento para o reexame das provas dos autos.
d) O simples travamento da porta giratória já é suficiente para lesar a imagem de Ademar, de modo que cabe ao banco indenizá-lo por danos morais.
e) Caso pretenda ajuizar ação por dano moral contra o banco, Ademar não poderá invocar as regras do CDC, inaplicáveis em relação às instituições financeiras.

24. (UFPR — 2013 — TJ-PR — Juiz Substituto) O Código de Defesa do Consumidor (CDC) traz dentre os direitos básicos do consumidor a facilitação de seus direitos, inclusive com a inversão do ônus da prova, a seu favor, no processo civil. Sobre esta inversão do ônus da prova avalie as seguintes afirmativas:

1. Pode ser determinada a critério do juiz, já que a decisão de inversão do ônus da prova decorre de uma faculdade judicial, situando-se no campo da livre-discricionariedade do juiz, bastando a vulnerabilidade do consumidor.
2. Pode ser determinada a critério do juiz, para aferição da veracidade e correção de informação ou comunicação publicitária, quando não puder ser demonstrada pelo consumidor a quem incumbe tal ônus probatório.
3. Pode ser determinada a critério do juiz, quando presente a verossimilhança da alegação ou for o consumidor hipossuficiente, segundo as regras ordinárias de experiências.

Assinale a alternativa correta.

a) Somente a afirmativa 1 é verdadeira.

b) Somente a afirmativa 2 é verdadeira.
c) Somente a afirmativa 3 é verdadeira.
d) As afirmativas 1, 2 e 3 são verdadeiras.

25. (VUNESP — 2013 — TJ-RJ — Juiz Substituto) Quanto à inversão do ônus da prova em favor do consumidor no processo civil individual, segundo o enfoque da jurisprudência dominante do STJ, é correto afirmar que

a) não é cabível para o fim de determinar às instituições financeiras a exibição de extratos bancários, enquanto não estiver prescrita a eventual ação sobre eles.
b) caso decretada, não tem o condão de obrigar o fornecedor a custear a prova requerida pelo consumidor.
c) pode ocorrer na sentença.
d) sempre deve ocorrer, dada a verossimilhança das alegações do consumidor aliada a sua hipossuficiência.

26. (Tribunal de Justiça de Santa Catarina — 2013 — TJ-SC — Juiz Substituto) Sobre os direitos básicos do consumidor, assinale a alternativa INCORRETA:

a) Nas relações de consumo, é direito do consumidor a proteção da vida, saúde e segurança contra os riscos provocados por práticas no fornecimento de produtos e serviços considerados perigosos ou nocivos.
b) É direito do consumidor a modificação das cláusulas contratuais que estabelecem prestações proporcionais ou sua revisão em razão de qualquer fato que as tornem onerosas.
c) O consumidor tem direito a adequada e eficaz prestação dos serviços públicos em geral.
d) O consumidor tem direito a efetiva prevenção e reparação de danos patrimoniais, individuais, coletivos e difusos.
e) O juiz pode deferir, em benefício do consumidor, a inversão do ônus da prova no curso do processo civil versando sobre direito do consumidor.

27. (FGV — 2013 — TJ-AM — Juiz Substituto) Com relação ao Art. 6º da Lei n. 8.078/90, que, em seus incisos, enumera os direitos básicos do consumidor, analise as afirmativas a seguir.

I. São direitos básicos do consumidor "a adequada e eficaz prestação dos serviços públicos em geral" e "o acesso aos órgãos judiciários e administrativos com vistas à prevenção ou reparação de danos patrimoniais e morais, individuais, coletivos ou difusos, assegurada a proteção jurídica, administrativa e técnica aos necessitados".
II. São direitos básicos do consumidor "a modificação das cláusulas contratuais que estabeleçam prestações desproporcionais ou sua revisão em razão de fatos supervenientes que as tornem excessivamente onerosas" e, ainda, "a facilitação da defesa de seus direitos, sendo obrigatória, em qualquer caso, a inversão do ônus da prova".
III. São direitos básicos do consumidor "a educação e divulgação sobre o consumo adequado dos produtos e serviços, asseguradas a liberdade de escolha e a igualdade nas contratações" e "a efetiva prevenção e reparação de danos patrimoniais e morais, individuais, coletivos e difusos".

Assinale:

a) se somente a afirmativa I estiver correta.
b) se somente as afirmativas I e II estiverem corretas.
c) se somente as afirmativas I e III estiverem corretas.
d) se apenas as afirmativas II e III estiverem corretas.
e) se todas as afirmativas estiverem corretas.

28. (MPE-SC — 2013 — MPE-SC — Promotor de Justiça) Analise o enunciado da questão abaixo e assinale "certo" — (c) ou "errado" — (e)

A inversão do ônus da prova é direito básico dos consumidores e pode ser exercido tanto nas ações individuais quanto nas ações coletivas de que cuida a Lei n. 8.078/90 (Código de Defesa do Consumidor).

( ) certo ( ) errado

29. (FCC — 2013 — DPE-AM — Defensor Público) Em relação ao Código de Defesa do Consumidor — Lei n. 8.078/90 analise as afirmações abaixo.

I. A Política Nacional das Relações de Consumo tem por objetivo o atendimento das necessidades dos consumidores, o respeito à sua dignidade, saúde e segurança, a proteção de seus interesses econômicos, a melhoria da sua qualidade de vida, bem como a transparência e harmonia das relações de consumo.

II. Na cobrança de débitos, o consumidor inadimplente não será exposto a ridículo, nem será submetido a qualquer tipo de constrangimento ou ameaça.

III. O consumidor pode desistir do contrato, no prazo de 30 dias a contar de sua assinatura ou do ato de recebimento do produto ou serviço, sempre que a contratação de fornecimento de produtos e serviços ocorrer fora do estabelecimento comercial, especialmente por telefone ou a domicílio.

IV. É facultado a qualquer consumidor o ajuizamento de ação civil pública para ser declarada a nulidade de cláusula contratual que contrarie o disposto no Código de Defesa do Consumidor ou de qualquer forma não assegure o justo equilíbrio entre direitos e obrigações das partes.

Está correto o que se afirma APENAS em:

a) III e IV.
b) I e II.
c) I e IV.
d) II e III.
e) II e IV.

30. (FCC — 2013 — DPE-AM — Defensor Público) Segundo o Código de Defesa do Consumidor, são instrumentos para a execução da política nacional das relações de consumo:

a) a criação de delegacias de polícia especializadas no atendimento de consumidores vítimas de infrações penais de consumo e a harmonização dos interesses dos participantes das relações de consumo e compatibilização da proteção do consumidor com a necessidade de desenvolvimento econômico e tecnológico, de modo a viabilizar os princípios nos quais se funda a ordem econômica (art. 170, da Constituição Federal), sempre com base na boa-fé e equilíbrio nas relações entre consumidores e fornecedores.
b) a educação e informação de fornecedores e consumidores, quanto aos seus direitos e deveres, com vistas à melhoria do mercado de consumo, estudo constante das modificações do mercado de consumo e a racionalização e melhoria dos serviços públicos.
c) a concessão de estímulos à criação e desenvolvimento das Associações de Defesa do Consumidor, a criação de delegacias de polícia especializadas no atendimento de consumidores vítimas de infrações penais de consumo e a manutenção de assistência jurídica, integral e gratuita para o consumidor carente.
d) a instituição de Promotorias de Justiça de Defesa do Consumidor, no âmbito do Ministério Público, o reconhecimento da vulnerabilidade do consumidor no mercado de consumo e o incentivo à criação pelos fornecedores de meios eficientes de controle de

qualidade e segurança de produtos e serviços, assim como de mecanismos alternativos de solução de conflitos de consumo.

e) a manutenção de assistência jurídica, integral e gratuita para o consumidor carente, a criação de Juizados Especiais de Pequenas Causas e Varas Especializadas para a solução de litígios de consumo e o reconhecimento da vulnerabilidade do consumidor no mercado de consumo.

31. (UFPR — 2014 — DPE-PR — Defensor Público) Considere as seguintes afirmativas sobre a inversão do ônus da prova no âmbito do sistema de proteção do consumidor:

1. Conforme a jurisprudência majoritária, admite-se a inversão do ônus da prova em favor do fornecedor.
2. As normas relativas ao ônus da prova consubstanciam o princípio da igualdade material na seara consumerista, permitindo o tratamento diferenciado de consumidores no interior do CDC.
3. A inversão do ônus da prova pode ocorrer independentemente de pedido expresso da parte autora.
4. No sistema do CDC a inversão do ônus da prova depende de decisão judicial, não havendo norma legal imperativa que a determine.

Assinale a alternativa correta.

a) Somente a afirmativa 3 é verdadeira.
b) Somente a afirmativa 4 é verdadeira.
c) Somente as afirmativas 1, 2 e 3 são verdadeiras.
d) Somente as afirmativas 1 e 4 são verdadeiras.
e) Somente as afirmativas 2 e 3 são verdadeiras.

32. (VUNESP — 2014 — TJ-PA — Juiz de Direito Substituto) São direitos básicos do consumidor, dentre outros:

a) a educação sobre o consumo adequado dos produtos e serviços, com ênfase à igualdade de trocas.
b) os previstos no Código de Defesa do Consumidor e outros decorrentes de tratados internacionais de que o Brasil seja signatário, excluindo-se regulamentos internos e a analogia.
c) a efetiva reparação de danos extrapatrimoniais coletivos e individuais homogêneos, com exclusão da responsabilidade do profissional liberal.
d) a adequada e eficaz prestação dos serviços públicos em geral.
e) a proteção da segurança contra os riscos surgidos por práticas no fornecimento de serviços considerados inadequados.

33. (CESPE — 2015 — TJ-PB — Juiz Substituto) Em relação ao conceito de consumidor e aos direitos básicos do consumidor, assinale a opção correta.

a) A vulnerabilidade, pressuposto de aplicação do CDC, é presumida para o consumidor pessoa física, ao passo que, para a pessoa jurídica, tal situação deve ser demonstrada e aferida casuisticamente.
b) Para se aplicar o conceito de consumidor equiparado, tem de haver prévio ajuste contratual com o fornecedor do produto ou serviço.
c) A inversão do ônus da prova depende da análise dos requisitos legais pelo juiz no caso concreto e de requerimento expresso da parte nesse sentido.
d) Os requisitos para a inversão do ônus da prova são alternativos, razão pela qual pode o juiz aplicar tal instituto quando presente a hipossuficiência do consumidor, ainda que o fato alegado seja inverossímil.

e) Segundo entendimento do STJ, o CDC incide na relação jurídica estabelecida entre o estudante e a pessoa jurídica responsável pelo gerenciamento do Fundo de Financiamento Estudantil do governo federal.

34. (CESPE — 2014 — TJ-DFT — Juiz de Direito Substituto — adaptada) Acerca dos princípios aplicáveis à relação de consumo, a vulnerabilidade difere da hipossuficiência, pois esta é de ordem material e presumida, em regra, para os consumidores, ao passo que aquela é de ordem processual e seu reconhecimento depende da análise do caso concreto.

( ) certo ( ) errado

35. (CESPE — 2014 — TJ-DFT — Juiz de Direito Substituto) Acerca dos princípios aplicáveis à relação de consumo, assinale a opção correta.

a) De acordo com a jurisprudência do STJ, a aplicação da inversão do ônus da prova prevista no CDC é regra de instrução, ou seja, ocorre preferencialmente na decisão saneadora proferida pelo juiz.
b) A inversão do ônus da prova obriga a parte contrária a arcar com as despesas decorrentes da produção daquele meio de prova requerido pelo consumidor autor da demanda.
c) A vulnerabilidade difere da hipossuficiência, pois esta é de ordem material e presumida, em regra, para os consumidores, ao passo que aquela é de ordem processual e seu reconhecimento depende da análise do caso concreto.
d) Para o cumprimento do dever de informar imposto ao fornecedor, basta o oferecimento formal das informações, sendo desnecessário, portanto, que o consumidor efetivamente as compreenda.
e) Para a inversão do ônus da prova, prevista como direito básico do consumidor no processo civil, o juiz deve verificar, no caso concreto, a verossimilhança da alegação e a hipossuficiência da parte, o que a torna um critério *ope legis*.

36. (EXATUS — 2016 — Ceron-RO — Direito) Com relação a inversão do ônus da prova no âmbito do Código de Defesa do Consumidor, pode-se afirmar que:

a) Não pode ser deferida em favor do Ministério Público, por não ser considerado hipossuficiente.
b) Pode ser negada caso o consumidor não comprove sua vulnerabilidade e o *fumus boni juris* do caso.
c) É regra geral nas ações envolvendo consumidor.
d) É admissível quando, a critério do juiz, for verossímil a alegação, segundo as regras ordinárias de experiência.

37. (FMP Concursos - 2017 - MPE-RO - Promotor de Justiça Substituto) Sobre o direito básico do consumidor à informação e o respectivo dever de informar do fornecedor, é INCORRETO afirmar que

a) Sua violação pode caracterizar vício do produto ou do serviço.
b) A falta de conhecimento prévio do consumidor sobre os termos do contrato faz com que não esteja obrigado por ele.
c) O descumprimento da oferta pelo fornecedor permite o exercício pelo consumidor da pretensão de exigir seu cumprimento específico.
d) Dever do fornecedor de informar sobre riscos abrange apenas aqueles considerados anormais em razão da utilização ordinária do produto ou do serviço.
e) Integra a oferta a informação precisa sobre o preço e características do produto ou serviço.

■ GABARITO ■

1. "e". A alternativa "e" traz a presunção de vulnerabilidade do consumidor, o que é um pressuposto para a incidência do CDC nas relações de consumo, sendo decorrência lógica do Princípio do *favor debilis* (art. 4º, I, CDC). A única ressalva que merece ser feita em relação ao tema refere-se ao consumidor pessoa jurídica, cuja vulnerabilidade (tecnicamente, a hipossuficiência) não é presumida e, logo, precisa ser comprovada no caso concreto. A posição dominante no STJ é a finalista atenuada/mitigada/aprofundada: "Direito do Consumidor. Recurso especial. Conceito de consumidor. Critério subjetivo ou finalista. Mitigação. Pessoa Jurídica. Excepcionalidade. Vulnerabilidade. Constatação na hipótese dos autos. Prática abusiva. Oferta inadequada. Característica, quantidade e composição do produto. Equiparação (art. 29). Decadência. Inexistência. Relação jurídica sob a premissa de tratos sucessivos. Renovação do compromisso. Vício oculto" (REsp 476.428/SC, Rel. Nancy Andrighi, j. 19-4-2005, *DJ* 9-5-2005). A assertiva "a" se equivoca ao limitar a boa-fé apenas à fase de formação dos contratos, na medida em que ela deverá estar presente na fase pré-contratual, contratual e pós-contratual. A letra "b" traz a preservação implícita do contrato de consumo, não gerando sua resolução, em regra, mas sim a revisão ou modificação da cláusula (art. 6º, V, CDC). A alternativa "c" é absolutamente vedada pelos arts. 6º, inciso VI, e 25, *caput*, ambos do CDC. Por fim, a assertiva "d" configuraria utilização indevida de marca pelo fornecedor, sendo vedada nos termos do art. 4º, VI.

2. "d". Na relação de consumo, o consumidor será presumidamente parte mais frágil da relação, o que acaba por lhe garantir uma série de direitos a fim de equipará-lo ao fornecedor, que, por sua vez, assumirá deveres em prol do consumidor. A assertiva "a" erra ao restringir a exigência da boa-fé objetiva aos contratos de consumo, pois também se aplica aos contratos regidos pelo Código Civil. A "b" contraria a natureza da boa-fé objetiva que não se preocupa com aspectos internos — intenção — dos sujeitos de direitos. Trata-se de modalidade de boa-fé que repercute perante regras de conduta, por meio dos deveres anexos de informação, cooperação e proteção. A letra "c" equivoca-se, na medida em que a boa-fé objetiva deverá estar presente em todas as fases do contrato.

3. "d". O dever de transparência está ligado ao Princípio da informação, tendo conotação bem abrangente no CDC, trazendo deveres de ordem positiva (fazer) e negativa (não fazer), dentre eles informar adequadamente as características do produto e não falsear a realidade. A alternativa "a" contradiz o caráter principiológico do CDC. Ademais, muitas são as disposições do Diploma Consumerista com caráter exemplificativo, como o disposto nos arts. 39 e 51 ao tratarem, respectivamente, das práticas e das cláusulas abusivas. A letra "b" é errada, uma vez que a boa-fé protegida pelo CDC é a objetiva. Por fim, a "c" limita a vulnerabilidade ao aspecto técnico, esquecendo-se da vulnerabilidade jurídica/científica, da fática/socioeconômica e da informacional.

4. "e". Tal assertiva condiz exatamente com a redação do art. 6º, VIII, do CDC. A alternativa "a" traz critérios inverídicos como autorizadores da inversão do ônus da prova. A assertiva "b" limita a inversão apenas aos casos em que o Ministério Público for autor da ação ou atuar como *custos legis*, o que não é verdadeiro, visto ser possível em qualquer ação, desde que presentes os requisitos. Sobre o tema, vale lembrar que o STJ admite a inversão do ônus em ação proposta pelo Ministério Público, na medida em que o beneficiário de tal inversão será, em última análise, a coletividade de consumidores: "Não há óbice a que seja invertido o ônus da prova em ação coletiva — providência que, em realidade, beneficia a coletividade consumidora —, ainda que se cuide de ação civil pública ajuizada pelo Ministério Público" (REsp 951.785/RS, Rel. Ministro Luis Felipe Salomão, 4ª T., *DJe* 18-2-2011). A letra "c" é errônea, uma vez que as ações pautadas em relação de consumo trazem em seu bojo a tutela individual de interesses privados do consumidor, além da tutela coletiva. A "d" equivoca-se ao condicionar a inversão a requerimento da parte, excluindo a hipótese de ser efetivada de ofício pelo juiz.

5. "d". Esta alternativa traz mais uma vez a redação expressa do art. 6º, VIII, do CDC, e os critérios autorizadores da inversão do ônus da prova. A assertiva "a" poderia confundir o candidato, visto que o termo "exclusivamente" afasta a tutela dos interesses difusos, que está expressamente protegida pelo art. 6º, VI. A letra "b" contraria, dentre outros, o disposto nos arts. 4º, VII, e 6º, X, ambos do CDC. A "c" não é verdadeira, pois delimita o direito de revisão do contrato pelo consumidor somente em casos de cláusulas abusivas, o que destoa da proteção conferida pelo CDC no seu art. 6º, V. A assertiva "e", por sua vez, contradiz a expressa previsão inserta no art. 6º, IV, do CDC.

6. "e". O CDC elenca em seu art. 12, § 3º, hipóteses de exclusão de responsabilidade do fornecedor, sendo a culpa exclusiva de terceiro uma delas. A assertiva "a" traz a inversão do ônus da prova como obrigatória, o que é incorreto, vista a regra prevista no art. 6º, inciso VIII, do CDC — inversão *ope judicis* — a critério do juiz. Sobre o tema, destaca-se o teor do art. 38 do CDC, que dispõe sobre uma hipótese de inversão obrigatória do ônus da prova: "O ônus da prova da veracidade e correção da informação ou comunicação publicitária cabe a quem as patrocina". A alternativa "b" viola a cláusula de responsabilidade solidária de todos os fornecedores, prevista no art. 7º, parágrafo único, do CDC, além do art. 25, § 1º, do mesmo Diploma. A "c" é errônea ao dispensar o dever de informação, o qual deve existir mesmo ao se tratar de produtos que possuam risco normal e previsível, nos termos do art. 8º do CDC. Enfim, a letra "d" não é verdadeira, uma vez que um produto apenas pode ser considerado defeituoso quando não possuir a segurança que dele se espera. A inovação tecnológica não torna defeituoso o produto antigo (art. 12, § 2º, do CDC).

7. "a". A assertiva "a" traz o princípio da necessária obrigatoriedade e cumprimento do contrato pelas partes, o qual cede espaço nas relações consumeristas para o princípio do rompimento com as tradições privatistas do Código Civil, devendo por isso tal alternativa ser assinalada. Nesse sentido, é a posição consolidada no Superior Tribunal de Justiça a respeito da quebra com o paradigma do Direito Civil clássico, ao entender que: "A jurisprudência do STJ se posiciona firme no sentido que a revisão das cláusulas contratuais pelo Poder Judiciário é permitida, mormente diante dos princípios da boa-fé objetiva, da função social dos contratos e do dirigismo contratual, devendo ser mitigada a força exorbitante que se atribuía ao princípio do *pacta sunt servanda*" (AgRg no Ag 1.383.974/SC, Rel. Ministro Luis Felipe Salomão, 4ª T., *DJe* 1º-2-2012). A alternativa "b" está prevista no CDC, visto o art. 6º, VIII. A letra "c" é um direito do consumidor previsto expressamente no art. 22, CDC. A "d" consiste num dos critérios utilizados pelo juiz para realizar a inversão do ônus da prova. Por último, a assertiva "e" trata da desconsideração da personalidade jurídica, que está disciplinada no diploma de defesa do consumidor em seu art. 28.

8. "a". Está correta tal assertiva, uma vez que o CDC veda de forma expressa a colocação de produtos e serviços com alto grau de periculosidade no mercado de consumo (art. 10 do CDC). A alternativa "b" se equivoca ao isentar os fornecedores do dever de informações, mesmo ao se tratar de produtos cuja natureza ou fruição traga periculosidade ou nocividade normal. A letra "c", por sua vez, restringe as possíveis medidas a serem tomadas pelo fornecedor em caso de risco à saúde ou à vida do consumidor. Outras existem, por exemplo a prática do *recall*, bem conhecida dos consumidores brasileiros. A "d" contradiz o enunciado do art. 10, § 1º, do CDC, o qual insere também autoridades competentes.

9. "b". Trata-se da assertiva correta, uma vez que é o enunciado do art. 6º, VIII, do CDC. A "a" está errada por contrariar o art. 6º, VII, do CDC, que também protege os direitos difusos. A "c" não é verdadeira, uma vez que os serviços públicos remunerados mediante tarifas ou preços públicos se enquadram nas relações regidas pelo CDC. No mesmo sentido, o STJ no julgamento do AgRg no AREsp 84.014/RJ, Rel. Ministro Castro Meira, 2ª T., *DJe* 28-3-2012, ao entender que: "O Código de Defesa do Consumidor aplica-se na hipótese de serviço público prestado por concessionária, tendo em vista que a relação jurídica tem natureza de Direito Privado e o pagamento é contraprestação feita sob a modalidade de tarifa, que não se classifica como taxa". Por último, a letra "d" equivoca-se na medida em que a revisão do contrato de consumo dar-se-á sempre que o advento de fato superveniente tornar excessivamente onerosa a cláusula contratual.

10. "errado". O instituto do *recall* refere-se à obrigação de fazer do fornecedor, no sentido de informar por meio de anúncios os consumidores e as autoridades competentes, quando descobre periculosidade do produto ou serviço após a inserção do bem no mercado de consumo. Embora nosso CDC traga esta obrigação de fazer no art. 10, § 1º, não há a previsão expressa do instituto *recall* em nosso ordenamento, o que acaba por gerar a falsidade da afirmação acima. O tema é polêmico. No corpo do capítulo vimos a posição de José Geraldo Brito Filomeno, enxergando a previsão expressa do instituto no CDC. Em última análise, cumpre destacar que o fato de o consumidor não cumprir o atendimento ao *recall* (chamamento do consumidor pelo fornecedor para consertar um problema do bem de consumo nos termos do art. 10, § 1º, do CDC) não isenta o fornecedor de responsabilidade. O STJ já se posicionou nos mesmos termos: "A circunstância de o adquirente não levar o veículo para conserto, em atenção a *RECALL*, não isenta o fabricante da obrigação de indenizar" (REsp 1.010.392, Rel. Ministro Humberto Gomes de Barros, 3ª T., *DJe* 13-5-2008).

11. "errado". A Teoria da Imprevisão não é sinônima da Teoria da Onerosidade Excessiva. Embora ambas as teorias exijam para sua configuração pressupostos semelhantes, como fato superveniente, onerosidade excessiva para uma das partes e impossibilidade de adimplemento contratual, a Teoria da Imprevisão exige ainda que tal fato gerador do ônus seja também imprevisível pelas partes no momento de celebração do contrato, diferenciando-se nesse aspecto da Teoria da Onerosidade Excessiva, a qual dispensa que o fato seja imprevisto. Trata-se de decorrência do princípio da confiança a aplicação da teoria do rompimento da base objetiva do negócio jurídico no caso do advento de fato superveniente gerador de onerosidade excessiva para o consumidor, como ocorreu na década de 1990 com os contratos de *leasing* firmados em moeda estrangeira.

12. "errado". O art. 6º, VIII, do CDC, muito cobrado nas questões de concursos públicos, traz como requisitos **alternativos**, representados pela conjunção alternativa "ou", e **não cumulativos**, o que se daria pela conjunção aditiva "e", a verossimilhança da alegação *ou* a hipossuficiência do consumidor, podendo tal ônus ser invertido caso um ou outro pressuposto autorizador esteja presente, não os dois ao mesmo tempo. Fique atento! Sobre o tema, destaca-se o teor do art. 38 do CDC, que dispõe sobre uma hipótese de inversão obrigatória do ônus da prova: "O ônus da prova da veracidade e correção da informação ou comunicação publicitária cabe a quem as patrocina".

13. "a". A assertiva "I" está correta, visto trazer uma das hipóteses de inversão do ônus da prova, podendo ser inclusive realizada de ofício pelo juiz. Já a "II" está em perfeita consonância com o art. 12, § 3º, II, do CDC. A assertiva "IV" traz uma proibição em sentido amplo, sem necessidade de verificação concreta. A assertiva "III" é errada ao dizer que a responsabilidade solidária não se destina aos casos de defeitos na informação de produtos ou serviços. Também para os defeitos de informação faz-se necessária a incidência dos arts. 7º, parágrafo único, e 25, § 1º, ambos do CDC, no tocante à incidência do princípio da responsabilidade solidária do fornecedor.

14. "b". A assertiva "I" está correta por trazer exatamente a Teoria do Rompimento da Base Objetiva do negócio jurídico, diferenciando-se da Teoria da Imprevisão e sendo a adotada pelo nosso CDC. Trata-se de decorrência do princípio da confiança a aplicação da teoria do rompimento da base objetiva do negócio jurídico no caso do advento de fato superveniente gerador de onerosidade excessiva para o consumidor, como ocorreu na década de 1990 com os contratos de *leasing* firmados em moeda estrangeira. A assertiva "II" corresponde ao caráter de norma de ordem pública imperativa, voltada precipuamente à defesa do consumidor, não havendo preclusão quanto a tal matéria. A assertiva "IV" está em acordo com o art. 54, § 2º, do CDC. A assertiva "V" configura a modalidade da responsabilidade do profissional liberal, sendo subjetiva, como regra (art. 14, § 4º, CDC). A "III" não corresponde ao CDC, pois é possível a inserção de cláusulas limitativas dos direitos do consumidor, desde que haja o devido destaque, nos termos do art. 54, § 4º, do CDC.

15. "b". A assertiva "I" corresponde ao conteúdo do princípio da transparência do contrato previsto no CDC em seu art. 46. Já a de número "III" corresponde ao direito de arrependimento dado ao consumidor nas compras realizadas fora do estabelecimento comercial (art. 49 do CDC). A "IV", por sua vez, traz o conteúdo do art. 50, *caput* e parágrafo único, do CDC, no tocante à garantia contratual. O Superior Tribunal de Justiça também vem se posicionando no sentido de que os prazos decadenciais para a reclamação da garantia legal não correm enquanto não expirar o prazo da garantia contratual: "O prazo de decadência para a reclamação de vícios do produto (art. 26 do CDC) não corre durante o período de garantia contratual, em cujo curso o veículo foi, desde o primeiro mês da compra, reiteradamente apresentado à concessionária com defeitos" (REsp 547.794/PR, Rel. Ministra Maria Isabel Gallotti, 4ª T., *DJe* 22-2-2011). A assertiva "II" é falsa, pois a interpretação favorável ao consumidor ocorrerá em qualquer hipótese, nos termos do art. 47 do CDC, e não apenas diante da presença de cláusulas ambíguas ou contraditórias como ocorre no Código Civil (art. 423).

16. "c". É a assertiva "I" correta, por trazer o teor da Súmula Vinculante 27 do STF. A assertiva "II" também é verdadeira, pois corrobora o conteúdo do enunciado da Súmula 381 do Superior Tribunal de Justiça. A "III" também traz retidão, uma vez que, como estudaremos no próximo capítulo, o sistema de responsabilidade do CDC traz diferenças no tratamento dado aos prejuízos decorrentes de vício, se cotejado com o oriundo de defeito do produto e do serviço. Por fim, a assertiva "IV" erra ao elencar os instrumentos da defesa e proteção do consumidor consagrados no art. 5º do CDC e junto a eles inseriu o direito e Princípio da Informação (art. 6º, III).[122]

17. "c". Como dissemos no bojo desta obra, quanto ao tema publicidade, o CDC adota a inversão obrigatória do ônus da prova (art. 38), diferente da inversão facultativa prevista no art. 6º, VIII, do CDC, nos casos de verossimilhança da alegação ou hipossuficiência do consumidor. A alternativa "a" não está correta ao afirmar em seu final que o CDC é norma de direito público (que rege a relação dos entes públicos entre si ou entre estes e os particulares), levando o candidato a confusão, sendo na verdade norma de ordem pública (que não cabe à parte escolher por sua aplicação ou não). A letra "b" se equivoca quando afirma pela necessidade de estarem presentes os requisitos do art. 6º, VIII, do CDC de forma cumulativa para o deferimento da inversão do ônus da prova. A "d" leva o candidato a confusão, misturando, como se sinônimas fossem, a Teoria da Imprevisão e da Onerosidade Excessiva. A Teoria do Rompimento da Base Objetiva do negócio jurídico não exige a imprevisibilidade do fato superveniente, diferenciando-se, portanto, da Teoria da Imprevisão e sendo a adotada pelo nosso CDC. Trata-se de decorrência do princípio da confiança a aplicação da teoria do rompimento da base objetiva do negócio jurídico no caso do advento de fato superveniente gerador de onerosidade excessiva para o consumidor, como ocorreu na década de 1990 com os contratos de *leasing* firmados em moeda estrangeira. A alternativa "e" contradiz todo o sistema de proteção do consumidor e o dever de informação traçado pelo CDC, o qual é meio para que se atinjam outros direitos, como a proteção à saúde.

18. "b". Esta assertiva é a correta, uma vez que a periculosidade e a nocividade não exageradas são permitidas, desde que adequadamente informadas aos consumidores, nos termos do art. 8º do CDC. Diferentemente, a alternativa "a" restringe a proteção à saúde e à segurança do consumidor apenas aos consumidores adquirentes de produtos e serviços nocivos, o que não corresponde à verdade. A letra "c" é errônea, uma vez que a responsabilidade é primária do fornecedor do produto ou serviço, segundo dispõe o art. 10, § 1º, do CDC. A "d" erra, uma vez que o conceito do produto defeituoso está intimamente ligado a sua segurança, e não à inovação tecnológica (art. 12, § 2º, do CDC). A assertiva "e" contradiz o art. 8º do CDC e seu texto expresso.

19. "a". A assertiva "II" é correta, pois se configura como direito explícito do consumidor no CDC a informação adequada e clara sobre os diferentes produtos e serviços, com especificação correta de quantidade, características, composição, qualidade e preço, bem como sobre os riscos que apresentem, conforme disposto no art. 6º, III, do CDC.[123] A assertiva "IV" também se encontra correta, pois é direito expresso do consumidor a modificação, em sentido amplo, do contrato de consumo quando ocorra o desequilíbrio econômico contratual, como reza o art. 6º, V, do CDC. A assertiva "V" é correta, já que traz a possibilidade de inversão do ônus da prova a critério do juiz — *ope judicis* —, sendo uma possibilidade conferida ao magistrado para que altere a

---

[122] Vale lembrar que, por força da Lei n. 12.741, de 8 de dezembro de 2012, a redação do inciso III do art. 6º do Código de Defesa do Consumidor foi alterada para o seguinte teor: "a informação adequada e clara sobre os diferentes produtos e serviços, com especificação correta de quantidade, características, composição, qualidade, **tributos incidentes** e preço, bem como sobre os riscos que apresentem". A nova redação entrará em vigor seis meses após a data de sua publicação, que ocorreu em 10 de dezembro de 2012.

[123] Vale lembrar que, por força da Lei n. 12.741, de 8 de dezembro de 2012, a redação do inciso III do art. 6º do Código de Defesa do Consumidor foi alterada para o seguinte teor: "a informação ade-

distribuição de tal ônus processual quando verificada a possível veracidade da alegação ou nos casos de hipossuficiência do consumidor. Por fim, erradas estão as assertivas "I" e "III", pois, respectivamente, são asseguradas a liberdade de contratação ao consumidor e sua igualdade material diante das relações de consumo, já que se trata da parte mais vulnerável da relação, e também abrange a proteção contra práticas comerciais lesivas aos seus direitos e cláusulas abusivas, como confirma nosso CDC nos arts. 39 e 51, respectivamente.

20. "certo". O CDC, ao estipular no seu art. 6º, inciso V, a possibilidade de modificação das cláusulas contratuais desproporcionais ou sua revisão quando excessivamente onerosas, traz apenas como requisito a necessidade do ônus excessivo ao consumidor; é o que a melhor doutrina consumerista denomina Teoria do Rompimento da Base Objetiva do contrato de consumo, o que a contrapõe antagonicamente à Teoria da Imprevisão trazida pelo nosso Código Civil de 2002, no qual deve ser comprovada também a imprevisibilidade do fato superveniente. A teoria do rompimento da base objetiva do negócio jurídico é decorrência do princípio da confiança e relaciona-se com o advento de fato superveniente gerador de onerosidade excessiva para o consumidor, como ocorreu na década de 1990 com os contratos de *leasing* firmados em moeda estrangeira.

21. "b". Esta é a opção a ser marcada pelo candidato, uma vez que o princípio da informação deficiente, ou, simplesmente, princípio da informação, é corolário direto do princípio da boa-fé objetiva, devendo o fornecedor guardar o dever da informação, cooperação e proteção. São os chamados deveres anexos, laterais ou secundários da relação jurídica de consumo. A "a" é errônea, pois, embora a vulnerabilidade esteja presente como pano de fundo para aplicação do CDC nas relações de consumo, o presente julgado não deixa claro a qual tipo de vulnerabilidade o consumidor estaria exposto, seja técnica, científica ou econômica. Apesar de parcela da doutrina identificar a vulnerabilidade informacional, entendemos que ainda assim a alternativa "mais correta" continua sendo a "b". A "c", por sua vez, é errada, pois o julgado em nada afronta o princípio da segurança, não causando evento violador desse direito do consumidor. Por fim, a "d" traz o princípio da reparação integral, não se confundindo com o dever de assistência da obrigação integral a ser prestada pelo fornecedor do plano de saúde, já que o primeiro se aplica aos casos de danos causados pelo fornecedor ao consumidor. O julgado mostra preocupação primeira com a prevenção, e não com eventual reparação de danos.

22. "a". Somente a assertiva "IV" está incorreta, visto que as normas técnicas referidas pela assertiva não são editadas apenas pelo ente estatal público, no caso o CONMETRO — Conselho Nacional de Metrologia, Normatização e Adequação Industrial (autarquia federal vinculada ao Ministério do Desenvolvimento, Indústria e Comércio Exterior, com personalidade jurídica e patrimônio próprios — art. 4º da Lei n. 5.966/73, com redação dada pela Lei n. 12.545, de 2011), mas também pela ABNT — Associação Brasileira de Normas Técnicas, que, fundada em 1940, consiste numa entidade privada, sem fins lucrativos, reconhecida como único Foro Nacional de Normalização, por meio da Resolução n. 7 do CONMETRO, de 24-8-1992). A assertiva "I" é correta, pois se considera que a vulnerabilidade possui três formas de expressão ou espécies, sendo técnica (quanto ao conhecimento do produto ou serviço), jurídica (quanto ao conhecimento e compreensão das estipulações contratuais da relação) e fática (sendo a discrepância econômica entre o fornecedor e o consumidor). Sobre o tema, cumpre destacar que parcela da doutrina consegue identificar a vulnerabilidade informacional (relacionada à fragilidade do consumidor no tocante às informações sobre os produtos ou serviços inseridos no mercado de consumo). A "II" e a "III" são corretas, uma vez que trazem os princípios norteadores do controle da publicidade em nosso ordenamento consumerista, vedando e controlando a mensagem publicitária que a eles não se adéque, em especial a publicidade abusiva e enganosa. Por fim, a afirmação "V", também correta, corrobora o conteúdo do art. 4º, *caput*, do CDC.

quada e clara sobre os diferentes produtos e serviços, com especificação correta de quantidade, características, composição, qualidade, **tributos incidentes** e preço, bem como sobre os riscos que apresentem".

23. "b". O nosso CDC é claro ao tentar evitar ou reparar qualquer dano ao consumidor, seja o dano material ou moral, individual, coletivo ou difuso (art. 6º, inciso VI, do CDC — princípio da efetiva prevenção e reparação de danos). Quando olhamos a situação descrita pela questão, é fácil perceber que se trata de atividade bancária, sendo ínsita a esse serviço a prestação da segurança. Logo, é praxe atual a colocação de portas giratórias em agências bancárias e outros estabelecimentos similares, uma restrição geral e imposta a todos, mas que visa o bem de todos que se valham daquele serviço, oferecendo o mínimo de segurança. Logo, pequenos transtornos na vida dos usuários são toleráveis, visto o fim maior buscado, sendo desproporcional pleitear indenização por danos morais pelo simples travamento da porta. Diferentemente se dá quando a abordagem do funcionário responsável ao cliente é ríspida e ostensiva, gerando humilhação e intimidação diante de outros clientes ali presentes, cabendo agora inegável reparação aos direitos da personalidade. A alternativa "a" é incorreta, na medida em que o banco é parte legítima em eventual ação de indenização de danos morais e materiais, pois foi também responsável por equivocada, já que o Superior Tribunal de Justiça pode, sim, alterar o valor do *quantum* indenizatório, seja material ou moral, de acordo com as provas já juntadas no Recurso Especial, o que é diferente de analisar matéria de fato, estando impossibilitado de fazê-lo. A alternativa "d" deve ser afastada pelo candidato, já que o travamento de uma porta giratória em um banco é um simples fato da vida, um mero dissabor do cotidiano, não autorizador de reparação. Por fim, a alternativa "e" é também equivocada, não havendo mais dúvidas ou questionamentos sobre a incidência do CDC às instituições financeiras, como disciplinam o entendimento já sumulado do STJ (Súmula 297), posição consolidada no STF (ADI 2.591) e a própria disposição legal do CDC (art. 3º, § 2º).

24. "c". Somente a afirmativa 3 é correta. Na análise dela, percebemos que corresponde exatamente à dicção de um dos mais invocados direitos do consumidor, qual seja, a inversão do ônus da prova, desde que presente a verossimilhança da alegação ou a hipossuficiência, segundo disposto no art. 6º, VIII, do CDC. A afirmativa 1 está errada, pois, embora seja a inversão do ônus da prova prevista no art. 6º, VIII, do CDC, uma faculdade jurisdicional em regra, o magistrado poderá dela fazer uso, desde que presente a verossimilhança da alegação ou se trate de consumidor hipossuficiente. A afirmação 2 também está equivocada, já que, no tratamento do ônus da prova das campanhas publicitárias, a regra não é a inversão *ope judicis* (a critério do juiz), e sim a inversão *ope legis* (decorrente legal), sendo que o art. 38 do CDC já realiza a inversão do ônus da prova em prol do consumidor, não dependendo de faculdade jurisdicional.

25. "b". Esta é a assertiva a ser assinalada. O Superior Tribunal de Justiça já se posicionou sobre a inversão do ônus da prova em prol do consumidor e sobre a não necessidade de acarretar o custeamento pelo fornecedor das provas requeridas pelo consumidor; no entanto, conforme pontuado na parte teórica do capítulo, o STJ entende que, caso o fornecedor não venha a arcar com as custas periciais, deverá suportar as consequências de sua não realização. A alternativa a" está errada, já que cabe ao fornecedor instituição bancária disponibilizar os extratos bancários anteriores para o consumidor, pois este não possui meios de fazê-lo. A alternativa "c" é errônea, pois não se coaduna com a posição preponderante do STJ quanto ao momento de inversão do ônus da prova, uma vez que esta tem que ser realizada até o saneamento do feito, privilegiando o contraditório, e não na sentença, quando poderia despertar surpresa a uma das partes. Por fim, a alternativa "d" erra ao lançar mão do advérbio "sempre", pois somente se dá a inversão do ônus da prova nos casos de verossimilhança ou hipossuficiência do consumidor, e não como dito pela alternativa, "sempre", em todos os casos de relação de consumo.

26. "b". A alternativa incorreta, sendo contrária ao ordenamento do CDC, é a letra "b", isso porque o consumidor tem como direito, elencado no rol do art. 6º, inciso V, a modificação das cláusulas contratuais que estabeleçam prestações desproporcionais ou a revisão das que venham a se tornar excessivamente onerosas. É o que a doutrina chama de preservação implícita do contrato de consumo. A alternativa "a" é direito fundamental do consumidor (art. 6º, I, do CDC), sendo de observância obrigatória na relação de consumo tais direitos pelo fornecedor; abusiva, portanto, qualquer prática ou cláusula em sentido contrário. A alternativa "c" é correta, já que também figura no rol dos direitos do consumidor o recebimento de serviços públicos de forma eficaz e adequada (art. 6º, X, do CDC). A alternativa "d" é verdadeira, já que corresponde ao art. 6º, inciso VI, do CDC. Enfim, a alternativa "e" é verídica, pois, como já vimos em outros momentos, é possível que o julgador inverta a seu critério o ônus da prova, desde que presente a verossimilhança das alegações ou a hipossuficiência do consumidor (art. 6º, VIII, do CDC).

27. "c". As afirmativas I e III são corretas. A assertiva I corresponde aos direitos básicos do consumidor na relação de consumo, previstos no rol do art. 6º do CDC, incisos X e VII, respectivamente. A assertiva III é verdadeira, pois, como sabemos, é direito do consumidor ter acesso aos meios de informação e educação para um consumo adequado, além de assegurar informações para uma melhor escolha e igualdade nas contratações (art. 6º, II, do CDC). Vale lembrar ainda que o Direito à efetiva prevenção e reparação de danos está previsto no art. 6º, inciso VI, do CDC. Por fim, a afirmativa II é falsa; embora sejam direitos do consumidor a modificação de cláusulas desproporcionais e a revisão das onerosamente excessivas, a inversão do ônus da prova em favor do consumidor não é obrigatória em qualquer hipótese, nos termos do art. 6º, inciso VIII, do CDC.

28. "certo". Como preleciona o art. 6º, inciso VIII, do CDC, é direito básico do consumidor a facilitação da defesa de seus direitos, inclusive por meio da inversão do ônus da prova, de acordo com a faculdade do juiz, desde que presente a verossimilhança da alegação ou hipossuficiência do consumidor. E tal direito do consumidor poderá estar presente tanto nas ações individuais como nas ações coletivas. Conforme analisado na parte teórica do capítulo, entende o STJ que a inversão do ônus da prova poderá ocorrer mesmo nas ações coletivas propostas por membro do Ministério Público, pois a beneficiada, em última análise, é a coletividade de consumidores.

29. "b", sendo verdadeiras as afirmativas I e II. A assertiva I corresponde à verdade, pois expressa o objetivo da política nacional de relação de consumo, protetiva do consumidor por excelência, primando pela saúde, segurança e proteção dos interesses da parte mais fraca em tal relação, como disposto no *caput* do art. 4º do CDC. A assertiva II também é verdadeira, já que não cabe ao fornecedor, no ato de exigir seu crédito, abusar e extrapolar seu direito (art. 42 do CDC). A assertiva III, por sua vez, é errônea, pois não corresponde ao verdadeiro prazo de 7 dias conferido ao consumidor para exercer seu direito de arrependimento, previsto no art. 49 do CDC, toda vez que se tratar de compra realizada fora do estabelecimento comercial. A assertiva IV, a seu tempo, erra, pois o consumidor em si mesmo considerado não possui legitimidade para o ajuizamento da ação civil pública, devendo esta ser proposta pelos legitimados do art. 82 do CDC c.c. art. 5º da Lei n. 7.347/85, entre eles o Ministério Público e os entes federativos.

30. "c" é a opção a ser assinalada. O art. 5º do CDC prevê os instrumentos de execução da Política Nacional da relação de consumo, sendo na maioria das vezes a criação de entes destinados à proteção do consumidor e seus direitos, como delegacias, promotorias e varas especializadas; ademais, prevê ainda tal artigo a concessão de estímulos à criação e ao desenvolvimento das Associações de Defesa do Consumidor, sabendo da importância da atuação de tais entes na proteção do consumidor. A alternativa "a" é errônea, pois a harmonização, equilíbrio e boa-fé são princípios que regem as relações de consumo, não instrumentos (art. 4º, III, do CDC). A alternativa "b" não deve ser marcada, visto serem a informação e a educação do consumidor verdadeiros princípios da relação, e não instrumentos (art. 4º, IV, do CDC). A alternativa "d", mais uma vez, traz, junto a alguns instrumentos, outros princípios, como o reconhecimento da vulnerabilidade do consumidor (art. 4º, I, do CDC). Em suma, a alternativa "e" erra, pois uma vez mais inseriram-se princípios como se fossem instrumentos da relação de consumo (ex.: vulnerabilidade, prevista no art. 4º, I, do CDC).

31. "e". A afirmativa 2 está correta, pois as normas relativas ao ônus da prova consubstanciam o princípio da igualdade material na seara consumerista, uma vez que buscam reequilibrar uma relação jurídica que nasce desigual e tem, de um lado, o vulnerável consumidor. A afirmativa 3 também está correta, na medida em que a inversão do ônus da prova pode ocorrer independentemente de pedido expresso da parte autora (art. 6º, inciso VIII, do CDC). A afirmativa 1 erra, pois, conforme visto nos comentários anteriores, a inversão do ônus da prova veio em favor do consumidor para tentar reequilibrar uma relação jurídica que nasce desigual. Por fim, a afirmativa 4 equivoca-se, uma vez que a inversão do ônus da prova está prevista no CDC no art. 6º, inciso VIII, bem como no art. 38.

32. "d". Nos termos do art. 6º, inciso X, do CDC. A alternativa "a" está errada, pois a "ênfase à igualdade de trocas" não possui amparo legal. A letra "b" equivoca-se, na medida em que o art. 7º do CDC não exclui regulamentos internos nem o uso da analogia como instrumentos de defesa do vulnerável consumidor. A assertiva "c" erra, pois o art. 6º, inciso VI, do CDC determina como direito básico do consumidor "a efetiva prevenção e reparação de danos patrimoniais e morais, individuais, coletivos e difusos". A alternativa "e" não está entre os direitos básicos previstos no art. 6º do CDC.

33. "a". Trata-se da única alternativa correta, pois, conforme visto na parte expositiva do livro, a vulnerabilidade é presumida para o consumidor pessoa física, já a pessoa jurídica deve comprovar sua hipossuficiência no caso concreto para ser considerada consumidora. A alternativa "b" está errada, uma vez que as figuras de consumidor por equiparação decorrem de lei (arts. 2°, parágrafo único, 17 e 29, todos do CDC), e não de ajuste contratual. Na letra "c" vale lembrar que a inversão do ônus da prova pode ser reconhecida de ofício pelo juiz, independentemente de provocação do consumidor. Na alternativa "d" vale lembrar que realmente os requisitos são alternativos (para o juiz inverter basta estar presente a verossimilhança das alegações OU a hipossuficiência do consumidor). Porém, se a alegação for inverossímil, não caberá a inversão do ônus da prova. Por fim, vale lembrar que o crédito estudantil não é objeto da relação de consumo, por isso está errada a alternativa "e".

34. "errado". A assertiva está errada, pois, conforme analisado na parte expositiva desse livro, a vulnerabilidade é fenômeno de direito material e, portanto, presumida. Já a hipossuficiência é fenômeno de direito processual e a situação de fragilidade precisará ser comprovada no caso concreto.

35. "a". Trata-se da alternativa correta, por representar a posição predominante no STJ, conforme demonstrado na parte teórica do livro. A alternativa "b" está errada, pois o STJ entende que a inversão do ônus não transfere para a parte contrária o dever de arcar com os custos de produção. No tocante à letra "c" também há erro, uma vez que a vulnerabilidade é fenômeno de direito material e a hipossuficiência fenômeno de direito processual. A alternativa "d" equivoca-se, na medida em que não basta o acesso formal à informação. O acesso material também é devido. Em relação à inversão do ônus da prova, vale lembrar que é, em regra, *ope judicis* (art. 6°, VIII, do CDC) e basta um de dois requisitos para legitimar a inversão pelo juiz, qual seja: verossimilhança das alegações ou hipossuficiência, razão pela qual a letra "e" está errada.

36. "d". Nos termos do art. 6°, VIII, do CDC, constitui Direito Básico do consumidor, dentre outros: "a facilitação da defesa de seus direitos, inclusive com a inversão do ônus da prova, a seu favor, no processo civil, quando, a critério do juiz, for verossímil a alegação ou quando for ele hipossuficiente, segundo as regras ordinárias de experiências". Percebam que a alternativa "d" é a única correta, pois basta o preenchimento de um dos dois requisitos previstos em lei para se admitir a inversão do ônus da prova.

37. "d" nos termos do art. 8° do CDC que prevê: "Os produtos e serviços colocados no mercado de consumo não acarretarão riscos à saúde ou segurança dos consumidores, exceto os considerados normais e previsíveis em decorrência de sua natureza e fruição, obrigando-se os fornecedores, em qualquer hipótese, a dar as informações necessárias e adequadas a seu respeito.

5

RESPONSABILIDADE DO FORNECEDOR NO CDC

5.1. CONSIDERAÇÕES INICIAIS

Conforme exposto no Capítulo inicial deste livro, a revolução industrial e o surgimento da sociedade de massa exigiram algumas mudanças que transcenderam o Direito Civil clássico, justamente com o objetivo de **adequar a legislação vigente à nova realidade mercadológica**, em especial para proteger a parte mais fraca da então novel relação jurídica de consumo.

Tal relação, marcada pela unilateralidade na produção, **passou a priorizar a quantidade** e a atender à grande demanda que passou a existir nos grandes centros urbanos, fruto da migração do campo para a cidade em razão da **revolução industrial**, deixando para um plano secundário a preocupação com a qualidade dos produtos e serviços fornecidos ao mercado consumidor.

Ante esse contexto, concluímos na oportunidade que **prejuízos e danos começaram a surgir**, e a **nova lei** de defesa do consumidor teria a incumbência, dentre outras, de **definir um modelo de responsabilização do fornecedor** de forma **eficiente e compatível com a vulnerabilidade** de uma das partes da relação citada.

Eis que surge a **responsabilidade objetiva**, aquela que independe da comprovação de dolo ou de culpa, como a modalidade perfeita e adequada para integrar um Código cuja principiologia está totalmente voltada para a proteção do mais fraco.

Segundo José Geraldo Brito Filomeno,[1] a eleição da responsabilidade objetiva como a regra no Código de Defesa do Consumidor deveu-se, em suma, aos seguintes fatores:

- a produção em massa;
- a vulnerabilidade do consumidor;
- a insuficiência da responsabilidade subjetiva;
- o fornecedor há de responder pelos riscos que seus produtos acarretam;
- em decorrência de antecedentes legislativos.

---

[1] FILOMENO, José Geraldo Brito. *Manual de direitos do consumidor*, p. 192-193.

Realmente, **a responsabilidade** pautada na comprovação do dolo ou da culpa (a **subjetiva**) **seria incompatível** com esse novo modelo de relação jurídica que é marcado pela desigualdade, tendo de um dos lados o todo-poderoso fornecedor, que é o detentor do monopólio dos meios de produção, e, do outro, o consumidor-vulnerável, o débil no mercado de consumo.

Concordamos com o citado autor quando identifica a necessidade de o **fornecedor responder pelos riscos da atividade desenvolvida**, principalmente porque suas atividades possuem fins lucrativos. Assim, quem aufere benefícios deverá, em contrapartida, arcar com os respectivos riscos.

Por fim, destaca-se que, sendo **a responsabilidade objetiva** uma modalidade de responsabilidade que **necessita de previsão legal**, o CDC não foi o primeiro diploma a tratar do tema. Tal responsabilidade esteve presente muito antes, por exemplo na lei que trata da Política Nacional do Meio Ambiente, Lei n. 6.938, de 1981.

■ 5.1.1. Teoria do risco da atividade desenvolvida — o fundamento da responsabilidade civil objetiva no CDC

Segundo ensinamentos de Karl Larenz, a responsabilidade pelo risco é "uma imputação mais intensa desde o ponto de vista social a respeito de uma determinada esfera de riscos, de uma distribuição de riscos de dano inerentes a uma determinada atividade segundo os padrões ou medidas, não da imputabilidade e da culpa, senão da assunção de risco àquele que o cria ou domina, ainda que somente em geral".[2]

Nesse sentido, pela **teoria do risco da atividade ou do empreendimento**, todo **aquele que fornece** produto ou serviço no mercado de consumo **cria um risco de dano** aos consumidores **e, concretizado** este, surge o **dever de repará-lo** independentemente da comprovação de dolo ou de culpa.

Com esta teoria, o enfoque da responsabilidade é deslocado da ideia de culpa para a questão do risco que a atividade desempenhada é capaz de causar. Mais uma vez, o fato de auferir os cômodos de um lado e arcar com os incômodos do outro **(risco-proveito)**, somado ao princípio da confiança legítima, faz com que o fornecedor, pela teoria do risco ora citada, responda de forma objetiva.

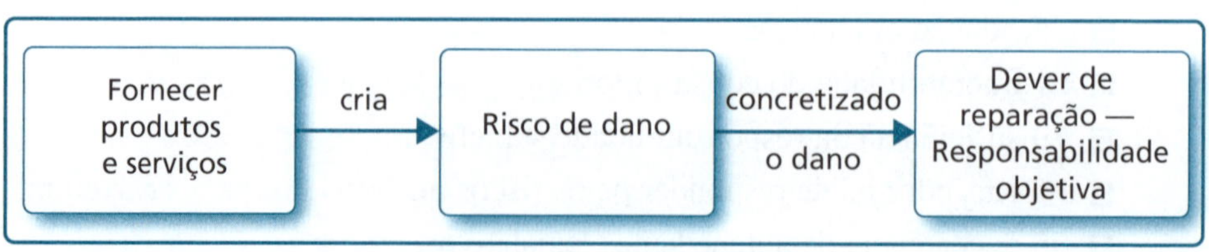

2 LARENZ, Karl. *Derecho de obligaciones*. Tradução de Jaime Santos Briz. Madrid: Editorial Revista de Derecho Privado, t. II, p. 665. Apud MIRAGEM, Bruno. *Curso de direito do consumidor*, p. 354.

Sobre o tema, o STJ editou a Súmula 595 com o seguinte teor: "**As instituições de ensino superior respondem objetivamente pelos danos suportados pelo aluno/consumidor pela realização de curso não reconhecido pelo Ministério da Educação**, sobre o qual não lhe tenha sido dada prévia e adequada informação" (Segunda Seção, aprovada em 25-10-2017, *DJe* 6-11-2017).

No entanto, veremos adiante que o Código de Defesa do Consumidor admite **causas excludentes de responsabilidade** do fornecedor, o que afasta **a teoria do risco da atividade** de outra teoria, a do risco integral, que não admite tais excludentes. Aquela se enquadra, portanto, numa espécie de **risco mitigado**.

■ 5.1.2. Elementos a serem comprovados na responsabilidade objetiva

Os elementos a serem comprovados na responsabilidade objetiva nos termos do Código de Defesa do Consumidor são:

- defeito ou vício do produto ou serviço;
- evento danoso (*eventus damni*) ou prejuízo causado ao consumidor;
- relação de causalidade entre o defeito/vício e o evento danoso/prejuízo.

Já foi visto que, se a responsabilidade fosse subjetiva, um novo elemento deveria ser demonstrado — dolo ou culpa —, requisito que tornaria mais difícil a reparação de danos do consumidor.

De fato, cabe ao consumidor comprovar inicialmente o vício ou defeito do produto ou do serviço. No entanto, nunca é demais lembrar que para facilitar a defesa do consumidor em juízo poderá ocorrer, a critério do juiz, a **inversão do ônus da prova**, desde que constatada a verossimilhança das suas alegações ou a hipossuficiência postulante (art. 6º, VIII, do CDC).

O tema já foi exaustivamente abordado no capítulo anterior, mas cabe trazer à colação alguns julgados do Superior Tribunal de Justiça que muito bem demonstram a importância do instituto do ônus da prova como elemento decisivo na efetivação ou não da reparação de danos/prejuízos sofridos pelo vulnerável da relação jurídica de consumo. Inicialmente, traremos uma **decisão em que a inversão não foi deferida e o consumidor perdeu a ação:**

> RECURSO ESPECIAL. GRAVIDEZ ALEGADAMENTE DECORRENTE DE CONSUMO DE PÍLULAS ANTICONCEPCIONAIS SEM PRINCÍPIO ATIVO ("PÍLULAS DE FARINHA"). INVERSÃO DO ÔNUS DA PROVA. ENCARGO IMPOSSÍVEL. ADEMAIS, MOMENTO PROCESSUAL INADEQUADO. AUSÊNCIA DE NEXO CAUSAL ENTRE A GRAVIDEZ E O AGIR CULPOSO DA RECORRENTE.
>
> 1. O Tribunal *a quo*, muito embora reconhecendo ser a prova "franciscana", entendeu que bastava à condenação o fato de ser a autora consumidora do anticoncep-

cional "Microvlar" e ter esta apresentado cartelas que diziam respeito a período posterior à concepção, cujo medicamento continha o princípio ativo contraceptivo.

2. A inversão do ônus da prova regida pelo art. 6º, inciso VIII, do CDC, está ancorada na assimetria técnica e informacional existente entre as partes em litígio. Ou seja, somente pelo fato de ser o consumidor vulnerável, constituindo tal circunstância um obstáculo à comprovação dos fatos por ele narrados, e que a parte contrária possui informação e os meios técnicos aptos à produção da prova, é que se excepciona a distribuição ordinária do ônus.

3. Com efeito, ainda que se trate de relação regida pelo CDC, não se concebe inverter-se o ônus da prova para, retirando tal incumbência de quem poderia fazê-lo mais facilmente, atribuí-la a quem, por impossibilidade lógica e natural, não o conseguiria. Assim, diante da não comprovação da ingestão dos aludidos placebos pela autora — quando lhe era, em tese, possível provar —, bem como levando em conta a inviabilidade de a ré produzir prova impossível, a celeuma deve se resolver com a improcedência do pedido.

4. Por outro lado, entre a gravidez da autora e o extravio das "pílulas de farinha", mostra-se patente a ausência de demonstração do nexo causal, o qual passaria, necessariamente, pela demonstração ao menos da aquisição dos indigitados placebos, o que não ocorreu.

5. De outra sorte, é de se ressaltar que a distribuição do ônus da prova, em realidade, determina o agir processual de cada parte, de sorte que nenhuma delas pode ser surpreendida com a inovação de um ônus que, antes de uma decisão judicial fundamentada, não lhe era imputado. Por isso que não poderia o Tribunal *a quo* inverter o ônus da prova, com surpresa para as partes, quando do julgamento da apelação.

6. Recurso especial parcialmente conhecido e, na extensão, provido (REsp 720.930/RS, Rel. Ministro Luis Felipe Salomão, 4ª T., *DJe* 9-11-2009).

A seguir, trecho de um **julgamento em que a inversão do ônus da prova foi deferida e o consumidor venceu a demanda:** "Reconhecida a hipossuficiência técnica do consumidor, em ação que versa sobre a realização de saques não autorizados em contas bancárias, mostra-se imperiosa a inversão do ônus probatório" (REsp 1.155.770/PB, Rel. Ministra Nancy Andrighi, 3ª T., *DJe* 9-3-2012).

Não queremos com tais julgados afirmar de maneira absoluta que se ocorrer a inversão do ônus o consumidor vencerá a demanda ou que perderá diante do indeferimento de tal pedido. Mas, sim, deixar claro que **a inversão do ônus é um verdadeiro facilitador da efetivação dos direitos do consumidor**, que é o vulnerável da relação jurídica de consumo e, na maioria das vezes, **não consegue demonstrar a existência de um vício ou defeito** no bem adquirido.

Ademais, sendo o fornecedor o *expert* da relação, caberá a ele, diante do deferimento pelo juiz do pedido da inversão, demonstrar que o problema em seu produto ou serviço inexiste.

■ 5.1.3. Vício e defeito — institutos sinônimos ou distintos?

Há divergência na doutrina quanto a saber se vício e defeito são institutos sinônimos ou distintos. Uma primeira corrente entende que são distintos, na medida em que:

- **vício** estaria ligado à **inadequação** do produto ou serviço **aos fins a que se destinam**; e
- **defeito** refere-se à **insegurança** do bem de consumo.

A segunda corrente defende que vício e defeito são expressões sinônimas, existindo, assim:

- vício/defeito de qualidade; e
- vício/defeito de segurança.

Por fim, existe ainda uma terceira visão sobre o assunto, que entende existir no ordenamento consumerista:

- o vício de qualidade por inadequação;
- o vício de qualidade por insegurança.

Com efeito, trazemos à colação a visão de quatro doutrinadores renomados para demonstrar a ausência de pacificação sobre o tema.

- **Rizzatto Nunes:** "São consideradas **vícios** as características de qualidade ou quantidade que tornem os **produtos ou serviços impróprios ou inadequados** ao consumo a que se destinam e também **que lhes diminuam o valor**. Da mesma forma são considerados vícios os decorrentes da **disparidade havida em relação às indicações** constantes do recipiente, embalagem, rotulagem, oferta ou mensagem publicitária. (...) O defeito é o vício acrescido de um problema extra, alguma coisa extrínseca ao produto ou serviço, que causa um dano maior que simplesmente o mau funcionamento, o não funcionamento, a quantidade errada, a perda do valor pago — já que o produto ou serviço não cumpriram o fim ao qual se destinavam. O **defeito causa**, além desse dano do vício, **outro ou outros danos ao patrimônio jurídico material e/ou moral e/ou estético e/ou à imagem do consumidor**".[3]
- **Sergio Cavalieri Filho:** "A palavra-chave neste ponto é defeito. **Ambos decorrem de um defeito** do produto ou do serviço, só que **no fato do produto ou do serviço** o defeito é tão grave que provoca um **acidente** que atinge o

[3] NUNES, Luiz Antonio Rizzatto. *Curso de direito do consumidor*, p. 180-181.

consumidor, causando-lhe dano material ou moral. O **defeito compromete a segurança do produto ou serviço. Vício**, por sua vez, **é defeito menos grave**, circunscrito ao produto ou serviço em si; um defeito que lhe é inerente ou intrínseco, que apenas causa o seu **mau funcionamento ou não funcionamento**".[4]

- **Herman Benjamin:** "A qualidade dos produtos e serviços, já afirmamos, pode ser maculada de duas formas: através dos **vícios de qualidade por inadequação** e por intermédio da presença de **vícios de qualidade por insegurança. Estes** poderiam ser conceituados como sendo *a desconformidade de* um *produto ou serviço* com *as expectativas legítimas dos consumidores e que têm a capacidade de* ***provocar acidentes de consumo***".[5]
- **Bruno Miragem:** "No direito brasileiro, **o regime de responsabilidade distingue-se** em razão do dever jurídico violado pelo fornecedor. A responsabilidade pelo **fato do produto ou do serviço** decorre da violação de um ***dever de segurança,*** ou seja, quando o produto ou serviço não oferece a segurança que o consumidor deveria legitimamente esperar. Já a **responsabilidade pelo vício** do produto ou do serviço decorre da violação de um ***dever de adequação,*** qual seja, o dever dos fornecedores de oferecer produtos ou serviços no mercado de consumo que sirvam aos fins que legitimamente deles se esperam".[6]

A própria **jurisprudência superior não se entende** a respeito do tema, ora denominando de defeito o acidente de consumo, ora a mera inadequação aos fins a que se destinam.

Entretanto, **adotaremos neste livro a posição que diferencia vício de defeito**, pois entendemos que **assim o faz o Código de Defesa do Consumidor** ao relacionar defeito com a insegurança do produto ou do serviço e vício com a mera inadequação aos fins a que se destinam. Vejamos:

- O art. 12 definiu um produto como defeituoso em seu § 1º da seguinte forma: "O **produto é defeituoso** quando **não oferece a segurança** que dele legitimamente se espera (...)". No mesmo sentido, o art. 14, § 1º, conceituou **serviço defeituoso** como aquele que "**não fornece a segurança** que o consumidor dele pode esperar (...)".
- O art. 18, ao tratar do vício do produto, fê-lo da seguinte forma: "Os fornecedores de produtos de consumo duráveis ou não duráveis respondem solidariamente pelos **vícios** de qualidade ou quantidade que os tornem **impróprios ou inadequados** ao consumo a que se destinam ou **lhes diminuam o valor**, assim como por aqueles decorrentes da **disparidade, com as indicações**

[4] CAVALIERI FILHO, Sergio. *Programa de direito do consumidor*, p. 288.

[5] BENJAMIN, Antônio Herman de V.; MARQUES, Claudia Lima; BESSA, Leonardo Roscoe. *Manual de direito do consumidor,* p. 139.

[6] MIRAGEM, Bruno. *Curso de direito do consumidor*, p. 358.

constantes do recipiente, da embalagem, rotulagem ou mensagem publicitária, respeitadas as variações decorrentes de sua natureza, podendo o consumidor exigir a substituição das partes viciadas". Na mesma linha, quando tratou do vício do serviço, assim o fez no art. 20: "O fornecedor de serviços responde pelos **vícios** de qualidade que os tornem **impróprios ao consumo ou lhes diminuam o valor**, assim como por aqueles decorrentes da **disparidade com as indicações** constantes da oferta ou mensagem publicitária (...)".

- O art. 24, que trata da **garantia legal de adequação** do produto ou serviço, combinado com o art. 26, que traz os **prazos decadenciais para reclamar os vícios**, representam bons exemplos de dispositivos da Lei do Consumidor a adotar uma postura que demonstra a diferença de tratamento entre vício e defeito.

Desta forma, em nossa visão, se a TV adquirida não liga teremos um vício. Por outro lado, se a TV ao ser ligada explodir no rosto do consumidor, haverá defeito e a respectiva responsabilidade pelo fato do produto.

5.1.4. As modalidades de responsabilidade do fornecedor previstas no Código de Defesa do Consumidor

Conforme visto no Capítulo 2 deste livro, o simples fato de colocar produto ou fornecer serviço no mercado de consumo já gera o dever de indenizar o consumidor pelos eventuais prejuízos sofridos, quer em razão de um inadimplemento contratual, quer em decorrência da prática de um ilícito.

Assim, **a responsabilidade prevista no CDC unificou as duas modalidades de responsabilidades até então existentes no Código Civil — contratual e extracontratual** — e criou uma **nova: a responsabilidade pelo fato e pelo vício do produto ou do serviço**.

Nesse contexto, o fornecedor será responsabilizado em razão de participar única e exclusivamente da relação jurídica de consumo. Trata-se da chamada **teoria unitária da responsabilidade civil** do fornecedor no CDC.

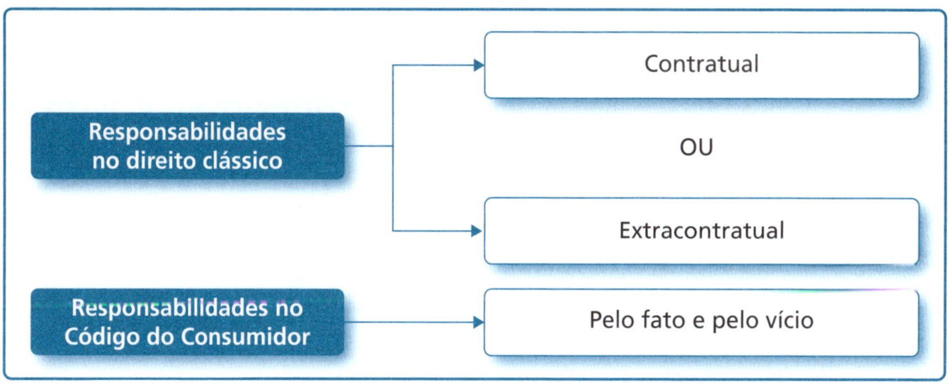

No tocante à **responsabilidade pelo fato** do produto e do serviço, as atenções estão centradas basicamente na **incolumidade física e psicológica** do consumidor. Tal assertiva busca amparo no fato de que a expressão "fato do produto ou do serviço" refere-se a **acidente de consumo** decorrente de um **produto ou de um serviço defeituosos**.

Assim, na mesma linha do exemplo acima pontuado, aquele que compra um ***Tablet* que explode em seu rosto** ao ser ligado sofre um acidente de consumo em razão de um produto defeituoso. Nessa modalidade de responsabilidade, a **preocupação** está mais voltada para a **segurança** do consumidor.

Trata-se de responsabilidade que teve como berço para seu desenvolvimento o direito norte-americano no início do século XX. Sobre o tema, destaca Bruno Miragem o paradigmático caso "*McPherson* vs. *Buick Motor Co.,* decidido pelo Tribunal de Apelações de New York, em 1916. No caso em questão, discutia-se a extensão da responsabilidade de uma fábrica de automóveis pelos veículos por ela fabricados. Na ocasião, decidiu o tribunal que, tendo em vista se tratar de produtos 'perigosos', o fabricante tinha a obrigação de adotar precauções não apenas em relação ao comprador do produto, mas também em relação a quaisquer usuários do automóvel, razão pela qual poderia ser imputada responsabilidade por negligência na hipótese de danos a quaisquer terceiros usuários do bem".[7]

Já em relação à **responsabilidade por vício** do produto e do serviço, o foco da proteção direciona-se mais para a incolumidade econômica. De fato, quando o ***Tablet*** adquirido **não liga**, configurada está a inadequação do produto aos fins a que se destina. Apesar das semelhanças com os vícios redibitórios do Código Civil, concluiremos em breve tratar-se de institutos distintos.

RESPONSABILIDADE PELO FATO	RESPONSABILIDADE PELO VÍCIO
■ Preocupação: incolumidade física e psíquica	■ Preocupação: incolumidade econômica
■ Defeito no produto/serviço	■ Vício no produto/serviço
■ Acidente de consumo	■ Inadequação aos fins pretendidos

No entanto, vale ressaltar que **inexiste um objetivo exclusivo de proteção**. O máximo que pode ser identificado é o **predomínio de um objeto** tutelado em face de outro. Assim, no acidente de consumo, a integridade física é atingida preponderantemente, mas de forma secundária a econômica também será afetada. O inverso também é verdadeiro.

---

[7] MIRAGEM, Bruno. *Curso de direito do consumidor*, p. 355.

Com efeito, devemos destacar as **situações limítrofes** em que o vício começa a adquirir proporções tamanhas que acaba por se configurar em risco iminente de acidente de consumo.

Em contextos fáticos como estes, a repercussão jurídica é de suma importância, em especial no que toca ao prazo que deverá prevalecer: os da decadência do art. 26 ou o prescricional do art. 27 do CDC?

Sobre o tema, segue posição do Superior Tribunal de Justiça no sentido de prevalecer, diante da iminência de acidente de consumo causado por um vício de grandes proporções, o prazo prescricional de 5 anos do art. 27 do Diploma Consumerista:

> **Tendo a corte local entendido que a hipótese dos autos cuida de defeito do produto, por trazer vício intrínseco que potencializa um acidente de consumo, sujeitando-se o consumidor a um perigo iminente, correta é a aplicação do art. 27 do CDC. Precedentes** (REsp 810.353/ES, Rel. Ministro Aldir Passarinho Junior, 4ª T., *DJe* 11-5-2009).
>
> **Verifica-se, *in casu*, que se trata de defeito relativo à falha na segurança, de caso em que o produto traz um vício intrínseco que potencializa um acidente de consumo, sujeitando-se o consumidor a um perigo iminente (defeito na mangueira de alimentação de combustível do veículo, propiciando vazamento causador do incêndio). Aplicação da regra do artigo 27 do CDC** (REsp 575.469/RJ, Rel. Ministro Jorge Scartezzini, 4ª T., *DJ* 6-12-2004).

Em decisão mais recente, o STJ reconheceu o defeito no produto alimentício contendo em seu interior corpo estranho, expondo o consumidor a risco concreto de lesão à sua saúde e segurança, ainda que não ocorra a ingestão de seu conteúdo: "A aquisição de produto de gênero alimentício contendo em seu interior corpo estranho, expondo o consumidor à risco concreto de lesão à sua saúde e segurança, ainda que não ocorra a ingestão de seu conteúdo, dá direito à compensação por dano moral, dada a ofensa ao direito fundamental à alimentação adequada, corolário do princípio da dignidade da pessoa humana. Hipótese em que se caracteriza defeito do produto (art. 12, CDC), o qual expõe o consumidor à risco concreto de dano à sua saúde e segurança, em clara infringência ao dever legal dirigido ao fornecedor, previsto no art. 8º do CDC" (REsp 1.424.304/SP, Rel. Ministra Nancy Andrighi, 3ª T., *DJe* 19-5-2014).[8]

---

[8] Em sentido contrário, STJ no julgamento do REsp 1.395.647-SC: "No âmbito da jurisprudência do STJ, não se configura o dano moral quando ausente a ingestão do produto considerado impróprio para o consumo, em virtude da presença de objeto estranho no seu interior, por não extrapolar o

Por fim, cabe destacar entendimento sobre o assunto do Superior Tribunal de Justiça, nos seguintes termos: "2. O vício do produto é aquele que afeta apenas a sua funcionalidade ou a do serviço, sujeitando-se ao prazo decadencial do art. 26 do Código de Defesa do Consumidor — CDC. Quando esse vício for grave a ponto de repercutir sobre o patrimônio material ou moral do consumidor, a hipótese será de responsabilidade pelo fato do produto, observando-se, assim, o prazo prescricional quinquenal do art. 27 do referido diploma legal. 3. A eclosão tardia do vício do revestimento, quando já se encontrava devidamente instalado na residência do consumidor, determina a existência de danos materiais indenizáveis e relacionados com a necessidade de, no mínimo, contratar serviços destinados à substituição do produto defeituoso. Desse modo, a hipótese é de fato do produto, sujeito ao prazo prescricional de 5 (cinco) anos" (REsp 1.176.323-SP, Rel. Ministro Villas Bôas Cueva, 3ª T., *DJe* 16-3-2015).

■ 5.2. RESPONSABILIDADE PELO FATO DO PRODUTO

A responsabilidade pelo fato do produto está prevista no ***caput* do art. 12 do CDC**, que estabelece: "O fabricante, o produtor, o construtor, nacional ou estrangeiro, e o importador respondem, independentemente da existência de culpa, pela reparação dos danos causados aos consumidores por defeitos decorrentes de projeto, fabricação, construção, montagem, fórmulas, manipulação, apresentação ou acondicionamento de seus produtos, bem como por informações insuficientes ou inadequadas sobre sua utilização e riscos".

Constata-se inicialmente da leitura do dispositivo *supra* que houve uma **especificação dos fornecedores** e, consequentemente, concluímos que **cada um responderá, a princípio e individualmente**, pelos danos a que der causa. Isto significa dizer, conforme já pontuado no Capítulo 4, que:

- o fabricante responde pelo que fabricou;
- o produtor, pelo que produziu;
- o construtor, pelo que construiu;
- o importador, pelo que importou.

Tal constatação não impede, entretanto, **o reconhecimento da responsabilidade solidária pelo princípio da solidariedade insculpido**, dentre outros, nos arts. 7º, parágrafo único, e 25, § 1º, da Lei n. 8.078/90, ou seja, se for demonstrado no caso concreto que mais de um da cadeia de fornecedores contribuiu para a causação do dano, todos responderão solidariamente.

âmbito individual que justifique a litigiosidade, porquanto atendida a expectativa do consumidor em sua dimensão plural" (Rel. Ministro Ricardo Villas Bôas Cueva, 3ª T., *DJe* 19-12-2014).

Para elucidar o tema, segue exemplo também citado no Capítulo 4: a princípio, a montadora de veículos é a responsável pelo carro que montou. Entretanto, se houver dúvida sobre quem inseriu indevidamente determinada peça no veículo adquirido — montadora ou concessionária —, o consumidor que sofreu um acidente de consumo poderá acionar qualquer um dos dois fornecedores dessa cadeia ou até mesmo ambos, sob o fundamento do princípio da responsabilidade solidária.

Na visão de Zelmo Denari, são três as categorias clássicas de fornecedores:[9]

FORNECEDOR REAL	FORNECEDOR PRESUMIDO	FORNECEDOR APARENTE
■ fabricante, produtor e construtor	■ importador	■ coloca seu nome ou marca no produto final, ou seja, o franqueador[10]

O aludido autor do Anteprojeto do CDC identifica na doutrina a citação de três modalidades de defeitos do produto:[11]

- ■ **defeito de concepção/criação:** defeitos no projeto, na formulação ou *design* dos produtos;
- ■ **defeito de produção/fabricação:** defeitos de fabricação, construção, montagem, manipulação e acondicionamento dos produtos;
- ■ **defeito de informação/comercialização:** defeito na apresentação, informação insuficiente ou inadequada, inclusive a publicidade.

■ 5.2.1. Definição de produto defeituoso no CDC

O Código de Defesa do Consumidor definiu no **art. 12, § 1º**, o produto defeituoso como aquele que "**não oferece a segurança** que dele legitimamente se espera, levando-se em consideração as circunstâncias relevantes, entre as quais: I — sua apresentação; II — o uso e os riscos que razoavelmente dele se esperam; III — a época em que foi colocado em circulação".

---

9 GRINOVER, Ada Pellegrini; BENJAMIN, Antônio Herman de V.; FINK, Daniel Roberto; FILOMENO, José Geraldo Brito; NERY JR., Nelson; DENARI, Zelmo. *Código Brasileiro de Defesa do Consumidor,* p. 197.

10 No entendimento de Herman Benjamin, o comerciante também se enquadraria no conceito de fornecedor aparente quando não fosse possível identificar o responsável real, conforme será visto logo mais quando da análise do art. 13 do CDC. In: BENJAMIN, Antônio Herman de V.; MARQUES, Claudia Lima; BESSA, Leonardo Roscoe. *Manual de direito do consumidor,* p. 146.

11 GRINOVER, Ada Pellegrini; BENJAMIN, Antônio Herman de V.; FINK, Daniel Roberto; FILOMENO, José Geraldo Brito; NERY JR., Nelson; DENARI, Zelmo. *Código Brasileiro de Defesa do Consumidor,* p. 199.

Circunstâncias relevantes — produto defeituoso	
	■ apresentação; ■ uso e os riscos que razoavelmente dele se esperam; ■ época em que foi colocado em circulação.

Conforme dito anteriormente, o Diploma Consumerista **atrela ao conceito de defeito a questão da segurança** que legitimamente o consumidor espera de um produto, no caso do art. 12. Ante este contexto, a pergunta que se faz é a seguinte: **é vedada a colocação de produtos inseguros ou perigosos no mercado de consumo?** E, a resposta, nós já vimos que é negativa quando a analisamos no Capítulo 4, mais precisamente no subitem "4.3.2. Direito à vida, à saúde e à segurança", e na apreciação dos arts. 8º a 10 do CDC.

Mas vale trazer à colação os ensinamentos de Herman Benjamin, que divide a análise do tema de acordo com a natureza da periculosidade, se inerente, adquirida ou exagerada:[12]

PERICULOSIDADE INERENTE (LATENTE)	"Os bens de consumo de ***periculosidade inerente*** ou *latente (unavoidably unsafe product or service)* trazem um risco intrínseco atado a sua própria qualidade ou modo de funcionamento. Embora se mostre capaz de causar acidentes, a periculosidade dos produtos e serviços, nesses casos, diz-se *normal* e *previsível* em decorrência de sua natureza ou fruição, ou seja, está em sintonia com as expectativas legítimas dos consumidores." Ex.: facas.[13]
PERICULOSIDADE ADQUIRIDA	"Os chamados produtos ou serviços de ***periculosidade adquirida*** tornam-se perigosos em decorrência de um *defeito* que, por qualquer razão, apresentam. São bens de consumo que, se ausente o vício de qualidade por insegurança que trazem, não manifestam risco superior àquele legitimamente esperado pelo consumidor. A característica principal da periculosidade adquirida é exatamente a sua *imprevisibilidade* para o consumidor. É impossível (ou, quando possível, inútil) qualquer modalidade de advertência, já que esta não tem o condão de eliminá-la."[14]

---

[12] BENJAMIN, Antônio Herman de V.; MARQUES, Claudia Lima; BESSA, Leonardo Roscoe. *Manual de direito do consumidor*, p. 142-145.

[13] O CDC legitima a introdução de produtos com periculosidade inerente nos termos dos seguintes artigos: "Art. 8º Os produtos e serviços colocados no mercado de consumo não acarretarão riscos à saúde ou segurança dos consumidores, exceto os considerados normais e previsíveis em decorrência de sua natureza e fruição, obrigando-se os fornecedores, em qualquer hipótese, a dar as informações necessárias e adequadas a seu respeito. § 1º Em se tratando de produto industrial, ao fabricante cabe prestar as informações a que se refere este artigo, através de impressos apropriados que devam acompanhar o produto. (Redação dada pela Lei n. 13.486, de 2017). § 2º O fornecedor deverá higienizar os equipamentos e utensílios utilizados no fornecimento de produtos ou serviços, ou colocados à disposição do consumidor, e informar, de maneira ostensiva e adequada, quando for o caso, sobre o risco de contaminação. (Incluído pela Lei n. 13.486, de 2017). Art. 9º O fornecedor de produtos e serviços potencialmente nocivos ou perigosos à saúde ou segurança deverá informar, de maneira ostensiva e adequada, a respeito da sua nocividade ou periculosidade, sem prejuízo da adoção de outras medidas cabíveis em cada caso concreto".

[14] Segundo Herman Benjamin, são os defeitos de fabricação, os defeitos de concepção (*design* ou projeto) e os defeitos de comercialização, também denominados de informação ou de instrução presentes no art. 12 do CDC (BENJAMIN, Antônio Herman de V.; MARQUES, Claudia Lima; BESSA, Leonardo Roscoe. *Manual de direito do consumidor*, p. 144).

PERICULOSIDADE EXAGERADA	"Estes são, em verdade, uma espécie dos bens de consumo de ***periculosidade inerente*** embora Eike von Hippel (*Verbraucherschutz*, p. 50) prefira situá-los como portadores de defeito de concepção. Só que, ao contrário dos bens de periculosidade inerente, a informação adequada aos consumidores não produz maior resultado na mitigação de seus riscos. Seu potencial danoso é tamanho que o requisito da previsibilidade não consegue ser totalmente preenchido pelas informações prestadas pelos fornecedores."[15]

Sobre a periculosidade inerente, importante destacar ainda que recentemente o STJ entendeu que a comprovação de graves lesões decorrentes da abertura indevida de *air bag*, por se tratar de acidente automobilístico em baixíssima velocidade, que, portanto, extrapolou os limites do razoável no tocante ao mecanismo de segurança, configura a responsabilidade objetiva da montadora de veículos pela reparação dos danos ao consumidor:

> DIREITO DO CONSUMIDOR. **AÇÃO DE INDENIZAÇÃO POR DANO MATERIAL E COMPENSAÇÃO POR DANO MORAL. ACIDENTE DE TRÂNSITO. SEGURANÇA. GRAVES LESÕES**. FUNDAMENTO DO ACÓRDÃO NÃO IMPUGNADO. SÚMULA 283/STF. INTERESSE RECURSAL. QUESTÕES RESOLVIDAS PELO TRIBUNAL DE ORIGEM. AUSÊNCIA. REEXAME DE FATOS E PROVAS. INADMISSIBILIDADE. **MECANISMO DE SEGURANÇA. RISCO INERENTE. PRODUTO DEFEITUOSO. EXCESSO**. REVISÃO DO VALOR DA COMPENSAÇÃO. 1. Ação de indenização por dano material e compensação por dano moral ajuizada em 17-3-2009. Recurso especial atribuído ao gabinete em 25-8-2016. Julgamento: CPC/73. 2. O propósito recursal consiste em afastar a responsabilidade objetiva da Mitsubishi Motors Corporation decorrente de alegado dano ocasionado por fato de produto. 3. A existência de fundamento do acórdão recorrido não impugnado – quando suficiente para a manutenção de suas conclusões – impede a apreciação do recurso especial. 4. Ausência de interesse recursal da recorrente em questões já deferidas pelo Tribunal de origem. 5. O reexame de fatos e provas em recurso especial é inadmissível. 6. **Considera-se o produto como defeituoso quando não fornece a segurança que o consumidor dele se espera, levando-se em consideração a época e o modo em que foi prestado, e no que mais importa para a espécie, os riscos inerentes a sua regular utilização.** 7. **O fato da utilização do *air bag*, como mecanismo de segurança de periculosidade inerente, não autoriza que as montadoras de veículos se eximam da responsabilidade em ressarcir danos fora da normalidade do "uso e os riscos que razoavelmente dele se esperam" (art. 12, § 1º, II do CDC).** 8. É clara a necessidade de se arbitrar valor proporcional e estritamente adequado à compensação do prejuízo extrapatrimonial sofrido e ao desestímulo de práticas lesivas.

[15] O CDC veda a introdução de produtos com o citado grau de periculosidade no seguinte dispositivo: "Art. 10. O fornecedor não poderá colocar no mercado de consumo produto ou serviço que sabe ou deveria saber apresentar alto grau de nocividade ou periculosidade à saúde ou segurança".

> Por outro ângulo, a compensação financeira arbitrada não pode representar o enriquecimento sem causa da vítima. 9. Recurso especial parcialmente conhecido, e nessa parte, parcialmente provido para fixar definitivamente neste julgamento o valor da compensação pelo dano moral (REsp 1.656.614-SC, Rel. Ministra Nancy Andrighi, 3ª T., julgado em 23-5-2017, *DJe* 2-6-2017).

■ 5.2.2. As circunstâncias relevantes para a caracterização do produto defeituoso

O art. 12, § 1º, do Código de Defesa do Consumidor leva em consideração algumas circunstâncias para o enquadramento do produto como defeituoso, dentre as quais:

- a sua apresentação;
- o uso e os riscos que razoavelmente dele se esperam;
- a época em que foi colocado em circulação.

No tocante à circunstância primeira, o próprio *caput* do art. 12 do Código do Consumidor prevê o **defeito como decorrência da apresentação**, bem como por **informações insuficientes ou inadequadas** sobre sua utilização e riscos.

Nesse diapasão, a falha na informação constante da rotulagem, embalagem, mensagem publicitária ou qualquer outra forma de manifestação de oferta poderá tornar o produto defeituoso e, consequentemente, gerar um acidente de consumo. Como exemplo, podemos citar um produto cortante, fabricado com lâminas e tecnologia de última geração, cuja embalagem deverá informar adequadamente sobre os riscos na sua utilização.

A segunda circunstância presente no rol exemplificativo do dispositivo legal em estudo envolve os **usos e os riscos que razoavelmente dele se esperam**. Já foi estudado nos subitens precedentes que, a depender da natureza da periculosidade existente, o produto poderá ser fornecido no mercado de consumo.

Referimo-nos à **periculosidade inerente ou latente**, desde que **dentro dos limites da normalidade e previsibilidade que razoavelmente são esperadas** pelo consumidor, nos termos do art. 8º do CDC[16]. Ainda assim, vale lembrar, o fornecedor deverá informar de maneira ostensiva e adequada sobre a nocividade e periculosidade existentes (art. 9º do CDC), sob pena de o produto tornar-se defeituoso em razão da falha na apresentação, conforme estudado na circunstância *supra*.

---

[16] Importante lembrar da novidade introduzida pela Lei n. 13.846, de 2017, ao dispor: "O fornecedor deverá higienizar os equipamentos e utensílios utilizados no fornecimento de produtos ou serviços, ou colocados à disposição do consumidor, e informar, de maneira ostensiva e adequada, quando for o caso, sobre o risco de contaminação". Assim carrinhos de supermercados e *mouses* em cybercafés, por exemplo, deverão ser higienizados e a sua falta não poderá ser considerada como conduta normal e previsível, não se incluindo na exceção prevista no *caput* do art. 8º do CDC.

O último exemplo leva em consideração a **época em que o produto foi colocado em circulação**, isto é, se era possível prever a essa época os riscos que o bem de consumo poderia causar no mercado de consumo.

Trata-se da análise dos **riscos do desenvolvimento**, tema que será estudado juntamente com as causas excludentes de responsabilidade do fornecedor, justamente por existir polêmica em torno do assunto.

De qualquer forma, o art. 10, § 1º, da Lei n. 8.078/90 é cristalino ao determinar que o "fornecedor de produtos e serviços que, posteriormente à sua introdução no mercado de consumo, tiver conhecimento da periculosidade que apresentem, deverá comunicar o fato imediatamente às autoridades competentes e aos consumidores, mediante anúncios publicitários".

■ 5.2.3. A inovação tecnológica

O art. 12, § 2º, do Código de Defesa do Consumidor estabelece que: "O produto **não é considerado defeituoso pelo fato de outro de melhor qualidade ter sido colocado no mercado**".

O dispositivo demonstra mais uma vez que o **CDC**, apesar de ser um Diploma voltado para a proteção do mais fraco, não é um Código arbitrário. Muito pelo contrário, confere direitos ao consumidor, impõe deveres ao fornecedor, mas **não impede**, por exemplo, o **desenvolvimento tecnológico** ao prever que a colocação de novidades no mercado de consumo não tornará defeituosos os produtos antigos.

Situação teratológica que merece destaque foi o pleito de um consumidor inconformado pelo fato de ter adquirido seu veículo automotor pouco tempo antes da introdução de novo modelo no mercado.

Vejamos a posição do Superior Tribunal de Justiça sobre o assunto: **"A pretensão de o apelante receber o veículo novo ou ser ressarcido por danos materiais não se enquadra à hipótese do artigo 18, § 1º, inc. I e II, do Código de Defesa do Consumidor eis que não há vícios de qualidade ou quantidade e o bem não é impróprio nem inadequado para o fim a que se destina. Ao contrário, como dispõe o § 2º do artigo 12, o produto não é considerado defeituoso pelo fato de outro de melhor qualidade ter sido colocado no mercado"** (Ag 693.303, Rel. Ministro Aldir Passarinho Junior, publicado em 11-11-2005).

No Agravo Regimental interposto sobre o aludido julgado, assim entendeu o STJ: **"Ademais, o direito do consumidor se dá em relação à fidedignidade e qualidade do produto que está comprando, não abrangendo, no caso de aquisição de veículo novo, o acesso a informações precisas sobre futuros lançamentos da montadora, dado ao sigilo e dinâmica de mercado próprios da**

indústria automobilística. Indevida, portanto, indenização, se após a aquisição outro modelo, mais atualizado, veio a ser produzido" (publicado em 8-5-2006).[17]

Trata-se de "reestilização" lícita que não gera qualquer dano ao consumidor. Diferente é a situação em que o fornecedor vende determinado veículo como do ano seguinte e, na sequência, lança outro modelo, parando de fabricar aquele adquirido pelo consumidor.

Neste caso, a prática abusiva é evidente na visão do STJ: "Embora lícito ao fabricante de veículos antecipar o lançamento de um modelo meses antes da virada do ano, prática usual no país, constitui prática comercial abusiva e propaganda enganosa e não de 'reestilização' lícita, lançar e comercializar veículo no ano como sendo modelo do ano seguinte e, depois, adquiridos esses modelos pelos consumidores, paralisar a fabricação desse modelo e lançar outro, com novos detalhes, no mesmo ano, como modelo do ano seguinte, nem mesmo comercializando mais o anterior em aludido ano seguinte. Caso em que o fabricante, após divulgar e passar a comercializar o automóvel 'Pálio Fire Ano 2006 Modelo 2007', vendido apenas em 2006, simplesmente lançou outro automóvel 'Pálio Fire Modelo 2007', com alteração de vários itens, o que leva a concluir haver ele oferecido em 2006 um modelo 2007 que não viria a ser produzido em 2007, ferindo a fundada expectativa de consumo de seus adquirentes em terem, no ano de 2007, um veículo do ano" (REsp 1.342.899/RS, Rel. Ministro Sidnei Beneti, 3ª T., *DJe* 9-9-2013).

5.2.4. Responsabilidade do comerciante pelo fato do produto

O Diploma Consumerista prevê no *caput* do art. 13 que o comerciante será igualmente responsabilizado pelo fato do produto (acidente de consumo) quando:

---

[17] No mesmo sentido o STJ entendeu: "DIREITO DO CONSUMIDOR. 'REESTILIZAÇÃO' LÍCITA DE PRODUTO. VEÍCULO 2007 COMERCIALIZADO COMO MODELO 2008. LANÇAMENTO NO ANO DE 2008 DE PRODUTO REFORMULADO, COMO SENDO MODELO 2009. PRÁTICA COMERCIAL ABUSIVA E PROPAGANDA ENGANOSA NÃO VERIFICADAS. 1. — Lícito ao fabricante de veículos antecipar o lançamento de um modelo meses antes da virada do ano, prática usual no mercado de veículos. 2. — Não há falar em prática comercial abusiva ou propaganda enganosa quando o consumidor, no ano de 2007, adquire veículo modelo 2008 e a reestilização do produto atinge apenas os de modelo 2009, ou seja, não realizada no mesmo ano. Situação diversa da ocorrida no julgamento do REsp 1.342.899-RS (Rel. Ministro SIDNEI BENETI, TERCEIRA TURMA, julgado em 20/08/2013, *DJe* 09/09/2013 3. — No caso, a alegação de que o consumidor deveria ter sido advertido, no momento da compra, quanto à alteração das características do produto em futuro próximo, tendo em vista o direito de ampla informação, não foi enfrentada pelo Tribunal de origem. Ausência de prequestionamento. 4. — Recurso Especial a que se nega provimento" (REsp 1.330.174/MG, Rel. Ministro Sidnei Beneti, 3ª T., *DJe* 4-11-2013).

- o fabricante, o construtor, o produtor ou o importador não puderem ser identificados (produto anônimo);[18]
- o produto for fornecido sem identificação clara do seu fabricante, produtor, construtor ou importador (produto cuja identificação do fornecedor principal não é clara);
- não conservar adequadamente os produtos perecíveis.

As duas primeiras situações são corriqueiras na venda de hortifrutigranjeiros em geral, quando, por exemplo, não é possível identificar o produtor de uma verdura.[19]

Esquematizando a responsabilidade do comerciante pelo fato do produto, encontramos:

Segundo Sergio Cavalieri Filho, o "comerciante foi excluído em via principal porque ele, nas relações de consumo em massa, não tem nenhum controle sobre a segurança e qualidade das mercadorias. Recebe os produtos fechados, embalados, enlatados, como ocorre, por exemplo, nos super e hipermercados, nas grandes lojas de departamentos e drogarias, e assim os transfere aos consumido-

[18] A denominação de produto anônimo foi muito bem colocada por Herman Benjamin (BENJAMIN, Antônio Herman de V.; MARQUES, Claudia Lima; BESSA, Leonardo Roscoe. *Manual de direito do consumidor,* p. 160).

[19] Com a maior facilidade de acesso aos produtos orgânicos, a identificação do produtor vem fazendo cada vez mais parte do dia a dia dos supermercados.

res. Em suma, **o comerciante não tem poder para alterar nem controlar técnicas de fabricação e produção**”.[20]

Existe divergência na doutrina a respeito da natureza da responsabilidade do comerciante, **se subsidiária ou solidária**. No entendimento de **Rizzatto Nunes**, no “que respeita ao *caput* do art. 13, é necessário ressaltar que o vocábulo ‘igualmente’ tem de ser interpretado no duplo sentido de que **o comerciante** tem as mesmas responsabilidades firmadas no artigo anterior (o 12) e que ele **é solidariamente responsável** com os agentes do art. 12. E, assim, todos são solidários”.[21]

Entretanto, concordamos com o **posicionamento majoritário** no sentido de que a **responsabilidade do comerciante é subsidiária**, e assim fazemos apoiados nas seguintes doutrinas:

ZELMO DENARI	"A responsabilidade do comerciante, nos acidentes de consumo, é **meramente subsidiária**, pois os obrigados principais são aqueles elencados no art. 12."[22]
HERMAN BENJAMIN	"No contexto do Código, a responsabilidade do comerciante é **subsidiária**, isto é, secundária em relação àquela dos outros agentes econômicos, que é principal. Subsidiariedade esta que vem acrescentar, ao rol primitivo do art. 12, *caput,* o sujeito faltante: o comerciante. Fecha-se o círculo."[23]
BRUNO MIRAGEM	"O *caput* do artigo 13 ('O comerciante é igualmente responsável...') induz a pensar-se trata a hipótese de responsabilidade solidária. Todavia, as hipóteses estabelecidas nos incisos I e II da norma, fazendo referência à circunstância de que os responsáveis não possam ser identificados, seja porque esta identificação não exista, seja porque é obscura ou insuficiente, determina a responsabilidade em questão como espécie de **responsabilidade subsidiária ou supletiva**. Ocorrendo, todavia, qualquer das hipóteses do artigo 13, ele passa a integrar, em conjunto — e portanto, solidariamente — com os demais responsáveis indicados no artigo 12 do CDC — o rol de fornecedores que poderão ser demandados pelo consumidor."[24]

É evidente que não podemos olvidar do **inciso terceiro**, que trata de uma hipótese de **responsabilidade direta** do comerciante quando este deixar de **conservar adequadamente produtos perecíveis**.

Nesse sentido, mais uma vez trazemos à colação as lições de Bruno Miragem, ao observar que no “caso do inciso III do artigo 13, restando demonstrado que o dano causado aos consumidores decorreu da conservação inadequada de

[20] CAVALIERI FILHO, Sergio. *Programa de direito do consumidor*, p. 297.

[21] NUNES, Luiz Antonio Rizzatto. *Curso de direito do consumidor*, p. 289.

[22] GRINOVER, Ada Pellegrini; BENJAMIN, Antônio Herman de V.; FINK, Daniel Roberto; FILOMENO, José Geraldo Brito; NERY JR., Nelson; DENARI, Zelmo. *Código Brasileiro de Defesa do Consumidor*, p. 207.

[23] BENJAMIN, Antônio Herman de V.; MARQUES, Claudia Lima; BESSA, Leonardo Roscoe. *Manual de direito do consumidor*, p. 158.

[24] MIRAGEM, Bruno. *Curso de direito do consumidor*, p. 395.

produtos perecíveis, a responsabilidade do comerciante decorre de fato próprio, razão pela qual não se há de falar em subsidiariedade, senão de responsabilidade direta, que vincula sua conduta como causa do evento danoso produzido contra o consumidor-vítima".[25]

No entanto, em nossa visão, não cabe ao consumidor identificar se o comerciante conservou ou não adequadamente o produto adquirido.

De fato, o **vulnerável da relação pode entrar com a ação contra o fabricante**, ser indenizado e, caso este fornecedor queira, pode exercer seu direito de regresso contra o comerciante, demonstrando que o bem de consumo não teve um defeito de fabricação, mas sim que os danos foram decorrentes de má conservação.

Sobre o tema, segue entendimento do **STJ: "A eventual configuração da culpa do comerciante que coloca à venda produto com prazo de validade vencido não tem o condão de afastar o direito de o consumidor propor ação de reparação pelos danos resultantes da ingestão da mercadoria estragada em face do fabricante"** (REsp 980.860/SP, Rel. Ministra Nancy Andrighi, 3ª T., *DJe* 2-6-2009).

Igualmente, vale lembrar que existem **outras hipóteses de responsabilidade direta do comerciante** por acidente de consumo que não estejam relacionadas diretamente com o fato do produto. Lembremos do caso do **consumidor que se fere ao escorregar no interior de um supermercado** em razão de o piso estar molhado pela quebra de garrafas de refrigerante e da ausência de qualquer placa indicativa da situação de risco apresentada.

Por fim, destaca-se que o Superior Tribunal de Justiça, quando reconheceu a responsabilidade do comerciante na modalidade solidária, assim o fez tendo por fundamento da demanda o art. 18 do CDC, que trata da responsabilidade pelo vício do produto, e não pelo fato do produto exclusivamente, como previsto nos arts. 12 e 13. Vejamos:

> ADMINISTRATIVO — REGULAÇÃO — PODER DE POLÍCIA ADMINISTRATIVA — FISCALIZAÇÃO DE RELAÇÃO DE CONSUMO — INMETRO — COMPETÊNCIA RELACIONADA A ASPECTOS DE CONFORMIDADE E METROLOGIA — **DEVERES DE INFORMAÇÃO E DE TRANSPARÊNCIA QUANTITATIVA** — VIOLAÇÃO — AUTUAÇÃO — ILÍCITO ADMINISTRATIVO DE CONSUMO — **RESPONSABILIDADE SOLIDÁRIA DOS FORNECEDORES** — POSSIBILIDADE.
>
> 1. A Constituição Federal/88 elegeu a defesa do consumidor como fundamento da ordem econômica pátria, inciso V do art. 170, possibilitando, assim, a criação de autarquias regulatórias como o INMETRO, com competência fiscalizatória das relações de consumo sob aspectos de conformidade e metrologia.

[25] MIRAGEM, Bruno. *Curso de direito do consumidor*, p. 395.

> 2. As violações a deveres de informação e de transparência quantitativa representam também ilícitos administrativos de consumo que podem ser sancionados pela autarquia em tela.
> 3. A responsabilidade civil nos ilícitos administrativos de consumo tem a mesma natureza ontológica da responsabilidade civil na relação jurídica base de consumo. Logo, é, por disposição legal, solidária.
> **4. O argumento do comerciante de que não fabricou o produto e de que o fabricante foi identificado não afasta a sua responsabilidade administrativa, pois não incide, *in casu*, o § 5º do art. 18 do CDC.**
> Recurso especial provido (REsp 1.118.302/SC, Rel. Ministro Humberto Martins, 2ª T., *DJe* 14-10-2009).

5.2.5. Direito de regresso

O direito de regresso está previsto no CDC, no art. 13, parágrafo único, que estabelece, *in verbis*: "**Aquele que efetivar o pagamento** ao prejudicado poderá **exercer o direito de regresso** contra os demais responsáveis, segundo sua participação na causação do evento danoso".

Anotem que a regra do **direito de regresso vale para qualquer hipótese de responsabilidade solidária**, e o fato de estar previsto no parágrafo único do art. 13 não limita esse direito apenas ao comerciante.

Nesse sentido é também o entendimento de Sergio Cavalieri Filho, para quem aquele "que paga a indenização nem sempre é o único causador do dano, razão pela qual o Código (art. 13, parágrafo único) lhe assegura o direito de regresso contra os demais responsáveis, segundo sua participação na causação do evento danoso. É uma consequência natural da solidariedade passiva e da sub-rogação legal que se opera em favor do devedor que paga a dívida dos outros. **O fato de ter o legislador**, talvez por desatenção, **inserido o dispositivo** que trata do direito de regresso como parágrafo único do artigo que cuida da responsabilidade subsidiária do comerciante **(art. 13) não deve levar ao entendimento de que a sua aplicação fica limitada** aos casos de solidariedade entre o comerciante e o fabricante, produtor ou importador".[26]

Apesar de o direito de regresso não estar vinculado apenas ao comerciante, bom exemplo para esquematizar o tema envolve o seguinte contexto:

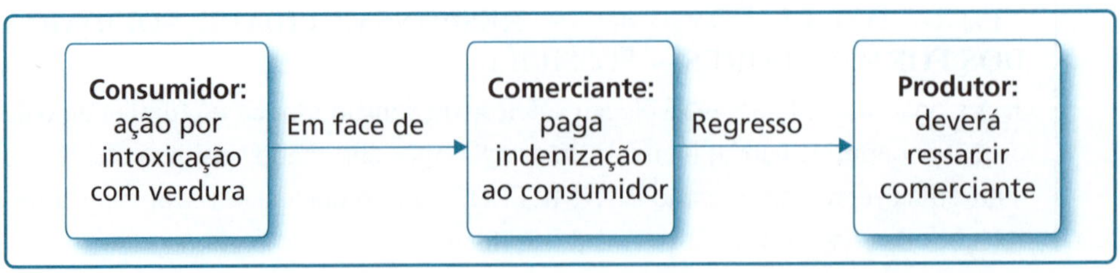

[26] CAVALIERI FILHO, Sergio. *Programa de direito do consumidor*, p. 318.

Em suma, qualquer um que for solidariamente responsável pelo dano, ainda que não seja o causador direto deste (por exemplo, defeito de produção, e não de comercialização), arca com a indenização perante o consumidor e terá o direito de reaver o valor pago — direito de regresso — em face do verdadeiro responsável pelo dano.

■ 5.2.6. Denunciação da lide

Apesar de o Código de Defesa do Consumidor admitir o direito de regresso, um de seus principais instrumentos de realização foi vedado, qual seja: a denunciação da lide. Tal vedação está prevista no **art. 88 do CDC**, que estabelece: "Na hipótese do art. 13, parágrafo único deste código, a ação de regresso poderá ser ajuizada em processo autônomo, facultada a possibilidade de prosseguir-se nos mesmos autos, **vedada a denunciação da lide**".

Nos termos legais, a denunciação da lide está vedada e o direito de regresso poderá ser exercido:

- em processo autônomo;
- no mesmo feito proposto pelo consumidor após a indenização deste.

Os **fundamentos** dessa vedação são basicamente dois:

- **evitar o retardamento da reparação de danos do consumidor**, na medida em que, se fosse permitida a denunciação, nova pessoa seria trazida ao processo, mediante nova citação, com abertura de novo prazo para apresentar defesa, além da apresentação de novo rol de testemunhas;
- **fundamento jurídico inédito** trazido à demanda consubstanciado na discussão sobre a **responsabilidade subjetiva entre fornecedores** numa ação proposta pelo consumidor e pautada na responsabilidade objetiva.

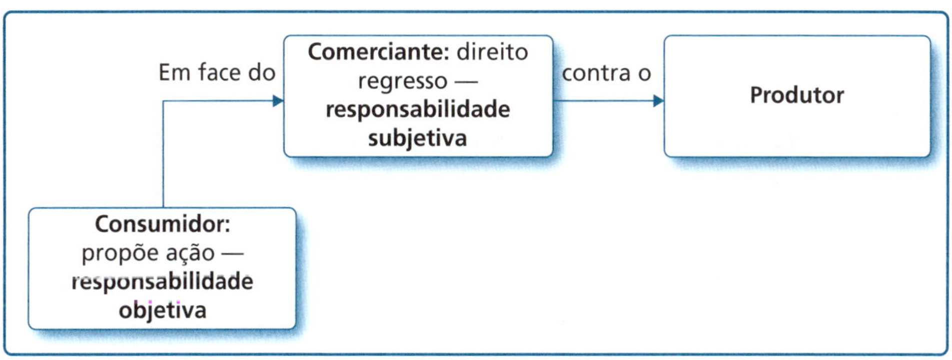

Na **visão da doutrina, a vedação da denunciação**, ainda que remissiva ao art. 13, que trata da responsabilidade pelo fato do produto, **estender-se-ia também à responsabilidade pelo fato do serviço**, tendo em vista que os fundamentos da vedação estariam plenamente em consonância com este modelo de responsabilidade.

Este é o entendimento de Herman Benjamin ao destacar que "a impossibilidade de denunciação da lide, nos termos do art. 88 do CDC, que, embora se refira unicamente à hipótese relativa a fato do produto (art. 13), deve ser aplicado analogicamente para todos os casos de responsabilidade solidária previstos no CDC".

No entanto, a jurisprudência do **Superior Tribunal de Justiça vem admitindo a denunciação da lide** quando o caso estiver relacionado com o **fato do serviço**, sendo vedada apenas para o fato do produto. Segue trecho de julgado que bem demonstra a posição do STJ sobre o tema: **"Nas relações de consumo, a denunciação da lide é vedada apenas na responsabilidade pelo fato do produto (artigo 13 do Código de Defesa do Consumidor), admitindo-o nos casos de defeito no serviço (artigo 14 do CDC), desde que preenchidos os requisitos do artigo 70 do Código de Processo Civil, inocorrente, na espécie"** (REsp 1.123.195/SP, Rel. Ministro Massami Uyeda, 3ª T., *DJe* 3-2-2011).

Exemplo comum de falha no serviço capaz de gerar um acidente de consumo ocorre quando o consumidor, barrado na porta giratória e humilhado pelo segurança, ingressa com ação de indenização contra a instituição financeira que comumente denuncia a lide em face da empresa de segurança, e o STJ vem admitindo tal situação (Recurso Especial 439.233). Também da relação entre hospital e médico: **"Admite-se a denunciação da lide na hipótese de defeito na prestação de serviço"** (REsp 1.216.424/MT, Rel. Ministra Nancy Andrighi, 3ª T., *DJe* 19-8-2011).

A demonstração de que o tema é realmente polêmico está expressa no julgado proferido pela 3ª Turma do STJ em maio de 2012, ao entender pela vedação total da denunciação da lide, quer para o fato do produto, quer para o fato do serviço:

> INDENIZAÇÃO POR DANOS MORAIS. DEFEITO NA PRESTAÇAO DO SERVIÇO A CONSUMIDOR. DENUNCIAÇÃO DA LIDE. INTERPRETAÇÃO DO ART. 88 DO CDC. IMPOSSIBILIDADE.
>
> 1. **A vedação à denunciação da lide prevista no art. 88 do CDC não se restringe à responsabilidade de comerciante por fato do produto (art. 13 do CDC), sendo aplicável também nas demais hipóteses de responsabilidade civil por acidentes de consumo (arts. 12 e 14 do CDC).**
>
> 2. Revisão da jurisprudência desta Corte.
>
> 3. RECURSO ESPECIAL DESPROVIDO (REsp 1.165.279/SP, Rel. Ministro Paulo de Tarso Sanseverino, 3ª T., *DJe* 28-5-2012).

No *Informativo* n. 498 do Superior Tribunal de Justiça a notícia parece mais esclarecedora, nos seguintes termos:

> DENUNCIAÇÃO DA LIDE. CDC. DEFEITO NA PRESTAÇÃO DE SERVIÇO. **A Turma, ao rever orientação dominante desta Corte, assentou que é incabível a denunciação da lide nas ações indenizatórias decorrentes da relação de consumo seja no caso de responsabilidade pelo fato do produto, seja no caso de responsabilidade pelo fato do serviço (arts. 12 a 17 do CDC).** Asseverou o Min. Relator que, segundo melhor exegese do enunciado normativo do art. 88 do CDC, a vedação ao direito de denunciação da lide não se restringiria exclusivamente à responsabilidade do comerciante pelo fato do produto (art. 13 do CDC), mas a todo e qualquer responsável (real, aparente ou presumido) que indenize os prejuízos sofridos pelo consumidor. Segundo afirmou, **a proibição do direito de regresso na mesma ação objetiva evitar a procrastinação do feito, tendo em vista a dedução no processo de uma nova causa de pedir, com fundamento distinto da formulada pelo consumidor, qual seja, a discussão da responsabilidade subjetiva**. Destacou-se, ainda, que **a única hipótese na qual se admite a intervenção de terceiro nas ações que versem sobre relação de consumo é o caso de chamamento ao processo do segurador — nos contratos de seguro celebrado pelos fornecedores para garantir a sua responsabilidade pelo fato do produto ou do serviço (art. 101, II, do CDC)**. Com base nesse entendimento, a Turma negou provimento ao recurso especial para manter a exclusão de empresa prestadora de serviço da ação em que se pleiteia compensação por danos morais em razão de instalação indevida de linhas telefônicas em nome do autor e posterior inscrição de seu nome em cadastro de devedores de inadimplentes (REsp 1.165.279/SP, Rel. Ministro Paulo de Tarso Sanseverino, julgado em 22-5-2012).[27]

Posição intermediária entre a vedação expressa à denunciação no art. 88 do CDC e a admissão genérica presente no art. 125, inciso II, do CPC/2015 é defendida por Daniel Amorim Assumpção Neves ao afirmar que se "o objetivo da vedação é proteger o consumidor, evitando uma demora maior no tempo de duração de seu processo, parece ser viável que o consumidor no caso concreto renuncie a essa proteção legal, admitindo expressamente a denunciação da lide realizada pelo réu".[28]

Apesar do brilhantismo na elaboração da proposta, não podemos deixar de lembrar que o Código de Defesa do Consumidor traz em seu conteúdo normas de ordem pública que não podem ser derrogadas pela vontade das partes.

---

[27] Mantendo a mesma linha de raciocínio, entendeu o STJ no AgRg no AREsp 694.980/MS, 4ª T., *DJe* 29-9-2015, bem como no AgInt no REsp 1.635.254/SP, 3ª T., *DJe* 30-3-2017.

[28] TARTUCE, Flávio; NEVES, Daniel Amorim Assumpção. *Manual de direito do consumidor:* direito material e processual. Rio de Janeiro/São Paulo: Forense/Método, 2012, p. 492.

Desta forma, a opção legislativa foi pela vedação "genérica" como forma de proteger de maneira eficaz o vulnerável da relação de consumo em razão de ocorrer, na maioria das vezes em que a denunciação é realizada, a demora no ressarcimento do consumidor.

Segundo Rizzatto Nunes: "a norma do art. 88 é incompleta. Obviamente está vedada a denunciação da lide e também o chamamento ao processo. Se a regra pretende evitar o prolongamento do processo com ações paralelas, tem de proibir tanto a denunciação da lide quanto o chamamento ao processo".[29-30]

Destaca-se ainda o teor da Súmula 537 do STJ, que assim estabelece: "Em ação de reparação de danos, a seguradora denunciada, se aceitar a denunciação ou contestar o pedido do autor, pode ser condenada, direta e solidariamente junto com o segurado, ao pagamento da indenização devida à vítima, nos limites contratados na apólice" (*DJe* 15-6-2015).

Por fim, importante ressaltar o teor da Súmula 529 do STJ, que assim prevê: "No seguro de responsabilidade civil facultativo, não cabe o ajuizamento de ação pelo terceiro prejudicado direta e exclusivamente em face da seguradora do apontado causador do dano" (*DJe* 18-5-2015).

A Segunda Seção do Superior Tribunal de Justiça consagrou o entendimento sumulado no enunciado 529 porque a obrigação da seguradora de ressarcir danos sofridos por terceiros pressupõe a responsabilidade civil do segurado, a qual, via de regra, não poderá ser reconhecida em demanda em que a empresa de seguro não tenha participado, sob pena de violação dos princípios do contraditório e ampla defesa.

No entanto, há hipóteses, em que a obrigação civil de indenizar do segurado se revela incontroversa, como quando reconhece a culpa pelo acidente de trânsito. Em casos como esse, mesmo não havendo relação contratual entre a seguradora e o terceiro lesado, forma-se uma relação jurídica entre ambos. Por isso, em situações excepcionais como a apresentada, o STJ tem admitido a ação do terceiro prejudicado diretamente contra a empresa de seguros:

> RECURSO ESPECIAL. CIVIL E PROCESSUAL CIVIL. SEGURO DE AUTOMÓVEL. GARANTIA DE RESPONSABILIDADE CIVIL. ACIDENTE DE TRÂNSITO. TERCEIRO PREJUDICADO. AÇÃO DE REPARAÇÃO DE DA

---

[29] NUNES, Luiz Antonio Rizzatto. *Curso de direito do consumidor*, p. 810.

[30] Sobre o tema chamamento ao processo, destaca-se o disposto no art. 101, inciso II, do CDC: "o réu que houver contratado seguro de responsabilidade poderá chamar ao processo o segurador, vedada a integração do contraditório pelo Instituto de Resseguros do Brasil. Nesta hipótese, a sentença que julgar procedente o pedido condenará o réu nos termos do art. 132 do Código de Processo Civil de 2015. Se o réu houver sido declarado falido, o síndico será intimado a informar a existência de seguro de responsabilidade, facultando-se, em caso afirmativo, o ajuizamento de ação de indenização diretamente contra o segurador, vedada a denunciação da lide ao Instituto de Resseguros do Brasil e dispensado o litisconsórcio obrigatório com este".

> NOS. INCLUSÃO ÚNICA DA SEGURADORA. POSSIBILIDADE. SEGURADO. CAUSADOR DO SINISTRO. ADMISSÃO DO FATO. ACIONAMENTO DA APÓLICE. PAGAMENTO NA ESFERA ADMINISTRATIVA. OBJETO DA LIDE. VALOR DA INDENIZAÇÃO SECURITÁRIA. 1. Recurso especial interposto contra acórdão publicado na vigência do Código de Processo Civil de 1973 (Enunciados Administrativos n. 2 e 3/STJ). 2. **Cinge-se a controvérsia a saber se a vítima de acidente de trânsito (terceiro prejudicado) pode ajuizar demanda direta e exclusivamente contra a seguradora do causador do dano quando reconhecida, na esfera administrativa, a responsabilidade dele pela ocorrência do sinistro e paga, a princípio, parte da indenização securitária.** 3. A Segunda Seção do Superior Tribunal de Justiça consagrou o entendimento de que, no seguro de responsabilidade civil facultativo, descabe ação do terceiro prejudicado ajuizada direta e exclusivamente contra a seguradora do apontado causador do dano (Súmula n. 529/STJ). Isso porque a obrigação da seguradora de ressarcir danos sofridos por terceiros pressupõe a responsabilidade civil do segurado, a qual, de regra, não poderá ser reconhecida em demanda em que não interveio, sob pena de vulneração do devido processo legal e da ampla defesa. 4. **Há hipóteses em que a obrigação civil de indenizar do segurado se revela incontroversa, como quando reconhece a culpa pelo acidente de trânsito ao acionar o seguro de automóvel contratado**, ou quando firma acordo extrajudicial com a vítima obtendo a anuência da seguradora, ou, ainda, quando esta celebra acordo diretamente com a vítima. **Nesses casos, mesmo não havendo liame contratual entre a seguradora e o terceiro prejudicado, forma-se, pelos fatos sucedidos, uma relação jurídica de direito material envolvendo ambos, sobretudo se paga a indenização securitária, cujo valor é o objeto contestado.** 5. **Na pretensão de complementação de indenização securitária decorrente de seguro de responsabilidade civil facultativo, a seguradora pode ser demandada direta e exclusivamente pelo terceiro prejudicado no sinistro, pois, com o pagamento tido como parcial na esfera administrativa, originou-se uma nova relação jurídica substancial entre as partes.** Inexistência de restrição ao direito de defesa da seguradora ao não ser incluído em conjunto o segurado no polo passivo da lide. 6. Recurso especial provido (REsp 1.584.970-MT, Rel. Min. Ricardo Villas Bôas Cueva, 3ª T., julgado em 24-10-2017, *DJe* 30-10-2017).

■ 5.2.7. Causas excludentes de responsabilidade do fornecedor pelo fato do produto no CDC

O Código de Defesa do Consumidor adotou a responsabilidade objetiva como regra, entretanto admitiu causas excludentes da responsabilização do fornecedor, numa nítida evidência de que **a teoria do risco fundamentadora** da aludida responsabilidade **não foi a do risco integral**, que, por sua vez, não admite causas excludentes.

De fato, **não evidenciado o nexo de causalidade** entre o dano e o defeito do produto ou do serviço, **isento** estará o fornecedor de ser **responsabilizado**.

Nesse contexto, prevê o art. 12, § 3º, da Lei n. 8.078/90:

§ 3º O fabricante, o construtor, o produtor ou importador só não será responsabilizado quando provar:

I — que não colocou o produto no mercado;

II — que, embora haja colocado o produto no mercado, o defeito inexiste;

III — a culpa exclusiva do consumidor ou de terceiro.

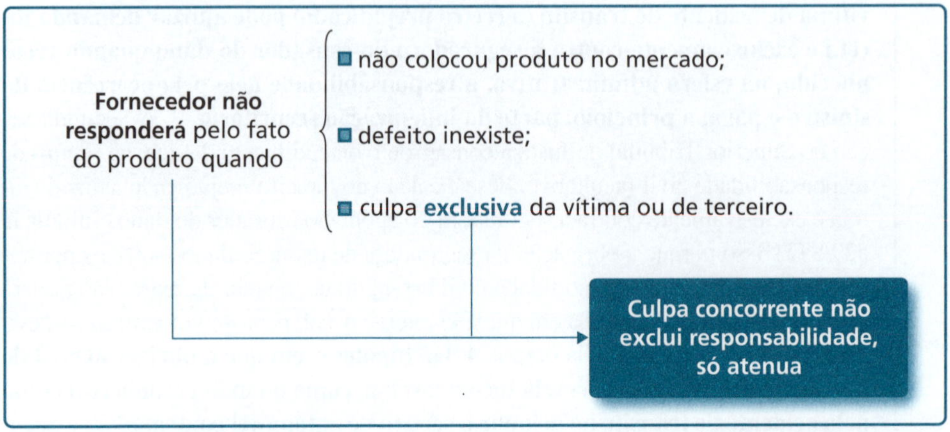

Note-se que em todos os casos **o ônus da prova será do fornecedor**. Por este motivo, muitos autores defendem que o dispositivo citado é mais um exemplo de **inversão *ope legis*** do ônus probante.

Nesse sentido, as lições de Sergio Cavalieri Filho, para quem no § 3º do art. 12 do Código de Defesa do Consumidor temos, "induvidosamente, uma inversão do ônus da prova quanto ao defeito do produto ou do serviço e o nexo causal, porquanto, em face da ocorrência do acidente de consumo (fato do produto ou do serviço), caberá ao fornecedor provar que o defeito inexiste, ou da ocorrência de qualquer outra causa de exclusão de responsabilidade. Essa inversão do ônus da prova — cumpre ressaltar — não é igual àquela que está prevista no art. 6º, VIII. Aqui a inversão é *ope legis*, isto é, por força da lei; ao passo que ali a inversão é *ope iudicis*, que, a critério do juiz, poderá ser feita quando a alegação for verossímil ou quando o consumidor for hipossuficiente, segundo as regras ordinárias de experiência".[31]

No mesmo sentido, já entendeu o **Superior Tribunal de Justiça: "A inversão do ônus da prova pode decorrer da lei ('ope legis'), como na responsabilidade pelo fato do produto ou do serviço (arts. 12 e 14 do CDC), ou por determinação judicial ('ope judicis'), como no caso dos autos, versando acerca da responsabilidade por vício no produto (art. 18 do CDC)"** (REsp 802.832/MG, Rel. Ministro Paulo de Tarso Sanseverino, Segunda Seção, *DJe* 21-9-2011).

[31] CAVALIERI FILHO, Sergio. *Programa de direito do consumidor*, p. 310.

5.2.7.1. *A não colocação do produto no mercado como causa excludente de responsabilidade do fornecedor pelo fato do produto*

A primeira causa excludente de responsabilidade do fornecedor pelo fato do produto prevista no CDC consiste na demonstração, pelo fornecedor, de que o produto não foi inserido por ele no mercado de consumo.

Numa análise desapercebida, tal dispositivo pode parecer inócuo, mas na atual conjuntura em que vive nossa sociedade, muitas vezes despida de qualquer valor moral e com estilo de vida pautado no lema "tudo é possível em prol de minha sobrevivência", a citada causa excludente de responsabilidade ganha relevância.

Basta pensarmos na situação de um lote de medicamentos em que foi constatado o defeito e, por essa razão, acabou sendo alocado para determinado galpão isolado até a realização da respectiva incineração. Neste meio-tempo, enquanto se aguardava o momento de sua destruição, o **lote foi furtado e vendido no "mercado paralelo"** ou dentro de transportes coletivos, situação corriqueira no dia a dia dos grandes centros urbanos.

Em tal contexto, caso um consumidor venha a adquirir medicamento nessas condições irregulares e sofra algum tipo de dano, poderá o fornecedor invocar a excludente de responsabilidade de que não colocou o produto no mercado de consumo, demonstrando que tal produto era integrante de determinado lote que fora objeto de furto. O mesmo raciocínio valerá em caso de produtos falsificados.

Com efeito, cumpre destacar que a excludente ora estudada enaltece a existência da presunção de que o produto foi introduzido no mercado de consumo pelo fornecedor, na medida em que apareceu no mercado. Assim, **caberá ao fornecedor elidir tal presunção**.

5.2.7.2. *A comprovação da inexistência do defeito como causa excludente de responsabilidade do fornecedor pelo fato do produto*

Na segunda causa excludente de responsabilidade prevista no § 3º do art. 12 do Código do Consumidor, o fornecedor assume que colocou o produto no mercado de consumo, mas comprova que o defeito inexiste. Neste caso, rompido estará mais uma vez o nexo de causalidade, isentando-o, portanto, de responsabilidade.

Mais uma vez, concordamos com Cavalieri Filho ao ensinar que há "igualmente, aqui, uma **presunção que milita contra o fornecedor**, ao qual caberá elidi-la".[32]

5.2.7.3. *A culpa exclusiva do consumidor ou de terceiro como causa excludente de responsabilidade do fornecedor pelo fato do produto*

A última causa excludente de responsabilidade do fornecedor pelo fato do produto prevista no Código de Defesa do Consumidor é a culpa exclusiva do consumidor ou de terceiro.

[32] CAVALIERI FILHO, Sergio. *Programa de direito do consumidor*, p. 302.

Percebam que somente se a exclusividade da responsabilidade pelo causar do dano for atribuída ao consumidor ou a terceiro é que estará isento o fornecedor de responder pelos prejuízos sofridos pelo vulnerável.

Colocamos como exemplo um produto como o veneno para matar insetos cuja periculosidade é normal e previsível, com todas as informações sobre os riscos expressas de maneira ostensiva e adequada, mas, mesmo assim, o consumidor faz mau uso e acaba sofrendo danos por culpa exclusiva sua.

Tratando-se de **culpa concorrente do consumidor não há falar em causa excludente de responsabilidade**, mas em **atenuante** desta. Esse também é o entendimento consolidado no STJ: **"A circunstância de o paciente ter consumido o produto sem prescrição médica não retira do fornecedor a obrigação de indenizar. Pelo sistema do CDC, o fornecedor somente se desobriga nas hipóteses de culpa exclusiva do consumidor (art. 12, § 3º, do CDC), o que não ocorre na hipótese, já que a própria bula do medicamento não indicava os riscos associados à sua administração, caracterizando culpa concorrente do laboratório"** (REsp 971.845/DF, Rel. Ministro Humberto Gomes de Barros, 3ª T., *DJe* 1º-12-2008).

A questão mais polêmica sobre o tema consiste em saber se no conceito de **"terceiro"** podemos enquadrar a figura do **comerciante**, ou seja, poderia o fabricante alegar como causa excludente de responsabilidade na modalidade culpa exclusiva de terceiro o fato de um comerciante não conservar adequadamente os produtos perecíveis conforme disposto no art. 13, inciso III, do CDC?

E a resposta é negativa tanto para a maioria da doutrina como para a jurisprudência pátrias, sob o fundamento básico de que esse **"terceiro" deve ser pessoa estranha à cadeia de fornecedores**. Vejamos:

SERGIO CAVALIERI FILHO	Quem é **terceiro? É alguém que não integra a relação de consumo**; estranho ao vínculo entre o fornecedor e o consumidor; alheio à cadeia de fornecimento. Assim, se a enfermeira, por descuido ou intencionalmente, aplica medicamento errado no paciente — ou em dose excessiva —, causando-lhe a morte, não haverá nenhuma responsabilidade do fornecedor do medicamento.[33]
BRUNO MIRAGEM	"(...) no regime do CDC, por **terceiro deve ser considerado apenas quem não faça parte, de qualquer modo, da cadeia de fornecimento**. Assim, por exemplo, **não se poderá considerar como terceiro o comerciante**, o distribuidor ou o varejista, que integram a cadeia de fornecimento, para efeito de exclusão da responsabilidade dos fornecedores mencionados no *caput* do artigo 12 (fabricante, produtor, importador)."[34]

[33] CAVALIERI FILHO, Sergio. *Programa de direito do consumidor*, p. 305.

[34] MIRAGEM, Bruno. *Curso de direito do consumidor*, p. 384.

HERMAN BENJAMIN	"Ao comerciante (atacadista ou varejista) não se aplica a excludente do inciso III — seu afastamento decorre do próprio *caput* do art. 12, e também porque para ele há norma especial (art. 13). De fato, **o comerciante**, embora não sendo responsável principal, nos termos do art. 12, é parte fundamental da relação de consumo. E **se é parte não pode ser considerada terceiro**. Só razões de política legislativa (e também econômicas, em função da repartição dos riscos de produtos e serviços) é que justificam sua exclusão da regra geral do art. 12."[35]
RIZZATTO NUNES	"É preciso que seja **terceiro** mesmo, isto é, **pessoa estranha à relação** existente entre o consumidor e o agente produtor, relação essa estabelecida por força da aquisição do produto."[36]

O Superior Tribunal de Justiça entende da mesma forma: **"O comerciante e o fabricante estão inseridos no âmbito da cadeia de produção e distribuição, razão pela qual não podem ser tidos como terceiros estranhos à relação de consumo"** (REsp 980.860/SP, Rel. Ministra Nancy Andrighi, 3ª T., *DJe* 2-6-2009).

Comerciante não é terceiro	faz parte da cadeia de fornecimento.

■ 5.2.7.4. *Caso fortuito e força maior como causas excludentes de responsabilidade do fornecedor pelo fato do produto*

Tema não menos polêmico consiste em saber se **caso fortuito e força maior seriam causas excludentes de responsabilidade** do fornecedor pelo fato do produto, na medida em que não estão expressas no art. 12, § 3º, do Código de Defesa do Consumidor.

Nelson Nery Júnior entende que não são causas excludentes, sob o fundamento de que: "No regime da responsabilidade objetiva pelo risco da atividade, regulado pelo CDC, não há lugar para as causas ou cláusulas de exclusão dessa responsabilidade. O caso fortuito e a força maior não excluem o dever de indenizar porque são circunstâncias que quebram o nexo de causalidade na *conduta* do agente. Só são válidas para excluir a responsabilidade *subjetiva,* mas não a objetiva. Como o sistema do CDC é fundado na responsabilidade objetiva, não se aplicam, aqui, o caso fortuito e a força maior como excludentes do dever de indenizar. Caso fortuito e força maior excluem a culpa, elemento estranho e irrelevante para a fixação do dever de indenizar no regime do CDC".[37] **No mesmo sentido, Rizzatto Nunes.**[38]

---

[35] BENJAMIN, Antônio Herman de V.; MARQUES, Claudia Lima; BESSA, Leonardo Roscoe. *Manual de direito do consumidor,* p. 154-155.

[36] NUNES, Luiz Antonio Rizzatto. *Curso de direito do consumidor,* p. 286.

[37] GRINOVER, Ada Pellegrini; BENJAMIN, Antônio Herman de V.; FINK, Daniel Roberto; FILOMENO, José Geraldo Brito; NERY JR., Nelson; DENARI, Zelmo. *Código Brasileiro de Defesa do Consumidor,* p. 552.

[38] NUNES, Luiz Antonio Rizzatto. *Curso de direito do consumidor,* p. 285.

Apesar da relevância da argumentação jurídica *supra*, **não é essa a posição dominante na doutrina**[39] **nem na jurisprudência**.[40]

Concordamos com a **posição majoritária que compreende que caso fortuito e força maior rompem o nexo de causalidade** e, portanto, **são causas excludentes** de responsabilidade nas relações de consumo **desde que ocorram após a inserção do produto no mercado de consumo**. Isto porque é dever do fornecedor inserir no mercado de consumo produto de qualidade — escoimado de defeitos —, não podendo invocar conduta humana ou fenômeno da natureza como responsáveis pela deterioração de um produto se tal acontecimento ocorrer antes de introduzir o bem no mercado.

Assim, se um laboratório de medicamentos tem seu galpão inundado por fortes chuvas que foram as responsáveis pela deterioração de seus medicamentos, estes não poderão jamais ser introduzidos no mercado de consumo, pois o fenômeno da natureza aqui ocorreu antes da colocação do bem no mercado.

Fortes chuvas que deterioram o produto antes de ser inserido no mercado de consumo

Não excluem responsabilidade do fornecedor

[39] Nesse sentido: (i) Bruno Miragem: "No regime de responsabilidade do CDC, tendência parece ser o da admissão do caso fortuito e da força maior como excludentes da responsabilidade do fornecedor, ainda que não expressamente previstos dentre as causas excludentes dos artigos 12, § 3º, e 14, § 3º, do CDC. Neste sentido, aliás, já se posiciona boa parte da doutrina consumerista e a própria jurisprudência, identificando-se na presença do caso fortuito e da força maior um elemento de rompimento do nexo de causalidade entre a conduta do fornecedor e o dano, indicando a este uma outra causa". In: MIRAGEM, Bruno. *Curso de direito do consumidor*, p. 387; (ii) Herman Benjamin: "A regra no nosso direito é que o caso fortuito e a força maior excluem a responsabilidade civil. O Código, entre as causas excludentes de responsabilidade, não os elenca. Também não os nega. Logo, quer me parecer que o sistema tradicional, neste ponto, não foi afastado, mantendo-se, então, a capacidade do caso fortuito e da força maior para impedir o dever de indenizar". In*:* BENJAMIN, Antônio Herman de V.; MARQUES, Claudia Lima; BESSA, Leonardo Roscoe. *Manual de direito do consumidor,* p. 55; (iii) Zelmo Denari: "(...) quando o caso fortuito ou força maior se manifesta após a introdução do produto no mercado de consumo, ocorre uma ruptura do nexo de causalidade que liga o defeito ao evento danoso. Nem tem cabimento qualquer alusão ao defeito do produto, uma vez que aqueles acontecimentos, na maior parte das vezes imprevisíveis, criam obstáculos de tal monta que a boa vontade do fornecedor não pode suprir. Na verdade, diante do impacto do acontecimento, a vítima sequer pode alegar que o produto se ressentia de defeito, vale dizer, fica afastada a responsabilidade do fornecedor pela inocorrência dos respectivos pressupostos". In: GRINOVER, Ada Pellegrini; BENJAMIN, Antônio Herman de V.; FINK, Daniel Roberto; FILOMENO, José Geraldo Brito; NERY JR., Nelson; DENARI, Zelmo. *Código Brasileiro de Defesa do Consumidor,* p. 207.

[40] Existe farta jurisprudência do STJ admitindo o caso fortuito e a força maior como causas excludentes de responsabilidade, ainda que não inseridas expressamente no CDC, conforme analisaremos logo mais ao tratarmos da responsabilidade pelo fato do serviço.

Última questão relevante sobre o tema envolve a necessária diferença que deve ser pontuada entre **fortuito interno e fortuito externo** e a respectiva repercussão perante a análise da responsabilidade do fornecedor nas relações jurídicas de consumo.

Quem trata do tema com a propriedade de costume é Sergio Cavalieri Filho, ao entender que "a distinção entre *fortuito interno* e *externo* é totalmente pertinente no que respeita aos acidentes de consumo. O ***fortuito interno***, assim entendido o fato imprevisível e, por isso, inevitável ocorrido no momento da fabricação do produto ou da realização do serviço, **não exclui a responsabilidade do fornecedor porque faz parte da sua atividade, liga-se aos riscos do empreendimento**, submetendo-se à noção geral de defeito de concepção do produto ou de formulação do serviço. Vale dizer, se o defeito ocorreu antes da introdução do produto no mercado de consumo ou durante a prestação do serviço, não importa saber o motivo que determinou o defeito; o fornecedor é sempre responsável pelas suas consequências, ainda que decorrente de fato imprevisível e inevitável. O mesmo já não ocorre com o ***fortuito externo***, assim entendido aquele **fato que não guarda nenhuma relação com a atividade do fornecedor**, absolutamente estranho ao produto ou serviço, via de regra ocorrido em momento posterior ao da sua fabricação ou formulação. Em caso tal, nem se pode falar em defeito do produto ou do serviço (...)".[41]

FORTUITO INTERNO	vs.	FORTUITO EXTERNO
■ Relaciona-se com a atividade		■ Não tem relação com a atividade
■ Risco do empreendimento		■ Fato estranho à relação
■ Não exclui a responsabilidade		■ Exclui a responsabilidade

■ 5.2.7.5. *Os riscos do desenvolvimento: causa excludente de responsabilidade do fornecedor pelo fato do produto?*

O Código de Defesa do Consumidor **não considera como causa excludente** de responsabilidade a alegação dos **riscos de desenvolvimento**, isto é, "os defeitos que — em face do estado da ciência e da técnica à época da colocação em circulação do produto ou serviço eram desconhecidos e imprevisíveis".[42]

Desta forma, se um medicamento é colocado no mercado de consumo e à época de sua inserção não era possível saber dos malefícios que tal bem seria capaz de causar ao consumidor, não poderá invocar o fornecedor o desconhecimento da situação maléfica para eximir-se de sua responsabilidade.

---

41 CAVALIERI FILHO, Sergio. *Programa de direito do consumidor*, p. 307.

42 BENJAMIN, Antônio Herman de V.; MARQUES, Claudia Lima; BESSA, Leonardo Roscoe. *Manual de direito do consumidor*, p. 155.

Para Herman Benjamin, trata-se de espécie do gênero de defeito de concepção e, mesmo para aqueles que admitem os riscos do desenvolvimento como causa excludente de responsabilidade, a apreciação do desconhecimento dos prejuízos não poderá limitar-se a um só fornecedor, ou seja, a excludente de responsabilidade somente estaria presente se toda a comunidade científica desconhecesse tais consequências.[43] Já Cavalieri Filho entende tratar-se de fortuito interno, razão pela qual não há falar em excludente de responsabilidade.

Em nossa visão, os riscos do desenvolvimento não podem ser considerados como causa excludente de responsabilidade do fornecedor pelos seguintes motivos, que deverão estar presentes de forma cumulativa:

- ausência de previsão legal;
- teoria do risco do empreendimento é a base da responsabilidade objetiva no CDC;
- fortuito interno não é causa excludente de responsabilidade.

Risco do desenvolvimento não exclui responsabilidade do fornecedor.

5.3. RESPONSABILIDADE PELO FATO DO SERVIÇO

A responsabilidade pelo fato do serviço está prevista no **art. 14 do CDC** nos seguintes termos: "O fornecedor de serviços responde, independentemente da existência de culpa, pela reparação dos danos causados aos consumidores por defeitos relativos à prestação dos serviços, bem como por informações insuficientes ou inadequadas sobre sua fruição e riscos".

Vale lembrar que em razão de um **serviço defeituoso** ocorre um **acidente de consumo** e o consequente dever de reparar os danos independentemente da comprovação de dolo ou de culpa. Trata-se mais uma vez de responsabilidade objetiva.

Concordamos com Zelmo Denari ao identificar que "além dos *defeitos intrínsecos,* o dispositivo responsabiliza os prestadores de serviços pelos *defeitos extrínsecos* quando os respectivos contratos de prestação de serviços ou os meios publicitários não prestam informações claras e precisas a respeito da fruição".[44]

5.3.1. Definição de serviço defeituoso no CDC

O Código de Defesa do Consumidor definiu serviço defeituoso como aquele que

[43] BENJAMIN, Antônio Herman de V.; MARQUES, Claudia Lima; BESSA, Leonardo Roscoe. *Manual de direito do consumidor,* p. 156-157.

[44] GRINOVER, Ada Pellegrini; BENJAMIN, Antônio Herman de V.; FINK, Daniel Roberto; FILOMENO, José Geraldo Brito; NERY JR., Nelson; DENARI, Zelmo. *Código Brasileiro de Defesa do Consumidor,* p. 210.

> **não fornece a segurança** que o consumidor dele pode esperar, levando-se em consideração as circunstâncias relevantes, entre as quais:
>
> I — o modo de seu fornecimento;
>
> II — o resultado e os riscos que razoavelmente dele se esperam;
>
> III — a época em que foi fornecido.

Mais uma vez, a Lei n. 8.078/90 relaciona defeito com insegurança, agora do serviço, corroborando com a tese que diferencia defeito de vício, conforme exposto em subitem pretérito.

Igualmente à definição de produto defeituoso, o CDC identificou alguns exemplos de circunstâncias relevantes capazes de configurar um serviço como defeituoso.

Circunstâncias relevantes — serviço defeituoso

- modo de seu fornecimento;
- resultado e os riscos que razoavelmente dele se esperam;
- época em que foi fornecido.

Segundo visto no subitem 5.2.2, afeto à conceituação de produto com defeito, também na definição de serviço defeituoso o CDC levou em consideração a forma como o serviço fora prestado e os eventuais riscos sobre os quais, se inerentes, normais, previsíveis e dentro de uma razoabilidade esperada pelo consumidor, não há falar em defeito na sua prestação.

Ademais, a **época em que foi fornecido** o serviço no mercado de consumo tem relação com os chamados **"riscos de desenvolvimento", que também não é causa excludente de responsabilidade do fornecedor pelo fato do serviço**.

■ 5.3.2. A inovação tecnológica

O art. 14, § 2º, do CDC prevê: **"O serviço não é considerado defeituoso pela adoção de novas técnicas"**. Igualmente ao tratamento dado ao produto defeituoso, o dispositivo demonstra novamente que **o CDC**, apesar de ser um Diploma voltado para a proteção do débil, não é um Código arbitrário. Muito pelo contrário, **respeita o desenvolvimento tecnológico** ao prever que a adoção de novas técnicas não tornará defeituosos os serviços que não as adotarem.

■ 5.3.3. Causas excludentes de responsabilidade do fornecedor pelo fato do serviço no CDC

O Diploma Consumerista prevê em seu art. 14, § 3º, quais são as causas excludentes de responsabilidade do fornecedor pelo fato do serviço, ou seja, em decorrência de um acidente de consumo fruto da prestação de um serviço, *in verbis:*

> § 3º O fornecedor de serviços só não será responsabilizado quando provar:

I — que, tendo prestado o serviço, o defeito inexiste;

II — a culpa exclusiva do consumidor ou de terceiro.

Comparando com as **causas excludentes** de responsabilidade do **fornecedor de produtos**, a única **diferença** é que o fornecedor de serviço **não pode**, por questões óbvias, **alegar que não colocou o serviço no mercado de consumo**, isto é, que não foi por ele prestado. Impossível aqui argumentar, por exemplo, pelo furto de serviço, como é comum no caso de um produto, logo se trata de hipótese inviável ao prestador de serviço.

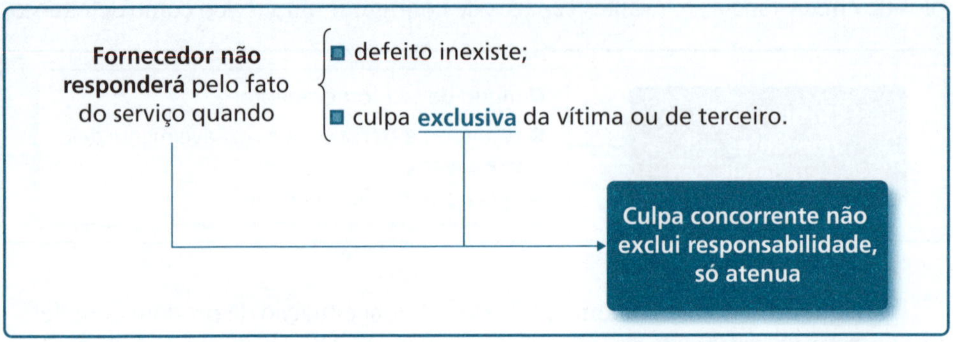

5.3.3.1. *A comprovação da inexistência do defeito como causa excludente de responsabilidade do fornecedor pelo fato do serviço*

A primeira causa excludente de responsabilidade prevista no art. 14, § 3º, do CDC consiste na comprovação pelo fornecedor de que o defeito na prestação do seu serviço inexiste.

Ensina Bruno Miragem que: "no regime europeu, basta a demonstração de uma mera probabilidade de inexistência do defeito para excluir-se a responsabilidade do produtor. Não é, a toda vista, a regra da lei brasileira. Dentre nós, **optou o legislador por um regime mais rigoroso** de responsabilidade, em conta da proteção do consumidor-vítima de acidentes de consumo, **ao exigir prova positiva da inexistência do defeito**".[45]

5.3.3.2. *A culpa exclusiva do consumidor ou de terceiro como causa excludente de responsabilidade do fornecedor pelo fato do serviço*

O Código do Consumidor prevê como segunda causa excludente de responsabilidade do fornecedor pelo fato do serviço a culpa exclusiva do consumidor ou de terceiro.

45 MIRAGEM, Bruno. *Curso de direito do consumidor*, p. 381.

Mais uma vez vale ressaltar que a culpa **concorrente atenua a responsabilidade** do fornecedor, mas não a exclui. Este é o posicionamento dominante na jurisprudência do Superior Tribunal de Justiça quando, por exemplo, pedestre é atropelado em via férrea ao tentar atravessá-la.

Neste caso, concorrem com culpa a concessionária do serviço de transporte coletivo que não impede a travessia e o consumidor que sabia — ou deveria saber — dos riscos de sua conduta: **"É civilmente responsável, por culpa concorrente, a concessionária do transporte ferroviário pelo falecimento de pedestre vítima de atropelamento por trem em via férrea, porquanto incumbe à empresa que explora essa atividade cercar e fiscalizar, devidamente, a linha, de modo a impedir sua invasão por terceiros, notadamente em locais urbanos e populosos"** (AgRg no AREsp 34.287/RJ, Rel. Ministra Nancy Andrighi, 3ª T., *DJe* 14-12-2011).

Sobre o assunto, vale lembrar ainda que o tema foi decidido em regime de recurso repetitivo pelo STJ: "A Segunda Seção, no julgamento do REsp 1.172.421/SP, que foi submetido ao rito dos processos representativos da controvérsia (art. 543-C do CPC), consolidou o entendimento de que 'no caso de atropelamento de pedestre em via férrea, configura-se a concorrência de causas, impondo a redução da indenização por dano moral pela metade, quando: (i) a concessionária do transporte ferroviário descumpre o dever de cercar e fiscalizar os limites da linha férrea, mormente em locais urbanos e populosos, adotando conduta negligente no tocante às necessárias práticas de cuidado e vigilância tendentes a evitar a ocorrência de sinistros; e (ii) a vítima adota conduta imprudente, atravessando a via férrea em local inapropriado'" (AgRg no REsp 1.283.764/RJ, *DJe* 12-11-2015).

O mesmo posicionamento está consolidado no reconhecimento da culpa concorrente do consumidor que viaja pendurado pelo lado de fora do transporte coletivo, o cognominado "pingente":

> DIREITO CIVIL E PROCESSUAL CIVIL. AÇÃO DE INDENIZAÇÃO POR DANOS MORAIS E COMPENSAÇÃO POR DANOS MATERIAIS. PREQUESTIONAMENTO. AUSÊNCIA. FUNDAMENTAÇÃO. AUSENTE. DEFICIENTE. SÚMULA 284/STF. ACIDENTE FERROVIÁRIO. VÍTIMA FATAL. CULPA CONCORRENTE. INDENIZAÇÃO POR DANOS MATERIAIS E MORAIS.
>
> 1. A ausência de decisão acerca dos dispositivos legais indicados como violados, não obstante a interposição de embargos de declaração, impede o conhecimento do recurso especial.
>
> 2. A ausência de fundamentação ou a sua deficiência importa no não conhecimento do recurso quanto ao tema.
>
> **3. A jurisprudência do STJ firmou entendimento no sentido de que há culpa concorrente entre a concessionária do transporte ferroviário e a vítima, seja pelo atropelamento desta por composição ferroviária, hipótese em que a primeira**

> **tem o dever de cercar e fiscalizar os limites da linha férrea, mormente em locais de adensamento populacional, seja pela queda da vítima que, adotando um comportamento de elevado risco, viaja como "pingente". Em ambas as circunstâncias, concomitantemente à conduta imprudente da vítima, está presente a negligência da concessionária de transporte ferroviário, que não se cerca das práticas de cuidado necessário para evitar a ocorrência de sinistros.** Precedentes.
>
> 4. Por não se enquadrar como excludente de responsabilidade, a concorrência de culpas não é suficiente para afastar o dever da concessionária de transporte ferroviário de indenizar pelos danos morais e materiais configurados, mas mostra-se como fundamento para que as indenizações sejam fixadas pelo critério da proporcionalidade. (...)
>
> 10. Recurso especial provido (REsp 1.034.302/RS, Ministra Nancy Andrighi, 3ª T., *DJe* 27-4-2011).

■ *5.3.3.3. O caso fortuito e a força maior como causas excludentes de responsabilidade do fornecedor pelo fato do serviço*

Prevalece também na responsabilidade pelo fato do serviço que o **fornecedor estará isento de responder** pelos danos decorrentes da prestação de serviços defeituosos quando ocorrer **caso fortuito ou força maior** durante ou após a prestação da atividade no mercado de consumo. Mais uma vez, tema que volta à tona envolve a discussão sobre o **fortuito interno (não exclui a responsabilidade) e o fortuito externo (exclui a responsabilidade)**.

Tratando-se de **atividade principal ao serviço** desenvolvido, como é o caso da **segurança nas atividades bancárias, não é possível alegar** que o roubo será uma **causa excludente de responsabilidade** do fornecedor, por se tratar de **fortuito interno.**[46]

---

[46] Nesse sentido, o STJ no julgamento do REsp 750.418. Também no julgamento do REsp 1.183.121, envolvendo os Correios e o serviço de banco postal: "6. Além de prestar atividades tipicamente bancárias, a ECT oferece publicamente esses serviços (equipamentos, logomarca, prestígio etc.), de forma que, ao menos de forma aparente, de um banco estamos a tratar; aos olhos do usuário, inclusive em razão do nome e da prática comercial, não se pode concluir de outro modo, a não ser pelo fato de que o consumidor efetivamente crê que o banco postal (correspondente bancário) nada mais é do que um banco com funcionamento dentro de agência dos Correios. 7. As contratações tanto dos serviços postais como dos serviços de banco postal oferecidos pelos Correios revelam a existência de contrato de consumo, desde que o usuário se qualifique como 'destinatário final' do produto ou serviço. 8. Na hipótese, o serviço prestado pelos Correios foi inadequado e ineficiente porque descumpriu o dever de segurança legitimamente esperado pelo consumidor, não havendo falar em caso fortuito para fins de exclusão da responsabilidade com rompimento da relação de causalidade, mas sim fortuito interno, porquanto incide na proteção dos riscos esperados da atividade empresarial desenvolvida" (Rel. Ministro Luis Felipe Salomão, 4ª T., *DJe* 7-4-2015).

Diferente seria a situação do **roubo no interior de coletivos**, que representa fato de terceiro que não tem conexão com o serviço de transporte coletivo, caracterizando verdadeira hipótese de **fortuito externo, excludente**, portanto, da responsabilidade do fornecedor.[47]

Exclui a responsabilidade do fornecedor

Roubo no interior de coletivos
Fortuito externo

No mesmo sentido, colacionamos alguns julgados para demonstrar a consolidação do tema no Superior Tribunal de Justiça:

- **Contudo, tratando-se de postos de combustíveis, a ocorrência de delito (roubo) a clientes de tal estabelecimento, não traduz, em regra, evento inserido no âmbito da prestação específica do comerciante, cuidando-se de caso fortuito externo, ensejando-se, por conseguinte, a exclusão de sua responsabilidade pelo lamentável incidente** (REsp 1.243.970/SE, Rel. Ministro Massami Uyeda, 3ª T., *DJe* 10-5-2012).
- **Na relação de consumo, existindo caso fortuito interno, ocorrido no momento da realização do serviço, como na hipótese em apreço, permanece a responsabilidade do fornecedor, pois, tendo o fato relação com os próprios riscos da atividade, não ocorre o rompimento do nexo causal** (REsp 762.075/DF, Rel. Ministro Luis Felipe Salomão, 4ª T., *DJe* 29-6-2009).

O tema é tão relevante que no dia 1º de agosto de 2012 o STJ publicou no *DJe* a Súmula 479, com o seguinte teor: "As instituições financeiras respondem objetivamente pelos danos gerados por fortuito interno relativo a fraudes e delitos praticados por terceiros no âmbito de operações bancárias".[48]

[47] Nesse sentido, o STJ no julgamento do REsp 142.186. Também no julgamento do REsp 1.224.236/RS, em relação às Lotéricas e os serviços de receber o pagamento de contas em seu interior: "2. A relação firmada entre unidades lotéricas e a Caixa Econômica Federal tem cunho social, ampliando o acesso da população brasileira a alguns pontuais serviços prestados por instituições financeiras, o que não é suficiente para transmudar a natureza daquelas em instituições financeiras. 3. As unidades lotéricas não possuem como atividade-fim — (ou mesmo acessória) — a captação, intermediação e aplicação de recursos financeiros. É que as instituições financeiras brasileiras somente podem funcionar no País mediante a prévia autorização do Banco Central da República Federativa do Brasil, nos termos do art. 18 da Lei n. 4.595/1964. Por isso que as regras de segurança previstas na Lei n. 7.102/1983 não alcançam as unidades lotéricas" (Rel. Ministro Luis Felipe Salomão, 4ª T., *DJe* 2-4-2014).

[48] Sobre o tema, vale lembrar julgamento do Superior Tribunal de Justiça no seguinte sentido: "AGRAVO REGIMENTAL NO AGRAVO DE INSTRUMENTO. RESPONSABILIDADE CIVIL. **INS-**

No entanto, o saque indevido de numerário em conta corrente, reconhecido e devolvido pela instituição financeira poucos dias após a prática do ilícito, não configura, por si só, e a princípio, dano moral presumido (*in re ipsa*). Esse foi o posicionamento do Superior Tribunal de Justiça no julgamento do REsp 1573.859/SP:

> RECURSO ESPECIAL. AÇÃO DE INDENIZAÇÃO POR DANOS MORAIS. SAQUE INDEVIDO DE NUMERÁRIO NA CONTA CORRENTE DO AUTOR. RESSARCIMENTO DOS VALORES PELA INSTITUIÇÃO BANCÁRIA. AUSÊNCIA DE DANO MORAL *IN RE IPSA*. TRIBUNAL DE ORIGEM QUE, DIANTE DAS PECULIARIDADES DO CASO, AFASTOU A OCORRÊNCIA DE DANO EXTRAPATRIMONIAL. MANUTENÇÃO DO ACÓRDÃO RECORRIDO. RECURSO DESPROVIDO. 1. **O saque indevido de numerário em conta corrente não configura dano moral *in re ipsa* (presumido), podendo, contudo, observadas as particularidades do caso, ficar caracterizado o respectivo dano se demonstrada a ocorrência de violação significativa a algum direito da personalidade do correntista.** 2. Na hipótese, o Tribunal de origem consignou, diante do conjunto fático-probatório dos autos, que o autor não demonstrou qualquer excepcionalidade a justificar a compensação por danos morais, razão pela qual nada há a ser modificado no acórdão recorrido. 3. Recurso especial desprovido (REsp 1.573.859-SP, Rel. Ministro Marco Aurélio Bellizze, 3ª T., julgado em 7-11-2017, *DJe* 13-11-2017).

TITUIÇÃO FINANCEIRA. DANOS CAUSADOS POR ATO DE TERCEIRO. RESPONSABILIDADE OBJETIVA. FORTUITO INTERNO. MATÉRIA SUBMETIDA AO REGIME DOS RECURSOS REPETITIVOS. ACÓRDÃO FUNDADO EM MATÉRIA FÁTICO-PROBATÓRIA. SÚMULA N. 7/STJ.

1. As instituições bancárias respondem objetivamente por danos causados por fraudes ou delitos praticados por terceiros, visto que tal responsabilidade decorre do risco do empreendimento, caracterizando-se como fortuito interno, consoante entendimento firmado em julgamento submetido ao procedimento do art. 543-C do CPC (REsp 1.199.782/PR, Rel. Ministro Luis Felipe Salomão, Segunda Seção, j. 24-8-2011, *DJe* 12-9-2011) e consagrado na Súmula n. 479/STJ.

2. Somente nas hipóteses excludentes previstas no art. 14, § 3º, da Lei n. 8.078/90 é que ficaria afastada a responsabilidade objetiva das instituições financeiras por fraudes praticadas por terceiros e que sejam danosas aos consumidores, dentre as quais se encontra culpa exclusiva do consumidor ou de terceiro, conforme se colhe da dicção do inciso II do citado dispositivo.

3. Hipótese em que o tribunal de origem não considerou presente nenhuma hipótese excludente da responsabilidade da instituição financeira. Consectariamente, rever tais conclusões demandaria o reexame de matéria fático-probatória, o que é inviável em sede de recurso especial, nos termos da Súmula n. 7 do Superior Tribunal de Justiça ('A pretensão de simples reexame de prova não enseja recurso especial').

4. Agravo regimental não provido" (AgRg no Ag 1.388.725/SP, Rel. Ministro Ricardo Villas Bôas Cueva, 3ª T., j. 7-3-2013, *DJe* 13-3-2013).

Por outro lado, no caso de assalto ocorrido em via pública, fora do estabelecimento bancário, vem entendendo o STJ pela impossibilidade de responsabilização da instituição financeira, quando não demonstrada falha no serviço desta. Vejamos:

> RECURSO ESPECIAL. AÇÃO DE REPARAÇÃO POR DANOS MATERIAIS E COMPENSAÇÃO POR DANOS MORAIS. ASSALTO NA VIA PÚBLICA APÓS SAÍDA DE AGÊNCIA BANCÁRIA. SAQUE DE VALOR ELEVADO. RESPONSABILIDADE OBJETIVA. AUSENTE.
>
> 1. Autora pleiteia reparação por danos materiais e compensação por danos morais em decorrência de assalto sofrido, na via pública, após saída de agência bancária.
>
> 2. Ausente a ofensa ao art. 535 do CPC, quando o Tribunal de origem pronuncia-se de forma clara e precisa sobre a questão posta nos autos.
>
> 3. Na hipótese, não houve qualquer demonstração de falha na segurança interna da agência bancária que propiciasse a atuação dos criminosos fora das suas dependências. Ausência, portanto, de vício na prestação de serviços.
>
> 4. O ilícito ocorreu na via pública, sendo do Estado, e não da instituição financeira, o dever de garantir a segurança dos cidadãos e de evitar a atuação dos criminosos.
>
> 5. O risco inerente à atividade exercida pela instituição financeira não a torna responsável pelo assalto sofrido pela autora, fora das suas dependências.
>
> 6. A análise da existência do dissídio é inviável, porque não foram cumpridos os requisitos dos arts. 541, parágrafo único, do CPC e 255, §§ 1º e 2º, do RISTJ.
>
> 7. Negado provimento ao recurso especial (REsp 1.284.962/MG, Rel. Ministra Nancy Andrighi, 3ª T., *DJe* 4-2-2013).[49]

[49] Sobre a responsabilidade do estacionamento independente e autônomo da instituição financeira, também entendeu o STJ pela excludente de reponsabilidade no caso de assalto em seu interior: "DIREITO CIVIL E CONSUMIDOR. ESTACIONAMENTO DE VEÍCULOS. ROUBO ARMADO DE CLIENTE QUE ACABARA DE EFETUAR SAQUE EM AGÊNCIA BANCÁRIA. RESPONSABILIDADE CIVIL DO ESTACIONAMENTO. ALCANCE. LIMITES. 1. Em se tratando de estacionamento de veículos oferecido por instituição financeira, o roubo sofrido pelo cliente, com subtração do valor que acabara de ser sacado e de outros pertences, não caracteriza caso fortuito apto a afastar o dever de indenizar, tendo em vista a previsibilidade de ocorrência desse tipo de evento no âmbito da atividade bancária, cuidando-se, pois, de risco inerente ao seu negócio. Precedentes. 2. Diferente, porém, é o caso do estacionamento de veículo particular e autônomo — absolutamente independente e desvinculado do banco — a quem não se pode imputar a responsabilidade pela segurança individual do cliente, tampouco pela proteção de numerário anteriormente sacado na agência e dos pertences que carregava consigo, elementos não compreendidos no contrato firmado entre as partes, que abrange exclusivamente o depósito do automóvel. Não se trata, aqui, de resguardar os interesses da parte hipossuficiente da relação de consumo, mas de assegurar ao consumidor apenas aquilo que ele legitimamente poderia esperar do serviço contratado, no caso a

■ *5.3.3.4.* **Recall** ***e excludente de responsabilidade***

Em última análise, cumpre destacar que o fato de o consumidor **não cumprir o atendimento ao *recall*** (chamamento do consumidor pelo fornecedor para consertar um problema do bem de consumo nos termos do art. 10, § 1º, do CDC) **não isenta o fornecedor de responsabilidade**.

O **STJ** já se posicionou nos mesmos termos: "A circunstância de o adquirente não levar o veículo para conserto, em atenção a *RECALL*, não isenta o fabricante da obrigação de indenizar" (REsp 1.010.392, Rel. Ministro Humberto Gomes de Barros, 3ª T., *DJe* 13-5-2008).

■ 5.3.4. Responsabilidade pessoal do profissional liberal — exceção à regra da responsabilidade objetiva do CDC

O presente capítulo trata da responsabilidade do fornecedor, que é, em regra, objetiva, ou seja, terá que reparar os danos/prejuízos causados aos consumidores independentemente da comprovação do dolo ou da culpa.

No entanto, esta regra não é absoluta, sendo admitido um caso de **responsabilidade subjetiva**, nos termos do **art. 14, § 4º, do CDC**, que assim prevê: "A **responsabilidade pessoal dos profissionais liberais** será apurada mediante a **verificação de culpa**".

Trata-se da responsabilidade pessoal do profissional liberal que deverá ser configurada mediante a comprovação de dolo ou de culpa (responsabilidade subjetiva).

REGRA NO CDC	EXCEÇÃO NO CDC
■ Responsabilidade objetiva (independe de dolo ou culpa).	■ Responsabilidade subjetiva (necessidade de dolo ou culpa).
■ Fato do produto e fato do serviço (regra); vício do produto e do serviço.	■ Fato do serviço no caso de responsabilidade pessoal do profissional liberal.

■ *5.3.4.1. Elementos constituintes da definição de profissional liberal*

Segundo Bruno Miragem, como "traços essenciais da atividade do profissional liberal encontram-se a **ausência de subordinação** com o tomador do serviço ou com terceira pessoa, e que realize na atividade o **exercício permanente de uma profissão**, em geral vinculada a **conhecimentos técnicos especializados**, inclusive com **formação específica**".[50]

---

guarda do veículo. 3. O roubo à mão armada exclui a responsabilidade de quem explora o serviço de estacionamento de veículos. Precedentes. 4. Recurso especial a que se nega provimento" (REsp 1.232.795/SP, Rel. Ministra Nancy Andrighi, 3ª T., *DJe* 10-4-2013).

[50] MIRAGEM, Bruno. *Curso de direito do consumidor*, p. 398.

Prevalece que **não há necessidade de formação superior**, mas apenas formação específica, ainda que técnica. Assim, os exemplos mais representativos de profissionais liberais são, dentre outros:

- advogado;
- médico;
- dentista;
- engenheiro;
- arquiteto.

■ *5.3.4.2. Fundamentos do tratamento diferenciado concedido ao profissional liberal*

As razões do tratamento diferenciado concedido aos profissionais liberais podem ser resumidas nos seguintes argumentos:

- natureza *intuitu personae* da atividade desempenhada;
- exercer, em regra, atividade de meio;
- serviço diferenciado em comparação ao disponível no mercado massificado.

De fato, há um **caráter personalíssimo (*intuitu personae*)** na relação existente, por exemplo, entre paciente e médico. Isto significa identificar o requisito da **fidúcia — confiança** — neste tipo de relação.

Ademais, a atividade do profissional liberal desempenhada é, em regra, uma **atividade de meio**, em que o profissional **compromete-se a empregar** todo o seu **conhecimento** e todas as **técnicas** existentes **para atingir o resultado** pretendido, **mas não há obrigatoriedade** de atingi-lo, pois sua atividade não é preponderantemente de resultado.

Assim, o médico se compromete a tentar salvar um paciente com câncer, entretanto não poderá assegurar que seus serviços médicos levarão o enfermo à cura. Logo mais analisaremos o tratamento jurídico dispensado ao profissional liberal que desempenha atividade de resultado.

Por fim, no tocante às razões fundamentadoras do tratamento diferenciado concedido ao profissional liberal, não poderíamos deixar de citar uma decorrência da natureza *intuitu personae* da atividade desempenhada quando comparada com os demais serviços disponibilizados no mercado de consumo.

O profissional liberal desenvolve uma **atividade personalizada**, isto é, nenhum paciente é igual ao outro, por mais que a doença seja mundialmente reconhecida. Tal situação exige, a depender das características do enfermo, um **tratamento personalíssimo** a ser estudado caso a caso. Tal contexto reflete inclusive no momento da contratação.

Nessa linha de raciocínio, Zelmo Denari, ao ensinar que nem "se deve deslembrar que o dispositivo excepcional supõe a contratação de um profissional liberal que, autonomamente, desempenha seu ofício no mercado de trabalho. Trata-se, portanto, de disciplina dos ***contratos negociados***, e não dos *contratos de adesão* a *condições gerais*".[51]

5.3.4.3. O profissional liberal no desempenho de atividade de resultado

Um dos fundamentos do tratamento diferenciado dispensado ao profissional liberal que responde subjetivamente pelo fato do serviço — acidente de consumo decorrente de um serviço defeituoso — é que desempenha em regra uma atividade de meio, sem a obrigatoriedade de se atingir o resultado pretendido. As questões colocadas sobre o tema são as seguintes:

- Profissional liberal desempenha atividade-fim, de resultado?
- Se sim, a responsabilidade volta a ser a objetiva nestes casos?

Na denominada **atividade-fim**, o profissional liberal **compromete-se a atingir o resultado pretendido** pelo consumidor. O caso clássico envolve a **cirurgia plástica de embelezamento**.[52] Com este exemplo, constatamos que a resposta à primeira indagação é afirmativa, ou seja, **o profissional liberal pode sim desempenhar atividade de resultado**.

E a responsabilidade neste caso permanece subjetiva ou volta para a regra da responsabilidade objetiva prevista no Código de Defesa do Consumidor?

Inicialmente, cumpre destacar **divergência na doutrina** sobre o tema, muito bem pontuada pelas observações de Zelmo Denari: "certo setor doutrinário acena para uma particularidade muito sutil, sustentando que nos *contratos de resultado* — em que a remuneração do profissional fica condicionada a determinado resultado favorável ao cliente, em contraposição aos *contratos de meio* — deve ser aplicada, excepcionalmente, a regra da responsabilidade objetiva, e não subjetiva. Não se pode compartir esse ponto de vista, pois a natureza do contrato (de resultado ou de meio) não tem nada a ver com a natureza *intuitu personae* da responsabilidade do profissional liberal".[53]

---

[51] GRINOVER, Ada Pellegrini; BENJAMIN, Antônio Herman de V.; FINK, Daniel Roberto; FILOMENO, José Geraldo Brito; NERY JR., Nelson; DENARI, Zelmo. *Código Brasileiro de Defesa do Consumidor*, p. 213.

[52] Não é qualquer tipo de intervenção cirúrgica que se revela como atividade de resultado. A cirurgia plástica reparadora, por exemplo, continua a representar uma atividade de meio.

[53] GRINOVER, Ada Pellegrini; BENJAMIN, Antônio Herman de V.; FINK, Daniel Roberto; FILOMENO, José Geraldo Brito; NERY JR., Nelson; DENARI, Zelmo. *Código Brasileiro de Defesa do Consumidor*, p. 214-215.

As turmas terceira e quarta do **Superior Tribunal de Justiça** vêm entendendo que a **atividade de resultado não transforma a responsabilidade** subjetiva do profissional liberal **em objetiva**, mas ocorrerá a **presunção de culpa** do prestador do serviço pelos danos causados, com a respectiva inversão do ônus da prova.

Assim, apesar de se discutir culpa (responsabilidade subjetiva), caberá ao profissional liberal demonstrar a inexistência desta no caso concreto para se eximir do dever de indenizar. Vejamos:

> RECURSO ESPECIAL. RESPONSABILIDADE CIVIL. ERRO MÉDICO. ART. 14 DO CDC. CIRURGIA PLÁSTICA. OBRIGAÇÃO DE RESULTADO. CASO FORTUITO. EXCLUDENTE DE RESPONSABILIDADE.
>
> 1. Os **procedimentos cirúrgicos** de fins meramente **estéticos** caracterizam verdadeira **obrigação de resultado**, pois neles o cirurgião assume verdadeiro compromisso pelo efeito embelezador prometido.
>
> **2. Nas obrigações de resultado, a responsabilidade do profissional da medicina permanece subjetiva. Cumpre ao médico, contudo, demonstrar que os eventos danosos decorreram de fatores externos e alheios à sua atuação durante a cirurgia.**
>
> 3. Apesar de não prevista expressamente no CDC, a eximente de caso fortuito possui força liberatória e exclui a responsabilidade do cirurgião plástico, pois rompe o nexo de causalidade entre o dano apontado pelo paciente e o serviço prestado pelo profissional.
>
> 4. Age com cautela e conforme os ditames da boa-fé objetiva o médico que colhe a assinatura do paciente em "termo de consentimento informado", de maneira a alertá-lo acerca de eventuais problemas que possam surgir durante o pós-operatório.
>
> RECURSO ESPECIAL A QUE SE NEGA PROVIMENTO (REsp 1.180.815/MG, Rel. Ministra Nancy Andrighi, 3ª T., *DJe* 26-8-2010).

No mesmo sentido, o STJ ao entender que: **"Em procedimento cirúrgico para fins estéticos, conquanto a obrigação seja de resultado, não se vislumbra responsabilidade objetiva pelo insucesso da cirurgia, mas mera presunção de culpa médica, o que importa a inversão do ônus da prova, cabendo ao profissional elidi-la de modo a exonerar-se da responsabilidade contratual pelos danos causados ao paciente, em razão do ato cirúrgico"** (REsp 985.888/SP, Rel. Ministro Luis Felipe Salomão, 4ª T., *DJe* 13-3-2012).

RESPONSABILIDADE — OBJETIVA	*vs.*	RESPONSABILIDADE — CULPA PRESUMIDA
■ Não se discute culpa.		■ Discute-se culpa.
■ Inversão facultativa do ônus.		■ Inversão obrigatória do ônus.

Sobre o tema, cumpre lembrar ainda que prevalece na jurisprudência do **STJ** a **não incidência do CDC nas relações contratuais firmadas entre advogado e seus clientes:** "Não incide o CDC nos contratos de prestação de serviços advocatícios. Portanto, não se pode considerar, simplesmente, abusiva a cláusula contratual que prevê honorários advocatícios em percentual superior ao usual. Prevalece a regra do *pacta sunt servanda*" (REsp 757.867/RS).[54]

■ 5.3.4.4. A responsabilidade da empresa diante da falha na atuação do profissional liberal — a problemática da responsabilidade do hospital

Qual será a responsabilidade do hospital pelos danos causados aos pacientes?

A resposta dos mais incautos será imediatamente a objetiva, sob o fundamento de que o art. 14, § 4º, do CDC, ao tratar da responsabilidade subjetiva, referiu-se expressamente à responsabilidade pessoal do profissional liberal, logo a responsabilidade da empresa — no caso, do hospital — voltaria para a regra do dever de responsabilização independentemente da comprovação de dolo ou de culpa.

No entanto, a questão é bem mais complexa do que parece. Bruno Miragem destaca a discussão "sobre a eventual dependência da responsabilidade objetiva do hospital ou clínica em relação a verificação da culpa do profissional médico que nelas atua, sobretudo em vista da exigência de que este seja demandado obrigatoriamente para que se possa alcançar a responsabilidade da instituição. Ou seja, que só haveria condições de imputação da responsabilidade aos hospitais ou clínicas na medida em que se provasse a culpa do profissional médico, como, aliás, é admitido no direito civil, na hipótese da responsabilidade por preposição (art. 932, III, do CC).

Este raciocínio, contudo, parece confundir os pressupostos de ambas as relações de responsabilidade, do profissional que é subjetiva e, portanto, dependente da verificação da culpa, e a do hospital ou clínica que é objetiva, neste caso exigindo a presença de defeito na prestação do serviço".[55]

Sobre o assunto, apesar da ausência de pacificação, o **STJ chegou a identificar três tipos de relações para pontuar quando o hospital será responsabilizado e em qual modalidade (objetiva ou subjetiva)**. Desta forma, esquematizando a aludida posição, identificamos:

---

[54] Remetemos o leitor ao Capítulo 2 deste livro, mais precisamente ao subitem "2.6.2.3. Relação entre advogado e cliente".

[55] MIRAGEM, Bruno. *Curso de direito do consumidor*, p. 402-403.

TIPO DE RELAÇÃO	TIPO DE RESPONSABILIDADE
■ Falha na estrutura hospitalar:	■ Responsabilidade objetiva (art. 14, *caput*, CDC).
■ Falha de profissional liberal sem vínculo com hospital:	■ Ausência de responsabilidade.
■ Falha de profissional liberal com vínculo com o hospital:	■ Responsabilidade subjetiva (arts. 932 e 933 do Código Civil).

Nesse sentido, segue julgamento paradigmático do Superior Tribunal de Justiça que bem resume as três situações elencadas. A responsabilidade das sociedades empresárias hospitalares por dano causado ao paciente-consumidor pode ser assim sintetizada:

> ■ as obrigações assumidas diretamente pelo complexo hospitalar limitam-se ao fornecimento de recursos materiais e humanos auxiliares adequados à prestação dos serviços médicos e à supervisão do paciente, hipótese em que a responsabilidade objetiva da instituição (por ato próprio) exsurge somente em decorrência de defeito no serviço prestado (art. 14, *caput*, do CDC);
>
> ■ os atos técnicos praticados pelos médicos sem vínculo de emprego ou subordinação com o hospital são imputados ao profissional pessoalmente, eximindo-se a entidade hospitalar de qualquer responsabilidade (art. 14, § 4º, do CDC), se não concorreu para a ocorrência do dano;
>
> ■ quanto aos atos técnicos praticados de forma defeituosa pelos profissionais da saúde vinculados de alguma forma ao hospital, respondem solidariamente a instituição hospitalar e o profissional responsável, apurada a sua culpa profissional. Nesse caso, o hospital é responsabilizado indiretamente por ato de terceiro, cuja culpa deve ser comprovada pela vítima de modo a fazer emergir o dever de indenizar da instituição, de natureza absoluta (arts. 932 e 933 do CC), sendo cabível ao juiz, demonstrada a hipossuficiência do paciente, determinar a inversão do ônus da prova (art. 6º, VIII, do CDC) (REsp 1.145.728/MG, Rel. p/ Acórdão Ministro Luis Felipe Salomão, 4ª T., *DJe* 8-9-2011).

■ 5.4. RESPONSABILIDADE PELO VÍCIO DO PRODUTO

Encerrada a responsabilidade decorrente de acidente de consumo (fato do produto ou do serviço), resta analisarmos a **responsabilidade pelo vício**, ou seja, **pela mera inadequação do produto ou do serviço aos fins a que se destinam**. Aqui a preocupação maior do legislador foi predominantemente com a incolumidade econômica do consumidor, conforme pontuado no início deste capítulo.

5.4.1. Vícios do CDC e os vícios redibitórios do Código Civil

Tema inicial relevante é saber se a responsabilidade por vício no Código de Defesa do Consumidor é a mesma responsabilidade por vícios redibitórios prevista no Código Civil. Zelmo Denari identifica os seguintes **elementos caracterizadores dos vícios redibitórios:**

> - "defeitos ocultos;
> - que a coisa seja recebida em virtude de uma relação contratual *(v.g.,* contrato comutativo ou doação com encargo);
> - que os defeitos ocultos sejam graves, por isso que os defeitos de somenos importância não afetam o princípio de garantia, além do que *'de minimis non curat praetor'*;
> - que os defeitos sejam contemporâneos à celebração do contrato, pois, se forem supervenientes, não tem cabimento a invocação da garantia".[56]

A disciplina da responsabilidade pelos vícios no CDC tem regulamentação específica e, portanto, diferente da inserta no Código Civil. Quem bem resume o regime da responsabilidade pelo **vício previsto no Diploma Consumerista** em contraposição com o existente no Código Civil é Bruno Miragem, para quem seus **traços característicos** são:

> - "a espécie e qualidade dos vícios do produto e do serviço no regime do CDC (superação da bipartição entre vícios aparentes e ocultos);
> - a responsabilidade objetiva do fornecedor;
> - a solidariedade entre todos os fornecedores frente ao consumidor para satisfação dos direitos previstos pelo CDC;
> - os efeitos da existência de vício em face do consumidor (surgimento do direito potestativo de escolha do consumidor em relação às alternativas previstas em lei);
> - as normas legais que disciplinam a matéria são normas de ordem pública, insuscetíveis de derrogação por acordo das partes (arts. 24, 25 e 51, I, do CDC), a não ser dentro dos limites que o próprio CDC autoriza (a redução ou ampliação do prazo de 30 dias para sanar o vício, previsto no artigo 18, dentro dos limites entre 7 e 180 dias — art. 18, § 2º do CDC)".[57]

Em suma, para **se configurar um vício no Código do Consumidor não há a necessidade de o problema ser oculto, nem grave, nem contemporâneo à celebração do contrato**.

---

[56] GRINOVER, Ada Pellegrini; BENJAMIN, Antônio Herman de V.; FINK, Daniel Roberto; FILOMENO, José Geraldo Brito; NERY JR., Nelson; DENARI, Zelmo. *Código Brasileiro de Defesa do Consumidor,* p. 217-218.

[57] MIRAGEM, Bruno. *Curso de direito do consumidor,* p. 413.

VÍCIO REDIBITÓRIO DO CÓDIGO CIVIL	VÍCIO NO CDC
■ Vício oculto.	■ Vício oculto ou aparente.
■ Vício grave.	■ Vício grave ou leve.
■ Vício contemporâneo ao contrato.	■ Vício contemporâneo ou não.

■ 5.4.2. Responsabilidade pelo vício do produto no CDC

A responsabilidade pelo vício do produto está prevista no **art. 18, *caput*, do Código de Defesa do Consumidor:** "Os fornecedores de produtos de consumo duráveis ou não duráveis respondem solidariamente pelos **vícios de qualidade ou quantidade** que os tornem impróprios ou inadequados ao consumo a que se destinam ou lhes diminuam o valor, assim como por aqueles decorrentes da disparidade, com as indicações constantes do recipiente, da embalagem, rotulagem ou mensagem publicitária, respeitadas as variações decorrentes de sua natureza, podendo o consumidor exigir a substituição das partes viciadas".

Diferentemente do art. 12 do CDC, quando o legislador optou por especificar cada um dos fornecedores (fabricante, produtor, construtor e importador), no **art. 18** foi utilizada a expressão **"fornecedores"**, fazendo alusão ao gênero, representação maior da **solidariedade** de todos os que integram a cadeia de fornecedores. Aliás, a solidariedade está expressamente prevista no aludido dispositivo.

Assim, poderá o consumidor, em nossa opinião, por exemplo, reclamar o vício de uma TV que não liga perante o comerciante, sem precisar dirigir-se ao fabricante.

No entanto, a terceira turma do STJ entendeu no ano de 2015 que se existir assistência técnica na mesma cidade do comerciante, este não teria o dever de tentar resolver o problema no prazo legal. Vejamos: "(...) 3. A assistência técnica é caracterizada pela especialização do serviço prestado, com finalidade de correção de vícios de produtos comercializados. 4. Sua organização eficaz e eficiente concretiza a proteção do consumidor em razão de produtos viciados postos no comércio, bem como o direito de reparação do vício no prazo legal de 30 dias garantido aos fornecedores e seus equiparados. **5. Disponibilizado serviço de assistência técnica, de forma eficaz, efetiva e eficiente, na mesma localidade do estabelecimento do comerciante, a intermediação do serviço apenas acarretaria delongas e acréscimo de custos, não justificando a imposição pretendida na ação coletiva (...)**" (REsp 1.411.136/RS, Rel. Ministro Marco Aurélio Bellizze, 3ª T., *DJe* 10-3-2015). Apesar de não concordarmos com tal posição, na medida em que desnatura o princípio da responsabilidade solidária, prevalece para fins de concurso a posição apresentada do STJ.

Numa interpretação inicial do citado dispositivo, constatamos a existência de duas modalidades de vício do produto:

- vício de qualidade (cuja disciplina está no próprio art. 18 do CDC);
- vício de quantidade (citado no art. 18 e disciplinado no art. 19 do CDC).

■ 5.4.2.1. *Vício de qualidade do produto*

Segundo visto no Capítulo 4, ao tratarmos dos Princípios e Direitos Básicos no CDC, o fornecedor tem o dever de disponibilizar no mercado de consumo **produtos e serviços de qualidade**, ou seja, **"inteiramente adequados ao consumo a que se destinam"**.[58]

De fato, a análise do *caput* do art. 18 do CDC nos leva a crer que haverá vícios de qualidade quando tornar os produtos "impróprios ou inadequados ao consumo a que se destinam ou lhes diminuam o valor, assim como por aqueles decorrentes da disparidade, com as indicações constantes do recipiente, da embalagem, rotulagem ou mensagem publicitária".

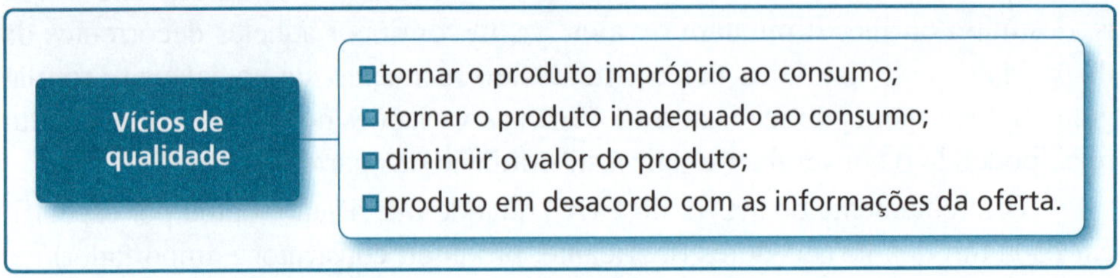

O próprio art. 18 define o que seriam **produtos impróprios** ao consumo em seu § 6º:

> São impróprios ao uso e consumo:
>
> I — os produtos cujos prazos de validade estejam vencidos;
>
> II — os produtos deteriorados, alterados, adulterados, avariados, falsificados, corrompidos, fraudados, nocivos à vida ou à saúde, perigosos ou, ainda, aqueles em desacordo com as normas regulamentares de fabricação, distribuição ou apresentação;
>
> III — os produtos que, por qualquer motivo, se revelem inadequados ao fim a que se destinam.

---

[58] CAVALIERI FILHO, Sergio. *Programa de direito do consumidor*, p. 322.

Está nítida a ideia de que o **CDC não proíbe a venda de produtos com pequenos vícios, desde que conhecidos pelo consumidor**, ou seja, pelo princípio da boa-fé objetiva e os seus deveres anexos de informação, proteção e cooperação, há a necessidade de ampla divulgação quanto à existência do vício, a ponto de ficar bem esclarecido que o motivo do preço diferenciado decorre justamente de tal impropriedade do produto.

Desta forma, roupas com pequenos vícios, por exemplo, deverão:

- estar em **local separado** na loja e jamais no meio das demais peças da loja sem qualquer problema **(dever de proteção)**;
- com a respectiva **placa indicativa** do valor a menor em razão **do vício (dever de informar)**; e
- de preferência, com algum **selo ou sinal indicativo do local onde se encontra o vício** na peça de roupa **(dever de cooperação)**.

É evidente que pela principiologia inerente ao Código do Consumidor **tais impropriedades deverão estar dentro dos limites do razoável**, não sendo admitido, em "nenhuma hipótese, contudo, o vício do produto comercializado nestas condições poderá comprometer toda sua utilidade, nem apresentar riscos à saúde ou segurança do consumidor (qualificando-se como defeito), hipótese em que se estará violando diretamente as normas de proteção prevista no CDC".[59]

■ 5.4.2.2. *As variações que não são vícios de qualidade do produto*

O art. 18, *caput,* do Código de Defesa do Consumidor, ao tratar dos vícios do produto decorrentes da disparidade com as indicações constantes do recipiente, da embalagem, rotulagem ou mensagem publicitária, faz uma ressalva no sentido de que deverão ser **"respeitadas as variações decorrentes de sua natureza"**. Isto significa dizer que **nem todas as variações são consideradas vícios**, isto é, certas alterações são decorrentes da própria natureza do produto e, portanto, não caracterizam violação ao CDC.

Um bom exemplo é a tinta de pintar parede. A depender do tipo de material utilizado na construção da parede que receberá o produto, a cor ficará mais clara ou mais escura, e isso é uma variação decorrente da sua natureza, não configurando vício.

Variações decorrentes da natureza do produto não são vícios de qualidade.

[59] MIRAGEM, Bruno. *Curso de direito do consumidor*, p. 414.

■ *5.4.2.3. O direito do fornecedor de tentar consertar o vício como primeira solução eleita pela lei diante do vício de um produto*

Estabelece o § 1º do art. 18 do Diploma Consumerista como **solução primeira**, diante da constatação de um vício, o **direito do fornecedor de tentar sanar o problema no prazo de 30 dias**.

Isto implica dizer que, antes de se dar a oportunidade ao consumidor de escolher uma das alternativas elencadas pela Lei n. 8.078/90, como a substituição do produto viciado por outro, por exemplo, há o direito do fornecedor de tentar sanar o vício no prazo legal de 30 dias.

No mesmo sentido, encontramos a posição do **Superior Tribunal de Justiça:**

> ADMINISTRATIVO. CÓDIGO DE DEFESA DO CONSUMIDOR. PROCON. REPRESENTAÇÃO DO CONSUMIDOR PELO ESTADO. VÍCIO DE QUALIDADE NO PRODUTO. RESPONSABILIDADE DO FORNECEDOR. EXEGESE DO ARTIGO 18, § 1º, I, DO CDC.
>
> 1. O § 1º e incisos do artigo 18 do Código de Defesa do Consumidor prescrevem que, se o vício do produto não for sanado no prazo máximo de trinta dias pelo fornecedor, o consumidor poderá exigir, alternativamente e ao seu arbítrio, as seguintes opções: a) substituição do produto por outro da mesma espécie, em perfeitas condições de uso; b) a restituição imediata da quantia paga, monetariamente atualizada, sem prejuízo de eventuais perdas e danos; c) o abatimento proporcional do preço.
>
> **2. A exegese do dispositivo é clara. Constatado o defeito, concede-se ao fornecedor a oportunidade de sanar o vício no prazo máximo de trinta dias. Não sendo reparado o vício, o consumidor poderá exigir, à sua escolha, as três alternativas constantes dos incisos I, II e III do § 1º do artigo 18 do CDC.**
>
> 3. No caso dos autos, inexiste ofensa ao disposto no art. 18 do CDC, pois imediatamente após a reclamação, o fornecedor prontificou-se a reparar o produto — veículo automotor. Não aceita a oferta pelo consumidor, propôs a substituição do bem por outro nas mesmas condições e em perfeitas condições de uso ou a compra pelo preço de mercado. Ainda assim, o consumidor manteve-se renitente.
>
> **4. "A primeira solução que o Código apresenta ao consumidor é a substituição das partes viciadas do produto. Não se está diante de uma 'opção' propriamente dita, de vez que, como regra, o consumidor não tem outra alternativa a não ser aceitar tal substituição"** (Antônio Herman de Vasconcellos Benjamin, in *Comentários ao Código de Proteção do Consumidor,* coordenador Juarez de Oliveira. São Paulo: Saraiva, 1991).
>
> 5. "Vício de qualidade. Automóvel. Não sanado o vício de qualidade, cabe ao consumidor a escolha de uma das alternativas previstas no art. 18, § 1º, do CDC" (REsp 185.836/SP, Rel. Ministro Ruy Rosado de Aguiar, *DJU* 22-3-1999).
>
> 6. O dispositivo em comento não confere ao consumidor o direito à troca do bem por outro novo, determina apenas que, "não sendo o vício sanado no prazo máxi-

mo de trinta dias, pode o consumidor exigir, alternativamente e à sua escolha: I — a substituição do produto por outro da mesma espécie, em perfeitas condições de uso (...)".

7. "Poderia o juiz deferir-lhe integralmente o pedido ou conceder-lhe a reparação em menor valor, seja com a condenação do réu a entregar um carro usado, ou ao pagamento de uma certa quantia, desde que nos limites constantes do pedido" (REsp 109.294/RS, Rel. Ministro Ruy Rosado de Aguiar, *DJU* 18-2-1997).

8. Recurso especial não provido (REsp 991.985/PR, Rel. Ministro Castro Meira, 2ª T., *DJ* 11-2-2008).

De fato, constatamos que o STJ continua a reconhecer que, antes das alternativas conferidas ao consumidor, há o direito do fornecedor de tentar sanar o vício do produto: **"Nos termos do § 1º do art. 18 do Código de Defesa do Consumidor — CDC, caso o vício de qualidade do produto não seja sanado no prazo de 30 dias, o consumidor poderá, sem apresentar nenhuma justificativa, optar entre as alternativas ali contidas, ou seja: (I) a substituição do produto por outro da mesma espécie, em perfeitas condições de uso; (II) a restituição imediata da quantia paga; ou (III) o abatimento proporcional do preço"** (REsp 1.016.519/PR, Rel. Ministro Raul Araújo, 4ª T., *DJe* 25-5-2012).

O prazo de trinta dias para o fornecedor sanar o vício é o prazo legal que deverá imperar, salvo se as partes da relação de consumo convencionarem de forma distinta.

Para evitar a utilização de prazos desproporcionais, o CDC estabeleceu os períodos mínimos e máximos no art. 18, § 2º, *in verbis*: "**Poderão as partes convencionar a redução ou ampliação do prazo previsto no parágrafo anterior, não podendo ser inferior a sete nem superior a cento e oitenta dias.** Nos contratos de adesão, a cláusula de prazo deverá ser convencionada em separado, por meio de manifestação expressa do consumidor".

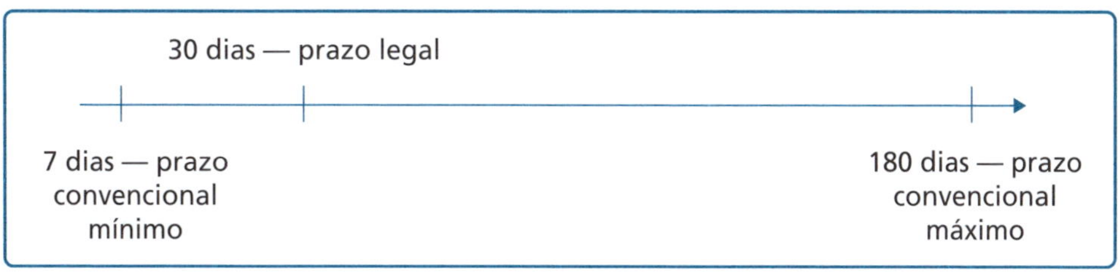

Parte da doutrina consumerista não se conforma com um prazo máximo convencional tão extenso. Esta é a visão de Rizzatto Nunes, para quem, "Por essa regra, o tempo para que um produto viciado fosse consertado poderia ser elevado para 180 dias! É algo inimaginável. O consumidor adquire um produto; paga por ele; ele não funciona; tem de ser levado para conserto; quando lá chega, o fornecedor responde: 'volte daqui a 6 meses, que o produto estará novinho em folha!'. Pareceria brincadeira, se não fosse norma".[60]

Apesar de respeitar a indignação do renomado doutrinador, vale lembrar que o próprio **CDC exige o preenchimento de alguns requisitos** para a efetivação de tal convenção sem a violação dos direitos do vulnerável nas relações de consumo:

- nos **contratos de adesão**, a **cláusula** de prazo deverá ser **convencionada em separado**;
- **manifestação expressa de concordância pelo consumidor**.

Com efeito, muitas vezes a **complexidade** de determinado produto pode exigir um prazo maior para resolver o respectivo vício. Mesmo porque, tratando-se de **produtos importados**, a chegada da peça de reposição pode efetivamente demorar meses.

Assim, preenchidos os requisitos citados e estando o **consumidor devidamente informado** a ponto de compreender materialmente o que significa esperar 180 dias pelo conserto de um produto, não encontramos qualquer problema no dispositivo legal, desde que o **fornecedor** lhe **conceda uma solução alternativa e provisória** até que o produto receba o conserto definitivo, por exemplo entregar em comodato bem equivalente para suprir as necessidades do consumidor.

Claro que no caso da solução alternativa nenhum outro ônus poderá ser imposto ao consumidor.

Logo mais concluiremos que o direito do fornecedor de tentar sanar o vício como solução primeira dada pelo Diploma Consumerista é uma regra que admite exceções, a serem estudadas quando da análise do § 3º do art. 18.

5.4.2.4. *As opções conferidas ao consumidor diante do vício de qualidade do produto*

Não sendo o vício sanado pelo fornecedor no prazo legal de 30 dias ou no eventual prazo convencionado pelas partes da relação de consumo — mínimo 7 e máximo 180 dias —, **prevê o art. 18, § 1º, do CDC as opções conferidas ao consumidor para a solução do problema:**[61]

---

[60] NUNES, Luiz Antonio Rizzatto. *Curso de direito do consumidor*, p. 209.

[61] O Decreto n. 7.986, de 15 de abril de 2013, alterou o Decreto n. 7.963, de 15 de março de 2013, que instituiu o Plano Nacional de Consumo e Cidadania e criou a Câmara das Relações de Consumo e

§ 1º Não sendo o vício sanado no prazo máximo de trinta dias, pode o consumidor exigir, alternativamente e à sua escolha:

I — a substituição do produto por outro da mesma espécie, em perfeitas condições de uso;

II — a restituição imediata da quantia paga, monetariamente atualizada, sem prejuízo de eventuais perdas e danos;

III — o abatimento proporcional do preço.

Percebam que a lei deixou bem clara a **desnecessidade de se seguir a ordem por ela elencada**, isto é, o consumidor poderá escolher qualquer das opções conferidas na ordem que bem entender.

Opções conferidas ao consumidor	■ substituição do produto por outro da mesma espécie, em perfeitas condições de uso; ■ restituição imediata da quantia paga, monetariamente atualizada, sem prejuízo de eventuais perdas e danos; ■ abatimento proporcional do preço.

No tocante à **primeira alternativa, substituição do produto por outro da mesma espécie, em perfeitas condições de uso**, vale lembrar que o próprio Código de Defesa do Consumidor traz em seu **art. 84 instrumentos processuais hábeis** para concretizar tal pretensão, tais como:

- ação de obrigação de fazer (*caput* do art. 84);
- tutela liminar (§ 3º do art. 84);
- multa diária, independentemente de pedido do autor (§ 4º do art. 84);
- tutela específica, por meio de medidas necessárias, tais como busca e apreensão (§ 5º do art. 84).

Ainda em relação à opção inicial estabelecida pela Lei n. 8.078/90, em caso de **inexistência de outro produto de mesma espécie**, dispõe seu **art. 18, § 4º**, que: "Tendo o consumidor optado pela alternativa do inciso I do § 1º deste artigo, e não sendo possível a substituição do bem, **poderá haver substituição por ou-**

seu art. 16 passou a ter a seguinte redação: "O Conselho de Ministros da Câmara Nacional das Relações de Consumo elaborará, em prazo definido por seus membros e formalizado em ato do Ministro de Estado da Justiça, proposta de regulamentação do § 3º do art. 18 da Lei n. 8.078, de 1990, para especificar produtos de consumo considerados essenciais e dispor sobre procedimentos para uso imediato das alternativas previstas no § 1º do art. 18 da referida Lei".

tro de espécie, marca ou modelo diversos, mediante complementação ou restituição de eventual diferença de preço, sem prejuízo do disposto nos incisos II e III do § 1º deste artigo".

Desta forma, **quando impossível a substituição do bem por outro da mesma espécie**, em razão do fim de sua fabricação, por exemplo, **poderá o consumidor exigir a substituição por outro:**

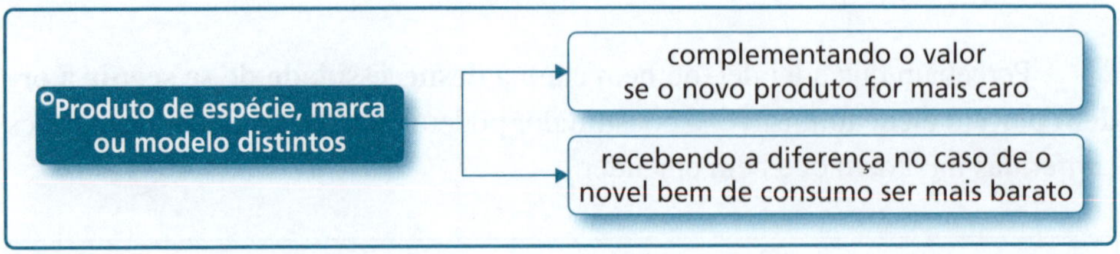

A **segunda opção** conferida ao consumidor consiste na **"restituição imediata da quantia paga, monetariamente atualizada, sem prejuízo de eventuais perdas e danos"**.

Infelizmente, o consumidor muitas vezes necessita de uma determinação judicial capaz de concretizar o seu desejo de receber de volta aquilo que pagou e, em razão dos inúmeros transtornos que teve na tentativa extrajudicial de composição do litígio, postula também uma indenização pelos danos morais.

No entanto, a jurisprudência superior vem entendendo, infelizmente, que quase tudo é mero dissabor[62] do dia a dia e dificilmente condena o fornecedor por danos morais. Trata-se de postura jurisprudencial equivocada, *data venia*, e que estimula o mau fornecedor a continuar a cometer suas práticas abusivas no mercado de consumo.

---

[62] Nesse sentido é a posição dominante no Superior Tribunal de Justiça: "RECURSOS ESPECIAIS. AÇÃO DE INDENIZAÇÃO. VEÍCULO NOVO. DEFEITO. INTEMPESTIVIDADE DE UM DOS RECURSOS ESPECIAIS. DANOS MATERIAIS E MORAIS. ART. 18, § 3º DO CDC. DEPRECIAÇÃO DO VEÍCULO. SUBSTITUIÇÃO DO BEM. SÚMULA 7. DANO MORAL INEXISTENTE. 1. É intempestivo o recurso especial interposto fora do prazo de 15 dias previsto no artigo 508 do Código de Processo Civil. 2. Ainda que tenham sido substituídas as partes viciadas do veículo no prazo estabelecido no art. 18, § 1º do CDC, o consumidor pode se valer da substituição do produto, com base no § 3º do mesmo artigo, se depreciado o bem. 3. A conclusão acerca da depreciação do bem, a que chegou o Tribunal de origem com base nas provas dos autos, não pode ser revista no âmbito do recurso especial (Súmula 7/STJ). 4. A jurisprudência do STJ, em hipóteses de aquisição de veículo novo com defeito, orienta-se no sentido de que não cabe indenização por dano moral quando os fatos narrados estão no contexto de meros dissabores, sem humilhação, perigo ou abalo à honra e à dignidade do autor. 5. Hipótese em que o defeito, reparado no prazo legal pela concessionária, causou situação de mero aborrecimento ou dissabor não suscetível de indenização por danos morais. 6. Recurso especial de Alvema — Alcântara Veículos e Máquinas LTDA não conhecido e recurso especial de Fiat Automóveis S/A parcialmente provido" (REsp 1.232.661/MA, Rel. Ministra Maria Isabel Gallotti, 4ª T., *DJe* 15-5-2012).

Contudo, **o tratamento teórico para fins acadêmicos do tema admite a reparação dos danos, além da restituição imediata da quantia paga**.

A **última escolha** que poderá ser feita pelo consumidor traduz-se na exigência do **"abatimento proporcional do preço"**. A descrença do consumidor no fornecedor muitas vezes chega a tal nível que ele prefere permanecer com o produto viciado e consertá-lo por conta própria a aguardar a boa vontade de um mau fornecedor em resolver seu problema.

Em situações como estas, o abatimento proporcional no preço acaba sendo a melhor saída a esse tipo de consumidor cético.

■ 5.4.2.5. *A viabilidade da cumulação de alternativas*

Numa análise teórica sobre o tema, sempre que o consumidor comprovar prejuízo ele poderá postular reparação de danos materiais e/ou morais.

Nesse diapasão, **perfeitamente cabível a acumulação de perdas e danos não apenas quando da solicitação da restituição de quantia paga, mas também quando o consumidor exigir a substituição do bem**, mesmo o CDC silenciando a respeito do tema.

Este também é o posicionamento de Rizzatto Nunes ao ensinar que: "se o consumidor, servindo-se da prerrogativa do inciso I, requerer a substituição do produto, tem também direito ao pleito de indenização por danos materiais e/ou morais. (...) Não há, de fato, muita diferença prática entre requerer a troca do produto por outro da mesma espécie, marca e modelo e pedir a restituição da quantia paga. Em ambos os casos, o resultado pode ser adquirir novo produto".[63]

Aliás, é **Direito Básico** do consumidor a **"efetiva prevenção e reparação de danos patrimoniais e morais"**, nos termos do art. 6º, VI, do Diploma Consumerista.

No entanto, reiteramos a crítica acima formulada no sentido de que na prática a jurisprudência do Superior Tribunal de Justiça vem se posicionando em diversos julgados pelo não reconhecimento de danos morais e enquadrando várias situações desagradáveis suportadas pelo consumidor como "meros dissabores, sem humilhação, perigo ou abalo à honra e à dignidade do autor".[64]

■ 5.4.2.6. *As opções conferidas ao consumidor diante do vício do produto como solução primeira — hipóteses de desnecessidade de se aguardar o prazo de conserto*

O Código do Consumidor não poderia deixar de consignar que, em alguns contextos fáticos, seria inviável aguardar o prazo legal de 30 dias ou o

[63] NUNES, Luiz Antonio Rizzatto. *Curso de direito do consumidor*, p. 207.

[64] REsp 1.232.661/MA, cuja ementa se encontra na nota de rodapé anterior.

convencionado pelas partes de 7 dias no mínimo ou 180 dias no máximo, razão pela qual elencou em seu art. 18, § 3º, situações em que o "**consumidor poderá fazer uso imediato das alternativas** do § 1º deste artigo sempre que, em razão da extensão do vício, a substituição das partes viciadas puder comprometer a qualidade ou características do produto, diminuir-lhe o valor ou se tratar de produto essencial".

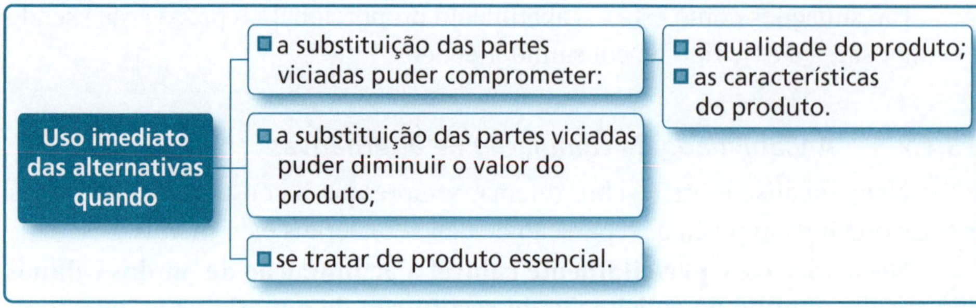

Na doutrina, o pensamento é o seguinte:

- Zelmo Denari entende que esse prazo legal de 30 dias para saneamento dos vícios "somente deve ser observado em se tratando de *produtos industrializados dissociáveis,* é dizer, que permitam a dissociação de seus componentes, como é o caso dos eletrodomésticos, veículos de transporte, computadores, armários de cozinha, copa ou dormitório. Se os vícios afetarem *produtos industrializados ou naturais essenciais,* que não permitem dissociação de seus elementos — *v.g.,* vestimentas, calçados, utensílios domésticos, medicamentos, bebidas de todo gênero, produtos *in natura* —, não se oferece a oportunidade de saneamento, e o consumidor pode exigir que sejam imediatizadas as reparações previstas alternativamente no § 1º do art. 18, como prevê expressamente o § 3º, *in fine*".[65]
- Leonardo Roscoe Bessa defende que somente "para situações excepcionais, em caso de exercício abusivo do direito do consumidor, deve incidir o prazo de 30 dias. Para tanto, as hipóteses previstas no § 3º do art. 18, que permitem o afastamento do referido prazo, devem ser visualizadas com atenção ao princípio da efetiva proteção aos interesses materiais e morais do consumidor (art. 6º, VI), ou seja, a regra é considerar a essencialidade

[65] GRINOVER, Ada Pellegrini; BENJAMIN, Antônio Herman de V.; FINK, Daniel Roberto; FILOMENO, José Geraldo Brito; NERY JR., Nelson; DENARI, Zelmo. *Código Brasileiro de Defesa do Consumidor,* p. 224.

dos produtos e, ainda, que a substituição das partes viciadas, em princípio, compromete a qualidade do produto ou diminui o seu valor. (...) A interpretação adequada da matéria deve-se pautar por um *diálogo das fontes* entre o CDC e o CC, primando pela coerência entre os dois diplomas, o que significa interpretação restritiva da exigência do prazo de 30 dias e sua conjugação com a noção de abuso do direito".[66]

Apesar da excelência nos argumentos apresentados, analisamos no subitem 5.4.2.3 que **no posicionamento do STJ a leitura do Código do Consumidor deve ser feita no sentido de reconhecer inicialmente o direito ao fornecedor de tentar sanar o vício no prazo de 30 dias ou naquele convencionado pelas partes**.

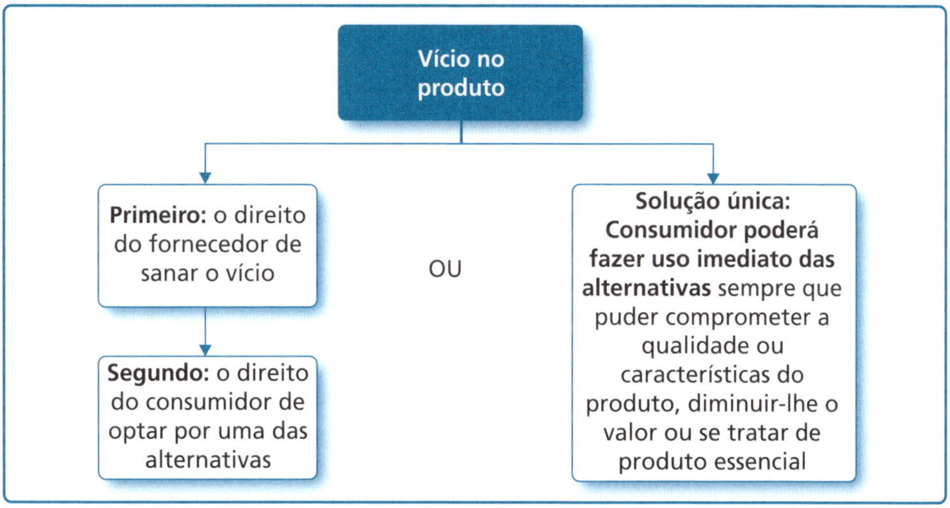

Fato interessante que merece nossa análise envolve a **reiteração do problema após** a realização do **conserto** pelo fornecedor. Numa situação como esta, haveria a necessidade de o consumidor esperar mais trinta dias para o fornecedor sanar o vício do seu produto ou poderia ir direto às alternativas do § 1º do art. 18 do CDC?

Entendemos que o **consumidor não precisará esperar mais trinta dias e poderá fazer uso imediato das opções legais**, nos termos do § 3º do citado artigo, pois nesse contexto haveria no mínimo uma presunção de **perda de qualidade do produto** ou, até, de **diminuição do seu valor**.

[66] BENJAMIN, Antônio Herman de V.; MARQUES, Claudia Lima; BESSA, Leonardo Roscoe. *Manual de direito do consumidor*, p. 183.

Sobre o tema, o STJ reconheceu **danos morais quando o consumidor de veículo automotor zero quilômetro necessita retornar à concessionária por diversas vezes para reparar defeitos apresentados no veículo adquirido:** "Não **é** possível afirmar que o vício do produto tenha sido sanado no prazo de 30 dias, estabelecido pelo artigo 18, § 1º, *caput*, do Código de Defesa do Consumidor, se o automóvel, após retornar da oficina, reincidiu no mesmo problema, por diversas vezes. A necessidade de novos e sucessivos reparos é indicativo suficiente de que o veículo, embora substituídas as peças danificadas pela utilização do combustível impróprio, não foi posto em condições para o uso que dele razoavelmente se esperava. A jurisprudência do STJ orienta-se no sentido de ser cabível indenização por dano moral quando o consumidor de veículo zero quilômetro necessita retornar à concessionária por diversas vezes, para reparos" (REsp 1.443.268/DF, Rel. Ministro Sidnei Beneti, 3ª T., *DJe* 8-9-2014).

■ *5.4.2.7. A responsabilidade do fornecedor imediato pelos vícios de qualidade nos produtos* in natura

Segundo Rizzatto Nunes, **produto *in natura*** "é aquele que vai ao mercado consumidor diretamente do sítio ou fazenda, local de pesca, produção agrícola ou pecuária, em suas hortas, pomares, pastos, granjas etc. São os produtos hortifrutigranjeiros, os grãos, cereais, vegetais em geral, legumes, verduras, carnes, aves, peixes etc.".[67]

Neste tipo de produto **não há o processo de industrialização** o que **dificulta**, muitas vezes, a **identificação do produtor**. Pensando nisso, o Código de Defesa do Consumidor previu em seu art. 18, § 5º, o seguinte: "No caso de fornecimento de produtos *in natura*, **será responsável** perante o consumidor o **fornecedor imediato**, exceto quando identificado claramente seu produtor".

Neste contexto, responderá **o comerciante** pelas verduras vendidas sem a identificação clara do seu produtor, numa verdadeira exceção à responsabilidade solidária de todos os fornecedores da cadeia de produção, que é a regra no art. 18 do Diploma Consumerista.

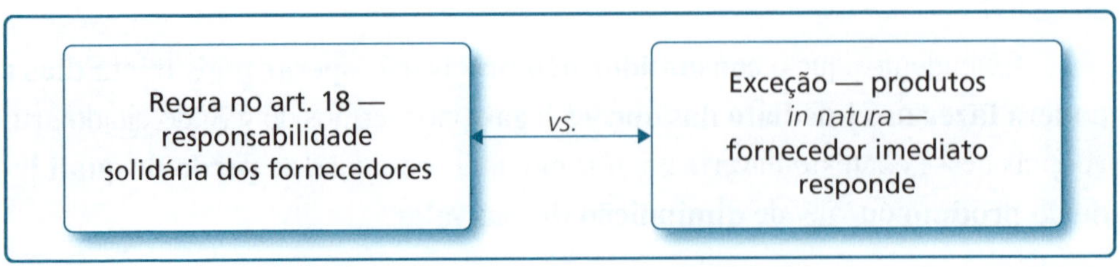

[67] NUNES, Luiz Antonio Rizzatto. *Curso de direito do consumidor*, p. 94.

Questão interessante sobre o tema é saber se o prazo de trinta dias para o fornecedor tentar sanar o vício é aplicável ao caso. Entendemos que não, mesmo porque os bens *in natura* referem-se a produtos essenciais que, como tais, admitem a escolha direta das alternativas pelo consumidor nos termos do art. 18, § 3º, do Código do Consumidor.[68]

■ 5.4.2.8. *Vício de quantidade do produto*

A outra modalidade de vício do produto expressa no Código de Defesa do Consumidor refere-se à inadequação quanto aos limites quantitativos.

Sobre o assunto, prevê o **CDC** em seu **art. 19:** "Os fornecedores respondem solidariamente pelos **vícios de quantidade** do produto sempre que, respeitadas as variações decorrentes de sua natureza, seu **conteúdo líquido for inferior** às indicações constantes do recipiente, da embalagem, rotulagem ou de mensagem publicitária (...)".

Apesar de a Lei relacionar o vício de quantidade ao conteúdo líquido, a inadequação se fará presente ante a existência de disparidade em relação a qualquer unidade de medida.

Mais uma vez, há **solidariedade entre todos os fornecedores** da cadeia de produção também aqui no vício de quantidade, não se limitando ao fornecedor imediato. O inverso também é verdadeiro, ou seja, não poderá o comerciante se escusar de responder pelo vício de quantidade, alegando falha do fabricante.

Nesse sentido é a posição do STJ: **"O argumento do comerciante de que não fabricou o produto e de que o fabricante foi identificado não afasta a sua responsabilidade administrativa, pois não incide, *in casu*, o § 5º do art. 18 do CDC. Recurso especial provido"** (REsp 1.118.302/SC, Rel. Ministro Humberto Martins, 2ª T., *DJe* 14-10-2009).

VÍCIO DE QUALIDADE	VÍCIO DE QUANTIDADE
■ tornar o produto impróprio ao consumo; ■ tornar o produto inadequado ao consumo; ■ diminuir o valor do produto; ■ produto em desacordo com as informações da oferta.	■ **conteúdo líquido ou qualquer outra unidade de medida inferior às informações constantes** do recipiente, da embalagem, rotulagem ou de mensagem publicitária.

■ 5.4.2.9. *As variações que não são vícios de quantidade do produto*

Também aqui a Lei de defesa do consumidor deixou claro no *caput* do art. 19 que **nem todas as variações constituem vício de quantidade do produto**. Algumas alterações decorrem da própria natureza do bem, o que não implicará, necessariamente, no surgimento de vício.

[68] No mesmo sentido, NUNES, Luiz Antonio Rizzatto. *Curso de direito do consumidor*, p. 218.

Contexto fático que bem demonstra este tipo de variação envolve o **engarrafamento do gás**. Em razão da natureza do citado bem, de consumo, poderá ocorrer a perda de certa quantidade quando do seu acondicionamento. Se a perda do gás estiver dentro do percentual admitido pelos órgãos de metrologia do país — INMETRO, por exemplo —, vício algum existirá.

Assim, existirão casos em que o consumidor verificará diferença a menor na quantidade líquida encontrada em relação com a que está informada na embalagem, mas sem caracterização do vício.[69]

> Variações decorrentes da natureza do produto não são vícios de quantidade.

Questão interessante apreciada pelo Supremo Tribunal Federal em sede de Ação Direta de Inconstitucionalidade referiu-se a uma lei do Estado do Paraná que obrigava as empresas distribuidoras de gás a pesarem os botijões à vista dos consumidores e a conceder desconto proporcional a eventual diferença entre o conteúdo líquido e a quantidade especificada no recipiente.

A ação foi julgada procedente, com a consequente declaração de inconstitucionalidade do aludido diploma estadual, dentre outros fundamentos, pela violação dos princípios da proporcionalidade e razoabilidade da medida restritiva de direitos. Vejamos:

> EMENTA: Ação direta de inconstitucionalidade. 2. **Lei** 10.248/93, do Estado do Paraná, **que obriga os estabelecimentos** que comercializem Gás Liquefeito de Petróleo — GLP **a pesarem, à vista do consumidor, os botijões ou cilindros entregues ou recebidos para substituição, com abatimento proporcional do preço do produto ante a eventual verificação de diferença a menor entre o conteúdo e a quantidade líquida especificada no recipiente**. 3. Inconstitucionalidade formal, por ofensa à competência privativa da União para legislar sobre o tema (CF/88, arts. 22, IV, 238). 4. **Violação ao princípio da proporcionalidade e razoabilidade das leis restritivas de direitos**. 5. **Ação julgada procedente** (ADI 855/PR — Paraná, Rel. Ministro Octavio Gallotti, Tribunal Pleno, *DJe* 26-3-2009).

5.4.2.10. *As opções conferidas ao consumidor diante do vício de quantidade do produto*

Ante a constatação de **vício de quantidade** do produto, prevê o Código de Defesa do Consumidor que o **vulnerável poderá exigir, alternativamente e à sua escolha:**

---

[69] NUNES, Luiz Antonio Rizzatto. *Curso de direito do consumidor*, p. 228.

- abatimento proporcional do preço;
- complementação do peso ou medida;
- substituição do produto por outro da mesma espécie, marca ou modelo, sem os aludidos vícios;
- restituição da quantia paga, monetariamente atualizada, sem prejuízos das perdas e danos.

Igualmente ao estipulado no *caput* do art. 18, trata-se de opções que poderão ser selecionadas na ordem que o consumidor assim entender. Nós, para fins didáticos, analisaremos cada uma das alternativas na sequência estipulada pelo legislador ordinário.

No tocante à **primeira opção**, se o consumidor compra um quilo de feijão, nos termos da informação constante na embalagem e, efetivamente, a medida correta representa quinhentos gramas, **poderá exigir abatimento proporcional** no preço ou, nos termos da **segunda alternativa, a complementação do peso**.

A **terceira opção** conferida ao consumidor consiste na **substituição do bem** por outro da mesma espécie, marca ou modelo, sem os aludidos vícios. **Inexistente o produto**, prevê o § 1º do art. 19 por remissão ao § 4º do art. 18, todos do CDC, que a **substituição** poderá ser exigida em relação a **outro de espécie, marca ou modelo diversos**, mediante complementação do preço se o novo produto for mais caro ou restituição proporcional do valor pago, se o outro produto for mais barato.

Desta forma, ante a impossibilidade de troca pelo mesmo bem, **poderá o consumidor exigir a substituição por outro:**

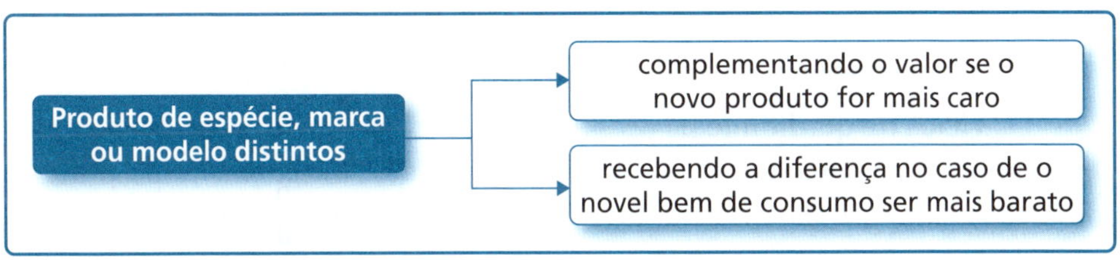

A **última alternativa** conferida ao consumidor envolve a **restituição da quantia** paga, monetariamente atualizada, sem prejuízos das **perdas e danos**. Vale lembrar que o direito à indenização depende de comprovação efetiva de prejuízos materiais e/ou morais.

■ 5.4.2.11. *A responsabilidade do fornecedor imediato pelos vícios de quantidade em razão da falha na medição*

O art. 19, § 2º, do CDC prevê que o "**fornecedor imediato será responsável** quando fizer a pesagem ou a medição e o **instrumento** utilizado **não estiver aferido segundo os padrões oficiais**".

Segundo Leonardo Roscoe Bessa, quando "há medição da quantidade no momento da venda, fica demasiadamente evidente a responsabilidade do fornecedor imediato, seja por falta de aferição do instrumento, seja por má-fé do vendedor, e daí se deduz o objetivo normativo de afastar excepcionalmente a responsabilidade solidária dos demais integrantes da cadeia de fornecedores".[70]

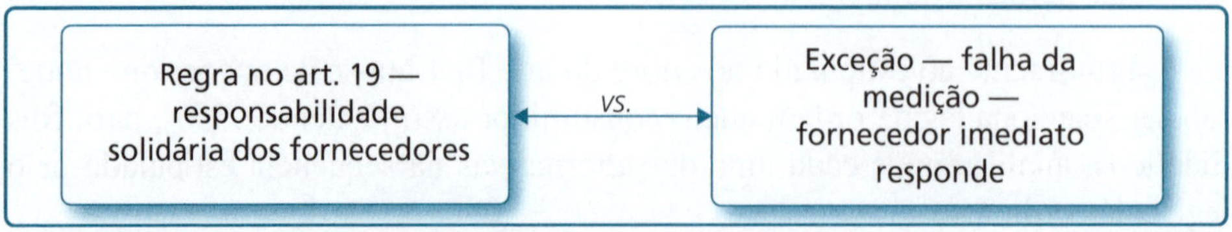

5.5. RESPONSABILIDADE PELO VÍCIO DO SERVIÇO

O **art. 20 do CDC** trata da **responsabilidade pelo vício na prestação de serviços** nos seguintes termos:

> Art. 20. O fornecedor de serviços responde pelos vícios de qualidade que os tornem impróprios ao consumo ou lhes diminuam o valor, assim como por aqueles decorrentes da disparidade com as indicações constantes da oferta ou mensagem publicitária, podendo o consumidor exigir, alternativamente e à sua escolha:
>
> I — a reexecução dos serviços, sem custo adicional e quando cabível;
>
> II — a restituição imediata da quantia paga, monetariamente atualizada, sem prejuízo de eventuais perdas e danos;
>
> III — o abatimento proporcional do preço.

5.5.1. A abrangência do vício do serviço

Os **vícios de qualidade** na prestação de serviços estarão configurados, segundo previsto no *caput* do art. 20 do CDC, quando os tornarem "impróprios ao consumo ou lhes diminuam o valor, assim como por aqueles decorrentes da disparidade com as indicações constantes da oferta ou mensagem publicitária (...)".

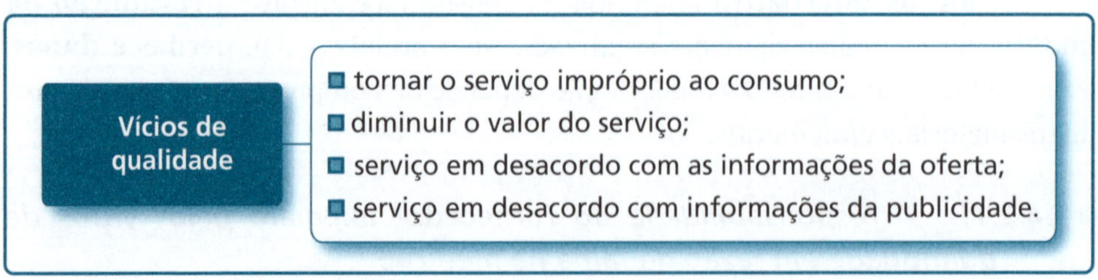

[70] BENJAMIN, Antônio Herman de V.; MARQUES, Claudia Lima; BESSA, Leonardo Roscoe. *Manual de direito do consumidor,* p. 179.

O próprio **§ 2º do art. 20** do Código de Defesa do Consumidor **define** o que seria **serviço impróprio** ao consumo: "São impróprios os serviços que se mostrem **inadequados para os fins que razoavelmente deles se esperam, bem como aqueles que não atendam as normas regulamentares de prestabilidade**".

Mais uma vez, o CDC valeu-se da relação entre vício e inadequação aos fins a que se destina, no caso, o serviço. Assim, se o serviço de polimento e cristalização de um veículo automotor não atingir a finalidade pretendida, tal serviço será considerado viciado, momento em que o consumidor poderá valer-se de uma das opções a seguir analisadas.

Apesar de não estar expressa no dispositivo ora analisado referência ao **vício de quantidade** do serviço, Zelmo Denari identifica sua disciplina na seguinte alusão legal: **"disparidade com as indicações constantes da oferta ou mensagem publicitária"**.

O citado autor entende que, ainda "que sem denominá-los, o dispositivo alude aos vícios de quantidade dos serviços prestados. Assim, se uma escola oferece um curso com determinado conteúdo programático, o descumprimento do programa autoriza o aluno a pleitear a completitude da matéria, o que significa a reexecução dos serviços educativos prestados (inc. I), sem prejuízo das sanções previstas nos incs. II e III do dispositivo comentado".[71]

■ 5.5.2. As opções conferidas ao consumidor diante do vício no serviço

Ante a constatação de **vício no serviço**, prevê o Código de Defesa do Consumidor que o **vulnerável poderá exigir, alternativamente e à sua escolha:**

[71] GRINOVER, Ada Pellegrini; BENJAMIN, Antônio Herman de V.; FINK, Daniel Roberto; FILOMENO, José Geraldo Brito; NERY JR., Nelson; DENARI, Zelmo. *Código Brasileiro de Defesa do Consumidor*, p. 230.

- a reexecução dos serviços, sem custo adicional e quando cabível;
- a restituição imediata da quantia paga, monetariamente atualizada, sem prejuízo de eventuais perdas e danos;
- o abatimento proporcional do preço.

A **alternativa do inciso I** do art. 20 prevê a **reexecução dos serviços**, sem custo adicional e quando cabível.

No entanto, é comum o consumidor não mais confiar num fornecedor que, por exemplo, transforma seu carro preto num prata com o seu serviço de polimento e cristalização. Pensando em casos como este, dispôs o **§ 1º do art. 20:** "A **reexecução dos serviços poderá ser confiada a terceiros** devidamente capacitados, **por conta e risco do fornecedor**".

Assim, no exemplo citado, o consumidor poderá levar seu veículo a um funileiro de sua confiança para a realização de um novo serviço, que será custeado integralmente pelo fornecedor originário responsável pelo vício.

A **segunda alternativa** conferida ao consumidor envolve a **restituição da quantia** paga, monetariamente atualizada, sem prejuízos das **perdas e danos**. Nunca é demais destacar que o direito à indenização depende de comprovação efetiva de prejuízos materiais e/ou morais.

A **última escolha** que poderá ser feita pelo vulnerável traduz-se na exigência do **"abatimento proporcional do preço"**.

Muitas vezes o consumidor prefere resolver o problema por conta própria a aguardar a boa vontade de um mau fornecedor. Nestes casos, o abatimento proporcional no preço acaba sendo a melhor saída.

Sobre o tema, Bruno Miragem ensina que "a pretensão de abatimento do preço deve respeitar a proporção entre a parcela da prestação efetivamente cumprida, e o comprometimento causado pelo vício do serviço, sem prejuízo do direito à indenização por perdas e danos, quando apurados prejuízos ressarcíveis".[72]

5.5.3. O serviço de reparo e o regramento na utilização das peças de reposição

O Código de Defesa do Consumidor prevê em seu **art. 21** o regramento na utilização das peças de reposição, estabelecendo, *in verbis:* "No fornecimento de serviços que tenham por objetivo a reparação de qualquer produto considerar-se-á implícita a obrigação do fornecedor de empregar componentes de reposição ori-

[72] MIRAGEM, Bruno. *Curso de direito do consumidor*, p. 426.

ginais adequados e novos, ou que mantenham as especificações técnicas do fabricante, salvo, quanto a estes últimos, autorização em contrário do consumidor".

As peças de reposição deverão ser

- originais;
- adequadas;
- novas;
- de acordo com as especificações técnicas do fabricante.

A **única ressalva** colocada pela lei levaria a crer, numa primeira interpretação, na possibilidade de o consumidor autorizar a utilização de peças de reposição que não estivessem de acordo com as especificações técnicas do fabricante.

No entanto, tal observação estaria em desacordo com toda a principiologia que norteia o Código do Consumidor, por exemplo em cumprimento à boa-fé objetiva.

Por este princípio e por seus deveres laterais ou anexos, o fornecedor do serviço deverá informar ao consumidor sobre as vantagens e desvantagens que a inserção de qualquer peça de reposição poderá causar-lhe (dever de informação) e que tal conduta não irá comprometer a qualidade do bem de consumo, nem colocar em risco a integridade e/ou a vida do vulnerável da relação (dever de proteção).

No mesmo sentido é o entendimento de Leonardo Roscoe Bessa ao defender que a "***autorização em contrário* do consumidor deve ser compreendida em relação a componentes originais e novos e jamais às especificações técnicas das peças de reposição**, já que o **CDC, norma de ordem pública**, tem como forte diretriz garantir padrão mínimo de qualidade que atenda à funcionalidade e segurança dos produtos e serviços oferecidos no mercado de consumo (arts. 6º, I e VI, e 8º)".[73]

De fato, o citado dispositivo não tratou expressamente da possibilidade de se utilizarem **peças de reposição usadas**. Mas uma interpretação sistemática do art. 21 com o art. 70, ambos do CDC, faz-nos concluir que o próprio Diploma Consumerista admite tal contexto como plenamente viável, desde que haja **autorização expressa do consumidor**.

O aludido art. 70 dispõe: "Empregar na reparação de produtos, peça ou componentes de reposição usados, sem autorização do consumidor: Pena Deten-

[73] BENJAMIN, Antônio Herman de V.; MARQUES, Claudia Lima; BESSA, Leonardo Roscoe. *Manual de direito do consumidor*, p. 188-189.

ção de três meses a um ano e multa". Mais uma vez, a informação da utilização de peça usada de reposição e as eventuais consequências deverão estar bem claras ao consumidor.

A doutrina também reconhece tal possibilidade. Nesse sentido, Zelmo Denari, ao tratar do disposto no art. 21 do CDC ensina que "o consumidor, por medida de economia, poderá autorizar, expressamente, a reutilização de componentes, afastando a incidência desta norma".[74]

PEÇAS DE REPOSIÇÃO				
Obrigação implícita		**Ressalva legal**		**Autorização expressa**
■ originais; ■ adequadas; ■ novas; ■ de acordo com as especificações técnicas do fabricante.	ou	■ Contrário às especificações técnicas = peças não originais ou usadas.	=	■ Consumidor poderá autorizar a utilização de peças usadas, desde que devidamente informado sobre o assunto.

■ 5.6. A RESPONSABILIDADE OBJETIVA DO FORNECEDOR PELO VÍCIO DE QUALIDADE, DE QUANTIDADE E DE SERVIÇO

Apesar da ausência de previsão expressa nos arts. 18, 19 e 20, todos do CDC, a **responsabilidade do fornecedor pelo vício é objetiva** em nossa opinião, mesmo porque esta é a **regra prevista no Diploma Consumerista**. **Artigo** desta lei que corrobora com tal tese é o **23: "A ignorância do fornecedor sobre os vícios** de qualidade por inadequação dos produtos e serviços **não o exime de responsabilidade**".

O dispositivo trata da irrelevância da alegação de ignorância do vício pelo fornecedor, fato que nos leva a crer que a alegação de culpa ou dolo é irrelevante para configurar a responsabilidade num sistema pautado na modalidade de responsabilização objetiva.

Ademais, ainda que o artigo se refira aos "vícios de qualidade por inadequação", a interpretação deverá ser estendida aos demais tipos de vícios — quantidade e de serviço —, pois a expressão utilizada teve influência de Herman Benjamin e de sua classificação a respeito do tema.

Ressalta o renomado autor que a "terminologia *vício de qualidade por insegurança* e *vício de qualidade por inadequação* raramente aparece no Código.

[74] GRINOVER, Ada Pellegrini; BENJAMIN, Antônio Herman de V.; FINK, Daniel Roberto; FILOMENO, José Geraldo Brito; NERY JR., Nelson; DENARI, Zelmo. *Código Brasileiro de Defesa do Consumidor*, p. 232.

No art. 23, por sugestão minha, mencionam-se, expressamente, os vícios de qualidade por inadequação".[75]

PREVALECE NO CDC	CORRENTE DOUTRINÁRIA	VISÃO DE HERMAN
■ Vício = inadequação;	■ vício/defeito de qualidade;	■ vício de qualidade por insegurança;
■ Defeito = insegurança.	■ vício/defeito de segurança.	■ vício de qualidade por inadequação.

No entanto, destaca-se que **o reconhecimento da responsabilidade objetiva do fornecedor por vício não é pacífico na doutrina**.

Leonardo Roscoe Bessa nos lembra que tanto "no CC como, com muito mais razão, no CDC, não se perquire se o vício decorre de conduta culposa ou dolosa do vendedor ou de qualquer outro integrante da cadeia de produção e circulação do bem. Constatado o vício, surge a responsabilidade. Portanto, parece desnecessário, como faz parcela da doutrina, discutir se a responsabilidade por vício é objetiva ou subjetiva".[76]

O **Superior Tribunal de Justiça**, porém, já reconheceu que a responsabilidade do fornecedor pelo vício é objetiva: **"Não havendo nos autos prova de que o defeito foi ocasionado por culpa do consumidor, subsume-se o caso vertente na regra contida no *caput* do artigo 18 da Lei n. 8.078/90, o qual consagra a responsabilidade objetiva dos fornecedores de bens de consumo duráveis pelos vícios de qualidade que os tornem impróprios ou inadequados ao consumo a que se destinam ou lhes diminuam o valor, impondo-se o ressarcimento integral dos prejuízos sofridos"** (REsp 760.262/DF, Rel. Ministro Sidnei Beneti, 3ª T., *DJe* 15-4-2008).

■ 5.7. RESPONSABILIDADE DAS ENTIDADES PÚBLICAS NAS RELAÇÕES DE CONSUMO

O presente livro possui um capítulo específico sobre o tema serviço público e a incidência do CDC, no qual as questões referentes à relação de consumo envolvendo entidades públicas foram exaustivamente debatidas.

Entretanto, aproveitamos a oportunidade para tecer algumas considerações a respeito da responsabilidade de tais entidades no mercado de consumo.

O **art. 22** da Lei n. 8.078/90 prevê:

■ *Caput:* "Os **órgãos públicos**, por si ou suas empresas, concessionárias, permissionárias ou sob qualquer outra forma de empreendimento, são obrigados a fornecer serviços adequados, eficientes, seguros e, quanto aos essenciais, contínuos".

---

75 BENJAMIN, Antônio Herman de V.; MARQUES, Claudia Lima; BESSA, Leonardo Roscoe. *Manual de direito do consumidor*, p. 134.

76 BENJAMIN, Antônio Herman de V.; MARQUES, Claudia Lima; BESSA, Leonardo Roscoe. *Manual de direito do consumidor*, p. 182.

■ Parágrafo único. "Nos casos de **descumprimento**, total ou parcial, **das obrigações** referidas neste artigo, **serão as pessoas jurídicas compelidas a cumpri-las e a reparar os danos causados**, na forma prevista neste código".

Dúvida não há sobre o **dever de indenizar** das entidades públicas, quer integrantes da **Administração Direta** — União, Estados, Distrito Federal e Municípios, quer da **Administração Indireta** — Autarquias, Fundações, Empresas Públicas e Sociedades de Economia Mista.

Todavia, questão que se coloca consiste em saber em **qual modalidade responderão tais entidades**. E a indagação se faz, levando em consideração o disposto no **art. 37, § 6º, da Constituição Federal**, que, ao tratar da responsabilidade objetiva do Estado, dispõe: "As pessoas jurídicas de direito público e as de direito privado prestadoras de serviços públicos responderão pelos danos que seus agentes, nessa qualidade, causarem a terceiros, assegurado o direito de regresso contra o responsável nos casos de dolo ou culpa".

Nos termos do citado dispositivo constitucional, responderão de forma objetiva apenas as entidades com personalidade jurídica de direito público (entidades da Administração Direta, além das Autarquias e algumas Fundações) e as possuidoras de personalidade privada quando prestadoras de serviços públicos (algumas Empresas Públicas, como a Empresa Brasileira de Correios e Telégrafos; algumas Sociedades de Economia Mista, como SABESP — entidade responsável pelo serviço de abastecimento de água e coleta e tratamento de esgoto no Estado de São Paulo —; além das concessionárias e permissionárias de serviços públicos, como empresas de ônibus que prestam o serviço de transporte coletivo por delegação de um ente municipal).

Nesse contexto, se a entidade pública com personalidade de direito privado for exploradora da atividade econômica, como ocorre com algumas Empresas Públicas e algumas Sociedades de Economia Mista (exemplo: Banco do Brasil), a responsabilidade será subjetiva.

O raciocínio está em plena consonância com a citada disposição constitucional, porém não vale se os danos forem oriundos de uma relação jurídica de consumo, ou seja, se a Sociedade de Economia Mista Banco do Brasil causar dano a um consumidor, responderá de forma objetiva nos termos da regra prevista no Código de Defesa do Consumidor.

RESPONSABILIDADE DAS ENTIDADES PÚBLICAS — ART. 37, § 6º, CF		
Responsabilidade Objetiva	**Responsabilidade Subjetiva**	**Responsabilidade Objetiva**
■ Administração Direta. ■ Autarquias. ■ Fundações com PJ de Direito Público. ■ Empresas Públicas e Sociedades de Economia Mista prestadoras de serviços públicos, Concessionárias e Permissionárias do Serviço Público.	■ Empresas Públicas e Sociedades de Economia Mista — entidades com PJ de Direito Privado — quando exploradoras de atividade econômica e o dano/prejuízo não for decorrência de relação de consumo.	■ Empresas Públicas e Sociedades de Economia Mista — entidades com PJ de Direito Privado — quando exploradoras de atividade econômica e o dano/prejuízo for decorrência de relação de consumo.

■ 5.8. RESPONSABILIDADE NAS RELAÇÕES DE CONSUMO POR MEIO ELETRÔNICO

A chegada do **Marco Regulatório da Internet** decepcionou muitos operadores do Direito, porém os consumidores estão protegidos pelas disposições do Código de Defesa do Consumidor.[77]

Na busca pela defesa de um direito fundamental, como o é o Direito do Consumidor (art. 5º, XXXII, da Constituição Federal), defendemos o diálogo entre as fontes, e não o prevalecimento de um diploma em face do outro, quer pelo critério cronológico, hierárquico ou da especialidade.

Desta forma, a incidência do CDC às relações oriundas dos meios eletrônicos faz-se necessária, em especial às mais modernas, como ocorre com os sites de relacionamentos — exemplo: Facebook —, bem como com os sites de compras coletivas — exemplos: Peixe Urbano e Groupon.

■ 5.8.1. A responsabilidade do fornecedor administrador de sites de relacionamentos

Conforme acima apontado, somos plenamente favoráveis à incidência do CDC às relações oriundas dos meios eletrônicos.

Com efeito, os **sites de relacionamentos**, mesmo não exigindo em sua maioria qualquer tipo de remuneração direta — a indireta existe, com certeza —, representam um **serviço** que se enquadra perfeitamente como **objeto da relação jurídica de consumo** e, portanto, estão submetidos à disciplina da Lei n. 8.078/90.

Assim, o dano causado aos consumidores usuários desses serviços será passível de ser indenizado, nos termos da **responsabilidade objetiva**, que é a regra no CDC. Esta também é a visão de Bruno Miragem ao defender que, na "circunstância da realização de danos por atos ilícitos realizados a partir da atividade destes sites, é de ser reconhecida a responsabilidade daqueles que aproveitem da sua exploração econômica".[78]

Todavia, cumpre destacar que o **Superior Tribunal de Justiça vem fazendo uma ponderação** interessante a respeito do tema em seus julgados, a ponto de não reconhecer a **responsabilidade** do fornecedor administrador de sites de relacionamento de forma prévia e irrestrita, mas **apenas quando tomar ciência da ocorrência de um ilícito e nenhuma providência tomar** para desfazer o dano

[77] Verificar nossos comentários nos itens 2.4.2, 5.8.2 e 13.4.1 — uma análise da Lei n. 12.965, de 2014 (Marco Civil da Internet), do Decreto n. 8.771, de 2016, e do Decreto n. 7.962, de 2013, que dispõem sobre a contratação no comércio eletrônico —, bem como o Anexo deste livro e as referências expressas às relações via internet nos projetos de alteração do CDC.

[78] MIRAGEM, Bruno. *Curso de direito do consumidor*, p. 407.

decorrente, por exemplo, de informações inverídicas a respeito de algum consumidor usuário dos seus serviços. Vejamos:

> CIVIL E CONSUMIDOR. INTERNET. RELAÇÃO DE CONSUMO. INCIDÊNCIA DO CDC. GRATUIDADE DO SERVIÇO. INDIFERENÇA. PROVEDOR DE CONTEÚDO. FISCALIZAÇÃO PRÉVIA DO TEOR DAS INFORMAÇÕES POSTADAS NO SITE PELOS USUÁRIOS. DESNECESSIDADE. MENSAGEM DE CONTEÚDO OFENSIVO. DANO MORAL. RISCO INERENTE AO NEGÓCIO. INEXISTÊNCIA. CIÊNCIA DA EXISTÊNCIA DE CONTEÚDO ILÍCITO. RETIRADA IMEDIATA DO AR. DEVER. DISPONIBILIZAÇÃO DE MEIOS PARA IDENTIFICAÇÃO DE CADA USUÁRIO. DEVER. REGISTRO DO NÚMERO DE IP. SUFICIÊNCIA.
>
> 1. A exploração comercial da internet sujeita as relações de consumo daí advindas à Lei n. 8.078/90.
>
> 2. O **fato de o serviço prestado pelo provedor de serviço de internet ser gratuito não desvirtua a relação de consumo**, pois o termo *mediante remuneração*, contido no **art. 3º, § 2º, do CDC**, deve ser interpretado de forma ampla, de modo a **incluir o ganho indireto do fornecedor**.
>
> 3. **A fiscalização prévia**, pelo provedor de conteúdo, do teor das informações postadas na *web* por cada usuário **não é atividade intrínseca ao serviço prestado**, de modo que não se pode reputar defeituoso, nos termos do art. 14 do CDC, o site que não examina e filtra os dados e imagens nele inseridos.
>
> 4. **O dano moral decorrente de mensagens com conteúdo ofensivo inseridas no site pelo usuário não constitui risco inerente à atividade dos provedores de conteúdo**, de modo que não se lhes aplica a responsabilidade objetiva prevista no art. 927, parágrafo único, do CC/2002.
>
> 5. **Ao ser comunicado de que determinado texto ou imagem possui conteúdo ilícito, deve o provedor agir de forma enérgica, retirando o material do ar imediatamente, sob pena de responder solidariamente com o autor direto do dano, em virtude da omissão praticada**.
>
> 6. Ao oferecer um serviço por meio do qual se possibilita que os usuários externem livremente sua opinião, deve o provedor de conteúdo ter o cuidado de propiciar meios para que se possa identificar cada um desses usuários, coibindo o anonimato e atribuindo a cada manifestação uma autoria certa e determinada. Sob a ótica da diligência média que se espera do provedor, deve este adotar as providências que, conforme as circunstâncias específicas de cada caso, estiverem ao seu alcance para a individualização dos usuários do site, sob pena de responsabilização subjetiva por culpa *in omittendo*.
>
> 7. A iniciativa do provedor de conteúdo de manter em site que hospeda rede social virtual um canal para denúncias é louvável e condiz com a postura esperada na prestação desse tipo de serviço — de manter meios que possibilitem a identificação de cada usuário (e de eventuais abusos por ele praticado) — mas a mera disponibilização da ferramenta não é suficiente. É crucial que haja a efetiva adoção

> de providências tendentes a apurar e resolver as reclamações formuladas, mantendo o denunciante informado das medidas tomadas, sob pena de se criar apenas uma falsa sensação de segurança e controle.
>
> 8. Recurso especial não provido (REsp 1.308.830/RS, Rel. Ministra Nancy Andrighi, 3ª T., *DJe* 21-5-2012).

No entanto, há posição no STJ entendendo que a responsabilidade do provedor é subjetiva neste caso: **"1. Os provedores de conteúdo da internet não se submetem ao art. 927 do CC/2002, que trata da responsabilidade objetiva, pois a inserção de mensagens com conteúdo ofensivo no site não constitui um risco inerente à atividade, nem tampouco ao art. 14 do CDC, por não se tratar de produto defeituoso. 2. Possuem responsabilidade subjetiva por omissão os provedores de internet que, após serem notificados sobre a existência de página com conteúdo ofensivo, permanecem inertes"** (AgRg no AREsp 137.944/RS, Rel. Ministro Antonio Carlos Ferreira, 4ª T., j. 21-3-2013, *DJe* 8-4-2013).

Sobre o assunto, cabe a transcrição de parte do *Informativo* n. 558 do STJ, de março de 2015: "Inicialmente, cumpre registrar que, de acordo com a classificação dos provedores de serviços na internet apresentada pela Min. Nancy Andrighi no REsp 1.381.610/RS, essa sociedade se enquadra nas categorias: **provedora de informação** — que produz as informações divulgadas na Internet —, no que tange à matéria jornalística divulgada no site; e **provedora de conteúdo** — que disponibiliza na rede as informações criadas ou desenvolvidas pelos provedores de informação —, no tocante às postagens dos usuários. Essa classificação é importante porque tem reflexos diretos na responsabilidade civil do provedor. **De fato, a doutrina e a jurisprudência do STJ têm se manifestado pela ausência de responsabilidade dos provedores de conteúdo pelas mensagens postadas diretamente pelos usuários (REsp 1.338.214-MT, 3ª T., *DJe* 2-12-2013) e, de outra parte, pela responsabilidade dos provedores de informação pelas matérias por eles divulgadas (REsp 1.381.610/RS, 3ª T., *DJe* 12-9-2013)**".

Vale lembrar, ainda, que no ano de 2014 foi finalmente editado o tão esperado **Marco Civil da Internet, Lei n. 12.965**, que deixou muito a desejar, pois não enfrentou pontos importantes e esperados pelos operadores do Direito.

No tocante à responsabilidade do provedor de internet pelo conteúdo veiculado por terceiros, o art. 18 assim estabelece: **"O provedor de conexão à internet não será responsabilizado civilmente por danos decorrentes de conteúdo gerado por terceiros"**.

Com o intuito de assegurar a liberdade de expressão e impedir a censura, o provedor de aplicações de internet somente poderá ser responsabilizado civilmente por danos decorrentes de conteúdo gerado por terceiros se, após ordem judicial específica, não tomar as providências para, no âmbito e nos limites técnicos do seu serviço e dentro do prazo assinalado, tornar indisponível o conteúdo apontado como infringente, ressalvadas as disposições legais em contrário (art. 19). A citada ordem judicial deverá conter identificação clara e específica do conteúdo apontado como infringente, que permita a localização inequívoca do material.

Percebam que num primeiro momento o provedor somente estaria obrigado a cumprir uma ordem judicial, como todo e qualquer cidadão ou empresário no gozo de suas capacidades mentais. Porém, o art. 21 estabelece que: "O provedor de aplicações de internet que disponibilize conteúdo gerado por terceiros será responsabilizado subsidiariamente pela violação da intimidade decorrente da divulgação, sem autorização de seus participantes, de imagens, de vídeos ou de outros materiais contendo cenas de nudez ou de atos sexuais de caráter privado quando, após o recebimento de notificação pelo participante ou seu representante legal, deixar de promover, de forma diligente, no âmbito e nos limites técnicos do seu serviço, a indisponibilização desse conteúdo". Mais uma vez a aludida notificação deverá conter, sob pena de nulidade, elementos que permitam a identificação específica do material apontado como violador da intimidade do participante e a verificação da legitimidade para apresentação do pedido.

5.8.2. A responsabilidade do fornecedor administrador de site de compras coletivas — uma análise da Lei n. 12.965, de 2014 (Marco Civil da Internet), do Decreto n. 8.771, de 2016, e do Decreto n. 7.962, de 2013, que dispõem sobre a contratação no comércio eletrônico

Outro tema relevante da atualidade envolve os sites de compras coletivas, como "Peixe Urbano" e "Groupon", que vinculam a compra de determinado número de produtos ou contratação de serviços para baixar em muito o valor do bem de consumo.

A prestação de tal serviço via internet vem causando verdadeira "febre" de consumo e transformou-se num excelente instrumento de divulgação para os fornecedores que, diminuindo seus preços em razão da alta procura de consumidores que aderem a tais práticas comerciais, acabam por apresentar seus produtos/serviços a um número grande de pessoas.

Mas danos inúmeros vêm ocorrendo em razão dessas práticas. O mais comum consiste na situação de o consumidor chegar a um restaurante, por exemplo, e não poder ser atendido em razão do considerável número de clientes presentes naquele dia e da consequente recusa do fornecedor em aceitar o *voucher* emitido em virtude da compra coletiva.[79-80]

Entendemos que **não só o fornecedor direto** que vende seus produtos e serviços nos sites de compras coletivas **deverá ser responsabilizado**, mas **também o respectivo administrador do sítio eletrônico**, caracterizando verdadeira **responsabilidade solidária** nos termos do art. 7º, parágrafo único, do CDC. Isto porque os fornecedores administradores deverão compartilhar os riscos da atividade desenvolvida.

[79] **Nesse sentido, veja notícia divulgada no site do PROCON-SP:** "**Empresas mais reclamadas** — Em 2015, o Grupo composto pelas empresas Claro, NET e Embratel (América Móvil) liderou o Ranking Estadual de reclamações fundamentadas dos PROCONs que integram o Sistema Estadual de Defesa do Consumidor, com um total de 5.883 registros. Um aumento expressivo em seus números em comparação a 2014, 57%, passando a representar 9,6% de todas as reclamações registradas no Estado. Em segundo lugar, entre as mais reclamadas figura o Grupo Vivo/Telefônica, com 3.901 queixas e discreta redução no número de reclamações em relação a 2014 (12,9%). A Sky Brasil Serviços Ltda. ocupa, pela primeira vez desde 2013, a terceira posição entre as empresas com maior número de reclamações no Estado. Saltou do 9º lugar em 2014 (1.367 reclamações), para o 3º em 2015 (2.731), aumento de quase 100%. Passando de 8º lugar para 4º lugar no *ranking*, a empresa Tim Celular S/A, com 2.351 registros, apresentou acréscimo de 68% em relação ao ano anterior. A ascensão negativa não se justifica, uma vez que, dentre as empresas do setor de telecomunicações, é a única que tem como principal atividade, de forma quase que exclusiva, a prestação de serviço de telefonia celular. Despontando em 5º lugar como o único representante do varejo entre os dez mais reclamados do Estado, o Grupo Pão de Açúcar, responsável pelos sites pontofrio.com, casasbahia.com, extra.com e barateiro.com, supermercados das marcas e lojas físicas, recebeu 2.349 reclamações, aumento de quase 68% em seus registros. Disponível em: <http://www.procon.sp.gov.br/pdf/ranking_2015.pdf>. Acesso em: 6 jun. 2016.

[80] No mesmo sentido, matéria na revista *Veja*: "A Fundação Procon-SP autuou os sites Groupon, Click On e Peixe Urbano e mais onze estabelecimentos por irregularidades na venda de produtos e serviços por meio de compras coletivas. Entre as falhas encontradas pela fiscalização da entidade estão falta de garantia da qualidade dos serviços oferecidos, não devolução dos valores nos casos de não prestação do serviço e informação incorreta do porcentual de desconto oferecido. Segundo o Procon-SP, os sites de compras coletivas responderam por 767 reclamações de consumidores à entidade de janeiro a setembro deste ano. As empresas irão responder a processos administrativos e correm o risco de serem multadas de 400 reais a 6 milhões de reais, com base no artigo 57 do Código de Defesa do Consumidor. Nos estabelecimentos físicos, os fiscais encontraram ausência na informação de preço para que o consumidor ficasse impossibilitado de comparar o valor ofertado no site e o praticado, alteração dos preços anunciados no período da promoção e recusa na devolução do dinheiro nos casos de não prestação do serviço. Os onze estabelecimentos autuados foram Bioplastica Brasil Clínica Médica Ltda. EPP; Praça dos Amores Morumbi Ltda. EPP; Radisson Hotel Maceió (Atlântica Hotels International Brasil Ltda.); Leandro Augusto Ferreira Cosméticos ME; Instituto R Hartmann & Costa Ltda. ME; M. F. Com. E Serviços de Embelezamento Ltda. ME (Summer In); Mirante Mooca Restaurante Ltda. EPP; Form & Elegance Estética Ltda. ME; Thermas de São Paulo S/C Ltda.; Hotel Pousada São Roque Ltda. ME; Digispace Com. de Equip. Eletrônicos Ltda. ME". Disponível em: <http://veja.abril.com.br/economia/procon-autua-sites-de-compra-coletiva-por-irregularidade/>. Acesso em: 3 dez. 2016.

Sobre o tema, cumpre destacar o Decreto n. 7.962, de 15 de março de 2013, que regulamenta o CDC e dispõe sobre a contratação no comércio eletrônico, abrangendo os seguintes aspectos:

- informações claras a respeito do produto, serviço e do fornecedor;
- atendimento facilitado ao consumidor; e
- respeito ao direito de arrependimento.

O aludido decreto determina ainda, em seu art. 3º, que os sítios eletrônicos ou demais meios eletrônicos utilizados para ofertas de **compras coletivas** ou modalidades análogas de contratação deverão conter as seguintes informações:

- quantidade mínima de consumidores para a efetivação do contrato;
- prazo para utilização da oferta pelo consumidor; e
- identificação do fornecedor responsável pelo sítio eletrônico e do fornecedor do produto ou serviço ofertado.

Outras informações imprescindíveis às relações formalizadas via comércio eletrônico que deverão ser disponibilizadas em local de destaque e de fácil visualização, nos termos do art. 2º do Decreto n. 7.962/2013, são:

- nome empresarial e número de inscrição do fornecedor, quando houver, no Cadastro Nacional de Pessoas Físicas ou no Cadastro Nacional de Pessoas Jurídicas do Ministério da Fazenda;
- endereço físico e eletrônico, e demais informações necessárias para sua localização e contato;
- características essenciais do produto ou do serviço, incluídos os riscos à saúde e à segurança dos consumidores;
- discriminação, no preço, de quaisquer despesas adicionais ou acessórias, tais como as de entrega ou seguros;
- condições integrais da oferta, incluídas modalidades de pagamento, disponibilidade, forma e prazo da execução do serviço ou da entrega ou disponibilização do produto; e
- informações claras e ostensivas a respeito de quaisquer restrições à fruição da oferta.[81]

[81] Verificar nossos comentários nos itens 2.4.2 e 13.4.1 — uma análise da Lei n. 12.965, de 2014 (Marco Civil da Internet), do Decreto n. 8.771, de 2016, e do Decreto n. 7.962, de 2013, que dispõem sobre a contratação no comércio eletrônico —, bem como o Anexo deste livro e as referências expressas às relações via internet nos projetos de alteração do CDC.

■ 5.9. RESPONSABILIDADE DAS EMPRESAS CONSORCIADAS, CONTROLADAS E COLIGADAS

O art. 28 do Código de Defesa do Consumidor trata da desconsideração da personalidade jurídica nas relações de consumo, mas alguns de seus parágrafos preveem temas afetos à responsabilidade do fornecedor a depender do elo entre mais de uma empresa. São eles:

> § 2º As sociedades integrantes dos grupos societários e as sociedades controladas, são subsidiariamente responsáveis pelas obrigações decorrentes deste código.
>
> § 3º As sociedades consorciadas são solidariamente responsáveis pelas obrigações decorrentes deste código.
>
> § 4º As sociedades coligadas só responderão por culpa.

As **sociedades controladas ou integrantes de grupos societários**[82] **responderão de forma subsidiária**, pois, diferentemente das empresas consorciadas, não estão em posição de igualdade na busca de objetivos comuns. As **consorciadas,**[83] **por estarem em tal contexto, responderão solidariamente** entre si. Por fim, as **sociedades coligadas**[84] somente responderão mediante a comprovação de culpa **(responsabilidade subjetiva)**.

---

[82] A Lei das Sociedades por Ações, Lei n. 6.404/76, dispõe sobre entidade controlada: "Art. 243, § 2º Considera-se controlada a sociedade na qual a controladora, diretamente ou através de outras controladas, é titular de direitos de sócio que lhe assegurem, de modo permanente, preponderância nas deliberações sociais e o poder de eleger a maioria dos administradores".

[83] A Lei das Sociedades por Ações, Lei n. 6.404/76, dispõe sobre o consórcio de empresas: "Art. 278. As companhias e quaisquer outras sociedades, sob o mesmo controle ou não, podem constituir consórcio para executar determinado empreendimento, observado o disposto neste Capítulo. § 1º O consórcio não tem personalidade jurídica e as consorciadas somente se obrigam nas condições previstas no respectivo contrato, respondendo cada uma por suas obrigações, sem presunção de solidariedade. § 2º A falência de uma consorciada não se estende às demais, subsistindo o consórcio com as outras contratantes; os créditos que porventura tiver a falida serão apurados e pagos na forma prevista no contrato de consórcio". Apesar de bem ressaltar a união de esforços das empresas consorciadas na busca de objetivos comuns, deixa clara a ausência de presunção de solidariedade entre elas. Assim, a responsabilidade solidária destas empresas nas relações de consumo decorre da expressa previsão no art. 28, § 3º, do CDC.

[84] A Lei das Sociedades por Ações, Lei n. 6.404/76, com redação dada pela Lei n. 11.941/2009, dispõe sobre entidades coligadas: "Art. 243, § 1º São coligadas as sociedades nas quais a investidora tenha influência significativa. (...) § 4º Considera-se que há influência significativa quando a investidora detém ou exerce o poder de participar nas decisões das políticas financeira ou operacional da investida, sem controlá-la. § 5º É presumida influência significativa quando a investidora for titular de 20% (vinte por cento) ou mais do capital votante da investida, sem controlá-la".

■ 5.10. QUESTÕES

1. (CESPE — 2011 — TJ-ES — Juiz) Em 19/7/2011, Eduardo adquiriu, em uma concessionária, um veículo automotor novo, no valor de R$ 60.000,00, pago à vista. No momento da entrega do carro, Eduardo solicitou que fosse retirado da parte traseira da tampa do porta-malas o adesivo do nome fantasia da concessionária, que havia ali sido colado sem a sua autorização. Eduardo constatou, imediatamente após a retirada do adesivo, que, na área onde o adesivo tinha sido colado, havia um defeito na pintura.

Com base nessa situação hipotética, assinale a opção correta à luz das normas que regem as relações de consumo.

a) Nesse caso, a culpa pelo vício é exclusiva da concessionária; por isso, Eduardo não poderá acionar judicialmente a montadora.
b) Eduardo deve apresentar reclamação formal à concessionária e à montadora e aguardar a solução do vício no prazo de trinta dias, sendo vedado às partes convencionar prorrogação.
c) Caso, após conserto na pintura, a tampa do porta-malas reste com tonalidade diferente da do restante da lataria do veículo e, por essa razão, haja diminuição de seu valor de mercado, Eduardo poderá obter judicialmente a troca do carro, se comprovados os fatos.
d) Caso decida apresentar reclamação, Eduardo deverá fazê-lo no prazo máximo de trinta dias, sob pena de decadência de seu direito.
e) Eduardo faz jus à imediata substituição do veículo, dada a diminuição do valor do bem, em razão da extensão do vício.

2. (FGV — 2011 — OAB — Exame de Ordem Unificado — 2 — Primeira Fase — out./2011) Ao instalar um novo aparelho de televisão no quarto de seu filho, o consumidor verifica que a tecla de volume do controle remoto não está funcionando bem. Em contato com a loja onde adquiriu o produto, é encaminhado à autorizada. O que esse consumidor pode exigir com base na lei, nesse momento, do comerciante?

a) A imediata substituição do produto por outro novo.
b) O dinheiro de volta.
c) O conserto do produto no prazo máximo de 30 dias.
d) Um produto idêntico emprestado enquanto durar o conserto.

3. (VUNESP — 2011 — TJ-RJ — Juiz) Quanto ao vício do produto e do serviço, nos termos da Lei Federal n. 8.078/90, assinale a alternativa incorreta.

a) Os fornecedores de produtos de consumo duráveis ou não duráveis respondem solidariamente pelos vícios de qualidade ou quantidade que os tornem impróprios ou inadequados ao consumo a que se destinam ou lhes diminuam o valor, assim como por aqueles decorrentes da disparidade, com as indicações constantes do recipiente, da embalagem, rotulagem ou mensagem publicitária, respeitadas as variações decorrentes de sua natureza, podendo o consumidor prejudicado exigir, de imediato, independentemente da natureza e extensão do vício ou da essencialidade do produto, o desfazimento do negócio e restituição imediata da quantia paga, monetariamente atualizada, sem prejuízo de eventuais perdas e danos.
b) No fornecimento de serviços que tenham por objetivo a reparação de qualquer produto, considerar-se-á implícita a obrigação do fornecedor de empregar componentes de reposição originais adequados e novos, ou que mantenham as especificações técnicas do fabricante, salvo, quanto a estes últimos, autorização em contrário do consumidor.
c) A Lei Federal n. 8.078/90 também se aplica aos serviços públicos, sejam eles prestados diretamente por órgãos públicos, ou por meio de empresas públicas, concessionárias, permissionárias ou sob qualquer outra forma de empreendimento, devendo tais serviços serem prestados de forma adequada, eficiente, segura e, quanto aos essenciais, contínua.
d) São vedadas disposições contratuais que: (I) excluam a garantia legal de adequação do produto ou serviço, ou (II) impossibilitem, exonerem ou atenuem a obrigação de indenizar o consumidor pelo vício do produto ou serviço.

4. (VUNESP — 2011 — TJ-RJ — Juiz) Em caso de vício do produto, o consumidor poderá exigir sua substituição por outro da mesma espécie, em perfeitas condições de uso, se o fornecedor não resolver o problema em

a) 15 dias.
b) 30 dias.
c) 5 anos.
d) 10 anos.

5. (VUNESP — 2011 — TJ-RJ — Juiz) Assinale a alternativa correta.

a) A ignorância do comerciante sobre os vícios de qualidade por inadequação dos produtos o exime de responsabilidade.
b) A garantia contratual de adequação do serviço depende de termo expresso e deverá ter em destaque cláusula limitativa da garantia legal.
c) O abuso de direito praticado em detrimento do consumidor é fundamento para que o juiz desconsidere a personalidade jurídica do fornecedor.
d) Os fabricantes e importadores deverão assegurar a oferta de componentes e peças de reposição pelo período de cinco anos contados da data de fabricação do produto.

6. (Copeve — Ufal — 2010 — Casal — Advogado) Isabela adquiriu uma blusa sem a testar previamente. Quando chegou a casa, descobriu que a blusa encontrava-se rasgada na frente. Retornou à loja no mesmo dia e foi informada de que deveria ter examinado o produto antes de comprá-lo e, como não o fez, a comerciante não realizaria a troca do produto. Com base nessas informações e analisando as assertivas abaixo,

I. O comerciante encontra-se amparado pelo CDC, pois o vício aparente não é considerado vício do produto, consequentemente, ele não possui a obrigação de trocá-lo.
II. O comerciante não se encontra amparado pelo CDC, pois o vício aparente é considerado vício do produto, consequentemente, ele possui a obrigação de trocá-lo.

III. Caso a situação fosse diversa e a blusa adquirida não estivesse rasgada, porém, ao chegar a casa, descobrisse que adquiriu a blusa com a numeração menor do que deveria. Nesse caso, a situação encontra-se expressamente prevista pelo CDC e o comerciante possui a obrigação de trocá-la, já que não havia ultrapassado o prazo de sete dias.

IV. Caso a situação fosse diversa e, ao tentar vestir a blusa, Isabela tivesse o rosto cortado por um alfinete que fora esquecido quando da costura da blusa. Nesse caso, de acordo com o CDC, há obrigação de o comerciante reparar os danos causados à Isabela.

V. Caso a situação fosse diversa e, ao tentar vestir a blusa, Isabela tivesse o rosto cortado por um alfinete que fora esquecido quando da costura da blusa. Nesse caso, de acordo com o CDC, não há obrigação de o comerciante reparar os danos causados à Isabela.

Verifica-se que estão corretas

a) I e III.
b) III e V.
c) I e IV.
d) II e V.
e) II e IV.

7. (CESPE — 2008 — OAB — Exame de Ordem Unificado — 3 — Primeira Fase — jan./2009) Ao consumidor adquirente de produto de consumo durável ou não durável que apresente vício de qualidade ou quantidade que o torne impróprio ou inadequado ao consumo a que se destina, não sendo o vício sanado no prazo de 30 dias, assegura-se

a) a substituição imediata do produto por outro de qualquer espécie, em perfeitas condições de uso.
b) a imediata restituição do valor pago, atualizado monetariamente, não cabendo indenização.
c) o abatimento de até 50% do valor pago, em razão do vício apresentado e do inconveniente causado pela aquisição de produto defeituoso.
d) convencionar com o fornecedor um prazo maior que 30 dias para que o vício seja sanado.

8. (PUC-PR — 2011 — TJ-RO — Juiz) Os fornecedores de produtos de consumo duráveis ou não duráveis respondem solidariamente pelos vícios de qualidade ou quantidade que os tornem impróprios ou inadequados ao consumo a que se destinam ou lhes diminuam o valor, assim como por aqueles decorrentes da disparidade, com as indicações constantes do recipiente, da embalagem, rotulagem ou mensagem publicitária, respeitadas as variações decorrentes de sua natureza, podendo o consumidor exigir a substituição das partes viciadas. Dado esse contexto, avalie as alternativas.

I. O direito de reclamar pelos vícios aparentes ou de fácil constatação caduca em trinta dias, em se tratando de fornecimento de serviço e de produtos não duráveis.

II. O direito de reclamar pelos vícios aparentes ou de fácil constatação caduca em noventa dias, se tratando de fornecimento de serviço e de produtos duráveis.

III. Inicia-se a contagem do prazo decadencial a partir da compra do produto ou do início da execução dos serviços.

IV. Obsta a decadência, entre outras situações, a reclamação comprovadamente formulada pelo consumidor perante o fornecedor de produtos e serviços até a resposta negativa correspondente, que deve ser transmitida de forma inequívoca.

V. Em se tratando de vício oculto, o prazo decadencial inicia-se no momento em que ficar evidenciado o defeito.

Marque a alternativa CORRETA.

a) Somente as assertivas I, II, IV e V são verdadeiras.
b) Somente as assertivas II, III e V são verdadeiras.
c) Somente as assertivas I, II, III e V são falsas.
d) Somente as assertivas I, IV e V são falsas.
e) Somente a assertiva III é verdadeira.

9. (PUC-PR — 2011 — TJ-RO — Juiz) O fabricante, o produtor, o construtor, nacional ou estrangeiro, e o importador respondem, independentemente da existência de culpa (responsabilidade civil objetiva), pela reparação dos danos causados aos consumidores por defeitos decorrentes de projeto, fabricação, construção, montagem, fórmulas, manipulação, apresentação ou acondicionamento de seus produtos, bem como por informações insuficientes ou inadequadas sobre sua utilização e riscos.

Dado esse contexto, assinale a única alternativa CORRETA.

a) O produto é defeituoso quando não oferece a segurança que dele legitimamente se espera, levando-se em consideração as circunstâncias relevantes, entre as quais a sua apresentação; o uso e os riscos que razoavelmente dele se esperam e a época em que foi colocado em circulação.
b) O produto é considerado defeituoso pelo fato de outro de melhor qualidade ter sido colocado no mercado.
c) O fabricante, o construtor, o produtor ou importador só não será, cada um, responsabilizado quando provar que não colocou o produto no mercado ou por culpa exclusiva do consumidor, não havendo outras hipóteses de excludentes de responsabilidade.
d) O comerciante não será responsabilizado em hipótese alguma, ainda que o fabricante, o construtor, o produtor ou o importador não puderem ser identificados, ou mesmo quando o produto for fornecido sem identificação clara do seu fabricante, produtor, construtor ou importador.
e) O comerciante somente será responsabilizado por danos causados aos consumidores quando não conservar adequadamente os produtos perecíveis.

10. (CESPE — 2007 — DPU — Defensor Público) No que se refere aos direitos do consumidor, julgue os itens subsequentes.

Para a reparação de defeito na qualidade do produto, ainda que este não tenha causado danos, o consumidor pode dirigir sua pretensão contra qualquer um dos fornecedores da cadeia de produção, por meio de ação judicial. Nesse caso, além de haver inversão do ônus da prova ou o seu custeio pela parte ré, o consumidor pode requerer o desfazimento do negócio, com a devolução dos valores pagos ou a substituição do produto por outro.

( ) certo ( ) errado

11. (CESPE — 2010 — MPE-ES — Promotor de Justiça) Com relação à reparação de danos e à responsabilidade pelo fato e pelo vício do produto, assinale a opção correta.

a) O prazo legal máximo para o fornecedor sanar o vício do produto ou o serviço é de trinta dias, não podendo tal prazo ser modificado de forma convencional pelas partes integrantes da relação jurídica de consumo, uma vez que se trata de norma de ordem pública (cogente) e de direito indisponível.
b) A responsabilidade civil, no CDC, é regra geral, objetiva e solidária, salvo no caso dos profissionais liberais, que respondem pelos atos danosos cometidos de forma voluntária na prestação de seus serviços a outrem, desde que demonstrada sua conduta culposa *lato sensu*, tratando-se de responsabilidade civil subjetiva com culpa presumida.
c) O vício oculto previsto no CDC, em consonância com o vício redibitório do Código Civil, possui prazo máximo para seu aparecimento, qual seja, cento e oitenta dias para bens móveis e um ano para bens imóveis.

d) A legislação consumerista, ao tratar da responsabilidade pelo vício do produto ou serviço e daquela decorrente do fato do produto ou serviço, optou por atribuir à primeira prazos decadenciais referentes ao tempo máximo para reclamar dos vícios ocultos e aparentes e prazo prescricional quando se tratar de acidente de consumo.

e) Consoante o entendimento do STJ, o caso fortuito ou de força maior não pode ser invocado em face do consumidor, uma vez que tal excludente da responsabilidade civil não foi contemplada de forma expressa no CDC.

12. (FCC — 2009 — DPE-MA — Defensor Público) De acordo com o direito consumerista, o direito de reclamar pelos vícios

a) aparentes ou de fácil constatação caduca em oitenta dias contados a partir da entrega efetiva do produto ou do término da execução dos serviços, tratando-se de fornecimento de serviço e de produtos não duráveis.

b) aparentes ou de fácil constatação caduca em trinta dias contados a partir do momento em que o consumidor notar o defeito, tratando-se de fornecimento de serviço e de produtos duráveis.

c) aparentes ou de fácil constatação caduca em vinte dias contados a partir da entrega efetiva do produto ou do término da execução dos serviços, tratando-se de fornecimento de serviço e de produtos duráveis.

d) ocultos caduca em sete dias contados a partir da entrega efetiva do produto ou do término da execução dos serviços, tratando-se de fornecimento de serviço e de produtos não duráveis.

e) ocultos caduca em noventa dias contados a partir do momento em que ficar evidenciado o defeito, tratando-se de fornecimento de serviço e de produtos duráveis.

13. (FCC — 2005 — PGE-SE — Procurador de Estado) Clodoaldo adquiriu um veículo de passeio da marca "ABC Motors", produzido pela fábrica homônima. Passados alguns meses da compra, a fabricante decidiu oferecer a substituição do sistema de freios de seus veículos, pois desenvolveu tecnologia mais confiável, embora o sistema anterior não comprometesse a segurança dos consumidores. A ABC Motors cobrava uma pequena taxa para a substituição, mas Clodoaldo entendia que esta deveria ser gratuita. Clodoaldo está

a) certo, porque a fabricante é responsável pelos produtos defeituosos que põe em circulação no mercado.

b) certo, porque é direito básico do consumidor a proteção de sua segurança, contra os riscos provocados por produtos perigosos.

c) certo, porque o consumidor tem em seu favor a inversão do ônus da prova, sempre que necessária para a facilitação da defesa de seus direitos.

d) errado, porque o fabricante não é responsável pelos produtos defeituosos, recaindo a responsabilidade primariamente sobre o comerciante.

e) errado, porque o produto não se torna defeituoso se outro de melhor qualidade for lançado no mercado.

14. (FCC — 2012 — TJ-GO — Juiz) A responsabilidade civil pelo fato do produto e do serviço nas relações de consumo

a) é subjetiva, como regra.

b) é objetiva, como regra, na modalidade de risco integral.

c) é subjetiva, invertido o ônus probatório, que cabe ao fornecedor e não ao consumidor.

d) é objetiva, como regra, na teoria do risco integral, salvo a dos profissionais liberais, que é objetiva atenuada, por admitir as excludentes do fato de terceiro e o caso fortuito ou força maior.

e) é objetiva, como regra, com base na teoria do risco da atividade, exceto em relação aos profissionais liberais, cuja responsabilidade será apurada mediante a verificação de culpa.

15. (VUNESP — 2012 — TJ-MG — Juiz/Direito do Consumidor/Responsabilidade pelo Fato do Produto ou Serviço) Assinale a alternativa correta.

a) Os riscos à saúde ou segurança não precisam ser necessariamente informados ao consumidor, quando considerados normais e previsíveis em decorrência de sua natureza e fruição.
b) Em virtude da teoria da responsabilidade objetiva nas relações de consumo, o fabricante será responsabilizado por danos causados aos consumidores pelos seus produtos, mesmo se provar culpa exclusiva de terceiro.
c) Um produto jamais será considerado defeituoso se outro de melhor qualidade for colocado no mercado.
d) A responsabilização pessoal dos profissionais liberais, na prestação de serviços aos consumidores, será sempre objetiva.

16. (VUNESP — 2008 — MPE-SP — Promotor de Justiça) Levando-se em conta as disposições do Código de Defesa do Consumidor quanto à responsabilidade pelo fato do produto ou do serviço, considere as assertivas seguintes.

I. Ainda que o fabricante comprove que não colocou o produto no mercado, será ele responsabilizado objetivamente pelos danos que causar aos consumidores.
II. A responsabilidade pessoal dos profissionais liberais será apurada mediante a verificação de culpa.
III. O fornecedor de serviços se exime de responsabilidade objetiva quando provar que o defeito inexiste ou que a culpa é exclusiva do consumidor ou de terceiro.
IV. É irrelevante saber a época em que um produto foi colocado em circulação para se avaliar se é defeituoso ou não.

São corretas somente as assertivas

a) I e III.
b) I e IV.
c) II e III.
d) II e IV.
e) III e IV.

17. (CESPE — 2009 — OAB — Exame de Ordem Unificado — 2 — Primeira Fase — set./2009) Com base no Código de Defesa do Consumidor, assinale a opção correta acerca da responsabilidade na prestação de serviços.

a) O fornecedor de serviço responderá pela reparação dos danos causados aos consumidores por defeitos relativos à prestação dos serviços ou decorrentes de informações insuficientes ou inadequadas sobre sua fruição e riscos somente se comprovada a sua culpa.
b) A responsabilidade pessoal dos profissionais liberais deve ser apurada independentemente da verificação de culpa.
c) O serviço é considerado defeituoso pela adoção de novas técnicas.
d) O fornecedor de serviços só não será responsabilizado quando provar culpa exclusiva do consumidor ou de terceiro, ou quando provar que, tendo prestado o serviço, o defeito inexiste.

18. (CESPE — 2010 — DPE-BA — Defensor Público) Acerca dos princípios básicos que regem o direito do consumidor, da teoria da imprevisão e da responsabilidade de fato sobre o produto e o serviço, julgue o item a seguir.

O *recall*, expressamente previsto no CDC, constitui instrumento por meio do qual o fornecedor busca impedir, ainda que tardiamente, que o consumidor sofra algum dano ou perda em decorrência de vício que o produto ou o serviço tenha apresentado após a sua comercialização.

( ) certo ( ) errado

19. (NCE-UFRJ — 2005 — PC-DF — Delegado de Polícia) Em matéria de direito do consumidor, a responsabilidade civil por fato do produto verifica-se quando:

a) o bem adquirido apresenta algum defeito que compromete seu funcionamento;
b) o bem adquirido não foi entregue ao consumidor;
c) o bem adquirido, em decorrência de um defeito, causou um dano ao consumidor;
d) o consumidor tem o dever de indenizar o fornecedor por eventuais danos decorrentes do não pagamento ou do atraso no cumprimento de suas obrigações contratuais;
e) o consumidor tem o dever de indenizar o comerciante por eventuais danos decorrentes do não pagamento ou do atraso no cumprimento de suas obrigações contratuais.

20. (FCC — 2012 — TJ-GO — Juiz) Examine as afirmações abaixo.

I. Nas ações de responsabilidade civil do fornecedor de produtos e serviços, o réu que houver contratado seguro de responsabilidade poderá chamar ao processo o segurador, vedada a integração do contraditório pelo Instituto de Resseguros do Brasil.
II. Os legitimados a agir na forma do Código de Defesa do Consumidor poderão propor ação visando a compelir o Poder Público competente a proibir, em todo o território nacional, a produção, divulgação, distribuição ou venda, ou a determinar alteração na composição, estrutura, fórmula ou acondicionamento de produto, cujo uso ou consumo regular se revele nocivo ou perigoso à saúde pública e à incolumidade pessoal.

Assinale a alternativa correta.

a) I e II são verdadeiras, integralmente.
b) Apenas II é verdadeira.
c) Apenas I é verdadeira.
d) Ambas são falsas.
e) Não existem ações de responsabilidade civil do fornecedor de produtos e serviços no CDC, mas apenas no âmbito do Código de Processo Civil e em outras leis extravagantes.

21. (CESPE — 2012 — TJ-CE — Juiz) Ao tentar entrar na agência do banco de que é cliente, Ademar foi retido por mais de dez minutos na porta giratória de segurança, que travou em razão do marca-passo implantado em seu coração.

Com base na situação hipotética acima apresentada e no entendimento jurisprudencial do STJ acerca de dano moral, assinale a opção correta.

a) O banco é parte ilegítima para figurar no polo passivo de eventual ação por dano moral a ser ajuizada por Ademar, porque a suposta responsabilidade é exclusiva da empresa prestadora de serviços de segurança.
b) O dano moral poderá advir dos desdobramentos que possam suceder ao travamento da porta, assim consideradas as iniciativas que, tomadas pela instituição bancária ou por seus prepostos, possam majorar os efeitos da ocorrência, fazendo que ela assuma contornos de vergonha e humilhação, esses, sim, passíveis de reparação.
c) No caso de fixação de danos morais pelas instâncias ordinárias, seria vedado ao STJ, em recurso especial, alterar o valor fixado, mesmo quando ínfimo ou exagerado, haja vista o impedimento para o reexame das provas dos autos.
d) O simples travamento da porta giratória já é suficiente para lesar a imagem de Ademar, de modo que cabe ao banco indenizá-lo por danos morais.

e) Caso pretenda ajuizar ação por dano moral contra o banco, Ademar não poderá invocar as regras do CDC, inaplicáveis em relação às instituições financeiras.

22. (MPE-MG — 2012 — Promotor de Justiça) A vigência do Código de Defesa do Consumidor possibilitou nova estruturação e funcionalização da responsabilidade civil. Atento a tal colocação observe-se:

I. A dicotomia clássica entre responsabilidade civil contratual e responsabilidade civil extracontratual não se mostrou apta aos dias atuais, sendo necessário romper esta *summa divisio* para a proteção do consumidor, permitindo a responsabilização direta do fabricante pelo dano ao destinatário final, bem como a proteção do *bystander*.

II. Acidente, ligado à teoria do vício por inadequação, é todo o fato capaz de atingir a incolumidade física do consumidor.

III. A função preventiva na responsabilidade civil consumerista prescinde o dano-evento e exige o dano-prejuízo.

IV. É na ordem pública procedimental — além da ordem pública de proteção à parte débil, ordem pública de coordenação e ordem pública de direção — que aloca a teoria da qualidade, ensejando, inclusive, a cobertura contra os vícios aparentes.

Faça a opção:

a) as assertivas I e II são INCORRETAS.
b) as assertivas II e III são CORRETAS.
c) as assertivas III e IV são INCORRETAS.
d) as assertivas I e IV são CORRETAS.

23. (TRF — 4ª Região — 2010 — Juiz) Assinale a alternativa correta. O advogado que eventualmente perder o prazo de interposição de recurso contra decisão prejudicial ao seu constituinte:

a) Responderá pelos danos causados em responsabilidade objetiva.
b) Nada responderá já que é de seu livre-arbítrio recorrer ou não.
c) Responderá por vício na prestação do serviço, devendo saná-lo.
d) Responderá pelos danos causados, mediante verificação de culpa.
e) Todas as alternativas anteriores estão incorretas.

24. (CESPE — 2012 — MPE-TO — Promotor de Justiça) A respeito da responsabilidade por vício do produto e do serviço, das implicações administrativas e penais associadas às relações de consumo e das ações coletivas para a defesa de interesses individuais homogêneos ligados às citadas relações, assinale a opção correta.

a) Cometerá crime de consumo configurado no crime de *recall* o fornecedor que não comunicar à autoridade competente e aos consumidores a nocividade ou periculosidade de produtos cujo conhecimento seja posterior à sua colocação no mercado e não retirá-lo imediatamente de circulação, quando determinado pela autoridade competente. Nesse sentido, a ordem da autoridade competente para a retirada do citado bem do mercado de consumo deve ser pessoal ao fornecedor responsável, para fins de configuração do crime.

b) A tipificação penal protetiva do consumidor, em regra e por conta da presunção de perigo que traz consigo, não exige, para a sua consumação, a realização de dano físico, mental ou econômico ao indivíduo-consumidor, sendo certo que o direito penal econômico protege primeiramente não o consumidor em si, mas a relação jurídica de consumo, pois esta é um bem jurídico autônomo, supraindividual e imaterial.

c) A sentença civil não fará coisa julgada *erga omnes* nos limites da competência territorial do órgão prolator, exceto se o pedido for julgado improcedente por insuficiência de provas, hipótese em que apenas o MP poderá intentar outra ação com idêntico fundamento, valendo-se de nova prova.

d) No direito do consumidor, vício e defeito dos bens possuem o mesmo sentido: relacionam-se com o fato de o bem gerar a responsabilidade civil do fornecedor por defeito ou por insegurança.

e) A lei é a única forma de expressão juridicamente correta para se criar órgão de defesa do consumidor no âmbito do Poder Executivo.

25. (UFPR — 2013 — TJ-PR — Juiz Substituto) Francisco da Silva adquiriu um veículo fabricado por XZ e vendido pela concessionária local X. Quando já decorrido um ano da aquisição houve sério defeito (oculto) no sistema de freios, defeito este decorrente da fabricação do veículo, ocasionando o capotamento do veículo em rodovia, causando lesões aos três passageiros do veículo e ao adquirente, que era seu condutor na ocasião. Neste caso:

1. Para a pretensão de reparação dos danos causados às vítimas do acidente aplica-se o prazo decadencial de noventa dias, mas este prazo somente se inicia no momento em que ficou evidenciado o defeito, ou seja, data do acidente.
2. Aplica-se o prazo prescricional de cinco anos para a pretensão de reparação pelos danos causados no acidente.
3. Para os efeitos e aplicação do Código de Defesa do Consumidor, no caso descrito no enunciado acima, são considerados consumidores, além do adquirente do veículo, todas as vítimas do evento (consumidores por equiparação).
4. A concessionária de veículos X é solidariamente responsável com o fabricante XZ pelos danos causados às vítimas do evento acima por se configurar a responsabilidade por fato do produto.

Assinale a alternativa correta.

a) Somente a afirmativa 1 é verdadeira.
b) Somente as afirmativas 1 e 2 são verdadeiras.
c) Somente as afirmativas 2 e 3 são verdadeiras.
d) Somente as afirmativas 2, 3 e 4 são verdadeiras.

26. (UFPR — 2013 — TJ-PR — Juiz Substituto) A consumidora B adquiriu na Loja XX um micro-ondas fabricado por BR, o qual funcionou normalmente por dois meses, mas no 60º dia parou de funcionar. A Loja XX propôs-se a tentar resolver a questão junto do fabricante, mas alegou já haver passado o prazo para a consumidora B reclamar (30 dias) e não ser mais responsável pelo defeito do micro-ondas. Apesar de já decorridos 31 dias da data em que fez a reclamação na loja, não houve qualquer solução. Neste caso, à luz do que estabelece o Código de Defesa do Consumidor, avalie as seguintes alternativas que indicam contra quem a consumidora B tem direito de ação e qual poderá ser seu pedido. Assinale a alternativa correta.

a) Apenas contra o comerciante (Loja XX) e poderá, alternativamente, requerer: substituição do produto por outro da mesma espécie, em perfeitas condições de uso; a restituição da quantia paga, acrescida de correção monetária e eventuais perdas e danos; o abatimento proporcional do preço.
b) Contra o comerciante (Loja XX) e, solidariamente, o fabricante (BR), que poderão, à escolha destes (comerciante ou fabricante): abater proporcionalmente o preço; restituir a quantia paga; substituir o produto por outro da mesma espécie.
c) Contra o fabricante (BR) e, subsidiariamente, o comerciante (Loja XX), podendo, à escolha da consumidora B, exigir: o abatimento proporcional do preço; a substituição do produto por outro da mesma espécie; a restituição da quantia paga, monetariamente atualizada.
d) Nenhuma das alternativas está correta.

27. (VUNESP — 2013 — TJ-RJ — Juiz Substituto) A responsabilidade civil do médico:

a) será subjetiva se a atividade por ele desempenhada for de fim.
b) será objetiva se a atividade por ele desempenhada for de meio.
c) será subjetiva, baseada no risco da atividade.
d) gerará a responsabilidade objetiva do hospital onde ocorreu o erro, caso individualizada a responsabilidade do profissional médico que o praticou.

28. (Tribunal de Justiça de Santa Catarina — 2013 — TJ-SC — Juiz Substituto) Analise as proposições abaixo e assinale a alternativa correta:

I. Tendo mais de um autor a ofensa, todos responderão solidariamente pela reparação dos danos previstos nas normas de consumo.
II. Os produtos e serviços colocados no mercado devem primar pela segurança dos consumidores, cabendo ao fornecedor dar as informações necessárias, exceto nos casos em que o risco à saúde for considerado previsível e normal em decorrência de sua natureza e fruição.
III. Os produtos industriais devem ser acompanhados de informações, em impressos apropriados, fornecidos pelo fabricante.
IV. O fornecedor pode colocar no mercado de consumo produtos ou serviços de alto grau de nocividade ou periculosidade à saúde ou segurança.

a) Somente as proposições I e II estão corretas.
b) Somente as proposições I e III estão corretas.
c) Somente as proposições II e IV estão corretas.
d) Somente as proposições III e IV estão corretas.
e) Todas as proposições estão corretas.

29. (Tribunal de Justiça de Santa Catarina — 2013 — TJ-SC — Juiz Substituto) Examine as proposições seguintes e assinale a alternativa correta:

I. O produto é considerado defeituoso pelo fato de outro de melhor qualidade ter sido colocado no mercado.
II. O comerciante é igualmente responsável pela reparação de danos ao consumidor quando o fabricante, o construtor, o produtor ou o importador não puderem ser identificados.
III. O fabricante, o construtor, o produtor ou importador será responsabilizado pelos danos ao consumidor mesmo quando provar a culpa exclusiva do consumidor ou de terceiro, em razão da teoria da culpa objetiva.
IV. Aquele que efetivar o pagamento ao consumidor prejudicado poderá exercer o direito de regresso contra os demais responsáveis, segundo sua participação na causação do evento danoso.

a) Somente as proposições I e II estão corretas.
b) Somente as proposições I e III estão corretas.
c) Somente as proposições II e IV estão corretas.
d) Somente as proposições III e IV estão corretas.
e) Todas as proposições estão corretas.

30. (VUNESP — 2013 — MP-ES — Promotor de Justiça) Quanto à responsabilidade por vício do produto, assinale a alternativa correta.

a) Poderão as partes convencionar a ampliação do prazo para a escolha do consumidor quando o vício não for sanado, que não poderá ultrapassar 90 (noventa) dias.
b) O consumidor poderá pleitear o abatimento proporcional do preço pago quando não for possível a substituição do produto por outro da mesma espécie, ou a restituição

imediata da quantia paga, se, pela extensão do vício, a substituição das partes viciadas puder comprometer a qualidade ou características do produto, diminuir-lhe o valor ou quando se tratar de produto essencial.

c) Tendo o consumidor optado pela substituição do produto por outro da mesma espécie, em perfeitas condições de uso e não sendo possível a sua substituição, poderá haver substituição por outro de espécie, marca ou modelo diversos, mediante complementação ou restituição de eventual diferença de preço, sem prejuízo da restituição imediata da quantia paga, monetariamente atualizada e de eventuais perdas e danos, bem como do abatimento proporcional do preço.

d) No caso de fornecimento de mercadoria *in natura*, será responsável perante o consumidor o fornecedor imediato, exceto quando identificado claramente seu distribuidor.

e) Pode o consumidor exigir, caso o vício não seja sanado, no prazo máximo de 6 (seis) dias, a substituição do produto por outro da mesma espécie, em perfeitas condições de uso.

31. (CESPE — 2013 — TJ-MA — Juiz Substituto) Em ação que trate de matéria consumerista, constitui aspecto irrelevante na análise do defeito do produto

a) a segurança que razoavelmente se espera de seu uso.

b) a época em que tenha sido colocado em circulação.

c) a apresentação do produto.

d) a existência, no mercado, de outro produto de melhor qualidade.

32. (CESPE — 2013 — TJ-MA — Juiz Substituto) Gastão comprou um carro e, após três dias de uso do veículo, uma peça do motor parou de funcionar, o que comprometeu o desempenho do automóvel. De imediato, Gastão requereu a troca da peça, entretanto, passados quarenta dias, não recebeu qualquer resposta da concessionária. Nessa situação hipotética, caracterizado o vício de qualidade, Gastão tem direito, conforme norma expressa no CDC,

a) a atendimento prioritário pela concessionária.

b) à restituição imediata da quantia paga pelo veículo, monetariamente atualizada, sem direito a eventuais perdas e danos.

c) ao abatimento proporcional do preço pago pelo bem, além de indenização por perdas e danos.

d) à substituição do veículo por outro da mesma espécie, em perfeitas condições de uso, e indenização por perdas e danos.

33. (FCC — 2013 — TJ-PE — Juiz Substituto) Analise os enunciados abaixo, em relação à responsabilidade pelo fato do produto e do serviço.

I. O produto é defeituoso quando não oferece a segurança que dele legitimamente se espera, levando-se em consideração circunstâncias relevantes, como sua apresentação, o uso e os riscos razoavelmente esperados e a época em que foi colocado em circulação.

II. O serviço é tido por defeituoso quando não fornece a segurança que o consumidor dele pode esperar, levando-se em conta circunstâncias relevantes, como o modo de seu fornecimento, o resultado e os riscos razoavelmente esperados e a adoção de novas técnicas.

III. O comerciante é responsabilizado quando o fabricante, o construtor, o produtor ou o importador não puderem ser identificados, ou quando o produto for fornecido sem identificação clara do seu fabricante, produtor, construtor ou importador ou, ainda, quando não conservar adequadamente os produtos perecíveis.

Está correto o que se afirma em

a) I e II, apenas.

b) I e III, apenas.
c) I, II e III.
d) II, apenas.
e) II e III, apenas.

34. (FCC — 2013 — TJ-PE — Juiz Substituto) Na atividade médica, a responsabilidade civil do profissional liberal

a) é, em regra, apurada com base na responsabilidade objetiva e examinada em todos os casos como obrigação de meio e não de resultado.
b) é apurada com base na culpa e é aquela sempre considerada obrigação de resultado.
c) é, em regra, apurada com base na responsabilidade subjetiva e examinada em todos os casos como obrigação de meio e não de resultado.
d) é, em regra, apurada com base na responsabilidade subjetiva e examinada como obrigação de meio, excepcionalmente examinando-se como obrigação de resultado.
e) é, em regra, apurada com base na responsabilidade objetiva e examinada como obrigação de meio e, circunstancialmente, como obrigação de resultado.

35. (FGV — 2013 — TJ-AM — Juiz Substituto) Chegando ao *shopping center*, João deixa seu veículo no estacionamento que o estabelecimento disponibiliza para comodidade dos seus clientes, com vigilância terceirizada. Sem nada adquirir, João decide ir embora. Chegando ao estacionamento, descobre que seu veículo foi furtado. Inconformado com o ocorrido, João ingressa com ação judicial imputando responsabilidade civil ao *shopping center*. Segundo a posição do STJ sobre o tema, assinale a afirmativa correta.

a) João não se enquadra no conceito de consumidor, na forma do art. 2º do CDC, pois não houve aquisição de qualquer produto ou serviço como destinatário final, durante o período em que esteve no *shopping*.
b) O *shopping* não pode ser responsabilizado se houver prévia e expressa comunicação ao proprietário do veículo, no comprovante de estacionamento entregue no momento do ingresso, de cláusula de exoneração de responsabilidade por quaisquer danos ao veículo.
c) A hipótese aborda responsabilidade subjetiva, que depende da verificação da culpa do estabelecimento, porquanto o *shopping center*, *in casu*, não pode ser enquadrado no conceito de fornecedor de que trata o art. 3º do CDC, §§ 1º e 2º.
d) Embora haja relação de consumo, a responsabilidade civil não pode ser atribuída ao *shopping*, mas sim à empresa de vigilância terceirizada.
e) A questão da aquisição de bens ou serviços por João, para efeito da responsabilidade civil, é irrelevante, isso porque o *shopping*, ao oferecer local presumivelmente seguro para estacionamento, assume obrigação de guarda e vigilância, o que o torna civilmente responsável por furto de veículo ali ocorrido.

36. (FGV — 2013 — TJ-AM — Juiz Substituto) Os fornecedores respondem solidariamente pelos vícios de quantidade do produto sempre que, respeitadas as variações decorrentes de sua natureza, seu conteúdo líquido for inferior às indicações constantes do recipiente, da embalagem, rotulagem ou de mensagem publicitária. A partir do fragmento acima, analise as afirmativas a seguir.

I. O consumidor pode solicitar, exclusivamente, o abatimento proporcional do preço.
II. O consumidor pode solicitar o abatimento proporcional do preço ou, alternativamente, a substituição do produto por outro da mesma espécie, marca ou modelo, sem os aludidos vícios.
III. O consumidor pode solicitar a restituição imediata da quantia paga, monetariamente atualizada, sem prejuízo de eventuais perdas e danos.

Assinale:

a) se somente as afirmativas I e II estiverem corretas.
b) se somente as afirmativas II e III estiverem corretas.
c) se somente as afirmativas I e III estiverem corretas.
d) se somente a afirmativa II estiver correta.
e) se todas as afirmativas estiverem corretas.

37. (CESPE — 2013 — DPE-RR — Defensor Público) Tendo como referência as disposições da Lei n. 8.078/1990, assinale a opção correta a respeito da qualidade de produtos e serviços, da prevenção e da reparação de danos.

a) Determinado produto pode vir a ser considerado defeituoso pelo fato de outro de melhor qualidade ter sido colocado no mercado.
b) As partes poderão convencionar a redução ou a ampliação do prazo para saneamento do vício do produto, não podendo esse prazo ser inferior a sete nem superior a noventa dias.
c) No caso de fornecimento de produtos *in natura*, o fornecedor imediato será sempre responsável perante o consumidor.
d) Ainda que tenham conhecimento de que determinado produto tem alto grau de periculosidade à saúde ou à segurança dos consumidores, não cabe à União, aos estados, ao DF nem aos municípios informá-los a respeito.
e) Em se tratando de produto industrial, cabe ao fabricante prestar as informações relativas a riscos à saúde ou à segurança dos consumidores, por meio de impressos apropriados, que devem acompanhar o produto.

38. (MPE-SC — 2013 — MPE-SC — Promotor de Justiça) Analise o enunciado da questão abaixo e assinale "certo" — (c) ou "errado" — (e)

O fabricante, o produtor, o construtor, nacional ou estrangeiro, e o importador respondem, independentemente da existência de culpa, pela reparação dos danos causados aos consumidores, ainda que o defeito não necessariamente seja do produto, mas também da informação inadequada ou insuficiente que o acompanhe.

( ) certo ( ) errado

39. (MPE-PR — 2014 — MPE-PR — Promotor) Analise as assertivas abaixo e responda:

I. Não se considera impróprio ao consumo o produto cujo prazo de validade estiver vencido, se não vier a acarretar danos à saúde do consumidor;
II. O fabricante, o produtor, o construtor, o profissional liberal e o importador respondem pessoal e independentemente da existência de culpa, pela reparação dos danos causados aos consumidores por defeitos decorrentes de projetos, serviços, fabricação, construção, montagem, fórmulas, manipulação, apresentação ou acondicionamento de seus produtos, bem como por informações insuficientes ou inadequadas sobre sua utilização e risco;
III. A ignorância do fornecedor sobre os vícios de qualidade por inadequação dos produtos e serviços o exime de responsabilidade.

a) Apenas as assertivas I e II são corretas;
b) Apenas as assertivas I e III são corretas;
c) Apenas as assertivas II e III são corretas;
d) Todas as assertivas são corretas;
e) Nenhuma assertiva é correta.

40. (VUNESP — 2014 — DPE-MS — Defensor Público) Assinale a alternativa correta, no que concerne aos vícios de quantidade do produto.

a) O fabricante responde objetivamente e o comerciante subsidiariamente.

b) O consumidor poderá exigir, à sua escolha, a substituição do produto por outro da mesma espécie, marca ou modelo, sem os aludidos vícios ou de qualidade superior, sem custos adicionais.
c) O consumidor poderá exigir a restituição imediata da quantia paga, monetariamente atualizada, sem prejuízo de eventuais perdas e danos, somente quando impossível a substituição do produto.
d) O fornecedor imediato será responsável objetivamente quando fizer a pesagem ou a medição e o instrumento utilizado não estiver aferido segundo os padrões oficiais.

41. (FCC — 2015 — TJ-PE — Juiz Substituto) Após introduzir no mercado de consumo um determinado modelo de liquidificador, sua fabricante descobre que, funcionando na potência máxima por mais de cinco minutos, o aparelho pode vir a explodir. Nesse caso,

a) compete a todos os entes federados que tomarem conhecimento da periculosidade do produto informar os consumidores a respeito.
b) o fornecedor deverá imediatamente, no prazo máximo de 60 dias contados da ciência do fato, comunicar a periculosidade do produto às autoridades competentes e aos consumidores, mediante anúncios publicitários a serem veiculados na imprensa, rádio e televisão.
c) compete ao fornecedor comunicar o perigo às autoridades competentes e aos consumidores, mediante anúncios publicitários às expensas da União.
d) desde que o fornecedor alerte sobre o perigo na forma prevista na lei, ficará isento de responsabilidade perante consumidores por conta da explosão do aparelho, mas apenas em relação aos fatos ocorridos após a divulgação do alerta.
e) se o fornecedor conhecesse o perigo antes de comercializar o liquidificador, ainda assim poderia introduzi-lo no mercado de consumo desde que prestasse aos consumidores, de forma ostensiva, as informações necessárias e adequadas a seu respeito, mediante impressos apropriados fornecidos juntamente com o produto.

42. (FCC — 2015 — TJ-RR — Juiz Substituto) Empresa "Coisa Boa" adquiriu alimentos para festa de confraternização de seus funcionários. A aquisição foi realizada por Maria, responsável pelo setor de compras. Após a festa de confraternização, todos os funcionários da empresa passaram mal, assim como seus familiares, descobrindo-se que os produtos adquiridos por Maria estavam estragados. De acordo com o Código de Defesa do Consumidor, para fins de responsabilização por fato do produto, considera(m)-se consumidor(es)

a) apenas Maria, que adquiriu o produto.
b) apenas a empresa Coisa Boa, que era destinatária final do produto.
c) apenas Maria, como adquirente do produto, e a empresa Coisa Boa, sua destinatária final.
d) todas as vítimas do evento danoso.
e) todos os funcionários da empresa Coisa Boa, porém não seus familiares.

43. (FCC — 2015 — TJ-RR — Juiz Substituto) Analise as proposições abaixo, a respeito da responsabilidade por fato e vício do produto:

I. Constatado vício do produto, o consumidor pode sempre exigir, de imediato, alternativamente e à sua escolha, a substituição do produto, a restituição da quantia paga ou o abatimento proporcional do preço, salvo se as partes tiverem, em separado, convencionado cláusula estipulando exoneração à garantia legal.
II. Em regra, o comerciante é solidariamente responsável pelos danos causados por produtos defeituosos.

III. A responsabilidade pelo fato do produto é objetiva mas admite excludentes de responsabilização.

Está correto o que se afirma APENAS em

a) III.
b) II e III.
c) II.
d) I e II.
e) I e III.

44. (CESPE — 2015 — DPU — Defensor Público Federal de Segunda Categoria) Acerca dos direitos básicos do consumidor, do fato do produto e do serviço e da responsabilidade civil do fornecedor, julgue o item a seguir.

Considere a seguinte situação hipotética.

Beatriz contratou Sílvio para prestar serviço de reparos elétricos em sua residência. Dias depois, um de seus equipamentos eletrônicos, que estava ligado a uma tomada reparada por Sílvio, queimou. Beatriz, então, acionou-o judicialmente, pleiteando sua responsabilização pelo ocorrido. Em contestação, Sílvio apresentou laudo técnico cuja conclusão apontava que Beatriz havia ligado o equipamento em tomada com voltagem superior à capacidade do aparelho. Nessa situação hipotética, o juiz deverá concluir pela responsabilização de Sílvio, independentemente de culpa.

( ) certo ( ) errado

45. (FGV — 2015 — DPE-MT — Advogado) A respeito da responsabilidade pelo fato do produto e do serviço, assinale a afirmativa incorreta.

a) Se o vício do produto não for sanado no prazo máximo de 30 dias, e na impossibilidade de se atender pedido do consumidor de substituição por outro da mesma espécie, o Código de Defesa do Consumidor autoriza a substituição por outro de espécie superior, mas veda a complementação de eventual diferença de preço.
b) No caso de fornecimento de produtos *in natura*, será responsável perante o consumidor o fornecedor imediato, exceto quando identificado claramente seu produtor.
c) O CDC autoriza que a reexecução de serviços prestados pelo fornecedor seja por ele confiada a terceiros.
d) A ignorância do fornecedor sobre os vícios de qualidade por inadequação dos produtos e serviços não o exime de responsabilidade.
e) No fornecimento de serviços que tenham por objetivo a reparação de qualquer produto, considerar-se-á implícita a obrigação do fornecedor de empregar componentes de reposição originais adequados e novos, ou que mantenham as especificações técnicas do fabricante, salvo, quanto a estes últimos, autorização em contrário do consumidor.

46. (MPE-PR — 2016 — MPE-PR — Promotor Substituto) Analise as assertivas abaixo e responda:

I. Quanto à responsabilidade por vício do produto e do serviço, o prazo máximo de 30 dias para que o vício seja sanado é passível de redução ou ampliação, por convenção das partes.
II. Quanto à responsabilidade pelo fato do produto e do serviço, o comerciante é objetiva e solidariamente responsável, nos casos em que o fabricante esteja identificado.
III. No caso de fornecimento de produtos *in natura*, será responsável perante o consumidor o fornecedor imediato, exceto quando identificado claramente seu produtor.

IV. Em se tratando de vícios de qualidade que diminuam o valor do serviço, sua reexecução poderá ser confiada a terceiros devidamente capacitados, por conta e risco do fornecedor.

a) As assertivas I, II e III estão corretas;
b) As assertivas II e IV estão incorretas;
c) As assertivas I, III e IV estão corretas;
d) Apenas as assertivas III e IV estão corretas;
e) Apenas a assertiva IV está incorreta.

47. (CESPE – 2017 – MPE-RR – Promotor de Justiça Substituto) Antônio adquiriu um televisor em um estabelecimento comercial e entrou em contato com a assistência técnica para instalação. Contudo, o técnico, ao concluir de modo correto o procedimento de instalação do aparelho, constatou que este não emitia som. Nessa situação hipotética, a responsabilidade civil prevista no CDC está fundada no

a) vício do serviço.
b) fato do produto.
c) fato do serviço.
d) vício do produto.

■ GABARITO ■

1. "c". Nos termos do art. 18, *caput,* combinado com §§ 1º e 3º, do CDC. A alternativa "a" está errada, pois o Código do Consumidor prevê o princípio da responsabilidade solidária, dentre outros dispositivos expressos no próprio art. 18. O prazo de saneamento do vício poderá ser convencionado pelas partes (mínimo 7 dias e máximo 180 dias — art. 18, § 2º, do CDC), razão pela qual está errada a assertiva "b". Tratando-se de produto durável, o prazo para reclamação do vício será de 90 dias (art. 26, II, do CDC), aí o erro da alternativa "d". Entendemos que está errada a letra "e", pois antes existe o direito do fornecedor de tentar sanar o vício no prazo legal de 30 dias. Não resolvido o problema dentro do prazo citado, caberá buscar uma das alternativas conferidas ao consumidor nos incisos do § 1º do art. 18 do CDC.

2. "c". Nos termos do art. 18, § 1º, do CDC, pois antes existe o direito do fornecedor de tentar sanar o vício no prazo legal de 30 dias. Não resolvido o problema dentro do prazo citado, caberá buscar uma das alternativas conferidas ao consumidor nos incisos do § 1º do art. 18 do CDC: "I — a substituição do produto por outro da mesma espécie, em perfeitas condições de uso; II — a restituição imediata da quantia paga, monetariamente atualizada, sem prejuízo de eventuais perdas e danos; III — o abatimento proporcional do preço".

3. "a". Está errada, pois o direito do consumidor de se valer de uma das alternativas conferidas no § 1º do art. 18 somente poderá ser concretizado após o direito do fornecedor de tentar resolver o problema no prazo de 30 dias. Assim, o erro da alternativa é que o consumidor não poderá se valer de imediato de tais alternativas. A letra "b" está correta nos termos do art. 21 do CDC. A alternativa "c" está correta, segundo o disposto no art. 22 do CDC. No entanto, cabe relembrar que, conforme visto no Capítulo 3 deste livro, somente os serviços *uti singuli* remunerados por tarifa poderão ser considerados objeto das relações jurídicas de consumo. A assertiva "d" está em contraposição com o previsto nos arts. 24 e 51, inciso I, ambos do CDC.

4. "b". Nos termos do art. 18, § 1º, do CDC.

5. "c". Nos termos do art. 28, *caput,* do CDC. A alternativa "a" está errada, segundo o disposto no art. 23 do CDC. A letra "b" equivoca-se, pois a garantia contratual não pode limitar a garantia legal do CDC (arts. 24 e 50 do CDC). A assertiva "d" também está equivocada, nos termos do art. 32, parágrafo único, do CDC, que exige prazo razoável de tempo para a manutenção do fornecimento de peças de reposição, após cessadas a fabricação ou a importação.

6. "e". O item I está errado, pois o vício aparente e o oculto são amparados pelo CDC (art. 26). O item II está correto nos termos do art. 26, *caput,* incisos e parágrafos do CDC. O item III está errado, por falta de amparo legal no CDC. O item IV está correto, pois nesse caso estaríamos diante de um acidente de consumo e da respectiva responsabilidade pelo fato do produto prevista no art. 12 do CDC. O item V está errado, em contraposição à fundamentação apresentada no item anterior.

7. "d". O direito do consumidor de se valer de uma das alternativas conferidas no § 1º do art. 18 somente poderá ser concretizado após o direito do fornecedor de tentar resolver o problema no prazo de 30 dias. Assim, o erro inicial das alternativas "a", "b" e "c" é que o consumidor não poderá se valer de imediato de tais alternativas. Por outro lado, poderá convencionar outro prazo para o fornecedor sanar o vício, sendo no mínimo sete e no máximo cento e oitenta dias (art. 18, § 2º, do CDC).

8. "a". Os itens I e II estão corretos nos termos do art. 26 do CDC. O item III está errado, pois o prazo decadencial de vício aparente começa a correr "a partir da entrega efetiva do produto ou do término da execução dos serviços" (art. 26, § 1º, do CDC). O item IV está correto nos termos do art. 26, § 2º, inciso I, do CDC. O item V está correto segundo o disposto no art. 26, § 3º, do CDC.

9. "a". Nos termos do art. 12, § 1º e incisos, do CDC. A alternativa "b" está errada, pois nos termos do art. 12, § 2º: "O produto não é considerado defeituoso pelo fato de outro de melhor qualidade ter sido colocado no mercado". A assertiva "c" também está errada na medida em que, além das hipóteses citadas, o CDC prevê ainda como causas excludentes: a demonstração de inexistência de defeito e a culpa exclusiva de terceiro (art. 12, § 3º). Ademais, conforme visto no correr deste capítulo, apesar de não estarem elencados no CDC, o caso fortuito e a força maior são causas excludentes de responsabilidade do fornecedor, segundo posição dominante na doutrina e jurisprudência superior. As letras "d" e "e" estão equivocadas, pois o comerciante responderá em qualquer das hipóteses do art. 13 do CDC: "I — o fabricante, o construtor, o produtor ou o importador não puderem ser identificados; II — o produto for fornecido sem identificação clara do seu fabricante, produtor, construtor ou importador; III — não conservar adequadamente os produtos perecíveis".

10. "errado". Dentre os diversos erros da assertiva, os mais gritantes são aqueles referentes ao ônus da prova. Inicialmente, a inversão, em regra, dar-se-á a critério do juiz, e não automaticamente como colocado pelo examinador, nos termos do art. 6º, inciso VIII, do CDC. Igualmente, analisamos no correr do capítulo que, decretada a inversão, não está obrigado o fornecedor a arcar com as custas processuais, mas, segundo o STJ, deverá arcar com os eventuais ônus da sua realização (AgRg na MC 17.695/PR — "A inversão do ônus da prova não implica a obrigatoriedade de a parte contrária arcar com as custas da prova requerida pelo adversário; sujeita-se ela, contudo, às eventuais consequências de sua não realização, a serem aferidas quando do julgamento da causa, em face do conjunto probatório trazido aos autos").

11. "d". Nos termos dos arts. 26 e 27 do CDC. A alternativa "a" está errada, pois o prazo para sanar o vício poderá ser convencionado pelas partes (mínimo sete e máximo cento e oitenta dias — art. 18, § 2º, do CDC). A falha da alternativa "b" é que os profissionais liberais responderão pelos danos cometidos de forma involuntária também, e não apenas de forma voluntária, conforme colocado pelo examinador. A letra "c" está equivocada na medida em que não há a princípio prazo máximo para a aparição do vício oculto. Entretanto, conforme poderá ser visto no correr do Capítulo 6, para que o fornecedor não responda eternamente pelos vícios ocultos, é utilizado pela doutrina e pela jurisprudência o critério da vida útil do bem de consumo. A alternativa "e" também está errada, pois o STJ aceita o caso fortuito e a força maior como causas excludentes de responsabilidade do fornecedor nas relações de consumo (REsp 1.243.970).

12. "e". Nos termos do art. 26, inciso II, c.c. § 3º do citado dispositivo do CDC. A alternativa "a" está errada, pois o prazo decadencial na situação apresentada é de 30 dias quando o produto ou o serviço forem não duráveis (art. 26, I, do CDC). As alternativas "b" e "c" estão erradas na medida em que o prazo decadencial nas situações apresentadas é de 90 dias quando o produto ou o serviço forem duráveis (art. 26, II, do CDC). A letra "d" está errada, pois para produtos e serviços duráveis o prazo decadencial será de 30 dias (art. 26, I, do CDC).

13. "e". Nos termos do art. 12, § 2º, do CDC e lembrando que no caso colocado pelo examinador ficou bem claro que a fabricante decidiu oferecer a substituição do sistema de freios de seus veículos, pois desenvolveu tecnologia mais confiável, embora o sistema anterior não comprometesse a segurança dos consumidores. Assim, o produto não é considerado defeituoso pelo fato de outro de melhor qualidade ter sido colocado no mercado.

14. "e". Nos termos dos arts. 12 a 20 do CDC e respectivos parágrafos e incisos. Realmente, a teoria que fundamenta a responsabilidade objetiva, que é a regra no CDC, é a teoria do risco da atividade, segundo a qual todo aquele que desenvolve atividade no mercado de consumo cria um risco de dano a terceiro e, concretizado o dano, surge o dever de repará-lo independentemente de comprovação do dolo ou da culpa.

15. "c". Nos termos do art. 12, § 2º, do CDC. A alternativa "a" está errada, pois contraria o disposto no art. 9º do CDC, que prevê: "O fornecedor de produtos e serviços potencialmente nocivos ou perigosos à saúde ou segurança deverá informar, de maneira ostensiva e adequada, a respeito da sua nocividade ou periculosidade, sem prejuízo da adoção de outras medidas cabíveis em cada caso concreto". A assertiva "b" está equivocada, pois não foi adotada no CDC a teoria do risco integral, mas sim a teoria do risco da atividade, que admite causas excludentes de responsabilidade como aquelas previstas no art. 12, § 3º. Por fim, a letra "d" está errada, nos termos do art. 14, § 4º, que estabelece a responsabilidade pessoal subjetiva do profissional liberal. Um dos motivos do tratamento diferenciado que se dispensa ao profissional liberal que responde subjetivamente pelo fato do serviço — acidente de consumo decorrente de um serviço defeituoso — é que desempenha em regra uma atividade-meio, sem a obrigatoriedade de se atingir, em regra, o resultado pretendido.

16. "c". Nos termos do art. 14, §§ 3º e 4º, do CDC. O item I está errado, pois o fabricante não será responsabilizado se comprovar que não colocou o produto no mercado de consumo (art. 12, § 3º, I, do CDC). O item IV também está errado, pois um dos requisitos a serem analisados para se saber se o produto é ou não defeituoso consiste na verificação da época em que o produto foi colocado no mercado de consumo (art. 12, § 1º, III, do CDC). Em nossa visão, os riscos do desenvolvimento não podem ser considerados como causa excludente de responsabilidade do fornecedor pelos seguintes motivos, que devem estar presentes de forma cumulativa: ausência de previsão legal; teoria do risco do empreendimento ser a base da responsabilidade objetiva no CDC; fortuito interno não ser causa excludente de responsabilidade.

17. "d". Nos termos do art. 14, § 3º, incisos I e II, do CDC. A alternativa "a" está errada, pois o art. 14, *caput*, do CDC refere-se expressamente à responsabilidade "independentemente da existência de culpa", ou seja, à responsabilidade objetiva. A letra "b" está errada, na medida em que a responsabilidade pessoal dos profissionais liberais deve ser apurada mediante a verificação de culpa (art. 14, § 4º, do CDC). Equivoca-se a assertiva "c", pois o serviço não é considerado defeituoso pela adoção de novas técnicas (art. 14, § 2º, do CDC).

18. "errado". O instituto do *recall* refere-se à obrigação de fazer do fornecedor no sentido de informar por meio de anúncios os consumidores e as autoridades competentes, quando descobre periculosidade do produto ou serviço após a inserção do bem no mercado de consumo. Embora nosso CDC traga esta obrigação de fazer no art. 10, § 1º, não há a previsão expressa do instituto do *recall* em nosso ordenamento, o que acaba por gerar a falsidade da afirmação acima. O tema é polêmico. No corpo do capítulo, vimos a posição de José Geraldo Brito Filomeno enxergando a previsão expressa do instituto no CDC.

19. "c". Nos termos do art. 12, *caput*, do CDC. A alternativa "a" está errada por se referir à responsabilidade pelo vício (art. 18 do CDC). Adotamos neste livro a posição que diferencia vício de defeito, pois entendemos que assim o faz o Código de Defesa do Consumidor ao relacionar defeito com a insegurança do produto ou do serviço e vício com a mera inadequação aos fins a que se destinam. A assertiva "b" refere-se a um inadimplemento contratual, e não ao acidente de consumo. As alternativas "d" e "e" não encontram amparo legal no CDC.

20. "a". Ambas as afirmações são verdadeiras integralmente, uma vez que a assertiva "I" corrobora a redação do art. 101, inciso II, do CDC, sendo facultado ao réu chamar ao processo o segurador, conferindo uma garantia maior ao consumidor e seu ressarcimento. A "II" também corresponde ao art. 102 do CDC, podendo tais legitimados atuar na defesa dos consumidores, inclusive pleiteando a retirada de tais produtos do mercado de consumo.

21. "b". O CDC é claro ao inserir o fornecedor direto da prestação do serviço como responsável pela reparação de possível dano ao consumidor, seja este moral ou material (art. 6º, VI, CDC), sendo, no presente caso, tais danos morais decorrentes, via de regra, dos comportamentos praticados pelos prepostos dos fornecedores, gerando efetiva violação aos direitos da personalidade do consumidor, como honra objetiva e subjetiva; não em decorrência do simples fato do travamento da porta giratória. A forma da abordagem será o critério diferenciador da condenação ou não por danos morais. Nesse sentido, decidiu o STJ, em caso envolvendo a abordagem de consumidor quando, ao sair da loja de departamentos, foi soado o alarme: "Se soa o alarme e não há indicação de que houve tratamento abusivo de nenhum empregado da loja, no caso, o segurança, sequer objeto da queixa da autora, não se pode identificar a existência de constrangimento suficiente para deferir o dano moral. Para que a indenização por dano moral seja procedente, é necessário que haja alguma atitude que exponha o consumidor a uma situação de humilhação, de constrangimento, que o acórdão, neste feito, descartou por inteiro" (REsp 658.975/RS, Ministro Carlos Alberto Menezes Direito, 3ª T., *DJ* 26-2-2007). A assertiva "a" se equivoca, pois é o banco o legitimado a configurar no polo passivo da ação de indenização por danos morais no presente caso. A "c" é equivocada, já que é possível ao Superior Tribunal de Justiça alterar a quantia indevidamente fixada pelo juízo *a quo* desde que seja discrepante a quantificação do caso concreto, seja para mais ou para menos, vedado somente conhecer da matéria de fato alegada. A "d" erra ao qualificar um simples fato comum no cotidiano moderno como autorizador de reparação de danos morais, sendo uma mera frustração; portanto, impossível todo travamento de uma porta bancária gerar dano moral. Enfim, a "e" se equivoca, uma vez que o CDC é plenamente aplicável às relações de consumo envolvendo instituições bancárias, como revela no seu art. 3º, § 2º. Ademais, a jurisprudência superior também entende da mesma forma: a Súmula 297 do STJ dispõe que: "O Código de Defesa do Consumidor é aplicável às instituições financeiras"; e na Ação Direta de Inconstitucionalidade n. 2.591, por maioria, o STF entendeu pela improcedência da ação, deixando bem claro que, também para o Pretório Excelso, o CDC incide nas relações de consumo oriundas das atividades bancárias.

22. "d". A assertiva "I" revela uma das maiores preocupações do CDC, sendo necessárias tanto a proteção do consumidor das violações contratuais surgidas na pactuação de um negócio jurídico como também a proteção das ainda mais lesivas relações extracontratuais, ambas acarretadoras de lesões aos direitos dos consumidores, vedadas e coibidas pelo ordenamento. Assim, a responsabilidade prevista no CDC unificou as duas modalidades de responsabilidades existentes — contratual e extracontratual — e criou uma nova: a responsabilidade pelo fato e pelo vício do produto ou do serviço. Nesse contexto, o fornecedor será responsabilizado em razão de participar única e exclusivamente da relação jurídica de consumo. A afirmativa "IV" colaciona todos os tipos de proteção conferidos ao consumidor por interferência do Estado, sendo este seu maior garantidor, assegurando proteção no *iter processual,* qual seja, sujeito consumidor discutindo relação de consumo, seja na regulação de edição de normas para orientação da produção e comercialização de produtos e serviços no mercado de consumo. A "II" é equivocada quando confunde vício por inadequação do produto ou serviço e evento acidental decorrido de defeito deles, sendo inconfundíveis. Por último, a "III" é errônea, uma vez que, no seu caráter preventivo, basta o dano-evento para configurar a responsabilidade civil, inexigindo o dano-prejuízo.

23. "d". É a posição de boa parte da doutrina, como a de José Geraldo Brito Filomeno, para quem "o advogado autônomo, liberal, sem vínculo empregatício, obviamente exerce atividade ou serviços especialíssimos, em prol de seu cliente e, por conseguinte, está inserido na categoria 'fornecedor de serviços', com a ressalva de que, em termos de responsabilização por eventuais danos causados aos clientes — consumidores, sem dúvida, de seus serviços —, somente responderá por culpa demonstrada, e não objetivamente, como outros fornecedores, já que exercem 'atividade de risco'"[85]. Em relação à jurisprudência do Superior Tribunal de Justiça, existem decisões para ambos os lados. Algumas entenderam pela incidência do Código do Consumidor, reconhecendo a abusividade de cláusula do contrato de prestação de serviços advocatícios no

[85] GRINOVER, Ada Pellegrini; BENJAMIN, Antônio Herman de V.; FINK, Daniel Roberto; FILOMENO, José Geraldo Brito; NERY JR., Nelson; DENARI, Zelmo. *Código Brasileiro de Defesa do Consumidor*: comentado pelos autores do anteprojeto. Edição revista, atualizada e reformulada. Rio de Janeiro: Forense, 2011, v. I: Direito material (arts. 1º a 80 e 105 a 108), p. 69.

tocante à fixação do percentual de honorários (REsp 651.278, julgado em 28-10-2004, e REsp 364.168, julgado em 20-4-2004). Entretanto, as decisões mais recentes têm sido pela não incidência do CDC a estas relações. É o caso do entendimento insculpido no REsp 914.104, julgado em 9-9-2008: "As normas protetivas dos direitos do consumidor não se prestam a regular as relações derivadas de contrato de prestação de serviços de advocacia, regidas por legislação própria". No ano de 2011, o STJ reafirmou a posição de não incidência do Diploma Consumerista nas relações envolvendo serviços advocatícios, mas revisou percentual de honorários advocatícios sob o fundamento da caracterização do instituto da lesão previsto no Código Civil: "2. O CDC não se aplica à regulação de contratos de serviços advocatícios. Precedentes" (REsp 1.155.200/DF, Ministra Nancy Andrighi, 3ª T., 22-2-2011).[86] Entendemos, em última análise, que os fundamentos apresentados para afastar a incidência do CDC aos serviços advocatícios são insuficientes. Não há por que estabelecer um tratamento diferenciado aos advogados, sob a fundamentação de existir uma lei específica regulamentadora dos serviços advocatícios. Se assim o fosse, também deveríamos excluir do conceito de objeto da relação de consumo outros serviços, como os médicos, que também possuem regulamentação própria. O tratamento diferenciado já existe na Lei n. 8.078/90 e consiste na responsabilidade pessoal subjetiva de todo e qualquer profissional liberal (art. 14, § 4º). Mais que isso é interpretação que extrapola os limites do razoável. No entanto, apesar de estarmos amparados pela jurisprudência do TST, tal posição não vem prevalecendo nos julgamentos mais recentes do STJ, que entende pela não incidência do CDC às relações firmadas entre advogado e cliente.

24. "b". Como vimos no decorrer desta obra, a responsabilidade nas relações de consumo pode ser aferida nas três esferas: civil, administrativa e penal. Embora não tratemos especificamente da seara penal, é preciso dizer que os crimes previstos no CDC são figuras de perigo abstrato, sequer exigindo para sua configuração algum dano efetivo ao consumidor, bastando a exposição ao perigo; isso se deve ao fato de tutelar não apenas o consumidor em si mesmo, mas sim a relação jurídica de consumo como um todo. A alternativa "a" é errônea, pois deixar de comunicar à autoridade administrativa competente e aos consumidores a nocividade ou periculosidade de produtos cujo conhecimento seja posterior à colocação no mercado é um crime previsto no art. 64 do CDC, sendo a não retirada do produto do mercado outro crime previsto no parágrafo único do art. 64. A alternativa "c" é equivocada, uma vez que é exatamente o contrário da disposição do diploma do consumidor, não fazendo coisa julgada principalmente se a ação for considerada improcedente por falta de provas, sendo possível ajuizá-la novamente. A alternativa "d" não deve ser assinalada, pois, como já dissemos na parte específica desta obra, vício e defeito não se confundem, apesar de existir divergência doutrinária, sendo expressões representantes de situações distintas, uma relacionada a prejuízo de cunho econômico, e a outra, a acidente de consumo. A Alternativa "e" também é equivocada, pois a lei não é a única forma de se criar órgão de defesa do consumidor, podendo a autoridade criadora se valer de outros instrumentos, como ato administrativo que assuma tal tarefa, e não necessariamente de lei.

25. "c". As assertivas 2 e 3 estão corretas. A assertiva 2 é verdadeira, correspondendo ao real prazo de pleitear indenização pelos danos causados em razão de defeito do produto, uma vez que o produto não trouxe a segurança que dele, comumente, era esperada; como ensina o art. 27 do CDC, é de 5 anos o prazo prescricional para essa pretensão. A assertiva 3, ao seu momento, também é verdadeira, pois, além do consumidor em sentido estrito que adquiriu o produto, devem também ser consideradas consumidores as vítimas do evento danoso, como ensina o art. 17 do diploma consumerista; logo, os demais passageiros são consumidores por equiparação para o CDC. A assertiva 1 é falsa, uma vez que o caso trazido pelo problema em questão se refere à falta de segurança do produto, tratando-se de defeito ocasionado, e não vício; logo, não incidiriam os prazos decadenciais de 30 ou 90 dias do art. 26 do CDC. Por fim, a assertiva 4 é errônea, não devendo ser assinalada pelo candidato, pois, como vimos no momento oportuno desta obra, a responsabilidade em razão do fato do produto é individualizada em regra, devendo o fabricante responder pelos defeitos de fabricação do produto, e não a concessionária, de forma solidária; apenas seria solidária se a concessionária tivesse contribuído de alguma forma para a causação do dano.

[86] No mesmo sentido, o STJ, no REsp 1.228.104/PR, Rel. Ministro Sidnei Beneti, 3ª T., *DJe* 10-4-2012.

26. "d". Nenhuma das alternativas está correta, e, não sobrando escolha ao candidato, deveria ser assinalada a alternativa "d". A alternativa "a" não é verdadeira, pois, como já vimos em momento próprio, a responsabilidade na relação de consumo quando se trata de vício do produto é solidária, como regra, sendo responsável não apenas o comerciante, mas também o fabricante do produto vendido ao consumidor, como reza o art. 18 do CDC. A alternativa "b" também é inverídica, pois, embora traga a responsabilidade solidária entre os fornecedores, erra ao afirmar que a escolha para solução da avença cabe aos fornecedores, sendo que o correto é caber ao consumidor (art. 18, § 1º, do CDC). A alternativa "c", ao seu tempo, também está incorreta, pois, conforme dito, a responsabilidade entre os fornecedores é solidária.

27. "d". A banca considerou como correta a alternativa "d", tendo como responsabilidade objetiva a da entidade hospitalar. No entanto, devemos lembrar que, apesar da ausência de pacificação, não é esse o posicionamento que prevaleceu no Superior Tribunal de Justiça quando tratou da questão no REsp. 1.145.728, de 2011. A alternativa "a" é errônea, pois, quando se trata de obrigação de resultado, de fim, via de regra a responsabilidade deixa de ser a subjetiva do profissional liberal prevista no § 4º do art. 20 do CDC. A alternativa "b" está equivocada, uma vez que, na obrigação de meio, como regra do profissional liberal, a responsabilidade será subjetiva (art. 20, § 4º, do CDC), sendo uma ressalva à regra do CDC e sua modalidade de responsabilidade objetiva. Por fim, a alternativa "c" está errada, sendo responsabilidade subjetiva fundada na presença de culpa ou dolo, e não na teoria do risco da atividade, como dito na alternativa.

28. "b". As proposições I e III são verdadeiras. Na afirmativa I, está elencado o princípio da responsabilidade solidária, qual seja, quando a ofensa tiver mais de um causador, todos serão responsáveis pela reparação. É o teor do art. 7º, parágrafo único, do CDC. A assertiva III também é verdadeira, correspondendo ao princípio da informação adequada sobre o produto, o que, além de ser um princípio, é também um direito básico do consumidor, mais precisamente previsto nos arts. 4º, inciso IV, e 6º, inciso III, ambos do CDC. A assertiva II é inicialmente correta, primando pela correta informação; no entanto, é falsa quando afirma que a informação não será necessária quando o risco à saúde for previsível e normal em decorrência da natureza ou fruição do produto ou serviço. O CDC autoriza a colocação desses produtos no mercado consumidor, mesmo que sua natureza ou uso possam apresentar risco à saúde, mas em nenhum caso dispensa a informação sobre eles; muito pelo contrário, o Diploma Consumerista exige a inserção das informações necessárias e adequadas a respeito. A afirmação IV é falsa ao mencionar a inserção de produtos com alto grau de nocividade, visto ser esta vedada pelo art. 10 do CDC, sendo autorizada apenas a nocividade moderada, normal e previsível, já da essência ou natureza do produto.

29. "c". Esta deveria ter sido assinalada, sendo verdadeiras as informações contidas nas assertivas II e IV. A assertiva II é verdadeira, pois o comerciante possui uma responsabilidade diferenciada dos demais fornecedores no CDC, quanto ao fato do produto. Como reza o art. 13, o comerciante apenas será responsável quando os fornecedores da cadeia produtiva anterior não forem identificados, ou não tiverem informação clara sobre a identificação de tais fornecedores ou, ainda, se não conservar de forma adequada os produtos perecíveis. A assertiva IV revela a forma de exercício do direito de regresso de um responsável contra os demais, pelo pagamento da indenização ao prejudicado (art. 13, parágrafo único, do CDC). A afirmação I é inverídica, pois o simples fato de outro produto mais moderno ou de melhor qualidade ser inserido no mercado consumidor não é circunstância hábil a tornar os outros produtos defeituosos (art. 12, § 2º, do CDC). A afirmação contida na III também é falsa, já que o CDC traz algumas hipóteses de exclusão da responsabilidade do fornecedor, convivendo com a modalidade de responsabilidade objetiva, sendo a culpa exclusiva de terceiro ou da vítima uma delas (art. 12, § 3º, III, do CDC).

30. "c". Esta deveria ter sido assinalada. Ao constatar o vício no produto, surge para o consumidor um leque de opções de que pode fazer uso, sendo a substituição do produto por outro, a restituição imediata da quantia paga sem prejuízo das perdas e danos ou o abatimento proporcional do preço (art. 18, § 1º, do CDC). Caso tenha escolhido a substituição do produto por outro e sendo impossível esta, é viável a escolha de um produto mais caro ou mais barato, desde que haja a complementação da diferença ou a restituição de parte do valor pago em excesso anteriormente (art. 18, § 4º, do CDC). No entanto, vale lembrar que, mesmo com a substituição realizada, o consumidor não perderá as outras opções que lhe foram conferidas pela lei, para evitar que fique à deriva e não seja ressarcido do eventual prejuízo econômico que teve. A alternativa "a" é falsa, sendo possível que as partes transijam sobre a alteração do prazo de respiro do fornecedor (prazo dado pelo CDC ao fornecedor para que solucione o vício sem ter que ser desfeito o negócio); todavia, esse prazo não pode ser superior a 180 dias, como máximo, nem inferior a 7 dias, como mínimo. A alternativa "b" está equivocada, porque o CDC não impôs uma ordem de alternativas a serem seguidas. A lei deixou à livre escolha do consumidor optar por qualquer de suas alternativas. A alternativa "d", também equivocada, demandava uma atenção redobrada do candidato, pois traçava o conteúdo da responsabilidade do fornecedor imediato pelos produtos *in natura*, todavia essa responsabilidade apenas existe quando não for identificado o seu produtor, e não o distribuidor, como dito na alternativa. A alternativa "e" está equivocada, pois o prazo legal concedido ao fornecedor para tentar sanar o vício é de 30 dias, nos termos do art. 18, § 1º, do CDC.

31. "d". Como vimos no estudo referente à responsabilidade do fornecedor, um produto ou serviço, para que seja considerado defeituoso, deve não corresponder à noção de segurança que dele se esperava normalmente, gerando risco elevado ou dano ao consumidor na integridade física, moral ou psíquica. Dessa forma, é irrelevante, para se verificar a segurança de um produto, saber se outro de melhor qualidade foi inserido. A simples inserção de outro produto de melhor qualidade não gera defeito, nos termos do art. 12, § 2º, do CDC. A alternativa "a" é importante para se verificar a existência de defeito, pois, caso o produto não traga a segurança que dele se espera, será defeituoso, sendo este o critério para que se diga se há ou não defeito (art. 12, § 1º, do CDC). Na alternativa "b", embora não seja por si só causa de gerar defeito, a época em que o produto foi colocado em circulação serve para averiguar as circunstâncias relevantes do defeito (art. 12, § 1º, III, do CDC). Para finalizarmos, a alternativa "c" traz outra circunstância relevante que deve ser considerada para se verificar a existência ou não de defeito, qual seja: a apresentação do produto (art. 12, § 1º, I, do CDC).

32. "c". Essa é a alternativa correta. O consumidor presenciou um vício no produto adquirido, logo tem a opção de trocá-lo por outro da mesma espécie, de receber a quantia paga ou pedir abatimento no preço, de forma proporcional (art. 18, § 1º, I a III, do CDC). A escolha do abatimento proporcional do preço não exclui o direito a postular indenização por perdas e danos, caso comprovado o prejuízo (art. 18, § 1º, II e III, do CDC). A alternativa "a" é equivocada, pois, embora o CDC preveja inúmeros direitos e garantias ao consumidor, não se enquadra entre elas o atendimento prioritário pela concessionária. A alternativa "b", a seu turno, não é verdadeira, pois, uma vez feita a opção de recebimento da quantia paga pelo consumidor, deve ser devolvida de forma atualizada e sem prejuízo de eventuais perdas e danos, desde que o consumidor os comprove em razão do vício do produto sofrido (por exemplo, um taxista que não consegue trabalhar com seu carro em razão de vício sofrido). A alternativa "d" está errada, pois, antes da substituição do veículo, vem prevalecendo na jurisprudência do STJ o direito do fornecedor de tentar sanar o vício dentro do prazo de 30 dias (art. 18, § 1º, do CDC).

33. "b". A alternativa "b" concentra as assertivas corretas, I e III. A assertiva I é verdadeira; a fim de se considerar um produto defeituoso ou não, deve-se partir da análise da segurança esperada, não podendo colocar em risco a vida, saúde e integridade dos consumidores; nesse ponto, a sua apresentação, usos, riscos e a época em que foi colocado em circulação importam na caracterização do defeito (art. 12, § 1º, do CDC). A informação III também está correta, nos termos do art. 13 do CDC. A assertiva II é falsa quando afirma que para verificação do serviço defeituoso devem ser consideradas as novas técnicas, chocando-se frontalmente com o disposto no art. 12, § 2º, do CDC que dispõe: "O produto não é considerado defeituoso pelo fato de outro de melhor qualidade ter sido colocado no mercado".

34. "d". Conforme tratamos neste capítulo, de forma mais específica no item 5.3.4 — Responsabilidade pessoal do profissional liberal, o médico e os demais profissionais liberais possuem responsabilidade subjetiva, sendo necessário comprovar a presença de dolo ou culpa a fim de configurar sua responsabilização em favor do consumidor (art. 14, § 4º, do CDC); é, ainda, uma obrigação de meio, em regra, na qual o profissional deve empregar todos os seus conhecimentos e técnicas para atingir o resultado pretendido, sem a obrigação de chegar a tal resultado. Excepcionalmente, o profissional liberal poderá desempenhar atividade de resultado, como no caso da cirurgia plástica de embelezamento. Nesse contexto, a alternativa "a" é errada, já que a regra da responsabilidade médica no CDC é baseada na culpa, sendo subjetiva (art. 14, § 4º, do

CDC), excepcionando a regra objetiva do CDC. A alternativa "b" erra ao dizer que a atividade médica sempre será considerada como de resultado, sendo que a regra é a atividade de meio, salvo algumas situações excepcionais. A alternativa "c" erra ao afirmar exatamente o contrário da alternativa anterior, pois nem sempre será obrigação de meio, podendo ser excepcionalmente de resultado, como ocorre na cirurgia plástica de embelezamento. A alternativa "e" é errônea ao frisar que os profissionais liberais se submetem a regra geral de responsabilidade do CDC, qual seja: a objetiva.

35. "e". Como visto nesta obra, o conceito de serviço previsto no CDC exige a remuneração como requisito, podendo esta ser direta ou indireta. Nos serviços de estacionamento de *shopping center*, há remuneração paga pelo consumidor, seja de forma direta, por meio de contraprestação em dinheiro, por exemplo, seja de forma indireta, com o preço do estacionamento embutido no valor dos produtos e serviços vendidos e prestados pelo aludido centro de compras. Logo, mesmo que o consumidor não tenha adquirido nenhum produto, o estacionamento é considerado um serviço, sendo colocado à disposição pelo fornecedor como um plus aos seus clientes, sendo então de responsabilidade do *shopping center* qualquer evento ali ocorrido. O fato de o estacionamento ser terceirizado em nada minimiza a responsabilidade do *shopping*, que é solidária. A alternativa "a" erra ao frisar que João não deveria ser consumidor, pois, como vimos, é considerado sim consumidor para o serviço de estacionamento, independentemente de aquisição de produtos no interior do *shopping*. A alternativa "b" é equivocada, pois, como revela o CDC (art. 51, I), as estipulações que impossibilitem, exonerem ou atenuem a responsabilidade do fornecedor devem ser tidas como cláusulas abusivas, não vinculando o consumidor. A alternativa "c" se equivoca ao firmar que a responsabilidade seria subjetiva e que o *shopping* não seria considerado fornecedor. A alternativa "d" é falsa, pois o *shopping* deve ser considerado fornecedor e a ele deve ser atribuída a responsabilidade, que é solidária, uma vez que é este que disponibiliza o serviço de guarda e vigilância, sendo um plus aos seus clientes, podendo eventualmente ajuizar ação autônoma de regresso contra tal empresa de vigilância.

36. "b". São verdadeiras as afirmativas II e III. A assertiva II é verdadeira, pois, quando constatado vício de quantidade em produto pelo consumidor, surge-lhe a escolha de pedir qualquer das alternativas previstas no rol do art. 19 do CDC, dentre elas o abatimento proporcional no preço, a complementação do peso ou medida, a substituição por outro produto da mesma espécie sem os aludidos vícios, ou a restituição imediata da quantia paga, atualizada, sem prejuízo de perdas e danos. Assim, a assertiva III também é verídica, já que se enquadra como uma das possibilidades a serem requeridas pelo consumidor. No entanto, é sabido que essas opções ficam à escolha do consumidor, podendo optar a seu bel critério, sem necessidade de fundamentar a razão de assim ter feito; logo, não cabe dizer que ao consumidor apenas será dada a prerrogativa exclusiva do abatimento do preço, retirando a possibilidade de escolher as outras opções dadas pelo CDC, por isso a afirmativa I é errônea.

37. "e". A informação no CDC é, além de direito, ínsito às relações de consumo, um princípio norteador de tais relações. É, como se diz na doutrina consumerista, um direito-meio pelo qual se garante outros diversos direitos ao consumidor. Assim, cabe ao fabricante prestar as informações através de impressos apropriados, que devem acompanhar o produto (art. 8º, § 1º, do CDC). A alternativa "a" é falsa, já que não é circunstância hábil para configurar o defeito de um produto o simples fato de outro de melhor qualidade ser colocado em circulação (art. 12, § 2º, do CDC). A alternativa "b" se equivoca ao estipular como prazo máximo convencionado pelas partes para sanar o vício o de 90 dias, sendo que na verdade esse prazo seria de 180 dias (art. 18, § 2º, do CDC). A alternativa "c" erra, pois nem sempre a responsabilidade do produto *in natura* será do fornecedor imediato, podendo esta regra ser ressalvada quando o produtor for identificado (art. 18, § 5º, do CDC). A alternativa "d" é equivocada, já que, caso um dos entes federativos tenha o conhecimento sobre a elevada periculosidade de um produto ou de um serviço, deverá informá-lo aos consumidores (art. 10, § 3º, do CDC).

38. "certo". O fornecedor, de forma geral, é responsável pelo produto ou serviço inserido no mercado de consumo, incluindo, assim, a informação nele presente, pois esta também é parte do produto consumido (art. 12, *caput*, do CDC). Assim, de nada adiantaria responsabilizar o fornecedor pelo produto em si mesmo sem se estender a garantia da informação e seu dever de ser bem prestada ao consumidor. A informação é direito básico e expresso do consumidor (art. 6º, III, do CDC).

39. "e". Todas as assertivas estão erradas. Vejamos: o item "I" erra, pois o produto é impróprio ao consumo se estiver com prazo de validade vencido, mesmo que não haja acarretado dano efetivo à saúde do consumidor (art. 18, § 6º, I, do CDC); o item "II" equivoca-se, pois incluiu a responsabilidade do profissional liberal, que é subjetiva (art. 14, § 4º, do CDC); o item "III" também erra, pois a ignorância dos vícios pelo fornecedor não o exime de responsabilidade (art. 23 do CDC).

40. "d". Nos termos do art. 19, § 2º, do CDC, a assertiva letra "d" reproduz exatamente o texto da lei no tocante à responsabilidade do fornecedor imediato em caso de pesagem irregular. A alternativa "a" está errada, pois a responsabilidade do comerciante pelo vício do produto é solidária (art. 18 do CDC). A letra "b" equivoca-se, pois, conforme previsto no art. 18, § 4º, do CDC, tendo o consumidor optado pela substituição do bem de consumo, e não sendo possível a troca pelo mesmo, poderá haver substituição por outro de espécie, marca ou modelo diversos, mediante complementação ou restituição de eventual diferença de preço. Por fim, a alternativa "c" também está errada, na medida em que a substituição imediata do bem poderá ocorrer quando a substituição das partes viciadas puder comprometer a qualidade ou características do produto, diminuir-lhe o valor ou se tratar de produto essencial (art. 18, § 3º, do CDC).

41. "a". Esta é a alternativa correta, nos termos do art. 10, § 3º, do CDC. A comunicação da periculosidade deverá ser imediata, conforme o art. 10, § 1º, do CDC, por isso o erro da alternativa "b". A letra "c" também erra ao atribuir os custos dos anúncios publicitários à União. Há responsabilidade, sim, pela explosão do aparelho, segundo determina o art. 12 do CDC, daí o equívoco da alternativa "d". A letra "e" erra, pois o art. 10, *caput*, do CDC determina a impossibilidade de se colocar no mercado de consumo produto ou serviço que sabe ou deveria saber apresentar alto grau de nocividade ou periculosidade à saúde ou segurança.

42. "d". Realmente, no caso apresentado, são consideradas consumidores todas as vítimas do evento danoso, nos termos do art. 17 do CDC.

43. "a". O único item correto é o III, nos termos do art. 12, *caput* e § 3º, do CDC. O item I falha, pois o fornecedor tem em regra o prazo de 30 dias para tentar sanar o vício do produto. O item II está errado na medida em que a responsabilidade do comerciante é subsidiária e não solidária para a posição dominante.

44. "errada". No caso apresentado pelo examinador, o fornecedor não pode ser responsabilizado, pois o prejuízo decorreu de culpa exclusiva do consumidor.

45. "a". No caso apresentado pelo examinador, cumpre ressaltar que o CDC prevê expressamente a necessária complementação do preço em sendo o produto substituto mais caro que o substituído (art. 18, § 4º, do CDC), por isso o erro da alternativa "a". A alternativa "b" está correta, nos termos do art. 18, § 5º, do CDC. A letra "c" está perfeitamente descrita segundo o disposto no art. 20, § 1º, do CDC. A alternativa "d" foi descrita nos mesmos moldes do art. 23 do CDC. A letra "e" está correta, nos termos do art. 21 do CDC.

46. "d". O item I está errado, pois só o vício do produto tem prazo de 30 dias para ser sanado, e esse prazo pode ser convencionado para no mínimo 7 e no máximo 180 dias, nos termos do art. 18, §§ 1º e 2º, do CDC. O item II também está errado, dentre outros motivos pelo fato de a responsabilidade do comerciante ser subsidiária e não solidária. O item III está correto nos termos do art. 18, § 5º, do CDC. O item IV também está correto, segundo dispõe o art. 20, § 1º, do Código do Consumidor.

47. "d". Conforme determina o art. 18 do CDC: "Os fornecedores de produtos de consumo duráveis ou não duráveis respondem solidariamente pelos vícios de qualidade ou quantidade que os tornem impróprios ou inadequados ao consumo a que se destinam ou lhes diminuam o valor, assim como por aqueles decorrentes da disparidade, com a indicações constantes do recipiente, da embalagem, rotulagem ou mensagem publicitária, respeitadas as variações decorrentes de sua natureza, podendo o consumidor exigir a substituição das partes viciadas".

6

GARANTIAS E PRAZOS DECADENCIAIS E PRESCRICIONAL NO CDC

6.1. INTROITO

As **garantias** previstas no Código de Defesa do Consumidor — legal e contratual — estão diretamente **relacionadas** com os **prazos decadenciais** previstos no mesmo diploma, razão pela qual optamos por trabalhar em conjunto ambos os temas de tamanha relevância prática nas relações jurídicas de consumo.

Questões a respeito da contagem do prazo da garantia legal, se deve ser adicionado ou incluído no prazo da garantia contratual, bem como se as causas obstativas da decadência possuem natureza suspensiva ou interruptiva, são apenas alguns dos temas polêmicos a serem tratados neste capítulo.

6.2. GARANTIAS NO CDC

O Código de Defesa do Consumidor prevê duas modalidades de garantia:

- garantia legal;
- garantia contratual.

Cada uma das modalidades de garantia previstas no Diploma Consumerista possui características distintas entre si, que serão pontuadas a partir do próximo subitem.

6.2.1. Garantia legal no CDC

O dispositivo da Lei n. 8.078/90 que trata da garantia legal é o **art. 24**, que prevê, *in verbis*: "A **garantia legal de adequação do produto ou serviço** independe de termo expresso, vedada a exoneração contratual do fornecedor". Trata-se de modalidade de garantia obrigatória a todos os produtos e serviços colocados no mercado de consumo, inclusive os usados, e independe de termo expresso.

Nos termos da citada disposição legal, a garantia **não poderá ser afastada por convenção** entre as partes envolvidas na relação de consumo, mesmo porque se trata de norma de ordem pública inderrogável pela vontade das partes.

Nesse tocante, entende o STJ:

■ RECURSO ESPECIAL — AÇÃO CIVIL COLETIVA — DIREITO DO CONSUMIDOR — DEVER DE INFORMAÇÃO — SENTENÇA *A QUO* QUE REPUTOU NECESSÁRIA A INSCRIÇÃO DO PRAZO DA GARANTIA LEGAL EM RÓTULOS E EMBALAGENS DE PRODUTOS — ARESTO ESTADUAL QUE AFASTOU TAL OBRIGAÇÃO. INSURGÊNCIA DA ASSOCIAÇÃO NACIONAL DE DEFESA DA CIDADANIA E DO CONSUMIDOR. 1. Alegada ausência de prequestionamento. Inocorrência. "O STJ admite o prequestionamento implícito nas hipóteses em que os pontos debatidos no Recurso Especial foram decididos no acórdão recorrido, sem explícita indicação dos artigos de lei que fundamentam a decisão." REsp 1345910/MG, Rel. Min. Herman Benjamin, 2ª Turma, *DJe* 31/10/2012. 2. Hipótese em que a agremiação nacional representativa dos interesses do consumidor pleiteou a inclusão do prazo da garantia legal nos rótulos/embalagens de lâmpadas de fabricação própria da empresa recorrida. Desnecessidade. Interpretação do art. 31 do Código de Defesa do Consumidor. Alcance do termo "garantia". Não abrangência da legal, mas, sim, da contratual. **3. O dever de o fornecedor assegurar informações corretas, claras e precisas na apresentação dos produtos e serviços ofertados no mercado de consumo (art. 31 da Lei n. 8.078/90) não contempla a obrigação de transcrever a garantia legal nos rótulos/embalagens, porquanto esta deflui diretamente da própria lei (art. 24 e 26 do CDC), a qual o ordenamento jurídico presume ser de conhecimento de todos ("ninguém se escusa de cumprir a lei, alegando que não a conhece" — art. 3º da Lei de Introdução do Direito Brasileiro).** 4. A norma em voga prescreve um rol mínimo de itens a serem informados pelo fabricante e comerciante, cujo objetivo é conferir dados suficientes ao consumidor, a fim de que possa emitir um juízo particularizado sobre o bem ou serviço que tenciona adquirir, destacando-se as condições e vantagens oferecidas, aí incluída a garantia contratual, e não a legal (30 ou 90 dias, conforme o caso), justamente por esta última decorrer do próprio sistema. 5. Recurso especial a que se nega provimento (REsp 1.067.530/SP, Rel. Ministro Marco Buzzi, 4ª T., *DJe* 10-6-2013).

Ademais, destaca-se que os **prazos** para reclamar a garantia legal são os **decadenciais** previstos no art. 26 do CDC, em breve analisados.

Características da garantia legal	■ é obrigatória; ■ independe de termo expresso; ■ vedada a exoneração do fornecedor.

■ 6.2.2. Garantia contratual no CDC

A segunda modalidade de garantia prevista no Código do Consumidor é a contratual, que está disciplinada em seu **art. 50:**

- ■ *Caput:* "A **garantia contratual** é **complementar à legal** e será conferida mediante **termo escrito**".
- ■ Parágrafo único: "O termo de garantia ou equivalente deve ser padronizado e esclarecer, de maneira adequada em que consiste a mesma garantia,

bem como a forma, o prazo e o lugar em que pode ser exercitada e os ônus a cargo do consumidor, devendo ser-lhe entregue, devidamente preenchido pelo fornecedor, no ato do fornecimento, acompanhado de manual de instrução, de instalação e uso do produto em linguagem didática, com ilustrações".

De fato, por ser modalidade de garantia contratual, conclui-se que possui natureza de **mera liberalidade** a sua concessão por parte do fornecedor, razão pela qual a lei somente a considerará numa relação de consumo mediante a existência de termo escrito.

Características da garantia contratual

- não é obrigatória;
- depende de termo expresso;
- é complementar à garantia legal.

O termo de garantia, por sua vez, deverá preencher os seguintes elementos:

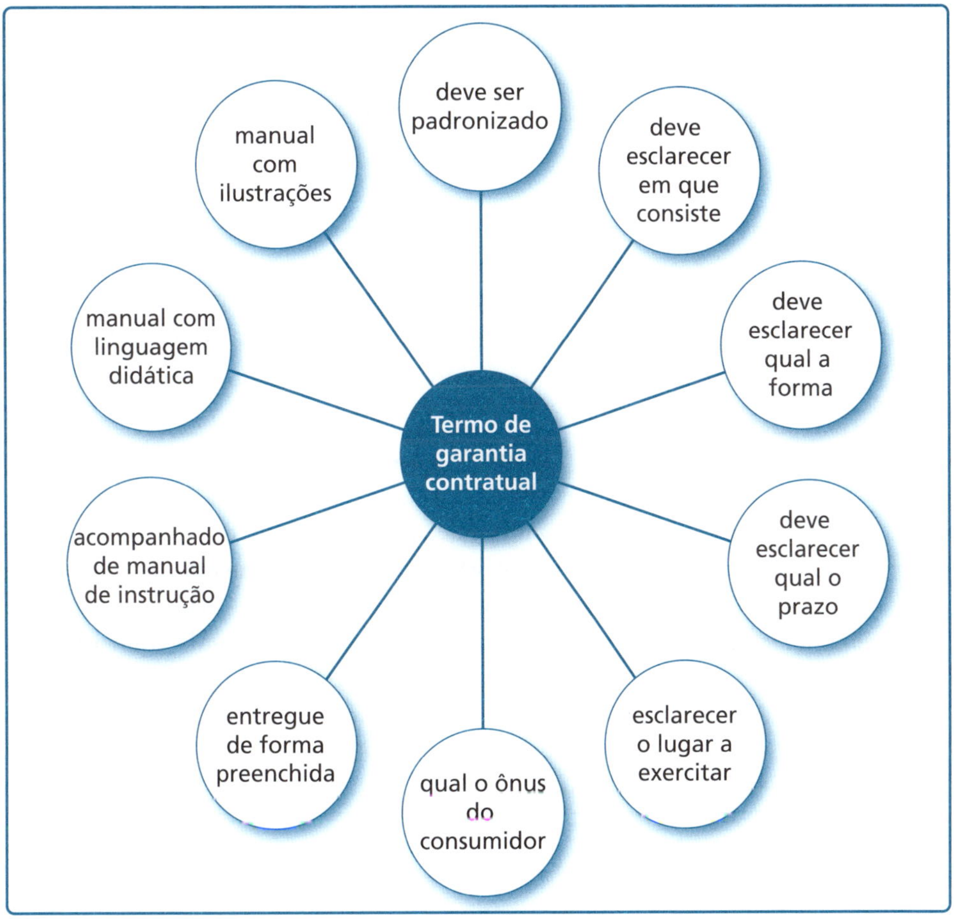

■ 6.2.2.1. *O alcance do conceito de a garantia contratual ser complementar à garantia legal*

Muito se discutiu na doutrina e na jurisprudência a respeito do alcance de o conceito da garantia contratual ser complementar à legal, conforme previsão expressa no *caput* do art. 50 do Código de Defesa do Consumidor.

O **questionamento** principal sempre girou em torno de saber se o **termo complementar significa somar os prazos** da garantia legal ao da contratual **ou se o prazo da garantia legal estaria inserido no lapso da garantia contratual**.

Primeira vertente: somam-se os prazos, por exemplo, de um ano da garantia contratual de uma TV — fornecida facultativamente pelo fornecedor — mais os noventa dias da garantia legal, prazo este previsto no art. 26 do CDC.

Segunda vertente: se a garantia contratual no exemplo é de um ano, os noventa dias da garantia legal já estariam aí incluídos.

Um ano → + → 90 dias Total de um ano e 90 dias →	*vs.*	Um ano, já incluídos os 90 dias →

Na **doutrina prevalece** o raciocínio de que se a lei estabelece que a garantia contratual é complementar à legal, significa que **os prazos devem ser somados**. Sobre o assunto, trazemos à colação posicionamentos doutrinários:

Bruno Miragem

"Esta relação de complementaridade deu fundamento a entendimento doutrinário e jurisprudencial, no sentido de que **os prazos de garantia não iniciariam, necessariamente**, sua contagem **no mesmo momento**, de modo a sobreporem-se, mas sim que a **garantia legal** (30 ou 90 dias) **só passaria a ser contada seu prazo após o esgotamento do prazo da garantia contratual**. Assim, por exemplo, sendo o prazo da garantia contratual de um produto durável de 1 (um) ano, somente após o esgotamento deste período é que passaria a ser contado o prazo da garantia legal de 90 (noventa) dias, somando-se um ano mais noventa dias."[1]

---

1 MIRAGEM, Bruno. *Curso de direito do consumidor*, p. 433-434.

Rizzatto Nunes

"Não temos dúvida, por isso, em afirmar que o sentido de *complementar* utilizado na redação do *caput* do art. 50 é o de que a garantia contratual vai até onde prever, e ao seu término tem início o prazo para o consumidor apresentar reclamação. Com isso, completamos o exame do *caput* do art. 26, para deixar consignado que o direito de o consumidor reclamar pelos vícios, quando se tratar de garantia contratual, caduca ao término do **tempo** estabelecido para **reclamação na norma**, cuja **contagem tem início ao final do termo de garantia contratual**."[2]

Sergio Cavalieri Filho

"Ora, como a garantia legal é independente da manifestação do fornecedor e a garantia contratual, de sua livre disposição, é complementar, tem se entendido que o prazo da primeira (garantia legal) começa a correr após esgotado o prazo da segunda (garantia contratual). Complementar é aquilo que complementa; indica algo que se soma, que aumenta o tempo da garantia legal. De acordo com esse entendimento, o prazo da garantia convencional começa a correr a partir da entrega do produto ou da prestação do serviço, enquanto o prazo da **garantia legal (30 ou 90 dias) tem por termo inicial o dia seguinte do último dia da garantia convencional**. (...) Corrobora esse entendimento o Código Civil de 2002, que, ao tratar dos vícios redibitórios, que guardam certa semelhança com os vícios do produto ou do serviço do CDC, dispõe no seu art. 446 que os prazos de decadência previstos no art. 445 'não correrão na constância de cláusula de garantia: mas o adquirente deve denunciar o defeito ao alienante nos 30 (trinta) dias seguintes ao seu descobrimento, sob pena de decadência'. Em outras palavras, havendo garantia convencional, o prazo prescricional para o exercício da redibição só começa a correr a partir do fim da garantia."[3]

O **Superior Tribunal de Justiça** também vem se posicionando no sentido de que os **prazos decadenciais** para a reclamação da garantia legal **não correm enquanto não expirar o prazo da garantia contratual: "O prazo de decadência para a reclamação de vícios do produto (art. 26 do CDC) não corre durante o período de garantia contratual**, em cujo curso o veículo foi, desde o primeiro mês da compra, reiteradamente apresentado à concessionária com defeitos" (REsp 547.794/PR, Rel. Ministra Maria Isabel Gallotti, 4ª T., *DJe* 22-2-2011).

Concordamos com a visão da doutrina apresentada que está consolidada na jurisprudência do STJ de que a melhor interpretação do alcance de garantia contratual ser complementar à legal é que os prazos não começam a correr do mesmo instante e devem, portanto, ser somados.

---

2 NUNES, Luiz Antonio Rizzatto. *Curso de direito do consumidor*, p. 394.

3 CAVALIERI FILHO, Sergio. *Programa de direito do consumidor*, p. 163-164.

■ 6.2.3. Garantia estendida

Na atualidade, é muito comum o oferecimento por parte do fornecedor direto de uma garantia estendida por um preço adicional. Alguns questionamentos surgem em relação ao tema, como se a prática é vedada pelo CDC, bem como quais seriam as vantagens da contratação de mais esse serviço.

Conforme já analisado, **todos os fornecedores** da cadeia de fornecimento, **inclusive o comerciante, respondem pelos vícios** do produto e do serviço.

Ademais, veremos adiante que não apenas os vícios aparentes recebem proteção do CDC, mas também os ocultos, e, pelo critério da vida útil do produto, inadequação surgida após o prazo de 90 dias e dentro da vida útil do produto também caracterizaria uma relação sob a égide da proteção da Lei n. 8.078/90.

Em resumo, não enxergamos vantagem na contratação desse tipo de serviço. No mesmo sentido é o pensamento de Leonardo Roscoe Bessa: "Portanto, não se vê qualquer vantagem em adquirir a garantia estendida. Se a contagem do prazo para reclamar dos vícios do produto for realizada corretamente — considerando o critério da vida útil —, o CDC já oferece proteção adequada e suficiente aos interesses do consumidor. É incorreto, inclusive, falar-se em extensão de garantia. Na prática, todavia, o consumidor possui dificuldades em fazer valer o critério da vida útil do produto, seja por desinformação muitas vezes dos próprios órgãos de proteção ao consumidor, seja por lhe faltar disposição de brigar por seus direitos na Justiça".[4]

Por fim, cumpre ressaltar que a Resolução do Conselho Nacional de Seguros Privados n. 296, de 25 de outubro de 2013, publicada no *Diário Oficial* em 28 outubro de 2013, dispõe sobre as regras e os critérios para operação do seguro de garantia estendida, quando da aquisição de bens ou durante a vigência da garantia do fornecedor, e dá outras providências.

■ 6.3. PRAZOS DECADENCIAIS NO CDC

Os prazos decadenciais estão previstos no **art. 26** do Código de Defesa do Consumidor e referem-se ao período de **tempo** que terá o consumidor para **reclamar os vícios** do produto ou do serviço, isto é, prazo para reclamar o descumprimento da garantia legal.

Dispõe o aludido dispositivo:

> O direito de reclamar pelos vícios aparentes ou de fácil constatação caduca em:
>
> I — trinta dias, tratando-se de fornecimento de serviço e de produtos não duráveis;
>
> II — noventa dias, tratando-se de fornecimento de serviço e de produtos duráveis.

[4] BENJAMIN, Antônio Herman de V.; MARQUES, Claudia Lima; BESSA, Leonardo Roscoe. *Manual de direito do consumidor,* p. 202.

Nos termos citados, o Diploma Consumerista prevê **dois prazos decadenciais** distintos, a depender da natureza do bem de consumo viciado:

- produtos ou serviços **não duráveis** = prazo decadencial de **30 dias**;
- produtos ou serviços **duráveis** = prazo decadencial de **90 dias**.

Destaca-se inicialmente que os **prazos decadenciais relacionam-se à reclamação de vícios**, enquanto o **prazo prescricional** no CDC refere-se ao **acidente de consumo**, conforme veremos logo mais ao analisarmos o art. 27 da Lei n. 8.078/90.

Na visão de Rizzatto Nunes, "**Produto durável** é aquele que, como o próprio nome diz, **não se extingue com o uso**. Ele dura, leva tempo para se desgastar".[5] São exemplos de produtos duráveis a TV, uma geladeira, um carro, ou até um vestido de noiva, na visão do STJ.[6] Já o **produto não durável** "é aquele que se **acaba com o uso**".[7] É o caso de uma bebida ou de um alimento.

O mesmo raciocínio poderemos aplicar quando da distinção entre serviços duráveis e não duráveis, com a observação de que **a durabilidade dos serviços** será calculada no **tempo** em que irá **perdurar o resultado** da atividade desempenhada, e não no período que levou para efetivar sua prestação.

Nesse sentido, é a lição de Leonardo Roscoe Bessa, para quem em "relação aos serviços, a durabilidade concerne ao resultado e não ao tempo de duração da atividade desenvolvida pelo fornecedor".[8]

Assim, pouco importa se o funileiro vai demorar cinco horas ou cinco dias para desamassar e pintar um veículo, pois se trata de atividade com natureza de serviço durável em relação ao resultado esperado.

Estes são os prazos para reclamar a garantia legal. Mas, e a **garantia contratual**, qual o **prazo para a reclamação** desta, tendo em vista o silêncio do Código do Consumidor a respeito do tema?

Concordamos com a posição já manifestada pelo **Superior Tribunal de Justiça** no sentido de realizar uma interpretação sistemática para aplicar por

---

[5] NUNES, Luiz Antonio Rizzatto. *Curso de direito do consumidor*, p. 92.

[6] "O vestuário representa produto durável por natureza, porque não se exaure no primeiro uso ou em pouco tempo após a aquisição, levando certo tempo para se desgastar, mormente quando classificado como artigo de luxo, a exemplo do vestido de noiva, que não tem uma razão efêmera. O bem durável é aquele fabricado para servir durante determinado transcurso temporal, que variará conforme a qualidade da mercadoria, os cuidados que lhe são emprestados pelo usuário, o grau de utilização e o meio ambiente no qual inserido. Por outro lado, os produtos 'não duráveis' extinguem-se em um único ato de consumo, porquanto imediato o seu desgaste" (REsp 1.161.941/DF, Rel. Ministro Ricardo Villas Bôas Cueva, 3ª T., *DJe* 14-11-2013).

[7] NUNES, Luiz Antonio Rizzatto. *Curso de direito do consumidor*, p. 93.

[8] BENJAMIN, Antônio Herman de V.; MARQUES, Claudia Lima; BESSA, Leonardo Roscoe. *Manual de direito do consumidor*, p. 190.

analogia os **prazos do art. 26**, que se referem à garantia legal, ao descumprimento da garantia contratual: **"Diferentemente do que ocorre com a garantia legal contra vícios de adequação, cujos prazos de reclamação estão contidos no art. 26 do CDC, a lei não estabelece prazo de reclamação para a garantia contratual. Nessas condições, uma interpretação teleológica e sistemática do CDC permite integrar analogicamente a regra relativa à garantia contratual, estendendo-lhe os prazos de reclamação atinentes à garantia legal, ou seja, a partir do término da garantia contratual, o consumidor terá 30 (bens não duráveis) ou 90 (bens duráveis) dias para reclamar por vícios de adequação surgidos no decorrer do período desta garantia"** (REsp 967.623/RJ, Rel. Ministra Nancy Andrighi, 3ª T., *DJe* 29-6-2009).

Trata-se mais uma vez da confirmação da tese de que os prazos das garantias contratual e legal não possuem termo inicial juntos, isto é, devem somar-se, conforme já analisado.

■ 6.3.1. Início da contagem dos prazos decadenciais

O Código de Defesa do Consumidor estabelece em seu art. 26, *caput*, c.c. o § 1º do mesmo dispositivo, que se o vício for de fácil constatação ou aparente inicia-se a contagem do prazo a partir da entrega efetiva do produto ou do término da execução do serviço. Por outro lado, tratando-se de vício oculto, o prazo decadencial inicia-se a partir do momento em que ficar evidenciado o problema (art. 26, § 3º, do CDC).

Vício de fácil constatação	■ Início do prazo a partir da entrega do produto. ■ Início do prazo a partir do fim da execução do serviço.
Vício oculto	■ Início do prazo a partir do momento em que ficar evidenciado o "defeito" — tecnicamente, vício.

A questão polêmica nesse tocante consiste em saber se, enquanto não aparecer o **vício oculto**, não começa a contar o prazo decadencial, estaríamos diante de uma **"garantia legal do CDC eterna"**?[9]

A indagação é de suma importância, pois imaginem um vício num veículo automotor que resolva aparecer vinte anos após a aquisição do bem. Será que neste caso, após vinte anos, seria possível falar em início da contagem do prazo decadencial em razão do surgimento de um vício oculto?

---

9 MARQUES, Claudia Lima. *Contratos no Código de Defesa do Consumidor:* o novo regime das relações contratuais, p. 1197.

Compartilhamos os ensinamentos de Claudia Lima Marques ao responder que não, "**os bens de consumo possuem uma durabilidade determinada**. É a chamada **vida útil** do produto".[10] Como exemplo, a autora fez alusão à durabilidade de cinco anos de um aparelho de DVD.

Esta também foi a visão do Superior Tribunal de Justiça ao julgar o Recurso Especial 1.123.004 no final do ano de 2011: **"De fato, conforme premissa de fato fixada pela corte de origem, o vício do produto era oculto. Nesse sentido, o *dies a quo* do prazo decadencial de que trata o art. 26, § 3º, do Código de Defesa do Consumidor é a data em ficar evidenciado o aludido vício, ainda que haja uma garantia contratual, sem abandonar, contudo, o critério da vida útil do bem durável, a fim de que o fornecedor não fique responsável por solucionar o vício eternamente. A propósito, esta Corte já apontou nesse sentido"** (REsp 1.123.004/DF, Rel. Ministro Mauro Campbell Marques, 2ª T., *DJe* 9-12-2011).

Sobre o tema critério da vida útil de um bem de consumo, vale lembrar que o consumidor que adquire um **produto usado** no mercado de consumo também estará protegido pelas regras do Código de Defesa do Consumidor, conforme ementa do STJ:

> **AÇÃO DE INDENIZAÇÃO. COMPRA E VENDA DE VEÍCULO USADO. VÍCIO DE QUALIDADE DO PRODUTO. ARTIGO 18, § 1º, DO CÓDIGO DE DEFESA DO CONSUMIDOR. DANOS MATERIAIS. RESPONSABILIDADE OBJETIVA DO FORNECEDOR. CÁLCULO DOS JUROS DE MORA** (REsp 760.262/DF, Rel. Ministro Sidnei Beneti, 3ª T., *DJe* 15-4-2008).

No entanto, deve-se levar em consideração o tempo de vida do bem para analisar a existência ou não de um vício, bem como para que o fornecedor não seja responsabilizado pela eternidade.

6.3.2. Causas obstativas da decadência

Dispõe o art. 26, § 2º, do CDC:

> § 2º Obstam a decadência:
>
> I — a reclamação comprovadamente formulada pelo consumidor perante o fornecedor de produtos e serviços até a resposta negativa correspondente, que deve ser transmitida de forma inequívoca;
>
> II — (Vetado).
>
> III — a instauração de inquérito civil, até seu encerramento.

[10] MARQUES, Claudia Lima. *Contratos no Código de Defesa do Consumidor:* o novo regime das relações contratuais, p. 1197.

Causas obstativas da decadência	■ da reclamação do consumidor até a resposta negativa do fornecedor; ■ a instauração de inquérito civil até o seu encerramento.

A reclamação obstativa da decadência, prevista no art. 26, § 2º, I, do CDC, **pode ser feita documentalmente ou verbalmente**. Esse foi o entendimento do Superior Tribunal de Justiça no julgamento do REsp 1.442.597/DF:

> DIREITO DO CONSUMIDOR E PROCESSUAL CIVIL. RECURSO ESPECIAL. AÇÃO REDIBITÓRIA. RECLAMAÇÃO QUE OBSTA A DECADÊNCIA. COMPROVAÇÃO PELO CONSUMIDOR. POSSIBILIDADE DE DAR-SE DOCUMENTALMENTE OU VERBALMENTE. PLEITO DE PRODUÇÃO DE PROVA TESTEMUNHAL. JULGAMENTO ANTECIPADO DA LIDE. CERCEAMENTO DE DEFESA. OCORRÊNCIA. 1. Ação ajuizada em 22-6-2012. Recurso especial concluso ao gabinete em 5-9-2016. Julgamento: CPC/73. 2. O propósito recursal é definir i) se a reclamação, prevista no art. 26, § 2º, I, do CDC, hábil a obstar a decadência do direito do consumidor de reclamar pelos vícios do produto, pode ser feita de forma verbal ou somente de forma documental e ii) consequentemente, se houve cerceamento de defesa à recorrente, em virtude do indeferimento da produção de prova testemunhal requerida. 3. A lei não preestabelece uma forma para a realização da reclamação, exigindo apenas comprovação de que o fornecedor tomou ciência inequívoca quanto ao propósito do consumidor de reclamar pelos vícios do produto ou serviço. 4. **A reclamação obstativa da decadência, prevista no art. 26, § 2º, I, do CDC, pode ser feita documentalmente – por meio físico ou eletrônico – ou mesmo verbalmente – pessoalmente ou por telefone – e, consequentemente, a sua comprovação pode dar-se por todos os meios admitidos em direito.** 5. Admitindo-se que a reclamação ao fornecedor pode dar-se pelas mais amplas formas admitidas, sendo apenas exigível ao consumidor que comprove a sua efetiva realização, inviável o julgamento antecipado da lide, quando este pleiteou a produção de prova oral para tal desiderato. Ocorrência de cerceamento de defesa. 6. Recurso especial conhecido e provido (REsp 1.442.597/DF, Rel. Min. Nancy Andrighi, 3ª T., *DJe* 30-10-2017).

O inciso vetado previa como causa obstativa "a reclamação formalizada perante os órgãos ou entidades com atribuições de defesa do consumidor, pelo prazo de noventa dias". As razões do veto voltaram-se basicamente para "a ameaça à estabilidade das relações jurídicas, pois atribui a entidade privada função reservada, por sua própria natureza, aos agentes públicos".[11]

---

[11] Disponível em: <https://www.planalto.gov.br/ccivil_03/Leis/Mensagem_Veto/anterior_98/vep664-L8078-90.htm>. Acesso em: 3 dez. 2016.

Reclamação perante órgão/entidade de defesa do consumidor não obsta a decadência.

Com efeito, ressalta-se que o **tema mais polêmico** a respeito do dispositivo ora analisado consiste em saber qual a **natureza** dessas causas obstativas, **se interruptivas ou suspensivas do prazo decadencial**.

O assunto é de importância ímpar, pois, se considerarmos como interruptivas tais causas, o prazo decadencial recomeça do zero. Assim, no exemplo em que o consumidor venha a formalizar sua reclamação de vício num produto durável perante o fornecedor no 89º dia, após a resposta negativa e inequívoca deste, o prazo de 90 dias recomeçaria do início.

Por outro lado, entendendo tratar-se de causas suspensivas, terminado o prazo decadencial voltará a correr de onde parou — se reclamou no 89º dia, o prazo decadencial terminaria em apenas mais um dia.

Na **doutrina, há divergência** a respeito da natureza das causas obstativas da decadência, com uma **tendência majoritária** aos que defendem tratar-se de **causas suspensivas** do prazo decadencial. A seguir, alguns posicionamentos sobre o tema polêmico:

ZELMO DENARI	"Ora, se a reclamação ou o inquérito civil paralisam o curso decadencial durante um lapso de tempo (até a resposta negativa ou o encerramento do inquérito), **parece intuitivo que o propósito do legislador não foi interromper, mas suspender o curso decadencial**. Do contrário, não teria estabelecido um hiato, com previsão de um termo final *(dies a quo)*, mas, simplesmente, um ato interruptivo. Assim sendo, exaurido o intervalo obstativo, vale dizer, suspensivo, a decadência retoma o seu curso até completar o prazo de 30 ou 90 dias, legalmente previsto."[12]
CAVALIERI FILHO	"Diferentemente da doutrina tradicional e majoritária, que não admite a interrupção nem a suspensão do prazo decadencial, o **Código do Consumidor prevê duas causas de suspensão**. Obstam à decadência (art. 26, § 2º) a reclamação comprovadamente formulada pelo consumidor perante o fornecedor de produto e serviços até a resposta negativa correspondente, que deve ser transmitida de forma inequívoca, e a instauração do inquérito civil, até seu encerramento. Obstar significa impedir, embaraçar, estorvar. Desse modo, **as causas enumeradas nesse dispositivo impedem a decadência, isto é, o prazo não começa a correr.**"[13]
RIZZATTO NUNES	"Para fugir da discussão — especialmente doutrinária — a respeito da possibilidade ou não de que um prazo decadencial pudesse suspender-se ou não, interromper-se ou não, o legislador, inteligentemente, lançou mão do verbo 'obstar'. (...)No entanto, antecipamos nosso entendimento de que **tais causas não são nem suspensivas nem interruptivas**. A melhor maneira de entender o efeito da reclamação é relacioná-la aos direitos consequentes da não resolução do problema apresentado pelo consumidor na reclamação. Daí achamos que — conforme se verá adiante — a reclamação formulada no prazo tem efeito constitutivo do direito consequente do consumidor."[14]

[12] GRINOVER, Ada Pellegrini; BENJAMIN, Antônio Herman de V.; FINK, Daniel Roberto; FILOMENO, José Geraldo Brito; NERY JR., Nelson; DENARI, Zelmo. *Código Brasileiro de Defesa do Consumidor*, p. 247.

[13] CAVALIERI FILHO, Sergio. *Programa de direito do consumidor*, p. 337.

[14] NUNES, Luiz Antonio Rizzatto. *Curso de direito do consumidor*, p. 196.

SCARTEZZINI GUIMARÃES	"**Feita a reclamação, o prazo fica interrompido até o recebimento da resposta negativa dada pelo fornecedor.** Isso significa que, enquanto o consumidor não a receber, o prazo não terá novo início. Também não voltará a correr o prazo se o fornecedor, reconhecendo o problema e se comprometendo a saná-lo, assim não agir."[15]

Apesar de a interpretação mais favorável ao consumidor ser aquela que entende tratar-se de causas interruptivas da decadência, compreendemos que a *mens legis* coloca-se no sentido de serem causas suspensivas do prazo decadencial, na medida em que o legislador fixou dois marcos:

- marco inicial$_1$ — a reclamação formulada pelo consumidor; e
- marco final$_1$ — a resposta negativa do fornecedor.
- marco inicial$_2$ — a instauração do inquérito civil; e
- marco final$_2$ — o respectivo encerramento.

6.4. PRAZO PRESCRICIONAL NO CDC

O prazo prescricional previsto no **art. 27** do Código de Defesa do Consumidor **refere-se ao acidente de consumo**, nos termos da seguinte previsão: "**Prescreve em cinco anos** a pretensão à reparação pelos **danos causados por fato do produto ou do serviço** prevista na Seção II deste Capítulo, iniciando-se a contagem do prazo a partir do conhecimento do dano e de sua autoria".

Conforme visto no capítulo anterior, fato do produto ou do serviço nada mais é do que o acidente de consumo decorrente de produto ou de serviço defeituosos.[16]

Início do prazo prescricional	A contagem do prazo prescricional de 5 anos inicia-se a partir do conhecimento do dano e de sua autoria.

[15] SCARTEZZINI GUIMARÃES, Paulo José. *Vícios do produto e do serviço por qualidade, quantidade e insegurança:* cumprimento imperfeito do contrato. São Paulo: RT, 2004, p. 399-400. Apud BENJAMIN, Antônio Herman de V.; MARQUES, Claudia Lima; BESSA, Leonardo Roscoe. *Manual de direito do consumidor,* p. 196.

[16] O STJ entendeu no julgamento do REsp 1.225.883, *DJe* 10-4-2014, que: "1. Demanda indenizatória movida por correntista contra instituição financeira em face da entrega talonário de cheques a terceiro, com a emissão de várias cártulas devolvidas, gerando a sua inscrição indevida em órgãos de proteção ao crédito. 2. Caracterização do fato do serviço, disciplinado no art. 14 do CDC, em face da defeituosa prestação de serviço pela instituição bancária, não atendendo à segurança legitimamente esperada pelo consumidor. 3. Aplicação do prazo prescricional previsto no art. 27 do CDC".

Cotejando o prazo prescricional com os prazos decadenciais, encontraremos o seguinte quadro:

PRESCRIÇÃO	DECADÊNCIA
Prazo	Prazos
■ 5 anos	■ 30 dias — produtos/serviços não duráveis; ■ 90 dias — produtos/serviços duráveis.
■ Fato do produto ou do serviço — acidente de consumo	■ Vício do produto ou do serviço — mera inadequação aos fins esperados

■ 6.4.1. Prazo prescricional no CDC e na Convenção de Varsóvia

Segundo pontuado no Capítulo 4 deste livro, caso relevante e discutido na oportunidade referia-se a eventual **conflito entre o CDC e a Convenção de Varsóvia** (modificada pela Convenção de Montreal), da qual o Brasil é signatário, disciplinadora das regras do transporte aéreo internacional.

Destaca-se nesse momento do presente trabalho que a discussão não se limita à questão relacionada à possibilidade ou não da tarifação da indenização oriunda dos danos decorrentes da falha na prestação desse serviço, conforme exaustivamente trabalhado no capítulo pretérito.

O tema afeto ao **prazo prescricional** também é polêmico, pois na aludida **Convenção estipula-se um período de 2 anos**[17] para a prescrição da pretensão, enquanto no **Código do Consumidor o prazo é de 5 anos**. Nesse contexto, qual norma deverá prevalecer?

O Supremo Tribunal Federal no ano de 2006 entendeu pelo prevalecimento do prazo prescricional de dois anos da Convenção de Varsóvia sob o fundamento de que nos termos do art. 178 da Constituição Federal[18] devem-se observar os acordos firmados pela União no tocante ao transporte aéreo internacional:

> PRAZO PRESCRICIONAL. CONVENÇÃO DE VARSÓVIA E CÓDIGO DE DEFESA DO CONSUMIDOR. 1. O art. 5º, § 2º, da Constituição Federal se refere a tratados internacionais relativos a direitos e garantias fundamentais, matéria não objeto da Convenção de Varsóvia, que trata da limitação da responsabilidade

[17] Art. 29 da Convenção de Varsóvia (Decreto n. 20.704/1931): "(1) A ação de responsabilidade deverá intentar-se, sob pena de caducidade, dentro do prazo de dois anos, a contar da data de chegada, ou do dia, em que a aeronave devia ter chegado a seu destino, ou do da interrupção do transporte. (2) O prazo será computado de acordo com a lei nacional do tribunal que conhecer da questão".

[18] Constituição Federal — "Art. 178. A lei disporá sobre a ordenação dos transportes aéreo, aquático e terrestre, devendo, quanto à ordenação do transporte internacional, observar os acordos firmados pela União, atendido o princípio da reciprocidade (Redação dada pela Emenda Constitucional n. 7, de 1995)".

> civil do transportador aéreo internacional. 2. **Embora válida a norma do Código de Defesa do Consumidor quanto aos consumidores em geral, no caso específico de contrato de transporte internacional aéreo, com base no art. 178 da Constituição Federal de 1988, prevalece a Convenção de Varsóvia, que determina prazo prescricional de dois anos.** 3. Recurso provido (RE 297.901/RN, Rel. Ministra Ellen Gracie, 2ª T., *DJ* 31-3-2006).

Apesar do teor da decisão de 2006 *supra*, o **Pretório Excelso** se manifestou em julgamentos posteriores pelo **prevalecimento dos direitos insertos no Código de Defesa do Consumidor** quando confrontados com as previsões da Convenção de Varsóvia. Apesar de não se referir especificamente ao prazo prescricional, identificamos no julgado *infra* aquilo que poderia representar uma **tendência do STF em relação ao assunto** que conflitos possíveis e imagináveis entre o CDC e a aludida Convenção internacional: **"Afastam-se as normas especiais do Código Brasileiro da Aeronáutica e da Convenção de Varsóvia quando implicarem retrocesso social ou vilipêndio aos direitos assegurados pelo Código de Defesa do Consumidor"** (RE 351.750/RJ, Rel. Ministro Marco Aurélio, Rel. p/ Acórdão Ministro Carlos Britto, 1ª T., *DJe* 24-9-2009).

A jurisprudência do **Superior Tribunal de Justiça sempre foi no sentido de refutar o prazo prescricional da Convenção de Varsóvia** e do **Código Brasileiro de Aeronáutica** em razão dos prejuízos decorrentes do transporte aéreo internacional ou nacional, respectivamente, **prevalecendo**, em última análise, o **prazo de 5 anos** nos termos propostos pelo **CDC no art. 27: "A decisão da Corte local, que aplicou o prazo prescricional de cinco anos, nos termos do Código de Defesa do Consumidor, em detrimento do prazo previsto na Convenção de Varsóvia, está em harmonia com a jurisprudência desta Corte"** (AgRg no AREsp 96.109/MG, Rel. Ministro Luis Felipe Salomão, 4ª T., *DJe* 14-5-2012).[19]

---

[19] No mesmo sentido, STJ no seguinte julgamento: "DIREITO CIVIL. RECURSO ESPECIAL. RESPONSABILIDADE CIVIL DE TRANSPORTADOR AÉREO PERANTE TERCEIROS EM SUPERFÍCIE. PRETENSÃO DE RESSARCIMENTO POR DANOS MATERIAIS E MORAIS. PRAZO PRESCRICIONAL. CÓDIGO BRASILEIRO DE AERONÁUTICA AFASTADO. INCIDÊNCIA DO CDC.

1. O Código Brasileiro de Aeronáutica não se limita a regulamentar apenas o transporte aéreo regular de passageiros, realizado por quem detém a respectiva concessão, mas todo serviço de exploração de aeronave, operado por pessoa física ou jurídica, proprietária ou não, com ou sem fins lucrativos, de forma que seu art. 317, II, não foi revogado e será plenamente aplicado, desde que a relação jurídica não esteja regida pelo CDC, cuja força normativa é extraída diretamente da CF (5º, XXXII).

2. Demonstrada a existência de relação de consumo entre o transportador e aqueles que sofreram o resultado do evento danoso (consumidores por equiparação), configurado está o fato do

O **Supremo Tribunal Federal reconheceu a repercussão geral** do tema no AI 762.184/RJ, nos seguintes termos: "Extravio de bagagem. **Limitação de danos materiais e morais. Convenção de Varsóvia. Código de Defesa do Consumidor. Princípio constitucional da indenizabilidade irrestrita. Norma prevalecente. Relevância da questão. Repercussão geral reconhecida.** Apresenta repercussão geral o recurso extraordinário que verse sobre a possibilidade de limitação, com fundamento na Convenção de Varsóvia, das indenizações de danos morais e materiais, decorrentes de extravio de bagagem" (Rel. Ministro Cezar Peluso, *DJe* 18-12-2009).

Em 16 de março de 2011 houve a substituição do paradigma em sede de repercussão geral, deixando de ser Agravo de Instrumento n. 762.184 e passando para Recurso Extraordinário n. 636.331. No ano de 2017, mais precisamente no dia 25 de maio, o Plenário do Supremo Tribunal Federal entendeu por maioria de votos pelo prevalecimento da Convenção de Varsóvia, alterada pela Convenção de Montreal, em detrimento do Código de Defesa do Consumidor. Eis a Ementa:

> Recurso extraordinário com repercussão geral. 2. Extravio de bagagem. Dano material. Limitação. Antinomia. Convenção de Varsóvia. Código de Defesa do Consumidor. 3. Julgamento de mérito. É aplicável o limite indenizatório estabelecido na Convenção de Varsóvia e demais acordos internacionais subscritos pelo Brasil, em relação às condenações por dano material decorrente de extravio de bagagem, em voos internacionais. 5. Repercussão geral. **Tema 210. Fixação da tese: "Nos termos do art. 178 da Constituição da República, as normas e os tratados internacionais limitadores da responsabilidade das transportadoras aéreas de passageiros, especialmente as Convenções de Varsóvia e Montreal, têm prevalência em relação ao Código de Defesa do Consumidor".** 6. Caso concreto. Acórdão que aplicou o Código de Defesa do Consumidor. Indenização superior ao limite previsto no art. 22 da Convenção de Varsóvia, com as modificações efetuadas pelos acordos internacionais posteriores. Decisão recorrida reformada, para reduzir o valor da condenação por danos materiais, limitando-o ao patamar estabelecido na legislação internacional. 7. Recurso a que se dá provimento (RE 636.331/RJ, Rel. Ministro Gilmar Mendes, Plenário, j. 25-5-2017, *DJe* 13-11-2017).

Na mesma data o **STF também entendeu, em sede de repercussão geral, pelo prevalecimento da Convenção de Varsóvia no tocante ao prazo prescricional de dois anos em face dos cinco anos previstos no CDC:**

---

serviço, pelo qual responde o fornecedor, à luz do art. 14 do CDC, incidindo, pois, na hipótese, o prazo prescricional quinquenal previsto no seu art. 27.

3. Recurso especial conhecido e desprovido" (REsp 1.202.013/SP, Rel. Ministra Nancy Andrighi, 3ª T., j. 18-6-2013, *DJe* 27-6-2013).

> Direito do consumidor. Transporte aéreo internacional. Conflito entre lei e tratado. Indenização. **Prazo prescricional previsto em convenção internacional. Aplicabilidade.** 1. Salvo quando versem sobre direitos humanos, os tratados e convenções internacionais ingressam no direito brasileiro com *status* equivalente ao de lei ordinária. Em princípio, portanto, as antinomias entre normas domésticas e convencionais resolvem-se pelos tradicionais critérios da cronologia e da especialidade. 2. Nada obstante, **quanto à ordenação do transporte internacional, o art. 178 da Constituição estabelece regra especial de solução de antinomias, no sentido da prevalência dos tratados sobre a legislação doméstica, seja ela anterior ou posterior àqueles. Essa conclusão também se aplica quando o conflito envolve o Código de Defesa do Consumidor.** 3. Tese afirmada em sede de repercussão geral: "Nos termos do art. 178 da Constituição da República, as normas e os tratados internacionais limitadores da responsabilidade das transportadoras aéreas de passageiros, especialmente as Convenções de Varsóvia e Montreal, têm prevalência em relação ao Código de Defesa do Consumidor". 4. Recurso extraordinário provido (ARE 766.618/SP, Rel. Min. Roberto Barroso, Plenário, j. 25-5-2017, *DJe* 13-11-2017).

6.4.2. Prazo prescricional do Código Civil no caso de inadimplemento contratual

Acima foi exposto que o prazo prescricional previsto no Código de Defesa do Consumidor refere-se ao acidente de consumo em razão da existência de produto ou de serviço defeituosos. Assim, em **qualquer outra situação que não envolva acidente de consumo deverá prevalecer o prazo prescricional disposto no Código Civil**.

Esta é a posição predominante no **Superior Tribunal de Justiça**, muito bem demonstrada nos julgados envolvendo o reconhecimento do **prazo prescricional ânuo do Código Civil** no tocante à pretensão do consumidor em propor **ação de cobrança de valor complementar de indenização securitária**.

Dentre suas decisões, destacamos o Recurso Especial 574.947/BA, de relatoria da Ministra Nancy Andrighi, da Segunda Seção, nos seguintes termos: "**O não cumprimento das obrigações por parte do segurador consistentes no ressarcimento dos danos sofridos pelo segurado constitui inadimplemento contratual, e não fato do serviço**. Caracterizada a inexecução contratual, **é ânuo o prazo prescricional** para ação de cobrança de valor complementar de indenização securitária" (*DJ* 28-6-2004).[20]

[20] No mesmo sentido, STJ em decisão proferida no ano de 2012: "DIREITO CIVIL. CONTRATO DE SEGURO DE VIDA EM GRUPO. AÇÃO DE COBRANÇA DE DIFERENÇA DE INDENIZA-

Muito cuidado se o tema envolver contrato de plano/seguro saúde e tiver por objeto a pretensão condenatória decorrente da declaração de nulidade de cláusula de reajuste nele prevista. Nesse caso a prescrição será trienal e não ânua, conforme a regra acima apresentada. Esse o entendimento do Superior Tribunal de Justiça no julgamento do REsp 1.360.969/RS, pelo regime de recurso repetitivo:

> "1. RECURSO ESPECIAL REPRESENTATIVO DE CONTROVÉRSIA. CIVIL. CONTRATO DE PLANO OU SEGURO DE ASSISTÊNCIA À SAÚDE. PRETENSÃO DE NULIDADE DE CLÁUSULA DE REAJUSTE. ALEGADO CARÁTER ABUSIVO. CUMULAÇÃO COM PRETENSÃO DE RESTITUIÇÃO DOS VALORES PAGOS INDEVIDAMENTE. EFEITO FINANCEIRO DO PROVIMENTO JUDICIAL. AÇÃO AJUIZADA AINDA NA VIGÊNCIA DO CONTRATO. NATUREZA CONTINUATIVA DA RELAÇÃO JURÍDICA. DECADÊNCIA. AFASTAMENTO. PRAZO PRESCRICIONAL TRIENAL. ART. 206, § 3º, IV, DO CÓDIGO CIVIL DE 2002. PRETENSÃO FUNDADA NO ENRIQUECIMENTO SEM CAUSA. 2. CASO CONCRETO: ENTENDIMENTO DO TRIBUNAL *A QUO* CONVERGE COM A TESE FIRMADA NO REPETITIVO. PRESCRIÇÃO TRIENAL. ENRIQUECIMENTO SEM CAUSA. PEDIDO DE RECONHECIMENTO DA PRESCRIÇÃO ÂNUA PREVISTA NO ART. 206, § 1º, II DO CC/2002. AFASTAMENTO. RECURSO ESPECIAL A QUE SE NEGA PROVIMENTO. (...) 10. Para os efeitos do julgamento do recurso especial repetitivo, fixa-se a seguinte tese: Na vigência dos contratos de plano ou de seguro de assistência à saúde, a pretensão condenatória decorrente da declaração de nulidade de cláusula de reajuste nele prevista prescreve em 20 anos (art. 177 do CC/1916) ou em 3 anos (art. 206, § 3º, IV, do CC/2002), observada a regra de transição do art. 2.028 do CC/2002 (REsp 1.360.969/RS, Rel. Ministro Marco Aurélio Bellizze, Segunda Seção, *DJe* 19-9-2016).[21-22]

ÇÃO SECURITÁRIA. PRESCRIÇÃO. TERMO INICIAL. 1. **O prazo prescricional ânuo (art. 178, § 6º, II, do CC/1916) para o ajuizamento da ação de cobrança de diferença de indenização securitária tem início na data da ciência inequívoca do pagamento incompleto ou a menor. Precedentes do STJ.** 2. O depósito do valor relativo à indenização securitária, mesmo depois de decorrido longo período da ocorrência do sinistro, configura reconhecimento da obrigação. 3. No caso concreto, o pagamento foi realizado em 22-11-2001 (fl. 21) e a ação de cobrança, ajuizada para recebimento da diferença correspondente à referida indenização, protocolizada em 9-7-2002 (fl. 2), portanto dentro do prazo prescricional ânuo. 4. Recurso especial provido para afastar a prescrição e determinar que o Tribunal local prossiga no exame das demais questões articuladas no recurso de apelação" (REsp 831.543/RJ, Rel. Ministro Antonio Carlos Ferreira, 4ª T., *DJe* 2-8-2012).

21 O mesmo entendimento foi proferido pelo STJ no REsp 1.361.182/RS, também em regime de repercussão geral, sendo fixada a mesma tese.

22 O Superior Tribunal de Justiça fez proposta de incidente de assunção de competência no REsp 1.303.374/ES a fim de uniformizar o entendimento acerca da seguinte controvérsia: Prazo anual de prescrição em todas as pretensões que envolvam interesses de segurado e segurador em contrato de

■ 6.4.3. Prazo prescricional do Código Civil no caso de cobrança indevida

O mesmo raciocínio vale no tocante ao prazo para a repetição do indébito em caso de cobrança indevida, nos termos do parágrafo único do art. 42 do CDC, que estabelece: "O consumidor cobrado em quantia indevida tem direito à repetição do indébito, por valor igual ao dobro do que pagou em excesso, acrescido de correção monetária e juros legais, salvo hipótese de engano justificável".[23]

Sobre o tema, o **Superior Tribunal de Justiça** vem compreendendo que, por se tratar de **cobrança indevida e não de acidente de consumo**, o **prazo prescricional** a prevalecer no caso é o do **Código Civil**, e não o do CDC, que se refere ao acidente de consumo — fato do produto ou do serviço.

- **"A incidência da regra de prescrição prevista no art. 27 do CDC tem como requisito essencial a formulação de pedido de reparação de danos causados por fato do produto ou do serviço, o que não ocorreu na espécie. Ante a ausência de disposições no CDC acerca do prazo prescricional aplicável à prática comercial indevida de cobrança excessiva, é de rigor a aplicação das normas relativas a prescrição insculpidas no Código Civil"** (REsp 1.032.952/SP, Rel. Ministra Nancy Andrighi, 3ª T., *DJe* 26-3-2009).
- **Súmula 412 do STJ: "A ação de repetição de indébito de tarifas de água e esgoto sujeita-se ao prazo prescricional estabelecido no Código Civil".**
- **"O prazo prescricional para as ações de repetição de indébito relativo às tarifas de serviços de água e esgoto cobradas indevidamente é de: (a) 20 (vinte) anos, na forma do art. 177 do Código Civil de 1916; ou (b) 10 (dez) anos, tal como previsto no art. 205 do Código Civil de 2002, observando-se a regra de direito intertemporal, estabelecida no art. 2.028 do Código Civil de 2002"** (Tese firmada pelo STJ no rito do recurso repetitivo REsp 1.532.514/SP, Rel. Min. Og Fernandes, Primeira Seção, *DJe* 17-5-2017).

■ 6.4.4. Prazo prescricional do Código Civil no caso de prestação de contas

O **Superior Tribunal de Justiça**, por meio de sua Segunda Seção, entendeu pelo regime dos Recursos Repetitivos que o **prazo prescricional do Código Civil incidirá nas ações de prestação de contas**.

No caso concreto não prevaleceu a incidência do prazo decadencial do art. 26 do Código de Defesa do Consumidor: **"O art. 26 do Código de Defesa do**

---

seguro, e não apenas as indenizatórias (IAC no REsp 1.303.374-ES, Rel. Ministro Luis Felipe Salomão, *DJe* 1º-8-2017).

23 O tema da cobrança indevida será aprofundado no momento oportuno em capítulo específico — Capítulo 11.

Consumidor dispõe sobre o prazo decadencial para a reclamação por vícios em produtos ou serviços prestados ao consumidor, não sendo aplicável à ação de prestação de contas ajuizada pelo correntista com o escopo de obter esclarecimentos acerca da cobrança de taxas, tarifas e/ou encargos bancários" (REsp 1.117.614/PR, Rel. Ministra Maria Isabel Gallotti, Segunda Seção, *DJe* 10-10-2011).

A notícia publicada no *Informativo* n. 480 do STJ traz mais elementos explicativos sobre o caso, razão pela qual a colacionamos a seguir:

> REPETITIVO. CDC. AÇÃO. PRESTAÇÃO. CONTA. Trata-se de REsp sob o regime do art. 543-C do CPC c/c art. 5º da Resolução n. 8/2008 do STJ em que a controvérsia cinge-se à verificação da incidência da regra estabelecida no art. 26, II, do CDC à ação de prestação de contas ajuizada pelo ora recorrente, cliente da instituição financeira ora recorrida, com o fim de obter esclarecimentos sobre cobrança de taxas, tarifas e/ou encargos, os quais reputa indevidos, em conta corrente de sua titularidade. A Seção, ao prosseguir o julgamento, por maioria, proveu o recurso ao entendimento de que, **tendo o consumidor dúvidas quanto à lisura dos lançamentos efetuados pelo banco, é cabível a ação de prestação de contas sujeita ao prazo de prescrição regulado pelo CC/2002**. Assim, o prazo decadencial estabelecido no art. 26 do CDC não é aplicável a tal ação ajuizada com o escopo de obter esclarecimentos acerca da cobrança de taxas, tarifas e/ou encargos bancários, uma vez que essa não se confunde com a reclamação por vício do produto ou do serviço prevista no mencionado dispositivo legal. Precedentes citados: AgRg no REsp 1.021.221-PR, *DJe* 12-8-2010; AgRg no REsp 1.045.528/PR, *DJe* 5-9-2008, e REsp 1.094.270/PR, *DJe* 19-12-2008 (REsp 1.117.614/PR, Rel. Ministra Maria Isabel Gallotti, julgado em 10-8-2011).

O tema ganhou tamanha relevância que foi publicada no *DJe* do dia 16 de junho de 2012 a **Súmula 477 do STJ**, com o seguinte teor: **"A decadência do art. 26 do CDC não é aplicável à prestação de contas para obter esclarecimentos sobre cobrança de taxas, tarifas e encargos bancários".**

PRAZO PRESCRICIONAL DO CDC	PRAZO PRESCRICIONAL DO CÓDIGO CIVIL
■ Acidente de consumo em razão de fato do produto ou do serviço.	■ Complementação de indenização securitária; ■ Cobrança indevida; ■ Prestação de contas.

■ 6.4.5. Prazo prescricional do Código Civil no caso de enriquecimento sem causa

No tocante ao prazo de prescrição da pretensão condenatória decorrente de nulidade de cláusula de reajuste de plano ou seguro de assistência à saúde, entendeu o Superior Tribunal de Justiça pelo regime de recurso repetitivo que a pretensão condenatória decorrente da declaração de nulidade de cláusula de reajuste nele prevista prescreve em 20 anos (art. 177 do CC/1916) ou em 3 anos (art. 206, § 3º, IV, do CC/2002), observada a regra de transição do art. 2.028 do CC/2002. Vejamos:

> 1. RECURSO ESPECIAL REPRESENTATIVO DE CONTROVÉRSIA. CIVIL. CONTRATO DE PLANO OU SEGURO DE ASSISTÊNCIA À SAÚDE. PRETENSÃO DE NULIDADE DE CLÁUSULA DE REAJUSTE. ALEGADO CARÁTER ABUSIVO. CUMULAÇÃO COM PRETENSÃO DE RESTITUIÇÃO DOS VALORES PAGOS INDEVIDAMENTE. EFEITO FINANCEIRO DO PROVIMENTO JUDICIAL. AÇÃO AJUIZADA AINDA NA VIGÊNCIA DO CONTRATO. NATUREZA CONTINUATIVA DA RELAÇÃO JURÍDICA. DECADÊNCIA. AFASTAMENTO. PRAZO PRESCRICIONAL TRIENAL. ART. 206, § 3º, IV, DO CÓDIGO CIVIL DE 2002. PRETENSÃO FUNDADA NO ENRIQUECIMENTO SEM CAUSA. 2. CASO CONCRETO: ENTENDIMENTO DO TRIBUNAL *A QUO* CONVERGE COM A TESE FIRMADA NO REPETITIVO. PRESCRIÇÃO TRIENAL. ENRIQUECIMENTO SEM CAUSA. PEDIDO DE RECONHECIMENTO DA PRESCRIÇÃO ÂNUA PREVISTA NO ART. 206, § 1º, II DO CC/2002. AFASTAMENTO. RECURSO ESPECIAL A QUE SE NEGA PROVIMENTO (REsp 1.360.969, Rel. Ministro Marco Buzzi, julgado em 19-9-2016).

■ 6.5. QUESTÕES

1. (FCC — 2012 — TJ-GO — Juiz) Obsta a decadência nas relações de consumo:

a) a reclamação formalizada perante os órgãos ou entidades com atribuições de defesa do consumidor, pelo prazo de cento e vinte dias.
b) a reclamação comprovadamente formulada pelo consumidor perante o fornecedor de produtos e de serviços até a resposta negativa correspondente, que deve ser transmitida de forma inequívoca.
c) a instauração de inquérito penal, até seu encerramento com formulação de denúncia pelo órgão ministerial.
d) a reclamação formulada pelo consumidor, a partir do reconhecimento do vício ou defeito pelo fornecedor de produtos e serviços.
e) somente fato que o Código Civil também repute obstativo.

2. (CESPE — 2012 — TJ-PI — Juiz) Com relação ao que dispõe o CDC acerca da prescrição e da decadência, e ao entendimento do STJ a esse respeito, assinale a opção correta.

a) Inicia-se a contagem do prazo prescricional para a reclamação contra vício constatado em produto ou serviço a partir da entrega efetiva do produto ou do término da execução dos serviços.
b) Obsta a decadência a reclamação formal formulada pelo consumidor perante a autoridade administrativa competente.
c) O prazo prescricional para a reparação de danos causados por fato do produto aos consumidores é de cinco anos, em se tratando de produtos duráveis, e de três anos, no caso de produtos não duráveis.

d) O prazo de decadência para a reclamação por vícios do produto não corre durante o período de garantia contratual em cujo curso o produto tenha sido reiteradamente apresentado com defeitos ao fornecedor, desde o primeiro mês da compra.
e) O consumidor que adquirir produto durável viciado perderá o direito de reclamar pelos vícios aparentes e de fácil constatação decorridos trinta dias da data de aquisição do bem.

3. (FGV — 2012 — OAB — Exame de Ordem Unificado — 3 — Primeira Fase) Franco adquiriu um veículo zero-quilômetro em novembro de 2010. Ao sair com o automóvel da concessionária, percebeu um ruído todas as vezes em que acionava a embreagem para a troca de marcha. Retornou à loja, e os funcionários disseram que tal barulho era natural ao veículo, cujo motor era novo. Oito meses depois, ao retornar para fazer a revisão de dez mil quilômetros, o consumidor se queixou que o ruído persistia, mas foi novamente informado de que se tratava de característica do modelo. Cerca de uma semana depois, o veículo parou de funcionar e foi rebocado até a concessionária, lá permanecendo por mais de sessenta dias. Franco acionou o Poder Judiciário alegando vício oculto e pleiteando ressarcimento pelos danos materiais e indenização por danos morais. Considerando o que dispõe o Código de Proteção e Defesa do Consumidor, a respeito do narrado acima, é correto afirmar que, por se tratar de vício oculto,

a) o prazo decadencial para reclamar se iniciou com a retirada do veículo da concessionária, devendo o processo ser extinto.
b) o direito de reclamar judicialmente se iniciou no momento em que ficou evidenciado o defeito, e o prazo decadencial é de noventa dias.
c) o prazo decadencial é de trinta dias contados do momento em que o veículo parou de funcionar, tornando-se imprestável para o uso.
d) o consumidor Franco tinha o prazo de sete dias para desistir do contrato e, tendo deixado de exercê-lo, operou-se a decadência.

4. (FGV — 2010 — OAB — Exame de Ordem Unificado — 3 — Primeira Fase — fev./2011) O prazo para reclamar sobre vício oculto de produto durável é de

a) 90 (noventa) dias a contar da aquisição do produto.
b) 90 (noventa) dias a contar da entrega do produto.
c) 30 (trinta) dias a contar da entrega do produto.
d) 90 (noventa) dias a contar de quando ficar evidenciado o vício.

5. (VUNESP — 2011 — TJ-SP — Juiz) Conforme o CDC, o direito de reclamar pelos vícios aparentes caduca em:

a) trinta dias, tratando-se de produto durável.
b) sessenta dias, tratando-se de fornecimento de serviço durável.
c) sessenta dias, tratando-se de produto durável.
d) noventa dias, tratando-se de produto durável.
e) noventa dias, tratando-se de fornecimento de serviço não durável.

6. (FCC — 2005 — PGE-SE — Procurador de Estado) Fidípides adquiriu, das Lojas Meirelles S.A., uma câmera de vídeo importada. Passados 80 (oitenta) dias da compra, Fidípides percebeu que um dos recursos do equipamento, destinado à gravação de cenas noturnas, não estava funcionando a contento, e notificou a vendedora a respeito do assunto. Após 20 (vinte) dias da notificação, a vendedora respondeu a Fidípides que não corrigiria o

problema, pois o responsável pelos vícios de fabricação seria o importador. Na hipótese em questão, o direito de Fidípides de pleitear o ressarcimento cabível

a) já decaiu, pois a notificação à vendedora deveria ter sido feita em 30 (trinta) dias.
b) já decaiu, pois a pretensão judicial deveria ser exercida no prazo máximo de 90 (noventa) dias.
c) não decaiu e pode ser exercido contra o importador e a revendedora, indistintamente.
d) já decaiu, pois o importador deveria ter sido notificado no prazo máximo de 90 (noventa) dias.
e) não decaiu e pode ser exercido contra a revendedora, somente.

7. (CESPE — 2009 — DPE-AL — Defensor Público) Julgue os seguintes itens quanto às disposições do CDC acerca de prescrição e decadência.

Constitui hipótese de interrupção da decadência a denúncia oferecida por consumidor à Superintendência de Proteção e Defesa do Consumidor (PROCON) de Alagoas, sem que este formule qualquer pretensão e para a qual não há de cogitar resposta.

( ) certo ( ) errado

8. (CESPE — 2008 — DPE-CE — Defensor Público) Uma explosão, no interior de uma loja localizada no centro de uma grande cidade, causou danos a pessoas que se encontravam no interior e no exterior do estabelecimento.

Com base nessa situação e nas normas de proteção e defesa do consumidor, julgue os itens seguintes.

O prazo para requerer a indenização em razão da explosão é de cinco anos, contados a partir da data da ocorrência do evento danoso.

( ) certo ( ) errado

9. (CESPE — 2009 — DPE-ES — Defensor Público) A respeito da decadência no CDC, julgue os itens a seguir.

Se um consumidor adquirir produto não durável, seu direito de reclamar pelos vícios aparentes ou de fácil constatação caducará em 90 dias, iniciando-se a contagem do prazo decadencial a partir da entrega efetiva do produto.

( ) certo ( ) errado

10. (FGV — 2008 — TJ-MS — Juiz) A ação de indenização, relativamente aos prejuízos causados em razão da entrega de sementes, para plantação, de qualidade inferior à contratada, deve observar o prazo:

a) prescricional de 3 anos.
b) decadencial de 3 anos.
c) decadencial de 90 dias.
d) decadencial de 30 dias.
e) prescricional de 5 anos.

11. (VUNESP — 2012 — TJ-MG — Juiz) Analise as proposições seguintes.

I. Os contratos nas relações jurídicas consumeristas não obrigam os consumidores se os respectivos instrumentos forem redigidos de modo a dificultar a compreensão de seu sentido e alcance.
II. O prazo decadencial para a reclamação por vícios em produtos ou serviços prestados ao consumidor é aplicável à ação de prestação de contas ajuizada pelo correntista com o escopo de obter esclarecimentos acerca da cobrança de taxas, tarifas e/ou encargos bancários.

III. As instituições bancárias respondem objetivamente pelos danos causados aos consumidores por fraudes ou delitos praticados por terceiros — como, por exemplo, abertura de conta corrente ou recebimento de empréstimos mediante fraude ou utilização de documentos falsos —, porquanto tal responsabilidade decorre do risco do empreendimento, caracterizando-se como fortuito interno.
IV. O juiz poderá desconsiderar a personalidade jurídica da sociedade quando, em detrimento do consumidor, houver abuso de direito, excesso de poder, infração da lei, fato ou ato ilícito ou violação dos estatutos ou contrato social. A desconsideração também será efetivada quando houver falência, estado de insolvência, encerramento ou inatividade da pessoa jurídica provocados por má administração.
V. De acordo com o sistema consumerista, a nulidade de uma cláusula contratual abusiva sempre invalida o contrato.

São incorretas apenas as proposições
a) II e V.
b) III e V.
c) I, II e IV.
d) II, IV e V.

12. (TJ-PR — 2010 — Juiz) Os fornecedores de produtos de consumo duráveis ou não duráveis respondem solidariamente pelos vícios de qualidade ou quantidade que os tornem impróprios ou inadequados ao consumo a que se destinam ou lhes diminuam o valor, assim como por aqueles decorrentes da disparidade, com as indicações constantes do recipiente, da embalagem, rotulagem ou mensagem publicitária, respeitadas as variações decorrentes de sua natureza, podendo o consumidor exigir a substituição das partes viciadas. O direito de reclamar pelos vícios aparentes ou de fácil constatação caduca em:
I. 30 (trinta dias), em se tratando de fornecimento de serviço e de produtos não duráveis.
II. 90 (noventa dias), de fornecimento de serviço e de produtos duráveis.
III. Inicia-se a contagem do prazo decadencial a partir da compra do produto ou do início da execução dos serviços.
IV. Obsta a decadência, entre outras situações, a reclamação comprovadamente formulada pelo consumidor perante o fornecedor de produtos e serviços até a resposta negativa correspondente, que deve ser transmitida de forma inequívoca.
V. Em se tratando de vício oculto, o prazo decadencial inicia-se no momento em que ficar evidenciado o defeito.

Marque a alternativa CORRETA:
a) Somente as assertivas II, III e V estão corretas.
b) Somente as assertivas I, II, III e V estão incorretas.
c) Somente as assertivas I, II, IV e V estão corretas.
d) Somente as assertivas I, IV e V estão incorretas.

13. (CESPE — 2009 — DPE-AL — Defensor Público) Julgue os seguintes itens quanto às disposições do CDC acerca de prescrição e decadência.

Em conformidade com as disposições do CDC, a decadência aplica-se ao fato do produto ou serviço, também conhecido como acidente de consumo.
( ) certo ( ) errado

14. (CESPE — 2012 — DPE-RO — Defensor Público) Assinale a opção correta no que tange ao direito do consumidor.
a) Ao fornecedor é concedido o prazo máximo de trinta dias para sanar os vícios de qualidade dos produtos, sendo vedado ao consumidor, durante esse prazo, exigir

substituição imediata do produto, restituição imediata da quantia paga ou abatimento proporcional do preço.

b) A DP não tem legitimidade ativa para propor ação civil pública para a defesa, por exemplo, dos interesses da coletividade de consumidores caso estes tenham assumido contratos de arrendamento mercantil para a aquisição de veículos automotores, com cláusula de indexação monetária atrelada à variação cambial, dada a natureza individual desse direito.

c) Segundo a doutrina e a jurisprudência pátrias, o legislador, ao tratar da desconsideração da personalidade jurídica, ou *disregard doctrine*, no CDC, adotou a teoria maior ou subjetiva, ao passo que, para as mesmas formas de expressão do direito, ao tratar da mesma matéria no Código Civil, o legislador adotou a teoria menor ou objetiva, o que implica a dissolução da pessoa jurídica caso se comprove abuso do direito de personalidade, com prejuízo ao consumidor.

d) A demanda reparatória por danos materiais e extramateriais ajuizada pelo consumidor sujeita-se ao prazo prescricional de cinco anos, cuja contagem se inicia, por determinação legal, a partir do conhecimento do dano e de sua autoria, podendo-se aplicar, para interpretar dispositivo legal, a teoria da *actio nata*, segundo a qual o termo *a quo* da prescrição inicia-se da ciência do prejuízo, e não, como alude o Código Civil, da ocorrência da violação do direito.

e) De acordo com a jurisprudência do STJ, as cláusulas de eleição de foro em contratos bancários que sejam pactuadas em prejuízo ao acesso do consumidor à jurisdição podem ser declaradas nulas de ofício pelo magistrado.

15. (FCC — 2013 — TJ-PE — Juiz Substituto) Quanto aos prazos prescricionais e decadenciais nas relações de consumo, é correto afirmar:

a) Decai em cinco anos a pretensão à reparação pelos danos causados por fato do produto ou do serviço, iniciando-se a contagem do prazo a partir do conhecimento do dano e de sua autoria.

b) O direito de reclamar pelos vícios aparentes ou de fácil constatação caduca em noventa dias, tratando-se de fornecimento de serviço e de produto não duráveis.

c) Tratando-se de vício oculto, o prazo decadencial inicia-se no pagamento do produto ou do serviço.

d) O prazo prescricional pode ser suspenso ou interrompido, mas não o prazo decadencial, que não se interrompe ou suspende mesmo nas relações consumeristas.

e) Na aferição dos vícios de fácil ou aparente constatação, o prazo decadencial se inicia tão logo seja entregue o produto ou terminada a execução do serviço.

16. (CESPE — 2013 — DPE-RR — Defensor Público) Assinale a opção correta com base nas disposições do CDC acerca de decadência e prescrição.

a) Inicia-se a contagem do prazo decadencial a partir da celebração do contrato de consumo.

b) Tratando-se do fornecimento de serviço ou de produtos não duráveis, o direito de reclamar pelos vícios aparentes ou de fácil constatação caduca em noventa dias.

c) Prescreve em três anos a pretensão à reparação pelos danos causados por fato do produto ou do serviço.

d) Tratando-se de vício oculto, o prazo decadencial inicia-se no momento em que ficar evidenciado o defeito.

e) Obsta a decadência a reclamação formalizada perante os órgãos ou entidades cujas atribuições incluam a defesa do consumidor.

17. (FGV — 2013 — TJ-AM — Juiz Substituto) Nas relações de consumo, o direito de reclamar pelos vícios aparentes ou de fácil constatação caduca em

a) noventa dias, tratando-se de fornecimento de serviço e de produtos não duráveis.
b) trinta dias, tratando-se de fornecimento de serviço e de produtos não duráveis.
c) cento e vinte dias, tratando-se de fornecimento de serviço e de produtos duráveis.
d) trinta dias, tratando-se de fornecimento de serviço e de produtos duráveis.
e) sete dias, tratando-se de fornecimento de serviço e produtos não duráveis.

18. (VUNESP — 2014 — TJ-PA — Juiz de Direito Substituto) Acerca da prescrição e da decadência, é correto afirmar que

a) obstam à decadência a reclamação comprovadamente formulada pelo consumidor perante o fornecedor de produtos e serviços até a resposta negativa correspondente, que deve ser transmitida de forma inequívoca.
b) a instauração de inquérito civil impede a decadência até o oferecimento de parecer favorável do Ministério Público quanto ao seu encerramento.
c) o prazo decadencial inicia-se a partir da entrega efetiva do produto ou do término da execução dos serviços, cuidando-se de vício oculto.
d) prescreve em quatro anos a pretensão à reparação pelos danos causados por vício do produto ou do serviço, iniciando-se a contagem do prazo a partir da constatação do vício.
e) o direito de reclamar pelos vícios aparentes ou de fácil constatação caduca em sessenta dias, se relativo ao fornecimento de serviço não durável.

19. (UFG — 2014 — DPE-GO — Defensor Público) Quanto aos direitos do consumidor, a fixação de prazo de garantia contratual

a) exime o fornecedor da garantia legal nos contratos paritários.
b) constitui modalidade de prescrição convencional.
c) pospõe o termo inicial dos prazos de reclamação atinentes à garantia legal.
d) escapa à exigência de clareza nas informações do conteúdo quando gratuita.
e) é válida tanto feita oralmente quanto por escrito.

20. (FCC — 2015 — TJ-PE — Juiz Substituto) João adquiriu determinado produto, vindo a constatar que ele possuía vício aparente. Nesse caso, o direito do consumidor de reclamar do vício caduca em

a) 90 dias, tratando-se de produto durável, contado o prazo a partir da data da entrega efetiva do produto.
b) 30 dias, tratando-se de produto durável, contado o prazo a partir da data da entrega efetiva do produto.
c) 30 dias, tratando-se de produto não durável, contado o prazo a partir da data em que constatado o vício pelo consumidor.
d) 90 dias, tratando-se de produto não durável, contado o prazo a partir da data da entrega efetiva do produto.
e) 90 dias, tratando-se de produto durável, contado o prazo a partir da data em que constatado o vício pelo consumidor.

21. (FCC — 2015 — TJ-AL — Juiz Substituto) Em razão de defeito oculto nos rolamentos de veículo 0 km que adquiriu, em 15-5-2012, da concessionária Autocarros, em 20-5-2012 João sofreu acidente automobilístico que lhe causou lesões corporais. Buscando ver-se indenizado, em 29-5-2015 ajuizou ação contra a Autocarros, que, em contestação, alegou prescrição, a qual

a) se consumou, pois é de 3 anos a pretensão à reparação pretendida por João, contados do conhecimento do dano e sua autoria.
b) não se consumou, pois prescreve em 5 anos a pretensão à reparação pretendida por João, contados da realização do negócio que deu causa ao dano.
c) se consumou, pois prescreve em 90 dias a pretensão à reparação pretendida por João, no caso de produtos duráveis, contados do conhecimento do dano e sua autoria.
d) se consumou, pois é de 3 anos a pretensão à reparação pretendida por João, contados da realização do negócio que deu causa ao dano.
e) não se consumou, pois prescreve em 5 anos a pretensão à reparação pretendida por João, contados do conhecimento do dano e sua autoria.

22. (CESPE — 2015 — DPE-PE — Defensor Público) No item a seguir, é apresentada uma situação hipotética, seguida de uma assertiva a ser julgada com base nas normas previstas no CDC e no entendimento do STJ acerca de integrantes e objetos da relação de consumo, cláusulas abusivas, decadência e responsabilidade pelo fato do produto.

Jorge, após constatar que havia sido cobrado indevidamente por encargos bancários, requereu ao banco que apresentasse extrato referente aos últimos três anos de sua conta bancária, a fim de verificar se havia ou não outras cobranças irregulares. O banco apresentou somente os extratos dos últimos noventa dias, alegando decadência do direito de reclamar período superior. Nessa situação, não se aplica o prazo decadencial de noventa dias previsto no CDC, razão por que errou o banco em questão.

( ) certo ( ) errado

23. (FCC — 2016 — DPE-ES — Defensor Público) Para as ações fundadas no Código de Defesa do Consumidor, aplica-se a seguinte regra:

a) os prazos prescricionais não se sujeitam a interrupção, nem a suspensão, enquanto os decadenciais se sujeitam a suspensão, mas não se sujeitam a interrupção.
b) sujeita-se a prescrição a pretensão por danos causados por fato do produto ou do serviço e a decadência somente a reclamação por vício oculto de serviço ou de produto.
c) sujeita-se a decadência a pretensão à reparação por danos causados por fato do produto ou do serviço e a prescrição o direito de reclamar por vícios aparentes ou de fácil constatação no fornecimento de serviços e produtos.
d) sujeita-se à prescrição a pretensão à reparação pelos danos causados por fato do produto ou do serviço e a decadência o direito de reclamar por vícios aparentes ou de fácil constatação, no fornecimento de serviços e de produtos.
e) os prazos prescricionais e decadenciais se identificam quanto à incidência de causas suspensivas e interruptivas.

24. (IESES — 2017 — TJ-RO — Titular de Serviços de Notas e de Registros — Remoção) O direito de reclamar pelos vícios aparentes ou de fácil constatação presentes em produtos ou serviços caduca em:

a) 30 (trinta) dias, para serviço e de produtos não duráveis e 90 (noventa) dias, para serviço e de produtos duráveis.
b) 45 (quarenta e cinco) dias, para serviço e de produtos não duráveis e 90 (noventa) dias, para serviço e de produtos duráveis.
c) 30 (trinta) dias, para serviço e de produtos não duráveis e 60 (sessenta) dias, para serviço e de produtos duráveis.
d) 90 (noventa) dias, para serviço e de produtos não duráveis e 180 (cento e oitenta) dias, para serviço e de produtos duráveis.

■ GABARITO ■

1. "b". Nos termos do art. 26, § 2º, I, do CDC. A alternativa "a" está errada, pois o inciso II do § 2º do art. 26 do CDC, que previa como causa obstativa da decadência a reclamação formalizada perante os órgãos ou entidades com atribuições de defesa do consumidor, foi vetado. A assertiva "c" também está errada na medida em que é o inquérito civil, e não o penal, que é capaz de obstar a decadência nos termos do art. 26, § 2º, inciso III, do CDC. As alternativas "d" e "e" não encontram respaldo no Direito pátrio.

2. "d". Sendo realmente esta a posição do Superior Tribunal de Justiça, conforme demonstrado no subitem "6.2.2.1. O alcance do conceito de a garantia contratual ser complementar à garantia legal" deste livro, que destacou o REsp 547.794/PR, de Relatoria da Ministra Maria Isabel Gallotti, publicado no DJe de 22-2-2011: "O prazo de decadência para a reclamação de vícios do produto (art. 26 do CDC) não corre durante o período de garantia contratual, em cujo curso o veículo foi, desde o primeiro mês da compra, reiteradamente apresentado à concessionária com defeitos". A alternativa "a" está equivocada, pois não é o prazo prescricional que se inicia para a reclamação contra vício constatado em produto ou serviço a partir da entrega efetiva do produto ou do término da execução dos serviços, mas sim o prazo decadencial, nos termos do art. 26, § 1º, do CDC. A letra "b" também está errada na medida em que o inciso II do § 2º do art. 26 do CDC, que previa como causa obstativa da decadência a reclamação formalizada perante os órgãos ou entidades com atribuições de defesa do consumidor, foi vetado. A assertiva "c" equivoca-se, pois o prazo prescricional previsto no art. 27 do CDC é de cinco anos para qualquer situação envolvendo fato do produto ou do serviço. O prazo decadencial para a reclamação de vício em produto durável é de 90 dias, nos termos do art. 26, inciso II, do CDC, por isso o equívoco da alternativa "e".

3. "b". Nos termos do art. 26, § 3º, c.c. art. 26, inciso II, do CDC. A letra "a" está errada, pois o prazo decadencial de vício oculto não se inicia com a retirada do veículo, mas sim no momento em que o problema se tornar evidenciado. O prazo decadencial para reclamar vício de produto durável é de 90 dias nos termos do art. 26, inciso II, do CDC, por isso o equívoco da alternativa "c". A assertiva "d" também está errada, pois o prazo de sete dias é para a reflexão e arrependimento nas compras realizadas fora do estabelecimento comercial, nos termos do art. 49 do CDC, situação totalmente diversa da apresentada pelo examinador no caso em tela.

4. "d". Nos termos do art. 26, inciso II, c.c. art. 26, § 3º, do CDC, que preveem, *in verbis:* "Art. 26. O direito de reclamar pelos vícios aparentes ou de fácil constatação caduca em: I — trinta dias, tratando-se de fornecimento de serviço e de produtos não duráveis; II — noventa dias, tratando-se de fornecimento de serviço e de produtos duráveis. (...) § 3º Tratando-se de vício oculto, o prazo decadencial inicia-se no momento em que ficar evidenciado o defeito". Quanto ao tema, importante relembrar a posição do STJ sobre o critério da vida útil do bem: "De fato, conforme premissa de fato fixada pela corte de origem, o vício do produto era oculto. Nesse sentido, o *dies a quo* do prazo decadencial de que trata o art. 26, § 3º, do Código de Defesa do Consumidor é a data em que ficar evidenciado o aludido vício, ainda que haja uma garantia contratual, sem abandonar, contudo, o critério da vida útil do bem durável, a fim de que o fornecedor não fique responsável por solucionar o vício eternamente. A propósito, esta Corte já apontou nesse sentido" (REsp 1.123.004/DF, Rel. Ministro Mauro Campbell Marques, 2ª T., *DJe* 9-12-2011). A alternativa "a" está errada, na medida em que não se conta prazo algum da aquisição, mas sim da entrega do produto. As demais alternativas estão equivocadas, pois consideram como ponto de partida para o início da contagem do prazo decadencial para a reclamação de vício oculto a entrega do produto, e isto estaria correto se o vício não fosse oculto, nos termos do art. 26, § 1º, do CDC, que estabelece: "Inicia-se a contagem do prazo decadencial a partir da entrega efetiva do produto ou do término da execução dos serviços".

5. "d". Nos termos do art. 26, incisos I e II, do CDC, que preveem, *in verbis*: "Art. 26. O direito de reclamar pelos vícios aparentes ou de fácil constatação caduca em: I — trinta dias, tratando-se de fornecimento de serviço e de produtos não duráveis; II — noventa dias, tratando-se de fornecimento de serviço e de produtos duráveis".

6. "c". Pois realmente não decaiu o prazo que é de 90 dias por se tratar de produto durável, nos termos do art. 26, inciso II, do CDC. Ademais, a responsabilidade no Código de Defesa do Consumidor é solidária no caso de vício do produto, conforme o disposto em seu art. 18, ao prever: "Os fornecedores de produtos de consumo duráveis ou não duráveis respondem solidariamente pelos vícios de qualidade ou quantidade que os tornem impróprios ou inadequados ao consumo a que se destinam ou lhes diminuam o valor, assim como por aqueles decorrentes da disparidade, com as indicações constantes do recipiente, da embalagem, rotulagem ou mensagem publicitária, respeitadas as variações decorrentes de sua natureza, podendo o consumidor exigir a substituição das partes viciadas".

7. "errado". O inciso II do § 2º do art. 26 do CDC, que previa como causa obstativa da decadência a reclamação formalizada perante os órgãos ou entidades com atribuições de defesa do consumidor, foi vetado. Ademais, vale lembrar que as causas obstativas da decadência são consideradas suspensivas desta para a maioria. Apesar da divergência doutrinária e da interpretação mais favorável ao consumidor ser aquela que entende tratar-se de causas interruptivas da decadência, compreendemos que a *mens legis* se coloca no sentido de serem causas suspensivas do prazo decadencial na medida em que o legislador fixou dois marcos: marco inicial 1 — a reclamação formulada pelo consumidor, e marco final 1 — a resposta negativa do fornecedor; marco inicial 2 — a instauração do inquérito civil, e marco final 2 — o respectivo encerramento.

8. "certo". Nos termos do art. 27 do CDC, que prevê: "Prescreve em cinco anos a pretensão à reparação pelos danos causados por fato do produto ou do serviço prevista na Seção II deste Capítulo, iniciando-se a contagem do prazo a partir do conhecimento do dano e de sua autoria". Ademais, cumpre relembrar que, em qualquer outra situação que não tenha relação com o acidente de consumo, o prazo prescricional que deverá prevalecer será o do Código Civil. Esta é a posição do Superior Tribunal de Justiça na Súmula 412: "A ação de repetição de indébito de tarifas de água e esgoto sujeita-se ao prazo prescricional estabelecido no Código Civil".

9. "errado". Segundo dispõe o art. 26, incisos I e II, c.c. § 1º, do CDC: "Art. 26. O direito de reclamar pelos vícios aparentes ou de fácil constatação caduca em: I — trinta dias, tratando-se de fornecimento de serviço e de produtos não duráveis; II — noventa dias, tratando-se de fornecimento de serviço e de produtos duráveis. § 1º Inicia-se a contagem do prazo decadencial a partir da entrega efetiva do produto ou do término da execução dos serviços".

10. "d". Por se tratar de produto não durável.

11. "a". A assertiva "II" encontra-se equivocada, visto o disposto na Súmula 477 do STJ, de 19 de junho de 2012: "A decadência do art. 26 do CDC não é aplicável à prestação de contas para obter esclarecimentos sobre cobrança de taxas, tarifas e encargos bancários". A assertiva "V" também é incorreta, visto que a declaração de nulidade de uma cláusula contratual não prejudica o restante do contrato celebrado, sendo esta a regra na declaração de nulidade (art. 51, § 2º, CDC), salvo quando acarretar ônus excessivo a uma das partes. O citado dispositivo assim prevê. "A nulidade de uma cláusula contratual abusiva não invalida o contrato, exceto quando de sua ausência, apesar dos esforços de integração, decorrer ônus excessivo a qualquer das partes". A assertiva "I" está correta, já que é requisito para a vinculação contratual do consumidor a sua compreensão e imediata identificação, não deixando que a vulnerabilidade técnica seja usada para desfavorecê-lo em face do fornecedor. Aliás, esta é a redação do art. 46 do CDC. A "III" é correta, pois o risco de dano e o dever de segurança são características intrínsecas na prestação dos serviços bancários, sendo de sua essência o dever de garantir a segurança do negócio ao consumidor que celebra contrato de conta corrente com instituição financeira. Ademais, é a redação da Súmula 479 do STJ, de 1º de agosto de 2012: "As instituições financeiras respondem objetivamente pelos danos gerados por fortuito interno relativo a fraudes e delitos praticados por terceiros no âmbito de operações bancárias". Por fim, a "IV" traz o conteúdo do art. 28 e sua amplitude de desconsideração da personalidade jurídica, toda vez que esta possa servir de empecilho para a restituição do consumidor e seus direitos.

12. "c". As assertivas "I" e "II" estão corretas, visto corresponderem exatamente ao prazo estipulado pelo CDC para a reclamação dos vícios existentes, conforme reza o art. 26, incisos I e II. A assertiva "IV" é verídica, já que configura, sim, hipótese de suspensão da decadência a reclamação formulada pelo consumidor ao fornecedor, conforme reza o art. 26, § 2º, inciso I, do CDC.

A assertiva "V" é correta, uma vez que, quando se trata de vício oculto, o marco inicial para a **contagem do prazo é quando o problema ficar evidenciado, uma vez que está umbilicalmente ligado a sua essência oculta.** Quanto ao tema, importante relembrar a posição do STJ sobre o critério da vida útil do bem: "De fato, conforme premissa de fato fixada pela corte de origem, o vício do produto era oculto. Nesse sentido, o *dies a quo* do prazo decadencial de que trata o art. 26, § 3º, do Código de Defesa do Consumidor é a data em que ficar evidenciado o aludido vício, ainda que haja uma garantia contratual, sem abandonar, contudo, o critério da vida útil do bem durável, a fim de que o fornecedor não fique responsável por solucionar o vício eternamente. A propósito, esta Corte já apontou nesse sentido" (REsp 1.123.004/DF, Rel. Ministro Mauro Campbell Marques, 2ª T., *DJe* 9-12-2011). Por fim, a afirmação "III" é errônea, pois o termo inicial para a contagem no caso de prestação de serviço se dá com a entrega efetiva do produto ou com o término da execução do serviço, e não a partir da compra, nem do início da prestação do serviço, conforme narrado pela questão (art. 26, § 3º, do CDC).

13. "errado". A questão é equivocada, já que o instituto da decadência está relacionado com a existência de vícios na prestação dos serviços e produtos, conforme disciplina o art. 26 do CDC. Quando tratamos de fato do produto, isto é, acidente de consumo, o correto é falarmos de prazo prescricional, e não decadencial. Ademais, cumpre relembrar que, em qualquer outra situação que não tenha relação com o acidente de consumo, o prazo prescricional que deverá prevalecer será o do Código Civil. Esta é a posição do Superior Tribunal de Justiça na Súmula 412: "A ação de repetição de indébito de tarifas de água e esgoto sujeita-se ao prazo prescricional estabelecido no Código Civil".

14. "d". Como bem sabido, nosso CDC adotou o prazo de cinco anos para o ajuizamento da ação pelo consumidor prejudicado pelo fato do produto ou do serviço, sendo que tal prazo começa a contar apenas do conhecimento do dano e de sua autoria, como reza o art. 27 do CDC; logo, é possível adotar a teoria da *actio nata*. A assertiva "a" é equivocada, já que, embora o CDC coloque 30 dias como prazo-padrão, é possível que as partes transijam sobre ele, podendo aumentá-lo até 180 dias, sendo este sim o máximo legal permitido. Além disso, em algumas situações, é possível o consumidor exigir a reparação imediata do produto, nos casos de comprometimento de sua qualidade ou de suas características, no caso de diminuição de valor ou quando se tratar de produto essencial. A assertiva "b" é equivocada, uma vez que a Defensoria Pública possui, sim, legitimidade para ajuizar ação civil pública, nos termos do art. 5º, inciso II, da Lei n. 7.347/85, por força da redação dada pela Lei n. 11.448, de 2007. A alternativa "c" é equivocada por tratar da desconsideração da personalidade jurídica no CDC, uma vez que nosso diploma adotou a Teoria Menor para a desconsideração, precisando apenas da insolvência para gerar a hipótese de desconsideração, diferentemente do Código Civil, que exige também o desvio de finalidade ou a confusão patrimonial. É ainda, no CDC, adotada a teoria objetiva, não precisando o consumidor comprovar culpa ou dolo do fornecedor, independentemente do *animus* ou estado psicológico deste último. Enfim, a alternativa "e" é equivocada, pois, de acordo com o entendimento majoritário e consolidado do STJ, é vedado ao julgador conhecer de ofício das cláusulas contratuais abusivas nos contratos bancários, precisando, sim, de expresso requerimento do consumidor; como podemos entender, essa é a plena dicção do Enunciado 381 da súmula do Superior Tribunal de Justiça.

15. "e". Preleciona o art. 26 do CDC que os vícios de fácil constatação ou aparentes podem ser reclamados em até 30 dias ou 90 dias, sendo os produtos ou serviços não duráveis ou duráveis, respectivamente. Todavia, esse prazo se inicia da entrega efetiva do produto ou do término da execução do serviço (art. 26, § 1º, do CDC), exatamente nos termos da alternativa "e". A alternativa "a" labora em erro, pois, quando se trata de fato do produto ou serviço, dizemos que surge uma pretensão de reparação ao consumidor lesado, devendo o prazo sofrer as consequências da prescrição, e não da decadência, como diz a alternativa no início de seu enunciado (art. 27 do CDC). A alternativa "b" é errônea, já que, como visto, o prazo de 90 dias para reclamar os vícios de produtos ou serviços se refere aos produtos e serviços duráveis, diferentemente do que diz a assertiva. A letra "c" faz confusão com o *dies a quo* de contagem do prazo decadencial em se tratando de vício oculto, sendo o seu início quando evidenciado o problema. Enfim, a letra "d" faz afirmação errada, pois no CDC os prazos decadenciais podem ser obstados (suspensos), nos termos do art. 26, § 2º, do CDC.

16. "d". Como regra geral, ao tratarmos de vício aparente ou de fácil constatação, o prazo começa a correr da entrega do produto ou do encerramento da execução do serviço; mas, diante de vício oculto, correrão os prazos decadenciais a partir do momento em que ficar evidenciado o problema (art. 26, § 3º, do CDC). A alternativa "a" erra ao colocar a celebração do contrato como marco inicial de contagem de prazo, pois, conforme o art. 26, § 1º, do CDC, a contagem dos prazos decadenciais para reclamar os vícios aparentes ou de fácil constatação inicia-se a partir da entrega efetiva do produto ou do término da execução dos serviços. A alternativa "b" é errônea ao substituir o prazo de 30 dias, correto, por 90 dias, para bens não duráveis (art. 26 do CDC). A alternativa "c" se equivoca ao colocar como prazo prescricional 3 anos para reparação de defeito, sendo 5 anos o certo (art. 27 do CDC). Por fim, a alternativa "e" não se encontra entre as hipóteses que obstam o prazo decadencial previstas pelo CDC (art. 26, § 2º). Aliás, esta foi a hipótese vetada pelo legislador.

17. "b" é a correta. Na análise dos prazos decadenciais do CDC, a regra está disposta no art. 26 de tal diploma, sendo dado ao consumidor o prazo de 30 dias para reclamar de vícios aparentes ou de fácil constatação quando se tratar de bens não duráveis, contados da entrega do produto ou término da prestação do serviço. A alternativa "a" erra ao firmar que o prazo de reclamação por vício nos produtos ou serviços não duráveis seria de 90 dias, o que viola a disposição do art. 26 do CDC, que prevê prazo de 30 dias. A alternativa "c" é inverídica, já que o prazo correto para reclamar de vícios em produtos ou serviços duráveis é de 90 dias, não 120 dias, como dito. A alternativa "d" é errônea, já que o prazo de 30 dias é destinado aos produtos e serviços não duráveis, diferentemente dos duráveis. Por último, a alternativa "e" trata do prazo de 7 dias como reclamação, sendo que o art. 26 do CDC prevê apenas 30 ou 90 dias, a depender da durabilidade do produto ou serviço, sendo errôneo dizer 7 dias para decadência da reclamação.

18. "a". Nos termos do art. 26, § 2º, inciso I, do CDC. A letra "b" está errada, pois a segunda causa obstativa da decadência é aquela que vai da instauração do inquérito civil até seu encerramento, independentemente da posição inserta no parecer do Ministério Público (art. 26, § 2º, inciso III, do CDC). A alternativa "c" não encontra amparo legal. A letra "d" trata de prescrição, e não de decadência, por isso o erro. Por fim, a alternativa "e" está errada, pois o prazo decadencial para reclamar de vícios aparentes de bens não duráveis caduca em trinta dias e dos duráveis em noventa dias (art. 26, incisos I e II, do CDC).

19. "c". A garantia contratual é complementar em relação à legal nos termos do art. 50 do CDC, o que implica dizer que os prazos devem ser somados. A alternativa "a" está errada, pois não há contratos paritários nas relações de consumo que nascem de forma desigual e possuem em um dos lados o vulnerável consumidor. A letra "b" está errada, na medida em que a garantia contratual tem previsão no CDC. A alternativa "d" erra, uma vez que a garantia contratual, apesar de facultativa, não escapa à exigência de clareza nas informações do conteúdo quando gratuita. Por fim, a letra "e" equivoca-se, pois o *caput* do art. 50 exige que a garantia contratual seja escrita.

20. "a". Esta é a alternativa correta, nos termos do art. 26, II e § 1º, do CDC.

21. "e". Esta é a alternativa correta, nos termos do art. 27 do CDC.

22. "certo". A assertiva está correta, segundo estabelece a Súmula 477 do STJ, *in verbis*: "A decadência do art. 26 do CDC não é aplicável à prestação de contas para obter esclarecimentos sobre cobrança de taxas, tarifas e encargos bancários".

23. "d". Nos termos dos arts. 26 e 27 do CDC, que assim determinam: "Art. 26. O direito de reclamar pelos vícios aparentes ou de fácil constatação caduca em: I — trinta dias, tratando-se de fornecimento de serviço e de produtos não duráveis; II — noventa dias, tratando-se de fornecimento de serviço e de produtos duráveis. (...) Art. 27. Prescreve em cinco anos a pretensão à reparação pelos danos causados por fato do produto ou do serviço prevista na Seção II deste Capítulo, iniciando-se a contagem do prazo a partir do conhecimento do dano e de sua autoria".

24. "a" nos termos do art. 26, incisos I e II, do CDC.

7

DESCONSIDERAÇÃO DA PERSONALIDADE JURÍDICA — *DISREGARD OF LEGAL ENTITY* — NO CDC

7.1. INTRODUÇÃO

Conforme é cediço, a **pessoa jurídica é distinta** da pessoa dos seus **sócios**, não apenas no **aspecto subjetivo**, mas também no tocante à questão patrimonial **(aspecto objetivo)** segundo a qual os **bens da sociedade não se confundem com o patrimônio dos respectivos sócios**.

No entanto, em razão desta separação estanque entre patrimônio dos sócios e patrimônio da sociedade, os **maus administradores começaram a aplicar golpes** no mercado em nome da pessoa jurídica que representavam, sendo a sociedade constituída na maioria das vezes com patrimônio irrisório.

Num contexto assim, as pessoas lesadas acabavam sempre no prejuízo, pois na busca do ressarcimento em ação ajuizada em face da pessoa jurídica "causadora" dos danos deparavam-se com patrimônio algum, e o sócio fraudador **não poderia ver seus bens atingidos** em razão da separação patrimonial objetiva acima pontuada.

Sobre o tema, ensina Bruno Miragem que, diante "desta situação, mediante desenvolvimento da **jurisprudência norte-americana** por intermédio da via especial da *equity,* e sistematizada no direito alemão por Rolf Serick, tem origem tese na qual **passa-se a admitir a hipótese de responsabilização dos sócios e administradores** pelas obrigações assumidas pela sociedade, afastando a limitação porventura existente em seus atos constitutivos, quando houver abuso ou fraude no exercício da atividade da pessoa jurídica. É a origem da *disregard of legal entity,* ou simplesmente teoria da ***desconsideração da personalidade jurídica***".[1]

A teoria da desconsideração da personalidade jurídica legitima, portanto, a retirada do manto protetor que a personalidade de uma empresa possui para atingir o patrimônio do sócio fraudador em caso de eventual ação proposta em razão de prejuízos causados em nome da entidade "fraudadora".[2]

[1] MIRAGEM, Bruno. *Curso de direito do consumidor*, p. 438-439.

[2] As aspas são oportunas, pois a empresa não foi a fraudadora, na realidade. Quem causou prejuízos ao mercado foi o sócio fraudador em nome da pessoa jurídica que integra.

Em outras palavras, ainda que em sua origem o patrimônio dos sócios seja distinto dos bens da sociedade, aquele poderá ser atingido quando comprovada a fraude do representante da empresa por meio da desconsideração da personalidade jurídica.

No direito pátrio, apesar de a tese da desconsideração ter aceitação jurisprudencial desde há muito tempo, a estipulação normativa somente ocorreu no ano de 1990, com o advento do Código de Defesa do Consumidor (art. 28) e, posteriormente, no Código Civil de 2002 (art. 50).

Apesar de a dupla previsão possuir pontos comuns, concluiremos em breve pela existência de diferenças cruciais entre elas, que serão apontadas no momento oportuno.

■ 7.2. A DESCONSIDERAÇÃO DA PERSONALIDADE JURÍDICA NO CDC E NO CÓDIGO CIVIL

No **Código de Defesa do Consumidor**, a desconsideração da personalidade jurídica está prevista no **art. 28**, que estabelece, *in verbis*:

> Art. 28. O juiz poderá desconsiderar a personalidade jurídica da sociedade quando, em detrimento do consumidor, houver abuso de direito, excesso de poder, infração da lei, fato ou ato ilícito ou violação dos estatutos ou contrato social. A desconsideração também será efetivada quando houver falência, estado de insolvência, encerramento ou inatividade da pessoa jurídica provocados por má administração.
>
> § 1º (Vetado).
>
> § 2º As sociedades integrantes dos grupos societários e as sociedades controladas, são subsidiariamente responsáveis pelas obrigações decorrentes deste código.
>
> § 3º As sociedades consorciadas são solidariamente responsáveis pelas obrigações decorrentes deste código.
>
> § 4º As sociedades coligadas só responderão por culpa.
>
> § 5º Também poderá ser desconsiderada a pessoa jurídica sempre que sua personalidade for, de alguma forma, obstáculo ao ressarcimento de prejuízos causados aos consumidores.

No ano de 2002, o **Código Civil** tratou do tema dentro do **Título II — Das Pessoas Jurídicas** —, mais precisamente em seu **art. 50**, ao prever: "Em caso de abuso da personalidade jurídica, caracterizado pelo desvio de finalidade, ou pela confusão patrimonial, pode o juiz decidir, a requerimento da parte, ou do Ministério Público quando lhe couber intervir no processo, que os efeitos de certas e determinadas relações de obrigações sejam estendidos aos bens particulares dos administradores ou sócios da pessoa jurídica".

Da leitura preliminar dos dispositivos citados, identificamos diferenças pontuais e importantes que passamos a analisar.

■ 7.2.1. Características da desconsideração da personalidade jurídica no Código Civil

O Código Civil de 2002 estabelece como requisitos para o deferimento da desconsideração: (i) o abuso da personalidade jurídica caracterizado pelo desvio de finalidade ou pela confusão patrimonial; (ii) requerimento da parte ou do Ministério Público.

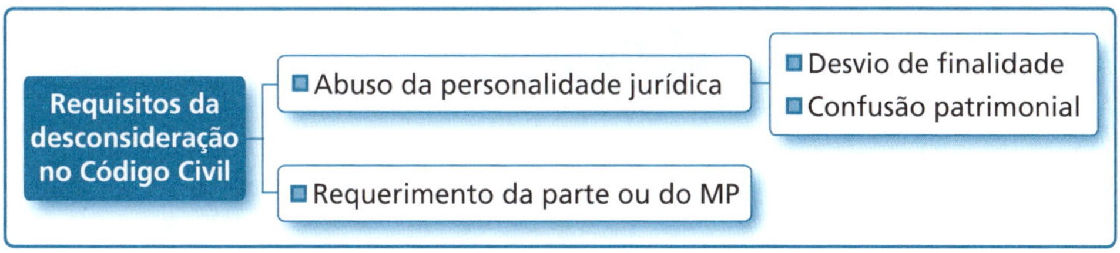

O dispositivo do Diploma Civilista foi redigido de tal forma que deixa a entender pela **necessidade de se fazer presente** o requisito do dolo/fraude, ao estabelecer como **pressuposto o abuso** da personalidade jurídica.

Esta também é a visão de Bruno Miragem ao ensinar que, embora "a norma não explicite, é majoritário o entendimento de que tais situações abrangem a **motivação geralmente dolosa** dos beneficiários. Daí porque se vai exigir, como regra para o deferimento da desconsideração, a existência de **má-fé** através de fraude ou atos abusivos de parte dos sócios ou administradores".[3]

Em outra passagem, o aludido autor conclui que, apesar da existência de doutrina moderna sustentando uma visão mais objetiva no tocante à interpretação das hipóteses autorizadoras da desconsideração, "permanece sustentado por boa parte da doutrina em direito civil, a adoção da teoria subjetiva da desconsideração, ou seja, da exigência da culpa ou dolo como pressuposto da desconsideração da personalidade jurídica, sobretudo em face do caráter excepcional de que se reveste esta providência".[4]

■ 7.2.2. Características da desconsideração da personalidade jurídica no CDC

Conforme visto, o art. 28 do Código de Defesa do Consumidor prevê a desconsideração da personalidade jurídica nas seguintes hipóteses:

3 MIRAGEM, Bruno. *Curso de direito do consumidor*, p. 439.

4 MIRAGEM, Bruno. *Curso de direito do consumidor*, p. 439-440.

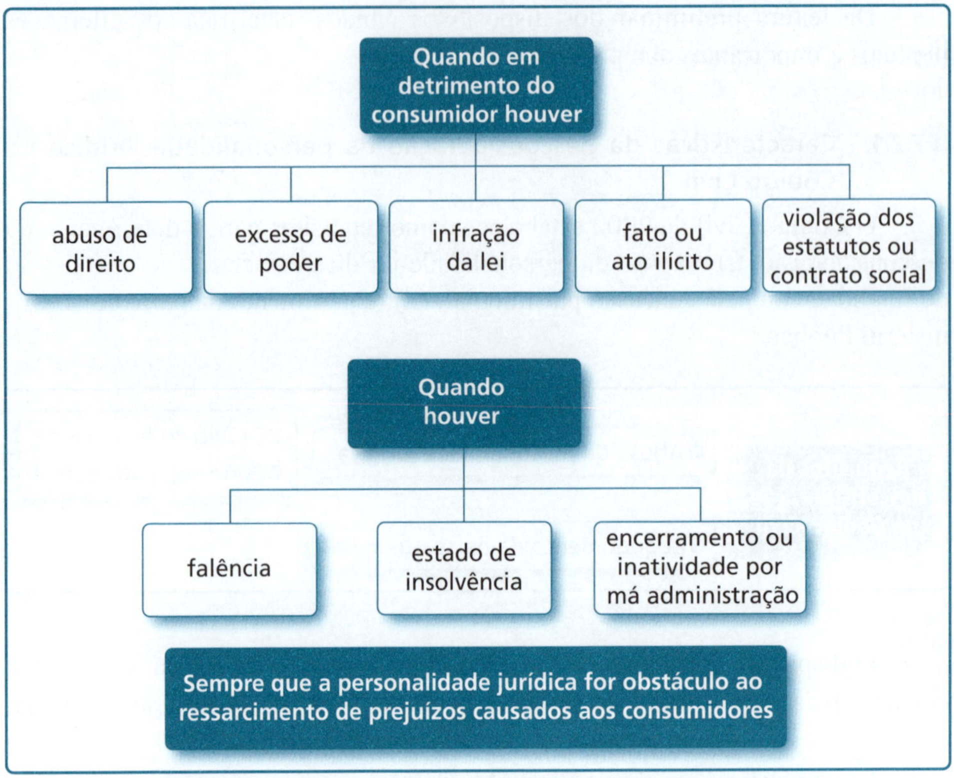

Constatamos, *ab initio*, que a **primeira parte do *caput* do art. 28** relaciona-se com o preenchimento dos **requisitos clássicos** da desconsideração ao exigir:

- o abuso de direito;
- o excesso de poder;
- a ilicitude; ou
- a irregularidade.

A **parte final** do dispositivo citado trata da **falência**, da **insolvência** e do **encerramento ou inatividade por má administração** da sociedade como causas legitimadoras da desconsideração da personalidade jurídica. O grande problema aqui consiste em saber **qual o significado de má administração**.

Nos ensinamentos de Bruno Miragem, um "primeiro entendimento vai sustentar que má-administração equivale à gestão dos negócios da sociedade mediante fraude ou má-fé. Por outro lado, há os que vão defender a noção, como espécie de atos de gerência incompetente dos sócios ou administradores que deem causa à extinção da pessoa jurídica. Não é desconhecido que o alcance da expressão má-administração, nesta segunda parte do art. 28, *caput*, é essencial para circunscrever os limites da responsabilidade dos sócios e administradores. O primeiro entendimento, exigindo a má-fé, fixa o mesmo sentido do que a primeira parte do dispositivo, referindo-se à necessidade de reprovação jurídica da conduta dos sócios e administradores. Já a exigência de simples incompetência administrativa abre a possibilidade de desconsideração, via interpretação extensiva, a qualquer espécie de falência ou estado de insolvência uma vez que é de se pressupor que, racionalmente, a consecução da finalidade lucrativa das sociedades não é alcançada em vista de falta de conhecimento ou competência na administração do negócio".[5]

Em nossa opinião, caberá ao juiz na análise do caso concreto verificar de forma cautelosa quando a má administração geradora do fim das atividades da sociedade será capaz de legitimar a desconsideração de sua personalidade.

O **art. 28, § 5º, do CDC** traz uma espécie de cláusula geral da desconsideração ao estabelecer a viabilidade da perda da **personalidade** sempre que esta for **obstáculo para o ressarcimento do consumidor**.

Percebam que aqui não houve alusão a abuso de direito ou qualquer irregularidade, caracterizando-se como verdadeira norma concretizadora do art. 6º, inciso VI, do Diploma Consumerista, que estabelece como Direito Básico do consumidor a efetiva reparação de danos.

Assim, se preciso for, até a desconsideração da personalidade jurídica será admitida como forma de ressarcir integralmente o vulnerável da relação jurídica de consumo.

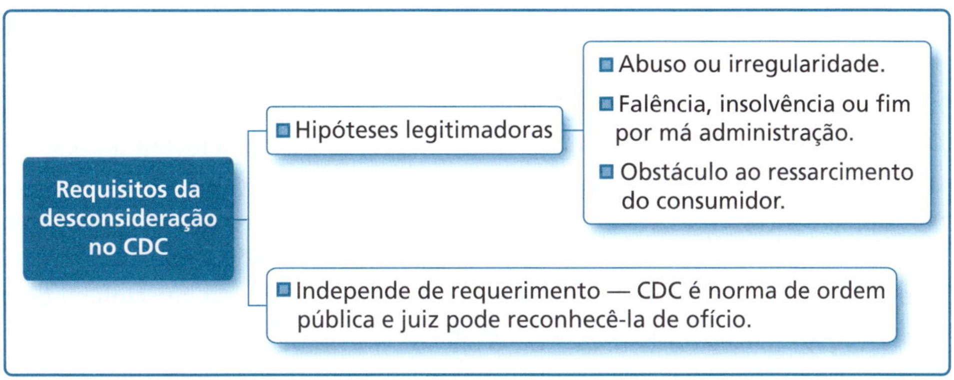

7.2.3. Teorias maior e menor da desconsideração da personalidade jurídica

São duas as teorias existentes a tratar dos pressupostos de incidência da teoria da desconsideração da pessoa jurídica: a teoria maior e a teoria menor da desconsideração. Doutrinador que bem explica o tema é Sergio Cavalieri Filho, para quem:

[5] MIRAGEM, Bruno. *Curso de direito do consumidor*, p. 441.

TEORIA MAIOR	TEORIA MENOR
■ "A teoria maior condiciona o afastamento episódico da autonomia patrimonial das pessoas jurídicas à caracterização da manipulação fraudulenta ou abusiva do instituto. Não admite a desconsideração com a mera demonstração de estar a pessoa jurídica insolvente para o cumprimento de suas obrigações. Exige-se, aqui, para além da prova de insolvência, a demonstração de desvio de finalidade, ou a demonstração de confusão patrimonial." ■ "A prova do desvio de finalidade faz incidir a teoria maior subjetiva da desconsideração. O desvio de finalidade, como já ressaltamos, é caracterizado pelo ato intencional dos sócios em fraudar terceiros com o uso abusivo da personalidade jurídica." ■ "A demonstração da confusão patrimonial, por sua vez, faz incidir a teoria maior objetiva da desconsideração. A confusão patrimonial caracteriza-se pela inexistência, no campo dos fatos, de separação do patrimônio da pessoa jurídica e dos seus sócios."[6]	■ "A teoria menor é aquela que se refere à desconsideração em toda e qualquer hipótese de execução do patrimônio do sócio por obrigação social. Como se vê, a sua incidência parte de premissas distintas da teoria maior: bastará a prova da insolvência da pessoa jurídica para o pagamento de suas obrigações, independentemente da existência de desvio de finalidade ou de confusão patrimonial. Para esta teoria, o risco empresarial, normal às atividades econômicas, não pode ser suportado pelo terceiro que contratou com a pessoa jurídica, mas pelos sócios e/ou administradores desta, ainda que estes demonstrem conduta administrativa proba, isto é, mesmo que não exista qualquer prova capaz de identificar conduta culposa ou dolosa por parte dos sócios, ou administradores da pessoa jurídica."[7]

A conclusão a que chegamos dos ensinamentos supracitados é a de que o **Código Civil** adotou em seu **art. 50** a **teoria maior** da desconsideração nas modalidades **subjetiva e objetiva**.

Desta forma, **não basta** para o Diploma Civilista a **insolvência** para desconsiderar a personalidade jurídica; necessária ainda a demonstração do **desvio de finalidade** (teoria maior subjetiva) ou da **confusão patrimonial** (teoria maior objetiva).

Já o **Código de Defesa do Consumidor adotou a teoria menor, bastando a insolvência** do fornecedor para legitimar a desconsideração da personalidade jurídica.

Pontuamos em outra oportunidade que, da mesma forma como ocorre no Direito Ambiental e no Direito do Trabalho, a adoção da teoria menor da desconsideração da personalidade jurídica está relacionada com o direito protecionista, pois visa "assegurar o ressarcimento ou indenização ao consumidor antes que seja tarde demais, antes que nada mais exista no patrimônio garantidor. O legislador, mais uma vez astuto à realidade encontrada, se antecipa e permite a desconsideração, isso antes mesmo de haver um grande perigo de não ressarcimento, é mais uma medida de cautela legislativa".[8]

A evidente diferença das teorias adotadas pelo Código Civil e pelo CDC também é reconhecida na jurisprudência do Superior Tribunal de Justiça, como ocorreu no

6 CAVALIERI FILHO, Sergio. *Programa de direito do consumidor*, p. 363-364.

7 CAVALIERI FILHO, Sergio. *Programa de direito do consumidor*, p. 364.

8 BOLZAN, Fabrício; GALVÃO, Emiliano. *Desconsideração da personalidade jurídica no CDC e um diálogo com o Direito Ambiental e com o Direito Civil.* In: GAJARDONI, Fernando da Fonseca. *Temas aprofundados:* magistratura. Salvador: JusPodivm, 2013, p. 331.

julgamento do Recurso Especial 279.273/SP, relatoria do Ministro Ari Pargendler, Terceira Turma, publicado no *DJ* 29-3-2004, do qual destacamos os seguintes trechos:

- "**A teoria maior da desconsideração**, regra geral no sistema jurídico brasileiro, não pode ser aplicada com a mera demonstração de estar a pessoa jurídica insolvente para o cumprimento de suas obrigações. **Exige-se, aqui**, para além da prova de insolvência, ou a demonstração de **desvio de finalidade** (teoria subjetiva da desconsideração), **ou a demonstração de confusão patrimonial** (teoria objetiva da desconsideração).
- **A teoria menor da desconsideração**, acolhida em nosso ordenamento jurídico excepcionalmente no Direito do Consumidor e no Direito Ambiental, incide com a **mera prova de insolvência da pessoa jurídica** para o pagamento de suas obrigações, independentemente da existência de desvio de finalidade ou de confusão patrimonial".[9]

Em resumo, completando o quadro comparativo dos requisitos característicos da desconsideração da personalidade jurídica no Código Civil e no Código de Defesa do Consumidor, encontramos os seguintes esquemas:

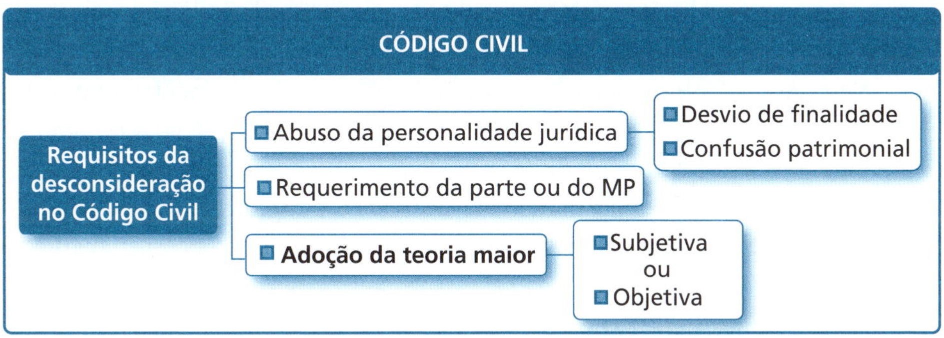

[9] No mesmo sentido, STJ no seguinte julgado: "DIREITO DO CONSUMIDOR E PROCESSUAL CIVIL. RECURSO ESPECIAL. EXECUÇÃO FRUSTRADA. PEDIDO DE DESCONSIDERAÇÃO DA PERSONALIDADE JURÍDICA. INDEFERIMENTO. FUNDAMENTAÇÃO APOIADA NA INEXISTÊNCIA DOS REQUISITOS PREVISTOS NO ART. 50 DO CÓDIGO CIVIL DE 2002 (TEORIA MAIOR). ALEGAÇÃO DE QUE SE TRATAVA DE RELAÇÃO DE CONSUMO. INCIDÊNCIA DO ART. 28, § 5º, DO CDC (TEORIA MENOR). OMISSÃO. OFENSA AO ART. 535 DO CPC RECONHECIDA. **1. É possível, em linha de princípio, em se tratando de vínculo de índole consumerista, a utilização da chamada Teoria Menor da desconsideração da personalidade jurídica, a qual se contenta com o estado de insolvência do fornecedor, somado à má administração da empresa, ou, ainda, com o fato de a personalidade jurídica representar um 'obstáculo ao ressarcimento de prejuízos causados aos consumidores' (art. 28 e seu § 5º, do Código de Defesa do Consumidor).** 2. Omitindo-se o Tribunal *a quo* quanto à tese de incidência do art. 28, § 5º, do CDC (Teoria Menor), acolhe-se a alegação de ofensa ao art. 535 do CPC. 3. Recurso especial parcialmente conhecido e provido" (REsp 1.111.153/RJ, Rel. Ministro Luis Felipe Salomão, 4ª T., *DJe* 4-2-2013).

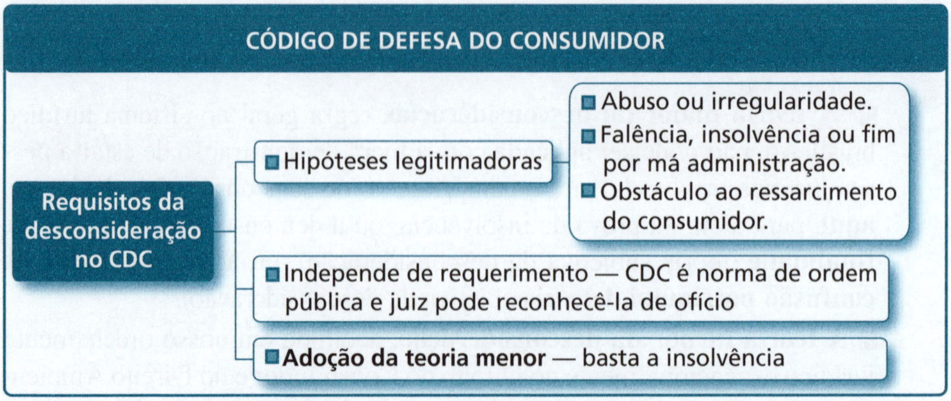

7.2.4. Desconsideração da personalidade jurídica no CDC: faculdade ou obrigação do juiz?

Questão interessante consiste em saber se é faculdade ou obrigação do magistrado realizar a desconsideração da personalidade jurídica. O art. 28 estabelece, *in verbis*: "O juiz poderá desconsiderar a personalidade jurídica da sociedade quando (...)", numa alusão inicial à faculdade em razão da utilização do verbo "poder".

Na visão de Zelmo Denari, "a tarefa do juiz não é puramente cognoscitiva, muito menos mecânica, mas valorativa dos interesses em conflito, além de criativa de novas normas —, o dispositivo teve o cuidado de autorizar a aplicação da desconsideração como faculdade do juiz, a cujo prudente arbítrio confiou o exame preliminar e a aferição dos pressupostos, para concessão da medida extrema".[10]

Concordamos com Rizzatto Nunes no sentido de que **"o juiz não tem o poder, mas o dever de desconsiderar a personalidade jurídica sempre que estiverem presentes os requisitos legais"**.[11]

Desta forma, o juiz deverá decretar a desconsideração, desde que presente algum dos fundamentos do art. 28 do CDC:

- abuso ou irregularidade;
- falência, insolvência ou fim das atividades por má administração;
- obstáculo para o ressarcimento dos danos do consumidor.

---

[10] GRINOVER, Ada Pellegrini; BENJAMIN, Antônio Herman de V.; FINK, Daniel Roberto; FILOMENO, José Geraldo Brito; NERY JR., Nelson; DENARI, Zelmo. *Código Brasileiro de Defesa do Consumidor,* p. 254.

[11] NUNES, Luiz Antonio Rizzatto. *Curso de direito do consumidor*, p. 716.

7.3. RESPONSABILIDADES ENTRE EMPRESAS CONTROLADAS, CONSORCIADAS E COLIGADAS

O art. 28 do Código de Defesa do Consumidor, ao tratar da desconsideração da personalidade jurídica nas relações de consumo, estabeleceu, em seus §§ 2º a 4º, quando haveria responsabilidade do fornecedor a depender do elo entre mais de uma empresa.

Ou seja, na linha do capítulo estudado de desconsiderar a personalidade de uma sociedade para atingir o patrimônio de pessoa distinta, quando restaria configurada a responsabilidade de empresas controladas e integrantes de grupos societários diante de atos da sociedade controladora? E entre entidades consorciadas, ou, ainda, entre sociedades coligadas?

Sobre o tema, o art. 28 do CDC assim prevê nos citados parágrafos:

> § 2º As sociedades integrantes dos grupos societários e as sociedades controladas, são subsidiariamente responsáveis pelas obrigações decorrentes deste código.
>
> § 3º As sociedades consorciadas são solidariamente responsáveis pelas obrigações decorrentes deste código.
>
> § 4º As sociedades coligadas só responderão por culpa.

Conforme estudado no Capítulo 5, as **sociedades controladas ou integrantes de grupos societários**[12] **responderão de forma subsidiária**, pois, diferentemente das empresas consorciadas, não estão em posição de igualdade na busca de objetivos comuns.

As **consorciadas,**[13] **por estarem em tal contexto, responderão solidariamente** entre si.

---

[12] A Lei das Sociedades por Ações, Lei n. 6.404/76, dispõe sobre entidade controlada: "Art. 243, § 2º Considera-se controlada a sociedade na qual a controladora, diretamente ou através de outras controladas, é titular de direitos de sócio que lhe assegurem, de modo permanente, preponderância nas deliberações sociais e o poder de eleger a maioria dos administradores".

[13] A Lei das Sociedades por Ações, Lei n. 6.404/76, dispõe sobre o consórcio de empresas: "Art. 278. As companhias e quaisquer outras sociedades, sob o mesmo controle ou não, podem constituir consórcio para executar determinado empreendimento, observado o disposto neste Capítulo. § 1º O consórcio não tem personalidade jurídica e as consorciadas somente se obrigam nas condições previstas no respectivo contrato, respondendo cada uma por suas obrigações, sem presunção de solidariedade. § 2º A falência de uma consorciada não se estende às demais, subsistindo o consórcio com as outras contratantes; os créditos que porventura tiver a falida serão apurados e pagos na forma prevista no contrato de consórcio". Apesar de bem ressaltar a união de esforços das empresas consorciadas na busca de objetivos comuns, deixa clara a ausência de presunção de solidariedade entre elas. Assim, a responsabilidade solidária destas empresas nas relações de consumo decorre da expressa previsão no art. 28, § 3º, do CDC.

Por fim, as **sociedades coligadas**[14] somente responderão mediante a comprovação de culpa **(responsabilidade subjetiva)**.

O esquema, na oportunidade, foi assim elaborado:

■ 7.4. QUESTÕES

1. (FCC — 2012 — TJ-GO — Juiz) A desconsideração da personalidade jurídica no CDC

a) é instituto meramente doutrinário, inexistente em norma jurídica expressa.
b) caracterizar-se-á quando o juiz verificar, em detrimento do fornecedor, abuso de direito, excesso de poder, infração da lei, fato ou ato ilícito ou violação dos estatutos ou contrato social.
c) não ocorrerá em hipóteses de falência, estado de insolvência, encerramento ou inatividade da pessoa jurídica.
d) poderá ocorrer sempre que a personalidade da pessoa jurídica for, de alguma forma, obstáculo ao ressarcimento de prejuízos causados aos consumidores.
e) não atinge, em nenhuma hipótese, sociedades coligadas, controladas ou consorciadas.

2. (CESPE — 2011 — TJ-ES — Juiz) Proprietário de determinado terreno ajuizou ação de rescisão contratual cumulada com indenização por danos materiais e morais contra a construtora Morar Bem Ltda., alegando que a empresa, tendo sido contratada para edificar a sua casa, no prazo certo e improrrogável de doze meses, deixou de cumprir o prazo e abandonou a obra.

Determinada a citação da pessoa jurídica, a carta enviada pelo juízo foi devolvida pelos Correios, sob a justificativa de que, por três vezes, não havia quem a recebesse no endereço especificado. Expedido mandado de citação, o oficial de justiça certificou, nos autos, o seguinte:

---

[14] A Lei das Sociedades por Ações, Lei n. 6.404/76 com redação dada pela Lei n. 11.941/2009, dispõe sobre entidades coligadas: "Art. 243, § 1º São coligadas as sociedades nas quais a investidora tenha influência significativa. (...) § 4º Considera-se que há influência significativa quando a investidora detém ou exerce o poder de participar nas decisões das políticas financeira ou operacional da investida, sem controlá-la. § 5º É presumida influência significativa quando a investidora for titular de 20% (vinte por cento) ou mais do capital votante da investida, sem controlá-la".

"o local indicado encontra-se fechado, não havendo qualquer placa com o nome da empresa e nenhuma pessoa para receber a citação, constando apenas, na porta, a informação de que a empresa foi fechada". O autor, então, juntou aos autos certidão da junta comercial atestando que o endereço da sede da empresa coincidia com o do local constante no mandado citatório e que a empresa permanecia formalmente em atividade.

O autor requereu, ainda, a desconsideração da personalidade jurídica da sociedade, para que os sócios fossem incluídos no polo passivo da ação.

Com base nessa situação hipotética, assinale a opção correta.

a) O pedido de desconsideração da personalidade jurídica da empresa não pode ser deferido, pois o autor não exauriu as possibilidades de citação da sociedade empresária, devendo, antes, ter requerido a citação da empresa por edital.
b) Como o CDC, seguindo o Código Civil de 2002, adota a chamada teoria maior da desconsideração da personalidade jurídica, é possível o deferimento do pedido do autor.
c) O CDC, seguindo o Código Civil de 2002, adota a chamada teoria menor da desconsideração da personalidade jurídica, o que torna inviável o deferimento do pedido do autor.
d) Caso o juiz entenda que a personalidade da empresa é, de alguma forma, obstáculo ao ressarcimento de prejuízos causados ao consumidor, o pedido de desconsideração da personalidade jurídica da empresa poderá ser deferido.
e) O pedido de desconsideração da personalidade jurídica da empresa não pode ser deferido no processo de conhecimento, mas somente na fase de cumprimento de sentença, conforme previsto no CDC.

3. (CESPE — 2007 — MPE-AM — Promotor de Justiça) Considere que determinado grupo de sociedades, composto pelas pessoas jurídicas F, G e K, seja controlado pela sociedade F e que, nele, G seja sociedade coligada a K, a qual, por sua vez, é consorciada à sociedade L. Nessa situação, considerando que a sociedade K seja responsável por obrigações decorrentes do Código de Proteção e Defesa do Consumidor, assinale a opção correta quanto à extensão dessa responsabilidade para as demais sociedades referidas.

a) As sociedades F e G responderão solidariamente por essas obrigações.
b) A sociedade L responderá subsidiariamente pelas citadas obrigações.
c) A sociedade F responderá subsidiariamente e a sociedade G responderá solidariamente pelas referidas obrigações.
d) A sociedade G só responderá por culpa pelas referidas obrigações.
e) As sociedades G e K responderão solidariamente pelas obrigações.

4. (FMP-RS — 2008 — MPE-MT — Promotor de Justiça) Relativamente às relações consumeristas, é correto afirmar que:

a) a simples aquisição ou utilização de produtos ou serviços em benefício próprio, isto é, para satisfação de suas necessidades pessoais, sem ter o interesse de repassá-los a terceiros, nem empregá-los na geração de outros bens ou serviços, não é bastante para qualificar uma pessoa jurídica como consumidora.
b) ao dizer que as normas do Código de Defesa do Consumidor são de ordem pública e interesse social, o art. 1º da Lei n. 8.078/90 faz indisponíveis os direitos outorgados ao consumidor.
c) ainda que o vício seja oculto ou de difícil constatação, o prazo decadencial inicia-se a partir da aquisição do produto.
d) exatamente porque as normas do CDC são de ordem pública e de interesse social é que o fornecedor não poderá limitar ou restringir a garantia legal de adequação de produtos ou serviços (art. 25), e, em o fazendo, tal poderá ser considerado como prática abusiva.

e) relativamente à desconsideração da personalidade jurídica, o Código de Defesa do Consumidor acolheu teoria que proclama a necessidade da existência de desvio de finalidade ou de confusão patrimonial.

5. (TJ-PR — 2010 — Juiz) Pela previsão do artigo 28 do Código de Defesa do Consumidor, o juiz poderá desconsiderar a personalidade jurídica da sociedade quando, em detrimento do consumidor, houver abuso de direito, excesso de poder, infração da lei, fato ou ato ilícito ou violação dos estatutos ou contrato social.

Sobre a desconsideração da personalidade jurídica no CDC, é CORRETO afirmar:

a) As sociedades integrantes dos grupos societários e as sociedades controladas são solidariamente responsáveis pelas obrigações decorrentes do Código de Defesa do Consumidor.
b) As sociedades consorciadas são subsidiariamente responsáveis pelas obrigações decorrentes do Código de Defesa do Consumidor.
c) Também poderá ser desconsiderada a pessoa jurídica sempre que sua personalidade for, de alguma forma, obstáculo ao ressarcimento de prejuízos causados aos consumidores.
d) As sociedades coligadas só responderão por dolo.

6. (CESPE — 2010 — DPE-BA — Defensor Público) A respeito do direito do consumidor, julgue o item abaixo.

Ao tratar da desconsideração da pessoa jurídica, o CDC estabelece que as sociedades integrantes dos grupos societários, as sociedades controladas e as consorciadas são solidariamente responsáveis pelas obrigações previstas no código.

( ) certo ( ) errado

7. (CESPE — 2010 — MPE-RO — Promotor de Justiça) Acerca do direito do consumidor, assinale a opção correta.

a) A teoria da desconsideração da personalidade jurídica adotada pelo CDC é a teoria maior, sendo possível a aplicação da *disregard doctrine* nas hipóteses de abuso da personalidade por confusão patrimonial ou desvio de finalidade.
b) Em regra, a inversão do ônus da prova implica que a parte requerida deve arcar com as custas da prova solicitada pelo consumidor, consoante jurisprudência do STJ.
c) Juridicamente, são reconhecidos quatro tipos de vulnerabilidade: a técnica, a jurídica, a fática e a informacional, sendo todo consumidor presumivelmente vulnerável, embora não seja, necessariamente, hipossuficiente, não se tratando, pois, de expressões sinônimas.
d) Apesar de, às vezes, serem considerados sinônimos, o vocábulo propaganda é mais utilizado para a atividade comercial, enquanto o vocábulo publicidade é expressão mais ampla, de uso reservado para ação política, religiosa, de disseminação ideológico-filosófica.
e) Exercido o direito de arrependimento (prazo de reflexão), no prazo de sete dias a contar de sua assinatura ou do ato de recebimento do produto ou serviço, o consumidor tem direito de receber 80% do valor desembolsado de forma imediata e atualizado monetariamente.

8. (CESPE — 2010 — MPE-ES — Promotor de Justiça) A respeito do direito do consumidor, assinale a opção correta.

a) Ao tratar da desconsideração da pessoa jurídica, o CDC estabeleceu que as sociedades integrantes dos grupos societários, as sociedades controladas e as consorciadas são solidariamente responsáveis pelas obrigações decorrentes do diploma legal já mencionado.

b) Omitir dizeres ou sinais ostensivos sobre a nocividade ou a periculosidade de produtos ou serviços corresponde ao tipo penal de um crime próprio ou direto previsto no CDC, cuja pena é de detenção de seis meses a dois anos, acrescida de multa, não sendo admitida a modalidade culposa.
c) A demanda coletiva, ajuizada em face da publicidade de um medicamento emagrecedor milagroso, visa tutelar os denominados interesses difusos, também denominados transindividuais, de natureza indivisível, de que sejam titulares pessoas indeterminadas e indetermináveis, ligadas por circunstâncias fáticas, não se devendo falar em relação jurídica anterior entre os titulares desse tipo de direito.
d) Caso o consumidor tenha proposto uma ação individual de responsabilidade civil em face do fornecedor, mas queira se beneficiar dos efeitos de uma ação coletiva proposta com o mesmo objeto, deve, no prazo de trinta dias, a contar do primeiro despacho proferido na ação coletiva, requerer a suspensão do processo individual.
e) Nos termos da legislação consumerista, o consumidor cobrado judicial e extrajudicialmente em quantia indevida tem direito à repetição do indébito, por valor igual ao dobro do que pagou em excesso, acrescido de correção monetária e juros legais, salvo hipótese de engano justificável.

9. (CESPE — 2009 — DETRAN-DF — Analista — Advocacia) Acerca dos direitos do consumidor, julgue os itens seguintes.

Segundo a jurisprudência do STJ, a teoria menor da desconsideração da personalidade jurídica incide com a mera prova de insolvência da pessoa jurídica para o pagamento de suas obrigações, independentemente da existência de desvio de finalidade ou de confusão patrimonial.

( ) certo ( ) errado

10. (FCC — 2005 — PGE-SE — Procurador de Estado) As sociedades integrantes de grupos societários e as sociedades controladas são

a) solidariamente responsáveis pelas obrigações decorrentes do Código de Defesa do Consumidor.
b) subsidiariamente responsáveis pelas obrigações decorrentes do Código de Defesa do Consumidor.
c) conjuntamente responsáveis pelas obrigações decorrentes do Código de Defesa do Consumidor.
d) solidariamente responsáveis pelas obrigações decorrentes do Código de Defesa do Consumidor, somente se a cláusula de solidariedade constar do contrato firmado com o consumidor.
e) subsidiariamente responsáveis pelas obrigações decorrentes do Código de Defesa do Consumidor, desde que verificado o dolo do representante de uma delas.

11. (FCC — 2009 — TJ-MS — Juiz) Nas ações judiciais que tenham por objeto controvérsia regida pelo Código de Defesa do Consumidor,

a) a desconsideração da personalidade jurídica exige, em todos os casos, a prova da ocorrência de fraude e abuso de poder de controle.
b) as sociedades integrantes do mesmo grupo societário e as sociedades controladas pelo fornecedor respondem, subsidiariamente, em relação ao fornecedor.
c) as sociedades consorciadas respondem solidariamente com o fornecedor, pois, de acordo com a Lei das Sociedades por Ações, o consórcio não tem personalidade jurídica e as consorciadas assumem obrigações apenas em nome próprio.
d) a desconsideração da personalidade jurídica pode ser determinada pelo juiz apenas a pedido do Ministério Público.

e) a desconsideração da personalidade jurídica de sociedade falida, se decretada, não poderá atingir os administradores da sociedade fornecedora.

12. (CESPE — 2013 — TJ-MA — Juiz Substituto) Caso se comprove, em ação consumerista, que uma empresa tenha agido com abuso de direito em detrimento de certo grupo de consumidores, o juiz poderá desconsiderar a personalidade jurídica da referida empresa e atribuir responsabilidade

a) solidária a empresas controladas pela empresa ré.
b) solidária a empresas coligadas à empresa ré, independentemente de culpa a elas atribuída.
c) subsidiária a empresas consorciadas com a empresa ré.
d) subsidiária a empresas integrantes do mesmo grupo societário.

13. (VUNESP — 2014 — TJ-SP — Juiz) Com relação ao direito do consumidor, assinale a opção correta.

a) A *disregard doctrine* não tem aplicação no Código de Defesa do Consumidor.
b) A teoria menor da desconsideração da personalidade jurídica, adotada excepcionalmente no direito do consumidor, aplica-se com a mera prova de insolvência da pessoa jurídica para o pagamento de suas obrigações.
c) Demonstrando os sócios e/ou administradores da pessoa jurídica uma administração isenta de culpa ou dolo, ficam isentos de qualquer responsabilidade por eventual dano causado ao consumidor por ela.
d) A teoria maior da desconsideração da personalidade jurídica, adotada como regra geral pelo Código de Defesa do Consumidor, exige, além da demonstração de estar a pessoa jurídica insolvente para cumprir suas obrigações, também prova do desvio de finalidade, ou a demonstração de confusão patrimonial.

14. (UFG — 2014 — DPE-GO — Defensor Público) A desconsideração da personalidade jurídica é prevista para impedir que abusos e fraudes cometidos por sócios e administradores causem a consumidores prejuízos e danos, de outro modo irreparáveis. O ordenamento jurídico estabelece que tal desconsideração

a) atinge objetiva e subsidiariamente as sociedades controladas e as simplesmente coligadas.
b) depende da demonstração cabal da insolvência da pessoa jurídica devedora.
c) é medida excepcional, judicialmente determinada, diversa da extinção da pessoa jurídica.
d) submete-se, como exercício de direito potestativo, a prazo decadencial e ação própria.
e) confunde-se com a dissolução e liquidação da pessoa jurídica devedora.

15. (CESPE — 2016 — TJ-AM — Juiz Substituto) Acerca do tratamento dispensado pelo CDC à pessoa jurídica e à sua desconsideração e responsabilização penal, aos direitos básicos do consumidor e ao instituto do *recall*, assinale a opção correta à luz da legislação aplicável e da jurisprudência do STJ.

a) Na desconsideração da personalidade jurídica, o CDC adotou a teoria maior, pois, para tal desconsideração, exige-se o desvio de finalidade e a confusão patrimonial.
b) Ao abordar as infrações penais de consumo, relativamente ao concurso de pessoas, o CDC não tratou da responsabilidade do diretor, do administrador ou do gerente da pessoa jurídica.
c) O CDC, ao tratar da possibilidade de modificação e revisão de cláusulas contratuais que estabeleçam prestações desproporcionais ou fatos supervenientes que as tornem excessivamente onerosas, adotou a teoria da imprevisão.

d) O *recall* efetuado pelo fornecedor mediante anúncios publicitários não afasta a sua obrigação de reparar o consumidor na hipótese de fato do produto pretérito decorrente desse defeito.

e) A pessoa jurídica tem a vulnerabilidade presumida no mercado de consumo na hipótese de relação jurídica estabelecida com empresa concessionária de serviço público essencial.

16. (MPE-SC — 2016 — MPE-SC — Promotor de Justiça — Vespertina) A falência, insolvência, encerramento ou inatividade da pessoa jurídica decorrente de má administração, assim como a hipótese de a personalidade da pessoa jurídica constituir obstáculo ao ressarcimento de prejuízos causados aos consumidores poderão ensejar a desconsideração da personalidade jurídica da sociedade, conforme preceitua a Lei n. 8.078/90.

( ) certo ( ) errado

17. (BANPARÁ — 2017 — BANPARÁ — Advogado) Marque a resposta CORRETA:

a) São deveres anexos inerentes ao princípio da boa-fé objetiva, no âmbito das relações de consumo, a informação (esclarecimento/ aconselhamento), a cooperação/renegociação e à proteção da incolumidade físico-psíquica e patrimonial do consumidor.

b) A garantia contratual é complementar à legal já estando computada nesta, podendo ser conferida verbalmente ou mediante termo escrito.

c) O elenco de cláusulas abusivas constante do art. 51 do CDC é taxativo, não comportando outras cláusulas dispostas por meio de portarias.

d) O Código de Defesa do Consumidor adotou, no *caput* do art. 28, a teoria maior da desconsideração da personalidade jurídica, sendo vedada pelo referido código a aplicação da teoria menor da desconsideração da personalidade jurídica.

■ GABARITO ■

1. "d". Nos termos do art. 28, § 5º, do CDC, que prevê, *in verbis*: "Também poderá ser desconsiderada a pessoa jurídica sempre que sua personalidade for, de alguma forma, obstáculo ao ressarcimento de prejuízos causados aos consumidores". A alternativa "a" está equivocada, pois além do art. 28 do CDC a desconsideração também está prevista no art. 50 do Código Civil, que estabelece: "Em caso de abuso da personalidade jurídica, caracterizado pelo desvio de finalidade, ou pela confusão patrimonial, pode o juiz decidir, a requerimento da parte, ou do Ministério Público quando lhe couber intervir no processo, que os efeitos de certas e determinadas relações de obrigações sejam estendidos aos bens particulares dos administradores ou sócios da pessoa jurídica". O art. 28, *caput,* do CDC, ao tratar da desconsideração da personalidade jurídica por abuso de direito, excesso de poder, infração da lei, fato ou ato ilícito ou violação dos estatutos ou contrato social, refere-se à verificação do juiz de qualquer dessas possibilidades em detrimento do consumidor, e não do fornecedor, conforme colocado pelo examinador com a intenção de pegar o candidato. Por isso, o erro da alternativa "b". A assertiva "c" também se equivoca, pois o art. 28, *caput, in fine*, admite a desconsideração "quando houver falência, estado de insolvência, encerramento ou inatividade da pessoa jurídica provocados por má administração". A alternativa "e" está errada, pois o art. 28 do CDC assim estabelece em seus parágrafos: "§ 2º As sociedades integrantes dos grupos societários e as sociedades controladas, são subsidiariamente responsáveis pelas obrigações decorrentes deste código. § 3º As sociedades consorciadas são solidariamente responsáveis pelas obrigações decorrentes deste código. § 4º As sociedades coligadas só responderão por culpa".

2. "d". Conforme prevê o art. 28, § 5°, do CDC. As alternativas "a" e "e" estão equivocadas, pois não possuem amparo na legislação consumerista. O Código do Consumidor adotou a teoria menor no tocante à desconsideração da personalidade jurídica, na qual basta a insolvência para a sua decretação. Diferentemente, o Código Civil adotou em seu art. 50 a teoria maior, segundo a qual além da insolvência deverá estar presente o requisito do desvio de poder (teoria maior subjetiva) ou a confusão patrimonial (teoria maior objetiva), razões pelas quais as alternativas "b" e "c" estão equivocadas. Esta é a visão do Superior Tribunal de Justiça: "Processual civil e civil. Recurso especial. Ação de execução de título judicial. Inexistência de bens de propriedade da empresa executada. Desconsideração da personalidade jurídica. Inviabilidade. Incidência do art. 50 do CC/02. Aplicação da Teoria Maior da Desconsideração da Personalidade Jurídica. — A mudança de endereço da empresa executada associada à inexistência de bens capazes de satisfazer o crédito pleiteado pelo exequente não constituem motivos suficientes para a desconsideração da sua personalidade jurídica. — A regra geral adotada no ordenamento jurídico brasileiro é aquela prevista no art. 50 do CC/02, que consagra a Teoria Maior da Desconsideração, tanto na sua vertente subjetiva quanto na objetiva. — Salvo em situações excepcionais previstas em leis especiais, somente é possível a desconsideração da personalidade jurídica quando verificado o desvio de finalidade (Teoria Maior Subjetiva da Desconsideração), caracterizado pelo ato intencional dos sócios de fraudar terceiros com o uso abusivo da personalidade jurídica, ou quando evidenciada a confusão patrimonial (Teoria Maior Objetiva da Desconsideração), demonstrada pela inexistência, no campo dos fatos, de separação entre o patrimônio da pessoa jurídica e os de seus sócios. Recurso especial provido para afastar a desconsideração da personalidade jurídica da recorrente" (REsp 970.635/SP, Ministra Nancy Andrighi, 3ª T., *DJe* 1°-12-2009).

3. "d". Pois, nos termos do art. 28, § 4°, do CDC, as sociedades coligadas somente responderão mediante a comprovação de culpa. A alternativa "a" está equivocada na medida em que, se as sociedades "F" e "G" integram grupo societário, a responsabilidade é subsidiária, conforme dispõe o art. 28, § 2°, do Diploma Consumerista. Segundo visto, a responsabilidade entre empresas coligadas é subjetiva, ou seja, depende da comprovação da culpa, razão pela qual estão erradas as assertivas "b" e "e". No caso de sociedades consorciadas, a responsabilidade será solidária (art. 28, § 3°). Também conforme analisado nessa questão, as sociedades integrantes de grupos societários responderão subsidiariamente nos termos do CDC (art. 28, § 2°), por isso o engano da alternativa "c".

4. "d". Nos termos do art. 1° do CDC. Mas o importante para este capítulo é a alternativa "e", que está equivocada, pois o Código do Consumidor adotou a teoria menor no tocante à desconsideração da personalidade jurídica, em que basta a insolvência para a sua decretação. Diferentemente, o Código Civil adotou em seu art. 50 a teoria maior, segundo a qual além da insolvência deverá estar presente o requisito do desvio de poder (teoria maior subjetiva) ou a confusão patrimonial (teoria maior objetiva). A alternativa "a" está errada à luz do disposto no art. 2°, *caput,* do CDC. O fato de o Código do Consumidor trazer normas de ordem pública e de interesse social em seu conteúdo faz com que os direitos ali dispostos não possam ser derrogados pela vontade das partes, razão pela qual a assertiva "b" está equivocada. Por fim, a letra "c" equivoca-se, pois diante de vício oculto o prazo decadencial começa a correr apenas diante do surgimento do problema (art. 26, § 3°, do CDC).

5. "c". Conforme dispõe o art. 28, § 5°, do CDC. A alternativa "a" está errada, pois a responsabilidade das sociedades integrantes dos grupos societários e das sociedades controladas é subsidiária, segundo o disposto no art. 28, § 2°, do Código do Consumidor. As sociedades consorciadas são solidariamente responsáveis pelas obrigações decorrentes do Código de Defesa do Consumidor, nos termos do art. 28, § 3°, do Diploma Consumerista, aí o erro da letra "b". Já as sociedades coligadas somente responderão por culpa, segundo dispõe o art. 28, § 4°, do CDC.

6. "errado". Na medida em que o art. 28, § 2°, do CDC estabelece que as sociedades integrantes dos grupos societários e as sociedades controladas são subsidiariamente responsáveis, já as consorciadas são solidariamente responsáveis, nos termos do art. 28, § 3°, do Código do Consumidor.

7. "c". Realmente, a vulnerabilidade é fenômeno de direito material, portanto com presunção absoluta; já a hipossuficiência é fenômeno de direito processual, com presunção relativa e que, por isso, necessita ser demonstrada no caso concreto. A alternativa relevante para este capítulo é a de letra "a", que está errada, pois o Código do Consumidor adotou a teoria menor no tocante à desconsideração da personalidade jurídica, na qual basta a insolvência para a sua decretação. Diferentemente, o Código Civil adotou em seu art. 50 a teoria maior, segundo a qual além da insolvência deverá estar presente o requisito do desvio de poder (teoria maior subjetiva) ou a confusão patrimonial (teoria maior objetiva). Conforme visto no Capítulo 4 deste livro, mais precisamente no subitem "4.3.9.2. Inversão do ônus da prova e as custas periciais", a inversão do ônus da prova não gera a obrigatoriedade de arcar com as custas da perícia. No entanto, diz o STJ, caso o fornecedor não arque com este encargo, deverá assumir as consequências da não realização da prova pericial ou comprovar que não é o responsável por outro meio probatório em direito admitido, razão pela qual a alternativa "b" está errada. "A inversão do ônus da prova não implica a obrigatoriedade de a parte contrária arcar com as custas da prova requerida pelo adversário; sujeita-se ela, contudo, às eventuais consequências de sua não realização, a serem aferidas quando do julgamento da causa, em face do conjunto probatório trazido aos autos" (AgRg na MC 17.695/PR, Rel. Ministra Maria Isabel Gallotti, 4ª T., *DJe* 12-5-2011). A alternativa "d" está errada por ser exatamente o inverso. A assertiva "e" também se equivocou na medida em que a devolução do valor pago nesses casos será integral (art. 49, parágrafo único, do CDC).

8. "c". Nos termos do art. 81, parágrafo único, inciso I, do CDC. Mas a alternativa importante para este capítulo é a de letra "a", que está errada na medida em que o art. 28, § 2º, do CDC estabelece que as sociedades integrantes dos grupos societários e as sociedades controladas são subsidiariamente responsáveis, já as consorciadas são solidariamente responsáveis, nos termos do art. 28, § 3º, do mesmo Diploma. A assertiva "b" se equivoca, pois existe a modalidade culposa do citado crime, conforme prevê o art. 63, § 2º, do Código do Consumidor. A letra "d" está errada, pois o prazo para pedir a suspensão da ação individual será de 30 dias, sim, mas contado da ciência dos autos do ajuizamento da ação coletiva (art. 104 do CDC). A alternativa "e" está errada, uma vez que basta a cobrança indevida extrajudicial para legitimar a repetição do indébito nos termos do art. 42, parágrafo único, do CDC.

9. "certo". Como bem sabido, o Sistema de Proteção de Defesa do Consumidor acabou por adotar a Teoria Menor para a desconsideração da personalidade jurídica do fornecedor, bastando, como afirma a questão, a mera insolvência do fornecedor ou que, de alguma forma, a personalidade seja um obstáculo ao ressarcimento ao consumidor, conforme podemos observar da redação do art. 28 e seus parágrafos. Vale lembrar que tal opção garantista adotada pelo CDC destoa da encontrada no Código Civil, uma vez que este, ao regular relação distinta da de consumo, tem a Teoria Maior para a desconsideração da personalidade jurídica, necessitando da insolvência da pessoa jurídica, somada ao desvio de finalidade ou confusão patrimonial. Esta é a visão do Superior Tribunal de Justiça: "A teoria maior da desconsideração, regra geral no sistema jurídico brasileiro, não pode ser aplicada com a mera demonstração de estar a pessoa jurídica insolvente para o cumprimento de suas obrigações. Exige-se, aqui, para além da prova de insolvência, ou a demonstração de desvio de finalidade (teoria subjetiva da desconsideração), ou a demonstração de confusão patrimonial (teoria objetiva da desconsideração). A teoria menor da desconsideração, acolhida em nosso ordenamento jurídico excepcionalmente no Direito do Consumidor e no Direito Ambiental, incide com a mera prova de insolvência da pessoa jurídica para o pagamento de suas obrigações, independentemente da existência de desvio de finalidade ou de confusão patrimonial" (REsp 279.273/SP, Rel. Ministro Ari Pargendler, 3ª T., *DJ* 29-3-2004).

10. "b". Como reza o art. 28, § 2º, do CDC, as sociedades controladas e as que compõem grupos societários integrantes irão responder de maneira subsidiária com o fornecedor principal, respeitando assim o benefício de ordem em relação ao fornecedor imediato e o mediato. A assertiva "a" é errada, pois quem responderá de forma solidária serão as sociedades consorciadas (art. 28, § 3º, do CDC). A "c" também é errônea, já que dizer que tais sociedades respondem conjuntamente seria o mesmo que atribuir a responsabilidade solidária, agora com expressões distintas, razão pela qual é equivocada. A "d" é errada, pois, como já dito, esta modalidade de responsabilidade solidária é reservada às sociedades consorciadas; isso deriva diretamente da lei (art. 28, § 3º, do CDC), sem a necessidade de dispor o contrato com cláusula de solidariedade. Por fim, a alternativa "e" parece ir no sentido correto, todavia acaba por errar, já que tal responsabilidade subsidiária não necessita comprovar a existência de dolo ou culpa, como reza o art. 26 e seu § 2º do CDC. A responsabilidade subjetiva refere-se às sociedades coligadas, conforme reza o art. 28, § 4º, do CDC: "As sociedades coligadas só responderão por culpa".

11. "b". As sociedades controladas e as integrantes do mesmo grupo societário do fornecedor são subsidiariamente responsáveis pelos eventuais danos ou obrigações não cumpridas pelo fornecedor, como se abstrai do art. 28, § 2º, do CDC. A assertiva "a" erra ao condicionar toda desconsideração da personalidade jurídica a prova da fraude e abuso de poder de controle, sendo que no CDC, visto ter adotado a Teoria Menor para desconsideração, basta a insolvência para autorizá-la. Esta é a posição do STJ: "A teoria menor da desconsideração, acolhida em nosso ordenamento jurídico excepcionalmente no Direito do Consumidor e no Direito Ambiental, incide com a mera prova de insolvência da pessoa jurídica para o pagamento de suas obrigações, independentemente da existência de desvio de finalidade ou de confusão patrimonial" (REsp 279.273/SP, Rel. Ministro Ari Pargendler, 3ª T., *DJ* 29-3-2004). A "c" erra ao fundamentar tal previsão da citada responsabilidade nas sociedades consorciadas, visto que o CDC prevê a responsabilidade solidária das sociedades consorciadas, aplicável às relações de consumo, todavia a Lei n. 6.404/76 (Lei das Sociedades Anônimas) não prevê a responsabilidade solidária entre tais entes consorciados. A "d" é errônea, já que a desconsideração pode ser a pedido do *parquet*, das partes ou de ofício pelo juiz, no CDC, como se entende do art. 28. Diferente é o disposto sobre a desconsideração da personalidade jurídica no Código Civil em seu art. 50: "Em caso de abuso da personalidade jurídica, caracterizado pelo desvio de finalidade, ou pela confusão patrimonial, pode o juiz decidir, a requerimento da parte, ou do Ministério Público quando lhe couber intervir no processo, que os efeitos de certas e determinadas relações de obrigações sejam estendidos aos bens particulares dos administradores ou sócios da pessoa jurídica". Por fim, a "e" erra ao contrariar a própria finalidade da desconsideração da personalidade jurídica, uma vez que, desconsiderada, seu intuito é sim poder atingir o patrimônio dos seus administradores responsáveis, garantindo o ressarcimento com o qual a pessoa jurídica não pode cumprir.

12."d". Como dispõe o CDC no regramento da responsabilidade entre sociedades a fim de ressarcir o consumidor em eventual prejuízo, as sociedades integrantes de mesmo grupo societário ou sociedades controladas são subsidiariamente responsáveis pelas obrigações referentes às relações de consumo; logo, a alternativa "d" é correta, nos termos do art. 28, § 1º, do CDC. A alternativa "a" erra ao dizer que entre as empresas controladas pela ré seria forma de responsabilidade solidária, o que não é verdade e contradiz o art. 28, § 2º, do CDC, que estabelece uma responsabilidade subsidiária. A alternativa "b" é inverídica, uma vez que afirma que a responsabilidade entre sociedades coligadas seria solidária, sendo em verdade subjetiva e respondendo apenas nos casos de culpa, como ensina o art. 28, § 4º, do CDC. Por último, a alternativa "c" também falseia a verdade, visto que entre as sociedades consorciadas a responsabilidade é de forma solidária (art. 28, § 3º, do CDC).

13. "b". Realmente, conforme estudado na parte teórica deste capítulo, a teoria adotada pelo CDC foi a "menor" da desconsideração da personalidade jurídica, em que a mera prova de insolvência da pessoa jurídica é suficiente para legitimar a desconsideração (art. 28, *caput*, *in fine*, do CDC). A alternativa "a" está errada, uma vez que a *disregard doctrine* (doutrina da desconsideração da personalidade jurídica) tem sim aplicação no art. 28 do Código de Defesa do Consumidor. A letra "c" equivoca-se, pois o § 5º do art. 28 traz uma cláusula geral de desconsideração da personalidade jurídica, qual seja: sempre que a personalidade for, de alguma forma, obstáculo ao ressarcimento de prejuízos causados aos consumidores. A alternativa "d" está errada, pois, segundo comentamos na letra "a", a teoria adotada pelo CDC foi a "menor" da desconsideração da personalidade jurídica. A teoria "maior" foi adotada pelo Código Civil (art. 50).

14. "c". Nos termos do art. 28, *caput*, do CDC, a desconsideração da personalidade jurídica depende de determinação judicial e não há dúvida tratar-se de medida excepcional. A letra "a" está errada, pois a responsabilidade das entidades controladas é subsidiária, mas das coligadas é subjetiva (art. 28, §§ 2º e 4º, CDC). A alternativa "b" erra, na medida em que não há necessidade de prova cabal da insolvência para o juiz desconsiderar a personalidade jurídica. O CDC estabelece outros fundamentos para a desconsideração em seu art. 28. A letra "d" não possui amparo legal, daí o erro. Por fim, a alternativa "e" não é verdadeira, pois a desconsideração da pessoa jurídica não necessariamente se confunde com a sua dissolução ou liquidação.

15. "d". Realmente a realização do *recall* não afasta a responsabilidade do fornecedor, conforme o pensamento dominante. A letra "a" está errada, pois o CDC adotou a teoria menor da desconsideração da personalidade jurídica, em que basta a insolvência para legitimar o instituto. A alternativa "b" também está errada, uma vez que diretor, administrador e gerente respondem pelos crimes de consumo. A letra "c" está errada, na medida em que o CDC não adotou a teoria da imprevisão, mas do rompimento da base objetiva do negócio jurídico. Por fim, equivoca-se a alternativa "e" ao dizer que a pessoa jurídica possui vulnerabilidade presumida. Conforme visto na parte teórica do livro, a PJ tem de comprovar sua hipossuficiência para ser considerada consumidora.

16. "certo". O fundamento jurídico da resposta é o art. 28, *caput* e § 5º, do Código de Defesa do Consumidor.

17. "a", conforme visto no corpo deste Capítulo; "b" está errada, pois conforme visto a garantia contratual não está computada na legal; "c" o rol do art. 51 é exemplificativo; "d" o CDC adotou a teoria menor da desconsideração da personalidade jurídica.

8

OFERTA NO CDC

8.1. INFORMAÇÕES PRELIMINARES

A título introdutório, a **comparação** entre a **oferta** disciplinada pelo **Código de Defesa do Consumidor** e a proposta do **Código Civil** faz-se necessária. Não há confundir um instituto com o outro basicamente por três motivos:

- a **vinculação do fornecedor** presente na oferta regulamentada pelo Diploma Consumerista e inexistente tal obrigatoriedade no Código Civil;
- **impossibilidade da revogação** da oferta nas relações de consumo, como corolário do motivo anterior; situação diametralmente oposta encontramos nas relações pautadas pelo Diploma Civilista, que admite o não prevalecimento da proposta em algumas situações;
- **público-alvo** protegido pelo CDC é diferente daquele tutelado pelo Código Civil.

Tais conclusões são retiradas dos seguintes dispositivos insertos no Código de Defesa do Consumidor e do Código Civil:

OFERTA — CDC	PROPOSTA — CÓDIGO CIVIL
"Art. 30. Toda informação ou publicidade, suficientemente precisa, veiculada por qualquer forma ou meio de comunicação com relação a produtos e serviços oferecidos ou apresentados, **obriga o fornecedor que a fizer veicular** ou dela se utilizar e integra o contrato que vier a ser celebrado."	"Art. 427. **A proposta** de contrato **obriga** o proponente, **se o contrário não resultar** dos termos dela, da natureza do negócio, ou das circunstâncias do caso. Art. 428. **Deixa de ser obrigatória a proposta:** I — se, feita sem prazo a pessoa presente, não foi imediatamente aceita. Considera-se também presente a pessoa que contrata por telefone ou por meio de comunicação semelhante; II — se, feita sem prazo a pessoa ausente, tiver decorrido tempo suficiente para chegar a resposta ao conhecimento do proponente; III — se, feita a pessoa ausente, não tiver sido expedida a resposta dentro do prazo dado; IV — se, antes dela, ou simultaneamente, chegar ao conhecimento da outra parte a retratação do proponente. Art. 429. A oferta ao público equivale a proposta quando encerra os requisitos essenciais ao contrato, salvo se o contrário resultar das circunstâncias ou dos usos. Parágrafo único. **Pode revogar-se a oferta** pela mesma via de sua divulgação, desde que ressalvada esta faculdade na oferta realizada."

As diferenças são evidentes na disciplina da oferta nos citados diplomas. O **público-alvo de consumidores** que são os vulneráveis da relação a que estão submetidos exigiu um regramento mais rígido na Lei n. 8.078/90 quando comparado com o existente no Código Civil.

Daí a **vinculação do fornecedor no CDC**, inexistente no Código Civil, por mais que numa primeira análise a obrigatoriedade pareça estar presente também nesta Lei.

O art. 427 do **CC/2002** inicia sua redação, passando essa aparência ao prever que a "proposta de contrato obriga o proponente", mas, logo na sequência, admite o **não prevalecimento da oferta** ao dispor: "se o contrário não resultar dos termos dela, da natureza do negócio, ou das circunstâncias do caso".

O art. 428 do Diploma Civilista traz uma série de situações em que a proposta deixa de ser obrigatória.

E, por fim, o parágrafo único do art. 429, responsável por disciplinar a oferta ao público, admitiu a revogação da oferta pela mesma via de sua divulgação, desde que ressalvada esta faculdade na proposta realizada. Nas palavras de Herman Benjamin, trata-se de verdadeiro "convite a fazer oferta".[1]

Ressalta-se aqui que o **público-alvo do Código Civil é o de empresários e comerciantes**, diferentemente do público consumidor que está muito bem tutelado pelo Código de Defesa do Consumidor.

Aliás, no regramento da Lei n. 8.078/90, a impossibilidade de revogação da oferta é de tal nível que até o erro, em regra quase que absoluta, não será capaz de eximir o fornecedor do cumprimento daquilo que foi ofertado, conforme analisaremos a seguir.

■ 8.2. OFERTA NO CÓDIGO DE DEFESA DO CONSUMIDOR

■ 8.2.1. Conceito de oferta nas relações de consumo

Oferta, no contexto de sociedade massificada e disciplinada pelo Código de Defesa do Consumidor, é, nos ensinamentos de Herman Benjamin, "**sinônimo de marketing**, significando todos os **métodos, técnicas e instrumentos que aproximam o consumidor dos produtos e serviços** colocados à sua disposição no mercado pelos fornecedores. Qualquer dessas técnicas, desde que 'suficientemente precisa', pode transformar-se em veículo eficiente de oferta vinculante."[2]

---

1 BENJAMIN, Antônio Herman de V.; MARQUES, Claudia Lima; BESSA, Leonardo Roscoe. *Manual de direito do consumidor*, p. 273.

2 BENJAMIN, Antônio Herman de V.; MARQUES, Claudia Lima; BESSA, Leonardo Roscoe. *Manual de direito do consumidor*, p. 274.

Segundo o citado doutrinador, a disciplina da oferta no CDC representa uma das maiores contribuições à reforma da teoria clássica da formação dos contratos.

A **principal manifestação de oferta** é, sem dúvida, a **publicidade**, que será analisada em capítulo autônomo.

Segundo Silvio Luís Ferreira da Rocha, a **oferta poderá manifestar-se** por **algumas espécies:**

- "**oferta determinada** pode ser dirigida a uma única pessoa, chamada, então, de oferta **individual**, ou, a várias pessoas, facilmente identificadas por uma relação jurídica base (*v.g.*, a todos os portadores de um determinado cartão de crédito, ou a todos os professores de uma dada universidade), denominada de oferta **coletiva**.
- A **oferta indeterminada** é aquela feita ao público e o seu traço característico é, justamente, a indeterminação dos destinatários. A oferta indeterminada interessa-nos mais do que as outras espécies porque ela seria o principal ato pré-contratual nos contratos de consumo".[3]

8.2.2. Características da oferta no CDC

As **características da oferta no Código de Defesa do Consumidor** estão previstas em seu **art. 30**, que dispõe: "Toda informação ou publicidade, suficientemente precisa, veiculada por qualquer forma ou meio de comunicação com relação a produtos e serviços oferecidos ou apresentados, obriga o fornecedor que a fizer veicular ou dela se utilizar e integra o contrato que vier a ser celebrado".

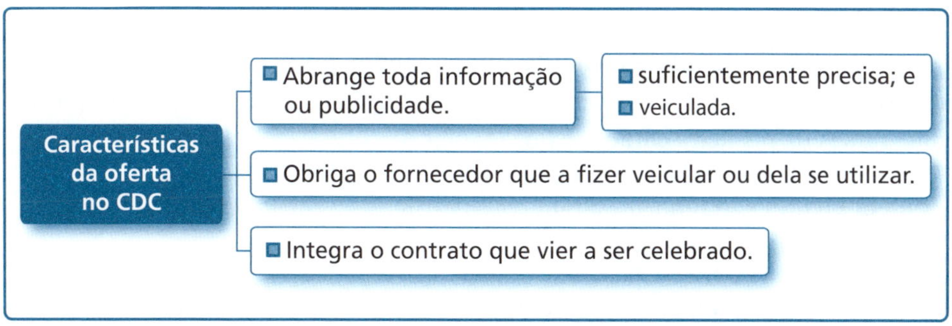

Analisaremos uma a uma as citadas características com o intuito de enfrentarmos as questões polêmicas pertinentes.

[3] ROCHA, Silvio Luís Ferreira da. *A oferta no Código de Defesa do Consumidor*. 2. ed. Belo Horizonte: Fórum, 2010, p. 55.

■ 8.2.2.1. *Toda informação ou publicidade suficientemente precisa e veiculada como característica de oferta*

O art. 30 do CDC estabelece uma **conotação bem ampla** sobre a abrangência que o conceito de oferta deverá ter nas relações de consumo, ou seja, **a citada prática comercial** — a oferta está dentro do Capítulo V da Lei n. 8.078/90, que trata das "Práticas Comerciais" — **não se resume à publicidade**, por mais que esta seja a principal manifestação de oferta, conforme já pontuado.

Toda e qualquer informação, desde que suficientemente precisa e veiculada, poderá enquadrar-se no conceito de oferta para fins da disciplina do Código do Consumidor. Desta forma, podemos considerar a oferta como gênero do qual a publicidade é uma de suas espécies.

Oferta no CDC = Publicidade e demais informações

Ademais, o dispositivo citado também traz conotação abrangente ao estabelecer que a oferta poderá ser **"veiculada por qualquer forma ou meio de comunicação"**.

Sobre o tema, leciona Rizzatto Nunes que seguindo "a proposição da redação do art. 30, temos que a norma não estabelece limite ao meio de comunicação no qual a mensagem será transmitida. Toda e 'qualquer forma ou meio de comunicação' está prevista. Vale dizer, televisão, rádio, cinema, jornal, revista, mala direta, folheto, cartaz, *outdoor, telemarketing* etc.".[4]

Com efeito, **a informação de um vendedor pode caracterizar-se como oferta**, desde que suficientemente precisa e veiculada. Aí outros dois requisitos integrantes da primeira característica de oferta:

- ■ precisão da informação ou publicidade;
- ■ veiculação da oferta.

De fato, se o vendedor diz ao consumidor que determinada corrente de lata dourada é de ouro, estará vinculado a cumprir o ofertado e a vender ao vulnerável pelo mesmo preço inicialmente ofertado uma corrente de ouro.

A **precisão significa exatidão** na informação e relaciona-se com um mínimo de concisão a ponto de **influenciar o comportamento do consumidor**.

---

4 NUNES, Luiz Antonio Rizzatto. *Curso de direito do consumidor*, p. 416.

Ademais, a **oferta deverá ser veiculada**, ou seja, **exteriorizada**, levada ao conhecimento do público consumidor ou, ao menos, de um só consumidor.[5] Assim, panfletos impressos com várias ofertas, porém trancados no armário do fornecedor, não podem ser considerados publicidade para o enquadramento na disciplina do CDC.

■ *8.2.2.2. Obrigatoriedade do fornecedor que a fizer veicular ou dela se utilizar como característica de oferta*

Trata-se do Princípio da vinculação da oferta que é plenamente aplicável às mensagens publicitárias. Assim, **ofertou, vinculou**. Ou, conforme já pontuado no Capítulo 4 deste livro, nas palavras de José Geraldo Brito Filomeno, **"prometeu, tem de cumprir"**.[6]

Existe posicionamento respeitável na doutrina, **desatrelando a obrigatoriedade da revogabilidade**, ou seja, o fato de o CDC tratar como obrigatória a oferta não significa que ela seja irrevogável.

Nesse sentido, é a visão de Silvio Luís Ferreira da Rocha, para quem o "artigo 30 da Lei n. 8.078 menciona a obrigatoriedade da oferta suficientemente precisa. A obrigatoriedade da oferta consistiria no dever imposto ao ofertante de cumpri-la incondicionalmente. Para alguns autores a obrigatoriedade é idêntica à irrevogabilidade da oferta".[7]

Logo adiante o citado autor coloca sua posição, iniciando seu raciocínio no sentido de que a "obrigatoriedade da oferta suficientemente precisa, mencionada no Código de Defesa do Consumidor, significa o inevitável dever imposto ao ofertante de cumprir integralmente com o declarado, não lhe sendo permitido arrepender-se. É a vinculação completa do ofertante ao conteúdo por ele declarado e nesse sentido a obrigatoriedade da oferta seria incompatível com a livre revogabilidade pelo ofertante. Contudo, a obrigatoriedade, efeito da oferta, pode não ocorrer em face de certas situações, como: a interrupção do processo formativo da oferta; o implemento de condições resolutivas; o advento de termos resolutivos e a própria revogação pelo ofertante. Constata-se a rigor que obrigatória não é sinônimo de irrevogável, porque a revogação da oferta pelo proponente é uma das possíveis causas infirmadoras da obrigatoriedade da oferta. No plano lógico obrigatoriedade e revogabilidade estão em categorias diversas. A primeira é efeito ou qualidade da oferta, enquanto a segunda é causa de perda desse efeito ou qualidade".[8]

---

5 *Vide* no subitem 8.2.1, *supra*, as espécies de oferta na visão de Silvio Luís Ferreira da Rocha.

6 FILOMENO, José Geraldo Brito. *Manual de direitos do consumidor*, p. 202.

7 ROCHA, Silvio Luís Ferreira da. *A oferta no Código de Defesa do Consumidor*, p. 77.

8 ROCHA, Silvio Luís Ferreira da. *A oferta no Código de Defesa do Consumidor*, p. 78.

Apesar da propriedade com que foi construído o raciocínio colacionado, para efeitos práticos de defesa do vulnerável nas relações de consumo, **o melhor posicionamento é aquele que atrela o conceito de obrigatoriedade do cumprimento da oferta ao de sua irrevogabilidade**.

Defendendo esta posição, podemos citar Herman Benjamin ao entender que a **vinculação** atua de duas maneiras:

- primeiro, **obrigando o fornecedor**, mesmo que se negue a contratar;
- segundo, **introduzindo-se (e prevalecendo) em contrato** eventualmente celebrado, inclusive quando seu texto o diga de modo diverso, pretendendo afastar o caráter vinculante.[9]

Tanto deve ser este o posicionamento a prevalecer que a **alegação de erro na oferta não exime, em regra, o fornecedor de cumprir** integralmente o teor daquilo que foi **ofertado**. Este é o posicionamento da doutrina dominante.

A seguir, a colação das principais passagens doutrinárias sobre o assunto:

HERMAN BENJAMIN	"**Fortes argumentos há, por conseguinte, para negar ao equívoco** — do anunciante, da agência ou do veículo — **o poder de eximir a responsabilidade do fornecedor**, afastando a aplicação do princípio da vinculação da mensagem publicitária. Aliás, essa solução não discrepa do saber contratual tradicional, principalmente em se tratando de proposta telegraficamente transmitida. Os fundamentos para tal são que o primeiro a utilizar o telégrafo deve arcar com os riscos a ele inerentes, que o telégrafo é representante do policitante ou que essa regra melhor atende aos interesses do mercado. Em outras palavras, **o normal é que a oferta é válida como transmitida, exceto quando seu destinatário sabe ou razoavelmente deveria saber que se tratava de equívoco.**"[10]
BRUNO MIRAGEM	"**Não há de se considerar**, portanto, tendo a oferta ou informação qualidades que despertem a confiança do consumidor, **a possibilidade do fornecedor alegar erro ou equívoco na sua formulação**. Não há relevância do elemento volitivo, razão pela qual descabe fazer referência a qualquer espécie de defeito da vontade do fornecedor (erro de objeto, por exemplo) como óbice ao seu caráter vinculativo. Naturalmente que ao se referir o fato da oferta ser apta a despertar a confiança do consumidor, **ficam excluídas desta hipótese as ofertas manifestamente incorretas, com erros crassos e evidentes ao observador razoável.**"[11]

[9] BENJAMIN, Antônio Herman de V.; MARQUES, Claudia Lima; BESSA, Leonardo Roscoe. *Manual de direito do consumidor*, p. 215.

[10] BENJAMIN, Antônio Herman de V.; MARQUES, Claudia Lima; BESSA, Leonardo Roscoe. *Manual de direito do consumidor*, p. 218-219.

[11] MIRAGEM, Bruno. *Curso de direito do consumidor*, p. 163.

RIZZATTO NUNES	"Mas, então, pode-se perguntar, **não haveria erro escusável?** Não pode o fornecedor voltar atrás na oferta se agiu em erro ao veiculá-la? **A resposta à pergunta acima é não, com uma única exceção: é de aceitar o erro como escusa do cumprimento da oferta, se a mensagem, ela própria, deixar patente o erro**, pois, caso contrário, o fornecedor sempre poderia alegar que agiu em erro para negar-se a cumprir a oferta. Elucidemos com dois exemplos: um de erro visível na mensagem e outro não, que inclusive foi julgado pelo Poder Judiciário."[12]
SERGIO CAVALIERI FILHO	"Em nosso entender, a solução de cada caso dependerá da gravidade do erro. Nos termos do § 1º do art. 37 do CDC, a publicidade é enganosa quando tiver capacidade de induzir a erro o consumidor. Essa é pedra de toque para a caracterização da publicidade enganosa. Vale dizer, se a publicidade induzir a erro o consumidor ela será enganosa independentemente de ter ou não havido erro na sua veiculação. Destarte, **será preciso verificar, em cada caso, se o erro da publicidade teve ou não potencial de induzir a erro o consumidor**. A **publicidade** de um televisor — tela plana, por exemplo — **que em lugar de R$ 1.000,00, por erro, foi veiculada por R$ 10,00, não pode obrigar o anunciante**. Qualquer consumidor de boa-fé é capaz de perceber o erro por não ser possível comprar um televisor por 1% do seu valor."[13]

Evidentemente, a **responsabilidade objetiva também norteará as relações oriundas da oferta** e disciplinadas no CDC. Desta forma, pouco importa a alegação do fornecedor de que o anúncio saiu com erro ou de que não era sua intenção enganar ninguém.

Por outro lado, o princípio da boa-fé objetiva regulamenta a relação de consumo como um todo, devendo, portanto, ser respeitado não apenas pelo fornecedor como também pelo consumidor.

Realmente, diante de um erro grosseiro, patente e identificável de plano pelo ser de inteligência mediana, a mensagem veiculada na oferta não prevalecerá. Foi o exemplo acima de uma TV de R$ 1.000,00 (mil reais) que saiu anunciada por R$ 10,00 (dez reais).

Esta é a visão da doutrina majoritária, conforme acima exposto. No entanto, em nossa visão, outro elemento deverá ser analisado ainda com base no princípio da boa-fé objetiva, qual seja: **a periodicidade com que o fornecedor "equivoca-se" na veiculação da oferta**.

De fato, **incorrer constantemente neste tipo de equívoco demonstra a ausência de boa-fé objetiva**, sendo, portanto, obrigado a cumprir aquilo que foi ofertado, em nossa opinião.

Não é admitido nas relações de consumo o chamado *dolus bunus*, e condutas como essas de quem se equivoca frequentemente com o objetivo único e exclusivo de atrair o consumidor consistem em **verdadeira prática abusiva** a ser coibida completamente nos termos do Código do Consumidor.

[12] NUNES, Luiz Antonio Rizzatto. *Curso de direito do consumidor*, p. 417.

[13] CAVALIERI FILHO, Sergio. *Programa de direito do consumidor*, p. 144.

O Superior Tribunal de Justiça também já se manifestou pela impossibilidade da alegação de erro pelo fornecedor como forma de eximir-se do dever de cumprir o inteiro teor do que foi ofertado: **"O sistema do CDC, que incide nessa relação de consumo, não permite à fornecedora — que se beneficia com a publicidade — exonerar-se do cumprimento da sua promessa apenas porque a numeração que ela mesma imprimiu é defeituosa. A regra do art. 17 do Dec. 70.951/72 apenas regula a hipótese em que o defeito tiver sido comprovadamente causado pelo consumidor"** (REsp 396.943/RJ, Rel. Ministro Ruy Rosado de Aguiar, 4ª T., *DJ* 5-8-2002).

Em suma, para eximir-se do dever de cumprir aquilo que foi ofertado, em cumprimento ao princípio da vinculação da oferta, o erro deve ser grosseiro e não poderá decorrer de prática frequente nas relações envolvendo determinado fornecedor.[14]

■ 8.2.2.3. Integrar o contrato que vier a ser celebrado como característica de oferta

A **oferta também integra o contrato que vier a ser celebrado**, ainda que não constante expressamente do teor das cláusulas contratuais. Desta forma, se um vendedor afirmar que em determinado contrato de prestação de plano de saúde haverá tais coberturas ao segurado, ainda que estes benefícios não constem formalmente do contrato, nele estará incluído o seu teor.

---

[14] Há doutrina respeitável como a de Silvio Luís Ferreira da Rocha que identifica outros limitadores da obrigatoriedade da oferta no CDC como o termo, ou seja, o decurso de tempo suficiente para o consumidor aceitar a oferta. E propõe o aludido doutrinador que, na "falta de previsão específica aplicar-se-ia o prazo de validade do orçamento de fornecimento de serviços, previsto no § 1º do art. 40 do Código de Defesa do Consumidor, de 10 (dez) dias, contados de seu recebimento pelo consumidor" (ROCHA, Silvio Luís Ferreira da. *A oferta no Código de Defesa do Consumidor*, p. 86). Concordamos com o autor no tocante a este limitador, pois não seria razoável admitir que uma oferta perdurasse por período indeterminado de tempo. O STJ também considerou como limitador da oferta a pretensão do consumidor de levar quantidade incompatível com o consumo individual ou de sua família: "RECURSO ESPECIAL. CÓDIGO DE DEFESA DO CONSUMIDOR. DANO MORAL. VENDA DE PRODUTO A VAREJO. RESTRIÇÃO QUANTITATIVA. FALTA DE INDICAÇÃO NA OFERTA. DANO MORAL. INOCORRÊNCIA. QUANTIDADE EXIGIDA INCOMPATÍVEL COM O CONSUMO PESSOAL E FAMILIAR. ABORRECIMENTOS QUE NÃO CONFIGURAM OFENSA À DIGNIDADE OU AO FORO ÍNTIMO DO CONSUMIDOR. 1. A falta de indicação de restrição quantitativa relativa à oferta de determinado produto, pelo fornecedor, não autoriza o consumidor exigir quantidade incompatível com o consumo individual ou familiar, nem, tampouco, configura dano ao seu patrimônio extramaterial. 2. Os aborrecimentos vivenciados pelo consumidor, na hipótese, devem ser interpretados como 'fatos do cotidiano', que não extrapolam as raias das relações comerciais, e, portanto, não podem ser entendidos como ofensivos ao foro íntimo ou à dignidade do cidadão. Recurso especial, ressalvada a terminologia, não conhecido" (REsp 595.734/RS, Rel. Ministra Nancy Andrighi, 3ª T., *DJ* 28-11-2005).

Nesse sentido é a posição do Superior Tribunal de Justiça: **"Sob a égide do Código de Defesa do Consumidor, as informações prestadas por corretor a respeito de contrato de seguro-saúde (ou plano de saúde) integram o contrato que vier a ser celebrado e podem ser comprovadas por todos os meios probatórios admitidos"** (REsp 531.281/SP, Rel. Ministra Nancy Andrighi, 3ª T., *DJ* 23-8-2004).

Por isso, a importância de se guardarem os panfletos da oferta distribuídos no mercado de consumo, bem como a gravação das ligações às centrais de atendimento do consumidor, na medida em que todas essas informações, quando suficientemente precisas e veiculadas, além de obrigar o fornecedor pelo princípio da vinculação da oferta, também integrarão o contrato de consumo.

▪ 8.2.3. Características da informação na oferta

Enquanto o art. 30 do Código de Defesa do Consumidor tratou das características da oferta de forma geral, o disposto no **art. 31** do mesmo Diploma cuidou especificamente das **características das informações na oferta** da seguinte maneira:

> A oferta e apresentação de produtos ou serviços devem assegurar informações corretas, claras, precisas, ostensivas e em língua portuguesa sobre suas características, qualidades, quantidade, composição, preço, garantia, prazos de validade e origem, entre outros dados, bem como sobre os riscos que apresentam à saúde e segurança dos consumidores. Parágrafo único. As informações de que trata este artigo, nos produtos refrigerados oferecidos ao consumidor, serão gravadas de forma indelével (Incluído pela Lei n. 11.989, de 2009).

Características das informações na oferta

- corretas;
- claras;
- precisas;
- ostensivas;
- em língua portuguesa;
- indeléveis.

As informações **corretas** são aquelas **não enganosas**, ou seja, são as mensagens verdadeiras, que não sejam capazes de induzir o consumidor em erro.

Segundo Sergio Cavalieri Filho, a oferta "é fundada na transparência, e isso está claro no art. 31 do CDC, enquanto a aceitação, melhor dizendo, a adesão do consumidor é fundada no princípio da confiança. Confiar significa crer naquilo que o fornecedor está ofertando; acreditar que aquilo que está sendo prometido vai ser cumprido, de tal forma que a oferta possa ser aceita mediante simples adesão, sem qualquer questionamento".[15]

Realmente, **a confiança legítima** que é criada no consumidor diante da veiculação da oferta está pautada na presunção de que suas **informações são corretas**, entendam: não enganosas e não abusivas.

Informação correta = informação verdadeira.

Informações **claras** são mensagens cristalinas, de **fácil compreensão** por parte do vulnerável da relação jurídica de consumo. A compreensão da oferta deve ser imediata, sem exigir maior esforço do consumidor.

O Decreto n. 5.903/2006 — que regulamenta o CDC e a Lei n. 10.962/2004 (dispõe sobre a oferta e as formas de afixação de preços de produtos e serviços para o consumidor) — define clareza como "a informação que pode ser entendida de imediato e com facilidade pelo consumidor, sem abreviaturas que dificultem a sua compreensão, e sem a necessidade de qualquer interpretação ou cálculo" (art. 2º, § 1º, II).

Informação clara = entendida de imediato e com facilidade.

Por informações **precisas** devemos entender a informação **exata**, pontualmente **ligada ao produto ou serviço** a que se refere. Nas vitrines de um *shopping* é muito comum o preço não estar afixado numa peça de roupa, mas sim numa legenda cheia de informações.

Assim, cada número fica colado numa peça de roupa e abaixo vem a legenda identificando o preço de cada produto. Esta forma de afixar preços no mercado de consumo deverá ser feita de tal maneira a não violar a característica da precisão das informações da oferta. Nessa linha, prevê o Decreto n. 5.903/2006 como precisa "a informação que seja exata, definida e que esteja física ou visualmente ligada ao produto a que se refere, sem nenhum embaraço físico ou visual interposto" (art. 2º, § 1º, III).

O mesmo Decreto disciplina a afixação de preços por meio do código referencial, determinando que: "Art. 5º Na hipótese de afixação de preços de bens e serviços para o consumidor, em vitrines e no comércio em geral, de que trata o inciso I do art. 2º da Lei n. 10.962, de 2004, a etiqueta ou similar afixada diretamente no produto exposto à venda deverá ter sua face principal voltada ao consumidor, a fim de garantir a pronta visualização do preço, independentemente de solicitação do consumidor ou intervenção do comerciante".

---

[15] CAVALIERI FILHO, Sergio. *Programa de direito do consumidor*, p. 147.

Informação precisa = exata = ligada ao produto ou ao serviço.

A informação **ostensiva** é aquela **facilmente captada**, percebida e identificada pelo consumidor, sem a necessidade de maior empenho deste para sua assimilação. Um grande problema enfrentado pela jurisprudência superior esteve relacionado com a afixação de preços de maneira ostensiva e a legitimidade da utilização do **código de barras**. Em razão da sua relevância, o tema será estudado a seguir em tópico próprio.

Informação ostensiva = de fácil percepção.

As **informações em língua portuguesa** devem ser a regra no tocante à manifestação da oferta. O **vernáculo**, no entanto, **não representa regra absoluta**.

Sobre o tema, ensina Herman Benjamin que em "alguns casos, quando absolutamente **inexistente similar na nossa língua**, o fornecedor pode utilizar a palavra estrangeira, explicando-a, contudo, sempre que necessário. Acrescente-se que informações em outras línguas não estão proibidas. Desde que conjugadas, com igual ou maior destaque, a outras em português. Com isso atende-se às preocupações daqueles fornecedores que, além de servirem o mercado interno, ainda exportam seus bens. Poupa-se o esforço de elaboração de dois rótulos ou manuais distintos: um para o comércio local e outro para o externo".[16]

Na sequência, o aludido doutrinador também ressalva do ônus de se comunicar em língua portuguesa "os **estabelecimentos que só vendem produtos importados**, exatamente porque o seu consumidor tem clara percepção do caráter especial daquele fornecimento. Igual solução merecem as **seções de importados** dos grandes supermercados e magazines, desde que total e suficientemente separadas das restantes. **Tal exceção**, contudo, **não se aplica às advertências contra riscos e instruções de manuseio**. A saúde do consumidor vem sempre em primeiro lugar".[17]

Informação em língua portuguesa = vernáculo é a regra.

Segundo o disposto no **parágrafo único do art. 31 do CDC**, as **informações** constantes dos **produtos refrigerados** serão gravadas de forma **indelével**, isto é, que **não se apaga**.

---

16 BENJAMIN, Antônio Herman de V.; MARQUES, Claudia Lima; BESSA, Leonardo Roscoe. *Manual de direito do consumidor*, p. 224.

17 BENJAMIN, Antônio Herman de V.; MARQUES, Claudia Lima; BESSA, Leonardo Roscoe. *Manual de direito do consumidor*, p. 224.

A realidade destes produtos exige informações que não se apaguem para evitar situações como a do vulnerável sair com o rótulo nas mãos ao retirar o produto de um refrigerador de supermercado, pois papel molhado, conforme é cediço, perde toda a cola, além de apagar as informações sobre o bem de consumo.

Tal dispositivo foi inserido no Código do Consumidor pela Lei n. 11.989, de 2009, mas podemos afirmar que pela principiologia do referido Diploma sempre esteve presente em seu conteúdo.

Ademais, o próprio **Decreto n. 5.903/2006** ao tratar das formas de afixação de preços no mercado de consumo sempre exigiu que as **informações na oferta** fossem prestadas **com legibilidade**; e explica seu significado no art. 2º, § 1º, inciso V, como "a informação que seja visível e indelével".

> Informação indelével = não se apaga.
> Informação legível = visível e indelével.

A jurisprudência do Superior Tribunal de Justiça vem firmemente exigindo o respeito ao art. 31 do CDC no tocante às características das informações da oferta veiculada pelos fornecedores no mercado consumidor, conforme entendimento insculpido no Recurso Especial 586.316/MG, de relatoria do Ministro Herman Benjamin, pela Segunda Turma, publicado no *DJe* em 19-3-2009, de cujo Acórdão trouxemos os principais trechos:

- **A informação deve ser** correta (= verdadeira), clara (= de fácil entendimento), precisa (= não prolixa ou escassa), ostensiva (= de fácil constatação ou percepção) e, por óbvio, em língua portuguesa.
- **A obrigação de informação** é desdobrada, pelo art. 31 do CDC, em quatro categorias principais, imbricadas entre si: a) informação-conteúdo (= características intrínsecas do produto e serviço), b) informação-utilização (= como se usa o produto ou serviço), c) informação-preço (= custo, formas e condições de pagamento), e d) informação-advertência (= riscos do produto ou serviço).
- **Inexistência de antinomia** entre a Lei n. 10.674/2003, que surgiu para proteger a saúde (imediatamente) e a vida (mediatamente) dos portadores da doença celíaca, e o art. 31 do CDC, que prevê sejam os consumidores informados sobre o "conteúdo" e alertados sobre os "riscos" dos produtos ou serviços à saúde e à segurança.[18]
- **Complementaridade entre os dois textos legais.** Distinção, na análi-

[18] Nesse sentido, entendeu o Superior Tribunal de Justiça, no julgamento do EREsp 1.515.895/MS, que o fornecedor de alimentos deve complementar a informação-conteúdo "contém glúten" com a informação-advertência de que o glúten é prejudicial à saúde dos consumidores com doença celíaca:

se das duas leis, que se deve fazer entre obrigação geral de informação e obrigação especial de informação, bem como entre informação-conteúdo e informação-advertência.

■ Embora toda advertência seja informação, nem toda informação é advertência. **Quem informa nem sempre adverte.**

■ **Existência de lacuna na Lei n. 10.674/2003**, que tratou apenas da informação-conteúdo, o que leva à aplicação do art. 31 do CDC, em processo de integração jurídica, de forma a obrigar o fornecedor a estabelecer e divulgar, clara e inequivocamente, a conexão entre a presença de glúten e os doentes celíacos.

"PROCESSO CIVIL. PROCESSO COLETIVO. DIREITO DO CONSUMIDOR. AÇÃO COLETIVA. DIREITO À INFORMAÇÃO. DEVER DE INFORMAR. ROTULAGEM DE PRODUTOS ALIMENTÍCIOS. PRESENÇA DE GLÚTEN. PREJUÍZOS À SAÚDE DOS DOENTES CELÍACOS. INSUFICIÊNCIA DA INFORMAÇÃO-CONTEÚDO 'CONTÉM GLÚTEN'. NECESSIDADE DE COMPLEMENTAÇÃO COM A INFORMAÇÃO-ADVERTÊNCIA SOBRE OS RISCOS DO GLÚTEN À SAÚDE DOS DOENTES CELÍACOS. INTEGRAÇÃO ENTRE A LEI DO GLÚTEN (LEI ESPECIAL) E O CÓDIGO DE DEFESA DO CONSUMIDOR (LEI GERAL). 1. Cuida-se de divergência entre dois julgados desta Corte: o acórdão embargado da Terceira Turma que entendeu ser suficiente a informação 'contém glúten' ou 'não contém glúten', para alertar os consumidores celíacos afetados pela referida proteína; e o paradigma da Segunda Turma, que entendeu não ser suficiente a informação 'contém glúten', a qual deve ser complementada com a advertência sobre o prejuízo do glúten à saúde dos doentes celíacos. 2. O CDC traz, entre os direitos básicos do consumidor, a 'informação adequada e clara sobre os diferentes produtos e serviços, com especificação correta de quantidade, características, composição, qualidade e preço, bem como sobre os riscos que apresentam' (art. 6º, inciso III). 3. Ainda de acordo com o CDC, 'a oferta e a apresentação de produtos ou serviços devem assegurar informações corretas, claras, precisas, ostensivas e em língua portuguesa sobre suas características, qualidades, quantidade, composição, preço, garantia, prazos de validade e origem, entre outros dados, bem como sobre os riscos que apresentam à saúde e segurança dos consumidores' (art. 31). 4. O art. 1º da Lei 10.674/2003 (Lei do Glúten) estabelece que os alimentos industrializados devem trazer em seu rótulo e bula, conforme o caso, a informação 'não contém glúten' ou 'contém glúten', isso é, apenas a informação-conteúdo. Entretanto, a superveniência da Lei 10.674/2003 não esvazia o comando do art. 31, *caput*, do CDC (Lei 8.078/1990), que determina que o fornecedor de produtos ou serviços deve informar 'sobre os riscos que apresentam à saúde e segurança dos consumidores', ou seja, a informação-advertência. 5. Para que a informação seja correta, clara e precisa, torna-se necessária a integração entre a Lei do Glúten (lei especial) e o CDC (lei geral), pois, no fornecimento de alimentos e medicamentos, ainda mais a consumidores hipervulneráveis, não se pode contentar com o *standard* mínimo, e sim com o *standard* mais completo possível. 6. O fornecedor de alimentos deve complementar a informação-conteúdo 'contém glúten' com a informação-advertência de que o glúten é prejudicial à saúde dos consumidores com doença celíaca. Embargos de divergência providos para prevalecer a tese do acórdão paradigma no sentido de que a informação-conteúdo 'contém glúten' é, por si só, insuficiente para informar os consumidores sobre o prejuízo que o alimento com glúten acarreta à saúde dos doentes celíacos, tornando-se necessária a integração com a informação-advertência correta, clara, precisa, ostensiva e em vernáculo: 'CONTÉM GLÚTEN: O GLÚTEN É PREJUDICIAL À SAÚDE DOS DOENTES CELÍACOS'" (EREsp 1.515.895/MS, Rel. Min. Humberto Martins, Corte Especial, *DJe* 27-9-2017).

■ *8.2.3.1. Informações obrigatórias na oferta*

O art. 31 do Código de Defesa do Consumidor determina que oferta e apresentação de produtos ou serviços devem assegurar informações "sobre suas características, qualidades, quantidade, composição, preço, garantia, prazos de validade e origem, entre outros dados, bem como sobre os riscos que apresentam à saúde e segurança dos consumidores".

O fato de o legislador ter se valido do verbo "dever" nos faz presumir a obrigatoriedade de certas informações na veiculação de uma oferta sobre produtos e serviços.

Informações obrigatórias sobre produtos e serviços

- características;
- qualidades;
- quantidade;
- composição;
- preço;
- garantia;
- prazos de validade;
- origem;
- riscos à saúde e segurança dos consumidores.

O Superior Tribunal de Justiça, no julgamento do Recurso Especial 586.316 — ementa colacionada acima —, identificou que a obrigação de informação inserta no art. 31 do CDC é desdobrada em quatro categorias principais, ligadas entre si:

- informação-conteúdo (= características intrínsecas do produto e serviço);
- informação-utilização (= como se usa o produto ou serviço);
- informação-preço (= custo, formas e condições de pagamento);
- informação-advertência (= riscos do produto ou serviço).

Sobre o tema, entendeu o Superior Tribunal de Justiça, no julgamento do EREsp 1.515.895/MS, que o fornecedor de alimentos deve complementar a informação-conteúdo "contém glúten" com a informação-advertência de que o glúten é prejudicial à saúde dos consumidores com doença celíaca:

> PROCESSO CIVIL. PROCESSO COLETIVO. DIREITO DO CONSUMIDOR. AÇÃO COLETIVA. DIREITO À INFORMAÇÃO. DEVER DE INFORMAR. **ROTULAGEM DE PRODUTOS ALIMENTÍCIOS. PRESENÇA DE GLÚTEN. PREJUÍZOS À SAÚDE DOS DOENTES CELÍACOS. INSUFICIÊNCIA DA INFORMAÇÃO-CONTEÚDO "CONTÉM GLÚTEN". NECESSIDADE DE COMPLEMENTAÇÃO COM A INFORMAÇÃO-ADVERTÊNCIA**

> **SOBRE OS RISCOS DO GLÚTEN À SAÚDE DOS DOENTES CELÍACOS.** INTEGRAÇÃO ENTRE A LEI DO GLÚTEN (LEI ESPECIAL) E O CÓDIGO DE DEFESA DO CONSUMIDOR (LEI GERAL). 1. Cuida-se de divergência entre dois julgados desta Corte: o acórdão embargado da Terceira Turma que entendeu ser suficiente a informação "contém glúten" ou "não contém glúten", para alertar os consumidores celíacos afetados pela referida proteína; e o paradigma da Segunda Turma, que entendeu não ser suficiente a informação "contém glúten", a qual deve ser complementada com a advertência sobre o prejuízo do glúten à saúde dos doentes celíacos. 2. O CDC traz, entre os direitos básicos do consumidor, a "informação adequada e clara sobre os diferentes produtos e serviços, com especificação correta de quantidade, características, composição, qualidade e preço, bem como sobre os riscos que apresentam" (art. 6º, inciso III). 3. **Ainda de acordo com o CDC, "a oferta e a apresentação de produtos ou serviços devem assegurar informações corretas, claras, precisas, ostensivas e em língua portuguesa sobre suas características, qualidades, quantidade, composição, preço, garantia, prazos de validade e origem, entre outros dados, bem como sobre os riscos que apresentam à saúde e segurança dos consumidores" (art. 31).** 4. O art. 1º da Lei 10.674/2003 (Lei do Glúten) estabelece que os alimentos industrializados devem trazer em seu rótulo e bula, conforme o caso, a informação "não contém glúten" ou "contém glúten", isso é, apenas a informação-conteúdo. Entretanto, a superveniência da Lei 10.674/2003 não esvazia o comando do art. 31, *caput*, do CDC (Lei 8.078/1990), que determina que o fornecedor de produtos ou serviços deve informar "sobre os riscos que apresentam à saúde e segurança dos consumidores", ou seja, a informação-advertência. 5. **Para que a informação seja correta, clara e precisa, torna-se necessária a integração entre a Lei do Glúten (lei especial) e o CDC (lei geral), pois, no fornecimento de alimentos e medicamentos, ainda mais a consumidores hipervulneráveis, não se pode contentar com o *standard* mínimo, e sim com o *standard* mais completo possível.** 6. **O fornecedor de alimentos deve complementar a informação-conteúdo "contém glúten" com a informação-advertência de que o glúten é prejudicial à saúde dos consumidores com doença celíaca.** Embargos de divergência providos para **prevalecer a tese do acórdão paradigma no sentido de que a informação-conteúdo "contém glúten" é, por si só, insuficiente para informar os consumidores sobre o prejuízo que o alimento com glúten acarreta à saúde dos doentes celíacos, tornando-se necessária a integração com a informação-advertência correta, clara, precisa, ostensiva e em vernáculo: "CONTÉM GLÚTEN: O GLÚTEN É PREJUDICIAL À SAÚDE DOS DOENTES CELÍACOS"** (EREsp 1.515.895/MS, Rel. Min. Humberto Martins, Corte Especial, *DJe* 27-9-2017).

Nesse tocante, além de remeter o leitor ao Capítulo 4 deste livro, que trata dos Princípios e Direitos Básicos do CDC, em especial no que se refere à informação dos produtos e serviços nocivos à saúde e segurança do consumidor, cumpre destacar que o Decreto regulamentador do assunto é o supracitado n. 5.903/2006, que prevê, dentre outras questões:

- os preços de produtos e serviços deverão ser informados adequadamente, de modo a garantir ao consumidor a correção, clareza, precisão, ostensividade e legibilidade das informações prestadas (art. 2º, *caput*);
- o preço de produto ou serviço deverá ser informado discriminando-se o total à vista (art. 3º, *caput*);
- no caso de outorga de crédito, como nas hipóteses de financiamento ou parcelamento, deverão ser também discriminados: I — o valor total a ser pago com financiamento; II — o número, periodicidade e valor das prestações; III — os juros; e IV — os eventuais acréscimos e encargos que incidirem sobre o valor do financiamento ou parcelamento (art. 3º, parágrafo único);
- os preços dos produtos e serviços expostos à venda devem ficar sempre visíveis aos consumidores enquanto o estabelecimento estiver aberto ao público (art. 4º, *caput*);
- a montagem, rearranjo ou limpeza, se em horário de funcionamento, deve ser feito sem prejuízo das informações relativas aos preços de produtos ou serviços expostos à venda (art. 4º, parágrafo único).

8.2.3.2. *Consequências da quebra do dever de informar*

Segundo os ensinamentos de Silvio Luís Ferreira da Rocha, o não cumprimento do dever de informar as características da oferta nos termos previstos no art. 31 do CDC pode acarretar:

- "a ineficácia do contrato (art. 46);
- a nulidade de alguma cláusula contratual incompatível com a boa-fé (art. 51, IV);
- o dever de indenizar o consumidor que em razão da ausência ou da insuficiência de informações sofra danos à sua saúde ou integridade física (art. 12), ou ainda
- o dever de indenizar os gastos feitos pelo consumidor na atividade de adquirir bens ou serviços, quando o ato de consumo não se concretiza em razão de o consumidor ter tomado conhecimento de informações, até então, omitidas pelo fornecedor".[19]

Concordamos plenamente com o aludido doutrinador, razão pela qual a preocupação com a oferta faz-se necessária não apenas em relação às suas características gerais, mas também no tocante à forma como suas informações serão veiculadas.

8.2.3.3. *Afixação de preços por meio de código de barras*

Tema interessante a ser discutido consiste em saber se a afixação de preços no mercado de consumo por meio de código de barras viola ou não as caracterís-

[19] ROCHA, Silvio Luís Ferreira da. *A oferta no Código de Defesa do Consumidor*, p. 68-69.

ticas da informação da oferta prevista no art. 31 do Código do Consumidor, em especial no tocante à ostensividade.

A jurisprudência do Superior Tribunal de Justiça chegou a entender que o "fato de já existir, em cada produto, o código de barras não é suficiente para assegurar a todos os consumidores estas informações. Para atender realmente o que estabelece o Código do Consumidor, além do código de barras e do preço nas prateleiras, devem os supermercados colocar o preço em cada produto" (MS 6.010/DF, Rel. Ministro Garcia Vieira, Primeira Seção, *DJ* 6-12-1999).

Com o advento da Lei n. 10.962, do ano de 2004, que dispõe sobre a oferta e as formas de afixação de preços de produtos e serviços para o consumidor, passou-se a admitir o código de barras como forma legítima de colocação de preços no mercado de consumo:

> Art. 2º São admitidas as seguintes formas de afixação de preços em vendas a varejo para o consumidor:
>
> I — no comércio em geral, por meio de etiquetas ou similares afixados diretamente nos bens expostos à venda, e em vitrines, mediante divulgação do preço à vista em caracteres legíveis;
>
> II — em autosserviços, supermercados, hipermercados, mercearias ou estabelecimentos comerciais onde o consumidor tenha acesso direto ao produto, sem intervenção do comerciante, mediante a impressão ou afixação do preço do produto na embalagem, ou a afixação de código referencial, ou ainda, com a **afixação de código de barras**;
>
> III — no comércio eletrônico, mediante divulgação ostensiva do preço à vista, junto à imagem do produto ou descrição do serviço, em caracteres facilmente legíveis com tamanho de fonte não inferior a doze (Incluído pela Lei n. 13.543, de 2017);
>
> Parágrafo único. Nos casos de utilização de código referencial ou de barras, o comerciante deverá expor, de forma clara e legível, junto aos itens expostos, informação relativa ao preço à vista do produto, suas características e código.

Ante a existência da citada lei, a própria jurisprudência do STJ se rende ao novo contexto normativo e passa a admitir como legítimo afixar preços por meio de código de barras: **"Após a vigência da Lei Federal 10.962 em 13.10.2004, permite-se aos estabelecimentos comerciais a afixação de preço do produto por meio de código de barras, sendo desnecessária a utilização de etiqueta com preço individual de cada mercadoria"** (REsp 688.151/MG, Rel. Ministra Nancy Andrighi, 3ª T., *DJU* 8-8-2005).

Com efeito, vale lembrar que **alguns requisitos deverão ser cumpridos** para que o preço fixado por código de barras esteja de acordo com o ordenamento jurídico pátrio, por exemplo a existência de leitores óticos próximos ao produto, como forma de dar acesso à informação do respectivo valor.

O Decreto n. 5.903/2006 regulamentou o tema, determinando, dentre outros aspectos:

> Art. 7º Na hipótese de utilização do código de barras para apreçamento, os fornecedores **deverão disponibilizar**, na área de vendas, para consulta de preços pelo consumidor, **equipamentos de leitura ótica** em perfeito estado de funcionamento.
>
> § 1º Os **leitores óticos deverão ser indicados por cartazes suspensos** que informem a sua localização.
>
> § 2º Os leitores óticos deverão ser dispostos na área de vendas, observada a **distância máxima de quinze metros entre qualquer produto e a leitora ótica mais próxima**.
>
> § 3º Para efeito de fiscalização, os fornecedores deverão prestar as informações necessárias aos agentes fiscais mediante disponibilização de croqui da área de vendas, com **a identificação clara e precisa da localização dos leitores óticos e a distância que os separa**, demonstrando graficamente o cumprimento da distância máxima fixada neste artigo.

■ 8.2.4. Oferta de peças de reposição no CDC

O art. 32 do Código de Defesa do Consumidor estabelece que: "Os **fabricantes e importadores deverão assegurar a oferta de componentes e peças de reposição** enquanto não cessar a fabricação ou importação do produto. Parágrafo único. Cessadas a produção ou importação, a **oferta deverá ser mantida por período razoável** de tempo, na forma da lei".

O *caput* do citado dispositivo do CDC determina que durante a fabricação ou importação de produtos as peças de reposição deverão ser ofertadas no mercado de consumo.

Em razão da clareza de sua redação, passemos à análise do parágrafo único, que exige a continuidade da oferta de tais peças mesmo após o término da produção ou da importação por prazo razoável, na forma da lei.

A grande questão sobre o tema consiste em saber **qual critério utilizar** para aferir o que seja prazo razoável diante da inexistência de lei ou regulamento disciplinando o tema? Um juiz de direito valer-se-ia de qual parâmetro para exigir do fornecedor a continuidade da oferta das peças de reposição no mercado de consumo, mesmo após o término da produção ou importação?

E a resposta para ambos os questionamentos é: utilização do **critério da vida útil do bem**, ou seja, se determinado produto tem durabilidade média de dez anos, após o encerramento da produção ou importação do bem, ficará o fornecedor obrigado a ofertar ao mercado peças de reposição pelo prazo de dez anos.

Outro ponto importante a ser abordado refere-se ao fato de o legislador apontar a responsabilidade apenas do fabricante e do importador para garantir a oferta de peças de reposição.

No entanto, cumpre ressaltar que concordamos com a opinião de Herman Benjamin ao afirmar que "o dever de assistência técnica, como mera prestação de serviços, é devido não apenas pelo fabricante e importador, mas também pelo próprio distribuidor, uma vez que inerente à sua atividade no mercado".[20]

■ 8.2.5. Oferta por telefone ou reembolso postal

O Diploma Consumerista estabelece a respeito da oferta ou venda por telefone ou reembolso postal que "deve constar o nome do fabricante e endereço na embalagem, publicidade e em todos os impressos utilizados na transação comercial" (art. 33, *caput*).

Entendemos pela aplicabilidade do dispositivo às relações de consumo oriundas de meios eletrônicos — internet —, na medida em que a *mens legis* do dispositivo ora estudado tem total conexão com esta transação econômica.

Isto é, se a obrigatoriedade de constar o nome do fabricante e endereço na embalagem, publicidade e em todos os impressos utilizados na transação comercial decorrente da via telefônica ou postal existe em razão da maior exposição do consumidor-vulnerável neste tipo de relação, com igual razão **deverá se utilizar o mesmo procedimento nas relações oriundas da internet**.[21]

O parágrafo único do art. 33 foi incluído pela Lei n. 11.800, de 29 de outubro de 2008, no CDC e estabelece que: "É proibida a publicidade de bens e serviços por telefone, quando a chamada for onerosa ao consumidor que a origina".

De fato, a Lei n. 8.078/90, ao tratar da proibição, foi expressa ao referir-se à chamada onerosa, e a dúvida que fica é a seguinte: nas chamadas gratuitas, tipo SAC — Serviço de Atendimento ao Consumidor —, que geralmente são concretizadas pelo sistema 0800, portanto gratuitamente, seria admitida a veiculação de publicidade enquanto o consumidor aguarda o atendimento?

Em nossa opinião, a resposta deve ser negativa, mesmo porque o Decreto regulamentador do SAC é o de n. 6.523, de 2008, que estabelece em seu art. 14 que é "vedada a veiculação de mensagens publicitárias durante o tempo de espera para o atendimento, salvo se houver prévio consentimento do consumidor".

---

[20] GRINOVER, Ada Pellegrini; BENJAMIN, Antônio Herman de V.; FINK, Daniel Roberto; FILOMENO, José Geraldo Brito; NERY JR., Nelson; DENARI, Zelmo. *Código Brasileiro de Defesa do Consumidor*, p. 297.

[21] Verificar nossos comentários nos itens 2.4.2, 5.8.2 e 13.4.1 — uma análise da Lei n. 12.965, de 2014 (Marco Civil da Internet), do Decreto n. 8.771, de 2016, e do Decreto n. 7.962, de 2013, que dispõem sobre a contratação no comércio eletrônico —, bem como o Anexo deste livro e as referências expressas às relações via internet nos projetos de alteração do CDC.

8.2.6. Recusa do cumprimento da oferta pelo fornecedor

Diante da recusa do fornecedor em cumprir o disposto na oferta veiculada, prevê o Código de Defesa do Consumidor:

> Art. 35. Se o fornecedor de produtos ou serviços recusar cumprimento à oferta, apresentação ou publicidade, o consumidor poderá, alternativamente e à sua livre escolha:
>
> I — exigir o cumprimento forçado da obrigação, nos termos da oferta, apresentação ou publicidade;
>
> II — aceitar outro produto ou prestação de serviço equivalente;
>
> III — rescindir o contrato, com direito à restituição de quantia eventualmente antecipada, monetariamente atualizada, e a perdas e danos.

Alternativas ante a recusa da oferta

- cumprimento forçado da obrigação;
- aceitar outro produto ou prestação de serviço equivalente;
- rescindir o contrato, com direito à restituição de quantia eventualmente antecipada, monetariamente atualizada, e a perdas e danos.

Com efeito, o *caput* do art. 35 do CDC confere ao consumidor alternativas de escolha livre para o exercício de seu direito. Caso opte pela primeira solução — cumprimento forçado da oferta, o consumidor poderá valer-se dos instrumentos processuais hábeis para concretizar esse direito existentes no art. 84 do Diploma Consumerista, tais como:

- ação de obrigação de fazer (*caput* do art. 84);
- tutela liminar (§ 3º do art. 84);
- multa diária, independentemente de pedido do autor (§ 4º do art. 84);
- tutela específica, por meio de medidas necessárias, tais como busca e apreensão (§ 5º do art. 84).

Se a opção recair sobre a rescisão do contrato com restituição do valor pago, monetariamente atualizado, vale lembrar que o direito a perdas e danos dependerá de comprovação de efetivo prejuízo material ou moral.

8.2.7. Responsabilidade pelos atos dos prepostos ou representantes autônomos

Dispõe o art. 34 do CDC que: "O fornecedor do produto ou serviço é solidariamente responsável pelos atos de seus prepostos ou representantes autônomos".

Desta forma, qualquer documento assinado em sentido contrário, ou seja, eximindo o fornecedor de responder pelos atos dos seus prepostos ou representantes autônomos, não terá valor jurídico algum.

> Fornecedor responde solidariamente pelos atos dos prepostos e representantes.

A esse respeito, questão interessante envolve saber qual o alcance do dispositivo legal em relação aos beneficiários de uma publicidade, ou seja, até que ponto uma montadora de veículos, por exemplo, responde pelo cumprimento da oferta veiculada no mercado de consumo e não cumprida pela concessionária em razão de sua falência?

No ano de 2002 o Superior Tribunal de Justiça chegou até a entender pela responsabilidade da montadora conforme julgado *infra*: **"Diante da declaração de falência da concessionária, a responsabilidade pela informação ou publicidade divulgada recai integralmente sobre a empresa fornecedora"** (REsp 363.939/MG, Ministra Nancy Andrighi, 3ª T., *DJ* 1º-7-2002).

No entanto, em caso semelhante julgado posteriormente o STJ afastou a incidência do disposto no art. 34 do CDC ao entender que:

> CIVIL. CONSÓRCIO. VEÍCULOS AUTOMOTORES. QUEBRA DO CONTRATO. FORNECEDOR (FIAT). RESPONSABILIZAÇÃO. IMPOSSIBILIDADE.
>
> 1 — Se não há participação da concedente (Fiat) no consórcio, restando impossibilitada a aplicação da teoria da aparência, tampouco se enquadrando a concessionária (única operadora do consórcio) como representante autônoma da fabricante, não se pode responsabilizar a Fiat pelo não cumprimento do contrato, ficando afastada, no caso, a aplicação do art. 34 do CDC, até porque as premissas fixadas nas instâncias ordinárias não podem ser elididas na via especial, sob pena de infringência às súmulas 5 e 7 deste Superior Tribunal de Justiça.
>
> 2 — Recurso especial não conhecido (REsp 566.735/PR, Rel. p/ Acórdão Ministro Fernando Gonçalves, 4ª T., *DJe* 1º-3-2010).

■ 8.3. QUESTÕES

1. (PUC-PR — 2011 — TJ-RO — Juiz) O artigo 30 do Código de Defesa do Consumidor define oferta como toda informação ou publicidade, suficientemente precisa, veiculada por qualquer forma ou meio de comunicação com relação a produtos e serviços oferecidos ou apresentados, obriga o fornecedor que a fizer veicular ou dela se utilizar e integra o contrato que vier a ser celebrado. Dado esse contexto, assinale a única alternativa CORRETA.

a) É permitida a publicidade de bens e serviços por telefone, mesmo quando a chamada seja onerosa ao consumidor que a origina.

b) As informações nos produtos refrigerados oferecidos ao consumidor serão gravadas de forma indelével.

c) Se o fornecedor de produtos ou serviços recusar cumprimento à oferta, apresentação ou publicidade, o consumidor não poderá exigir o cumprimento forçado da obrigação, nos termos da oferta, apresentação ou publicidade.
d) O consumidor não poderá rescindir o contrato, em caso de o fornecedor de produtos ou serviços se recusar cumprimento à oferta, apresentação ou publicidade.
e) Se o fornecedor de produtos ou serviços recusar cumprimento à oferta, apresentação ou publicidade, o consumidor terá direito somente à rescisão contratual, com direito à restituição de valores eventualmente pagos, devidamente atualizados, sem direito a perdas e danos.

2. (CESPE — 2011 — IFB — Professor — Direito) Julgue os itens a seguir, a respeito da prevenção e da reparação dos danos causados aos consumidores.

O CDC dispõe expressamente que as informações a respeito da oferta e apresentação de produtos refrigerados oferecidos aos consumidores devem ser gravadas de forma indelével.

( ) certo ( ) errado

3. (FGV — 2012 — OAB — Exame de Ordem Unificado — 3 — Primeira Fase) A empresa Cristal Ltda., atendendo à solicitação da cliente Ruth, realizou orçamento para prestação de serviço, discriminando material, equipamentos, mão de obra, condições de pagamento e datas para início e término do serviço de instalação de oito janelas e quatro portas em alumínio na residência da consumidora.

Com base no narrado acima, é correto afirmar que

a) o orçamento terá validade de trinta dias, independentemente da data do recebimento e aprovação pela consumidora Ruth.
b) Ruth não responderá por eventuais acréscimos não previstos no orçamento prévio, exceto se decorrente da contratação de serviço de terceiro.
c) o valor orçado terá validade de dez dias, contados do recebimento pela consumidora; aprovado, obriga os contraentes, que poderão alterá-lo mediante livre negociação.
d) uma vez aprovado, o orçamento obriga os contraentes e não poderá ser alterado ou negociado pelas partes, que, buscando mudar os termos, deverão fazer novo orçamento.

4. (CESPE — 2007 — MPE-AM — Promotor de Justiça) Para melhor disciplinar o exercício da profissão de empresário no que se refere ao respeito pelos direitos dos consumidores, o Código de Defesa e Proteção do Consumidor regulou aspectos relevantes das práticas comerciais, particularmente quanto à oferta e à publicidade de produtos e serviços. Acerca dessa disciplina, assinale a opção correta.

a) O fabricante ou o importador assegurarão a oferta de componentes e peças de reposição do produto enquanto eles estiverem sendo vendidos no mercado.
b) É vedado ao fornecedor condicionar os limites quantitativos do fornecimento de produtos, de modo a estabelecer que a aquisição versará sobre limite mínimo ou máximo de unidades.
c) A publicidade será enganadora por omissão quando deixar de informar sobre dado essencial do produto ou do serviço.
d) O fornecedor poderá enviar, sem solicitação prévia, qualquer propaganda ou produto ao consumidor, desde que isso não acarrete nenhum prejuízo ao destinatário.
e) Aprovado o orçamento prévio de fornecimento de serviço, o consumidor terá até 7 dias para, unilateralmente, desistir do negócio.

5. (CESPE — 2009 — TRF — 5ª Região — Juiz) Ainda com base no CDC, assinale a opção correta.

a) Reputa-se abusiva qualquer modalidade de comunicação de caráter publicitário, inteira ou parcialmente falsa, ou capaz de induzir a erro o consumidor a respeito da natureza, das características, da qualidade, da quantidade, das propriedades e de quaisquer outros dados acerca dos produtos e serviços.

b) No caso de venda de produto a varejo, a falta de indicação de restrição quantitativa relativa à oferta de determinado produto, pelo fornecedor, autoriza o consumidor a exigir a quantidade que melhor lhe aprouver, podendo o não atendimento configurar dano moral.

c) Publicidade promocional é a campanha que se destina a institucionalizar a marca, sem preocupação com a venda do produto em si, ou com levar o mercado a comprar certo número de unidades do produto; seu foco é a marca, não o modelo.

d) Constatado que o fornecedor, por meio de mensagem publicitária, garantiu a entrega de veículo objeto de contrato de compra e venda firmado entre o consumidor e uma de suas concessionárias, submete-se esse fornecedor ao cumprimento da obrigação nos exatos termos da oferta apresentada, salvo na hipótese de declaração de falência da respectiva concessionária.

e) No caso de aquisição de alimentos com embalagens premiáveis, a ausência de informação acerca da existência de produtos com defeito na impressão, capaz de retirar o direito ao prêmio, configura publicidade enganosa por omissão.

6. (MPE-MG — 2010 — Promotor de Justiça) Nos termos das normas jurídicas de ordem pública, considere as seguintes proposições:

I. Nos contratos de planos de saúde, é proibida a cláusula que fixa o reajuste das prestações pecuniárias em razão da faixa etária de pessoas muito idosas.

II. A oferta publicitária de crédito deve garantir ao consumidor o direito à informação prévia, ostensiva e adequada sobre a taxa efetiva anual de juros.

III. Os dados contábeis que dão base à oferta publicitária de crédito devem ser organizados pelo fornecedor e informados aos legítimos interessados, sob pena de responsabilidade penal.

IV. Prevalecer-se da fraqueza ou ignorância do consumidor idoso para impingir-lhe uma operação de crédito consignado é uma prática abusiva.

Marque a opção CORRETA.

a) I e II estão corretas.

b) II e III estão corretas.

c) I, II e IV estão corretas.

d) III e IV estão corretas.

e) Todas estão corretas.

7. (VUNESP — 2009 — TJ-MT — Juiz) Assinale a alínea correta, no que pertine às práticas comerciais regulamentadas pela Lei n. 8.078/90.

a) Publicidade enganosa é aquela que induz o consumidor a se comportar de forma prejudicial ou perigosa à sua saúde ou segurança.

b) Os produtos refrigerados devem possuir informações sobre as características, qualidades, quantidade, composição, preço, garantia, prazos de validade e origem, entre outros dados, bem como sobre os riscos que apresentam à saúde e segurança dos consumidores, gravadas de forma indelével.

c) Aquele que comercializa deve assegurar a oferta de componentes e peças de reposição enquanto não cessar a fabricação ou importação do produto.

d) A publicidade de bens e serviços por telefone, quando a chamada for onerosa ao consumidor que a origina, é permitida desde que informada ao mesmo.

e) A lei prevê abusividade publicitária por omissão.

8. (FCC — 2012 — DPE-PR — Defensor Público) Sobre oferta e publicidade é correto afirmar que

a) no caso de outorga de crédito, como nas hipóteses de financiamento ou parcelamento, é necessária apenas a discriminação do número, periodicidade e valor das prestações.
b) o ônus da prova da veracidade e correção da informação ou comunicação publicitária cabe à agência de publicidade.
c) é enganosa a publicidade que desrespeita valores da sociedade e que é capaz de induzir o consumidor a se comportar de forma prejudicial à sua saúde.
d) configura infração ao direito básico do consumidor à informação apenas informar os preços em parcelas, obrigando-o ao cálculo total.
e) da inexecução de uma oferta, apresentação ou publicidade, o consumidor não pode aceitar a entrega de outro produto ou prestação de serviço equivalente.

9. Dentre as afirmações seguintes, assinale a alternativa que traga apenas afirmações verdadeiras, de acordo com o Código de Defesa do Consumidor:

I. A vinculação obrigatória da oferta é característica própria da sua essência, sendo comum ao regime do direito civil e consumidor;
II. No CDC, é possível revogar a oferta já realizada, desde que pelos mesmos meios e termos feitos na primeira e prevista a possibilidade de revogação;
III. Oferta é sinônimo de publicidade, sendo esta a sua melhor forma de manifestação;
IV. Diferentemente do Código Civil, o CDC aceita a oferta na sua forma apenas individualizada.

Está correto o que se afirma em:

a) I e II.
b) II e III.
c) I e III.
d) IV.
e) nenhuma das anteriores.

10. (TJ-PR — 2010 — Juiz) O Código de Defesa do Consumidor, no artigo 30, define "oferta" como: "Toda informação ou publicidade, suficientemente precisa, veiculada por qualquer forma ou meio de comunicação com relação a produtos e serviços oferecidos ou apresentados, obriga o fornecedor que a fizer veicular ou dela se utilizar e integra o contrato que vier a ser celebrado".

Marcar a alternativa CORRETA:

a) As informações nos produtos refrigerados oferecidos ao consumidor serão gravadas de forma indelével.
b) É permitida a publicidade de bens e serviços por telefone, mesmo quando a chamada seja onerosa ao consumidor que a origina.
c) Se o fornecedor de produtos ou serviços recusar cumprimento à oferta, apresentação ou publicidade, o consumidor não poderá exigir o cumprimento forçado da obrigação, nos termos da oferta, apresentação ou publicidade.
d) O consumidor não poderá rescindir o contrato, em caso de o fornecedor de produtos ou serviços se recusar cumprimento à oferta, apresentação ou publicidade.

11. (FCC — 2013 — TJ-PE — Juiz Substituto) Na oferta de produtos e serviços regulada pelo Código de Defesa do Consumidor,

a) as informações ao consumidor oferecidas nos produtos refrigerados devem ser gravadas de forma indelével.
b) a informação ou publicidade do produto obriga o fornecedor que a fizer veicular, mas só integra o contrato se for realizada por escrito.

c) o fornecedor é apenas subsidiariamente responsável pelos atos de seus prepostos ou representantes autônomos.
d) a reposição de componentes e peças dos produtos deve ser assegurada apenas enquanto estes forem fabricados ou importados.
e) em qualquer hipótese, é proibida a publicidade de bens e serviços ao consumidor por telefone.

12. (FGV — 2013 — TJ-AM — Juiz Substituto) Acerca das práticas comerciais nas relações de consumo, assinale a afirmativa correta.

a) O orçamento entregue pelo fornecedor ao consumidor, salvo estipulação em contrário, terá validade pelo prazo de dez dias e, uma vez aprovado pelo consumidor, obriga os contraentes e somente pode ser alterado mediante livre-negociação das partes.
b) Os fabricantes e importadores deverão assegurar a oferta de componentes e peças de reposição até dois anos após cessar a produção ou importação do produto.
c) A publicidade de bens e serviços, por telefone, é proibida.
d) O fornecedor de produto ou serviço responde objetivamente pelos atos de seus prepostos, mas mediante verificação da culpa pelos atos de seus representantes autônomos.
e) O ônus da prova da falsidade ou incorreção da informação ou comunicação publicitária cabe ao consumidor.

13. (FGV — 2014 — OAB — Exame de Ordem Unificado — XIII — Primeira Fase) Eliane trabalha em determinada empresa para a qual uma seguradora apresentou proposta de seguro de vida e acidentes pessoais aos empregados. Eliane preencheu o formulário entregue pela seguradora e, dias depois, recebeu comunicado escrito informando, sem motivo justificado, a recusa da seguradora para a contratação por Eliane.

Partindo da situação fática narrada, à luz da legislação vigente, assinale a afirmativa correta.

a) Eliane pode exigir o cumprimento forçado da obrigação nos termos do serviço apresentado, já que a oferta obriga a seguradora e a negativa constituiu prática abusiva pela recusa infundada de prestação de serviço.
b) Trata-se de hipótese de aplicação da legislação consumerista, mas, a despeito das garantias conferidas ao consumidor, em hipóteses como a narrada no caso, é facultado à seguradora recusar a contratação antes da assinatura do contrato.
c) Por se tratar de contrato bilateral, a seguradora poderia ter se recusado a ser contratada por Eliane nos termos do Código Civil, norma aplicável ao caso, que assegura que a proposta não obriga o proponente.
d) A seguradora não está obrigada a se vincular a Eliane, já que a proposta de seguro e acidentes pessoais dos empregados não configura oferta, nos termos do Código do Consumidor.

14. (FGV — 2014 — OAB — Exame de Ordem Unificado — XIII — Primeira Fase) Mauro adquiriu um veículo zero quilômetro da fabricante brasileira Surreal, na concessionária Possante Ltda., revendedora de automóveis que comercializa habitualmente diversas marcas nacionais e estrangeiras. Na época em que Mauro efetuou a compra, o modelo adquirido ainda não era produzido com o opcional de freio ABS, o que só veio a ocorrer seis meses após a aquisição feita por Mauro. Tal sistema de frenagem (travagem) evita que a roda do veículo bloqueie quando o pedal do freio é pisado fortemente, impedindo com isso o descontrole e a derrapagem do veículo. Mauro, inconformado, aciona a concessionária postulando a substituição do seu veículo, pelo novo modelo com freio ABS.

Diante do caso narrado e das regras atinentes ao Direito do Consumidor, assinale a afirmativa correta.

a) Mauro tem direito à substituição, pois o fato de o novo modelo ter sido oferecido com o opcional do freio ABS, de melhor qualidade, configura defeito do modelo anterior por ele adquirido.
b) Se o veículo adquirido por Mauro apresentar futuro defeito no freio dentro do prazo de garantia, a concessionária Possante Ltda. é obrigada a assegurar a oferta de peças de reposição originais enquanto não cessar a fabricação do veículo.
c) Somente quando cessada a produção no país do veículo adquirido por Mauro, a fabricante Surreal ficará exonerada do dever legal de assegurar o oferecimento de componentes e peças de reposição para o automóvel.
d) Havendo necessidade de reposição de peças ou componentes no veículo de Mauro, a fabricante Surreal deverá, ainda que cessada a fabricação no país, efetuar o reparo com peças originais por um período razoável de tempo, fixado por lei. A reposição com peças usadas só é admitida pelo Código do Consumidor quando houver autorização do consumidor.

15. (FCC — 2015 — TJ-RR — Juiz Substituto) Construtora Muro Alto lançou empreendimento imobiliário pelo qual se interessou André, especialmente pelo fato de que, em publicidade escrita, verificou que o imóvel contaria com ampla academia de ginástica, com os mais diversos aparelhos. Levando isto em conta, adquiriu uma unidade do empreendimento, por intermédio de imobiliária. Quando da entrega do imóvel, porém, no que seria a sala de ginástica, havia apenas um aparelho para exercícios abdominais. Inconformado, contatou a Construtora Muro Alto, que se recusou a adquirir outros aparelhos sob o fundamento de que a imagem constante da publicidade escrita seria meramente ilustrativa, conforme informado, em letras minúsculas, no verso do panfleto publicitário. Nesse caso, André

a) não possui direito fundado na publicidade escrita, a qual trouxe informação de que as imagens eram meramente ilustrativas.
b) poderá aceitar outro produto, rescindir o contrato ou exigir o cumprimento forçado da obrigação assumida pela Construtora Muro Alto na publicidade escrita, a qual deve ser clara e precisa.
c) poderá apenas postular perdas e danos diretamente contra a Construtora Muro Alto e subsidiariamente contra a imobiliária.
d) não possui direito fundado na publicidade escrita, pois a publicidade não vincula o fornecedor.
e) poderá apenas postular perdas e danos, contra a construtora Muro Alto e contra a imobiliária, que respondem solidariamente.

16. (MPE-SC — 2016 — MPE-SC — Promotor de Justiça) Nos termos da Lei n. 8.078/90, o envio ou entrega de qualquer produto, sem solicitação prévia do consumidor, independente da quantidade remetida ou entregue, é equiparado a amostra grátis, sem que haja obrigação de pagamento.

( ) certo ( ) errado

17. (CESPE — 2017 — MPE-RR — Promotor de Justiça Substituto) À luz da jurisprudência do STJ e do entendimento doutrinário a respeito do tema, assinale a opção correta acerca das práticas comerciais.

a) O fornecedor é subsidiariamente responsável pelos atos praticados por seus prepostos.
b) A publicidade enganosa é aquela que ofende direitos básicos da sociedade, ainda que possa ser totalmente verdadeira.
c) A cobrança de tarifa básica pelo serviço de telefonia fixa configura a prática da venda casada.
d) O princípio da vinculação da oferta faz surgir uma obrigação pré-contratual do fornecedor do produto ou serviço.

■ GABARITO ■

1. "b". Nos termos do art. 31, parágrafo único, do CDC. A letra "a" está equivocada, pois o art. 33, parágrafo único, do Código do Consumidor prevê, *in verbis*: "É proibida a publicidade de bens e serviços por telefone, quando a chamada for onerosa ao consumidor que a origina". O mesmo raciocínio vale para as chamadas gratuitas que envolvem atendimento ao consumidor. O decreto regulamentador do SAC — Serviço de Atendimento ao Consumidor é o de n. 6.523, de 2008, e estabelece em seu art. 14 que é "vedada a veiculação de mensagens publicitárias durante o tempo de espera para o atendimento, salvo se houver prévio consentimento do consumidor". A alternativa "c" também está errada, pois o consumidor pode exigir o cumprimento forçado da oferta conforme determina o art. 35, inciso I, do CDC. A assertiva "d" também está errada na medida em que o consumidor poderá rescindir o contrato, com direito à restituição de quantia eventualmente antecipada, monetariamente atualizada, e a perdas e danos (art. 35, III). Por fim, na "e", em caso de recusa à oferta, prevê o art. 35 do CDC que o consumidor poderá escolher livre e alternativamente entre: I — exigir o cumprimento forçado da obrigação, nos termos da oferta, apresentação ou publicidade; II — aceitar outro produto ou prestação de serviço equivalente; III — rescindir o contrato, com direito à restituição de quantia eventualmente antecipada, monetariamente atualizada, e a perdas e danos.

2. "certo". Nos termos do art. 31, parágrafo único, do CDC.

3. "c". Conforme o disposto no art. 40, §§ 1º e 2º, do CDC. A alternativa "a" está errada, pois o prazo de validade do orçamento será de dez dias, nos termos do art. 40, § 1º, do CDC. Ruth não responderá pelos acréscimos não previstos no orçamento, segundo prevê o art. 40, § 3º, do Código do Consumidor, razão pela qual está errada a alternativa "b". A letra "d" está errada, uma vez que o orçamento poderá ser alterado pela livre negociação entre as partes (art. 40, § 2º, do CDC).

4. "c". Nos termos do art. 37, § 3º, do CDC. A letra "a" está equivocada, pois, conforme disposto no CDC em seu art. 32, parágrafo único, "cessadas a produção ou importação, a oferta deverá ser mantida por período razoável de tempo, na forma da lei". A alternativa "b" está errada, pois, existindo justificativa, poderá ocorrer o condicionamento a limites quantitativos (art. 39, I, do CDC). A assertiva "d" também está equivocada na medida em que, segundo o art. 39, inciso III, c.c. o parágrafo único do mesmo dispositivo, trata-se de prática abusiva e a entrega de tal produto será considerada amostra grátis. A alternativa "e" está errada, pois o prazo de sete dias é o de reflexão para as compras realizadas fora do estabelecimento comercial (art. 49 do CDC).

5. "e". Pois a ausência de dado essencial do produto ou do serviço, como no caso em tela, torna a publicidade enganosa por omissão nos termos do art. 37, § 3º, do CDC. A assertiva "a" está errada, uma vez que a definição apresentada é de publicidade enganosa, e não abusiva, nos termos do art. 37, § 1º, do Código do Consumidor. A alternativa "b" está errada, pois o dano moral exige uma situação de constrangimento e humilhação que transcende a hipótese colocada pelo examinador. Publicidade promocional é aquela preocupada com o produto, e não com a marca, razão pela qual está errada a alternativa "c". A falência não exime o fornecedor de entregar o produto ofertado, cabendo, nesse caso, à montadora o cumprimento da obrigação. Assim, também está errada a alternativa "d". No ano de 2002, o Superior Tribunal de Justiça chegou até a entender pela responsabilidade da montadora, conforme julgado *infra*: "Diante da declaração de falência da concessionária, a responsabilidade pela informação ou publicidade divulgada recai integralmente sobre a empresa fornecedora" (REsp 363.939/MG, Ministra Nancy Andrighi, 3ª T., *DJ* 1º-72002). No entanto, em caso semelhante julgado posteriormente, o STJ afastou a incidência do disposto no art. 34 do CDC, ao entender que: "Se não há participação da concedente (Fiat) no consórcio, restando impossibilitada a aplicação da teoria da aparência, tampouco se enquadrando a concessionária (única operadora do consórcio) como representante autônoma da fabricante, não se pode responsabilizar a Fiat pelo não cumprimento do contrato, ficando afastada, no caso, a aplicação do art. 34 do CDC, até porque as premissas fixadas nas instâncias ordinárias não podem ser elididas na via especial, sob pena de infringência às súmulas 5 e 7 deste Superior Tribunal de Justiça" (REsp 566.735/PR, Rel. p/ Acórdão Ministro Fernando Gonçalves, 4ª T., *DJe* 1º-3-2010).

6. "e". O item I está correto, pois o Superior Tribunal de Justiça veda aumentos abusivos em razão da mudança de faixa etária, conforme visto no corpo desse capítulo ao analisarmos o EDcl no REsp 809.329/RJ: "É nula a cláusula que prevê o aumento de 164,91% na mensalidade do plano de saúde tão logo o contratante complete a idade de 60 anos — sem prejuízo de que incidam os reajustes gerais decorrentes do custo dos serviços" (EDcl no REsp 809.329/RJ, Rel. Ministro Ari Pargendler, 3ª T., *DJe* 11-11-2008). O item II está correto, nos termos do art. 52, inciso II, do CDC. O item III também está correto, pois, nos termos do art. 69 do CDC, caracteriza infração penal: "Deixar de organizar dados fáticos, técnicos e científicos que dão base à publicidade: Pena Detenção de um a seis meses ou multa". O item IV está correto, por ser esta a posição dominante no STJ: "Assim, a Turma deu parcial provimento ao recurso ao entender que as normas atinentes à administração pública federal aplicam-se subsidiariamente às administrações estaduais e municipais. Assentou que a soma dos descontos em folha de todas as prestações de empréstimos contratados pelo recorrente fique limitada a 30% de sua remuneração. Precedentes citados: REsp 1.186.565-RS, *DJe* 3/2/2011; AgRg no Ag 1.381.307-DF, *DJe* 27/4/2011; RMS 21.380-MT, *DJ* 15/10/2007, RMS 13.439-MG, *DJ* 29/3/2004. REsp 1.169.334-RS, Rel. Min. Luis Felipe Salomão, julgado em 23/8/2011" (Notícia do *Informativo* n. 481 do STJ, de 16 a 26 de agosto de 2011).

7. "b". Nos termos do art. 31, *caput,* c.c. parágrafo único, do CDC. A alternativa "a" está errada, por ser este um exemplo de publicidade abusiva, nos termos do art. 37, § 2º, do CDC. A letra "c" está equivocada, pois, conforme disposto no CDC em seu art. 32, parágrafo único, "cessadas a produção ou importação, a oferta deverá ser mantida por período razoável de tempo, na forma da lei". Equivoca-se o examinador na assertiva "d", uma vez que o art. 32, parágrafo único, do CDC prevê que: "é proibida a publicidade de bens e serviços por telefone, quando a chamada for onerosa ao consumidor que a origina". A Lei n. 8.078/90 prevê a omissão como enganosidade, e não abusividade, conforme o disposto em seu art. 37, § 3º. Por isso, o erro da alternativa "e".

8. "d". Nosso Código de Defesa do Consumidor traz em seu art. 31 que as informações de produtos e serviços devem ser claras, precisas, ostensivas e em língua portuguesa, quando discriminarem sua composição, quantidade, preço e garantia; logo, o preço na sua totalidade deve ser demonstrado de forma expressa, cabendo a imediata identificação pelo consumidor. Ademais, no tocante às contratações envolvendo outorga de crédito ou financiamento, prevê o CDC em seu art. 52: "No fornecimento de produtos ou serviços que envolva outorga de crédito ou concessão de financiamento ao consumidor, o fornecedor deverá, entre outros requisitos, informá-lo prévia e adequadamente sobre: I — preço do produto ou serviço em moeda corrente nacional; II — montante dos juros de mora e da taxa efetiva anual de juros; III — acréscimos legalmente previstos; IV — número e periodicidade das prestações; V — soma total a pagar, com e sem financiamento". A assertiva "a" encontra-se errada, pois há requisitos a serem também esclarecidos além da periodicidade e valor das prestações, por exemplo juros de mora e taxa anual de juros (art. 52 do CDC). A "b" é errônea, já que o ônus da veracidade e correção da informação cabe a quem a patrocina, ou seja, fornecedor, e não agência publicitária. Esta é a posição do STJ: "A responsabilidade pela qualidade do produto ou serviço anunciado ao consumidor é do fornecedor respectivo, assim conceituado nos termos do art. 3º da Lei n. 8.078/1990, não se estendendo à empresa de comunicação que veicula a propaganda por meio de apresentador durante programa de televisão, denominada 'publicidade de palco'" (REsp 1.157.228, Rel. Ministro Aldir Passarinho Junior, 4ª T., *DJe* 27-4-2011). A "c" é falsa quando confunde os conceitos de publicidade enganosa e publicidade abusiva, sendo conceitos distintos, conforme o art. 37, *caput,* e §§ 1º e 2º, do CDC. Por fim, a "e" é equivocada, sendo sim o recebimento de outro bem ou serviço equivalente a uma possibilidade a ser exigida pelo consumidor, nos termos do art. 35, inciso II, do CDC.

9. "e". Nenhuma das afirmações acima colocadas é correta, contrariando o Sistema de Proteção instituído pelo CDC. A assertiva "I" erra ao veicular a obrigatoriedade da oferta como característica intrínseca ao regime civil comum e ao regime consumerista. Conforme visto, a oferta é vinculativa e obrigatória no CDC, mas, quando analisada no aspecto do direito civil comum, ela pode, sim, ser retratada e desvinculada, nos termos do que dispõe os arts. 427, 428 e 429, todos do CC: "Art. 427. A proposta de contrato obriga o proponente, se o contrário não resultar dos termos dela, da natureza do negócio, ou das circunstâncias do caso. Art. 428. Deixa de ser obrigatória a proposta: I — se, feita sem prazo a pessoa presente, não foi imediatamente aceita. Considera-se também presente a pessoa que contrata por telefone ou por meio de comunicação semelhante;

II — se, feita sem prazo a pessoa ausente, tiver decorrido tempo suficiente para chegar a resposta ao conhecimento do proponente; III — se, feita a pessoa ausente, não tiver sido expedida a resposta dentro do prazo dado; IV — se, antes dela, ou simultaneamente, chegar ao conhecimento da outra parte a retratação do proponente. Art. 429. A oferta ao público equivale a proposta quando encerra os requisitos essenciais ao contrato, salvo se o contrário resultar das circunstâncias ou dos usos. Parágrafo único. Pode revogar-se a oferta pela mesma via de sua divulgação, desde que ressalvada esta faculdade na oferta realizada". A "II" é errada, uma vez que, por decorrência do princípio da vinculação do fornecedor, ocorre a impossibilidade da revogação da oferta nas relações de consumo. A "III" é falsa, pois os conceitos de publicidade e oferta não se confundem, sendo este último muito mais amplo (gênero) que o primeiro (espécie), conforme ensina o art. 30 do CDC. O item IV está errado, pois, conforme visto na redação do art. 429 do Código Civil, é possível a regulamentação da oferta ao público também nesse Diploma, com a diferença de que o público-alvo da lei civilista é o de empresários e comerciantes, diferentemente do público consumidor, que está muito bem tutelado pelo Código de Defesa do Consumidor.

10. "a". Esta deve ser a alternativa assinalada pelo candidato, uma vez que repete, na integridade, a redação do art. 31, parágrafo único, do CDC; não era na redação original, mas hoje, com a inclusão de tal dispositivo pela Lei n. 11.989, de 2009, os fornecedores de produtos refrigerados têm a obrigação de gravar as informações de forma que não se apaguem. A alternativa "b" é errada, pois é vedada a publicidade de produtos e serviços por telefone, sendo ainda a chamada onerosa ao consumidor, por força do parágrafo único do art. 33 do CDC, que foi incluído pela Lei n. 11.800, de 2008, que conta com o seguinte teor: "É proibida a publicidade de bens e serviços por telefone, quando a chamada for onerosa ao consumidor que a origina". Também não se admite mais a publicidade nem nos casos de chamada gratuita pelo veículo destinado a reclamações, por exemplo 0800. O decreto regulamentador do SAC — Serviço de Atendimento ao Consumidor é o de n. 6.523, de 2008, e estabelece em seu art. 14 que é "vedada a veiculação de mensagens publicitárias durante o tempo de espera para o atendimento, salvo se houver prévio consentimento do consumidor". A "c" é equivocada quando desrespeita a valia do princípio da Obrigatoriedade de Vinculação da Oferta no CDC, devendo o fornecedor cumpri-la quando assim prometeu. Ademais, prevê o art. 35 do CDC: "Art. 35. Se o fornecedor de produtos ou serviços recusar cumprimento à oferta, apresentação ou publicidade, o consumidor poderá, alternativamente e à sua livre escolha: I — exigir o cumprimento forçado da obrigação, nos termos da oferta, apresentação ou publicidade; II — aceitar outro produto ou prestação de serviço equivalente; III — rescindir o contrato, com direito à restituição de quantia eventualmente antecipada, monetariamente atualizada, e a perdas e danos". Por fim, a "d" é falsa, pois o não cumprimento da oferta veiculada pelo fornecedor configura como causa legítima a rescisão contratual, sendo uma das opções do consumidor, como também vê-la cumprida nos moldes como foi divulgada, cabendo nos dois casos a possibilidade de eventuais perdas e danos, conforme visto no teor do art. 35 do CDC.

11. "a". O CDC sofreu alteração no ano de 2009, pela Lei n. 11.989, que incluiu o parágrafo único do art. 31, versando ser direito expresso do consumidor ter as informações gravadas de forma a não se apagar (indeléveis) nos produtos submetidos à refrigeração. A alternativa "b", errônea, não condiz com o art. 30 do CDC, pois neste independe a informação de estar escrita para poder integrar o contrato que vier a ser celebrado. A alternativa "c" é também errada, uma vez que o fornecedor responde de forma solidária pelos atos de seus prepostos e representantes autônomos (art. 34 do CDC). A alternativa "d", por si só, erra, pois a oferta de peças de reposição deve ser assegurada enquanto o produto estiver sendo fabricado e, mesmo depois que sair de produção, fica assegurado o fornecimento por tempo hábil e razoável, na forma da lei (art. 32, *caput* e parágrafo único, do CDC). No final, a alternativa "e" está errada, na medida em que o CDC apenas veda a publicidade por telefone quando a chamada for onerosa ao consumidor (art. 33, parágrafo único, do CDC).

12. "a". Como revela o art. 40 do CDC, é direito do consumidor receber orçamento prévio discriminando os valores pagos pelo serviço. Tal orçamento recebido pelo consumidor terá prazo de validade de 10 dias (art. 40, § 1º, do CDC), contado do seu recebimento, obrigando por tal período o fornecedor nas condições ali tratadas. Desde que aprovado pelo consumidor, agora irá vincular também este ao que foi aprovado e somente pode ser alterado mediante livre negociação das partes (art. 40, § 2º, do CDC). A alternativa "b" erra ao estabelecer um prazo objetivo e quantificado para reposição de peças e componentes após a cessação da produção ou importação, sendo que o CDC estipula prazo razoável de tempo, na forma da lei (art. 32, *caput* e parágrafo único, do CDC). A alternativa "c" é errônea; o CDC apenas proíbe a publicidade de bens e serviços via telefone quando a chamada for onerosa ao consumidor (art. 33, parágrafo único). A opção "d" é falsa, pois cabe ao fornecedor responder de forma objetiva e solidária tanto pelos atos de seus prepostos quanto pelos atos de seus representantes autônomos, como ensina o art. 34 do CDC. A alternativa "e" viola a regra do ônus da prova da publicidade verdadeira e lícita, que é encargo do fornecedor, nos termos do art. 38 do CDC.

13. "a". Nos termos do art. 35, inciso I, do CDC. A letra "b" erra, pois a recusa deve ser motivada para não caracterizar violação ao CDC. A alternativa "c" também está errada, na medida em que o CDC é aplicável ao caso. A letra "d" equivoca-se, uma vez que a proposta da seguradora caracteriza-se, sim, como oferta protegida pelo Diploma Consumerista.

14. "d". Nos termos dos arts. 32, parágrafo único, e 70, ambos do CDC. A letra "a" está errada, pois a inovação tecnológica não torna defeituoso o produto anterior (art. 12, § 2°, do CDC). A alternativa "b" equivoca-se, pois a garantia das peças de reposição está prevista no art. 32 do CDC e independe da existência de vício ou defeito no bem de consumo. Por fim, a letra "c" está errada, uma vez que o parágrafo único do art. 32 do CDC estabelece, *in verbis*: "Cessadas a produção ou importação, a oferta deverá ser mantida por período razoável de tempo, na forma da lei".

15. "b". Esta é a alternativa correta, nos termos dos arts. 31 e 35 do CDC.

16. "certo". Por mais que o fundamento da questão seja o art. 39, inciso III, c.c. o parágrafo único, do CDC, que trata das práticas abusivas, trouxemos essa questão no capítulo da oferta para lembrar do teor do art. 30 do Código do Consumidor, que assim determina: "Toda informação ou publicidade, suficientemente precisa, veiculada por qualquer forma ou meio de comunicação com relação a produtos e serviços oferecidos ou apresentados, obriga o fornecedor que a fizer veicular ou dela se utilizar e integra o contrato que vier a ser celebrado". A relação entre os dois dispositivos é fundamental, pois, pelo princípio da vinculação da oferta, inserto no art. 30 do CDC, se não houve solicitação do consumidor, também não existiu a oferta de preço algum, por isso a inviabilidade de cobrança nesses casos.

17. "d" nos termos do art. 30 do CDC; "a" errada, pois responsabilidade do fornecedor é solidária, segundo art. 34; "b" errou uma vez que trouxe a definição de publicidade abusiva; "c" equivocou-se, nos termos do entendimento do STJ na Súmula 356 — "É legítima a cobrança da tarifa básica pelo uso dos serviços de telefonia fixa".

9

PUBLICIDADE NO CDC

■ 9.1. CONCEITO DE PUBLICIDADE

A publicidade pode ser conceituada como a informação veiculada ao público consumidor com o **objetivo de promover comercialmente** e, ainda que indiretamente, produto ou serviço disponibilizado ao mercado de consumo.

É, conforme visto no capítulo anterior, a publicidade a principal manifestação de oferta, sendo, porém, a definição desta mais abrangente do que a daquela. Isto é, toda publicidade é manifestação de oferta, mas nem toda oferta se resume à publicidade, pois alberga também qualquer informação suficientemente precisa e veiculada como a do vendedor de uma loja comercial.

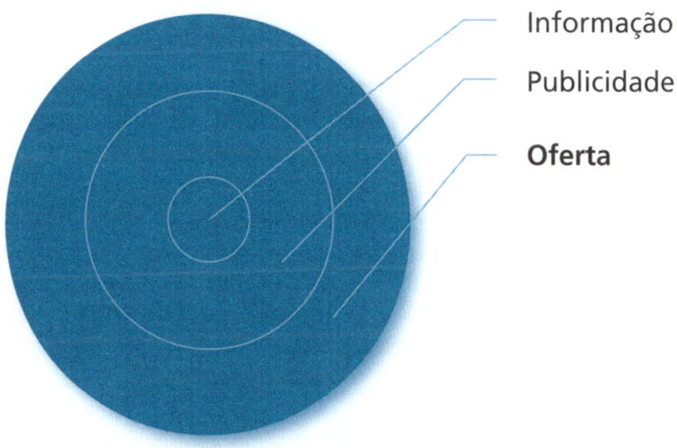

Dois elementos são facilmente identificáveis na definição de publicidade ora apresentada:

- necessidade de veicular a informação;
- objetivo comercial da publicidade.

Realmente, se a **informação não for exteriorizada, não haverá publicidade**, nem oferta. Assim, o primeiro elemento é a veiculação de uma informação que, em regra, estará afeta a um produto ou serviço disponibilizado no mercado.

A finalidade comercial também é imprescindível, sob pena de a confundirmos com propaganda, que tecnicamente tem objetivos diversos da publicidade, conforme analisaremos em breve.

O Código de Defesa do Consumidor não define publicidade e também não faz exigência de sua existência como forma de promover produtos e serviços no mercado de consumo. Assim, compartilhamos dos ensinamentos de Herman Benjamin no sentido de que, se a publicidade não é dever, é direito do fornecedor, desde que a veicule por sua conta e risco.

Segundo o aludido autor, não "há no Código, de fato, nenhuma regra que imponha um dever de anunciar, *a priori,* dirigido ao fornecedor. As duas únicas exceções são sempre *a posteriori*: quando o fornecedor toma conhecimento tardio dos riscos do produto ou serviço (art. 10, §§ 1º e 2º) e na hipótese de contrapropaganda (arts. 56, XII, e 60)".[1]

Em resumo, por mais que o CDC não obrigue a veiculação de publicidade por parte do fornecedor, tal Diploma veda a publicidade enganosa e abusiva, além de disciplinar as formas de passar as informações sobre produtos e serviços disponibilizados no mercado de consumo.

9.1.1. Publicidade *vs.* propaganda

A doutrina diverge a respeito de considerar publicidade e propaganda como institutos distintos ou sinônimos:

INSTITUTOS DISTINTOS	INSTITUTOS SINÔNIMOS
Herman Benjamin: "Não se confundem publicidade e propaganda, embora, no dia a dia do mercado, os dois termos sejam utilizados um pelo outro. A **publicidade tem um objetivo comercial** (...), enquanto a **propaganda visa a um fim ideológico, religioso, filosófico, político, econômico ou social.** Fora isso, a publicidade, além de paga, identifica seu patrocinador, o que nem sempre ocorre com a propaganda".[2]	**Rizzatto Nunes:** "Tomado pela etiologia, vê-se que o termo 'propaganda' tem origem no latim *'propaganda',* do gerundivo de 'propagare', 'coisas que devem ser propagadas'. Donde afirmar-se que a palavra comporta o sentido de propagação de princípios, ideias, conhecimentos ou teorias. O vocábulo 'publicidade', por sua vez, aponta para a qualidade daquilo que é público ou do que é feito em público. Ambos os termos, portanto, seriam bastante adequados para expressar o sentido buscado pelo anunciante de produto ou serviço. (...) Logo, **os dois vocábulos podem ser usados como sinônimos.**"[3]

[1] GRINOVER, Ada Pellegrini; BENJAMIN, Antônio Herman de V.; FINK, Daniel Roberto; FILOMENO, José Geraldo Brito; NERY JR., Nelson; DENARI, Zelmo. *Código Brasileiro de Defesa do Consumidor,* p. 318.

[2] GRINOVER, Ada Pellegrini; BENJAMIN, Antônio Herman de V.; FINK, Daniel Roberto; FILOMENO, José Geraldo Brito; NERY JR., Nelson; DENARI, Zelmo. *Código Brasileiro de Defesa do Consumidor*, p. 324.

[3] NUNES, Luiz Antonio Rizzatto. *Curso de direito do consumidor*, p. 61-64.

Na verdade, **nem o legislador constituinte fez diferença** entre publicidade e propaganda. O **art. 220, § 4º, da CF**, ao tratar da restrição às mensagens publicitárias dos cigarros, bebidas alcoólicas, agrotóxicos, medicamentos e terapias, denominou-as **"propaganda comercial"**, ou seja, informações com conotação comercial denominadas propaganda.

Por outro lado, quando foi disciplinar a veiculação da informação sobre atos, programas, obras, serviços e campanhas dos órgãos públicos, a denominação utilizada foi "publicidade" (art. 37, § 1º, da CF).

O mesmo podemos identificar no **CDC** ao tratar da **contrapropaganda**. Os arts. 56, XII, e 60 do Diploma Consumerista, ao tratar do tema necessidade de veicular nova publicidade escoimada dos vícios de enganosidade ou de abusividade, não denominou o instituto contrapublicidade, mas contrapropaganda.

Por fim, a própria **jurisprudência do STJ segue a mesma linha**, ao definir a informação veiculada no mercado de consumo com finalidades comerciais ora como publicidade, ora como propaganda (REsp 1.266.937/MG, Rel. Ministro Luis Felipe Salomão, 4ª T., *DJe* 1º-2-2012).

Em última análise, apesar de tecnicamente ser possível diferenciar publicidade de propaganda, na prática ambas as expressões são utilizadas para definir as informações veiculadas no mercado de consumo como finalidades comerciais.

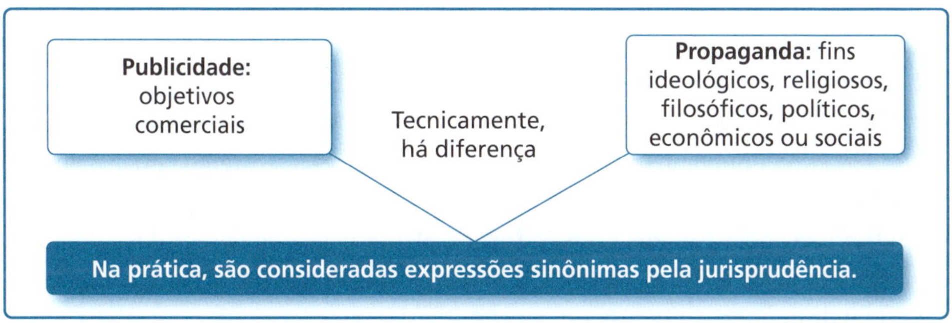

■ 9.1.2. Publicidade institucional e promocional

Antônio Herman de Vasconcellos e Benjamin ressalta uma importante diferença existente no ramo da publicidade conforme seu objeto. Trata-se da publicidade institucional, de um lado, e promocional, do outro.

> "Na **publicidade institucional (ou corporativa)** o que se **anuncia** é a própria **empresa** e não um produto seu. Seus objetivos são alcançados a mais longo prazo, beneficiando muitas vezes produtos ou serviços que sequer já são produzidos pela empresa. Em certas ocasiões, especialmente quando a empresa enfrenta problemas

de imagem, uma campanha de publicidade institucional pode ser a solução para alterar a forma como o público a enxerga. (...)

De modo diverso, a **publicidade promocional (do produto ou serviço)** tem um objetivo imediato; seus resultados são esperados a curto prazo. Divide-se em *publicidade para a demanda primária* e *publicidade para a demanda seletiva*".[4]

Esquematizando as ideias do aludido doutrinador, encontramos:

Classificação de publicidade quanto ao objeto

- Publicidade institucional (anúncio da empresa).
- Publicidade promocional (anúncio do produto/serviço)
  - para demanda primária ou pioneira (divulgação do produto — "Coma chocolate");
  - para demanda seletiva ou competitiva (divulgação da marca — "Coma chocolate Havanna").

9.1.3. Formas de controle da publicidade

A depender do sistema adotado, a publicidade poderá ser **controlada pelo Estado exclusivamente ou** apenas pelo **setor privado** referente ao ramo da atividade econômica desenvolvida, **ou**, ainda, **por ambos**, num verdadeiro **sistema misto**, no qual Estado e setor privado são os responsáveis pela sua regulamentação. Trata-se, quanto a este último, do sistema **adotado em nosso país**.

De fato, a publicidade será controlada pelos órgãos estatais: quer pelo **Estado Juiz**, ao dirimir conflitos de interesses à luz do Código de Defesa do Consumidor; quer pelo **Estado Legislador**, ao elaborar leis de defesa do vulnerável nas relações de consumo; quer pelo **Estado Administração**, implementando direta ou indiretamente a defesa do consumidor.

Paralelamente ao controle estatal, encontramos no Brasil o controle privado desempenhado pelas entidades envolvidas no setor da publicidade, sob o comando do **CONAR — Conselho Nacional de Autorregulamentação Publicitária**. "A efetividade da decisão do CONAR nos casos que lhe são submetidos apoia-se no fato de que o integram às associações de todos os setores econômicos envolvidos com a atividade publicitária, no caso anunciantes, agências de publicidade e veículos de comunicação. O rito processual previsto para exame das reclamações contra

---

[4] BENJAMIN, Antônio Herman de V.; MARQUES, Claudia Lima; BESSA, Leonardo Roscoe. *Manual de direito do consumidor*, p. 325.

anúncios publicitários prevê inclusive a concessão de medida liminar (arts. 29 a 34 do Regimento Interno da entidade), visando à sustação da veiculação do anúncio em desacordo com o Código brasileiro de autorregulamentação publicitária."[5]

O **Código Brasileiro de Autorregulamentação Publicitária** vem trazendo inovações importantes, como no tocante à regulamentação da publicidade de certos produtos nocivos ao consumidor, por exemplo das bebidas alcoólicas, com vedações como a seguinte: "as mensagens serão exclusivamente destinadas a público adulto, não sendo justificável qualquer transigência em relação a este princípio. Assim, o conteúdo dos anúncios deixará claro tratar-se de produto de consumo impróprio para menores; não empregará linguagem, expressões, recursos gráficos e audiovisuais reconhecidamente pertencentes ao universo infantojuvenil, tais como animais 'humanizados', bonecos ou animações que possam despertar a curiosidade ou a atenção de menores nem contribuir para que eles adotem valores morais ou hábitos incompatíveis com a menoridade" (Anexo A — 2.b).

No entanto, em nossa opinião, a regulamentação das bebidas alcoólicas deveria ser melhor disciplinada pela Lei n. 9.294/96, que analisaremos logo mais.

■ 9.1.4. Princípios específicos da publicidade no CDC

Conforme estudado no Capítulo 2 deste livro, a publicidade vem norteada por princípios específicos a seguir elencados.

■ *9.1.4.1. Princípio da identificação fácil e imediata da publicidade*

O Código de Defesa do Consumidor prevê em seu **art. 36, *caput*,** que a **"publicidade deve ser veiculada de tal forma que o consumidor, fácil e imediatamente, a identifique como tal"**. Desta forma, a publicidade só estará em consonância com o princípio ora analisado se o consumidor puder identificá-la de forma imediata e facilmente.

Diante desse princípio, **alguns tipos de publicidade** passaram a ter sua **legitimidade questionada**, na medida em que suas mensagens nem sempre são captadas imediatamente pelos consumidores no tocante ao seu conteúdo comercial. Referimo-nos à:

- publicidade dissimulada;
- publicidade subliminar;
- publicidade clandestina — *merchandising*.

[5] MIRAGEM, Bruno. *Curso de direito do consumidor*, p. 185.

Publicidade Dissimulada

É mensagem com **conotação jornalística**, de cunho redacional. Nela geralmente ocorre uma entrevista ou pesquisa em que o ator principal da publicidade se passa por um jornalista, mas o objetivo comercial de promover um produto ou um serviço é o seu enfoque principal.

Sobre o tema, destacamos os ensinamentos de Rizzatto Nunes, segundo os quais uma "boa tática para iludir consumidores é a de plantar publicidade nos veículos de comunicação (especialmente mídia impressa — jornais e revistas —, mas também rádio e TV) travestida de matéria jornalística. É que, como o consumidor tende a acreditar na peça jornalística como que apresentando um evento verdadeiro, toma a ficção como realidade e é enganado".[6]

Na regulamentação privada da publicidade realizada pelo **CONAR** (Conselho Nacional de Autorregulamentação Publicitária), ressalta-se que o próprio **Código de Autorregulamentação Publicitária** define em seu **art. 30** que a "**peça jornalística** sob a forma de reportagem, artigo, nota, texto-legenda ou qualquer outra que se veicule mediante pagamento, **deve ser apropriadamente identificada** para que se distinga das matérias editoriais e não confunda o Consumidor". Assim, desde que este tipo de **publicidade** venha **acompanhado de avisos**, por exemplo **"informe publicitário"**, a mensagem estará compatível com o princípio da identificação fácil e imediata da publicidade.[7]

Publicidade Subliminar

É a mensagem que **não é percebida pelo consciente**, mas **é captada pelo inconsciente** do consumidor.

A esse respeito, Antônio Herman de Vasconcellos e Benjamin cita o trabalho de "David Gurnick, 'Subliminal advertising: threat to consumer autonomy?', in *Beverly Hills Bar Association Journal,* v. 21, n. 1, 1986-87, p. 56-72. **A eficácia da publicidade subliminar foi testada**, experimentalmente, **em 1957**. Em um **cinema dos Estados Unidos**, a audiência foi bombardeada com as seguintes **frases, na velocidade de 1/3000** de segundo: **'Drink Coca-Cola' e 'Hungry? Eat Popcorn'. O consumo de tais produtos, durante a apresentação, aumentou bastante**. Não há, contudo, casos registrados de utilização comercial de publicidade subliminar. Por via das dúvidas, como mera cautela preventiva, a Federal

[6] NUNES, Luiz Antonio Rizzatto. *Curso de direito do consumidor*, p. 266.

[7] MIRAGEM, Bruno. *Curso de direito do consumidor*, p. 173.

Trade Commission, em 1974, emitiu uma *public notice,* alertando contra a abusividade da publicidade subliminar".[8]

O Código Brasileiro de Autorregulamentação Publicitária não se ocupa da publicidade subliminar, "por não se tratar de técnica comprovada, jamais detectada de forma juridicamente inconteste. São condenadas, no entanto, quaisquer tentativas destinadas a produzir efeitos 'subliminares' em publicidade ou propaganda" (art. 29). De fato, esse tipo de mensagem publicitária, quando passível de ser comprovada, será violador do princípio da fácil e imediata identificação da publicidade.

> **Publicidade Clandestina — *Merchandising***
> É a técnica de **veiculação indireta de produtos ou serviços** por meio da respectiva **inserção no cotidiano da vida de personagens** de novelas, filmes, programas de rádio ou TV, dentre outros. É o caso do galã da novela que aparece em determinada cena, sentado a uma mesa de bar, tomando certa marca de refrigerante que aparece com seu rótulo no plano central da imagem.

O **Código de Defesa do Consumidor não veda expressamente a veiculação do *merchandising***, mas a doutrina entende pela necessidade de **compatibilizá-lo com o princípio da identificação fácil e imediata da publicidade**.

Segundo Herman Benjamin, a melhor forma de se atingir tal intento seria por meio da "**utilização de 'créditos'**, ou seja, a **veiculação antecipada de uma informação comunicando que**, naquele programa, peça ou filme, **ocorrerá *merchandising*** de tais e tais produtos ou serviços. Não vejo aí violação do requisito da imediatidade. Esta tem por *ratio* evitar a identificação *a posteriori*. Ora, o crédito simplesmente fornece os elementos necessários para que o consumidor, no momento da veiculação do *merchandising,* possa identificá-lo, de imediato, como publicidade. Por cautela, o crédito, nos programas que são fragmentados, deve ser reapresentado tantas vezes quantos sejam os fragmentos. E para proteger os consumidores que não tenham oportunidade de assistir ao início do programa (ligaram a televisão após a abertura da novela, por exemplo), também se deve exigir que os créditos sejam repetidos ao final de cada fragmento".[9]

No âmbito da regulamentação privada, o Código de Autorregulamentação Publicitária "encoraja" em seu art. 29, parágrafo único, "os Veículos de Comunicação a

---

[8] GRINOVER, Ada Pellegrini; BENJAMIN, Antônio Herman de V.; FINK, Daniel Roberto; FILOMENO, José Geraldo Brito; NERY JR., Nelson; DENARI, Zelmo. *Código Brasileiro de Defesa do Consumidor,* p. 337.

[9] GRINOVER, Ada Pellegrini; BENJAMIN, Antônio Herman de V.; FINK, Daniel Roberto; FILOMENO, José Geraldo Brito; NERY JR., Nelson; DENARI, Zelmo. *Código Brasileiro de Defesa do Consumidor,* p. 338-339.

adotarem medidas ao seu alcance destinadas a facilitar a apreensão da natureza publicitária da ação de 'merchandising'".

Assim, destaca-se que até o CONAR entende pela necessidade de se deixar bem claro ao consumidor que o *merchandising* é uma peça publicitária.

No tocante à **publicidade clandestina**, cabem ainda algumas observações sobre o ***teaser***, isto é, **o anúncio do anúncio**. Para o CONAR, em seu Código de Autorregulamentação, o *teaser* pode ser entendido como "a mensagem que visa a criar expectativa ou curiosidade no público, poderá prescindir da identificação do anunciante, do produto ou do serviço" (art. 9º, § 2º).

Tratando-se, portanto, de parte do anúncio — que será veiculado por completo num futuro próximo —, compartilhamos com a posição de Bruno Miragem segundo a qual o atendimento ao princípio da identificação da publicidade "deverá ser avaliado a partir da compreensão de toda a peça publicitária, desde seu anúncio prévio, no formato de *teaser,* até a divulgação da peça final, razão pela qual sua utilização parece ser admissível, contanto que não viole normas específicas do CDC, como as relativas à publicidade enganosa e abusiva".[10]

9.1.4.2. *Princípio da vinculação da oferta/publicidade*

O dispositivo no CDC responsável pelo princípio da vinculação é o **art. 30**, ao prever que **toda "informação ou publicidade**, suficientemente precisa, veiculada por qualquer forma ou meio de comunicação com relação a produtos e serviços oferecidos ou apresentados, **obriga o fornecedor que a fizer veicular ou dela se utilizar** e integra o contrato que vier a ser celebrado".

Trata-se de dispositivo que traz as principais características da oferta e, sendo a publicidade a principal manifestação da oferta, o princípio da vinculação é plenamente aplicável às mensagens publicitárias. Assim, **ofertou, vinculou**. Ou, nas palavras de José Geraldo Brito Filomeno, **"prometeu, tem de cumprir"**.[11]

Sobre o tema, entende o STJ:

> DIREITO DO CONSUMIDOR. PUBLICIDADE ENGANOSA. EMPREENDIMENTO DIVULGADO E COMERCIALIZADO COMO HOTEL. MERO RESIDENCIAL COM SERVIÇOS. INTERDIÇÃO PELA MUNICIPALIDADE. OCULTAÇÃO DELIBERADA DE INFORMAÇÃO PELO FORNECEDOR. ANULAÇÃO DO NEGÓCIO JURÍDICO. INDENIZAÇÃO POR LUCROS CESSANTES E POR DANOS MORAIS DEVIDA. 1. O direito à informação, no Código de Defesa do Consumidor, é corolário das normas intervencionistas ligadas à função social e à boa-fé, em razão das quais a liberdade de contratar assume

[10] MIRAGEM, Bruno. *Curso de direito do consumidor*, p. 174.

[11] FILOMENO, José Geraldo Brito. *Manual de direitos do consumidor*, p. 202.

> novel feição, impondo a necessidade de transparência em todas as fases da contratação: o momento pré-contratual, o de formação e o de execução do contrato e até mesmo o momento pós-contratual. **2. O princípio da vinculação da publicidade reflete a imposição da transparência e da boa-fé nos métodos comerciais, na publicidade e nos contratos, de modo que o fornecedor de produtos ou serviços obriga-se nos exatos termos da publicidade veiculada, sendo certo que essa vinculação estende-se também às informações prestadas por funcionários ou representantes do fornecedor.** 3. Se a informação se refere a dado essencial capaz de onerar o consumidor ou restringir seus direitos, deve integrar o próprio anúncio, de forma precisa, clara e ostensiva, nos termos do art. 31 do CDC, sob pena de configurar publicidade enganosa por omissão. 4. No caso concreto, desponta estreme de dúvida que o principal atrativo do projeto foi a sua divulgação como um empreendimento hoteleiro — o que se dessume à toda vista da proeminente reputação que a Rede Meliá ostenta nesse ramo —, bem como foi omitida a falta de autorização do Município para que funcionasse empresa dessa envergadura na área, o que, à toda evidência, constitui publicidade enganosa, nos termos do art. 37, *caput* e § 3º, do CDC, rendendo ensejo ao desfazimento do negócio jurídico, à restituição dos valores pagos, bem como à percepção de indenização por lucros cessantes e por dano moral. 5. Recurso especial de Antônio Rogério Saldanha Maia provido. 6. Recursos especiais de Gafisa S/A e Banco BBM S/A não conhecidos. Prejudicadas as demais questões suscitadas (REsp 1.188.442/RJ, Rel. Ministro Luis Felipe Salomão, 4ª T., *DJe* 5-2-2013).

O **art. 35** do Diploma Consumerista determina as **opções** conferidas ao consumidor nos casos de violação deste princípio:

> Se o fornecedor de produtos ou serviços **recusar cumprimento à oferta**, apresentação ou publicidade, o consumidor poderá, alternativamente e à sua livre escolha:
>
> I — exigir o cumprimento forçado da obrigação, nos termos da oferta, apresentação ou publicidade;
>
> II — aceitar outro produto ou prestação de serviço equivalente;
>
> III — rescindir o contrato, com direito à restituição de quantia eventualmente antecipada, monetariamente atualizada, e a perdas e danos.

Sobre a recusa no cumprimento da publicidade, cumpre destacar que a própria Lei n. 8.078/90 prevê em seu **art. 84** quais seriam os **instrumentos** processuais hábeis para exigir o **cumprimento forçado da oferta** como forma de concretizar a efetividade do princípio ora analisado, resumido o dispositivo da seguinte forma:

- ação de obrigação de fazer (art. 84, *caput*);
- pedido de liminar, tratando-se de relevante fundamento da demanda e havendo justificado receio de ineficácia do provimento final (art. 84, § 3º);

- o juiz poderá impor multa diária independentemente de pedido do autor (art. 84, § 4º);
- o juiz poderá determinar outras medidas necessárias, como a busca e apreensão (art. 84, § 5º).

O aprofundamento devido destes temas, bem como das repercussões do erro na publicidade e a viabilidade ou não do descumprimento do ofertado no mercado de consumo, foi objeto de capítulo próprio, quando tratamos da Oferta no CDC.

9.1.4.3. *Princípio da proibição da publicidade ilícita*

Nos termos do **art. 37** do Código de Defesa do Consumidor, **é "proibida toda publicidade enganosa ou abusiva"**. É evidente que estas duas espécies de publicidade não são as únicas modalidades de peças publicitárias ilícitas.

Outras mensagens são coibidas pela Lei n. 8.078/90, como aquelas que violam, por exemplo, os princípios da identificação fácil e imediata da publicidade ou o da vinculação. No entanto, em razão da importância de se disciplinarem as duas manifestações ilícitas mais corriqueiras no mundo publicitário, vem o CDC e expressamente proíbe a publicidade enganosa e a abusiva no mercado de consumo.

A **publicidade enganosa** consiste em "qualquer modalidade de informação ou comunicação de caráter publicitário, inteira ou parcialmente falsa, ou, por qualquer outro modo, mesmo por omissão, capaz de induzir em erro o consumidor a respeito da natureza, características, qualidade, quantidade, propriedades, origem, preço e quaisquer outros dados sobre produtos e serviços" **(art. 37, § 1º, do CDC)**.

A **publicidade** será considerada **enganosa por omissão** "quando deixar de informar sobre dado essencial do produto ou serviço" **(art. 37, § 3º, do CDC)**.

Já a **publicidade abusiva** é a antiética, capaz de ferir valores da coletividade, tais como "a publicidade discriminatória de qualquer natureza, a que incite à violência, explore o medo ou a superstição, se aproveite da deficiência de julgamento e experiência da criança, desrespeita valores ambientais, ou que seja capaz de induzir o consumidor a se comportar de forma prejudicial ou perigosa à sua saúde ou segurança" **(art. 37, § 2º, do CDC)**.

Portanto, o princípio da proibição da publicidade ilícita alberga:

- princípio da veracidade — segundo o qual a publicidade não poderá induzir em erro o consumidor;
- princípio da não abusividade — pelo qual a mensagem publicitária não poderá ferir valores da coletividade.

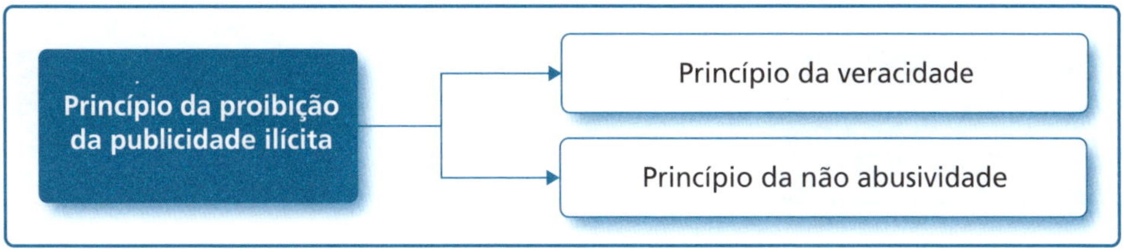

Além da publicidade proibida, Bruno Miragem[12] lembra ainda da publicidade restrita nos termos do art. 220, § 4º, da Constituição Federal, que prevê: "A propaganda comercial de tabaco, bebidas alcoólicas, agrotóxicos, medicamentos e terapias estará sujeita a restrições legais, nos termos do inciso II do parágrafo anterior, e conterá, sempre que necessário, advertência sobre os malefícios decorrentes de seu uso". A lei que regulamenta o aludido dispositivo constitucional é a Lei n. 9.294/96.[13]

■ 9.1.4.4. *Princípio da inversão obrigatória do ônus da prova*

No tocante à publicidade, determina o **art. 38** do CDC uma modalidade de **inversão obrigatória, *ope legis***, do ônus probante, ao estabelecer, *in verbis*: "O **ônus da prova da veracidade e correção** da informação ou comunicação publicitária **cabe a quem as patrocina**".

Com efeito, o ônus de provar que a publicidade não é enganosa nem abusiva será do fornecedor, sendo tal inversão decorrente da lei e, portanto, independentemente do reconhecimento de qualquer requisito pelo magistrado, como ocorre com a inversão do art. 6º, inciso VIII, do CDC — inversão *ope judicis* —, cujo deferimento se dará ante a presença da verossimilhança das alegações do consumidor ou, caso seja ele o hipossuficiente da relação, conforme estudado no subitem 4.3.9 deste livro.

A **inversão obrigatória** do ônus da prova **é corolário dos princípios da veracidade e da não abusividade da publicidade**, pois se incumbe ao fornecedor veicular mensagens que não sejam capazes de induzir o consumidor em erro, bem como que não sejam violadoras de valores da coletividade, caberá também a ele — fornecedor — comprovar a veracidade e a correção de sua peça publicitária.

---

[12] MIRAGEM, Bruno. *Curso de direito do consumidor*, p. 182.

[13] As definições e repercussões apontadas pela doutrina e jurisprudência a respeito da publicidade enganosa e da publicidade abusiva, além das peças publicitárias sobre bebidas alcoólicas, serão estudadas em capítulo específico.

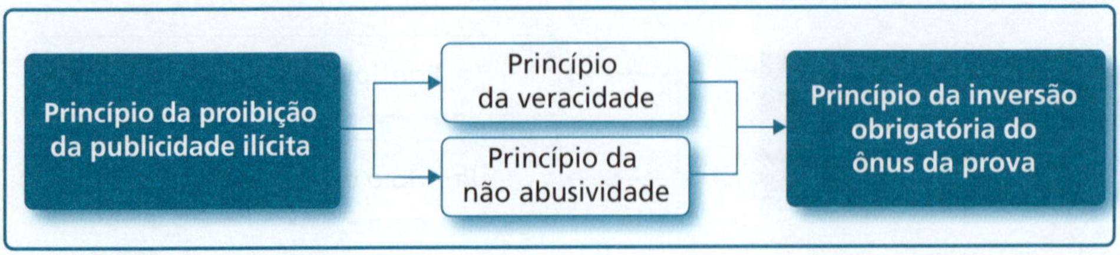

■ *9.1.4.5. Princípio da transparência na fundamentação publicitária*

Dispõe o **art. 36, parágrafo único, do CDC** que **o "fornecedor**, na publicidade de seus produtos ou serviços, **manterá**, em seu poder, para informação dos legítimos interessados, **os dados fáticos, técnicos e científicos que dão sustentação à mensagem"**.[14]

É o princípio da transparência na fundamentação da publicidade, pois deverá tornar acessível aos interessados os dados que fundamentam a mensagem.

Muito se discute se esse dever se limitaria ao fornecedor ou também seria estendido à agência de publicidade e aos veículos de comunicação veiculadores da mensagem.

José Geraldo Brito Filomeno entende que se cuida "de princípio eminentemente ético, e tem por base o dever que é imposto tanto aos anunciantes, como aos seus agentes publicitários e veículos, que, ao transmitirem alguma característica especial sobre determinado produto ou serviço, e caso haja dúvidas a respeito, que a justifiquem cientificamente".[15]

[14] Sobre o princípio da transparência, já se posicionou o STJ: "5. Por expressa disposição legal, só respeitam o princípio da transparência e da boa-fé objetiva, em sua plenitude, as informações que sejam 'corretas, claras, precisas, ostensivas' e que indiquem, nessas mesmas condições, as 'características, qualidades, quantidade, composição, preço, garantia, prazos de validade e origem, entre outros dados' do produto ou serviço, objeto da relação jurídica de consumo (art. 31 do CDC). 6. Exigidas literalmente pelo art. 31 do CDC, informações sobre preço, condições de pagamento e crédito são das mais relevantes e decisivas na opção de compra do consumidor e, por óbvio, afetam diretamente a integridade e a retidão da relação jurídica de consumo. Logo, em tese, o tipo de fonte e localização de restrições, condicionantes e exceções a esses dados devem observar o mesmo tamanho e padrão de letra, inserção espacial e destaque, sob pena de violação do dever de ostensividade. 7. Rodapé ou lateral de página não são locais adequados para alertar o consumidor, e, tais quais letras diminutas, são incompatíveis com os princípios da transparência e da boa-fé objetiva, tanto mais se a advertência disser respeito à informação central na peça publicitária e a que se deu realce no corpo principal do anúncio, expediente astucioso que caracterizará publicidade enganosa por omissão, nos termos do art. 37, §§ 1º e 3º, do CDC, por subtração sagaz, mas nem por isso menos danosa e condenável, de dado essencial do produto ou serviço. (...)" (AgRg no AgRg no REsp 1.261.824/SP, Rel. Ministro Herman Benjamin, 2ª T., *DJe* 9-5-2013).

[15] FILOMENO, José Geraldo Brito. *Manual de direitos do consumidor*, p. 204.

No entanto, a jurisprudência do Superior Tribunal de Justiça, quando invocada a apreciar eventual responsabilidade dos veículos de comunicação no tocante às publicidades enganosas ou abusivas, vem posicionando-se no sentido de não reconhecer a responsabilização: **"A responsabilidade pela qualidade do produto ou serviço anunciado ao consumidor é do fornecedor respectivo, assim conceituado nos termos do art. 3º da Lei n. 8.078/1990, não se estendendo à empresa de comunicação que veicula a propaganda por meio de apresentador durante programa de televisão, denominada 'publicidade de palco'"** (REsp 1.157.228/RS, Rel. Ministro Aldir Passarinho Junior, 4ª T., *DJe* 27-4-2011).

De qualquer forma, dúvida não há de que **o princípio da transparência na fundamentação da publicidade é decorrência do princípio da inversão obrigatória do ônus da prova**, na medida em que, se ao patrocinador da mensagem cabe o ônus de demonstrar a sua veracidade e a sua correção, deverá fazê-lo por meio dos dados fáticos, técnicos e científicos que dão sustentação à peça publicitária.

Assim, demonstraremos pelo esquema abaixo a total conexão entre o princípio ora analisado e os dois antecessores:

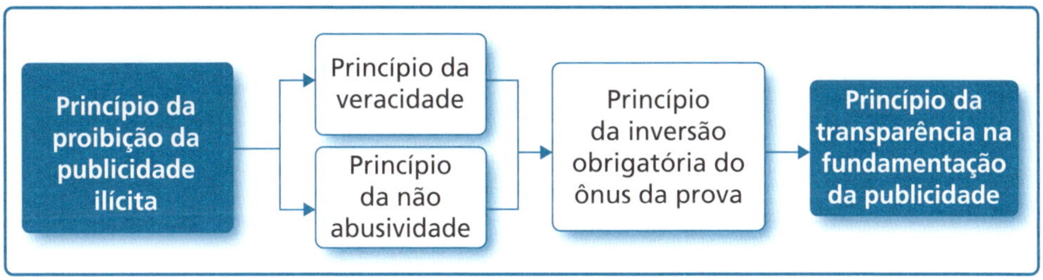

■ 9.1.4.6. *Princípio do dever da contrapropaganda*

Determina o **art. 60, *caput***, do Diploma Consumerista que a **imposição de contrapropaganda** será cominada quando o **fornecedor incorrer na prática de publicidade enganosa ou abusiva**, sempre às expensas do infrator.

Veiculada uma publicidade ilícita, qualquer que seja a sua natureza, o mercado de consumo é acometido imediatamente de danos muitas vezes irreparáveis.

Desta forma, para tentar minimizar tais prejuízos, poderá ser imposto em face do fornecedor o dever da contrapropaganda, que possui natureza de **obrigação de fazer**, isto é, de **veicular uma nova mensagem publicitária**, só que, desta vez, **escoimada dos vícios** da enganosidade ou da abusividade.

Prevê ainda o CDC que **a contrapropaganda** para atingir a eficácia pretendida **deverá ser veiculada nas mesmas proporções** da mensagem viciada, como a única forma de desfazer ou, ao menos, minimizar os malefícios da publicidade enganosa ou abusiva. Nesse sentido, estabelece o art. 60, § 1º, do CDC que a contrapropaganda será divulgada:

- da mesma forma, frequência e dimensão; e
- preferencialmente no mesmo veículo, local, espaço e horário.

De fato, se a **publicidade enganosa ou abusiva** foi veiculada **no intervalo** de um **jornal** televisivo de âmbito **nacional** com duração de cinco minutos, a respectiva **contrapropaganda** para atingir os efeitos desejados **não poderá ser divulgada altas horas** da madrugada com tempo de trinta segundos, pois não foi da mesma forma, nem dimensão, ainda que possa ter ocorrido no mesmo veículo de comunicação.

É o que frequentemente ocorre com as erratas inseridas na mídia impressa num espaço bem pequenino, no canto de uma folha qualquer do jornal.

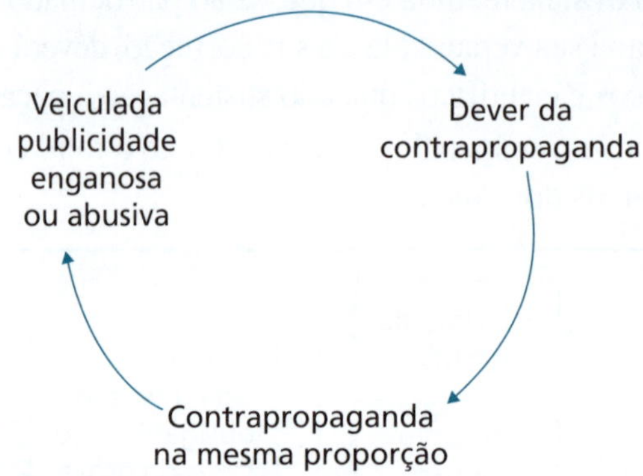

9.2. PUBLICIDADE ENGANOSA NO CDC

A disciplina da publicidade enganosa no Código de Defesa do Consumidor está prevista no art. 37, *in verbis*:

> Art. 37. É proibida toda publicidade enganosa ou abusiva.
>
> § 1º **É enganosa** qualquer modalidade de **informação ou comunicação** de caráter publicitário, **inteira ou parcialmente falsa**, ou, por qualquer outro modo, mesmo por omissão, **capaz de induzir em erro o consumidor** a respeito da natureza, características, qualidade, quantidade, propriedades, origem, preço e quaisquer outros dados sobre produtos e serviços. (...)
>
> § 3º Para os efeitos deste código, a publicidade é enganosa por omissão quando deixar de informar sobre dado essencial do produto ou serviço.

Da apreciação do dispositivo *supra*, podemos constatar a existência de duas modalidades de publicidade enganosa:

- publicidade enganosa por comissão;
- publicidade enganosa por omissão.

9.2.1. Publicidade enganosa por comissão no CDC

Na **publicidade enganosa por comissão, afirma-se algo que não é real ou mostra-se uma situação que não condiz com a realidade**, tudo de forma capaz a induzir o consumidor em erro.

É o caso do anúncio de um veículo automotor 2.0 em que a informação veiculada é a de que tal carro consegue atingir a milagrosa marca de 20 km/l no trânsito dos grandes centros urbanos.

Até o surgimento de tecnologia capaz de conseguir tal façanha, encontra-se aí um bom exemplo de publicidade enganosa por comissão ao afirmar algo que ainda não existe.

Também é a hipótese da publicidade das cervejas, que demonstra sempre um ambiente de muita festa e alegria, realidade muito diferente dos malefícios que tal produto é capaz de causar aos seus consumidores, conforme estudaremos em subitem próprio.

Publicidade enganosa por comissão = afirmar ou mostrar algo inexistente.

9.2.2. Publicidade enganosa por omissão no CDC

Já na **publicidade enganosa por omissão**, o fornecedor **deixa de informar sobre dado essencial** do produto ou serviço, ou seja, há ausência de informação sobre **dado relevante** que, uma vez existente, poderia **influenciar no comportamento do consumidor**.

No mesmo sentido são os ensinamentos de Herman Benjamin ao afirmar que é "considerado essencial aquele dado que tem o poder de fazer com que o consumidor não materialize o negócio de consumo, caso o conheça".[16]

No entanto, o STJ já firmou entendimento no sentido de que anúncio publicitário que informa a não inclusão do valor do frete no preço ofertado e, ao mesmo tempo, não especifica o seu valor correspondente, por si só, não configura omissão capaz de tornar a publicidade enganosa, conforme excertos do EDcl no REsp 1.159.799:

> ■ Sendo assim, **se o anúncio publicitário consignar que o valor do frete não está incluído no preço ofertado**, dentro de um juízo de razoabilidade, **não haverá, em princípio, publicidade enganosa ou abusiva**, mesmo que essa informação conste no rodapé do anúncio veiculado em jornal ou outro meio de comunicação impresso.

[16] GRINOVER, Ada Pellegrini; BENJAMIN, Antônio Herman de V.; FINK, Daniel Roberto; FILOMENO, José Geraldo Brito; NERY JR., Nelson; DENARI, Zelmo. *Código Brasileiro de Defesa do Consumidor*, p. 352.

■ Não fosse apenas isso, **entender pela necessidade de fazer constar o valor do frete do produto em todos os anúncios inviabilizaria as campanhas publicitárias de âmbito nacional**, especialmente em nosso país de proporções continentais, em que essa parcela necessariamente sofreria grandes variações (SP, Rel. Ministro Mauro Campbell Marques, 2ª T., *DJe* 18-10-2011).

Por outro lado, **caracterizará publicidade enganosa por omissão, quando o fornecedor "suprime algumas informações essenciais sobre o produto (preço e forma de pagamento)**, as quais somente serão conhecidas pelo consumidor mediante o ônus de uma ligação tarifada, mesmo que a compra não venha a ser concretizada" (STJ, REsp 1.428.801/RJ, Rel. Ministro Humberto Martins, 2ª T., *DJe* 13-11-2015).[17]

Em suma, dado essencial é aquele que, se existisse, poderia influenciar o consumidor a praticar conduta diversa daquela que praticaria caso não soubesse, por exemplo, dos malefícios de determinado produto. Mais uma vez, o exemplo da publicidade das cervejas faz-se condizente com o contexto de publicidade enganosa por omissão. É evidente que "advertências" do tipo "beba com moderação" não informam sobre dado essencial do produto, em especial sobre os prejuízos

[17] Sobre o tema, cumpre destacar o seguinte julgado do Superior Tribunal de Justiça: "DIREITO DO CONSUMIDOR. PUBLICIDADE ENGANOSA. EMPREENDIMENTO DIVULGADO E COMERCIALIZADO COMO HOTEL. MERO RESIDENCIAL COM SERVIÇOS. INTERDIÇÃO PELA MUNICIPALIDADE. OCULTAÇÃO DELIBERADA DE INFORMAÇÃO PELO FORNECEDOR. ANULAÇÃO DO NEGÓCIO JURÍDICO. INDENIZAÇÃO POR LUCROS CESSANTES E POR DANOS MORAIS DEVIDA. 1. O direito à informação, no Código de Defesa do Consumidor, é corolário das normas intervencionistas ligadas à função social e à boa-fé, em razão das quais a liberdade de contratar assume novel feição, impondo a necessidade de transparência em todas as fases da contratação: o momento pré-contratual, o de formação e o de execução do contrato e até mesmo o momento pós-contratual. 2. O princípio da vinculação da publicidade reflete a imposição da transparência e da boa-fé nos métodos comerciais, na publicidade e nos contratos, de modo que o fornecedor de produtos ou serviços obriga-se nos exatos termos da publicidade veiculada, sendo certo que essa vinculação estende-se também às informações prestadas por funcionários ou representantes do fornecedor. **3. Se a informação se refere a dado essencial capaz de onerar o consumidor ou restringir seus direitos, deve integrar o próprio anúncio, de forma precisa, clara e ostensiva, nos termos do art. 31 do CDC, sob pena de configurar publicidade enganosa por omissão.** 4. No caso concreto, desponta estreme de dúvida que o principal atrativo do projeto foi a sua divulgação como um empreendimento hoteleiro — o que se dessume à toda vista da proeminente reputação que a Rede Meliá ostenta nesse ramo —, bem como foi omitida a falta de autorização do Município para que funcionasse empresa dessa envergadura na área, o que, à toda evidência, constitui publicidade enganosa, nos termos do art. 37, *caput* e § 3º, do CDC, rendendo ensejo ao desfazimento do negócio jurídico, à restituição dos valores pagos, bem como à percepção de indenização por lucros cessantes e por dano moral. 5. Recurso especial de Antônio Rogério Saldanha Maia provido. 6. Recursos especiais de Gafisa S/A e Banco BBM S/A não conhecidos. Prejudicadas as demais questões suscitadas" (REsp 1.188.442/RJ, Rel. Ministro Luis Felipe Salomão, 4ª T., *DJe* 5-2-2013).

que a ingestão imoderada é capaz de causar aos consumidores, aos familiares deste e à própria sociedade.

Outro ponto que nos chama a atenção são as mensagens publicitárias televisivas que, em muitas oportunidades, apresentam um verdadeiro contrato de adesão escrito na parte inferior do anúncio, porém apresentado com letras tão diminutas e num espaço de tempo tão exíguo que não é possível ler uma palavra sequer.

O STJ teve a oportunidade de colocar fim a prática abusiva semelhante a essa, mas não o fez. Na oportunidade do julgamento do REsp 1.602.678/RJ, a Corte Superior entendeu que a previsão de tamanho mínimo de fonte 12 em contratos de adesão estabelecido no art. 54, § 3º, do CDC não é aplicável ao contexto das ofertas publicitárias, sob pena de encarecê-las, o que não seria razoável exigir:

> RECURSO ESPECIAL. DIREITO DO CONSUMIDOR. AÇÃO CIVIL PÚBLICA. **TAMANHO MÍNIMO DA LETRA EM ANÚNCIOS. APLICAÇÃO DA NORMA DO ART. 54, § 3º, DO CDC. ANALOGIA. DESCABIMENTO.** ELEMENTOS DE DISTINÇÃO ENTRE O CONTEXTO DOS ANÚNCIOS E O CONTEXTO DOS CONTRATOS. DANO MORAL COLETIVO. PREJUDICIALIDADE. **1. Controvérsia acerca da possibilidade de se determinar a empresas de telefonia a não empregarem em seus anúncios na imprensa fonte de tamanho menor do que 12 pontos.** 2. "Os contratos de adesão escritos serão redigidos em termos claros e com caracteres ostensivos e legíveis, cujo tamanho da fonte não será inferior ao corpo doze, de modo a facilitar sua compreensão pelo consumidor" (art. 54, § 3º, do CDC). 3. **Existência de elementos de distinção entre o instrumento escrito dos contratos de adesão e o contexto dos anúncios publicitários, que impedem a aplicação da analogia. Doutrina sobre o tema. 4. Inaplicabilidade da norma do art. 54, § 3º, do CDC ao contexto dos anúncios, sem prejuízo do controle da prática enganosa com base em outro fundamento.** 5. Prejudicialidade do pedido de dano moral coletivo, porque deduzido com base na alegação de descumprimento ao art. 54, § 3º, do CDC. 6. RECURSO ESPECIAL DESPROVIDO (REsp 1.602.678/RJ, Rel. Ministro Paulo de Tarso Sanseverino, 3ª T., *DJe* 31-5-2017).

Data venia, discordamos da posição apresentada, pois "informar" com letras pequenas, num lapso temporal tão curto que não é possível ler palavra alguma, é o mesmo que omitir informação essencial e, consequentemente, incorrer na prática abusiva da publicidade enganosa por omissão.

Ademais, entendemos que a fonte mínima 12, prevista no art. 54, para os contratos de adesão, poderia sim servir de parâmetro para as mensagens publicitárias em geral, em especial nessas inseridas ao final de anúncios televisivos em que não é possível compreender nada de seu conteúdo. Tal tese tem amparo ainda na recente alteração efetivada à Lei n. 10.962, que trata a afixação de preços no mercado de consumo, ao incluir o inciso III ao art. 2º, nos seguintes termos:

> Art. 2º São admitidas as seguintes formas de afixação de preços em vendas a varejo para o consumidor: (...) III - no comércio eletrônico, mediante divulgação ostensiva do preço à vista, junto à imagem do produto ou descrição do serviço, em caracteres facilmente legíveis com tamanho de fonte não inferior a doze.

Assim como o preço existem outras informações relevantes na oferta e, em nossa opinião, todas elas deveriam ser publicadas em fonte mínima doze.

Publicidade enganosa por omissão = deixar de informar dado essencial.

9.2.3. Publicidade enganosa e a desnecessidade da demonstração do elemento subjetivo para sua caracterização

Questão interessante a respeito da publicidade consiste em saber se é necessária a comprovação da má-fé ou até de negligência, imprudência ou imperícia para a configuração da enganosidade da mensagem publicitária.

Na sistemática do Código de Defesa do Consumidor, **é desnecessária a demonstração do elemento subjetivo (dolo ou culpa) para a configuração da publicidade enganosa**, isto é, pouco importa a intenção do anunciante, que não tem relevância alguma para a caracterização da publicidade ilícita nos termos da Lei n. 8.078/90.

Essa também é a posição do Superior Tribunal de Justiça: **"Com efeito, apurada a patente negligência da recorrente quanto às cautelas que são esperadas de quem promove anúncio publicitário — ainda que não afirmada a má-fé —, nos termos do artigo 37, § 1º, do CDC, também por esse fato é cabível o reconhecimento de sua responsabilidade, visto que a publicidade mostrara-se idônea para induzir a consumidora em erro"** (REsp 1.266.937/MG, Rel. Ministro Luis Felipe Salomão, 4ª T., *DJe* 1º-2-2012).

9.2.4. Publicidade enganosa e a desnecessidade da concretização do erro efetivo para sua caracterização

Outro tema relevante refere-se à necessidade ou não de o consumidor efetivamente ser enganado para a configuração da publicidade enganosa. Mais uma vez, pela sistemática do CDC, entendemos que **basta a capacidade de enganar**, sendo desnecessário o erro real para a caracterização da publicidade enganosa.[18]

---

[18] No mesmo sentido está a posição do STJ no seguinte julgado, cujo trecho trouxemos à colação: "5. A publicidade enganosa, à luz do Código de Defesa do Consumidor (art. 37, CDC), não exige, para sua configuração, a prova da vontade de enganar o consumidor, tampouco tal nefanda prática também colha que deva estar evidenciada de plano sua ilegalidade, ou seja, a publicidade pode ter

Assim, a mera possibilidade de levar o consumidor em erro, situação analisada apenas em abstrato, já é suficiente para configurar a publicidade ilícita.

Observação importante sobre o assunto é a de Cavalieri Filho ao defender que "a publicidade, para ser considerada enganosa, **não precisa efetivamente enganar o consumidor**. O Código se satisfaz com o potencial de enganosidade da publicidade. Em outras palavras, **a enganosidade é aferida *in abstrato***. O que importa é a capacidade de indução a erro de forma abstrata, difusa, indeterminada. A **efetiva ocorrência do erro** e o eventual prejuízo do consumidor serão **mero exaurimento**, com consequências próprias".[19]

O mesmo raciocínio vale para o **anúncio ambíguo**, que possui mais de um sentido. Com efeito, se o anúncio tiver sentidos variados, **basta que um deles seja capaz de falsear a informação** para que **toda a mensagem** seja considerada **enganosa**.

Mais uma vez, a alegação de ausência de intenção de enganar não gera repercussão alguma para a configuração da publicidade enganosa.

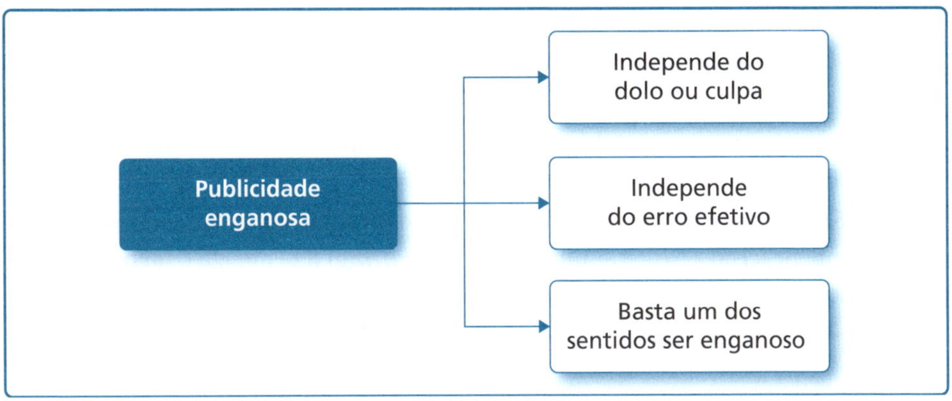

■ 9.2.5. Publicidade enganosa e o exagero publicitário

O **exagero publicitário**, também conhecido como **"puffing"**, é uma prática muito comum nas tão premiadas mensagens publicitárias do nosso país.[20] A

aparência de absoluta legalidade na sua vinculação, mas, por omitir dado essencial para formação do juízo de opção do consumidor, finda por induzi-lo a erro ou tão somente coloca dúvidas acerca do produto ou serviço oferecido, contaminando sua decisão" (REsp 1.317.338/MG, Rel. Ministro Mauro Campbell Marques, 2ª T., *DJe* 1-4-2013).

[19] CAVALIERI FILHO, Sergio. *Programa de direito do consumidor*, p. 137-138.

[20] Em 2012, o Brasil bateu o recorde ao levar 79 prêmios em Cannes. Disponível em: <http://www.canneslions.com.br/>.

questão que se pontua a respeito do tema é saber se o exagero publicitário gera, por si só, uma publicidade enganosa.

Conforme visto no capítulo anterior deste livro, ao estudarmos o tema sobre a oferta, a informação ou publicidade para vincular fornecedor deve preencher algumas características, dentre elas ter um mínimo de precisão.

Assim, **não será possível considerar o "puffing" como publicidade enganosa de maneira prévia e absoluta em razão da ausência de precisão suficiente** na maioria de suas mensagens publicitárias.

Exemplo típico de exagero é a mensagem que diz ser determinado **chocolate "o mais gostoso do mundo"** ou imagens que mostram contextos tão fantasiosos que não são capazes de enganar o consumidor, como no caso de um **tapete voador**. De fato, seu caráter quase sempre jocoso não permite ser encarado como uma informação vinculante para o patrocinador da mensagem.

Esta é a opinião de Herman Benjamin ao lecionar que são **dois os requisitos** necessários para a incidência do princípio da vinculação:

- "**Em primeiro lugar, não operará a força obrigatória se não houver veiculação da informação.** Uma proposta que, embora colocada no papel, deixe de chegar ao conhecimento do consumidor não vincula o fornecedor. É a veiculação que enseja a 'exposição' do consumidor, nos termos do art. 29 do CDC, abrindo a malha protetória da lei especial.
- **Em segundo lugar, a oferta** (informação ou publicidade) **deve ser suficientemente precisa**, isto é, **o simples exagero (*puffing*) não obriga o fornecedor**. É o caso de expressões exageradas, que não permitem verificação objetiva, como 'o melhor sabor', 'o mais bonito', 'o maravilhoso'".[21]

No mesmo sentido, são os ensinamentos de Sergio Cavalieri Filho, para quem há "publicidade cuja falsidade é tão exagerada que adentra os limites da *fantasia*, pelo que não tem capacidade de induzir em erro o consumidor. Não será, em princípio, publicidade enganosa. É o que acontece, por exemplo, com anúncio do tapete persa que voa, de cães que falam e dançam etc. Nestes casos a publicidade tem apenas a finalidade de atrair consumidores, não de prestar informações. Essa prática tem sido aceita por ser evidente a *fantasia*, o fim de constituir simples discurso vazio de conteúdo, respeitados os limites do interesse público".[22]

[21] BENJAMIN, Antônio Herman de V.; MARQUES, Claudia Lima; BESSA, Leonardo Roscoe. *Manual de direito do consumidor*, p. 215.

[22] CAVALIERI FILHO, Sergio. *Programa de direito do consumidor*, p. 135.

Contudo, **havendo a citada precisão na mensagem, poder-se-á caracterizar a enganosidade** na mensagem, como no caso de uma rua com lojas comerciais de venda de veículos usados em que um dos fornecedores coloca uma faixa na frente de seu estabelecimento com os seguintes dizeres: "Aqui você encontra os carros mais baratos da rua".

De fato, a precisão está presente, pois estamos tratando de uma rua comercial que vende veículos usados e, nesta situação, não encontrados no estabelecimento os carros mais baratos, caracterizada estará a publicidade enganosa.

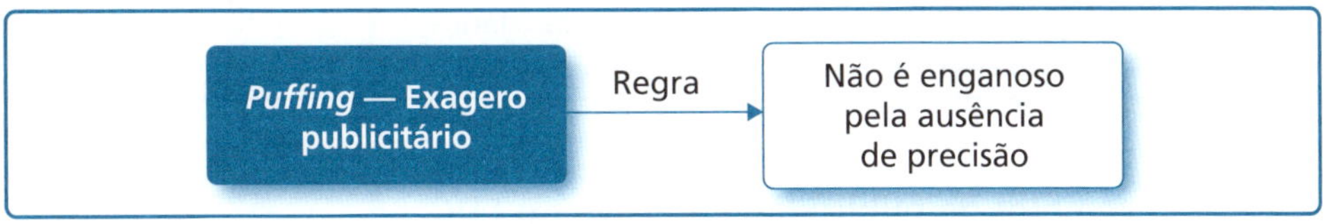

■ 9.3. PUBLICIDADE ABUSIVA NO CDC

O Código de Defesa do Consumidor trata da publicidade abusiva em seu art. 37, *caput,* ao proibi-la, bem como no § 2º, da seguinte forma: "É abusiva, dentre outras a publicidade discriminatória de qualquer natureza, a que incite à violência, explore o medo ou a superstição, se aproveite da deficiência de julgamento e experiência da criança, desrespeita valores ambientais, ou que seja capaz de induzir o consumidor a se comportar de forma prejudicial ou perigosa à sua saúde ou segurança".

Trata-se, portanto, de **rol exemplificativo**, na medida em que o aludido dispositivo legal valeu-se da **expressão "dentre outras"**.

Apesar de o CDC não trazer uma **definição** sobre **publicidade abusiva**, este tipo de mensagem ilícita é caracterizado por trazer **informações que ferem valores da coletividade**.

Nos ensinamentos de Herman Benjamin, o Direito "ainda não descobriu um critério infalível para a identificação da abusividade. Trata-se de uma noção plástica, em formação. Por um critério residual, em matéria publicitária patológica, pode-se afirmar que abusivo é tudo aquilo que, **contrariando o sistema valorativo da Constituição e das leis**, não seja enganoso".[23]

[23] GRINOVER, Ada Pellegrini; BENJAMIN, Antônio Herman de V.; FINK, Daniel Roberto; FILOMENO, José Geraldo Brito; NERY JR., Nelson; DENARI, Zelmo. *Código Brasileiro de Defesa do Consumidor,* p. 355.

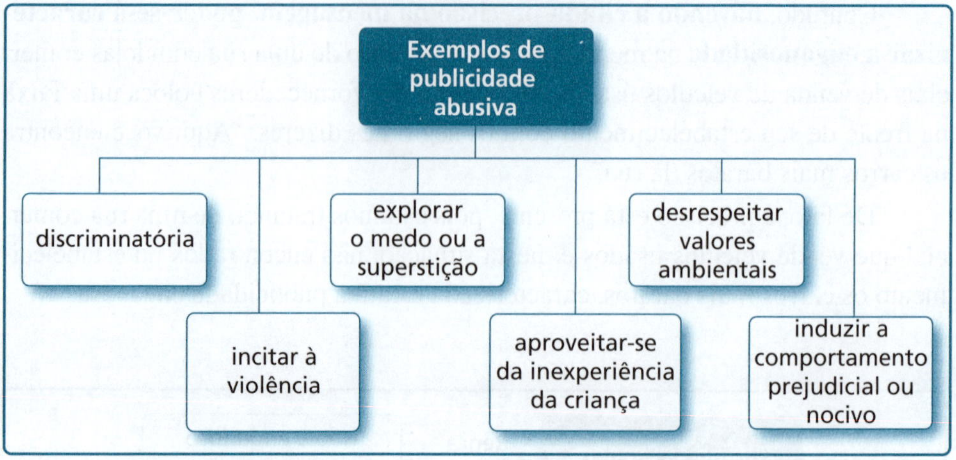

9.3.1. Exemplos de publicidade abusiva no CDC

Conforme visto, o rol do art. 37, § 2º, do CDC é exemplificativo, razão pela qual analisaremos um a um os exemplos citados pela lei.

9.3.1.1. Publicidade abusiva discriminatória

É abusiva toda mensagem discriminatória em relação a qualquer contexto, dentre os quais os relacionados:

- à etnia;
- ao sexo (masculino ou feminino);
- à orientação sexual;
- à situação econômico-social;
- à origem socioeconômica;
- à profissão;
- à orientação religiosa;
- à orientação política;
- às questões mais simples e banais do dia a dia, como time de futebol do coração.

Até pouco tempo atrás era comum nos depararmos com publicidades que só utilizavam um perfil de modelos em total detrimento a outras belezas em razão da etnia ou até desrespeitando valores religiosos como no caso de anúncios que mostravam atores se passando por representantes de determinada religião que fazem voto de castidade frente a frente numa alusão a um possível beijo sensual.[24]

[24] O CONAR, no julgamento da representação n. 122/93, deparou-se com um caso em que determinada marca de calçados veiculou anúncio em revista, exibindo três modelos em trajes de freira, le-

9.3.1.2. *Publicidade abusiva que incita à violência*

A publicidade capaz de incitar à violência de qualquer natureza e entre qualquer tipo de ser vivo é considerada abusiva, nos termos do CDC.

Assim, **não apenas a violência entre seres humanos**, mas também as agressões destes **contra animais** darão ensejo à caracterização de uma mensagem ilícita. A **depredação de bens** poderá ainda gerar este exemplo de publicidade abusiva.[25]

9.3.1.3. *Publicidade abusiva exploradora do medo ou da superstição*

A publicidade que tem por finalidade convencer o consumidor a adquirir produtos ou contratar serviços demonstrando um contexto de medo ou superstição é considerada abusiva.

Muito comum nos depararmos com anúncios demonstrando ação de bandidos no assalto a um veículo em que os familiares com crianças estão dentro do carro, com o propósito de vender algum tipo de alarme ou serviço de localização do bem roubado.

Trata-se de publicidade que fere valores da coletividade, em especial dos moradores de grandes centros urbanos, que quase sempre são vítimas da violência.[26]

vantando as saias acima dos joelhos para mostrar seus sapatos. O relator, em parecer acolhido por unanimidade, reprovou o anúncio, entendendo ser incompreensível a atitude "pitoresca" e até "maliciosa" conferida às modelos em trajes de freira. Como o anúncio esgotara definitivamente a sua programação, a Câmara limitou-se a advertir o anunciante sobre o seu comportamento aético. Disponível em: <http://www.conar.org.br/>. Acesso em: 3 dez. 2016. Em outro caso, o CONAR deparou-se no julgamento da representação n. 279/2011 com uma situação em que determinada marca de azeite veiculou anúncio com os seguintes dizeres: "Nosso azeite é rico. O vidro escuro é o segurança". Por maioria de votos, o Conselho de Ética do Conar deliberou por recomendar a alteração do anúncio em mídia impressa do Azeite Gallo, com o título "Nosso azeite é rico. O vidro escuro é o segurança". Os conselheiros seguiram o voto do relator, que julgou não haver no anúncio intenção racista, mas ponderou que ele permite tal interpretação e que a comunicação não deve dar margem a associações equivocadas, pela responsabilidade social que tem. Por isso, sugeriu uma alteração, de modo a dirimir a possibilidade de interpretações discriminatórias. A representação foi aberta por denúncia de consumidor de Campinas (SP). Disponível em: <http://www.conar.org.br/>. Acesso em: 3 dez. 2016.

25 No entanto, nem tudo pode ser considerado ato de violência ou com caráter intimidatório. O CONAR, no julgamento da representação n. 278/2011, deparou-se com um caso em que determinada montadora de veículos que veiculou anúncio estrelado pelo lutador Anderson Silva foi acusada de incitar à violência. No entendimento do consumidor, o filme seria violento e intimidatório. Em sua defesa, anunciante e agência consideram que o filme expressa uma fantasia, claramente definida como tal. O relator do processo concordou com tal ponto de vista e propôs o arquivamento, voto aceito por unanimidade. Disponível em: <http://www.conar.org.br/>. Acesso em: 3 dez. 2016.

26 O CONAR, no julgamento da representação n. 279/2011, deparou-se com um caso em que um fornecedor promete que o consumidor ainda será vítima da violência urbana e acena, como solução, com a

9.3.1.4. *Publicidade abusiva que se aproveita da deficiência de julgamento e experiência da criança*

As **crianças** se enquadram, em razão de sua condição intelectual em formação, na condição dos denominados **hipervulneráveis**, que exigem cuidados redobrados em relação à fiscalização das mensagens publicitárias.

Assim, estimular as compras em grandes quantidades, a destruir a peça do vestuário antiga para ganhar uma nova ou ensinar técnicas de persuasão dos pais ou responsáveis, envolvendo muitas vezes o constrangimento em público dos genitores — como no caso de mostrar à criança que fazer escândalo num *shopping* lotado seria uma "boa" forma de conseguir a aquisição do brinquedo sonhado —, são apenas alguns exemplos desse tipo de publicidade abusiva.[27]

9.3.1.5. *Publicidade abusiva que desrespeita valores ambientais*

A primeira indagação que poderia ser feita sobre o tema refere-se a que tipo de **relação** poderia existir entre o **meio ambiente e o Direito do Consumidor**. E a resposta adequada em nossa visão pode seguir dois caminhos.

O rumo inicial para responder ao questionamento levantado está relacionado com o fato de que a disciplina da **publicidade abusiva** no CDC está atrelada à **repercussão da mensagem perante a sociedade** e não está diretamente relacionada com o produto ou o serviço colocado no mercado de consumo.

Assim, existindo uma publicidade abusiva que desrespeita valores ambientais, como o filme de divulgação de uma motosserra derrubando uma árvore secular, poder-se-á identificar abusividade na mensagem.

O segundo caminho existente para responder à pergunta *supra* está relacionado aos produtos ou serviços com **"selo verde"**, também conhecidos como **"amigos" do meio ambiente**.

loteria Sena, capaz de propiciar ao vencedor a oportunidade de abandonar determinada cidade. A Representação acusa o anúncio de explorar o medo do consumidor para vender-lhe a "esperança" de ganhar na Sena e sair da cidade. O anunciante instala o medo, mas não se preocupa com a maioria que, fatalmente, não será premiada. O processo amparou-se nos arts. 1º, 2º, 3º e 24 do CBARP. A Câmara foi unânime e recomendou a sustação da veiculação definitiva do anúncio. Disponível em: <http://www.conar.org.br/>. Acesso em: 3 dez. 2016.

27 A Direção do CONAR, no julgamento da representação n. 04/2012, questiona o Conselho de Ética se há apelo de consumo vocalizado por crianças em filme para a TV, além de apelo imperativo na frase "(...) eu quero muitos presentes". Se confirmadas, as práticas contrariam o que recomenda o art. 37 do Código Brasileiro de Autorregulamentação Publicitária. O Conselho de Ética, por maioria de votos, recomendou a advertência ao anunciante e sua agência. "Por mais que a criança dirija-se aos pais ou ao Papai Noel, por mais que o anúncio apresente produtos voltados a adultos, há apelo de consumo vocalizado por criança", escreveu a autora do voto vencedor. Disponível em: <http://www.conar.org.br/>. Acesso em: 3 dez. 2016.

Trata-se de bens que de alguma forma contribuem para a manutenção de um meio ambiente equilibrado ou que, no mínimo, são menos prejudiciais à natureza, como no caso de produtos biodegradáveis ou mais facilmente absorvidos pelos meios naturais. A depender da exploração deste tipo de mensagem, poderemos encontrar uma publicidade enganosa ou abusiva.

O **critério balizador** para identificar a existência ou não de uma mensagem ilícita é a **comprovação** pelo fornecedor **dos elementos** demonstrativos de que o produto ou serviço são **benéficos ao meio ambiente**.[28]

■ 9.3.1.6. *Publicidade abusiva capaz de induzir o consumidor a se comportar de forma prejudicial ou perigosa à sua saúde ou segurança*

A mensagem publicitária é considerada abusiva, ainda, quando for capaz de induzir o consumidor a se comportar de forma prejudicial ou perigosa à sua saúde ou segurança. Publicidades de veículos que estimulam a condução em alta velocidade ou a realização de manobras perigosas se enquadram em exemplos deste tipo de publicidade abusiva.

Ademais, entendemos que a publicidade das cervejas também estimula o comportamento perigoso e nocivo à saúde e segurança do consumidor e da coletividade, pois não informa sobre os malefícios que a ingestão imoderada deste produto é capaz de causar; *a contrario sensu*, incentiva o consumidor a sair prejudicado, conforme analisaremos com mais cuidado em subitem próprio.[29]

---

[28] O CONAR, no julgamento da representação n. 199/2011, deparou-se com um anúncio em TV de um sabão em pó cujo fornecedor afirmava que o seu consumo ajuda "a reduzir o consumo de água em milhões de litros por ano". Em conformidade com as normas éticas para publicidade com apelos de sustentabilidade aprovadas, a direção do Conar pediu que fosse comprovada a afirmação. Em sua defesa, anunciante e agência procuram demonstrar, por meio de cálculos, que o uso do produto em todo o mundo resultaria na economia de mais de 1 milhão de litros de água. O relator de primeira instância não considerou verificável a precisão do cálculo e recomendou a alteração do filme. O fornecedor recorreu da decisão, mas a viu confirmada em votação unânime pela câmara revisora, seguindo proposta do relator. Disponível em: <http://www.conar.org.br/>. Acesso em: 3 dez. 2016.

[29] O CONAR, no julgamento da representação n. 287/2011, deparou-se com um anúncio em pequeno formato, próprio para o Facebook, que mostra o que parece ser uma equação: a figura de um homem somado — abre parênteses — à figura de mulher multiplicada por copo de chope elevado à quinta potência — fecha parênteses —, igual a coraçãozinho. O título do anúncio é "Fórmula do amor" e nele aparece logomarca da cerveja Skol. O anúncio atraiu reclamação de consumidor paulistano. Skol e F/Nazca apelam para a linguagem bem-humorada, própria da rede social, para justificar a linha criativa do anúncio. Negam ofensa ao princípio do consumo responsável de álcool e lembram que o Facebook só aceita assinantes se estes declararem ter 18 anos ou mais. O Conselho de Ética, por maioria de votos, deliberou pela sustação da peça, considerando que ela pode estimular o consumo excessivo de bebidas alcoólicas e também pela inexistência da frase recomendando moderação no consumo. Disponível em: <http://www.conar.org.br/>. Acesso em: 3 dez. 2016.

■ 9.4. PUBLICIDADE COMPARATIVA

A publicidade comparativa é aquela que **coteja dois produtos ou serviços e diz por que o seu é o melhor**. O CDC não vedou este tipo de mensagem publicitária, mas a depender do seu conteúdo poderá se enquadrar perfeitamente em um exemplo de publicidade enganosa ou abusiva.

O **Código Brasileiro de Autorregulamentação Publicitária**, por sua vez, disciplinou o tema expressamente em seu art. 32 nos seguintes termos:

> "Tendo em vista as modernas tendências mundiais — e atendidas as normas pertinentes do Código da Propriedade Industrial (...) — a publicidade comparativa será aceita, contanto que **respeite os seguintes princípios e limites:**
>
> a) seu objetivo maior seja o esclarecimento, se não mesmo a defesa do consumidor;
>
> b) tenha por princípio básico a objetividade na comparação, posto que dados subjetivos, de fundo psicológico ou emocional, não constituem uma base válida de comparação perante o Consumidor;
>
> c) a comparação alegada ou realizada seja passível de comprovação;
>
> d) em se tratando de bens de consumo a comparação seja feita com modelos fabricados no mesmo ano, sendo condenável o confronto entre produtos de épocas diferentes, a menos que se trate de referência para demonstrar evolução, o que, nesse caso, deve ser caracterizado;
>
> e) não se estabeleça confusão entre produtos e marcas concorrentes;
>
> f) não se caracterize concorrência desleal, denegrimento à imagem do produto ou à marca de outra empresa;
>
> g) não se utilize injustificadamente a imagem corporativa ou o prestígio de terceiros;
>
> h) quando se fizer uma comparação entre produtos cujo preço não é de igual nível, tal circunstância deve ser claramente indicada pelo anúncio."

Nas decisões do CONAR, o **critério objetivo nas comparações** é o de maior importância para verificar se a publicidade é lícita ou ilícita.[30]

---

[30] O CONAR, no julgamento da representação n. 218/2011, deparou-se com um anúncio no qual a Tim considerou que a campanha em TV e mídia impressa da Nextel traz alegação de superioridade não comprovada. Dos anúncios constam as frases: "Melhor atendimento entre as operadoras de telefonia, segundo Pesquisa Revista Exame/Ibac 2011" e "1º lugar em recomendação, segundo Pesquisa Datafolha 2011" e, além de menção a uma pesquisa de julho de 2010 da TNS Research International. A Nextel refuta a denúncia e considera que a campanha não é comparativa, na medida em que não cita nome de concorrentes, e que expressões como "os mais satisfeitos" têm caráter genérico, constituindo-se num exagero publicitário inofensivo larga e tradicio-

Em julgado proferido no ano de 2014 o STJ entendeu que: "3. A publicidade comparativa não é vedada pelo Código de Defesa do Consumidor, desde que obedeça ao princípio da veracidade das informações, seja objetiva e não abusiva. 4. Para que viole o direito marcário do concorrente, as marcas devem ser passíveis de confusão ou a referência da marca deve estar cumulada com ato depreciativo da imagem de seu produto/serviço, acarretando a degenerescência e o consequente desvio de clientela" (REsp 1.377.911, Rel. Ministro Luis Felipe Salomão, 4ª T., *DJe* 19-12-2014).

■ 9.5. PUBLICIDADE POR CORREIO ELETRÔNICO — O PROBLEMA DO SPAM

O *spam* é a denominação dada à mensagem comercial não desejada e enviada por meio eletrônico — o e-mail — aos consumidores potenciais de determinado produto ou serviço. Para Herman Benjamin, trata-se de **exemplo de publicidade abusiva**, pois, em apertada síntese:[31]

- viola a garantia constitucional da intimidade e da privacidade;
- viola a liberdade de escolha;
- causa danos diretos e indiretos, patrimoniais e morais — aos consumidores, que são obrigados a gastar tempo e dinheiro em atividades como, por exemplo, apagar as mensagens indesejáveis e técnicas do tipo aquisição e instalação de programas *antispam*.

E conclui o aludido autor defendendo que, no "Brasil, o Código de Defesa do Consumidor dá resposta satisfatória, não só enxergando a prática como publicidade abusiva, como ainda, naqueles casos em que o *spam* não se mostre propriamente como um anúncio de produto ou serviço de consumo, caracterizando-o como prática abusiva, nos termos do art. 39, *caput* ('dentre outras práticas abusivas'). Também não se deve esquecer que, comumente, o *spam* vem contaminado

---

nalmente utilizado e justificado pelas pesquisas. O relator considerou que a campanha tem natureza comparativa e que a alegação de superioridade exige comprovação. "As pesquisas não têm de ser realizadas em conjunto com concorrentes para que sejam válidas", escreveu ele em seu voto. "Sua realização por institutos idôneos para fins da ética publicitária me parece suficiente. Contudo, não posso concordar que essas pesquisas não possam ser mostradas e que constituiriam segredo estratégico", escreveu, sobre a pesquisa da TNS Research International, que não foi juntada pela Nextel ao processo ético. Por isso, sugeriu a alteração da campanha, de forma a eliminar essa menção. Seu voto foi aceito por unanimidade. Disponível em: <http://www.conar.org.br/>. Acesso em: 3 dez. 2016.

31 GRINOVER, Ada Pellegrini; BENJAMIN, Antônio Herman de V.; FINK, Daniel Roberto; FILOMENO, José Geraldo Brito; NERY JR., Nelson; DENARI, Zelmo. *Código Brasileiro de Defesa do Consumidor*, p. 360.

com algum tipo de enganosidade, o que permitiria, nesse caso, a dupla imputação (civil, administrativa e penal) de publicidade abusiva e enganosa".[32]

No entanto, a jurisprudência do **Superior Tribunal de Justiça não reconheceu responsabilidade por dano moral no ônus de o consumidor deletar *spam*:**

> INTERNET — ENVIO DE MENSAGENS ELETRÔNICAS — *SPAM* — POSSIBILIDADE DE RECUSA POR SIMPLES DELETAÇÃO — DANO MORAL NÃO CONFIGURADO — RECURSO ESPECIAL NÃO CONHECIDO.
>
> 1 — segundo a doutrina pátria "só deve ser reputado como dano moral a dor, vexame, sofrimento ou humilhação que, fugindo à normalidade, interfira intensamente no comportamento psicológico do indivíduo, causando-lhe aflições, angústia e desequilíbrio em seu bem-estar. Mero dissabor, aborrecimento, mágoa, irritação ou sensibilidade exacerbada estão fora da órbita do dano moral, porquanto tais situações não são intensas e duradouras, a ponto de romper o equilíbrio psicológico do indivíduo".
>
> **2 — Não obstante o inegável incômodo, o envio de mensagens eletrônicas em massa — *SPAM* — por si só não consubstancia fundamento para justificar a ação de dano moral, notadamente em face da evolução tecnológica que permite o bloqueio, a deletação ou simplesmente a recusa de tais mensagens.**
>
> **3 — Inexistindo ataques a honra ou a dignidade de quem o recebe as mensagens eletrônicas, não há que se falar em nexo de causalidade a justificar uma condenação por danos morais.**
>
> 4 — Recurso Especial não conhecido (REsp 844.736/DF, Rel. Ministro Luis Felipe Salomão, 4ª T., *DJe* 2-9-2010).[33]

■ 9.6. RESPONSABILIDADE PELA PUBLICIDADE ENGANOSA E ABUSIVA

A **responsabilidade do fornecedor anunciante é objetiva** e dúvida não há a respeito do tema. Contudo, existe muita discussão doutrinária a respeito de se haveria responsabilidade da **agência de publicidade, do veículo de comunicação e do próprio artista** que grava a mensagem publicitária. E, em caso afirmativo, qual seria a espécie de responsabilidade: objetiva ou subjetiva?

---

32 GRINOVER, Ada Pellegrini; BENJAMIN, Antônio Herman de V.; FINK, Daniel Roberto; FILOMENO, José Geraldo Brito; NERY JR., Nelson; DENARI, Zelmo. *Código Brasileiro de Defesa do Consumidor,* p. 361.

33 Segundo consta do *Informativo* do STJ n. 413, o referido julgado envolvia caso grave em que o "autor alega receber e-mails (*spam* com mulheres de biquíni) de restaurante que tem show de *streaptease* e, mesmo tendo solicitado, por duas vezes, que seu endereço eletrônico fosse retirado da lista de e-mail do réu (recorrido), eles continuaram a ser enviados".

A seguir, as principais manifestações da doutrina sobre o assunto:

HERMAN BENJAMIN	"Não se exclui, porém, considerando-se a regra geral da solidariedade adotada pelo CDC, a responsabilidade da agência e do próprio veículo. Para esses agentes do fenômeno publicitário, adotamos, como veremos em seguida, a tese da ***responsabilidade solidária limitada***. O **anunciante**, como já dito, **é responsabilizado**, no plano cível, **objetivamente** pela publicidade enganosa e abusiva, assim como pelo cumprimento do princípio da vinculação da mensagem publicitária. **Já a agência e o veículo só são corresponsáveis quando agirem dolosa ou culposamente**, mesmo em sede civil. É importante, contudo, ressaltar que, no Direito brasileiro, há forte e abalizada corrente — liderada por **Nelson Nery Junior, Jorge Paulo Scartezzini Guimarães**, José Antonio de Almeida e Rizzatto Nunes — **que prega a responsabilidade civil objetiva também para a agência, o veículo e a celebridade**, sob o tentador argumento de que a responsabilização de tais sujeitos deve ser realizada 'com base nas normas de defesa do consumidor e assim, se existir responsabilidade, esta é objetiva, ou seja, *'qui casse les verres les paye''*: É compreensível que se dê à agência tratamento diverso do anunciante."[34]
CAVALIERI FILHO	"Quem responde pelos danos causados ao consumidor pela publicidade enganosa ou abusiva? Só o anunciante (fornecedor) ou também a empresa de comunicação que veicula o anúncio? Há forte corrente doutrinária, liderada por **Nelson Nery Junior e Paulo Jorge Scartezzini Guimarães, que sustenta haver responsabilidade objetiva solidária entre o anunciante, a agência de publicidade e o veículo de comunicação ao argumento de que a responsabilização de tais sujeitos deve ser concretizada com base nas normas de defesa do consumidor**. Há que se ponderar, entretanto, que a publicidade é feita em favor exclusivo do anunciante, que tem interesse de vender o produto ou serviço; o proveito econômico direto da publicidade é do anunciante. Nem em lucro indireto da empresa emissora de comunicação é possível falar, que apenas recebe o pagamento pelos serviços prestados. O CDC, como vimos, obriga (responsabiliza) o fornecedor que veicula a publicidade, consoante arts. 30 e 35. O ônus da prova da veracidade e correção da informação ou comunicação publicitária (inversão *ope legis*) cabe a quem as patrocina (art. 38). Não tem a empresa de comunicação a obrigação, às vezes nem condições, de controlar o teor da publicidade que veicula, devendo ainda ser ressaltado que o art. 13, inc. VI, do Decreto n. 2.181/97, que regulamentou o CDC, responsabiliza o anunciante até pela incorreção publicitária atribuível exclusivamente ao veículo de comunicação. Essas e outras razões servem de fundamento para uma **segunda corrente, que nos parece mais correta, que entende ser do anunciante, fornecedores de bens e serviços, a responsabilidade** pelos eventuais danos causados aos consumidores pela publicidade enganosa ou perigosa."[35] "**A questão muda de feição, entretanto, no caso de dolo ou culpa da empresa de comunicação**. Em situações de patente publicidade enganosa ou quando a empresa de comunicação está ciente da incapacidade do anunciante de cumprir o prometido, não há como deixar de reconhecer a responsabilidade do veículo de comunicação por violação ao dever de vigilância sobre os anúncios que veicula. Em nosso entender, **aplica-se a mesma disciplina aos casos de artistas, atletas e outras celebridades que atuam na veiculação da publicidade**. Só poderão ser responsabilizados no caso de dolo ou culpa; se estiverem cientes da enganosidade da publicidade, da incapacidade do anunciante de cumprir o prometido, e, por maior razão ainda, quando receberem participação nas vendas realizadas."[36]

[34] GRINOVER, Ada Pellegrini; BENJAMIN, Antônio Herman de V.; FINK, Daniel Roberto; FILOMENO, José Geraldo Brito; NERY JR., Nelson; DENARI, Zelmo. *Código Brasileiro de Defesa do Consumidor*, p. 369-370.

[35] CAVALIERI FILHO, Sergio. *Programa de direito do consumidor*, p. 141-142.

[36] CAVALIERI FILHO, Sergio. *Programa de direito do consumidor*, p. 143.

Na visão do **Superior Tribunal de Justiça, a responsabilidade é apenas do fornecedor** que patrocina o anúncio: **"As empresas de comunicação não respondem por publicidade e propostas abusivas ou enganosas. Tal responsabilidade toca aos fornecedores-anunciantes, que a patrocinaram (CDC, arts. 3º e 38). O CDC, quando trata de publicidade, impõe deveres ao anunciante — não às empresas de comunicação (art. 3º, CDC)"** (REsp 604.172/SP, Rel. Ministro Humberto Gomes de Barros, 3ª T., *DJ* 21-5-2007).[37]

■ 9.7. A DISCIPLINA DA PUBLICIDADE DAS BEBIDAS ALCOÓLICAS

O **art. 220 da Constituição Federal** é o dispositivo inaugural do Capítulo V — Da Comunicação Social — e, ao tratar da manifestação do pensamento, da criação, da expressão e da informação, deixou bem claro que na sua exteriorização, sob qualquer forma, o processo ou o veículo não sofrerão qualquer restrição, observado o disposto na Constituição.

Em seu **§ 4º**, a redação estabelece que: "**A propaganda comercial de tabaco, bebidas alcoólicas, agrotóxicos, medicamentos e terapias estará sujeita a restrições legais**, nos termos do inciso II do parágrafo anterior, **e conterá, sempre que necessário, advertência sobre os malefícios decorrentes de seu uso**".[38]

Desde o ano de 2001, o assunto vem sendo estudado por nós, sendo inclusive o tema central escolhido para a elaboração do trabalho de conclusão de curso de especialização em Direito do Consumidor,[39] e, em 2004, publicamos na Revista Interna da FUNASA (Fundação Nacional da Saúde, ligada ao Ministério da Saúde) o artigo sob o título: "A publicidade das bebidas alcoólicas e as restrições eficazes previstas do ordenamento jurídico pátrio".[40]

Isso tudo porque o **uso imoderado do álcool está despertando a atenção de especialistas**, bem como da sociedade em geral, por se tratar de um dos principais e mais graves problemas de saúde pública.

Com efeito, o **álcool** apresenta-se como **droga lícita**, estando facilitado seu acesso. É o que revela a pesquisa realizada pelo Centro Brasileiro de Informações

---

[37] No mesmo sentido, o STJ no julgamento do REsp 1.157.228/RS, Rel. Ministro Aldir Passarinho Junior, 4ª T., *DJe* 27-4-2011: **"é de se excluir da lide, por ilegitimidade passiva *ad causam*, a emissora de televisão, por não se lhe poder atribuir corresponsabilidade por apresentar publicidade de empresa financeira, também ré na ação, que teria deixado de fornecer o empréstimo ao telespectador nas condições prometidas no anúncio"**.

[38] O § 3º, inciso II, do art. 220 da Constituição Federal prevê, *in verbis*: "§ 3º Compete à lei federal: (...) II — estabelecer os meios legais que garantam à pessoa e à família a possibilidade de se defenderem de programas ou programações de rádio e televisão que contrariem o disposto no art. 221, bem como da propaganda de produtos, práticas e serviços que possam ser nocivos à saúde e ao meio ambiente".

[39] Título adquirido junto à Escola Superior de Advocacia de São Paulo em 1º de dezembro de 2001.

[40] Artigo elaborado em coautoria com Cássia Hoshino, Procuradora Federal em exercício na FUNASA.

sobre Drogas Psicotrópicas — CEBRID —, órgão pertencente à Universidade Federal de São Paulo, em que 68,7% dos brasileiros são ou foram usuários de álcool, sendo que 11,4% da população é dependente crônica.

Infelizmente, o uso dessa substância tem sido banalizado pela mídia, que o veicula como comportamento correto e natural, como se fosse normal pessoas beberem todos os dias. Em outras situações, constata-se até o *glamour* no uso do aludido produto.

Contudo, para 94,5% dos cidadãos comuns, o álcool é considerado uma substância cujo risco de se consumir diariamente é classificado como grave, conforme o Primeiro Levantamento Domiciliar sobre o Uso de Drogas Psicotrópicas no Brasil, realizado pela Universidade Federal de São Paulo (setembro/2002).[41]

É possível a inclusão do álcool como um dos fatores que aumentam a violência, já que é substância que permite a exacerbação da impulsividade, estando associado com pelo menos 50% dos acidentes com morte, 50% dos homicídios e 25% dos suicídios.[42]

Em pesquisa divulgada em maio/2003 pelo CEBRID, constatou-se que, em 52% dos casos de violência doméstica no Estado de São Paulo, o agressor estava alcoolizado; e, em matéria veiculada na *Revista Veja*,[43] afirmou-se que cerca de 30.000 pessoas morrem por ano no Brasil, vítimas de acidentes de trânsito em que houve o uso de álcool pelos motoristas.

O tema foi mais uma vez objeto de reportagem de capa da *Revista Veja* de 11 de julho de 2012[44] e, dentre os inúmeros malefícios apontados decorrentes da ingestão de bebidas alcoólicas, destacamos abaixo aqueles que consideramos os mais nefastos aos jovens e adolescentes:

OS RISCOS DO ÁLCOOL PARA O COMPORTAMENTO			
Dos adolescentes	**Que não bebem**	**Bebem regularmente**	**Bebem pesado**
Engravidar	5%	20%	30%
Adquirir doença sexualmente transmissível	2%	30%	45%
Sofrer um acidente de carro	5%	40%	60%
Envolver-se em brigas	15%	70%	80%
Tirar notas baixas na escola	20%	60%	80%

41 Pesquisa publicada no jornal *Folha de S.Paulo*, de 5 de setembro de 2002, Caderno Cotidiano, p. C5.

42 KAPLAN, Harold I.; SADOCK, Benjamin J. *Compêndio de psiquiatria, ciências comportamentais, psiquiatria clínica*. 6. ed. Porto Alegre: Artes Médicas, 1993, p. 303.

43 Sexo e bichinhos ficam de fora. *Revista Veja*, edição 1.822, ano 36, n. 39, 1º de outubro de 2003, p. 75.

44 Menor+Álcool=PROIBIDO, mas ninguém liga. *Revista Veja*, edição 2.277, ano 45, n. 28, 11 de julho de 2012, p. 84-85.

Quando os adolescentes se tornam adultos	Que não bebem	Bebem regularmente	Bebem pesado
Tornar-se dependente de álcool	5%	50%	70%
Tornar-se dependente de drogas ilícitas	5%	60%	70%
Desenvolver depressão ou outro transtorno mental	10%	30%	75%

Assim, podemos denominar os potenciais perigos causados pelo usuário de álcool de:

- danos imediatos; e
- danos mediatos.

De fato, o álcool é considerado droga psicotrópica porque atua no sistema nervoso central e é capaz de desenvolver dependência, podendo causar os chamados **danos imediatos — alteração instantânea da maneira de sentir, pensar ou agir, capaz de causar, por exemplo, acidentes de trânsito** e pôr em risco a coletividade — e os **danos mediatos — decorrentes da dependência, do uso prolongado, tais como doenças fisiológicas e psicológicas** e problema na relação sociofamiliar.

Diante deste controverso cenário em que, de um lado, há um estímulo da mídia para o consumo de bebidas alcoólicas e, de outro, o grave problema de saúde pública que é considerado, é que discutiremos a incidência da publicidade das bebidas alcoólicas.

A publicidade, sendo uma das formas de exteriorização do *marketing* e com o objetivo voltado para a atividade comercial, tem abordagem diferenciada quanto à autorregulamentação até então existente, principalmente após o surgimento da sociedade de massa, que exigiu a elaboração de regramento capaz de preservar o consumidor de produtos nocivos e prejudiciais à sua saúde.

Com a existência dos inúmeros males comprovadamente causados pela ingestão de bebidas alcoólicas, é de se imporem restrições à sua publicidade, bem como a utilização de advertências que orientem o consumidor ao uso moderado.

9.7.1. A disciplina da publicidade das bebidas alcoólicas no Código Brasileiro de Autorregulamentação Publicitária

No Brasil, a autorregulamentação da publicidade de bebidas alcoólicas é realizada pelo CONAR — Conselho Nacional de Autorregulamentação Publicitária, composto por anunciantes, agências de publicidade e veículos de comunicação social, cujas decisões são baseadas no Código Brasileiro de Autorregulamentação, conforme visto em passagens anteriores deste livro. "O CONAR tem um Conselho de Ética, dividido em câmaras encarregadas de apreciar as informações ao seu Código. Qualquer cidadão pode encaminhar reclamações ao CONAR. As punições são de advertência, recomendação de alteração ou correção do anúncio, recomendação de sustação da veiculação e divulgação da posição do CONAR no caso de não acatamento das suas decisões.'"[45]

Diante da natureza jurídica do CONAR, entidade de Direito Privado, não há a mesma força coativa em suas decisões, quando comparadas à lei e às decisões judiciais, apesar de encontrarem fundamento de validade no já citado Código Brasileiro de Autorregulamentação Publicitária.

Analisaremos, assim, as regras ali previstas que se revelam afetas ao tema, a começar pelo art. 18, *a*, que considera **anúncio** qualquer espécie de publicidade, seja qual for o meio que a veicule, incluindo, pois, entre suas espécies as informações constantes nas embalagens, nos rótulos, folhetos e materiais de ponto de venda.

Por outro lado, o art. 1º prevê que **todo anúncio deve ser honesto e verdadeiro**, estabelecendo por honestidade o anúncio realizado de forma a não abusar da confiança do consumidor, não explorar sua falta de experiência ou de conhecimento, nem se beneficiar de sua credulidade.[46]

Anúncio verdadeiro, por sua vez, é aquele que apresenta dentre outras características a descrição, ou seja, todas as alegações e comparações apresentadas no anúncio devem estar relacionadas com fatos ou dados que possuam base em provas reais.[47]

Por fim, cumpre citar o art. 33, *c*, da mesma fonte legislativa, que dispõe sobre a necessidade de o anúncio **mencionar cuidados específicos para a prevenção de acidentes**, quando tais cuidados forem especiais ao uso do produto.

Fácil notar que os anúncios das bebidas alcoólicas utilizam-se do abuso de confiança do consumidor, nem sempre emanam alegações baseadas em provas reais, além de omitir informações sobre os perigos de acidentes afetos ao uso do produto.

As **regras específicas** de publicidade de bebidas alcoólicas estão previstas no Código Brasileiro de Autorregulamentação Publicitária em seu **Anexo "A"**. Para o referido Código, há restrições previstas no tocante à publicidade de bebidas alcoólicas, dentre elas:

- não terá crianças e adolescentes como público-alvo;
- a publicidade não deverá induzir, de qualquer forma, ao consumo exagerado ou irresponsável;
- os horários de veiculação em Rádio e TV, inclusive por assinatura, submetem-se à seguinte disciplina quanto à programação regular ou de linha: comerciais, *spots*, *inserts* de vídeo, textos-foguete, caracterizações de patrocínio, vinhetas de passagem e mensagens de outra natureza, inclusive o *merchandising* ou publicidade indireta, publicidade virtual e as chamadas para

[45] PASQUALOTTO, Adalberto. *Os efeitos obrigacionais da publicidade no Código de Defesa do Consumidor*. São Paulo: RT, 1997, p. 68.

[46] Art. 23 do Código Brasileiro de Autorregulamentação Publicitária.

[47] Art. 27, § 1º, do Código Brasileiro de Autorregulamentação Publicitária.

os respectivos programas só serão veiculados no período compreendido entre 21h30 (vinte e uma horas e trinta minutos) e 6h (seis horas) (horário local);

- todo anúncio, qualquer que seja o meio empregado para sua veiculação, conterá "cláusula de advertência" a ser adotada em resolução específica do Conselho Superior do CONAR, a qual refletirá a responsabilidade social da publicidade e a consideração de Anunciantes, Agências de Publicidade e Veículos de Comunicação para com o público em geral.[48]

O item 7 do Anexo "A" prevê exceções no sentido de que "estarão desobrigados da inserção de 'cláusula de advertência' os formatos abaixo especificados que não contiverem apelo de consumo do produto:

> a) a publicidade estática em estádios, sambódromos, ginásios e outras arenas desportivas, desde que apenas identifique o produto, sua marca ou *slogan*;
>
> b) a simples expressão da marca, seu *slogan* ou a exposição do produto que se utiliza de veículos de competição como suporte;
>
> c) as 'chamadas' para programação patrocinada em rádio e TV, inclusive por assinatura, bem como as caracterizações de patrocínio desses programas;
>
> d) os textos-foguete, vinhetas de passagem e assemelhados".

Já quanto às cervejas e vinhos, o Código também possui restrições próprias em seu Anexo "P", das quais podemos citar, a título de exemplo, aquela segundo a qual o anúncio publicitário não deverá induzir, de qualquer forma, ao consumo exagerado ou irresponsável.[49]

Da mesma forma, nota-se que as **regras específicas** da publicidade de bebidas alcoólicas, tanto aquelas do Anexo "A" quanto as do Anexo "P", **vêm sendo sistematicamente descumpridas** a olho nu.

Contudo, as restrições publicitárias não advêm tão só da autorregulamentação, incidindo aquelas provenientes da Constituição Federal, Código de Defesa do Consumidor, Estatuto da Criança e do Adolescente e Lei n. 9.294/96 e suas alterações; senão, vejamos.

---

[48] A Resolução n. 01/2008. Ref. Anexo "A" considera como cláusula de advertência: "BEBA COM MODERAÇÃO"; "A VENDA E O CONSUMO DE BEBIDA ALCOÓLICA SÃO PROIBIDOS PARA MENORES"; "ESTE PRODUTO É DESTINADO A ADULTOS"; "EVITE O CONSUMO EXCESSIVO DE ÁLCOOL"; "NÃO EXAGERE NO CONSUMO"; "QUEM BEBE MENOS, SE DIVERTE MAIS"; "SE FOR DIRIGIR NÃO BEBA"; "SERVIR BEBIDA ALCOÓLICA A MENOR DE 18 É CRIME". As frases acima não excluem outras, que atendam à finalidade e sejam capazes de refletir a responsabilidade social da publicidade.

[49] Anexo "P", 3, do Código Brasileiro de Autorregulamentação Publicitária.

9.7.2. A disciplina da publicidade das bebidas alcoólicas na Constituição Federal

Primeiramente, cumpre-nos analisar os dispositivos da Constituição Federal, norma vértice do sistema jurídico nacional, a que confere validade.

Em seu **art. 5º, inciso IV, a Carta Magna** estabelece a livre manifestação de pensamento como direito fundamental, prevendo ainda, em seu **art. 220**, *caput,* conforme acima visto, que a manifestação do pensamento, a criação, a expressão e a informação não sofrerão qualquer restrição, salvo quando esta advier da própria Constituição.

Portanto, considerando a publicidade como forma genuína de manifestação de pensamento e de criação, não poderá sofrer restrições, exceto aquelas previstas constitucionalmente.

É nesse contexto que a Constituição Federal estabelece em seu art. 220, § 4º, que a publicidade das bebidas alcoólicas estará sujeita a restrições legais "e conterá, sempre que necessário, **advertência sobre os malefícios decorrentes do seu uso**".

Para nós, a parte final do dispositivo citado configura-se como **norma constitucional de eficácia plena**, ou seja, contém todos os elementos necessários e suficientes para a produção imediata e integral dos seus efeitos.

Assim, considerando o álcool uma droga psicotrópica capaz de produzir danos imediatos e mediatos para a saúde física e psíquica do consumidor, bem como para a segurança da coletividade, plenamente incidente a restrição contida no art. 220, § 4º, *in fine*, da Constituição Federal.

Igualmente, se eventual legislação regulamentadora dessa forma de comunicação publicitária for omissa quanto à obrigatoriedade de advertência sobre os malefícios do uso, ainda assim é norma que se faz imperativa, devendo, portanto, **toda publicidade do produto álcool vir acompanhada do referido alerta**.

9.7.3. A disciplina da publicidade das bebidas alcoólicas na legislação infraconstitucional

No tocante ao panorama infraconstitucional para a publicidade de bebidas alcoólicas, cabe-nos aludir ao tratamento cuidadoso dispensado pelo **Estatuto da Criança e do Adolescente — Lei n. 8.069/90**.

A preocupação do legislador infraconstitucional com relação ao contato do público infantojuvenil para com as bebidas alcoólicas exteriorizou-se na proibição prevista no art. 79, *in verbis:* "As revistas e publicações destinadas ao público infantojuvenil não poderão conter ilustrações, fotografias, legendas, crônicas ou anúncios de bebidas alcoólicas, tabaco, armas e munições, e deverão respeitar os valores éticos e sociais da pessoa e da família".

Neste diapasão, diante da natureza de droga psicotrópica do álcool, o ECA proibiu também a venda à criança e ao adolescente de bebidas alcoólicas,[50] bem como **tipificou como crime as condutas de: vender, fornecer, servir, ministrar ou entregar, ainda que gratuitamente, de qualquer forma, a criança ou a adolescente, bebida alcoólica ou, sem justa causa, outros produtos cujos componentes possam causar dependência física ou psíquica. A pena para esses casos subiu para 2 (dois) a 4 (quatro) anos de detenção, e multa, se o fato não constituir crime mais grave.**[51]

Com efeito, também é possível a aplicação do **Código de Defesa do Consumidor** à publicidade de bebidas alcoólicas, classificando-a como enganosa por comissão ou omissão, bem como de abusiva.

Concluímos neste livro que a **publicidade de bebidas alcoólicas é enganosa por comissão** ao mostrar uma realidade que não existe na vida do consumidor diário deste tipo de bebida, inclusive das cervejas, sempre norteada por festas, alegria e modelos com abdomens musculosos, realidade bem diferente da enfrentada pelo alcoólatra.

É também uma mensagem **enganosa por omissão**, enquadrando-se perfeitamente no conceito descrito no § 3º do art. 37 do CDC,[52] uma vez que neste tipo de anúncio comumente verificamos a omissão de dado essencial sobre o álcool — riscos da ingestão imoderada, malefícios para a saúde e segurança do consumidor, bem como para a coletividade.

A doutrina autorizada de Antônio Herman de Vasconcellos Benjamin explica que: "na publicidade enganosa por omissão, o anunciante deixa de afirmar algo relevante e que, por isso mesmo, induz o consumidor em erro, isto é, deixa de dizer algo que é".[53]

Ademais, devem ser consideradas como dado essencial do produto as informações sobre os seus riscos, ou seja, todas aquelas relevantes na decisão de adquiri-lo, bem como tudo o que a lei determinar que o anúncio publicitário deva conter (lembre-se de que a Constituição Federal determina que a publicidade de bebidas alcoólicas deve conter advertência sobre os malefícios decorrentes de seu uso).

Em última análise, faz-se necessário enunciar que o legislador infraconstitucional, no art. 9º do CDC,[54] corroborou o disposto no art. 220, § 4º, *in fine*, da

---

[50] Art. 81, inciso II, do Estatuto da Criança e do Adolescente.

[51] Art. 243 do Estatuto da Criança e do Adolescente, com redação dada pela Lei n. 13.106, de 2015.

[52] Art. 37, § 3º, do CDC: "Para efeitos deste Código, a publicidade é enganosa por omissão quando deixar de informar sobre dado essencial do produto ou serviço".

[53] GRINOVER, Ada Pellegrini; BENJAMIN, Antônio Herman de V.; FINK, Daniel Roberto; FILOMENO, José Geraldo Brito; NERY JR., Nelson; DENARI, Zelmo. *Código Brasileiro de Defesa do Consumidor,* p. 345.

[54] Art. 9º do CDC: "O fornecedor de produtos e serviços potencialmente nocivos ou perigosos à saúde ou segurança deverá informar, de maneira ostensiva e adequada, a respeito da sua nocividade ou

Constituição Federal, quanto à obrigatoriedade de divulgação da nocividade e periculosidade de determinados produtos à saúde e segurança do consumidor.

De outra feita, a **mensagem publicitária da bebida alcoólica também é abusiva**, subsumindo-se na parte final do § 2º do art. 37 do CDC,[55] eis que estimula o consumo de uma droga psicotrópica, induzindo, desta maneira, o consumidor a comportar-se de forma prejudicial à sua saúde e segurança.

É também o entendimento de Maria Elizabete Vilaça Lopes: "(...) a publicidade de tabaco e de bebidas alcoólicas seria na verdade capaz de induzir o consumidor a comportar-se de forma prejudicial ou perigosa à sua saúde, em especial, se, como sói acontecer, a mensagem é formulada de maneira tal que as pessoas associem o uso desses produtos ao melhor desempenho esportivo ou sexual, à melhoria nas relações sociais ou afetivas, etc. Nesse tipo de anúncio as cores são sempre vibrantes, as ações audaciosas, e tudo leva a crer que a atuação dos tabagistas e alcoólatras é sempre fantástica".[56]

Continuando, ainda na seara da legislação infraconstitucional, analisaremos algumas disposições da **Lei n. 9.294/96 (Lei Murad)**, alterada, dentre outras, pela Lei n. 10.167/2000 (Lei Serra), que dispõe sobre as restrições ao uso e à propaganda de produtos fumígeros, bebidas alcoólicas, medicamentos, terapias e defensivos agrícolas, e alterações posteriores, bem como o Decreto n. 2.018/96 (alterado pelo Decreto n. 8.262, de 2014), que a regulamenta.

Para efeitos da Lei, **bebidas alcoólicas são aquelas** potáveis com teor alcoólico **superior a treze graus Gay Lussac**,[57] não abrangendo, portanto, cervejas, alguns vinhos e bebidas do tipo *ice*.

Assim, as restrições quanto à publicidade de bebidas alcoólicas ali previstas, tais como:

- limitação de horário para a propaganda comercial entre as 21 e as 6 horas (art. 4º, *caput*, da Lei n. 9.294/96);
- proibição de associação da propaganda ao esporte olímpico ou de competição, ao desempenho saudável de qualquer atividade física, à condução de veículos ou ideias de êxito ou sexualidade das pessoas (art. 4º, § 1º);
- e a necessidade de constar advertência nos rótulos das embalagens —

periculosidade, sem prejuízo da adoção de outras medidas cabíveis em cada caso concreto".

55 Art. 37, § 2º, do CDC: "É abusiva, dentre outras, a publicidade discriminatória de qualquer natureza, a que incite à violência, explore o medo ou a superstição, se aproveite da deficiência de julgamento e experiência da criança, desrespeita valores ambientais, ou que seja capaz de induzir o consumidor a se comportar de forma prejudicial ou perigosa à saúde ou segurança".

56 LOPES, Maria Elizabete Vilaça. O consumidor e a publicidade. *Revista de Direito do Consumidor* 1, São Paulo, RT, 1992, p. 174-175.

57 Art. 1º, parágrafo único, da Lei n. 9.294/96, e art. 8º, *caput,* do Decreto n. 2.018/96.

"Evite o Consumo Excessivo de Álcool" (art. 4º, § 2º, **não se aplica às cervejas, alguns vinhos e bebidas do tipo *ice***);

- na parte interna dos locais em que se vende bebida alcoólica, deverá ser afixada advertência escrita de forma legível e ostensiva de que é crime dirigir sob a influência de álcool, punível com detenção (art. 4º-A, incluído pela Lei n. 11.705, de 2008).

Mais uma vez, afirmamos que não há qualquer justificativa para a exclusão de bebidas alcoólicas com teor abaixo de treze graus Gay Lussac, uma vez que todas elas são consideradas drogas psicotrópicas, causadoras de diversos danos imediatos e mediatos, além de causarem dependência.

Na verdade, quando das alterações propostas pela Medida Provisória n. 118/2003, o Ministério da Saúde sugeriu a extensão das restrições à publicidade de bebidas alcoólicas para aquelas com menos de treze graus, visando corrigir uma situação surreal criada pela Lei n. 9.294/96.

Contudo, tal emenda foi excluída do ato normativo, por força de um poderoso *lobby* das empresas de cerveja e de publicidade, que chegaram ao ponto de se instalarem em um escritório na Capital Federal com o intuito de derrubar a aludida proposta.

Não há como sustentar a exclusão de bebidas como a cerveja das restrições impostas pela Lei n. 9.294/96, até porque há inúmeras pesquisas que apontam a influência direta das propagandas no início e aumento do consumo do álcool. Ademais, lembremos que a cerveja é a bebida alcoólica mais consumida no Brasil.

Segundo Bruno Miragem, um "grave déficit da lei, com relação à proteção constitucional materializada nesta determinação de restrição, é a definição legal de bebida alcoólica como aquelas com gradação alcoólica superior a treze graus Gay Lussac, o que coloca fora do alcance das restrições estabelecidas a publicidade de cerveja, ou de bebidas *ice*, por exemplo. **Tal definição, contudo, foi considerada constitucional pelo STF**".[58]

A aludida decisão do Supremo Tribunal Federal foi proferida na **Ação Direta de Inconstitucionalidade n. 1.755-5/DF**, nos termos da seguinte ementa:

> EMENTA: CONSTITUCIONAL. LEI FEDERAL. RESTRIÇÕES AO USO E À PROPAGANDA DE PRODUTOS FUMÍGEROS, BEBIDAS ALCOÓLICAS, ETC. IMPUGNAÇÃO DO DISPOSITIVO QUE DEFINE O QUE É BEBIDA ALCOÓLICA PARA OS FINS DE PROPAGANDA. **ALEGADA DISCRIMINAÇÃO LEGAL QUANTO ÀS BEBIDAS COM TEOR ALCOÓLICO INFERIOR A TREZE GRAUS GAY LUSSAC. A SUBTRAÇÃO DA NORMA DO CORPO DA LEI, IMPLICA EM ATUAR ESTE TRIBUNAL COMO LEGISLADOR**

[58] MIRAGEM, Bruno. *Curso de direito do consumidor*, p. 182.

POSITIVO, O QUE LHE É VEDADO. MATÉRIA PARA SER DIRIMIDA NO ÂMBITO DO CONGRESSO NACIONAL. PRECEDENTES. AÇÃO NÃO CONHECIDA (Rel. Ministro Nelson Jobim, Tribunal Pleno, *DJ* 18-5-2001).[59]

Some-se a isto o aumento do consumo de bebidas do tipo *ice*, que disfarçam o sabor característico das bebidas alcoólicas, tornando-se especialmente agradáveis aos jovens, bem como a existência de trabalhos científicos que associam a maior probabilidade de se desenvolver dependência química, quanto mais precoce a idade em que se comece a beber (74% dos estudantes do ensino médio e fundamental já experimentaram bebidas alcoólicas).[60]

Nem se alegue que a propaganda não influi no consumo destes produtos. De acordo com a Organização Mundial da Saúde — OMS, países desenvolvidos que acabaram com a publicidade de bebida alcoólica têm consumo 16% mais baixo e 23% menos mortes no trânsito em comparação a outros que não têm restrição.[61]

Neste contexto, o Governo Federal criou um "Grupo Interministerial" no ano de 2003 composto por membros dos Ministérios da Saúde, Educação, Justiça e representantes de agências de publicidade e fabricantes de bebidas alcoólicas, a fim de que fosse criada uma política nacional de redução de danos causados por bebidas alcoólicas.

Divulgou-se, à época,[62] que o tal "Grupo Interministerial" propôs alteração do conceito de bebida alcoólica, consideradas aquelas que tiverem 0,5 grau Gay Lussac, ou mais, em sua composição.

Sugeriram, ainda, restrições na propaganda dirigida a grupos vulneráveis, uma política fiscal que desestimule o consumo e medidas restritivas de venda. No entanto, até a presente data, nenhum êxito foi obtido nesse sentido.[63]

---

[59] Sobre o tema, cumpre ressaltar que tramitou no STF a Ação Direta de Inconstitucionalidade por Omissão (ADO) n. 22, ajuizada pela Procuradoria-Geral da República (PGR) para questionar omissão legislativa parcial do Congresso Nacional por ausência de regulamentação das propagandas de bebidas de teor alcoólico inferior a 13 graus Gay Lussac (GL). Nesse julgado, o STF assim decidiu: **"EMENTA: AÇÃO DIRETA DE INCONSTITUCIONALIDADE POR OMISSÃO. REGULAMENTAÇÃO DE PROPAGANDA DE BEBIDAS DE TEOR ALCOÓLICO INFERIOR A TREZE GRAUS GAY LUSSAC (13° GL). AUSÊNCIA DE OMISSÃO. ATUAÇÃO DO PODER LEGISLATIVO. ART. 2º DA CONSTITUIÇÃO DA REPÚBLICA. IMPOSSIBILIDADE DE ATUAR O SUPREMO TRIBUNAL FEDERAL COMO LEGISLADOR POSITIVO, SUBSTITUINDO-SE AO PODER LEGISLATIVO NA DEFINIÇÃO DE CRITÉRIOS ADOTADOS NA APROVAÇÃO DAS NORMAS DE PROPAGANDA DE BEBIDAS ALCOÓLICAS: PRECEDENTES. AÇÃO JULGADA IMPROCEDENTE. DECISÃO COM EFEITOS VINCULANTES"** (Tribunal Pleno, ADO 22/DF, Rel. Ministra Cármen Lúcia, *DJe* 3-8-2015).

[60] Sexo e bichinhos ficam de fora. *Revista Veja*, edição 1.822, ano 36, n. 39, 1º de outubro de 2003, p. 75.

[61] Jornal *Folha de S.Paulo*, de 14 de maio de 2003, Caderno Cotidiano, p. C5.

[62] Jornal *Folha de S.Paulo*, de 21 de agosto de 2003, Caderno Cotidiano, p. C1.

[63] O que existe de concreto é uma Ação Civil Pública, proposta pelo Ministério Público Federal, a qual analisaremos a seguir.

Em resumo, **o caráter vanguardista da Lei n. 9.294/96 na disciplina da restrição da publicidade do tabaco** não está nem de perto presente no tocante à regulamentação da publicidade das bebidas alcoólicas.

Por fim, reiteramos que a proteção contra os abusos na publicidade das bebidas alcoólicas dispensa qualquer alteração ou criação legislativa, uma vez que o atual sistema jurídico já apresenta inúmeros dispositivos que, por si sós, exigem a veiculação de advertência quanto aos riscos do uso do álcool.

Primeiramente, constata-se a obrigatoriedade da advertência quanto aos malefícios causados pelo álcool em publicidades do gênero no art. 220, § 4º, *in fine,* da Constituição Federal, norma de eficácia plena.

Depois, o art. 9º do CDC obriga este tipo de anúncio a informar sobre a nocividade e periculosidade das bebidas alcoólicas, além de enquadrá-lo como publicidade enganosa por comissão ou omissão, bem como abusiva, respondendo o fornecedor pelas sanções administrativas, penais e civis. Há, ainda, as regras previstas no ECA e na própria Lei n. 9.294/96, conforme já descrevemos.

Diante deste amplo contexto normativo, cumpre ressaltar, em última análise, que as alterações realizadas pelo CONAR (restrição na publicidade da participação de atores e modelos com aparência inferior a 25 anos, de erotismo, de animais humanizados, bonecos ou animação que atraia a atenção de crianças, dentre outras) têm a sua importância, mas não podem servir de sucedâneo dos preceitos constitucionais e infraconstitucionais mencionados, nem substituir uma eventual legislação mais eficaz no combate à publicidade de bebidas alcoólicas, como já acontece na mensagem publicitária dos cigarros.

Tal assertiva tem por fundamento o fato de que o consumo do álcool gera um grande problema de saúde pública, devendo, assim, ser imediatamente combatido pelas autoridades competentes, por meio dos instrumentos processuais já existentes — Ação Civil Pública e Ações Cautelares Inominadas —, nos termos do ordenamento jurídico pátrio elencados nessa explanação.

■ 9.7.3.1. A disciplina da publicidade dos cigarros na legislação infraconstitucional

Destacamos alguns dispositivos da Lei n. 9.294/96 que bem representam a boa regulamentação da publicidade do tabaco:

■ **proibição de uso em recinto coletivo fechado, privado ou externo (art. 2º, §§ 1º a 3º):**

É proibido o uso de cigarros, cigarrilhas, charutos, cachimbos ou qualquer outro produto fumígeno, derivado ou não do tabaco, em recinto coletivo fechado, privado ou público. (Redação dada pela Lei n. 12.546, de 2011)

§ 1º Incluem-se nas disposições deste artigo as repartições públicas, os hospitais e postos de saúde, as salas de aula, as bibliotecas, os recintos de trabalho coletivo e as salas de teatro e cinema.

§ 2º É vedado o uso dos produtos mencionados no *caput* nas aeronaves e veículos de transporte coletivo. (Redação dada pela Medida Provisória n. 2.190-34, de 2001)

§ 3º Considera-se recinto coletivo o local fechado, de acesso público, destinado a permanente utilização simultânea por várias pessoas. (Incluído pela Lei n. 12.546, de 2011)

■ publicidade vedada (art. 3º, §§ 1º a 6º):

É vedada, em todo o território nacional, a propaganda comercial de cigarros, cigarrilhas, charutos, cachimbos ou qualquer outro produto fumígeno, derivado ou não do tabaco, com exceção apenas da exposição dos referidos produtos nos locais de vendas, desde que acompanhada das cláusulas de advertência a que se referem os §§ 2º, 3º e 4º deste artigo e da respectiva tabela de preços, que deve incluir o preço mínimo de venda no varejo de cigarros classificados no código 2402.20.00 da Tipi, vigente à época, conforme estabelecido pelo Poder Executivo. (Redação dada pela Lei n. 12.546, de 2011)

§ 1º A propaganda comercial dos produtos referidos neste artigo deverá ajustar-se aos seguintes princípios:

I — não sugerir o consumo exagerado ou irresponsável, nem a indução ao bem-estar ou saúde, ou fazer associação a celebrações cívicas ou religiosas;

II — não induzir as pessoas ao consumo, atribuindo aos produtos propriedades calmantes ou estimulantes, que reduzam a fadiga ou a tensão, ou qualquer efeito similar;

III — não associar ideias ou imagens de maior êxito na sexualidade das pessoas, insinuando o aumento de virilidade ou feminilidade de pessoas fumantes;

IV — não associar o uso do produto à prática de atividades esportivas, olímpicas ou não, nem sugerir ou induzir seu consumo em locais ou situações perigosas, abusivas ou ilegais; (Redação dada pela Lei n. 10.167, de 27-12-2000);

V — não empregar imperativos que induzam diretamente ao consumo;

VI — não incluir a participação de crianças ou adolescentes. (Redação dada pela Lei n. 10.167, de 27-12-2000)

§ 2º A propaganda conterá, nos meios de comunicação e em função de suas características, advertência, sempre que possível falada e escrita, sobre os malefícios do fumo, bebidas alcoólicas, medicamentos, terapias e defensivos agrícolas, segundo frases estabelecidas pelo Ministério da Saúde, usadas sequencialmente, de forma simultânea ou rotativa. (Redação dada pela Medida Provisória n. 2.190-34, de 2001)

§ 3º As embalagens e os maços de produtos fumígenos, com exceção dos destinados à exportação, e o material de propaganda referido no *caput* deste artigo conterão a advertência mencionada no § 2º acompanhada de imagens ou figuras que ilustrem o sentido da mensagem. (Redação dada pela Medida Provisória n. 2.190-34, de 2001)

§ 4º Nas embalagens, as cláusulas de advertência a que se refere o § 2º deste artigo serão sequencialmente usadas, de forma simultânea ou rotativa, nesta última hipótese devendo variar no máximo a cada cinco meses, inseridas, de forma legível e ostensivamente destacada, em uma das laterais dos maços, carteiras ou pacotes que sejam habitualmente comercializados diretamente ao consumidor.

§ 5º Nas embalagens de produtos fumígenos vendidas diretamente ao consumidor, as cláusulas de advertência a que se refere o § 2º deste artigo serão sequencialmente usadas, de forma simultânea ou rotativa, nesta última hipótese devendo variar no máximo a cada 5 (cinco) meses, inseridas, de forma legível e ostensivamente destacada, em 100% (cem por cento) de sua face posterior e de uma de suas laterais. (Redação dada pela Lei n. 12.546, de 2011)

§ 6º A partir de 1º de janeiro de 2016, além das cláusulas de advertência mencionadas no § 5º deste artigo, nas embalagens de produtos fumígenos vendidas diretamente ao consumidor também deverá ser impresso um texto de advertência adicional ocupando 30% (trinta por cento) da parte inferior de sua face frontal. (Incluído pela Lei n. 12.546, de 2011)

■ práticas comerciais proibidas (art. 3º-A, *caput* e §§ 1º e 2º):

Quanto aos produtos referidos no art. 2º desta Lei, são proibidos: (Artigo incluído pela Lei n. 10.167, de 27-12-2000)

I — a venda por via postal; (Inciso incluído pela Lei n. 10.167, de 27-12-2000)

II — a distribuição de qualquer tipo de amostra ou brinde; (Inciso incluído pela Lei n. 10.167, de 27-12-2000)

III — a propaganda por meio eletrônico, inclusive internet; (Inciso incluído pela Lei n. 10.167, de 27-12-2000)

IV — a realização de visita promocional ou distribuição gratuita em estabelecimento de ensino ou local público; (Inciso incluído pela Lei n. 10.167, de 27-12-2000)

V — o patrocínio de atividade cultural ou esportiva; (Inciso incluído pela Lei n. 10.167, de 27-12-2000)

VI — a propaganda fixa ou móvel em estádio, pista, palco ou local similar; (Inciso incluído pela Lei n. 10.167, de 27-12-2000)

VII — a propaganda indireta contratada, também denominada *merchandising*, nos programas produzidos no País após a publicação desta Lei, em qualquer horário; (Inciso incluído pela Lei n. 10.167, de 27-12-2000)

VIII — a comercialização em estabelecimento de ensino, em estabelecimento de saúde e em órgãos ou entidades da Administração Pública; (Redação dada pela Lei n. 10.702, de 14-7-2003)

IX — a venda a menores de dezoito anos. (Incluído pela Lei n. 10.702, de 14-7-2003)

§ 1º Até 30 de setembro de 2005, o disposto nos incisos V e VI não se aplica no caso de eventos esportivos internacionais que não tenham sede fixa em um único país e sejam organizados ou realizados por instituições estrangeiras. (Renumerado e alterado pela Lei n. 10.702, de 14-7-2003)

§ 2º É facultado ao Ministério da Saúde afixar, nos locais dos eventos esportivos a que se refere o § 1º, propaganda fixa com mensagem de advertência escrita que observará os conteúdos a que se refere o § 2º do art. 3ºC, cabendo aos responsáveis pela sua organização assegurar os locais para a referida afixação. (Incluído pela Lei n. 10.702, de 14-7-2003)

■ prática permitida (art. 3º-B):

Somente será permitida a comercialização de produtos fumígenos que ostentem em sua embalagem a identificação junto à Agência Nacional de Vigilância Sanitária, na forma do regulamento. (Artigo incluído pela Lei n. 10.167, de 27-12-2000)

■ divulgação em eventos culturais ou desportivos (art. 3º-C, §§ 1º a 3º):

A aplicação do disposto no § 1º do art. 3ºA, bem como a transmissão ou retransmissão, por televisão, em território brasileiro, de eventos culturais ou esportivos com imagens geradas no estrangeiro patrocinados por empresas ligadas a produtos fumígeros, exige a veiculação gratuita pelas emissoras de televisão, durante a transmissão do evento, de mensagem de advertência sobre os malefícios do fumo. (Incluído pela Lei n. 10.702, de 14-7-2003)

§ 1º Na abertura e no encerramento da transmissão do evento, será veiculada mensagem de advertência, cujo conteúdo será definido pelo Ministério da Saúde, com duração não inferior a trinta segundos em cada inserção. (Incluído pela Lei n. 10.702, de 14-7-2003)

§ 2º A cada intervalo de quinze minutos será veiculada, sobreposta à respectiva transmissão, mensagem de advertência escrita e falada sobre os malefícios do fumo com duração não inferior a quinze segundos em cada inserção, por intermédio das seguintes frases e de outras a serem definidas na regulamentação, usadas sequencialmente, todas precedidas da afirmação "O Ministério da Saúde adverte": (Incluído pela Lei n. 10.702, de 14-7-2003)

I — "fumar causa mau hálito, perda de dentes e câncer de boca"; (Incluído pela Lei n. 10.702, de 14-7-2003)

II — "fumar causa câncer de pulmão"; (Incluído pela Lei n. 10.702, de 14-7-2003)

III — "fumar causa infarto do coração"; (Incluído pela Lei n. 10.702, de 14-7-2003)

IV — "fumar na gravidez prejudica o bebê"; (Incluído pela Lei n. 10.702, de 14-7-2003)

V — "em gestantes, o cigarro provoca partos prematuros, o nascimento de crianças com peso abaixo do normal e facilidade de contrair asma"; (Incluído pela Lei n. 10.702, de 14-7-2003)

VI — "crianças começam a fumar ao verem os adultos fumando"; (Incluído pela Lei n. 10.702, de 14-7-2003)

VII — "a nicotina é droga e causa dependência"; e (Incluído pela Lei n. 10.702, de 14-7-2003)

VIII — "fumar causa impotência sexual". (Incluído pela Lei n. 10.702, de 14-7-2003)

§ 3º Considera-se, para os efeitos desse artigo, integrantes do evento os treinos livres ou oficiais, os ensaios, as reapresentações e os compactos. (Incluído pela Lei n. 10.702, de 14-7-2003) (...).

9.7.4. A atuação do Ministério Público Federal na coibição dos malefícios causados por bebidas alcoólicas — especialmente pelas cervejas

O Ministério Público Federal propôs **Ação Civil Pública em face das principais cervejarias do país:** Ambev, Femsa e Schincariol, pelo fato de que, juntas, são responsáveis por cerca de 90% da venda das bebidas alcoólicas do tipo cerveja no Brasil.[64]

O **objetivo** da ACP resume-se à condenação das empresas-rés ao **pagamento de indenização, em favor da sociedade**, por meio da União e da Secretaria Nacional de Políticas sobre Drogas — SENAD, **para investimentos na prevenção e no tratamento** dos malefícios causados pelo consumo de bebidas alcoólicas.

Dentre os fatos levantados na aludida ação, destaca-se:

- as bebidas alcoólicas são responsáveis por inúmeros e graves prejuízos à saúde individual e à saúde pública, sendo que nesse mercado se destacam os produtos do tipo "cerveja" e "chope";
- embora sejam de livre produção e comercialização, as bebidas alcoólicas sofrem restrição publicitária, tendo em vista a nocividade inerente a esses produtos;
- as empresas-rés investem maciçamente em publicidade (o investimento nesse segmento foi de quase 1 bilhão de reais em 2007), a fim de aumentarem a venda de seus produtos e, consequentemente, seus lucros;
- o maciço investimento em publicidade acarreta o aumento global e a precocidade de consumo de álcool pela sociedade;
- logo, tem-se que o investimento em publicidade pelas empresas-rés (conduta) acarretou (nexo causal) um incremento dos danos inerentes aos seus produtos alcoólicos (dano incrementado), daí seguindo-se o dever de indenizar na mesma proporção.

---

64 A Ação Civil Pública tramita na Justiça Federal, Seção Judiciária de São José dos Campos, sob o número processual: 2008.61.03.007791-6. Teve sentença de improcedência em 20 de abril de 2016 e se encontra em grau de recurso. Disponível em: <http://www.jfsp.jus.br/foruns-federais/>. No TRF 3ª Região o processo encontra-se concluso com o Relator desde 21-8-2017. Disponível em: <http://web.trf3.jus.br/consultas/Internet/ConsultaProcessual/Processo?numeroProcesso=00077914420084036103>. Acesso em: 11 jan. 2018.

Em resumo, a demanda tenta demonstrar que:

- existem malefícios sociais inerentes ao consumo de bebidas alcoólicas;
- o investimento em publicidade (conduta) acarreta (nexo causal) um incremento desses malefícios (dano incrementado); e
- esse incremento do dano é passível de indenização e deve ser suportado por quem lhe deu causa (responsabilidade).

Conforme é cediço, a bebida alcoólica — aí incluída a cerveja — é causadora de inúmeros malefícios[65] apontados pelo MPF, em especial:

Bebida alcoólica é responsável

- por mais de 10% de todos os casos de adoecimento e morte o país;
- por 60% dos acidentes de trânsito;
- por estar presente em 70% dos laudos cadavéricos de mortes violentas;
- por transformar 18 milhões de brasileiros em dependentes;
- por levar 65% dos estudantes de 1º e 2º graus à ingestão precoce, sendo que a metade deles começa a beber entre 10 e 12 anos.

Afirma o Ministério Público Federal que os **gastos públicos** do Sistema Único de Saúde **com tratamento** de dependentes de álcool e outras drogas em unidades extra-hospitalares, como os Centros de Atenção Psicossocial — Álcool e Drogas, atingiram, entre 2002 e junho de 2006, a cifra de R$ 36.887.442,95 (trinta e seis milhões, oitocentos e oitenta e sete mil, quatrocentos e quarenta e dois reais e noventa e cinco centavos).

Além disso, outros R$ 4.317.251,59 (quatro milhões, trezentos e dezessete mil, duzentos e cinquenta e um reais e cinquenta e nove centavos) foram gastos em procedimentos hospitalares de internações relacionadas ao uso de álcool e outras drogas no mesmo período.

O respaldo da citada ação está fundado em **estudos realizados** pela Organização Mundial da Saúde — **OMS** que concluíram que países que proíbem a publicidade de destilados têm níveis de consumo 16% mais baixos e 10% menos acidentes automobilísticos fatais do que países sem qualquer tipo de proibição.

---

65 Fontes: Uniad (Unidade de Pesquisa em Álcool e Drogas, da Universidade Federal de São Paulo — EPM/Unifesp); Cremesp (Conselho Regional de Medicina do Estado de São Paulo); SENAD — Secretaria Nacional de Políticas sobre Drogas.

E os que proíbem a propaganda de cervejas e vinhos, além dos destilados, têm níveis de consumo 11% menores e causam 23% menos acidentes automobilísticos fatais do que os que proíbem apenas a propaganda de destilados.

No Brasil, consta da inicial, a **indústria de cervejas** fatura mais de R$ 20 bilhões por ano e **gastou em publicidade, em 2006, mais de R$ 700 milhões.**[66]

Segundo o Procurador da República subscritor da comentada ação, a finalidade de sua demanda "é demonstrar que o aumento dos danos à saúde pública e individual do consumidor, como **decorrência** da decisão em **investir maciçamente em publicidade**, é perfeitamente evitável e diretamente relacionada à conduta das empresas-rés, daí seguindo-se o **dever de indenizar**".

E conclui o membro do *Parquet*, defendendo que "a publicidade de cerveja/chope não serve simplesmente para fixar uma marca, tampouco (e muito menos...) apresenta-se como estímulo inofensivo ao consumo, mas, ao contrário, induz a um aumento, estimado em 11%, do consumo global de bebidas alcoólicas, inclusive acarretando a iniciação precoce ao consumo de álcool pelos mais jovens, potencializando, dessa forma, os danos que são inerentes ao produto (bebida alcoólica)".

Logo, o fundamento jurídico da demanda e o inevitável dever de indenizar estão respaldados, dentre outros, pelos seguintes dispositivos do ordenamento jurídico pátrio:

- art. 220, § 4º, da Constituição Federal;
- art. 927, parágrafo único, do Código Civil;
- art. 12, do Código de Defesa do Consumidor;
- art. 6º do Código de Defesa do Consumidor, incisos: I — a proteção à vida, saúde e segurança contra os danos provocados; IV — a proteção contra a publicidade enganosa e abusiva; VI — a efetiva prevenção e reparação de danos; III — a informação adequada e clara sobre os diferentes produtos e serviços sobre os riscos que apresentem;[67]
- art. 9º do Código de Defesa do Consumidor: O fornecedor de produtos e serviços potencialmente nocivos ou perigosos à saúde ou segurança deverá informar, de maneira ostensiva e adequada, a respeito da sua nocividade ou periculosidade, sem prejuízo da adoção de outras medidas cabíveis em cada caso concreto.

---

[66] *Folha de S.Paulo*, Cotidiano, 22-5-2007.

[67] Vale lembrar que, por força da Lei n. 12.741, de 8 de dezembro de 2012, a redação do inciso III do art. 6º do Código de Defesa do Consumidor foi alterada para o seguinte teor: "a informação adequada e clara sobre os diferentes produtos e serviços, com especificação correta de quantidade, características, composição, qualidade, **tributos incidentes** e preço, bem como sobre os riscos que apresentem".

Por fim, ressalta-se que o **valor da indenização postulada é de R$ 2.764.433.637,53** (dois bilhões, setecentos e sessenta e quatro milhões, quatrocentos e trinta e três mil, seiscentos e trinta e sete reais e cinquenta e três centavos).

Concordamos com os fundamentos trazidos na ACP ora em comento e estamos certos das suas reais chances de êxito, como forma até de influenciar mudanças do posicionamento da jurisprudência superior que, conforme analisaremos no próximo subitem, não é das melhores no tocante à tutela de consumidores de bebidas alcoólicas e de cigarros.

■ 9.7.5. A posição do Superior Tribunal de Justiça

Infelizmente, o STJ não vem reconhecendo o dever do fornecedor de bebidas alcoólicas de indenizar os consumidores pelos malefícios causados, sob o fundamento básico e, *data venia,* simplista de que:

- é livre a escolha do consumidor;
- tinha ele consciência dos malefícios do seu hábito;
- o produto é nocivo, mas não defeituoso;
- nexo de causalidade inexistente.

Segue julgado paradigmático do Superior Tribunal de Justiça sobre o tema:

> RECURSO ESPECIAL — DIREITO DO CONSUMIDOR — ACÓRDÃO QUE, POR MAIORIA DE VOTOS, ANULA SENTENÇA — NÃO CABIMENTO DOS EMBARGOS INFRINGENTES — PRECEDENTES — ARTIGOS 22, DO CÓDIGO DE DEFESA DO CONSUMIDOR, E 335 DO CÓDIGO DE PROCESSO CIVIL — PREQUESTIONAMENTO — AUSÊNCIA — INCIDÊNCIA DA SÚMULA 211/STJ — RESPONSABILIDADE CIVIL — FABRICANTE DE BEBIDA ALCOÓLICA — DEPENDÊNCIA QUÍMICA — INEXISTÊNCIA — ATIVIDADE LÍCITA — CONSUMO DE BEBIDA ALCOÓLICA — **LIVRE ESCOLHA DO CONSUMIDOR — CONSCIÊNCIA DOS MALEFÍCIOS DO HÁBITO — NOTORIEDADE — PRODUTO NOCIVO, MAS NÃO DEFEITUOSO — NEXO DE CAUSALIDADE INEXISTENTE** — FATO INCONTROVERSO — JULGAMENTO ANTECIPADO DA LIDE — POSSIBILIDADE — DESNECESSIDADE DE PRODUÇÃO DE PROVA TÉCNICA — PRECEDENTES — CERCEAMENTO DE DEFESA — RECONHECIMENTO DE OFÍCIO — INVIABILIDADE — ESCÓLIO JURISPRUDENCIAL — RECURSO ESPECIAL PARCIALMENTE CONHECIDO E, NESSA EXTENSÃO, PROVIDO PARA JULGAR IMPROCEDENTE A DEMANDA INDENIZATÓRIA.
>
> I — No v. acórdão que, por maioria de votos, anula a sentença, não há juízo de reforma ou de substituição, afastando-se, portanto, o cabimento de embargos infringentes (*ut* REsp 1.091.438/RJ, Rel. Ministro Benedito Gonçalves, *DJe* 3-8-2010).

II — Os artigos 22, do Código de Defesa do Consumidor, relativo à obrigatoriedade de fornecimento de serviços adequados, bem como o 335, do Código de Processo Civil, acerca da aplicação das regras de experiência, não foram objeto de debate ou deliberação pelo Tribunal de origem, restando ausente, assim, o requisito do prequestionamento da matéria, o que atrai a incidência do enunciado 211 da Súmula desta Corte.

III — Procedendo-se diretamente ao julgamento da matéria controvertida, nos termos do art. 257 do RISTJ e da Súmula n. 456 do STF, **veja-se que embora notórios os malefícios do consumo excessivo de bebidas alcoólicas, tal atividade é exercida dentro da legalidade, adaptando-se às recomendações da Lei n. 9.294/96, que modificou a forma de oferecimento, ao mercado consumidor, de bebidas alcoólicas e não alcoólicas, ao determinar, quanto às primeiras, a necessidade de ressalva acerca dos riscos do consumo exagerado do produto.**

IV — Dessa forma e alertado, por meio de amplos debates ocorridos tanto na sociedade brasileira, quanto na comunidade internacional, acerca dos malefícios do hábito de ingestão de bebida alcoólica, é inquestionável, portanto, o decisivo papel desempenhado pelo consumidor, dentro de sua liberdade de escolha, no consumo ou não, de produto, que é, em sua essência, nocivo à sua saúde, mas que não pode ser reputado como defeituoso.

V — Nesse contexto, **o livre-arbítrio do consumidor pode atuar como excludente de responsabilidade do fabricante**. Precedente: REsp 886.347/RS, Rel. Ministro Honildo Amaral de Mello Castro, Desembargador Convocado do TJ/AP, *DJe* 25-5-2010.

VI — Em resumo: **aquele que, por livre e espontânea vontade, inicia-se no consumo de bebidas alcoólicas, propagando tal hábito durante certo período de tempo, não pode, doravante, pretender atribuir responsabilidade de sua conduta ao fabricante do produto, que exerce atividade lícita e regulamentada pelo Poder Público.**

VII — Além disso, "*(...) O juiz pode considerar desnecessária a produção de prova sobre os fatos incontroversos, julgando antecipadamente a lide*" (REsp 107.313/PR, Rel. Ministro Ruy Rosado de Aguiar, *DJ* 17-3-1997, p. 7516.

VIII — Por fim, não é possível, ao Tribunal de origem, reconhecer, de ofício, cerceamento de defesa, sem a prévia manifestação da parte interessada, na oportunidade de apresentação do recurso de apelação. Precedentes.

IX — Recurso especial parcialmente conhecido e, nessa extensão, provido para julgar improcedente a demanda (REsp 1.261.943/SP, Rel. Ministro Massami Uyeda, 3ª T., *DJe* 27-2-2012).

O **mesmo entendimento** do Superior Tribunal de Justiça vem sendo aplicado para não condenar o **fornecedor de cigarros** pelos malefícios causados ao consumidor (REsp 886.347/RS, Rel. Ministro Honildo Amaral de Mello Castro, Desembargador Convocado do TJ/AP, 4ª T., *DJe* 8-6-2010).

Com o devido respeito às decisões supracitadas, equivocou-se o Superior Tribunal de Justiça ao atribuir ao livre-arbítrio do consumidor a responsabilidade pelos prejuízos sofridos em razão da ingestão de bebidas alcoólicas ou do consumo de cigarros.

Isto porque muitas gerações foram constantemente bombardeadas por mensagens que atrelavam esses produtos ao êxito nas relações sociais, inclusive sexuais, ao glamour profissional, dentre outras situações de destaque.

Sem contar ainda a ausência de informação ostensiva e adequada sobre os malefícios decorrentes da ingestão imoderada de bebidas alcoólicas, contexto que leva à configuração de publicidade enganosa e abusiva na disciplina do Código de Defesa do Consumidor.

■ 9.8. QUESTÕES

1. (CESPE — 2012 — TJ-PI — Juiz) De acordo com o disposto no CDC acerca da publicidade de bens e serviços de consumo, entende-se por *teaser*

a) a publicidade comum e socialmente aceita, a despeito dos exageros nela observados e da não observância do princípio da transparência da fundamentação em sua produção.
b) a propaganda abusiva, que enseja a responsabilização civil e administrativa do fornecedor dos bens ou serviços.
c) a mensagem que visa criar expectativa ou curiosidade no público, prescindindo da identificação do anunciante, do produto ou do serviço.
d) a técnica publicitária utilizada para veicular produtos e serviços de forma camuflada e inseri-los em programas de televisão, rádio ou cinema.
e) a publicidade enganosa por omissão.

2. (VUNESP — 2011 — TJ-RJ — Juiz) Em matéria de publicidade, é correto afirmar que é

a) abusiva aquela parcialmente falsa, que induz o consumidor em erro em relação à qualidade do produto.
b) enganosa aquela que se aproveita da deficiência de julgamento da criança.
c) abusiva aquela que por omissão deixa de destacar elemento essencial à decisão de compra do consumidor.
d) enganosa a que induz o consumidor em erro a respeito da sua segurança no consumo.

3. (CESPE — 2011 — TJ-PB — Juiz) A respeito de publicidade, propaganda e das práticas abusivas nas relações de consumo, assinale a opção correta.

a) É vedada ao fornecedor de produtos ou serviços, entre outras práticas abusivas, a execução de serviços sem a prévia elaboração de orçamento e autorização expressa do consumidor, ainda que decorrentes de práticas anteriores entre as partes.
b) Consoante entendimento do STJ, a cobrança, pela mesma mercadoria, de preços distintos de acordo com a forma de pagamento — um para o efetuado em espécie e outro para o efetuado com cartão de crédito — não constitui prática abusiva.
c) Incluem-se entre os princípios da publicidade previstos no CDC o princípio da identificação da mensagem publicitária; o da vinculação contratual da publicidade; o da veracidade da publicidade; o do ônus da prova a cargo do fornecedor; o da transparência da fundamentação da publicidade; e o da correção do desvio publicitário.
d) Caracteriza-se como enganosa a publicidade capaz de induzir o consumidor a erro, seja por comissão, quando nela se afirme algo que, na verdade, não existe, seja por omissão, quando nela se deixe de informar dado do produto ou serviço; considera-se abu-

siva a publicidade que, falsa, fira a vulnerabilidade do consumidor, mediante elementos e circunstâncias que ofendam valores básicos de toda a sociedade.

e) Os termos publicidade e propaganda são tratados, no âmbito do direito do consumidor, como sinônimos, já que se relacionam à atividade voltada a tornar conhecido produto ou serviço a fim de aproximar consumidor e fornecedor e promover lucro na atividade comercial.

4. (FGV — 2010 — OAB — Exame de Ordem Unificado — 2 — Primeira Fase — set./2010) Sobre o tratamento da publicidade no Código de Defesa do Consumidor, é correto afirmar que:

a) a publicidade somente vincula o fornecedor se contiver informações falsas.

b) a publicidade que não informa sobre a origem do produto é considerada enganosa, mesmo quando não essencial para o produto.

c) o ônus da prova da veracidade da mensagem publicitária cabe ao veículo de comunicação.

d) é abusiva a publicidade que desrespeita valores ambientais.

5. (CESPE — 2007 — DPU — Defensor Público) No que se refere aos direitos do consumidor, julgue os itens subsequentes.

Para caracterização da publicidade enganosa, é suficiente que a informação publicitária, por ser falsa, inteira ou parcialmente, ou por omitir dados importantes, leve o consumidor ao erro, não se exigindo dolo ou culpa do anunciante nem dos demais responsáveis por sua veiculação, mas apenas capacidade de induzir o consumidor ao erro.

( ) certo ( ) errado

6. (CESPE — 2007 — TJ-PI — Juiz) Determinada pessoa jurídica que atua no ramo de venda de móveis e eletrodomésticos ao consumidor iniciou campanha publicitária denominada "Queimão de Estoque", em que anunciava a venda de produtos com preços equivalentes a menos da metade do valor de mercado. No âmbito dessa campanha, anunciou: TELEVISÃO DE PLASMA, R$ 1.000,00. Com base no direito das relações de consumo e considerando que no anúncio não se fazia qualquer menção a marca, características ou outra especificação do produto, assinale a opção correta.

a) É suficiente, para atender ao direito do consumidor à informação adequada, a menção ao produto e ao preço, sendo desnecessária a apresentação de outros dados característicos ou especificações do produto.

b) Será abusiva a publicidade veiculada pela referida pessoa jurídica, se não houver em seus estoques nenhum produto com o preço informado.

c) Havendo discussão a respeito da veracidade e da correção da informação publicitária, o ônus da prova será do patrocinador da veiculação da informação.

d) É considerada enganosa a publicidade que induza o consumidor a se comportar de forma prejudicial ou perigosa à sua saúde ou segurança.

e) Havendo discussão quanto à veracidade das informações publicitárias veiculadas, o ônus da prova poderá ser conferido ao consumidor quando, a critério do juiz, for verossímil a alegação do fornecedor, segundo as regras ordinárias de experiência.

7. (MPE-PR — 2008 — Promotor de Justiça) Sobre oferta e publicidade analise as assertivas abaixo e responda.

I. Toda informação ou publicidade suficientemente precisa, veiculada por qualquer forma ou meio de comunicação, com relação a produtos e serviços oferecidos ou apresentados, obriga o fornecedor que a fizer veicular ou dela se utilizar e integra o contrato que vier a ser celebrado.

II. A oferta e apresentação de produtos ou serviços devem assegurar informações corretas, claras, precisas, ostensivas e em língua portuguesa sobre suas características, qualidades, composição, preço, garantia, prazos de validade e origem, entre outros dados, bem como sobre os riscos que apresentam à saúde e segurança dos consumidores.

III. Se o fornecedor de produtos ou serviços recusar cumprimento à oferta, apresentação ou publicidade, o consumidor poderá exigir o cumprimento forçado da obrigação, nos termos da oferta, apresentação ou publicidade.

IV. É enganosa qualquer modalidade de informação ou comunicação de caráter publicitário, inteira ou totalmente falsa, ou, por qualquer outro modo, mesmo por omissão, capaz de induzir em erro o consumidor a respeito da natureza, características, origem, preço e quaisquer outros dados sobre produtos e serviços.

a) Todas estão corretas.
b) Nenhuma está correta.
c) Apenas 1ª e 2ª estão corretas.
d) Apenas 3ª e 4ª estão corretas.
e) Apenas 1ª, 3ª e 4ª estão corretas.

8. (FCC — 2011 — DPE-RS — Defensor Público — adaptada) Atenção: Para responder à questão a seguir, assinale a alternativa que contém a afirmação correta em relação ao assunto indicado.
Contrato de consumo.

a) O descumprimento dos termos da proposta, após sua aceitação, é hipótese típica de responsabilidade pré-contratual do fornecedor.
b) A publicidade quando veicule informações inverídicas dá causa à sanção de contrapropaganda, mas não gera eficácia vinculativa em relação ao consumidor.
c) A publicidade feita por intermédio de ligação telefônica é permitida, mesmo quando onerosa, porém admite o exercício do direito de arrependimento pelo consumidor.
d) A recusa do fornecedor a dar cumprimento à oferta pode dar causa ao abatimento do preço.
e) Segundo entendimento majoritário, o responsável pela indenização decorrente da promoção de publicidade ilícita é o fornecedor que a faz veicular.

9. (TJ-PR — 2012 — Assessor Jurídico) Sobre as disposições do Código de Defesa do Consumidor acerca da oferta e da publicidade, é correto afirmar:

a) O fornecedor do produto ou serviço é subsidiariamente responsável pelos atos de seus prepostos sem vínculo empregatício ou representantes autônomos.
b) O fornecedor, na publicidade de seus produtos ou serviços, manterá, em seu poder, para informação dos legítimos interessados, os dados fáticos, técnicos e científicos que dão sustentação à mensagem.
c) É abusiva qualquer modalidade de informação ou comunicação de caráter publicitário, inteira ou parcialmente falsa, ou, por qualquer outro modo, mesmo por omissão, capaz de induzir em erro o consumidor a respeito da natureza, características, qualidade, quantidade, propriedades, origem, preço e quaisquer outros dados sobre produtos e serviços.
d) Os fabricantes e importadores deverão assegurar a oferta de componentes e peças de reposição enquanto não cessar a fabricação ou importação do produto. Cessadas a produção ou importação, a oferta deverá ser mantida por, no mínimo, 20 (vinte) anos.

10. (CEPERJ — 2012 — PROCON-RJ — Agente — Adaptada) Quando ocorre a suspensão de propaganda que é difundida maciçamente pela mídia a respeito de empreendimento imobiliário com centenas de unidades, nos termos do Código de Defesa do Consumidor, procura-se proteger:

a) o consumidor como individualidade;

b) a universalidade de consumidores;
c) a Sociedade Civil como um todo;
d) os fornecedores vinculados ao empreendimento.

11. (FCC — 2011 — TJ-PE — Juiz — Adaptada) Uma mensagem publicitária considera-se abusiva quando

a) tiver finalidade ideológica ou política.
b) induzir em erro o consumidor.
c) deixar de informar o consumidor sobre dado essencial do produto ou serviço.
d) desrespeitar valores ambientais.

12. (FGV — 2013 — TJ-AM — Juiz Substituto) Com base no Código de Defesa do Consumidor, assinale a afirmativa correta.

a) A coletividade de pessoas, desde que determinável, que haja intervindo nas relações de consumo, equipara-se a consumidor.
b) Serviço é qualquer atividade fornecida no mercado de consumo, ainda que não remunerada, inclusive as de natureza bancária, financeira, de crédito e securitária, salvo as decorrentes das relações de caráter trabalhista.
c) A ignorância do fornecedor sobre os vícios de qualidade por inadequação dos produtos e serviços o exime de responsabilidade.
d) O Juiz poderá desconsiderar a personalidade jurídica da sociedade quando, em detrimento do consumidor, houver abuso de direito, excesso de poder, infração da lei, fato ou ato ilícito ou violação dos estatutos ou contrato social, excetuadas as hipóteses de falência ou estado de insolvência.
e) A publicidade discriminatória de qualquer natureza, dentre outras, a que incite à violência, explore o medo ou a superstição, se aproveite da deficiência de julgamento e experiência da criança, desrespeite valores ambientais ou que seja capaz de induzir o consumidor a se comportar de forma prejudicial ou perigosa à sua saúde ou segurança, é abusiva.

13. (MPE-SC — 2013 — MPE-SC — Promotor de Justiça) Analise o enunciado da questão abaixo e assinale "certo" — (c) ou "errado" — (e)

Para o CDC, é abusiva qualquer modalidade de informação ou comunicação de caráter publicitário, inteira ou parcialmente falsa, ou, por qualquer outro modo, mesmo por omissão, capaz de induzir em erro o consumidor a respeito da natureza, características, qualidade, quantidade, propriedades, origem, preço e quaisquer outros dados sobre produtos e serviços.

( ) certo ( ) errado

14. (VUNESP — 2014 — DPE-MS — Defensor Público) Sobre publicidade nas relações de consumo, é correto afirmar que:

a) o meio de comunicação, na publicidade de produtos ou serviços por ele veiculados, manterá em seu poder, para informação dos legítimos interessados, os dados fáticos, técnicos e científicos que dão sustentação à mensagem.
b) é enganosa quando induza o consumidor a se comportar de forma prejudicial ou perigosa à sua saúde ou segurança.
c) é abusiva por omissão quando deixar de informar sobre dado essencial do produto ou serviço.
d) o ônus da prova da veracidade e correção da informação ou comunicação publicitária cabe a quem as patrocina.

15. (FCC — 2014 — TJ-CE — Juiz) Em relação à publicidade nas relações de consumo, é correto afirmar que

a) a veiculação de publicidade em revistas e jornais deve ser realizada de modo que, facilmente e de imediato, possa o consumidor identificá-la como tal e não como notícia.

b) a publicidade enganosa ou abusiva se dá sempre comissivamente por meio do fornecedor do produto ou serviço.
c) a publicidade dos métodos de curandeirismo e de "trabalhos" para resolver problemas amorosos configura-se como enganosa.
d) o folheto publicitário é meramente ilustrativo e não precisa guardar, necessariamente, correspondência com o contrato futuro a ser assinado.
e) o ônus da prova da veracidade e correção da informação ou comunicação publicitária é de natureza judicial, cabendo ao juiz defini-lo, discricionariamente, em cada caso concreto.

16. (FCC — 2015 — TRT-1ª Região/RJ — Juiz do Trabalho Substituto) Sobre o Código de Defesa do Consumidor (Lei n. 8.078/1990), considere:

I. É enganosa qualquer modalidade de informação ou comunicação de caráter publicitário, inteira ou parcialmente falsa ou, por qualquer outro modo, capaz de induzir em erro o consumidor a respeito da natureza, características, qualidade, quantidade, propriedades, origem, preço e quaisquer outros dados sobre produtos e serviços.
II. A publicidade é simulada por omissão quando deixar de informar sobre dado essencial do produto.
III. É abusiva, dentre outras, a publicidade discriminatória de qualquer natureza, a que explore o medo ou a superstição ou a que desrespeita valores ambientais.
IV. É abusiva a publicidade que seja capaz de induzir o consumidor a se comportar de maneira prejudicial ou perigosa à sua saúde ou segurança.

Está correto o que se afirma APENAS em

a) I e III.
b) II e III.
c) I, III e IV.
d) II e IV.
e) I, II e IV.

17. (MPE-SC — 2016 — MPE-SC — Promotor de Justiça) Conforme o regramento do Código de Defesa do Consumidor, publicidade enganosa pode se dar na forma omissiva, quando não se informa sobre dado essencial do produto ou do serviço, cabendo o ônus da prova da correção da informação/comunicação publicitária a quem a patrocina.

( ) certo ( ) errado

18. (FMP — 2017 — MPE-RO — Promotor de Justiça Substituto) Sobre a disciplina da oferta e da publicidade no Código de Defesa do Consumidor, é CORRETO afirmar:

a) A violação do dever de identificação da publicidade caracteriza a publicidade clandestina, espécie de publicidade ilícita.
b) O descumprimento da oferta publicitária pelo fornecedor dá causa à responsabilidade pré-contratual.
c) A publicidade enganosa, para que seja considerada como tal, deve levar o consumidor à efetiva contratação, porque foi induzido ao erro.
d) A oferta realizada por representante autônomo não vincula o fornecedor, quando este demonstrar que com ela não obteve nenhum proveito.
e) O veículo de comunicação por que é transmitida a publicidade responde pela exatidão e licitude de seu conteúdo.

■ GABARITO ■

1. "c". O *teaser* não é considerado publicidade enganosa, a princípio, por se tratar de parte da mensagem publicitária. Assim, a enganosidade deverá ser analisada na integralidade da peça publicitária. A publicidade comum e socialmente aceita, a despeito dos exageros nela observados, é denominada *puffing*, aí o erro da alternativa "a". A letra "b" também equivoca-se, pois o *teaser* não é necessariamente uma publicidade abusiva, a princípio. Mais uma vez, tal conclusão dependerá da análise do todo da mensagem. A técnica publicitária utilizada para veicular produtos e serviços de forma camuflada e inseri-los em programas de televisão, rádio ou cinema caracteriza o *merchandising*, e não o *teaser*, por isso o erro da assertiva "d". Por fim, a alternativa "e" também está equivocada, uma vez que a publicidade enganosa por omissão é aquela que deixa de informar sobre dado essencial e nenhuma relação tem com o *teaser*, a princípio.

2. "d". Nos termos do art. 37, § 1º, do CDC. A letra "a" está errada, pois chamou de abusiva a publicidade e a definiu como enganosa (art. 37, §§ 1º e 2º). A alternativa "b" fez o inverso, chamou de enganosa a publicidade, mas deu um exemplo de mensagem abusiva, por isso o equívoco (art. 37, §§ 1º e 2º). A assertiva "c", mais uma vez, está errada, pois chamou de abusiva a publicidade e a definiu como enganosa por omissão (art. 37, §§ 1º, 2º e 3º).

3. "c". Na medida em que realmente estão previstos no CDC os seguintes princípios: da identificação da mensagem publicitária (art. 36, *caput*); o da vinculação contratual da publicidade (art. 30); o da veracidade da publicidade (art. 37, *caput*); o do ônus da prova a cargo do fornecedor (art. 38); o da transparência da fundamentação da publicidade (art. 36, parágrafo único); e o da correção do desvio publicitário (contrapropaganda — art. 60). A falha da alternativa "a" é a de que, se houver práticas anteriores entre as partes, o serviço poderá ocorrer sem orçamento (art. 39, VI, do CDC). Conforme estudado ao longo deste capítulo, o STJ entende como prática abusiva cobrar preços distintos de acordo com a forma de pagamento, por isso o erro da alternativa "b": "O consumidor, pela utilização do cartão de crédito, já paga à administradora e emissora do cartão de crédito taxa por este serviço (taxa de administração). Atribuir-lhe ainda o custo pela disponibilização de pagamento por meio de cartão de crédito, responsabilidade exclusiva do empresário, importa em onerá-lo duplamente (*in bis idem*) e, por isso, em prática de consumo que se revela abusiva" (REsp 1.133.410/RS, Rel. Ministro Massami Uyeda, 3ª T., *DJe* 7-4-2010). A ofensa a valores da sociedade caracteriza publicidade abusiva, aí o erro da alternativa "d". A letra "e" também está errada, pois, enquanto a publicidade tem objetivos comerciais, a propaganda tem outros fins, tais como ideológico, religioso, filosófico, político, econômico ou social.

4. "d". Nos termos do art. 37, § 2º, do CDC. A letra "a" está errada, pois, segundo o disposto no art. 30 do CDC: "Toda informação ou publicidade, suficientemente precisa, veiculada por qualquer forma ou meio de comunicação com relação a produtos e serviços oferecidos ou apresentados, obriga o fornecedor que a fizer veicular ou dela se utilizar e integra o contrato que vier a ser celebrado". Percebam que não precisa ser falsa para se tornar vinculante. A alternativa "b" está errada, pois a ausência da informação da origem não necessariamente irá tornar uma mensagem publicitária enganosa. O STJ entende que o ônus da prova em questão publicitária não cabe ao veículo de comunicação, mas sim ao fornecedor, nos termos do art. 38 do CDC, aí o equívoco da letra "c": "A responsabilidade pela qualidade do produto ou serviço anunciado ao consumidor é do fornecedor respectivo, assim conceituado nos termos do art. 3º da Lei n. 8.078/1990, não se estendendo à empresa de comunicação que veicula a propaganda por meio de apresentador durante programa de televisão, denominada 'publicidade de palco'" (REsp 1.157.228, Rel. Ministro Aldir Passarinho Junior, 4ª T., *DJe* 27-4-2011).

5. "certo". Nos termos do art. 37, §§ 1º e 3º, do CDC.

6. "c". Nos termos do art. 38 do CDC. Analisamos no corpo deste capítulo que o STJ entende que o ônus da prova em questão publicitária não cabe ao veículo de comunicação, mas sim ao fornecedor, nos termos do citado dispositivo legal: "A responsabilidade pela qualidade do produto ou serviço anunciado ao consumidor é do fornecedor respectivo, assim conceituado nos termos do art. 3º da Lei n. 8.078/1990, não se estendendo à empresa de comunicação que veicula a propaganda por meio de apresentador durante programa de televisão, denominada 'publicidade de palco'" (REsp 1.157.228. Rel. Ministro Aldir Passarinho Junior, 4ª T., *DJe* 27-4-2011). A alter-

nativa "a" está errada, pois, nos termos do art. 31 do CDC: "A oferta e apresentação de produtos ou serviços devem assegurar informações corretas, claras, precisas, ostensivas e em língua portuguesa sobre suas características, qualidades, quantidade, composição, preço, garantia, prazos de validade e origem, entre outros dados, bem como sobre os riscos que apresentam à saúde e segurança dos consumidores". A letra "b" traz um típico exemplo de publicidade enganosa, aí o erro da afirmativa. A alternativa "d" está errada por ter trazido um exemplo de publicidade abusiva e denominada enganosa (art. 37, § 2°, do CDC). A assertiva "e" está equivocada, pois o art. 38 do CDC prevê o princípio da inversão obrigatória do ônus da prova em matéria de publicidade, em que caberá ao fornecedor demonstrar a veracidade e correção de sua mensagem publicitária.

7. "a". O item I está correto, nos termos do art. 30 do CDC. O item II está correto, segundo o disposto no art. 31, *caput,* do CDC. O item III está correto, nos termos do art. 35, inciso I, do CDC. Por fim, o item IV também está correto, nos termos do art. 37, § 1°, do CDC.

8. "e". Nos termos do art. 38 do CDC. Analisamos no corpo deste capítulo que o STJ entende que o ônus da prova em questão publicitária não cabe ao veículo de comunicação, mas sim ao fornecedor, nos termos do citado dispositivo legal (REsp 1.157.228). A alternativa "a" está errada, pois não há a necessidade da aceitação para vincular a oferta, basta a sua veiculação. Trata-se do princípio da vinculação da oferta, nos termos do art. 30 do CDC. A letra "b" está errada, por ausência de amparo legal no CDC. A assertiva "c" está equivocada, na medida em que dispõe o art. 33, parágrafo único, do CDC: "É proibida a publicidade de bens e serviços por telefone, quando a chamada for onerosa ao consumidor que a origina". A alternativa "d" também se equivoca, pois a recusa ao cumprimento da oferta poderá dar ensejo a uma das seguintes alternativas dispostas nos incisos do art. 35 do CDC: "I — exigir o cumprimento forçado da obrigação, nos termos da oferta, apresentação ou publicidade; II — aceitar outro produto ou prestação de serviço equivalente; III — rescindir o contrato, com direito à restituição de quantia eventualmente antecipada, monetariamente atualizada, e a perdas e danos".

9. "b". Tal assertiva correta dispõe em seu conteúdo sobre o Princípio da Transparência e Fundamentação da Publicidade, cabendo ao fornecedor manter, em seu banco de dados, os dados fáticos, técnicos e científicos que dão sustentação à mensagem. A assertiva "a" é errônea, uma vez que o fornecedor é o responsável pelos atos de seus prepostos e funcionários, sendo que tal responsabilidade independe da existência ou não do vínculo empregatício. Ademais, prevê o art. 34 do CDC: "O fornecedor do produto ou serviço é solidariamente responsável pelos atos de seus prepostos ou representantes autônomos". A "c" é falsa, pois mais uma vez o examinador confundiu os conceitos de publicidade enganosa e abusiva, ambas previstas no art. 37 e seus parágrafos, do CDC. A "d" se equivoca quando estipula prazo expresso de vinte anos para continuidade de fornecimento em importação ou produção, sendo que o CDC, no parágrafo único de seu art. 32, coloca apenas a cláusula geral "período razoável", não trazendo um prazo expresso previsto em anos ou meses. A grande questão sobre o tema consiste em saber qual critério utilizar para aferir o que seja prazo razoável diante da inexistência de lei ou regulamento disciplinando o tema. Um juiz de direito valer-se-ia de qual parâmetro para exigir do fornecedor a continuidade da oferta das peças de reposição no mercado de consumo, mesmo após o término da produção ou importação? E a resposta para ambos os questionamentos é: utilização do critério da vida útil do bem, ou seja, se determinado produto tem durabilidade média de dez anos, após o encerramento da produção ou importação do bem ficará o fornecedor obrigado a ofertar ao mercado peças de reposição pelo prazo de dez anos.

10. "b". Como bem sabido, o consumidor é protegido de várias formas pelo CDC, sendo ora na proteção dirigida de forma individualizada, ora na proteção como coletividade. Nesse segundo aspecto, uma publicidade retirada de veiculação não afeta somente os consumidores atingidos, mas também aqueles que poderão vir a ser, o que se deve em especial ao caráter da publicidade ser máximo e amplo. Sobre o tema, cumpre transcrever ainda o teor de dois dispositivos do CDC, que tratam de definições de consumidores afetas à coletividade: "Art. 2° — Parágrafo único. Equipara-se a consumidor a coletividade de pessoas, ainda que indetermináveis, que haja intervindo nas relações de consumo"; "Art. 29. Para os fins deste Capítulo e do seguinte, equiparam-se aos consumidores todas as pessoas determináveis ou não, expostas às práticas nele previstas". A alternativa "a" é falsa, uma vez que contradiz a alternativa correta, sendo que os consumidores não são apenas protegidos na sua individualidade. A alternativa "c" é vaga e imprecisa em demasia, sendo

que a Sociedade Civil é composta por diversos segmentos, dentre eles consumidores, mas não apenas consumidores. Por fim, a alternativa "d" erra ao confundir as vítimas de tal publicidade, pois, de acordo com o Princípio do *favor debilis*, o consumidor, muitas vezes, não possui meios para conhecer da enganosidade da publicidade, fazendo-se vítima de tal fato, o que não ocorre com fornecedores bem informados e, muitas vezes, os próprios veiculadores de tais anúncios.

11. "d". Nosso Código de Defesa do Consumidor é claro no art. 37, § 2º, ao estabelecer que: "É abusiva, dentre outras a publicidade discriminatória de qualquer natureza, a que incite à violência, explore o medo ou a superstição, se aproveite da deficiência de julgamento e experiência da criança, desrespeita valores ambientais, ou que seja capaz de induzir o consumidor a se comportar de forma prejudicial ou perigosa à sua saúde ou segurança". A preocupação em disciplinar a publicidade abusiva está relacionada com a repercussão da mensagem perante a coletividade. Assim, ferir valores ambientais é também ferir a coletividade, por isso a abusividade. A alternativa "a" é falsa, uma vez que, quando a finalidade política ou ideológica subsiste em um anúncio, é este, em verdade, uma propaganda, e não uma publicidade, como visto no decorrer deste capítulo. As alternativas "b" e "c" consistem em modalidades de publicidade enganosa, previstas no art. 37, § 1º, do CDC, e não de publicidade abusiva, causando verdadeira confusão pelo examinador.

12. "e". A alternativa "e" está correta, na medida em que o examinador colacionou o teor do art. 37, § 2º, do CDC, ao trazer o rol exemplificativo de publicidade abusiva, qualificando-se como tal a mensagem "discriminatória de qualquer natureza, a que incite à violência, explore o medo ou a superstição, se aproveite da deficiência de julgamento e experiência da criança, desrespeita valores ambientais, ou que seja capaz de induzir o consumidor a se comportar de forma prejudicial ou perigosa à sua saúde ou segurança". A alternativa "a" é inverídica, já que a coletividade de pessoas pode, sim, ser considerada consumidora por equiparação, independentemente de se tratar de pessoas determináveis que hajam intervindo na relação de consumo (art. 2º, parágrafo único, do CDC). A alternativa "b" erra ao retirar do conceito de serviço o requisito indispensável da remuneração (art. 3º, § 2º, do CDC). A alternativa "c" é inverídica, pois a ignorância do fornecedor sobre os riscos e perigos advindos do produto e do serviço por ele prestado não o exime de responsabilidade, nos termos do art. 23 do CDC. Por fim, a alternativa "d" erra ao excluir das possibilidades de desconsideração da personalidade a falência e o estado de insolvência, sendo que o CDC trouxe de forma expressa tais situações como causas geradoras da desconsideração prevista no art. 28, *caput*, do CDC.

13. "errado". A questão denominou "publicidade abusiva" aquilo que está conceituado na lei como publicidade enganosa, nos termos do art. 37, § 1º, do CDC.

14. "d". Nos termos do art. 38 do CDC. A alternativa "a" está errada, por ser ônus do fornecedor manter em seu poder os dados fáticos, técnicos e científicos que dão sustentação à mensagem publicitária (art. 36, parágrafo único, do CDC), e não do meio de comunicação como colocado pelo examinador. A letra "b" equivoca-se por ser abusiva, e não enganosa, a publicidade prejudicial ou perigosa à saúde ou segurança do consumidor (art. 37, § 2º, do CDC). A alternativa "c" erra ao chamar de abusiva a publicidade enganosa por omissão (art. 37, § 3º, do CDC).

15. "a". Nos termos do art. 36, *caput*, do CDC. A alternativa "b" erra, pois a publicidade enganosa poderá ser por omissão, segundo prevê o art. 37, § 3º, do CDC. Entendemos que a letra "c" equivoca-se por se tratar de publicidade abusiva, e não enganosa, a prática apresentada pelo examinador. A alternativa "d" erra ao dizer que a oferta não integra o contrato que vier a ser celebrado, contrariando o art. 30, *caput*, do CDC. Por fim, vale lembrar que, nos termos do art. 38 do CDC, o ônus da prova da veracidade e da correção da mensagem publicitária cabe a quem as patrocina. Trata-se de inversão *ope legis*, e não *ope judicis*.

16. "c". O item I está correto, nos termos do art. 37, § 1º, do CDC. O item II está errado, pois o examinador chamou de publicidade simulada por omissão aquilo que o CDC define em seu art. 37, § 3º, como publicidade enganosa por omissão. Os itens III e IV estão corretos, segundo o art. 37, § 2º, do CDC.

17. "certo". O fundamento da questão está amparado nos arts. 37, § 3º, e 38, ambos do CDC.

18. "a" nos termos do art. 36 do CDC e do que tratamos nesse Capítulo; "b" o princípio da vinculação da oferta é que gera a responsabilidade pré-contratual; "c" não precisa levar o consumidor ao erro efetivo, basta o potencial; "d" fornecedor responde solidariamente pelos atos do preposto e representante autônomo (art. 34 do CDC); "e" veículo de comunicação não responde segundo o STJ (REsp 1.157.228, Rel. Ministro Aldir Passarinho Junior, 4ª T., *DJe* 27-4-2011).

10

PRÁTICAS ABUSIVAS NO CDC

10.1. CONSIDERAÇÕES PRELIMINARES

As práticas abusivas cometidas no mercado de consumo têm total relação com o **contexto histórico de supremacia do fornecedor** em face do consumidor.

A partir do momento em que as relações deixaram de ter a característica da bilateralidade na produção — ambas as partes convencionavam, por exemplo, quais cláusulas iriam compor determinado contrato — e passaram para a **unilateralidade na produção**, em que o fornecedor estabelece o quê, como e quando produzir — contrato de adesão é exemplo desse contexto —, práticas abusivas começaram a ocorrer, e o Direito Civil da época não estava preparado para tutelar esse novo modelo de relação jurídica.

De fato, o **Código de Defesa do Consumidor**, preocupado com a aludida situação de abuso, **elencou** uma série de **situações exemplificativas de práticas abusivas** e as coibiu de maneira absoluta nas relações de consumo.

Segundo Herman Benjamin, é "compreensível, portanto, que tais práticas sejam consideradas ilícitas *per se*, **independentemente** da ocorrência **de dano** para o consumidor. Para elas vige presunção absoluta de ilicitude".[1]

Tais comportamentos poderão manifestar-se:

- no momento anterior à celebração do contrato (fase pré-contratual);
- dentro do próprio contrato (fase contratual);
- após a conclusão da relação de consumo (fase pós-contratual).

Ensina Sergio Cavalieri Filho que "**mesmo findo o contrato**, supondo que o seu adimplemento tenha sido integral e satisfatório, **persiste** a fase pós-contratual, durante a qual ainda estarão as partes vinculadas aos deveres decorrentes do princípio da boa-fé e ao cumprimento de obrigação contratual secundária (lealdade, diligência, informação), também chamados de **deveres *post pactum finitum***".[2]

---

[1] GRINOVER, Ada Pellegrini; BENJAMIN, Antônio Herman de V.; FINK, Daniel Roberto; FILOMENO, José Geraldo Brito; NERY JR., Nelson; DENARI, Zelmo. *Código Brasileiro de Defesa do Consumidor*, p. 374.

[2] CAVALIERI FILHO, Sergio. *Programa de direito do consumidor*, p. 198.

Mas, qualquer que seja o momento de sua manifestação, o **abuso** estará relacionado com a **situação de inferioridade** técnica, econômica, jurídica/científica ou informacional do **consumidor**.

Ademais, a violação da boa-fé objetiva e de seus deveres anexos estará presente em práticas como estas e não será possível considerá-la como usos e costumes comerciais, na medida em que o **CDC não admite o *dolus bonus*** nas relações de consumo que regulamenta.

Sobre o tema, vale lembrar do tratado no Capítulo 4 deste livro. Se por um lado nos deparamos com os deveres principais da relação de consumo, como os deveres do consumidor de pagar o prestador de um serviço e o do fornecedor de prestá-lo, existem também os **deveres anexos, laterais ou secundários**, relacionados basicamente aos deveres:

- de informação;
- de cooperação;
- de proteção.

Uma das funções da boa-fé objetiva é a de controle que limita o exercício da autonomia da vontade e, consequentemente, da liberdade negocial, norteando o exercício de direitos dos sujeitos da relação jurídica de consumo.

Ensina Ruy Rosado de Aguiar Júnior que, na "sua função limitadora da conduta, a boa-fé se manifesta através da teoria dos atos próprios, proibindo:[3]

- o ***venire contra factum proprium*** [proíbe o comportamento contraditório, uma vez criada a expectativa legítima na outra parte];[4]
- vedando o uso abusivo da ***exceptio non adimpleti contractus***, quando o inadimplemento da outra parte, no contexto do contrato, não o autorizava;
- impedindo o exercício do direito potestativo de resolução quando houver adimplemento substancial, na linguagem do direito anglo-americano, ou quando o inadimplemento foi de escassa importância, na nomenclatura do Código Civil Italiano **[adimplemento substancial do contrato]**;[5-6]

---

3 AGUIAR JÚNIOR, Ruy Rosado de. *A boa-fé na relação de consumo*, p. 386.

4 Observação nossa inserida nos comentários de Ruy Rosado de Aguiar Júnior.

5 Observação nossa inserida nos comentários de Ruy Rosado de Aguiar Júnior.

6 DIREITO CIVIL. CONTRATO DE VENDA E COMPRA DE IMÓVEL. OTN COMO INDEXADOR. AUSÊNCIA DE ESTIPULAÇÃO CONTRATUAL QUANTO AO NÚMERO DE PARCELAS A SEREM ADIMPLIDAS. CONTRATO DE ADESÃO. INTERPRETAÇÃO MAIS FAVORÁVEL AO ADERENTE. EXCEÇÃO DO CONTRATO NÃO CUMPRIDO. AFASTADA. INADIMPLEMENTO MÍNIMO VERIFICADO. ADJUDICAÇÃO COMPULSÓRIA CABÍVEL. APLICAÇÃO DA EQUIDADE COM VISTAS A CONSERVAÇÃO NEGOCIAL. APLICAÇÃO DA TEORIA DO ADIMPLEMENTO SUBSTANCIAL. DISSÍDIO NÃO DEMONSTRADO. 1.

■ afastando a exigência de um direito cujo titular permaneceu inerte por tempo considerável incompatível **(*supressio*)** [e em sentido contrário a ***surrectio*** que envolve o surgimento de um direito];[7]

■ desprezando a exigência de cumprimento de preceito, feita por aquele que já o descumprira **(*tu quoque*)** etc.".

■ 10.2. DEFINIÇÃO DE PRÁTICA ABUSIVA

Prática abusiva em sentido amplo, na visão de Herman de Vasconcellos e Benjamin, "é a **desconformidade com os padrões mercadológicos de boa conduta** em relação ao consumidor".[8]

Nesse sentido, qualquer que seja o comportamento, se estiver em desacordo com aquilo que se espera no tocante à boa conduta — vista esta sob o enfoque da boa-fé objetiva —, haverá prática abusiva.

Esta também é a visão de Cavalieri Filho, para quem as "práticas abusivas são ações ou condutas do fornecedor em desconformidade com os padrões de boa

— Demanda entre promitente vendedor e promitente comprador que se comprometeu a pagar o valor do imóvel em parcelas indexadas pela já extinta OTN. Na ocasião, as partes acordaram que o adquirente arcaria com um valor equivalente a certo número de OTNs estabelecido no contrato. No entanto, no instrumento particular de compra e venda não restou definido o número de prestações a serem pagas. 2. — O Tribunal de origem sopesou o equilíbrio entre o direito do adquirente de ter o bem adjudicado, após pagamento de valor expressivo, e o direito do vendedor de cobrar eventuais resíduos. Nesse diapasão, não há que se falar em violação do dispositivo mencionado referente à equidade. O artigo 127 do Código de Processo Civil, apontado como violado, não constitui imperativo legal apto a desconstituir o fundamento declinado no acórdão recorrido no sentido de se admitir a ação do autor para garantir o domínio do imóvel próprio, reservando-se ao vendedor o direito de executar eventual saldo remanescente. 3. — Aparente a incompatibilidade entre dois institutos, a exceção do contrato não cumprido e o adimplemento substancial, pois na verdade, tais institutos coexistem perfeitamente podendo ser identificados e incidirem conjuntamente sem ofensa à segurança jurídica oriunda da autonomia privada 4. — No adimplemento substancial tem-se a evolução gradativa da noção de tipo de dever contratual descumprido, para a verificação efetiva da gravidade do descumprimento, consideradas as consequências que, da violação do ajuste, decorre para a finalidade do contrato. Nessa linha de pensamento, devem-se observar dois critérios que embasam o acolhimento do adimplemento substancial: a seriedade das consequências que de fato resultaram do descumprimento, e a importância que as partes aparentaram dar à cláusula pretensamente infringida. 5. — Recurso Especial improvido (REsp 1.215.289/SP, Rel. Ministro Sidnei Beneti, 3ª T., *DJe* 21-2-2013).

Em sentido contrário, o STJ entendeu que não se aplica a teoria do adimplemento substancial aos contratos de alienação fiduciária em garantia regidos pelo Decreto-Lei n. 911/69, no julgamento do REsp 1.622.555/MG, *DJe* 16-3-2017.

[7] Observação nossa inserida nos comentários de Ruy Rosado de Aguiar Júnior.

[8] GRINOVER, Ada Pellegrini; BENJAMIN, Antônio Herman de V.; FINK, Daniel Roberto; FILOMENO, José Geraldo Brito; NERY JR., Nelson; DENARI, Zelmo. *Código Brasileiro de Defesa do Consumidor,* p. 375.

conduta nas relações de consumo. São práticas que, no exercício da atividade empresarial, **excedem os limites dos bons costumes comerciais e, principalmente, da boa-fé**, pelo que caracterizam o abuso do direito, considerado ilícito pelo art. 187 do Código Civil. Por isso são proibidas".[9]

■ 10.3. CLASSIFICAÇÃO DAS PRÁTICAS ABUSIVAS

A doutrina[10] costuma classificar as práticas abusivas valendo-se dos seguintes critérios:

- quanto ao momento em que se manifestam no processo econômico;
- quanto à fase em que se encontra a relação contratual.

Quanto ao momento em que se manifestam no processo econômico, as práticas abusivas **podem ser produtivas ou comerciais**.

- As **práticas produtivas** abusivas estão relacionadas com a **fase de produção**, como no caso de se colocar, no mercado de consumo, qualquer produto ou serviço em desacordo com as normas expedidas pelos órgãos oficiais competentes ou, se normas específicas não existirem, pela Associação Brasileira de Normas Técnicas ou outra entidade credenciada pelo Conselho Nacional de Metrologia, Normalização e Qualidade Industrial — Conmetro — (comportamento vedado pelo art. 39, VIII, do CDC).
- As **práticas abusivas comerciais** ocorrem numa **fase pós-produção**, como no contexto de prevalecer-se da fraqueza ou ignorância do consumidor, tendo em vista sua idade, saúde, conhecimento ou condição social, para impingir-lhe seus produtos ou serviços (conduta proibida pelo art. 39, IV, do CDC).

Assim, a classificação de práticas abusivas quanto ao momento em que se manifestam no processo econômico pode ser esquematizada da seguinte forma:

Quanto ao momento do processo econômico	■ práticas abusivas produtivas estão relacionadas com a fase de produção; ■ práticas abusivas comerciais ocorrem numa fase pós-produção.

[9] CAVALIERI FILHO, Sergio. *Programa de direito do consumidor*, p. 149.

[10] Nesse sentido é a doutrina de Herman de Vasconcellos e Benjamin (GRINOVER, Ada Pellegrini; BENJAMIN, Antônio Herman de V.; FINK, Daniel Roberto; FILOMENO, José Geraldo Brito; NERY JR., Nelson; DENARI, Zelmo. *Código Brasileiro de Defesa do Consumidor*, p. 376) e NUNES, Luiz Antonio Rizzatto. *Curso de direito do consumidor*, p. 537.

No tocante à **fase em que se encontra a relação contratual, as práticas abusivas podem ser classificadas como pré-contratuais, contratuais ou pós-contratuais**.

- As **práticas abusivas pré-contratuais**, como a própria nomenclatura sugere, ocorrerão **antes de se chegar à fase do contrato**. É o que acontece, por exemplo, com o comportamento do fornecedor de condicionar o fornecimento de produto ou de serviço ao fornecimento de outro produto ou serviço, bem como, sem justa causa, a limites quantitativos (prática vedada pelo art. 39, I, do CDC).
- **Práticas abusivas contratuais** estão presentes no próprio **conteúdo do termo contratual** que vem composto por alguma **cláusula abusiva**, como aquela que impossibilita, exonera ou atenua a responsabilidade do fornecedor por vícios de qualquer natureza dos produtos e serviços ou implique renúncia ou disposição de direitos (cláusulas como esta são consideradas nulas de pleno direito pelo CDC, nos termos de seu art. 51).
- Por fim, as **práticas abusivas** quanto à fase em que se encontra a relação contratual podem ser **pós-contratuais**, ou seja, manifestam-se após a "conclusão" do contrato de consumo. Isto porque, conforme visto acima, mesmo findo o contrato, persistem deveres decorrentes dos princípios da boa-fé e da lealdade, permanecendo as partes vinculadas durante algum tempo. Exemplo clássico dessa prática é repassar informação depreciativa, referente a ato praticado pelo consumidor no exercício de seus direitos (comportamento vedado pelo art. 39, VII, do CDC).

O esquema desta segunda classificação é o seguinte:

Quanto à fase da relação contratual

- práticas abusivas pré-contratuais — antes de se chegar à fase do contrato;
- práticas abusivas contratuais — presentes no conteúdo do termo contratual = cláusula abusiva;
- práticas abusivas pós-contratuais — manifestam-se após a "conclusão" do contrato de consumo — princípios da boa-fé e da lealdade.

10.4. ROL EXEMPLIFICATIVO DAS PRÁTICAS ABUSIVAS NO CDC

O **art. 39** do Código de Defesa do Consumidor traz um **rol exemplificativo** de práticas abusivas que são vedadas nas relações de consumo, nos seguintes termos: "É vedado ao fornecedor de produtos ou serviços, **dentre outras** práticas abusivas".

A utilização da expressão "dentre outras" não deixa dúvidas de que o rol é meramente de exemplos, mesmo porque taxar em rol exaustivo as práticas abusivas seria inócuo, na medida em que sempre um novo comportamento ilícito seria praticado no mercado e o consumidor sairia prejudicado ante a ausência de previsão legal.

De fato, a melhor forma de disciplinar o tema consiste na eleição de exemplos para servirem de diretriz na avaliação de outras práticas abusivas.

Lembra Herman Benjamin, um dos integrantes da comissão de juristas que elaborou o anteprojeto do Código do Consumidor, que não "poderia o legislador, de fato, listar, à exaustão, as práticas abusivas. O mercado de consumo é de extremada velocidade e as mutações ocorrem da noite para o dia. Por isso mesmo é que buscamos, no seio da comissão, deixar bem claro que a lista do art. 39 é meramente exemplificativa, uma simples orientação ao intérprete".[11]

Desta forma, qualquer conduta em desconformidade com os padrões de boa conduta, ainda que não prevista no Diploma Consumerista, poderá se enquadrar na definição de prática abusiva.

O próprio **CDC disciplina comportamentos abusivos em outros de seus dispositivos**, como no caso do disposto no **art. 42:** "Na cobrança de débitos, o consumidor inadimplente não será exposto a ridículo, nem será submetido a qualquer tipo de constrangimento ou ameaça". A violação do citado mandamento legal configura, sem sombra de dúvidas, prática abusiva.

Outra questão relevante é a necessidade de se **interpretar o art. 39 de forma objetiva**, ou seja, as "chamadas **'práticas abusivas'** são ações e/ou condutas que, uma vez existentes, caracterizam-se como ilícitas, **independentemente de se encontrar ou não algum consumidor lesado ou que se sinta lesado**. São ilícitas em si, apenas por existirem de fato no mundo fenomênico".[12]

Exemplo de prática promocional que não está prevista no rol do art. 39 do CDC e que vem se tornando muito comum no Brasil é a chamada "***Black Friday***" ou "**Sexta-Feira Negra**", "termo criado pelo varejo nos Estados Unidos para nomear a ação de vendas anual que acontece sempre na última sexta-feira de novembro, após o feriado de Ação de Graças".[13] Nos Estados Unidos os preços reduzem tanto que os americanos são capazes de passar noites nas filas que se formam diante das grandes lojas para adquirirem produtos com preços realmente atrativos.

Em nosso país, a última ***Black Friday*** caiu no dia 24 de novembro de 2017, com ampla adesão do público consumidor, caracterizando verdadeiro recorde de vendas. Segundo dados divulgados pelo E-bit, o faturamento foi de R$ 2,1 bilhões

---

[11] GRINOVER, Ada Pellegrini; BENJAMIN, Antônio Herman de V.; FINK, Daniel Roberto; FILOMENO, José Geraldo Brito; NERY JR., Nelson; DENARI, Zelmo. *Código Brasileiro de Defesa do Consumidor*, p. 376.

[12] NUNES, Luiz Antonio Rizzatto. *Curso de direito do consumidor*, p. 537.

[13] Wikipédia, disponível em: <http://pt.wikipedia.org/wiki/Black_Friday>. Acesso em: 2 jan. 2018.

para o e-commerce em 2017, alta de 10,3% se comparado ao mesmo período de 2016.[14]

Entretanto e infelizmente, dados de reportagem publicada pelo jornal *Folha de S. Paulo*, no dia 19 de novembro de 2017, sobre monitoramento de preços no período que antecedeu a *Black Friday* motivaram a abertura de averiguação da Secretaria Nacional do Consumidor (Senacon) no Ministério da Justiça em face de grandes empresas fornecedoras. A instauração de investigação preliminar pelo departamento de Proteção e Defesa do Consumidor (DPDC) foi motivada pelo aumento injustificado de preços, no período antecedente da aludida prática comercial "promocional".

Com efeito, será analisada a variação de preço de 6.875 itens monitorados pela reportagem na venda ao público consumidor a partir de 31 de outubro de 2017. Caso a prática abusiva seja confirmada nas investigações preliminares, o procedimento se transformará em processo administrativo sancionatório e as multas podem chegar a até R$ 9,5 milhões.[15]

Recomendamos alguns cuidados para o consumidor não cair em armadilhas e virar vítima nessa época do ano:[16]

- **Busque sites confiáveis:** O comércio eletrônico se expandiu nos últimos anos, por isso, a recomendação é pesquisar a idoneidade do site em que deseja adquirir um produto ou contratar serviços para evitar surpresas desagradáveis. Uma boa forma de constatar a seriedade da empresa é pesquisar seu nome no site do Procon, que todo ano publica uma lista dos maus fornecedores;
- **Fique de olho na maquiagem de preço:** Infelizmente, é muito comum o fornecedor aumentar o preço do produto ou do serviço dias antes da *Black Friday* e reduzi-lo na última sexta-feira do mês de novembro. Por isso, é importante que o consumidor tenha acompanhado a variação do preço do bem de consumo desejado nos últimos meses, ou busque ajuda em sites que fazem esse tipo de acompanhamento pela internet, como ocorre com alguns Procons;
- **Atente-se ao valor no fechamento da compra:** Muitas vezes, a oferta anuncia um determinado preço, mas o valor aumenta sem qualquer motivo no momento do pagamento. O Código de Defesa do Consumidor prevê em

---

14 Disponível em: <https://www.terra.com.br/noticias/dino/black-friday-teve-cobertura-ao-vivo-inedita-que-orientou-milhares-de-empresarios,f84538c30da249703770d413fac1fac87s21pqps.html>. Acesso em: 2 jan. 2018.

15 Disponível em: <http://www.justica.gov.br/news/reportagem-motiva-primeira-investigacao-sobre-a-black-friday>. Acesso em: 2 jan. 2018.

16 Disponível em: <http://www.bafh.com.br/blog/ela-chegou>. Acesso em: 2 jan. 2018.

seu art. 30 que a oferta vincula o fornecedor a vender pelo preço anunciado. Logo, ele estará obrigado a vender pelo valor inicialmente ofertado;

- **Dê um *print* na oferta:** A recomendação é fazer um *print* na tela do anúncio para não ser surpreendido com mudanças indevidas de preços no momento do pagamento. É o melhor meio de prova para exigir, ainda que perante o Poder Judiciário, o pagamento pelo valor correto ou o estorno da diferença em caso de cobrança indevida. Aliás, o Código do Consumidor autoriza o comprador a reaver em dobro a quantia paga a partir de uma cobrança imprópria;
- **Evite pagamento apenas por boleto:** A indicação é fugir de sites ou fornecedores que recebem somente por boleto, pois é uma prática comum que esse tipo de empresa acabe encerrando suas atividades sem dar explicações sobre o seu paradeiro, gerando prejuízo enorme ao consumidor, que quase nunca consegue recuperar o valor pago. Assim, o pagamento pelo cartão de crédito facilita o estorno em caso de pagamento indevido.

10.4.1. A venda casada como exemplo de prática abusiva no CDC

Dispõe o **art. 39** do Código de Defesa do Consumidor, em seu **inciso I**, que é exemplo de prática abusiva "condicionar o fornecimento de produto ou de serviço ao fornecimento de outro produto ou serviço, bem como, sem justa causa, a limites quantitativos".

É a denominada **venda casada** pela doutrina e jurisprudência, na qual o fornecedor está proibido de vincular a aquisição de um produto a outro ou a contratação de mais de um serviço ou, ainda, a aquisição de um produto, desde que contrate certo serviço.

Concordamos plenamente com a leitura feita sobre o assunto por Rizzatto Nunes ao ensinar que "**a operação casada pressupõe a existência de produtos e serviços que são usualmente vendidos separados**. O lojista não é obrigado a vender apenas a calça do terno. Da mesma maneira, o chamado 'pacote' de viagem oferecido por operadoras e agências de viagem não está proibido. Nem fazer ofertas do tipo 'compre este e ganhe aquele'. O que não pode o fornecedor fazer é impor a aquisição conjunta, ainda que o preço global seja mais barato que a aquisição individual, o que é comum nos 'pacotes' de viagem".[17] Infelizmente, existem pessoas públicas que fazem sensacionalismo na TV sob o falso fundamento de querer defender o consumidor e acabam ensinando a este condutas que não estão legitimadas pelo CDC, como destacar um iogurte da cartela vendida com seis ou retirar uma gilete da caixa constituída por três unidades.

---

[17] NUNES, Luiz Antonio Rizzatto. *Curso de direito do consumidor*, p. 541.

Em nossa opinião, a exigência pelo consumidor do cumprimento da lei no tocante à vedação da venda casada deverá levar em consideração os seguintes **critérios:**

- que os produtos e os serviços sejam usualmente vendidos separados;
- que a solicitação da unidade não desnature o produto — exemplo: se retirar um iogurte da cartela de seis, ninguém mais vai querer comprar os cinco remanescentes, nem poderia o fornecedor, nestes casos, vender o produto com a ausência de complemento;
- que a conduta do consumidor não prejudique o fornecedor a ponto de este não conseguir mais vender determinado produto em razão da ausência de sua completude, contexto que ocorreria certamente caso o consumidor exigisse cem gramas a serem retiradas do saco de um quilo de arroz.

Situação que bem demonstra a **prática abusiva da venda casada** é aquela em que **empresa cinematográfica** somente admite o consumo de alimentos no interior do cinema se adquiridos em seu estabelecimento.

Percebam que neste caso o produto e o serviço são usualmente vendidos de forma separada e não há qualquer motivo plausível para vincular tal prática, caracterizando-se como verdadeiro exemplo de comportamento abusivo.

No mesmo sentido, é o posicionamento do Superior Tribunal de Justiça no julgado *infra*, com os seguintes excertos extraídos:

- **Ao fornecedor** de produtos ou serviços, consectariamente, **não é lícito,** dentre outras práticas abusivas, **condicionar o fornecimento de produto ou de serviço ao fornecimento de outro produto ou serviço (art. 39, I, do CDC).**
- **A prática abusiva revela-se patente se a empresa cinematográfica permite a entrada de produtos adquiridos nas suas dependências e interdita o adquirido alhures, engendrando por via oblíqua a cognominada "venda casada"**, interdição inextensível ao estabelecimento cuja venda de produtos alimentícios constituiu a essência da sua atividade comercial como, *verbi gratia*, os bares e restaurantes (REsp 744.602/RJ, Rel. Ministro Luiz Fux, 1ª T., *DJ* 15-3-2007).

Outra situação muito comumente praticada pelos bancos consiste em **vincular ao mutuário do** Sistema Financeiro de Habitação — **SFH a contratação de seguro habitacional** fornecido pela própria instituição financeira ou por empresa por ela indicada.

No entendimento do STJ, trata-se de prática violadora do art. 39, inciso I, do CDC por se caracterizar como venda casada: "A despeito da aquisição do seguro ser fator determinante para o financiamento habitacional, **a lei não determina que a apólice deva ser necessariamente contratada frente ao próprio mutuante ou seguradora por ele indicada. Ademais, tal procedimento caracteriza a denominada 'venda casada'**, expressamente vedada pelo art. 39, I, do

CDC, que condena qualquer tentativa do fornecedor de se beneficiar de sua superioridade econômica ou técnica para estipular condições negociais desfavoráveis ao consumidor, cerceando-lhe a liberdade de escolha" (REsp 804.202/MG, Rel. Ministra Nancy Andrighi, 3ª T., *DJe* 3-9-2008).

O tema é tão relevante que a Segunda Seção do Superior Tribunal de Justiça sumulou a questão da seguinte forma: **Súmula 473 do STJ** — "O mutuário do SFH não pode ser compelido a contratar o seguro habitacional obrigatório com a instituição financeira mutuante ou com a seguradora por ela indicada" (*DJe* 19-6-2012).

■ *10.4.1.1. O condicionamento a limites quantitativos como prática abusiva no CDC — o tratamento diferenciado dado aos serviços públicos*

A parte final do art. 39, inciso I, do Código do Consumidor considera **prática abusiva condicionar** a aquisição de produtos ou a contratação de serviços a **limites quantitativos, salvo** nas **situações** em que a **justa causa** esteja presente.

Assim, em contextos de adversidade climática em razão de longos períodos de seca ou de fortes chuvas, a **produção de hortaliças poderá ser comprometida**. Temos aí um bom exemplo de justa causa para condicionar os limites quantitativos máximos de um produto a serem levados pelos consumidores.

O condicionamento ao **limite quantitativo mínimo** também é vedado, isto é, o fornecedor não poderá fixar um mínimo de quantidade de determinado produto a ser adquirido ou de serviço a ser contratado, sob pena de incorrer em prática abusiva. Mas a questão que traz maiores conflitos refere-se aos **serviços públicos**.

Conforme visto no Capítulo 3 deste livro, alguns serviços públicos são considerados objeto da relação jurídica de consumo, mais precisamente aqueles remunerados por tarifa. Sobre o tema, ressalta-se que **a legislação administrativa admite a cobrança de tarifa mínima** como forma de bem concretizar a manutenção do equilíbrio econômico-financeiro do contrato administrativo.

Podemos citar como exemplo o disposto no art. 30 da **Lei n. 11.445/2007, Lei do Saneamento Básico**, que estabelece em seu inciso III: "Observado o disposto no art. 29 desta Lei, a estrutura de remuneração e cobrança dos serviços públicos de saneamento básico poderá levar em consideração os seguintes fatores: (...) III — **quantidade mínima** de consumo ou de utilização do serviço, visando à garantia de objetivos sociais, como a preservação da saúde pública, o adequado atendimento dos usuários de menor renda e a proteção do meio ambiente".

O principal argumento dos defensores da legitimidade da cobrança da tarifa mínima consiste na necessidade de se cobrar um piso de cada usuário-consumidor para a boa implementação do serviço, bem como manutenção de sua estrutura. Ou seja, se não existisse essa possibilidade, o serviço não se manteria por si só no aspecto econômico, e a boa qualidade na sua prestação perante toda a coletividade estaria comprometida.

Entretanto, renomados administrativistas refutam a cobrança da tarifa mínima com o objetivo de se evitar que o usuário pague por um serviço que não utilizou.

O não prevalecimento desse raciocínio implicaria — para os defensores dessa corrente — distorcer o sentido da prestação dos serviços facultativos, na medida em que estes estariam equiparados aos serviços compulsórios, pois em ambos os casos bastaria colocar o serviço à disposição do usuário para legitimar a cobrança da tarifa mínima.

Nesse sentido, entende José dos Santos Carvalho Filho:

> "Por fim, vale destacar, como já observamos anteriormente, que em matéria de política tarifária, tem sido admitida a denominada *tarifa mínima*, devida pela só disponibilidade do serviço concedido, à semelhança do que ocorre com o sistema de taxas. Sem embargo do fundamento apontado para admitir esse tipo de cobrança — a política de implementação e manutenção da estrutura necessária à prestação do serviço — entendemos que o fato reflete inegável distorção do sistema de prestação dos serviços públicos de natureza facultativa, serviços esses que só deveriam receber remuneração na medida em que o usuário *efetivamente* se beneficiasse deles com o consequente realce da característica contratual que rege a relação entre o prestador e usuário do serviço. O correto, a nosso ver, é que os gastos com a manutenção e expansão do sistema de serviços estejam embutidos no próprio valor da tarifa, evitando-se que o contribuinte tenha que pagar por um serviço que não utiliza".[18]

Assim, seria legítima à luz do CDC a cobrança, por exemplo, de **tarifa mínima pelo serviço de assinatura mensal de telefonia fixa**, ainda que o consumidor não utilize efetivamente a comodidade do telefone?

A doutrina consumerista também se mostra um tanto quanto receosa no tocante a tal cobrança, conforme podemos constatar da visão de Bruno Miragem sobre o assunto: "Independente da regulação do setor, e das eventuais justificativas para a cobrança destes valores (manutenção da rede, universalização do acesso), o fato é que condicionar o acesso ao serviço, à remuneração de uma utilização fixa mínima, parece configurar a prática de subordinação de aquisição de um produto (a linha telefônica) a outro (uma quantidade de serviço mínima mensal)".[19]

No *leading case* julgado pelo Superior Tribunal de Justiça que reconheceu a legitimidade da cobrança da tarifa mensal pelo serviço de telefonia fixa — Recurso Especial 911.802, de relatoria do Ministro José Delgado, julgado em 24 de outubro de 2007 — destacam-se trechos do voto vencido proferido pelo Ministro Herman de Vasconcellos Benjamin, que abriu divergência e negou provimento ao aludido Recurso Especial, entendendo ilegítima a cobrança da tarifa mínima de acordo com os seguintes fundamentos:

---

[18] CARVALHO FILHO, José dos Santos. *Manual de direito administrativo*. 23. ed. Rio de Janeiro: Lumen Juris, 2010, p. 418-419.

[19] MIRAGEM, Bruno. *Curso de direito do consumidor*, p. 198.

> "Concluo, desse modo, que a cobrança da assinatura básica:
>
> é ilegal, por não estar prevista e autorizada pela LGT, havendo, *in casu,* violação do princípio da legalidade pela ANATEL ao prevê-la em Resolução;
>
> mesmo que ausente a desconformidade com a LGT, viola o art. 39, I, do CDC, ao obrigar o usuário a adquirir uma franquia de pulsos (a consumir), independentemente do uso efetivo, condicionando, assim, o fornecimento do serviço, sem justa causa, a limites quantitativos;
>
> também infringe o CDC pois constitui vantagem exagerada, uma vez que 'ofende os princípios fundamentais do sistema jurídico a que pertence' (art. 51, § 1º, I, do CDC), notadamente, o princípio do amplo acesso ao serviço, a garantia de tarifas e preços razoáveis (art. 2º, I, da LGT) e a vedação da discriminação (art. 3º, III, da LGT);
>
> mostra-se excessivamente onerosa (art. 51, § 1º, III, do CDC) ao impor o pagamento de quantia considerável (cerca de 10% do salário mínimo só pela *oferta* do serviço, lembre-se!) ao assinante que utiliza muito pouco o serviço público em questão; e
>
> importa desequilíbrio na relação contratual (art. 51, § 1º, II, do CDC), já que, ao mesmo tempo que onera excessivamente o usuário, proporciona arrecadação extraordinária às concessionárias (cerca de treze bilhões de reais por ano, conforme consta da página eletrônica da ANATEL)".[20]

Conforme é cediço, não **prevaleceu no REsp 911.802** a posição do Ministro Herman, e sim o entendimento pela **legitimidade da cobrança da tarifa mínima**, tanto que a Primeira Seção do Superior Tribunal de Justiça sumulou a questão nos seguintes termos: **Súmula 356 — "É legítima a cobrança da tarifa básica pelo uso dos serviços de telefonia fixa"**.

Sobre o assunto, cumpre destacar, por fim, o teor da Súmula Vinculante 27, na qual o Supremo Tribunal Federal firmou o seguinte entendimento: "Compete à Justiça estadual julgar causas entre consumidor e concessionária de serviço público de telefonia, quando a ANATEL não seja litisconsorte passiva necessária, assistente, nem opoente".

Ainda nesse tocante, o STJ editou a Súmula 506 nos seguintes termos: "A Anatel não é parte legítima nas demandas entre a concessionária e o usuário de telefonia decorrentes de relação contratual" (*DJe* 31-3-2014).

Em última análise, os serviços públicos são regulamentados por um regime especial — o regime de Direito Público —, contexto que inviabiliza impor-lhe tratamento idêntico aos demais serviços colocados à disposição no mercado de consumo.

Venda casada é prática abusiva.

[20] Disponível em: <https://ww2.stj.jus.br/processo/revista/documento/mediado/?componente=ATC&sequencial=3402517&num_registro=200602724586&data=20080901&tipo=3&formato=PDF>. Acesso em: 3 dez. 2016.

10.4.1.2. Os contratos de fidelização nos serviços de telefonia móvel ou de TV a cabo são considerados como exemplos de prática abusiva no CDC?

Tema muito polêmico, que está sempre presente nas discussões acadêmicas e jurisprudenciais, envolve saber se o contrato de fidelização nos serviços de telefonia móvel caracteriza-se como prática abusiva violadora do art. 39, inciso I, do CDC. O Superior Tribunal de Justiça posicionou-se sobre o tema, entendendo da seguinte forma:

> RECURSO ESPECIAL — AÇÃO DE RESCISÃO DE CONTRATO DE PRESTAÇÃO DE SERVIÇOS DE TELEFONIA MÓVEL E DE COMODATO DE APARELHOS CELULARES — EXCLUSÃO DE MULTA POR INOBSERVÂNCIA DO PRAZO DE CARÊNCIA — SENTENÇA DE IMPROCEDÊNCIA — ACOLHIMENTO DO PLEITO RECURSAL DA AUTORA PELA CORTE *A QUO* — RECONHECIMENTO, NO ARESTO ESTADUAL, DE NULIDADE DA CLÁUSULA DE "FIDELIZAÇÃO", POR CONFIGURAR "VENDA CASADA". INSURGÊNCIA DA CONCESSIONÁRIA DE TELEFONIA. 1. Contratação simultânea de prestação de serviços de telefonia móvel e de "comodato" de aparelhos celulares, com cláusula de "fidelização". Previsão de permanência mínima que, em si, não encerra "venda casada". **2. Não caracteriza a prática vedada pelo art. 39, inc. I, do CDC, a previsão de prazo de permanência mínima ("fidelização") em contrato de telefonia móvel e de "comodato", contanto que, em contrapartida, haja a concessão de efetivos benefícios ao consumidor (*v.g.* custo reduzido para realização de chamadas, abono em ligações de longa distância, baixo custo de envio de "short message service — SMS", dentre outras), bem como a opção de aquisição de aparelhos celulares da própria concessionária, sem vinculação a qualquer prazo de carência, ou de outra operadora, ou mesmo de empresa especializada na venda de eletroportáteis.** 3. Superado o fundamento jurídico do acórdão recorrido, cabe a esta Corte Superior de Justiça julgar a causa, aplicando o direito à espécie, nos termos do art. 257 do RISTJ e da Súmula n. 456/STF. 4. Em que pese ser possível a fixação de prazo mínimo de permanência, na hipótese dos autos, o contrato de "comodato" de estações móveis entabulado entre as partes estabeleceu a vigência por 24 (vinte e quatro) meses, distanciando-se das determinações regulamentares da ANATEL (Norma Geral de Telecomunicações n. 23/96 e Resolução 477/2007), de ordem a tornar tal estipulação, inequivocamente, abusiva, haja vista atentar contra a liberdade de escolha do consumidor, direito básico deste. 5. Recurso especial desprovido (REsp 1.097.582/MS, Rel. Ministro Marco Buzzi, 4ª T., *DJe* 8-4-2013).

O mesmo entendimento foi estendido para a fidelização nos contratos de TV a cabo. No julgamento do REsp 1.362.084-RJ, o STJ além de entender pela viabilidade desse tipo de prática, determinou que a cobrança da multa de fidelidade pela prestadora de serviço de TV a cabo deve ser proporcional ao tempo faltante para o término da relação de fidelização, mesmo antes da vigência da Resolução n. 632/2014 da ANATEL:

> **1. A cláusula de fidelização em contrato de serviços de telecomunicação (como o serviço de TV a cabo) revela-se lícita, tendo em vista os benefícios concedidos pelas operadoras aos assinantes que optam por tal pacto e a necessária estipulação de prazo mínimo para a recuperação do investimento realizado. Precedentes.** 2. A referida modalidade contratual tem previsão de cláusula penal (pagamento de multa) caso o consumidor opte pela rescisão antecipada e injustificada do contrato. Tem-se, assim, por escopo principal, o necessário ressarcimento dos investimentos financeiros realizados por uma das partes para a celebração ou execução do contrato (parágrafo único do artigo 473 do Código Civil). De outro lado, sobressai seu caráter coercitivo, objetivando constranger o devedor a cumprir o prazo estipulado no contrato e, consequentemente, viabilizar o retorno financeiro calculado com o pagamento das mensalidades a serem vertidas durante a continuidade da relação jurídica programada. 3. Nada obstante, em que pese ser elemento oriundo de convenção entre os contratantes, a fixação da cláusula penal não pode estar indistintamente ao alvedrio destes, já que o ordenamento jurídico prevê normas imperativas e cogentes, que possuem a finalidade de resguardar a parte mais fraca do contrato, como é o caso do artigo 412 do Código Civil ("O valor da cominação imposta na cláusula penal não pode exceder o da obrigação principal."). 4. A citada preocupação reverbera, com maior intensidade, em se tratando de contrato de adesão, como o de prestação de serviços de telecomunicações, o que motivou a ANATEL a expedir a Resolução 632/2014, a fim de regular a forma de cálculo da multa a ser cobrada em caso de resilição antecipada dos contratos com fidelização. **5. O referido regulamento entrou em vigor em 07 de julho de 2014 e, a partir de então, as prestadoras de serviço de TV a cabo (assim como as demais prestadoras de serviços de telecomunicações) são obrigadas a oferecer contratos de permanência aos consumidores — vinculados aos contratos de prestação de serviços com cláusula de fidelização — e a calcular a multa fidelidade proporcionalmente ao valor do benefício concedido e ao período restante para o decurso do prazo mínimo estipulado.** 6. Contudo, mesmo antes da vigência do citado normativo, revelava-se abusiva a prática comercial adotada pela prestadora do serviço de TV a cabo, que, até 2011, cobrava a multa fidelidade integral dos consumidores, independentemente do tempo faltante para o término da relação de fidelização. 7. Isso porque a cobrança integral da multa, sem computar o prazo de carência parcialmente cumprido pelo consumidor, coloca o fornecedor em vantagem exagerada, caracterizando conduta iníqua, incompatível com a equidade, consoante disposto no § 1º e inciso IV do artigo 51 do código consumerista. 8. Nesse panorama, sobressai o direito básico do consumidor à proteção contra práticas e cláusulas abusivas, que consubstanciem prestações desproporcionais, cuja adequação deve ser realizada pelo Judiciário, a fim de garantir o equilíbrio contratual entre as partes, afastando-se o ônus excessivo e o enriquecimento sem causa porventura detectado (artigos 6º, incisos IV e V, e 51, § 2º, do CDC), providência concretizadora do princípio constitucio-

nal de defesa do consumidor, sem olvidar, contudo, o princípio da conservação dos contratos. **9. Assim, infere-se que o custo arcado pelo prestador do serviço é, efetivamente, recuperado a cada mês da manutenção do vínculo contratual com o tomador, não sendo razoável a cobrança da mesma multa àquele que incorre na quebra do pacto no início do prazo de carência e àquele que, no meio ou ao final, demonstra o seu desinteresse no serviço prestado** (REsp 1.362.084-RJ, Rel. Min. Luis Felipe Salomão, 4ª T., j. 16-5-2017, *DJe* 1º-8-2017).

Apesar de polêmicas, as decisões levaram em consideração os benefícios concedidos ao consumidor que resolve aderir às aludidas contratações. Imprescindível neste caso que as informações sobre a fidelização e sobre as eventuais consequências de quebra contratual sejam claras, ostensivas e adequadas.

10.4.2. A recusa no atendimento às demandas do consumidor como exemplo de prática abusiva no CDC

Prevê o art. 39, inciso II, da Lei n. 8.078/90 que "recusar atendimento às demandas dos consumidores, na exata medida de suas disponibilidades de estoque, e, ainda, de conformidade com os usos e costumes" é exemplo de prática comercial abusiva. Para saber se a recusa ao atendimento é comportamento lícito ou ilícito, deve-se responder às seguintes indagações:

- Pode o fornecedor escolher o consumidor com quem pretende contratar?
- Pode o consumidor levar todo o estoque do fornecedor?

A resposta à primeira pergunta é negativa; **não pode o fornecedor em razão dos riscos da atividade negocial pretender selecionar consumidor** com quem vai contratar, quer pelo fato de não ter gostado da aparência deste, quer em razão de o vulnerável pretender adquirir ou contratar em pequena quantidade.

No tocante à segunda questão, por mais simples que pareça, há polêmica quanto a sua resposta. Rizzatto Nunes enfrenta o tema se perguntando "qual a diferença entre o limite quantitativo máximo do inciso I e o do inciso II. A resposta está em que, na hipótese do inciso I, pode haver limitação quantitativa naquela rara exceção de crise — na qual se justifica, inclusive, a intervenção estatal. Fora isso, vale a regra do inciso II, que proíbe a recusa incondicionadamente. Pode o consumidor comprar todas as mercadorias da prateleira, bem como exigir a venda da única peça em exposição na vitrina".[21]

De fato, para o renomado consumerista, a resposta à segunda indagação seria afirmativa, ou seja, o consumidor poderia levar sim todo o estoque do for-

[21] NUNES, Luiz Antonio Rizzatto. *Curso de direito do consumidor*, p. 544.

necedor. Entretanto, ressaltamos que o **Superior Tribunal de Justiça** firmou posicionamento em sentido contrário, ou seja, pela **impossibilidade** quando o consumidor quiser **levar quantidade incompatível com o consumo pessoal ou familiar: "A falta de indicação de restrição quantitativa** relativa à oferta de determinado produto, pelo fornecedor, **não autoriza o consumidor exigir quantidade incompatível com o consumo individual ou familiar**, nem, tampouco, configura dano ao seu patrimônio extramaterial" (REsp 595.734/RS, Rel. Ministra Nancy Andrighi, 3ª T., *DJ* 28-11-2005).

Em nossa opinião, outro ponto merece ser analisado: a compatibilidade quantitativa do estoque com a repercussão da oferta veiculada pelo fornecedor. Viola a boa-fé objetiva e, consequentemente, realiza comportamento abusivo fornecedor que faz oferta para atingir um grande número de consumidores, mas não possui em seu estoque quantidade suficiente para atender a todos.

Recusa no atendimento é prática abusiva.

10.4.3. O envio ou a entrega de produtos ou serviços sem solicitação prévia como exemplo de prática abusiva no CDC

Estabelece o art. 39, inciso III, do Código de Defesa do Consumidor que configura prática abusiva "enviar ou entregar ao consumidor, sem solicitação prévia, qualquer produto, ou fornecer qualquer serviço".

O próprio art. 39 traz a **consequência** deste comportamento abusivo em seu parágrafo único, *in verbis*: "Os serviços prestados e os produtos remetidos ou entregues ao consumidor, na hipótese prevista no inciso III, **equiparam-se às amostras grátis**, inexistindo obrigação de pagamento". Em resumo:

- **Prática abusiva** — enviar ou entregar ao consumidor produto ou serviço sem solicitação prévia.
- **Consequência** — os serviços prestados e os produtos remetidos ou entregues equiparam-se às amostras grátis.

Ao longo de muito tempo,[22] o consumidor deparou-se com práticas como a de receber produtos ou até prestação de serviços — exemplo: cartão de crédito — sem solicitação e, num segundo momento, receber uma fatura para pagar o respectivo valor em determinado prazo.

Trata-se de comportamento abusivo, despido de qualquer justificativa e merecedor da consequência que equipara o produto ou o serviço fornecido nestes termos a amostras grátis.

[22] Na atualidade, essa prática ainda existe, mas não de forma reiterada como já ocorreu na história, muito em razão da eficácia do dispositivo ora em análise.

Assim, no caso do recebimento de um **cartão de crédito sem solicitação**, geralmente acompanhado de uma carta do gerente do banco, parabenizando-o pela contratação do serviço, **não haverá a necessidade de pagar a anuidade**.

Claro que se o consumidor utilizar o citado serviço de crédito terá que pagar a fatura respectiva e não poderá invocar a consequência do parágrafo único do art. 39, sob pena de violar o princípio da boa-fé objetiva, que também deverá ser cumprido pelo vulnerável, por nortear toda a relação de consumo.

No **Superior Tribunal de Justiça** o tema também está pacificado, e, a depender da situação, **outra consequência** vem sendo reconhecida ante a prática abusiva de enviar produtos ou prestar serviços sem solicitação prévia do consumidor, qual seja: o **reconhecimento de danos morais**.

Sobre o tema, segue trecho do posicionamento dominante do STJ: "**O envio de cartão de crédito não solicitado, conduta considerada pelo Código de Defesa do Consumidor como prática abusiva (art. 39, III)**, adicionado aos incômodos decorrentes das providências notoriamente dificultosas para o cancelamento do cartão **causam dano moral** ao consumidor, mormente em se tratando de pessoa de idade avançada, próxima dos cem anos de idade à época dos fatos, circunstância que agrava o sofrimento moral" (REsp 1.061.500/RS, Rel. Ministro Sidnei Beneti, 3ª T., *DJe* 20-11-2008).[23]

Nesse sentido, destacamos o teor da Súmula 532 do STJ, que assim estabelece: **"Constitui prática comercial abusiva o envio de cartão de crédito sem prévia e expressa solicitação do consumidor, configurando-se ato ilícito indenizável e sujeito à aplicação de multa administrativa"** (*DJe* 8-6-2015).

Envio ou entrega sem solicitação prévia é prática abusiva.

10.4.4. O prevalecimento da fraqueza ou ignorância do consumidor como exemplo de prática abusiva no CDC[24]

Segundo o CDC, "prevalecer-se da fraqueza ou ignorância do consumidor, tendo em vista sua idade, saúde, conhecimento ou condição social, para

[23] No mesmo sentido, STJ no seguinte julgamento: "RECURSO ESPECIAL. CONSUMIDOR. AÇÃO CIVIL PÚBLICA. ENVIO DE CARTÃO DE CRÉDITO NÃO SOLICITADO. PRÁTICA COMERCIAL ABUSIVA. ABUSO DE DIREITO CONFIGURADO. 1. O envio do cartão de crédito, ainda que bloqueado, sem pedido pretérito e expresso do consumidor, caracteriza prática comercial abusiva, violando frontalmente o disposto no artigo 39, III, do Código de Defesa do Consumidor. 2. Doutrina e jurisprudência acerca do tema. 3. RECURSO ESPECIAL PROVIDO" (REsp 1.199.117/SP, Rel. Ministro Paulo de Tarso Sanseverino, 3ª T., *DJe* 4-3-2013).

[24] Recomendamos ao leitor analisar o item 14.4.4 deste livro, pois, neste ponto, práticas e cláusulas abusivas às vezes se confundem. Em outras palavras, temas não tratados neste item, podem ter sido abordados naquele.

impingir-lhe seus produtos ou serviços" é exemplo de prática abusiva, nos termos do art. 39, inciso IV.

O **princípio inaugural do art. 4º** do Código do Consumidor é o da **vulnerabilidade** e, conforme estudado no Capítulo 4 deste livro, existe uma presunção de que o consumidor pessoa física é a parte mais frágil da relação jurídica de consumo.

No entanto, cabe relembrar que, dentre todos os que são vulneráveis, há alguns cuja fragilidade está acima da média, pessoas que a doutrina contemporânea vem denominando **hipervulneráveis**.

Tecnicamente, preferimos levar a discussão ao plano da hipossuficiência, pois, nos termos do que já foi analisado neste livro, vulnerabilidade é fenômeno de direito material e com presunção absoluta, enquanto a hipossuficiência é fenômeno de direito processual, necessitando ser demonstrada no caso concreto.

Nestes termos, o art. 39, inciso IV, da Lei n. 8.078/90 visa proteger com maior zelo consumidores que se enquadram no conceito de hipervulneráveis,[25] mais precisamente:

- o consumidor com idade tenra ou avançada;
- o consumidor com saúde debilitada;
- o consumidor ignorante — com pouco conhecimento intelectual;
- o consumidor em condição social não privilegiada.

Infelizmente, práticas abusivas que se aproveitam da fraqueza ou da ignorância do consumidor são comumente realizadas no mercado de consumo, em especial aquelas praticadas pelo **fornecedor de planos e seguros de saúde**.

O tema é tão corrente na jurisprudência superior que o STJ já sumulou questões, dentre as quais destacamos:

- Súmula 302: "É abusiva a cláusula contratual de plano de saúde que limita no tempo a internação hospitalar do segurado".
- Súmula 469: "Aplica-se o Código de Defesa do Consumidor aos contratos de plano de saúde".

Com o reconhecimento pelo Superior Tribunal de Justiça de que era abusivo limitar o tempo de internação nos contratos de seguro-saúde, tais fornecedores começaram a realizar outro **comportamento abusivo: limitar os gastos com terapias e internações**.

Com efeito, o consumidor pode ficar, em tese, internado o tempo que for necessário, mas o respectivo valor indenizatório estará limitado a determinado valor.

[25] Lembrando que o conceito de hipervulnerável não se esgota nos consumidores em condições elencadas pelo art. 39, inciso IV, do CDC.

Neste contexto, o STJ reconhece a abusividade de cláusulas como estas, conforme julgamento *infra*: **"A finalidade essencial do seguro-saúde reside em proporcionar adequados meios de recuperação ao segurado, sob pena de esvaziamento da sua própria *ratio*, o que não se coaduna com a presença de cláusula limitativa do valor indenizatório de tratamento que as instâncias ordinárias consideraram coberto pelo contrato"** (REsp 326.147/SP, Rel. Ministro Aldir Passarinho Junior, 4ª T., *DJe* 8-6-2009).

Não satisfeito com o reconhecimento de tantos comportamentos abusivos, o fornecedor de plano de saúde iniciou a **prática ilícita de limitar o número de terapias**, ou seja, não haverá limitação de gastos com quimioterapia, mas o seguro-saúde estará restrito a três sessões por ano, por exemplo. Mais uma vez, o Superior Tribunal de Justiça precisou intervir e reconhecer a abusividade da conduta e a aplicação ao caso do teor da Súmula 302, acima citada, por analogia:

> DIREITO CIVIL. PLANOS DE SAÚDE. COBERTURA. LIMITAÇÃO CONTRATUAL/ESTATUTÁRIA AO NÚMERO DE SESSÕES DE QUIMIOTERAPIA. IRRETROATIVIDADE DA LEI N. 9.656/98. RELAÇÃO DE CONSUMO. NATUREZA JURÍDICA DA ENTIDADE. DESINFLUÊNCIA. ABUSIVIDADE DA RESTRIÇÃO.
>
> I — "A relação de consumo caracteriza-se pelo objeto contratado, no caso a cobertura médico-hospitalar, sendo desinfluente a natureza jurídica da entidade que presta os serviços, ainda que se diga sem caráter lucrativo, mas que mantém plano de saúde remunerado" (REsp 469.911/SP, Rel. Ministro Aldir Passarinho Júnior, *DJe* 10-3-2008).
>
> II — **Reconhecida a incidência do Código de Defesa do Consumidor, impende reconhecer, também, a abusividade da cláusula contratual/estatutária que limita a quantidade de sessões anuais de rádio e de quimioterapia cobertas pelo plano. Aplicação, por analogia, da Súmula 302/STJ.**
>
> Recurso Especial a que se nega provimento (REsp 1.115.588/SP, Rel. Ministro Sidnei Beneti, 3ª T., *DJe* 16-9-2009).

A Lei n. 12.653 de 2012 prevê em seu art. 2º que: "O estabelecimento de saúde que realize atendimento médico-hospitalar emergencial fica obrigado a afixar, em local visível, cartaz ou equivalente, com a seguinte informação: 'Constitui crime a exigência de cheque-caução, de nota promissória ou de qualquer garantia, bem como do preenchimento prévio de formulários administrativos, como condição para o atendimento médico-hospitalar emergencial, nos termos do art. 135-A do Decreto-Lei n. 2.848, de 7 de dezembro de 1940 — Código Penal'".

Nessa linha, o STJ entendeu que o **hospital não pode cobrar, ou admitir que se cobre, dos pacientes conveniados a planos de saúde valor adicional por atendimentos realizados por seu corpo médico fora do horário comercial**: "Com efeito, cuida-se de iníqua cobrança, em prevalecimento sobre a fragilidade do consumidor, de custo que está ou deveria estar coberto pelo preço cobrado da operadora de saúde — negócio jurídico mercantil do qual não faz parte o consumidor usuário do plano de saúde —, caracterizando-se como conduta manifestamente abusiva, em violação à boa-fé objetiva e ao dever de probidade do fornecedor, vedada pelos arts. 39, IV, X e 51, III, IV, X, XIII, XV, do CDC e 422 do CC/2002" (REsp 1.324.712/MG, Rel. Ministro Luis Felipe Salomão, 4ª T., *DJe* 13-11-2013).[26]

Ademais, **é indevido cobrar reajuste de ex-empregado demitido sem justa causa que opta por permanecer vinculado ao plano de saúde** em que se encontrava antes da demissão, na condição de beneficiário:

> "RECURSO ESPECIAL. AÇÃO DECLARATÓRIA DE ILEGALIDADE DE COBRANÇA DE MENSALIDADES RELATIVAS A PLANO DE SAÚDE C/C REPETIÇÃO DE INDÉBITO. CONTRIBUIÇÃO DE EMPREGADO DEMITIDO SEM JUSTA CAUSA. VALORES DIFERENCIADOS PARA EMPREGADOS E EX-EMPREGADOS. IMPOSSIBILIDADE. INTERPRETAÇÃO DO ART. 30 DA LEI N. 9.656/1998 QUE PRESCINDE DA APLICAÇÃO DA RESOLUÇÃO N. 279/2011. REPETIÇÃO EM DOBRO. ART. 42, PARÁGRAFO ÚNICO, DO CDC. NECESSIDADE DE MÁ-FÉ DO CREDOR. RECURSO PARCIALMENTE PROVIDO. 1. Trata-se, na origem, de ação declaratória de ilegalidade da cobrança de mensalidades relativas a plano de saúde c/c repetição do indébito proposta por ex-empregado, demitido sem justa causa, que ao deixar a empresa teve o valor de sua contribuição aumentada de R$ 2.840,46 (dois mil, oitocentos e quarenta reais e quarenta e seis centavos) para R$ 6.645,16 (seis mil, seiscentos e quarenta e cinco reais e dezesseis centavos). 2. Consoante dispõe o art. 30 da Lei n. 9.656/1998, "**ao consumidor que contribuir para produtos de que tratam o inciso I e o § 1º do art. 1º desta Lei, em decorrência de vínculo empregatício, no caso de rescisão ou exoneração do contrato de trabalho sem justa causa, é assegurado o direito de manter sua condição de beneficiário, nas mesmas condições de cobertura assistencial de que gozava quando da vigência do contrato de trabalho**, desde que assuma o seu pagamento integral" (REsp 1.539.815/DF, Rel. Ministro Marco Aurélio Bellizze, 3ª T., *DJe* 14-2-2017).

Com a **escassez de planos individuais e familiares** disponíveis no mercado de consumo, houve o **domínio das vendas de planos coletivos** por adesão ou empresarial.[27] Muitos consumidores que possuem pessoa jurídica acabam aderin-

---

[26] No mesmo julgado, foi reconhecida a legitimidade do Ministério Público para defender em juízo o aludido direito do consumidor.

[27] Em 27 de dezembro de 2017 a Agência Nacional de Saúde – ANS – editou a Resolução Normativa n. 432 dispondo sobre a contratação de plano privado de assistência à saúde coletivo empresarial por empresário individual. No entanto, a rescisão unilateral foi mantina nos termos do art. 7º: "À exceção das hipóteses de ilegitimidade do contratante e de inadimplência, o contrato de plano de assistência à saúde empresarial, celebrado na forma do art. 2º, somente **poderá ser rescindido pela operadora na data de seu aniversário, mediante comunicação prévia ao contratante, com antecedência míni-**

do a essas modalidades de planos de saúde, porém desconhecendo os malefícios que tais contratos poderão lhe causar.

O **grande problema está no fato de que o plano de saúde coletivo pode ser rescindido ou suspenso imotivadamente** (independentemente da existência de fraude ou inadimplência), após a vigência do período de doze meses e mediante prévia notificação do usuário com antecedência mínima de sessenta dias (art. 17 da Resolução Normativa ANS 195/2009).

Tal situação está proibida nos planos individuais ou familiares, como previsto na Lei n. 9.656:

> Art. 13. Os contratos de produtos de que tratam o inciso I e o § 1º do art. 1º desta Lei têm renovação automática a partir do vencimento do prazo inicial de vigência, não cabendo a cobrança de taxas ou qualquer outro valor no ato da renovação. Parágrafo único. Os produtos de que trata o *caput*, contratados individualmente, terão vigência mínima de um ano, sendo vedadas: I — a recontagem de carências; II — a suspensão ou a rescisão unilateral do contrato, salvo por fraude ou não pagamento da mensalidade por período superior a sessenta dias, consecutivos ou não, nos últimos doze meses de vigência do contrato, desde que o consumidor seja comprovadamente notificado até o quinquagésimo dia de inadimplência; e III — a suspensão ou a rescisão unilateral do contrato, em qualquer hipótese, durante a ocorrência de internação do titular.

No entanto, quando se tratar de **plano familiar mascarado de empresarial**, representado tipicamente por serem os segurados o dono da empresa, sua esposa e seus filhos, imprescindível a incidência do Código de Defesa do Consumidor, em especial se algum dos segurados estiver no meio de tratamento médico. Sobre o tema, já entendeu o STJ:

> 2. Nada obstante, **no caso de usuário internado, independentemente do regime de contratação do plano de saúde (coletivo ou individual), dever-se-á aguardar a conclusão do tratamento médico** garantidor da sobrevivência e/ou incolumidade física para se pôr fim à avença. 3. Tal exegese coaduna-se, ademais, com o disposto no artigo 35-C da Lei 9.656/98, segundo a qual é obrigatória a cobertura do atendimento nos casos de emergência (como tal definidos os que implicarem risco imediato de vida ou de lesões irreparáveis para o paciente) ou de urgência (assim entendidos os resultantes de acidentes pessoais ou de complicações no processo gestacional) (AgInt no AREsp 885.463 / DF, Rel. Luis Felipe Salomão, 4ª T., *DJe* 8-5-2017).

---

ma de 60 (sessenta) dias, devendo a operadora apresentar para o contratante as razões da rescisão no ato da comunicação." Disponível em: <http://www.ans.gov.br/component/legislacao/?view=legislacao&task=TextoLei&format=raw&id=MzUzMA==>. Acesso em: 4 jan. 2018.

O Tribunal de Justiça do Estado de São Paulo vem reconhecendo a fraude nesse tipo de contratação, como o fez no julgado *infra*:

> PLANO DE SAÚDE COLETIVO EMPRESARIAL. RESCISÃO UNILATERAL. ABUSIVIDADE. Sentença de procedência, condenado o plano de saúde a manter o autor e seus dependentes nas mesmas condições do contrato coletivo rescindido. Irresignação da ré. Ratificação dos termos da sentença recorrida (art. 252, RITJSP). **Plano de saúde contratado sob a forma coletiva empresarial, mas materialmente de natureza individual. Natureza de relação de consumo. Abusividade da cláusula contratual de rescisão unilateral e imotivada pelo plano de saúde (art. 51, CDC)**. Aplicação analógica do art. 13, parágrafo único, incisos II e III, Lei 9.656/1998. Não incidência do artigo 17 da Resolução Normativa 195 da ANS. Precedentes desta Câmara. Apelado, ademais, que se encontrava em tratamento de doença diagnosticada antes da notificação extrajudicial da apelante para rescisão do plano de saúde. Irrelevância da não autorização da apelante para operação de planos individuais. Manutenção do plano de saúde, arcando o apelado com as mensalidades correspondentes a ele e seus dependentes no plano coletivo. Recurso não provido (Ap. 1012684-19.2014.8.26.0011 — Rel. Carlos Alberto de Salles, 3ª Câmara de Direito Privado, j. 4-9-2015).[28]

Ponto interessante consiste em saber se um, dentre todos os beneficiários de um plano coletivo, poderia estar em juízo defendendo um direito seu, como, por exemplo, restabelecer seu vínculo contratual com a operadora? A resposta dada pelo Superior Tribunal de Justiça foi sim, na medida em que o **beneficiário de plano de saúde coletivo por adesão possui legitimidade ativa para se insurgir contra rescisão contratual unilateral realizada pela operadora, tendo por fundamento a Teoria da Asserção:**

> CIVIL E PROCESSUAL CIVIL. RECURSO ESPECIAL. AÇÃO DE OBRIGAÇÃO DE FAZER. CONDIÇÕES DA AÇÃO. **TEORIA DA ASSERÇÃO. PLANO DE SAÚDE COLETIVO. DESTINATÁRIO FINAL DO SERVIÇO. LEGITIMIDADE ATIVA. RESCISÃO UNILATERAL. INTERESSE JURIDICAMENTE PROTEGIDO.** 1. Ação de obrigação de fazer da qual se extrai o recurso especial, interposto em 21/09/2016 e concluso ao gabinete em 16/05/2017. Julgamento: CPC/15. 2. O propósito recursal é definir se o beneficiário de plano de saúde coletivo por adesão possuiria legitimidade ativa para se insurgir contra rescisão contratual unilateral realizada pela operadora. 3. As **condições da ação são averiguadas de acordo com a teoria da asserção, razão pela qual, para que se reconheça a legitimidade ativa, os argumentos aduzidos na inicial devem possibilitar a inferência, em um exame puramente abstrato, de que o**

[28] O mesmo entendimento foi mantido pelo Tribunal de Justiça do Estado de São Paulo no julgamento do AgI 2125305-67.2017.8.26.0000, Rel. Desembargador Rui Cascaldi, 1ª Câmara de Direito Privado, ano 2017.

> **autor pode ser o titular da relação jurídica exposta ao juízo.** 4. O contrato de plano de saúde coletivo estabelece o vínculo jurídico entre uma operadora de plano de saúde e uma pessoa jurídica, a qual atua em favor de uma classe (coletivo por adesão) ou em favor de seus respectivos empregados (coletivo empresarial). Esse contrato caracteriza-se como uma estipulação em favor de terceiro, em que a pessoa jurídica figura como intermediária da relação estabelecida substancialmente entre o indivíduo integrante da classe/empresa e a operadora (art. 436, parágrafo único, do Código Civil). 5. **O fato de o contrato ser coletivo não impossibilita que o beneficiário busque individualmente a tutela jurisdicional que lhe seja favorável, isto é, o restabelecimento do seu vínculo contratual com a operadora, que, em tese, foi rompido ilegalmente.** 6. Recurso especial conhecido e provido (REsp 1.705.311 / SP, Rel. Ministra Nancy Andrighi, 3ª T., *DJe* 17-11-2017).

Outra **prática abusiva dos planos de saúde é a de impedir tratamentos prescritos pelos médicos** como sendo o mais adequado para a cura de uma doença, **sob a alegação de se tratar de terapia experimental (*off label*).**[29] Sobre o assunto o Tribunal de Justiça do Estado de São Paulo tem editada a Súmula 102 que estabelece: "Havendo expressa indicação médica, é abusiva a negativa de cobertura de custeio de tratamento sob o argumento da sua natureza experimental ou por não estar previsto no rol de procedimento da ANS".

Esse também é o entendimento do Superior Tribunal de Justiça:

> AGRAVO INTERNO. AGRAVO EM RECURSO ESPECIAL. PLANO DE SAÚDE. TRATAMENTO EXPERIMENTAL. COBERTURA DE TRATAMENTO DOENÇA. PROCEDIMENTO INCLUÍDO. 1. As **operadoras de planos de saúde** podem, por expressa disposição contratual, restringir as enfermidades a serem cobertas, mas **não podem limitar os tratamentos a serem realizados, inclusive os medicamentos experimentais**. Precedentes. 2. Inviabilidade de acolher as alegações da parte agravante de existir tratamento convencional eficaz, ao contrário do que pontua o acórdão recorrido, no sentido de que o próprio médico credenciado pelo plano de saúde o determinou, por demandar nova análise de contexto fático-probatório. Incidência da Súmula 7/STJ. 3. Agravo interno não provido (AgInt no AREsp 1014782 / AC, Rel. Min. Luis Felipe Salomão, 4ª T., *DJe* 28-8-2017).[30]

---

[29] Em 2 de janeiro de 2018 entrou em vigor a nova lista contendo rol de procedimentos e eventos em saúde, que constitui a referência básica para cobertura assistencial mínima nos planos privados de assistência à saúde, contratados a partir de 1º de janeiro de 1999, nos termos da Resolução Normativa n. 428, de 7 de novembro de 2017. Disponível em: <http://www.ans.gov.br/component/legislacao/?view=legislacao&task=TextoLei&format=raw&id=MzUwMg==>. Acesso em: 4 jan. 2018.

[30] **Aliás, nesse sentido, a sábia lição do Desembargador Alcides Leopoldo e Silva Junior, do Tribunal de Justiça de São Paulo, no julgamento da Apelação 1084182-68.2015.8.26.0100:** "*Consoante decidido na Apelação n. 990.10.223759-1, da Comarca de São Paulo, Relator Des. Francisco Loureiro: 'pelo termo 'tratamento experimental', cuja cobertura está de fato excluída do*

Outra argumentação da recusa por parte dos planos de saúde é que o medicamento prescrito estaria fora do rol da ANS ou que as diretrizes de utilização – DUT – não estariam de acordo com as orientações da aludida agência reguladora. No entanto, mais uma vez o fundamento é pífio, tendo em vista que todos sabemos que o rol da ANS consiste num mínimo a ser cumprido pelo fornecedor e não se trata de lista exaustiva.

Tal recusa é indevida e pode gerar inclusive condenação em dano moral, em razão da agravada situação física e psicológica do consumidor. Essa a posição do STJ:

> "AGRAVO INTERNO NO AGRAVO EM RECURSO ESPECIAL. PLANO DE SAÚDE. FORNECIMENTO DE MATERIAL PROTÉTICO PARA REALIZAÇÃO DE PROCEDIMENTO CIRÚRGICO DE ARTROPLASTIA TOTAL DE QUADRIL. RECUSA INDEVIDA. CONCLUSÃO DO ACÓRDÃO EM SINTONIA COM A JURISPRUDÊNCIA DESTA CORTE. SÚMULA 83/STJ. *QUANTUM* INDENIZATÓRIO RAZOÁVEL. NECESSIDADE DE REEXAME DE MATÉRIA FÁTICO-PROBATÓRIA. INCIDÊNCIA DA SÚMULA 7/STJ. AGRAVO IMPROVIDO.
>
> **1. O Superior Tribunal de Justiça firmou orientação no sentido de que, havendo previsão para cobertura do mal a que foi acometido o contratante de plano de saúde, não é permitido à contratada restringir tratamento, medicamento ou procedimento indicado por médico. Incide, à espécie, o óbice da Súmula 83 desta Corte.**
>
> **2. A recusa indevida/injustificada, da operadora de plano de saúde, em autorizar a cobertura de tratamento médico prescrito, a que esteja legal ou contratualmente obrigada, gera direito de ressarcimento a título de dano moral, em razão de tal medida agravar a situação tanto física quanto psicológica do beneficiário.**
>
> 3. Em relação ao *quantum* indenizatório, levando-se em consideração as particularidades do caso e os parâmetros utilizados por este Tribunal Superior em situa-

contrato, se deve entender apenas aquele sem qualquer base científica, não aprovado pela comunidade nem pela literatura médica, muito menos ministrado a pacientes em situação similar. Seriam os casos, por exemplo, de tratamentos à base de florais, cromoterapia, ou outros, ainda sem comprovação científica séria'. Ainda que não fosse aprovado pela ANVISA, a comunidade científica reconhecia que era apto a trazer significativa melhoria aos pacientes. Conforme classificação proposta pelo médico Dr. Paulo Marcelo Gehm Hoff, na Audiência Pública promovida pelo Supremo Tribunal Federal sobre o Direito à Saúde, acerca da incorporação de novas drogas no Sistema Único de Saúde (SUS), existem quatro situações distintas: a) Droga completamente experimental, isto é, aquela não aprovada em local algum do planeta e cuja eficácia realmente ainda não foi demonstrada em estudo clínico; b) Droga aprovada em outros países, mas não no Brasil; c) Droga aprovada no Brasil, mas utilizada fora da indicação de bula (é o chamado uso off-label); d) Droga aprovada no Brasil, mas não incorporada pelo SUS. A presente situação é a hipótese da letra 'b', que não pode ser excluída pela Operadora devido a entraves burocráticos da ANVISA, na aprovação de novos medicamentos, sob pena de se pôr em risco a vida do paciente. ***A exclusão contratual deve se restringir a hipótese da letra 'a', considerando-se tratamento experimental aquele não aprovado em qualquer lugar, sem reconhecimento pela comunidade científica*** *(...)".*

ções análogas, verifica-se que a quantia indenizatória fixada em R$ 8.000,00 (oito mil reais) não se mostra desproporcional e sua revisão demandaria, inevitavelmente, o reexame de matéria fático-probatória, o que é vedado pela Súmula n. 7 do Superior Tribunal de Justiça.

4. Agravo interno a que se nega provimento" (AgInt no Agravo em Recurso Especial n. 1.051.479 - RJ (2017/0024326-0). Rel. Min. Marco Aurélio Bellizze, julgado em 13-6-2017).

Prevalecer-se da fraqueza ou ignorância do consumidor é prática abusiva.

■ 10.4.5. A exigência de vantagem manifestamente excessiva do consumidor como exemplo de prática abusiva no CDC

Dispõe o art. 39, inciso V, do Diploma Consumerista que "exigir do consumidor vantagem manifestamente excessiva" é prática abusiva.

Trata-se de comportamento abusivo muito comum no interior dos contratos de consumo, tanto que o CDC considerou como **cláusula abusiva**, dentre outras, aquela que estabelece obrigações consideradas iníquas, abusivas, **que colocam o consumidor em desvantagem exagerada**, ou seja, incompatível com a boa-fé ou a equidade (art. 51, IV).

O art. 51 do Código do Consumidor presume exageradas algumas vantagens num rol exemplificativo expresso em seu § 1º. A presunção é relativa, admitindo prova em contrário por parte do fornecedor.

Presume-se vantagem manifestamente exagerada quando

- ofende os princípios fundamentais do sistema jurídico a que pertence;
- restringe direitos ou obrigações fundamentais inerentes à natureza do contrato, de tal modo a ameaçar seu objeto ou equilíbrio contratual;
- se mostra excessivamente onerosa para o consumidor, considerando-se a natureza e conteúdo do contrato, o interesse das partes e outras circunstâncias peculiares ao caso.

Conforme visto em subitem pretérito, a cobrança de tarifa mensal pelo serviço de telefonia fixa não é abusiva no entendimento do Superior Tribunal de Justiça, nos termos da Súmula 356: "É legítima a cobrança da tarifa básica pelo uso dos serviços de telefonia fixa".

Sobre o assunto, destaca-se o teor da Súmula Vinculante 27, na qual o Supremo Tribunal Federal firmou o seguinte entendimento: "Compete à Justiça estadual julgar causas entre consumidor e concessionária de serviço público de telefonia, quando a ANATEL não seja litisconsorte passiva necessária, assistente, nem opoente".

Ainda nesse tocante, o STJ editou a Súmula 506 nos seguintes termos: "A Anatel não é parte legítima nas demandas entre a concessionária e o usuário de telefonia decorrentes de relação contratual" (*DJe* 31-3-2014).

Com efeito, cumpre destacar que o STJ, no mesmo ano de 2009, quando da elaboração do citado anunciado, publicou a Súmula 357 com a seguinte redação: "A pedido do assinante, que responderá pelos custos, é obrigatória, a partir de 1º de janeiro de 2006, a discriminação de pulsos excedentes e ligações de telefone fixo para celular".

Em nossa visão, o enunciado impunha ao consumidor uma desvantagem manifestamente exagerada, isto é, para ter acesso ao direito à informação sobre o detalhamento da fatura de telefone, deveria solicitá-la, cada vez que necessitasse, além do fato de ter que pagar pelo pedido. Verdadeira afronta ao direito à informação previsto no art. 6º, inciso III, do CDC.[31]

A questão era tão teratológica que o próprio **STJ revogou a Súmula 357** no julgamento do Recurso Especial 1.074.799, com o seguinte Acórdão: **"A solicitação do fornecimento das faturas discriminadas, sem ônus para o assinante, basta ser feita uma única vez, marcando para a concessionária o momento a partir do qual o consumidor pretende obter suas faturas com detalhamento. Revogação da Súmula 357/STJ que se impõe"** (REsp 1.074.799/MG, Rel. Ministro Francisco Falcão, Primeira Seção, *DJe* 8-6-2009).

Outras situações existem como exemplos de demonstração de vantagens manifestamente exageradas, como no caso do aumento abusivo do valor do plano de saúde em razão da alteração da faixa etária do consumidor. Esta é a visão do STJ: "PLANO DE SAÚDE. CLÁUSULA ABUSIVA. É nula a cláusula que prevê o aumento de 164,91% na mensalidade do plano de saúde tão logo o contratante complete a idade de 60 anos — sem prejuízo de que incidam os reajustes gerais decorrentes do custo dos serviços" (EDcl no REsp 809.329/RJ, Rel. Ministro Ari Pargendler, 3ª T., *DJe* 11-11-2008).[32]

Ademais, lembrou o Superior Tribunal de Justiça que o "Supremo Tribunal Federal, nos autos da Ação Direta de Inconstitucionalidade n. 1.931, em sede de medida cautelar, determinou a suspensão da eficácia do § 2º do artigo 35-E da Lei

[31] "Art. 6º São direitos básicos do consumidor: (...) III — a informação adequada e clara sobre os diferentes produtos e serviços, com especificação correta de quantidade, características, composição, qualidade e preço, bem como sobre os riscos que apresentem." Vale lembrar que, por força da Lei n. 12.741, de 8 de dezembro de 2012, a redação do inciso III do art. 6º do Código de Defesa do Consumidor foi alterada para o seguinte teor: "a informação adequada e clara sobre os diferentes produtos e serviços, com especificação correta de quantidade, características, composição, qualidade, **tributos incidentes** e preço, bem como sobre os riscos que apresentem".

[32] Sobre o tema, cumpre ressaltar que não é competência dos Estados fixar prazos máximos segundo a faixa etária dos usuários, para a autorização de exames pelas operadoras de planos de saúde. Esta é a posição do Supremo emanada no julgamento da ADI 4.701, sob o fundamento de ser competência da União legislar sobre o Direito Civil (*DJe* 25-8-2014).

n. 9.656/98, que autorizava aplicação de cláusula de reajuste das contraprestações pecuniárias devidas pelo segurado, independentemente da data da celebração do contrato, desde que aprovado pela ANS" (REsp 1.196.965/RJ, Rel. Ministro Massami Uyeda, 3ª T., *DJe* 16-5-2012).[33]

Percebam que o STJ não veda o aumento da mensalidade do plano de saúde em razão de alteração de faixa etária, desde que dentro dos limites do razoável (REsp 1.381.606, Rel. Ministra Nancy Andrighi, Rel. para Acórdão Ministro João Otávio de Noronha, 3ª T., *DJe* 31-10-2014).

> Exigir vantagem manifestamente excessiva é prática abusiva.

10.4.6. A execução de serviços sem prévia elaboração de orçamento como exemplo de prática abusiva no CDC

O art. 39, inciso VI, da Lei n. 8.078/90 estabelece que "executar serviços sem a prévia elaboração de orçamento e autorização expressa do consumidor, ressalvadas as decorrentes de práticas anteriores entre as partes" é exemplo de prática abusiva.

Desta forma, no tocante à prestação do serviço, **não basta a elaboração do orçamento; deverá existir aprovação expressa pelo consumidor** para que o trabalho possa ser iniciado.

Ademais, a ausência de tal anuência terá como **consequência** a desobrigação do consumidor de pagar qualquer quantia, caracterizando-se como mais uma hipótese de **serviço gratuito**.

A reserva expressa na parte final do inciso em exame — "ressalvadas as decorrentes de práticas anteriores entre as partes" — significa a não obrigatoriedade de elaboração de orçamento prévio se for uma prática comum entre as partes envolvidas, por exemplo, deixar o carro para fazer revisão uma vez por mês na mesma mecânica.

---

[33] No mesmo sentido, é a posição do STJ no seguinte julgado: "AGRAVO REGIMENTAL. PLANO DE SAÚDE. REAJUSTE EM FUNÇÃO DE MUDANÇA DE FAIXA ETÁRIA. CONTRATO CELEBRADO ANTERIORMENTE À VIGÊNCIA DO ESTATUTO DO IDOSO. NULIDADE DE CLÁUSULA. **1. — É nula a cláusula de contrato de plano de saúde que prevê reajuste de mensalidade baseado exclusivamente na mudança de faixa etária, ainda que se trate de contrato firmado antes da vigência do Estatuto do Idoso, porquanto, sendo norma de ordem pública, tem ela aplicação imediata, não havendo que se falar em retroatividade da lei para afastar os reajustes ocorridos antes de sua vigência, e sim em vedação à discriminação em razão da idade.** 2. — Ademais, o art. 51, IV, do Código de Defesa do Consumidor permite reconhecer a abusividade da cláusula, por constituir obstáculo à continuidade da contratação pelo beneficiário, devendo a administradora do plano de saúde demonstrar a proporcionalidade entre a nova mensalidade e o potencial aumento de utilização dos serviços, ou seja, provar a ocorrência de desequilíbrio ao contrato de maneira a justificar o reajuste. 3. — Agravo Regimental improvido" (AgRg no REsp 1.324.344/SP, Rel. Ministro Sidnei Beneti, 3ª T., *DJe* 1-4-2013).

Nas relações em que figurarem consumidores pessoas jurídicas, o comportamento é mais comum de ocorrer.

Igualmente, o posicionamento do STJ em relação ao serviço de mecânica realizado sem a aprovação orçamentária por parte do consumidor: "O art. 39, VI, do Código de Defesa do Consumidor determina que o serviço somente pode ser realizado com a expressa autorização do consumidor. Em consequência, não demonstrada a existência de tal autorização, é imprestável a cobrança, devido, apenas, o valor autorizado expressamente pelo consumidor" (REsp 332.869/RJ, Rel. Ministro Carlos Alberto Menezes Direito, 3ª T., *DJ* 2-9-2002).

Por outro lado, ainda que haja autorização do consumidor, **oficina mecânica que realiza reparos em veículo não pode reter o bem por falta de pagamento do serviço**, sob o fundamento de ter realizado benfeitoria no bem, nos termos do art. 1.029 do Código Civil. Esse foi o posicionamento do Superior Tribunal de Justiça no julgamento do REsp 1.628.385/ES (*DJe* 29-8-2017), pela tese de que **o direito de retenção deve ser invocado apenas pelo possuidor do bem e não por aquele que possui a mera detenção, como no caso da oficina mecânica.**

A **disciplina do orçamento no CDC** está prevista em seu art. 40, que estabelece, *in verbis*: "O fornecedor de serviço será obrigado a entregar ao consumidor orçamento prévio discriminando o valor da mão de obra, dos materiais e equipamentos a serem empregados, as condições de pagamento, bem como as datas de início e término dos serviços".

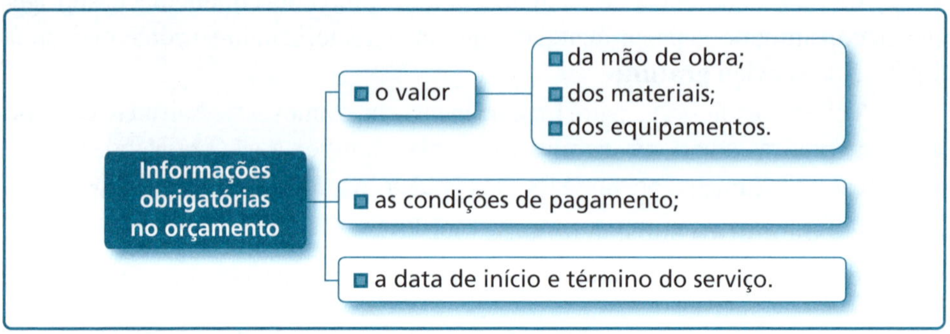

Sobre o orçamento, o Código de Defesa do Consumidor prevê ainda:

- "Salvo estipulação em contrário, o **valor orçado terá validade pelo prazo de dez dias**, contado de seu recebimento pelo consumidor" (art. 40, § 1º).
- "Uma vez **aprovado** pelo consumidor, o **orçamento obriga os contraentes** e somente pode ser alterado mediante livre negociação das partes" (art. 40, § 2º).
- "O **consumidor não responde** por quaisquer ônus ou acréscimos decorrentes da **contratação de serviços de terceiros** não previstos no orçamento prévio" (art. 40, § 3º).

No tocante à última disposição legal, havendo necessidade de serviço de terceiro, deve-se analisar a previsão ou não deste trabalho no orçamento, bem como se tal informação foi transmitida de forma inteligível a ponto de o consumidor compreender o ônus de eventual encargo.

Existindo tal previsão, o consumidor estará obrigado a arcar com os custos respectivos. Caso contrário, o vulnerável estará isento de assumir qualquer ônus adicional, cabendo ao fornecedor original bancar, ele próprio, os custos extraordinários.

Por fim, vale ressaltar que na visão do Superior Tribunal de Justiça, em alguns casos, a **elaboração prévia de orçamento** será **incompatível** com, por exemplo, uma **internação médica emergencial: "Não há dúvida de que houve a prestação de serviço médico-hospitalar e que o caso guarda peculiaridades importantes, suficientes ao afastamento, para o próprio interesse do consumidor, da necessidade de prévia elaboração de instrumento contratual e apresentação de orçamento pelo fornecedor de serviço, prevista no artigo 40 do CDC, dado ser incompatível com a situação médica emergencial experimentada pela filha do réu"** (REsp 1.256.703/SP, Rel. Ministro Luis Felipe Salomão, 4ª T., *DJe* 27-9-2011).

A decisão colacionada leva em consideração **os princípios da função social do contrato, da boa-fé objetiva, da equivalência e da moderação** para, de um lado, impor ao consumidor o dever de retribuição pecuniária pelos serviços prestados e, por outro, **balizar o julgador quanto ao adequado arbitramento do valor** a que faz jus o fornecedor, sob pena de este aproveitar-se da situação de fraqueza em razão de condições precárias de saúde do vulnerável da relação de consumo e praticar comportamento abusivo do art. 39, inciso IV, do CDC.[34]

> Executar serviço sem orçamento prévio é prática abusiva.

10.4.7. Repassar informação depreciativa do consumidor como exemplo de prática abusiva no CDC

Segundo dispõe o Diploma Consumerista, "repassar informação depreciativa, referente a ato praticado pelo consumidor no exercício de seus direitos" representa prática abusiva, nos termos de seu art. 39, inciso VII.

Não se trata de banco de dados ou cadastro de inadimplente, mas sim do repasse de informações daqueles consumidores que fazem valer seus direitos administrativamente — denunciando ao PROCON, por exemplo — ou demandando perante o Poder Judiciário.

A aludida prática abusiva também **não se confunde** com o denominado **cadastro positivo**, que será analisado no Capítulo 12, ao tratarmos dos bancos de dados e cadastros de inadimplentes.

---

[34] Art. 39, IV, do CDC: "prevalecer-se da fraqueza ou ignorância do consumidor, tendo em vista sua idade, saúde, conhecimento ou condição social, para impingir-lhe seus produtos ou serviços".

Repassar informação depreciativa do consumidor é prática abusiva.

10.4.8. Colocar no mercado de consumo produto ou serviço em desacordo com as normas técnicas como exemplo de prática abusiva no CDC

Prevê o Código do Consumidor em seu art. 39, inciso VIII, que consiste em prática abusiva "colocar, no mercado de consumo, qualquer produto ou serviço em desacordo com as normas expedidas pelos órgãos oficiais competentes ou, se normas específicas não existirem, pela Associação Brasileira de Normas Técnicas ou outra entidade credenciada pelo Conselho Nacional de Metrologia, Normalização e Qualidade Industrial (Conmetro)".

Pensando em exemplo de serviço prestado em desacordo com as normas expedidas pelos órgãos oficiais, lembramos das instituições de ensino superior que oferecem cursos não reconhecidos pelo Ministério da Educação, à revelia do conhecimento dos consumidores. Além de caracterizar prática abusiva, gera também a responsabilidade objetiva do fornecedor.

Esse é o entendimento do Superior Tribunal de Justiça sumulado no enunciado 595: "**As instituições de ensino superior respondem objetivamente pelos danos suportados pelo aluno/consumidor pela realização de curso não reconhecido pelo Ministério da Educação**, sobre o qual não lhe tenha sido dada prévia e adequada informação" (Segunda Seção, aprovada em 25-10-2017, *DJe* 6-11-2017).

O CONMETRO

> "é um colegiado interministerial que exerce a função de órgão normativo do Sinmetro (Sistema Nacional de Metrologia, Normalização e Qualidade Industrial) e que tem o Inmetro (Instituto Nacional de Metrologia, Qualidade e Tecnologia) como sua secretaria executiva. Integram o Conmetro os ministros:
>
> — do Desenvolvimento, Indústria e Comércio Exterior;
>
> — da Ciência e Tecnologia;
>
> — da Saúde;
>
> — do Trabalho e Emprego;
>
> — do Meio Ambiente;
>
> — das Relações Exteriores;
>
> — da Justiça;
>
> — da Agricultura, Pecuária e do Abastecimento;
>
> — da Defesa;
>
> — o Presidente do Inmetro e os Presidentes da Associação Brasileira de Normas Téc-

nicas — ABNT, da Confederação Nacional da Indústria — CNI, da Confederação Nacional do Comércio — CNC e do Instituto de Defesa do Consumidor — IDEC."[35]

A competência do Conselho Nacional de Metrologia, Normalização e Qualidade Industrial resume-se a:

Competência do CONMETRO

- "Formular, coordenar e supervisionar a política naciona de metrologia, normalização industrial e certificação a qualidade de produtos, serviços e pessoal, prevendo mecanismos de consulta que harmonizem os interesses públicos, das empresas industriais e dos consumidores;
- Assegurar a uniformidade e a racionalização das unidades de medida utilizadas em todo o território nacional;
- Estimular as atividades de normalização voluntária no país;
- Estabelecer regulamentos técnicos referentes a materiais e produtos industriais;
- Fixar critérios e procedimentos para certificação da qualidade de materiais e produtos industriais;
- Fixar critérios e procedimentos para aplicação das penalidades nos casos de infração a dispositivo da legislação referente à metrologia, à normalização industrial, à certificação da qualidade de produtos industriais e aos atos normativos dela decorrentes;
- Coordernar a participação nacional nas atividades internacionais de metrologia, normalização e certificação da qualidade."[36]

O **Inmetro** é sem sombra de dúvidas o órgão mais conhecido do aludido Conselho, mesmo porque vários testes foram por ele realizados em famoso programa dominical da TV aberta.

Com efeito, o "Instituto Nacional de Metrologia, Qualidade e Tecnologia **é uma autarquia federal**, vinculada ao Ministério do Desenvolvimento, Indústria e Comércio Exterior, que atua como Secretaria Executiva do Conselho Nacional de Metrologia, Normalização e Qualidade Industrial (Conmetro), colegiado interministerial, que é o órgão normativo do Sistema Nacional de Metrologia, Normalização e Qualidade Industrial (Sinmetro)".[37]

Na verdade, foi a **primeira** autarquia a receber o qualificativo de **agência executiva** em nosso país e foi criada pela Lei n. 5.966/73 — alterada pela Lei n. 12.545, de 14 de dezembro de 2011 — com o objetivo maior de fortalecer as em-

35 Disponível em: <http://www.inmetro.gov.br/inmetro/conmetro.asp>. Acesso em: 3 dez. 2016.

36 Disponível em: <http://www.inmetro.gov.br/inmetro/conmetro.asp>. Acesso em: 3 dez. 2016.

37 Disponível em: <http://www.inmetro.gov.br/inmetro/oque.asp>. Acesso em: 3 dez. 2016.

presas nacionais, aumentando sua produtividade por meio da adoção de mecanismos destinados à melhoria da qualidade de produtos e serviços.

> "Dentre as competências e atribuições do Inmetro destacam-se:
>
> - executar as políticas nacionais de metrologia e da qualidade;
> - verificar a observância das normas técnicas e legais, no que se refere às unidades de medida, métodos de medição, medidas materializadas, instrumentos de medição e produtos pré-medidos;
> - manter e conservar os padrões das unidades de medida, assim como implantar e manter a cadeia de rastreabilidade dos padrões das unidades de medida no País, de forma a torná-las harmônicas internamente e compatíveis no plano internacional, visando, em nível primário, à sua aceitação universal e, em nível secundário, à sua utilização como suporte ao setor produtivo, com vistas à qualidade de bens e serviços;
> - fortalecer a participação do País nas atividades internacionais relacionadas com metrologia e qualidade, além de promover o intercâmbio com entidades e organismos estrangeiros e internacionais;
> - prestar suporte técnico e administrativo ao Conselho Nacional de Metrologia, Normalização e Qualidade Industrial — Conmetro, bem assim aos seus comitês de assessoramento, atuando como sua Secretaria-Executiva;
> - fomentar a utilização da técnica de gestão da qualidade nas empresas brasileiras;
> - planejar e executar as atividades de acreditação de laboratórios de calibração e de ensaios, de provedores de ensaios de proficiência, de organismos de certificação, de inspeção, de treinamento e de outros, necessários ao desenvolvimento da infraestrutura de serviços tecnológicos no País; e
> - desenvolvimento, no âmbito do Sinmetro, de programas de avaliação da conformidade, nas áreas de produtos, processos, serviços e pessoal, compulsórios ou voluntários, que envolvem a aprovação de regulamentos."[38]

Sobre o tema da **normalização** dos produtos e serviços disponibilizados no mercado de consumo, cumpre destacar que **no Brasil tal controle não é realizado apenas pelo Estado. Entidades privadas também poderão** realizar tal atividade, como é o caso da Associação Brasileira de Normas e Técnicas, caracterizando verdadeiro sistema misto de controle.[39]

---

[38] Disponível em: <http://www.inmetro.gov.br/inmetro/oque.asp>. Acesso em: 3 dez. 2016.

[39] Nesse sentido, a Lei n. 5.966/97 em seu art. 5º — com redação dada pela Lei n. 9.933/99 — prevê, *in verbis:* "O Inmetro é o órgão executivo central do Sistema definido no art. 1º desta Lei, podendo, mediante autorização do Conmetro, credenciar entidades públicas ou privadas para a execução de atividades de sua competência".

A **ABNT** foi fundada em 1940 e consiste numa "**entidade privada, sem fins lucrativos**, reconhecida como único Foro Nacional de Normalização através da Resolução n. 07 do CONMETRO, de 24.08.1992. É membro fundador da ISO (International Organization for Standardization), da COPANT (Comissão Pan-Americana de Normas Técnicas) e da AMN (Associação Mercosul de Normalização). A ABNT é a representante oficial no Brasil das seguintes entidades internacionais: ISO (International Organization for Standardization), IEC (International Eletrotechnical Comission); e das entidades de normalização regional COPANT (Comissão Pan-Americana de Normas Técnicas) e a AMN (Associação Mercosul de Normalização)".[40]

Sejam públicas ou privadas, entidades como as acima citadas desenvolvem papel relevante na tutela do consumidor ao disciplinarem, dentre outras atribuições, as normas técnicas dos bens de consumo.

> Produto ou serviço em desacordo com normas técnicas é prática abusiva.

10.4.9. Recusar a venda de bens ou a prestação de serviços mediante pronto pagamento como exemplo de prática abusiva no CDC

Constitui prática abusiva nos termos do CDC "recusar a venda de bens ou a prestação de serviços, diretamente a quem se disponha a adquiri-los mediante pronto pagamento, ressalvados os casos de intermediação regulados em leis especiais" (art. 39, IX).

Questão interessante consiste em saber qual a **abrangência da expressão "pronto pagamento"**. Seria apenas o dinheiro, ou o cheque e o cartão de débito, ou até mesmo o de crédito, também estariam albergados em seu conceito?

Concordamos com Bruno Miragem quando leciona que "por 'pronto pagamento' deve-se entender o **pagamento em dinheiro**, o que no caso importa dizer, em moeda corrente nacional, com custo forçado. Fora disto, uma **interpretação ampliativa** do conceito permitiria admitir como tal, também os **cartões de débito** — atualmente muito utilizados — assim como outros instrumentos de pagamento que tenham por requisito básico transferir imediatamente, ainda que por meio eletrônico, o valor do pagamento da conta corrente do consumidor para a conta corrente do fornecedor. Entretanto, há de se considerar que só existirá oportunidade de pronto pagamento se o fornecedor dispuser do serviço (equipamento do cartão, por exemplo) e o utilizar habitualmente para receber pagamentos".[41]

Quanto ao **cheque**, apesar de se caracterizar como ordem de pagamento à vista, não se trata de título de aceitação obrigatória, ou seja, o fornecedor poderá

[40] Disponível em: <http://www.abnt.org.br/abnt/conheca-a-abnt>. Acesso em: 3 dez. 2016.

[41] MIRAGEM, Bruno. *Curso de direito do consumidor*, p. 204-205.

recusá-lo, mas tal informação deverá ser amplamente divulgada no estabelecimento comercial — na entrada e no caixa, por exemplo —, sob pena de caracterizar prática abusiva e geradora de constrangimento do consumidor, passível de ser reparado por meio de indenização em razão de eventuais danos morais comprovados.

Este o posicionamento que vem prevalecendo no **Superior Tribunal de Justiça: "Embora o cheque não seja título de crédito de aceitação compulsória no exercício da atividade empresarial, a sociedade empresária, ao possibilitar, inicialmente, o pagamento de mercadoria por meio desse título, renunciou sua mera faculdade de aceitação e se obrigou a demonstrar justa causa na recusa, sob pena de violação ao princípio da boa-fé objetiva** (REsp 981.583/PR, Rel. Ministra Nancy Andrighi, 3ª T., *DJe* 1º-7-2010).

No mesmo julgamento, o STJ entendeu que **"a recusa indevida de cheque, sob a alegação inverídica de que não há provisão de fundos, ocasiona danos morais *in re ipsa*"**.

> Recusa no atendimento mediante pronto pagamento é prática abusiva.

■ 10.4.10. Elevar sem justa causa o preço de produtos ou serviços como exemplo de prática abusiva no CDC

Estabelece o Código de Defesa do Consumidor em seu art. 39, inciso X, que "elevar sem justa causa o preço de produtos ou serviços" é exemplo de comportamento abusivo.

Prática comumente encontrada no mercado de consumo é aquela em que o **fornecedor cobra um preço a maior se o pagamento** feito pelo consumidor for realizado por meio de **cartão de crédito**, ou, *a contrario sensu*, quando concede um "desconto" se o pagamento for em dinheiro. Ambas as situações, em nossa opinião, configuram práticas abusivas violadoras do dispositivo do CDC ora em análise.

No entendimento do **Superior Tribunal de Justiça**, o consumidor já paga à administradora do cartão de crédito taxa de administração por este serviço, e atribuir-lhe ainda um preço maior em razão do pagamento por meio de cartão importa em onerá-lo duplamente, consistindo em típico **comportamento abusivo:**

> RECURSO ESPECIAL — AÇÃO COLETIVA DE CONSUMO — COBRANÇA DE PREÇOS DIFERENCIADOS PARA VENDA DE COMBUSTÍVEL EM DINHEIRO, CHEQUE E CARTÃO DE CRÉDITO — PRÁTICA DE CONSUMO ABUSIVA — VERIFICAÇÃO — RECURSO ESPECIAL PROVIDO.
>
> I — Não se deve olvidar que o pagamento por meio de cartão de crédito garante ao estabelecimento comercial o efetivo adimplemento, já que, como visto, a administradora do cartão se responsabiliza integralmente pela compra do consumidor, assumindo o risco de crédito, bem como de eventual fraude;

> II — O consumidor, ao efetuar o pagamento por meio de cartão de crédito (que só se dará a partir da autorização da emissora), exonera-se, de imediato, de qualquer obrigação ou vinculação perante o fornecedor, que deverá conferir àquele plena quitação. Está-se, portanto, diante de uma forma de pagamento à vista e, ainda, *pro soluto* (que enseja a imediata extinção da obrigação);
>
> III — O custo pela disponibilização de pagamento por meio do cartão de crédito é inerente à própria atividade econômica desenvolvida pelo empresário, destinada à obtenção de lucro, em nada se referindo ao preço de venda do produto final. Imputar mais este custo ao consumidor equivaleria a atribuir a este a divisão de gastos advindos do próprio risco do negócio (de responsabilidade exclusiva do empresário), o que, além de refugir da razoabilidade, destoa dos ditames legais, em especial do sistema protecionista do consumidor;
>
> IV — **O consumidor, pela utilização do cartão de crédito, já paga à administradora e emissora do cartão de crédito taxa por este serviço (taxa de administração). Atribuir-lhe ainda o custo pela disponibilização de pagamento por meio de cartão de crédito, responsabilidade exclusiva do empresário, importa em onerá-lo duplamente (*bis in idem*) e, por isso, em prática de consumo que se revela abusiva;**
>
> V — Recurso Especial provido (REsp 1.133.410/RS, Rel. Ministro Massami Uyeda, 3ª T., *DJe* 7-4-2010).

Ao longo desses mais de onze anos lecionando, sempre defendemos que o inverso também caracteriza prática abusiva, ou seja, dar desconto ao consumidor que pagar no dinheiro sempre foi, em nossa opinião, prática indevida, tanto quanto a cobrança de valor maior para aquele que paga com cartão de crédito. Alguns alunos repudiavam nossa posição, sob o argumento de que o desconto no pagamento em dinheiro seria um benefício ao consumidor e, com a minha posição, ele sairia prejudicado. Porém, continuávamos a defender que não seria correta tal conduta e, diante de um caso desses, todos os consumidores que quisessem pagar em cartão de crédito deveriam exigir o mesmo preço com desconto daquele que pagaria em dinheiro, sendo o benefício estendido a todos os compradores.

Sobre o tema, ficamos felizes com a decisão do STJ que acolheu na íntegra a tese por nós sempre defendida nesta obra e resumida na seguinte Ementa: "CONSUMIDOR E ADMINISTRATIVO. AUTUAÇÃO PELO PROCON. LOJISTAS. **DESCONTO PARA PAGAMENTO EM DINHEIRO OU CHEQUE EM DETRIMENTO DO PAGAMENTO EM CARTÃO DE CRÉDITO. PRÁTICA ABUSIVA.** CARTÃO DE CRÉDITO. MODALIDADE DE PAGAMENTO À VISTA. 'PRO SOLUTO'. DESCABIDA QUALQUER DIFERENCIAÇÃO. DIVERGÊNCIA INCOGNOSCÍVEL" (REsp 1.479.039/MG, *DJe* 16-10-2015).

Quando tudo parecia consolidado sobre o assunto, foi editada a Medida Provisória n. 764, em 26 de dezembro de 2016, convertida na Lei n. 13.455, de 26 de junho de 2017, que passou a permitir a diferenciação de preços a depender do prazo ou da forma de pagamento, nos seguintes termos:

> Art. 1º Fica autorizada a diferenciação de preços de bens e serviços oferecidos ao público, em função do prazo ou do instrumento de pagamento utilizado.
> Parágrafo único. É nula a cláusula contratual, estabelecida no âmbito de arranjos de pagamento ou de outros acordos para prestação de serviço de pagamento, que proíba ou restrinja a diferenciação de preços facultada no *caput* deste artigo.

Agora é possível fazer diferença de preço para aquele que pagar à vista e em dinheiro, por exemplo. Resta aguardarmos a posição do Superior Tribunal de Justiça, que sempre foi contrária a qualquer tipo de diferenciação no tocante ao preço dos bens de consumo, conforme acima demonstrado.

A citada Lei n. 13.455 também acrescentou o art. 5º-A à Lei n. 10.962 – que disciplina a afixação de preços no mercado de consumo, estabelecendo *in verbis*: "O fornecedor deve informar, em local e formato visíveis ao consumidor, eventuais descontos oferecidos em função do prazo ou do instrumento de pagamento utilizado. Parágrafo único. Aplicam-se às infrações a este artigo as sanções previstas na Lei n. 8.078, de 11 de setembro de 1990".

Diferente é a posição do STJ no tocante ao chamado "desconto de pontualidade", concedido pela instituição de ensino aos alunos que efetuarem o pagamento das mensalidades até a data do vencimento ajustada, que, para a Corte Superior, não configura prática comercial abusiva. Vejamos:

> RECURSO ESPECIAL. AÇÃO CIVIL PÚBLICA DESTINADA AO RECONHECIMENTO DE ABUSIVIDADE DE PRÁTICA COMERCIAL CONHECIDA COMO "DESCONTO DE PONTUALIDADE" INSERIDA EM CONTRATO DE PRESTAÇÃO DE SERVIÇOS EDUCACIONAIS. IMPROCEDÊNCIA. INEXISTÊNCIA DE MULTA CAMUFLADA. LEGITIMIDADE DA CONTRATAÇÃO. RECONHECIMENTO. RECURSO ESPECIAL PROVIDO. 1. A par das medidas diretas que atuam imediatamente no comportamento do indivíduo (proibindo este, materialmente, de violar a norma ou compelindo-o a agir segundo a norma), ganha relevância as medidas indiretas que influenciam psicologicamente o indivíduo a atuar segundo a norma. Assim, o sistema jurídico promocional, para o propósito de impedir um comportamento social indesejado, não se limita a tornar essa conduta mais difícil ou desvantajosa, impondo obstáculos e punições para o descumprimento da norma (técnica do desencorajamento, por meio de sanções negativas). O ordenamento jurídico promocional vai além, vai ao encontro do comportamento social desejado, estimulando a observância da norma, seja por meio da facilitação de seu cumprimento, seja por meio da concessão de benefícios, vantagens e prêmios decorrentes da efetivação da conduta socialmente adequada prevista na norma (técnica do encorajamento, por meio de sanções positivas) 1.1 As normas que disciplinam o contrato (seja o Código Civil, seja o Código de Defesa do Consumidor) comportam, além das sanções legais decorrentes do descumprimento das obrigações ajustadas contratualmente (de caráter coercitivo e punitivo), as denominadas sanções positivas, que, ao contrário, tem por propósito definir consequências vantajosas em decorrência do correto cumprimento das obrigações contratuais. 2. **Os serviços educacionais são contrata-**

dos mediante o pagamento de um preço de anualidade certo, definido e aceito pelas partes (diluído nos valores nominais constantes das mensalidades e matrícula). Inexiste, no bojo da presente ação civil pública, qualquer discussão quanto à existência de defeito de informação ou de vício de consentimento, especificamente em relação ao preço estipulado da anuidade escolar à época da celebração dos contratos de prestação de serviços educacionais. Em momento algum se cogita que o aluno/consumidor teria sido levado, erroneamente, a supor que o preço de sua mensalidade seria aquele já deduzido do valor do desconto. Aliás, insinuações nesse sentido cederiam à realidade dos termos contratados, em especial, repisa-se, no tocante ao preço da anuidade efetivamente ajustado. 2.2 **Se o somatório dos valores nominais constantes das mensalidades (incluídas, aí, os valores de matrícula) equivale ao preço da anuidade contratada, ressai inquestionável que a concessão do denominado "desconto por pontualidade" consubstancia idônea medida de estímulo à consecução do cumprimento do contrato, a premiar, legitimamente, o consumidor que efetuar o pagamento de sua mensalidade na data avençada.** 2.3 A disposição contratual sob comento estimula o cumprimento da obrigação avençada, o que converge com os interesses de ambas as partes contratantes. De um lado, representa uma vantagem econômica ao consumidor que efetiva o pagamento tempestivamente (colocando-o em situação de destaque em relação ao consumidor que, ao contrário, procede ao pagamento com atraso, promovendo, entre eles, isonomia material, e não apenas formal), e, em relação à instituição de ensino, não raras vezes, propicia até um adiantamento do valor a ser pago. 2.4 A proibição da estipulação de sanções premiais, como a tratada nos presentes autos, faria com que o redimensionamento dos custos do serviço pelo fornecedor (a quem cabe, exclusivamente, definir o valor de seus serviços) fossem repassados ao consumidor, indistintamente, tenha ele o mérito de ser adimplente ou não. Além de o desconto de pontualidade significar indiscutível benefício ao consumidor adimplente que pagará por um valor efetivamente menor do preço da anualidade ajustado, conferindo-lhe isonomia material, tal estipulação corrobora com a transparência sobre a que título os valores contratados são pagos, indiscutivelmente. 3. **O desconto de pontualidade é caracterizado justamente pela cobrança de um valor inferior ao efetivamente contratado (que é o preço da anuidade diluído nos valores das mensalidades e matrícula). Não se pode confundir o preço efetivamente ajustado pelas partes com aquele a que se chega pelo abatimento proporcionado pelo desconto. O consumidor que não efetiva a sua obrigação, no caso, até a data do vencimento, não faz jus ao desconto. Não há qualquer incidência de dupla penalização ao consumidor no fato de a multa moratória incidir sobre o valor efetivamente contratado.** Entendimento contrário, sim, ensejaria duplo benefício ao consumidor, que, além de obter o desconto para efetivar a sua obrigação nos exatos termos contratados, em caso de descumprimento, teria, ainda a seu favor, a incidência da multa moratória sobre valor inferior ao que efetivamente contratou. Sob esse prisma, o desconto não pode servir para punir aquele que o concede. 3.1 São distintas as hipóteses de incidência da multa, que tem por propósito punir o inadimplemento, e a do desconto de pontualidade, que, ao contrário, tem por finalidade premiar o adimplemento, o que, por si só, afasta qualquer possibilidade de *bis in idem*, seja em relação à vantagem, seja em relação à punição daí advinda.

> 3.2 Entendimento que se aplica ainda que o desconto seja dado até a data do vencimento. Primeiro, não se pode olvidar que a estipulação contratual que concede o desconto por pontualidade até a data de vencimento é indiscutivelmente mais favorável ao consumidor do que aquela que estipula a concessão do desconto até a data imediatamente anterior ao vencimento. No tocante à materialização do preço ajustado, tem-se inexistir qualquer óbice ao seu reconhecimento, pois o pagamento efetuado até a data do vencimento toma por base justamente o valor contratado, sobre o qual incidirá o desconto; já o pagamento feito após o vencimento, de igual modo, toma também por base o valor contratado, sobre o qual incidirá a multa contratual. Tem-se, nesse contexto, não ser possível maior materialização do preço ajustado do que se dá em tal hipótese. 4. Recurso especial provido (REsp 1.424.814-SP, Rel. Ministro Marco Aurélio Bellizze, 3ª Turma, *DJe* 10-10-2016).

Elevar sem justa causa o preço é prática abusiva.

■ 10.4.11. Deixar de estipular prazo ou termo inicial para o cumprimento de obrigação como exemplo de prática abusiva no CDC

Prevê o CDC em seu art. 39, inciso XII, como exemplo de prática abusiva: “deixar de estipular prazo para o cumprimento de sua obrigação ou deixar a fixação de seu termo inicial a seu exclusivo critério”.

Apesar da existência de normatização específica, adquirir um imóvel na planta num passado não tão longínquo era um desafio, principalmente se o casamento já estivesse marcado.

O início e o término das obras ficavam praticamente ao arbítrio de algumas construtoras, e, com frágil fiscalização das autoridades competentes, o consumidor quase sempre saía no prejuízo. Mesmo nos dias atuais não é difícil encontrarmos consumidores recém-casados alugando *flats* nos primeiros meses de matrimônio, pois o apartamento adquirido na planta ainda não ficou pronto.

Custos como estes devem ser arcados exclusivamente pelo fornecedor, sem lembrar que os transtornos ao casal são evidentes e passíveis de serem reparados via indenização por danos morais.

Não estipular prazo/termo inicial para cumprir obrigação é prática abusiva.

■ 10.4.12. Aplicar fórmula ou índice de reajuste diverso do legal ou contratualmente estabelecido como exemplo de prática abusiva no CDC

O art. 39, inciso XIII, do Código de Defesa do Consumidor estabelece que “aplicar fórmula ou índice de reajuste diverso do legal ou contratualmente estabelecido” caracteriza comportamento abusivo.

Por mais incrível que possa parecer, nossa economia já viveu a necessidade de impor uma política de **tabelamento de preços**, tanto que o CDC reservou um dos seus artigos para disciplinar o tema da seguinte forma: “Art. 41. No caso de fornecimento de produtos ou de serviços sujeitos ao regime de controle ou de tabelamento de preços, os fornecedores deverão respeitar os limites oficiais sob pena de não o fazendo, responderem pela restituição da quantia recebida em excesso, monetariamente atualizada, podendo o consumidor exigir à sua escolha, o desfazimento do negócio, sem prejuízo de outras sanções cabíveis".

Tal imposição de preços deve ser respeitada inclusive pelas empresas estatais e pelas concessionárias ou permissionárias do serviço público. Nesse sentido já se posicionou o **STJ: "É ilegítima a majoração da tarifa de energia elétrica estabelecida pelas Portarias 38/86 e 45/86 do DNAEE, por desrespeitarem o congelamento de preços instituído pelo chamado "Plano Cruzado", sendo devida a restituição de valores pagos a maior pelos consumidores, durante o período do congelamento"** (AgRg no REsp 698.400/RS, Rel. Ministro Luiz Fux, 1ª T., *DJ* 28-11-2005).

Ademais, o **tratamento rígido** decorrente da política de **tabelamento de preços** não pode ser encarado de maneira absoluta a ponto de inadmitir qualquer exceção.

Sobre o tema, concordamos com o Superior Tribunal de Justiça ao entender que a "rigidez das normas de congelamento **não pode impor a sua aplicação verticalizada sem exceção alguma**. Mercadorias com pequenos defeitos poderiam fugir às regras do preço tabelado, para venda promocional" (REsp 353.765/ES, Rel. Ministra Eliana Calmon, 2ª T., *DJ* 31-3-2003).

> Aplicar índice ou reajuste diverso do legal ou contratual é prática abusiva.

■ 10.4.13. Permitir o ingresso em estabelecimento em número maior que o permitido como exemplo de prática abusiva no CDC – Novidade da Lei n. 13.425, de 2017

A **Lei n. 13.425, de 30 de março de 2017, incluiu o inciso XIV ao art. 39 do CDC**, que passou a prever como exemplo de prática abusiva: **"permitir o ingresso em estabelecimentos comerciais ou de serviços de um número maior de consumidores que o fixado pela autoridade administrativa como máximo".**

A aludida lei de 2017 foi editada para estabelecer diretrizes gerais sobre medidas de prevenção e combate a incêndio e a desastres em estabelecimentos, edificações e áreas de reunião de público. Em seu art. 2º, determinou que o planejamento urbano a cargo dos Municípios deverá observar normas especiais de prevenção e combate a incêndio e a desastres para locais de grande concentração e circulação de pessoas, editadas pelo Poder Público municipal, respeitada a legislação estadual pertinente ao tema.

São considerados locais de grande circulação os estabelecimentos, as edificações de comércio e os serviços, além das áreas de reunião de público, cobertos ou descobertos, cercados ou não, **com ocupação simultânea potencial igual ou superior a cem pessoas.**

Mesmo que a ocupação simultânea potencial seja inferior a cem pessoas, as normas especiais previstas na Lei n. 13.425 serão estendidas aos estabelecimentos, edificações de comércio e serviços e áreas de reunião de público que, pela sua destinação: i) sejam ocupados predominantemente por idosos, crianças ou pessoas com dificuldade de locomoção; ou ii) contenham em seu interior grande quantidade de material de alta inflamabilidade.

O Prefeito que não tomar as providências necessárias para implementar tais disposições no prazo de dois anos incorrerá em ato de improbidade administrativa violadora de princípio da Administração Pública (art. 11 da Lei n. 8.429/92), segundo prevê o art. 13 da Lei n. 13.425, de 2017.

A infração ao disposto no novel inciso XIV do art. 39 do CDC caracteriza ainda crime de consumo, sujeito a detenção, de seis meses a dois anos, e multa, nos termos do art. 65, *caput* c.c. o § 2º, do Diploma Consumerista.

Permitir o ingresso em estabelecimento em número maior que o permitido

■ 10.5. QUESTÕES

1. (TJ-DFT — 2011 — Juiz) Orange Produtos de Informática Ltda. envia a Petronius, consumidor, sem solicitação prévia deste, um roteador wireless no valor de R$ 168,00 (cento e sessenta e oito reais). Petronius recebe o produto em sua residência, firmando recibo, e fica com o roteador, silenciando. Diante disso:

a) Orange Produtos de Informática Ltda., após decorrido o prazo de 7 (sete) dias do ato de recebimento do produto, prazo de reflexão, sem manifestação de Petronius, pode deste cobrar o valor do roteador.
b) Orange Produtos de Informática Ltda., após decorrido o prazo de 10 (dez) dias do ato de recebimento do produto, prazo de reflexão, sem manifestação de Petronius, pode deste cobrar o valor do roteador.
c) Orange Produtos de Informática Ltda. nada pode cobrar, porque, no caso, o produto remetido equipara- se à amostra grátis.
d) nenhuma das alternativas anteriores (a, b, c) é correta.

2. (CESPE — 2007 — TJ-PI — Juiz) Com base no direito das relações de consumo, assinale a opção correta.

a) Em caso de práticas comerciais abusivas, não é necessário que se configure a lesão a direito individual, bastando que seja demonstrada a potencialidade ofensiva de tal prática para que incidam à espécie as disposições do CDC.
b) Desde que expressamente consignada em contrato, de maneira clara, que permita sua imediata compreensão, não é considerada abusiva a cláusula contratual de plano de saúde que limite no tempo a internação hospitalar do segurado.
c) No caso de produtos de origem estrangeira, as informações constantes de seu rótulo podem ser mantidas em seu idioma original, não havendo necessidade de que sejam traduzidas para a língua portuguesa.
d) Em qualquer hipótese, é sempre vedado ao fornecedor executar serviços sem prévia elaboração de orçamento e autorização do consumidor.

e) Se, no curso da prestação de serviços contratados, houve a necessidade de contratação de serviços de terceiros, não constantes na elaboração do orçamento prévio, os ônus dessa contratação devem ser repassados ao consumidor.

3. (CESPE — 2009 — DPE-PI — Defensor Público) Acerca das práticas abusivas nas relações de consumo, julgue os itens subsequentes.

I. A cobrança do consumidor, em seu local de trabalho, configura prática abusiva.
II. O orçamento deve ser prévio e escrito, sob pena de se configurar prática abusiva.
III. Se o pagamento não for efetuado de pronto, via de regra pode haver recusa de venda de bens ao consumidor.
IV. Se o fornecedor repassar informação de que o consumidor formulou queixa no PROCON, incide em sanção administrativa.
V. A prescrição da dívida não impede que os serviços de proteção ao crédito forneçam informação com vistas a evitar novo acesso do consumidor ao crédito.

Estão certos apenas os itens

a) I, II e IV.
b) I, III e V.
c) I, IV e V.
d) II, III e IV.
e) II, III e V.

4. (TJ-PR — 2010 — TJ-PR — Juiz) O fornecedor, ao cobrar supostos débitos do consumidor, o faz mediante a cobrança via telefone ao trabalho do consumidor, exigindo que este pague por uma dívida vencida e paga, sendo que essa dívida vem sendo cobrada reiteradamente por dois meses consecutivos.

Sobre a cobrança de dívidas, é INCORRETO afirmar:

a) Na cobrança de débitos, o consumidor inadimplente não será exposto a ridículo, nem será submetido a qualquer tipo de constrangimento ou ameaça.
b) Em todos os documentos de cobrança de débitos apresentados ao consumidor, deverão constar o nome, o endereço e o número de inscrição no Cadastro de Pessoas Físicas — CPF — ou no Cadastro Nacional de Pessoa Jurídica — CNPJ — do fornecedor do produto ou serviço correspondente.
c) O consumidor cobrado em quantia indevida tem direito à repetição do indébito, por valor igual ao dobro do que pagou em excesso, acrescido de correção monetária e juros legais, ainda que o fornecedor demonstre o engano justificável.
d) É vedado ao fornecedor utilizar, na cobrança de dívidas, de ameaça, coação, constrangimento físico ou moral, afirmações falsas incorretas ou enganosas ou de qualquer outro procedimento que exponha o consumidor, injustificadamente, ao ridículo ou interfira no seu trabalho, descanso ou lazer, sob pena de responder civil e criminalmente.

5. (FGV — 2008 — Senado Federal — Advogado) A elevação sem justa causa do preço de produtos ou serviços constitui uma prática comercial abusiva:

a) caso o fornecedor anuncie anteriormente oferta pública do preço com prazo não determinado.
b) quando não houver cláusula contratual estabelecendo regra que permita ao fornecedor, direta ou indiretamente, aumentar o preço de maneira unilateral.
c) quando o regime de preços do fornecimento estiver sujeito a controle ou a tabelamento.
d) após a contratação ou após a aceitação da oferta tendente à contratação.
e) em todos os casos, uma vez que a regra estabelecida no Código de Defesa do Consumidor não faz qualquer ressalva.

6. (TJ-SC — 2010 — Juiz) Nos termos das normas jurídicas de ordem pública, considere as seguintes proposições e assinale a opção correta:

I. Nos contratos de planos de saúde, é proibida a cláusula que fixa o reajuste das prestações pecuniárias em razão da faixa etária.

II. A oferta publicitária de crédito deve garantir ao consumidor o direito à informação prévia, ostensiva e adequada sobre a taxa efetiva anual de juros.

III. Os dados contábeis que dão base à oferta publicitária de crédito devem ser organizados pelo fornecedor e informados aos interessados, sob pena de responsabilidade penal.

IV. Prevalecer-se da fraqueza ou ignorância do consumidor idoso para impingir-lhe uma operação de crédito consignado é uma prática abusiva.

a) Somente as proposições I e II estão corretas.
b) Somente as proposições II e III estão corretas.
c) Somente as proposições I, II e IV estão corretas.
d) Somente as proposições III e IV estão corretas.
e) Todas as proposições estão corretas.

7. (CESPE — 2009 — TRF — 5ª Região — Juiz) Assinale a opção correta acerca do CDC e dos contratos de seguro.

a) Considerando a natureza de trato sucessivo do contrato de seguro-saúde, o CDC rege as renovações que se derem sob sua vigência, não se podendo falar em retroação da lei nova, na hipótese de contrato firmado antes do início da vigência desse código.
b) Na ação em que se pretende o cumprimento de obrigação avençada em contrato de seguro, consubstanciada na indenização de prejuízo resultante do risco assumido em tal contrato, incide o prazo prescricional previsto no CDC.
c) É lícita a cláusula do contrato de seguro que cobre o transporte de cargas e exclui da cobertura as operações de carga e descarga, desde que escrita em destaque no contrato de adesão.
d) A legislação securitária garante à seguradora o cancelamento automático do contrato em caso de atraso no pagamento do prêmio, mesmo que tal pagamento tenha sido efetivado no dia seguinte ao do vencimento.
e) Prescreve em vinte anos o prazo para o segurado mover ação de cobrança da diferença entre o valor de mercado do bem segurado e o montante fixado na apólice, pago pela seguradora.

8. (CEPERJ — 2012 — PROCON-RJ — Agente) Creso procura instituição financeira para obtenção de empréstimo bancário. Ao contatar o gerente da agência, é surpreendido com a proposta de que o empréstimo somente seria concedido com a aquisição de um seguro, sendo esta aquisição condicionante para o primeiro negócio. Nos termos do Código de Defesa do Consumidor, tal proposta é:

a) inerente à atividade bancária, pois a instituição obedece a regras próprias.
b) prática vedada por condicionar o fornecimento de produto a fornecimento de outro.
c) admissível desde que o consumidor seja cliente do estabelecimento bancário.
d) prática corriqueira para angariar clientela nova para a instituição financeira.
e) admitida, desde que o contrato seja benéfico ao consumidor.

9. (FCC — 2012 — TJ-GO — Juiz) No sistema protetivo do consumidor

a) os serviços públicos são excluídos, já que objeto de leis próprias.

b) o acesso ao Poder Judiciário é sempre gratuito aos consumidores, para facilitação da defesa de seus interesses.
c) haverá, sempre, a inversão do ônus probatório em benefício do consumidor, em face de sua presumida hipossuficiência, que é absoluta.
d) as cláusulas de eleição de foro são tidas por inexistentes em qualquer hipótese, não gerando efeitos jurídicos.
e) é garantido o direito de modificação das cláusulas contratuais que estabeleçam prestações desproporcionais ou sua revisão em razão de fatos supervenientes que as tornem excessivamente onerosas.

10. (VUNESP — 2012 — TJ-MG — Juiz) Analise as proposições seguintes.

I. Pode existir publicidade enganosa por omissão quando deixar de informar sobre dado essencial do produto ou serviço.
II. Não depende de declaração do juiz antes da fase instrutória sobre quem deve recair o ônus da veracidade e correção da informação e comunicação publicitária.
III. A lei considera prática abusiva enviar ou entregar ao consumidor, sem solicitação prévia, qualquer produto, bem como condicionar o fornecimento de produto ao fornecimento de outro produto.
IV. O consumidor cobrado em quantia indevida tem o direito à repetição do indébito, sempre por valor igual ao dobro do que pagou em excesso, acrescido de correção monetária e juros legais.
V. A lei consumerista considera entidade de caráter privado os serviços de proteção ao crédito.

Estão corretas apenas as proposições:

a) I, II e III.
b) I, III e IV.
c) II, III e IV.
d) II, IV e V.

11. (CESPE — 2013 — DPE-RR — Defensor Público) Considerando o que dispõe a Lei n. 8.078/1990 a respeito das práticas comerciais, assinale a opção correta.

a) Os fabricantes e importadores deverão assegurar a oferta de componentes e peças de reposição pelo prazo mínimo de cinco anos.
b) O fornecedor do produto ou serviço é solidariamente responsável pelos atos de seus prepostos, excetuados os representantes autônomos.
c) É vedado ao fornecedor de produtos ou serviços enviar ou entregar ao consumidor, sem solicitação prévia, qualquer produto ou fornecer qualquer serviço, ressalvados os gratuitos.
d) Salvo estipulação em contrário, o valor orçado tem validade pelo prazo de dez dias, contado de seu recebimento pelo consumidor.
e) Toda informação ou publicidade suficientemente precisa com relação a produtos e serviços oferecidos ou apresentados veiculada por qualquer forma ou meio de comunicação obriga o fornecedor que a fizer veicular ou dela se utilizar, apesar de não integrar o contrato que vier a ser celebrado.

12. (MPE-SC — 2013 — MPE-SC — Promotor de Justiça) Analise o enunciado da questão abaixo e assinale "certo" — (c) ou "errado" — (e)

São vedadas as práticas comerciais consideradas abusivas pelo art. 39 do CDC e as práticas previstas no artigo podem ser tanto contratuais, como pré-contratuais e pós-contratuais.

( ) certo ( ) errado

13. (FCC — 2013 — DPE-AM — Defensor Público) São práticas abusivas contra o consumidor:

I. Condicionar o fornecimento de produto ou de serviço ao fornecimento de outro produto ou serviço, bem como, sem justa causa, a limites quantitativos.

II. Prevalecer-se da fraqueza ou ignorância do consumidor, tendo em vista sua idade, sexo, saúde e carência econômica para impingir-lhe seus produtos ou serviços.

III. Repassar informação depreciativa, referente a ato praticado pelo consumidor no exercício de seus direitos.

IV. Colocar, no mercado de consumo, qualquer produto ou serviço em desacordo com as normas expedidas pelos órgãos oficiais competentes ou, se normas específicas não existirem, pelo Departamento Nacional de Defesa do Consumidor, da Secretaria Nacional de Direito Econômico (MJ).

Está correto o que se afirma APENAS em

a) II e IV.
b) I, II e III.
c) II, III e IV.
d) I e III.
e) I e IV.

14. (PUC-PR — 2014 — TJ-PR — Juiz Substituto) Assinale a alternativa que contém as proposições CORRETAS.

I. As práticas abusivas alcançadas pela lei consumerista como sendo vedadas ao fornecedor de produtos e serviços são apenas as contidas no artigo 39 do CDC, não consistindo em rol exemplificativo o ali elencado.

II. Segundo o contido no artigo 42, parágrafo único, o consumidor cobrado por quantia indevida tem direito a repetição do indébito do valor em dobro ao que pagou em excesso, porém, se o engano para tal cobrança for justificável, não cabe a repetição em dobro. A prova de que o engano é justificável cabe ao fornecedor, haja vista que a matéria é de defesa.

III. Os cadastros e bancos de Dados no tocante as informações negativas relativas ao consumidor devem ter: clareza, objetividade, fácil compreensão, limites temporais, comunicação prévia e por escrito. As informações contidas nos bancos de dados de proteção ao crédito não podem ser de período superior a cinco anos, se antes não houver prescrito a ação para a cobrança da obrigação, caso em que será respeitado este último.

IV. São nulas de pleno direito as cláusulas contratuais relativas ao fornecimento de produtos e serviços que infrinjam ou violem normas ambientais, visando a preservação do meio ambiente, protegendo um direito da coletividade.

a) Somente as proposições I e III estão corretas.
b) Somente as proposições I, III e IV estão corretas.
c) Somente as proposições II e IV estão corretas.
d) Somente as proposições II, III e IV estão corretas.

15. (VUNESP — 2014 — TJ-RJ — Juiz Substituto) No que tange às relações de consumo, é correto afirmar que

a) as instituições financeiras respondem objetivamente pelos danos gerados por fortuito interno relativo a fraudes e delitos praticados por terceiros no âmbito de operações bancárias.
b) a decadência sobre o direito de reclamar pelos vícios aparentes ou de fácil constatação

é aplicável à prestação de contas para obter esclarecimentos sobre cobrança de taxas, tarifas e encargos bancários.

c) reconhecida a conexão, necessariamente, devem ser reunidas na Justiça Federal as ações civis públicas ou coletivas propostas nesta e na Justiça Estadual.

d) a Anatel será sempre parte legítima nas demandas entre a concessionária e o usuário de telefonia decorrentes de relação contratual de consumo.

16. (FCC — 2015 — TJ-AL — Juiz Substituto) Considere as situações descritas abaixo:

I. A fim de maximizar lucro, restaurante triplica o valor cobrado pelos pratos servidos no estabelecimento.

II. Em razão de desavença pessoal, fornecedor de material de construção se recusa a vender bens a consumidor que se dispõe a adquiri-los mediante pronto pagamento.

III. Em razão de débito que o consumidor reconhece existir, fornecedora de serviços encaminha-lhe notificação concedendo prazo para o pagamento sob pena de serem adotadas medidas judiciais.

IV. Quando da celebração de contrato de mútuo, banco oferece ao consumidor a contratação de seguro.

São abusivas as práticas descritas em

a) I, III e IV, apenas.

b) I e II, apenas.

c) II, III e IV, apenas.

d) I e III, apenas.

e) I, II, III e IV.

17. (CESPE — 2015 — DPU — Defensor Público Federal de Segunda Categoria) No que tange ao contrato de adesão, às práticas abusivas, ao fato do produto e do serviço, à responsabilidade solidária e ao direito de regresso, julgue o item subsequente.

O fornecedor de serviços está obrigado a entregar ao contratante de seus serviços orçamento prévio discriminando o valor da mão de obra e dos materiais, entre outros aspectos, não respondendo o contratante por eventuais ônus ou acréscimos decorrentes da necessidade de contratação, pelo fornecedor, de serviços de terceiros surgida durante a execução do serviço e que não estejam previstos no orçamento prévio.

( ) certo ( ) errado

18. (FCC — 2016 — DPE-BA — Defensor Público) Considere as assertivas abaixo.

I. É abusiva a cláusula prevista em contrato de adesão que impõe ao consumidor em mora a obrigação de pagar honorários advocatícios decorrentes de cobrança extrajudicial.

II. A estipulação de juros remuneratórios superiores a 12% ao ano constitui abusividade.

III. Constitui prática comercial abusiva o envio de cartão de crédito sem prévia e expressa solicitação do consumidor, configurando-se ato ilícito indenizável e sujeito à aplicação de multa administrativa.

IV. Caracteriza prática abusiva no mercado de consumo a diferenciação do preço do produto em função de o pagamento ocorrer em dinheiro, cheque ou cartão de crédito.

Está de acordo com a jurisprudência do Superior Tribunal de Justiça, APENAS o que se afirma em:

a) II e IV.

b) III e IV.

c) I, II e IV.

d) II, III e IV.

e) II e III.

19. (CESPE — 2017 — DPE-AC — Defensor Público) Julgue os itens a seguir, acerca de práticas comerciais nas relações de consumo.

I. As práticas abusivas vedadas ao fornecedor de produtos ou serviços são dispostas, no CDC, de modo exemplificativo.

II. É vedado ao comerciante enviar ao consumidor qualquer produto sem que haja prévia solicitação.

III. A cobrança de tarifa básica pelo uso dos serviços de telefonia fixa caracteriza venda casada, sendo considerada ilegítima.

IV. Conforme o CDC, rejeitar cheque como forma de pagamento pela compra de um produto é prática abusiva.

Estão certos apenas os itens

a) I e II.
b) I e III.
c) II e III.
d) II e IV.
e) III e IV.

■ GABARITO ■

1. "c". Nos termos do art. 39, inciso III, c.c. o parágrafo único do mesmo dispositivo do CDC. A letra "a" está errada, pois o prazo de reflexão é para o consumidor se arrepender, e não para o fornecedor realizar a cobrança (art. 49, *caput,* do CDC). A alternativa "b" está errada pelo mesmo motivo da alternativa anterior, somado ao fato de que o prazo de reflexão é de sete dias, e não de dez. A "d" está errada, pois, conforme visto, a alternativa "c" está correta.

2. "a". O próprio art. 29 do CDC ao tratar da figura do consumidor por equiparação, definiu este como também "todas as pessoas determináveis ou não, expostas às práticas" contratuais e comerciais abusivas. Percebe-se, então, que a mera exposição e, consequentemente, a potencialidade de dano são suficientes para caracterizar uma prática abusiva. A letra "b" está errada, pois, segundo entendimento sumulado do STJ: "É abusiva a cláusula contratual de plano de saúde que limita no tempo a internação hospitalar do segurado" (Súmula 302). A alternativa "c" está errada na medida em que o art. 31 determina que a informação na oferta deverá ser em língua portuguesa. A assertiva "d" equivoca-se, uma vez que o serviço poderá ser realizado sem orçamento se houver práticas anteriores desse tipo entre as partes envolvidas (art. 39, VI, do CDC). A letra "e" também está errada, pois o art. 40, § 3º, do CDC assim determina: "O consumidor não responde por quaisquer ônus ou acréscimos decorrentes da contratação de serviços de terceiros não previstos no orçamento prévio".

3. "d". O item I foi considerado errado por ser infração penal a interferência no trabalho no momento da cobrança de dívidas. Somente configurará prática abusiva tal conduta quando não existir justificativa para a sua realização (arts. 42 c.c. 71, ambos do CDC). O item II está correto nos termos do art. 40 do CDC. Item III está correto, pois o CDC não protege a chamada compra "fiada". O item IV também está correto, por ser exemplo de prática abusiva "repassar informação depreciativa, referente a ato praticado pelo consumidor no exercício de seus direitos", nos termos do art. 39, inciso VII, do CDC. Também é infração administrativa, segundo o disposto no art. 12, inciso VIII, do Decreto n. 2.181/97, que dispõe sobre a organização do Sistema Nacional de Defesa do Consumidor — SNDC e estabelece as normas gerais de aplicação das sanções administrativas previstas na Lei n. 8.078, de 11 de setembro de 1990. O item V está errado, porque contraria a redação do art. 43, § 5º, do CDC.

4. "c". É a única errada na medida em que, se o fornecedor demonstrar engano justificável, a cobrança deixa de ser indevida (art. 42, parágrafo único, do CDC). A alternativa "a" está correta, nos termos do art. 42, *caput,* do CDC. A letra "b" também está correta, segundo o disposto no art. 42-A do CDC. A assertiva "d" também está correta, conforme preveem os arts. 42 c.c. 71, ambos do Código do Consumidor: "Art. 42. Na cobrança de débitos, o consumidor inadimplente não será exposto a ridículo, nem será submetido a qualquer tipo de constrangimento ou ameaça"; "Art. 71. Utilizar, na cobrança de dívidas, de ameaça, coação, constrangimento físico ou moral, afirmações falsas incorretas ou enganosas ou de qualquer outro procedimento que exponha o consumidor, injustificadamente, a ridículo ou interfira com seu trabalho, descanso ou lazer".

5. "d". Nos termos do art. 39, inciso X, do CDC (prática abusiva) c.c. o disposto no art. 30 do CDC (Princípio da vinculação da oferta). A alternativa "a" está errada, pois a oferta não precisa ser com prazo indeterminado para gerar a sua vinculação. A letra "b" está errada por ausência de amparo legal no CDC. A assertiva "c" está errada, pois não precisa do regime de tabelamento de preços para viger o princípio da vinculação da oferta. A letra "e" está errada, pois somente o disposto na alternativa "d" está correto.

6. "e". O item I está correto, pois o Superior Tribunal de Justiça veda aumentos abusivos em razão da mudança de faixa etária, conforme visto no corpo deste capítulo, ao analisarmos o EDcl no REsp 809.329/RJ: "É nula a cláusula que prevê o aumento de 164,91% na mensalidade do plano de saúde tão logo o contratante complete a idade de 60 anos — sem prejuízo de que incidam os reajustes gerais decorrentes do custo dos serviços" (EDcl no REsp 809.329/RJ, Rel. Ministro Ari Pargendler, 3ª T., *DJe* 11-11-2008). O item II está correto nos termos do art. 52, inciso II, do CDC. O item III também está correto, pois, nos termos do art. 69 do CDC, caracteriza infração penal: "Deixar de organizar dados fáticos, técnicos e científicos que dão base à publicidade: Pena Detenção de um a seis meses ou multa". O item IV está correto, por ser esta a posição dominante no STJ: "Assim, a Turma deu parcial provimento ao recurso ao entender que as normas atinentes à administração pública federal aplicam-se subsidiariamente às administrações estaduais e municipais. Assentou que a soma dos descontos em folha de todas as prestações de empréstimos contratados pelo recorrente fique limitada a 30% de sua remuneração. Precedentes citados: REsp 1.186.565-RS, *DJe* 3/2/2011; AgRg no Ag 1.381.307-DF, *DJe* 27/4/2011; RMS 21.380-MT, *DJ* 15/10/2007, RMS 13.439-MG, *DJ* 29/3/2004. REsp 1.169.334-RS, Rel. Min. Luis Felipe Salomão, julgado em 23/8/2011" (Notícia do *Informativo* n. 481 do STJ, de 16 a 26 de agosto de 2011).

7. "a". É a posição do Superior Tribunal de Justiça no REsp 735.168/RJ ao entender que: "Embora o CDC não retroaja para alcançar efeitos presentes e futuros de contratos celebrados anteriormente a sua vigência, a legislação consumerista regula os efeitos presentes de contratos de trato sucessivo e que, por isso, foram renovados já no período de sua vigência". A letra "b" está errada, pois o prazo prescricional do art. 27 do CDC refere-se apenas às pretensões de indenizações decorrentes de acidente de consumo. No caso houve um inadimplemento contratual, e o STJ vem entendendo pela aplicação do prazo prescricional ânuo do Código Civil, mais precisamente do art. 206, § 1º, inciso II, do Código Civil: "O prazo prescricional ânuo (art. 178, § 6º, II, do CC/1916) para o ajuizamento da ação de cobrança de diferença de indenização securitária tem início na data da ciência inequívoca do pagamento incompleto ou a menor. Precedentes do STJ" (REsp 831.543/RJ, Rel. Ministro Antonio Carlos Ferreira, 4ª T., *DJe* 2-8-2012). A alternativa "c" está errada na medida em que o STJ vem considerando este tipo de cláusula como abusiva: "É nula a cláusula do contrato de seguro que — cobrindo o transporte de cargas — exclui da cobertura as operações de carga e descarga (CDC, art. 51, IV e § 1º)" (REsp 613.397/MG). A assertiva "d" equivoca-se por contrariar a jurisprudência do STJ que no REsp 278.064/MS entendeu: "É nula a cláusula de cancelamento automático da apólice (art. 51, inc. IV e XI, do CDC). Pagamento do prêmio efetuado no dia seguinte ao do vencimento; antes, pois, de interpelação do segurado (REsp 316.449/SP)". "I. O mero atraso no pagamento de prestação do prêmio do seguro não importa em desfazimento automático do contrato, para o que se exige ou a prévia constituição em mora do contratante pela seguradora, mediante interpelação, ou o ajuizamento de ação judicial competente" (REsp 316.552/SP, Rel. Ministro Aldir Passarinho Junior, julgado em 9-10-2002). A letra "e" também está errada, pois no caso de inadimplemento contratual ou cobrança de diferença nos contratos de seguro o STJ vem entendendo pela aplicação do prazo prescricional ânuo do Código Civil, mais precisamente do art. 206, § 1º, inciso II, do Código Civil (REsp 831.543/RJ supracitado).

8. "b". Tal prática proposta pelo gerente da agência bancária é a famosa "venda casada", prática infelizmente corriqueira em nosso dia, principalmente nas atividades bancárias. Tal prática é vedada pelo nosso Código de Defesa do Consumidor, visto tratá-la exatamente como uma prática abusiva expressa, conforme leciona seu art. 39, inciso I. Sobre o tema, importante relembrar que o Superior Tribunal de Justiça editou a Súmula 473 do STJ: "O mutuário do SFH não pode ser compelido a contratar o seguro habitacional obrigatório com a instituição financeira mutuante ou com a seguradora por ela indicada". A alternativa "a" é errônea, uma vez que as instituições bancárias estão subordinadas ao regramento do CDC, como diz o art. 3º, § 2º, e, conforme visto, pacífico o entendimento de se tratar de prática abusiva a conduta citada na questão como típico exemplo de "venda casada". A assertiva "c" é equivocada, uma vez que o simples fato de o consumidor ser cliente do estabelecimento bancário não autoriza sua submissão a uma prática abusiva, prática, como já dito, vedada. A alternativa "d" é uma constatação dos acontecimentos reais, todavia, embora acabe ocorrendo, tal prática tem sido limitada e diminuída com o passar dos tempos, visto cada vez mais o consumidor, ciente de seus direitos, invocar a proteção do CDC. Por fim, a alternativa "e" se equivoca, uma vez que por mais que uma prática abusiva possa parecer benéfica ao consumidor, com tarifas ou preços atraentes, ela viola um direito fundamental do consumidor, o direito à liberdade de escolha e igualdade nas contratações, o que não pode ser mais importante que algumas vantagens na contratação. Ademais, o fato de o CDC trazer em seu conteúdo normas de ordem pública e de interesse social impede que as partes envolvidas na relação jurídica de consumo renunciem a direitos previstos no Diploma Consumerista.

9. "e". Trata-se do princípio da preservação implícita do contrato, sendo que, sempre que um fato posterior seja causador de desequilíbrio contratual, ele é capaz de gerar a modificação de cláusulas desproporcionais ou a revisão de cláusulas excessivamente onerosas; logo, é um direito do consumidor, expresso no art. 6º, inciso V. A alternativa "a" erra, uma vez que os serviços públicos são abrangidos pelas regras do CDC, como revela, dentre outros, o art. 4º, inciso VII, o art. 6º, inciso X, e o art. 22. Esta também é a posição consolidada no STJ: "O Código de Defesa do Consumidor aplica-se na hipótese de serviço público prestado por concessionária, tendo em vista que a relação jurídica tem natureza de Direito Privado e o pagamento é contraprestação feita sob a modalidade de tarifa, que não se classifica como taxa" (AgRg no AREsp 84.014/RJ, Rel. Ministro Castro Meira, 2ª T., *DJe* 28-3-2012). A alternativa "b" erra, uma vez que, embora exista a gratuidade aos consumidores para facilitação de acesso ao Judiciário, essa regra não será sempre aplicada, haja vista se tratar de algo destinado aos consumidores hipossuficientes no aspecto financeiro, os quais não podem arcar com as despesas de um processo judicial. A "c" é errônea, uma vez que a inversão do ônus da prova é algo discricionário ao juiz, baseado no critério *ope judicis* somente quando presente a hipossuficiência ou verossimilhança da alegação. A assertiva "d" é errônea, já que nem sempre as cláusulas de eleição de foro são consideradas nulas, sendo assim somente quando implicarem em prejuízo ao consumidor, dificultando seu acesso ao Judiciário ou o exercício de seu direito de defesa. O Superior Tribunal de Justiça vem relativizando esse posicionamento e admitindo, em alguns casos, a legitimidade da eleição do foro em lugar diverso do domicílio do consumidor, desde que esta seja uma opção do vulnerável: "Se a autoria do feito pertence ao consumidor, contudo, permite-se-lhe a escolha do foro de eleição contratual, considerando que a norma protetiva, concebida em seu benefício, não o obriga, quando optar por demandar fora do seu domicílio. Não se admite, todavia, sem justificativa plausível, a escolha aleatória de foro que não seja nem o do domicílio do consumidor, nem o do réu, nem o de eleição e nem o do local de cumprimento da obrigação" (EDcl no AgRg nos EDcl no CC 116.009/PB, Rel. Ministro Sidnei Beneti, Segunda Seção, *DJe* 20-4-2012).

10. "a". A assertiva "I" é correta, uma vez que corresponde ao art. 37, § 3º, do CDC, proibindo a publicidade enganosa por omissão ante a ausência de dado essencial, isto é, dado relevante que, uma vez existente, seria capaz de influenciar o comportamento do consumidor. A assertiva "II" é verdadeira, uma vez que é ônus do fornecedor, ou de quem da publicidade se valer, a comprovação da retidão e da veracidade da mensagem veiculada, sendo expresso no art. 38. A assertiva "III" é também verdadeira, já que se configura como prática abusiva o envio de produto ou serviço não solicitado pelo consumidor e também sua prestação condicionada a outro, conforme se observa do art. 39 e seus incisos III e I, respectivamente. A assertiva "IV" é errônea, pois, embora o art. 42, parágrafo único, estabeleça o ressarcimento em dobro pelo pagamento de quantia indevida, a questão coloca como sempre sendo em dobro, o que não é verídico, pois o aludido dispositivo ressalva as situações de engano justificável. Por fim, a "V" é equivocada já que tais entes são considerados entidades de caráter público, e não privado, como reza o art. 43, § 4º, do CDC.

11. "d". É a alternativa a ser escolhida. É direito do consumidor receber orçamento prévio que discrimine os valores a serem arcados por ele, tendo tal orçamento a força vinculativa de 10 dias (art. 40, § 1º, do CDC), salvo estipulação em contrário. A alternativa "a" é errônea, uma vez que o CDC não estipula um prazo específico para a manutenção das peças de reposição e componentes, devendo, cessadas a produção ou importação, a oferta ser mantida por período razoável de tempo, na forma da lei (art. 32, parágrafo único, do CDC). A alternativa "b" é errônea, já que vimos a responsabilidade do fornecedor ser objetiva e solidária em relação aos atos de seus prepostos e representantes autônomos (art. 34 do CDC). A alternativa "c" deve merecer um cuidado especial do candidato concursando, pois o CDC coloca como cláusula abusiva expressa enviar ou entregar ao consumidor produto ou serviço sem solicitação e não admite ressalvas a essa prática, quer o bem de consumo seja remunerado, quer seja gratuito (art. 39, I, do CDC). A alternativa "e" erra ao enfatizar, em seu final, que tais informações ou publicidades suficientemente precisas vinculam o fornecedor, porém não integram o contrato, o que contraria o disposto no art. 30 do CDC.

12. "certo". O rol do art. 39 do CDC é expresso ao trazer as práticas abusivas possíveis nas relações de consumo, sendo rol meramente exemplificativo. Como bem dissemos no capítulo próprio desta obra, tais práticas podem ser divididas de acordo com a fase em que se encontra a relação contratual, sendo pré-contratuais, contratuais ou pós-contratuais.

13. "d". São verdadeiras as assertivas I e III. A afirmação I é verídica, pois se trata da famosa prática abusiva denominada "venda casada", sendo violadora da liberdade de escolha do consumidor, uma vez que há a vinculação da aquisição de um produto ou serviço a outro (art. 39, I, do CDC). A afirmativa III também é verídica, já que expressa o art. 39, inciso VII, do CDC, configurando prática abusiva a transferência de informações, entre fornecedores, dos consumidores litigantes e que buscam exercer os seus direitos. A afirmação II é falsa, pois viola o art. 39, inciso IV, do CDC, que considera exemplo de prática abusiva: "prevalecer-se da fraqueza ou ignorância do consumidor, tendo em vista sua idade, saúde, conhecimento ou condição social, para impingir-lhe seus produtos ou serviços". Por fim, a assertiva IV é falsa, já que está em desacordo com o disposto no art. 39, inciso VIII, do CDC, que prevê como exemplo de prática abusiva: "colocar, no mercado de consumo, qualquer produto ou serviço em desacordo com as normas expedidas pelos órgãos oficiais competentes ou, se normas específicas não existirem, pela Associação Brasileira de Normas Técnicas ou outra entidade credenciada pelo Conselho Nacional de Metrologia, Normalização e Qualidade Industrial (Conmetro)".

14. "d". A afirmativa "I" está errada, pois o rol do art. 39 do CDC é exemplificativo, logo outras práticas abusivas poderão ser encontradas dentro e fora do Diploma Consumerista. A assertiva "II" está correta, na medida em que o art. 42, parágrafo único, prevê o direito à repetição do indébito pelo dobro daquilo que o consumidor pagou em excesso, porém, se o engano para tal cobrança for justificável, não cabe a repetição em dobro. Ademais, a prova de que o engano é justificável cabe ao fornecedor, haja vista que a matéria é de defesa. A afirmativa "III" também está correta, pois os cadastros e bancos de dados no tocante às informações negativas relativas ao consumidor devem ter: clareza, objetividade, fácil compreensão, limites temporais, comunicação prévia e por escrito, além de as informações ali contidas não poderem permanecer por período superior a cinco anos, se antes não houver prescrito a ação para a cobrança da obrigação, caso em que será respeitado este último (art. 43, §§ 1º e 5º, do CDC). Por fim, o item "IV" também acerta ao dizer que são nulas de pleno direito as cláusulas contratuais relativas ao fornecimento de produtos e serviços que infrinjam ou violem normas ambientais, visando a preservação do meio ambiente, protegendo um direito da coletividade (art. 51, inciso XIV, do CDC).

15. "a". Nos termos da Súmula 479 do STJ. A letra "b" está errada, pois afronta o teor da Súmula 477 do STJ, que estabelece ser o prazo prescricional do Código Civil. A alternativa "c" erra por estar despida de amparo legal. Por fim, a letra "d" equivoca-se por contrariar o teor da Súmula 506 do STJ, que prevê: "A Anatel não é parte legítima nas demandas entre a concessionária e o usuário de telefonia decorrentes de relação contratual" (*DJe* 31-3-2014).
16. "b". O item I representa prática abusiva, nos termos do art. 39, X, do CDC. O item II representa prática abusiva, nos termos do art. 39, IX, do CDC. O item III não representa prática abusiva, mas sim exercício de direito, que é adotar as medidas judiciais cabíveis ante a ausência de pagamento pelo consumidor. O item IV não representa prática abusiva, pois o simples oferecimento de serviço pelo banco não caracteriza imposição.
17. "certo". A assertiva está correta, nos termos do art. 40, *caput* e § 3º, do CDC.
18. "b". O item I não se encaixa em nenhum dos exemplos do art. 51 do CDC e não caracteriza cláusula abusiva. O item II contraria o disposto na Súmula 382 do STJ, que assim dispõe: "A estipulação de juros remuneratórios superiores a 12% ao ano, por si só, não indica abusividade". O item III está correto e em consonância com a Súmula 532 do STJ, que assim estabelece: "Constitui prática comercial abusiva o envio de cartão de crédito sem prévia e expressa solicitação do consumidor, configurando-se ato ilícito indenizável e sujeito à aplicação de multa administrativa" (*DJe* 8-6-2015). O item IV também está de acordo com jurisprudência consolidada no Superior Tribunal de Justiça, como no REsp 1.479.039, que está presente na parte teórica deste livro, mais precisamente no item 10.4.10 (cuidado com a MP 764, de 26 de dezembro de 2016, convertida na Lei n. 13.455 de 26 de junho de 2017, que passou a permitir a diferenciação de preços a depender do prazo ou da forma de pagamento, conforme demonstrado na parte teórica desse capítulo).
19. "a" nos termos do art. 39, *caput* e inciso III, do CDC.

11

COBRANÇA DE DÍVIDAS NO CDC

11.1. INTROITO

Conforme visto no capítulo anterior, as práticas abusivas introduzidas pelos fornecedores no mercado de consumo não se resumem ao rol do art. 39 do CDC, mesmo porque a utilização da expressão “dentre outras” deixou bem clara a natureza de rol exemplificativo dos comportamentos ali elencados.

Assim, qualquer prática caracterizada pela desconformidade com os padrões de boa conduta para com os consumidores será considerada abusiva, como é o caso da cobrança indevida de dívidas, cuja disciplina no Código de Defesa do Consumidor será a seguir analisada.

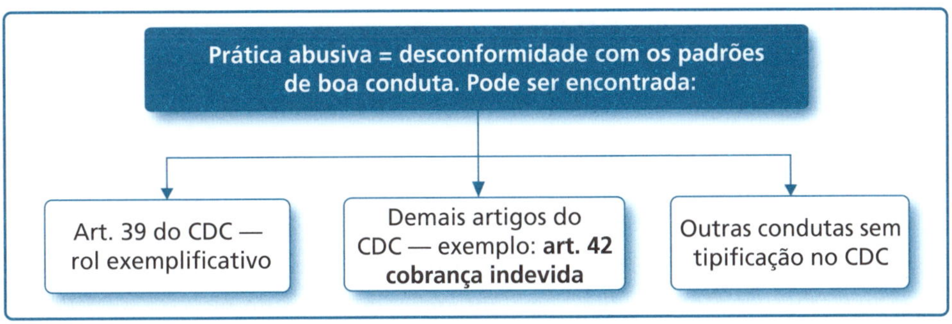

11.2. A DISCIPLINA DA COBRANÇA DE DÍVIDAS NO CDC

11.2.1. A forma adequada de cobrança de dívidas do consumidor à luz da interpretação sistemática do CDC

Prevê o Código de Defesa do Consumidor em seu art. 42 o seguinte: “Na **cobrança de débitos**, o consumidor inadimplente **não será exposto a ridículo, nem será submetido a qualquer tipo de constrangimento ou ameaça**”.

Da forma como consta da redação do citado dispositivo, o consumidor está bem protegido no tocante à abordagem que lhe é feita quando da cobrança de dívidas, mas, por outro lado, passa-se a impressão de que o fornecedor não poderá mais exercer qualquer método para cobrar o que lhe é devido, pois determina a lei que o consumidor inadimplente não será:

- exposto a ridículo;
- submetido a qualquer tipo de constrangimento ou ameaça.

Nesse contexto, concordamos com Herman de Vasconcellos e Benjamin[1] ao atrelar a interpretação do art. 42 do CDC ao art. 71 do mesmo diploma, que estabelece como crime de consumo:

> Art. 71. Utilizar, na cobrança de dívidas, de ameaça, coação, constrangimento físico ou moral, afirmações falsas incorretas ou enganosas ou de qualquer outro procedimento que exponha o consumidor, injustificadamente, a ridículo ou interfira com seu trabalho, descanso ou lazer:
>
> Pena — Detenção de três meses a um ano e multa.

Assim, o CDC considera como infração penal a prática das seguintes condutas típicas utilizadas na cobrança de dívidas pelo fornecedor:

- ameaça;
- coação;
- constrangimento físico ou moral;
- afirmações falsas, incorretas ou enganosas; ou
- qualquer outro procedimento que exponha o consumidor, injustificadamente, a ridículo ou interfira com seu trabalho, descanso ou lazer.

11.2.1.1. A ameaça como forma inadequada de cobrança de dívidas

A tipicidade da infração penal de ameaça prevista no CDC não tem a mesma conotação de tipificação restrita do crime de ameaça do Código Penal, ou seja, no Código do Consumidor a sua abrangência é mais ampla.

Não podemos esquecer que estamos utilizando o tipo penal da Lei n. 8.078/90 para definirmos critérios daquilo que consideramos uma forma adequada de cobrar dívidas no mercado de consumo, e não com o objetivo de analisarmos o dispositivo na órbita do Direito Penal.

Em última análise, a **ameaça no CDC tem conotação mais ampla quando cotejada com o Código Penal** no tocante, a saber, se a forma utilizada pelo fornecedor para cobrar uma dívida de consumo foi lícita ou ilícita, não no âmbito criminal, mas no aspecto de infração civil.

---

[1] BENJAMIN, Antônio Herman de V.; MARQUES, Claudia Lima; BESSA, Leonardo Roscoe. *Manual de direito do consumidor,* p. 268.

De fato, **não há necessidade** de a ameaça na cobrança de dívidas se referir a um **mal físico**, mas sim prometer tornar pública a dívida do consumidor aos familiares ou amigos dele.

Para o conceito do Direito Penal, tal conduta pode não se caracterizar como crime, mas na órbita do Direito do Consumidor será um comportamento abusivo e um verdadeiro exemplo de cobrança indevida por parte do fornecedor.

Por outro lado, **o exercício de direitos não será** considerado como **ameaça** para fins de configurar comportamento civilmente ilícito por parte do fornecedor.

Assim, informar de maneira adequada e dentro dos limites do razoável que irá entrar com ação judicial de cobrança em face do consumidor em razão das tentativas frustradas de composição extrajudicial do litígio será considerado conduta lícita, em nossa opinião.

O mesmo raciocínio poderá ser realizado em relação à informação de que o nome do consumidor será incluído no cadastro de inadimplentes.

Sobre o tema, questão relevante consiste em saber se a propositura de **ação revisional** pelo consumidor é capaz de inibir a mora e, consequentemente, impedir a inclusão do nome do consumidor no cadastro de inadimplentes. Muitas vezes, o consumidor é cobrado por uma dívida de R$ 100.000,00 (cem mil reais), mas ele acredita que deve apenas R$ 80.000,00 (oitenta mil reais), razão pela qual não paga o valor cobrado e contrata um advogado que ingressa com uma ação judicial de revisão de contrato.

Nesse contexto, **a mora estará inibida?** O Superior Tribunal de Justiça já se posicionou sobre o assunto nos seguintes termos do excerto do Recurso Especial 1.061.530/RS, de relatoria da Ministra Nancy Andrighi, da Segunda Seção, publicado no *DJe* 10-3-2009:

> ■ ORIENTAÇÃO 4 — INSCRIÇÃO/MANUTENÇÃO EM CADASTRO DE INADIMPLENTES a) A abstenção da inscrição/manutenção em cadastro de inadimplentes, requerida em antecipação de tutela e/ou medida cautelar, somente será deferida se, cumulativamente: **i) a ação for fundada em questionamento integral ou parcial do débito; ii) houver demonstração de que a cobrança indevida se funda na aparência do bom direito e em jurisprudência consolidada do STF ou STJ; iii) houver depósito da parcela incontroversa ou for prestada a caução fixada conforme o prudente arbítrio do juiz.**

Em **resumo**, na decisão supracitada, a Segunda Seção do STJ pacificou entendimento pelo regime do recurso repetitivo sobre diversas questões e, quanto à propositura da ação revisional e à licitude ou não da inscrição em cadastro de inadimplentes, assim determinou:

"a abstenção da inscrição/manutenção em cadastro de inadimplentes requerida em antecipação de tutela e/ou medida cautelar, somente será deferida se, cumulativamente:
a ação for fundada em questionamento integral ou parcial do débito;
ficar demonstrada que a cobrança indevida se funda na aparência do bom direito e em jurisprudência consolidada do STF ou STJ;
for depositada a parcela incontroversa ou prestada a caução fixada conforme o prudente arbítrio do juiz".[2]

E, verificada a cobrança abusiva, restará descaracterizada a mora do devedor. Afastada a mora:

- é ilegal o envio de dados do consumidor para quaisquer cadastros de inadimplência;
- deve o consumidor permanecer na posse do bem alienado fiduciariamente; e
- não se admite o protesto do título representativo da dívida.

A questão é tão relevante que foi sumulada da seguinte forma: **Súmula 380 do STJ — A simples propositura da ação de revisão de contrato não inibe a caracterização da mora do autor**.[3]

11.2.1.2. *A coação e o constrangimento físico ou moral como formas inadequadas de cobrança de dívidas*

A interpretação que deve ser dada ao art. 42, *caput,* do CDC, no tocante à impossibilidade de o consumidor ser submetido a "qualquer tipo de constrangimento" no momento da cobrança de dívidas, mais uma vez exige o atrelamento ao disposto no art. 71 do mesmo Diploma, ao considerar a coação e o constrangimento físico ou moral como condutas típicas de crime de consumo na Lei n. 8.078/90.

Isto porque todos nos sentimos constrangidos quando somos cobrados de alguma obrigação que está em aberto, e não é este tipo de constrangimento o caracterizador de cobrança indevida nas relações de consumo.

---

2 Notícia do *Informativo de Jurisprudência do STJ* n. 373, de 20 a 24 de outubro de 2008. Disponível em: <http://www.stj.jus.br/SCON/infojur/toc.jsp?livre=CDC+a%E7%E3o+revisional+mora&b=INFJ&thesaurus=JURIDICO>. Acesso em: 3 dez. 2016.

3 Outras súmulas do STJ oriundas dos posicionamentos consolidados no julgamento do Recurso Especial 1.061.530 foram as seguintes: "Súmula 382 — A estipulação de juros remuneratórios superiores a 12% ao ano, por si só, não indica abusividade"; "Súmula 381 — Nos contratos bancários, é vedado ao julgador conhecer, de ofício, da abusividade das cláusulas"; "Súmula 379 — Nos contratos bancários não regidos por legislação específica, os juros moratórios poderão ser convencionados até o limite de 1% ao mês".

Entendemos que, para configurar a prática abusiva, a cobrança deverá coagir o consumidor a realizar determinado comportamento pelo constrangimento físico (obrigar a assinar uma nota promissória, estando o fornecedor com uma arma na mão, por exemplo) ou pelo constrangimento moral (ameaçando algum familiar do vulnerável da relação de consumo caso a dívida não seja paga).

Por fim, cumpre ressaltar que, conforme visto no Capítulo 3 deste livro, o **Superior Tribunal de Justiça não considera constrangimento ao consumidor interromper o serviço público essencial em razão de inadimplemento:** "É lícito à concessionária interromper o fornecimento de energia elétrica, se, após aviso prévio, o consumidor de energia elétrica permanecer inadimplente no pagamento da respectiva conta" (Lei n. 8.987/95, art. 6º, § 3º, II) (REsp 363.943/MG, Rel. Ministro Humberto Gomes de Barros, Primeira Seção, *DJ* 1º-3-2004).

■ *11.2.1.3. As afirmações falsas, incorretas ou enganosas como formas inadequadas de cobrança de dívidas*

Segundo os ensinamentos de Herman Benjamin, a afirmação "**falsa** é aquela que não tem sustentação em dados reais. É a mentira pura e simples. Exemplos: o cobrador que se diz advogado sem o ser; (...) Já na informação **incorreta**, a desconformidade é parcial. Há um casamento de verdade e inverdade. Finalmente, informação enganosa é aquela capaz de induzir o consumidor em erro, mesmo que literalmente verdadeira. (...) É informação **enganosa** aquela cujo suporte material (impresso, por exemplo) traz timbres ou expressões que implicam qualidade ou poder que o cobrador não tem. Assim quando o impresso utiliza brasões do Município, do Estado ou da União, ou qualquer outro símbolo que leve o consumidor a imaginar que se trata de correspondência oficial".[4]

■ *11.2.1.4. Expor o consumidor a ridículo ou interferir no seu trabalho, descanso ou lazer como formas inadequadas de cobrança de dívidas*

A parte final do art. 71 do CDC, ao definir como crime de consumo a cobrança indevida de dívidas em face do consumidor, considerou como conduta típica genérica do fornecedor utilizar "qualquer outro procedimento que exponha o consumidor, injustificadamente, a ridículo ou interfira com seu trabalho, descanso ou lazer". *A contrario sensu*, podemos concluir que, existindo justificativa, o fornecedor poderá, no momento da cobrança de dívidas:

---

4 BENJAMIN, Antônio Herman de V.; MARQUES, Claudia Lima; BESSA, Leonardo Roscoe. *Manual de direito do consumidor,* p. 269-270.

- expor o consumidor a ridículo; ou
- interferir no trabalho, descanso ou lazer do vulnerável da relação de consumo.

Mas a pergunta que se faz é a seguinte: **qual justificativa existiria para expor o consumidor a situações tão vexatórias como as acima elencadas?**

Para iniciar a resposta ao pertinente questionamento, trazemos à colação o magistério de Sergio Cavalieri Filho ao ensinar que, na "cobrança de dívida, portanto, há uma linha divisória entre o lícito (exercício regular de direito do credor) e o ilícito. Este ocorrerá quando o credor exceder os limites econômicos, sociais ou éticos (boa-fé) no exercício do seu direito. A cobrança judicial, o protesto do título, a notificação ou, ainda, o telefonema/carta de cobrança, em termos usuais, para o endereço do trabalho ou residencial do consumidor não constituem meios vexatórios. É certo que toda cobrança sempre causa certo constrangimento (ninguém gosta de ser cobrado), mas, por estar acobertada pelo direito, não configura abuso".[5]

De fato, o CDC não proíbe ligar no trabalho do consumidor ou em sua residência para cobrar uma dívida, desde que se faça de forma adequada e razoável. Muitas vezes, são estes os únicos contatos fornecidos pelo próprio consumidor no momento da celebração de um contrato de consumo.

O que está **proibido** é ligar para tais locais com o objetivo de **humilhar** o consumidor, chamando-o, por exemplo, nos seguintes termos: "desejo falar com o inadimplente Fulano de Tal" ou "chame o devedor, Sicrano de tal". **Situações vexatórias** como as citadas caracterizam cobrança indevida de dívidas de consumo.

Outro contexto que, por si só, não configura prática abusiva consiste na situação em que o **alarme de uma loja de departamento** soa na saída do consumidor.

A exposição a ridículo do vulnerável neste caso é evidente, mas vem entendendo o Superior Tribunal de Justiça que o critério definidor da licitude ou não do aludido comportamento será definido pela forma da abordagem do fornecedor no caso concreto, ou seja: se abordar o consumidor acusando-o de plano de furtar determinado bem, a prática será abusiva; caso a abordagem se faça de maneira adequada e razoável, sem qualquer tipo de acusação inicial, por exemplo, o comportamento será considerado legítimo.

Sobre o assunto, já se posicionou o STJ: **"Se soa o alarme e não há indicação de que houve tratamento abusivo de nenhum empregado da loja, no**

---

5 CAVALIERI FILHO, Sergio. *Programa de direito do consumidor*, p. 203.

caso, o segurança, sequer objeto da queixa da autora, não se pode identificar a existência de constrangimento suficiente para deferir o dano moral. Para que a indenização por dano moral seja procedente é necessário que haja alguma atitude que exponha o consumidor a uma situação de humilhação, de constrangimento, que o acórdão, neste feito, descartou por inteiro" (REsp 658.975/RS, Ministro Carlos Alberto Menezes Direito, 3ª T., *DJ* 26-2-2007).

Realmente, os elevados índices de furto no interior das lojas comerciais fizeram com que os fornecedores passassem a valer-se da tecnologia para garantir a segurança dos demais consumidores, bem como a diminuição dos prejuízos financeiros decorrentes de práticas ilícitas como a citada. Câmeras de vídeo e alarmes fazem cada vez mais parte do cotidiano da sociedade contemporânea e não poderão ser obstados sob a alegação de constrangimento do consumidor.

Por isso, concordamos com o Superior Tribunal de Justiça ao focar na maneira de abordagem como o critério definidor da licitude ou não do comportamento do fornecedor ante a situação de soar o alarme de uma loja comercial na saída do consumidor.

Em resumo, **haverá justificativa na exposição** do consumidor a ridículo ou na **interferência em seu trabalho, descanso ou lazer** quando preenchidos os seguintes requisitos de forma cumulativa:

- necessidade da conduta, isto é, tratar-se do único meio existente em determinado contexto para se cobrar a dívida;
- abordagem adequada e razoável quando da efetivação da cobrança.

Desta forma, a colocação de sensores e alarme foi a única conduta encontrada pelo fornecedor como forma de segurar seu patrimônio e, existindo adequação e razoabilidade da abordagem do consumidor, legítima será a conduta praticada.

Em razão da viabilidade de algumas condutas e da proibição de outras que Herman Benjamin dividiu os comportamentos na cobrança de dívidas em proibições absolutas — condutas jamais aceitas no mercado de consumo — e proibições relativas — comportamentos aceitos quando justificáveis:

PROIBIÇÕES ABSOLUTAS	PROIBIÇÕES RELATIVAS
■ ameaça; ■ coação; ■ constrangimento físico ou moral; ■ informações falsas, incorretas ou enganosas.	■ exposição do consumidor a ridículo; ■ interferência no trabalho, descanso ou lazer.

■ 11.2.2. A repetição em dobro do indébito em razão da cobrança indevida

Prevê o art. 42, parágrafo único, do Diploma Consumerista que: "O consumidor cobrado em quantia indevida tem direito à repetição do indébito, por valor igual ao dobro do que pagou em excesso, acrescido de correção monetária e juros legais, salvo hipótese de engano justificável".[6]

O dispositivo legal trata da repetição em dobro do indébito, e duas são as questões principais envolvendo o tema:

- ■ Basta a cobrança indevida para legitimar a repetição em dobro ou seria necessário o pagamento efetivamente concretizado pelo consumidor?
- ■ Há necessidade da configuração do dolo — má-fé — para caracterizar a cobrança indevida e legitimar a repetição do indébito pelo dobro ou a culpa na conduta do fornecedor já seria o suficiente?

Apresentaremos na sequência a visão da melhor doutrina, da jurisprudência superior e a nossa opinião sobre os questionamentos ora levantados.

■ *11.2.2.1. Requisito para legitimar a repetição em dobro do indébito: cobrança indevida ou pagamento efetivo?*

A doutrina consumerista não é uníssona no entendimento sobre se a cobrança indevida, por si só, seria suficiente para legitimar a repetição do indébito pelo dobro ou se necessário é o pagamento efetivo por parte do consumidor para usufruir tal direito.

Na sequência, as principais manifestações sobre o tema:

HERMAN BENJAMIN	"o dispositivo não deixa dúvida sobre seu campo de aplicação primário: 'o consumidor cobrado em quantia indevida'. Logo, só a cobrança de dívida justifica a aplicação da multa civil em dobro". Por conseguinte, "não se tratando de cobrança de dívida, mas sim de transferência de numerário de uma conta corrente para outra, injustificável é a condenação em dobro do prejuízo efetivamente suportado pela vítima" (STJ, REsp 257.075, j. 20-11-2001, Rel. Ministro Barros Monteiro).[7]
BRUNO MIRAGEM	"Trata-se de regra que regula a ação de repetição de indébito pelo consumidor, a qual estabelece sanção para o fornecedor, correspondente ao exato valor do débito cobrado indevidamente."[8]

---

6 O Código Civil traz disposição semelhante ao prever em seu art. 940: "Aquele que demandar por dívida já paga, no todo ou em parte, sem ressalvar as quantias recebidas ou pedir mais do que for devido, ficará obrigado a pagar ao devedor, no primeiro caso, o dobro do que houver cobrado e, no segundo, o equivalente do que dele exigir, salvo se houver prescrição".

7 BENJAMIN, Antônio Herman de V.; MARQUES, Claudia Lima; BESSA, Leonardo Roscoe. *Manual de direito do consumidor,* p. 273.

8 MIRAGEM, Bruno. *Curso de direito do consumidor,* p. 209.

CAVALIERI FILHO	"A pena é a devolução em dobro da quantia paga em excesso. (...) O consumidor, todavia, só terá direito à devolução em dobro daquilo que efetivamente tiver pago em excesso, não bastando a simples cobrança, como no regime civil."[9]
RIZZATTO NUNES	"Para a configuração do direito à repetição do indébito em dobro por parte do consumidor, é necessário o preenchimento de dois requisitos objetivos: a) cobrança indevida; b) pagamento pelo consumidor do valor indevidamente cobrado. (...) Mas a lei não pune a simples cobrança (com as exceções que na sequência exporemos). Diz que há ainda a necessidade de que o consumidor tenha pago."[10]

A jurisprudência do STJ é vacilante sobre o tema, ora deixando clara a necessidade do pagamento indevido, ora deixando em aberto tal questão ao aplicar genericamente o disposto no parágrafo único do art. 42 do CDC.

- Necessidade do pagamento indevido: **A jurisprudência das Turmas que compõem a Segunda Seção do STJ é firme no sentido de que a repetição em dobro do indébito, sanção prevista no art. 42, parágrafo único, do CDC, pressupõe tanto a existência de pagamento indevido quanto a má-fé do credor** (REsp 1.032.952/SP, Rel. Ministra Nancy Andrighi, 3ª T., *DJe* 26-3-2009).
- Posicionamento em aberto: **"É pacífica a jurisprudência desta Corte no sentido de que, havendo cobrança indevida, é legítima a repetição de indébito"** (CDC, art. 42, parágrafo único) (AgRg no AREsp 135.198/SP, Rel. Ministro Humberto Martins, 2ª T., *DJe* 26-4-2012).

Concordamos com o entendimento que defende a necessidade do efetivo pagamento indevido por parte do consumidor para legitimar a repetição em dobro do indébito, em razão da redação do parágrafo único do art. 42, que vinculou o exercício de tal direito ao montante que o consumidor "pagou em excesso".[11]

---

[9] CAVALIERI FILHO, Sergio. *Programa de direito do consumidor*, p. 203-204.

[10] NUNES, Luiz Antonio Rizzatto. *Curso de direito do consumidor*, p. 578.

[11] No mesmo sentido, está a posição do STJ no seguinte julgado: "RECURSO ESPECIAL — DEMANDA INDENIZATÓRIA — RECUSA INDEVIDA À COBERTURA DE PLANO DE SAÚDE — BENEFICIÁRIA QUE, PREMIDA POR RISCO DE MORTE, EFETUA DESEMBOLSO PARA AQUISIÇÃO DE *STENT* — CIRCUNSTÂNCIA CONFIGURADORA DE COBRANÇA INDIRETA, AUTORIZANDO, EM PRINCÍPIO, A APLICAÇÃO DA PENALIDADE PREVISTA NO ARTIGO 42, PARÁGRAFO ÚNICO, DO CDC, EM DESFAVOR DO FORNECEDOR — AUSÊNCIA, TODAVIA, DE MÁ-FÉ NA CONDUTA DA OPERADORA — NULIDADE DE CLÁUSULA CONTRATUAL DECRETADA EM JUÍZO — IMPOSSIBILIDADE DA REPETIÇÃO DE INDÉBITO EM DOBRO — RECURSO DESPROVIDO. **1. Devolução em dobro de indébito (artigo 42, parágrafo único, do Código de Defesa do Consumidor). Pressupostos necessários e cumulativos: (i) cobrança extrajudicial indevida de dívida decorrente de contrato de consumo; (ii) efetivo pagamento do indébito pelo consumidor; e (iii) engano injustificável por parte do fornecedor ou prestador. 1.1. A conduta da operadora de plano de saúde que nega indevidamente fornecimento de *stent*, para aplicação em intervenção cirúrgica cardíaca, forçando o consumidor a adquiri-lo perante terceiros,**

Tal interpretação não exclui o direito do vulnerável da relação de consumo de postular em juízo **indenização por danos materiais e/ou morais** ante a existência de mera cobrança indevida. Esta poderá fazer com que o consumidor gaste com advogado contratado para intermediar a defesa a tal cobrança ou até pelo fato de sentir-se efetivamente humilhado em decorrência de tal prática abusiva.

■ 11.2.2.2. Requisito para legitimar a repetição em dobro do indébito: comprovação do dolo ou culpa seria suficiente?

Tema relevante consiste em saber se há necessidade de comprovação do dolo, da má-fé do fornecedor na cobrança indevida, ou se a configuração da culpa já seria suficiente para legitimar a repetição do indébito pelo dobro. Isto porque o parágrafo único do art. 42 traz uma ressalva na parte final ao dispor que a cobrança será indevida e a repetição em dobro do indébito admitida, "salvo hipótese de engano justificável".

O que seria, em última análise, o tal engano justificável? Abrangeria em seu conceito o engano decorrente de culpa?

Inicialmente, a posição da doutrina consumerista:

BRUNO MIRAGEM	"**É de perceber que não se exige na norma em destaque, a existência de culpa** do fornecedor pelo equívoco da cobrança. Trata-se, pois, de espécie de **imputação objetiva**, pela qual o fornecedor responde independente de ter agido ou não com culpa ou dolo. Em última análise, terá seu fundamento na responsabilidade pelos riscos do negócio, no qual se inclui a eventualidade de cobrança de quantias incorretas e indevidas do consumidor."[12]

configura cobrança extrajudicial indireta, ocasionando locupletamento do fornecedor e, por isso, possibilita, em tese, a aplicação da penalidade prevista no artigo 42, parágrafo único, do CDC. 1.2. Todavia, resta ausente, no caso, a má-fé do prestador do serviço, pois a negativa apresentada ao consumidor, ainda que abusiva, encontrava-se prevista em cláusula contratual, presumidamente aceita pelas partes quando da celebração do negócio jurídico. Não configurada a má-fé na cobrança extrajudicial, direta ou indireta, inviabiliza-se a cominação da penalidade atinente à repetição do indébito em dobro. Precedentes. 2. Termo inicial dos juros de mora e da correção monetária. 2.1. A Segunda Seção desta Corte consolidou o entendimento de que o cômputo dos juros moratórios, resultantes de inadimplemento de obrigação contratual, inicia-se na data da citação do réu, por força da norma cogente inserta no artigo 405 do Código Civil de 2002. Ademais, à luz da premissa lógico-jurídica firmada pelo citado órgão julgador, quando do julgamento do Recurso Especial 1.132.866/SP (Rel. Ministra Maria Isabel Gallotti, Rel. p/ Acórdão Min. Sidnei Beneti, julgado em 23.11.2011, *DJe* 03.09.2012), a iliquidez da obrigação (como é o caso da indenização por dano moral) não tem o condão de deslocar o termo inicial dos juros moratórios para a data do arbitramento definitivo do *quantum debeatur*. 2.2. 'A correção monetária do valor da indenização do dano moral incide desde a data do arbitramento' (Súmula 362/STJ). 3. Recurso especial desprovido" (REsp 1.177.371/RJ, Rel. Ministro Marco Buzzi, 4ª T., *DJe* 30-11-2012).

[12] MIRAGEM, Bruno. *Curso de direito do consumidor*, p. 209.

HERMAN BENJAMIN	"Se o engano é justificável, não cabe a repetição. No Código Civil, só a má-fé permite a aplicação da sanção. Na legislação especial, tanto a má-fé como a culpa (imprudência, negligência e imperícia) dão ensejo à punição. **O engano é justificável exatamente quando não decorre de dolo ou de culpa.** É aquele que, não obstante todas as cautelas razoáveis exercidas pelo fornecedor-credor, manifesta-se."[13]
CAVALIERI FILHO	"Por último, e esta é a mais importante diferença, o Código Civil exige má-fé do credor. (...) **No Código de Defesa do Consumidor, a pena pela cobrança indevida é bem mais rigorosa porque basta a cobrança indevida; não exige a má-fé.** Para se eximir da pena terá o fornecedor (credor) que provar o *engano justificável,* e este só ocorre quando não houver dolo ou culpa."[14]

Corroboramos com o pensamento da doutrina apresentada de que a conduta culposa na cobrança indevida já seria suficiente para legitimar a repetição do indébito pelo dobro.

A jurisprudência do Superior Tribunal de Justiça se firmou ao longo de muitos anos pela necessidade da comprovação do dolo, da má-fé do fornecedor para legitimar a repetição do indébito pelo dobro.

Nesse sentido, vale lembrar o Acórdão acima colacionado ao expressar o posicionamento de que: "A jurisprudência das Turmas que compõem a Segunda Seção do STJ é firme no sentido de que a repetição em dobro do indébito, sanção prevista no art. 42, parágrafo único, do CDC, pressupõe tanto a existência de pagamento indevido quanto a má-fé do credor. Não reconhecida a má-fé da recorrida pelo Tribunal de origem, impõe-se que seja mantido o afastamento da referida sanção, (...)" (REsp 1.032.952/SP, Rel. Ministra Nancy Andrighi, 3ª T., *DJe* 26-3-2009).

Em determinado momento, o STJ chegou a entender que o **engano** só seria considerado **justificável** quando **não decorresse de dolo ou culpa** na conduta do fornecedor:

> PROCESSUAL CIVIL. AGRAVO INTERNO NA APELAÇÃO CÍVEL. DIREITO DO CONSUMIDOR. ÁGUA E ESGOTO. TARIFA. COBRANÇA INDEVIDA. DEVOLUÇÃO EM DOBRO (ART. 42, PARÁGRAFO ÚNICO, DO CDC). EXISTÊNCIA DE CULPA OU DE MÁ-FÉ. PRECEDENTES DO STJ. AUSÊNCIA DE PREQUESTIONAMENTO. SÚMULA 282/STF. CONTEXTO FÁTICO-PROBATÓRIO. REEXAME. APLICAÇÃO DA SÚMULA 7/STJ. **1. A incidência do art. 42, parágrafo único, do CDC, é condicionada à existência de culpa ou de má-fé na cobrança, sem a qual não se aplica a devolução**

[13] BENJAMIN, Antônio Herman de V.; MARQUES, Claudia Lima; BESSA, Leonardo Roscoe. *Manual de direito do consumidor*, p. 274.

[14] CAVALIERI FILHO, Sergio. *Programa de direito do consumidor*, p. 204.

> **em dobro de valores indevidamente exigidos do consumidor. Precedentes do STJ.** 2. No presente caso, o Tribunal *a quo* não apreciou a ocorrência de culpa ou de má-fé na cobrança por parte da Cedae, e o agravante não opôs Embargos de Declaração a fim de compelir a Corte local a se pronunciar sobre o tema. Caracteriza-se a ausência de prequestionamento. Incide, por analogia, a Súmula 282/STF. 3. Além disso, instância de origem decidiu a controvérsia com fundamento no suporte fático-probatório dos autos. Desse modo, verifica-se que a análise da controvérsia demanda reexame do contexto fático-probatório, o que é inviável no Superior Tribunal de Justiça. Óbice da Súmula 7/STJ. 4. Agravo Regimental não provido (AgRg no AREsp 319.752/RJ, Rel. Ministro Herman Benjamin, 2ª T., *DJe* 12-6-2013).

Portanto, erro justificável que não legitima a repetição em dobro, mas apenas a restituição simples, é aquele escoimado de comportamento doloso ou culposo por parte do fornecedor. Mas quais seriam os exemplos de erro justificável e quais casos não se enquadrariam nesse conceito? Esquematizamos o assunto da seguinte forma:

ERRO JUSTIFICÁVEL	ERRO NÃO JUSTIFICÁVEL
■ Decorrente de vírus no computador, mau funcionamento da máquina, de demora do correio na entrega de retificação da cobrança original.[15]	■ Decorrente de manuseio pessoal do computador.[16]
■ A cobrança indevida de tarifa de água decorrente do enquadramento incorreto do consumidor no regime de economias em razão de interpretação equivocada de decreto estadual (STJ, AgRg no AREsp 125.900/SP, Rel. Ministro Cesar Asfor Rocha, 2ª T., *DJe* 30-5-2012).	■ Erro no cálculo elaborado pelo empregado do fornecedor.[17]

No entanto, para demonstrar a ausência de pacificação sobre o tema, trazemos à colação julgado de 2013 em que a 4ª Turma do **Superior Tribunal de Justiça entendeu pela necessidade da demonstração da má-fé para legitimar a repetição do indébito pelo dobro:**

> PROCESSUAL CIVIL. AGRAVO REGIMENTAL NO AGRAVO EM RECURSO ESPECIAL. DEVOLUÇÃO EM DOBRO. ART. 42, PARÁGRAFO ÚNICO, DA LEI N. 8.078/1990. MÁ-FÉ. SÚMULA N. 7/STJ. 1. A jurisprudência deste

[15] BENJAMIN, Antônio Herman de V.; MARQUES, Claudia Lima; BESSA, Leonardo Roscoe. *Manual de direito do consumidor,* p. 275.

[16] BENJAMIN, Antônio Herman de V.; MARQUES, Claudia Lima; BESSA, Leonardo Roscoe. *Manual de direito do consumidor,* p. 275.

[17] BENJAMIN, Antônio Herman de V.; MARQUES, Claudia Lima; BESSA, Leonardo Roscoe. *Manual de direito do consumidor,* p. 275.

> Tribunal preconiza que a devolução em dobro prevista no parágrafo único do art. 42 do CDC exige, além da ocorrência de pagamento indevido, a comprovada má-fé do credor, situação não verificada na espécie. 2. Agravo regimental a que se nega provimento (AgRg no AREsp 103.283/RJ, Rel. Ministro Antonio Carlos Ferreira, 4ª T., *DJe* 1º-4-2013).[18]

■ *11.2.2.3. Prazo prescricional para postular a repetição em dobro do indébito*

Conforme estudado no Capítulo 3 deste livro, quando da análise do tema Serviço Público e incidência do CDC, analisamos a Súmula 412 do Superior Tribunal de Justiça, que prevê: "**A ação de repetição de indébito de tarifas de água e esgoto sujeita-se ao prazo prescricional estabelecido no Código Civil**".

E o grande questionamento sobre o tema é: por que não foi aplicado o prazo prescricional do art. 27 do Código de Defesa do Consumidor, uma vez que o serviço público de fornecimento de água e coleta de lixo é remunerado por tarifa e, logo, objeto da relação jurídica de consumo?

A resposta é dada pelo próprio STJ, mais uma vez no julgamento do Recurso Especial 1.032.952: "A incidência da regra de **prescrição** prevista no **art. 27 do CDC** tem como requisito essencial a formulação de pedido de **reparação de danos causados por fato do produto ou do serviço**, o que não ocorreu na espécie. Ante a ausência de disposições no CDC acerca do prazo prescricional aplicável à prática comercial indevida de cobrança excessiva, é de rigor a aplicação das normas relativas a prescrição insculpidas no Código Civil".[19]

---

[18] No mesmo sentido, o STJ voltou a decidir pela necessidade do dolo para legitimar a repetição do indébito pelo dobro, posição que orientamos o candidato a adotar no concurso por ser a majoritária: **"Em relação à repetição do indébito, esta eg. Corte tem jurisprudência pacífica no sentido de seu cabimento na forma simples, pois a devolução em dobro dos valores pagos pelo consumidor somente é possível quando demonstrada a má-fé do credor"** (AgRg no AREsp 747.747/SP, *DJe* 3-12-2015).

[19] O STJ reconheceu os vários temas polêmicos sobre cobrança de dívidas tratados neste e nos itens antecedentes como representativos de controvérsia no Tema 954. Assim, ficou afetado à 2ª Seção o julgamento do REsp 1.525.174-RS, que irá dirimir as seguintes controvérsias: "a) Ocorrência de dano moral indenizável, em virtude da cobrança de serviços não contratados ou (má) prestação de serviços de telefonia e internet, bem como, se configurado o dano, seria aplicável o reconhecimento *in re ipsa* ou a necessidade de comprovação nos autos; b) prazo prescricional incidente em caso de pretensão à repetição de valores supostamente pagos a maior ou indevidamente cobrados em se tratando de serviços não contratados ou (má) prestação de serviços de telefonia e internet — se decenal (art. 205 do Código Civil), trienal (art. 206, § 3º, IV, do Código Civil) ou outro prazo; c) repetição de indébito simples ou em dobro e se em dobro se prescinde ou não da comprovação da má-fé do credor (art. 42, parágrafo único, do Código de Defesa do Consumidor) ou da sua culpa (imprudência, negligência e imperícia); e d) abrangência da repetição de indébito — se limitada aos pagamentos documentalmente comprovados pela parte autora na fase instrutória ou passível de o

No julgamento do REsp 1.532.514/SP a Primeira Seção do Superior Tribunal de Justiça firmou a seguinte tese no rito do recurso repetitivo: "o prazo prescricional para as ações de repetição de indébito relativo às tarifas de serviços de água e esgoto cobradas indevidamente é de: (a) 20 (vinte) anos, na forma do art. 177 do Código Civil de 1916; ou (b) 10 (dez) anos, tal como previsto no art. 205 do Código Civil de 2002, observando-se a regra de direito intertemporal, estabelecida no art. 2.028 do Código Civil de 2002" (Rel. Ministro Og Fernandes, *DJe* 17-5-2017).

■ 11.2.3. Informações obrigatórias nos documentos de cobrança

A finalização deste capítulo não poderia dar-se sem uma breve análise sobre o disposto no art. 42-A, que foi inserido ao Código de Defesa do Consumidor no ano de 2009 pela Lei n. 12.039. Prevê o aludido dispositivo: "Em todos os documentos de cobrança de débitos apresentados ao consumidor, deverão constar o nome, o endereço e o número de inscrição no Cadastro de Pessoas Físicas — CPF ou no Cadastro Nacional de Pessoa Jurídica — CNPJ do fornecedor do produto ou serviço correspondente".

São informações imprescindíveis para identificar o fornecedor que realizou a prática busiva da cobrança indevida e para responsabilizá-lo na esfera civil, administrativa e penal.

Informações obrigatórias nos documentos de cobrança	■ nome do fornecedor; ■ endereço do fornecedor; ■ número de inscrição no Cadastro de Pessoas Físicas — CPF ou no Cadastro Nacional de Pessoa Jurídica — CNPJ.

■ 11.3. QUESTÕES

1. (CESPE — 2011 — TRF — 2ª Região — Juiz) Assinale a opção correta com relação ao direito do consumidor.

a) É legal a suspensão no fornecimento de energia elétrica nos casos de dívidas contestadas em juízo e decorrentes de suposta fraude no medidor, não configurando o fato constrangimento ao consumidor que procure discutir no Poder Judiciário débito potencialmente indevido.

b) A jurisprudência do STJ é unânime no sentido de estar a devolução em dobro condicionada à existência de má-fé ou de culpa do fornecedor na cobrança pelo preço das mercadorias ou serviços, não sendo devida a devolução por simples engano justificável.

c) A jurisprudência do STJ tem mitigado os rigores da teoria finalista para autorizar a incidência do CDC nas hipóteses em que a parte (pessoa física ou jurídica), embora não seja tecnicamente a destinatária final do produto ou serviço, se apresente em situação de vulnerabilidade.

---

quantum ser apurado em sede de liquidação de sentença, mediante determinação à parte ré de apresentação de documentos".

d) Não se aplica o CDC aos casos de indenização por danos morais e materiais por má prestação de serviço em transporte aéreo, que são regulados por norma específica no ordenamento jurídico brasileiro.
e) A jurisprudência do STJ sedimentou-se no sentido da possibilidade de inversão do ônus da prova em hipóteses que versem acerca de saques indevidos em conta bancária, desde que haja o reconhecimento da hipossuficiência técnica do consumidor e da verossimilhança das alegações.

2. (PUC-PR — 2011 — TJ-RO — Juiz) O fornecedor, ao cobrar supostos débitos do consumidor, o faz mediante a cobrança via telefone ao trabalho do consumidor, exigindo que este pague por uma dívida vencida e paga, que vem sendo cobrada reiteradamente por dois meses consecutivos. Sobre a cobrança de dívidas, assinale a única alternativa CORRETA.
a) Em todos os documentos de cobrança de débitos apresentados ao consumidor, deverão constar o nome, o endereço e o número de inscrição no Cadastro de Pessoas Físicas — CPF — ou no Cadastro Nacional de Pessoa Jurídica — CNPJ — do fornecedor do produto ou serviço correspondente.
b) O consumidor cobrado em quantia indevida tem direito à repetição do indébito, por valor igual ao dobro do que pagou em excesso, acrescido de correção monetária e juros legais, ainda que o fornecedor demonstre o engano justificável.
c) Na cobrança de débitos, o consumidor inadimplente poderá ser cobrado em qualquer situação, inclusive em seu local de trabalho, horário de descanso ou lazer.
d) É permitido ao fornecedor utilizar, na cobrança de dívidas, qualquer procedimento inclusive de correspondências eletrônicas e telefonemas dirigidos ao empregador do consumidor, por meio do departamento de recursos humanos.
e) Os apontamentos negativos nos cadastros e bancos de dados referentes ao inadimplemento do consumidor são permitidos até o período de três anos.

3. (FGV — 2008 — Senado Federal — Advogado) De acordo com o Código de Defesa do Consumidor, a cobrança indevida acarreta o direito de o consumidor:
a) obter indenização correspondente ao dobro do valor cobrado indevidamente, independente do efetivo pagamento.
b) ser restituído do valor pago em excesso, acrescido de correção monetária e juros legais, na hipótese de engano justificável do credor.
c) receber pagamento em dobro do valor demandado, salvo a hipótese de justificável engano do credor.
d) pleitear indenização por perdas e danos materiais e morais, fixada pela lei no valor igual ao dobro do que foi indevidamente cobrado.
e) ser indenizado por perdas e danos materiais e morais somente nos casos em que o consumidor prove o efetivo pagamento do valor indevido.

4. (FGV — 2012 — OAB — Exame de Ordem Unificado — 3 — Primeira Fase) A empresa Cristal Ltda., atendendo à solicitação da cliente Ruth, realizou orçamento para prestação de serviço, discriminando material, equipamentos, mão de obra, condições de pagamento e datas para início e término do serviço de instalação de oito janelas e quatro portas em alumínio na residência da consumidora.

Com base no narrado acima, é correto afirmar que
a) o orçamento terá validade de trinta dias, independentemente da data do recebimento e aprovação pela consumidora Ruth.
b) Ruth não responderá por eventuais acréscimos não previstos no orçamento prévio, exceto se decorrente da contratação de serviço de terceiro.
c) o valor orçado terá validade de dez dias, contados do recebimento pela consumidora; aprovado, obriga os contraentes, que poderão alterá-lo mediante livre negociação.

d) uma vez aprovado, o orçamento obriga os contraentes e não poderá ser alterado ou negociado pelas partes, que, buscando mudar os termos, deverão fazer novo orçamento.

5. (CEPERJ — 2012 — PROCON-RJ — Agente) Determinado fornecedor, irritado diante do demorado tempo de pagamento de dívida contraída por seu consumidor Creso, contrata uma banda de música para, a partir das seis horas da manhã, comparecer ao prédio onde reside o devedor e cantar músicas que exaltam a inadimplência, salientando o nome do devedor ao final das canções apresentadas.

Nos termos do Código de Defesa do Consumidor, é correto afirmar:

a) Métodos pouco ortodoxos de cobrança são admitidos, como o aqui citado.
b) A cobrança deve ocorrer discretamente, buscando o credor preservar a dignidade do devedor.
c) Credor e devedor são livres para estabelecer os métodos de cobrança possíveis em relações contratuais.
d) O consumidor que for cobrado em quantia devida, deve receber o valor em dobro.
e) Havendo cobrança indevida, o devedor receberá o valor devido em quádruplo, acrescido de juros.

6. (CESPE — 2011 — IFB — Professor — Direito) Julgue os itens a seguir, a respeito da prevenção e da reparação dos danos causados aos consumidores.

Caso uma concessionária de serviços públicos cobre a tarifa de esgoto de certo condomínio de forma dissimulada, na conta de água, sem a devida prestação dos serviços, haverá cobrança abusiva, mas não enseja a repetição do indébito.

( ) certo ( ) errado

7. (CESPE — 2008 — INSS — Técnico) Acerca dos direitos dos usuários de serviços públicos, julgue os itens subsequentes.

Considere-se que uma empresa de águas e esgotos, em procedimento de cobrança de dívida, depois de fazer ameaças a um consumidor, decida deixar de recolher parte dos esgotos produzidos na moradia desse cidadão. Nessa situação, o consumidor pode, com base no Código de Defesa do Consumidor, alegar que foi exposto a constrangimento.

( ) certo ( ) errado

8. (FCC — 2014 — TJ-CE — Juiz) Luciana Cristina tem sua conta bancária invadida por hackers, que lhe causam prejuízo de R$ 5.000,00. Ao buscar a reparação do dano, o Banco Ases das Finanças nega-se a lhe devolver o dinheiro, negando que terceiros tenham invadido a conta da consumidora e insinuando que ela própria retirou maliciosamente o dinheiro. Nessa situação, Luciana Cristina proporá ação

a) indenizatória por danos materiais e morais contra o banco, que na hipótese responde objetivamente, na modalidade de risco integral, em razão de suas atividades de risco para a sociedade.
b) indenizatória contra o banco, baseada na responsabilidade objetiva no tocante aos danos materiais e na responsabilidade subjetiva quanto aos danos morais, nesse caso sem inversão possível do ônus probatório.
c) de repetição de indébito contra o banco, para que este devolva em dobro o prejuízo, a título material, podendo propor ação indenizatória moral autonomamente.
d) indenizatória por danos materiais e morais contra o banco, tendo que provar a culpa com que este agiu mas podendo pedir a inversão do ônus probatório.
e) indenizatória contra o banco, baseada em sua responsabilidade objetiva pelo risco da atividade, cabendo ao réu o ônus de provar suas alegações; poderá cumular seu pedido de indenização por danos morais, pela insinuação de que agiu ilicitamente.

9. (FCC — 2015 — TJ-AL — Juiz Substituto) Joana contratou TV por assinatura e, apesar de utilizar regularmente o serviço, acabou por tornar-se inadimplente. Em razão das dívidas, passou a receber mensagens frequentes, inclusive por SMS no celular. Em uma delas, lia-se a seguinte frase: quem não paga é caloteiro e tem final infeliz. Humilhada, ajuizou ação no âmbito da qual requereu a condenação da empresa ao pagamento de compensação por danos morais e à devolução em dobro das quantias que lhe foram cobradas. A empresa contestou alegando ter agido em exercício regular de direito e apresentou reconvenção pugnando pela condenação de Joana ao pagamento do débito acrescido de multa moratória de 10%, conforme previsto em contrato. Caso se convença do abuso na forma de cobrança, o juiz deverá julgar

a) parcialmente procedentes os pedidos inicial e reconvencional, condenando a empresa a compensar Joana por danos morais e condenando Joana a pagar à empresa o débito em atraso, acrescido de multa moratória, que deverá reduzir de para 2% apenas se tiver havido pedido expresso nesse sentido.
b) totalmente procedentes os pedidos inicial e reconvencional, condenando a empresa a compensar Joana por danos morais e a devolver em dobro os valores que lhe foram cobrados, porém abatidos do débito em atraso, que Joana deverá pagar à empresa.
c) totalmente procedente o pedido inicial e improcedente o reconvencional, condenando a empresa a compensar Joana por danos morais e a devolver em dobro os valores que lhe foram cobrados.
d) parcialmente procedentes os pedidos inicial e reconvencional, condenando a empresa a compensar Joana por danos morais e condenando Joana a pagar à empresa o débito em atraso, acrescido de multa moratória, que deverá reduzir de ofício para 2%.
e) parcialmente procedente o pedido inicial e totalmente procedente o reconvencional, condenando a empresa a compensar Joana por danos morais e condenando Joana a pagar à empresa o débito em atraso, acrescido de multa moratória de 10%.

10. (FCC — 2016 — DPE-ES — Defensor Público) O consumidor cobrado em quantia indevida tem direito à repetição

a) do valor indevidamente pago, independentemente da prova de erro, mas o valor será devolvido em dobro, se provar lesão.
b) do indébito, por valor igual ao dobro do que pagou em excesso, acrescido de correção monetária e juros, salvo hipótese de engano justificado.
c) do indébito, por valor igual ao dobro do que pagou em excesso, acrescido de correção monetária e juros, não se admitindo exceção de engano, ainda que justificável, do fornecedor.
d) somente do valor indevidamente pago, com correção monetária e juros.
e) do valor indevidamente pago, se provar erro, acrescido de juros e correção monetária.

11. (CONSULPLAN — 2017 — TJ-MG — Titular de Serviços de Notas e de Registros — Provimento — 2017) Stanislau, após fazer pesquisa de preços, acabou comprando uma geladeira e dividiu o pagamento da mesma em 24 prestações iguais e mensais de R$200,00 reais. Pagou corretamente todas as prestações e após 20 dias do último pagamento recebeu um boleto da loja cobrando-lhe R$500,00 a título de encargos moratórios, sendo que o boleto deveria ser pago em 48 horas, sob pena de remessa do nome do Stanislau para os órgãos de proteção de crédito. Com receio de "sujar" o seu nome, Stanislau efetuou o pagamento. Nos exatos termos da Lei n. 8.078/90 (Código de Defesa do Consumidor), Stanislau

a) não terá nenhum valor a ser ressarcido.
b) receberá o valor de R$500,00, acrescido de correção monetária e juros legais, salvo hipótese de erro justificável.

c) receberá o valor de R$1.000,00, acrescido de correção monetária e juros legais, salvo hipótese de erro justificável.
d) receberá o valor de R$1.500,00, acrescido de correção monetária e juros legais, salvo hipótese de erro justificável.

■ GABARITO ■

1. "c". Nos termos do entendimento majoritário do STJ, como na decisão proferida no REsp 476.428/SC: "Direito do Consumidor. Recurso especial. Conceito de consumidor. Critério subjetivo ou finalista. Mitigação. Pessoa Jurídica. Excepcionalidade. Vulnerabilidade. Constatação na hipótese dos autos. Prática abusiva. Oferta inadequada. Característica, quantidade e composição do produto. Equiparação (art. 29). Decadência. Inexistência. Relação jurídica sob a premissa de tratos sucessivos. Renovação do compromisso. Vício oculto" (REsp 476.428/SC, Rel. Nancy Andrighi, j. 19-4-2005, *DJ* 9-5-2005). A letra "a" está errada, pois o STJ entende que não é possível a interrupção nesses casos, conforme posicionamento firmado no REsp 793.422/RS: "Hipótese em que não há respaldo legal para a suspensão do serviço, pois tem por objetivo compelir o usuário a pagar multa por suposta fraude no medidor e diferença de consumo apurada unilateralmente pela Cia. de Energia" (REsp 793.422/RS, Rel. Ministra Eliana Calmon, 2ª T., *DJ* 17-82006). A alternativa "b" está errada, uma vez que não há unanimidade sobre a necessidade ou não do dolo na cobrança indevida para legitimar a repetição do indébito pelo dobro, segundo analisado no decorrer deste capítulo, e porque a devolução simples é imprescindível em caso de existência de engano justificável, sob pena de caracterizar enriquecimento ilícito. A assertiva "d" equivoca-se, pois o STJ entende pelo prevalecimento do CDC sobre o Código Brasileiro de Aeronáutica (regulador do transporte aéreo nacional) e da Convenção de Varsóvia/Montreal (reguladora do transporte aéreo internacional) — como o fez no julgamento do REsp 740.968/RS: "Após o advento do Código de Defesa do Consumidor, não mais prevalece, para efeito indenizatório, a tarifação prevista tanto na Convenção de Varsóvia, quanto no Código Brasileiro de Aeronáutica, segundo o entendimento pacificado no âmbito da 2ª Seção do STJ. Precedentes do STJ" (REsp 740.968/RS, 4ª T., Rel. Ministro Aldir Passarinho Junior, *DJ* 12-11-2007). A falha da alternativa "e" é que basta a demonstração da hipossuficiência ou da verossimilhança nas alegações para ocorrer a inversão nos termos do art. 6º, inciso VIII, do CDC, ou seja, é necessária apenas a presença de um dos dois requisitos citados, e não a soma de ambos, como colocado pelo examinador.

2. "a". Nos termos do art. 42-A do CDC. A alternativa "b" está errada, pois diante de engano justificável não há falar em repetição do indébito pelo dobro (art. 42, parágrafo único, do CDC). A letra "c" equivoca-se, uma vez que a cobrança nos termos citados sem justificativa pode caracterizar a infração penal prevista no art. 71 do CDC. A alternativa "d" está errada pelos mesmos motivos da assertiva anterior. Por fim, a alternativa "e" está errada na medida em que o prazo máximo no qual o nome do consumidor ficará disponível no cadastro de inadimplentes será de cinco anos (art. 43, § 1º, do CDC). Sobre o tema, cumpre relembrar o teor da Súmula 323 do STJ: "A inscrição do nome do devedor pode ser mantida nos serviços de proteção ao crédito até o prazo máximo de cinco anos, independentemente da prescrição da execução". Isto é, na visão do STJ, a "prescrição a que se refere o art. 43, § 5º do Código de Defesa do Consumidor é o da ação de cobrança e não o da ação executiva" (REsp 472.203/RS, Rel. Ministro Humberto Gomes de Bar, Segunda Seção, *DJ* 29-11-2004).

3. "b". Nos termos do art. 42, parágrafo único, do CDC. Percebam que, se não houve engano justificável, a repetição do indébito ocorrerá pelo dobro, acrescido de correção monetária e de juros legais. Havendo justificativa, restitui-se apenas aquilo que foi pago em excesso, acrescido de juros legais e correção monetária. A alternativa "a" está errada, pois o citado dispositivo legal prevê a repetição em dobro daquilo que pagou em excesso. O mesmo fundamento vale para motivar a falha das alternativas "c" e "d". Nestes casos, a repetição é calculada com base no valor pago, e não no valor demandado ou indevidamente cobrado. Por fim, a assertiva "e" equivoca-se, pois é necessário comprovar a cobrança indevida, e não apenas o seu pagamento equivocado.

4. "c". Conforme o disposto no art. 40, §§ 1º e 2º, do CDC. A alternativa "a" está errada, pois o prazo de validade do orçamento será de dez dias, nos termos do art. 40, § 1º, do CDC. Ruth não responderá pelos acréscimos não previstos no orçamento, segundo prevê o art. 40, § 3º, do Código do Consumidor, razão pela qual está errada a alternativa "b". A letra "d" está errada, uma vez que o orçamento poderá ser alterado pela livre negociação entre as partes (art. 40, § 2º, do CDC).

5. "b". Como ensina o CDC, o fornecedor tem direito ao seu crédito, fruto de uma relação de consumo, e para recebê-lo poderá cobrar o consumidor inadimplente; todavia, esta cobrança deverá ser de forma comedida, e moderada, sem abuso de seu direito de crédito. Assim o CDC reza em seu art. 42. A alternativa "a" é errônea, já que o fornecedor não pode se valer de meios que exponham o consumidor a ridículo, como o citado na questão, independente de ser incomum ou não. A alternativa "c" é errada, já que os pactuantes da relação de consumo devem seguir as regras estipuladas do CDC, principalmente para cobrança de eventuais dívidas, não podendo se exceder ou violar direitos de ambas as partes, principalmente do consumidor, parte mais vulnerável. A "d" erra, pois, ao consumidor cobrado em quantia devida e adequadamente, apenas resta pagar, e não ser ressarcido em dobro, o que sem dúvida ocasionaria um enriquecimento sem causa. Por fim, a alternativa "e" é inverídica, pois não há forma de ressarcimento em quádruplo prevista expressamente em nosso CDC, contrariando o Código, que prevê o ressarcimento em dobro.

6. "errado". Tal prática é considerada nitidamente abusiva, uma vez que feita às escuras e sem o fornecimento do serviço prestado, o que acaba por ocasionar, como ensina o CDC em seu art. 42, uma cobrança indevida e o direito de repetição do indébito em dobro ao consumidor. Logo, além de prática abusiva, também gera o ressarcimento em dobro pelo indébito daquilo que foi pago em excesso. Esse também é o posicionamento do STJ: "No que toca à apontada ofensa ao art. 42, parágrafo único, do CDC, esta Corte já apreciou casos análogos, nos quais restou assentada a obrigatoriedade de a CEDAE restituir, em dobro, o valor indevidamente cobrado, uma vez que não configura engano justificável a cobrança de taxa de esgoto em local onde o serviço não é prestado" (REsp 821.634/RJ, Rel. Ministro Teori Albino Zavascki, j. 11-3-2008).

7. "certo". O Código de Defesa do Consumidor veda em seu art. 42 a exposição do consumidor a constrangimento, ameaça ou ridículo na cobrança de dívidas. Assim, o fornecedor não pode se valer de seu poder de superior na relação de consumo para constranger o consumidor, sendo uma forma de prática abusiva, vedada pelo CDC. Também é indevida a prática de multiplicação da tarifa mínima pelo número de unidades autônomas. O Superior Tribunal de Justiça já se posicionou sobre o tema: "O Superior Tribunal de Justiça firmou já entendimento de não ser lícita a cobrança de tarifa de água no valor do consumo mínimo multiplicado pelo número de economias existentes no imóvel, quando houver único hidrômetro no local" (REsp 1.166.561/RJ, Rel. Ministro Hamilton Carvalhido, Primeira Seção, *DJe* 5-10-2010).

8. "e". Nos termos da Súmula 479 do STJ. A letra "a" erra ao alegar a responsabilidade como tendo fundamento na teoria do risco integral. A alternativa "b" está errada, pois a responsabilidade da instituição financeira será objetiva tanto em relação aos danos materiais como no tocante aos danos morais, conforme a súmula citada. A letra "c" equivoca-se, pois a repetição do indébito pelo dobro pressupõe cobrança indevida, nos termos do art. 42, parágrafo único, do CDC. A alternativa "d" erra, pois a responsabilidade é objetiva, conforme a Súmula 479 do STJ.

9. "d". Trata-se da alternativa mais condizente com os preceitos do art. 42 do CDC, que veda humilhação na cobrança de dívidas do consumidor, e do art. 52, § 1º, do CDC, que fixa o percentual de 2% para as multas de mora.

10. "b". Nos termos do art. 42, parágrafo único, do CDC.

11. "c" nos termos do art. 42, parágrafo único, do CDC.

12

BANCOS DE DADOS E CADASTROS DE INADIMPLENTES NO CDC

12.1. CONSIDERAÇÕES INICIAIS

Os bancos de dados e cadastros de inadimplentes, como SPC e SERASA, afrontariam, numa análise inicial dos mais incautos, Direitos Fundamentais.

No entanto, se de um lado nos deparamos com o direito à proteção das informações sobre os consumidores, do outro temos o direito dos fornecedores de não se relacionarem com pessoas inadimplentes e que irão trazer prejuízo ao seu negócio.

Mais precisamente, teremos o "choque" entre a preservação da dignidade da pessoa humana (art. 1º, III, da CF), bem como da intimidade, vida privada, honra e imagem dos consumidores (art. 5º, X, da CF), com outros direitos tutelados pela Constituição Federal, como o da livre concorrência (art. 170, IV, da CF).

Apesar de potencialmente nocivas tais informações à privacidade do consumidor, "as amplas possibilidades de utilização dos arquivos de consumo como instrumento de fomento à atividade dos fornecedores, no sentido de restringir o acesso dos que eventualmente sejam considerados 'maus consumidores' no mercado, ao mesmo tempo em que procura ampliar a conquista de novos consumidores (mediante segmentação do mercado, por exemplo), coloca em primeiro plano a questão da proteção dos direitos da personalidade pelas normas do CDC".[1]

Num contexto como esse, imprescindível a ponderação dos direitos eventualmente confrontados para chegar-se a um consenso sobre qual deles prevalecerá no caso concreto. E o critério mais utilizado para se atingir tal conclusão consiste na aplicação do **princípio da proporcionalidade**.

Segundo Leonardo Roscoe Bessa, foi justamente realizando a "ponderação de tais valores — privacidade, honra, informação, crédito — que o legislador infraconstitucional permitiu — traçando seus contornos limitantes — as atividades próprias dos bancos de dados de proteção ao crédito".[2]

O equilíbrio está presente no Código de Defesa do Consumidor ao disciplinar o tema e determinar:

---

1 MIRAGEM, Bruno. *Curso de direito do consumidor*, p. 212.

2 BENJAMIN, Antônio Herman de V.; MARQUES, Claudia Lima; BESSA, Leonardo Roscoe. *Manual de direito do consumidor*, p. 289.

- o direito do consumidor ao acesso às informações existentes sobre sua pessoa nesses bancos de dados, bem como o de correção em caso de inexatidão;
- prazo máximo razoável em que o nome do consumidor permanecerá no cadastro de inadimplentes;
- a obrigatoriedade da comunicação prévia e por escrito de que o nome do consumidor integrará banco de dados de "maus pagadores".

A forma razoável com que o CDC regulamentou o tema nem sempre está presente nas decisões judiciais, conforme analisaremos a seguir.

12.2. A DISCIPLINA DOS BANCOS DE DADOS E CADASTROS DE INADIMPLENTES NO CDC

12.2.1. O direito do consumidor de acesso às informações e às fontes

Prevê o art. 43 da Lei n. 8.078/90 que: "O consumidor, sem prejuízo do disposto no art. 86, terá acesso às informações existentes em cadastros, fichas, registros e dados pessoais e de consumo arquivados sobre ele, bem como sobre as suas respectivas fontes".[3]

O direito de acesso à informação é direito básico do consumidor, não somente sobre produtos e serviços a serem adquiridos no mercado de consumo, mas também em relação à pessoa do consumidor. Sobre o tema, o CDC disciplinou a matéria de forma ampla e legitimou o acesso às informações existentes em:

- cadastros;
- fichas;
- registros;
- banco de dados.

Questão interessante consiste em saber se o legislador ordinário tratou de todos esses bancos de informações como sinônimos ou se existe diferença entre eles.

[3] O art. 86 do CDC foi vetado juntamente com o art. 85 por possuírem as seguintes redações: "Art. 85. Contra atos ilegais ou abusivos de pessoas físicas ou jurídicas que lesem direito líquido e certo, individual, coletivo ou difuso, previsto neste Código, caberá ação mandamental, que se regerá pelas normas da lei do mandado de segurança. Art. 86. Aplica-se o *habeas data* à tutela dos direitos e interesses dos consumidores". As razões dos vetos foram: "As ações de mandado de segurança e de *habeas data* destinam-se, por sua natureza, à defesa de direitos subjetivos públicos e têm, portanto, por objetivo precípuo os atos de agentes do Poder Público. Por isso, a sua extensão ou aplicação a outras situações ou relações jurídicas é incompatível com sua índole constitucional. Os artigos vetados, assim, contrariam as disposições dos incisos LXXI e LXXII do art. 5º da Carta Magna". Discordamos das razões de veto conforme analisaremos logo mais em subitem próprio.

Leonardo Roscoe Bessa bem sintetizou o pensamento de Herman Benjamin, para quem

> "dois aspectos se destacam na distinção entre bancos de dados e cadastros de consumo: a origem da informação (fonte) e seu destino.
>
> Nos cadastros, muito comuns nas lojas que comercializam roupas, é o próprio consumidor, independentemente de a compra ser a crédito, que oferece seus dados pessoais para o estabelecimento. Objetiva-se, com a coleta dos dados, estabelecer uma comunicação maior entre fornecedor e consumidor, principalmente para oferecer informações sobre promoções, chegada de novos modelos de roupas etc. A fonte da informação é o próprio consumidor e o destino é um fornecedor específico.
>
> De outro lado, nos bancos de dados de consumo, cuja principal espécie são justamente as entidades de proteção ao crédito, a informação advém, em regra, dos fornecedores (e não mais do consumidor). O destino final da informação, embora ela permaneça armazenada na entidade, é o mercado, ou seja, os fornecedores".[4]

Em nossa visão, o objetivo do legislador foi conferir ao vulnerável o acesso a qualquer banco de informações da forma mais abrangente possível, razão pela qual utilizaremos as expressões como sinônimas neste trabalho.

Em última análise, o CDC permite a inserção do nome do consumidor inadimplente nos cadastros de proteção ao crédito, e a jurisprudência superior compreende da mesma forma, segundo analisaremos a seguir.

Conforme visto em capítulo específico, existem práticas comerciais abusivas pré-contratuais, contratuais e pós-contratuais. **A inserção indevida do nome do consumidor no cadastro de inadimplentes é exemplo de comportamento abusivo pós-contratual** e é cediço que o vínculo na relação de consumo não se extingue com a entrega do produto ou com o fim da prestação do serviço.

Em razão dos princípios da boa-fé e da lealdade, as partes envolvidas na relação de consumo mantêm-se atreladas na fase posterior ao contrato e, qualquer abusividade configurada, nascerá o dever de indenizar.

A alteração introduzida pelo Estatuto da Pessoa com Deficiência, Lei n. 13.146, de 2015, foi a inclusão do § 6º ao art. 43, exigindo que as informações nos cadastros de inadimplentes sejam acessíveis às pessoas portadoras de deficiência, *in verbis*: **"Todas as informações de que trata o *caput* deste artigo devem ser disponibilizadas em formatos acessíveis, inclusive para a pessoa com deficiência, mediante solicitação do consumidor"**.

---

[4] BENJAMIN, Antônio Herman de V.; MARQUES, Claudia Lima; BESSA, Leonardo Roscoe. *Manual de direito do consumidor*, p. 279.

Bancos de dados e cadastros de inadimplentes	=	Informações de inadimplemento do consumidor

12.2.2. O direito do consumidor de exigir a imediata correção na inexatidão dos seus dados e cadastros

Dispõe o CDC que o "consumidor, sempre que encontrar inexatidão nos seus dados e cadastros, poderá exigir sua imediata correção, devendo o arquivista, no prazo de cinco dias úteis, comunicar a alteração aos eventuais destinatários das informações incorretas" (art. 43, § 3º).

Mais uma vez, estão os princípios da boa-fé objetiva e da lealdade norteando as relações de consumo, isto porque todos aqueles participantes da aludida relação possuem interesse em informações corretas e atualizadas inseridas nos bancos de dados e cadastros de inadimplentes:

- o consumidor, para não ver atingida sua dignidade, intimidade, vida privada, honra e imagem;
- o fornecedor, que deseja contratar com o consumidor que conseguiu saldar suas dívidas e que passou a ser atrativo novamente para as suas pretensões comerciais;
- o administrador do banco de informações, sob pena de ser penalizado, por exemplo, com a condenação à reparação de danos morais.

Com efeito, da análise do dispositivo constatamos a existência de **dois prazos:**

- um **implícito** e referente à **"imediata" correção** da inexatidão das informações sobre o consumidor nos dados e cadastros;
- um **expresso** de **cinco dias úteis para comunicar a alteração** aos eventuais destinatários das informações incorretas.

Sobre o tema, concordamos com Leonardo Bessa quando ensina que a "correção imediata não quer significar que o arquivo de consumo não possa dispor de período de tempo para investigar os fatos referentes à impugnação apresentada pelo consumidor. O objetivo legal foi que, ao final das diligências realizadas pela entidade arquivista, haja a imediata correção das informações ou indeferimento da pretensão do consumidor. O **prazo máximo** para que a entidade de proteção ao crédito conclua as investigações oriundas do exercício do direito de

retificação é de 10 dias, por aplicação do § 1º do art. 4º da Lei n. 9.507/97 **(Lei do *Habeas Data*)**".[5]

A **Segunda Seção do STJ**, no julgamento do REsp 1.424.792, pelo sistema de **recurso repetitivo** entendeu pelo **prazo de cinco dias úteis para excluir o nome do devedor** do arquivo em banco de dados: "1. Para fins do art. 543-C do Código de Processo Civil: 'Diante das regras previstas no Código de Defesa do Consumidor, mesmo havendo regular inscrição do nome do devedor em cadastro de órgão de proteção ao crédito, após o integral pagamento da dívida, incumbe ao credor requerer a exclusão do registro desabonador, no prazo de 5 (cinco) dias úteis, a contar do primeiro dia útil subsequente à completa disponibilização do numerário necessário à quitação do débito vencido'" (*Dje* 24-9-2014).

Realizadas as diligências sobre a retificação e corrigidas as informações respectivas, dá-se início ao prazo de cinco dias úteis para comunicar a alteração aos destinatários.

Ademais, o **ônus de dar baixa na inscrição** do consumidor nos cadastros e bancos de dados ora analisados é **do credor**, e não do devedor. Nesse sentido, é a posição do Superior Tribunal de Justiça: **"É do credor, e não do devedor, o ônus da baixa da indicação do nome do consumidor em cadastro de proteção ao crédito, em virtude do que dispõe o art. 43, § 3º, combinado com o art. 73, ambos do CDC"** (AgRg no Ag 1.373.920/SP, Rel. Ministro Luis Felipe Salomão, 4ª T., *DJe* 28-5-2012).

Com efeito, Rizzatto Nunes entende que: "se o consumidor questionar a dívida em juízo, não se pode mantê-lo 'negativado' (como se diz) nos serviços de proteção ao crédito".[6]

Entretanto, cumpre relembrar que a jurisprudência do **STJ** entende de forma contrária, ou seja, **admite a inscrição no cadastro de inadimplentes, pois a "simples propositura da ação de revisão de contrato não inibe a caracterização da mora do autor"** (Súmula 380 do STJ).[7]

Em outras palavras, "a abstenção da inscrição/manutenção em cadastro de inadimplentes requerida em antecipação de tutela e/ou medida cautelar, somente será deferida se, cumulativamente:

---

5 BENJAMIN, Antônio Herman de V.; MARQUES, Claudia Lima; BESSA, Leonardo Roscoe. *Manual de direito do consumidor*, p. 306.

6 NUNES, Luiz Antonio Rizzatto. *Curso de direito do consumidor*, p. 591.

7 Outras súmulas do STJ oriundas dos posicionamentos consolidados no julgamento do Recurso Especial 1.061.530 foram as seguintes: Súmula 382 — A estipulação de juros remuneratórios superiores a 12% ao ano, por si só, não indica abusividade; Súmula 381 — Nos contratos bancários, é vedado ao julgador conhecer, de ofício, da abusividade das cláusulas; Súmula 379 — Nos contratos bancários não regidos por legislação específica, os juros moratórios poderão ser convencionados até o limite de 1% ao mês.

- a ação for fundada em questionamento integral ou parcial do débito;
- ficar demonstrada que a cobrança indevida se funda na aparência do bom direito e em jurisprudência consolidada do STF ou STJ;
- for depositada a parcela incontroversa ou prestada a caução fixada conforme o prudente arbítrio do juiz".[8]

12.2.3. A natureza dos bancos de dados e cadastros de inadimplentes

Estabelece o Código de Defesa do Consumidor que os "bancos de dados e cadastros relativos a consumidores, os serviços de proteção ao crédito e congêneres são considerados **entidades de caráter público**" (art. 43, § 4º).

Isto significa dizer que, mesmo sendo detentoras de personalidade jurídica de direito privado, tais entidades, em razão da finalidade das informações armazenadas, possuem natureza de entidade de caráter público.

O dispositivo traz como objeto principal a **viabilidade da impetração de *habeas data***. Sobre o tema, cumpre reiterar que a redação do art. 86 do CDC que foi vetada previa, *in verbis*: "Aplica-se o *habeas data* à tutela dos direitos e interesses dos consumidores".

As razões do veto foram:

> "As ações de mandado de segurança e de *habeas data* destinam-se, por sua natureza, à defesa de direitos subjetivos públicos e têm, portanto, por objetivo precípuo os atos de agentes do Poder Público.
>
> Por isso, a sua extensão ou aplicação a outras situações ou relações jurídicas é incompatível com sua índole constitucional. Os artigos vetados, assim, contrariam as disposições dos incisos LXXI e LXXII do art. 5º da Carta Magna".

Data venia, discordamos dos fundamentos esposados e, juntamente com a melhor doutrina,[9] defendemos a viabilidade plena da impetração de ***habeas data***, mesmo porque a Constituição Federal, quando tratou do tema, deixou clara a viabilidade de sua concessão para assegurar o conhecimento de informações relativas à pessoa do impetrante, constantes de registros ou bancos de dados de **"entidades governamentais ou de caráter público" (art. 5º, LXXII)**.

---

[8] Notícia do *Informativo de Jurisprudência do STJ* n. 373, de 20 a 24 de outubro de 2008. Disponível em: <http://www.stj.jus.br/SCON/infojur/toc.jsp?livre=CDC+a%E7%E3o+revisional+mora&b=INFJ&thesaurus=JURIDICO>. Acesso em: 3 dez. 2016.

[9] É o caso, por exemplo, de Leonardo Roscoe Bessa: "O principal propósito do dispositivo foi permitir o ajuizamento de *habeas data* contra os bancos de dados de proteção ao crédito, vez que a CF, no art. 5º, LXXII, estabelece que o *habeas data* pode ser impetrado contra entidades governamentais ou de caráter público". BENJAMIN, Antônio Herman de V.; MARQUES, Claudia Lima; BESSA, Leonardo Roscoe. *Manual de direito do consumidor*, p. 298.

■ 12.2.4. Características dos cadastros de inadimplentes e bancos de dados e prazo máximo da "negativação"

O Diploma Consumerista determina que os "cadastros e dados de consumidores devem ser objetivos, claros, verdadeiros e em linguagem de fácil compreensão, não podendo conter informações negativas referentes a período superior a cinco anos" (art. 43, § 1º). Inicialmente, antes de abordarmos o prazo máximo da "negativação" do nome do consumidor, imprescindível pontuarmos as características dos cadastros e bancos de dados: objetivos, claros, verdadeiros e em linguagem de fácil compreensão.[10]

Características dos cadastros e bancos de dados

- objetivos;
- claros;
- verdadeiros;
- em linguagem de fácil compreensão.

De fato, as **informações** integrantes dos cadastros e bancos de dados, além de serem **objetivas** — escoimadas de informação desnecessária ou impertinente sobre a pessoa do consumidor e que descrevem fatos sem juízo de valor —, devem ser **claras**, ou seja, entendidas de imediato e com facilidade pelos seus destinatários, sem a existência de informações elaboradas em códigos ou com tecnicismo exacerbado capaz de distanciar os destinatários da intelecção real a respeito daquilo que consta sobre o consumidor em determinado banco de dados.

Não é possível o fornecedor ficar na dúvida, se contrata ou não com determinado consumidor, ante a ausência de clareza e objetividade na informação transmitida pelo administrador do banco de dados.

Ademais, a informação, além de **verdadeira**, deve ser atualizada, ou melhor, **cadastro verdadeiro é aquele atualizado**, que retira o nome do consumidor de seu banco de dados "imediatamente"[11] ao efetivo adimplemento por parte do devedor.

---

10 A Lei n. 12.414, de 2011, que dispõe sobre o cadastro positivo e será analisada logo mais, traz as definições das características das informações no aludido cadastro de inadimplentes nos incisos de seu art. 3º, § 2º: "Para os fins do disposto no § 1º, consideram-se informações: I — objetivas: aquelas descritivas dos fatos e que não envolvam juízo de valor; II — claras: aquelas que possibilitem o imediato entendimento do cadastrado independentemente de remissão a anexos, fórmulas, siglas, símbolos, termos técnicos ou nomenclatura específica; III — verdadeiras: aquelas exatas, completas e sujeitas à comprovação nos termos desta Lei; e IV — de fácil compreensão: aquelas em sentido comum que assegurem ao cadastrado o pleno conhecimento do conteúdo, do sentido e do alcance dos dados sobre ele anotados".

11 Vale lembrar o razoável prazo de retificação de 10 dias por aplicação analógica do § 1º do art. 4º da Lei n. 9.507/97 (Lei do *Habeas Data*).

Por fim, de **fácil compreensão** é o dado que assegure ao cadastrado o conhecimento pleno do conteúdo, do sentido e do alcance das considerações sobre ele anotadas.

No tocante ao **prazo máximo de "negativação"** do nome do consumidor, prevê o art. **43, § 1º, do CDC** que seria de **5 anos**. Contudo, tal dispositivo não pode ser interpretado à revelia do disposto no § 5º do mesmo artigo ao estabelecer que: "Consumada a prescrição relativa à cobrança de débitos do consumidor, não serão fornecidas, pelos respectivos Sistemas de Proteção ao Crédito, quaisquer informações que possam impedir ou dificultar novo acesso ao crédito junto aos fornecedores".

A interpretação sistemática de ambos os dispositivos deve ser feita no sentido de que o **prazo máximo** em que o consumidor irá se deparar com seu nome num cadastro de inadimplentes será **de cinco anos, salvo se a pretensão à respectiva ação de cobrança prescrever antes**.

A redação do § 5º é polêmica e admite interpretações variadas. Rizzatto Nunes, por exemplo, defende que o "máximo de tempo que um consumidor pode, então, ficar 'negativado' é 5 anos. Mas haverá prazos bem menores. Conforme já expusemos, para a inserção do nome do consumidor no cadastro de inadimplentes a dívida tem de estar vencida, ser líquida e certa e há de estar baseada em título. E muitos títulos de crédito prescrevem em prazos menores: cheque prescreve em 6 meses a contar da apresentação; duplicata em 3 anos contra o sacado, contados do vencimento do título etc.".[12]

Ou seja, para o citado doutrinador, se o prazo prescricional para a execução for inferior a cinco anos, prevalecerá como o período máximo de negativação do nome do consumidor — seis meses no caso do cheque.

No entanto, não é esse o posicionamento dominante na jurisprudência do **Superior Tribunal de Justiça**. A nova redação da **Súmula 323** estabelece que: "A inscrição do nome do devedor pode ser mantida nos serviços de proteção ao crédito até o **prazo máximo de cinco anos, independentemente da prescrição da execução**".[13]

Isto é, na visão do STJ, "**prescrição** a que se refere o art. 43, § 5º do Código de Defesa do Consumidor é o **da ação de cobrança e não o da ação executiva**"

---

[12] NUNES, Luiz Antonio Rizzatto. *Curso de direito do consumidor*, p. 593.

[13] "A Segunda Seção, na sessão ordinária de 25 de novembro de 2009, deliberou pela ALTERAÇÃO do enunciado da Súmula n. 323. REDAÇÃO ANTERIOR (Decisão de 23-11-2005, *DJ* 5-12-2005, p. 410): A inscrição de inadimplente pode ser mantida nos serviços de proteção ao crédito por, no máximo, cinco anos". Disponível em: <http://www.stj.jus.br/SCON/sumulas/toc.jsp?livre=323&&b=SUMU&thesaurus=JURIDICO&p=true>. Acesso em: 3 dez. 2016.

(REsp 472.203/RS, Rel. Ministro Humberto Gomes de Barros, Segunda Seção, *DJ* 29-11-2004).

Conforme é cediço, ainda que expirado o prazo para a execução de um título de crédito, este poderá servir de prova hábil para a propositura da respectiva ação de cobrança, que seguirá prazo prescricional próprio, nos termos da legislação específica — Código Civil.

No tocante ao tempo em que o nome do consumidor ficará no cadastro de inadimplentes, cumpre destacar ainda que cada inscrição é autônoma e possui prazo individualizado. Assim, se o consumidor possuir várias inscrições em seu nome, vale lembrar que cada inscrição possui origem em diferentes obrigações vencidas e não pagas, além de prazo de início e final próprio.

Nesse contexto, entendeu o STJ que: "Há interesse de agir na ação em que o consumidor postula o cancelamento de diversas inscrições de seu nome em cadastro de inadimplente, mas somente uma ou algumas delas ultrapassaram os prazos de manutenção dos registros previstos no art. 43, §§ 1º e 5º, do Código de Defesa do Consumidor" (REsp 1.196.699/RS, Rel. Ministro Luis Felipe Salomão, 2ª Seção, *DJe* 20-10-2015).

Em resumo, **o consumidor não precisa esperar a expiração do prazo da última inscrição para postular o cancelamento daquelas cujo prazo máximo de cinco anos já tenha sido expirado, em razão da autonomia e independência de cada inscrição**.

Outro ponto relevante refere-se ao **termo inicial do prazo de permanência de registro** de nome de consumidor em cadastro de proteção ao crédito (art. 43, § 1º, do CDC). Segundo posicionamento do STJ, **inicia-se a contagem do aludido prazo no dia subsequente ao vencimento da obrigação não paga**, independentemente da data da inscrição no cadastro:

> RECURSO ESPECIAL. DIREITO DO CONSUMIDOR. REPARAÇÃO POR DANOS MORAIS. INSCRIÇÃO EM CADASTRO DE PROTEÇÃO AO CRÉDITO. PRAZO DE PERMANÊNCIA. ART. 43, § 1º, DO CDC. CINCO ANOS. TERMO INICIAL. DATA DO FATO GERADOR DO REGISTRO. INTERPRETAÇÃO LITERAL, LÓGICA, SISTEMÁTICA E TELEOLÓGICA DO ENUNCIADO NORMATIVO.
>
> 1. Pacificidade do entendimento, no âmbito deste Superior Tribunal de Justiça, de que podem permanecer por até 5 (cinco) anos em cadastros restritivos informações relativas a créditos cujos meios judiciais de cobrança ainda não tenham prescrito.
>
> **2. Controvérsia que remanesce quanto ao termo inicial desse prazo de permanência: (a) a partir da data da inscrição ou (b) do dia subsequente ao vencimento da obrigação, quando torna-se possível a efetivação do apontamento, respeitada, em ambas as hipóteses, a prescrição.**

> 3. Interpretação literal, lógica, sistemática e teleológica do enunciado normativo do § 1º, do art. 43, do CDC, conduzindo à conclusão de que o termo 'a quo' do quinquênio deve tomar por base a data do fato gerador da informação depreciadora.
>
> **4. Vencida e não paga a obrigação, inicia-se, no dia seguinte, a contagem do prazo, independentemente da efetivação da inscrição pelo credor. Doutrina acerca do tema.**
>
> 5. Caso concreto em que o apontamento fora providenciado pelo credor após o decurso de mais de dez anos do vencimento da dívida, em que pese não prescrita a pretensão de cobrança, ensejando o reconhecimento, inclusive, de danos morais sofridos pelo consumidor.
>
> 6. RECURSO ESPECIAL DESPROVIDO (REsp 1.316.117/SC, Rel. Ministro João Otávio de Noronha, Rel. para Acórdão Ministro Paulo de Tarso Sanseverino, 3ª Turma, *DJe* 19-8-2016).

■ 12.2.5. A comunicação prévia e escrita do consumidor como requisito necessário à adequada inscrição no cadastro e banco de dados

O art. 43, § 2º, do Código de Defesa do Consumidor estabelece, *in verbis*: "A abertura de cadastro, ficha, registro e dados pessoais e de consumo deverá ser comunicada por escrito ao consumidor, quando não solicitada por ele".

Apesar da simplicidade de sua redação, diversos são os questionamentos sobre o seu teor, dentre os quais destacamos:

- Quem é o responsável pela formalização da comunicação por escrito do consumidor de que seu nome irá integrar cadastro ou banco de dados?
- Qual seria o prazo mínimo de antecedência para o consumidor receber o comunicado?
- A comunicação por escrito deve ser enviada com aviso de recebimento?
- A ausência da comunicação gera danos morais?
- Devedor contumaz tem direito a danos morais diante da inscrição irregular?

Enfrentaremos um a um cada questionamento levantado à luz da jurisprudência do Superior Tribunal de Justiça.

■ *12.2.5.1. O responsável pela comunicação prévia e escrita do consumidor*

É de se perguntar inicialmente quem seria o responsável para formalizar a comunicação do consumidor de que seu nome será incluído num cadastro de inadimplentes: fornecedor/comerciante, por exemplo, ou mantenedor do cadastro de inadimplentes?

Segundo a posição consolidada no **Superior Tribunal de Justiça, cabe "ao órgão mantenedor do Cadastro de Proteção ao Crédito a notificação do devedor antes de proceder à inscrição" (Súmula 359)**.

Tal posicionamento vem se repetindo na jurisprudência do STJ desde 2001, conforme precedente insculpido no julgamento do Recurso Especial 285.401: "SERASA. Inscrição de nome de devedora. Falta de comunicação. A pessoa natural ou jurídica que tem o seu nome inscrito em cadastro de devedores tem o direito de ser informada do fato. A falta dessa comunicação poderá acarretar a responsabilidade da entidade que administra o banco de dados".

O responsável é o mantenedor do Cadastro de Proteção ao Crédito.

Não podemos deixar de lembrar, no entanto, do princípio da responsabilidade solidária que está expresso no CDC e, se mais de um contribuiu para a causação do dano, todos responderão solidariamente.[14]

Importante lembrar ainda que uma vez paga a dívida, é dever do credor retirar o nome do consumidor do cadastro de inadimplentes no prazo de cinco dias úteis. Essa é a posição do STJ na Súmula 548: **"Incumbe ao credor a exclusão do registro da dívida em nome do devedor no cadastro de inadimplentes no prazo de cinco dias úteis, a partir do integral e efetivo pagamento do débito"** (*DJe* 19-10-2015).

Segundo entendimento do Superior Tribunal de Justiça realizado pelo regime de recurso repetitivo, diante da presunção legal de veracidade e publicidade inerente aos registros de cartório de protesto, a reprodução objetiva, fiel, atualizada e clara desses dados na base de órgão de proteção ao crédito independe de comunicação prévia ao consumidor e não tem o condão de ensejar obrigação de reparação de danos (REsp 1.444.469/DF, Rel. Ministro Luis Felipe Salomão, 2ª Seção, *DJe* 16-12-2014).

---

[14] Nesse sentido, Leonardo Roscoe Bessa: "A ideia norteadora do tema é que todos que contribuíram, por ação ou omissão, para a realização e disseminação do registro, sem a observância dos pressupostos jurídicos específicos, possui, conforme o seu grau de participação, o dever de indenizar o consumidor lesado. Aplica-se aqui a regra da solidariedade resultante dos atos ilícitos, que se encontra no art. 942 do CC e no parágrafo único do art. 7º do CDC, (...). Se o banco de dados registra — ou permite que o fornecedor registre diretamente — informação sem qualquer exigência ou cautela quanto à demonstração da veracidade dos dados, deve, naturalmente, arcar com as sanções civis decorrentes de sua conduta. (...). Portanto, há concorrência entre fornecedor (lojista, instituição financeira) e banco de dados na realização do ato ilícito: ambos devem responder perante o consumidor. O fornecedor apresentou, desatendendo o disposto no art. 43, § 1º, informação inverídica. A entidade arquivista aceitou como verdadeira a informação e a colocou à disposição de terceiros". BENJAMIN, Antônio Herman de V.; MARQUES, Claudia Lima; BESSA, Leonardo Roscoe. *Manual de direito do consumidor*, p. 297-298.

Por fim, destacamos que o STJ editou a Súmula 572 com o seguinte teor: "O Banco do Brasil, na condição de gestor do Cadastro de Emitentes de Cheques sem Fundos (CCF), não tem a responsabilidade de notificar previamente o devedor acerca da sua inscrição no aludido cadastro, tampouco legitimidade passiva para as ações de reparação de danos fundadas na ausência de prévia comunicação" (*DJe* 16-5-2016).

■ *12.2.5.2. O prazo mínimo de antecedência para a comunicação do consumidor*

Ante a ausência de previsão específica no Código do Consumidor, entendemos com a melhor doutrina[15] no sentido de que a notificação do consumidor de que seu nome integrará cadastro de inadimplentes ou banco de dados deverá ser formalizada com no **mínimo cinco dias úteis de antecedência**, valendo-se de uma interpretação analógica do § 3º do art. 43, que se refere ao prazo de comunicação da alteração aos eventuais equívocos no banco de informações aos respectivos destinatários.

Prazo mínimo de antecedência para a comunicação = 5 dias úteis.

■ *12.2.5.3. A questão do AR para a comunicação do consumidor*

Outro assunto polêmico consiste em saber se haveria ou não a necessidade de a comunicação do consumidor ser realizada com o aviso de recebimento. Isto porque somente **por meio do AR estaríamos diante da certeza de ciência**, por parte do vulnerável da relação de consumo, de que seu nome seria incluído em cadastro de inadimplentes.

Em nossa opinião, tal cuidado deveria ser tomado pelo responsável de efetivar a comunicação, e qualquer alegação de aumento dos custos merece ser refutada de plano, pois faz parte dos riscos do negócio.

No mesmo sentido, Herman Benjamin, para quem recomenda "a boa prática que a comunicação, se por correio, seja com aviso de recebimento".[16]

---

[15] Esta a visão de Rizzatto Nunes: "Tal aviso deve ser remetido com a antecedência de, no mínimo, 5 dias úteis. É que, na falta de regra específica sobre o prazo, aplica-se a hipótese do § 3º (que a seguir comentaremos) por analogia, preenchendo-se a lacuna existente". NUNES, Luiz Antonio Rizzatto. *Curso de direito do consumidor*, p. 595. Também é a posição defendida por Leonardo Roscoe Bessa: "Necessário acrescentar que não basta expedir a comunicação: o correto é, além da certeza quanto à efetiva comunicação do registro, conceder prazo razoável, pelo menos de 5 (cinco) dias úteis, para eventual exercício do direito à retificação". BENJAMIN, Antônio Herman de V.; MARQUES, Claudia Lima; BESSA, Leonardo Roscoe. *Manual de direito do consumidor*, p. 308.

[16] GRINOVER, Ada Pellegrini; BENJAMIN, Antônio Herman de V.; FINK, Daniel Roberto; FILOMENO, José Geraldo Brito; NERY JR., Nelson; DENARI, Zelmo. *Código Brasileiro de Defesa do Consumidor*, p. 479.

Contudo, o Superior Tribunal de Justiça consolidou entendimento diverso ao editar a **Súmula 404** com o seguinte teor: **"É dispensável o aviso de recebimento (AR) na carta de comunicação ao consumidor sobre a negativação de seu nome em bancos de dados e cadastros"**.

> Desnecessidade do AR para a comunicação do consumidor.

12.2.5.4. *A ausência da comunicação do consumidor e o direito a pleitear danos morais*

Tema **pacificado** na doutrina e na jurisprudência superior consiste no **reconhecimento dos danos morais** causados ao consumidor ante a **ausência da comunicação** prévia e escrita de que seu nome será "negativado".

O STJ assim se posicionou por diversas vezes, como no julgamento do Recurso Especial 773.871, *DJ* 13-3-2006: "A inobservância da norma inserta no art. 43, § 2º, do CDC por parte da entidade responsável pela manutenção de cadastro de inadimplentes enseja danos morais ao consumidor que tem o nome inscrito em tal circunstância. Precedentes do STJ".[17]

Posteriormente, o Superior Tribunal de Justiça manteve-se firme no posicionamento de reconhecer os danos morais independentemente de comprovação de prejuízo, num verdadeiro **reconhecimento do dano presumido** em razão da ausência da estudada comunicação prévia. Vejamos:

> AGRAVO REGIMENTAL. RECURSO ESPECIAL. PROCESSUAL CIVIL. INCLUSÃO DO NOME DO DEVEDOR NO SERASA. AUSÊNCIA DE PRÉVIA NOTIFICAÇÃO. INDENIZAÇÃO POR DANOS MORAIS. ART. 43, § 2º, DO CÓDIGO DE DEFESA DO CONSUMIDOR.
>
> 1. A teor do art. 43, § 2º, do CDC, **o consumidor deve ser comunicado** sobre a inscrição de seu nome em cadastro de inadimplentes por meio de notificação postal.
>
> 2. **O descumprimento da formalidade legal enseja o direito à indenização por danos morais, não havendo necessidade de prova do prejuízo.**
>
> 3. Agravo regimental desprovido (AgRg no REsp 1.182.290/RS, Rel. Ministro João Otávio de Noronha, 4ª T., *DJe* 1º-2-2011).

[17] O tema foi pacificado no STJ no julgamento do REsp 1.061.134/RS, pelo regime de recurso repetitivo, nos seguintes termos: "- Orientação 2: A ausência de prévia comunicação ao consumidor da inscrição do seu nome em cadastros de proteção ao crédito, prevista no art. 43 , § 2º do CDC, enseja o direito à compensação por danos morais, salvo quando preexista inscrição desabonadora regularmente realizada. Vencida a Min. Relatora quanto ao ponto. II- Julgamento do recurso representativo. - É ilegal e sempre deve ser cancelada a inscrição do nome do devedor em cadastros de proteção ao crédito realizada sem a prévia notificação exigida pelo art. 43, § 2º, do CDC" (REsp 1.061.134/RS, Rel. Ministra Nancy Andrighi, Segunda Seção, j. 10-12-2008, *DJe* 1º-4-2009).

Porém, apesar de pacífico o dano moral presumido no caso de inscrição indevida, o valor que seria objeto de mútuo, por exemplo, negado por força de inscrição indevida em cadastro de inadimplentes, não pode ser ressarcido a título de dano emergente. Essa foi a compreensão do STJ no julgamento do REsp 1.369.039/RS:

> RECURSO ESPECIAL. DANO MORAL. **CADASTRO DE INADIMPLENTES. TÍTULO QUITADO. INSCRIÇÃO INDEVIDA.** INDENIZAÇÃO. AFASTAMENTO OU REDUÇÃO. INVIABILIDADE. SÚMULA N. 7/STJ. **DANO MATERIAL. MÚTUO. NEGÓCIO FRUSTRADO. VALOR OBJETO DO CONTRATO NÃO APERFEIÇOADO. RESSARCIMENTO. EFETIVO PREJUÍZO. AUSÊNCIA. DANO EMERGENTE. INEXISTÊNCIA.** 1. **A inscrição ou manutenção indevida do nome do devedor no cadastro de inadimplentes acarreta, conforme jurisprudência reiterada deste Tribunal, o dano moral *in re ipsa***, ou seja, dano vinculado à própria existência do fato ilícito, cujos resultados são presumidos. Precedentes. 2. O caso concreto não comporta a excepcional revisão do valor da indenização fixada por danos morais, com o afastamento do óbice previsto na Súmula n. 7/STJ, pois a quantia de R$ 5.000,00 (cinco mil reais) não se revela exorbitante para reparar o emitente de título de crédito que, mesmo quitado, foi inscrito em serviço de proteção ao crédito e utilizado como fundamento para negativa de financiamento bancário. 3. **A controvérsia sobre o dano material está limitada a definir se o valor que seria objeto de mútuo, negado por força de inscrição indevida em cadastro de inadimplentes, pode ser ressarcido a título de dano emergente. 4. A negativa de concessão de crédito impede o acréscimo de valores no patrimônio do mutuante e, de forma simultânea, a aquisição de dívida pela quantia equivalente, circunstância que obsta o ressarcimento por danos emergentes por ausência de redução patrimonial do suposto lesado.** 5. A condenação em danos emergentes, carente de efetivo prejuízo, resulta em duas situações rejeitadas pelo ordenamento jurídico vigente: a) a teratológica condenação com liquidação resultando em "dano zero" e b) o enriquecimento ilícito daquele que obtém reposição financeira sem ter suportado a perda equivalente. 6. Recurso especial parcialmente provido. (REsp 1.369.039-RS, Rel. Ministro Ricardo Villas Bôas Cueva, 3ª T., j. -4-2017, *DJe* 10-4-2017).

O dever do administrador do cadastro de inadimplentes comunicar por escrito e previamente o consumidor será realizado com base no endereço informado pelo credor. Esse é o posicionamento do Superior Tribunal de Justiça emanado no Resp 1.083.291/RS, julgado pelo rito dos recursos repetitivos. Assim, o mantenedor de cadastro não está obrigado, em regra, a investigar a veracidade das informações prestadas pelo credor.

Porém, caso o consumidor tenha notificado o cadastro de inadimplentes a respeito de seu endereço atual, eventual falha no envio da comunicação prévia de que seu nome irá integrar o citado cadastro gerará o dever de indenizar em danos morais. Esse foi o entendimento do Superior Tribunal de Justiça no julgamento do REsp 1.620.394, publicado no *DJe* em 6-2-2017.

Por fim, cumpre ressaltar que **não cabe ao Banco Central a fiscalização de bancos de dados e cadastros de inadimplentes**, como é o caso do SERASA, por não representarem instituição financeira. Essa foi a posição da 4ª T., do STJ no julgamento do REsp 1.178.768/SP:

> DIREITO PROCESSUAL CIVIL. AÇÃO CIVIL PÚBLICA. CUMULAÇÃO DE AÇÕES. RESPONSABILIDADE DE SOCIEDADE MANTENEDORA DE CADASTROS RESTRITIVOS DE CRÉDITO POR ANOTAÇÕES INDEVIDAS DE DADOS DE SUPOSTOS INADIMPLENTES. PODER DE POLÍCIA DO BANCO CENTRAL SOBRE A ATIVIDADE RELATIVA A CADASTROS DE DEVEDORES. 1. **A Serasa S.A. não é instituição financeira, pois não exerce coleta, intermediação nem aplicação de recursos financeiros, nem a custódia de valor de propriedade de terceiros, seja como atividade principal ou acessória.**
>
> 2. Ao **Banco Central** impõe-se o dever de exercer o controle do crédito e fiscalizar a atividade das instituições financeiras, bem como de aplicar as penalidades pertinentes. **Não é de sua atribuição a fiscalização das atividades do Serasa, entidade que não se qualifica como instituição financeira.** 3. É possível a cumulação de ações desde que haja compatibilidade de ritos e que o mesmo Juízo seja competente para o julgamento de todas elas. A competência para o julgamento do pedido de condenação da Serasa ao pagamento de danos materiais e morais decorrentes de inscrição indevida de dados de supostos inadimplentes não é a mesma para o julgamento de pedido de condenação do Banco Central para que cumpra suas funções institucionais. 4. Recurso especial a que se nega provimento. (REsp 1.178.768/SP, Rel. Maria Isabel Gallotti, 4ª T., j. 1º-12-2016, *DJe* 7-12-2017).

Ausência da comunicação = danos morais.

■ 12.2.5.5. *O devedor contumaz e direito a pleitear danos morais*

Última questão pertinente sobre o tema envolve o reconhecimento ou não de se pleitearem danos morais quando se tratar de devedor contumaz. Ou seja, no caso de **já existir inscrição regular** do nome do consumidor no cadastro de inadimplentes, o advento de **nova inscrição**, agora **irregular**, legitima a postulação de danos morais perante o juízo?

O Superior Tribunal de Justiça consolidou entendimento no sentido de que não haveria tal direito, nos termos da **Súmula 385: "Da anotação irregular em cadastro de proteção ao crédito, não cabe indenização por dano moral, quando preexistente legítima inscrição, ressalvado o direito ao cancelamento"**.

O **fundamento** principal do STJ ao não reconhecer tal direito é o de que, existindo inscrição regular anterior, **não** haveria falar em **surpresa** por parte do consumidor ao se deparar com nova inscrição. Assim, sendo esta irregular, caberia apenas postular o direito ao seu cancelamento, mas jamais o reconhecimento de danos morais.

Concessa venia, a finalidade da comunicação da inscrição não se resume a evitar a surpresa por parte do consumidor. Concordamos com Rizzatto Nunes ao identificar outros objetivos para a formalização do aviso prévio, tais como:

> "a) respeitar direito constitucional da garantia da dignidade e imagem do consumidor;
> b) dar prazo para que o consumidor tome medidas (extrajudiciais ou judiciais) para se opor à negativação quando ilegal; ou
> c) ter chance de pagamento da dívida, impedindo a negativação (ou mesmo negociar a dívida)".[18]

O posicionamento da jurisprudência superior é tão contestado que são recorrentes as reclamações propostas no STJ em razão das inúmeras decisões dos juizados especiais e até de turmas recursais, contrariando o teor da aludida Súmula 385.

No entanto, o Superior Tribunal de Justiça continua firme no seu posicionamento em não reconhecer o direito de pleitear danos morais, tratando-se de devedor contumaz: **É assente nesta Corte o entendimento de que a "ausência de prévia comunicação ao consumidor da inscrição do seu nome em cadastros de proteção ao crédito, prevista no art. 43, § 2º do CDC, enseja o direito à compensação por danos morais, salvo quando preexista inscrição desabonadora regularmente realizada"** (STJ, Rcl 4.417/MS, Rel. Ministro Luis Felipe Salomão, Segunda Seção, *DJe* 1º-6-2012).

Devedor contumaz — não tem direito a danos morais.

Em última análise, discordamos da posição jurisprudencial apontada, pois, ainda que se trate de um devedor contumaz — com mais de uma inscrição no cadastro de inadimplentes —, é sujeito de direitos e, em nossa opinião, poderia pleitear indenização por danos morais caso a última inscrição venha a ser irregular.[19] Em

---

18 NUNES, Luiz Antonio Rizzatto. *Curso de direito do consumidor*, p. 585.

19 Pensamento crítico sobre o teor da Súmula 385 do STJ é o de Bruno Miragem: "Nosso entendimento, contudo, é de que a visão expressa pela súmula resulta de uma concepção restrita da Corte com relação ao conceito de dano moral, especialmente considerando o reconhecimento da finalidade de desestímulo de que se reveste a indenização nestes casos. O fato de existirem inscrições legítimas

especial quando houver cobrança eventualmente vexatória e indevida, ou o desleixo de cancelar, assim que ciente do erro. Esse foi o entendimento do STJ no julgamento do REsp 1.386.424-MG (*DJe* 16-5-2016), nos termos do *Informativo* n. 583.[20]

■ 12.2.6. Sanções oriundas do cadastro indevido

Sobre a tutela específica do **art. 84** do CDC,[21] cumpre ressaltar que legitima o caminho processual adequado para impor a **obrigação de fazer** — **corrigir ou excluir** o nome do consumidor equivocadamente incluído no cadastro de inadimplentes — ou de **não fazer**, isto é, de **impedir tal inclusão**.

Sobre o tema, ensina Bruno Miragem que "a tutela pretendida pelo consumidor tanto terá caráter inibitório (quando tiver por objeto impedir o registro indevido), mandamental (determinando a retificação ou exclusão do registro indevido), ou ainda ressarcitório (quando abranger o direito à indenização dos danos causados ao consumidor em face do registro indevido)".[22]

Esta última tutela dá ensejo à **sanção de ordem civil** consubstanciada na **reparação de danos** por meio de pagamento de **indenização** por danos morais e materiais. Conforme visto acima, os danos morais são presumidos ante a inscrição indevida,[23] e os materiais podem decorrer dos gastos com a contratação de advogado ou outro profissional contratado exatamente para ajudar o consumidor a "limpar" seu nome em razão de um cadastro indevido.

Tal acumulação é admitida há tempos pelo STJ, que sumulou a questão no ano de 1992 nos seguintes termos: Súmula 37 — "São cumuláveis as indenizações por dano material e dano moral oriundos do mesmo fato".

Contudo, destaca-se ainda que a aludida sanção civil não é a única passível de ser aplicada ao caso da inscrição indevida. **Sanções penais** e administrativas poderão incidir quando violadas as condutas ora analisadas. No âmbito criminal, prevê o **Código do Consumidor** em seus **arts. 72 e 73:**

---

em desfavor do consumidor inadimplente não parece suficiente para descaracterizar o dano causado pela inscrição indevida, sobretudo se considerado que a violação do direito neste caso, restará sem qualquer sanção". MIRAGEM, Bruno. *Curso de direito do consumidor*, p. 215.

20 Disponível em: <https://ww2.stj.jus.br/jurisprudencia/externo/informativo/>. Acesso em: 3 dez. 2016.

21 Sobre o tema, o CDC prevê: "Art. 84. Na ação que tenha por objeto o cumprimento da obrigação de fazer ou não fazer, o juiz concederá a tutela específica da obrigação ou determinará providências que assegurem o resultado prático equivalente ao do adimplemento".

22 MIRAGEM, Bruno. *Curso de direito do consumidor*, p. 221.

23 Salvo quando se trata de devedor contumaz, pois, conforme visto, o Superior Tribunal de Justiça consolidou entendimento no sentido de que não haveria tal direito, nos termos da Súmula 385: "Da anotação irregular em cadastro de proteção ao crédito, não cabe indenização por dano moral, quando preexistente legítima inscrição, ressalvado o direito ao cancelamento".

Art. 72. Impedir ou dificultar o acesso do consumidor às informações que sobre ele constem em cadastros, banco de dados, fichas e registros: Pena Detenção de seis meses a um ano ou multa.

Art. 73. Deixar de corrigir imediatamente informação sobre consumidor constante de cadastro, banco de dados, fichas ou registros que sabe ou deveria saber ser inexata: Pena Detenção de um a seis meses ou multa.

No âmbito das **infrações administrativas, o Decreto n. 2.181/97**, que dispõe sobre a organização do Sistema Nacional de Defesa do Consumidor — SNDC e estabelece as normas gerais de aplicação das sanções administrativas previstas na Lei n. 8.078/90, prevê em seu art. 13, incisos X a XV, as transgressões correlatas ao tema cadastro indevido:

- impedir ou dificultar o acesso gratuito do consumidor às informações existentes em cadastros, fichas, registros de dados pessoais e de consumo, arquivados sobre ele, bem como sobre as respectivas fontes;
- elaborar cadastros de consumo com dados irreais ou imprecisos;
- manter cadastros e dados de consumidores com informações negativas, divergentes da proteção legal;
- deixar de comunicar, por escrito, ao consumidor a abertura de cadastro, ficha, registro de dados pessoais e de consumo, quando não solicitada por ele;
- deixar de corrigir, imediata e gratuitamente, a inexatidão de dados e cadastros, quando solicitado pelo consumidor;
- deixar de comunicar ao consumidor, no prazo de cinco dias úteis, as correções cadastrais por ele solicitadas.

As **sanções administrativas** serão estudadas no Capítulo 15 deste livro, mas podemos citar a imposição da **multa** como uma penalidade compatível com a prática abusiva ora estudada, segundo disposto nos arts. 56, inciso I, do CDC e 18, inciso I, do Decreto n. 2.181/97.

Em última análise, as sanções oriundas da inclusão indevida do nome do consumidor nos cadastros de inadimplentes serão de caráter:

CIVIL	■ Indenização por danos morais e materiais — Súmula 37 do STJ.
PENAL	■ Pena de detenção máxima de um ano ou multa — arts. 72 e 73.
ADMINISTRATIVO	■ Multa — arts. 56, inciso I, do CDC, e 18, inciso I, do Decreto n. 2.181/97.

■ 12.2.7. Prazo prescricional da pretensão à reparação de danos oriundos do cadastro indevido

Conforme esposado no Capítulo 11 deste livro — subitem "11.2.2.3. Prazo prescricional para postular a repetição em dobro do indébito" —, **nem toda**

relação jurídica de consumo irá se valer do prazo prescricional inserto no art. 27 do CDC.

Significa dizer que está pacificado na jurisprudência do Superior Tribunal de Justiça que o **prazo prescricional de cinco anos** do aludido dispositivo do Diploma Consumerista somente será aplicado às **pretensões de reparação de danos decorrentes de fato** do produto ou do serviço, ou seja, oriundas de algum **acidente de consumo**.

E a conclusão a que se chega a respeito do tema é a de que, **inexistente prazo prescricional no CDC** para regulamentar outro assunto que não fato do produto ou do serviço, **aplicável a prescrição do Código Civil**.

No tocante ao **prazo prescricional** da pretensão à reparação de danos oriundos do **cadastro indevido**, o mesmo raciocínio deverá ser feito. Inexistindo prescrição no Código do Consumidor para disciplinar o assunto, incidente o prazo prescricional do **Código Civil**.

Nesse sentido, o posicionamento do STJ a respeito do prazo prescricional para se postular indenização em razão da inscrição indevida do nome do consumidor em cadastro de proteção ao crédito: **"Portanto, não se aplica, no caso, o art. 27 CDC, que se refere aos arts. 12 a 17, do mesmo diploma legal. Inexistindo norma específica quanto ao prazo prescricional aplicável ao caso, é de rigor a incidência do art. 177 do CC/1916"** (REsp 740.061/MG, Rel. Ministro Luis Felipe Salomão, 4ª T., *DJe* 22-3-2010).

■ 12.3. A DISCIPLINA DO CADASTRO POSITIVO NA LEI N. 12.414, DE 2011

O cadastro positivo está previsto na **Lei n. 12.414, de 9 de junho de 2011**, fruto da conversão da Medida Provisória n. 518, de 2010, que disciplina a formação e a consulta a bancos de dados com **informações de adimplemento**, de pessoas naturais ou de pessoas jurídicas, **para formação de histórico de crédito**.

Portanto, o objetivo deste cadastro é trazer a lista dos consumidores considerados bons pagadores e, desta forma, conseguir alguns benefícios nas relações de consumo, conforme a seguir analisados.

CADASTRO POSITIVO	=	Informações de adimplemento do consumidor

■ 12.3.1. Definições preliminares e características das informações insertas dos bancos de dados da Lei do Cadastro Positivo

A Lei n. 12.414, de 2011, traz em seu art. 2º definições preliminares e de suma importância para o conhecimento do cadastro positivo de consumo. Desta forma, considera-se:

- banco de dados: conjunto de dados relativo a pessoa natural ou jurídica armazenados com a finalidade de subsidiar a concessão de crédito, a realização de venda a prazo ou de outras transações comerciais e empresariais que impliquem risco financeiro;
- gestor: pessoa jurídica responsável pela administração de banco de dados, bem como pela coleta, armazenamento, análise e acesso de terceiros aos dados armazenados;
- cadastrado: pessoa natural ou jurídica que tenha autorizado inclusão de suas informações no banco de dados;
- fonte: pessoa natural ou jurídica que conceda crédito ou realize venda a prazo ou outras transações comerciais e empresariais que lhe impliquem risco financeiro;
- consulente: pessoa natural ou jurídica que acesse informações em bancos de dados para qualquer finalidade permitida por esta Lei;
- anotação: ação ou efeito de anotar, assinalar, averbar, incluir, inscrever ou registrar informação relativa ao histórico de crédito em banco de dados; e
- histórico de crédito: conjunto de dados financeiros e de pagamentos relativos às operações de crédito e obrigações de pagamento adimplidas ou em andamento por pessoa natural ou jurídica.

Com efeito, na formação do banco de dados, as informações necessárias para avaliar a situação econômica do cadastrado serão:

- objetivas;
- claras;
- verdadeiras; e
- de fácil compreensão.

Segundo o disposto no art. 3º, § 2º, da Lei do Cadastro Positivo, consideram-se informações:

- objetivas: aquelas descritivas dos fatos e que não envolvam juízo de valor;
- claras: aquelas que possibilitem o imediato entendimento do cadastrado independentemente de remissão a anexos, fórmulas, siglas, símbolos, termos técnicos ou nomenclatura específica;
- verdadeiras: aquelas exatas, completas e sujeitas à comprovação nos termos desta Lei; e
- de fácil compreensão: aquelas em sentido comum que assegurem ao cadastrado o pleno conhecimento do conteúdo, do sentido e do alcance dos dados sobre ele anotados.

12.3.2. Anotações proibidas na Lei do Cadastro Positivo

No cadastro positivo, ficam **proibidas** as anotações de **informações excessivas**, assim consideradas aquelas que não estiverem vinculadas à análise de risco de crédito ao consumidor, bem como de **informações sensíveis**, assim consideradas aquelas pertinentes à origem social e étnica, à saúde, à informação genética, à orientação sexual e às convicções políticas, religiosas e filosóficas (art. 3º, § 3º, da Lei n. 12.414, de 2011).

As citadas vedações demonstram o caráter objetivo do cadastro positivo no sentido de colacionar apenas dados com anotações de adimplemento dos consumidores — pessoas naturais ou pessoas jurídicas —, para formação de histórico de crédito.

12.3.3. A obrigatoriedade da autorização prévia para integrar o cadastro positivo

A **inclusão** do nome do consumidor no cadastro positivo **requer autorização prévia** mediante consentimento informado **por meio de assinatura** em instrumento específico ou em cláusula apartada (art. 4º, *caput,* da Lei n. 12.414, de 2011).[24]

Disposição questionável é aquela oriunda do disposto na Lei do Cadastro Positivo, mais precisamente em seu art. 4º, § 1º: "**Após a abertura** do cadastro, **a anotação** de informação em banco de dados **independe de autorização e de comunicação** ao cadastrado".

Entendemos que, mesmo sendo um cadastro com informações sobre adimplemento, seria mais saudável se o banco de dados tivesse um prazo de validade para que o consumidor fosse notificado de tempo em tempo sobre a concordância ou não da manutenção de seu nome num cadastro como o da espécie, bem como de eventual nova anotação. Isto porque, como todos sabem, existe um "mercado paralelo" de venda de cadastros de consumidores, fato que poderia comprometer inclusive a segurança deles e de seus familiares.

O que existe na lei é um **prazo máximo** e muito longo em nossa opinião de que "as informações de adimplemento não poderão constar de bancos de dados por período superior a **15 (quinze) anos**" (art. 14).

No tocante à **autorização**, cumpre ressaltar ainda a necessidade desta por meio de assinatura em instrumento específico ou em cláusula apartada para a efetivação do **compartilhamento de informação de adimplemento** (art. 9º, *caput*, da Lei do Cadastro Positivo).

---

[24] Há notícia no site do Planalto de que será editada Medida Provisória para tornar automática a inclusão do nome do consumidor no cadastro positivo. Até o momento a citada alteração legislativa não se efetivou. Disponível em: <http://www2.planalto.gov.br/acompanhe-planalto/noticias/2016/12/adesao-ao-cadastro-positivo-sera-automatica>. Acesso em: 11 jan. 2018.

Sobre o compartilhamento de informações, destaca-se ainda:

Compartilhamento de informações de cadastro positivo

- "O gestor que receber informações por meio de compartilhamento equipara-se, para todos os efeitos desta Lei, ao gestor que anotou originariamente a informação, inclusive quanto à responsabilidade solidária por eventuais prejuízos causados e ao dever de receber e processar impugnação e realizar retificações" (art. 9º, § 1º, da Lei n. 12.414, de 2011).
- "O gestor originário é responsável por manter atualizadas as informações cadastrais nos demais bancos de dados com os quais compartilhou informações, bem como por informar a solicitação de cancelamento do cadastro, sem quaisquer ônus para o cadastrado" (art. 9º, § 2º, da Lei n. 12.414, de 2011).
- "O cancelamento do cadastro pelo gestor originário implica o cancelamento do cadastro em todos os bancos de dados que compartilharam informações, que ficam obrigados a proceder, individualmente, ao respectivo cancelamento nos termos desta Lei" (art. 9º, § 3º, da Lei n. 12.414, de 2011).
- "O gestor deverá assegurar, sob pena de responsabilidade, a identificação da pessoa que promover qualquer inscrição ou atualização de dados relacionados com o cadastrado, registrando a data desta ocorrência, bem como a identificação exata da fonte, do nome do agente que a efetuou e do equipamento ou terminal a partir do qual foi processada tal ocorrência" (art. 9º, § 4º, da Lei n. 12.414, de 2011).

Por fim, sobre a **autorização**, prevê o *caput* do art. 11 da lei em estudo que os **prestadores de serviços continuados** de água, esgoto, eletricidade, gás e telecomunicações, dentre outros, **poderão fornecer aos bancos de dados** indicados, na forma do regulamento, **informação sobre o adimplemento** das obrigações financeiras do cadastrado, desde que autorizados pelo cadastrado.

Por outro lado, dispõe seu parágrafo único que: "É vedada a anotação de informação sobre serviço de telefonia móvel na modalidade pós-paga".

Muito cuidado com o *credit scoring.* O STJ decidiu em regime de recurso repetitivo que: "1) O sistema 'credit scoring' é um método desenvolvido para avaliação do risco de concessão de crédito, a partir de modelos estatísticos, considerando diversas variáveis, com atribuição de uma pontuação ao consumidor avaliado (nota do risco de crédito). 2) Essa prática comercial é lícita, estando autorizada pelo art. 5º, IV, e pelo art. 7º, I, da Lei n. 12.414/2011 (lei do cadastro positivo). 3) Na avaliação do risco de crédito, devem ser respeitados os limites estabelecidos pelo sistema de proteção do consumidor no sentido da tutela da privacidade e da máxima transparência nas relações negociais, conforme previsão do CDC e da Lei n. 12.414/2011. 4) Apesar de desnecessário o consentimento do consumidor consultado, devem ser a ele fornecidos esclarecimentos, caso solicitados, acerca das fontes dos dados considerados (histórico de crédito), bem como as informações pessoais valoradas. 5) O desrespeito aos limites legais na utilização do sistema 'credit scoring', configurando abuso no exercício desse direito (art. 187 do CC), pode ensejar a responsabilidade objetiva e solidária do fornecedor do serviço, do responsável pelo banco de dados, da fonte e do consulente (art. 16 da Lei n. 12.414/2011) pela ocorrência de danos morais nas hipóteses de utilização de informações excessivas ou sensíveis (art. 3º, § 3º, I e II, da Lei n. 12.414/2011), bem como nos casos de comprovada recusa indevida de crédito pelo uso de dados incorretos ou desatualizados" (REsp 1.419.697, Rel. Paulo de Tarso Sanseverino, 2ª Seção, *DJe* 17-11-2014).

Sobre o tema, o Superior Tribunal de Justiça editou a Súmula 550 com o seguinte teor: **"A utilização de escore de crédito, método estatístico de avaliação de risco que não constitui banco de dados, dispensa o consentimento do consumidor, que terá o direito de solicitar esclarecimentos sobre as informações pessoais valoradas e as fontes dos dados considerados no respectivo cálculo"** (*DJe* 19-10-2015).

■ 12.3.4. Os direitos do cadastrado na Lei do Cadastro Positivo

Os incisos do art. 5º da Lei do Cadastro Positivo estabelecem que são direitos do cadastrado:

- obter o cancelamento do cadastro quando solicitado;
- acessar gratuitamente as informações sobre ele existentes no banco de dados, inclusive o seu histórico, cabendo ao gestor manter sistemas seguros, por telefone ou por meio eletrônico, de consulta para informar as informações de adimplemento (é vedado aos gestores de bancos de dados estabelecerem políticas ou realizarem operações que impeçam, limitem ou dificultem o acesso do cadastrado — art. 6º, § 1º);
- solicitar impugnação de qualquer informação sobre ele erroneamente anotada em banco de dados e ter, em até 7 (sete) dias, sua correção ou cancelamento e comunicação aos bancos de dados com os quais ele compartilhou a informação;
- conhecer os principais elementos e critérios considerados para a análise de risco, resguardado o segredo empresarial;
- ser informado previamente sobre o armazenamento, a identidade do gestor do banco de dados, o objetivo do tratamento dos dados pessoais e os destinatários dos dados em caso de compartilhamento;

- solicitar ao consulente a revisão de decisão realizada exclusivamente por meios automatizados; e
- ter os seus dados pessoais utilizados somente de acordo com a finalidade para a qual eles foram coletados.

Ademais, são direitos dos cadastrados aqueles expressos no art. 6º da lei em comento, na medida em que obriga os gestores de bancos de dados a fornecer, quando solicitados:

- todas as informações sobre ele constantes de seus arquivos, no momento da solicitação;
- indicação no prazo de sete dias das fontes relativas às informações de que trata o item anterior, incluindo endereço e telefone para contato;
- indicação no prazo de sete dias dos gestores de bancos de dados com os quais as informações foram compartilhadas;
- indicação no prazo de sete dias de todos os consulentes que tiveram acesso a qualquer informação sobre ele nos 6 (seis) meses anteriores à solicitação; e
- cópia no prazo de sete dias de texto contendo sumário dos seus direitos, definidos em lei ou em normas infralegais pertinentes à sua relação com bancos de dados, bem como a lista dos órgãos governamentais aos quais poderá ele recorrer, caso considere que esses direitos foram infringidos.

É evidente que, **em se tratando de relação jurídica de consumo**, todos os **direitos** do consumidor existentes no **CDC** são cabíveis para o caso em tela. A própria Lei n. 12.414, de 2011, prevê expressamente em seu art. 17 que: "Nas situações em que o cadastrado for consumidor, caracterizado conforme a Lei n. 8.078, de 11 de setembro de 1990 — Código de Proteção e Defesa do Consumidor, aplicam-se as sanções e penas nela previstas (...)".

Nestes casos, a fiscalização e a aplicação das sanções serão exercidas concorrentemente pelos órgãos de proteção e defesa do consumidor da União, dos Estados, do Distrito Federal e dos Municípios, nas respectivas áreas de atuação administrativa (art. 17, § 1º).

Por fim, dispõe o § 2º do art. 17: "§ 2º Sem prejuízo do disposto no *caput* e no § 1º, os órgãos de proteção e defesa do consumidor poderão aplicar medidas corretivas, estabelecendo aos bancos de dados que descumprirem o previsto nesta Lei **obrigações de fazer** com que sejam **excluídas do cadastro**, no prazo de **7 (sete) dias**, **informações incorretas**, bem como **cancelados cadastros** de pessoas que não autorizaram a abertura".

12.3.5. As finalidades do cadastro positivo

A Lei n. 12.414, de 2011, determina em seu art. 7º as finalidades do cadastro positivo, *in verbis*:

Art. 7º As informações disponibilizadas nos bancos de dados somente poderão ser utilizadas para:

I — **realização de análise de risco de crédito do cadastrado**; ou

II — **subsidiar a concessão ou extensão de crédito e a realização de venda a prazo** ou outras transações comerciais e empresariais que impliquem risco financeiro ao consulente.

Parágrafo único. Cabe ao gestor manter sistemas seguros, por telefone ou por meio eletrônico, de consulta para informar aos consulentes as informações de adimplemento do cadastrado.

Sobre o tema, concordamos com Sergio Cavalieri Filho no sentido de que o **cadastro positivo** traz algumas **vantagens** aos consumidores, dentre as quais:

"(a) taxa de **juros menor** para o consumidor com bom histórico creditício;

(b) **melhor avaliação dos riscos** de eventual inadimplemento;

(c) estímulo a um comportamento controlado, **evitando o superendividamento**".[25]

■ 12.3.6. Obrigações das "fontes" e do "gestor" na Lei do Cadastro Positivo

A **fonte** é a pessoa natural ou jurídica que conceda crédito ou realize venda a prazo ou outras transações comerciais e empresariais que lhe impliquem risco financeiro. A esse respeito, cumpre destacar o disposto no art. 8º da Lei n. 12.414, de 2011, ao estabelecer que são obrigações das fontes:

- manter os registros adequados para demonstrar que a pessoa natural ou jurídica autorizou o envio e a anotação de informações em bancos de dados;
- comunicar os gestores de bancos de dados acerca de eventual exclusão ou revogação de autorização do cadastrado;
- verificar e confirmar, ou corrigir, em prazo não superior a 2 (dois) dias úteis, informação impugnada, sempre que solicitado por gestor de banco de dados ou diretamente pelo cadastrado;
- atualizar e corrigir informações enviadas aos gestores de bancos de dados, em prazo não superior a 7 (sete) dias;
- manter os registros adequados para verificar informações enviadas aos gestores de bancos de dados; e
- fornecer informações sobre o cadastrado, em bases não discriminatórias, a todos os gestores de bancos de dados que as solicitarem, no mesmo formato e contendo as mesmas informações fornecidas a outros bancos de dados.

25 CAVALIERI FILHO, Sergio. *Programa de direito do consumidor*, p. 201-202.

Conforme visto anteriormente quando da análise dos direitos do cadastrado, é "vedado às fontes estabelecerem políticas ou realizarem operações que impeçam, limitem ou dificultem a transmissão a banco de dados de informações de cadastrados que tenham autorizado a anotação de seus dados em bancos de dados" (art. 8º, parágrafo único).

Em relação ao **gestor** — pessoa jurídica responsável pela administração de banco de dados, bem como pela coleta, armazenamento, análise e acesso de terceiros aos dados armazenados —, estabelece o art. 10 da Lei do Cadastro Positivo que é proibido exigir exclusividade das fontes de informações.

■ 12.3.7. Da responsabilidade objetiva e solidária

Determina o art. 16 da Lei do Cadastro Positivo que o "**banco de dados, a fonte e o consulente são responsáveis objetiva e solidariamente** pelos danos materiais e morais que causarem ao cadastrado". Assim, todos os envolvidos na administração e acesso do cadastro positivo responderão:

- de forma objetiva — independentemente da comprovação do dolo ou da culpa; e
- solidariamente — todos em posição de igualdade.

Trata-se do mesmo tratamento adotado como regra no Código de Defesa do Consumidor e inclui não apenas os administradores do banco de dados como também os consulentes.

■ 12.4. A DISCIPLINA DO CADASTRO DOS MAUS FORNECEDORES NO CDC

O **art. 44 do Código de Defesa do Consumidor** estabelece que os "órgãos públicos de defesa do consumidor manterão **cadastros atualizados de reclamações fundamentadas contra fornecedores** de produtos e serviços, devendo divulgá-lo pública e anualmente. A divulgação indicará se a reclamação foi atendida ou não pelo fornecedor".

Trata-se do cadastro dos maus fornecedores cujas informações lá constantes terá acesso facultado qualquer pessoa interessada.

O CDC prevê ainda a incidência de toda a disciplina conferida aos bancos de dados e cadastros de inadimplentes de consumidores ao cadastro de fornecedores, além de fixar a responsabilidade objetiva pelos danos causados em razão do descumprimento total ou parcial das obrigações referidas no citado dispositivo.

A Fundação PROCON do Estado de São Paulo é um bom exemplo de mantenedor de cadastro atualizado de maus fornecedores.[26]

---

[26] A Fundação PROCON do Estado de São Paulo divulga anualmente a lista de empresas autuadas, bem como os sites que devem ser evitados. Disponível em: <http://sistemas.procon.sp.gov.

Cadastro dos maus fornecedores	=	Reclamações formuladas contra fornecedores

■ 12.4.1. As variadas espécies de cadastros envolvendo relação jurídica de consumo

Ante tudo o que foi estudado até o presente momento, desde o capítulo referente às práticas abusivas, pontuamos a existência dos seguintes cadastros ou bancos de dados afetos à relação jurídica de consumo:

■ Cadastro de consumidores que fazem valer seus direitos:	■ Trata da prática abusiva de repassar informações depreciativas sobre consumidores — art. 39, VII, do CDC.
■ Bancos de dados e cadastros de inadimplentes:	■ Trata do consumidor inadimplente e está disciplinado pelo art. 43 e parágrafos do CDC.
■ Cadastro positivo:	■ Trata do consumidor adimplente e está disciplinado na Lei n. 12.414/2011.
■ Cadastro dos maus fornecedores:	■ Trata das reclamações formuladas contra fornecedores — art. 44 do CDC.

■ 12.5. QUESTÕES

1. (CESPE — 2009 — OAB — Exame de Ordem Unificado — 3 — Primeira Fase — jan./2010) Assinale a opção correta a respeito dos bancos de dados e cadastros de consumidores.

a) Os serviços de proteção ao crédito e congêneres são considerados entidades que prestam serviços de caráter privado.

b) O consumidor, sempre que encontrar inexatidão nos seus dados e cadastros, poderá exigir imediata correção.

c) O consumidor deverá ser informado verbalmente toda vez que ocorrer alteração de cadastro, ficha, registro e dados pessoais e de consumo, relativos a seu nome, desde que não a tenha solicitado.

d) Somente poderão constar nos bancos de dados as informações negativas sobre consumidores relativas aos últimos dois anos.

2. (TJ-DFT — 2011 — Juiz) Tício, consumidor, percebendo inexatidão nos seus dados em Banco de Dados de Proteção ao Crédito, exige sua imediata correção. Apurado pela entidade de proteção ao crédito que Tício tem razão e procedida a correção dos dados, o prazo que o arquivista tem para comunicar a alteração aos terceiros que tenham recebido as informações incorretas é de:

a) 3 (três) dias úteis;

b) 5 (cinco) dias úteis;

---

br/transparencia/empresas_autuadas/; http://sistemas.procon.sp.gov.br/evitesite/list/evitesites.php>. Acesso em: 11 jan. 2018.

c) 10 (dez) dias;
d) 30 (trinta) dias.

3. (CESPE — 2010 — DPE-BA — Defensor Público) A respeito do direito do consumidor, julgue o item abaixo.

Consoante entendimento pacificado e atual do STJ, caso o nome do consumidor seja indevidamente inserido nos órgãos/cadastros de proteção ao crédito, existindo outras restrições devidas, terá ele direito de pleitear indenização por danos morais, todavia, com valor reduzido.

( ) certo ( ) errado

4. (FCC — 2008 — MPE-CE — Promotor de Justiça) A inscrição de inadimplentes pode ser mantida nos serviços de proteção ao crédito

a) por, no máximo, três anos, salvo se maior o prazo de prescrição relativo à cobrança do débito, o qual prevalecerá sobre o triênio.
b) até que o débito que lhe deu origem seja integralmente pago.
c) por, no máximo, dez anos e, consumada a prescrição relativa à cobrança do débito do consumidor, não serão fornecidas, pelos respectivos Sistemas de Proteção ao Crédito, quaisquer informações que possam impedir ou dificultar novo acesso ao crédito junto aos fornecedores.
d) pelo prazo, qualquer que seja ele, da prescrição relativa à cobrança do débito.
e) por, no máximo, cinco anos e, consumada a prescrição relativa à cobrança de débitos do consumidor, não serão fornecidas, pelos respectivos Sistemas de Proteção ao Crédito, quaisquer informações que possam impedir ou dificultar novo acesso ao crédito junto aos fornecedores.

5. (VUNESP — 2010 — MPE-SP — Analista de Promotoria I) Considere este trecho:

Os cadastros dos consumidores não podem conter informações negativas referentes a período superior a _______. Caso o consumidor encontre inexatidão nos seus dados, poderá exigir que sejam corrigidas tais informações __________. Depois de corrigidas tais informações errôneas, o arquivista informará a alteração aos eventuais destinatários __________.

A alternativa cujos termos completam, correta e respectivamente, as lacunas da frase, é:

a) 3 anos ... em 5 dias ... imediatamente.
b) 5 anos ... imediatamente ... em 5 dias úteis.
c) 5 anos ... imediatamente ... em 5 dias corridos.
d) 3 anos ... em 5 dias úteis ... imediatamente.
e) 5 anos ... imediatamente ... em 7 dias úteis.

6. (CESPE — 2008 — MPE-RO — Promotor de Justiça) Em dezembro de 2006, o cartão de crédito de Marta foi furtado, fato imediatamente comunicado à administradora do serviço. Ao receber as faturas relativas aos meses de dezembro e de janeiro subsequente, Marta não reconheceu parte dos débitos, pelo que se recusou a adimplir o valor cobrado. Após longo e infrutífero debate, Marta pagou o exigido, cancelou o cartão e ingressou em juízo, questionando a cobrança que entendeu indevida. Nove meses depois, porém, descobriu que, em março de 2007, seu nome fora inscrito pela mencionada administradora, que não a comunicou do fato, em cadastro público de inadimplentes. A inscrição permaneceu mesmo após a referida quitação do débito, sendo-lhe posteriormente negada pela entidade gerenciadora do cadastro a prestação de informações exatas sobre tal registro de dívida.

Considerando a situação hipotética acima, assinale a opção correta a respeito do estabelecido pelo CDC.

a) A administradora não poderia inscrever o nome de Marta no cadastro público de inadimplentes, uma vez que, em razão do furto, o alegado débito perante a administradora não configurava dívida líquida.
b) A ausência de comunicação prévia a Marta a respeito de sua inscrição em cadastro público de inadimplentes viola dever previsto no CDC, pelo que ela poderá requerer indenização contra a administradora que se omitiu em fazê-lo.
c) Em razão de o nome de Marta permanecer registrado no cadastro público de inadimplentes mesmo após quitada a dívida, ela poderá requerer indenização contra a entidade gerenciadora daquele arquivo, em razão da lesão inequívoca causada pela divulgação de informação falsa.
d) A entidade que gerencia cadastro de consumidores inadimplentes revelador de informações a terceiros em geral reveste-se de caráter público, pelo que cabe o oferecimento de *habeas data*, por parte de Marta, com o intuito de conhecer as informações denegadas que sobre ela constem naquele registro.
e) Mostrou-se correta a inscrição de Marta no cadastro público de inadimplentes, pelo que ela poderá ser mantida, quanto ao débito inadimplido, até que ocorra a prescrição do crédito ou pelo prazo de três anos, sendo seu termo final a situação que primeiro ocorrer.

7. (FCC — 2012 — DPE-PR — Defensor Público) De acordo com o Código de Defesa do Consumidor,

a) a inscrição de inadimplente pode ser mantida nos serviços de proteção ao crédito por, no máximo, três anos.
b) é desnecessária a comunicação ao consumidor da abertura de cadastro, ficha, registro e dados pessoais e de consumo.
c) os bancos de dados e cadastros relativos aos consumidores e os serviços de proteção ao crédito são considerados entidades de caráter privado.
d) cabe ao fornecedor a notificação do devedor antes de proceder à inscrição.
e) da anotação irregular em cadastro de proteção ao crédito, não cabe indenização por dano moral, quando preexistente legítima inscrição.

8. (TJ-PR — 2012 — Assessor Jurídico) Com base no que o Código de Defesa do Consumidor normatiza sobre bancos de dados, assinale a alternativa correta.

a) Os cadastros e dados de consumidores devem ser objetivos, claros, verdadeiros e em linguagem de fácil compreensão, não podendo conter informações negativas referentes a período superior a três anos.
b) Os órgãos públicos de defesa do consumidor manterão cadastros atualizados de reclamações fundamentadas contra fornecedores de produtos e serviços, devendo divulgá-los pública e semestralmente.
c) O consumidor, sempre que encontrar inexatidão nos seus dados e cadastros, poderá exigir sua imediata correção, devendo o arquivista, no prazo de trinta dias, comunicar a alteração aos destinatários das informações incorretas.
d) Os bancos de dados e cadastros relativos a consumidores, os serviços de proteção ao crédito e congêneres são considerados entidades de caráter público.

9. (PUC-PR — 2012 — TJ-MS — Juiz) A respeito dos bancos de dados e cadastros dos consumidores, é CORRETO afirmar:

a) Os cadastros e dados de consumidores deverão ser claros e verdadeiros e não poderão conter informações negativas referentes a período superior a 6 (seis) anos.
b) O consumidor possui o direito de ter acesso às informações existentes em cadastros, fichas, registros e dados pessoais e de consumo arquivados sobre ele; contudo, não pode saber sobre as respectivas fontes.

c) Os bancos de dados e cadastros relativos a consumidores, os serviços de proteção ao crédito e congêneres são considerados entidades de caráter público.
d) A abertura do cadastro não deverá ser comunicada por escrito ao consumidor, quando não solicitada por ele.
e) O consumidor que encontrar inexatidão nos seus dados e cadastros não poderá exigir sua imediata correção.

10. (CESPE — 2012 — MPE-PI — Promotor de Justiça) Conforme o CDC, é garantido ao consumidor o acesso às informações sobre ele existentes em cadastros, fichas, registros e dados pessoais e de consumo arquivados, bem como as referentes às suas respectivas fontes. Considerando essa informação, assinale a opção correta no que se refere aos bancos de dados e cadastros de consumidores.

a) Impedir ou dificultar o acesso do consumidor às informações que sobre ele constem em cadastros, banco de dados, fichas e registros constitui infração penal.
b) O mandado de segurança é o instrumento jurídico adequado para assegurar o conhecimento de informações relativas ao consumidor constantes de registro ou banco de dados de entidades governamentais ou de caráter público.
c) Os bancos de dados e cadastros relativos a consumidores, os serviços de proteção ao crédito e congêneres devem ser instituídos e mantidos por entidades públicas.
d) É imprescindível o aviso de recebimento na carta de comunicação enviada ao consumidor que o avise sobre a inclusão de seu nome em bancos de dados e cadastros de maus pagadores.
e) Segundo a jurisprudência sumulada do STJ, compete ao fornecedor notificar o devedor antes de proceder à inscrição de seu nome no cadastro de proteção ao crédito.

11. (VUNESP — 2014 — TJ-SP — Juiz) A notificação do consumidor, nos termos do parágrafo 2º do artigo 43 do Código de Defesa do Consumidor, antes de uma futura inscrição de seu nome no Cadastro de Proteção ao Crédito, cabe

a) ao credor e ao órgão mantenedor do Cadastro de Proteção ao Crédito.
b) ao credor, exigindo-se o aviso de recebimento na carta de comunicação ao consumidor.
c) ao órgão mantenedor do Cadastro de Proteção ao Crédito.
d) somente ao credor.

12. (CESPE — 2012 — MPE-RR — Promotor de Justiça) A respeito dos bancos de dados e cadastros de consumidores, assinale a opção correta com base no entendimento do STJ

a) Cabe ao credor da dívida providenciar a notificação do devedor antes de proceder à inscrição em órgão de proteção ao crédito.
b) É indispensável o aviso de recebimento em carta de comunicação ao consumidor sobre a negativação de seu nome em bancos de dados e cadastros.
c) Para a abstenção da inscrição ou manutenção do nome do consumidor em cadastro de inadimplentes requerida em antecipação de tutela e(ou) em medida cautelar, basta que o consumidor demonstre que a cobrança indevida se funda em jurisprudência consolidada do STF ou do STJ e que ele não tem condições econômico-financeiras para pagar a dívida.
d) O nome do devedor pode ser mantido nos serviços de proteção ao crédito até o prazo da prescrição da pretensão de cobrança ou, se ajuizada execução, até a satisfação do crédito.
e) Não cabe indenização por dano moral em razão de anotação irregular em cadastro de proteção ao crédito, se preexistente legítima inscrição, ressalvado o direito ao cancelamento.

13. (CESPE — 2015 — DPE/PE — Defensor Público) No item a seguir, é apresentada uma situação hipotética, seguida de uma assertiva a ser julgada com base nas regras previstas no CDC e no entendimento do STJ a respeito de cobrança de dívidas, bancos de dados e cadastros de consumidores.

A fim de promover a exclusão de seu nome do banco de dados de órgão de proteção ao crédito, Fernando pagou integralmente o montante da dívida inscrita no referido banco de dados. Nessa situação, a obrigação de promover a baixa do registro será do órgão mantenedor e o prazo para a efetivação dessa obrigação será de cinco dias úteis, a contar do primeiro dia útil subsequente à completa disponibilização do numerário necessário à quitação do débito vencido.

( ) certo ( ) errado

14. (MPE-PR — 2016 — MPE-PR — Promotor Substituto) Assinale a alternativa incorreta:

a) É vedado ao fornecedor executar serviços sem a prévia elaboração de orçamento e autorização expressa do consumidor, ressalvadas as decorrentes de práticas anteriores entre as partes;
b) Os bancos de dados e cadastros relativos a consumidores são considerados entidades de caráter privado;
c) Em matéria de direito do consumidor, obsta a decadência a instauração de inquérito civil, até seu encerramento;
d) O fornecedor do produto ou serviço é solidariamente responsável pelos atos de seus prepostos ou representantes autônomos;
e) O ônus da prova da veracidade e correção da informação ou comunicação publicitária cabe a quem as patrocina.

15. (FCC — 2017 — PROCON-MA — Fiscal de Defesa do Consumidor) Diante de uma inscrição indevida do nome do consumidor em lista de pessoas em débito, é cabível indenização por danos morais. Nesta hipótese, o dano moral será

a) objetivo.
b) calculado conforme o dano efetivamente comprovado.
c) calculado se houver dano à imagem.
d) presumido.
e) impróprio, pois decorrente de erro do cadastro.

■ GABARITO ■

1. "b". O CDC estabelece ser direito do consumidor a retidão de suas informações constantes em cadastros e banco de dados do fornecedor ou entidades por ele patrocinadas, sendo sempre possível a retificação quando verificada alguma inexatidão (art. 43, § 3º). A assertiva "a" erra ao informar que tais instituições possuem natureza jurídica de caráter privado, sendo de caráter público (art. 43, § 4º, CDC). A "c", por sua vez, é errônea, pois o CDC estabelece que tal notificação deve ser solene, na forma escrita, ao consumidor pelo órgão mantenedor do cadastro (art. 43, § 2º). O STJ sumulou a questão da seguinte forma: "É dispensável o aviso de recebimento (AR) na carta de comunicação ao consumidor sobre a negativação de seu nome em bancos de dados e cadastros" (Súmula 404). A "d" se equivoca quanto ao prazo pelo qual poderão permanecer informações negativas pertencentes ao consumidor, sendo na verdade de cinco anos, e não de dois, como informado (art. 43, § 1º). No mesmo sentido, é o disposto na Súmula 323 do STJ: "A inscrição do nome do devedor pode ser mantida nos serviços de proteção ao crédito até o prazo máximo de cinco anos, independentemente da prescrição da execução". Isto é, na visão do STJ, a "prescrição a que se refere o art. 43, § 5º do Código de Defesa do Consumidor é o da ação de cobrança e não o da ação executiva" (REsp 472.203/RS, Rel. Ministro Humberto Gomes de Bar, Segunda Seção, *DJ* 29-11-2004).

2. "b". Como deixa evidente o CDC, mais especificamente no seu art. 43, § 3º, o prazo ao qual os bancos de dados e cadastro se submetem para informarem aos terceiros da correção de informação errônea é de cinco (5) dias úteis. São inverídicos os prazos de três (3), dez (10) ou trinta (30) dias, razão pela qual são errôneas, respectivamente, as assertivas "a", "c" e "d".

3. "errado". O Superior Tribunal de Justiça já tem entendimento pacificado no sentido de não assistir razão ao consumidor que tem nome indevidamente inserido pleitear danos morais, quando já constava em cadastros em razão de outras dívidas anteriores. Nesse sentido é o Enunciado 385 da Súmula do referido Tribunal, reservando ao consumidor inadimplente contumaz apenas o direito ao cancelamento da inscrição indevida posterior: "Da anotação irregular em cadastro de proteção ao crédito, não cabe indenização por dano moral, quando preexistente legítima inscrição, ressalvado o direito ao cancelamento".

4. "e". O período máximo pelo qual é possível constar informação negativa do consumidor em cadastros de inadimplentes é de cinco anos, vista a redação do art. 43, § 1º, do CDC. Ainda para que se esgote o tema, há o Enunciado 323 do STJ, revelando que o prazo que deve ser respeitado é o de cinco (5) anos, independentemente do prazo a menor de prescrição da execução de dívida que ensejou o cadastro (Súmula 323 do STJ). A alternativa "a" equivocou-se no prazo, que não é de três anos. A assertiva "b" condiciona a retirada da informação negativa ao pagamento da dívida que lhe deu causa, o que é um equívoco, visto serem coisas distintas o pagamento da dívida e o prazo de negativação do nome do consumidor. A "c" estabelece que o prazo seria de dez anos, sendo inverídica. A "d", por fim, confunde o prazo de prescrição da execução dívida com o prazo de manutenção do nome do consumidor, o que é errado, uma vez que o primeiro é para receber o débito, já o segundo, para a retirada obrigatória do nome do consumidor. No mesmo sentido, é o disposto na Súmula 323 do STJ: "A inscrição do nome do devedor pode ser mantida nos serviços de proteção ao crédito até o prazo máximo de cinco anos, independentemente da prescrição da execução". Isto é, na visão do STJ, a "prescrição a que se refere o art. 43, § 5º do Código de Defesa do Consumidor é o da ação de cobrança e não o da ação executiva" (REsp 472.203/RS, Rel. Ministro Humberto Gomes de Bar, Segunda Seção, *DJ* 29-11-2004).

5. "b". O prazo máximo de manutenção de informações negativas em cadastro de inadimplência de consumidor é de cinco (5) anos, conforme ensina o art. 43, § 1º, do CDC. E, sempre que o consumidor se depare com informações inverídicas a seu respeito, tem direito a que sejam retificadas imediatamente, devendo tal correção ser informada em até cinco (5) dias úteis (art. 43, § 3º, do CDC). Logo, as assertivas "a" e "d" estão incorretas ao estabelecerem prazo de 3 anos como máximo. A alternativa "c" está errada, pois referiu-se a 5 dias corridos e o certo são 5 dias úteis. Por fim, a assertiva "e" traz as duas primeiras informações corretas, mas erra ao afirmar que o prazo para que os cadastros informem os destinatários sobre a retificação seria de sete (7) dias.

6. "d". Como preleciona o CDC em seu art. 43, § 4º, as entidades que organizam banco de dados e cadastros atinentes aos consumidores são consideradas entes de caráter público, razão pela qual autorizam a impetração de eventual *habeas data* visando o conhecimento de informação e dados sobre o consumidor ou retificação de informação inverídica sobre ele. A assertiva "a" se equivoca, uma vez que tal dívida poderia ser líquida e, mesmo assim, não autorizaria a inscrição nos cadastros de consumidores inadimplentes, visto não ser Maria a causadora dos débitos. A "b" se equivoca quando afirma que o dever de informar o consumidor pela inscrição em tal cadastro é do fornecedor (Administradora de cartões), quando na verdade é sim do órgão mantenedor do cadastro (Súmula 359 do STJ: "Cabe ao órgão mantenedor do Cadastro de Proteção ao Crédito a notificação do devedor antes de proceder à inscrição"). A "c" está errada, pois não foi pela manutenção, e sim pela inscrição indevida, que surgiu o dever de indenizar. Por fim, a "e" é totalmente descabida, uma vez que tal dívida nem sequer poderia ser mantida no cadastro de inadimplentes, visto ter sido paga.

7. "e". Embora ocorra uma inserção irregular do nome de consumidor em cadastro de inadimplentes, e tal consumidor já possua anotação em razão de dívida legítima e correta, não lhe será devida indenização por danos morais, pois não se pode dizer que houve surpresa com a situação, já que havia lídima inscrição. É este o teor do Enunciado 385 da Súmula do Superior Tribunal de Justiça: "Da anotação irregular em cadastro de proteção ao crédito, não cabe indenização por dano moral, quando preexistente legítima inscrição, ressalvado o direito ao cancelamento". A alternativa "a" é errônea, uma vez que o prazo para retirada do nome negativado em tal cadastro é de 5 anos, como ensina o art. 43 e seu § 1º, do CDC. No mesmo sentido, é o disposto na Súmula 323 do STJ: "A inscrição do nome do devedor pode ser mantida nos serviços de proteção ao crédito até o prazo máximo de cinco anos, independentemente da prescrição da execução". Isto é, na visão do STJ, a "prescrição a que se refere o art. 43, § 5º do Código de Defesa do Consumidor é o da ação de cobrança e não o da ação executiva" (REsp 472.203/RS, Rel. Ministro Humberto Gomes de Bar, Segunda Seção, *DJ* 29-11-2004). A alternativa "b" é equivocada, uma vez que é necessária a comunicação ao consumidor quando da inserção de seu nome em tais cadastros, sendo ainda por escrito e de responsabilidade do órgão mantenedor. O STJ sumulou a questão da seguinte forma: "É dispensável o aviso de recebimento (AR) na carta de comunicação ao consumidor sobre a negativação de seu nome em bancos de dados e cadastros" (Súmula 404). A alternativa "c" erra, uma vez que tais entes e bancos de dados referentes a consumidores inadimplentes são considerados entidades de caráter público art. 43, § 4º, do CDC). Por fim, a alternativa "d" é errônea, já que a comunicação ao consumidor devedor deve ser feita pelo órgão mantenedor do cadastro, e não pelo próprio fornecedor. É a posição do STJ na Súmula 359: "Cabe ao órgão mantenedor do Cadastro de Proteção ao Crédito a notificação do devedor antes de proceder à inscrição".

8. "d". Tal alternativa está plenamente de acordo com o CDC, mais especificamente no seu art. 43, § 4º, sendo consideradas entidades de caráter público. A alternativa "a" é errônea, já que o período máximo de mantença do nome do consumidor inadimplente é de cinco anos, e não três, como dito na alternativa. No mesmo sentido, é o disposto na Súmula 323 do STJ: "A inscrição do nome do devedor pode ser mantida nos serviços de proteção ao crédito até o prazo máximo de cinco anos, independentemente da prescrição da execução". A "b" é errônea, já que o art. 44 do CDC estipula a existência de tais órgãos de defesa do consumidor, todavia eles publicarão apenas anualmente tais dados, e não semestralmente. Por fim, a alternativa "c" erra, pois, embora seja direito expresso do consumidor a imediata retificação, deve-se comunicar as eventuais alterações no prazo de cinco dias úteis, e não trinta, como colocado na questão, de acordo com o art. 43, § 3º.

9. "c". Como já dito, o CDC acabou por considerar os entes responsáveis pelo cadastro e bancos de dados de consumidores inadimplentes como entidades de caráter público, como visto no art. 43, § 4º; devendo assim tal alternativa ser assinalada. A alternativa "a" é equivocada quando estipula o prazo de seis anos como lapso temporal maior do nome do consumidor em tais bancos de dados, sendo que na verdade é de cinco anos, independente do prazo prescricional da execução (art. 43, § 1º). No mesmo sentido, é o disposto na Súmula 323 do STJ: "A inscrição do nome do devedor pode ser mantida nos serviços de proteção ao crédito até o prazo máximo de cinco anos, independentemente da prescrição da execução". Isto é, na visão do STJ, a "prescrição a que se refere o art. 43, § 5º do Código de Defesa do Consumidor é o da ação de cobrança e não o da ação executiva" (REsp 472.203/RS, Rel. Ministro Humberto Gomes de Bar, Segunda Seção, DJ 29-11-2004). A alternativa "b" é inverídica, pois é direito do consumidor conhecer todas as informações a seu respeito, inclusive sobre as fontes (art. 43, *caput*, do CDC). A alternativa "d" é completamente contrária à redação do art. 43, § 2º, do CDC, não devendo ser assinalada. O STJ sumulou a questão da seguinte forma: "É dispensável o aviso de recebimento (AR) na carta de comunicação ao consumidor sobre a negativação de seu nome em bancos de dados e cadastros" (Súmula 404). Por fim, a alternativa "e" é inverídica, pois contraria o disposto no art. 43, § 3º, do CDC, podendo sim corrigir suas informações, já que é um direito seu.

10. "a". Esta deve ser assinalada. Como reza o Código de Defesa do Consumidor, qualquer óbice ou impedimento ao acesso do consumidor às informações que existam sobre ele, constantes em cadastros, banco de dados, fichas e registros, configurará a conduta típica prevista no art. 72 do CDC, além de ser uma evidente violação ao art. 43 do mesmo Diploma e ao direito que traz estampado ao consumidor. A alternativa "b" faz uma confusão entre os remédios constitucionais hábeis a serem usados no caso de violação ao direito do consumidor à informação. Embora se trate de um direito líquido e certo, o correto não é a via do Mandado de Segurança, mas sim o remédio do *Habeas Data*, uma vez que o direito é personalíssimo do consumidor, e não de terceiro. Ademais, cumpre relembrar que tal assertiva busca amparo no caráter público desses bancos de dados, nos termos do art. 43, § 4º, do CDC: "Os bancos de dados e cadastros relativos a consumidores, os serviços de proteção ao crédito e congêneres são considerados entidades de caráter público". A assertiva "c" leva o candidato a erro, pois, embora tais entes sejam considerados pela lei como entidades de caráter público, não são instituídos e mantidos pelo poder público, mas sim por entidades privadas ligadas aos fornecedores, uma vez que visam assegurar o direito de crédito destes últimos. A alternativa "d" não deve ser marcada pelo concursando, já que o famoso AR (aviso de recebimento) que acompanha cartas é dispensável naquelas que informem ao consumidor sobre a possível inserção de seu nome nos cadastros de proteção ao crédito. Nesse sentido é o Enunciado 404 da Súmula do STJ. Por último, a assertiva "e" é errônea, pois traz informação falsa sobre o entendimento do STJ, visto que já é pacífico seu posicionamento sobre a incumbência do mantenedor do cadastro de proteção ao crédito de notificar o consumidor sobre a inserção do seu nome nos ditos bancos de dados negativos, como corrobora o Enunciado n. 359 da Súmula do STJ.

11. "c". Segundo posição do STJ inserta na Súmula 359, cabe ao órgão mantenedor do Cadastro de Proteção ao Crédito a notificação do devedor antes de proceder à inscrição.

12. "e". Nos termos da Súmula 385 do STJ. A alternativa "a" erra, pois cabe ao mantenedor do cadastro de inadimplentes providenciar a notificação do devedor, conforme entende o STJ na Súmula 359. A letra "b" equivoca-se, na medida em que o STJ pacificou o entendimento de que o AR seria dispensável, nos termos da Súmula 404. A alternativa "c" erra ao contrariar o STJ e o enunciado inserto na Súmula 380 desse tribunal, que prevê *in verbis*: "A simples propositura da ação de revisão de contrato não inibe a caracterização da mora do autor". Por fim, a letra "d" equivoca-se, uma vez que o nome do consumidor poderá ficar no máximo cinco anos no cadastro de inadimplentes, conforme estabelece o art. 43, § 1º, do CDC.

13. "errado". Conforme visto na parte teórica do livro, o STJ editou a Súmula 548, determinando que incumbe ao credor, e não ao mantenedor do cadastro, a exclusão do registro da dívida em nome do devedor no prazo de cinco dias úteis a partir do integral e efetivo pagamento do débito.

14. "b". Nos termos do art. 43, § 4º, do CDC, os bancos de dados e cadastros de consumidores são de caráter público e não privado. A letra "a" está correta, segundo o disposto no art. 39, VI, do CDC. A assertiva "c" está de acordo com o art. 26, § 2º, III, do CDC. A letra "d" está em consonância com o art. 34 do CDC. A alternativa "e" reproduz o art. 38 do CDC.

15. "d" nos termos da jurisprudência consolidada no STJ, como no julgado REsp 1.061.134/RS decidido pelo regime de recurso repetitivo.

13

PROTEÇÃO CONTRATUAL NO CDC

13.1. CONSIDERAÇÕES PRELIMINARES

Os **contratos de consumo** são das mais **variadas modalidades**, a depender do seu objeto, mas a grande maioria deles possui a **natureza de contrato de adesão**. Com a evolução dos tempos, o monopólio dos meios de produção do fornecedor — responsável por definir o que, quando e como produzir —, marcado pela característica da **unilateralidade da produção, atingiu também as relações contratuais**.

Nesse contexto, os contratos na sociedade de consumo perderam o caráter de bilateralidade típico do Direito Civil clássico, no qual as partes convencionavam as obrigações de cada uma delas no negócio.

No contrato de consumo cabe a uma das partes a elaboração e/ou aprovação de todas as cláusulas contratuais e, ao consumidor, resta a "faculdade" de aderir ou não a um formulário previamente elaborado que nem podemos chamar de pacto ante o caráter unilateral em sua confecção.[1]

Desta forma, estudaremos no presente capítulo os principais contratos de consumo partindo da sua natureza de contrato de adesão, ainda que exista lei específica regulando o tema. A ressalva é relevante, pois algumas relações contratuais estão regidas por legislação específica, o que não impede a incidência do Código de Defesa do Consumidor na medida em que se trata de legítimos contratos de consumo.

Assim, enfrentaremos na sequência, à luz da melhor doutrina consumerista e da jurisprudência superior, os contratos decorrentes das compras realizadas fora do estabelecimento comercial, os pactos oriundos da outorga de crédito ou de financiamento, os contratos de compra e venda mediante pagamento em prestações, além da alienação fiduciária e dos pactos envolvendo relação de consórcio.

---

1 Segundo Leonardo Roscoe Bessa, o "papel da vontade e consentimento do aderente (consumidor) é tão pequeno que já se negou doutrinariamente o caráter contratual que pressupõe conjugação de vontades — do contrato de adesão". BENJAMIN, Antônio Herman de V.; MARQUES, Claudia Lima; BESSA, Leonardo Roscoe. *Manual de direito do consumidor,* p. 329.

No entanto, antes de adentrarmos questões tão polêmicas e específicas dos contratos em espécie, relembraremos dos ensinamentos já esposados no Capítulo 4 deste livro, referentes aos princípios específicos das relações contratuais que servirão de base para a compreensão de toda a disciplina dispensada pelo Código do Consumidor ao tema proteção contratual.

■ 13.2. PRINCÍPIOS ESPECÍFICOS DOS CONTRATOS DE CONSUMO

Os contratos de consumo também possuem seus princípios específicos e norteadores de toda a relação envolvendo contratação no correspondente mercado. Sobre o tema, analisaremos a seguir esses princípios.

■ 13.2.1. Princípio do rompimento com a tradição privatista do Código Civil

Conforme estudado no capítulo inaugural deste livro, com o surgimento da sociedade de consumo, marcada pela produção em série, constatou-se que o **Código Civil da época não era um Diploma compatível com a tutela desse novo modelo de relação jurídica, a de consumo**.

Tal assertiva tem amparo basicamente no fato de o Direito Civil clássico regulamentar situações individualizadas e a então novel relação de consumo ser marcada justamente pelo fim desta bilateralidade nas relações entre fornecedor e consumidor. A unilateralidade na produção e contratação passou a ser a marca registrada nas relações de consumo.

Em suma, os produtos e serviços passaram a ser produzidos e prestados a um número indeterminado de destinatários, e as relações contratuais também deveriam ser regulamentadas por uma nova disciplina jurídica, condizente com sua nova realidade.

Nos dizeres de Sergio Cavalieri Filho, "o ponto de vista atual do contrato é social. A sua principal função é criar uma cooperação social saudável. A sociedade atual luta por liberdade com igualdade (substancial), ou seja, por solidariedade, por justiça social. Estamos deixando a era dos 'direitos declarados', para ingressarmos na dos 'direitos concretizados'. Nesse contexto, as pedras angulares do novo Direito contratual são a equidade e a boa-fé. Daí, o recrudescimento e a valorização do aspecto sinalagmático da relação jurídica. Não mais se conforma a sociedade com a igualdade formal dos contratantes, pura e simplesmente. Ao contrário, deseja muito mais do que isso; pretende o reequilíbrio, o balanceamento total da relação, inclusive e principalmente no que respeita aos seus aspectos éticos".[2]

2 CAVALIERI FILHO, Sergio. *Programa de direito do consumidor*, p. 116.

Conclui-se então pela necessidade de se romper com as tradições privatistas do Direito Civil clássico, bem como com os institutos caracterizadores daquele modelo, tais como:

- *Pacta sunt servanda.*
- Oferta como mero convite, e não vinculativa.
- Cláusulas contratuais elaboradas por ambas as partes em igualdade de condições.

Quando o tema é **contrato de consumo**, impossível falar em obrigatoriedade do que foi pactuado, pois se existe cláusula abusiva esta será nula de pleno direito, **não cabendo a invocação da *pacta sunt servanda*** nem de que as partes estavam no gozo pleno de suas faculdades mentais quando da assinatura do contrato.

Isto porque o **Código de Defesa do Consumidor traz** em seu conteúdo **normas de ordem pública e de interesse social** que não poderão ser derrogadas pela vontade das partes.

Ademais, analisaremos no momento oportuno que a oferta no CDC é diferente da proposta do Direito Civil clássico, bem como do próprio Código Civil de 2002. **No Diploma Consumerista, a oferta vincula** o fornecedor que a fizer veicular, além daqueles que dela se beneficiarem. Já **a proposta do Direito Civil** — clássico e contemporâneo — consiste num mero convite à oferta, **passível**, inclusive, **de ser revogada** em algumas circunstâncias.

Conforme visto na análise do princípio da vinculação da publicidade — subitem 4.4.1.2 *supracitados* —, **ofertou, vinculou**, isto é, nos termos do art. 30 da Lei n. 8.078/90, veiculada a oferta, o fornecedor estará obrigado a cumprir o prometido.

Um último exemplo de diferença entre a tradição privatista e a **relação de consumo** é que, nesta, **os contratos são elaborados** por apenas um dos sujeitos da relação jurídica de consumo, **pelo fornecedor**.

Aquele contexto "romântico" de as partes sentarem-se à mesa de um bar para de comum acordo convencionarem as cláusulas de eventual contrato de prestação de serviços, por exemplo, inexiste nas relações de consumo.

Aqui, a unilateralidade é característica marcante nos **contratos** que são, em sua maioria, **de adesão**, em que uma das partes elabora todas as cláusulas, cabendo à outra aderir ou não ao que foi previamente "confeccionado", e no qual a assinatura do consumidor mais se aproxima do preenchimento de um formulário do que de um instrumento contratual clássico. Daí a denominação **contrato-formulário**.

Em resumo, nos ensinamentos de Rizzatto Nunes, a "Lei n. 8.078 rompe de vez com o princípio do *pacta sunt servanda*. Ao reconhecer que em matéria de relação de consumo vige a regra da oferta que vincula e os contratos são elaborados unilateralmente (contratos de adesão) ou nem sequer são apresentados (verbais, comportamento socialmente típico, cláusulas gerais), estabelece que não vige a regra milenar representada no brocardo latino".[3]

13.2.2. Princípio da preservação (explícita) dos contratos de consumo

Determina o **art. 51, § 2º**, do CDC que a "**nulidade de uma cláusula contratual abusiva não invalida o contrato**, exceto quando de sua ausência, apesar dos esforços de integração, decorrer ônus excessivo a qualquer das partes".

Demonstra o Código do Consumidor a intenção explícita de preservar o contrato, ainda que seja necessário o reconhecimento da nulidade de uma cláusula abusiva.

De fato, o disposto no art. 51, § 2º, do CDC traz o princípio da preservação dos contratos de consumo de forma mais explicitada quando cotejado com o previsto no art. 6º, inciso V, do mesmo Diploma, conforme analisado neste livro no subitem "4.3.6. Direito à modificação e revisão como formas de preservação (implícita) do contrato de consumo".

Desta forma, comungamos com o entendimento de Rizzatto Nunes, para quem o "princípio do inciso V do art. 6º volta como norma de declaração de nulidade da cláusula desproporcional no art. 51 (inciso IV e § 1º), mas a nulidade não significa que o contrato será extinto. Como o inciso V garante a modificação, pelo princípio da conservação do contrato, o magistrado que reconhecer a nulidade deve fazer a integração das demais cláusulas e do sentido estabelecido no contrato, em função de seu objeto, no esforço de mantê-lo em vigor. Como dissemos, **o princípio da conservação, que é implícito no princípio do inciso V do art. 6º, está explicitado no § 2º do art. 51**".[4]

13.2.3. Princípio da transparência contratual

A disciplina referente ao princípio da transparência contratual consta do teor do **art. 46** da Lei n. 8.078/90, segundo o qual os "contratos que regulam as relações de consumo não obrigarão os consumidores, se não lhes for dada a **oportunidade de tomar conhecimento prévio de seu conteúdo**, ou se os respectivos instrumentos forem redigidos de modo a dificultar a compreensão de seu sentido e alcance".

Com efeito, **não basta** dar a oportunidade ao consumidor de ter **acesso formal** ao contrato. O princípio em comento exige a **necessidade do acesso material, efetivo e real do objeto contratual**, isto é, que o contrato deve ser redigido de tal forma que o consumidor, ao lê-lo, seja capaz de compreender o seu conteúdo.

---

3 NUNES, Luiz Antonio Rizzatto. *Curso de direito do consumidor*, p. 600-601.

4 NUNES, Luiz Antonio Rizzatto. *Curso de direito do consumidor*, p. 602.

Assim, para que o vulnerável da relação de consumo possa ser obrigado a cumprir com a sua parte nos termos pactuados, imprescindível que o contrato tenha sido redigido de modo a facilitar o entendimento do seu sentido e alcance.

Segundo os ensinamentos de Sergio Cavalieri Filho, trata o art. 46 do CDC daquilo "que a doutrina tem chamado de cognoscibilidade. Cognoscível é aquilo que é conhecível ou que se pode conhecer. Busca-se com a cognoscibilidade garantir ao consumidor a única oportunidade que tem de fazer boa escolha nos contratos de adesão, uma vez que não pode negociar nem modificar as cláusulas contratuais".[5]

O excesso de expressões técnicas sem a correspondente explicação torna bem evidente uma das modalidades de vulnerabilidade do consumidor, qual seja: a jurídica/científica.

■ 13.2.4. Princípio da interpretação mais favorável ao consumidor

Segundo dispõe o Diploma Consumerista, **as "cláusulas contratuais serão interpretadas de maneira mais favorável ao consumidor" (art. 47)**.

Sobre o tema, cumpre destacar que o Código Civil possui disposição semelhante no art. 423, *in verbis*: "Quando houver no contrato de adesão cláusulas ambíguas ou contraditórias, dever-se-á adotar a interpretação mais favorável ao aderente". Apesar da semelhança, os dispositivos legais não se confundem. Vejamos:

INTERPRETAÇÃO MAIS FAVORÁVEL NO CC	INTERPRETAÇÃO MAIS FAVORÁVEL NO CDC
■ Contrato de adesão.	■ Qualquer contrato de consumo.
■ Depende de cláusulas ambíguas ou contraditórias.	■ Independe de cláusulas ambíguas ou contraditórias.

Sobre o tema, destaca-se que o STJ vem determinando o cumprimento do aludido princípio, em especial quando se tratar de contrato de adesão, conforme julgado ora colacionado:

> RECURSO ESPECIAL. DIREITO DO CONSUMIDOR. SEGURO DE SAÚDE. ALEGAÇÃO DE VIOLAÇÃO DE DISPOSITIVOS CONSTITUCIONAIS. INVIABILIDADE. INCLUSÃO DE DEPENDENTE. INAPLICABILIDADE DO § 5º DO ART. 35 DA LEI 9.656/98. OPORTUNIDADE DE ADAPTAÇÃO AO NOVO SISTEMA. NÃO CONCESSÃO. CLÁUSULA CONTRATUAL. POSSIBILIDADE DE INCLUSÃO DE QUALQUER PESSOA COMO DEPENDENTE. EXCLUSÃO DE COBERTURA DE LESÕES DECORRENTES DE MÁ-FORMAÇÃO CONGÊNITA. EXCEÇÃO. FILHO DE SEGURADA NASCIDO NA VIGÊNCIA DO SEGURO. INTERPRETAÇÃO MAIS FAVORÁVEL AO

[5] CAVALIERI FILHO, Sergio. *Programa de direito do consumidor*, p. 154.

> CONSUMIDOR ADERENTE. ABUSIVIDADE DA NEGATIVA DE COBERTURA DE SITUAÇÃO DE URGÊNCIA. 1. A análise de suposta violação de dispositivo constitucional é vedada nesta instância especial, sob pena de usurpação da competência atribuída ao Supremo Tribunal Federal. 2. Inaplicabilidade da regra do § 5º do art. 35 da Lei n. 9.656/98 quando ao consumidor não foi dada a oportunidade de optar pela adaptação de seu contrato de seguro de saúde ao novo sistema. 3. Afastada a restrição legal à inclusão de dependentes, permanece em plena vigência a cláusula contratual que prevê a possibilidade de inclusão de qualquer pessoa como dependente em seguro de saúde. 4. Obrigação contratual da seguradora de oferecer cobertura às lesões decorrentes de má-formação congênita aos filhos das seguradas nascidos na vigência do contrato. **5. Cláusulas contratuais devem ser interpretadas de maneira mais favorável ao consumidor, mormente quando se trata de contrato de adesão. Inteligência do art. 47 do CDC.** 6. Cobertura que não poderia, de qualquer forma, ser negada pela seguradora, por se tratar de situação de urgência, essencial à manutenção da vida do segurado, sob pena de se configurar abusividade contratual. 7. RECURSO ESPECIAL PROVIDO (REsp 1.133.338/SP, Rel. Ministro Paulo de Tarso Sanseverino, 3ª T., *DJe* 9-4-2013).

13.2.5. Princípio da vinculação pré-contratual

Determina o **art. 48 do CDC** que as "declarações de vontade constantes de **escritos particulares, recibos e pré-contratos** relativos às relações de consumo **vinculam o fornecedor**, ensejando inclusive execução específica, nos termos do art. 84 e parágrafos". Desta forma, na Lei n. 8.078/90, não somente a oferta ou a publicidade são vinculantes; também o serão:

- os escritos particulares;
- os recibos;
- os pré-contratos.

Clássico **exemplo de pré-contrato** capaz de gerar vinculação da obrigação é o **compromisso de compra e venda** e o correspondente direito à adjudicação compulsória, quando comprovada a quitação do pactuado por parte do adquirente, ainda que o instrumento não tenha sido levado a registro.

O tema é objeto, inclusive, da Súmula 239 do STJ: "O direito à adjudicação compulsória não se condiciona ao registro do compromisso de compra e venda no cartório de imóveis".

Ainda sobre a promessa de compra e venda, o STJ consolidou entendimento no julgamento do REsp 1.300.418 pelo regime de recurso repetitivo que: "1. Para efeitos do art. 543-C do CPC: em contratos submetidos ao Código de Defesa do Consumidor, é **abusiva a cláusula** contratual **que determina a restituição dos valores devidos somente ao término da obra ou de forma parcelada**, na hipótese de resolução de **contrato de promessa de compra e venda de imóvel**, por culpa de quaisquer contratantes. Em tais avenças, deve ocorrer a imediata restituição das parcelas pagas pelo promitente comprador — integralmente, em caso de culpa exclusiva do promitente vendedor/construtor, ou parcialmente, caso tenha sido o comprador quem deu causa ao desfazimento" (*DJe* 10-12-2013).

Nesse sentido, foi editada a Súmula 543 do STJ, com o seguinte teor: **"Na hipótese de resolução de contrato de promessa de compra e venda de imóvel submetido ao Código de Defesa do Consumidor, deve ocorrer a imediata restituição das parcelas pagas pelo promitente comprador — integralmente, em caso de culpa exclusiva do promitente vendedor/construtor, ou parcialmente, caso tenha sido o comprador quem deu causa ao desfazimento"** (*DJe* 31-8-2015).

■ 13.3. CONTRATO DE ADESÃO

Conforme acima analisado, por mais que sejam inúmeras as modalidades de contratos de consumo a depender de seu objeto, no tocante à sua natureza tais instrumentos recebem a denominação "contratos de adesão", pelas razões a seguir aduzidas.

■ 13.3.1. Definição legal de contrato de adesão

O Código de Defesa do Consumidor define no *caput* de seu art. 54 o contrato de adesão como aquele "cujas cláusulas tenham sido aprovadas pela autoridade competente ou estabelecidas unilateralmente pelo fornecedor de produtos ou serviços, sem que o consumidor possa discutir ou modificar substancialmente seu conteúdo". Nos termos da definição legal, contrato de adesão é aquele em que o consumidor não pode discutir nem modificar substancialmente o contrato, pois as cláusulas contratuais já foram aprovadas ou elaboradas por outrem.

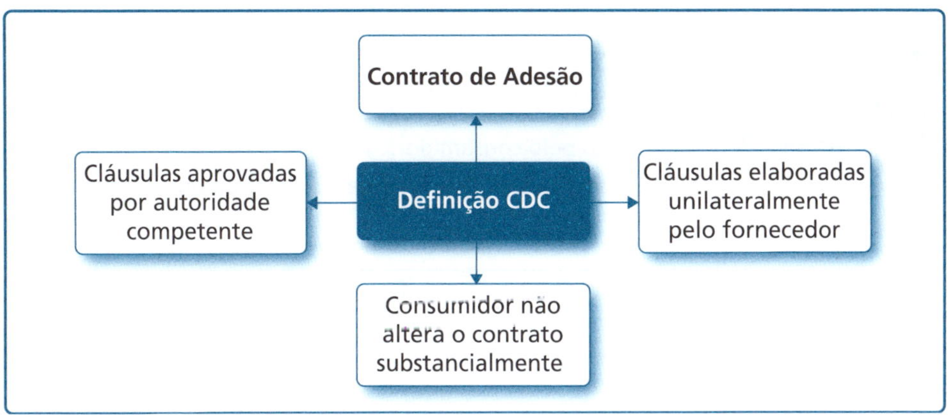

A parte final da definição legal é de fácil compreensão, ou seja, **contrato de adesão é aquele em que o fornecedor estabelece unilateralmente as cláusulas contratuais**, sem que o consumidor possa discutir ou modificar substancialmente[6] o seu conteúdo.

No tocante à parte inicial do conceito trazido pelo CDC, que considera **contrato de adesão** também **aquele "cujas cláusulas tenham sido aprovadas pela autoridade competente"**, concordamos com Sergio Cavalieri Filho ao ensinar que é "o caso, por exemplo, da SUSEP, que regula em grande parte o contrato de seguro; do BACEN, que dita as regras dos contratos vinculados ao sistema financeiro (juros etc.); da Caixa Econômica, que estabelece o conteúdo dos contratos de sistema de habitação; das Agências Reguladoras (ANATEL, ANEEL, ANP), que determinam as regras gerais, pelo menos em grande parte, dos contratos de prestação de serviços públicos. Fala-se nesses casos, especialmente na doutrina francesa, em contratos de dupla adesão, uma vez que ambos os contratantes — fornecedor e consumidor — têm que aderir às cláusulas preestabelecidas por um órgão governamental, típico fenômeno de dirigismo contratual. Mas o Código do Consumidor, como acabamos de ver, quer as cláusulas gerais tenham sido estabelecidas pelo fornecedor, quer pela autoridade competente, quer, ainda, por ambos, não faz distinção. Em qualquer hipótese, o contrato será de adesão".[7]

Nesse tocante, o consumidor, quando recebe cópia do contrato que tem por objeto a prestação de dado serviço público, pode estar certo de que as respectivas cláusulas contratuais foram previamente aprovadas pela autoridade competente.

13.3.2. Características do contrato de adesão no CDC

As características do contrato de adesão podem ser extraídas do disposto no *caput* e parágrafos do art. 54 do Código de Defesa do Consumidor. Vejamos:

Características do contrato de adesão

- não participação do consumidor na sua elaboração;
- inserção de cláusula não desfigura o contrato de adesão;
- resolução alternativa de escolha exclusiva do consumidor;
- cláusulas com termos claros, caracteres ostensivos e legíveis, fonte não inferior ao corpo 12 de modo a facilitar sua compreensão pelo consumidor;
- cláusulas que implicarem limitação de direito do consumidor deverão ser redigidas com destaque.

---

6 Analisaremos em breve que a inserção de cláusula não desfigura o contrato de adesão nos termos do § 1º do art. 54 do CDC.

7 CAVALIERI FILHO, Sergio. *Programa de direito do consumidor*, p. 153.

13.3.2.1. A não participação do consumidor como característica do contrato de adesão

O *caput* do art. 54 do CDC deixa claro que o contrato de adesão é elaborado **"sem que o consumidor possa discutir ou modificar substancialmente seu conteúdo"**.

Daí a necessidade da existência de uma proteção mais efetiva do consumidor na fase contratual, pois ao vulnerável caberá apenas aderir ou não a um contrato, formulário-padrão, em que terá legitimidade apenas de preencher os seus dados pessoais, sem interferir substancialmente no seu conteúdo.

A esse respeito, correta é a doutrina de Cavalieri Filho ao ensinar que a "rigor, a principal **diferença entre os contratos paritários e os contratos de adesão** não está no ato de formação, porque em ambas a aceitação é adesiva. A diferença está na fase pré-contratual. Nos contratos de adesão, não há tratativas, como há nos contratos paritários; não há a possibilidade do aderente influenciar a formação da proposta, como ocorre nos demais contratos".[8]

13.3.2.2. O contrato de adesão e a possibilidade de inserção de cláusula

Prevê o Código de Defesa do Consumidor no art. 54, § 1º, que a "inserção de cláusula no formulário não desfigura a natureza de adesão do contrato".

Assim, **ainda que uma ou algumas cláusulas sejam inseridas de forma manuscrita ou impressa** ao formulário previamente elaborado, isto, por si só, **não descaracterizará o contrato como de adesão**. E **a cláusula sobreposta deverá prevalecer** sobre eventual disposição do contrato-padrão em sentido contrário, em razão de aquela ter sido originada da convenção entre as partes.

Sobre o tema, corroboramos com os pensamentos de Nelson Nery Junior, para quem qualquer "que seja a cláusula acrescentada, dizendo respeito aos elementos essenciais ou acidentais do contrato, permanece íntegra a natureza de adesão do contrato, sujeito, portanto, às regras do Código sobre essa técnica de formação contratual".[9]

13.3.2.3. A resolução alternativa de escolha exclusiva do consumidor como característica do contrato de adesão

Dispõe o art. 54, § 2º, do CDC: "Nos contratos de adesão admite-se cláusula resolutória, desde que a alternativa, cabendo a escolha ao consumidor, ressalvando-se o disposto no § 2º do artigo anterior".

---

8 CAVALIERI FILHO, Sergio. *Programa de direito do consumidor*, p. 152.

9 GRINOVER, Ada Pellegrini; BENJAMIN, Antônio Herman de V.; FINK, Daniel Roberto; FILOMENO, José Geraldo Brito; NERY JR., Nelson; DENARI, Zelmo. *Código Brasileiro de Defesa do Consumidor*, p. 652.

Nos termos da ressalva final, imprescindível a colação do disposto no art. 53, § 2º: "Nos contratos do sistema de consórcio de produtos duráveis, a compensação ou a restituição das parcelas quitadas, na forma deste artigo, terá descontada, além da vantagem econômica auferida com a fruição, os prejuízos que o desistente ou inadimplente causar ao grupo".

Conforme é cediço, **cláusula resolutória é aquela que admite** a resolução, **o fim do contrato**. Assim, cláusula dessa natureza **poderá ser inserida no contrato de consumo** pelo fornecedor, **mas a escolha** pela sua incidência ou não ao caso concreto **caberá exclusivamente ao consumidor**.

Ademais, existente no contrato a cláusula resolutória e optando pela sua incidência, o consumidor terá **direito à restituição das parcelas quitadas monetariamente atualizadas**, descontados, além da vantagem econômica auferida com a fruição, os prejuízos que o desistente causar ao fornecedor. Caberá a este comprovar a desvalorização decorrente da fruição pelo consumidor, bem como os eventuais prejuízos sofridos.[10]

■ 13.3.2.4. As características das informações das cláusulas no contrato de adesão

O Diploma Consumerista estabelece que os "contratos de adesão escritos serão redigidos em termos claros e com caracteres ostensivos e legíveis, cujo tamanho da fonte não será inferior ao corpo doze, de modo a facilitar sua compreensão pelo consumidor" (art. 54, § 3º).

Podemos considerar como **claras as cláusulas** cuja informação pode ser entendida de imediato e com facilidade pelo consumidor, sem abreviaturas que dificultem a sua compreensão, e sem o abuso na utilização de linguagem técnica e inacessível ao vulnerável da relação jurídica de consumo.

A exigência de **caracteres ostensivos** busca evitar a utilização de letras miúdas capazes de gerar dificuldades no momento da leitura do contrato pelo consumidor.

O histórico de o contrato de adesão estar relacionado com prática abusiva do fornecedor em utilizar letras pequenas, dificultando o acesso à informação, sempre foi uma constante nas relações de consumo, tanto que em 2008, por força da Lei n. 11.785, foi inserida no § 3º do art. 54 do CDC a exigência de as **cláusulas no contrato de adesão não poderem ter corpo de letra inferior a 12**.

No tocante às cláusulas legíveis, ensina Nelson Nery Junior que "o Código consagrou o ***princípio da legibilidade das cláusulas contratuais***. O dispositivo visa

---

[10] Nos contratos decorrentes de compras realizadas fora do estabelecimento comercial, tal desconto não será admitido, conforme em breve será analisado.

a permitir que o consumidor possa tomar conhecimento do conteúdo do contrato pela simples leitura, sem prejuízo do dever de esclarecimento por parte do fornecedor (art. 46, CDC). A redação em caracteres legíveis possibilita diminuir o âmbito do controle das cláusulas contratuais gerais, qualitativa e quantitativamente, além de consistir em instrumento de segurança das relações jurídicas e de liberdade contratual".[11]

A preservação do acesso material à informação nos contratos de consumo também vem sendo exigida pelo Superior Tribunal de Justiça: **"Mostra-se inoperante a cláusula contratual que, a pretexto de informar o consumidor sobre as limitações da cobertura securitária, somente o remete para a letra da Lei acerca da tipicidade do furto qualificado, cuja interpretação, ademais, é por vezes controvertida até mesmo no âmbito dos Tribunais e da doutrina criminalista"** (REsp 814.060/RJ, Rel. Ministro Luis Felipe Salomão, 4ª T., *DJe* 13-4-2010).[12]

■ 13.3.2.5. O destaque da cláusula limitativa de direito do consumidor como característica do contrato de adesão

No tocante às características do contrato de adesão, cumpre ressaltar ainda o disposto no art. 54, § 4º, do CDC: "As cláusulas que implicarem limitação de direito do consumidor deverão ser redigidas com destaque, permitindo sua imediata e fácil compreensão".

O **destaque na cláusula limitativa** tem por objeto, mais uma vez, **conceder ao consumidor o acesso material e efetivo do conteúdo do contrato em maior grau de evidência**, justamente em razão de se tratar de uma restrição ao seu direito, por exemplo a **cláusula que exclui a responsabilidade da empresa de seguros** caso os danos sejam decorrentes de **condutor embriagado**.

O legislador não definiu como deveria ser realizado tal destaque, mesmo porque não lhe competia tal papel.

---

[11] GRINOVER, Ada Pellegrini; BENJAMIN, Antônio Herman de V.; FINK, Daniel Roberto; FILOMENO, José Geraldo Brito; NERY JR., Nelson; DENARI, Zelmo. *Código Brasileiro de Defesa do Consumidor,* p. 653-654.

[12] No mesmo sentido, o STJ em outro julgamento em que a explicação devida sobre o que seria furto qualificado e as consequências da cláusula que limitava o seguro a esta modalidade de infração penal não foi devidamente esclarecida: **A circunstância de o risco segurado ser limitado aos casos de furto qualificado exige, de plano, conhecimentos do aderente quanto às diferenças entre uma e outra espécie de furto, conhecimento esse que, em razão da sua vulnerabilidade, presumidamente o consumidor não possui, ensejando-se, por isso, o reconhecimento da falha no dever geral de informação, o qual constitui, é certo, direito básico do consumidor, nos termos do artigo 6º, inciso III, do CDC. A condição exigida para cobertura do sinistro — ocorrência de furto qualificado — por si só, apresenta conceituação específica da legislação penal, cujo próprio meio técnico-jurídico possui dificuldades para conceituá-lo, o que denota sua abusividade** (REsp 1.293.006/SP, Rel. Ministro Massami Uyeda, 3ª T., *DJe* 29-6-2012).

Contudo, a jurisprudência do Superior Tribunal de Justiça já concluiu que **não basta estar em negrito** a cláusula restritiva de um direito do consumidor: "**O fato de a cláusula restritiva estar no meio de outras, em negrito, não é suficiente para se atender à exigência do art. 54, § 4º, do CDC. A lei não prevê — e nem o deveria — o modo como tais cláusulas deverão ser redigidas. Assim, a interpretação do art. 54 deve ser feita com o espírito protecionista, buscando sua máxima efetividade**" (REsp 774.035/MG, Rel. Ministro Humberto Gomes de Barros, 3ª T., *DJ* 5-2-2007).

Sobre o assunto, destaca-se que o STJ em mais de uma oportunidade posicionou-se no sentido de que o simples nexo de causalidade entre a embriaguez do condutor e a ocorrência de um acidente de trânsito não se mostra, por si só, suficiente para elidir a responsabilidade da seguradora no caso de seguro de vida. Vejamos:

> DIREITO CIVIL. CONTRATO DE SEGURO. ACIDENTE PESSOAL. ESTADO DE EMBRIAGUEZ. FALECIMENTO DO SEGURADO. RESPONSABILIDADE DA SEGURADORA. IMPOSSIBILIDADE DE ELISÃO. AGRAVAMENTO DO RISCO NÃO COMPROVADO. PROVA DO TEOR ALCOÓLICO E SINISTRO. AUSÊNCIA DE NEXO DE CAUSALIDADE. CLÁUSULA LIBERATÓRIA DA OBRIGAÇÃO DE INDENIZAR. ARTS. 1.454 E 1.456 DO CÓDIGO CIVIL DE 1916.
>
> 1. **A simples relação entre o estado de embriaguez e a queda fatal, como única forma razoável de explicar o evento, não se mostra, por si só, suficiente para elidir a responsabilidade da seguradora, com a consequente exoneração de pagamento da indenização prevista no contrato.**
>
> 2. **A legitimidade de recusa ao pagamento do seguro requer a comprovação de que houve voluntário e consciente agravamento do risco por parte do segurado**, revestindo-se seu ato condição determinante na configuração do sinistro, para efeito de dar ensejo à perda da cobertura securitária, porquanto não basta a presença de ajuste contratual prevendo que a embriaguez exclui a cobertura do seguro.
>
> 3. Destinando-se o seguro a cobrir os danos advindos de possíveis acidentes, geralmente oriundos de atos dos próprios segurados, nos seus normais e corriqueiros afazeres do dia a dia, a prova do teor alcoólico na concentração de sangue não se mostra suficiente para se situar como nexo de causalidade com o dano sofrido, notadamente por não exercer influência o álcool com idêntico grau de intensidade nos indivíduos.
>
> 4. **A culpa do segurado**, para efeito de caracterizar desrespeito ao contrato, com prevalecimento da cláusula liberatória da obrigação de indenizar prevista na apólice, **exige a plena demonstração de intencional conduta do segurado para agravar o risco objeto do contrato**, devendo o juiz, na aplicação do art. 1.454 do

> Código Civil de 1916, observar critérios de equidade, atentando-se para as reais circunstâncias que envolvem o caso (art. 1.456 do mesmo diploma).
>
> 5. Recurso especial provido (REsp 780.757/SP, Rel. Ministro João Otávio de Noronha, 4ª T., *DJe* 14-12-2009).[13]

No entanto, o STJ faz certa diferença entre contrato de seguro de vida e contrato de seguro de automóvel em que a embriaguez ao volante poderá excluir o dever da seguradora de indenizar:

> 4. O ente segurador não pode ser obrigado a incluir na cobertura securitária todos os riscos de uma mesma natureza, já que deve possuir liberdade para oferecer diversos produtos oriundos de estudos técnicos, pois quanto maior a periculosidade do risco, maior será o valor do prêmio. 5. **É lícita, no contrato de seguro de automóvel, a cláusula que prevê a exclusão de cobertura securitária para o acidente de trânsito (sinistro) advindo da embriaguez do segurado que, alcoolizado, assumiu a direção do veículo. Configuração do agravamento essencial do risco contratado, a afastar a indenização securitária.** Precedente da Terceira Turma. 6. No contrato de seguro de vida, ocorrendo o sinistro morte do segurado e inexistente a má-fé dele (a exemplo da sonegação de informações sobre eventual estado de saúde precário — doenças preexistentes — quando do preenchimento do questionário de risco) ou o suicídio no prazo de carência, a indenização securitária deve ser paga ao beneficiário, visto que a cobertura neste ramo é ampla. 7. **No seguro de vida, é vedada a exclusão de cobertura na hipótese de sinistros ou acidentes decorrentes de atos praticados pelo segurado em estado de insanidade mental, de alcoolismo ou sob efeito de substâncias tóxicas (Carta Circular SUSEP/DETEC/GAB n. 08/2007).** 8. As cláusulas restritivas do dever de indenizar no contrato de seguro de vida são mais raras, visto que não podem esvaziar a finalidade do contrato, sendo da essência do seguro de vida um permanente e contínuo agravamento do risco segurado (REsp 1.665.701/RS, Rel. Ministro Ricardo Villas Bôas Cueva, 3ª T., j. 9-5-2017, *DJe* 31-5-2017).[14]

Ademais, a **cláusula limitativa de direito do consumidor deverá ser informada antes da celebração do contrato**, ou seja, não poderá o vulnerável da relação tomar ciência da sua existência após a assinatura do instrumento contratual.

---

[13] Segundo o STJ, o agravamento do risco estará caracterizado quando, por exemplo, a *culpa in vigilando* da empresa não evita que empregado inabilitado para dirigir se aposse do bem segurado. Tal conduta gera um agravamento do risco e afasta a cobertura securitária: "À vista dos princípios da eticidade, da boa-fé e da proteção da confiança, o agravamento do risco decorrente da ***culpa in vigilando*** **da empresa, ao não evitar que empregado não habilitado se apossasse do veículo, tem como consequência a exclusão da cobertura**, haja vista que o apossamento proveio de culpa grave do segurado" (REsp 1.412.816/SC, Rel. Ministra Nancy Andrighi, 3ª T., *DJe* 30-5-2014).

[14] No mesmo sentido, entendeu o STJ pela perda da garantia securitária de condutor alcoolizado em seguro de automóvel, no julgamento do REsp 1.485.717, *DJe* 14-12-2016.

Nesse sentido, o Superior Tribunal de Justiça entendeu: "No caso concreto, surge incontroverso que o documento que integra o contrato de seguro de vida não foi apresentado por ocasião da contratação, além do que **a cláusula restritiva constou tão somente do 'manual do segurado', enviado após a assinatura da proposta. Portanto, configurada a violação ao artigo 54, § 4º do CDC**" (REsp 1.219.406/MG, Rel. Ministro Luis Felipe Salomão, 4ª T., *DJe* 18-2-2011).[15]

Por fim, destaca-se que a informação e devida explicação de termos técnicos deverão ser efetivamente demonstradas e, caso necessário, "traduzidas" pelo fornecedor em termos claros, sob pena de se caracterizar violação ao direito à informação e às características do contrato de adesão.

■ 13.4. COMPRAS FORA DO ESTABELECIMENTO

A respeito das compras realizadas fora do estabelecimento comercial, prevê o CDC:

> Art. 49. O **consumidor pode desistir do contrato, no prazo de 7 dias** a contar de sua assinatura ou do ato de recebimento do produto ou serviço, sempre que a **contratação** de fornecimento de produtos e serviços **ocorrer fora do estabelecimento comercial**, especialmente por telefone ou a domicílio.
>
> Parágrafo único. Se o consumidor exercitar o direito de arrependimento previsto neste artigo, **os valores eventualmente pagos**, a qualquer título, durante o prazo de reflexão, **serão devolvidos, de imediato, monetariamente atualizados**.

O assunto traz a necessidade de pontuarmos cada uma das questões relevantes sobre essa modalidade de contratar no mercado de consumo, dentre as quais destacamos:

- ■ As compras pela internet poderão gozar do prazo de arrependimento, sendo o rol do art. 49 exemplificativo?
- ■ Qual o fundamento — a *ratio* — do prazo de 7 dias para o consumidor arrepender-se?
- ■ E nas compras efetuadas dentro do estabelecimento, podem os consumidores se utilizar de tal prazo analogicamente? Se sim, em qual(is) situação(ões)?

---

[15] O STJ entende que o "seguro é contrato consensual e aperfeiçoa-se tão logo haja manifestação de vontade, independentemente de emissão da apólice — ato unilateral da seguradora —, de sorte que a existência da avença não pode ficar a mercê exclusivamente da vontade de um dos contratantes, sob pena de ter-se uma conduta puramente potestativa, o que é, às expressas, vedado pelo art. 122 do Código Civil. O art. 758 do Código Civil não confere à emissão da apólice a condição de requisito de existência do contrato de seguro, tampouco eleva tal documento ao degrau de prova tarifada ou única capaz de atestar a celebração da avença" (REsp 1.306.367/SP, Rel. Ministro Luis Felipe Salomão, 4ª T, *DJe* 5-5-2014).

- O prazo de arrependimento pode ser convencionado em período diferente do legal?
- A devolução dos valores pagos em razão do exercício do direito de arrependimento pelo consumidor não gera prejuízo infundado ao fornecedor e enriquecimento ilícito do vulnerável?
- O prazo de 7 dias pode ser utilizado pelo fornecedor para se recusar a trocar produto com vício, em desrespeito aos prazos decadenciais de 30 ou 90 dias previstos no art. 26 do CDC?

13.4.1. Do rol exemplificativo das compras realizadas fora do estabelecimento comercial e as compras via internet — uma análise da Lei n. 12.965, de 2014 (Marco Civil da Internet), do Decreto n. 8.771, de 2016, e do Decreto n. 7.962, de 2013, que dispõem sobre a contratação no comércio eletrônico

Apesar de o Código de Defesa do Consumidor fazer referência às **compras realizadas por telefone ou em domicílio**, é evidente o **caráter exemplificativo** do disposto no citado art. 49, mesmo porque o próprio dispositivo legal valeu-se do **termo "especialmente"**.

Assim, em toda forma de contratação fora do estabelecimento comercial será concedido o prazo de 7 dias para o consumidor exercer seu direito de arrependimento, tais como as contratações efetivadas:

- por telefone (por meio das televendas);
- em domicílio (com vendedores batendo à porta dos consumidores);
- por correspondência (por meio de mala direta ou qualquer outra maneira por intermédio postal);
- pela internet ou qualquer outro meio eletrônico.[16]

Conforme visto em capítulos anteriores, o Superior Tribunal de Justiça consolidou entendimento no sentido de que a exploração comercial via internet sujeita-se às relações de consumo e a toda a disciplina oriunda da Lei n. 8.078/90, esclarecendo ainda que o **"fato de o serviço prestado pelo provedor de serviço de Internet ser gratuito não desvirtua a relação de consumo, pois o termo 'mediante remuneração', contido no art. 3º, § 2º, do CDC, deve ser interpretado de forma ampla, de modo a incluir o ganho indireto do fornecedor"** (REsp 1.316.921/RJ, Rel. Ministra Nancy Andrighi, 3ª T., *DJe* 29-6-2012).

[16] Conforme facilmente constatado no Anexo deste livro, o projeto de reforma do CDC traz referência expressa às relações de consumo via internet.

De fato, **se as relações oriundas da internet estão sujeitas à incidência do CDC, o direito de arrependimento também poderá ser exercido pelo consumidor nas contratações celebradas pelo meio eletrônico.**

As compras coletivas estão cada vez mais em evidência, e a possibilidade da desistência do negócio dentro do prazo de 7 dias torna-se imprescindível. Tal proteção faz-se necessária, até porque ainda aguardamos a aprovação no Senado Federal do PL 281 já aprovado na Câmara dos Deputados e que irá inserir uma Seção no CDC sobre o Comércio Eletrônico. Enquanto isso, cumpre destacar o Decreto n. 7.962, de 15 de março de 2013, que regulamenta o CDC e dispõe sobre a contratação no comércio eletrônico, abrangendo os seguintes aspectos:

- informações claras a respeito do produto, serviço e do fornecedor;
- atendimento facilitado ao consumidor; e
- respeito ao direito de arrependimento.

O art. 5º do aludido decreto dispõe que o fornecedor deve informar, de forma clara e ostensiva, os meios adequados e eficazes para o exercício do direito de arrependimento pelo consumidor, bem como que o consumidor poderá exercer seu direito de arrependimento pela mesma ferramenta utilizada para a contratação, sem prejuízo de outros meios disponibilizados.

Por fim, destaca o Decreto n. 7.962/2013 que o "exercício do direito de arrependimento implica a rescisão dos contratos acessórios, sem qualquer ônus para o consumidor".[17]

13.4.2. Os fundamentos do prazo de arrependimento nas compras realizadas fora do estabelecimento comercial

Os fundamentos do tratamento diferenciado concedido às compras realizadas fora do estabelecimento comercial consubstanciado no direito de o consumidor arrepender-se dentro do prazo de 7 dias podem ser classificados em:

- fundamentos principais;
- fundamentos acessórios.

Os **fundamentos principais** são os de conceder ao consumidor um **prazo de reflexão e evitar a compra por impulso**. Realmente, nas compras realizadas fora do estabelecimento comercial o consumidor acaba, muitas vezes, precipitando-

[17] Verificar nossos comentários nos itens 2.4.2 e 5.8.2 — uma análise da Lei n. 12.965, de 2014 (Marco Civil da Internet), do Decreto n. 8.771, de 2016, e do Decreto n. 7.962, de 2013, que dispõem sobre a contratação no comércio eletrônico —, bem como o Anexo deste livro e as referências expressas às relações via internet nos projetos de alteração do CDC.

-se no momento da contratação e adquirindo algum produto que não terá qualquer utilidade para a sua vida ou para a de sua família.

Alguns vendedores são treinados a utilizar técnicas persuasivas na abordagem do vulnerável fora do estabelecimento, que, num primeiro momento, acredita que certo produto ou serviço efetivamente irá resolver algum problema de sua vida. Mas, quando chega a seu lar e reflete com tranquilidade sobre a contratação, constata que a efetivação do negócio deu-se por impulso e poderá exercer o direito de arrependimento dentro do prazo legal de 7 dias.

Fundamentos principais

- prazo para reflexão do consumidor;
- evitar compra por impulso.

Além da fundamentação citada e denominada principal, outros motivos não menos importantes existem e serão por nós chamados de **fundamentos acessórios**. Desta forma, as contratações fora do estabelecimento comercial restringem o consumidor do direito de:

- testar pessoalmente determinado produto ou serviço;
- compará-los com outros de modelos e marcas diferentes;
- esclarecer dúvidas presencialmente com o fornecedor, apesar de estar bem evoluído o atendimento imediato on-line ou por telefone;
- trocar experiências presencialmente com outros consumidores.

Em suma, ainda que a tecnologia esteja cada vez mais avançada a ponto de tornar atrativas as contratações realizadas pela internet, por exemplo, algumas questões somente poderão ser resolvidas presencialmente.

Fundamentos acessórios

- testar pessoalmente o produto ou serviço;
- comparar com outros modelos e marcas;
- esclarecer dúvidas presencialmente;
- trocar experiências com outros consumidores.

13.4.3. O direito de arrependimento e as compras realizadas *dentro* do estabelecimento comercial

O art. 49, *caput*, do Código de Defesa do Consumidor é claro ao estabelecer que o direito de desistir do negócio incide apenas nas compras realizadas fora do estabelecimento comercial. Logo, nos contratos firmados no interior do estabelecimento, o consumidor não poderá invocar o aludido direito ao arrependimento.

É prática comum no comércio a possibilidade de trocar determinado produto, em especial peça de vestuário, dentro do prazo de 30 dias, desde que não seja retirada a etiqueta de referência da roupa, por exemplo. Trata-se de mera liberalidade, e não de obrigação do fornecedor. Assim, uma vez ofertada a possibilidade de troca nesses casos, obrigado está o fornecedor a cumprir o prometido, em razão do princípio da vinculação da oferta.

Desta forma, caso o fornecedor não oferte tal possibilidade de troca, somente estará obrigado a substituir o bem por outro ou a devolver o valor eventualmente pago diante da existência de algum vício.

Em última análise, se o fornecedor não oferecer a possibilidade de troca dentro de tal prazo, não estará obrigado a desfazer o negócio caso inexista vício do produto ou do serviço nas contratações celebradas no interior do estabelecimento comercial.

No entanto, **existem contratos firmados dentro do estabelecimento nos quais**, em nossa opinião, o consumidor poderia valer-se do prazo de 7 dias para se arrepender **em razão da forma como é abordado pelo fornecedor**, com o intuito de persuadir o vulnerável a contratar por impulso, **sem dar-lhe a oportunidade de reflexão**.

Sobre o tema, concordamos plenamente com Bruno Miragem ao ensinar que a "*ratio* da norma é a proteção do consumidor com relação às técnicas de pressão dos fornecedores para realização do contrato de consumo, de modo que mesmo a interpretação do que seja 'fora do estabelecimento comercial' deve ser alargada, buscando assegurar o direito de arrependimento em situações nas quais, mesmo sendo a contratação realizada dentro de um estabelecimento comercial, o modo de contratação indica estratégia do fornecedor, visando à descaracterização desta circunstância. É o caso da contratação de *time-sharing*[18] na qual o consumidor inicialmente era convidado para uma festa, que embora ocorrendo dentro do estabelecimento do fornecedor, encontrava-se descaracterizado como tal, e na qual o consumidor é submetido ao apelo de compra por horas, mediante a veiculação de vídeos, prospectos e outras técnicas de abordagem pelo fornecedor, inibindo sua decisão racional".[19]

Igualmente, existem outras práticas comerciais abusivas realizadas por fornecedores no interior do estabelecimento comercial que, em nossa visão, legitimariam a utilização do prazo de reflexão exatamente por estimular a compra por impulso.

Como exemplo, podemos citar as chamadas **"ofertas surpresas"**, em que um vendedor com voz de locutor de rádio trabalha junto a um microfone, anunciando **"promoções-relâmpago"** no interior de uma loja.

---

[18] TJRS, 20ª Câm., ApCiv 70.000.195.578, Rel. Des. José Aquino Flores de Camargo, j. 26-10-1999.

[19] MIRAGEM, Bruno. *Curso de direito do consumidor*, p. 260-261.

O consumidor que lá se encontra com o propósito de comprar uma pilha acaba levando uma TV para sua residência, pois foi **vítima da compra por impulso**. Entendemos tratar-se de prática abusiva do art. 39, *caput*, do CDC e, como consequência, ser perfeitamente cabível ao caso a aplicação por analogia do prazo de arrependimento de 7 dias previsto no art. 49 do Diploma Consumerista.

Raciocínio semelhante poderá ser realizado nas **contratações** realizadas **fora do estabelecimento comercial de maneira reflexa**, ou seja, o consumidor está dentro do estabelecimento, mas o produto que pretende adquirir não existe na loja, nem em mostruário, **restando apenas a possibilidade de analisá-lo no site do fornecedor**.

Percebam, o consumidor está dentro do estabelecimento, mas somente consegue visualizar o produto a ser adquirido pela internet, caracterizando verdadeira compra fora do estabelecimento comercial de maneira reflexa. Em nossa posição, também aqui poderia o consumidor invocar o direito de desistir do negócio no prazo legal de 7 dias.

Em última análise, **se o fundamento é o mesmo — evitar a compra por impulso —, entendemos pela viabilidade da aplicação analógica do prazo de arrependimento** previsto no art. 49 do CDC para as citadas contratações realizadas dentro do estabelecimento comercial.[20]

■ 13.4.4. O prazo legal e a viabilidade do prazo convencional de arrependimento nas compras realizadas fora do estabelecimento comercial

O **prazo legal** existente para o arrependimento nas contratações realizadas fora do estabelecimento comercial é o de **7 dias**, contados da assinatura do contrato ou do recebimento do produto ou serviço.

A questão que merece ser levantada consiste em saber **se as partes envolvidas** na relação de consumo **podem convencionar prazo diverso** do expresso no Código de Defesa do Consumidor.

A **resposta** à luz do Diploma Consumerista é **positiva**, **desde que o prazo de arrependimento convencional seja superior a 7 dias**. Isto porque, se for inferior a este prazo, irá violar o preceito de que a Lei n. 8.078/90 traz em seu conteúdo **normas de ordem pública e de interesse social** e a consequência respectiva de que o consumidor não poderá derrogar direitos do CDC.

De fato, aceitando prazo de reflexão inferior a 7 dias, estaria o consumidor abrindo mão do direito insculpido no art. 49, *caput*, do Código do Consumidor.

Por outro lado, óbice algum existe na concessão de prazo maior que 7 dias para o vulnerável da relação desistir do negócio celebrado fora do estabelecimento comercial em razão do **princípio da vinculação da oferta**.

---

[20] No entanto, a tese por nós defendida não prevalece ainda para fins de concurso público.

O que não se admite é a oferta da concessão de prazo maior pelo fornecedor e, no momento de formalizar a desistência no último dia, o consumidor se depara com a recusa por parte do fornecedor sob a alegação de que o prazo legal havia sido expirado.

Por exemplo, estabelece-se por convenção o prazo de arrependimento de 10 dias. No décimo dia, o consumidor resolve desistir do negócio, mas o fornecedor se recusa a aceitar, alegando que o prazo legal de 7 dias já havia expirado. Trata-se de prática abusiva, pois nos termos do art. 30 do CDC existe o princípio da vinculação da oferta, plenamente cabível para o caso em tela.

De fato, **se ofertou 10 dias como prazo de arrependimento, vinculado estará o fornecedor a aceitar a desistência até o término do prazo convencional**.

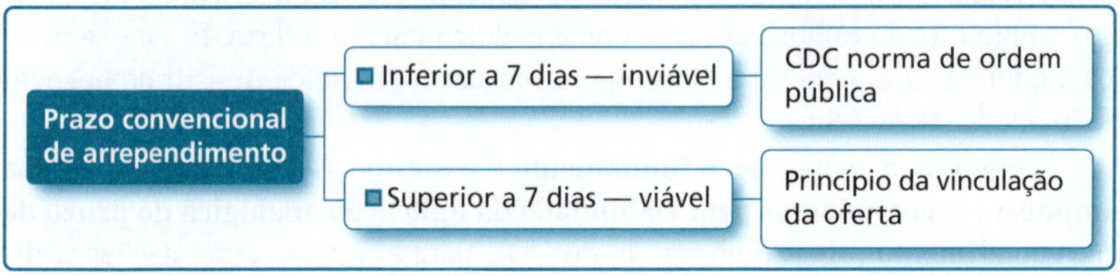

13.4.5. O direito à devolução dos valores pagos ante o arrependimento nas compras realizadas fora do estabelecimento comercial

Conforme visto, determina o parágrafo único do art. 49 do Código de Defesa do Consumidor que, exercitando o direito de arrependimento, o consumidor receberá em devolução os valores eventualmente pagos, durante o prazo de reflexão, monetariamente atualizados e de forma imediata.

De fato, os **efeitos da desistência são *ex tunc***, ou seja, **retroagem ao *status quo ante***, restando ao **fornecedor** o **dever de devolver o montante pago atualizado**, e ao consumidor, o de entregar em devolução o bem adquirido.

A **devolução do bem pelo consumidor evita o enriquecimento sem causa**, mas o **vulnerável não suportará o ônus do desconto** de qualquer valor em relação àquilo que foi pago, sob o fundamento, por exemplo, de desgaste do bem em razão de sua fruição, devendo, portanto, este **valor** ser **restituído em sua integralidade**.

A pretensão ao aludido desconto não possui amparo legal, não podendo o consumidor ser responsabilizado por eventuais prejuízos sofridos pelo **fornecedor**, na medida em que é deste o **dever de suportar os ônus e os riscos inerentes à atividade desenvolvida**.

Ademais, a **restituição** deverá ser **imediata**, sendo proibido ao fornecedor impor qualquer prazo para a restituição dos valores pagos pelo consumidor. Entendemos que a única ressalva que poderia ser levantada no caso em tela seria a de pagamento por meio de cartão de crédito. Portanto, razoável o estorno do valor pago na fatura do mês subsequente àquele em que a desistência foi formalizada.

Em última análise, pelas razões expostas, a devolução dos valores pagos em sua integralidade decorrente do exercício do direito de arrependimento pelo consumidor não gera prejuízo infundado ao fornecedor.

Devolução imediata, integral e atualizada | em razão do arrependimento do consumidor | **Ônus da atividade do fornecedor**

■ 13.4.6. Da utilização do prazo de reflexão pelo fornecedor para finalidades ilícitas

O fornecedor que utiliza o prazo de 7 dias para finalidades ilícitas realiza prática abusiva no mercado de consumo. **O prazo de 7 dias não pode ser motivo para o fornecedor recusar-se a trocar produto com vício** não expirado o período legal de 30 ou 90 dias, para o bem não durável ou durável, respectivamente, nos termos do art. 26 do CDC.

É prática comum o consumidor constatar no canhoto que comprova a retirada do produto de uma loja que vende eletroeletrônicos, por exemplo, a informação de que a troca do bem no estabelecimento somente se dará dentro do prazo de 7 dias.

Perceba a utilização de conduta ardilosa por parte do fornecedor que lança mão de um prazo existente no CDC para enganar o consumidor, pois no caso de vício do produto ou do serviço a responsabilidade é solidária de todos os membros da cadeia de fornecimento, inclusive do comerciante, e o prazo incidente não é o de 7 dias, mas o de 30 ou 90, conforme o disposto no art. 26 da Lei n. 8.078/90, a depender de se tratar de bem durável ou não durável.

Igualmente, leciona Cavalieri Filho que todas "as responsabilidades contratuais podem ocorrer nesse prazo de reflexão. Se nesses sete dias o produto apresentar algum vício ou ocorrer um dano pelo fato do produto, o fornecedor terá que indenizar normalmente, pelas regras do CDC. Ele não vai poder dizer que se tratava de um mero comodato e que o comprador ainda não havia assumido a posição de consumidor".[21]

Por fim, ressalta-se que **o direito de arrependimento não está atrelado à constatação de qualquer vício ou motivação por parte do consumidor**. "Basta que haja a decisão do consumidor, sem a necessidade de motivá-la ao fornecedor. Esta ausência de motivação, por sua vez, não tem por finalidade promover deci-

[21] CAVALIERI FILHO, Sergio. *Programa de direito do consumidor*, p. 161.

são arbitrária do consumidor, senão de impedir que o fornecedor possa evitar ou dificultar o exercício do direito, mediante a contradição ou impugnação dos motivos alegados por quem desista do contrato."[22]

■ 13.5. CONTRATOS DE OUTORGA DE CRÉDITO OU FINANCIAMENTO

■ 13.5.1. Informações obrigatórias nos contratos de crédito ou de financiamento

Dispõe o Código de Defesa do Consumidor em seu art. 52 a disciplina dos contratos de outorga de crédito ou de financiamento nos seguintes termos:

> No fornecimento de produtos ou serviços que envolva outorga de crédito ou concessão de financiamento ao consumidor, o fornecedor deverá, entre outros requisitos, informá-lo prévia e adequadamente sobre:
> I — preço do produto ou serviço em moeda corrente nacional;
> II — montante dos juros de mora e da taxa efetiva anual de juros;
> III — acréscimos legalmente previstos;
> IV — número e periodicidade das prestações;
> V — soma total a pagar, com e sem financiamento.

Trata-se de **rol exemplificativo**, devendo constar as informações expressas nos incisos do art. 52, porque obrigatórias, além de todos os demais dados necessários para tornar compreensível o conteúdo das cláusulas contratuais, conforme estudado ao longo deste capítulo, em especial no subitem que analisou os princípios específicos do contrato de consumo.

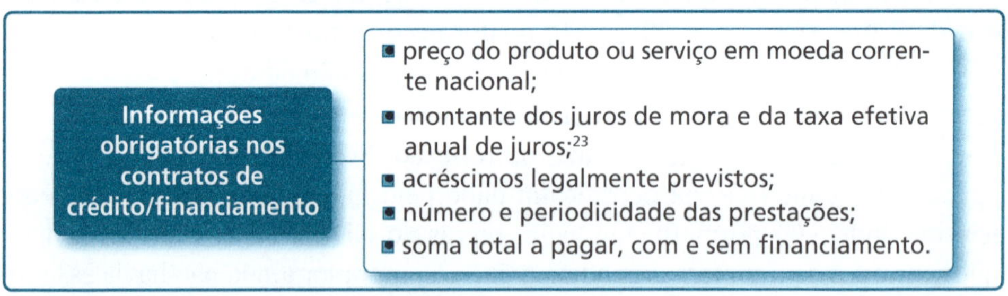

---

[22] MIRAGEM, Bruno. *Curso de direito do consumidor*, p. 261.

[23] Segundo pesquisa realizada pela Fundação PROCON do Estado de São Paulo e apresentada em janeiro de 2018, a média da taxa de juros dos principais bancos do País ficou: 1) Empréstimo Pessoal — a taxa média dos bancos pesquisados foi de 6,32% a.m., 0.09 ponto menor em relação ao mês anterior.; 2) Cheque Especial — a taxa média dos bancos pesquisados foi de 13,41% a.m., a mesma constatada no mês anterior. Disponível em:<http://www.procon.sp.gov.br/pdf/txjuros-janeiro2018.pdf>. Acesso em: 11 jan. 2018.

Num passado não tão longínquo, havia uma mensagem publicitária que fazia a seguinte pergunta ao consumidor: "Quer pagar quanto?".

Tratava-se de publicidade veiculada por empresa muito famosa pela venda de produtos de consumo via financiamento e pagamento por meio de carnês que violava os incisos do dispositivo legal ora analisado, pois não informava o preço do produto, o montante dos juros de mora, os acréscimos legalmente previstos, o número e a periodicidade das prestações, nem a soma total a pagar, com e sem financiamento.

Concordamos com Nelson Nery Junior ao defender que são "redutíveis ao regime deste artigo **todos os contratos que envolverem crédito**, como os de **mútuo, de abertura de crédito rotativo ('cheque especial'), de cartão de crédito, de financiamento de aquisição de produto durável por alienação fiduciária ou reserva de domínio, de empréstimo para aquisição de imóvel** etc., desde que, obviamente, configurem *relação jurídica de consumo*".[24]

Contrato de concessão de crédito muito corrente nos dias atuais envolve o **empréstimo consignado** com desconto em folha de pagamento do servidor ou aposentadoria do trabalhador da iniciativa privada paga pelo INSS.

A grande questão sobre o tema envolve saber **qual o limite máximo** de desconto na remuneração do consumidor que é considerado legítimo.

O **Superior Tribunal de Justiça** vem fixando como **percentual máximo 30%:**

> DESCONTO. FOLHA. PAGAMENTO. SERVIDOR PÚBLICO. LIMITAÇÃO. Trata-se, na origem, de ação em que servidor público estadual aduz que os descontos facultativos de sua remuneração inviabilizam a garantia de uma renda mínima existencial e pretende que os descontos sejam reduzidos ao percentual de 30% de seus vencimentos, mantidos os termos do contrato de empréstimo consignado em folha de pagamento. O tribunal *a quo*, ao interpretar o Dec. Estadual n. 43.574/2005, entendeu que a soma mensal das consignações facultativas e obrigatórias de servidor público do estado do Rio Grande do Sul não poderá exceder a 70% do valor de sua remuneração mensal bruta. A limitação contida na norma estadual veda a hipótese de o servidor público gaúcho arcar com prestações de empréstimos com desconto em folha acrescidas das cobranças obrigatórias (pensão alimentícia, contribuição previdenciária, imposto de renda, adiantamento de férias, adiantamento de décimo terceiro etc.) que eventualmente superem, em determinado mês, 70% de seus vencimentos. Os arts. 8º do Dec. n.

[24] GRINOVER, Ada Pellegrini; BENJAMIN, Antônio Herman de V.; FINK, Daniel Roberto; FILOMENO, José Geraldo Brito; NERY JR., Nelson; DENARI, Zelmo. *Código Brasileiro de Defesa do Consumidor,* p. 618.

> 6.386/2008[25], 2º, § 2º, I, da Lei n. 10.820/2003 e 45, parágrafo único, da **Lei n. 8.112/1990 estabelecem que a soma do desconto em folha de pagamento referente aos descontos de prestações de empréstimos, financiamentos e operações de arrendamento mercantil não poderão exceder a 30% da remuneração do trabalhador**. Assim, a Turma deu parcial provimento ao recurso ao entender que **as normas atinentes à administração pública federal aplicam-se subsidiariamente às administrações estaduais e municipais. Assentou que a soma dos descontos em folha de todas as prestações de empréstimos contratados pelo recorrente fique limitada a 30% de sua remuneração.** Precedentes citados: REsp 1.186.565/RS, *DJe* 3-2-2011; AgRg no Ag 1.381.307/DF, *DJe* 27-4-2011; RMS 21.380/MT, *DJ* 15-10-2007, RMS 13.439/MG, *DJ* 29-3-2004, REsp 1.169.334/RS, Rel. Ministro Luis Felipe Salomão, julgado em 23-8-2011 (Notícia do *Informativo* n. 481 do STJ — de 16 a 26 de agosto de 2011).

Entendemos que o limite de 30%, seria um **percentual razoável** que deveria ser **aplicado** não apenas ao servidor público, mas **também ao trabalhador da iniciativa privada**. “Este percentual, que se encontra inscrito na legislação federal para os servidores públicos da União, serve de parâmetro útil para a jurisprudência em relação aos servidores de outros entes federados e para os particulares, considerando a finalidade de evitar o superendividamento dos consumidores.”[26]

No entanto, no ano de 2015 a citada Lei n. 8.112 (Estatuto do Servidor Federal) sofreu alteração em seu art. 45, que passou a admitir o desconto na folha do servidor federal no percentual de 35%, sendo 5% desse total destinado ao pagamento de dívidas com cartão de crédito. Não concordamos com esse aumento e esperamos que o novo percentual não seja estendido ao trabalhador da iniciativa privada.[27]

Por enquanto, o desconto de 30% continua a predominar na jurisprudência do STJ: “A jurisprudência desta Corte consolidou-se no sentido de considerar que os descontos facultativos na folha de pagamento devem ser limitados a 30% (trinta por cento) da remuneração, tendo em vista o princípio da razoabilidade e do caráter alimentar dos vencimentos. Precedentes” (AgRg no AREsp 786.641/MG, Rel. Ministro Antonio Carlos Ferreira, 4ª T., *DJe* 12-5-2016).

---

25 O aludido Decreto foi revogado pelo Decreto n. 8.690, de 2016, que dispõe sobre a gestão das consignações em folha de pagamento no âmbito do sistema de gestão de pessoas do Poder Executivo federal.

26 MIRAGEM, Bruno. *Curso de direito do consumidor*, p. 288.

27 A alteração ocorrida na Lei n. 8.112 também foi perpetrada na Lei n. 10.820, por força da Lei n. 13.172, de 2015. No mesmo sentido prevê o Decreto n. 8.690, de 2016, que dispõe sobre a gestão das consignações em folha de pagamento no âmbito do sistema de gestão de pessoas do Poder Executivo federal.

O Superior Tribunal de Justiça entende que a limitação de desconto ao empréstimo consignado, em percentual estabelecido pelos arts. 45 da Lei n. 8.112/1990 e 1º da Lei n. 10.820/2003, não se aplica aos contratos de mútuo bancário em que o cliente autoriza o débito das prestações em conta corrente:

> RECURSO ESPECIAL. **PRESTAÇÕES DE MÚTUO FIRMADO COM INSTITUIÇÃO FINANCEIRA. DESCONTO EM CONTA CORRENTE E DESCONTO EM FOLHA. HIPÓTESES DISTINTAS. APLICAÇÃO, POR ANALOGIA, DA LIMITAÇÃO LEGAL AO EMPRÉSTIMO CONSIGNADO** AO MERO DESCONTO EM CONTA CORRENTE, SUPERVENIENTE AO RECEBIMENTO DA REMUNERAÇÃO. **INVIABILIDADE**. DIRIGISMO CONTRATUAL, SEM SUPEDÂNEO LEGAL. IMPOSSIBILIDADE. 1. A regra legal que fixa a limitação do desconto em folha é salutar, possibilitando ao consumidor que tome empréstimos, obtendo condições e prazos mais vantajosos, em decorrência da maior segurança propiciada ao financiador. O legislador ordinário concretiza, na relação privada, o respeito à dignidade humana, pois, com razoabilidade, limitam-se os descontos compulsórios que incidirão sobre verba alimentar, sem menosprezar a autonomia privada. 2. O contrato de conta corrente é modalidade absorvida pela prática bancária, que traz praticidade e simplificação contábil, da qual dependem várias outras prestações do banco e mesmo o cumprimento de pagamento de obrigações contratuais diversas para com terceiros, que têm, nessa relação contratual, o meio de sua viabilização. A instituição financeira assume o papel de administradora dos recursos do cliente, registrando lançamentos de créditos e débitos conforme os recursos depositados, sacados ou transferidos de outra conta, pelo próprio correntista ou por terceiros. 3. **Como característica do contrato, por questão de praticidade, segurança e pelo desuso, a cada dia mais acentuado, do pagamento de despesas em dinheiro, costumeiramente o consumidor centraliza, na conta corrente, suas despesas pessoais, como, v.g., luz, água, telefone, tv a cabo, cartão de crédito, cheques, boletos variados e demais despesas com débito automático em conta.** 4. Consta, na própria petição inicial, que a adesão ao contrato de conta corrente, em que o autor percebe sua remuneração, foi espontânea, e que os descontos das parcelas da prestação —- conjuntamente com prestações de outras obrigações firmadas com terceiros —- têm expressa previsão contratual e ocorrem posteriormente ao recebimento de seus proventos, não caracterizando consignação em folha de pagamento. 5. **Não há supedâneo legal e razoabilidade na adoção da mesma limitação, referente a empréstimo para desconto em folha, para a prestação do mútuo firmado com a instituição financeira administradora da conta corrente.** Com efeito, no âmbito do direito comparado, não se extrai nenhuma experiência similar — os exemplos das legislações estrangeiras, costumeiramente invocados, buscam, por vezes, com medidas extrajudiciais, solução para o superendividamento ou sobreendividamento que, isonomicamente, envolvem todos os credores, propiciando, a médio ou longo prazo, a quitação do débito. 6. À míngua de novas disposições legais específicas, há procedimento, já previsto no ordenamento

> jurídico, para casos de superendividamento ou sobreendividamento — do qual podem lançar mão os próprios devedores —, que é o da insolvência civil. 7. **A solução concebida pelas instâncias ordinárias, em vez de solucionar o superendividamento, opera no sentido oposto, tendo o condão de eternizar a obrigação, visto que leva à amortização negativa do débito, resultando em aumento mês a mês do saldo devedor.** Ademais, uma vinculação perene do devedor à obrigação, como a que conduz as decisões das instâncias ordinárias, não se compadece com o sistema do direito obrigacional, que tende a ter termo. 8. O art. 6º, parágrafo 1º, da Lei de Introdução às Normas do Direito Brasileiro confere proteção ao ato jurídico perfeito, e, consoante os arts. 313 e 314 do CC, o credor não pode ser obrigado a receber prestação diversa da que lhe é devida, ainda que mais valiosa. 9. A limitação imposta pela decisão recorrida é de difícil operacionalização, e resultaria, no comércio bancário e nas vendas a prazo, em encarecimento ou até mesmo restrição do crédito, sobretudo para aqueles que não conseguem comprovar a renda. 10. Recurso especial do réu provido, julgado prejudicado o do autor (REsp 1.586.910/SP, Rel. Min. Luis Felipe Salomão, 4ª T., *DJe* 3-10-2017).

Sobre o tema, importante ressaltar ainda o disposto na Súmula 603 do STJ: **"É vedado ao banco mutuante reter, em qualquer extensão, os salários, vencimentos e/ou proventos de correntista para adimplir o mútuo (comum) contraído, ainda que haja cláusula contratual autorizativa, excluído o empréstimo garantido por margem salarial consignável, com desconto em folha de pagamento, que possui regramento legal específico e admite a retenção de percentual"** (2ª Seção, julgado em 22-2-2018, *DJe* 26-2-2018).

■ 13.5.2. O percentual da multa de mora no CDC

A redação original do art. 52, § 1º, do Diploma Consumerista previa o percentual de 10% para a multa em razão de atraso por parte do consumidor no tocante ao cumprimento de sua obrigação.

No entanto, no ano de 1996, por força da Lei n. 9.298, a redação do dispositivo foi alterada e passou a ter o seguinte conteúdo: "As **multas de mora** decorrentes do inadimplemento de obrigações no seu termo **não poderão ser superiores a dois por cento** do valor da prestação".

A primeira questão relevante sobre o tema consiste em saber se **a redução dos juros de mora de 10% para 2% incidiu ou não sobre os contratos vigentes** à época do advento da Lei n. 9.298, de 1º de agosto de 1996, publicada no *Diário Oficial da União* no segundo dia dos aludidos mês e ano.

Entendemos que sim, desde que estejamos diante de contratos de prestações continuadas e somente para a mora surgida a partir do dia 2 de agosto de 1996, data da publicação da novel lei.

O Superior Tribunal de Justiça, no julgamento do Recurso Especial 1.090.044, decidiu nos seguintes termos: "Limitação, a partir da edição da Lei n.

9.298/96, que conferiu nova redação ao art. 52, § 1º, do CDC, em **2% da multa de mora prevista nos contratos em vigor e nos a serem celebrados entre a recorrente e os consumidores de seus serviços**" (Rel. Ministro Paulo de Tarso Sanseverino, 3ª T., *DJe* 27-6-2011).

Outra questão interessante é saber se constitui prática abusiva a conduta do fornecedor de calcular a **multa de mora** de 2% **sobre o total da dívida ou** se o correto seria balizar o valor devido em face **das prestações vencidas**.

A resposta já foi proferida pelo **STJ** no julgamento do Recurso Especial 231.208 ao entender que a "**multa é calculada sobre o valor das prestações vencidas, não sobre o total do financiamento** (art. 52, § 1º, do CDC)".

Apesar da existência de lei específica disciplinando o tema — Lei n. 9.870/99, que dispõe sobre o valor total das anuidades escolares —, é aplicável aos contratos de prestações de serviços educacionais o limite de 2% para a multa moratória, em harmonia com o disposto no art. 52, § 1º, do CDC. Nesse sentido é a posição do Superior Tribunal de Justiça:

> RECURSO ESPECIAL. SERVIÇOS EDUCACIONAIS. RELAÇÃO DE CONSUMO. APLICAÇÃO DO CDC. FATO DO SERVIÇO. PRESCRIÇÃO QUINQUENAL. **1. Nos termos do Código de Defesa do Consumidor, o contrato de prestação de serviços educacionais constitui relação de consumo.** 2. Nos casos de responsabilidade pelo fato do produto e do serviço, aplica-se o prazo prescricional de 5 anos (artigo 27 do CDC). 3. O termo inicial da prescrição começa a fluir a partir do momento em que o direito é violado, o qual coincide com o momento de nascimento da pretensão. 4. Recurso especial não provido (REsp 647.743/MG, Rel. Ministro Ricardo Villas Bôas Cueva, 3ª T., *DJe* 11-12-2012).

13.5.3. Da liquidação antecipada do débito total ou parcial

O art. 52, § 2º, determina, *in verbis*: "É assegurado ao consumidor a liquidação antecipada do débito, total ou parcialmente, mediante redução proporcional dos juros e demais acréscimos". Desta forma, qualquer disposição em contrário será considerada cláusula nula de pleno direito nos termos do art. 51, inciso I, do CDC.

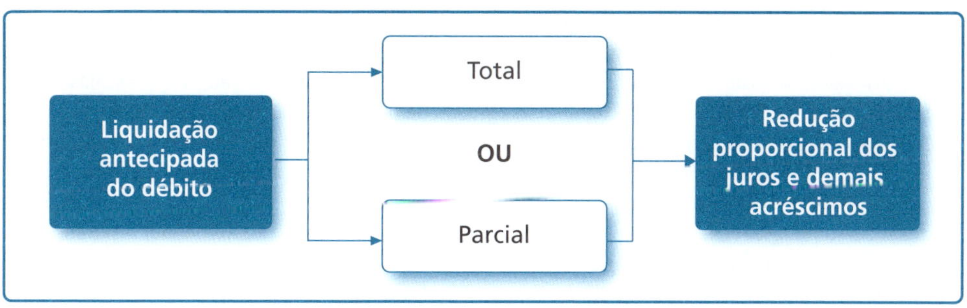

■ 13.6. CONTRATOS DE COMPRA E VENDA PARCELADAS NO CDC

O Código de Defesa do Consumidor estabelece em seu art. 53 que nos "contratos de compra e venda de móveis ou imóveis mediante pagamento em prestações, bem como nas alienações fiduciárias em garantia, consideram-se nulas de pleno direito as cláusulas que estabeleçam a perda total das prestações pagas em benefício do credor que, em razão do inadimplemento, pleitear a resolução do contrato e a retomada do produto alienado".

Segundo prevê o art. 66 do Decreto-lei n. 911/69, a "alienação fiduciária em garantia transfere ao credor o domínio resolúvel e a posse indireta da coisa móvel alienada, independentemente da tradição efetiva do bem, tornando-se o alienante ou devedor em possuidor direto e depositário com todas as responsabilidades e encargos que lhe incumbem de acordo com a lei civil e penal".[28,29,30,31]

---

[28] Em relação à alienação fiduciária, destaca-se o seguinte julgado do STJ: "BUSCA E APREENSÃO. ALIENAÇÃO FIDUCIÁRIA. CONSTITUIÇÃO DO DEVEDOR EM MORA. PROTESTO EDITALÍCIO. POSSIBILIDADE. 1. É vedado ao credor promover, concomitantemente, ação de busca e apreensão e o processo de execução da nota promissória dada em garantia, procedimento não verificado no caso. 2. Permite-se, para a comprovação da mora do devedor, a notificação extrajudicial ou o protesto do título, ainda que levado a efeito mediante edital. 3. Tendo considerado o acórdão recorrido regular o protesto do título para a constituição do devedor em mora, tal conclusão se mostra infensa à valoração desta Corte por força do óbice da Súmula 7. 4. Recurso especial parcialmente conhecido e improvido" (REsp 576.081/SP, Rel. Ministro Luis Felipe Salomão, 4ª T., *DJe* 8-6-2010).

[29] No tocante ao contrato de arrendamento mercantil — *leasing* —, dispõe a Súmula 369 do STJ: "No contrato de arrendamento mercantil (*leasing*), ainda que haja cláusula resolutiva expressa, é necessária a notificação prévia do arrendatário para constituí-lo em mora".

[30] Sobre o tema, cumpre ressaltar que o Decreto-Lei n. 911, de 1969, foi alterado em 2014 e passou a prever: "Art. 3º O proprietário fiduciário ou credor poderá, desde que comprovada a mora, na forma estabelecida pelo § 2º do art. 2º, ou o inadimplemento, requerer contra o devedor ou terceiro a busca e apreensão do bem alienado fiduciariamente, a qual será concedida liminarmente, podendo ser apreciada em plantão judiciário" (*Redação dada pela Lei n. 13.043, de 2014*); Art. 2º, § 2º "A mora decorrerá do simples vencimento do prazo para pagamento e poderá ser comprovada por carta registrada com aviso de recebimento, não se exigindo que a assinatura constante do referido aviso seja a do próprio destinatário" (*Redação dada pela Lei n. 13.043, de 2014*); Art. 3º, § 15 "As disposições deste artigo aplicam-se no caso de reintegração de posse de veículos referente às operações de arrendamento mercantil previstas na Lei n. 6.099, de 12 de setembro de 1974" (*Incluído pela Lei n. 13.043, de 2014*). Ainda nesse tocante, destacamos dois importantes julgados do STJ: "Aplica-se aos contratos de arrendamento mercantil de bem móvel, o entendimento firmado pela Segunda Seção desta Corte Superior, segundo o qual, 'nos contratos firmados na vigência da Lei n. 10.931/2004, compete ao devedor, no prazo de 5 (cinco) dias após a execução da liminar na ação de busca e apreensão [no caso concreto, de reintegração de posse do bem arrendado], pagar a integralidade da dívida — entendida esta como os valores apresentados e comprovados pelo credor na inicial —, sob pena de consolidação da propriedade do bem móvel objeto de alienação fiduciária' (REsp 1.418.593/MS, Relator o Ministro Luis Felipe Salomão, *DJe* 27-5-2014, julgado sob o rito dos recursos repetitivos); 1. Jurisprudência consolidada no sentido da possibilidade de purgação da mora do devedor em contrato de arrendamento mercantil, a despeito da ausência de previsão na Lei n. 6.099/74, haja vista a regra geral do Código Civil e do Código de Defesa do Consumidor. 2.

13.6.1. A abusividade da perda total das prestações pagas

O CDC considera abusiva e, portanto, nula de pleno direito a cláusula contratual que estabeleça a "perda total das prestações pagas em benefício do credor que, em razão do inadimplemento, pleitear a resolução do contrato e a retomada do produto alienado" (art. 53). Trata-se da chamada **cláusula de decaimento**, vedada nas relações de consumo.

Contudo, cumpre destacar que a **vedação legal incide sobre a perda total das prestações pagas**, o que admite concluir, *a contrario sensu*, que **o desconto de determinado percentual seria permitido**, sob o fundamento, por exemplo, de indenizar o credor pelo desgaste do imóvel em razão de longo período de ocupação do bem antes do inadimplemento do consumidor ou de sua desistência no negócio.

Nesse sentido, o Superior Tribunal de Justiça vem admitindo um desconto, em casos como o citado, que variam num percentual de 5% a 30%: **"Percentual de retenção fixado para 25%. Precedentes do STJ"** (REsp 332.947/MG, 4ª T., Rel. Ministro Aldir Passarinho Junior, 11-12-2006).

A jurisprudência do **STJ não admite**, porém, **a concessão de carta de crédito** no lugar da devolução das parcelas pagas pelo inadimplente ou desistente do negócio parcelado. Vejamos: **"Ao dispor o contrato que a devolução dos referidos valores ao adquirente se daria por meio de duas cartas de crédito, vinculadas à aquisição de um outro imóvel da mesma construtora, isso significa, efetivamente, que não haverá devolução alguma, permanecendo o consumidor-adquirente submetido à construtora, visto que, o único caminho para não perder as prestações já pagas, será o de adquirir uma outra unidade imobiliária da recorrente"** (REsp 437.607/PR, Rel. Ministro Hélio Quaglia Barbosa, 4ª T., *DJ* 4-6-2007).

Impossibilidade de purgação da mora mediante o oferecimento apenas das prestações vencidas, nos contratos de alienação fiduciária em garantia, após a alteração efetuada no art. 3º do Decreto-lei 911/69 pela Lei 10.931/2004 (REsp 1.418.593/MS, Recurso Repetitivo, Rel. Ministro Luis Felipe Salomão, 2ª Seção, *DJe* 27-5-2014). 3. A restrição introduzida no art. 3º do Decreto-lei 911/69 pela Lei 10.931/2004, pertinente ao contrato de financiamento com garantia de alienação fiduciária, é regra de direito excepcional, insusceptível a aplicação analógica a outros tipos de contrato. 4. Reconhecimento de que até a inclusão do § 15 no art. 3º do Decreto-lei n. 911/69, em 14-11-2014 (Lei n. 13.043/2014), a norma que disciplinava a purgação da mora no contrato de arrendamento mercantil de veículo automotor era a do art. 401, I, do Código Civil. A partir dessa data, contudo, não é mais permitida a purgação da mora também neste tipo de contrato, conforme norma específica. 5. Recurso especial conhecido e não provido" (REsp 1.381.832/PR, Rel. Ministra Maria Isabel Gallotti, 4ª T., *DJe* 24-11-2015).

[31] O STF entendeu que desnecessário o registro do contrato de alienação fiduciária de veículos em cartório: "Surge constitucional o § 1º do artigo 1.361 do Código Civil no que revela a possibilidade de ter-se como constituída a propriedade fiduciária com o registro do contrato na repartição competente para o licenciamento do veículo" (Tribunal Pleno, ADI 4.333; ADI 4.227; RE 611.639/RJ, Rel. Ministro Marco Aurélio, Repercussão Geral, *DJe* 15-4-2016).

Ainda sobre a posição do Superior Tribunal de Justiça, vale lembrar o teor da Súmula 543: **"Na hipótese de resolução de contrato de promessa de compra e venda de imóvel submetido ao Código de Defesa do Consumidor, deve ocorrer a imediata restituição das parcelas pagas pelo promitente comprador — integralmente, em caso de culpa exclusiva do promitente vendedor/construtor, ou parcialmente, caso tenha sido o comprador quem deu causa ao desfazimento"** (*DJe* 31-8-2015).

■ 13.7. CONTRATOS DE CONSÓRCIO NO CDC

O Código de Defesa do Consumidor estabelece em seu art. 53, § 2º: "Nos contratos do sistema de consórcio de produtos duráveis, a compensação ou a restituição das parcelas quitadas, na forma deste artigo, terá descontada, além da vantagem econômica auferida com a fruição, os prejuízos que o desistente ou inadimplente causar ao grupo".

Ensina Bruno Miragem que contratos "de consórcio constituem-se como modelo de contrato de outorga de crédito, razão pela qual têm por objeto o fornecimento de serviços financeiros, a fim de promover a aquisição de produtos ou serviços por consumidores, no qual a administradora do consórcio é fornecedora de crédito, e o adquirente do produto ou serviço, em geral destinatário final do mesmo, é o consumidor. (...) Sendo o consorciado sorteado ou tendo feito jus à carta de crédito mediante lance, uma vez adquirido o produto, o mesmo poderá submeter-se a alienação fiduciária ou reserva de domínio em favor da administradora do consórcio, até o adimplemento integral do valor do contrato pelo consumidor".[32]

Apesar da **existência de lei específica** dispondo sobre o sistema de consórcios — **Lei n. 11.795, de 2008** —, aplica-se o Código do Consumidor por se tratar de relação de consumo. Aliás, importante destacar a existência de **duas relações autônomas oriundas dos contratos de consórcio**.

No julgado *infra*, o Superior Tribunal de Justiça muito bem destaca a existência de uma **relação entre consorciados e administradora** — típica relação de consumo — e outra **entre os consorciados: "Tendo em vista as características do contrato associativo de consórcio, há dois feixes de relações jurídicas que podem ser autonomamente considerados. A relação entre os consorciados e a administradora, regulada pelo CDC, e a relação dos consorciados entre si, não regulada por esse diploma legal"** (REsp 1.269.632/MG, Rel. Ministra Nancy Andrighi, 3ª T., *DJe* 3-11-2011).

---

32 MIRAGEM, Bruno. *Curso de direito do consumidor*, p. 314.

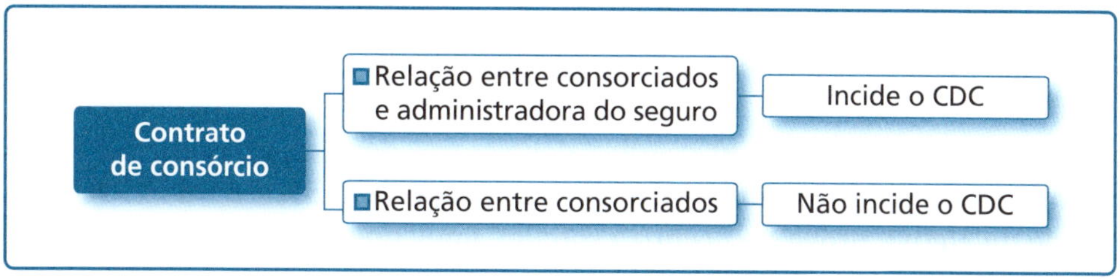

13.7.1. A taxa de administração nos contratos de consórcio

A administradora do consórcio é remunerada pela taxa de administração e muito se discutiu na jurisprudência superior se o seu percentual poderia ser fixado acima de 10%, conforme previsão expressa no art. 42 do Decreto n. 70.951/72.

O **Superior Tribunal de Justiça** firmou posicionamento no sentido de **permitir a taxa de administração acima de 10%**, conforme o seguinte julgado: **"A matéria ora analisada encontra-se pacificada neste Superior Tribunal de Justiça, tendo em vista que a Corte Especial (EREsp 927.379/RS) consigna o entendimento de que as administradoras de consórcio possuem total liberdade para fixar a respectiva taxa de administração, nos termos do art. 33 da Lei n. 8.177/91 e da Circular n. 2.766/97 do BACEN, não sendo considerada ilegal ou abusiva, portanto, as taxas fixadas em percentual superior a 10% (dez por cento), conforme ocorre no presente caso"** (REsp 796.842/RS, Rel. Ministro Fernando Gonçalves, 4ª T., *DJe* 12-4-2010).

Nesse sentido, foi editada a Súmula 538 do STJ, com o seguinte teor: **"As administradoras de consórcio têm liberdade para estabelecer a respectiva taxa de administração, ainda que fixada em percentual superior a dez por cento"** (*DJe* 15-6-2015).

13.7.2. Ônus da comprovação do prejuízo em razão da desistência ou inadimplemento nos contratos de consórcio

Questão relevante consiste em saber de quem é o ônus de provar os prejuízos decorrentes da desistência ou do inadimplemento do consorciado para legitimar o desconto no valor a ser restituído ao consumidor, da administradora do consórcio ou do consorciado?

Concordamos com Rizzatto Nunes ao entender que **é "ônus da administradora do consórcio provar a vantagem aferida pelo consumidor ou os prejuízos que o grupo teria com a devolução das parcelas.** E isso dificilmente acontece, porque a responsabilidade pela administração do grupo é da administradora.

Quando há desistência ou inadimplência, a vaga, normalmente, é preenchida por outro consorciado, de modo que anula eventual prejuízo".[33]

O STJ também vem entendendo desta forma em suas decisões mais recentes: **"a possibilidade de se descontar dos valores devidos percentual a título de reparação pelos prejuízos causados ao grupo (art. 53, § 2º, do CDC) depende da efetiva prova do prejuízo sofrido, ônus que incumbe à administradora do consórcio"** (REsp 871.421/SC, Rel. Ministro Sidnei Beneti, 3ª T., j. 11-3-2008, *DJe* 1º-4-2008).[34]

■ 13.7.3. Prazo para a restituição do valor pago nos contratos de consórcio

Tema polêmico consiste em saber qual o prazo para a devolução da quantia paga ao consorciado em razão da desistência deste. O Superior Tribunal de Justiça vem entendendo que **o reembolso é devido em até 30 (trinta) dias após o encerramento do grupo**, data esta que deve ser considerada como aquela prevista no contrato para a entrega do último bem.

Ademais, entende o STJ que os juros de mora incidem, tão somente, a partir de quando se esgota o prazo para a administradora proceder ao reembolso.[35] Nesse sentido: **"é devida a restituição de valores vertidos por consorciado desistente ao grupo de consórcio, mas não de imediato, e sim em até trinta dias a contar do prazo previsto contratualmente para o encerramento do plano"** (REsp 1.119.300/RS, Rel. Ministro Luis Felipe Salomão, Segunda Seção, *DJe* 27-8-2010).

■ 13.8. QUESTÕES

1. (CESPE — 2011 — DPE-MA — Defensor Público) A respeito da proteção contratual garantida nas relações jurídicas de consumo, assinale a opção correta.

---

33 NUNES, Luiz Antonio Rizzatto. *Curso de direito do consumidor*, p. 711.

34 No mesmo sentido, STJ no julgamento do AgRg no AREsp 56.425/RS: "AGRAVO REGIMENTAL NO AGRAVO CONTRA DECISÃO DE INADMISSÃO DO RECURSO ESPECIAL. CONSÓRCIO. DESISTÊNCIA. COBRANÇA DE CLÁUSULA PENAL. NECESSIDADE DE PROVA DO PREJUÍZO AO GRUPO. PROVA. INEXISTÊNCIA. SÚMULA 7/STJ. 1. Nos termos da jurisprudência do STJ, 'a possibilidade de se descontar dos valores devidos percentual a título de reparação pelos prejuízos causados ao grupo (art. 53, § 2º, do CDC) depende da efetiva prova do prejuízo sofrido, ônus que incumbe à administradora do consórcio.' (REsp 871.421/SC, Rel. Ministro Sidnei Beneti, Terceira Turma, julgado em 11/3/2008, *DJe* de 1º/4/2008). 2. O Tribunal de origem, apreciando as peculiaridades fáticas da causa, concluiu que a desistência do agravado não trouxe prejuízo ao grupo consorcial. A modificação de tal entendimento lançado no v. acórdão recorrido, como ora perseguido, demandaria a análise do acervo fático-probatório dos autos, o que é vedado pela Súmula 7 do STJ, que dispõe: 'A pretensão de simples reexame de prova não enseja recurso especial'. 3. Agravo regimental não provido" (AgRg no AREsp 56.425/RS, Rel. Ministro Raul Araújo, 4ª T., *DJe* 17-2-2012).

35 Nesse sentido, Recurso Especial 1.033.193/DF, *DJe* 1º-8-2008. Disponível em: <http://www.stj.jus.br/SCON/jurisprudencia/toc.jsp?processo=1033193&&b=ACOR&thesaurus=JURIDICO&p=true>. Acesso em: 3 dez. 2016.

a) O CDC não fixa prazo para o exercício do direito de pleitear em juízo a nulidade de cláusulas abusivas contidas em contratos de consumo; assim, o respectivo direito de ação é perpétuo, não estando sujeito à prescrição nem à decadência.
b) O STJ possui entendimento consolidado no sentido de serem válidas as cláusulas inseridas nos contratos de seguro-saúde que limitem o tempo de internação do segurado em unidade de terapia intensiva e que excluam da cobertura algumas moléstias, a fim de coibir a imposição de desvantagem exagerada ao fornecedor e garantir, assim, o equilíbrio nas relações de consumo.
c) Tratando-se do direito de arrependimento em relação aos produtos adquiridos fora do estabelecimento comercial, fica o consumidor obrigado apenas a comprovar as razões alegadas para o desfazimento do negócio, sendo nula cláusula que vede ou imponha multa decorrente do exercício desse direito.
d) Desde que haja previsão expressa e destacada no contrato, é possível a substituição da garantia legal pela contratual.
e) As declarações de vontade constantes de escritos particulares, recibos e pré-contratos vinculam o fornecedor e dão ao consumidor a oportunidade de pedir a execução forçada da obrigação de fazer ou não fazer, cabendo ao juiz, como regra, a providência de converter a obrigação em perdas e danos.

2. (FGV — 2011 — OAB — Exame de Ordem Unificado — 2 — Primeira Fase — out./2011) Quando a contratação ocorre por site da internet, o consumidor pode desistir da compra?

a) Sim. Quando a compra é feita pela internet, o consumidor pode desistir da compra em até 30 dias depois que recebe o produto.
b) Não. Quando a compra é feita pela internet, o consumidor é obrigado a ficar com o produto, a menos que ele apresente vício. Só nessa hipótese o consumidor pode desistir.
c) Não. O direito de arrependimento só existe para as compras feitas na própria loja, e não pela internet.
d) Sim. Quando a compra é feita fora do estabelecimento comercial, o consumidor pode desistir do contrato no prazo de sete dias, mesmo sem apresentar seus motivos para a desistência.

3. (CESPE — 2010 — OAB — Exame de Ordem Unificado — 1 — Primeira Fase — jun./2010) Acerca da disciplina jurídica da proteção contratual do consumidor, assinale a opção correta.

a) A lei confere ao consumidor a possibilidade de desistir do contrato, no prazo máximo de quinze dias a contar do recebimento do produto, no caso de contratação de fornecimento de produtos ocorrida fora do estabelecimento empresarial.
b) Reputam-se nulas de pleno direito as cláusulas contratuais relativas ao fornecimento de produtos e serviços que infrinjam normas ambientais ou possibilitem a violação dessas normas.
c) A garantia contratual exclui a garantia legal, desde que conferida mediante termo escrito que discipline, de maneira adequada, a constituição daquela garantia, bem como a forma, o prazo e o lugar para o seu exercício.
d) A lei limita a 10% do valor da prestação as multas de mora decorrentes do inadimplemento de obrigações no seu termo, no caso de fornecimento de produtos que envolva concessão de financiamento ao consumidor.

4. (CESPE — 2011 — TJ-PB — Juiz) Considerando a jurisprudência do STJ, assinale a opção correta acerca de fornecedor, proteção contratual e responsabilidade.

a) Empresa jornalística não pode ser responsabilizada pelos produtos ou serviços oferecidos por seus anunciantes, sobretudo quando não se infira ilicitude dos anúncios.

b) A composição civil judicial entre consumidor e fornecedor e (ou) prestador de serviços afasta a imposição de multa aplicada por órgão de proteção e defesa do consumidor.

c) Em contrato de arrendamento, considera-se abusiva cláusula contratual que obrigue o arrendatário a contratar seguro em nome do arrendante, cabendo àquele o dever de conservar o bem e, portanto, de arcar com os riscos e encargos inerentes.

d) Se uma revendedora de máquinas e equipamentos firmar contrato com transportadora para o transporte de um gerador de energia, restará configurada relação de consumo.

e) Em caso de rescisão de promessa de compra e venda de imóvel ainda em construção, é legítima cláusula contratual que determine a restituição das parcelas somente ao término da obra.

5. (TRT — 2010 — 2ª Região — Juiz do Trabalho) Quanto ao Código de Defesa do Consumidor, aponte a alternativa incorreta:

a) A garantia legal de adequação do produto ou serviço depende de termo expresso, vedada a exoneração contratual do fornecedor.

b) O fornecedor de serviços responde, independentemente da existência de culpa, pela reparação dos danos causados aos consumidores por defeitos relativos à prestação dos serviços, bem como por informações insuficientes ou inadequadas sobre sua fruição e riscos; no caso dos profissionais liberais, no entanto, a responsabilidade pessoal será apurada mediante a verificação de culpa.

c) O produto é defeituoso quando não oferece a segurança que dele legitimamente se espera, mas não é considerado defeituoso pelo fato de outro de melhor qualidade ter sido colocado no mercado.

d) Não sendo o vício sanado no prazo máximo de trinta dias, pode o consumidor exigir, alternativamente e à sua escolha: a substituição do produto por outro da mesma espécie, em perfeitas condições de uso; a restituição imediata da quantia paga, monetariamente atualizada, sem prejuízo de eventuais perdas e danos; o abatimento proporcional do preço.

e) O consumidor pode desistir do contrato, no prazo de 7 (sete) dias a contar de sua assinatura ou do ato de recebimento do produto ou serviço, sempre que a contratação de fornecimento de produtos e serviços ocorrer fora do estabelecimento comercial, especialmente por telefone ou a domicílio. Se o consumidor exercitar o direito de arrependimento, os valores eventualmente pagos, a qualquer título, durante o prazo de reflexão, serão devolvidos, de imediato, monetariamente atualizados.

6. (CESPE — 2009 — TRF — 5ª Região — Juiz) Assinale a opção correta acerca do CDC e dos contratos de seguro.

a) Considerando a natureza de trato sucessivo do contrato de seguro-saúde, o CDC rege as renovações que se derem sob sua vigência, não se podendo falar em retroação da lei nova, na hipótese de contrato firmado antes do início da vigência desse código.

b) Na ação em que se pretende o cumprimento de obrigação avençada em contrato de seguro, consubstanciada na indenização de prejuízo resultante do risco assumido em tal contrato, incide o prazo prescricional previsto no CDC.

c) É lícita a cláusula do contrato de seguro que cobre o transporte de cargas e exclui da cobertura as operações de carga e descarga, desde que escrita em destaque no contrato de adesão.
d) A legislação securitária garante à seguradora o cancelamento automático do contrato em caso de atraso no pagamento do prêmio, mesmo que tal pagamento tenha sido efetivado no dia seguinte ao do vencimento.
e) Prescreve em vinte anos o prazo para o segurado mover ação de cobrança da diferença entre o valor de mercado do bem segurado e o montante fixado na apólice, pago pela seguradora.

7. (MPE-MG — 2010 — Promotor de Justiça) O Código de Defesa do Consumidor (Lei n. 8.078, de 11 de setembro de 1990), ao dispor sobre a proteção contratual, estabelece:

I. Os contratos que regulam as relações de consumo não obrigarão os consumidores, se não lhes for dada a oportunidade de tomar conhecimento prévio de seu conteúdo ou se os respectivos instrumentos forem redigidos de modo a dificultar a compreensão de seu sentido e alcance.
II. As cláusulas contratuais serão interpretadas de maneira mais favorável ao consumidor.
III. As declarações de vontade constantes de escritos particulares, recibos e pré-contratos relativos às relações de consumo vinculam o fornecedor, ensejando inclusive execução específica.
IV. O consumidor pode desistir do contrato, no prazo de sete dias a contar de sua assinatura, ou do ato de recebimento do produto ou serviço, sempre que a contratação de fornecimento de produtos e serviços ocorrer fora do estabelecimento comercial, especialmente por telefone ou em domicílio. Se o consumidor exercitar o direito de arrependimento, os valores eventualmente pagos, a qualquer título, durante o prazo de reflexão, serão devolvidos, de imediato, monetariamente atualizados.
V. A garantia contratual é complementar à legal e será conferida mediante termo escrito. O termo de garantia ou equivalente deve ser padronizado e esclarecer, de maneira adequada, em que consiste a mesma garantia, bem como a forma, o prazo e o lugar em que pode ser exercitada e os ônus a cargo do consumidor, devendo ser-lhe entregue, devidamente preenchido pelo fornecedor, no ato do fornecimento, acompanhado de manual de instrução, de instalação e uso de produto em linguagem didática, com ilustrações.

Marque a opção CORRETA.

a) I, II, III e IV estão corretas.
b) I, II, III e V estão corretas.
c) II, III, IV e V estão corretas.
d) I, II, IV e V estão corretas.
e) Todas estão corretas.

8. (PUC-PR — 2012 — TJ-MS — Juiz) Acerca do direito de proteção ao consumidor, assinale a opção CORRETA.

a) Na execução dos contratos de consumo, o juiz pode adotar toda e qualquer medida para que seja obtido o efeito concreto pretendido pelas partes em caso de não cumprimento da oferta ou do contrato pelo fornecedor, salvo quando expressamente constar do contrato cláusula que disponha de maneira diversa.
b) Segundo o princípio da vinculação da oferta, toda informação ou publicidade sobre preços e condições de produtos ou serviços, como a marca do produto e as condições de

pagamento, veiculada por qualquer forma ou meio de comunicação, obriga o fornecedor que a fizer veicular ou dela se utilizar e integra o contrato que vier a ser celebrado.

c) Nos contratos regidos pelo Código de Defesa do Consumidor, as cláusulas contratuais desproporcionais, abusivas ou ilegais podem ser objeto de revisão, desde que o contrato seja de adesão e cause lesão a direitos individuais ou coletivos.

d) Em todo contrato de consumo consta, implicitamente, a cláusula de arrependimento, segundo a qual o consumidor pode arrepender-se do negócio e, dentro do prazo de reflexão, independentemente de qualquer justificativa, rescindir unilateralmente o acordo celebrado.

e) O consumidor não tem direito à garantia legal.

9. (CEPERJ — 2012 — PROCON-RJ — Advogado) Caio é procurado por vendedora da empresa Abaulada S/A, que comercializa os seus produtos de porta em porta. Após adquirir um dos produtos da citada empresa, o adquirente se arrepende e pretende desistir do negócio. Nesse caso, à luz das regras do Código de Defesa do Consumidor, o prazo para a desistência é de:

a) um dia
b) trinta dias
c) cinco dias
d) sete dias
e) dez dias

10. (FCC — 2012 — TJ-GO — Juiz) Patricinha adquiriu um vestido, na loja "Young Fashion", após tê-lo experimentado. Arrepende-se um dia após, ao descobrir que a cor do modelo estava fora de moda, e procura a loja para devolvê-lo, alegando estar no prazo de reflexão previsto no Código de Defesa do Consumidor. O dono da loja, Manelão, não aceita o argumento. Nesse caso,

a) Patricinha está certa, pois o CDC prevê sete dias a contar da aquisição do produto, em qualquer situação, para exercer o direito de arrependimento.

b) Manelão está certo, por não existir a figura do direito de arrependimento se o produto não é defeituoso ou não apresenta vício de qualidade.

c) Patricinha está certa, pois o prazo de garantia do vestido é de pelo menos 90 dias, por sua natureza de bem durável.

d) Manelão está certo, pois o consumidor só pode exercer seu direito de arrependimento, em sete dias a contar de sua assinatura ou do ato de recebimento do produto, se a aquisição ocorrer fora do estabelecimento comercial, especialmente por telefone ou em domicílio.

e) Patricinha está certa, por estar no prazo de reflexão, mas Manelão pode impor multa compensatória em razão da devolução imotivada.

11. (UFPR — 2013 — TJ-PR — Juiz Substituto) Em matéria de proteção contratual, de acordo com o Código de Defesa do Consumidor, considere se as seguintes afirmativas são verdadeiras (V) ou falsas (F):

( ) As cláusulas contratuais serão interpretadas de maneira mais favorável ao consumidor.
( ) A garantia contratual é complementar à legal e será conferida mediante termo escrito.
( ) É nula de pleno direito a cláusula contratual relativa a fornecimento de produtos e serviços que determine a utilização compulsória de arbitragem.
( ) A nulidade de uma cláusula contratual abusiva em regra invalida o contrato de consumo.

Assinale a alternativa que apresenta a sequência correta, de cima para baixo.

a) V — V — V — F
b) F — F — V — F.
c) V — V — F — V.
d) V — F — F — V.

12. (TJ-SC — 2013 — TJ-SC — Juiz Substituto) Observadas as proposições abaixo, assinale a alternativa correta:

I. Os contratos que regulam as relações de consumo não obrigam os consumidores mesmo quando oportunizado o prévio conhecimento dos seus termos, ou redigidos de modo a não dificultar a compreensão de seu sentido e alcance, de acordo com o princípio da ampla proteção do consumidor.
II. O consumidor pode desistir do contrato (art. 49, CDC), no prazo de 07 ou 10 dias, conforme o caso, a contar da sua assinatura ou do ato de recebimento do produto ou serviço, sempre que a contratação de fornecimento de produtos e serviços ocorrer fora do estabelecimento comercial.
III. As declarações de vontade constantes de escritos particulares, recibos e pré-contratos relativos às relações de consumo vinculam o fornecedor e ensejam a execução específica do art. 84 e parágrafos da Lei n. 8.078/90.
IV. A garantia contratual é complementar à legal e será conferida mediante termo escrito, padronizado e com os esclarecimentos do art. 50, parágrafo único, do Código de Defesa do Consumidor, entregue juntamente com o manual de instrução, de instalação e uso do produto em linguagem didática, inclusive com ilustrações.

a) Somente as proposições I e II estão corretas.
b) Somente as proposições I e III estão corretas.
c) Somente as proposições II e IV estão corretas.
d) Somente as proposições III e IV estão corretas.
e) Todas as proposições estão corretas.

13. (FGV — 2013 — TJ-AM — Juiz Substituto) Com relação aos contratos bancários, à luz do entendimento do Superior Tribunal de Justiça, analise as afirmativas a seguir.

I. As instituições financeiras sujeitam-se à limitação dos juros remuneratórios estipulada na Lei de Usura.
II. A estipulação de juros remuneratórios superiores a 12% ao ano, por si só, não indicam abusividade.
III. Os juros remuneratórios, nos contratos de mútuo bancário, podem ser superiores à taxa que estiver em vigor para a mora do pagamento de impostos devidos à Fazenda Nacional.

Assinale:

a) se somente a afirmativa I estiver correta.
b) se somente a afirmativa II estiver correta.
c) se somente a afirmativa III estiver correta.
d) se somente as afirmativas II e III estiverem corretas.
e) se todas as afirmativas estiverem corretas.

14. (CESPE — 2013 — DPE-RR — Defensor Público) A respeito do que preconiza a Lei n. 8.078/1990 em relação à proteção contratual, assinale a opção correta.

a) Nos contratos de adesão, não se admite cláusula resolutória.

b) O consumidor pode desistir do contrato, no prazo de dez dias a contar de sua assinatura ou do ato de recebimento do produto ou serviço, sempre que a contratação de fornecimento do produto ou serviço ocorrer fora do estabelecimento comercial, como por telefone ou em domicílio.

c) Se o consumidor exercitar o direito de arrependimento de compra previsto no CDC, os valores eventualmente pagos, a qualquer título, durante o prazo de reflexão, serão devolvidos, no prazo de até trinta dias, monetariamente atualizados.

d) Os contratos de adesão escritos serão redigidos em termos claros e com caracteres ostensivos e legíveis, com tamanho de fonte não inferior ao corpo doze, de modo a facilitar sua compreensão pelo consumidor.

e) O termo de garantia contratual ou equivalente deve ser padronizado e esclarecer, de maneira adequada, em que consiste a garantia, bem como a forma, o prazo e o lugar em que pode ser exercitada e os ônus a cargo do consumidor, devendo esse termo ser preenchido pelo consumidor, no ato do fornecimento, e ser acompanhado de manual de instrução, de instalação e uso do produto em linguagem didática, com ilustrações.

15. (VUNESP — 2014 — DPE-MS — Defensor Público) No fornecimento de produtos ou serviços que envolva outorga de crédito ou concessão de financiamento ao consumidor, é correto afirmar que:

a) o fornecedor deverá informar prévia e adequadamente o consumidor sobre a soma total a pagar, com e sem financiamento.

b) as multas de mora decorrentes do inadimplemento de obrigações no seu termo não poderão ser superiores a dez por cento do valor da prestação.

c) o fornecedor deverá informar, posterior e adequadamente, o consumidor sobre o montante dos juros de mora e da taxa efetiva anual de juros, quando houver mudança nas condições do mercado de crédito.

d) é assegurada ao consumidor a liquidação antecipada do débito, mediante redução proporcional dos juros e demais acréscimos, desde que corresponda à totalidade do valor em aberto.

16. (FGV — 2014 — OAB — Exame de Ordem Unificado — XIV — Primeira Fase) O fornecimento de serviços e de produtos é atividade desenvolvida nas mais diversas modalidades, como ocorre nos serviços de crédito e financiamento, regidos pela norma especial consumerista, que atribuiu disciplina específica para a temática

A respeito do crédito ao consumidor, nos estritos termos do Código de Defesa do Consumidor, assinale a opção correta.

a) A informação prévia ao consumidor, a respeito de taxa efetiva de juros, é obrigatória, facultando-se a discriminação dos acréscimos legais, como os tributos e taxas de expediente.

b) A liquidação antecipada do débito financiado comporta a devolução ou a redução proporcional de encargos, mas só terá cabimento se assim optar o consumidor no momento da contratação do serviço.

c) As informações sobre o preço e a apresentação do serviço de crédito devem ser, obrigatoriamente, apresentadas em moeda corrente nacional.

d) A pena moratória decorrente do inadimplemento da obrigação deve respeitar teto do valor da prestação inadimplida, não se podendo exigir do consumidor que suporte cumulativamente a incidência dos juros de mora.

17. (FCC — 2015 — TJ/SC — Juiz Substituto) Em relação aos contratos de adesão nas relações de consumo, analise os enunciados seguintes:

I. A inserção de cláusula no formulário descaracteriza a natureza de adesão do contrato, por implicar negociação entre as partes.
II. Nos contratos de adesão não se admite cláusula resolutória, pois toda resolução contratual deverá ser precedida de aviso, interpelação ou notificação prévios.
III. Os contratos de adesão escritos serão redigidos em termos claros e com caracteres ostensivos e legíveis, cujo tamanho da fonte não será inferior ao corpo doze, de modo a facilitar sua compreensão pelo consumidor.

É correto o que se afirma APENAS em

a) I e III.
b) II e III.
c) II.
d) I e II.
e) III.

18. (VUNESP — 2014 — TJ/SP — Juiz) Com base no Código de Defesa do Consumidor, assinale a opção correta.

a) As instituições financeiras respondem somente se agirem com culpa pelos danos gerados por fortuito interno relativo a fraudes e delitos praticados por terceiros no âmbito de operações bancárias.
b) O consorciado inadimplente que desiste de participar do grupo de consórcio não tem direito à restituição do que pagou, justamente por não ter cumprido sua parte no contrato.
c) É válida, em atenção ao princípio da autonomia da vontade, cláusula que estabelece a perda das benfeitorias, sem direito a indenização, em caso de rescisão do contrato, em virtude de mora no pagamento do preço.
d) Em contratos submetidos ao Código de Defesa do Consumidor, é abusiva a cláusula contratual que determina a restituição dos valores devidos somente ao término da obra ou de forma parcelada, na hipótese de resolução do contrato de promessa de compra e venda de bem imóvel, por culpa de quaisquer contratantes.

19. (FCC — 2016 — DPE-ES — Defensor Público) Joãozinho, após acessar o Facebook, teve acesso a um conteúdo publicitário com os seguintes dizeres: compre um celular e receba o segundo gratuitamente. Interessado por tais aparelhos Joãozinho efetuou a compra pela internet e recebeu os aparelhos em sua residência. Após o primeiro uso, os aparelhos que não apresentavam qualquer tipo de vício ou defeito são recusados pelo comprador, por mero desejo em adquirir um equipamento mais moderno. Com base neste problema e no Código de Defesa do Consumidor, Joãozinho

a) teria direito à substituição do produto por outro ou ao abatimento proporcional do preço ou à devolução do produto com a correspondente devolução do dinheiro pago, estas alternativas são opções do consumidor.
b) tem direito de desistir da compra, desde que o faça em sete dias a contar do recebimento do produto.
c) só teria direito de desistir da compra se os produtos apresentassem vício ou defeito.
d) não pode efetuar a desistência por se tratar de uma venda promocional e vantajosa ao consumidor.
e) tem o direito de desistir da aquisição eis que ele é vulnerável e hipossuficiente, desde que realize tal desistência no prazo de trinta dias.

20. (CESPE — 2017 — DPU — Defensor Público Federal) Com referência à proteção contratual e ao contrato de adesão, julgue o seguinte item.

Nas relações de consumo, não se admite cláusula resolutória nos contratos de adesão.

( ) Certo ( ) Errado

■ GABARITO ■

1. "a". As cláusulas abusivas são nulas de pleno direito, tendo nosso CDC optado pelo modelo de nulidade absoluta, por isso podem ter sua nulidade conhecida de ofício pelo julgador, como ensina o art. 51, *caput*, do CDC. Como se sabe, as nulidades absolutas são veiculadas como matéria de ordem pública, não podendo assim sofrer prescrição ou decadência, uma vez que não há prazo previsto para sua alegação. A assertiva "b" é errada, uma vez que o STJ possui entendimento consolidado em sentido diverso do enunciado da questão, vedando tais cláusulas limitativas de tempo de internação ou de gastos com tal operação; é este o sentido do Enunciado 302 de sua Súmula: "É abusiva a cláusula contratual de plano de saúde que limita no tempo a internação hospitalar do segurado". Ademais, apesar da existência de lei específica regulamentando as relações envolvendo plano de saúde (Lei n. 9.656, de 1998), a Súmula 469 do STJ não deixa qualquer dúvida sobre a incidência do CDC: "Aplica-se o Código de Defesa do Consumidor aos contratos de plano de saúde". A "c" se equivoca quando impõe ao consumidor a necessidade de fundamentar seu direito de arrependimento para as compras realizadas fora do estabelecimento, o que contradiz nosso CDC, mais propriamente a redação de seu art. 49. A alternativa "d" erra ao propor a substituição da garantia legal pela contratual, sendo que em verdade são complementares e cumulativas, uma da outra, e não substitutivas ou excludentes. Enfim, a assertiva "e" tem seu início em acordo com o CDC e seu art. 48; todavia, erra na continuidade, pois sempre deve ser dada preferência à tutela executiva específica pleiteada pelo consumidor, seja esta obrigação de fazer, não fazer ou entregar, cabendo apenas a conversão em perdas e danos subsidiariamente como tutela genérica e na impossibilidade das anteriores.

2. "d". É direito assegurado ao consumidor pelo Diploma Consumerista a desistência nas compras realizadas fora do estabelecimento empresarial, visando assim dar oportunidade de reflexão ao consumidor e evitando as compras realizadas de impulso; tal direito ainda não possui a necessidade de vir com fundamentação para o seu exercício. A assertiva "a" erra ao estabelecer o prazo de trinta (30) dias, sendo contrária ao art. 49 do CDC. A "b" é inverídica, uma vez que estabelece tal direito apenas nas hipóteses de vício do produto. A "c", por sua vez, sequer reconhece o direito de arrependimento do consumidor, sendo nitidamente errada e contrária ao Sistema de Proteção do Consumidor.

3. "b". Como nosso CDC dispõe claramente, são nulas de pleno direito as cláusulas que violem ou infrinjam normas ambientais, como reza o art. 51, inciso XIV, do CDC; a proteção ao meio ambiente tem fundamento constitucional em nosso ordenamento e sua tutela agora é repetida pelo CDC, o que só revela ainda mais a importância dada a tal valor constitucional. A alternativa "a" erra ao estabelecer o prazo de quinze (15) dias para a efetivação do direito de arrependimento, sendo que na verdade é de sete (7) dias como estabelece o art. 49 do CDC. A assertiva "c" erra ao afirmar sobre a exclusão das garantias legais e contratuais, uma vez que são cumulativas e complementares, representando uma garantia a mais para o consumidor, não podendo a legal ser excluída (art. 24 do CDC). Por último, a assertiva "d" erra ao estabelecer o limite da multa em dez (10) por cento, uma vez que o CDC traz disposição expressa sobre tal multa em caso de inadimplemento das obrigações, no limite de dois (2) por cento em relação ao valor da prestação, como versa seu art. 52, § 1º.

4. "a". A empresa de publicidade ou jornalística que veicula anúncio não pode ser responsável pelos produtos ou serviços oferecidos, conforme posicionamento do STJ já exposto neste livro: "A responsabilidade pela qualidade do produto ou serviço anunciado ao consumidor é do fornecedor respectivo, assim conceituado nos termos do art. 3º da Lei n. 8.078/1990, não se estendendo à empresa de comunicação que veicula a propaganda por meio de apresentador durante

programa de televisão, denominada 'publicidade de palco'" (REsp 1.157.228, Rel. Ministro Aldir Passarinho Junior, 4ª T., *DJe* 27-4-2011). A assertiva "b" é errônea, uma vez que a composição civil dos danos entre consumidor e fornecedor não prejudica a imposição de multa contra este último, como estudado no capítulo destinado à proteção administrativa do consumidor. A "c" erra ao estabelecer a vedação da cláusula que estipula contrato do arrendatário com seguradora, sendo perfeitamente possível a existência de tal cláusula, visto ser uma garantia ainda maior ao arrendante e arrendatário. A "d" erra, uma vez que não está configurada a relação de consumo entre tais sujeitos, afastando a aplicação do CDC em tal relação, visto não estar comprovada a vulnerabilidade da pessoa jurídica em tal contratação, além de a entrega fazer parte da atividade-fim da empresa contratante. A alternativa "e", enfim, é equivocada ao condicionar a devolução do ajustado e já pago pelo consumidor à conclusão da obra; é tratada tal prática como abusiva, de acordo com o art. 39, V, combinado com o art. 51, § 1º, ambos do CDC.

5. "a". Como a questão busca a assertiva em desacordo com o sistema de proteção do CDC, a alternativa "a" deve ser marcada, uma vez que está em sentido contrário ao conteúdo do art. 24 do CDC, que dispõe sobre a desnecessidade de termo expresso para que haja garantia legal de adequação do produto ou serviço. A assertiva "b", por seu tempo, como mencionamos oportunamente no Capítulo 5 — destinado à responsabilidade nas relações de consumo —, traz a regra geral de responsabilidade dos fornecedores de produto ou serviço, que é objetiva, além de mencionar a ressalva dos profissionais liberais, sendo por seu turno subjetiva (art. 14, § 4º, CDC). A alternativa "c" revela exatamente o conceito de defeito em produto, não podendo tal conceito ser estendido para os casos de inserção de novos produtos mais modernos, de melhor qualidade ou com novas técnicas (art. 12, § 2º). A "d" trata da possibilidade de exercício do direito de conserto de produto ou serviço com vício de qualidade ou quantidade, devendo o fornecedor sanar tal vício em até trinta dias (art. 18, § 1º, CDC). A última alternativa, "e", é correta, não devendo ser marcada, já que traz na íntegra a redação do art. 49 e seu parágrafo único.

6. "a". É a posição do Superior Tribunal de Justiça no REsp 735.168/RJ ao entender que: "Embora o CDC não retroaja para alcançar efeitos presentes e futuros de contratos celebrados anteriormente a sua vigência, a legislação consumerista regula os efeitos presentes de contratos de trato sucessivo e que, por isso, foram renovados já no período de sua vigência". A letra "b" está errada, pois o prazo prescricional do art. 27 do CDC refere-se apenas às pretensões de indenizações decorrentes de acidente de consumo. No caso, houve um inadimplemento contratual, e o STJ vem entendendo pela aplicação do prazo prescricional ânuo do Código Civil, mais precisamente do art. 206, § 1º, inciso II, do Código Civil: "O prazo prescricional ânuo (art. 178, § 6º, II, do CC/1916) para o ajuizamento da ação de cobrança de diferença de indenização securitária tem início na data da ciência inequívoca do pagamento incompleto ou a menor. Precedentes do STJ" (REsp 831.543/RJ, Rel. Ministro Antonio Carlos Ferreira, 4ª T., *DJe* 2-8-2012). A alternativa "c" está errada, na medida em que o STJ vem considerando este tipo de cláusula como abusiva: "É nula a cláusula do contrato de seguro que — cobrindo o transporte de cargas — exclui da cobertura as operações de carga e descarga (CDC, art. 51, IV e § 1º)" (REsp 613.397/MG, Rel. Ministro Humberto Gomes de Barros, 3ª T., *DJ* 09-10-2006). A assertiva "d" equivoca-se por contrariar a jurisprudência do STJ, que no REsp 278.064/MS entendeu: "É nula a cláusula de cancelamento automático da apólice" (art. 51, inc. IV e XI, do CDC). Pagamento do prêmio efetuado no dia seguinte ao do vencimento; antes, pois, de interpelação do segurado: "I. O mero atraso no pagamento de prestação do prêmio do seguro não importa em desfazimento automático do contrato, para o que se exige ou a prévia constituição em mora do contratante pela seguradora, mediante interpelação, ou o ajuizamento de ação judicial competente" (REsp 316.552/SP, Rel. Ministro Aldir Passarinho Junior, julgado em 9-10-2002). A letra "e" também está errada, pois, no caso de inadimplemento contratual ou cobrança de diferença nos contratos de seguro, o STJ vem entendendo pela aplicação do prazo prescricional ânuo do Código Civil, mais precisamente do art. 206, § 1º, inciso II, do Código Civil (REsp 831.543/RJ, supracitado).

7. "e". A assertiva "I" é verdadeira, uma vez que traz especificamente o princípio da transparência nas relações consumeristas, disposto no bojo do art. 46 do CDC. A assertiva "II" também é correta, visto ser cópia idêntica ao art. 47 do CDC, distinguindo-se assim do regime adotado pelo Código Civil e sua interpretação favorável somente nas cláusulas dúbias ou omissas. No que toca à afirmativa "III", é o conteúdo do princípio da vinculação nas relações de consumo, vinculando inclusive o disposto em tais documentos como recibos e escritos particulares (art. 48, CDC). A "IV" é verídica, trazendo a disciplina do direito de arrependimento nas compras efetuadas fora do estabelecimento comercial, tendo o prazo de reflexão do consumidor, em sete dias (art. 49, CDC). Os fundamentos principais são os de conceder ao consumidor um prazo de reflexão e evitar a compra por impulso. Além da fundamentação citada e denominada de principal, outros motivos não menos importantes existem e serão por nós chamados de fundamentos acessórios. Desta forma, as contratações fora do estabelecimento comercial restringem o direito do consumidor de: testar pessoalmente determinado produto ou serviço; (ii) compará-los com outros de modelos e marcas diferentes; (iii) esclarecer dúvidas presencialmente com o fornecedor, apesar de estar bem evoluído o atendimento imediato on-line ou por telefone; (iv) trocar experiências presencialmente com outros consumidores. Por último, a afirmação "V" também está correta, já que corresponde integralmente ao disposto no art. 50 do CDC e seu regramento sobre garantia contratual complementar à legal e trazida mediante termo escrito.

8. "b". Como estudado no decorrer deste capítulo, a oferta no CDC assume regramento distinto do ordenamento do Código Civil, sendo vinculativa e integrante do contrato da relação de consumo, como disciplina o art. 30 do CDC. A alternativa "a" é inverídica, uma vez que é possível sim ao juiz agir da forma que julgar mais conveniente para assegurar os direitos dos consumidores, podendo assim agir mesmo que exista cláusula contratual em sentido contrário. É o que consta do art. 84 do CDC: "Na ação que tenha por objeto o cumprimento da obrigação de fazer ou não fazer, o juiz concederá a tutela específica da obrigação ou determinará providências que assegurem o resultado prático equivalente ao do adimplemento". A alternativa "c" se mostra contrária ao CDC, pois é direito do consumidor (art. 6º, V, do CDC), a modificação das cláusulas desproporcionais e a revisão das excessivamente onerosas; todavia, quando cuidamos de cláusulas abusivas ou ilegais, a consequência será a declaração de sua nulidade absoluta (art. 51 do CDC). A alternativa "d", por sua vez, erra ao confundir o direito de arrependimento do consumidor com o prazo de reflexão previsto para as compras efetuadas fora do estabelecimento comercial, podendo no período de sete dias desistir do que foi pactuado (art. 49 do CDC). Por fim, a "e" é errônea, já que é direito do consumidor, expressamente previsto pelo CDC, a existência de garantia legal nas aquisições de produtos ou serviços, isto é, garantia de adequação do produto ou do serviço aos fins a que se destinam, como leciona o art. 24 do CDC.

9. "d". Como prevê expressamente o CDC, é direito expresso do consumidor a possibilidade de desistir do contrato pactuado fora de estabelecimento comercial, o que pode ser invocado no período de até sete dias, a contar da sua assinatura ou do recebimento do produto ou serviço, de acordo com o art. 49 do CDC. Além disso, se exercitado tal direito pelo consumidor, este terá devolvidos os valores pagos de forma atualizada. Os fundamentos principais são os de conceder ao consumidor um prazo de reflexão e evitar a compra por impulso. Além da fundamentação citada e denominada de principal, outros motivos não menos importantes existem e serão por nós chamados de fundamentos acessórios. Desta forma, as contratações fora do estabelecimento comercial restringem o direito do consumidor de: testar pessoalmente determinado produto ou serviço; (ii) compará-los com outros de modelos e marcas diferentes; (iii) esclarecer dúvidas presencialmente com o fornecedor, apesar de estar bem evoluído o atendimento imediato on-line ou por telefone; (iv) trocar experiências presencialmente com outros consumidores. Assim, estão incorretas as demais alternativas que disciplinam prazo distinto de sete dias para exercício de tal direito, por expressa incompatibilidade com o CDC.

10. "d". O CDC dispõe do prazo de reflexão para o exercício do direito de desistência do contrato pelo consumidor, conforme reza o art. 49, *caput*, do CDC. Todavia, tal direito só assiste ao consumidor que realizou a contratação do serviço ou produto fora do estabelecimento comercial, colocando assim o CDC um requisito espacial limitativo para a existência de tal direito, não existindo nas contratações que ocorram dentro do estabelecimento comercial. A alternativa "a" está equivocada, pois o direito de arrependimento apenas alcança as compras e aquisições externas ao estabelecimento, não sendo em qualquer situação ou relação de consumo, como diz a assertiva. A alternativa "b" se equivoca ao confundir o direito ao arrependimento alegável no prazo de reflexão de sete dias com a necessidade de reparação de danos por existência de vício no produto ou serviço, sendo situações inconfundíveis; a primeira é decorrente de o consumidor não ter acesso fisicamente ao produto, não podendo evitar eventuais surpresas não observadas; já a segunda ocorre quando o produto ou serviço acarreta algum dano econômico ao consumidor, tendo disparidade com o enunciado em qualidade ou quantidade, sendo impróprio ao consumo ou com valor diminuído, de acordo com art. 18 do CDC. A alternativa "c" mais uma vez tenta confundir o candidato, colocando como prazo para o exercício do direito de reflexão o mesmo destinado a reclamar pelos vícios duráveis existentes no produto (art. 26, II, do CDC). A alternativa "e", por derradeiro, desconsidera que, para a existência do direito de arrependimento, é necessária a contratação fora do estabelecimento, como alude o art. 49, *caput,* do CDC, e não havendo a possibilidade de imposição de multa quando este direito seja exercido. Muito pelo contrário, se exercitado tal direito de arrependimento pelo consumidor, este terá devolvidos os valores pagos de forma atualizada (art. 49, parágrafo único, do CDC).

11. "a". As três primeiras são verdadeiras e a última é falsa. A primeira afirmação é verdadeira, pois revela o real teor do art. 47 do CDC, sendo absoluta a interpretação mais favorável ao consumidor nos contratos de consumo, regime diverso do Código Civil que trata dessa interpretação benéfica somente quando houver no contrato de adesão cláusulas ambíguas ou contraditórias (art. 423 do Código Civil). A segunda afirmativa é verdadeira também ao afirmar a natureza complementar da garantia contratual e a necessidade de ser escrita, nos termos do art. 50 do CDC. A terceira afirmativa é correta, pois configura cláusula abusiva a determinação compulsória do uso da arbitragem nas relações de consumo, conforme disposto no art. 51, VII, do CDC. A quarta afirmação revela-se falsa, sendo contrária ao princípio da preservação explícita do contrato de consumo, pois quando uma cláusula contratual for tida como nula não deve implicar como consequência a nulidade de todo o contrato, salvo se mesmo com todos os esforços de integração ocorrer ônus exagerado a uma das partes (art. 51, § 2º, do CDC).

12. "d". Apenas as assertivas III e IV são verdadeiras. A afirmativa III corresponde exatamente ao disposto no art. 48 do CDC. É o denominado princípio da vinculação pré-contratual. A assertiva IV versa sobre a regra da garantia complementar, sendo disciplinada pelo CDC no art. 50, *caput* e parágrafo único. A assertiva I é errônea, pois viola o disposto no art. 46 do CDC, que prevê *in verbis*: "Os contratos que regulam as relações de consumo não obrigarão os consumidores, se não lhes for dada a oportunidade de tomar conhecimento prévio de seu conteúdo, ou se os respectivos instrumentos forem redigidos de modo a dificultar a compreensão de seu sentido e alcance". A assertiva II é errônea ao indicar 10 dias como prazo de arrependimento do consumidor, o qual na verdade é de 7 dias, desde que a compra tenha sido efetuada fora do estabelecimento comercial (art. 49 do CDC).

13. "d". É a alternativa condizente com o Código de Defesa do Consumidor. A assertiva II é verdadeira, pois, como preleciona o CDC, não há vedação expressa a estipulação de juros remuneratórios superiores a 12% ao ano, sendo que a simples estipulação desses juros em patamar superior não implica em abusividade consequente de tal cláusula; nesse sentido, lembramos a Súmula 382 do STJ: "A estipulação de juros remuneratórios superiores a 12% ao ano, por si só, não indica abusividade". A assertiva III é verdadeira, ao passo que a jurisprudência do STJ e a do STF já se firmaram no sentido de que não cabe ao Poder Judiciário fazer limitação aos juros bancários remuneratórios, devendo tal controle ser exercido pelo Banco Central do Brasil. Nessa toada, lembramos a ADI 2.591. Por fim, a afirmativa I é falsa, pois as instituições bancárias não estão sujeitas à lei de usura, após a revogação do § 3º do art. 192 da Constituição Federal pela EC n. 40, de 2003.

14. "d". A alternativa "d" corresponde exatamente ao conteúdo do art. 54, § 3º, do CDC. A alternativa "a" é inverídica, pois são admitidas as cláusulas resolutórias até mesmo nos contratos de consumo, desde que a opção caiba ao consumidor, como prevê o art. 54, § 2º, do CDC. A alternativa "b" erra ao trazer o prazo de 10 dias como período de arrependimento do consumidor nas compras efetuadas fora do estabelecimento comercial, sendo em verdade de 7 dias esse prazo (art. 49 do CDC). A alternativa "c" também versa sobre prazo de arrependimento e erra ao prever que a devolução será em até 30 dias do arrependimento, sendo que o CDC estipula que a quantia será devolvida de imediato ao consumidor (art. 49, parágrafo único, do CDC). Enfim, a alternativa "e" é equivocada, já que o preenchimento do termo da garantia contratual deverá ser realizado pelo fornecedor, nos termos do art. 50, parágrafo único, do CDC.

15. "a". Nos termos do art. 52, inciso V, do CDC. A letra "b" está errada, pois o percentual da multa de mora não poderá ser superior a 2% (art. 52, § 1º, do CDC). A alternativa "c" equivoca-se, pois a informação sobre a taxa de juros deverá ser prévia, e não posterior (art. 52, caput, inciso II, do CDC). Por fim, a letra "d" também está errada, pois a liquidação antecipada do débito poderá ser do montante total ou parcial da dívida (art. 52, § 2º, do CDC).

16. "c". Nos termos do art. 52, inciso I, do CDC. A letra "a" está errada, pois tanto as informações sobre taxa como as afetas aos acréscimos legais são obrigatórias (art. 52, incisos II e III, do CDC). A alternativa "b" equivoca-se, pois a liquidação antecipada do total ou de parcela da dívida poderá ser realizada a qualquer tempo, na medida em que o art. 52, § 2º, do CDC não traz nenhuma limitação temporal. Os juros de mora estão previstos no art. 52, § 1º, do CDC, por isso o erro da assertiva.

17. "e". Somente o item III está correto, nos termos do art. 54, § 3º, do CDC. O item I está errado, pois o art. 54, § 1º, do CDC determina que a inserção de cláusula no formulário não desfigura a natureza de adesão do contrato. O item II também está equivocado, na medida em que o art. 54, § 2º, do CDC estabelece que nos contratos de adesão admite-se cláusula resolutória, desde que alternativa, cabendo a escolha ao consumidor.

18. "d". É a alternativa que está de acordo com a posição do STJ no julgamento do REsp 1.300.418, conforme apresentado na parte teórica do livro.

19. "b". Nos termos do art. 49 do CDC, que assim estabelece: "O consumidor pode desistir do contrato, no prazo de 7 dias a contar de sua assinatura ou do ato de recebimento do produto ou serviço, sempre que a contratação de fornecimento de produtos e serviços ocorrer fora do estabelecimento comercial, especialmente por telefone ou a domicílio.

20. Errado. É o que determina o art. 54, § 2°, do CDC: "Nos contratos de adesão admite-se cláusula resolutória, desde que alternativa, cabendo a escolha ao consumidor, ressalvando-se o disposto no § 2° do artigo anterior."

14

CLÁUSULAS ABUSIVAS NO CDC

14.1. INTRODUÇÃO

A disciplina das **cláusulas abusivas** está prevista na Seção II do Capítulo VI do Código de Defesa do Consumidor, que trata da **proteção contratual**. Esta pontuação topográfica faz-se necessária, pois os direitos tratados no capítulo anterior deste livro incidem plenamente ao instituto das cláusulas abusivas que se manifestam nos contratos de consumo, sejam eles de adesão ou não.

De fato, apesar de constituírem temas plenamente ligados, optamos por tratar do abuso nas cláusulas contratuais em capítulo autônomo em razão da relevância do tema e dos mais variados casos práticos enfrentados pela jurisprudência superior do nosso país.

Os contratos de consumo são em sua maioria considerados de adesão, em que uma das partes elabora as cláusulas contratuais, cabendo à outra parte — o consumidor — aderir ou não a um formulário previamente estabelecido.

Nesse contexto, imprescindível uma **tutela rígida** no tocante à **disciplina das cláusulas contratuais abusivas**, ressaltando-se apenas que tal regramento **não se limita aos contratos de adesão**, incidindo também sobre os demais contratos de consumo ainda que com cláusulas convencionadas entre as partes.

Segundo os ensinamentos de Nelson Nery Junior, a expressão **"cláusulas abusivas"** pode ser tomada "como sinônima de cláusulas **opressivas**, cláusulas **vexatórias**, cláusulas **onerosas** ou, ainda, *cláusulas* ***excessivas***".[1]

Em última análise, sempre que o fornecedor tentar prevalecer-se da fragilidade do consumidor, praticará conduta ilícita que, estando expressa num contrato de consumo, receberá a denominação cláusula abusiva.

Com efeito, na maioria das vezes, o consumidor, ao assinar um contrato de adesão, não se atenta para a existência de uma cláusula abusiva e, quando vai utilizar o serviço objeto do contrato — por exemplo, um serviço de seguro-saúde

---

[1] GRINOVER, Ada Pellegrini; BENJAMIN, Antônio Herman de V.; FINK, Daniel Roberto; FILOMENO, José Geraldo Brito; NERY JR., Nelson; DENARI, Zelmo. *Código Brasileiro de Defesa do Consumidor,* p. 570.

—, depara-se com alguma abusividade do fornecedor, que alega em sua defesa a existência de cláusula contratual legitimando tal conduta.

Contudo, analisamos em capítulos pretéritos que não basta dar oportunidade de ciência do conteúdo do contrato de consumo "se os respectivos instrumentos forem redigidos de modo a dificultar a compreensão de seu sentido e alcance" (art. 46 do CDC).

Com efeito, destaca-se o importante controle realizado por força do Poder Judiciário, muitas vezes provocado por um Ministério Público[2] forte e atuante que, conforme analisaremos em breve, vem colaborando para o surgimento de um arcabouço de decisões judiciais paradigmáticas no tocante à proteção do vulnerável da relação de consumo.

■ 14.2. CLÁUSULAS ABUSIVAS E A NULIDADE ABSOLUTA

O Código de Defesa do Consumidor, ao prever no *caput* do art. 51 que as **cláusulas abusivas são nulas de pleno direito**, quis conferir a elas a natureza de nulidade absoluta. A principal consequência desta afirmativa é a de que a **nulidade absoluta** pode e deve ser **reconhecida de ofício pelo juiz**.

---

[2] A respeito da atuação do Ministério Público, prevê o art. 51, § 4º, do CDC: "É facultado a qualquer consumidor ou entidade que o represente requerer ao Ministério Público que ajuíze a competente ação para ser declarada a nulidade de cláusula contratual que contrarie o disposto neste código ou de qualquer forma não assegure o justo equilíbrio entre direitos e obrigações das partes". Em relação à tutela do consumidor por intermédio do Ministério Público no combate às cláusulas abusivas, lembra Bruno Miragem que esta proteção poderá ocorrer na via administrativa ou judicial: "A doutrina brasileira, em vista do disposto no artigo 51, § 4º, sustenta que permanece a possibilidade de controle das cláusulas abusivas pelo Ministério Público, o que parece certo. Apenas ressalve-se que este controle, feito em caráter administrativo nos autos do inquérito civil, cuja prerrogativa de instauração é do Ministério Público, terá sucesso na medida em que haja disposição do fornecedor estipulante das cláusulas abusivas sob exame, de abster-se na celebração de novos contratos, ou readequação dos já celebrados, em vista das normas cogentes de proteção do consumidor. Depende-se, neste sentido, da celebração, com o consentimento do fornecedor e do Ministério Público, de termo de ajustamento de conduta, que indique as obrigações a serem cumpridas pelas partes e as respectivas sanções pelo eventual descumprimento. No caso de violação dos termos do acordo, este constituirá, por força de lei, título executivo extrajudicial (artigo 5º, § 6º, da lei da Ação Civil Pública), podendo desde logo ser executadas, pelo Ministério Público, as sanções previstas contra o fornecedor. Entretanto, havendo recusa do fornecedor que estipule cláusulas abusivas em seus contratos de abster-se desta prática, a solução adequada será a interposição da respectiva ação judicial para o controle *in abstrato* (derivadas de contratos-padrão, contratos-tipo elaborados por fornecedores e não necessariamente celebrados por consumidores) ou o controle *in concreto,* visando à nulidade de cláusulas presentes em contratos já celebrados entre fornecedores e consumidores. A legitimação para tanto decorre do artigo 82 do CDC, que estabelece a legitimação do MP para interpor ação visando a tutela de qualquer dos interesses e direitos previstos no artigo 81, parágrafo único, do CDC, sejam eles interesses ou direitos difusos, coletivos ou individuais homogêneos" (MIRAGEM, Bruno. *Curso de direito do consumidor*, p. 240).

Nesse sentido, a doutrina consumerista entende:

NELSON NERY	"A **nulidade da cláusula abusiva** deve ser **reconhecida** judicialmente, por meio de ação direta (ou reconvenção), de exceção substancial alegada em defesa (contestação), ou, ainda, **por ato *ex officio* do juiz**. A sentença que reconhece a nulidade não é declaratória, mas *constitutiva negativa*. Quanto à subsistência da relação jurídica de consumo contaminada por cláusula abusiva, **o efeito da sentença** judicial que reconhece a nulidade da cláusula abusiva **é *ex tunc***, pois desde a conclusão do negócio jurídico de consumo já preexistia essa situação de invalidade, de sorte que o magistrado somente faz reconhecer essa circunstância fática anterior à propositura da ação."[3]
BRUNO MIRAGEM	"O **controle das cláusulas abusivas e decretação da sua nulidade é competência tipicamente judicial**. Cumpre ao juiz o exame e reconhecimento de cláusulas contratuais abusivas nos contratos de consumo, decretando sua nulidade e realizando a integração do contrato, quando julgue ser o caso, mediante requerimento do consumidor, interessado, de quem o represente adequadamente, ou **mesmo de ofício**."[4]
LEONARDO BESSA	"Portanto, o reconhecimento da abusividade e consequente **declaração de nulidade** das cláusulas inseridas em contratos de consumo podem e **devem ser conhecidas de ofício** (*ex officio*) **pelo magistrado**. Trata-se, portanto, de exceção à regra de que 'o juiz decidirá a lide nos limites em que foi proposta' (art. 128 do CPC). Em relação à proteção contratual do consumidor, o magistrado tanto pode invalidar a cláusula abusiva como realizar a modificação do seu conteúdo."[5]

De fato, constata-se que a sanção prevista pelo Diploma Consumerista ante a constatação da existência de uma cláusula abusiva num contrato de consumo é a nulidade de pleno direito, com a lembrança de que **a anulação de cláusula não implica, necessariamente, a invalidação do contrato** em sua integralidade, "exceto quando de sua ausência, apesar dos esforços de integração, decorrer ônus excessivo a qualquer das partes" (art. 51, § 2º, do CDC).

Trata-se do **princípio da conservação dos contratos** de consumo analisado no Capítulo 13 deste livro.

Apesar da pacificação do tema na doutrina, cumpre relembrar que o **Superior Tribunal de Justiça não admite** o tal **reconhecimento de ofício pelo juiz**, tratando-se de **contratos bancários**.

O assunto foi sumulado no ano de 2009 pelo Enunciado 381 da Segunda Seção do STJ, *in verbis:* "Nos contratos bancários, é vedado ao julgador conhecer,

---

[3] GRINOVER, Ada Pellegrini; BENJAMIN, Antônio Herman de V.; FINK, Daniel Roberto; FILOMENO, José Geraldo Brito; NERY JR., Nelson; DENARI, Zelmo. *Código Brasileiro de Defesa do Consumidor*, p. 572.

[4] MIRAGEM, Bruno. *Curso de direito do consumidor*, p. 239.

[5] BENJAMIN, Antônio Herman de V.; MARQUES, Claudia Lima; BESSA, Leonardo Roscoe. *Manual de direito do consumidor*, p. 336.

de ofício, da abusividade das cláusulas". Discordamos desta posição, *data maxima venia*, e não encontramos fundamentação jurídica para tal entendimento.[6]

■ 14.3. CLÁUSULAS ABUSIVAS E A TEORIA DO ABUSO DE DIREITO

A doutrina diverge parcialmente sobre o fundamento das cláusulas abusivas, se se encontram ou não respaldadas na **teoria do abuso do direito** prevista pelo Código Civil.

Em razão da relevância da discussão, trazemos à colação dois posicionamentos da melhor doutrina sobre o assunto:

SERGIO CAVALIERI FILHO	BRUNO MIRAGEM
"Em nosso entender, **o fundamento das cláusulas abusivas deve ser examinado à luz da nova dimensão que o Código Civil de 2002 deu ao abuso do direito**, cujo art. 187 assim o conceitua: 'Também comete ato ilícito o titular de um direito que, ao exercê-lo, excede manifestamente os limites impostos pelo seu fim econômico ou social, pela boa-fé ou pelos bons costumes'. Como se vê, o **abuso do direito** foi aqui definido como **ato ilícito por critério** exclusivamente **objetivo**, diferente do ato ilícito *(stricto sensu)* conceituado no art. 186. A primeira conclusão que se tira da redação do art. 187 (CC) é a de que o **abuso do direito foi erigido** a princípio geral **para todas as áreas do Direito** (obrigações, contratos, propriedade, família, empresarial, **consumidor**, até no direito público), pois a expressão o *titular* de *um direito* abarca todo e qualquer direito subjetivo cujos limites forem excedidos. (...) Não constitui óbice a essa conclusão o argumento de que a abusividade das cláusulas contratuais não depende da malícia, do dolo ou da má-fé daquele que as elaborou e que é subjetiva a apreciação que conecta a abusividade (das cláusulas) com a figura do abuso do direito. (...) Em suma, **em face da adoção, pelo nosso Código Civil, da teoria**	"Daí por que sustentamos que a exata compreensão da disciplina das cláusulas abusivas no sistema do CDC não prescinde do exame da teoria do abuso do direito, em sua concepção objetiva e renovada (a partir do artigo 187 do CC), em vista dos limites objetivamente estabelecidos pelo ordenamento jurídico ao exercício das posições jurídicas. (...) Deve-se observar, contudo, que **as concepções de abuso do direito e ato abusivo no direito civil e no direito do consumidor, embora guardem semelhança, não se confundem**. Possuem, por certo, uma identidade originária quanto aos seus fins primários, de proteção do equilíbrio dos interesses das partes de uma determinada relação jurídica, e a limitação de prerrogativas outorgadas pelo ordenamento jurídico em face de um interesse considerado mais relevante, seja ele a estabilidade das relações jurídicas, os interesses legítimos de uma das partes em relação à outra, ou os limites externos aos interesses individualmente considerados, como pode ocorrer — ainda que não exclusivamente — na violação dos limites impostos pelos bons costumes e dos fins sociais ou econômicos do direito. **Em direito do consumidor, todavia, o abuso do direito vincula-se a dois critérios essenciais** para

[6] O teor da aludida súmula somente seria admitido se levássemos em consideração alguns precedentes do STJ no sentido de não admitir que o Tribunal conheça de ofício cláusula abusiva, caso o tema não tenha sido discutido em primeira instância. Vejamos trecho de um desses julgados: "1. É pacífica a compreensão jurisprudencial no âmbito da eg. Segunda Seção desta Corte Superior de Justiça, consolidada no julgamento do Recurso Especial n. 1.061.530/RS, nos termos do procedimento dos recursos representativos da controvérsia (Código de Processo Civil, art. 543-C e Resolução n. 8/2008 do STJ), de que, embora aplicável o Código de Defesa do Consumidor nos contratos bancários, não é possível, de ofício, o reconhecimento da nulidade e, por conseguinte, a revisão de cláusulas contratuais consideradas abusivas, sob pena de ofensa ao princípio do *tantum devolutum quantum apellatum*" (AgRg nos EDcl no REsp 1.206.203/RS, Rel. Ministro Raul Araújo, 4ª T., *DJe* 25-6-2013).

objetiva em relação ao abuso do direito, não é necessário, para configurá-lo, que haja dolo, culpa, má-fé, ou fim de prejudicar por parte do titular do direito. Bastará que aquele que o exerça exceda objetivamente os limites estabelecidos na lei. (...) Conclui-se do exposto que a proibição das cláusulas abusivas é uma das formas de intervenção do Estado nos negócios privados para impedir o abuso na faculdade de predispor unilateralmente as cláusulas contratuais, antes deixadas sob o exclusivo domínio da autonomia da vontade. A imposição de limites restringe a própria liberdade de estipulação do conteúdo do contrato."[7]	sua identificação e consequente controle dos atos abusivos: **a) o *status* constitucional** do consumidor como sujeito **de direitos fundamentais**; e a razão lógica deste reconhecimento como, de resto, das demais normas de proteção em nosso ordenamento: **b) a presunção jurídica da sua vulnerabilidade.** (...) Enquanto no direito civil comum, o desrespeito dos limites impostos pelos fins econômicos ou sociais, pela boa-fé e pelos bons costumes, implica na caracterização da **conduta abusiva**, no direito do consumidor esta se dá por uma **posição de dominância do fornecedor em relação ao consumidor.** Esta é uma presunção jurídica em favor do consumidor que fundamenta as normas de proteção."[8]

Seja qual for a posição adotada dentre as duas citadas, o importante é ressaltar o ponto de que a **abordagem objetiva** deverá imperar no tocante à apreciação das **cláusulas abusivas** no Código de Defesa do Consumidor, ou seja, o CDC adotou uma posição objetiva e pouco importa analisar a intenção do fornecedor para caracterizar uma conduta como abusiva ou não nas relações jurídicas de consumo.

■ 14.4. O ROL EXEMPLIFICATIVO DAS CLÁUSULAS ABUSIVAS NO CDC

Prevê o Código de Defesa do Consumidor em seu art. 51, *caput*, que:

> Art. 51. São nulas de pleno direito, entre outras, as cláusulas contratuais relativas ao fornecimento de produtos e serviços que:
>
> I — impossibilitem, exonerem ou atenuem a responsabilidade do fornecedor por vícios de qualquer natureza dos produtos e serviços ou impliquem renúncia ou disposição de direitos. Nas relações de consumo entre o fornecedor e o consumidor pessoa jurídica, a indenização poderá ser limitada, em situações justificáveis;
>
> II — subtraiam ao consumidor a opção de reembolso da quantia já paga, nos casos previstos neste código;
>
> III — transfiram responsabilidades a terceiros;
>
> IV — estabeleçam obrigações consideradas iníquas, abusivas, que coloquem o consumidor em desvantagem exagerada, ou sejam incompatíveis com a boa-fé ou a equidade;
>
> V — (Vetado);[9]

---

7 CAVALIERI FILHO, Sergio. *Programa de direito do consumidor*, p. 172-175.

8 MIRAGEM, Bruno. *Curso de direito do consumidor*, p. 229-230.

9 O dispositivo vetado tinha a seguinte redação: "Segundo as circunstâncias e, em particular, segundo a aparência global do contrato, venham, após sua conclusão, a surpreender o consumidor". As razões do veto foram: "Reproduz, no essencial, o que já está explicitado no inciso IV. É, portanto, desnecessário".

VI — estabeleçam inversão do ônus da prova em prejuízo do consumidor;

VII — determinem a utilização compulsória de arbitragem;

VIII — imponham representante para concluir ou realizar outro negócio jurídico pelo consumidor;

IX — deixem ao fornecedor a opção de concluir ou não o contrato, embora obrigando o consumidor;

X — permitam ao fornecedor, direta ou indiretamente, variação do preço de maneira unilateral;

XI — autorizem o fornecedor a cancelar o contrato unilateralmente, sem que igual direito seja conferido ao consumidor;

XII — obriguem o consumidor a ressarcir os custos de cobrança de sua obrigação, sem que igual direito lhe seja conferido contra o fornecedor;

XIII — autorizem o fornecedor a modificar unilateralmente o conteúdo ou a qualidade do contrato, após sua celebração;

XIV — infrinjam ou possibilitem a violação de normas ambientais;

XV — estejam em desacordo com o sistema de proteção ao consumidor;

XVI — possibilitem a renúncia do direito de indenização por benfeitorias necessárias.

Conforme é possível constatar, trata-se de **rol exemplificativo** bem representado pela expressão **"entre outras"**. Assim, qualquer cláusula contratual que tenha por objetivo prevalecer-se ilicitamente da vulnerabilidade do consumidor será considerada uma cláusula abusiva, ainda que não conste expressamente do rol expresso no art. 51 do CDC.

Nesse sentido, leciona Leonardo Roscoe Bessa que "os incisos IV e XV do art. 51 reforçam o caráter exemplificativo, ao indicar, de modo genérico, critérios para aferição de abusividade".[10]

Como exemplo de cláusula abusiva capaz de ferir a principiologia de defesa do consumidor sem estar expressamente prevista no CDC, podemos citar a cláusula que especifica a **eleição de foro** em local diverso do domicílio do consumidor. Esta é a visão de Nelson Nery Junior, para quem a "eleição de foro diverso do do domicílio do consumidor, ainda que não inviabilize ou impossibilite, dificulta sua defesa, ofendendo o art. 6º, n. VIII, do CDC, que diz ser direito básico do consumidor a facilitação de sua defesa em juízo. Logo, tal cláusula ofende o 'sistema' de defesa do consumidor, sendo, portanto, nula (art. 51, n. XV, do CDC). É, de consequência, sempre nula, em abstrato, a cláusula de eleição de foro que não

[10] BENJAMIN, Antônio Herman de V.; MARQUES, Claudia Lima; BESSA, Leonardo Roscoe. *Manual de direito do consumidor*, p. 334.

seja o do domicílio do consumidor, quando não haja manifestação expressa, bilateral mesmo, do consumidor".[11]

No entanto, o **Superior Tribunal de Justiça vem relativizando esse posicionamento** e admitindo, em alguns casos, a legitimidade da eleição do foro em lugar diverso do domicílio do consumidor, desde que esta seja uma opção do vulnerável: "**Se a autoria do feito pertence ao consumidor, contudo, permite-se-lhe a escolha do foro de eleição contratual, considerando que a norma protetiva, concebida em seu benefício, não o obriga, quando optar por demandar fora do seu domicílio. Não se admite**, todavia, sem justificativa plausível, **a escolha aleatória de foro que não seja nem o do domicílio do consumidor, nem o do réu**, nem o de eleição e nem o do local de cumprimento da obrigação" (EDcl no AgRg nos EDcl no CC 116.009/PB, Rel. Ministro Sidnei Beneti, Segunda Seção, *DJe* 20-4-2012).[12]

---

[11] GRINOVER, Ada Pellegrini; BENJAMIN, Antônio Herman de V.; FINK, Daniel Roberto; FILOMENO, José Geraldo Brito; NERY JR., Nelson; DENARI, Zelmo. *Código Brasileiro de Defesa do Consumidor,* p. 574.

[12] Tratando-se de consumidor pessoa jurídica que não consegue comprovar sua hipossuficiência no caso concreto, a cláusula de eleição de foro não vem sendo considerada abusiva pelo STJ: "PROCESSO CIVIL. AÇÃO INDENIZATÓRIA. EXCEÇÃO DE INCOMPETÊNCIA. CLÁUSULA DE ELEIÇÃO DE FORO. CONTRATO DE EMPREITADA NO ÂMBITO DO PROGRAMA DE ARRENDAMENTO RESIDENCIAL — PAR. INAPLICABILIDADE DO DIPLOMA CONSUMERISTA. AÇÃO DE INDENIZAÇÃO. NATUREZA PESSOAL. INAPLICABILIDADE DO ART. 95 DO CPC. CONTRATO DE PORTE EXPRESSIVO. AUSÊNCIA DE INFERIORIDADE INTELECTIVA E TÉCNICA NO MOMENTO DA CELEBRAÇÃO. EMPRESA EM CONCORDATA PREVENTIVA. DEBILIDADE ECONÔMICA. DIFICULDADE DE ACESSO AO PODER JUDICIÁRIO. REJEIÇÃO DA EXCEÇÃO DE INCOMPETÊNCIA. PREQUESTIONAMENTO. AUSÊNCIA. 1. Não se considera prequestionada a legislação federal analisada apenas no voto vencido. Súmula 320/STJ. 2. O CDC não encontra aplicação para os contratos de empreitada celebrados entre a CEF, na condição de operacionalizadora do Programa de Arrendamento Residencial — PAR, e a empresa contratada para construir as residências que serão posteriormente objeto de contrato de arrendamento entre a mesma instituição financeira e as pessoas de baixa renda, para as quais o programa se destina. 3. O reconhecimento de que a natureza da relação jurídica da ação de indenização é pessoal afasta a alegação de ofensa ao art. 95 do CPC. 4. Não se acolhe a alegação de abusividade da cláusula de eleição de foro ao só argumento de tratar-se de contrato de adesão. 5. A cláusula que estipula eleição de foro em contrato de adesão é, em princípio, válida, desde que sejam verificadas a necessária liberdade para contratar (ausência de hipossuficiência) e a não inviabilização de acesso ao Poder Judiciário. Precedentes. 6. O porte econômico das partes quando da celebração do contrato e a natureza e o valor da avença são determinantes para a caracterização da hipossuficiência. Verificado o expressivo valor do contrato, não há que se falar em hipossuficiência. 7. Apesar de haver algumas diferenças principiológicas entre a concordata preventiva e a recuperação judicial, é certo que tanto uma quanto a outra voltam seus olhos ao empresário ou sociedade empresária que estiver em crise econômica ou financeira, desde que, por óbvio, seja viável a superação dessa situação anormal. 8. A condição de empresa em regime de concordata, por significar uma maior fragilidade econômica, dificulta o acesso à Justiça e ao exer-

Em razão da importância de cada um dos exemplos de cláusulas abusivas expressos no aludido Diploma Consumerista e da vasta jurisprudência existente no Superior Tribunal de Justiça a respeito da grande maioria deles, analisaremos cada um dos respectivos incisos em separado.

■ 14.4.1. As cláusulas de indenização mitigada ou de renúncia/disposição de direitos como exemplos de cláusulas abusivas no CDC

Segundo o CDC, são cláusulas abusivas, e, portanto, nulas de pleno direito, aquelas que "impossibilitem, exonerem ou atenuem a responsabilidade do fornecedor por vícios de qualquer natureza dos produtos e serviços ou impliquem renúncia ou disposição de direitos. Nas relações de consumo entre o fornecedor e o consumidor pessoa jurídica, a indenização poderá ser limitada, em situações justificáveis" (art. 51, I).

■ *14.4.1.1. Da vedação absoluta do art. 51, inciso I, parte inicial*

A parte inicial do dispositivo ora comentado determina a nulidade da cláusula contratual que impossibilite, exonere ou atenue a responsabilidade do fornecedor por vício e da que implique renúncia ou disposição de direito. Traduz-se naquilo que a doutrina[13] denomina **cláusula de não indenizar**, cujo mandamento legal estabelece:

A responsabilidade que o fornecedor tenta mitigar está relacionada com o vício do produto ou do serviço. No tocante à responsabilidade pelo fato ou pelo

cício do direito de defesa perante o foro livremente eleito, quando esse não seja o da sede da concordatária. 9. Recurso especial não provido" (REsp 1.073.962/PR, Rel. Ministra Nancy Andrighi, 3ª T., *DJe* 13-6-2012).

[13] GRINOVER, Ada Pellegrini; BENJAMIN, Antônio Herman de V.; FINK, Daniel Roberto; FILOMENO, José Geraldo Brito; NERY JR., Nelson; DENARI, Zelmo. *Código Brasileiro de Defesa do Consumidor*, p. 576.

acidente de consumo, a vedação a tal prática está prevista no art. 25 do CDC ao estabelecer que é "vedada a estipulação contratual de cláusula que impossibilite, exonere ou atenue a obrigação de indenizar prevista nesta e nas seções anteriores".

É muito comum nos depararmos com cláusulas nulas de pleno direito nos **contratos de estacionamento** elaboradas com dizeres do tipo "não nos responsabilizamos pelos pertences deixados no interior do veículo".

Trata-se de típico exemplo de cláusula abusiva que deverá ser banida das relações de consumo, pois é evidente que o fornecedor é responsável, mesmo porque o dever de **segurança** constitui **atividade-fim** do ramo de sua atuação. Sobre as relações de consumo envolvendo estacionamento, o STJ já se posicionou sobre questões relevantes e sumulou no Enunciado 130 que: "A empresa responde, perante o cliente, pela reparação de dano ou furto de veículo ocorridos em seu estacionamento".

A inteligência da aludida súmula vale ainda para os estacionamentos de *shopping centers*. Sobre o assunto, o STJ entendeu: "RESPONSABILIDADE CIVIL. RECURSO ESPECIAL. TENTATIVA DE ROUBO EM CANCELA DE ESTACIONAMENTO DE *SHOPPING CENTER*. OBRIGAÇÃO DE INDENIZAR. A empresa que fornece estacionamento aos veículos de seus clientes responde objetivamente pelos furtos, roubos e latrocínios ocorridos no seu interior, uma vez que, em troca dos benefícios financeiros indiretos decorrentes desse acréscimo de conforto aos consumidores, o estabelecimento assume o dever — implícito em qualquer relação contratual — de lealdade e segurança, como aplicação concreta do princípio da confiança. Inteligência da Súmula 130 do STJ" (REsp 1.269.691/PB, Rel. Ministra Maria Isabel Gallotti, Rel. para Acórdão Ministro Luis Felipe Salomão, 4ª T., *DJe* 5-3-2014).

Ademais, ainda que o estacionamento seja oferecido de forma "gratuita", o fornecedor será responsabilizado pela segurança do veículo e de seus clientes na visão consolidada do Superior Tribunal de Justiça: **"De acordo com os ditames do Código de Defesa do Consumidor, os *shoppings*, hotéis e hipermercados que oferecem estacionamento privativo aos consumidores, mesmo que de forma gratuita, são responsáveis pela segurança tanto dos veículos, quanto dos clientes. Aplicação, ainda, da inteligência da Súmula 130/STJ"** (EREsp 419.059/SP, Rel. Ministro Luis Felipe Salomão, Segunda Seção, *DJe* 12-6-2012).

No entanto, em recente julgamento proferido pela 3ª Turma do Superior Tribunal de Justiça, a responsabilidade do fornecedor pelos danos ocorridos no interior de estacionamento gratuito foi relativizada. Vejamos:

> RECURSO ESPECIAL. **AÇÃO INDENIZATÓRIA. DANOS MORAIS E MATERIAIS. ROUBO DE MOTOCICLETA. EMPREGO DE ARMA DE FOGO. ÁREA EXTERNA DE LANCHONETE. ESTACIONAMENTO**

> **GRATUITO. CASO FORTUITO OU FORÇA MAIOR. FORTUITO EXTERNO.** SÚMULA N. 130/STJ. INAPLICABILIDADE AO CASO. 1. Ação indenizatória promovida por cliente, vítima do roubo de sua motocicleta no estacionamento externo e gratuito oferecido por lanchonete. 2. Acórdão recorrido que, entendendo aplicável à hipótese a inteligência da Súmula n. 130/STJ, concluiu pela procedência parcial do pedido autoral, condenando a requerida a reparar a vítima do crime de roubo pelo prejuízo material por ela suportado. 3. A teor do que dispõe a Súmula n. 130/STJ, a empresa responde, perante o cliente, pela reparação de dano ou furto de veículos ocorridos no seu estacionamento. 4. **Em casos de roubo, a jurisprudência desta Corte tem admitido a interpretação extensiva da Súmula n. 130/STJ para entender configurado o dever de indenizar de estabelecimentos comerciais quando o crime for praticado no estacionamento de empresas destinadas à exploração econômica direta da referida atividade (hipótese em que configurado fortuito interno) ou quando esta for explorada de forma indireta por grandes *shopping centers* ou redes de hipermercados (hipótese em que o dever de reparar resulta da frustração de legítima expectativa de segurança do consumidor). 5. No caso, a prática do crime de roubo, com emprego inclusive de arma de fogo, de cliente de lanchonete *fast-food*, ocorrido no estacionamento externo e gratuito por ela oferecido, constitui verdadeira hipótese de caso fortuito (ou motivo de força maior) que afasta do estabelecimento comercial proprietário da mencionada área o dever de indenizar** (art. 393 do Código Civil). 6. Recurso especial provido (REsp 1.431.606-SP, Rel. Min. Paulo de Tarso Sanseverino, Rel. p/ Acórdão Ministro Ricardo Villas Bôas Cueva, por maioria, 3ª T., julgado em 15-8-2017, *DJe* 13-10-2017).

Data venia ao citado entendimento emanado da r. 3ª Turma, concordamos com a posição consolidada pela Segunda Seção do STJ acima apresentada.

Outro tema relevante envolve a inviabilidade de tarifar indenização ante o Direito Básico do consumidor em relação à efetiva prevenção e reparação de danos insculpido no art. 6º, inciso VI, do CDC.

Conforme visto no Capítulo 4 deste livro, caso que está na pauta do dia refere-se à possibilidade ou não de tarifação da indenização por **danos ocorridos em transporte aéreo** nacional ou internacional, como a perda de bagagens.

No âmbito interno, o tema está disciplinado no Código **Brasileiro de Aeronáutica** (Lei n. 7.565/86);[14] e em relação ao transporte aéreo internacional, na **Convenção de Varsóvia**,[15] da qual o Brasil é signatário.

---

[14] *In verbis:* "Art. 246. A responsabilidade do transportador (artigos 123, 124 e 222, Parágrafo único), por danos ocorridos durante a execução do contrato de transporte (artigos 233, 234, § 1º, 245), está sujeita aos limites estabelecidos neste Título (artigos 257, 260, 262, 269 e 277)".

[15] Modificada pela Convenção de Montreal, conforme consta do Decreto n. 2.860, de 1998, que promulgou os Protocolos Adicionais ns. 1 e 2, assinados em Montreal, em 25 de setembro de 1975, que modificam a Convenção para a Unificação de Certas Regras Relativas ao Transporte Aéreo Inter-

A jurisprudência do **Superior Tribunal de Justiça sempre foi majoritária no sentido de refutar qualquer tipo de tarifação da indenização** dos prejuízos decorrentes do transporte aéreo nacional ou internacional, **prevalecendo**, em última análise, o direito à **efetiva reparação de danos** nos termos propostos pelo CDC no art. 6º, inciso VI.

Seguem algumas decisões nesse sentido:

- **A jurisprudência desta Corte Superior perfilha, atualmente, o entendimento de que, estabelecida relação jurídica de consumo entre as partes, a indenização pelo extravio de mercadoria transportada por via aérea deve ser integral, não se aplicando, por conseguinte, a limitação tarifada prevista no Código de Aeronáutica e da Convenção de Varsóvia. Dessa orientação não se dissuade** (REsp 1.289.629/SP, Rel. Ministro Marco Aurélio Bellizze, 3ª T., *DJe* 3-11-2015).
- **A responsabilidade civil por atraso de voo internacional deve ser apurada à luz do Código de Defesa do Consumidor, não se restringindo às situações descritas na Convenção de Varsóvia, eis que aquele traz em seu bojo a orientação constitucional de que o dano moral é amplamente indenizável** (REsp 299.532/SP, Rel. Ministro Honildo Amaral de Mello Castro, 4ª T., *DJe* 23-11-2009).
- **Após o advento do Código de Defesa do Consumidor, não mais prevalece, para efeito indenizatório, a tarifação prevista tanto na Convenção de Varsóvia, quanto no Código Brasileiro de Aeronáutica, segundo o entendimento pacificado no âmbito da 2ª Seção do STJ. Precedentes do STJ** (REsp 740.968/RS, Rel. Ministro Aldir Passarinho Junior, 4ª T., *DJ* 12-11-2007).

O **Supremo Tribunal Federal reconheceu a repercussão geral** do tema no AI 762.184/RJ[16] com a seguinte Ementa:

> RECURSO. Extraordinário. Extravio de bagagem. **Limitação de danos materiais e morais. Convenção de Varsóvia. Código de Defesa do Consumidor. Princípio constitucional da indenizabilidade irrestrita. Norma prevalecente. Relevância da questão. Repercussão geral reconhecida.** Apresenta repercussão geral o recurso extraordinário que verse sobre a possibilidade de limitação, com fundamento na Convenção de Varsóvia, das indenizações de danos morais e materiais, decorrentes de extravio de bagagem (Rel. Ministro Cezar Peluso, *DJe* 18-12-2009).

nacional, concluída em Varsóvia, em 12 de outubro de 1929, e emendada pelo Protocolo celebrado na Haia, em 28 de setembro de 1955, com a reserva constante do art. X, do Protocolo n. 2.

16 Em 16-3-2011, houve a substituição do paradigma "repercussão geral — Processo AI 762.184" para "RE 636.331".

No ano de 2017, mais precisamente no dia 25 de maio, o Plenário do Supremo Tribunal Federal entendeu por maioria de votos pelo prevalecimento da Convenção de Varsóvia, alterada pela Convenção de Montreal, em detrimento do Código de Defesa do Consumidor. Eis a Ementa:

> Recurso extraordinário com repercussão geral. 2. Extravio de bagagem. Dano material. Limitação. Antinomia. Convenção de Varsóvia. Código de Defesa do Consumidor. 3. Julgamento de mérito. É aplicável o limite indenizatório estabelecido na Convenção de Varsóvia e demais acordos internacionais subscritos pelo Brasil, em relação às condenações por dano material decorrente de extravio de bagagem, em voos internacionais. 5. Repercussão geral. **Tema 210. Fixação da tese: "Nos termos do art. 178 da Constituição da República, as normas e os tratados internacionais limitadores da responsabilidade das transportadoras aéreas de passageiros, especialmente as Convenções de Varsóvia e Montreal, têm prevalência em relação ao Código de Defesa do Consumidor".** 6. Caso concreto. Acórdão que aplicou o Código de Defesa do Consumidor. Indenização superior ao limite previsto no art. 22 da Convenção de Varsóvia, com as modificações efetuadas pelos acordos internacionais posteriores. Decisão recorrida reformada, para reduzir o valor da condenação por danos materiais, limitando-o ao patamar estabelecido na legislação internacional. 7. Recurso a que se dá provimento (RE 636.331/RJ, Rel. Min. Gilmar Mendes, Plenário, j. 25-5-2017, *DJe* 13-11-2017).[17]

---

[17] O mesmo entendimento de prevalecimento da Convenção de Varsóvia/Montreal sobre o CDC foi concluído pelo STF, também em sede de repercussão geral, quando firmou o prazo prescricional de dois anos para ingressar com a ação de responsabilidade civil, nos termos do art. 29 da citada Convenção (Decreto n. 20.704/1931): "(1) A ação de responsabilidade deverá intentar-se, sob pena de caducidade, dentro do prazo de dois anos, a contar da data de chegada, ou do dia, em que a aeronave devia ter chegado a seu destino, ou do da interrupção do transporte. (2) O prazo será computado de acordo com a lei nacional do tribunal que conhecer da questão". O aludido posicionamento do Supremo se deu no ARE 766.618/SP, com a seguinte Ementa: "Direito do consumidor. Transporte aéreo internacional. Conflito entre lei e tratado. Indenização. **Prazo prescricional previsto em convenção internacional. Aplicabilidade.** 1. Salvo quando versem sobre direitos humanos, os tratados e convenções internacionais ingressam no direito brasileiro com *status* equivalente ao de lei ordinária. Em princípio, portanto, as antinomias entre normas domésticas e convencionais resolvem-se pelos tradicionais critérios da cronologia e da especialidade. 2. Nada obstante, **quanto à ordenação do transporte internacional, o art. 178 da Constituição estabelece regra especial de solução de antinomias, no sentido da prevalência dos tratados sobre a legislação doméstica, seja ela anterior ou posterior àqueles. Essa conclusão também se aplica quando o conflito envolve o Código de Defesa do Consumidor.** 3. Tese afirmada em sede de repercussão geral: 'Nos termos do art. 178 da Constituição da República, as normas e os tratados internacionais limitadores da responsabilidade das transportadoras aéreas de passageiros, especialmente as Convenções de Varsóvia e Montreal, têm prevalência em relação ao Código de Defesa do Consumidor'. 4. Recurso extraordinário provido" (ARE 766.618/SP, Rel. Min. Roberto Barroso, Plenário, j. 25-5-2017, *DJe* 13-11-2017).

Por fim, e, em sede de repercussão geral, entendeu o STF pelo prevalecimento da tarifação da indenização prevista na Convenção de Varsóvia em face da indenização irrestrita prevista no Diploma Consumerista. A citada Convenção prevê em seu art. 22:

> (1) No transporte de pessoas, limita-se a responsabilidade do transportador, à importância de cento e vinte e cinco mil francos, por passageiro. Se a indenização, de conformidade com a lei do tribunal que conhecer da questão, puder ser arbitrada em constituição de renda, não poderá o respectivo capital exceder aquele limite. Entretanto, por acordo especial com o transportador, poderá o viajante fixar em mais o limite de responsabilidade. (2) No transporte de mercadorias, ou de bagagem despachada, limita-se a responsabilidade do transportador à quantia de duzentos e cinquenta francos por quilograma, salvo declaração especial de 'interesse na entrega', feita pelo expedidor no momento de confiar ao transportador os volumes, e mediante o pagamento de uma taxa suplementar eventual. Neste caso, fica o transportador obrigado a pagar até a importância da quantia declarada, salvo se provar ser esta superior ao interesse real que o expedidor tinha entrega. (3) Quanto aos objetos que o viajante conserve sob os guarda, limita-se a cinco mil francos por viajante a responsabilidade do transportador. (4) As quantias acima indicadas consideram-se referentes ao franco francês, constituído de sessenta e cinco e meio miligramas do ouro, ao título de novecentos milésimos de mental fino. Elas se poderão converter, em números redondos na moeda nacional de cada país.

■ 14.4.1.2. *Da relativização do dever de indenizar do art. 51, inciso I,* in fine

O art. 51, inciso I, *in fine*, estabelece que, nas "relações de consumo entre o fornecedor e o consumidor pessoa jurídica, a indenização poderá ser limitada, em situações justificáveis". Trata-se de verdadeira relativização ao dever de indenizar, na medida em que será possível limitar a indenização quando preenchidos dois requisitos:

- consumidor pessoa jurídica;
- situações justificáveis.

A viabilidade da limitação da indenização só é admitida para consumidor pessoa jurídica, pois é relativizada a presunção de vulnerabilidade deste, isto é, para usufruir dos direitos insertos no CDC, a **pessoa jurídica deverá comprovar** no caso concreto a sua fragilidade — **hipossuficiência**, conforme posicionamento consolidado no Superior Tribunal de Justiça.[18]

[18] "Direito do Consumidor. Recurso especial. Conceito de consumidor. Critério subjetivo ou finalista. Mitigação. Pessoa Jurídica. Excepcionalidade. Vulnerabilidade. Constatação na hipótese dos

Desta forma, o consumidor **pessoa jurídica possui maior poder de negociação** em razão de ter em seu corpo de funcionários pessoal técnico com capacidade de entender os riscos de se limitar a indenização ou por possuir maiores condições financeiras para contratar algum profissional com tal gabarito para analisar os prós e os contras dessa transação.

No tocante ao requisito da **situação justificável**, entendemos ser imprescindível para a sua caracterização o **recebimento de alguma vantagem** por parte do consumidor pessoa jurídica.

Por exemplo, pensemos numa microempresa que contrata a aquisição de dez computadores com sistema de informática específico ao desenvolvimento de sua atividade econômica de um grande fornecedor e negocia com este a limitação da indenização. O consumidor aceita a redução em 50% no valor de eventual indenização no caso de algum vício surgir e inviabilizar a utilização da máquina/programa de informática, mas em troca recebe em dobro o prazo da garantia contratual de assistência técnica *in loco* que, inicialmente, seria de um ano e, após a negociação, passou a ser de 2 anos.

De fato, o aludido caso exemplar nos traz uma situação em que o consumidor, por ser uma pessoa jurídica, possui maior poder de negociação e consegue atender às suas finalidades ao receber em dobro o prazo de garantia contratual de assistência técnica no local de seu estabelecimento — situação justificável, ainda que tenha se sujeitado a receber metade do que teria direito em relação ao valor da indenização.

O resumo do primeiro exemplo de cláusulas abusivas disposto no art. 51, inciso I, do CDC pode ser esquematizado da seguinte forma:

---

autos. Prática abusiva. Oferta inadequada. Característica, quantidade e composição do produto. Equiparação (art. 29). Decadência. Inexistência. Relação jurídica sob a premissa de tratos sucessivos. Renovação do compromisso. Vício oculto. — A relação jurídica qualificada por ser 'de consumo' não se caracteriza pela presença de pessoa física ou jurídica em seus polos, mas pela presença de uma parte vulnerável de um lado (consumidor), e de um fornecedor, de outro. — **Mesmo nas relações entre pessoas jurídicas, se da análise da hipótese concreta decorrer inegável vulnerabilidade entre a pessoa-jurídica consumidora e a fornecedora, deve-se aplicar o CDC na busca do equilíbrio entre as partes**. Ao consagrar o critério finalista para interpretação do conceito de consumidor, a jurisprudência deste STJ também reconhece a necessidade de, em situações específicas, abrandar o rigor do critério subjetivo do conceito de consumidor, para admitir a aplicabilidade do CDC nas relações entre fornecedores e consumidores-empresários em que fique evidenciada a relação de consumo. — São equiparáveis a consumidor todas as pessoas, determináveis ou não, expostas às práticas comerciais abusivas. — Não se conhece de matéria levantada em sede de embargos de declaração, fora dos limites da lide (inovação recursal). Recurso especial não conhecido" (REsp 476.428/SC, Rel. Nancy Andrighi, j. 19-4-2005, *DJ* 9-5-2005).

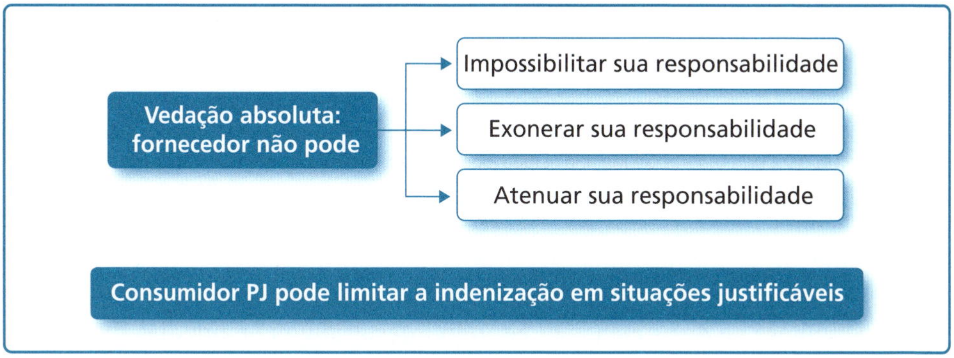

■ 14.4.2. As cláusulas que subtraiam a opção de reembolso como exemplos de cláusulas abusivas no CDC

Considera o Diploma Consumerista como exemplos de cláusulas abusivas aquelas que "subtraiam ao consumidor a opção de reembolso da quantia já paga, nos casos previstos neste código" (art. 51, II).[19]

O dispositivo vem apenas **reforçar** direitos já tutelados em **outras passagens do CDC**, quer no tocante ao direito de reembolso, quer em relação à vedação da exoneração contratual, tais como:

ART. 18, § 1º, INCISO II, DO CDC	"**Não sendo o vício sanado** no prazo máximo de trinta dias, pode o consumidor exigir, alternativamente e à sua escolha: (...) II — a **restituição imediata da quantia paga**, monetariamente atualizada, sem prejuízo de eventuais perdas e danos."
ART. 24 DO CDC	"A **garantia legal** de adequação do produto ou serviço independe de termo expresso, **vedada a exoneração contratual do fornecedor**."
ART. 25, *CAPUT*, DO CDC	"**É vedada** a estipulação contratual de **cláusula que impossibilite, exonere ou atenue a obrigação de indenizar** prevista nesta e nas seções anteriores."
ART. 35, INCISO III, DO CDC	"Se o fornecedor de produtos ou serviços **recusar** cumprimento à **oferta**, apresentação ou publicidade, o consumidor poderá, alternativamente e à sua livre escolha: (...) III — rescindir o contrato, com **direito à restituição de quantia eventualmente antecipada**, monetariamente atualizada, e a perdas e danos."

19 O STJ vem aplicando à risca o aludido dispositivo legal, como no seguinte julgado: "1. — É abusiva, por ofensa ao art. 51, incisos II e IV, do Código de Defesa do Consumidor, a cláusula contratual que determina, em caso de rescisão de promessa de compra e venda de imóvel, a restituição das parcelas pagas somente ao término da obra. Precedentes. 2. — Agravo Regimental a que se nega provimento" (AgRg no REsp 1.207.682/SC, Rel. Ministro Sidnei Beneti, 3ª T., *DJe* 21-6-2013). Nesse sentido, foi editada a Súmula 543 do STJ, com o seguinte teor: "Na hipótese de resolução de contrato de promessa de compra e venda de imóvel submetido ao Código de Defesa do Consumidor, deve ocorrer a imediata restituição das parcelas pagas pelo promitente comprador — integralmente, em caso de culpa exclusiva do promitente vendedor/construtor, ou parcialmente, caso tenha sido o comprador quem deu causa ao desfazimento" (*DJe* 31-8-2015).

ART. 49, PARÁGRAFO ÚNICO, DO CDC	"Se o consumidor exercitar o **direito de arrependimento** previsto neste artigo, **os valores eventualmente pagos**, a qualquer título, durante o prazo de reflexão, **serão devolvidos**, de imediato, monetariamente atualizados."
ART. 51, INCISO I, PRIMEIRA PARTE, DO CDC	"São **nulas de pleno direito**, entre outras, as **cláusulas** contratuais relativas ao fornecimento de produtos e serviços que: I — **impossibilitem, exonerem ou atenuem a responsabilidade** do fornecedor por vícios de qualquer natureza dos produtos e serviços ou impliquem renúncia ou disposição de direitos."

Também representa hipótese de violação do art. 51, inciso II, do CDC previsão em pacote turístico internacional "de perda total do valor antecipadamente pago na hipótese de desistência em período inferior a vinte e um dias da data do início da viagem" (STJ — REsp 1.321.655/MG, Rel. Ministro Paulo de Tarso Sanseverino, 3ª T., *DJe* 22-10-2013). O fundamento da desistência foi o cancelamento do casamento, e o Superior Tribunal de Justiça fundamentou sua decisão no art. 413 do Código Civil e art. 51, inciso IV, do CDC.

> Subtrair a opção de reembolso é cláusula abusiva.

14.4.3. As cláusulas que transferem responsabilidades a terceiros como exemplos de cláusulas abusivas no CDC

Estabelece o Código de Defesa do Consumidor em seu art. 51, inciso III, que são exemplos de cláusulas abusivas aquelas que "transfiram responsabilidades a terceiros".

Mais uma vez o legislador foi diligente ao extremo, pois **tal direito já está previsto no inciso inaugural do art. 51**, na medida em que veda qualquer cláusula que impossibilite, exonere ou atenue a responsabilidade do fornecedor. E **transferir** sua **responsabilidade** a terceiro seria, no mínimo, uma **forma de atenuar** o dever de responder do fornecedor.

Nesse contexto, não poderá a **agência de turismo** que vendeu ao consumidor **pacote completo de viagem** tentar responsabilizar terceiro para eximir-se de sua responsabilidade por eventuais danos causados durante o passeio.

Esta é a posição consolidada no Superior Tribunal de Justiça: **"Esta eg. Corte tem entendimento no sentido de que a agência de turismo que comercializa pacotes de viagens responde solidariamente, nos termos do art. 14 do Código de Defesa do Consumidor, pelos defeitos na prestação dos serviços que integram o pacote"** (REsp 888.751/BA, Rel. Ministro Raul Araújo, 4ª T., *DJe* 27-10-2011).[20]

[20] No mesmo sentido foi a decisão do STJ no julgamento do Recurso Especial 1.102.849 — *DJe* 26-4-2012 — sob o fundamento central da responsabilidade solidária: "DIREITO CIVIL E DO CONSUMIDOR. AÇÃO DE INDENIZAÇÃO POR DANOS MATERIAIS. PACOTE TURÍSTICO. MÁ PRESTAÇÃO DE SERVIÇO. RESPONSABILIDADE OBJETIVA DA OPERADORA. ART. 14 DO CDC.

Por outro lado, **não configura violação** do disposto no art. 51, inciso III, do CDC a contratação pelo fornecedor de empresa de seguro.

Assim, concordamos com os ensinamentos de Nelson Nery Junior ao defender que pode "ocorrer, isto sim, que **o fornecedor faça contrato de seguro com terceiro** para garantir-se de possível prejuízo causado relativamente àquele contrato de consumo. Para essa hipótese, o Código criou, em benefício do consumidor, um caso de solidariedade legal (art. 265 do Código Civil) entre fornecedor e seguradora, autorizando o fornecedor, quando demandado, a chamar a seguradora ao processo (art. 101, n. II, CDC) a fim de que possam, ambos os devedores solidários, ser condenados na sentença. Como a condenação será solidária (art. 80, CPC), o consumidor poderá executar a sentença contra fornecedor e/ou seguradora, indistintamente".[21]

Transferir responsabilidades a terceiros é cláusula abusiva.

14.4.4. As cláusulas iníquas, abusivas, que geram vantagem exagerada, violadoras da boa-fé e da equidade como exemplos de cláusulas abusivas no CDC[22]

O art. 51, inciso IV, da Lei n. 8.078/90 considera como exemplos de cláusulas abusivas aquelas que estabeleçam obrigações consideradas:

CONTRATO DE SEGURO-SAÚDE PARA VIAGEM. CONTRATAÇÃO CASADA. NEGATIVA INDEVIDA DE COBERTURA NO EXTERIOR. CADEIA DE CONSUMO. SOLIDARIEDADE LEGAL ENTRE A OPERADORA E A SEGURADORA. ART. 7º DO CDC. RESSARCIMENTO DAS DESPESAS COM TRANSPORTE EM UTI AÉREA PARA O BRASIL E DEMAIS DESPESAS MÉDICAS. CABIMENTO. 1. O Tribunal de origem, analisando os fatos concluiu tratar-se de má prestação de um serviço, sendo a operadora de turismo, portanto, prestadora de serviço, como tal responde, independentemente de culpa pela reparação dos danos causados aos consumidores, nos termos do art. 14 do Código de Defesa do Consumidor. 2. Acresce que o parágrafo único do art. 7º do Código consumerista adotou o princípio da solidariedade legal para a responsabilidade pela reparação dos danos causados ao consumidor, podendo, pois, ele escolher quem acionará. E, por tratar-se de solidariedade, caberá ao responsável solidário acionado, depois de reparar o dano, caso queira, voltar-se contra os demais responsáveis solidários para se ressarcir ou repartir os gastos, com base na relação de consumo existente entre eles. 3. Desse modo, a distinção que pretende a recorrente fazer entre a sua atuação como operadora dissociada da empresa que contratou o seguro de viagem não tem relevância para a solução do caso e não afastaria jamais a sua responsabilidade. 4. Recurso Especial improvido".

21 GRINOVER, Ada Pellegrini; BENJAMIN, Antônio Herman de V.; FINK, Daniel Roberto; FILOMENO, José Geraldo Brito; NERY JR., Nelson; DENARI, Zelmo. *Código Brasileiro de Defesa do Consumidor*, p. 580.

22 Recomendamos ao leitor analisar o item 10.4.4 deste livro, pois, neste ponto, práticas e cláusulas abusivas às vezes se confundem. Em outras palavras, temas não tratados nesse item podem ter sido abordados naquele.

- iníquas (injustas);
- abusivas (prevalecendo-se da vulnerabilidade do consumidor); ou
- que coloquem o consumidor em desvantagem exagerada (art. 51, § 1º, do CDC fornece parâmetros para o alcance da expressão);
- que sejam incompatíveis com a boa-fé ou a equidade (a boa-fé é a objetiva ou equidade na ideia de justiça).

Sobre o tema **vantagem exagerada**, prevê o art. 51, § 1º, do CDC um rol exemplificativo da seguinte forma:

> § 1º Presume-se exagerada, entre outros casos, a vontade que:
>
> I — ofende os princípios fundamentais do sistema jurídico a que pertence;
>
> II — restringe direitos ou obrigações fundamentais inerentes à natureza do contrato, de tal modo a ameaçar seu objeto ou equilíbrio contratual;
>
> III — se mostra excessivamente onerosa para o consumidor, considerando-se a natureza e conteúdo do contrato, o interesse das partes e outras circunstâncias peculiares ao caso.

É evidente a natureza de **generalidade** do **inciso primeiro** ao considerar exagerada a obrigação que **ofender os princípios fundamentais** norteadores das relações jurídicas de consumo.

No Capítulo 4 deste livro, estudamos os princípios gerais do CDC, os direitos básicos do consumidor que também possuem conotação principiológica, além dos princípios específicos da publicidade e dos contratos de consumo.

Com efeito, a conclusão inicial que pontuamos na abertura do citado capítulo foi a de que o CDC é uma norma principiológica na medida em que confere direitos ao vulnerável da relação e impõe deveres ao fornecedor.

Assim, qualquer obrigação capaz de ofender os princípios do Código de Defesa do Consumidor será considerada uma vantagem manifestamente exagerada.

Conforme visto ao longo deste livro, a **relação jurídica de consumo é** uma relação **desigual**, na qual de um lado encontra-se o fornecedor — detentor do monopólio dos meios de produção — e, do outro, o consumidor-vulnerável. Com base nesse contexto, foi editado o CDC, que tem como um de seus propósitos reequilibrar essa relação jurídica que é tão desigual.

Mais uma vez, a Lei n. 8.078/90 procurou atingir este objetivo ao considerar **manifestamente exagerada a obrigação que restringir direitos ou obrigações fundamentais** inerentes à natureza do contrato, de tal sorte a ameaçar seu objeto ou equilíbrio contratual.

No tocante à última hipótese legal, considera-se exagerada a **vantagem** capaz de se mostrar **excessivamente onerosa** para o consumidor, considerando-se a natureza e o conteúdo do contrato, o interesse das partes e outras circunstâncias peculiares ao caso.

Presunção de exagero

- ofender os princípios fundamentais norteadores das relações de consumo;
- restringir direitos ou obrigações fundamentais inerentes à natureza do contrato, de tal modo a ameaçar seu objeto ou equilíbrio contratual;
- mostrar-se excessivamente onerosa a cláusula para o consumidor, considerando-se a natureza e o conteúdo do contrato, o interesse das partes e outras circunstâncias peculiares ao caso.

Sobre as hipóteses citadas, existem várias decisões do Superior Tribunal de Justiça coibidoras das cláusulas abusivas que impõem uma desvantagem exagerada ao consumidor.

Segundo estudado no capítulo específico das práticas abusivas, muitas delas manifestam-se no interior dos contratos de consumo, cabendo ao Poder Judiciário afastá-las, ainda que com a finalidade de preservação contratual — princípio da preservação do contrato de consumo.

Tema já apreciado pelo STJ envolve a **revisão em caráter excepcional**[23] das taxas de **juros bancários** quando cabalmente comprovada a situação de desvantagem exagerada em que o consumidor foi colocado, conforme excerto extraído de julgamento *infra*:

> A Segunda Seção, por ocasião do julgamento do REsp 1.061.530/RS, submetido ao rito do recurso repetitivo, Relatora Ministra Nancy Andrighi, *DJe* 10-3-2009, consolidou o seguinte entendimento quanto aos juros remuneratórios:
>
> **a) as instituições financeiras não se sujeitam à limitação dos juros remuneratórios estipulada na Lei de Usura (Decreto n. 22.626/33), Súmula 596/STF;**
>
> b) a estipulação de juros remuneratórios superiores a 12% ao ano, por si só, não indica abusividade;
>
> c) são inaplicáveis aos juros remuneratórios dos contratos de mútuo bancário as disposições do art. 591 combinado com o art. 406 do CC/2002;
>
> **d) é admitida a revisão das taxas de juros remuneratórios em situações excepcionais, desde que caracterizada a relação de consumo e que a abusividade (capaz de colocar o consumidor em desvantagem exagerada — art. 51, § 1º,**

23 O STJ e o STF entendem que não cabe ao Judiciário controlar taxas de juros remuneratórios, e sim ao Banco Central, admitindo juros acima de 12% ao ano, desde que dentro de uma média de mercado, conforme visto no Capítulo 2 deste livro. Aliás, vale relembrar o teor da Súmula 382 do STJ: "A estipulação de juros remuneratórios superiores a 12% ao ano, por si só, não indica abusividade".

do CDC) fique cabalmente demonstrada ante as peculiaridades do julgamento em concreto (REsp 1.246.622/RS, Rel. Ministro Luis Felipe Salomão, 4ª T., *DJe* 16-11-2011).[24]

O mesmo posicionamento foi tomado pelo Superior Tribunal de Justiça no tocante à **cobrança de tarifa** dos consumidores pelo pagamento mediante **boleto/ficha de compensação** por se caracterizar, em alguns casos,[25] **"dupla remuneração"** pelo mesmo serviço: "**Sendo os serviços prestados pelo Banco remunerados**

[24] Em relação ao **contrato de *factoring*** — de compra de crédito —, vale lembrar que não é considerado serviço bancário, logo os **juros estão limitados a 12%** da Lei da usura. Esta é a posição do STJ: "AGRAVO REGIMENTAL NO AGRAVO EM RECURSO ESPECIAL. CONTRATO DE 'FACTORING'. VIOLAÇÃO DE DISPOSITIVOS LEGAIS. FALTA DE PREQUESTIONAMENTO. JUROS REMUNERATÓRIOS. LEI DE USURA. INCIDÊNCIA. LIMITAÇÃO. INCIDÊNCIA DA SÚMULA 83/STJ. COBRANÇA DE JUROS DE FORMA DISFARÇADA. REVISÃO DO JULGADO. IMPOSSIBILIDADE. REEXAME DE FATOS E PROVAS. SÚMULA 7/STJ. 1. O prequestionamento, entendido como a necessidade de o tema objeto do recurso haver sido examinado pela decisão atacada, constitui exigência inafastável da própria previsão constitucional, ao tratar do recurso especial, impondo-se como um dos principais requisitos ao seu conhecimento. Não examinada a matéria objeto do especial pela instância *a quo*, incidem os enunciados 282 e 356 da Súmula do Supremo Tribunal Federal. 2. Nos contratos de *factoring*, a taxa de juros remuneratórios está limitada em 12% ao ano, nos termos da Lei de Usura. Precedentes. 3. Tendo o Tribunal *a quo* concluído que a recorrente cobrava juros acima do limite legal, de forma disfarçada, sob a denominação de taxa *ad valorem*, a alteração do julgado necessitaria do revolvimento do material fático-probatório dos autos. 4. Agravo Regimental improvido" (AgRg no AREsp 127.209/SP, Rel. Ministro Sidnei Beneti, 3ª T., *DJe* 19-4-2012).

Ademais, **aos contratos de *factoring* não se aplica o CDC na visão do STJ**, basicamente em razão da inexistência do destinatário final: "CONTRATO DE *FACTORING*. RECURSO ESPECIAL. CARACTERIZAÇÃO DO ESCRITÓRIO DE *FACTORING* COMO INSTITUIÇÃO FINANCEIRA. DESCABIMENTO. APLICAÇÃO DE DISPOSITIVOS DO CÓDIGO DE DEFESA DO CONSUMIDOR À AVENÇA MERCANTIL, AO FUNDAMENTO DE SE TRATAR DE RELAÇÃO DE CONSUMO. INVIABILIDADE. 1. As empresas de *factoring* não são instituições financeiras, visto que suas atividades regulares de fomento mercantil não se amoldam ao conceito legal, tampouco efetuam operação de mútuo ou captação de recursos de terceiros. Precedentes. 2. 'A relação de consumo existe apenas no caso em que uma das partes pode ser considerada destinatária final do produto ou serviço. Na hipótese em que produto ou serviço são utilizados na cadeia produtiva, e não há considerável desproporção entre o porte econômico das partes contratantes, o adquirente não pode ser considerado consumidor e não se aplica o CDC, devendo eventuais conflitos serem resolvidos com outras regras do Direito das Obrigações'. (REsp 836.823/PR, Rel. Ministro Sidnei Beneti, 3ª T., *DJ* 23-8-2010). 3. Com efeito, no caso em julgamento, verifica-se que a ora recorrida não é destinatária final, tampouco se insere em situação de vulnerabilidade, porquanto não se apresenta como sujeito mais fraco, com necessidade de proteção estatal, mas como sociedade empresária que, por meio da pactuação livremente firmada com a recorrida, obtém capital de giro para operação de sua atividade empresarial, não havendo, no caso, relação de consumo. 4. Recurso especial não provido" (REsp 938.979/DF, Rel. Ministro Luis Felipe Salomão, 4ª T., *DJe* 29-6-2012).

[25] Analisaremos no subitem 14.4.9 que o STJ vem admitindo a legitimidade da cobrança de tarifa pela emissão de boleto bancário, caso não seja cabalmente comprovada a vantagem exagerada.

pela tarifa interbancária, conforme referido pelo Tribunal de origem, **a cobrança de tarifa dos consumidores pelo pagamento mediante boleto/ficha de compensação constitui enriquecimento sem causa por parte das instituições financeiras, pois há 'dupla remuneração' pelo mesmo serviço,** importando em vantagem exagerada dos Bancos em detrimento dos consumidores, razão pela qual abusiva a cobrança da tarifa, nos termos do art. 39, V, do CDC c/c art. 51, § 1º, I e III, do CDC" (REsp 794.752/MA, Rel. Ministro Luis Felipe Salomão, 4ª T., *DJe* 12-4-2010).

No tocante aos **contratos de seguro-saúde**, caracteriza cláusula capaz de gerar **onerosidade excessiva** ao consumidor a recusa de tratamento sob a alegação de **exclusão de doença** do contrato de consumo. Nesse sentido, entendeu o STJ que a **"negativa de cobertura de transplante — apontado pelos médicos como essencial para salvar a vida do paciente —, sob alegação de estar previamente excluído do contrato, deixa o segurado à mercê da onerosidade excessiva perpetrada pela seguradora, por meio de abusividade em cláusula contratual"** (REsp 1.053.810/SP, Rel. Ministra Nancy Andrighi, 3ª T., *DJe* 15-3-2010).[26-27]

E a conclusão do Superior Tribunal de Justiça foi a de que, com **"vistas à necessidade de se conferir maior efetividade ao direito integral à cobertura de proteção à saúde — por meio do acesso ao tratamento médico-hospitalar necessário —, deve ser invalidada a cláusula de exclusão de transplante do contrato de seguro-saúde"**.

No mesmo sentido, vem entendendo o STJ que a exclusão do serviço de *home care* consiste em cláusula abusiva e ensejadora de condenação por dano moral. Vejamos: "(...) 3. Apesar de, na Saúde Suplementar, o tratamento médico em domicílio não ter sido incluído no rol de procedimentos mínimos ou obrigatórios que devem ser oferecidos pelos planos de saúde, é abusiva a cláusula contratual que

[26] No mesmo sentido, entendeu o STJ em relação à cláusula de renúncia em declaração de saúde: "A inserção de cláusula de renúncia em declaração de saúde é abusiva por induzir o segurado a abrir mão do direito ao exercício livre da opção de ser orientado por um médico por ocasião do preenchimento daquela declaração, notadamente porque se trata de documento que tem o condão de viabilizar futura negativa de cobertura de procedimento ou tratamento" (REsp 1.554.448/PE, Rel. Ministro João Otávio de Noronha, 3ª T., *DJe* 26-2-2016).

[27] Também entendeu o STJ como sendo abusiva cláusula em contrato de plano de saúde que exclui o dever de reembolsar o segurado pelas despesas que pagou com tratamento médico realizado em situação de urgência ou emergência por hospital não credenciado: "Afigura-se absolutamente eivada de nulidade a disposição contratual que excepciona o dever de reembolsar, mesmo nos casos de urgência ou de emergência, as despesas médicas efetuadas em hospital de tabela própria (compreendido como de alto custo). A lei de regência não restringe o reembolso nessas condições (de urgência ou emergência), levando-se em conta o padrão do hospital em que o atendimento/tratamento fora efetuado, até porque, como visto, a responsabilidade é limitada, em princípio, justamente aos preços praticados pelo produto contratado" (REsp 1.286.133/MG, Rel. Ministro Marco Aurélio Bellizze, 3ª T., *DJe* 11-4-2016).

importe em vedação da internação domiciliar como alternativa de substituição à internação hospitalar, visto que se revela incompatível com a equidade e a boa-fé, colocando o usuário (consumidor) em situação de desvantagem exagerada (art. 51, IV, da Lei n. 8.078/1990). (...) 5. Na ausência de regras contratuais que disciplinem a utilização do serviço, a internação domiciliar pode ser obtida como conversão da internação hospitalar. Assim, para tanto, há a necessidade (i) de haver condições estruturais da residência, (ii) de real necessidade do atendimento domiciliar, com verificação do quadro clínico do paciente, (iii) da indicação do médico assistente, (iv) da solicitação da família, (v) da concordância do paciente e (vi) da não afetação do equilíbrio contratual, como nas hipóteses em que o custo do atendimento domiciliar por dia não supera o custo diário em hospital" (REsp 1.537.301/RJ, Rel. Ministro Ricardo Villas Bôas Cueva, 3ª T., *DJe* 23-10-2015).

Também é abusiva a cláusula que preveja o indeferimento de quaisquer procedimentos médico-hospitalares quando solicitados por médicos não cooperados:

> RECURSO ESPECIAL. AÇÃO CIVIL PÚBLICA. OFENSA AO ARTIGO 535 DO CPC/73. INOBSERVÂNCIA. PLANO DE SAÚDE. CONDICIONAMENTO DE DEFERIMENTO DE EXAME, PROCEDIMENTO, INTERNAÇÃO E CIRURGIA À SUBSCRIÇÃO DE MÉDICO COOPERADO. CLÁUSULA ABUSIVA RECONHECIDA.
>
> 1. Não há que se falar em negativa de prestação jurisdicional. Isso porque, embora rejeitados os embargos de declaração, os questionamentos aventados pela recorrente foram devidamente enfrentados pela Corte estadual, a qual emitiu pronunciamento de forma fundamentada, ainda que em sentido contrário à pretensão recursal.
>
> 2. A realização de exames, internações e demais procedimentos hospitalares não pode ser obstada aos usuários cooperados, exclusivamente pelo fato de terem sido solicitados por médico diverso daqueles que compõem o quadro da operadora, pois isso configura não apenas discriminação do galeno, mas também tolhe tanto o direito de usufruir do plano contratado como a liberdade de escolha do profissional que lhe aprouver.
>
> **3. Assim, a cláusula contratual que prevê o indeferimento de quaisquer procedimentos médico-hospitalares, se estes forem solicitados por médicos não cooperados, deve ser reconhecida como cláusula abusiva, nos termos do art. 51, IV, do CDC.**
>
> 4. Recurso especial a que se nega provimento (REsp 1.330.919-MT, Rel. Ministro Luis Felipe Salomão, 4ª Turma, *DJe* 18-8-2016).

O Superior Tribunal de Justiça editou recentemente a Súmula n. 597 com o seguinte teor: "**A cláusula contratual de plano de saúde que prevê carência para utilização dos serviços de assistência médica nas situações de emergên-**

cia ou de urgência é considerada abusiva se ultrapassado o prazo máximo de 24 horas contado da data da contratação" (Segunda Seção, aprovada em 8-11-2017, *DJe* 20-11-2017).

Por outro lado, **não é abusiva a cláusula contratual de plano privado de assistência à saúde que estabeleça a coparticipação do usuário nas despesas médico-hospitalares em percentual sobre o custo de tratamento médico realizado sem internação, desde que a coparticipação não caracterize financiamento integral do procedimento por parte do usuário, ou fator restritor severo ao acesso aos serviços.**[28]

A não abusividade de cláusula de contrato de plano de saúde em razão da mudança de faixa etária deverá preencher os seguintes requisitos:

- ter previsão contratual;

---

[28] Essa é a posição do STJ: RECURSO ESPECIAL. CIVIL. NEGATIVA DE PRESTAÇÃO JURISDICIONAL. NÃO OCORRÊNCIA. PLANO DE SAÚDE. COPARTICIPAÇÃO DO USUÁRIO EM VALORES PERCENTUAIS. PREVISÃO CONTRATUAL CLARA E EXPRESSA. TRATAMENTO SEM INTERNAÇÃO. LEGALIDADE. FATOR DE RESTRIÇÃO SEVERA AOS SERVIÇOS. INEXISTÊNCIA. ABUSIVIDADE. AFASTAMENTO. 1. Cinge-se a controvérsia a saber se é abusiva cláusula contratual de plano de saúde que prevê a coparticipação do usuário nas despesas médico-hospitalares em percentual sobre o custo do tratamento. 2. Os planos de saúde, instituídos com o objetivo de melhor gerir os custos da assistência privada à saúde, podem ser integrais (completos) ou coparticipativos. 3. O art. 16, VIII, da Lei n. 9.656/98 permitiu a inclusão de fatores moderadores, paralelos às mensalidades, no custeio dos planos de saúde, como a coparticipação, a franquia e os limites financeiros, que devem estar devidamente previstos no contrato, de forma clara e legível, desde que também não acarretem o desvirtuamento da livre escolha do consumidor. Precedente. 4. A adoção da coparticipação no plano de saúde implica diminuição do risco assumido pela operadora, o que provoca redução do valor da mensalidade a ser paga pelo usuário, que, por sua vez, caso utilize determinada cobertura, arcará com valor adicional apenas quanto a tal evento. 5. Os fatores moderadores de custeio, além de proporcionar mensalidades mais módicas, são medidas inibitórias de condutas descuidadas e pródigas do usuário, visto que o uso indiscriminado de procedimentos, consultas e exames afetará negativamente o seu patrimônio. A prudência, portanto, figura como importante instrumento de regulação do seu comportamento. 6. Não há falar em ilegalidade na contratação de plano de saúde em regime de coparticipação, seja em percentual sobre o custo do tratamento seja em montante fixo, até mesmo porque "percentual de coparticipação do consumidor ou beneficiário" (art. 16, VIII, da Lei n. 9.656/98) é expressão da lei. Vedação, todavia, da instituição de fator que limite seriamente o acesso aos serviços de assistência à saúde, a exemplo de financiamentos quase integrais do procedimento pelo próprio usuário, a evidenciar comportamento abusivo da operadora. 7. A coparticipação em percentual sobre o custo do tratamento é proibida apenas nos casos de internação, e somente para os eventos que não tenham relação com a saúde mental, devendo, no lugar, ser os valores prefixados (arts. 2º, VII e VIII, e 4º, VII, da Resolução CONSU n. 8/98). 8. O afastamento da cláusula de coparticipação equivaleria a admitir-se a mudança do plano de saúde para que o usuário arcasse com valores reduzidos de mensalidade sem a necessária contrapartida, o que causaria grave desequilíbrio contratual por comprometer a atuária e por onerar, de forma desproporcional, a operadora, a qual teria que custear a integralidade do tratamento. 9. Recurso especial provido (REsp 1.566.062-RS, Rel. Ministro Ricardo Villas Bôas Cueva, 3ª Turma, *DJe* 1-7-2016).

- observância das normas expedidas pelos órgãos governamentais reguladores;
- não serem aplicados percentuais desarrazoados ou aleatórios que, concretamente e sem base atuarial idônea, onerem excessivamente o consumidor ou discriminem o idoso.

Essa foi a tese firmada pelo Superior Tribunal de Justiça no julgamento do REsp 1.568.244/RJ, pelo regime de recurso repetitivo, onde também entendeu:

> 7. **Para evitar abusividades** (Súmula n. 469/STJ) nos reajustes das contraprestações pecuniárias dos planos de saúde, **alguns parâmetros devem ser observados**, tais como (i) a expressa previsão contratual; (ii) não serem aplicados índices de reajuste desarrazoados ou aleatórios, que onerem em demasia o consumidor, em manifesto confronto com a equidade e as cláusulas gerais da boa-fé objetiva e da especial proteção ao idoso, dado que aumentos excessivamente elevados, sobretudo para esta última categoria, poderão, de forma discriminatória, impossibilitar a sua permanência no plano; e (iii) respeito às normas expedidas pelos órgãos governamentais: a) **No tocante aos contratos antigos e não adaptados**, isto é, aos seguros e planos de saúde firmados antes da entrada em vigor da Lei n. 9.656/1998, deve-se seguir o que consta no contrato, respeitadas, quanto à abusividade dos percentuais de aumento, as normas da legislação consumerista e, quanto à validade formal da cláusula, as diretrizes da Súmula Normativa n. 3/2001 da ANS. b) **Em se tratando de contrato (novo) firmado ou adaptado entre 2-1-1999 e 31-12-2003**, deverão ser cumpridas as regras constantes na Resolução CONSU n. 6/1998, a qual determina a observância de 7 (sete) faixas etárias e do limite de variação entre a primeira e a última (o reajuste dos maiores de 70 anos não poderá ser superior a 6 (seis) vezes o previsto para os usuários entre 0 e 17 anos), não podendo também a variação de valor na contraprestação atingir o usuário idoso vinculado ao plano ou seguro saúde há mais de 10 (dez) anos. c) **Para os contratos (novos) firmados a partir de 1º-1-2004**, incidem as regras da RN n. 63/2003 da ANS, que prescreve a observância (i) de 10 (dez) faixas etárias, a última aos 59 anos; (ii) do valor fixado para a última faixa etária não poder ser superior a 6 (seis) vezes o previsto para a primeira; e (iii) da variação acumulada entre a sétima e décima faixas não poder ser superior à variação cumulada entre a primeira e sétima faixas. 8. A abusividade dos aumentos das mensalidades de plano de saúde por inserção do usuário em nova faixa de risco, sobretudo de participantes idosos, deverá ser aferida em cada caso concreto. Tal reajuste será adequado e razoável sempre que o percentual de majoração for justificado atuarialmente, a permitir a continuidade contratual tanto de jovens quanto de idosos, bem como a sobrevivência do próprio fundo mútuo e da operadora, que visa comumente o lucro, o qual não pode ser predatório, haja vista a natureza da atividade econômica explorada: serviço público impróprio ou atividade privada regulamentada, complementar, no caso, ao Serviço Único de Saúde (SUS), de responsabilidade do Estado. 9. Se for reconhecida a abusividade do aumento praticado pela operadora de plano de saúde em virtude da

> alteração de faixa etária do usuário, para não haver desequilíbrio contratual, faz-se necessária, nos termos do art. 51, § 2º, do CDC, a apuração de percentual adequado e razoável de majoração da mensalidade em virtude da inserção do consumidor na nova faixa de risco, o que deverá ser feito por meio de cálculos atuariais na fase de cumprimento de sentença (REsp 1.568.244/RJ, Rel. Min. Ricardo Villas Bôas Cueva, Segunda Seção, j. 14-12-2016, *DJe* 19-12-2016).

Há casos em que o Superior Tribunal de Justiça vem decidindo pelo regime de coparticipação entre consumidor e plano de saúde. Tal entendimento ocorreu no julgamento do REsp 1.679.190, envolvendo número maior de sessões de terapia do que aquele fixado pela Agência Nacional de Saúde:

> 8. Há abusividade na cláusula contratual ou em ato da operadora de plano de saúde que importe em interrupção de tratamento psicoterápico por esgotamento do número de sessões anuais asseguradas no Rol de Procedimentos e Eventos em Saúde da ANS, visto que se revela incompatível com a equidade e a boa-fé, colocando o usuário (consumidor) em situação de desvantagem exagerada (art. 51, IV, da Lei n. 8.078/1990). 9. O número de consultas/sessões anuais de psicoterapia fixado pela ANS no Rol de Procedimentos e Eventos em Saúde deve ser considerado apenas como cobertura obrigatória mínima a ser custeada plenamente pela operadora de plano de saúde. 10. A quantidade de consultas psicoterápicas que ultrapassar as balizas de custeio mínimo obrigatório deverá ser suportada tanto pela operadora quanto pelo usuário, em regime de coparticipação, aplicando-se, por analogia, com adaptações, o que ocorre nas hipóteses de internação em clínica psiquiátrica, especialmente o percentual de contribuição do beneficiário (arts. 16, VIII, da Lei n. 9.656/1998; 2º, VII e VIII, e 4º, VII, da Resolução CONSU n. 8/1998 e 22, II, da RN ANS n.º 387/2015). 11. A estipulação de coparticipação se revela necessária, porquanto, por um lado, impede a concessão de consultas indiscriminadas ou o prolongamento em demasia de tratamentos e, por outro, restabelece o equilíbrio contratual (art. 51, § 2º, do CDC), já que as sessões de psicoterapia acima do limite mínimo estipulado pela ANS não foram consideradas no cálculo atuarial do fundo mútuo do plano, o que evita a onerosidade excessiva para ambas as partes. 12. Recurso especial parcialmente provido. (REsp 1.679.190/SP, Rel. Min. Ricardo Villas Bôas Cueva, 3ª T., j. 26-9-2017, *DJe* 2-10-2017).

Na mesma linha da não abusividade, o **STJ** continua entendendo **legítima a cobrança da tarifa mensal pelo serviço de telefonia** fixa, nos termos do enunciado de sua Súmula 356 (REsp 1.068.944/PB, Rel. Ministro Teori Albino Zavascki, Primeira Seção, *DJe* 9-2-2009).[29]

[29] Sobre o assunto, cumpre destacar, por fim, o teor da Súmula Vinculante 27, na qual o Supremo Tribunal Federal firmou o seguinte entendimento: "Compete à Justiça estadual julgar causas entre

> Obrigações iníquas, abusivas, com desvantagem exagerada e incompatíveis com a boa-fé e equidade são cláusulas abusivas.

■ 14.4.4.1. As controvérsias envolvendo o repasse da comissão de corretagem nos contratos imobiliários

Outro assunto amplamente debatido no ano de 2016 no Superior Tribunal de Justiça envolveu a abusividade ou não da cláusula contratual que repassa ao consumidor o dever de arcar com a comissão de corretagem nos contratos imobiliários de consumo. Prevaleceu no julgamento do REsp 1.599.511/SP que **é válida a cláusula contratual que transfere ao promitente-comprador a obrigação de pagar a comissão de corretagem nos contratos de promessa de compra e venda de unidade autônoma em regime de incorporação imobiliária, desde que previamente informado o preço total da aquisição da unidade autônoma, com o destaque do valor da comissão de corretagem**.

No mesmo julgado, o STJ entendeu **abusiva a cobrança pelo promitente-vendedor do serviço de assessoria técnico-imobiliária (SATI), ou atividade congênere, vinculado à celebração de promessa de compra e venda de imóvel**. Essa atividade consiste na prestação de esclarecimentos técnicos e jurídicos acerca das cláusulas do contrato e das condições do negócio. Assim, por se tratar de serviço inerente ao contrato de corretagem, os custos dessa atividade não podem ser repassados ao consumidor, sob pena de abusividade.

Ainda sobre o assunto, o Superior Tribunal de Justiça entendeu que **será de três anos o prazo prescricional para pretensão de restituição dos valores pagos a título de comissão de corretagem ou de serviço de assistência técnico-imobiliária (SATI), ou atividade congênere, nos termos do art. 206, § 3º, IV, Código Civil**. Prevaleceu a tese da prescrição trienal relativa à pretensão de ressarcimento de enriquecimento sem causa (REsp 1.551.956-SP, Rel. Ministro Paulo de Tarso Sanseverino, Segunda Seção, por unanimidade, *DJe* 6-9-2016).

Por fim, entendeu o STJ que **tem legitimidade passiva "ad causam" a incorporadora, na condição de promitente-vendedora, para responder a demanda** em que é pleiteada pelo promitente-comprador a restituição dos valores pagos a título de comissão de corretagem e de taxa de assessoria técnico-imobiliária, alegando-se prática abusiva na transferência desses encargos ao consumidor (REsp 1.551.968-SP, Rel. Ministro Paulo de Tarso Sanseverino, Segunda Seção, por unanimidade, *DJe* 6-9-2016).

---

consumidor e concessionária de serviço público de telefonia, quando a ANATEL não seja litisconsorte passiva necessária, assistente, nem opoente". Ainda nesse tocante, o STJ editou a Súmula 506 nos seguintes termos: "A Anatel não é parte legítima nas demandas entre a concessionária e o usuário de telefonia decorrentes de relação contratual" (*DJe* 31-3-2014).

Em suma, a respeito da corretagem nos contratos imobiliários, o STJ dirimiu as controvérsias existentes e decidiu:

- a cláusula que transfere o pagamento ao consumidor não é abusiva, desde que haja informação;
- abusiva a cobrança pelo promitente vendedor do serviço de assessoria técnico-imobiliária (SATI), por ser inerente à atividade principal;
- é trienal o prazo prescricional para pretensão de restituição dos valores pagos indevidamente;
- a incorporadora tem legitimidade passiva nas correspondentes ações.

Recentemente foi afetado o seguinte tema pelo Superior Tribunal de justiça: "Discute-se a validade da transferência ao consumidor da obrigação de pagar a comissão de corretagem nas promessas de compra e venda celebradas no âmbito do programa 'Minha Casa, Minha Vida'" (REsp 1.601.149-RS e REsp 1.602.042-SP, Rel. Ministro Paulo de Tarso Sanseverino, *DJe* 3-4-2017).

14.4.5. Estabelecer a inversão do ônus da prova em prejuízo do consumidor como exemplo de cláusula abusiva no CDC

São consideradas cláusulas abusivas as que "estabeleçam inversão do ônus da prova em prejuízo do consumidor" (art. 51, VI, do CDC). Conforme visto no Capítulo 4 deste livro, a **inversão do ônus** da prova consiste em um dos instrumentos existentes no CDC para **facilitar a defesa do consumidor em juízo**, e não para prejudicá-lo, caracterizando qualquer previsão neste sentido cláusula abusiva.

Na oportunidade, constatamos que a inversão do ônus da prova no Código do Consumidor pode ser *ope judicis* ou *ope legis*:

INVERSÃO *OPE JUDICIS*	INVERSÃO *OPE LEGIS*
▪ Art. 6º, inciso VIII, do CDC[30]	▪ Outros artigos do CDC — ex.: art. 38[31]
▪ A critério do juiz deferir ou não	▪ A inversão é automática — decorre da lei
▪ A inversão não é obrigatória	▪ A inversão é obrigatória

[30] "Art. 6º São direitos básicos do consumidor: (...) VIII — a facilitação da defesa de seus direitos, inclusive com a inversão do ônus da prova, a seu favor, no processo civil, quando, a critério do juiz, for verossímil a alegação ou quando for ele hipossuficiente, segundo as regras ordinárias de experiências."

[31] "Art. 38. O ônus da prova da veracidade e correção da informação ou comunicação publicitária cabe a quem as patrocina."

Dessa forma, a convenção entre as partes no tocante ao ônus da prova não poderá ser prejudicial ao consumidor, mesmo porque o CDC traz em seu conteúdo normas de ordem pública e interesse social inderrogáveis pela vontade das partes.

A inversão do ônus em prejuízo do consumidor é cláusula abusiva.

14.4.6. A utilização compulsória da arbitragem como exemplo de cláusula abusiva no CDC

O disposto no art. 51, inciso VII, do Código de Defesa do Consumidor considera como exemplos de cláusulas abusivas aquelas que "determinem a utilização compulsória de arbitragem".

Entendemos pela **inviabilidade das cláusulas compromissórias,**[32] **em razão da sua compulsoriedade** de sujeição ao juízo arbitral, mas **aceitamos o compromisso arbitral**[33] **pelo seu caráter facultativo. No entanto, a doutrina diverge sobre o tema:**

LEONARDO ROSCOE BESSA	"Em que pese o cuidado da Lei n. 9.307/96 com a vontade real do aderente, a doutrina sustenta majoritariamente que, **em face da vulnerabilidade do consumidor**, principalmente quando pessoa natural, **a instituição da arbitragem** em contratos de adesão é extremamente **desvantajosa** para o consumidor, e, portanto, **nula de pleno direito.**"[34]
NELSON NERY JUNIOR	"**A escolha** pelas partes **de um árbitro** para solucionar as lides existentes entre elas **não significa renúncia ao direito** de ação nem ofende o princípio constitucional do juiz natural. Com a celebração do **compromisso arbitral**, as partes apenas estão transferindo, deslocando a jurisdição que, de ordinário, é exercida por órgão estatal, para um destinatário privado. Como o compromisso **só pode versar sobre matéria de direito disponível, é lícito às partes assim proceder.**"[35]

O STJ já se posicionou favoravelmente à possibilidade de se utilizar compromisso arbitral nas relações de consumo da seguinte forma:

[32] A Lei n. 9.307/96 dispõe sobre a arbitragem e considera em seu art. 4º: "A cláusula compromissória é a convenção através da qual as partes em um contrato comprometem-se a submeter à arbitragem os litígios que possam vir a surgir, relativamente a tal contrato. § 1º A cláusula compromissória deve ser estipulada por escrito, podendo estar inserta no próprio contrato ou em documento apartado que a ele se refira. § 2º Nos contratos de adesão, a cláusula compromissória só terá eficácia se o aderente tomar a iniciativa de instituir a arbitragem ou concordar, expressamente, com a sua instituição, desde que por escrito em documento anexo ou em negrito, com a assinatura ou visto especialmente para essa cláusula".

[33] A Lei n. 9.307/96 dispõe sobre a arbitragem e considera em seu art. 9º: "O compromisso arbitral é a convenção através da qual as partes submetem um litígio à arbitragem de uma ou mais pessoas, podendo ser judicial ou extrajudicial. § 1º O compromisso arbitral judicial celebrar-se-á por termo nos autos, perante o juízo ou tribunal, onde tem curso a demanda. § 2º O compromisso arbitral extrajudicial será celebrado por escrito particular, assinado por duas testemunhas, ou por instrumento público".

[34] BENJAMIN, Antônio Herman de V.; MARQUES, Claudia Lima; BESSA, Leonardo Roscoe. *Manual de direito do consumidor,* p. 349.

[35] GRINOVER, Ada Pellegrini; BENJAMIN, Antônio Herman de V.; FINK, Daniel Roberto; FILOMENO, José Geraldo Brito; NERY JR., Nelson; DENARI, Zelmo. *Código Brasileiro de Defesa do Consumidor,* p. 587.

DIREITO PROCESSUAL CIVIL E CONSUMIDOR. CONTRATO DE ADESÃO. CONVENÇÃO DE ARBITRAGEM. LIMITES E EXCEÇÕES. ARBITRAGEM EM CONTRATOS DE FINANCIAMENTO IMOBILIÁRIO. CABIMENTO. LIMITES. **1. Com a promulgação da Lei de Arbitragem, passaram a conviver, em harmonia, três regramentos de diferentes graus de especificidade: (i) a regra geral, que obriga a observância da arbitragem quando pactuada pelas partes, com derrogação da jurisdição estatal; (ii) a regra específica, contida no art. 4º, § 2º, da Lei n. 9.307/96 e aplicável a contratos de adesão genéricos, que restringe a eficácia da cláusula compromissória; e (iii) a regra ainda mais específica, contida no art. 51, VII, do CDC, incidente sobre contratos derivados de relação de consumo, sejam eles de adesão ou não, impondo a nulidade de cláusula que determine a utilização compulsória da arbitragem, ainda que satisfeitos os requisitos do art. 4º, § 2º, da Lei n. 9.307/96. 2. O art. 51, VII, do CDC se limita a vedar a adoção prévia e compulsória da arbitragem, no momento da celebração do contrato, mas não impede que, posteriormente, diante de eventual litígio, havendo consenso entre as partes (em especial a aquiescência do consumidor), seja instaurado o procedimento arbitral.** 3. As regras dos arts. 51, VIII, do CDC e 34 da Lei n. 9.514/97 não são incompatíveis. Primeiro porque o art. 34 não se refere exclusivamente a financiamentos imobiliários sujeitos ao CDC e segundo porque, havendo relação de consumo, o dispositivo legal não fixa o momento em que deverá ser definida a efetiva utilização da arbitragem. 4. Recurso especial a que se nega provimento (REsp 1.169.841/RJ, Rel. Ministra Nancy Andrighi, 3ª T., *DJe* 14-11-2012).

A utilização da arbitragem **COMPULSÓRIA** é cláusula abusiva.

14.4.7. A imposição de representante como exemplo de cláusula abusiva no CDC

Também são exemplos de cláusulas abusivas as que "imponham representante para concluir ou realizar outro negócio jurídico pelo consumidor". Trata-se da chamada **cláusula-mandato**, que, segundo os ensinamentos de Bruno Miragem, possui como **hipóteses no contrato bancário:**

> "a) cláusula irrevogável pela qual o **consumidor autoriza o banco a emitir e aceitar título de crédito** no valor correspondente à dívida apurada unilateralmente;
>
> b) a cláusula pela qual o **consumidor autoriza o banco a debitar de sua conta corrente os custos e despesas** decorrentes da emissão de **cartão de crédito**, bem como do valor das faturas vincendas do mesmo; e

c) a cláusula pela qual o **consumidor autoriza o banco a aplicar recursos disponíveis no mercado financeiro**, a seu exclusivo critério, mas em prejuízo do outorgante".[36]

As **razões** da existência da aludida vedação, conforme ensina Nelson Nery Junior, estão **fundadas:**

"a) na possibilidade de haver **conflito de interesses** entre **mandante e mandatário**; b) no **desvirtuamento do contrato** de mandato".[37]

O Superior Tribunal de Justiça posicionou-se algumas vezes sobre o tema, como no caso do enunciado da **Súmula 60 do STJ**, segundo o qual: "É nula obrigação cambial assumida por procurador do mutuário vinculado ao mutuante, no exclusivo interesse deste". O mesmo ocorreu no julgamento do Agravo Regimental no Recurso Especial 808.603:

> PROCESSO CIVIL — RECURSO ESPECIAL — AGRAVO REGIMENTAL — CONTRATO BANCÁRIO — NOTA PROMISSÓRIA — CLÁUSULA MANDATO — VIOLAÇÃO AO ART. 51, IV, CDC — SÚMULA 60/STJ — NULIDADE — DESPROVIMENTO.
>
> 1 — **É nula a cláusula contratual em que o devedor autoriza o credor a sacar, para cobrança, título de crédito representativo de qualquer quantia em atraso. Isto porque tal cláusula não se coaduna com o contrato de mandato, que pressupõe a inexistência de conflitos entre mandante e mandatário.** Precedentes (REsp 504.036/RS e AgRg Ag 562.705/RS).
>
> 2 — Ademais, a **orientação desta Corte é no sentido de que a cláusula contratual que permite a emissão da nota promissória em favor do banco/embargado, caracteriza-se como abusiva, porque violadora do princípio da boa-fé, consagrado no art. 51, inciso IV do Código de Defesa do Consumidor**. Precedente (REsp 511.450/RS).
>
> 3 — Agravo regimental desprovido (AgRg no REsp 808.603/RS, Rel. Ministro Jorge Scartezzini, 4ª T., *DJ* 29-5-2006).

No tocante aos contratos de cartão de crédito, a cláusula-mandato poderá ou não ser considerada abusiva na visão do STJ. Vejamos: "A cláusula-mandato inserida nos contratos de cartão de crédito possui três acepções distintas, que

---

36 MIRAGEM, Bruno. *Curso de direito do consumidor*, p. 254-255.

37 GRINOVER, Ada Pellegrini; BENJAMIN, Antônio Herman de V.; FINK, Daniel Roberto; FILOMENO, José Geraldo Brito; NERY JR., Nelson; DENARI, Zelmo. *Código Brasileiro de Defesa do Consumidor*, p. 592.

embora decorram da relação de representação existente entre os interessados, ensejam efeitos jurídicos e materiais totalmente diversos. A primeira é inerente a todos os contratos de cartão de crédito, tenham eles sido estabelecidos com instituições financeiras ou administradoras de cartão *private label*, sendo o real objeto contratado, na qual a operadora se compromete a honrar o compromisso assumido por seu mandante/cliente/consumidor perante o comerciante/prestador de serviço, até o limite estabelecido mediante eventual remuneração (comumente denominada anuidade). A segunda, considerada válida e inerente aos contratos de cartão de crédito mantidos por operadoras de cartões *private label* refere-se à autorização dada pelo mandante (cliente/consumidor) ao mandatário (administradora de cartão de crédito), para que este obtenha recursos no mercado financeiro para saldar eventuais dívidas e financiamentos daquele. **A terceira, reputada abusiva pelo ordenamento jurídico pátrio, é no sentido de admitir que o mandatário emita título de crédito em nome do devedor principal mandante/cliente/consumidor**" (REsp 1.084.640/SP, Rel. Ministro Marco Buzzi, 2ª Seção, *DJe* 29-9-2015).

> Para o STJ, em regra, a imposição de representante é cláusula abusiva.

14.4.8. As cláusulas potestativas como exemplos de cláusulas abusivas no CDC

O Código de Defesa do Consumidor prevê em seu art. 51 que são igualmente exemplos de cláusulas abusivas as expressas nos seguintes incisos:

> IX — deixem ao fornecedor a opção de concluir ou não o contrato, embora obrigando o consumidor;
>
> X — permitam ao fornecedor, direta ou indiretamente, variação do preço de maneira unilateral;
>
> XI — autorizem o fornecedor a cancelar o contrato unilateralmente, sem que igual direito seja conferido ao consumidor; (...)
>
> XIII — autorizem o fornecedor a modificar unilateralmente o conteúdo ou a qualidade do contrato, após sua celebração;

Sobre o tema, concordamos com Bruno Miragem ao ensinar que na sistemática adotada pelo CDC as **cláusulas potestativas** "surgem como **espécies de cláusulas abusivas**, uma vez que, a teor dos **incisos IX, X, XI e XIII**, **estabelecem tão forte poder de direção do fornecedor** na direção do contrato de consumo, que termina por diminuir ou suprimir a possibilidade de o consumidor promover com alguma utilidade seus interesses, comprometendo o equilíbrio do contrato e, por isso, a validade das cláusulas contratuais abusivas que dão causa a esta desigualdade. (...) Em todas estas hipóteses mencionadas, o conteúdo **principal do poder de direção** da relação contratual, mediante legitimação prevista pelo contrato de consumo, **pertence ao fornecedor**. E é o fato desta previsão unilateral das prerrogativas e demais direitos estabelecidos no contrato, que fazem emprestam abusividade às suas disposições".[38]

De fato, pelo **princípio da vinculação da oferta, não é possível** deixar ao **arbítrio do fornecedor a opção de concluir ou não o contrato**. Qualquer disposição contratual nesse sentido será considerada cláusula abusiva.

Por outro lado, quando houver disposição legal legitimando eventual atraso, não há falar em cláusula abusiva. É o que ocorre com a cláusula de tolerância nos contratos de promessa de compra e venda de imóvel em construção que prevê prorrogação do prazo inicial para a entrega da obra pelo prazo máximo de 180 (cento e oitenta) dias. Sobre o tema, entendeu o Superior Tribunal de Justiça:

> RECURSO ESPECIAL. CIVIL. PROMESSA DE COMPRA E VENDA DE IMÓVEL EM CONSTRUÇÃO. ATRASO DA OBRA. ENTREGA APÓS O PRAZO ESTIMADO. CLÁUSULA DE TOLERÂNCIA. VALIDADE. PREVISÃO LEGAL. PECULIARIDADES DA CONSTRUÇÃO CIVIL. ATENUAÇÃO DE RISCOS. BENEFÍCIO AOS CONTRATANTES. CDC. APLICAÇÃO SUBSIDIÁRIA. OBSERVÂNCIA DO DEVER DE INFORMAR. PRAZO DE PRORROGAÇÃO. RAZOABILIDADE. 1. **Cinge-se a controvérsia a saber se é abusiva a cláusula de tolerância nos contratos de promessa de compra e venda de imóvel em construção, a qual permite a prorrogação do prazo inicial para a entrega da obra.** 2. A compra de um imóvel "na planta" com prazo e preço certos possibilita ao adquirente planejar sua vida econômica e social, pois é sabido de antemão quando haverá a entrega das chaves, devendo ser observado, portanto, pelo incorporador e pelo construtor, com a maior fidelidade possível, o cronograma de execução da obra, sob pena de indenizarem os prejuízos causados ao adquirente ou ao compromissário pela não conclusão da edificação ou pelo retardo injustificado na conclusão da obra (arts. 43, II, da Lei n. 4.591/1964 e 927 do Código Civil). 3. **No contrato de promessa de compra e venda de imóvel em construção**, além do período previsto para o término do empreendimento, **há, comumente, cláusula de prorrogação excepcional do prazo de entrega da unidade ou de conclusão da obra, que varia entre 90 (noventa) e 180 (cento e oitenta) dias: a cláusula de tolerância.** 4. Aos contratos de incorporação imobiliária, embora regidos pelos princípios e normas que lhes são próprios (Lei n. 4.591/1964), também se aplica subsidiariamente a legislação consumerista sempre que a unidade imobiliária for destinada a uso próprio do adquirente ou de sua família. 5. **Não pode ser reputada abusiva a cláusula de tolerância** no compromisso de compra e venda de imóvel em construção desde que contratada com prazo determinado e razoável, **já que**

[38] MIRAGEM, Bruno. *Curso de direito do consumidor*, p. 255.

possui amparo não só nos usos e costumes do setor, mas também em lei especial (art. 48, § 2º, da Lei n. 4.591/1964), constituindo previsão que atenua os fatores de imprevisibilidade que afetam negativamente a construção civil, a onerar excessivamente seus atores, tais como intempéries, chuvas, escassez de insumos, greves, falta de mão de obra, crise no setor, entre outros contratempos. 6. A cláusula de tolerância, para fins de mora contratual, não constitui desvantagem exagerada em desfavor do consumidor, o que comprometeria o princípio da equivalência das prestações estabelecidas. Tal disposição contratual concorre para a diminuição do preço final da unidade habitacional a ser suportada pelo adquirente, pois ameniza o risco da atividade advindo da dificuldade de se fixar data certa para o término de obra de grande magnitude sujeita a diversos obstáculos e situações imprevisíveis. 7. **Deve ser reputada razoável a cláusula que prevê no máximo o lapso de 180 (cento e oitenta) dias de prorrogação, visto que, por analogia, é o prazo de validade do registro da incorporação e da carência para desistir do empreendimento (arts. 33 e 34, § 2º, da Lei n. 4.591/1964 e 12 da Lei n. 4.864/1965) e é o prazo máximo para que o fornecedor sane vício do produto (art. 18, § 2º, do CDC).** 8. **Mesmo sendo válida a cláusula de tolerância** para o atraso na entrega da unidade habitacional em construção com prazo determinado de até 180 (cento e oitenta) dias, **o incorporador deve observar o dever de informar e os demais princípios da legislação consumerista, cientificando claramente o adquirente, inclusive em ofertas, informes e peças publicitárias, do prazo de prorrogação, cujo descumprimento implicará responsabilidade civil.** Igualmente, durante a execução do contrato, deverá notificar o consumidor acerca do uso de tal cláusula juntamente com a sua justificação, primando pelo direito à informação. 9. Recurso especial não provido (REsp 1.582.318/RJ, Rel. Min. Ricardo Villas Bôas Cueva, 3ª T., j. 12-9-2017, *DJe* 21-9-2017).[39]

---

[39] No dia 26 de abril de 2017 a Segunda Seção do Superior Tribunal de Justiça fez a seguinte proposta de afetação ao REsp 1.635.428/SC: "PROPOSTA DE AFETAÇÃO. RECURSO ESPECIAL. RITO DOS RECURSOS ESPECIAIS REPETITIVOS. COMPRA E VENDA DE IMÓVEIS NA PLANTA. ATRASO NA ENTREGA DO IMÓVEL. CONTROVÉRSIA ACERCA DA POSSIBILIDADE DE CUMULAÇÃO DA INDENIZAÇÃO POR LUCROS CESSANTES COM A CLÁUSULA PENAL. 1. Delimitação da controvérsia: Definir acerca da possibilidade de cumulação ou não da indenização por lucros cessantes com a cláusula penal, nos casos de inadimplemento do vendedor em virtude do atraso na entrega de imóvel em construção objeto de contrato ou promessa de compra e venda. 2. RECURSO ESPECIAL AFETADO AO RITO DO ART. 1.036 CPC/2015".

Na mesma data houve proposta de afetação ao REsp 1.614.721/DF sobre o seguinte tema correlato: "PROPOSTA DE AFETAÇÃO. RECURSO ESPECIAL. RITO DOS RECURSOS ESPECIAIS REPETITIVOS. COMPRA E VENDA DE IMÓVEIS NA PLANTA. ATRASO NA ENTREGA DO IMÓVEL. CONTROVÉRSIA ACERCA DA POSSIBILIDADE DE INVERSÃO, A FAVOR DO CONSUMIDOR, DA CLÁUSULA PENAL. 1. Delimitação da controvérsia: Definir acerca da possibilidade ou não de inversão, em desfavor da construtora (fornecedor), da cláusula penal estipulada exclusivamente para o adquirente (consumidor), nos casos de inadimplemento em virtude de atraso na entrega de imóvel em construção objeto de contrato ou de promessa de compra e venda. 2. RECURSO ESPECIAL AFETADO AO RITO DO ART. 1.036 CPC/2015".

No mesmo sentido, também são **abusivas as cláusulas que permitam ao fornecedor variação** direta ou indireta do **preço de maneira unilateral**.

Desta forma, alterações mercadológicas ou econômicas supervenientes capazes de influenciar no preço inicialmente pactuado e, em tese, legitimadoras de eventual **revisão no preço**, somente poderão ser efetivadas mediante **prévia anuência do consumidor** e jamais ser impostas unilateralmente pelo fornecedor.

No tocante ao inciso XI do art. 51 do CDC — **são abusivas** as cláusulas que autorizem o **fornecedor** a **cancelar o contrato unilateralmente** —, é muito comum instituição financeira praticar tal conduta abusiva ao cancelar o "limite de crédito em contrato de conta corrente vigente, sem que o correntista seja previamente comunicado" (REsp 621.577/RO, Rel. Ministra Nancy Andrighi, 3ª T., *DJ* 23-8-2004).

Por fim, a **modificação unilateral do conteúdo ou da qualidade do contrato** após sua celebração fecha os exemplos de cláusulas potestativas existentes no art. 51 do Código de Defesa do Consumidor.

O Superior Tribunal de Justiça vem coibindo práticas abusivas do gênero, como no julgamento a seguir: "No caso, **a empresa de saúde realizou a alteração contratual sem a participação do consumidor, por isso é nula a modificação que determinou que a assistência médico-hospitalar fosse prestada apenas por estabelecimento credenciado ou, caso o consumidor escolhesse hospital não credenciado, que o ressarcimento das despesas estaria limitado a determinada tabela. Violação dos arts. 6º e 51, IV e § 1º do CDC"** (REsp 418.572/SP, Rel. Ministro Luis Felipe Salomão, 4ª T., *DJe* 30-3-2009).

As cláusulas potestativas são cláusulas abusivas.

14.4.9. A imposição do ressarcimento pelos custos da cobrança como exemplo de cláusula abusiva no CDC

O art. 51, inciso XII, do CDC considera exemplos de cláusulas abusivas aquelas que "obriguem o consumidor a ressarcir os custos de cobrança de sua obrigação, sem que igual direito lhe seja conferido contra o fornecedor".

Caso concreto relevante já apreciado pelo Superior Tribunal de Justiça envolve a viabilidade ou não da cobrança de boleto bancário do mutuário por serviço já remunerado por meio da "tarifa interbancária": **"O serviço prestado por meio do oferecimento de boleto bancário ao mutuário já é remunerado por meio da 'tarifa interbancária', razão pela qual a cobrança de tarifa, ainda que sob outra rubrica, mas que objetive remunerar o mesmo serviço, importa em enriquecimento sem causa e vantagem exagerada das instituições financeiras em detrimento dos consumidores"** (REsp 1.161.411/RJ, Rel. Ministra Nancy Andrighi, 3ª T., *DJe* 10-10-2011).

No entanto, cumpre ressaltar que na visão do STJ a cobrança por boleto bancário somente será considerada abusiva quando cabalmente comprovada a vantagem exagerada, conforme excerto extraído do julgado *infra*:

> **Conforme entendimento das Turmas que compõem a Segunda Seção deste Tribunal, no mesmo passo dos juros remuneratórios, "em relação à cobrança das tarifas de abertura de crédito, emissão de boleto bancário e IOF financiado, há que ser demonstrada de forma objetiva e cabal a vantagem exagerada extraída por parte do recorrente que redundaria no desequilíbrio da relação jurídica, e, por consequência, na ilegalidade da sua cobrança"** (AgRg no REsp 1.003.911/RS, Rel. Ministro João Otávio de Noronha, *DJe* 11-2-2010).[40]

A imposição do ressarcimento pelos custos da cobrança é cláusula abusiva.

14.4.10. A violação de normas ambientais como exemplo de cláusula abusiva no CDC

São exemplos igualmente de cláusulas abusivas aquelas que "infrinjam ou possibilitem a violação de normas ambientais" (art. 51, XIV, do CDC). É evidente que a tutela ambiental tem fulcro na Constituição Federal, além de legislação específica, bem como atos infralegais, como no caso das resoluções CONAMA.

A Lei n. 8.078/90 passa a ser mais um Diploma a tutelar o meio ambiente, ainda que minimamente, quer no aspecto contratual, quer no âmbito da publicidade, conforme disposto no art. 37, § 2º, do CDC.

Sobre o tema, concordamos com Nelson Nery Junior ao lecionar **que não "há necessidade de ofensa real ao meio ambiente, bastando para caracteri-**

[40] No mesmo sentido, entendeu o STJ no julgamento do REsp 1.339.097/SP: "1. Cuida-se de ação coletiva proposta pela ANADEC contra a Editora Abril S.A., na qual aponta a ilegalidade da cobrança de R$ 1,13 (um real e treze centavos) por boletos bancários emitidos em virtude da assinatura de revistas, custo que alega pertencer exclusivamente à empresa. 2. O Código de Defesa do Consumidor assegura a possibilidade de ressarcimento dos custos de cobrança de determinada obrigação tanto ao fornecedor quanto ao consumidor (art. 51, XII, do CDC). 3. No caso, o consumidor, antes de formalizar o negócio jurídico com a Editora Abril (fornecedora), na fase pré-contratual, foi informado da faculdade de optar por uma das três formas de pagamento oferecidas pela empresa: boleto bancário, débito em conta e débito no cartão de crédito. 4. Inexiste vantagem exagerada em decorrência da cobrança por carnê, em especial porque o boleto bancário não é imposto pelo fornecedor, mas, ao contrário, propicia ao consumidor uma comodidade, realizando a liberdade contratual e o dever de informação. 5. Ausente a onerosidade excessiva, porquanto mantidos o equilíbrio contratual, a proporcionalidade do acréscimo cobrado do consumidor e a boa-fé objetiva do fornecedor. 6. Recurso especial não provido" (Rel. Ministro Ricardo Villas Bôas Cueva, 3ª T., *DJe* 9-2-2015).

zar a abusividade que a cláusula possibilite a ofensa ambiental. A proibição alcança, também, as cláusulas que estejam em desacordo com as normas ambientais, legais ou administrativas. Os termos meio ambiente e normas ambientais estão tomados em sua acepção mais ampla, incluídos neles o meio ambiente natural (ar, água, florestas, fauna, flora etc.), meio ambiente urbanístico (zoneamento, poluição visual e sonora etc.), meio ambiente cultural (patrimônio e bens de valor histórico, estético, turístico, paisagístico, artístico e arquitetônico) e meio ambiente do trabalho (salubridade e segurança no ambiente de trabalho etc.)".[41]

> A violação de normas ambientais é cláusula abusiva.

14.4.11. Cláusula em desacordo com o sistema de proteção ao consumidor como exemplo de cláusula abusiva no CDC

O CDC no inciso XV do seu art. 51 estabelece como exemplos de cláusulas abusivas as que "estejam em desacordo com o sistema de proteção ao consumidor". Vale lembrar que o **sistema de proteção ao consumidor não se resume à tutela prevista na Lei n. 8.078/90 — o Código de Defesa do Consumidor** —, mas envolve ainda outras leis, dentre as quais destacamos:

- Lei dos crimes contra a economia popular — Lei n. 1.521, de 1951.
- Lei dos crimes contra a ordem econômica e as relações de consumo — Lei n. 8.137, de 1990.
- Lei dos planos e seguros de assistência à saúde — Lei n. 9.656, de 1998.
- Lei das mensalidades escolares — Lei n. 9.870, de 1999 (alterada pela Lei n. 13.003, de 2014).
- Lei dos consórcios — Lei n. 11.795, de 2008.

Exemplo de posicionamento do STJ capaz de demonstrar a abrangência do conceito de "sistema de proteção ao consumidor", além da integração das mais variadas leis na defesa do vulnerável da relação jurídica de consumo, está na Súmula 469: "Aplica-se o Código de Defesa do Consumidor aos contratos de plano de saúde".

> Cláusula violadora do sistema de proteção ao consumidor é abusiva.

[41] GRINOVER, Ada Pellegrini; BENJAMIN, Antônio Herman de V.; FINK, Daniel Roberto; FILOMENO, José Geraldo Brito; NERY JR., Nelson; DENARI, Zelmo. *Código Brasileiro de Defesa do Consumidor*, p. 597-598.

■ 14.4.12. Cláusulas que possibilitem a renúncia do direito de indenização por benfeitorias necessárias como exemplos de cláusulas abusivas no CDC

Por fim, prevê o art. 51, inciso XVI, do Código de Defesa do Consumidor que são exemplos de cláusulas abusivas aquelas que "possibilitem a renúncia do direito de indenização por benfeitorias necessárias".

Sobre o tema, vale destacar o disposto no art. 96 do **Código Civil, que classifica as benfeitorias em voluptuárias, úteis ou necessárias**. Definem os parágrafos do citado dispositivo legal o significado de cada uma das espécies de benfeitorias, nos seguintes termos:

- São **voluptuárias** as de mero deleite ou recreio, que não aumentam o uso habitual do bem, ainda que o tornem mais agradável ou sejam de elevado valor.
- São **úteis** as que aumentam ou facilitam o uso do bem.
- São **necessárias** as que têm por fim conservar o bem ou evitar que se deteriore.

A renúncia à indenização por benfeitorias necessárias é cláusula abusiva.

■ 14.5. QUESTÕES

1. (CEPERJ — 2012 — Procon-RJ — Advogado) Esculápio estaciona o seu automóvel onde é cobrado preço por hora de permanência no local. Recebe comprovante de entrega do veículo ao manobrista, no qual está escrito que a empresa administradora do estacionamento não se responsabiliza por danos causados ao mesmo.

Caso existam os danos, nos termos do Código de Defesa do Consumidor, será considerado o escrito como cláusula:

a) não escrita;
b) perigosa;
c) abusiva;
d) perfeita;
e) exequível.

2. (FCC — 2012 — TJ-GO — Juiz) As cláusulas abusivas nas relações de consumo

a) são tidas por inexistentes.
b) dependem de provocação do consumidor para serem reconhecidas, pois são anuláveis.
c) podem ser declaradas, em regra, de ofício pelo juiz, pois são nulas de pleno direito.
d) dependem de provocação do Ministério Público, já que a declaração de sua ocorrência interessa à coletividade.
e) integram um rol taxativo, fechado em suas hipóteses.

3. (Instituto Cidades — 2011 — DPE-AM — Defensor Público) Com relação às cláusulas abusivas no Código de Defesa do Consumidor (Lei n. 8.078, de 11 de setembro de 1990), assinale a alternativa correta:

a) é lícita a cláusula contratual que limita a indenização, em situações justificadas, entre fornecedor e consumidor-pessoa jurídica;
b) é lícita a cláusula contratual que imponha a arbitragem compulsória nas relações de consumo;
c) é lícita a cláusula contratual que faculta unilateralmente ao fornecedor a conclusão do contrato;
d) é lícita a cláusula contratual que faculta unilateralmente ao fornecedor a escolha do índice de reajuste da obrigação;
e) é lícita a cláusula contratual que reduz a garantia legal do produto durável para dez (10) dias.

4. (CESPE — 2011 — TJ-PB — Juiz) Assinale a opção correta com base no entendimento sumulado pelo STJ a respeito da aplicação do CDC no que se refere a fornecedor e práticas abusivas.

a) O CDC não é aplicável à relação jurídica entre a entidade de previdência privada e seus participantes.
b) O CDC não se aplica aos contratos de plano de saúde.
c) Nos contratos bancários, é possível ao julgador conhecer de ofício a abusividade das cláusulas.
d) Nos contratos bancários posteriores ao CDC, incide a multa moratória nele prevista.
e) Não é abusiva cláusula contratual de plano de saúde que limite no tempo a internação hospitalar do segurado.

5. (CESPE — 2006 — DETRAN-PA — Procurador) Isabel adquiriu aparelho televisor da revendedora Nacional Utilidades para o Lar S.A. No contrato, ficou assentado que o pagamento seria efetuado em 12 parcelas iguais e sucessivas e que a responsabilidade por eventuais vícios no aparelho seria exclusiva de CK Eletrônicos Ltda., que nenhuma relação jurídica possui com Isabel.

Considerando a situação hipotética acima, assinale a opção incorreta, acerca das normas que regem as relações de consumo, referentes às cláusulas abusivas e às infrações penais.

a) Caso a revendedora mencionada se abstenha de entregar para Isabel termo de garantia do televisor, adequadamente preenchido e com claras especificações de seu conteúdo, estará incorrendo em prática de infração penal.
b) A cláusula que estabelece que a responsabilidade por eventuais vícios no aparelho seria exclusiva de pessoa jurídica que nenhuma relação jurídica tem com Isabel é abusiva e pode ser alegada em qualquer tempo e grau de jurisdição.
c) Havendo inadimplemento das prestações, se a revendedora do aparelho televisor demandar pela resolução do contrato e a devolução do produto, Isabel perderá as parcelas já pagas, em benefício de Nacional Utilidades para o Lar S.A.
d) O consumidor não está obrigado a cumprir cláusula contratual de renúncia ou de disposição de seus direitos, mesmo que tenha concordado com sua inserção quando da assinatura do contrato.

6. (FMP-RS — 2008 — MPE-MT — Promotor de Justiça) Aponte a assertiva correta.

a) O comerciante somente é responsável por danos ao consumidor decorrentes de fabricação quando o produto não contiver a identificação clara do seu fabricante.
b) As cláusulas abusivas em contratos de consumo são anuláveis.
c) As cláusulas-surpresa são proibidas no Código de Defesa do Consumidor.
d) Os profissionais liberais respondem objetivamente pelos defeitos da prestação de serviço.
e) A falta de informação no produto acarreta a responsabilidade fundada na culpa do fabricante.

7. (FCC — 2011 — DPE-RS — Defensor Público) Equilíbrio dos contratos de consumo.

a) Uma cláusula contratual considerada abusiva em um contrato de consumo, o será necessariamente também em um contrato civil, desde que redigida em termos idênticos.
b) A cláusula abusiva será nula quando afetar o equilíbrio das prestações do contrato, porém pode ser convalidada quando se trate de vício de informação, desde que haja concordância das partes com a redução do proveito do fornecedor.
c) A revisão dos contratos de consumo pode se dar em face da alteração de circunstâncias, com a finalidade de proteção do consumidor, não se exigindo que tal situação seja necessariamente desconhecida das partes.
d) Cláusula abusiva celebrada em contrato individual de consumo não pode ter sua nulidade pronunciada em ação coletiva, sem a anuência do consumidor que é parte da contratação.
e) Não se reconhece a existência de cláusula-surpresa se o consumidor leu, no momento da contratação, os termos do instrumento contratual.

8. (CESPE — 2010 — DPE-BA — Defensor Público) Com referência ao CDC, julgue o item subsequente.

A nulidade de uma cláusula contratual abusiva não invalida o contrato como um todo, exceto quando de sua ausência, apesar dos esforços de integração, decorrer ônus excessivo a qualquer das partes.

( ) certo ( ) errado

9. (PUC-PR — 2011 — TJ-RO — Juiz) O Código de Defesa do Consumidor (8.078/90) expressa que os contratos que regulam as relações de consumo não obrigarão os consumidores, se não lhes for dada a oportunidade de tomar conhecimento prévio de seu conteúdo, ou se os respectivos instrumentos forem redigidos de modo a dificultar a compreensão de seu sentido e alcance. A respeito de contratos de consumo, assinale a única alternativa CORRETA.

a) São nulas de pleno direito, entre outras, as cláusulas contratuais relativas ao fornecimento de produtos e serviços que estabeleçam inversão do ônus da prova a favor do consumidor.
b) Nos contratos de compra e venda de móveis ou imóveis mediante pagamento em prestações, bem como nas alienações fiduciárias em garantia, consideram-se válidas as cláusulas que estabeleçam a perda total das prestações pagas em benefício do credor que, em razão do inadimplemento, pleitear a resolução do contrato e a retomada do produto alienado.
c) O consumidor pode desistir do contrato, no prazo de sete dias, a contar de sua assinatura ou do ato de recebimento do produto ou serviço, sempre que a contratação de fornecimento de produtos e serviços ocorrer fora do estabelecimento comercial, especialmente por telefone ou em domicílio.
d) Nos contratos de adesão admite-se cláusula resolutória, desde que alternativa, cabendo a escolha ao fornecedor.
e) Nos contratos do sistema de consórcio de produtos duráveis, a compensação, ou a restituição das parcelas quitadas, não sofrerá qualquer desconto, sendo restituído o valor integral devidamente corrigido e atualizado.

10. (PUC-PR — 2012 — TJ-MS — Juiz) Em um contrato de consumo é considerada abusiva a cláusula que:

a) Estabelece a remessa do nome do consumidor inadimplente para bancos de dados ou cadastros de consumidores.

b) Impossibilite a violação de norma ambiental.
c) Estabelece a inversão do ônus da prova em desfavor do fornecedor.
d) Transfere responsabilidades a terceiros.
e) Não permite ao fornecedor, direta ou indiretamente, variação do preço de maneira unilateral.

11. (CESPE — 2007 — TJ-PI — Juiz) No que se refere à proteção dos contratos de consumo, cada uma das opções abaixo apresenta uma situação hipotética, seguida de uma assertiva a ser julgada. Assinale a opção que apresenta assertiva correta.

a) Certa seguradora se absteve de fazer constar de seus instrumentos contratuais que a cirurgia de obesidade mórbida estaria excluída dos serviços médicos cobertos pelo plano de saúde. Nessa situação, a prestação cirúrgica não se inclui no rol das obrigações da seguradora.
b) Kátia adquiriu um aparelho televisor pela Internet, tendo efetuado o pagamento por meio de cartão de crédito. Ao receber o aparelho televisor, observou que o mesmo não dispunha de várias das funções constantes na propaganda do produto, razão pela qual decidiu rescindir o contrato e devolver o bem. Nessa situação, Kátia poderá desistir do contrato desde que promova a devolução do aparelho televisor no prazo máximo de 48 horas, a contar do ato do recebimento do produto.
c) Marta adquiriu um moderno aparelho de trituração de alimentos para o qual o fabricante anunciou oferta de garantia de 180 dias. Nessa situação, findo o prazo da garantia contratual, Marta não poderá reclamar eventual defeito de fabricação, pois a garantia ofertada pelo fabricante é superior à garantia legal.
d) Certo centro hospitalar adquiriu de um fabricante europeu aparelho destinado à realização de detalhados exames clínicos. Nessa situação, em eventual litígio entre os contratantes, prevalecerá cláusula que estabelece o foro de eleição para dirimir controvérsias oriundas da avença.
e) Determinada entidade educacional estabeleceu multa de mora por atraso no pagamento das mensalidades no patamar de 30% do valor da prestação devida. Nessa situação, não deve prevalecer a multa cobrada pela entidade educacional, pois o CDC determina que o valor da multa deve obedecer o limite de 10% do valor da prestação.

12. (VUNESP — 2013 — TJ-RJ — Juiz Substituto) No tocante às cláusulas contratuais abusivas no âmbito do sistema jurídico de proteção ao consumidor, é correto afirmar que

a) o Ministério Público pode ajuizar ação civil coletiva para buscar a nulidade de cláusula contratual abusiva inserida em pacto de adesão de locação utilizado por determinada administradora de imóveis residenciais.
b) a nulidade de uma cláusula contratual abusiva não invalida o contrato, exceto quando de sua ausência, apesar dos esforços de integração, decorrer ônus excessivo a qualquer das partes.
c) o rol do art. 51 do CDC é taxativo.
d) as cláusulas contratuais abusivas que implicarem limitação de direito do consumidor caso redigidas com destaque, permitindo sua imediata e fácil compreensão, passam a ser válidas.

13. (VUNESP — 2013 — TJ-SP — Juiz Substituto) Considerada a lei e a jurisprudência do STJ sobre abusividade de cláusulas de contratos bancários, é correto afirmar que

a) a estipulação de juros superiores a 12% ao ano por si só indica abusividade.

b) nos contratos bancários, é vedado ao julgador conhecer, de ofício, da abusividade das cláusulas.
c) a Comissão de permanência deve ser determinada de antemão, sendo potestativa e, por isso, nula a cláusula que a atrele a taxas médias de mercado, apuradas pelo Banco Central.
d) é vedada a estipulação de multa moratória em contratos com o consumidor.

14. (VUNESP — 2013 — TJ-SP — Juiz Substituto) Acerca dos planos e seguros privados de assistência à saúde, considerada a Lei n. 9.656/98 e a jurisprudência do STJ, é correto dizer que

a) as doenças e lesões preexistentes devem ser cobertas após prazo de carência de 24 meses, a menos que depois desse prazo a operadora faça prova do conhecimento prévio do consumidor.
b) é lícito ser excluída a cobertura de tratamentos estéticos, inseminação artificial e de doenças sexualmente transmissíveis.
c) é considerada abusiva a cláusula que limita internação hospitalar do segurado a período superior a 90 dias, admitida a limitação acima desse período.
d) é vedado estabelecer carência superior a 24 horas para a cobertura de tratamento de casos de urgência e emergência.

15. (FCC — 2013 — TJ-PE — Juiz Substituto) As cláusulas abusivas no Código de Defesa do Consumidor são

a) nulas de pleno direito e previstas em rol taxativo.
b) anuláveis e previstas em rol fechado.
c) tidas por inexistentes.
d) nulas de pleno direito e previstas em rol meramente exemplificativo.
e) anuláveis e previstas em rol elucidativo.

16. (CESPE — 2013 — TRF — 5ª Região — Juiz Federal) Assinale a opção correta de acordo com o CDC.

a) Se o dano for causado por componente ou peça incorporada ao produto ou serviço, respondem subsidiariamente o seu fabricante, o construtor ou importador e quem tiver realizado a incorporação.
b) São nulas de pleno direito as cláusulas que infrinjam as normas ambientais ou possibilitem sua violação.
c) Comprovado que o fornecedor desconhecia os vícios de qualidade por inadequação do produto, extingue-se o dever de indenizar.
d) As sociedades integrantes dos grupos societários e as sociedades controladas são solidariamente responsáveis pelas obrigações estabelecidas no CDC.
e) Quando a contratação do serviço ocorrer fora do estabelecimento comercial, o consumidor poderá desistir do contrato no prazo de até quinze dias, contado da assinatura ou do recebimento do serviço.

17. (MPE-SC — 2013 — MPE-SC — Promotor de Justiça) Analise o enunciado da questão abaixo e assinale "certo" — (c) ou "errado" — (e)

Segundo o CDC, ainda que não sejam consideradas abusivas, com base nos princípios da boa-fé e do equilíbrio e no reconhecimento da vulnerabilidade do consumidor, é possível a modificação das cláusulas contratuais que estabeleçam prestações desproporcionais, bem como assegura o direito à revisão das cláusulas em função de fatos supervenientes que as tornem excessivamente onerosas.

( ) certo ( ) errado

18. (UFPR — 2014 — DPE-PR — Defensor Público) Assinale a alternativa correta sobre o direito do consumidor.

a) A cláusula contratual considerada abusiva, inserta em um contrato de consumo, também seria viciada em um contrato civil caso redigida de forma idêntica.

b) A garantia estabelecida contratualmente pelas partes substitui a fixada em lei.

c) Para atendimento do dever de informação, as cláusulas que restringem direitos do consumidor devem ser destacadas na redação do instrumento contratual.

d) Conforme entendimento do STF, fere a garantia constitucional da isonomia a norma do CDC que determina a interpretação das cláusulas contratuais de forma mais favorável ao consumidor.

e) Conforme determinação legal, as condições gerais dos contratos de consumo passam por um controle administrativo abstrato e preventivo.

19. (VUNESP — 2014 — TJ-PA — Juiz de Direito Substituto) São consideradas nulas de pleno direito, entre outras, as cláusulas contratuais relativas ao fornecimento de produtos e serviços que

a) estabeleçam a utilização facultativa da negociação e mediação.

b) possibilitem a renúncia ao direito de indenização por benfeitorias úteis.

c) autorizem o fornecedor a modificar unilateralmente o conteúdo ou a qualidade do contrato, após sua celebração.

d) limitem a responsabilidade do fornecedor, em situações justificáveis, nas relações de consumo entre o fornecedor e o consumidor pessoa física.

e) permitam ao fornecedor e fabricante a variação de preços e índices, desde que haja concordância expressa do consumidor.

20. (FAURGS — 2016 — TJ-RS — Juiz de Direito Substituto) Acerca da proteção do consumidor, assinale a alternativa correta.

a) Uma vez declarada a nulidade de determinada cláusula contratual, que tenha sido identificada como abusiva, isto necessariamente implica a nulidade de todo o contrato, uma vez tenha este sido celebrado com o consumidor.

b) No âmbito do CDC, acerca da desconsideração da personalidade jurídica da pessoa jurídica fornecedora, é contemplada apenas a "teoria maior", segundo a qual o juiz somente poderá aplicar esta medida quando, em detrimento do consumidor, houver abuso de direito, excesso de poder, infração da lei, fato ou ato ilícito ou violação dos estatutos ou contrato social. Esta desconsideração também será efetivada quando houver falência, estado de insolvência, encerramento ou inatividade da pessoa jurídica, provocados por má administração.

c) O rol de cláusulas abusivas previsto no artigo 51 do CDC é do tipo aberto, permitindo que outras situações que não estejam nele elencadas sejam também reputadas ilícitas, recebendo o mesmo tratamento.

d) Conforme jurisprudência sumulada pelo Superior Tribunal de Justiça, em se tratando de contratos bancários havidos com consumidores, é cabível a revisão de ofício, pelo magistrado, de cláusulas abusivas.

e) As informações negativas, relativas a inadimplemento de débitos por parte dos consumidores, não poderão ser fornecidas após o prazo de 3 (três) anos a contar da respectiva inscrição.

21. (FAURGS — 2016 — TJ-RS — Juiz de Direito Substituto) Acerca da proteção do consumidor, assinale a alternativa correta.

a) Uma vez declarada a nulidade de determinada cláusula contratual, que tenha sido identificada como abusiva, isto necessariamente implica a nulidade de todo o contrato, uma vez tenha este sido celebrado com o consumidor.

b) No âmbito do CDC, acerca da desconsideração da personalidade jurídica da pessoa jurídica fornecedora, é contemplada apenas a "teoria maior", segundo a qual o juiz somente poderá aplicar esta medida quando, em detrimento do consumidor, houver abuso de direito, excesso de poder, infração da lei, fato ou ato ilícito ou violação dos estatutos ou contrato social. Esta desconsideração também será efetivada quando houver falência, estado de insolvência, encerramento ou inatividade da pessoa jurídica, provocados por má administração.

c) O rol de cláusulas abusivas previsto no artigo 51 do CDC é do tipo aberto, permitindo que outras situações que não estejam nele elencadas sejam também reputadas ilícitas, recebendo o mesmo tratamento.

d) Conforme jurisprudência sumulada pelo Superior Tribunal de Justiça, em se tratando de contratos bancários havidos com consumidores, é cabível a revisão de ofício, pelo magistrado, de cláusulas abusivas.

e) As informações negativas, relativas a inadimplemento de débitos por parte dos consumidores, não poderão ser fornecidas após o prazo de 3 (três) anos a contar da respectiva inscrição.

22. (MPE-PR — 2017 — MPE-PR — Promotor Substituto) Indique qual das alternativas abaixo não corresponde a cláusula contratual abusiva listada no Código de Defesa do Consumidor:

a) Que determine a utilização pactuada de arbitragem.

b) Que transfira responsabilidades a terceiros.

c) Que autorize o fornecedor a cancelar o contrato unilateralmente, sem que igual direito seja conferido ao consumidor.

d) Que infrinja ou possibilite a violação de normas ambientais.

e) Que possibilite a renúncia do direito de indenização por benfeitorias necessárias.

■ GABARITO ■

1. "c". Nosso Código de Defesa do Consumidor estabelece um rol exemplificativo de cláusulas abusivas, disposto no art. 51 do CDC, inciso I, sendo nulas de pleno direito as cláusulas que "impossibilitem, exonerem ou atenuem a responsabilidade do fornecedor por vícios de qualquer natureza dos produtos e serviços ou impliquem em renúncia ou disposição de direitos (...)". Assim, tal cláusula deve ser considerada nula e retirada do mundo jurídico sem que produza efeitos. A assertiva "a" poderia levar o amigo "concurseiro" a erro, mas prepondera que as cláusulas abusivas são declaradas nulas por uma sentença judicial desconstitutiva (Constitutiva Negativa), sendo por isso tal assertiva inverídica. A assertiva "b" erra, uma vez que as cláusulas abusivas não geram perigo algum ao contratante, não atingindo o valor segurança. A "d" não deve ser marcada, visto que tal cláusula não é algo válido em nosso ordenamento jurídico. A "e" também deve ser afastada por não possuir amparo legal.

2. "c". Como visto no presente capítulo, o CDC estabelece que tais cláusulas que tragam excessivo ônus ao consumidor serão tidas como nulas de pleno direito, tendo apoio na Teoria das nulidades absolutas; logo, pode tal nulidade ser conhecida de ofício pelo julgador sem necessidade de provocação das partes ou do Ministério Público (art. 51, *caput*, CDC). A exceção a essa regra está prevista na Súmula 381 do STJ: "Nos contratos bancários, é vedado ao julgador conhecer, de ofício, da abusividade das cláusulas". A assertiva "a" erra, uma vez que tais cláusulas são tidas como existentes, tanto é assim que se faz necessária a prolação de sentença judicial constitutiva negativa (desconstitutiva). As alternativas "b" e "d" dizem exatamente o contrário do previsto no CDC, uma vez que este optou pelo regime das nulidades absolutas pronunciáveis de ofício pelo julgador, independente de manifestação das partes ou do Ministério Público. A alternativa "e" é errada, já que o CDC, sábio como é, não se valeu de rol taxativo, e sim exemplificativo, pois não poderia prever todas as situações e hipóteses possíveis de abusos contratuais cometidos pelos fornecedores.

3. "a". Como regra, o CDC não admite a exoneração ou atenuação de responsabilidade do fornecedor por vícios de qualquer natureza dos produtos e serviços ou que impliquem renúncia de direito. No entanto, quando se trata de consumidor pessoa jurídica, essa regra é excepcionada, podendo sim a indenização ser limitada em algumas situações justificáveis. (art. 51, I, CDC). A "b", por sua vez, é considerada cláusula abusiva, consequentemente ilícita, quando se impõe a arbitragem unilateralmente (art. 51, VII, CDC). A "c" também é tida como cláusula ilícita e abusiva, já que obriga o consumidor e deixa ao fornecedor a opção de concluir ou não o contrato (art. 51, IX, CDC). A assertiva "d" se mostra também abusiva, pois, embora não corresponda expressamente a alguma das hipóteses do art. 51 do CDC e seus incisos, ela se enquadra no conceito jurídico indeterminado do inciso X, sendo uma variação indireta e unilateral do preço no contrato de consumo. Por fim, erra a "e", sendo que a garantia legal de adequação do produto ou serviço não pode ser relativizada pelas partes, já que se trata de norma de ordem pública, cogente, cabendo às partes obedecer.

4. "d". De acordo com art. 5º, XXXVI, da CF, a lei nova não prejudicará o ato jurídico perfeito. Logo, os contratos celebrados após a vigência do CDC é que terão sua incidência, sendo que este disciplina em seu art. 52, § 1º, sobre a regência e o limite da multa moratória. A afirmativa "a" é falsa, uma vez que já há entendimento sumulado do Superior Tribunal de Justiça, no Enunciado 563: "O Código de Defesa do Consumidor é aplicável às entidades abertas de previdência complementar, não incidindo nos contratos previdenciários celebrados com entidades fechadas" (2ª Seção, julgado em 24-2-2016, *DJe* 29-2-2016). A afirmativa "b" é errônea, já que o CDC tem ampla aplicação às relações de consumo que envolvam como prestadores de serviço os planos de saúde, inclusive a Súmula 469 do STJ afirmando o mesmo. Ademais, apesar da existência de lei específica regulamentando as relações envolvendo plano de saúde (Lei n. 9.656, de 1998), a aludida Súmula do STJ não deixa qualquer dúvida sobre a incidência do CDC: "Aplica-se o Código de Defesa do Consumidor aos contratos de plano de saúde". A "c", por sua vez, também é equivocada, já que contradiz o Enunciado 381 da Súmula do Superior Tribunal de Justiça, a qual dispõe vedação ao julgador conhecer de ofício da abusividade em tais casos. Por fim, a assertiva "e" é errônea, já que tal limitação é vedada por nossos tribunais, como podemos evidenciar com a súmula do STJ e seu Enunciado 302: "É abusiva a cláusula contratual de plano de saúde que limita no tempo a internação hospitalar do segurado".

5. "c". É a assertiva que deve ser assinalada pelo candidato, uma vez que o CDC em seu regime protetor (art. 53, *caput*) veda a cláusula de decaimento (aquela que, quando extinto o contrato, impossibilita a restituição de todas as parcelas pagas pelo consumidor ao fornecedor, agora em posse do bem). A assertiva "a" é correta, não devendo ser marcada, já que corresponde ao art. 74 do CDC. A assertiva "b" é correta, sendo sim cláusula abusiva fazer estipulação e transferência de responsabilidade a terceiros, de acordo com o art. 51, inciso III, do CDC. A "d", por fim, traz a relativização, no CDC, da vinculação contratual existente de forma absoluta no regime civil — *pacta sunt servanda* —, além de corresponder a uma espécie de prática abusiva, disposta no art. 51, I, do CDC. Esta é a posição do STJ: "A jurisprudência do STJ se posiciona firme no sentido que a revisão das cláusulas contratuais pelo Poder Judiciário é permitida, mormente diante dos princípios da boa-fé objetiva, da função social dos contratos e do dirigismo contratual, devendo ser mitigada a força exorbitante que se atribuía ao princípio do *pacta sunt servanda*" (AgRg no Ag 1.383.974/SC, Rel. Ministro Luis Felipe Salomão, 4ª T., *DJe* 1º-2-2012).

6. "c". As cláusulas-surpresa são aquelas que impossibilitam o consumidor de conhecer de forma plena o conteúdo do contrato que celebrou, sendo contraditória a aparência global do contrato, aparecendo somente após a conclusão deste; tais cláusulas ofendem a boa-fé objetiva, princípio líder do CDC, devendo ser entendidas como abusivas e declaradas nulas (art. 51,

IV, CDC). A "a" é incorreta, uma vez que o comerciante pode ser responsabilizado em outros casos previstos no art. 13 do CDC, não unicamente quando faltar informação clara sobre o fabricante. A "b" vai contra o sistema adotado pelo CDC sobre nulidades, sendo nulidade absoluta, de pleno direito. A assertiva "d" contradiz a forma de responsabilidade dos profissionais liberais, sendo que esta é subjetiva, e não objetiva. Por último, a "e" é errônea, já que a forma de responsabilidade dos fornecedores é objetiva, inclusive por informação mal prestada ou ausente em seu produto, sendo responsabilizado, independente de culpa.

7. "c". Esta assertiva deve ser a escolhida, uma vez que se trata de afirmação correspondente ao Princípio da Preservação Implícita dos Contratos, devendo inclusive ocorrer a modificação das cláusulas desproporcionais e a revisão das excessivamente onerosas, art. 6º, V, do CDC. A alternativa "a" não deve ser marcada em razão dos diferentes regimes e as relações que disciplinam, quando comparamos o CDC e o Código Civil, sendo que não necessariamente eventual abusividade em um regime implique no outro. A "b" é errada ao revelar que uma cláusula abusiva possa ser convalidada, já que esta se encontra contaminada por nulidade absoluta, devendo ser excluída do contrato de consumo. A assertiva "d" se equivoca, já que pode ser por meio de ação coletiva para ver declarada nula cláusula em seu contrato individual (art. 81 do CDC). Por derradeiro, a alternativa "e" tenta legitimar a existência e validade das cláusulas-surpresa, sendo que tal afirmação não guarda fundamento, uma vez que não podemos nos esquecer das inúmeras espécies de vulnerabilidade (técnica, jurídica, econômica e informacional) possuídas pelo consumidor, o que justifica a nulidade de tal cláusula.

8. "certo". Tal afirmativa é o perfeito conteúdo do princípio da Preservação Contratual Explícita, sendo que a cláusula declarada nula que em nada afetar as demais no mesmo contrato não atinge a validade do pactuado como um todo. É a redação do art. 51, § 2º, do CDC.

9. "c". Como versa o art. 49 do CDC, o consumidor poderá desistir do contrato de consumo dentro do período de sete dias, a contar de sua assinatura ou da entrega do produto ou serviço, sempre que a contratação tenha ocorrido fora do estabelecimento comercial; é o prazo de reflexão dado ao consumidor, podendo, dentro deste, desistir do contrato. Os fundamentos principais são os de conceder ao consumidor um prazo de reflexão e evitar a compra por impulso. Além da fundamentação citada e denominada de principal, outros motivos não menos importantes existem e serão por nós chamados de fundamentos acessórios. Desta forma, as contratações fora do estabelecimento comercial restringem o direito do consumidor de: testar pessoalmente determinado produto ou serviço; (ii) compará-los com outros de modelos e marcas diferentes; (iii) esclarecer dúvidas presencialmente com o fornecedor, apesar de estar bem evoluído o atendimento imediato on-line ou por telefone; (iv) trocar experiências presencialmente com outros consumidores. A alternativa "a" é errada, uma vez que a inversão do ônus da prova em prol do consumidor é um direito que lhe é assegurado, como revela o art. 6º, inciso VIII, não podendo sua previsão ser tida como abusiva. Aliás, o art. 51, inciso VI, do Diploma Consumerista considera tal cláusula como abusiva. A alternativa "b" é equivocada, pois o CDC estabelece em seu art. 53 que as cláusulas que firmem a perda total das prestações pagas em benefício do credor serão nulas de pleno direito, e não válidas, como colocado pela questão. São as chamadas cláusulas de decaimento, que não encontram amparo em nosso ordenamento jurídico. A alternativa "d" é equivocada e merece atenção do candidato, uma vez que é possível sim a presença de cláusulas resolutórias, desde que alternativa nos contratos de consumo; todavia, pode ser invocada pelo consumidor, nunca pelo fornecedor, de acordo com o art. 54, § 2º. Por fim, a alternativa "e" é errônea, já que é perfeitamente possível o desconto nas parcelas quitadas, vistos a fruição econômica do bem e os prejuízos causados ao grupo a que pertencia, como diz o art. 53, § 2º, do CDC. Aliás, sobre o prejuízo com a saída do consorciado, segue entendimento do STJ: "Nos termos da jurisprudência do STJ, 'a possibilidade de se descontar dos valores devidos percentual a título de reparação pelos prejuízos causados ao grupo (art. 53, § 2º, do CDC) depende da efetiva prova do prejuízo sofrido, ônus que incumbe à administradora do consórcio'" (AgRg no AREsp 56.425/RS, Rel. Ministro Raul Araújo, 4ª T., *DJe* 17-2-2012).

10. "d". Como ensina nosso CDC, de forma mais apropriada no seu art. 51, inciso III, será considerada abusiva a cláusula contratual que transferir responsabilidades a terceiros, sendo nula de pleno direito. Esta é a assertiva a ser marcada pelo candidato. No entanto, cumpre destacar o teor do disposto no art. 101, inciso II, do CDC, que está de acordo com a ordem jurídica pátria: "o réu que houver contratado seguro de responsabilidade poderá chamar ao processo o segurador, vedada a integração do contraditório pelo Instituto de Resseguros do Brasil. Nesta hipótese, a sentença que julgar procedente o pedido condenará o réu nos termos do art. 132 do Código de Processo Civil de 2015. Se o réu houver sido declarado falido, o síndico será intimado a informar a existência de seguro de responsabilidade, facultando-se, em caso afirmativo, o ajuizamento de ação de indenização diretamente contra o segurador, vedada a denunciação da lide ao Instituto de Resseguros do Brasil e dispensado o litisconsórcio obrigatório com este. A alternativa "a" encontra-se equivocada, pois é direito do fornecedor enviar os dados do consumidor aos entes de proteção ao seu direito de crédito, não configurando cláusula abusiva, e sim exercício de pleno direito. A exigência do art. 43, § 2º, do CDC é a de que: "A abertura de cadastro, ficha, registro e dados pessoais e de consumo deverá ser comunicada por escrito ao consumidor, quando não solicitada por ele". A alternativa "b" é equivocada, uma vez que o contrato de consumo não pode violar normas ou valores ambientais, sendo de sua responsabilidade o respeito à função social do contrato, e tal violação implicará em abusividade. A alternativa "c" não é abusiva, já que o direito de inversão ao ônus da prova em favor do consumidor é expresso no art. 6º, inciso VIII, do CDC, podendo o fornecedor assim dispor no contrato de consumo, na medida em que não é a parte mais fraca da relação. Por fim, a alternativa "e" encontra-se equivocada, já que a cláusula contratual que veda ao fornecedor a variação do preço de maneira unilateral está em pleno acordo com o regramento do CDC, não podendo ser considerada abusiva, mas sim válida.

11. "d". A cláusula de eleição de foro, pelo simples fato de estar presente em contrato de consumo, não pode ser considerada abusiva. A abusividade apenas estará configurada quando houver abuso de direito pelo fornecedor em detrimento do consumidor e seu direito de acesso ao Judiciário. A hipótese traçada em tal alternativa não configura relação de consumo, visto serem duas pessoas jurídicas e a adquirente ter inserido tal bem na sua cadeia de produção, não sendo considerada consumidora. Esta também é a posição do STJ: "o hospital adquirente do equipamento médico não se utiliza do mesmo como destinatário final, mas para desenvolvimento de sua própria atividade negocial; não se caracteriza, tampouco, como hipossuficiente na relação contratual travada, pelo que, ausente a presença do consumidor, não se há falar em relação merecedora de tutela legal especial. Em outros termos, ausente a relação de consumo, afasta-se a incidência do CDC, não se havendo falar em abusividade de cláusula de eleição de foro livremente pactuada pelas partes, em atenção ao princípio da autonomia volitiva dos contratantes" (CC 46.747/SP, Rel. Ministro Jorge Scartezzini, *DJe* 20-3-2006). A alternativa "a" está incorreta pelo fato de a cirurgia de redução de estômago em caso de obesidade mórbida não se caracterizar como intervenção meramente estética, mas necessária à preservação da vida do consumidor segurado. Esta é a posição do STJ: "1. A gastroplastia indicada para o tratamento da obesidade mórbida mostra-se fundamental à sobrevida do segurado, inclusive com a diminuição das complicações e doenças dela decorrentes, não se tratando de procedimento estético ou simplesmente emagrecedor. 2. No caso dos autos, afigura-se ilegítima a negativa do plano de saúde em cobrir as despesas da intervenção cirúrgica. 3. Agravo regimental a que se nega provimento" (AgRg no Ag 1.298.876/SE, Ministra Maria Isabel Gallotti, 4ª T., *DJe* 16-10-2012). A alternativa "b" é errônea, já que o art. 49 do CDC reza que o prazo de reflexão do consumidor em compras fora do estabelecimento é de sete dias, e não de 48 horas, como diz a questão. A assertiva "c" é também equivocada, já que a garantia contratual é complementar à legal, sendo cumulativas, e não excludentes uma da outra, de acordo com o art. 50 do CDC. É a posição do STJ: "O prazo de decadência para a reclamação de vícios do produto (art. 26 do CDC) não corre durante o período de garantia contratual, em cujo curso o veículo foi, desde o primeiro mês da compra, reiteradamente apresentado à concessionária com defeitos" (REsp 547.794/PR, Rel. Ministra Maria Isabel Gallotti, 4ª T., *DJe* 22-2-2011). Por último, a alternativa "e" erra ao estipular o limite de 10% como máximo na imposição de multa de mora, já que o CDC estipula o quantitativo de 2% do valor da prestação, conforme o art. 52, § 1º.

12. "b". A alternativa "b" deve ser assinalada como correta, pois reproduz o disposto no art. 51, § 2º, do CDC. A alternativa "a" erra ao tratar de matéria referente a direito individual disponível a ser veiculado mediante ação coletiva pelo Ministério Público, o que seria possível se fosse direito indisponível, e não cláusulas de locação de imóvel residencial. É o que prevalece no STJ, conforme julgamento do REsp 1.057.713. A alternativa "c", por sua vez, equivoca-se ao afirmar que o rol do art. 51 seria taxativo, sendo, em verdade, um rol exemplificativo, pois o legislador lançou mão da expressão "entre outras". A alternativa "d" é equivocada e ardilosa, pois tenta levar a erro o candidato, já que insere o termo "abusiva" em redação quase idêntica à inserta no art. 54, § 4º, do CDC, que trata das cláusulas limitativas de direitos do consumidor nos contratos de adesão.

13. "b". Embora pareça contrária ao regime protecionista do CDC, em especial ao seu art. 51, a redação da alternativa "b" corresponde ao teor da Súmula 381 do STJ, a qual versa que é vedado ao julgador conhecer de ofício da abusividade das cláusulas nos contratos bancários. A alternativa "a" é falsa, pois está em desacordo com o disposto na Súmula 382 do STJ, que assim determina: "A estipulação de juros remuneratórios superiores a 12% ao ano, por si só, não indica abusividade". A alternativa "c" é contrária ao entendimento firmado pelo STJ em suas Súmulas, respectivamente 294 ("Não é potestativa a cláusula contratual que prevê a comissão de permanência, calculada pela taxa média de mercado, apurada pelo Banco Central do Brasil, limitada à taxa do contrato") e 472 ("A cobrança de comissão de permanência — cujo valor não pode ultrapassar a soma dos encargos remuneratórios e moratórios previstos no contrato — exclui a exigibilidade dos juros remuneratórios, moratórios e da multa contratual"). A alternativa "d" é errônea, pois a simples estipulação de multa moratória contra o consumidor não é vedada, podendo ser pactuada, desde que não superior a 2% ao mês (art. 52, § 1º, do CDC).

14. "d". Os planos de saúde podem estabelecer um período mínimo de carência para iniciar o atendimento a seus clientes, todavia se sujeitam a determinados prazos legais (art. 12, inciso V, da Lei n. 9.656/98: "a) prazo máximo de trezentos dias para partos a termo; b) prazo máximo de cento e oitenta dias para os demais casos; c) prazo máximo de vinte e quatro horas para a cobertura dos casos de urgência e emergência"). Como reza a Lei n. 9.656, de 1998, em seu art. 12, inciso V, o prazo de carência para o tratamento emergencial ou de urgência é de no máximo 24 horas, configurando ilícito qualquer outro prazo maior fixado. A alternativa "a" é errônea, já que viola o disposto no art. 11 da Lei n. 9.656/98, que prevê: "É vedada a exclusão de cobertura às doenças e lesões preexistentes à data de contratação dos produtos de que tratam o inciso I e o § 1º do art. 1º desta Lei após vinte e quatro meses de vigência do aludido instrumento contratual, cabendo à respectiva operadora o ônus da prova e da demonstração do conhecimento prévio do consumidor ou beneficiário". Quanto à alternativa "b", trata-se de afirmativa errada, pois viola o disposto no art. 10 da Lei n. 9.656/98, que determina: "É instituído o plano-referência de assistência à saúde, com cobertura assistencial médico-ambulatorial e hospitalar, compreendendo partos e tratamentos, realizados exclusivamente no Brasil, com padrão de enfermaria, centro de terapia intensiva, ou similar, quando necessária a internação hospitalar, das doenças listadas na Classificação Estatística Internacional de Doenças e Problemas Relacionados com a Saúde, da Organização Mundial de Saúde, respeitadas as exigências mínimas estabelecidas no art. 12 desta Lei, exceto: (Redação dada pela Medida Provisória n. 2.177-44, de 2001) I — tratamento clínico ou cirúrgico experimental; II — procedimentos clínicos ou cirúrgicos para fins estéticos, bem como órteses e próteses para o mesmo fim; III — inseminação artificial; IV — tratamento de rejuvenescimento ou de emagrecimento com finalidade estética; V — fornecimento de medicamentos importados não nacionalizados; VI — fornecimento de medicamentos para tratamento domiciliar; VII — fornecimento de próteses, órteses e seus acessórios não ligados ao ato cirúrgico; VIII — procedimentos odontológicos, salvo o conjunto de serviços voltados à prevenção e manutenção básica da saúde dentária, assim compreendidos a pesquisa, o tratamento e a remoção de focos de infecção dentária, profilaxia de cárie dentária, cirurgia e traumatologia bucomaxilar; IX — tratamentos ilícitos ou antiéticos, assim definidos sob o aspecto médico, ou não reconhecidos pelas autoridades competentes; X — casos de cataclismos, guerras e comoções internas, quando declarados pela autoridade competente". Por fim, a alternativa "c" é equivocada por si só, pois diz inicialmente que é vedada a estipulação de prazo limite para internação, todavia posteriormente diz que é possível fazer tal limitação, desde que acima de 90 dias, contradizendo o teor da Súmula 302 do STJ, que veda a limitação do tempo de internação do segurado.

15. "d". As cláusulas abusivas são nulas de pleno direito, recebendo o tratamento da nulidade absoluta, e o art. 51 do CDC realmente traz um rol exemplificativo. A alternativa "a" é equivocada, pois, embora sejam nulas de pleno direito, as cláusulas abusivas estão previstas em rol exemplificativo. A alternativa "b" está errada ao afirmar que as cláusulas abusivas são anuláveis, pois se trata de nulidade absoluta. A alternativa "c" erra ao afirmar que são inexistentes, sendo na verdade existentes, porém nulas, as cláusulas abusivas. Por fim, a alternativa "e" é errônea, pois não são anuláveis tais cláusulas, mas sim nulas de pleno direito e previstas num rol exemplificativo do art. 51 do CDC.

16. "b". O meio ambiente é considerado bem de elevado valor axiológico, sendo tutelado por diversos diplomas, inclusive no tocante às relações de consumo, como, por exemplo, no CDC, ao vedar a publicidade abusiva e cláusulas abusivas afetas ao tema ambiental (arts. 37 e 51 do CDC). Assim, a consequência inevitável que se deve ter em mente, quando se violam normas ambientais por meio de uma cláusula contratual, é pela nulidade absoluta dela (art. 51, XIV, do CDC). A alternativa "a" é errônea, pois o CDC prevê, nos casos de incorporação de peças ou componentes, a responsabilidade solidária de quem realizou a incorporação junto ao produtor ou importador, e não subsidiária (art. 25, § 2º, do CDC). A alternativa "c" cai em erro, já que a responsabilidade do fornecedor é derivada do risco de sua atividade, não podendo ser excluída pelo fundamento de ignorância dos vícios de seus próprios produtos (art. 23 do CDC). A alternativa "d" é falsa, pois, como dispõe o CDC no art. 28, § 1º, tais sociedades serão responsáveis de forma subsidiária, e não solidária. Na alternativa "e", mais uma vez, há equívoco no prazo de arrependimento dado ao consumidor, sendo correto o prazo de 7 dias, e não 15 dias (art. 49 do CDC).

17. "certo". É direito do consumidor a mantença do contrato de consumo, mesmo quando presentes cláusulas desproporcionais ou onerosamente excessivas, devendo estas ser modificadas ou revistas. Trata-se do princípio da preservação implícita do contrato de consumo, previsto no art. 6º, V, do CDC.

18. "c". Nos termos do art. 54, § 4º, do CDC. A alternativa "a" está errada, pois não necessariamente a cláusula abusiva num contrato de consumo também o será num contrato redigido sob a égide do Código Civil. Isso porque o CDC regula uma relação jurídica desigual, na qual encontramos em um dos polos o vulnerável consumidor, diferentemente do Código Civil, que regulamenta, a princípio, relações jurídicas entre pares. Assim, as normas do CDC são mais protetivas da parte mais fraca, e cláusulas consideradas abusivas num contrato de consumo não o serão necessariamente num contrato regido pelo Código Civil. A letra "b" também está errada, uma vez que a garantia contratual é complementar à legal (art. 50, *caput*, do CDC). A alternativa "d" erra, pois a interpretação mais favorável ao consumidor prevista no art. 47 do CDC concretiza a igualdade material nas relações de consumo. Por fim, a letra "e" erra ao falar de um controle administrativo preventivo e abstrato dos contratos de consumo.

19. "c". Nos termos do art. 51, inciso XIII, do CDC. A alternativa "a" está errada, pois o CDC veda apenas a utilização compulsória da arbitragem (art. 51, inciso VII). A letra "b" equivoca-se, uma vez que o art. 51, inciso XVI, do CDC considera abusiva a cláusula que possibilite a renúncia ao direito à indenização por benfeitorias necessárias, e não úteis, como colocado pelo examinador. A limitação da indenização em condições justificáveis somente é admitida pelo CDC se o consumidor for pessoa jurídica (art. 51, inciso I), por isso o erro da alternativa "d". Por fim, a letra "e" também erra, pois o art. 51, inciso X, veda a alteração do preço unilateral.

20. "c". Realmente o rol das cláusulas abusivas previsto do art. 51 do CDC é exemplificativo. A alternativa "a" está errada, pois a nulidade de uma cláusula não necessariamente implicará nulidade de todo o contrato, conforme prevê o art. 51, § 2º, do CDC. No tocante à desconsideração da personalidade jurídica, o CDC adotou a teoria menor, por isso o erro da alternativa "b". Na Súmula 381 do STJ, o entendimento é contrário ao trazido pelo examinado, ou seja, o juiz não poderá reconhecer de ofício cláusula abusiva em contrato bancário, demonstrando o erro da alternativa "d". A letra "e" erra, uma vez que o prazo máximo que o nome do consumidor poderá permanecer no cadastro de inadimplentes é de 5 anos, nos termos do art. 43, § 1º, do CDC.

21. "c". O art. 51 do CDC realmente traz um rol exemplificativo, marcado pela expressão "entre outras". A letra "a" está errada, pois a nulidade de uma cláusula não implica nulidade de todo o contrato, nos termos do art. 51, § 2º, do CDC. A alternativa "b" erra, na medida em que o CDC adotou a teoria menor sobre a desconsideração da personalidade jurídica, segundo a qual basta a insolvência para que o juiz possa determinar a desconsideração. A letra "d" está equivocada, pois, nos termos da Súmula 381 do STJ: "Nos contratos bancários, é vedado ao julgador conhecer, de ofício, da abusividade das cláusulas". A alternativa "e" erra, pois o prazo máximo que o nome do consumidor poderá ficar no cadastro de inadimplentes é de 5 anos, nos termos do art. 43, § 1º, do CDC.

22. "a". Conforme visto na parte teórica deste livro, o art. 51, inciso VII, do Código de Defesa do Consumidor considera como exemplos de cláusulas abusivas aquelas que "determinem a utilização compulsória de arbitragem". O compromisso arbitral é aceito em razão de sua natureza de facultatividade (REsp 1.169.841/RJ, Rel. Ministra Nancy Andrighi, 3ª T., *DJe* 14-11-2012).

15

PROTEÇÃO ADMINISTRATIVA DO CONSUMIDOR

■ 15.1. CONSIDERAÇÕES PRELIMINARES

A Constituição Federal prevê os **direitos fundamentais no art. 5º**, dentre os quais destacamos aqueles expressos nos **incisos LIV e LV**, que respectivamente estabelecem:

> LIV — ninguém será privado da liberdade ou de seus bens sem o devido processo legal;
>
> LV — aos litigantes, em processo judicial ou administrativo, e aos acusados em geral são assegurados o contraditório e ampla defesa, com os meios e recursos a ela inerentes;

Desta forma, por mandamento constitucional **não será possível**, a pretexto de proteger o consumidor, **impor sanções não previstas em lei ou em violação a processo administrativo** previamente definido em legislação ordinária.

Tal consideração faz-se necessária na introdução do capítulo, pois inúmeras são as demandas judiciais questionadoras das sanções administrativas impostas pela Administração de maneira irregular.

Segundo os ensinamentos de José dos Santos Carvalho Filho, **processo administrativo** pode ser **definido** como o "instrumento formal que, vinculando juridicamente os sujeitos que dele participam, através da sucessão ordenada de atos e atividades, tem por fim alcançar determinado objetivo, previamente identificado pela Administração Pública".[1]

Nesse contexto, não podemos esquecer a **principiologia** que cerca o **processo administrativo** em nosso ordenamento jurídico, qualquer que seja a sua finalidade. Sobre o tema, podemos citar:

- **Princípio da legalidade**, que para a Administração Pública significa impossibilidade de esta realizar qualquer conduta sem prévia autorização legal.

[1] CARVALHO FILHO, José dos Santos. *Processo administrativo federal:* comentários à Lei n. 9.784 de 29-1-1999. 4. ed. Rio de Janeiro: Lumen Juris, 2009, p. 24.

Atualmente, o citado princípio ganhou uma conotação mais ampla, sendo denominado **princípio da juridicidade**, segundo o qual o Poder Público deverá seguir a lei e o Direito como um todo, consubstanciado este não apenas na legislação ordinária, mas também em princípios constitucionais, ainda que implícitos.

- **Princípio da finalidade** — conforme é cediço, a finalidade da Administração Pública resume-se na satisfação e na tutela do interesse público primário, segundo a classificação de Renato Alessi, ou seja, na proteção da coletividade como um todo. O interesse público secundário — da Administração vista como pessoa jurídica — somente será considerado legítimo se estiver em consonância com o interesse primário. Assim, **protelar o andamento de processo administrativo** sem qualquer fundamentação jurídica consiste num exemplo de interesse público secundário **vedado pelo nosso Direito**.
- **Princípio da motivação**, segundo o qual a atuação administrativa deverá ser motivada em regra, salvo quando o Direito a eximir de tal encargo, como ocorre em relação à nomeação e exoneração do cargo em comissão, que é livre e, portanto, isenta de motivação nos termos do art. 37, inciso II, da Constituição Federal. Nos **processos administrativos, a motivação ganha importância** até para facilitar o **controle judicial** em face de eventual irregularidade. O Brasil adotou o sistema de **jurisdição una**, no qual apenas o **Poder Judiciário** é capaz de **decidir** o direito com **força de coisa julgada**, isto é, de forma definitiva. Assim, ainda que uma decisão administrativa tenha sido proferida em última instância no âmbito da Administração — "coisa julgada administrativa" —, sempre será possível recorrer às vias judiciais, na medida em que caberá ao Poder Judiciário dar a última palavra. Trata-se do **princípio da inafastabilidade da apreciação judicial** para apreciar a lesão ou ameaça a direito, insculpido no art. 5º, inciso XXXV, da Constituição Federal.
- **Princípios da razoabilidade e da proporcionalidade** — para parcela da doutrina, o segundo seria uma vertente do primeiro, mas preferimos tratá-los de maneira autônoma. Por **razoabilidade** entendemos, em apertada síntese, a **atuação da Administração com bom senso**, de acordo com o senso comum. Já a **proporcionalidade** exige **adequação entre** os **meios** empregados **e** os **fins** desejados, além da atuação menos gravosa ao administrado. Tais princípios respaldam a maioria das decisões judiciais anuladoras de sanções administrativas quando impostas de forma desarrazoada ou desproporcional.[2]

---

[2] Nesse sentido, o Superior Tribunal de Justiça no julgamento do MS 18.023: ADMINISTRATIVO. PROCESSO ADMINISTRATIVO DISCIPLINAR. NULIDADE. DESPROPORCIONALIDADE

■ **Princípio da moralidade**, que também é princípio geral do Direito Administrativo, nos termos do *caput* do art. 37 da Constituição Federal, e norteia toda a atuação administrativa no sentido de exigir condutas éticas, com boa-fé e probidade, inclusive na condução dos processos administrativos.

■ **Princípios do contraditório e da ampla defesa**, que, conforme visto, são direitos fundamentais e inerentes não apenas aos processos judiciais, mas também aos processos administrativos.

■ **Princípio da segurança jurídica**, quc, se refere ao mínimo de certeza e estabilidade às relações sociais, representado, dentre outros casos, pelo instituto da decadência e o prazo decadencial de 5 anos que possui a Administração para invalidar ato ilegal, porém benéfico a terceiro de boa-fé (art. 54, *caput*, da Lei n. 9.784/99 — Lei do Processo Administrativo Federal), além da prescrição e os prazos prescricionais para o Poder Público fazer valer suas pretensões punitivas.

■ **Princípio do interesse público**, que é a finalidade da Administração, conforme acima exposto, e deverá ser perquirido no desenrolar dos processos administrativos.

■ **Princípio da eficiência**, que, ao lado da legalidade, impessoalidade, moralidade e publicidade, compõe os princípios gerais da Administração Pública expressos no art. 37, *caput*, da Constituição Federal — o LIMPE —, sendo de suma importância aos processos administrativos. **Decorre da eficiência outro princípio, o da celeridade processual**, previsto no art. 5º, LXXVIII, da CF nos seguintes termos: "a todos, no âmbito judicial e administrativo, são assegurados a razoável duração do processo e os meios que garantam a celeridade de sua tramitação (Incluído pela Emenda Constitucional n. 45, de 2004)". Para saber se o processo teve ou não duração razoável deve-se levar em consideração a complexidade do caso, bem como a atuação das partes envolvidas.

DA DEMISSÃO. — Num contexto em que a prática de atos tidos por ilícitos teve natureza eventual e deu-se num momento em que, razoavelmente, não se deveria exigir conduta diversa do agente, a aplicação da penalidade administrativa capital apresenta-se desmedida. — Por força do princípio da legalidade, o uso regular do poder disciplinar da administração pública deve observar o que dispõe o ordenamento. Isso não significa, entretanto, que tal uso deva se ater à letra fria da lei. Para que seja legítimo, o emprego do poder disciplinar deve considerar não apenas a exegese gramatical de determinados artigos, tomados isoladamente, mas a inteligência de todo o ordenamento em que está inserido. Por outras palavras, a interpretação deve ser, no mínimo, sistemática. — **A aplicação de sanções em medida superior àquelas estritamente necessárias ao atendimento do interesse público, como se verificou no caso, é manifestamente ilegal (art. 2º, parágrafo único, inciso VI, da Lei n. 9.784/1999). A lei não ampara o afastamento dos princípios da razoabilidade e da proporcionalidade quando da aplicação da medida sancionadora**. Segurança concedida (MS 18.023/DF, Rel. Ministro Cesar Asfor Rocha, 1ª Seção, *DJe* 18-5-2012).

- **Princípio da publicidade**, que, apesar de ser princípio geral da Administração Pública, assume importância ímpar no processo administrativo, como no caso de dar ciência aos interessados da existência de tal procedimento ou de decisões com o intuito de conferir direito ao contraditório e à ampla defesa, além de viabilizar o recurso administrativo. O princípio da publicidade ganhou mais relevância com a edição da Lei de Acesso à Informação — Lei n. 12.527, de 18-11-2011.
- **Princípio da impessoalidade**, que impede tratamentos díspares sem fundamentação jurídica. É o caso da vedação de certas autoridades atuarem em processos administrativos por estarem impedidas ou por serem consideradas suspeitas.[3]
- **Princípio da revisibilidade** gratuita do processo administrativo, segundo o qual em regra será possível recorrer na via administrativa de decisão proferida, salvo se emanada por autoridade de maior grau hierárquico dentro do órgão sancionador, mas, mesmo nestes casos, caberá o controle do Poder Judiciário. Sobre o tema, destacam-se duas súmulas: **Súmula 373 do STJ:** É ilegítima a exigência de depósito prévio para admissibilidade de recurso administrativo; e **Súmula Vinculante 21 do STF:** É inconstitucional a exigência de depósito ou arrolamento prévios de dinheiro ou bens para admissibilidade de recurso administrativo.
- **Princípio da verdade material**, pelo qual a Administração deverá buscar sempre a **verdade substancial**, isto é, perquirir o que realmente aconteceu, e não ficar adstrita ao que as partes demonstraram no procedimento administrativo. Tal princípio encontra amparo na finalidade da Administração, que consiste em satisfazer e tutelar o interesse público.
- **Princípio da oficialidade ou do impulso oficial**, segundo o qual é encargo da Administração dar andamento ao processo administrativo ainda que as partes interessadas deixem de provocá-la. Mais uma vez, a busca pela verdade material e a finalidade de proteger o interesse público obrigam o Poder Público a impulsionar o processo administrativo.

[3] No âmbito do Processo Administrativo Federal, prevê a Lei n. 9.784/99: "Art. 18. É impedido de atuar em processo administrativo o servidor ou autoridade que: I — tenha interesse direto ou indireto na matéria; II — tenha participado ou venha a participar como perito, testemunha ou representante, ou se tais situações ocorrem quanto ao cônjuge, companheiro ou parente e afins até o terceiro grau; III — esteja litigando judicial ou administrativamente com o interessado ou respectivo cônjuge ou companheiro. (...) Art. 20. Pode ser arguida a **suspeição** de autoridade ou servidor que tenha amizade íntima ou inimizade notória com algum dos interessados ou com os respectivos cônjuges, companheiros, parentes e afins até o terceiro grau".

- **Princípio do informalismo**, que não exige o mesmo rigor formal dos processos judiciais. Exemplo clássico consiste na não obrigatoriedade da defesa técnica por advogado nos processos administrativos, salvo quando a lei o exigir em algum caso especial.

Em última análise, essa introdução pautada na teoria geral do processo administrativo era necessária, pois, em nossa opinião, deverá nortear todos os procedimentos administrativos que tenham por objeto a proteção administrativa do consumidor e a imposição de eventuais sanções administrativas.

15.2. A PROTEÇÃO ADMINISTRATIVA DO CONSUMIDOR NO CDC

Um dos poderes administrativos existentes no ordenamento jurídico pátrio é o **poder de polícia**, que tem por objetivo maior restringir o exercício de direitos individuais em benefício da coletividade.

Trata-se de poder respaldado pelo **princípio da supremacia do interesse público sobre o particular**, segundo o qual, diante de eventual conflito entre o interesse individual e o coletivo, este prevalecerá, em regra.

A **defesa administrativa do consumidor** é realizada pela Administração Pública com **fundamento no poder de polícia** que, em última análise, visa regulamentar as relações de sujeição geral — como ocorre na obrigatoriedade de todos os fornecedores, sem exceção, respeitarem as regras previstas no CDC —, sem a necessidade da existência de um vínculo específico que seria aquele existente entre a Administração e o servidor público ou com uma empresa contratada pelo Poder Público fruto do poder disciplinar.

Isto significa dizer que a **multa imposta pela Administração a um fornecedor** que descumpriu o Código de Defesa do Consumidor **terá amparo no poder de polícia**, e não no poder disciplinar, em razão do vínculo de sujeição geral existente.

Um dos atributos do poder de polícia é a **autoexecutoriedade**, que legitima atuação direta da Administração na imposição de suas medidas de polícia, independentemente de autorização judicial. Tal atributo não exime o Poder Público de conferir os direitos ao contraditório e à ampla defesa ao fornecedor, mas **não precisa aguardar uma autorização judicial para impor as sanções administrativas**.

De fato, apesar de a penalidade poder ser exigida diretamente, quando se tratar de sanção pecuniária, como a pena de multa, a Administração somente poderá executá-la com o auxílio do Poder Judiciário, por meio da propositura de uma ação de execução fiscal.

Em suma, **por mais que a sanção administrativa seja exigível diretamente, quando tiver natureza pecuniária dependerá de auxílio do Judiciário para ser executada**.[4]

O Superior Tribunal de Justiça também entende da mesma forma no tocante ao exercício do poder de polícia pelo PROCON:

> PROCESSUAL CIVIL. MULTA DO PROCON MUNICIPAL. *QUANTUM* ARBITRADO. MATÉRIA NÃO PREQUESTIONADA. APLICAÇÃO, POR ANALOGIA, DA SÚMULA 282/STF. REEXAME DE MATÉRIA FÁTICA. SÚMULA 07/STJ. COMPETÊNCIA DO PROCON. ATUAÇÃO DA ANATEL. COMPATIBILIDADE. LITIGÂNCIA DE MÁ-FÉ. SÚMULA 07/STJ.
>
> 1. Não houve o devido prequestionamento dos arts. 17, 24, 25, 26, e 28 do Decreto n. 2.181/97, e 57, do CDC, nem tampouco da tese trazida no recurso especial em relação ao *quantum* arbitrado na multa aplicada. Desta forma, o recurso especial não ultrapassa o inarredável requisito do prequestionamento em relação à referida norma (557, § 1º), do CPC. Incidência, por analogia, da Súmula n. 282 do Supremo Tribunal Federal.
>
> 2. E, mesmo se assim não fosse, a discussão acerca da proporcionalidade da multa aplicada, justamente tendo em conta o que dispõe o art. 57 do CDC, encontra obstáculo a seu conhecimento com fundamento no verbete sumular referido, pois a aferição, no caso concreto, dos parâmetros de condenação não pode ser feita sem análise de fatos e provas.
>
> 3. A análise referente aos pressupostos caracterizadores da litigância de má-fé, com o fim de reformar conclusão obtida pelo acórdão recorrido, implica o revolvimento de matéria fático-probatória, o que é vedado nesta seara recursal, ante o óbice da Súmula 7/STJ.
>
> 4. **O entendimento do Tribunal recorrido, no sentido de que o Procon tem poder de polícia para impor multas decorrentes de transgressão às regras ditadas pela Lei n. 8.078/90, está em sintonia com a jurisprudência do STJ, pois sempre que condutas praticadas no mercado de consumo atingirem diretamente os consumidores, é legítima a atuação do Procon para aplicar as sanções administrativas previstas em lei, decorrentes do poder de polícia que lhe é conferido. Acresça-se, para melhor esclarecimento, que a atuação do Procon não inviabiliza, nem exclui, a atuação da Agência reguladora, pois esta procura resguardar em sentido amplo a regular execução do serviço público prestado.**

---

[4] Sobre o tema, prevê o Decreto n. 2.181/97 — que dispõe sobre a organização do Sistema Nacional de Defesa do Consumidor — SNDC e estabelece as normas gerais de aplicação das sanções administrativas previstas na Lei n. 8.078, de 11 de setembro de 1990 — em seu art. 55 que: "Não sendo recolhido o valor da multa em trinta dias, será o débito inscrito em dívida ativa do órgão que houver aplicado a sanção, para subsequente cobrança executiva".

> 5. Recurso especial parcialmente conhecido e, nesta parte, não provido (REsp 1.178.786/RJ, Rel. Ministro Mauro Campbell Marques, 2ª T., *DJe* 8-2-2011).[5]

Ademais, cumpre destacar **outro atributo** do poder de polícia, que é a **coercibilidade**. Por este, o Poder Público poderá impor suas medidas de polícia independentemente de concordância do fornecedor a ser afetado pela sanção administrativa.

A comprovação do que estamos dizendo fica muito clara na redação do *caput* e dos parágrafos do art. 55 do CDC:

ART. 55, *CAPUT*	"A União, os Estados e o Distrito Federal, em caráter concorrente e nas suas respectivas áreas de atuação administrativa, **baixarão normas** relativas à produção, industrialização, distribuição e consumo de produtos e serviços."
ART. 55, § 1º	"A União, os Estados, o Distrito Federal e os Municípios **fiscalizarão e controlarão** a produção, industrialização, distribuição, a publicidade de produtos e serviços e o mercado de consumo, no interesse da preservação da vida, da saúde, da segurança, da informação e do bem-estar do consumidor, baixando as normas que se fizerem necessárias."
ART. 55, § 3º	"Os órgãos federais, estaduais, do Distrito Federal e municipais com atribuições para **fiscalizar e controlar** o mercado de consumo manterão comissões permanentes para elaboração, revisão e atualização das normas referidas no § 1º, sendo obrigatória a participação dos consumidores e fornecedores."
ART. 55, § 4º	"Os órgãos oficiais poderão **expedir notificações** aos fornecedores para que, sob pena de desobediência, prestem informações sobre questões de interesse do consumidor, resguardado o segredo industrial."

Igualmente, além dos órgãos de defesa do consumidor da Administração Direta,[6] não podemos deixar de lembrar das **Agências Reguladoras**, que são Autarquias em regime especial e que exercem importante papel fiscalizatório e sancionatório na regulação dos serviços públicos prestados por meio de sua delegação a entidades privadas.[7]

Exemplo de lei municipal que muito bem representa a **autonomia legislativa dos Municípios** é aquela disciplinadora do tempo máximo de permanência

---

[5] No mesmo sentido, entendeu o STJ no julgamento do REsp 1.279.622/MG, publicado no *DJe* 17-8-2015.

[6] Os PROCONs ora possuem natureza de órgão integrante da Administração Direta — de um Município, por exemplo —, ora possuem personalidade jurídica própria, como é o caso da Fundação PROCON em São Paulo.

[7] No dia 17 de julho de 2012, a ANATEL — Agência Nacional de Telecomunicações — proibiu a venda de novos *chips* pelas principais operadoras de telefonia celular do país. Disponível em: <http://www.procon.pr.gov.br/modules/noticias/article.php?storyid=248&tit=ANATEL-Proibe-a-TIM-de-Vender-Novos-Chips-no-Parana>. Acesso em: 3 dez. 2016.

dos consumidores em filas de banco. O tema é tão relevante que o Supremo Tribunal Federal já se posicionou sobre o assunto:

> COMPETÊNCIA LEGISLATIVA — FILA DE BANCO — TEMPO DE ESPERA — INTERESSE LOCAL — PRECEDENTE. **De acordo com o entendimento consolidado no Supremo, compete aos municípios legislar sobre o período máximo ao qual os clientes de instituições bancárias podem ser submetidos, no aguardo de atendimento.** Precedente: Recurso Extraordinário n. 610.221/SC, mérito julgado com repercussão geral admitida (AgRg no AI n. 568.674/RJ, Rel. Ministro. Marco Aurélio, *DJe* 8-3-2013).[8-9]

Ademais, vale lembrar que a **expedição de regulamentos** pelos entes da federação e por seus órgãos **não poderá extrapolar nem contrariar os limites legais**, na medida em que seus atos são de natureza administrativa e, portanto, infralegais.

Tal raciocínio vale também para as resoluções expedidas pelas agências reguladoras no exercício do respectivo poder regulatório, que estarão limitadas a disciplinar questões de ordem técnica, sempre com respeito à lei.

Sobre o tema, ensina Bruno Miragem que "aos regulamentos cumpre a disciplina mais específica de situações que a lei não tratou em pormenor pelo fato de serem irrelevantes para a configuração dos direitos e obrigações nela formados. **O poder regulamentar é exercido nos limites da lei** a que se refere, influindo a discricionariedade administrativa na produção deste regulamento. No caso da defesa do consumidor, a Administração exerce seu poder estabelecendo padrões e procedimentos a serem observados na realização das suas finalidades".[10]

15.2.1. As sanções administrativas previstas no CDC

Sobre o tema sanções administrativas, prevê o art. 56 do CDC:

> Art. 56. As infrações das normas de defesa do consumidor ficam sujeitas, conforme o caso, às seguintes sanções administrativas, sem prejuízo das de natureza civil, penal e das definidas em normas específicas:
>
> I — multa;

[8] O Plenário Virtual do STF, no ARE 687.876, Rel. Ministro Ayres Britto, *DJe* 6-12-2012, manifestou-se pela inexistência de repercussão geral da matéria atinente aos danos morais e materiais decorrentes de espera excessiva em fila de instituição financeira, tendo em vista o seu caráter infraconstitucional.

[9] O STF editou Súmula Vinculante 49, estabelecendo que: "Ofende o princípio da livre concorrência lei municipal que impede a instalação de estabelecimentos comerciais do mesmo ramo em determinada área".

[10] MIRAGEM, Bruno. *Curso de direito do consumidor*, p. 516.

II — apreensão do produto;
III — inutilização do produto;
IV — cassação do registro do produto junto ao órgão competente;
V — proibição de fabricação do produto;
VI — suspensão de fornecimento de produtos ou serviço;
VII — suspensão temporária de atividade;
VIII — revogação de concessão ou permissão de uso;
IX — cassação de licença do estabelecimento ou de atividade;
X — interdição, total ou parcial, de estabelecimento, de obra ou de atividade;
XI — intervenção administrativa;
XII — imposição de contrapropaganda.

15.2.1.1. *Da inexistência do* bis in idem

Conforme acima analisado, o *caput* do art. 56 do CDC, ao tratar das sanções administrativas, lançou mão da expressão **"sem prejuízo das de natureza civil, penal e das definidas em normas específicas"**.

No mesmo diapasão, prevê o parágrafo único do aludido dispositivo legal: "**As sanções** previstas neste artigo serão aplicadas pela autoridade administrativa, no âmbito de sua atribuição, **podendo ser aplicadas cumulativamente**, inclusive por medida cautelar, antecedente ou incidente de procedimento administrativo".

A conclusão a que se chega da análise dos dispositivos legais citados é a de que, **além** de sofrer **sanções administrativas**, o fornecedor poderá ser **penalizado** nas esferas **civil e penal**, ao mesmo tempo, **sem** que a cumulação de todas as penas possa gerar ***bis in idem***, basicamente pelo fundamento de que **cada uma das sanções possui natureza distinta da outra**.

Igualmente, as próprias **sanções administrativas** poderão ser **aplicadas cumulativamente** a depender da gravidade da infração. Sobre o tema, já entendeu o **Superior Tribunal de Justiça:**

> ADMINISTRATIVO E CONSUMIDOR — PUBLICIDADE ENGANOSA — MULTA APLICADA POR PROCON A SEGURADORA PRIVADA — ALEGAÇÃO DE *BIS IN IDEM*, POIS A PENA SOMENTE PODERIA SER APLICADA PELA SUSEP — NÃO OCORRÊNCIA — SISTEMA NACIONAL DE DEFESA DO CONSUMIDOR — SNDC — POSSIBILIDADE DE APLICAÇÃO DE MULTA EM CONCORRÊNCIA POR QUALQUER ÓRGÃO DE DEFESA DO CONSUMIDOR, PÚBLICO OU PRIVADO, FEDERAL, ESTADUAL, MUNICIPAL OU DISTRITAL.
>
> 1. A tese da recorrente é a de que o Procon não teria atribuição para a aplicação de sanções administrativas às seguradoras privadas, pois, com base no Decreto n. 73/66, somente à Susep caberia a normatização e fiscalização das operações de

capitalização. Assim, a multa discutida no caso dos autos implicaria verdadeiro *bis in idem* e enriquecimento sem causa dos Estados, uma vez que a Susep é autarquia vinculada ao Ministério da Fazenda; enquanto que o Procon, às Secretarias de Justiça Estaduais.

2. **Não se há falar em *bis in idem* ou enriquecimento sem causa do Estado porque à Susep cabe apenas a fiscalização e normatização das operações de capitalização pura e simples, nos termos do Decreto n. 73/66. Quando qualquer prestação de serviço ou colocação de produto no mercado envolver relação de consumo, exsurge, em prol da Política Nacional das Relações de Consumo estatuída nos arts. 4º e 5º do Código de Defesa do Consumidor (Lei n. 8.078/90), o Sistema Nacional de Defesa do Consumidor — SNDC que, nos termos do art. 105 do Código de Defesa do Consumidor, é integrado por órgãos federais, estaduais, municipais e do Distrito Federal, além das entidades privadas que têm por objeto a defesa do consumidor.** Recurso ordinário improvido (RMS 26.397/BA, Rel. Ministro Humberto Martins, 2ª T., *DJe* 11-4-2008).

■ 15.2.1.2. *Da graduação da pena de multa*

Sobre o tema graduação da pena de multa, prevê o Código de Defesa do Consumidor em seu art. 57: "A pena de multa, graduada de acordo com a gravidade da infração, a vantagem auferida e a condição econômica do fornecedor, será aplicada mediante procedimento administrativo, revertendo para o Fundo de que trata a Lei n. 7.347, de 24 de julho de 1985, os valores cabíveis à União, ou para os Fundos estaduais ou municipais de proteção ao consumidor nos demais casos. Parágrafo único. A multa será em montante não inferior a duzentas e não superior a três milhões de vezes o valor da Unidade Fiscal de Referência (Ufir), ou índice equivalente que venha a substituí-lo".

Nos termos da redação presente no parágrafo único do art. 57, **a multa não será inferior a duzentas, nem superior a três milhões de vezes o valor da Unidade Fiscal de Referência (Ufir)**.

A grande questão que se levanta sobre o tema é: **seria constitucional deixar tamanha margem de discricionariedade para a Administração** fixar a graduação da pena de multa por ato infralegal? Isto porque, em razão da teratológica margem de diferença entre o mínimo e o máximo para a graduação da pena de multa, imprescindível a normatização para definir de maneira objetiva qual deve ser o montante exato da pena pecuniária a ser aplicada em razão da gravidade da infração cometida.

Com efeito, a Administração vem definindo tal graduação por meio de atos infralegais, como ocorre com as Portarias Normativas do PROCON do Estado de São Paulo.

Alguns juízes de primeiro grau vêm declarando a inconstitucionalidade do parágrafo único do art. 57 do CDC. Nesse sentido, são as decisões proferidas na 3ª Vara da Fazenda Pública do Estado de São Paulo pelo Magistrado e Professor da PUC-SP, Luis Manuel Fonseca Pires. Suas sentenças são pela inconstitucionalidade do citado dispositivo, sob o fundamento de que "ao prescrever como sanção — *mandamento* do juízo binário da norma sancionadora — a multa entre duzentas e três milhões de vezes a unidade fiscal de referência (UFIR), pois, a pretexto de dispor sobre a sanção, em verdade *delega* a definição do *mandamento* da norma jurídica à discricionariedade da Administração Pública, esvazia-se a sanção, viola-se o princípio da legalidade, a necessidade de apenas *lei* prescrever a infração e a sanção (art. 5º, XXXIX). Portanto, ilegítima é a multa imposta".[11-12]

Entretanto, apesar da propriedade da argumentação jurídica supracitada no sentido de que apenas a lei ordinária poderia estabelecer tal graduação, a **jurisprudência superior admite a estipulação da variação da pena de multa por ato infralegal**, como no caso das Portarias Normativas da Fundação PROCON do Estado de São Paulo:

> PROCESSO CIVIL. CONSUMIDOR. AGRAVO REGIMENTAL. MULTA APLICADA PELO PROCON. CARACTERIZAÇÃO DA CONDUTA. DEFICIÊNCIA DE FUNDAMENTAÇÃO. AUSÊNCIA DE IMPUGNAÇÃO ESPECÍFICA AOS FUNDAMENTOS DO JULGADO. PREQUESTIONAMENTO. INEXISTÊNCIA. NULIDADE DO AUTO DE INFRAÇÃO E EXORBITÂNCIA DA MULTA. SÚMULA 7/STJ.
>
> 1. A argumentação de contrariedade ao art. 33 do Decreto 2.181/97 é insuficiente para modificar as conclusões do julgado, que se pautou nos efeitos decorrentes do acordo realizado entre as partes. O dispositivo mencionado no recurso versa sobre situação diversa, qual seja, a necessidade da lavratura de auto de infração para o processo administrativo. Aplica-se, portanto, o óbice contido na Súmula 284/STF. Além disso, o comando normativo disposto no art. 33 do Decreto 2.181/97 não foi prequestionado, nem houve impugnação do art. 39, III e V, do CDC, o que enseja a incidência das Súmulas 282/STF e 283/STF.

---

11 Luis Manuel Fonseca Pires constrói sua tese, em apertada síntese, nas seguintes bases teóricas: "A norma jurídica, em sua *formulação lógica*, apresenta uma estrutura binária. Diz Miguel Reale (*Lições preliminares de direito*, p. 100) que as regras de conduta apresentam uma *hipótese* (ou *fato-tipo*), e um *mandamento* (ou *finalidade*, ou *dispositivo*, ou *preceito*), e um 'nexo de imputabilidade' nesta relação. Como *juízo hipotético* — se *A*, deve ser *B*, sendo *A* a conduta hipotética e *B* a consequência —, sem *hipótese* ou sem *mandamento* não há norma, pois como afirma Maria Helena Diniz (*Compêndio de introdução à ciência do direito*, p. 350 e ss.) a norma é um *querer deontológico*, um *dever ser*. A norma jurídica é um *imperativo* estruturado sob um *juízo hipotético* de um *dever ser*, ou, como ensina Tércio Sampaio Ferraz Jr. (*Introdução ao estudo do direito*, p. 100), é a concepção da norma como um 'imperativo condicional'. O princípio da legalidade, portanto, pressupõe o cumprimento deste juízo binário".

12 Sobre o tema, o STJ decidiu que o "parágrafo único do art. 57 do CDC ('A multa será em montante não inferior a duzentas e não superior a três milhões de vezes o valor da Unidade Fiscal de Referência (Ufir), ou índice equivalente que venha a substituí-lo') não ampara a tese do agravante de que a penalidade administrativa deve ser fixada em UFIR, pois o referido dispositivo legal apenas estabelece os limites para a fixação da referida multa" (AgRg no REsp 1.466.104/PE, Rel. Ministro Humberto Martins, 2ª T., *DJe* 17-8-2015).

> 2. Quanto à nulidade do auto de infração por não conter a identificação da autoridade que o lavrou, esse argumento foi rechaçado pela Corte de origem com base nas provas dos autos. Nesse sentido, o acórdão recorrido, após examinar os documentos constantes dos autos, concluiu que o agente administrativo responsável foi devidamente identificado e que o servidor possuía competência para a prática do ato. Para se infirmar essa premissa, faz-se necessário o revolvimento dos elementos probatórios da demanda, o que não é possível nessa estreita via recursal, nos termos preconizados na Súmula 7/STJ.
>
> 3. **No tocante à exorbitância da multa, a matéria também não ultrapassa as barreiras do conhecimento, seja porque a dosimetria da pena foi realizada com base em ato normativo local (Portaria Normativa n. 6 do Procon/SP), seja porque a revisão do *quantum* estipulado implica a análise de elementos fático-probatórios, a exemplo da condição econômica do infrator, o que é vedado no apelo nobre.**
>
> 4. Agravo regimental não provido (AgRg no REsp 1.285.319/SP, Rel. Ministro Castro Meira, 2ª T., *DJe* 16-2-2012).

Por fim, concordamos com Zelmo Denari ao ensinar que a "aplicação da multa deve ser precedida do devido processo legal, e o resultado, evidentemente apurado a este título, reverter-se-á em benefício do Fundo previsto na Lei de Ação Civil Pública (cf. Lei n. 7.347, de 24.7.85) destinado à reconstituição dos bens lesados. O art. 13 do precitado diploma legislativo prevê a criação de um Fundo na área federal, gerido por um Conselho Federal, e de Fundos estaduais, criados nas diversas unidades federativas, geridos por Conselhos Estaduais de que participarão, necessariamente, o Ministério Público, além de representantes da comunidade. Por isso, o dispositivo distingue as infrações ou danos de âmbito nacional daqueles de âmbito estadual ou municipal, destinando o resultado financeiro das penalidades aos respectivos Fundos".[13]

■ *15.2.1.3. Particularidades das demais sanções administrativas previstas no CDC*

Sobre as sanções administrativas, estabelece ainda o CDC:

> Art. 58. As penas de apreensão, de inutilização de produtos, de proibição de fabricação de produtos, de suspensão do fornecimento de produto ou serviço, de cassação do registro do produto e revogação da concessão ou permissão de uso serão aplicadas pela administração, mediante procedimento administrativo, assegurada

[13] GRINOVER, Ada Pellegrini; BENJAMIN, Antônio Herman de V.; FINK, Daniel Roberto; FILOMENO, José Geraldo Brito; NERY JR., Nelson; DENARI, Zelmo. *Código Brasileiro de Defesa do Consumidor,* p. 668.

ampla defesa, quando forem constatados vícios de quantidade ou de qualidade por inadequação ou insegurança do produto ou serviço.

Art. 59. As penas de cassação de alvará de licença, de interdição e de suspensão temporária da atividade, bem como a de intervenção administrativa, serão aplicadas mediante procedimento administrativo, assegurada ampla defesa, quando o fornecedor reincidir na prática das infrações de maior gravidade previstas neste código e na legislação de consumo.

§ 1º **A pena de cassação da concessão será aplicada à concessionária de serviço público, quando violar obrigação legal ou contratual.**

§ 2º A pena de intervenção administrativa será aplicada sempre que as circunstâncias de fato desaconselharem a cassação de licença, a interdição ou suspensão da atividade.

§ 3º Pendendo ação judicial na qual se discuta a imposição de penalidade administrativa, não haverá reincidência até o trânsito em julgado da sentença.

Sobre o tema, muito cuidado deverá ser tomado em relação ao disposto no § 1º do art. 59, pois, como o **objeto da relação de consumo é um serviço público**, nunca é demais lembrar da existência do **regime jurídico de direito público** que norteará tal relação e a eventual imposição de sanções administrativas, por exemplo **a extinção do contrato de concessão pela caducidade**.

A **Lei n. 8.987/95** é a lei geral das concessões e permissões do serviço público e disciplina, dentre outros temas, a extinção do contrato pela caducidade em seu art. 38.[14]

[14] Lei n. 8.987/95, "Art. 38. A inexecução total ou parcial do contrato acarretará, a critério do poder concedente, a declaração de caducidade da concessão ou a aplicação das sanções contratuais, respeitadas as disposições deste artigo, do art. 27, e as normas convencionadas entre as partes. § 1º A caducidade da concessão poderá ser declarada pelo poder concedente quando: I — o serviço estiver sendo prestado de forma inadequada ou deficiente, tendo por base as normas, critérios, indicadores e parâmetros definidores da qualidade do serviço; II — a concessionária descumprir cláusulas contratuais ou disposições legais ou regulamentares concernentes à concessão; III — a concessionária paralisar o serviço ou concorrer para tanto, ressalvadas as hipóteses decorrentes de caso fortuito ou força maior; IV — a concessionária perder as condições econômicas, técnicas ou operacionais para manter a adequada prestação do serviço concedido; V — a concessionária não cumprir as penalidades impostas por infrações, nos devidos prazos; VI — a concessionária não atender a intimação do poder concedente no sentido de regularizar a prestação do serviço; e VII — a concessionária for condenada em sentença transitada em julgado por sonegação de tributos, inclusive contribuições sociais. § 2º A declaração da caducidade da concessão deverá ser precedida da verificação da inadimplência da concessionária em processo administrativo, assegurado o direito de ampla defesa. § 3º Não será instaurado processo administrativo de inadimplência antes de comunicados à concessionária, detalhadamente, os descumprimentos contratuais referidos no § 1º deste artigo, dando-lhe um prazo para corrigir as falhas e transgressões apontadas e para o enquadramento, nos termos contratuais. § 4º Instaurado o processo administrativo e comprovada a inadimplência, a caducidade será declarada por decreto do poder concedente, independentemente de indenização prévia, calculada no decurso do processo. § 5º A indenização de que trata o parágrafo anterior, será devida na forma do art. 36 desta Lei e do contrato, descontado o valor das multas contratuais e dos

■ *15.2.1.4. A contrapropaganda*

Conforme analisado no Capítulo 9 deste livro, quando o fornecedor veicular publicidade enganosa ou abusiva, os danos causados ao mercado de consumo são evidentes e, em que pese a impossibilidade concreta de desfazer tais prejuízos, será possível minorá-los por meio da contrapropaganda, isto é, da veiculação de **nova mensagem publicitária**, mas, desta vez, **escoimada dos vícios da enganosidade ou da abusividade**.

Sobre o tema, prevê o CDC em seu art. 60:

> Art. 60. A imposição de contrapropaganda será cominada quando o fornecedor incorrer na prática de publicidade enganosa ou abusiva, nos termos do art. 36 e seus parágrafos, sempre às expensas do infrator.
>
> § 1º A contrapropaganda será divulgada pelo responsável da mesma forma, frequência e dimensão e, preferencialmente no mesmo veículo, local, espaço e horário, de forma capaz de desfazer o malefício da publicidade enganosa ou abusiva.

No tocante à autoexecutoriedade, concordamos com Marcelo Abelha ao lecionar que no "âmbito do CDC, podemos dizer que algumas sanções administrativas são autoexecutáveis pela Administração, outras não. Todas são, todavia, exigíveis e todas gozam de presunção de legalidade (art. 37, *caput* da CF/88 combinado com o art. 5º, II da CF/88). **À exceção da multa e da contrapublicidade, que dizem respeito a obrigações de dar e fazer impostas pela Administração ao administrado, todas as outras são autoexecutáveis.** Como nestas duas penalidades a execução independe da atividade do poder de polícia, elas não são autoexecutáveis, ainda que o administrado cumpra imediatamente a sanção imposta pela Administração".[15]

Em última análise, em nossa visão **será necessária a intervenção judicial determinando a veiculação da contrapropaganda** por intermédio de uma ação de obrigação de fazer, caso não seja veiculada a nova mensagem publicitária escoimada de vício assim que exigida pelo Poder Público.

■ 15.3. A PROTEÇÃO ADMINISTRATIVA DO CONSUMIDOR NO DECRETO N. 2.181, DE 20 DE MARÇO DE 1997

Dispõe o Decreto n. 2.181/97 sobre a organização do Sistema Nacional de Defesa do Consumidor — SNDC, estabelece as normas gerais de aplicação das

---

danos causados pela concessionária. § 6º Declarada a caducidade, não resultará para o poder concedente qualquer espécie de responsabilidade em relação aos encargos, ônus, obrigações ou compromissos com terceiros ou com empregados da concessionária".

15 RODRIGUES, Marcelo Abelha. *Sanções administrativas no Código de Defesa do Consumidor*. Salvador: JusPodivm, 2009, p. 136.

sanções administrativas previstas na Lei n. 8.078, de 11 de setembro de 1990, revoga o Decreto n. 861, de 9 de julho de 1993, e dá outras providências. Inicialmente, esquematizaremos os capítulos e seções do decreto para, logo em seguida, assinalarmos os principais pontos e as alterações trazidas pelo Decreto n. 7.738, de 28 de maio de 2012.

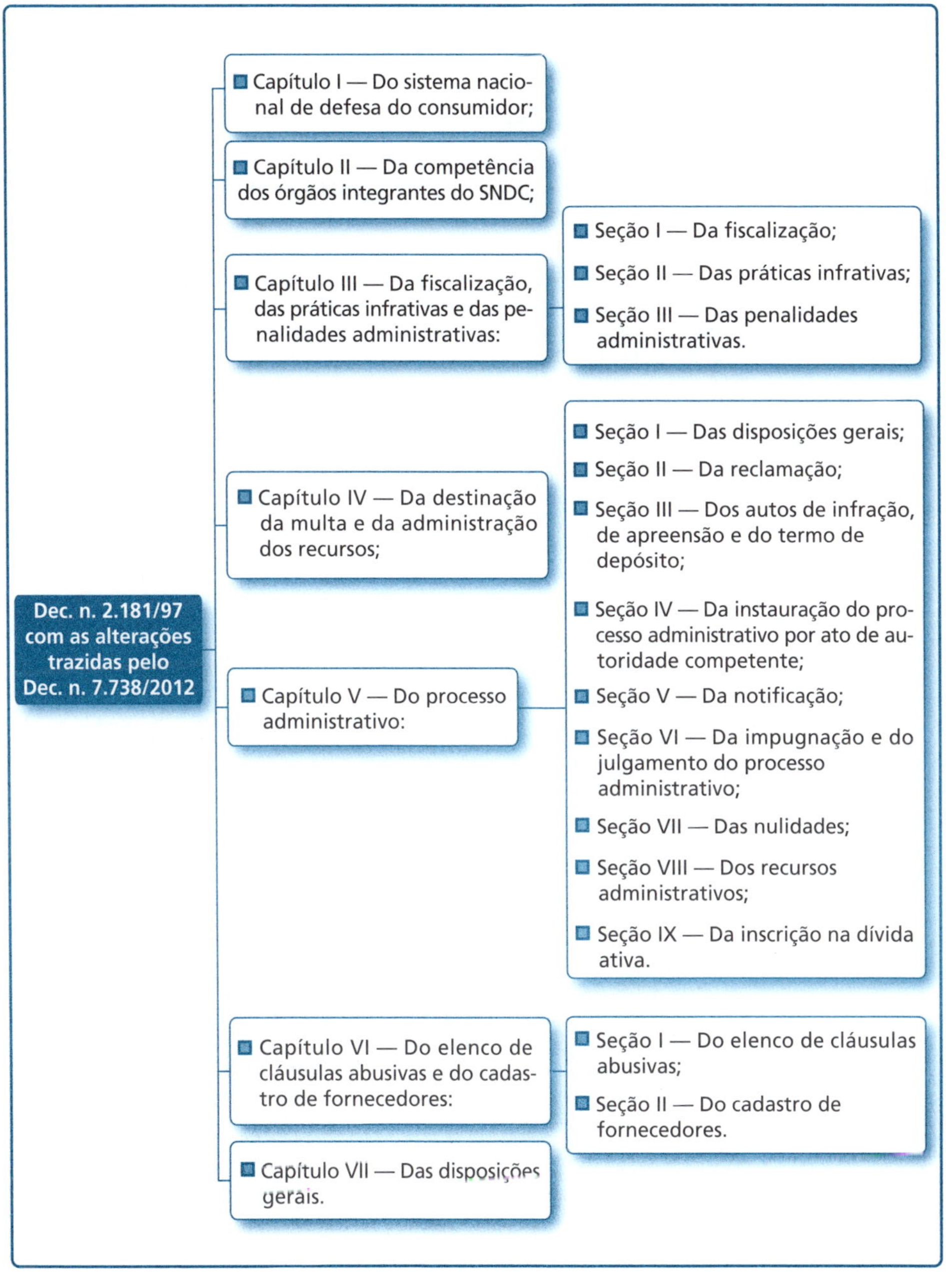

15.3.1. As alterações introduzidas pelo Decreto n. 7.738, de 2012

A seguir, esquematizaremos as principais alterações introduzidas pelo Decreto n. 7.738/2012 ao Decreto n. 2.181/97:

ARTIGO	REDAÇÃO REVOGADA	REDAÇÃO VIGENTE
Art. 2º	"Integram o SNDC a **Secretaria de Direito Econômico do Ministério da Justiça SDE**, por meio do seu Departamento de Proteção e Defesa do Consumidor — DPDC, e os demais órgãos federais, estaduais, do Distrito Federal, municipais e as entidades civis de defesa do consumidor."	"Integram o SNDC a **Secretaria Nacional do Consumidor do Ministério da Justiça** e os demais órgãos federais, estaduais, do Distrito Federal, municipais e as entidades civis de defesa do consumidor."
Art. 3º, *caput*	"Compete ao **DPDC**, a coordenação da política do Sistema Nacional de Defesa do Consumidor, cabendo-lhe:"	"Compete à **Secretaria Nacional do Consumidor do Ministério da Justiça**, a coordenação da política do Sistema Nacional de Defesa do Consumidor, cabendo-lhe:"
Art. 3º, XII	"**provocar a Secretaria de Direito Econômico para celebrar convênios e termos de ajustamento de conduta**, na forma do § 6º do art. 5º da Lei n. 7.347, de 24 de julho de 1985;"	"**celebrar convênios e termos de ajustamento de conduta**, na forma do § 6º do art. 5º da Lei n. 7.347, de 24 de julho de 1985;"
Art. 4º, V	"elaborar e divulgar anualmente, no âmbito de sua competência, o cadastro de reclamações fundamentadas contra fornecedores de produtos e serviços, de que trata o art. 44 da Lei n. 8.078, de 1990, **e remeter cópia ao DPDC**;"	"elaborar e divulgar anualmente, no âmbito de sua competência, o cadastro de reclamações fundamentadas contra fornecedores de produtos e serviços, de que trata o art. 44 da Lei n. 8.078, de 1990 **e remeter cópia à Secretaria Nacional do Consumidor do Ministério da Justiça**;"
Art. 5º, parágrafo único	"Se instaurado mais de um processo administrativo por pessoas jurídicas de direito público distintas, para apuração de infração decorrente de um mesmo fato imputado ao mesmo fornecedor, eventual conflito de competência **será dirimido pelo DPDC**, que poderá ouvir a Comissão Nacional Permanente de Defesa do Consumidor — CNPDC, levando sempre em consideração a competência federativa para legislar sobre a respectiva atividade econômica."	"Se instaurado mais de um processo administrativo por pessoas jurídicas de direito público distintas, para apuração de infração decorrente de um mesmo fato imputado ao mesmo fornecedor, eventual conflito de competência **será dirimido pela Secretaria Nacional do Consumidor**, que poderá ouvir a Comissão Nacional Permanente de Defesa do Consumidor — CNPDC, levando sempre em consideração a competência federativa para legislar sobre a respectiva atividade econômica."
Art. 9º	"A fiscalização das relações de consumo de que tratam a Lei n. 8.078, de 1990, este Decreto e as demais normas de defesa do consumidor será exercida em todo o território nacional pela **Secretaria de Direito Econômico do Ministério da Justiça, por meio do DPDC**, pelos órgãos federais integrantes do SNDC, pelos órgãos conveniados com a Secretaria e pelos órgãos de proteção e defesa do consumidor criados pelos Estados, Distrito Federal e Municípios, em suas respectivas áreas de atuação e competência."	"A fiscalização das relações de consumo de que tratam a Lei n. 8.078, de 1990, este Decreto e as demais normas de defesa do consumidor será exercida em todo o território nacional pela **Secretaria Nacional do Consumidor do Ministério da Justiça**, pelos órgãos federais integrantes do Sistema Nacional de Defesa do Consumidor, pelos órgãos conveniados com a Secretaria e pelos órgãos de proteção e defesa do consumidor criados pelos Estados, Distrito Federal e Municípios, em suas respectivas áreas de atuação e competência."

■ Art. 16	"Nos casos de processos administrativos tramitando em mais de um Estado, que envolvam interesses difusos ou coletivos, o **DPDC** poderá avocá-los, ouvida a Comissão Nacional Permanente de Defesa do Consumidor, bem como as autoridades máximas dos sistemas estaduais."	"Nos casos de processos administrativos em trâmite em mais de um Estado, que envolvam interesses difusos ou coletivos, **a Secretaria Nacional do Consumidor** poderá avocá-los, ouvida a Comissão Nacional Permanente de Defesa do Consumidor, e as autoridades máximas dos sistemas estaduais."
■ Art. 50	"Quando o processo tramitar no âmbito do DPDC, o julgamento do feito será de responsabilidade do Diretor daquele órgão, **cabendo recurso ao titular da Secretaria de Direito Econômico**, no prazo de dez dias, contados da data da intimação da decisão, como segunda e última instância recursal."	"Quando o processo tramitar no âmbito do Departamento de Proteção e Defesa do Consumidor, o julgamento do feito será de responsabilidade do Diretor daquele órgão, **cabendo recurso ao titular da Secretaria Nacional do Consumidor**, no prazo de dez dias, contado da data da intimação da decisão, como segunda e última instância recursal."
■ Art. 56	"Na forma do art. 51 da Lei n. 8.078, de 1990, e com o objetivo de orientar o Sistema Nacional de Defesa do Consumidor, a **Secretaria de Direito Econômico** divulgará, anualmente, elenco complementar de cláusulas contratuais consideradas abusivas, notadamente para o fim de aplicação do disposto no inciso IV do art. 22 deste Decreto."	"Na forma do art. 51 da Lei n. 8.078, de 1990, e com o objetivo de orientar o Sistema Nacional de Defesa do Consumidor, a **Secretaria Nacional do Consumidor** divulgará, anualmente, elenco complementar de cláusulas contratuais consideradas abusivas, notadamente para o fim de aplicação do disposto no inciso IV do *caput* do art. 22."
■ Art. 63	"Com base na Lei n. 8.078, de 1990, e legislação complementar, **a Secretaria de Direito Econômico** poderá expedir atos administrativos, visando à fiel observância das normas de proteção e defesa do consumidor."	"Com base na Lei n. 8.078, de 1990, e legislação complementar, a **Secretaria Nacional do Consumidor** poderá expedir atos administrativos, visando à fiel observância das normas de proteção e defesa do consumidor."

Basicamente, como alteração principal teve a **substituição da Secretaria de Direito Econômico do Ministério da Justiça pela Secretaria Nacional do Consumidor do Ministério da Justiça**.

■ 15.4. DA CONVENÇÃO COLETIVA DE CONSUMO

A Convenção Coletiva de Consumo está prevista no art. 107 do CDC, que prevê: "As entidades civis de consumidores e as associações de fornecedores ou sindicatos de categoria econômica podem regular, por convenção escrita, relações de consumo que tenham por objeto estabelecer condições relativas ao preço, à qualidade, à quantidade, à garantia e características de produtos e serviços, bem como à reclamação e composição do conflito de consumo".

Inicialmente, cumpre destacar os **legitimados para firmar de forma escrita a Convenção** Coletiva de Consumo:

- entidades civis de consumidores;
- associações de fornecedores;
- sindicatos de categoria econômica.

O **objeto da** aludida **convenção** abrange condições relativas:

- ao preço;
- à qualidade;
- à quantidade;
- à garantia;
- às características de produtos e serviços;
- à reclamação e composição do conflito de consumo.

A Convenção Coletiva de Consumo **somente obrigará os filiados às entidades signatárias** (art. 107, § 2º, do CDC) e tornar-se-á **obrigatória a partir do registro do instrumento no cartório** de títulos e documentos (art. 107, § 1º, do CDC).

Por fim, cumpre destacar que **não se exime de cumprir a convenção o fornecedor que se desligar da entidade em data posterior ao registro** do instrumento (art. 107, § 3º, do CDC).

15.5. QUESTÕES

1. (FCC — 2012 — TJ-GO — Juiz) É correto afirmar:

a) Não há sanções administrativas autônomas no CDC, estando todas as medidas possíveis inseridas nos âmbitos civil e penal.
b) Se aplicadas sanções administrativas por infrações ao CDC, ficarão prejudicadas as sanções de natureza civil e penal, pela maior amplitude daquelas.
c) Os órgãos oficiais poderão notificar os fornecedores para que, sob pena de desobediência, prestem informações sobre questões de interesse do consumidor, ainda que digam respeito a segredos industriais, pela prevalência do interesse social.
d) As sanções administrativas no CDC são multa, apreensão e inutilização do produto e proibição de sua fabricação, somente.
e) As sanções administrativas previstas no CDC serão aplicadas pela autoridade administrativa, no âmbito de sua atribuição, podendo ser cumulativas, inclusive por medida cautelar antecedente ou incidente de procedimento administrativo.

2. (CESPE — 2012 — TJ-PI — Juiz) Assinale a opção correta com referência às sanções administrativas e às infrações penais disciplinadas no CDC.

a) Fazer ou promover publicidade que se sabe (ou se deveria saber) enganosa ou abusiva constitui infração meramente administrativa.
b) Compete exclusivamente aos estados e ao DF, nas respectivas áreas de atuação administrativa, baixar normas relativas à produção, à industrialização, à distribuição e ao consumo de produtos e serviços.
c) A aplicação cumulativa das sanções administrativas depende de prévia instauração de procedimento administrativo e reiteração da falta do fornecedor infrator.
d) A sanção de contrapropaganda deve ser divulgada pelo infrator da mesma forma, na mesma frequência e dimensão e, necessariamente, no mesmo veículo, de modo a desfazer o malefício da publicidade enganosa ou abusiva.

e) O crime consistente na omissão de dizeres ou sinais ostensivos a respeito da nocividade ou periculosidade de produtos em recipientes, embalagens, invólucros ou publicidade comporta as modalidades dolosa ou culposa.

3. (VUNESP — 2011 — TJ-RJ — Juiz) Em matéria de sanções administrativas, assinale a alternativa incorreta.

a) A pena de apreensão de produto será aplicada pela administração, quando forem constatados vícios de quantidade do produto.
b) A pena de suspensão do fornecimento do serviço será aplicada em caso de vício de qualidade por inadequação.
c) A pena de interdição será aplicada pela administração, sempre que forem constatados vícios de qualidade por inadequação de serviço.
d) A pena de inutilização do produto será aplicada mediante processo administrativo, assegurada a ampla defesa, se constatado vício de quantidade do produto.

4. (CESPE — 2007 — TJ-PI — Juiz) Acerca das sanções administrativas aplicáveis às relações de consumo, assinale a opção correta.

a) A pena de multa, aplicável ao fornecedor que infringir as normas consumeristas, nunca poderá ser superior a duzentas vezes o valor da unidade fiscal de referência (UFIR), ou índice equivalente que venha a substituí-lo.
b) É vedada à administração pública a aplicação da pena de cassação da concessão de serviço público, pois a referida reprimenda somente poderá ser aplicada pelo Poder Judiciário, após regular processo judicial em que haja a observância dos princípios do contraditório e da ampla defesa.
c) Considere que determinada pessoa jurídica, fabricante de produtos de limpeza, tenha sofrido a penalidade de cassação do registro do produto, em razão de vício de qualidade por inadequação do produto fabricado, e que, contrária à pena, a pessoa jurídica promoveu ação judicial com vistas a desconstituir a reprimenda aplicada, mas no curso do processo, reiterou a prática da infração. Nessa situação, considera-se que a fabricante do produto é reincidente na prática de infração às normas de proteção e defesa do consumidor.
d) Compete exclusivamente à União editar normas de consumo relativas à produção, à industrialização, à distribuição e ao consumo de produtos e serviços.
e) A União, os estados, o DF e os municípios têm competência concorrente para editar normas sobre fiscalização e controle de produção, industrialização, distribuição e publicidade de produtos e serviços de consumo.

5. (CESPE — 2010 — MPE-ES — Promotor de Justiça) Assinale a opção correta acerca do direito do consumidor.

a) As sanções administrativas na relação de consumo podem ser de natureza pecuniária, a exemplo da multa, bem como de natureza objetiva e subjetiva, destacando-se que as duas últimas não admitem a aplicação cumulativa.
b) Nos termos da jurisprudência consolidada do STJ, é abusiva a cláusula contratual de plano de saúde que limita no tempo a internação hospitalar do segurado, coadunando-se tal entendimento com o CDC.
c) O CDC pode ser invocado por aquele que não participou diretamente da relação jurídica de consumo, mas que, a exemplo do consumidor direto, também foi vítima do evento danoso, provocado por um defeito, denominado também de acidente de consumo. É o que a doutrina chama de consumidor *standard* ou *stricto sensu*.

d) São espécies de excludentes da responsabilidade civil objetiva do fornecedor, pelo fato do produto ou serviço, expressamente previstas no CDC: a culpa exclusiva ou o fato exclusivo do consumidor ou de terceiro, além da culpa concorrente do consumidor e do fornecedor.

e) Consoante o entendimento pacificado e atual do STJ, caso o nome do consumidor seja indevidamente inserido nos órgãos ou cadastros de proteção ao crédito, existindo outras restrições devidas, o consumidor lesado tem o direito de pleitear indenização por danos morais, todavia com valor reduzido.

6. (CESPE — 2010 — MPE-SE — Promotor de Justiça) As sanções administrativas aplicáveis pelas autoridades a fornecedor de produto que tenha cometido infração ao direito do consumidor não incluem a

a) apreensão do produto.
b) prisão administrativa do responsável.
c) contrapropaganda.
d) proibição de fabricação do produto.
e) intervenção administrativa.

7. (CEPERJ — 2012 — PROCON-RJ — Advogado) Dentre as sanções administrativas previstas no Código de Defesa do Consumidor, não se inclui:

a) revogação de concessão de uso;
b) cassação de licença do estabelecimento;
c) interdição parcial de obra;
d) intervenção administrativa;
e) divulgação de direito de resposta.

8. (VUNESP — 2010 — MPE-SP — Analista de Promotoria I) Sobre as sanções administrativas previstas no Código de Defesa do Consumidor, é correto afirmar que

a) a União, Estados e Municípios, além do Distrito Federal, nas respectivas áreas de atuação, têm competência concorrente para baixar normas relativas à produção, industrialização, distribuição e consumo de produtos ou serviços.

b) as infrações administrativas poderão ser penalizadas com a sanção que a autoridade administrativa competente julgar adequada, mesmo que não esteja prevista no rol do Código de Defesa do Consumidor.

c) não se aplica a pena de cassação da concessão a concessionária de serviço público, vez que presta serviço de interesse coletivo *lato sensu*.

d) a imposição da contrapropaganda será cominada quando o fornecedor incorrer na propaganda enganosa ou abusiva, sempre às expensas do infrator.

e) quando aplicada pena de multa, os valores serão revertidos para o consumidor que eventualmente tenha feito a denúncia que gerou o procedimento administrativo.

9. (FCC — 2008 — METRÔ-SP — Advogado) Quanto às sanções administrativas previstas no Código de Defesa do Consumidor, considere:

I. As sanções de multa, apreensão do produto e inutilização do produto serão aplicadas pela autoridade administrativa, no âmbito de sua atribuição, não podendo ser aplicadas cumulativamente, salvo por medida cautelar, antecedente ou incidente de procedimento administrativo.

II. As penas de apreensão, de inutilização de produtos, de proibição de fabricação de produtos, de suspensão do fornecimento de produto ou serviço, de cassação do registro do produto e revogação da concessão ou permissão de uso serão aplicadas pela administração, mediante procedimento administrativo, assegurada ampla defesa, quando forem constatados vícios de quantidade ou de qualidade por inadequação ou insegurança do produto ou serviço.

III. A pena de intervenção administrativa será aplicada sempre que as circunstâncias de fato desaconselharem a cassação de licença, a interdição ou suspensão da atividade.

IV. Ainda que pendente ação judicial na qual se discuta a imposição de penalidade administrativa, haverá reincidência até o trânsito em julgado da sentença.

V. A pena de cassação da concessão será aplicada à concessionária de serviço público, quando violar obrigação legal ou contratual.

É correto o que consta SOMENTE em:

a) II, III e IV.
b) I, II e IV.
c) II, III e V.
d) I e III.
e) IV e V.

10. (FCC — 2012 — Juiz Substituto — GO) É correto afirmar:

a) Não há sanções administrativas autônomas no CDC, estando todas as medidas possíveis inseridas nos âmbitos civil e penal.
b) Se aplicadas sanções administrativas por infrações ao CDC, ficarão prejudicadas as sanções de natureza civil e penal, pela maior amplitude daquelas.
c) Os órgãos oficiais poderão notificar os fornecedores para que, sob pena de desobediência, prestem informações sobre questões de interesse do consumidor, ainda que digam respeito a segredos industriais, pela prevalência do interesse social.
d) As sanções administrativas no CDC são multa, apreensão e inutilização do produto e proibição de sua fabricação, somente.
e) As sanções administrativas previstas no CDC serão aplicadas pela autoridade administrativa, no âmbito de sua atribuição, podendo ser cumulativas, inclusive por medida cautelar antecedente ou incidente de procedimento administrativo.

11. (CESPE — TJ/CE — JUIZ — 2012) O CDC prevê como instrumentos para a realização da política de consumo a participação de diversos órgãos públicos e entidades privadas, bem como o incremento de vários institutos. Determina o CDC que o esforço seja nacional, com a integração dos mais diversos segmentos que têm contribuído para a evolução da defesa do consumidor no Brasil. Em face dessas informações, assinale a opção correta a respeito do SNDC e dos demais órgãos que o compõem.

a) Compete ao DNDC, entre outras atribuições, instaurar inquérito policial ou civil para apurar crime ou lesão aos consumidores, assim como ajuizar ação cominatória contra os infratores das normas consumeristas.
b) O Sistema Nacional de Informações de Defesa do Consumidor, programa que integra em rede as ações e informações da defesa do consumidor, representa o trabalho do coordenador do SNDC e dos PROCONs integrados, formando um todo harmônico para a proteção estratégica e qualificada dos consumidores brasileiros.
c) Os PROCONs, órgãos oficiais locais criados, na forma da lei, para exercitar as atividades previstas no CDC e no Decreto n. 2.181/1997, atuam junto à comunidade, subordinados hierarquicamente ao DNDC, prestando atendimento direto aos consumidores.

d) Para a consecução de seus objetivos, o DNDC poderá requisitar o concurso de órgãos e entidades de notória especialização técnico-científica, configurando crime tipificado no CDC a omissão do requisitado.
e) O SNDC é a conjugação de esforços do Estado, nas diversas unidades da Federação, para a implementação efetiva dos direitos do consumidor e para o respeito da pessoa humana na relação de consumo, sendo vedada, em face do princípio da livre concorrência, a participação de entidades privadas no referido sistema.

12. (CESPE — 2012 — DPE-ES — Defensor Público) Assinale certo ou errado:

A convenção coletiva de consumo, cujo objeto é o estabelecimento de condições relativas ao preço, à qualidade, à quantidade, à garantia e às características de produtos e serviços, bem como à reclamação e à composição do conflito de consumo, torna-se obrigatória no prazo de trinta dias após sua publicação na imprensa oficial.

( ) certo ( ) errado

13. (CESPE — 2012 — MPE-PI — Promotor de Justiça) Com referência às convenções coletivas de consumo, assinale a opção correta.

a) As convenções coletivas de consumo tornar-se-ão obrigatórias a partir de sua homologação perante o Departamento Nacional de Defesa do Consumidor.
b) As convenções coletivas de consumo obrigam todos os fornecedores que pertençam à mesma categoria econômica tratada no instrumento, independentemente de estarem, ou não, filiadas a qualquer entidade signatária.
c) As convenções coletivas de consumo devem ser propostas pelo MP às associações de fornecedores e aos órgãos de defesa do consumidor.
d) As convenções coletivas de consumo podem ser celebradas entre entidades civis de consumidores e sindicatos de categoria econômica, para estabelecer condições relativas ao preço de produtos e serviços.
e) As convenções coletivas de consumo não poderão ter por objeto o estabelecimento de condições relativas à composição do conflito de consumo.

14. (CESPE — 2011 — IFB — Professor — Direito) Assinale certo ou errado:

As convenções coletivas de consumo vinculam e obrigam os filiados às entidades signatárias, bem como a todas as pessoas jurídicas que prestem serviços ou ofereçam produtos congêneres.

( ) certo ( ) errado

15. (FAURGS — 2016 — TJ-RS — Juiz de Direito Substituto) Sobre as sanções administrativas na tutela consumerista, assinale a alternativa INCORRETA.

a) As sanções administrativas serão aplicadas pela autoridade competente, no âmbito de sua atribuição, podendo ser aplicadas cumulativamente, inclusive por medida cautelar, antecedente ou incidente de procedimento administrativo.
b) A pena de multa é graduada de acordo com a gravidade da infração, a vantagem auferida e a condição econômica do fornecedor.
c) As penas de cassação de alvará de licença, de interdição e de suspensão temporária de atividade, bem como a de intervenção administrativa, serão aplicadas mediante procedimento administrativo, sem a necessidade de reincidência em práticas infracionais.
d) A imposição de contrapropaganda será cominada quando o fornecedor incorrer na prática de publicidade enganosa ou abusiva, nos termos do artigo 36 e seus parágrafos, sempre às expensas do infrator.
e) A pena de cassação da concessão será aplicada à concessionária de serviço público, quando violar obrigação legal ou contratual.

16. (FUNDATEC — 2016 — Prefeitura de Porto Alegre-RS — Procurador Municipal — Bloco II e III) Em relação à Lei n. 8.078/90 — Código de Defesa do Consumidor, analise as assertivas abaixo:

I. São direitos básicos do consumidor, mesmo sendo pessoa com deficiência e neste caso observado o disposto em regulamento, ter acesso à informação adequada e clara sobre os diferentes produtos e serviços, com especificação correta de quantidade, características, composição, qualidade, tributos incidentes e preço, bem como sobre os riscos que apresentem.

II. O consumidor pessoa com deficiência terá acesso às informações existentes em cadastros, fichas, registros e dados pessoais e de consumo arquivados sobre ele, bem como sobre as suas respectivas fontes, devendo ser disponibilizadas em formatos acessíveis, mediante solicitação.

III. A União, os Estados e o Distrito Federal, em caráter concorrente e nas suas respectivas áreas de atuação administrativa, baixarão normas relativas à produção, industrialização, distribuição e consumo de produtos e serviços.

Quais estão corretas?

a) Apenas I.
b) Apenas II.
c) Apenas III.
d) Apenas I e III.
e) I, II e III.

17. (CESPE — 2017 — DPE-AC — Defensor Público) Em 18/1/2017, uma entidade civil de consumidores celebrou, por escrito, com uma associação de fornecedores de certo produto, convenção coletiva de consumo, com o objetivo de estabelecer condições relativas ao preço, à garantia e à composição de conflitos de consumo, entre outros aspectos. O instrumento pactuado foi registrado no cartório de títulos e documentos em 19-1-2017. Em fevereiro de 2017, um fornecedor se desligou da associação de fornecedores.

Considerando-se essa situação hipotética, a convenção celebrada

a) tornou-se obrigatória a partir do dia 18-1-2017.
b) é nula no que se refere à composição de conflitos de consumo
c) somente obrigará os filiados às entidades signatárias.
d) deixou de ser obrigatória ao fornecedor que se desligou.
e) é nula no que se refere à garantia de produto.

■ GABARITO ■

1. "e". O art. 56 do nosso CDC traz rol das sanções administrativas a serem aplicadas ao fornecedor que viola direitos do consumidor, sendo que tais sanções podem ser aplicadas de forma cumulativa ou isolada e ainda por meio de medida cautelar antecedente ou incidente de procedimento administrativo (art. 56, parágrafo único, do CDC). A assertiva "a" é considerada errada, já que o CDC é expresso ao trazer as medidas administrativas aplicáveis nos casos de desrespeito de suas normas, mais especificamente no Capítulo VII do CDC. A alternativa "b" contradiz o sistema da autonomia das sanções do CDC. A aplicação em uma esfera civil ou penal em nada interfere na administrativa, podendo ser cumuladas. A "c" é até certo ponto verídica, todavia passa a ser errônea quando inclui a quebra do sigilo industrial no dever de prestar informações pelo fornecedor. Enfim, a "d" é equivocada, já que o rol de sanções administrativas do art. 56 traz inúmeras medidas, não se restringindo a multa, apreensão e proibição de fabricação.

2. "e". Como reza o Título II do CDC, dedicado às infrações penais, especificamente no seu art. 63, *caput,* combinado com seu § 2º, o crime de omitir dizeres ou sinais ostensivos sobre a nocividade ou periculosidade cabe tanto na modalidade dolosa quanto na culposa. A assertiva "a" se equivoca ao dizer que tal omissão estaria limitada à esfera administrativa, sendo que há tipo penal incriminador no CDC dedicado a tal conduta, qualificando-a também como ilícito penal. A "b" erra ao afirmar que a competência é exclusiva dos Estados e Distrito Federal (art. 55, *caput,* do CDC). A "c" falta com a verdade quando condiciona a cumulação de sanções à reiteração de falta do infrator, sendo contrária ao art. 56, parágrafo único, CDC. A "d", num primeiro momento, parece estar correta, entretanto confunde os requisitos obrigatórios da pena de imposição de contrapropaganda, sendo necessário apenas ser da mesma forma, frequência e dimensão, cabendo os requisitos de veículo, local, espaço e horário apenas de forma preferencial.

3. "c". Em um primeiro momento, já verificamos que a assertiva "c" traz uma sanção um tanto desproporcional ao ato praticado, uma vez que propõe a interdição na constatação de vício de qualidade, sendo aquela uma das sanções mais graves possíveis ao fornecedor infrator. Assim, esta é a assertiva incorreta a ser marcada, já que as penas de interdição, cassação de alvará e suspensão temporária de atividade apenas são cabíveis em reiteração de infração de maior gravidade (art. 59 do CDC). A "a" é correta, não devendo ser assinalada, sendo o vício de quantidade autorizador da sanção de apreensão. A "b" também deve ser descartada, pois é correta, já que, quando se depara com uma inadequação na prestação de serviço ou produto, pode sim a autoridade competente aplicar a sanção de suspensão do fornecimento (art. 58 do CDC). A "d", por fim, também é verídica, sendo uma das possibilidades previstas na redação do art. 58 do CDC.

4. "e". Tanto a União, os Estados, Distrito Federal e os Municípios poderão fiscalizar e controlar a produção, sendo que para atingir tal objetivo podem editar as normas que acharem necessárias (art. 55, *caput,* do CDC). A assertiva "a" erra ao limitar a baliza máxima da sanção de multa em até duzentas vezes, sendo que o máximo trazido pelo art. 57 e seu parágrafo único é de até 3 milhões de vezes. A "b" é equivocada, pois existe a possibilidade de a própria Administração Pública aplicar a sanção de cassação da concessão de serviço público (art. 59, § 1º, do CDC — no corpo deste capítulo defendemos o respeito à Lei n. 8.987/95). A "c" se equivoca, pois, enquanto perdurar o trâmite processual de eventual ação intentada no Poder Judiciário a fim de questionar tal medida, não poderá ser considerada a prática de reincidência (art. 59, § 3º, do CDC). A "d" vai contra a competência concorrente distribuída aos Estados, Distrito Federal e União para disciplinarem a produção e comercialização de produtos e serviços (art. 55, *caput*, do CDC).

5. "b". Como ensina o Enunciado 302 da Súmula do Superior Tribunal de Justiça, é abusiva a cláusula que limita o período de internação do consumidor, sendo este entendimento coerente com o CDC, como corrobora a assertiva em xeque. Ademais, apesar da existência de lei específica regulamentando as relações que envolvem plano de saúde (Lei n. 9.656, de 1998), a Súmula 469 do STJ não deixa qualquer dúvida sobre a incidência do CDC: "Aplica-se o Código de Defesa do Consumidor aos contratos de plano de saúde". A "a" é equivocada, uma vez que tais sanções podem ser aplicadas de forma cumulativa ou isolada, sem vedação nesse sentido (parágrafo único do art. 56 do CDC). A "c" traz corretamente a responsabilidade a tal fornecedor pelo dano ocasionado por acidente de consumo, todavia tal consumidor será tido como equiparado, e não em sentido estrito. A "d" erra ao elencar hipóteses de exclusão de responsabilidade do fornecedor não previstas no CDC, sendo trazidas por este a culpa exclusiva da vítima ou de terceiro, ou que inexista defeito ou, ainda, que não tenha colocado o produto no mercado de consumo. A "e" é inverídica, uma vez que o consumidor devedor contumaz já inscrito no cadastro de inadimplentes não tem direito à pretensão por dano moral por posterior inscrição irregular, salvo o direito de retirá-la (Enunciado 385 da Súmula do STJ).

6. "b". Não é admitida como espécie de sanção administrativa a prisão do fornecedor de produto ou serviço violador de direito do consumidor, sendo medida extremada e desproporcional às infrações administrativas, além de não estar prevista no rol do art. 56 do CDC, o que afrontaria em demasia o Princípio da Legalidade (art. 5º, II, da CF). A assertiva "a" é medida ordinária tomada pelas autoridades e constante do rol do CDC. A "c" também traz medida típica do CDC, vista quando o fornecedor incorrer no anúncio de propaganda enganosa ou abusiva, sendo a mais eficaz para esse tipo de prática abusiva. A "d", embora seja medida extremada, está prevista para casos excepcionais e graves, desde que confirmada a inadequação do produto ou serviço. Por fim, a alternativa "e" é também medida prevista no elenco do art. 56 do CDC, sendo destinada aos casos em que se desaconselham a cassação da licença, aplicação de interdição ou suspensão da atividade.

7. "e". Nosso CDC, em seu art. 56, dispõe de rol taxativo sobre as sanções a serem aplicadas em caso de infrações administrativas, e dentre as medidas encontradas em tal rol não há previsão de "direito de resposta", sendo assim correta tal assertiva (Art. 56. As infrações das normas de defesa do consumidor ficam sujeitas, conforme o caso, às seguintes sanções administrativas, sem prejuízo das de natureza civil, penal e das definidas em normas específicas: I — multa; II — apreensão do produto; III — inutilização do produto; IV — cassação do registro do produto junto ao órgão competente; V — proibição de fabricação do produto; VI — suspensão de fornecimento de produtos ou serviço; VII — suspensão temporária de atividade; VIII — revogação de concessão ou permissão de uso; IX — cassação de licença do estabelecimento ou de atividade; X — interdição, total ou parcial, de estabelecimento, de obra ou de atividade; XI — intervenção administrativa; XII — imposição de contrapropaganda). A alternativa "a" está presente no rol do art. 56, mais especificamente em seu inciso VIII. A alternativa "b" é também pertinente ao rol, sendo prevista no inciso IX do art. 56, do CDC. A assertiva "c" corresponde ao inciso X do art. 56, sendo cabível a interdição parcial de uma obra. Por fim, a assertiva "d" é elencada no inciso XI do art. 56, sendo medida também pertinente nas infrações administrativas.

8. "d". O art. 60 do CDC estabelece que a sanção de imposição de contrapropaganda será sempre cabível quando o fornecedor incorrer na prática de publicidade abusiva ou enganosa, sendo as custas da nova mensagem corretiva às expensas do fornecedor infrator. Sobre a contrapropaganda, importante relembrar ainda o teor do disposto no parágrafo único do art. 60 do CDC: "A contrapropaganda será divulgada pelo responsável da mesma forma, frequência e dimensão e, preferencialmente no mesmo veículo, local, espaço e horário, de forma capaz de desfazer o malefício da publicidade enganosa ou abusiva". A alternativa "a" é equivocada, já que o art. 55 do CDC dispõe que a competência para baixar tais normas é sim concorrente, todavia não optou por incluir o ente Município. A alternativa "b" é equivocada, uma vez que, como se trata de algo prejudicial a alguém, as infrações administrativas precisam seguir rol taxativo de previsão, não podendo ser aplicada caso não esteja prevista expressamente no rol do art. 56 do CDC. A alternativa "c" é equivocada, já que é medida prevista no art. 59, § 1º, do CDC, podendo sim ser aplicada. Por último, a alternativa "e" é errônea, já que os valores arrecadados com as sanções de multa serão revertidos ao fundo criado pela Lei n. 7.347, e não diretamente aos consumidores prejudicados. É o teor do disposto no art. 57 do CDC: "A pena de multa, graduada de acordo com a gravidade da infração, a vantagem auferida e a condição econômica do fornecedor, será aplicada mediante procedimento administrativo, revertendo para o Fundo de que trata a Lei n. 7.347, de 24 de julho de 1985, os valores cabíveis à União, ou para os Fundos estaduais ou municipais de proteção ao consumidor nos demais casos" (Redação dada pela Lei n. 8.656, de 21-5-1993).

9. "c". A assertiva "II" é correta, correspondendo ao teor integral do art. 58 do CDC, uma vez que tais sanções são cabíveis sempre que ocorrer vício de quantidade ou qualidade por inadequação e segurança do serviço e produto. A assertiva "III" também é correta, só tendo aplicação a pena de intervenção administrativa sempre que desaconselhável a cassação da licença, suspensão ou interdição da atividade, como diz o art. 59, § 2º. A assertiva "V" é cópia do art. 59, § 1º, do CDC, estando correta desta forma. A assertiva "I" é falsa em razão de ser possível a aplicação cumulativa de tais sanções administrativas, como dizem o art. 56 e seu parágrafo único. A assertiva "IV" é também errônea, pois a pendência de ação judicial discutindo a sanção administrativa não irá gerar a reincidência até o trânsito em julgado, de acordo com o art. 59, § 3º, CDC.

10. "e". A aplicação das sanções administrativas será determinada pelo âmbito de atribuição da autoridade administrativa, é o que ensina o art. 56 em seu parágrafo único. A alternativa "a" é equivocada, pois as sanções administrativas do CDC são sanções autônomas, não dependendo das de natureza civil ou penal (Art. 56. As infrações das normas de defesa do consumidor ficam sujeitas, conforme o caso, às seguintes sanções administrativas, sem prejuízo das de natureza civil, penal e das definidas em normas específicas: I — multa; II — apreensão do produto; III — inutilização do produto; IV — cassação do registro do produto junto ao órgão competente; V — proibição de fabricação do produto; VI — suspensão de fornecimento de produtos ou serviço; VII — suspensão temporária de atividade; VIII — revogação de concessão ou permissão de uso; IX — cassação de licença do estabelecimento ou de atividade; X — interdição, total ou parcial, de estabelecimento, de obra ou de atividade; XI — intervenção administrativa; XII — imposição

de contrapropaganda). A alternativa "b" está errada, pois, como já dito, são sanções autônomas e independentes entre si, não interferindo uma esfera nas outras, como regra. A alternativa "c", por sua vez, é errônea, pois, embora seja possível o fornecimento de informações pelos fornecedores infratores, tais informações não são ilimitadas, não podendo atingir o sigilo profissional e industrial de tais fornecedores, como revela o § 4º do art. 55. Enfim, a alternativa "d" não deve ser assinalada, uma vez que o CDC dispõe de inúmeras outras sanções administrativas, como as encontradas no art. 56 supracitado, e não somente das três mencionadas na assertiva.

11. "b". É a alternativa a ser marcada. O Sistema Nacional de Informação de Defesa do Consumidor compreende as ações, informações e dados para a defesa do consumidor, sendo fruto da junção de dois órgãos, em especial, o Procon e o SNDC, agindo juntos com a finalidade maior da busca pela proteção do consumidor. A alternativa "a" está equivocada, não devendo ser assinalada, pois não é de competência ou atribuição do Departamento Nacional de Defesa do Consumidor a instauração do inquérito policial ou civil, sendo, respectivamente, atribuições da polícia judiciária e do Ministério Público. Não se aplica também o ajuizamento das ações cabíveis em tais casos. A alternativa "c" é inverídica, uma vez que os órgãos oficiais locais não devem obediência hierárquica direta ao Departamento Nacional de Defesa do Consumidor. A alternativa "d" é capciosa e errada, pois, de acordo com o art. 106 e seu parágrafo único do CDC, o DNDC poderá solicitar o concurso de órgãos e entidades de notória especialização técnica e científica, mas não trazer a previsão de imputação criminosa caso haja recusa por parte do especialista requisitado. Por fim, a alternativa "e" está equivocada. O Sistema Nacional de Defesa do Consumidor é integrado por órgãos federais, estaduais, do Distrito Federal, municipais, e pelas entidades privadas de defesa do consumidor. Logo, como ensinam os arts. 105 e 106 do CDC, há entes que compõem o DNDC com natureza jurídica de direito privado, e não apenas os de caráter público, sendo que de forma alguma isso violaria o Princípio da Livre Concorrência.

12. "errado". A Convenção Coletiva de Consumo torna-se obrigatória com o registro no cartório de títulos e documentos, conforme disposto no art. 107, § 1º, do CDC.

13. "d". O art. 107, *caput*, do CDC estabelece que, entre os legitimados a celebrar a Convenção Coletiva de Consumo, estão as entidades civis de consumidores e os sindicatos de categoria econômica, bem como, entre os objetos, está estabelecer condições relativas ao preço de produtos e serviços. A letra "a" está errada, pois a convenção torna-se obrigatória com o registro no cartório de títulos e documentos (art. 107, § 1º, do CDC). A alternativa "b" equivoca-se, uma vez que estarão obrigados ao cumprimento do pactuado apenas os filiados às entidades signatárias (art. 107, § 2º, do CDC). A letra "c" também equivocou-se, pois os legitimados para serem signatários da Convenção Coletiva de Consumo são: entidades civis de consumidores e associações de fornecedores ou sindicatos de categoria econômica (art. 107, *caput*, do CDC). Por fim, a alternativa "e" está errada, pois pode ser objeto da Convenção a composição de conflitos de consumo (art. 107, *caput*, do CDC).

14. "errado". Estabelece o art. 107, § 2º, do CDC que somente os signatários da Convenção Coletiva de Consumo estarão obrigados aos termos nela pactuados.

15. "c". Tais penalidades exigem, sim, a reincidência, nos termos do art. 59, *caput*, do CDC, por isso o erro da alternativa. A letra "a" está de acordo com o art. 56, parágrafo único, do CDC. A alternativa "b" reproduz o art. 57 do CDC. A letra "d" está em consonância com o art. 60, *caput*, do CDC. A alternativa "e" está de acordo com o art. 59, § 1º, do CDC.

16. "e". O item I está correto, nos termos do art. 6º, III, c.c. o parágrafo único do CDC, que determina: "A informação de que trata o inciso III do *caput* deste artigo deve ser acessível à pessoa com deficiência, observado o disposto em regulamento (Incluído pela Lei n. 13.146/2015)". O item II está em consonância com o disposto no art. 43, § 6º, do CDC, que assim dispõe: "Todas as informações de que trata o *caput* deste artigo devem ser disponibilizadas em formatos acessíveis, inclusive para a pessoa com deficiência, mediante solicitação do consumidor (Incluído pela Lei n. 13.146/2015)". O item III reproduz a exata redação do disposto no art. 55 do CDC.

17. "c", nos termos do art. 107, § 2º, do CDC.

REFERÊNCIAS

AGUIAR JÚNIOR, Ruy Rosado de. *A boa-fé na relação de consumo*. São Paulo: RT, 2011. v. 1 (Coleção doutrinas essenciais. Direito do consumidor: tutela das relações de consumo. Organizadores: Claudia Lima Marques e Bruno Miragem).

ALEXY, Robert. *Teoría de la argumentación jurídica:* la teoría del discurso racional como teoría de la fundamentación jurídica. Tradução de Manuel Atienza e Isabel Espejo. Madrid: Centro de Estudios Constitucionales, 1997.

______. *Teoría de los derechos fundamentales*. Madrid: Centro de Estudios Constitucionales, 1997.

______. *Teoria dos direitos fundamentais*. São Paulo: Malheiros, 2008.

ALMEIDA, Mário Aroso de. *Anulação dos actos administrativos e relações jurídicas emergentes*. Coimbra: Almedina, 2002.

______. *Sobre a autoridade do caso julgado das sentenças de anulação de actos administrativos*. Coimbra: Almedina, 1994.

ALPA, Guido. *Tutela del consumatore e controlli sull'impresa*. Bologna: Società Editrice Il Mulino, 1977.

AMARAL, Diogo Freitas do. *Curso de direito administrativo*. 2. ed. Coimbra: Almedina, 2002. v. 1.

______. *Curso de direito administrativo*. 2. ed. Coimbra: Almedina, 2002. v. 2.

AMARAL JÚNIOR, Alberto. A abusividade da cláusula mandato nos contratos financeiros, bancários e de cartões de crédito. *Revista de Direito do Consumidor,* São Paulo: RT, n. 19, 1997.

______. A boa-fé e o controle das cláusulas contratuais abusivas nas relações de consumo. *Revista de Direito do Consumidor,* São Paulo: RT, v. 6.

______. O princípio da vinculação da mensagem publicitária. *Revista de Direito do Consumidor,* São Paulo: RT, v. 14, p. 41-51, abr./jun. 1995.

______. *Proteção do consumidor no contrato de compra e venda*. São Paulo: RT, 1993. v. 2.

ARAGÃO, Alexandre Santos de. A "supremacia do interesse público" no advento do estado de direito e na hermenêutica do direito público contemporâneo. *Revista Brasileira de Direito Público*, Belo Horizonte, n. 8, p. 7-21, jan./mar. 2005.

______. A concepção pós-positivista do princípio da legalidade. *Revista de Direito Administrativo,* Rio de Janeiro, v. 235, p. 51-64, abr./jun. 2004.

______. *Direito dos serviços públicos.* 2. ed. Rio de Janeiro: Forense, 2008.

______. Princípio da legalidade e poder regulamentar no estado contemporâneo. *Revista de Direito Administrativo,* Rio de Janeiro, v. 225, p. 109-129, jul./set. 2001.

ATALIBA, Geraldo. Decreto regulamentar no sistema brasileiro. *Revista de Direito Administrativo,* Rio de Janeiro, n. 97, 1969.

ÁVILA, Humberto. Repensando o "princípio da supremacia do interesse público sobre o particular". *Revista Trimestral de Direito Público,* São Paulo, n. 24, p. 159-180, 1998.

BANDEIRA DE MELLO, Celso Antônio. "Poder" regulamentar ante o princípio da legalidade. *Revista Trimestral de Direito Público,* São Paulo, v. 4, p. 71-78, 1993.

______. *Ato administrativo e direito dos administrados.* São Paulo: RT, 1981.

______. *Curso de direito administrativo.* 27. ed. São Paulo: Malheiros, 2010.

______. *Discricionariedade e controle judicial.* 2. ed. São Paulo: Malheiros, 1993.

______. O princípio do enriquecimento sem causa em direito administrativo. *Revista de Direito Administrativo,* Rio de Janeiro, n. 210, p. 25-35, out./dez. 1997.

______. Serviço público e poder de polícia: concessão e delegação. *Revista Trimestral de Direito Público,* São Paulo: Malheiros, n. 20, 1997.

BANDEIRA DE MELLO, Oswaldo Aranha. *Princípios gerais de direito administrativo.* 3. ed. São Paulo: Malheiros, 2007. v. 1.

BARBOSA MOREIRA, Carlos Roberto. *Inversão do ônus da prova em benefício do consumidor.* São Paulo: RT, 2011. v. VI (Coleção doutrinas essenciais. Direito do consumidor: tutela das relações de consumo. Organizadores: Claudia Lima Marques e Bruno Miragem).

BARROSO, Luís Roberto. Prescrição administrativa: autonomia do direito administrativo e inaplicabilidade da regra geral do Código Civil. *Revista Trimestral de Direito Público,* São Paulo, n. 27, p. 89-107, 1999.

BASTOS, Celso Ribeiro; MARTINS, Ives Gandra. *Comentários à Constituição do Brasil:* promulgada em 5 de outubro de 1988. São Paulo: Saraiva, 1989. v. 2.

BATISTA, Joana Paula. *Remuneração dos serviços públicos.* São Paulo: Malheiros, 2005.

BENJAMIN, Antônio Herman de V.; MARQUES, Claudia Lima; BESSA, Leonardo Roscoe. *Manual de direito do consumidor.* 3. ed. rev., atual. e ampl. São Paulo: RT, 2010.

BESSA, Leonardo Roscoe. *Fornecedor equiparado.* São Paulo: RT, 2011. v. 2 (Coleção doutrinas essenciais. Direito do consumidor: tutela das relações de consumo. Organizadores: Claudia Lima Marques e Bruno Miragem).

BINENBOJM, Gustavo. Da supremacia do interesse público ao dever de proporcionalidade: um novo paradigma para o direito administrativo. *Revista Brasileira de Direito Público,* Belo Horizonte, n. 8, p. 77-113, jan./mar. 2005.

BITTAR, Carlos Alberto. *Direitos do consumidor:* Código de Defesa do Consumidor. 7. ed. rev., atual. e ampl. por Eduardo C. B. Bittar. Rio de Janeiro: Forense, 2011.

BOBBIO, Norberto. *Liberalismo e democracia.* Tradução de Marco Aurélio Nogueira. 6. ed. São Paulo: Brasiliense, 1994.

BOLZAN, Fabrício. A publicidade das bebidas alcoólicas e as restrições eficazes previstas do ordenamento jurídico pátrio. *Revista Interna da FUNASA* — artigo elaborado em coautoria com Cássia Hoshino, Procuradora Federal em exercício na FUNASA, 2004.

______. Aproximações e distinções entre as noções de consumidor e usuário na responsabilidade civil do Estado na prestação de serviços. In: PIRES, Luis Manuel Fonseca (Coord.). *Responsabilidade civil do Estado:* desafios contemporâneos. São Paulo: Quartier Latin, 2010.

______. Desconsideração da personalidade jurídica no CDC e um diálogo com o direito ambiental e com o direito civil — artigo elaborado em coautoria com Emiliano Galvão. In: GAJARDONI, Fernando da Fonseca. *Temas aprofundados:* magistratura. Salvador: JusPodivm, 2013.

______. Serviço público e a incidência do Código de Defesa do Consumidor. In: MARINELA, Fernanda; BOLZAN, Fabrício (Org.). *Leituras complementares de direito administrativo:* advocacia pública. 2. ed. Salvador: JusPodivm, 2009.

BOLZAN, Fabrício; CARDOZO, José Eduardo Martins; TAVARES, André Ramos. *Vade-mécum de direito administrativo.* Belo Horizonte: Fórum, 2012.

CANOTILHO, José Joaquim Gomes. *Direito constitucional e a teoria da Constituição.* 4. ed. Coimbra: Almedina, 2000.

CARVALHO FILHO, José dos Santos. *Manual de direito administrativo.* 23. ed. Rio de Janeiro: Lumen Juris, 2010.

______. *Manual de direito administrativo.* 18. ed. Rio de Janeiro: Lumen Juris, 2007.

______. *Processo administrativo federal:* comentários à Lei n. 9.784 de 29-1-1999. 4. ed. Rio de Janeiro: Lumen Juris, 2009.

CAVALIERI FILHO, Sergio. *Programa de direito do consumidor.* 3. ed. São Paulo: Atlas, 2011.

______. *Programa de responsabilidade civil.* 6. ed. São Paulo: Malheiros, 2006.

CINTRA DO AMARAL, Antônio Carlos. Distinção entre usuário do serviço público e consumidor. *Revista Eletrônica de Direito Administrativo Econômico*, Salvador, Instituto de Direito Público da Bahia, n. 6, maio/jul. 2006, p. 2. Disponível em: <http://www.direitodoestado.com/revista/REDAE-6-MAIO-2006-CARLOS%20CINTRA.pdf>. Acesso em: 3 dez. 2016.

______. Distinção entre usuário do serviço público e consumidor. *Revista Eletrônica de Direito Administrativo Econômico*, Salvador, Instituto de Direito Público da Bahia, n. 6, maio/jul. 2006. Disponível em: <http://www.direitodoestado.com/revista/REDAE-6-MAIO-2006-CARLOS%20CINTRA.pdf>. Acesso em: 3 dez. 2016.

COUTO E SILVA, Almiro. O princípio da segurança jurídica (proteção à confiança) no direito público brasileiro e o direito de a administração pública de anular os seus próprios atos administrativos: o prazo decadencial do art. 54 da Lei do Processo Administrativo da União (Lei n. 9.784/99). *Revista de Direito Administrativo,* Rio de Janeiro, n. 237, jul./set. 2004.

______. Prescrição quinquenária da pretensão anulatória da Administração Pública com relação aos seus atos administrativos. *Revista de Direito Administrativo,* Rio de Janeiro, n. 204, abr./jun. 1996.

______. Princípios da legalidade da administração pública e da segurança jurídica no Estado de direito contemporâneo. *Revista de Direito Público*, São Paulo, n. 84, out./dez. 1987.

CRETELLA JÚNIOR, José. *Curso de direito administrativo.* 6. ed. Rio de Janeiro: Forense, 1981.

DI PIETRO, Maria Sylvia Zanella. *Direito administrativo.* 20. ed. São Paulo: Atlas, 2007.

______. *Parcerias na administração pública. Concessão. Permissão. Franquia. Terceirização e outras formas.* 3. ed. São Paulo: Atlas, 1999.

DWORKIN, Ronald. *Levando os direitos a sério.* Tradução de Nelson Boeira. 3. ed. São Paulo: Martins Fontes, 2002.

ENTERRÍA, Eduardo García de; FERNÁNDEZ, Tomás-Ramón. *Curso de direito administrativo.* 14. ed. Madrid: Civitas, 2008. v. 1.

______. *Curso de direito administrativo.* 11. ed. Madrid: Civitas, 2008. v. 2.

FERREIRA FILHO, Manoel Gonçalves. *Curso de direito constitucional.* São Paulo: Saraiva, 1989.

FIGUEIREDO, Lúcia Valle. *Curso de direito administrativo.* 6. ed. São Paulo: Malheiros, 2006.

FILOMENO, José Geraldo Brito. *Manual de direitos do consumidor.* 10. ed. São Paulo: Atlas, 2010.

FREITAS, Juarez. *O controle dos atos administrativos e os princípios fundamentais.* 3. ed. São Paulo: Malheiros, 2004.

FROTA, Mário. *Segurança alimentar* — imperativo e cidadania. São Paulo: RT, 2011. v. 5 (Coleção doutrinas essenciais. Direito do consumidor: tutela das relações de consumo. Organizadores: Claudia Lima Marques e Bruno Miragem).

GARCIA, Flávio Amaral. O Estado como consumidor. *Revista de Direito*, v. 60, Doutrina da Procuradoria Geral do Estado do Rio de Janeiro, p. 50-58. Disponível em: <http://www.rj.gov.br/web/pge/exibeConteudo?article-id=754709>. Acesso em: 3 dez. 2016.

GARCIA, José Augusto. *O princípio da dimensão coletiva das relações de consumo.* São Paulo: RT, 2011. v. 6 (Coleção doutrinas essenciais. Direito do consumidor: tutela das relações de consumo. Organizadores: Claudia Lima Marques e Bruno Miragem).

GARCIA LUENGO, Javier. *El principio de protección de la confianza em el derecho administrativo.* Madrid: Civitas, 2002.

GASPARINI, Diogenes. *Direito administrativo.* 12. ed. São Paulo: Saraiva, 2007.

GORDILLO, Agustín. *Tratado de derecho administrativo. El acto administrativo.* 6. ed. Belo Horizonte: Del Rey, 2003.

______. *Tratado de derecho administrativo. Parte geral.* 7. ed. Belo Horizonte: Del Rey, 2003.

GRAU, Eros Roberto. *O direito posto e o direito pressuposto.* 3. ed. São Paulo: Malheiros, 2000.

GRINOVER, Ada Pellegrini et al. *Código Brasileiro de Defesa do Consumidor comentado pelos autores do anteprojeto.* 8. ed. Rio de Janeiro: Forense Universitária, 2005.

GRINOVER, Ada Pellegrini; BENJAMIN, Antônio Herman de V.; FINK, Daniel Roberto; FILOMENO, José Geraldo Brito; NERY JR., Nelson; DENARI, Zelmo. *Código Brasileiro de Defesa do Consumidor*: comentado pelos autores do anteprojeto. 10. ed. revista, atualizada e reformulada. Rio de Janeiro: Forense, 2011. v. I: Direito material (arts. 1º a 80 e 105 a 108).

GROTTI, Dinorá Adelaide Musetti. *O serviço público e a Constituição Brasileira de 1988.* São Paulo: Malheiros, 2003.

HAURIOU, Maurice. *Princípios de derecho público y constitucional*. Tradução de Carlos Ruiz del Castillo. Granada: Comares, 2003.

HERRMANN, Hildebrando; SILVA, Marcus Vinícius Lopes da; POVEDA, Eliane Pereira Rodrigues. *Código de Mineração de A à Z*. Campinas: Millennium, 2010.

HESSE, Konrad. *A força normativa da Constituição*. Tradução de Gilmar Ferreira Mendes. Porto Alegre: Sérgio Antônio Fabris, 1991.

JÈZE, Gaston. *Los principios generales del derecho administrativo*. Tradução da 2. edição francesa por Carlos Garcia Oviedo. Madrid: Reus, 1928.

JUSTEN FILHO, Marçal. Conceito de interesse público e a "personalização" do direito administrativo. *Revista Trimestral de Direito Público*, São Paulo, n. 26, p. 115-136, 1999.

KAPLAN, Harold I.; SADOCK, Benjamin J. *Compêndio de psiquiatria, ciências comportamentais, psiquiatria clínica*. 6. ed. Porto Alegre: Artes Médicas, 1993.

KELSEN, Hans. *Teoria pura do direito*. Tradução de J. Cretella Jr. e Agnes Cretella. 3. ed. São Paulo: RT, 2003.

LENZA, Pedro. *Direito constitucional esquematizado*. 16. ed. São Paulo: Saraiva, 2012.

LIMA, Ruy Cirne. *Princípios de direito administrativo*. 7. ed. revista e elaborada por Paulo Alberto Pasqualini. São Paulo: Malheiros, 2007.

LISBOA, Roberto Senise. *Contratos difusos e coletivos*. São Paulo: RT, 1997.

LÔBO, Paulo Luiz Netto. *A informação como direito fundamental do consumidor*. Doutrinas Essenciais, v. III, p. 605-608.

LOPES, Maria Elizabete Vilaça. O consumidor e a publicidade. *Revista de Direito do Consumidor* 1, São Paulo, RT, 1992.

LUCCA, Newton de. Código de Defesa do Consumidor: discussões sobre o seu âmbito de aplicação. *Revista de Direito do Consumidor*, São Paulo, RT, v. 6, 1992.

MAFFINI, Rafael. *Direito administrativo*. São Paulo: RT, 2006.

MANCUSO, Rodolfo Camargo. *Interesses difusos. Conceito e legitimação para agir*. 6. ed. São Paulo: RT, 2004.

______. *O manual do consumidor em juízo*. 4. ed. São Paulo: Saraiva, 2007.

MARINELLA, Fernanda. *Direito administrativo*. Salvador: JusPodivm, 2006.

MARINS, James. *Habeas data*, antecipação de tutela e cadastros financeiros à luz do Código de Defesa do Consumidor. *Revista de Direito do Consumidor*, São Paulo, RT, v. 26, abr./jun. 1998.

______. Proteção contratual do CDC a contratos interempresariais, inclusive bancários. *Revista de Direito do Consumidor*, São Paulo, RT, v. 18.

MARQUES, Claudia Lima. *A insuficiente proteção do consumidor nas normas de direito internacional privado*. São Paulo: RT, 2011. v. 2 (Coleção doutrinas essenciais. Direito do consumidor: tutela das relações de consumo. Organizadores: Claudia Lima Marques e Bruno Miragem).

______. *Contratos no Código de Defesa do Consumidor*: o novo regime das relações contratuais. 5. ed. São Paulo: RT, 2006.

______. Três tipos de diálogos entre o Código de Defesa do Consumidor e o Código Civil de 2002: superação das antinomias pelo "diálogo das fontes". In: PASQUALOTTO, Adalberto;

PFEIFFER, Roberto (Org.). *O Código de Defesa do Consumidor e o Código Civil de 2002.* São Paulo: RT, 2005.

______; MIRAGEM, Bruno (Org.). *Coleção doutrinas essenciais. Direito do consumidor:* tutela das relações de consumo. São Paulo: RT, 2011.

______; MAZZUOLI, Valério. O consumidor-depositário infiel, os tratados de direitos humanos e o necessário diálogo das fontes nacionais e internacionais: a primazia da norma mais favorável ao consumidor. *Revista de Direito do Consumidor,* São Paulo, RT, v. 70, p. 93-138, abr./jun. 2009.

MARQUES, Claudia Lima; MIRAGEM, Bruno. Constitucionalidade das restrições à publicidade de bebidas alcoólicas e tabaco por lei federal. Diálogo e adequação do princípio da livre iniciativa econômica à defesa do consumidor e da saúde pública (art. 170, CF/88). Parecer. *Revista de Direito do Consumidor,* São Paulo, RT, v. 59, p. 197-240, jul./set. 2006.

MEDAUAR, Odete. *Direito administrativo moderno.* 8. ed. São Paulo: RT, 2004.

MEIRELLES, Hely Lopes. *Direito administrativo brasileiro.* 30. ed. São Paulo: Malheiros, 2005.

MIRAGEM, Bruno. *Curso de direito do consumidor.* 2. ed. rev., atual. e ampl. São Paulo: RT, 2010.

MORAES, Alexandre de. *Direito constitucional.* 15. ed. São Paulo: Atlas, 2004.

MORAES, Bernardo Ribeiro de. *Doutrina e prática das taxas.* 2. ed. São Paulo: Quartier Latin, 2007.

MORATO, Antônio Carlos. *Pessoa jurídica consumidora.* São Paulo: Revista dos Tribunais, 2009.

MUKAI (Coord.). *Saneamento básico:* diretrizes gerais — comentários à Lei 11.445 de 2007. Rio de Janeiro: Lumen Juris, 2007.

MUÑOZ, Guillhermo Andrés (Org.). *As leis do processo administrativo:* Lei Federal 9.784/99 e Lei Paulista 10.177/98. São Paulo: Malheiros, 2000.

NERY JUNIOR, Nelson. O regime da publicidade enganosa no Código Brasileiro de Defesa do Consumidor. *Revista de Direito do Consumidor,* São Paulo, RT, v. 15, p. 211, jul./set. 1995.

NOVAIS, Elaine Cardoso de Matos. *Mercadoria adquirida no exterior.* São Paulo: RT, 2011. v. 2 (Coleção doutrinas essenciais. Direito do consumidor: tutela das relações de consumo. Organizadores: Claudia Lima Marques e Bruno Miragem).

NUNES JÚNIOR, Vidal Serrano. *A cidadania social na Constituição de 1988.* São Paulo: Verbatim, 2009.

NUNES JÚNIOR, Vidal Serrano; ARAUJO, Luiz Alberto David. *Curso de direito constitucional.* 20. ed. São Paulo: Verbatim, 2016.

NUNES JÚNIOR, Vidal Serrano; SCIORILLI, Marcelo. *Mandado de segurança, mandado de injunção, ação popular,* habeas data, *ação direta de inconstitucionalidade, ação declaratória de constitucionalidade, arguição de descumprimento de preceito fundamental.* 3. ed. São Paulo: Verbatim, 2014.

NUNES JÚNIOR, Vidal Serrano; SERRANO DE MATOS, Yolanda Alves Pinto. *Código de Defesa do Consumidor interpretado.* 6. ed. São Paulo: Verbatim, 2014.

NUNES, Luiz Antonio Rizzatto. *Curso de direito do consumidor* (com exercícios). 4. ed. São Paulo: Saraiva, 2009.

OSÓRIO, Fabio Medina. Existe uma supremacia de interesse público sobre o privado no direito administrativo brasileiro?. *Revista Trimestral de Direito Público,* São Paulo, n. 28, p. 32-65, 1998.

PASQUALOTTO, Adalberto. *O destinatário final e o "consumidor intermediário"*. São Paulo: RT, 2011. v. 1 (Coleção doutrinas essenciais. Direito do consumidor: tutela das relações de consumo. Organizadores: Claudia Lima Marques e Bruno Miragem).

______. *Os efeitos obrigacionais da publicidade no Código de Defesa do Consumidor*. São Paulo: RT, 1997.

PEREIRA, César A. Guimarães. *Usuários de serviços públicos:* usuários, consumidores e os aspectos econômicos dos serviços públicos. São Paulo: Saraiva, 2006.

PIRES, Luis Manuel Fonseca. *Controle judicial da discricionariedade administrativa:* dos conceitos jurídicos indeterminados às políticas públicas. Rio de Janeiro: Campus, 2008.

______. *Controle judicial da discricionariedade administrativa:* dos conceitos jurídicos indeterminados às políticas públicas. Rio de Janeiro: Elsevier, 2009.

______. *Limitações administrativas à liberdade e à propriedade*. São Paulo: Quartier Latin, 2006.

ROCHA, Silvio Luís Ferreira da. *A oferta no Código de Defesa do Consumidor*. 2. ed. Belo Horizonte: Fórum, 2010.

RODRIGUES, Marcelo Abelha. *Sanções administrativas no Código de Defesa do Consumidor*. Salvador: JusPodivm, 2009.

SARLET, Ingo Wolfgang. A eficácia do direito fundamental à segurança jurídica: dignidade da pessoa humana, direitos fundamentais e proibição de retrocesso social no direito constitucional brasileiro. In: ROCHA, Cármen Lúcia Antunes (Org.). *Constituição e segurança jurídica*. Belo Horizonte: Fórum, 2004.

SCARTEZZINI, Ana Maria Goffi Flaquer. *O princípio da continuidade do serviço público*. São Paulo: Malheiros, 2006.

SCARTEZZINI GUIMARÃES, Paulo José. *Dos contratos de hospedagem, de transporte* de *passageiros e de turismo*. São Paulo: Saraiva, 2007.

______. *Vícios do produto e do serviço por qualidade, quantidade e insegurança:* cumprimento imperfeito do contrato. São Paulo: RT, 2004.

SILVA, José Afonso da. *Curso de direito constitucional positivo*. 24. ed. São Paulo: Malheiros, 2005.

SUNDFELD, Carlos Ari. Discricionariedade e revogação do ato administrativo. *Revista de Direito Público,* São Paulo, n. 79, 1986.

______. Processo e procedimento administrativo no Brasil. In: SUNDFELD, MUÑOZ, Guillhermo Andrés (Org.). *As leis do processo administrativo:* Lei Federal 9.784/99 e Lei Paulista 10.177/98. São Paulo: Malheiros, 2000.

TARTUCE, Flávio; NEVES, Daniel Amorim Assumpção. *Manual de direito do consumidor:* direito material e processual. Rio de Janeiro/São Paulo: Forense/Método, 2012.

TAVARES, André Ramos. *Curso de direito constitucional*. 8. ed. São Paulo: Saraiva, 2010.

______. *Curso de direito constitucional*. 9. ed. São Paulo: Saraiva, 2011.

______; BOLZAN, Fabrício. *Poder de polícia:* da supremacia do interesse público à primazia dos direitos fundamentais. In: MARTINS, Ives Gandra (Coord.). *Tratado de direito administrativo*. São Paulo: Saraiva, 2013.

TEMER, Michel. *Elementos de direito constitucional*. 19. ed. São Paulo: Malheiros, 2004.

TEPEDINO, Gustavo. A responsabilidade civil por acidentes de consumo na ótica civil-constitucional. In: TEPEDINO, Gustavo (Org.). *Temas de direito civil*. Rio de Janeiro: Renovar, 1999.

VERLI, Fabiano. *Taxas e preços públicos*. São Paulo: RT, 2005.

ZANCANER, Weida. *Da convalidação e da invalidação dos atos administrativos*. 2. ed. São Paulo: Malheiros, 1996.

ZANELATTO, Marco Antonio. *Considerações jurídicas sobre o conceito de consumidor*. São Paulo: RT, 2011. v. 2 (Coleção doutrinas essenciais. Direito do consumidor: tutela das relações de consumo. Organizadores: Claudia Lima Marques e Bruno Miragem).

ZANOBINI, Guido. *Corso di diritto amministrativo*. 5. ed. Milano: Giuffrè, 1958. v. 4.

PROJETOS DE LEI N. 281 E 283, APROVADOS NO SENADO FEDERAL E REMETIDOS À CÂMARA DOS DEPUTADOS

EMENDA N. 36 — CCJ (SUBSTITUTIVA)
PROJETO DE LEI DO SENADO N. 281, DE 2012[1]

Altera a Lei n. 8.078, de 11 de setembro de 1990 (Código de Defesa do Consumidor), para aperfeiçoar as disposições gerais do Capítulo I do Título I e dispor sobre o comércio eletrônico e o Art. 9º do Decreto-Lei n. 4.657, de 4 de setembro de 1942 (Lei de Introdução às normas do Direito Brasileiro), para aperfeiçoar a disciplina dos contratos internacionais comerciais e de consumo e dispor sobre as obrigações extracontratuais.

Art. 1º A Lei n. 8.078, de 11 de setembro de 1990 (Código de Defesa do Consumidor), passa a vigorar com as seguintes alterações:

"**Art. 3-A** As normas e os negócios jurídicos devem ser interpretados e integrados da maneira mais favorável ao consumidor. (NR)"

"**Art. 4º** A Política Nacional das Relações de Consumo tem por objetivo o atendimento das necessidades dos consumidores, o respeito à sua dignidade, saúde e segurança, a proteção de seus interesses econômicos, a melhoria da sua qualidade de vida, a proteção do meio ambiente, bem como a transparência e harmonia das relações de consumo, atendidos os seguintes princípios:

....

II — ....

e) pelo incentivo a padrões de produção e consumo sustentáveis.

....

IX — promoção de padrões de produção e consumo sustentáveis, de forma a atender as necessidades das atuais gerações, permitindo melhores condições de vida, promovendo o de-

[1] Este anexo traz o conteúdo dos PLs n. 281 e 283, aprovados no Senado Federal e remetidos à Câmara dos Deputados em 4 de novembro de 2015. Disponível em: <https://www25.senado.leg.br/web/atividade/materias/-/materia/106773>. Acesso em: 3 dez. 2016. Atualmente, os citados projetos tramitam na Câmara dos Deputados sob os números PL n. 3.514/2015 e PL n. 3.515/2015, disponíveis, respectivamente em: <http://www.camara.gov.br/proposicoesWeb/fichadetramitacao?idProposicao=2052488>; <http://www.camara.gov.br/proposicoesWeb/fichadetramitacao?idProposicao=2052490>. Acesso em: 11 jan. 2018.

senvolvimento econômico e a inclusão social, sem comprometer a qualidade ambiental e o atendimento das necessidades das gerações futuras. (NR)"

"**Art. 5º** ....

VI — o conhecimento pelo Poder Judiciário, no âmbito do processo em curso e assegurado o contraditório, de violação a normas de defesa do consumidor;

VII — instituição de Câmaras de Conciliação das Relações de Consumo de Serviços Públicos, no âmbito da Advocacia Pública Federal, Estadual e Municipal, garantida a efetiva participação do órgão de defesa do consumidor local.

.... (NR)"

"**Art. 6º** ....

XI — a privacidade e a segurança das informações e dados pessoais prestados ou coletados, por qualquer meio, inclusive o eletrônico, assim como o acesso gratuito ao consumidor a estes e suas fontes;

XII — a liberdade de escolha, em especial frente a novas tecnologias e redes de dados, sendo vedada qualquer forma de discriminação e assédio de consumo;

XIII — a informação ambiental veraz e útil, observados os requisitos da Política Nacional de Resíduos Sólidos (Lei n. 12.305, de 2 de agosto de 2010). (NR)"

"**Art. 10-A.** As regras preventivas e precautórias dos arts. 8º, 9º e 10 deste código aplicam-se aos riscos provenientes de impactos ambientais decorrentes de produtos e serviços colocados no mercado de consumo."

"**Art. 39.** ....

XIV — ofertar produto ou serviço com potencial de impacto ambiental negativo, sem tomar as devidas medidas preventivas e precautórias.

XV — cobrar tarifa de cadastro e abertura de crédito, sob qualquer designação.

.... (NR)"

"Seção VII

Do Comércio Eletrônico

Art. 44-A. Esta seção dispõe sobre normas gerais de proteção do consumidor no comércio eletrônico e à distância, visando fortalecer a sua confiança e assegurar a tutela efetiva, com a diminuição da assimetria de informações, a preservação da segurança nas transações, a proteção da autodeterminação e da privacidade dos dados pessoais.

Art. 44-B. Sem prejuízo do disposto neste Código, os sítios eletrônicos, demais meios eletrônicos ou as comunicações remetidas ao consumidor, utilizados para oferta ou conclusão de contrato de consumo devem disponibilizar, em local de destaque e de fácil visualização, dentre outras, as seguintes informações:

I — nome empresarial e número de inscrição do fornecedor, quando houver, no Cadastro Nacional de Pessoas Físicas ou no Cadastro Nacional de Pessoas Jurídicas do Ministério da Fazenda;

II — endereço físico e eletrônico, e demais informações necessárias para sua localização e contato;

III — discriminação, no preço, de quaisquer despesas adicionais ou acessórias, tais como as de entrega;

IV — condições integrais da oferta, incluídas modalidades de pagamento, disponibilidade, forma e prazo da execução do serviço ou da entrega ou disponibilização do produto ou serviço;
V — características essenciais do produto ou do serviço, incluídos os riscos à saúde e à segurança dos consumidores;
VI — prazo da validade da oferta, inclusive do preço;
VII — informações claras e ostensivas a respeito de quaisquer restrições à fruição da oferta.

Art. 44-C. Os sítios eletrônicos ou demais meios eletrônicos utilizados para ofertas de compras coletivas ou modalidades análogas de contratação deverão conter, além das informações previstas no art. 44-B, as seguintes:
I — quantidade mínima de consumidores para a efetivação do contrato;
II — prazo para utilização da oferta pelo consumidor;
III — identificação do fornecedor responsável pelo sítio eletrônico e do fornecedor do produto ou serviço ofertado.
Parágrafo único. O fornecedor de compras coletivas, como intermediador legal do fornecedor responsável pela oferta do produto ou serviço, responde solidariamente pela veracidade das informações publicadas e por eventuais danos causados ao consumidor.

Art. 44-D. É obrigação do fornecedor que utilizar o meio eletrônico ou similar:
I — apresentar sumário do contrato antes da contratação, com as informações necessárias ao pleno exercício do direito de escolha do consumidor, destacadas as cláusulas que limitem direitos;
II — manter disponível serviço adequado, facilitado e eficaz de atendimento, tal como o meio eletrônico ou telefônico, que possibilite ao consumidor enviar e receber comunicações, inclusive notificações, reclamações e demais informações necessárias à efetiva proteção dos seus direitos;
III — confirmar imediatamente o recebimento de comunicações relevantes, como a manifestação de arrependimento e cancelamento do contrato, utilizando o mesmo meio empregado pelo consumidor ou outros costumeiros;
IV — assegurar ao consumidor os meios técnicos adequados, eficazes e facilmente acessíveis que permitam a identificação e correção de eventuais erros na contratação, antes de finalizá-la, sem prejuízo do posterior exercício do direito de arrependimento;
V — utilizar mecanismos de segurança eficazes para pagamento e para tratamento de dados do consumidor;
VI — informar aos órgãos de defesa do consumidor e ao Ministério Público, sempre que requisitado, o nome e endereço eletrônico e demais dados que possibilitem o contato do provedor de hospedagem, bem como dos seus prestadores de serviços financeiros e de pagamento;
VII — informar imediatamente às autoridades competentes e ao consumidor sobre o vazamento de dados ou comprometimento, mesmo que parcial, da segurança do sistema.

Art. 44-E. Na contratação por meio eletrônico ou similar, o fornecedor deve enviar ao consumidor:
I — em momento prévio à contratação, o contrato, em língua portuguesa, em linguagem acessível e com fácil visualização em sua página;
II — confirmação imediata do recebimento da aceitação da oferta;

III — via do contrato em suporte duradouro, assim entendido qualquer instrumento, inclusive eletrônico, que ofereça as garantias de fidedignidade, inteligibilidade e conservação dos dados contratuais, permitindo ainda a facilidade de sua reprodução;

IV — formulário ou link facilitado e específico para preenchimento do consumidor em caso de exercício do direito de arrependimento.

Parágrafo único. Caso a confirmação e o formulário previstos nos incisos II e IV não tenham sido enviados pelo fornecedor, o prazo previsto no *caput* do art. 49 deverá ser ampliado por mais quatorze dias.

Art. 44-F. É vedado ao fornecedor de produto ou serviço enviar mensagem eletrônica não solicitada a destinatário que:

I — não possua relação de consumo anterior com o fornecedor e não tenha manifestado consentimento prévio e expresso em recebê-la;

II — esteja inscrito em cadastro de bloqueio de oferta;

III — tenha manifestado diretamente ao fornecedor a opção de não recebê-la.

§ 1º Se houver prévia relação de consumo entre o remetente e o destinatário, admite-se o envio de mensagem não solicitada, desde que o consumidor tenha tido oportunidade de recusá-la.

§ 2º O fornecedor deve informar ao destinatário, em cada mensagem enviada:

I — o meio adequado, simplificado, seguro e eficaz que lhe permita, a qualquer momento, recusar, sem ônus, o envio de novas mensagens eletrônicas não solicitadas;

II — o modo como obteve os dados do consumidor.

§ 3º O fornecedor deve cessar imediatamente o envio de ofertas e comunicações eletrônicas ou de dados a consumidor que manifestou a sua recusa em recebê-las.

§ 4º Para os fins desta seção, entende-se por mensagem eletrônica não solicitada a relacionada à oferta ou publicidade de produto ou serviço e enviada por correio eletrônico ou meio similar.

§ 5º É também vedado:

I — remeter mensagem que oculte, dissimule ou não permita de forma imediata e fácil a identificação da pessoa em nome de quem é efetuada a comunicação e a sua natureza publicitária;

II — veicular, exibir, licenciar, alienar, compartilhar, doar ou de qualquer forma ceder ou transferir dados, informações ou identificadores pessoais, sem expressa autorização e consentimento informado do seu titular.

§ 6º Na hipótese de o consumidor manter relação de consumo com fornecedor que integre um conglomerado econômico, o envio de mensagens por qualquer sociedade que o integre não se insere nas vedações do *caput* do presente artigo, desde que o consumidor tenha tido oportunidade de recusá-la e não esteja inscrito em cadastro de bloqueio de oferta.

§ 7º A vedação prevista no inciso II, do § 5º, não se aplica aos fornecedores que integrem um mesmo conglomerado econômico.

Art. 44-G. Na oferta de produto ou serviço por meio da rede mundial de computadores (internet) ou qualquer modalidade de comércio eletrônico, somente será exigida do consumidor, para a aquisição do produto ou serviço ofertado, a prestação das informações indispensáveis à conclusão do contrato.

Parágrafo único. Quaisquer outras informações, além das indispensáveis, terão caráter facultativo, devendo o consumidor ser previamente avisado dessa condição. (NR)"

"**Art. 49.** O consumidor pode desistir da contratação a distância, no prazo de sete dias a contar da aceitação da oferta, do recebimento ou da disponibilidade do produto ou serviço, o que ocorrer por último.

§ 1º ....

§ 2º Por contratação a distância entende-se aquela efetivada fora do estabelecimento, ou sem a presença física simultânea do consumidor e fornecedor, especialmente em domicílio, por telefone, reembolso postal, por meio eletrônico ou similar.

§ 3º Equipara-se à modalidade de contratação prevista no § 2º deste artigo aquela em que, embora realizada no estabelecimento, o consumidor não teve a prévia oportunidade de conhecer o produto ou serviço, por não se encontrar em exposição ou pela impossibilidade ou dificuldade de acesso a seu conteúdo.

§ 4º A desistência formalizada dentro do prazo previsto no *caput* implica na devolução do produto com todos os acessórios recebidos pelo consumidor e nota fiscal.

§ 5º Caso o consumidor exerça o direito de arrependimento, incluindo retirada de recursos ou transação de financiamento, os contratos acessórios de crédito são automaticamente rescindidos, devendo ser devolvido ao fornecedor do crédito o valor total financiado ou concedido que lhe foi entregue, acrescido de eventuais juros incidentes até a data da efetiva devolução, tributos e tarifas, sendo estas cobradas somente quando aplicável.

§ 6º Sem prejuízo da iniciativa do consumidor, o fornecedor deve comunicar de modo imediato a manifestação do exercício de arrependimento à instituição financeira ou à administradora do cartão de crédito ou similar, a fim de que:

I — a transação não seja lançada na fatura do consumidor;

II — seja efetivado o estorno do valor, caso a fatura já tenha sido emitida no momento da comunicação;

III — caso o preço já tenha sido total ou parcialmente pago, seja lançado o crédito do respectivo valor na fatura a ser emitida posteriormente à comunicação.

§ 7º Se o fornecedor de produtos ou serviços descumprir o disposto no § 1º ou no § 6º, o valor pago será devolvido em dobro.

§ 8º O fornecedor deve informar, de forma prévia, clara e ostensiva, os meios adequados, facilitados e eficazes disponíveis para o exercício do direito de arrependimento do consumidor, que devem contemplar, ao menos, o mesmo modo utilizado para a contratação.

§ 9º O fornecedor deve enviar ao consumidor confirmação individualizada e imediata do recebimento da manifestação de arrependimento. (NR)"

"**Art. 49-A.** Sem prejuízo do direito de rescisão do contrato de transporte aéreo antes de iniciada a viagem (art. 740, § 3º do Código Civil), o exercício do direito de arrependimento do consumidor de passagens aéreas poderá ter seu prazo diferenciado, em virtude das peculiaridades do contrato, por norma fundamentada das agências reguladoras.

Parágrafo único. A regulamentação prevista no *caput* deverá ser realizada no prazo máximo de cento e oitenta dias após a entrada em vigor desta Lei. (NR)"

"CAPÍTULO VIII
Das Sanções

Art. 56. ....

XIII — suspensão temporária ou proibição de oferta e de comércio eletrônico.

....

Art. 59. ....

§ 4º Caso o fornecedor por meio eletrônico ou similar descumpra a pena de suspensão ou de proibição de oferta e de comércio eletrônico, sem prejuízo de outras medidas administrativas ou judiciais de prevenção de danos, o Poder Judiciário poderá determinar, no limite estritamente necessário para a garantia da efetividade da sanção, que os prestadores de serviços financeiros e de pagamento utilizados pelo fornecedor, de forma alternativa ou conjunta, sob pena de pagamento de multa diária:

I — suspendam os pagamentos e transferências financeiras para o fornecedor de comércio eletrônico;

II — bloqueiem as contas bancárias do fornecedor.

Art. 60-A. O descumprimento reiterado dos deveres do fornecedor previstos nesta lei poderá ensejar na aplicação pelo Poder Judiciário de multa civil em valor adequado à gravidade da conduta e suficiente para inibir novas violações, sem prejuízo das sanções penais e administrativas cabíveis e da indenização por perdas e danos, patrimoniais e morais, ocasionados aos consumidores.

Parágrafo único. A graduação e a destinação da multa civil observarão o disposto no art. 57.

Art. 60-B. Sem prejuízo das sanções previstas no Capítulo VIII, em face de reclamação fundamentada formalizada por consumidor, a autoridade administrativa, em sua respectiva área de atuação e competência, poderá instaurar processo administrativo, assegurado o contraditório e a ampla defesa, para aplicar, isolada ou cumulativamente, em caso de comprovada infração às normas de defesa do consumidor, as seguintes medidas corretivas, fixando prazo para seu cumprimento:

I — substituição ou reparação do produto;

II — devolução do que houver sido pago pelo consumidor mediante cobrança indevida;

III — cumprimento da oferta pelo fornecedor, sempre que esta conste por escrito e de forma expressa;

IV — devolução ou estorno, pelo fornecedor, da quantia paga pelo consumidor quando o produto entregue ou serviço prestado não corresponda ao que expressamente se acordou pelas partes;

V — prestação adequada das informações requeridas pelo consumidor, sempre que tal requerimento guarde relação com o produto adquirido ou serviço contratado.

§ 1º No caso de descumprimento do prazo fixado pela autoridade administrativa para a medida corretiva imposta, será imputada multa diária, nos moldes do parágrafo único, do art. 57.

§ 2º A multa diária de que trata o § 1º será revertida, conforme o caso, ao Fundo de Defesa dos Direitos Difusos ou aos fundos estaduais ou municipais de proteção ao consumidor. (NR)"

"**Art. 72-A.** Veicular, exibir, licenciar, alienar, compartilhar, doar ou de qualquer forma ceder ou transferir dados, informações ou identificadores pessoais, sem a expressa autorização de seu titular e consentimento informado.

Pena — Detenção, de três meses a um ano, e multa.

Parágrafo único. Não constitui crime a prática dos atos previstos no *caput*:

I — entre fornecedores que integrem um mesmo conglomerado econômico;

II — em razão de determinação, requisição ou solicitação de órgão público. (NR)"

"**Art. 76.** ....

VI — ocasionarem graves danos ao meio ambiente. (NR)"

"**Art. 101.** Na ação de responsabilidade contratual e extracontratual do fornecedor de produtos e serviços, inclusive no fornecimento a distância nacional e internacional, sem prejuízo do disposto nos Capítulos I e II deste Título:

I — será competente o foro do domicílio do consumidor, nas demandas em que o consumidor residente no Brasil seja réu e que versem sobre relações de consumo;

II — o consumidor residente no Brasil, nas demandas em que seja autor, poderá escolher, além do foro indicado no inciso I, o do domicílio do fornecedor de produtos ou serviços, o do lugar da celebração ou da execução do contrato ou outro conectado ao caso;

III — são nulas as cláusulas de eleição de foro e de arbitragem celebradas pelo consumidor.

Parágrafo único. Aos conflitos decorrentes do fornecimento a distância internacional, aplica-se a lei do domicílio do consumidor, ou a norma estatal escolhida pelas partes, desde que mais favorável ao consumidor, assegurando igualmente o seu acesso à Justiça. (NR)"

Art. 2º O Decreto-Lei n. 4.657, de 4 de setembro de 1942 (Lei de Introdução às normas do Direito Brasileiro), passa a vigorar com as seguintes alterações:

"**Art. 9º** O contrato internacional entre profissionais, empresários e comerciantes rege-se pela lei escolhida pelas partes, sendo que o acordo das partes sobre esta escolha deve ser expresso.

§ 1º A escolha deve referir-se à totalidade do contrato, mas nenhuma conexão precisa existir entre a lei escolhida e as partes ou a transação.

§ 2º Na escolha do *caput*, a referência a lei inclui também a indicação como aplicável ao contrato de um conjunto de regras jurídicas de caráter internacional, opcional ou uniforme, aceitas no plano internacional, supranacional ou regional como neutras e justas, inclusive da *lex mercatoria*, desde que não contrárias à ordem pública.

§ 3º Na ausência ou invalidade da escolha, o contrato será regido pela lei do lugar da sua celebração, considerando-se este em contratos celebrado à distância como o lugar da residência do proponente.

§ 4º Destinando-se a obrigação a ser executada no Brasil e dependendo de forma essencial, será esta observada, admitidas as peculiaridades da lei estrangeira quanto aos requisitos extrínsecos do ato.

§ 5º Não obstante o disposto neste artigo, em se tratando de contrato *standard* ou de adesão celebrado no Brasil ou que aqui tiver de ser executado, aplicar-se-ão necessariamente as disposições do direito brasileiro quanto revestirem caráter imperativo.

§ 6º Este artigo não se aplica aos contratos e obrigações regulados por tratados internacionais e aos acordos sobre arbitragem ou eleição de foro.

Art. 9º-A. Os contratos internacionais de consumo, entendidos como aqueles realizados entre um consumidor, pessoa natural, cujo domicílio esteja situado em um país distinto daquele onde estiver o estabelecimento do fornecedor de produtos e de serviços envolvido na contratação, regem-se pela lei do lugar de celebração ou, se executados no Brasil, pela lei brasileira, desde que mais favorável ao consumidor.

§ 1º Se a contratação for precedida de qualquer atividade negocial ou de marketing, do fornecedor ou seus representantes dirigida ao ou realizada no território brasileiro, em especial envio de publicidade, correspondência, e-mails, mensagens comerciais, convites, de prêmios ou ofertas, aplicar-se-ão as disposições da lei brasileira quanto revestirem caráter imperativo, sempre que mais favoráveis ao consumidor.

§ 2º Os contratos de pacotes de viagem internacionais ou viagens combinadas, com grupos turísticos ou conjuntamente com serviços de hotelaria e turismo, com cumprimento fora do Brasil, contratados com agências de turismo e operadoras situadas no Brasil, regem-se pela lei brasileira.

Art. 9º-B. Para reger as demais obrigações, aplicar-se-á a lei do país em que se constituírem.

§ 1º Em caso de obrigações extracontratuais, caso nenhuma das partes envolvidas possua domicílio ou sede no país em que o acidente, dano, fato ou ato ilícito ocorreu, será aplicável a lei do lugar onde os efeitos se fizeram sentir.

§ 2º Em caso de acidentes de trânsito, se no acidente participarem ou resultarem atingidas unicamente pessoas domiciliadas em outro país, o magistrado pode, excepcionalmente, considerar aplicável esta lei à responsabilidade civil, respeitadas as regras de circulação e segurança em vigor no lugar e no momento do acidente.

§ 3º Em se tratando e acidentes de trânsito, a responsabilidade civil por danos sofridos nas coisas alheias aos veículos acidentados como consequência do acidente de trânsito, será regida pela lei do país no qual se produziu o fato. (NR)"

Art. 3º Esta Lei entra em vigor na data da sua publicação.

EMENDA N. 45 — CCJ (SUBSTITUTIVO)
PROJETO DE LEI DO SENADO N. 283, DE 2012

Altera a Lei n. 8.078, de 11 de setembro de 1990 (Código de Defesa do Consumidor), para aperfeiçoar a disciplina do crédito ao consumidor e dispor sobre a prevenção e tratamento do superendividamento.

O CONGRESSO NACIONAL decreta:

Art. 1º A Lei n. 8.078, de 11 de setembro de 1990 (Código de Defesa do Consumidor), passa a vigorar com as seguintes alterações:

"**Art. 4º** ....

IX — o fomento de ações visando à educação financeira e ambiental dos consumidores;

X — prevenção e tratamento do superendividamento como forma de evitar a exclusão social do consumidor. (NR)"

"**Art. 5º** ....

VI — instituição de mecanismos de prevenção e tratamento extrajudicial e judicial do superendividamento e de proteção do consumidor pessoa natural;

VII — instituição de núcleos de conciliação e mediação de conflitos oriundos de superendividamento.

.... (NR)"

"**Art. 6º** ....

XI — a garantia de práticas de crédito responsável, de educação financeira, de prevenção e tratamento das situações de superendividamento, preservando o mínimo existencial, nos termos da regulamentação, por meio da revisão e repactuação da dívida, entre outras medidas;

XII — na repactuação de dívidas e na concessão de crédito, a preservação do mínimo existencial, nos termos da regulamentação;

XIII — a informação acerca dos preços dos produtos por unidade de medida, tais como o calculado por quilo, litro, metro ou outra unidade conforme o caso. (NR)"

"**Art. 37.** ....

§ 2º É abusiva, dentre outras:

I — a publicidade discriminatória de qualquer natureza, a que incite à violência, explore o medo ou a superstição, se aproveite da deficiência de julgamento e experiência da criança, desrespeite valores ambientais, ou que seja capaz de induzir o consumidor a se comportar de forma prejudicial ou perigosa à sua saúde ou segurança;

II — a publicidade que, dentre outras, contenha apelo imperativo de consumo à criança, que seja capaz de promover qualquer forma de discriminação ou sentimento de inferioridade entre o público de crianças e adolescentes ou que empregue crianças ou adolescentes na condição de porta voz direto da mensagem de consumo.

.... (NR)"

"**Art. 51.** ....

XVII — de qualquer forma condicionem ou limitem o acesso aos órgãos do Poder Judiciário;

XVIII — imponham ou tenham como efeito a renúncia à impenhorabilidade do bem de família do consumidor ou do fiador;

XIX — estabeleçam prazos de carência na prestação ou fornecimento de serviços ou produtos, em caso de impontualidade das prestações mensais, ou impeçam o restabelecimento integral dos direitos do consumidor e seus meios de pagamento, a partir da purgação da mora ou do acordo com os credores;

XX — considerem o simples silêncio do consumidor como aceitação dos valores cobrados, em especial nos contratos bancários, financeiros, securitários, de cartões de crédito ou de crédito em geral, das informações prestadas nos extratos, de modificação de índice ou de alteração contratual;

XXI — prevejam a aplicação de lei estrangeira que limite, total ou parcialmente, a proteção assegurada por este Código ao consumidor domiciliado no Brasil. (NR)"

"CAPÍTULO VII

Da Prevenção e do Tratamento ao Superendividamento

Art. 54-A. Este Capítulo tem a finalidade de prevenir o superendividamento da pessoa natural, dispor sobre o crédito responsável e a educação financeira do consumidor.

§ 1º Entende-se por superendividamento a impossibilidade manifesta do consumidor, pessoa natural, de boa-fé, de pagar o conjunto de suas dívidas de consumo, exigíveis e vincendas, que comprometa seu mínimo existencial, nos termos da regulamentação.

§ 2º As dívidas de que trata o § 1º englobam quaisquer compromissos financeiros assumidos, inclusive operações de crédito, de compras a prazo e serviços de prestação continuados.

§ 3º Não se aplica o disposto neste Capítulo ao consumidor cujas dívidas tenham sido contraídas mediante fraude ou má-fé ou oriundas de contratos celebrados dolosamente com o propósito de não realizar o pagamento.

Art. 54-B. Além das informações obrigatórias previstas no art. 52 e na legislação aplicável à matéria, no fornecimento de crédito e na venda a prazo, o fornecedor ou o intermediário deverá informar o consumidor, prévia e adequadamente, na oferta e por meio do contrato ou na fatura, sobre:

I — o custo efetivo total e a descrição dos elementos que o compõem;

II — a taxa efetiva mensal de juros, a taxa dos juros de mora e o total de encargos, de qualquer natureza, previstos para o atraso no pagamento;

III — o montante das prestações e o prazo de validade da oferta, que deve ser no mínimo de dois dias;

IV — o nome e o endereço, inclusive o eletrônico, do fornecedor;

V — o direito do consumidor à liquidação antecipada e não onerosa do débito.

§ 1º As informações referidas no art. 52 e no *caput* deste artigo devem constar de forma clara e resumida no próprio contrato ou em instrumento apartado, de fácil acesso ao consumidor.

§ 2º O custo efetivo total da operação de crédito ao consumidor, para efeitos deste Código, sem prejuízo do cálculo padronizado pela autoridade reguladora do sistema financeiro, consistirá em taxa percentual anual e compreenderá todos os valores cobrados do consumidor.

§ 3º Sem prejuízo do disposto no art. 37, a oferta de crédito ao consumidor e de vendas a prazo, ou fatura mensal, a depender do caso, deve indicar, no mínimo, o custo efetivo total, o agente financiador e a soma total a pagar, com e sem financiamento.

Art. 54-C. É vedado, expressa ou implicitamente, na oferta de crédito ao consumidor, publicitária ou não:

I — fazer referência a crédito "sem juros", "gratuito", "sem acréscimo", com "taxa zero" ou expressão de sentido ou entendimento semelhante;

II — indicar que a operação de crédito poderá ser concluída sem consulta a serviços de proteção ao crédito ou sem avaliação da situação financeira do consumidor;

III — ocultar ou dificultar a compreensão sobre os ônus e riscos da contratação do crédito ou da venda a prazo;

IV — assediar ou pressionar o consumidor, principalmente se idoso, analfabeto, doente ou em estado de vulnerabilidade agravada, para contratar o fornecimento de produto, serviço ou crédito, inclusive à distância, por meio eletrônico ou por telefone, ou se envolver prêmio;

V — condicionar o atendimento de pretensões do consumidor, ou início de tratativas, à renúncia ou à desistência relativas a demandas judiciais, ao pagamento de honorários advocatícios ou a depósitos judiciais.

Parágrafo único. O disposto no inciso I deste artigo não se aplica ao fornecimento de produtos ou serviços para pagamento do preço no cartão de crédito.

Art. 54-D. Na oferta de crédito, previamente à contratação, o fornecedor ou intermediário deve, entre outras condutas:

I — informar e esclarecer adequadamente o consumidor considerando sua idade, saúde, conhecimento e condição social, sobre a natureza e a modalidade do crédito oferecido, informando todos os custos incidentes, observado o disposto no art. 52 e no art. 54-B, e sobre as consequências genéricas e específicas do inadimplemento;

II — avaliar a capacidade e as condições do consumidor de pagar a dívida contratada, mediante solicitação da documentação necessária e das informações disponíveis em bancos de dados de proteção ao crédito, observado o disposto neste Código e na legislação sobre proteção de dados;

III — informar a identidade do agente financiador e entregar ao consumidor, ao garante e a outros coobrigados uma cópia do contrato de crédito.

Parágrafo único. O descumprimento de qualquer dos deveres previstos no *caput* deste artigo, no art. 52 e no art. 54-C, poderá acarretar judicialmente a inexigibilidade ou a redução dos juros, encargos, ou qualquer acréscimo ao principal, a dilação do prazo de pagamento previsto no contrato original, conforme a gravidade da conduta do fornecedor e as possibilidades financeiras do consumidor, sem prejuízo de outras sanções e da indenização por perdas e danos, patrimoniais e morais, ao consumidor.

Art. 54-E. Nos contratos em que o modo de pagamento da dívida envolva autorização prévia do consumidor pessoa natural para consignação em folha de pagamento, a soma das parcelas reservadas para pagamento de dívidas não poderá ser superior a trinta por cento da sua remuneração mensal líquida.

§ 1º O descumprimento do disposto neste artigo dá causa imediata ao dever de revisão do contrato ou sua renegociação, hipótese em que o juiz poderá adotar, entre outras, de forma cumulada ou alternada, as seguintes medidas:

I — dilação do prazo de pagamento previsto no contrato original, de modo a adequá-lo ao disposto no *caput* deste artigo, sem acréscimo nas obrigações do consumidor;

II — redução dos encargos da dívida e da remuneração do fornecedor;

III — constituição, consolidação ou substituição de garantias.

§ 2º O consumidor poderá, em sete dias, desistir da contratação de crédito consignado de que trata o *caput* deste artigo, a contar da data da celebração ou do recebimento de cópia do contrato, sem necessidade de indicar o motivo.

§ 3º Para o exercício do direito a que se refere o § 2º deste artigo, o consumidor deve:

I — remeter, no prazo do § 2º deste artigo, o formulário ao fornecedor ou intermediário do crédito, por carta ou qualquer outro meio de comunicação, inclusive eletrônico, com registro de envio e recebimento;

II — devolver ao fornecedor o valor que lhe foi entregue, acrescido dos eventuais juros incidentes até a data da efetiva devolução, no prazo de sete dias após ter notificado o fornecedor do arrependimento, caso o consumidor tenha sido informado, previamente, sobre a forma de devolução dos valores.

§ 4º O fornecedor facilitará o exercício do direito previsto no § 2º deste artigo, mediante disponibilização de formulário de fácil preenchimento pelo consumidor, em meio físico ou eletrônico, anexo ao contrato e com todos os dados relativos à identificação do fornecedor e do contrato, assim como a forma para a devolução das quantias em caso de arrependimento.

§ 5º Para efeito do disposto neste artigo, o nível de endividamento do consumidor poderá ser aferido, entre outros meios, mediante informações fornecidas por ele, consulta a cadastros de consumo e bancos de dados de proteção ao crédito, observado o disposto neste Código e na legislação sobre proteção de dados.

§ 6º O disposto no § 1º deste artigo não se aplica quando o consumidor houver apresentado informações incorretas.

§ 7º O limite previsto no *caput* não se refere a dívidas do consumidor, oriundas do crédito consignado, com cada credor isoladamente considerado, abrangendo o somatório das dívidas com todos os credores.

Art. 54-F. São conexos, coligados ou interdependentes, entre outros, o contrato principal de fornecimento de produtos e serviços e os acessórios de crédito que lhe garantam o financiamento, quando o fornecedor de crédito:

I — recorre aos serviços do fornecedor de produto ou serviço para a conclusão ou a preparação do contrato de crédito;

II — oferece o crédito no local da atividade empresarial do fornecedor do produto ou serviço financiado ou onde o contrato principal foi celebrado.

§ 1º O exercício dos direitos de arrependimento previstos neste Código, seja no contrato principal ou no de crédito, implica a resolução de pleno direito do contrato que lhe seja conexo.

§ 2º Nos casos dos incisos I e II do *caput*, havendo a inexecução de qualquer das obrigações e deveres do fornecedor de produtos ou serviços, o consumidor poderá requerer a rescisão do contrato não cumprido contra o fornecedor do crédito.

§ 3º O direito previsto no § 2º deste artigo caberá igualmente ao consumidor:

I — contra o portador de cheque pós-datado, emitido para aquisição de produto ou serviço a prazo;

II — contra o administrador ou emitente do cartão de crédito ou similar quando o cartão de crédito ou similar e o produto ou serviço forem fornecidos pelo mesmo fornecedor ou por entidades pertencentes a um mesmo grupo econômico.

§ 4º A invalidade ou a ineficácia do contrato principal implicará, de pleno direito, a do contrato de crédito que lhe seja conexo, nos termos do *caput* deste artigo, ressalvado ao fornecedor do crédito o direito de obter do fornecedor do produto ou serviço a devolução dos valores pagos, inclusive relativamente a tributos.

Art. 54-G. Sem prejuízo do disposto no art. 39 deste Código e da legislação aplicável à matéria, é vedado ao fornecedor de produtos e serviços que envolvam crédito, entre outras condutas:

I — realizar ou proceder à cobrança ou ao débito em conta de qualquer quantia que houver sido contestada pelo consumidor em compras realizadas com cartão de crédito ou meio similar, enquanto não for adequadamente solucionada a controvérsia, desde que o consumidor haja notificado a administradora do cartão com antecedência de pelo menos sete dias da data de vencimento da fatura, vedada a manutenção do valor na fatura seguinte e assegurado ao consumidor o direito de deduzir do total da fatura o valor em disputa e efetuar o pagamento da parte não contestada;

II — recusar ou não entregar ao consumidor, ao garante e aos outros coobrigados, cópia da minuta do contrato principal de consumo ou do de crédito, em papel ou outro suporte duradouro, disponível e acessível e, após a conclusão, cópia do contrato;

III — impedir ou dificultar, em caso de utilização fraudulenta do cartão de crédito ou meio similar, que o consumidor peça e obtenha, quando aplicável, a anulação ou o imediato bloqueio do pagamento ou ainda a restituição dos valores indevidamente recebidos.

§ 1º Sem prejuízo do dever de informação e esclarecimento do consumidor e de entrega da minuta do contrato, no empréstimo cuja liquidação seja feita mediante consignação em folha de pagamento, a formalização e a entrega da cópia do contrato ou do instrumento de contratação ocorrerão após o fornecedor do crédito obter da fonte pagadora a indicação sobre a existência de margem consignável.

§ 2º Em se tratando de contratos de adesão deve o fornecedor prestar previamente ao consumidor as informações de que tratam o art. 52 e o *caput* do art. 54-B desta Lei, além de outras porventura determinadas na legislação em vigor, ficando o fornecedor obrigado a, após a conclusão do contrato, entregar ao consumidor cópia deste.

§ 3º Caso o consumidor realize o pagamento da dívida do cartão por meio de débito em conta, a administradora do cartão ou o emissor do cartão não deve debitar qualquer quantia que houver sido contestada pelo consumidor ou estiver em disputa com o fornecedor, inclusive tarifas de financiamento ou outras relacionadas, caso a informação acerca da existência da disputa ou da contestação tenha sido notificado com antecedência de pelo menos sete dias da data de vencimento da fatura. (NR)"

"CAPÍTULO VII
Das Sanções

....(NR)"

"CAPÍTULO V
Da Conciliação no Superendividamento

Art. 104-A. A requerimento do consumidor superendividado pessoa natural, o juiz poderá instaurar processo de repactuação de dívidas, visando à realização de audiência conciliatória, presidida por ele ou por conciliador credenciado no juízo, com a presença de todos os credores, em que o consumidor apresentará proposta de plano de pagamento com prazo máximo de cinco anos, preservado o mínimo existencial, nos termos da regulamentação, e as garantias e as formas de pagamento originalmente pactuadas.

§ 1º Ficam excluídas do processo de repactuação as dívidas de caráter alimentar, fiscais e parafiscais e as oriundas de contratos celebrados dolosamente sem o propósito de realizar o pagamento, bem como os contratos de crédito com garantia real, os financiamentos imobiliários e os contratos de crédito rural.

§ 2º O não comparecimento injustificado de qualquer credor, ou de seu procurador com poderes especiais e plenos para transigir, à audiência de conciliação de que trata o *caput* deste artigo, acarretará a suspensão da exigibilidade do débito e a interrupção dos encargos da mora.

§ 3º No caso de conciliação, com qualquer credor, a sentença judicial que homologar o acordo descreverá o plano de pagamento da dívida, tendo eficácia de título executivo e força de coisa julgada.

§ 4º Constará do plano de pagamento:

I — medidas de dilação dos prazos de pagamento, da redução dos encargos da dívida ou da remuneração do fornecedor, dentre outras medidas destinadas a facilitar o pagamento das dívidas;

II — referência quanto à suspensão ou extinção das ações judiciais em curso;

III — data a partir da qual será providenciada exclusão do consumidor de bancos de dados e cadastros de inadimplentes;

IV — condicionamento de seus efeitos à abstenção, pelo consumidor, de condutas que importem no agravamento de sua situação de superendividamento.

§ 5º O pedido do consumidor a que se refere o *caput* deste artigo não importa em declaração de insolvência civil e poderá ser repetido somente após decorrido o prazo de dois anos, contados da liquidação das obrigações previstas no plano de pagamento homologado, sem prejuízo de eventual repactuação.

Art. 104-B. Inexitosa a conciliação, a pedido do consumidor, o juiz instaurará o processo de superendividamento para revisão e integração dos contratos e repactuação das dívidas remanescentes através de um plano judicial compulsório, procedendo à citação de todos os credores cujos créditos não integraram o acordo celebrado.

§ 1º Serão considerados, se for o caso, os documentos e as informações prestadas em audiência e, no prazo de 15 (quinze) dias, os credores citados juntarão documentos e as razões da negativa de aceder ao plano voluntário ou de renegociar.

§ 2º O juiz poderá nomear administrador, desde que não onere as partes, que apresentará plano de pagamento, no prazo de até 30 (trinta) dias, após cumpridas as diligências eventualmente necessárias, contemplando medidas de temporização ou atenuação dos encargos.

§ 3º O plano judicial compulsório assegurará aos credores, no mínimo, o valor do principal devido corrigido monetariamente por índices oficiais de preço, e preverá a liquidação total da dívida em, no máximo, cinco anos, sendo a primeira parcela devida no prazo máximo de cento e oitenta dias, contados da sua homologação judicial, e o restante do saldo devido mensalmente em parcelas iguais e sucessivas.

Art. 104-C. Compete concorrentemente aos órgãos públicos integrantes do Sistema Nacional de Defesa do Consumidor a fase conciliatória e preventiva do processo de repactuação de dívidas, nos moldes do art. 104-A, no que couber.

§ 1º Em caso de conciliação administrativa para prevenir o superendividamento do consumidor pessoa natural, os órgãos públicos poderão promover, nas reclamações individuais, uma audiência global de conciliação com todos os credores e, em todos os casos, facilitar a elaboração de um plano de pagamento, preservando o mínimo existencial, nos termos da regulamentação, sob a supervisão destes órgãos, sem prejuízo das demais atividades de reeducação financeira cabíveis.

§ 2º O acordo firmado perante os órgãos públicos de defesa do consumidor, em caso de superendividamento do consumidor pessoa natural, deverá incluir a data a partir da qual será providenciada exclusão do consumidor de bancos de dados e cadastros de inadimplentes, assim como o condicionamento de seus efeitos à abstenção, pelo consumidor, de condutas que importem no agravamento de sua situação de superendividamento, especialmente contrair novas dívidas. (NR)"

Art. 2º O art. 96 da Lei n. 10.741, de 1º de outubro de 2003 (Estatuto do Idoso), passa a vigorar acrescido do § 3º, com a seguinte redação:

"**Art. 96.** ....

§ 3º Não constitui crime a negativa de crédito motivada por superendividamento do idoso. (NR)"

Art. 3º Esta Lei entra em vigor na data da sua publicação.

Parágrafo único. A validade dos negócios e demais atos jurídicos de crédito em curso, constituídos antes da entrada em vigor desta Lei, obedece ao disposto na Lei anterior, mas os seus efeitos produzidos após a sua vigência aos preceitos dela se subordinam.

Sala da Comissão, 2 de setembro de 2015
Senador JOSÉ MARANHÃO, Presidente
Senador RICARDO FERRAÇO, Relator